困境中，希望前行！

出版工作得到以下单位的大力支持，在此表示诚挚的感谢！

南方基金管理有限公司

华夏基金管理有限公司

华安基金管理有限公司

银华基金管理有限公司

长城基金管理有限公司

泰达宏利基金管理有限公司

国投瑞银基金管理有限公司

招商基金管理有限公司

泰信基金管理有限公司

天治基金管理有限公司

上投摩根基金管理有限公司

东吴基金管理有限公司

交银施罗德基金管理有限公司

建信基金管理有限责任公司

信达澳银基金管理有限公司

美国普信集团

东方汇理资产管理(香港)有限公司

摩根富林明基金(亚洲)有限公司

东亚联丰投资管理有限公司

元大证券投资信托股份有限公司

先机环球基金(亚太)有限公司

泰康资产管理有限责任公司

国枫律师事务所

深圳市赢时胜信息技术股份有限公司

（以上排名不分先后）

中国证券投资基金年鉴编辑部

致谢

《2011中国证券投资基金年鉴》

中国工商银行资产托管部

中国农业银行托管业务部

中国农业银行总行个人金融部

中国银行托管及投资者服务部

中国银行总行个人金融总部

中国建设银行投资托管服务部

中国建设银行个人存款与投资部

交通银行资产托管部

交通银行个人金融业务部

兴业银行资产托管部

中国邮政储蓄银行托管业务部

中国民生银行资产托管部

上海浦东发展银行资产托管部

上海浦东发展银行总行个人银行总部

上海银行同业金融部

深圳发展银行资产托管部

2011年
中国证券投资基金业发展13周年
开放式基金发行10周年

在经过上一轮井喷式发展后，中国基金业开始步入调整期，基金资产规模徘徊不前，基金管理公司治理结构改善步履维艰，基金未能给持有人提供持续稳健的优异回报……

困境中，希望前行！沉寂两年的新基金公司破冰，第三方基金销售机构起航，基金发行制度变革，基金业对外开放进一步推进。更值得期待的是，资本市场改革的步伐正在加快，基金业制度变革正在开启：固定费率制松动、股权激励放开、发起式基金推进……

站在新一轮的发展起点，朝着新的目标，迈开新的步伐，我们期待中国基金业迈上新台阶！

2011

ALMANAC OF CHINA' S SECURITIES INVESTMENT FUNDS

中国证券投资基金年鉴

总第九卷

国务院发展研究中心金融研究所　主办

中国证券投资基金年鉴编辑委员会　编

中国经济出版社

CHINA ECONOMIC PUBLISHING HOUSE

G基金公司地区分布图

Geographical Distribution of Fund Management Companies

2010年，新成立2家基金管理公司。截至2010年12月31日，我国基金管理公司数量为62家(合资基金公司36家)。分别分布在北京、上海、深圳、天津、重庆、珠海、南宁和杭州八地，杭州为本年新增。

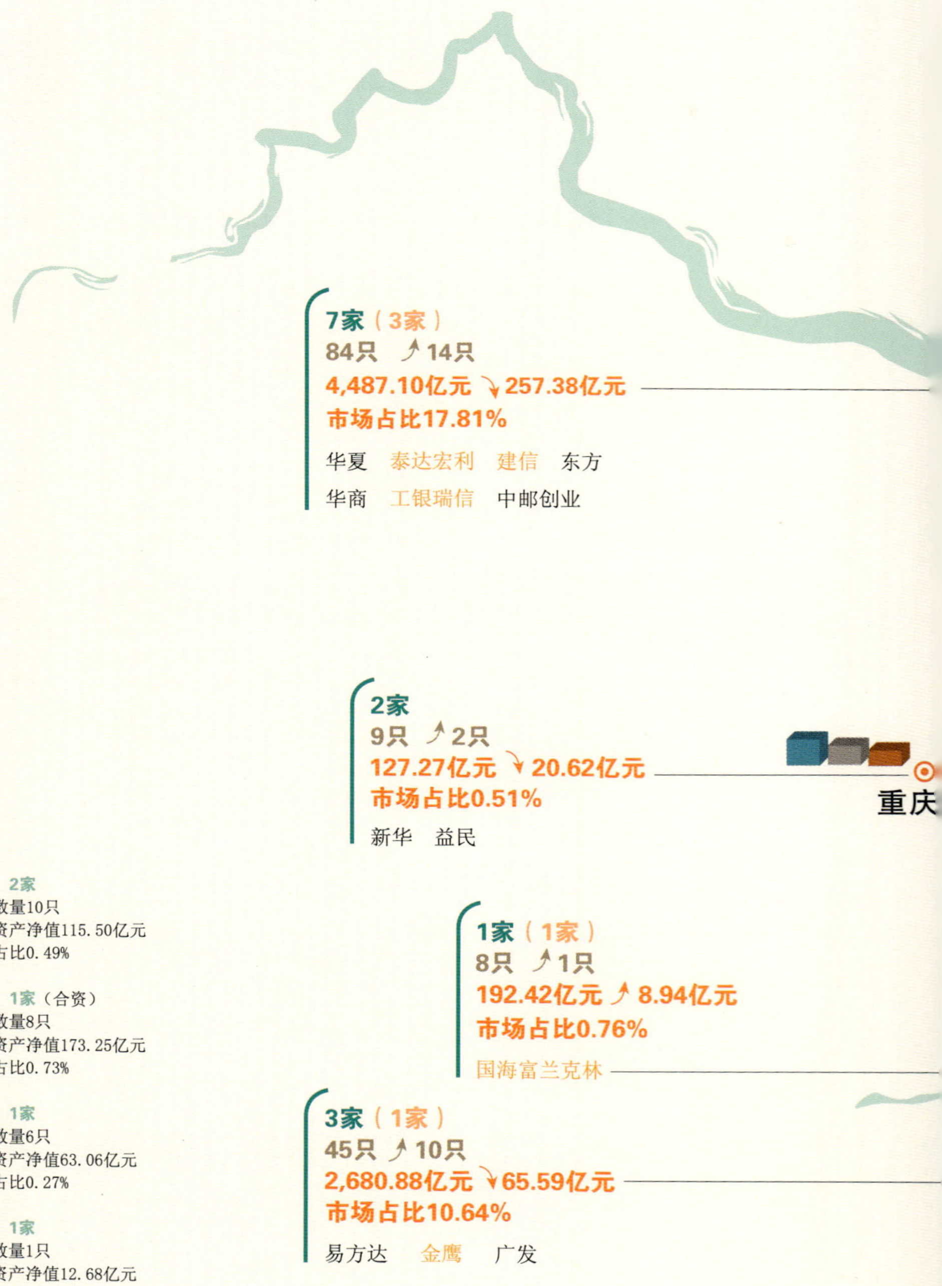

上海：33家（23家合资）
基金数量377只
基金资产净值8,634.96亿元
市场占比36.59%

深圳：17家（10家合资）
基金数量256只
基金资产净值7,663.16亿元
市场占比32.47%

北京：7家（3家合资）
基金数量97只
基金资产净值4,308.15亿元
市场占比18.26%

珠海：3家（1家合资）
基金数量54只
基金资产净值2,628.85亿元
市场占比11.14%

重庆：2家
基金数量10只
基金资产净值115.50亿元
市场占比0.49%

南宁：1家（合资）
基金数量8只
基金资产净值173.25亿元
市场占比0.73%

天津：1家
基金数量6只
基金资产净值63.06亿元
市场占比0.27%

杭州：1家
基金数量1只
基金资产净值12.68亿元
市场占比0.05%

数据截至2011年6月30日

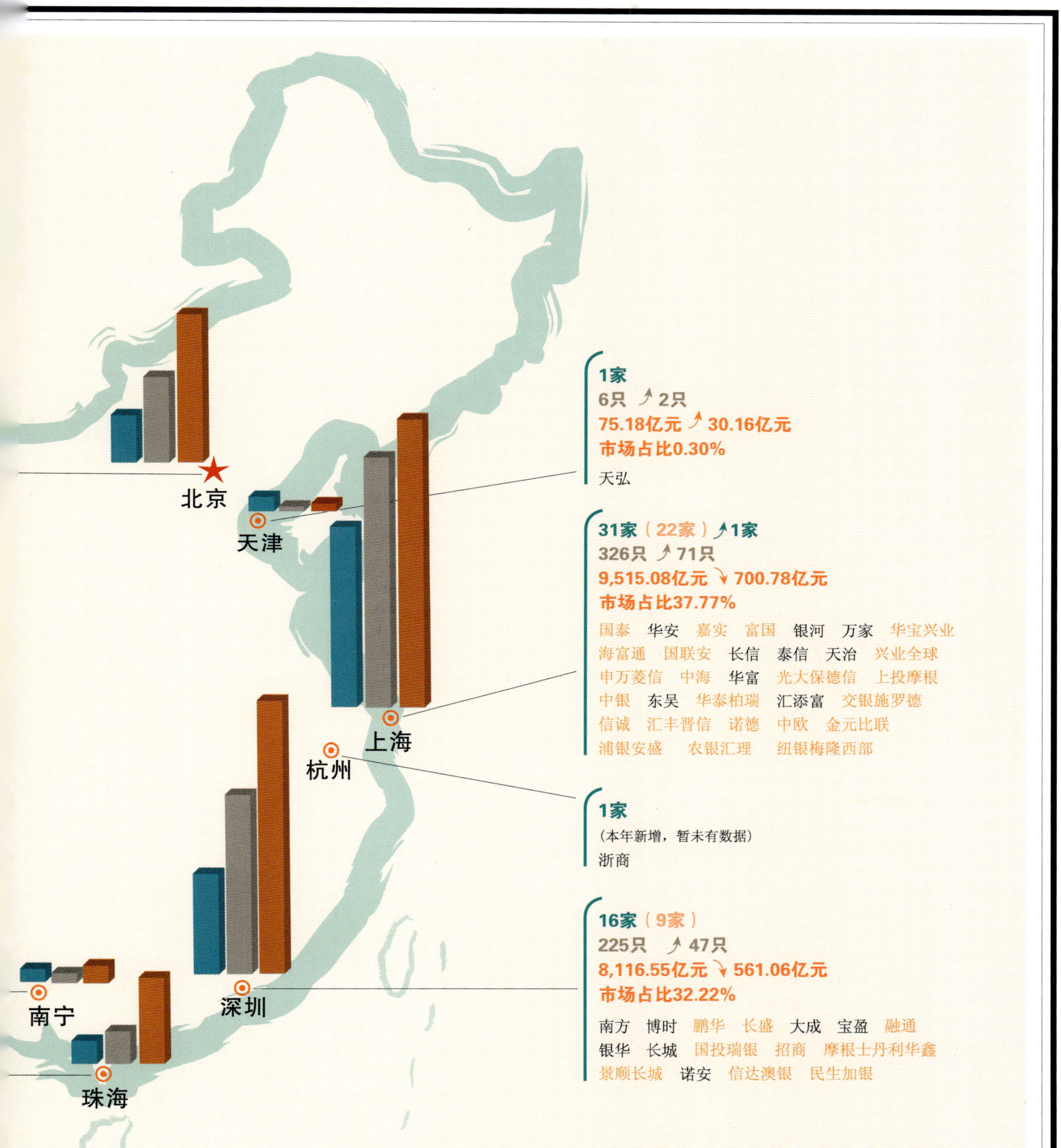

说明：地区分布统计按基金公司注册地统计；市场占比为地区基金资产净值占基金业总资产净值的比例；蓝色代表基金公司数量；咖色代表基金数量；桔红色代表基金资产净值；黄色代表合资基金公司；以上数据截至2010年12月31日。
（↑表示与上一年相比的增加值；↓表示与上一年相比的减少值）

G基金市场地区分布图
Geographical Distribution of Fund Market

前10大基金管理公司市场集中度地区分布

截至2010年12月31日，我国前10大基金管理公司共管理基金214只，管理基金资产净值合计12,118.95亿元，市场集中度48.10%，与上年相比，减少1.64个百分点。

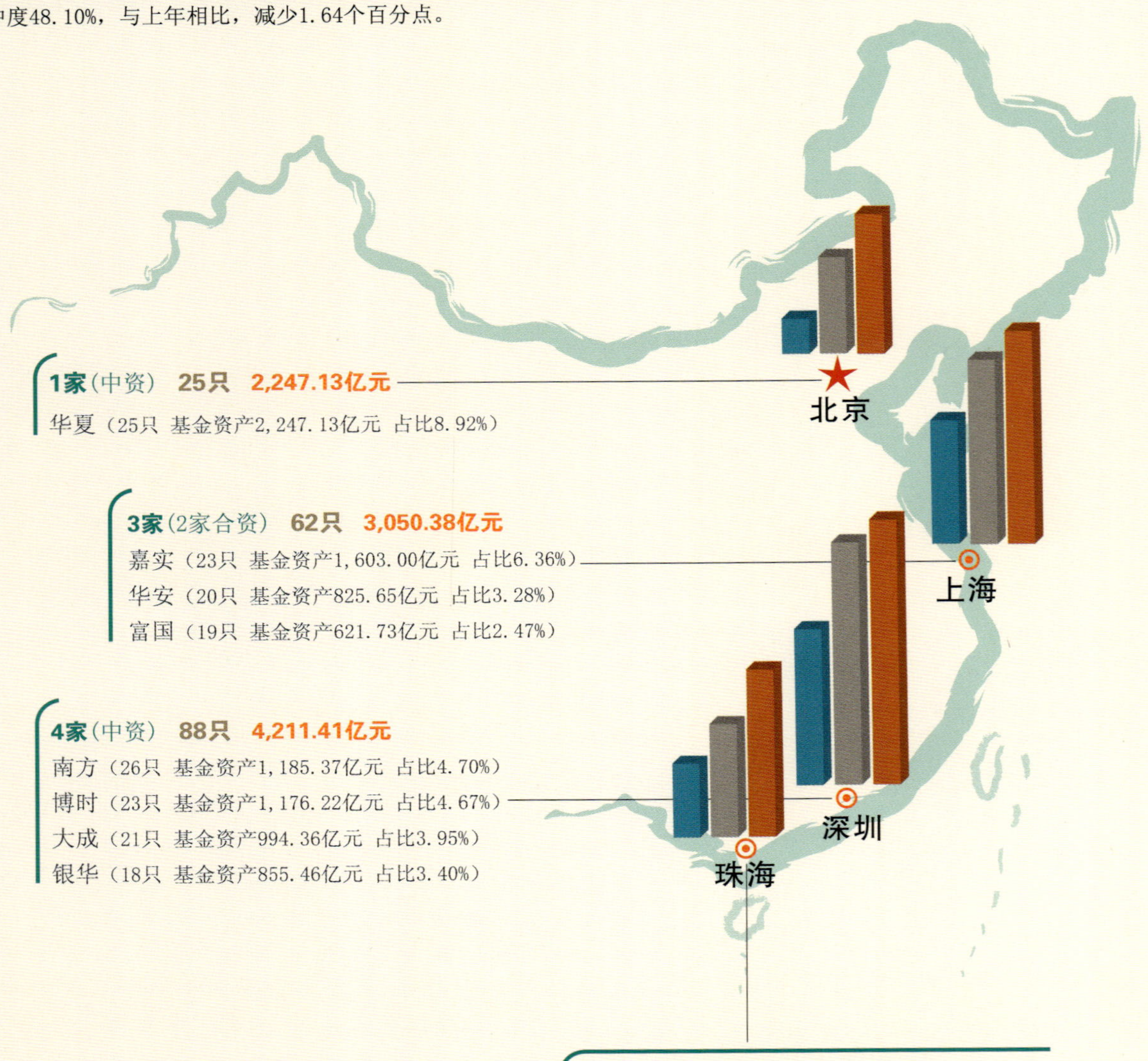

1家（中资） **25只** **2,247.13亿元**
华夏（25只 基金资产2,247.13亿元 占比8.92%）

3家（2家合资） **62只** **3,050.38亿元**
嘉实（23只 基金资产1,603.00亿元 占比6.36%）
华安（20只 基金资产825.65亿元 占比3.28%）
富国（19只 基金资产621.73亿元 占比2.47%）

4家（中资） **88只** **4,211.41亿元**
南方（26只 基金资产1,185.37亿元 占比4.70%）
博时（23只 基金资产1,176.22亿元 占比4.67%）
大成（21只 基金资产994.36亿元 占比3.95%）
银华（18只 基金资产855.46亿元 占比3.40%）

2家（中资） **39只** **2,610.02亿元**
易方达（24只 基金资产1,573.75亿元 占比6.25%）
广发（15只 基金资产1,036.28亿元 占比4.11%）

深圳：4家（中资）
管理基金100只
管理基金资产3,956.22亿元
市场占比16.76%

上海：3家（2家合资）
管理基金70只
管理基金资产2,846.73亿元
市场占比12.06%

珠海：2家（中资）
管理基金46只
管理基金资产2,548.31亿元
市场占比10.86%

北京：1家（中资）
管理基金26只
管理基金资产2,215.15亿元
市场占比9.39%

数据截至2011年6月30日

说明：地区分布统计按照基金公司注册地统计；市场占比为基金公司资产净值占基金行业总资产净值的比例；
蓝色代表基金公司数量；咖色代表基金数量；黄色代表基金资产净值。

15家托管银行基金业务地区分布

2010年，渤海银行获得基金托管资格。至此，我国基金托管银行数量增至18家，
截至2010年12月31日，开展基金托管业务的银行为15家，共计托管基金703只，托管基金总资产25, 194. 49亿元。
其中，前5大托管银行—工行、建行、中行、农行和交行托管基金合计622只，
托管基金资产22, 911. 54亿元，市场集中度90. 94%，与上年相比，
略有下降，但市场集中度仍保持了较高水平。

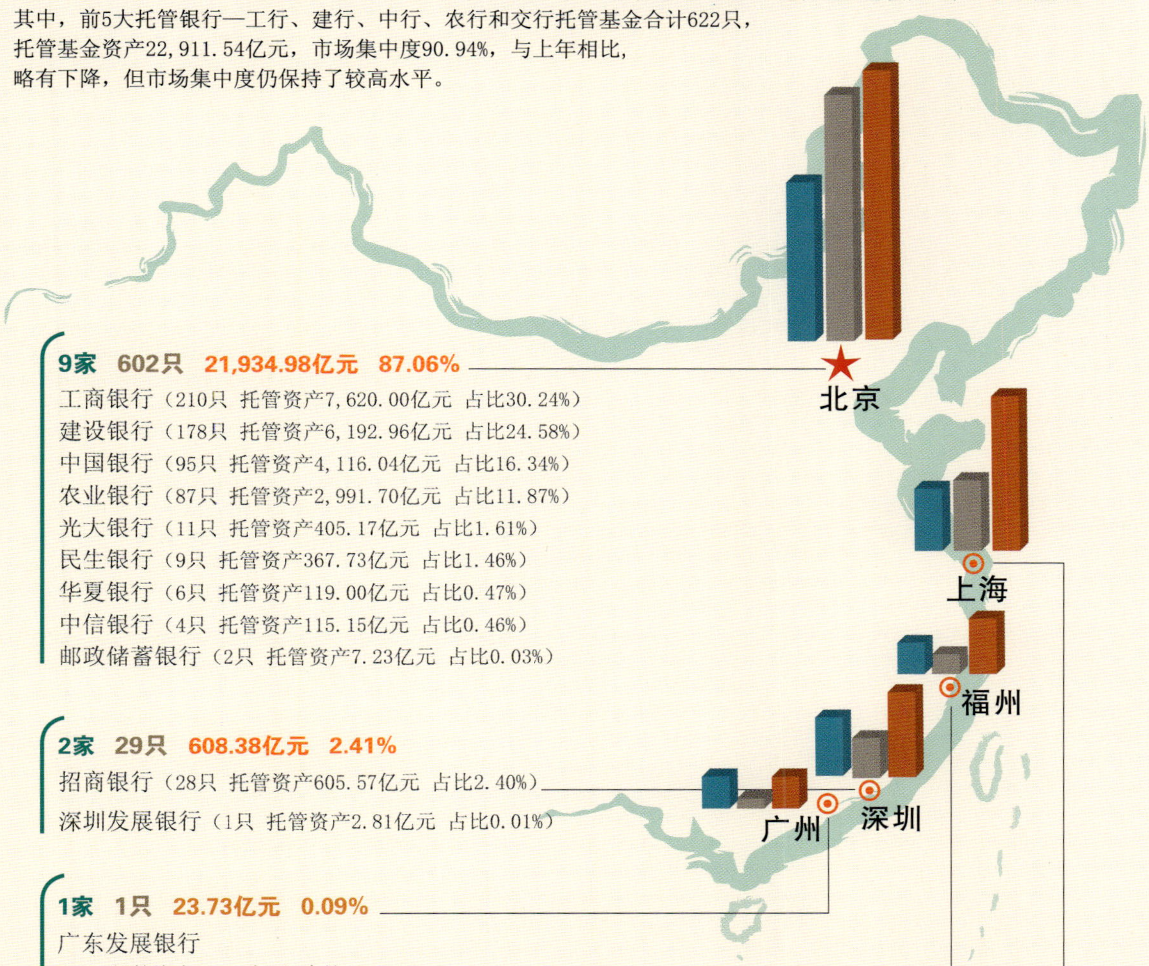

9家　602只　21,934.98亿元　87.06%

工商银行（210只 托管资产7, 620. 00亿元 占比30. 24%）
建设银行（178只 托管资产6, 192. 96亿元 占比24. 58%）
中国银行（95只 托管资产4, 116. 04亿元 占比16. 34%）
农业银行（87只 托管资产2, 991. 70亿元 占比11. 87%）
光大银行（11只 托管资产405. 17亿元 占比1. 61%）
民生银行（9只 托管资产367. 73亿元 占比1. 46%）
华夏银行（6只 托管资产119. 00亿元 占比0. 47%）
中信银行（4只 托管资产115. 15亿元 占比0. 46%）
邮政储蓄银行（2只 托管资产7. 23亿元 占比0. 03%）

2家　29只　608.38亿元　2.41%

招商银行（28只 托管资产605. 57亿元 占比2. 40%）
深圳发展银行（1只 托管资产2. 81亿元 占比0. 01%）

1家　1只　23.73亿元　0.09%

广东发展银行
（1只 托管资产23. 73亿元 占比0. 09%）

1家　12只　346.66亿元　1.38%

兴业银行（12只 托管资产346. 66亿元 占比1. 38%）

2家　59只　2,280.73亿元　9.05%

交通银行（52只 托管资产1, 990. 84亿元 占比7. 90%）
上海浦发银行（7只 托管资产289. 90亿元 占比1. 15%）

北京：9家
托管基金691只
托管基金资产20, 546. 00亿元
市场占比87. 06%

上海：2家
托管基金64只
托管基金资产2, 070. 44亿元
市场占比8. 77%

深圳：2家
托管基金40只
托管基金资产703. 20亿元
市场占比2. 98%

福州：1家
托管基金13只
托管基金资产255. 95亿元
市场占比1. 08%

广州：1家
托管基金1只
托管基金资产24. 01亿元
市场占比0. 10%

数据截至2011年6月30日

说明：仅对开展基金业务的托管银行进行统计；地区分布按托管银行注册地进行统计；
蓝色代表托管银行数量；咖色代表基金数量；黄色代表基金资产；市场占比为地区托管基金资产占基金托管总资产的比例。

F基金数字

Fund Figures

703只 **26.44**% **809**只 **15.08**%

截至2010年末，我国证券投资基金数量达到703只，较2009年末增加了147只，增幅26.44%。截至2011年上半年末，证券投资基金数量达到809只，较2010年末增加了106只，增幅15.08%。

25,194.49亿元 **-5.85**% **23,599.59**亿元 **-6.33**%

2010-2011年上半年，证券投资基金总资产净值持续下降。截至2010年末，703只基金总资产净值为25,194.49亿元，较2009年末减少1,566亿元，降幅5.85%；截至2011年上半年末，809只基金总资产净值为23,599.59亿元，较2010年末减少1,595亿元，降幅6.33%。

65家 **6**家 **5**家 **38**家 **58.46**%

2010年，沉寂两年的新基金公司破冰。2010-2011年上半年，中国证监会相继批准了6家新基金管理公司，期间正式成立的有5家，分别注册在北京、上海、深圳和杭州。截至2011年上半年末，我国基金管理公司数量增至65家。

2010-2011年上半年新成立3家合资基金管理公司，另有2家中资公司股权变更变为合资。截至2011年上半年末，我国合资基金管理公司数量达到38家，市场占比58.46%。

1家 **18**家 **53.31**亿元 **5.77**%

2010-2011年上半年，新增加1家商业银行获得基金托管资格。截至2011年上半年末，我国基金托管银行数量增至18家。2010年开展业务的15家托管银行全年实现基金托管费收入53.31亿元，同比2009年小幅上涨，增幅为5.77%。

147只 **3,099.84**亿元 **107**只 **1,766.91**亿元

2010年基金数量扩容，全年发行设立基金147只，募集总金额3,099.84亿元。较2009年新设立基金增加27只，但募集总额减少752.88亿元；2011年上半年，新基金发行进一步加快，发行设立基金107只（包括1只封转开基金），募集总额1,766.91亿元，较2010年同期增加656.39亿元，增幅59.11%。

254只　**31**只　**21**只　**20**只　**12**只

2010年，基金发行实行分类审核制度，基金产品进一步完善。2010–2011年上半年，新设立基金254只。其中QDII基金经过2009年沉寂后，发行大幅提高，新设立31只；创新封闭式基金快速发展，新设立21只，包括10只分级基金；ETF基金新设立20只，是之前存量总数的两倍；保本基金进一步扩容，新设立12只，超过之前的存量总数。

16,436.89亿元　**58.07**%　**34.58**%　**7.35**%

2010年全年，开放式基金销售总金额为16,436.89亿元。其中商业银行代销渠道占比58.07%，基金公司直销渠道占比34.58%，券商代销渠道占比7.35%。

106家　**5**家　**2**家　**14**只　**86.49**亿元

截至2010年末，中国证监会共核准了106家境外投资机构，支持境内基金公司在香港发展业务。2010年共批准5家基金公司设立香港子公司，批准2家香港子公司增资。稳步推进QDII业务。2010年批准QDII基金16只，其中14只完成募集，募集规模达到86.49亿元。

19,533.39万户　**4.79**%　**7,494.94**万户　**–7.38**%

截至2010年末，开放式基金投资者账户总数为19,533.39万户，较2009年末增加了892.73万户，增幅为4.79%。其中开放式基金投资者有效账户总数为7,494.94万户，较2009年末减少了597.53万户，下降了7.38%，这是自2008年以来投资者有效账户数连续3年下降。

60家　**8,947**人　**15.00**%　**8,011**人　**16.18**%

截至2010年末，全国60家基金管理公司（不含新成立的公司）共有员工8,947人，较2009年增长了15.00%。其中拥有基金从业资格的人数8,001人，较2009年增长16.18%。

证券投资基金数量发展（2001–2011年）

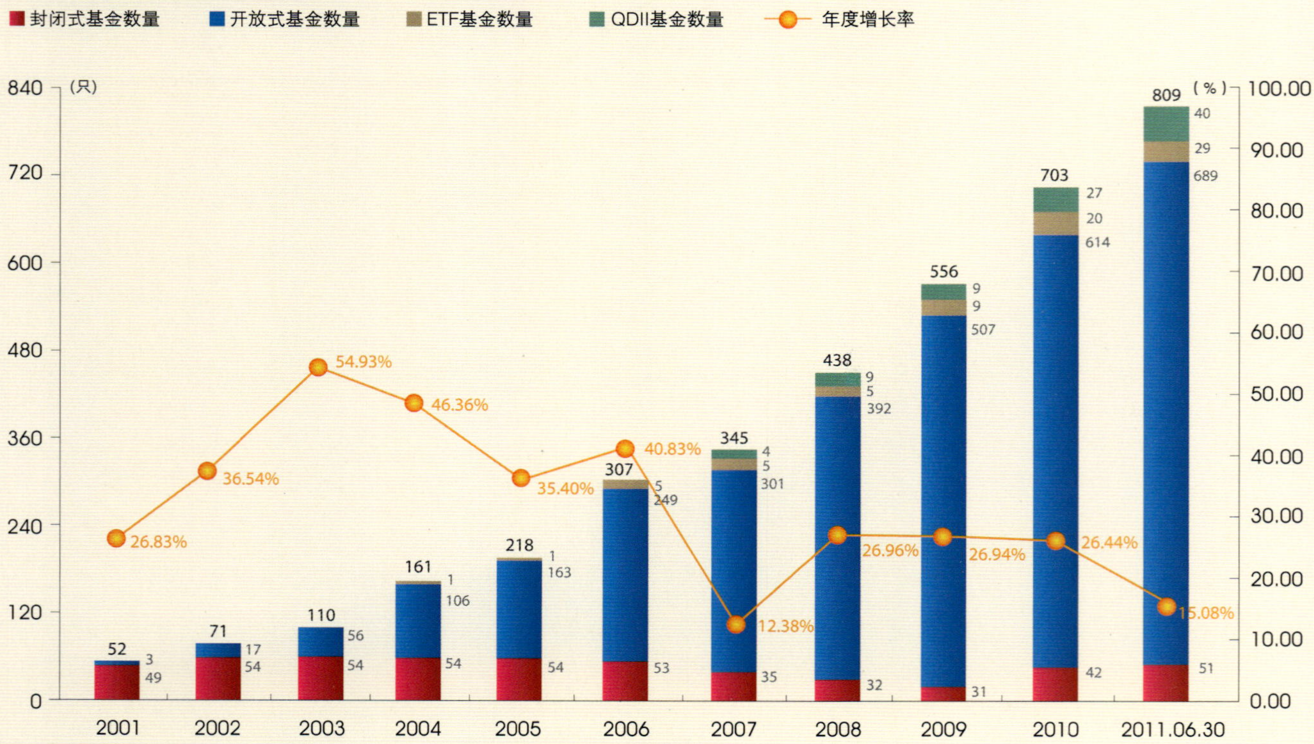

证券投资基金资产净值增长（2001–2011年）

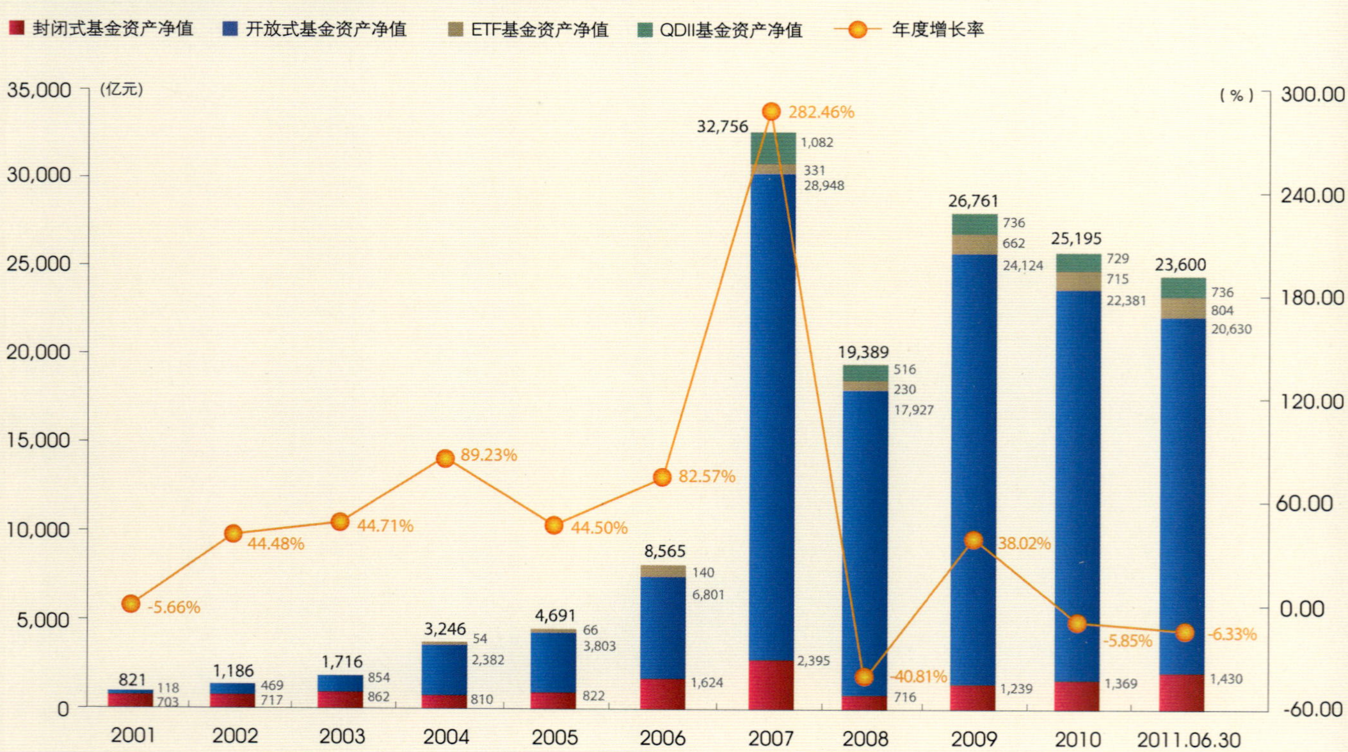

基金管理公司数量发展（2003–2011年）

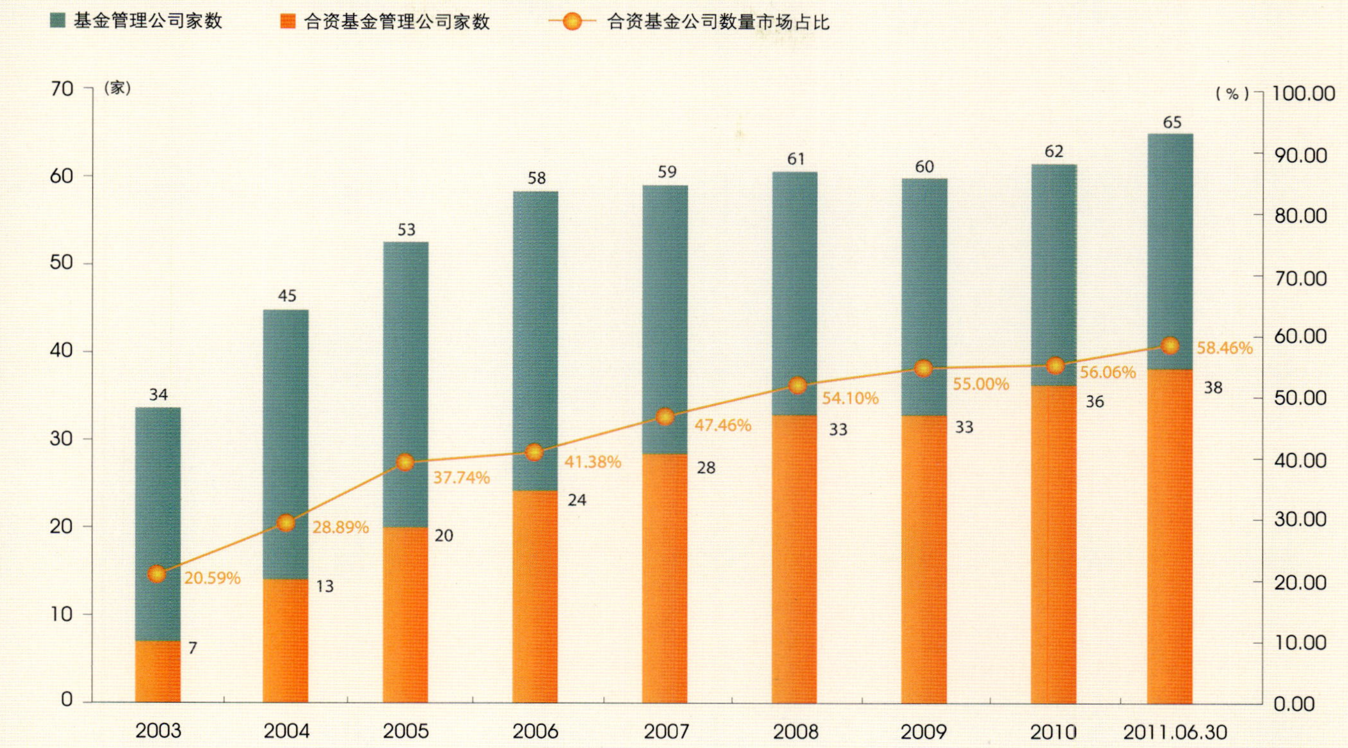

前10大基金管理公司市场集中度（2001–2011年）

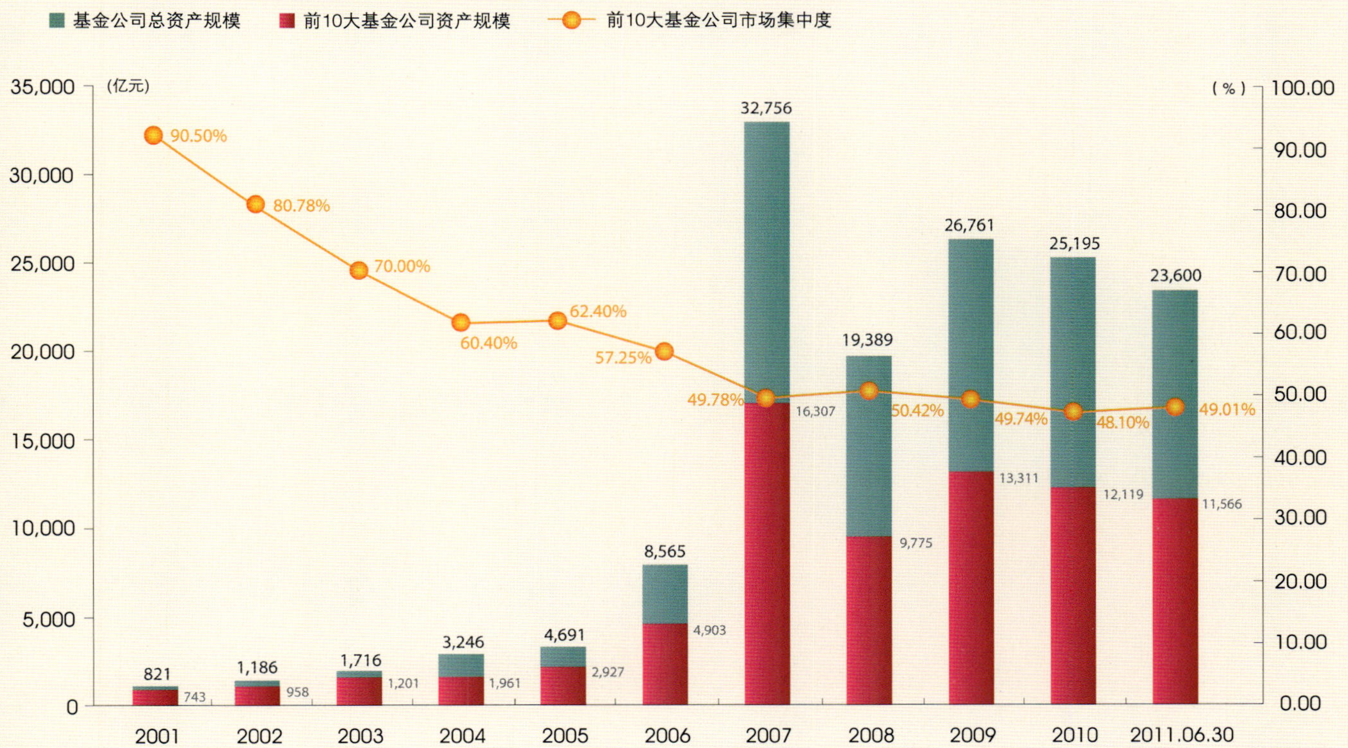

证券投资基金历年新设立数量（2001–2011年）

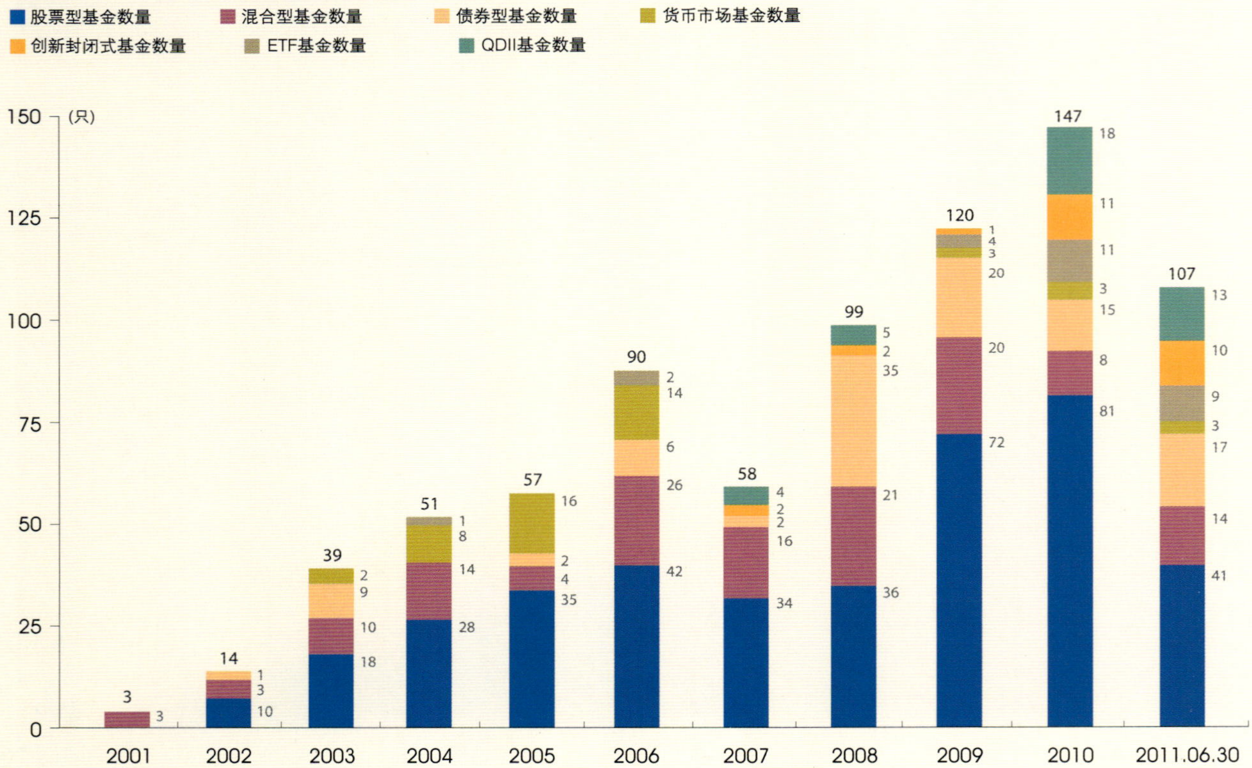

（说明：以上统计包括封转开基金。）

证券投资基金数量

2010年末为703只

■ 封闭式基金 42只 ■ 开放式基金 614只
■ ETF基金 20只 ■ QDII基金 27只

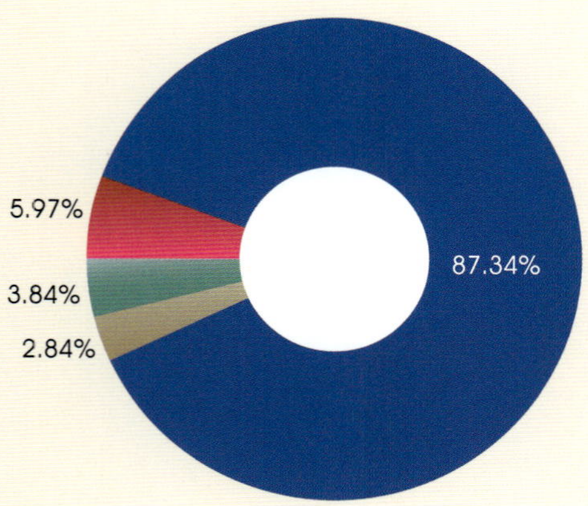

开放式基金数量

2010年末为614只

■ 股票型基金 307只 ■ 债券型基金 95只
■ 混合型基金 166只 ■ 货币市场基金 46只

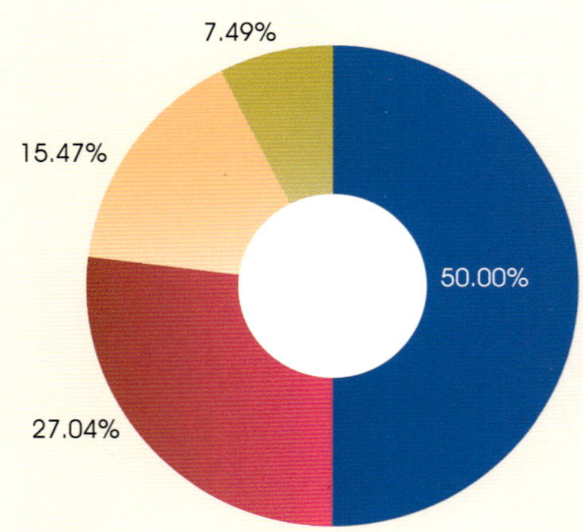

截至2011年上半年末，证券投资基金总数量达到809只。其中，封闭式基金51只、开放式基金689只、ETF基金29只、QDII基金40只。

截至2011年上半年末，开放式基金数量为689只。其中，股票型基金348只、混合型基金180只、债券型基金112只、货币市场基金49只。

证券投资基金历年募集总额（2001–2011年）

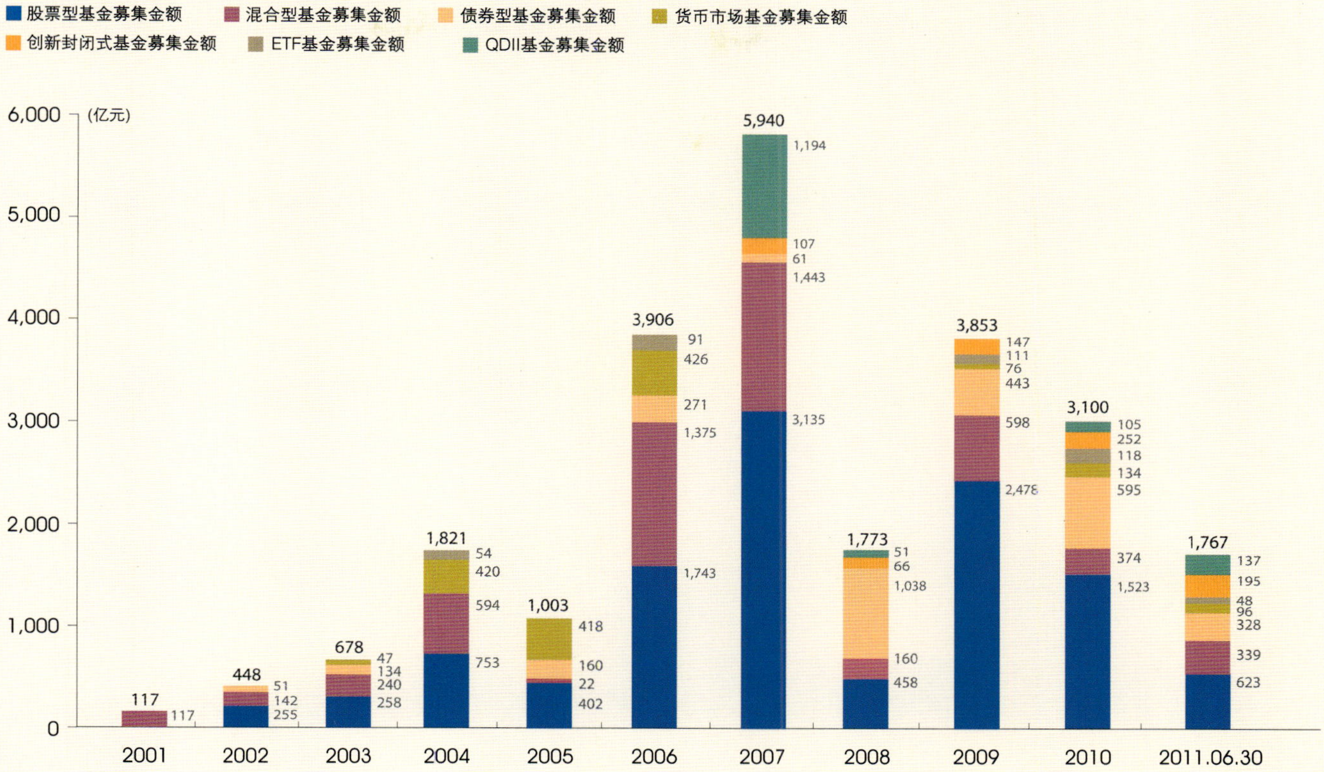

（说明：以上统计包括封转开基金。）

证券投资基金资产净值

2010年末为25,195亿元

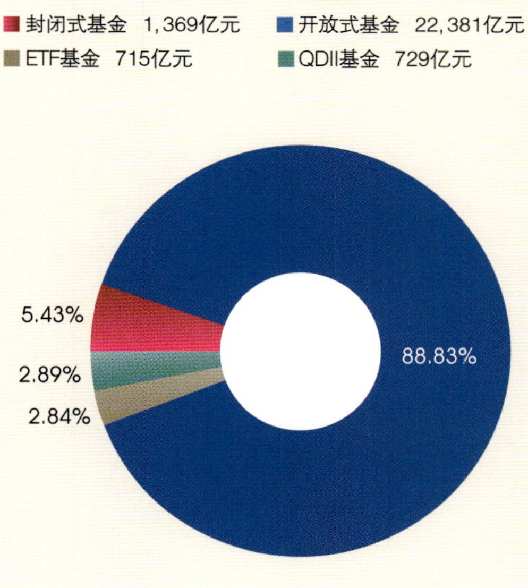

开放式基金资产净值

2010年末为22,381亿元

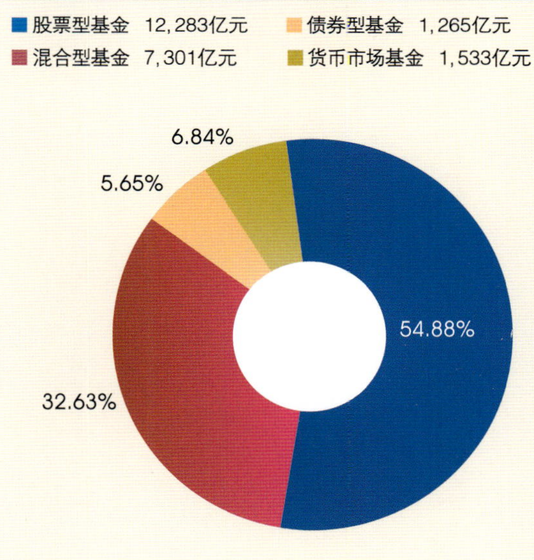

截至2011年上半年末，证券投资基金总资产净值达到23,600亿元。
其中，封闭式基金资产净值1,430亿元、开放式基金资产净值20,630亿元、ETF基金资产净值804亿元、QDII基金资产净值736亿元。

截至2011年上半年末，开放式基金资产净值为20,630亿元。
其中，股票型基金资产净值11,413亿元、混合型基金资产净值6,745亿元、债券型基金资产净值1,292亿元、货币市场基金资产净值1,181亿元。

F基金日历
Fund Calendar

■基金行业机构　■基金成立　■基金分红　■基金法规文件

一月/January

11 证券业协会发布《证券投资基金销售人员从业资质管理规则》，同时下发《证券投资基金评价业务自律管理规则(试行)》的通知

07 中天证券基金销售资格获准
15 深圳农村商业银行基金销售资格获准
29 洛阳银行基金销售资格获准

21 易方达亚洲精选股票(QDII)基金成立
28 上投摩根行业轮动股票基金成立

01 1只开放式基金分红
04 1只开放式基金分红
05 5只开放式基金分红
07 3只开放式基金分红
08 6只开放式基金分红
11 3只开放式基金分红
1只封闭式基金分红
12 9只开放式基金分红
13 3只开放式基金分红
14 12只开放式基金分红
15 7只开放式基金分红
18 11只开放式基金分红
19 14只开放式基金分红
2只封闭式基金分红
20 22只开放式基金分红
21 3只开放式基金分红
22 4只开放式基金分红
25 2只开放式基金分红
26 4只开放式基金分红
27 1只开放式基金分红
2只封闭式基金分红
28 4只开放式基金分红
29 4只开放式基金分红

二月/February

08 证监会颁发《证券投资基金信息披露XBRL模板第3号〈年度报告和半年度报告〉》

08 乌鲁木齐市商业银行基金销售资格获准
21 财富里昂证券基金销售资格获准

02 大成中证红利指数基金成立
03 民生加银精选股票基金成立
新华钻石企业股票基金成立
05 鹏华中证500指数(LOF)基金成立
08 宝盈中证100指数增强基金成立
10 国泰估值优势分级封闭基金成立
工银中小盘成长股票基金成立
信诚中小盘股票基金成立
11 金元比联核心动力股票基金成立
申万菱信沪深300价值指数基金成立
中银蓝筹混合基金成立

01 2只封闭式基金分红
02 2只开放式基金分红
03 1只开放式基金分红
05 1只开放式基金分红
1只封闭式基金分红
08 3只开放式基金分红
1只封闭式基金分红
10 1只开放式基金分红
22 2只开放式基金分红
23 1只开放式基金分红
24 1只开放式基金分红
2只封闭式基金分红
26 1只开放式基金分红

三月/March

25 招商全球资源股票(QDII)基金成立
农银中小盘股票基金成立
中海上证50指数增强基金成立
26 长信中证央企100指数(LOF)基金成立
29 易方达上证中盘ETF基金成立
30 南方策略优化股票基金成立
31 易方达上证中盘ETF联接基金成立

01 3只开放式基金分红
02 1只开放式基金分红
04 1只开放式基金分红
08 1只封闭式基金分红
10 3只开放式基金分红
11 1只开放式基金分红
12 2只开放式基金分红
15 2只开放式基金分红
16 2只开放式基金分红
17 3只开放式基金分红
18 2只开放式基金分红
22 2只开放式基金分红
24 1只开放式基金分红
2只封闭式基金分红
26 2只开放式基金分红
29 1只开放式基金分红
30 2只开放式基金分红
31 1只开放式基金分红
1只封闭式基金分红

四月/April

21 证监会颁发《证券投资基金参与股指期货交易指引》

06 五矿证券经纪公司基金销售资格获准
19 友邦华泰基金管理有限公司名称获准变更为华泰柏瑞基金管理有限公司

09 国投瑞银沪深300金融地产指数(LOF)基金成立
14 光大保德信中小盘股票基金成立
海富通中小盘股票基金成立
金鹰稳健成长股票基金成立
16 国联安双禧中证100指数分级基金成立
19 广发内需增长混合基金成立
22 兴全合润分级股票基金成立
23 华宝兴业上证180价值ETF及其联接基金成立
泰达宏利财富大盘指数基金成立
28 诺安中小盘精选股票基金成立
29 国泰纳斯达克100指数基金成立

01 2只开放式基金分红
8只封闭式基金分红
06 1只封闭式基金分红
07 2只开放式基金分红
1只封闭式基金分红
08 2只开放式基金分红
2只封闭式基金分红
09 2只开放式基金分红
1只封闭式基金分红
12 2只开放式基金分红
13 1只开放式基金分红
1只封闭式基金分红
14 1只开放式基金分红
1只封闭式基金分红
16 1只开放式基金分红
19 1只开放式基金分红
21 1只开放式基金分红
22 2只开放式基金分红
23 1只开放式基金分红
26 6只开放式基金分红
27 2只封闭式基金分红
29 1只开放式基金分红
30 1只开放式基金分红

五月/May

17 证券业协会公布首批具备协会会员资格的10家基金评价机构

06 高华证券基金销售资格获准

05 汇添富民营活力股票基金成立
07 银华深证100指数分级基金成立
11 华安行业轮动股票基金成立
东吴货币基金成立
12 富国通胀通缩主题股票基金成立
18 大摩卓越成长股票基金成立
19 中邮核心主题股票基金成立
25 工银全球精选股票(QDII)基金成立
26 长盛环球行业股票(QDII)基金成立
28 建信上证社会责任ETF及其联接基金成立
31 鹏华信用增利债券基金成立

05 1只开放式基金分红
06 1只开放式基金分红
10 3只开放式基金分红
11 1只开放式基金分红
1只封闭式基金分红
13 1只开放式基金分红
19 1只开放式基金分红
20 1只开放式基金分红

六月/June

13 华创证券基金销售资格获准
21 国泰基金管理有限公司股权变更，公司由中资基金公司变为合资基金公司
28 纽银梅隆西部基金管理有限公司获批成立
29 渤海银行基金托管资格获准
30 烟台银行基金销售资格获准

01 博时创业成长股票基金成立
07 嘉实价值优势股票基金成立
08 汇丰晋信低碳先锋股票基金成立
10 国投瑞银新兴市场股票(QDII－LOF)基金成立
18 华商产业升级股票基金成立
22 国联安信心增益债券基金成立
大成核心双动力段票基金成立
华泰柏瑞量化先行股票基金成立
招商深证100指数基金成立
24 中欧沪深300指数增强(LOF)基金成立
25 汇添富亚澳成熟优选股票(QDII)基金成立
招商信用添利债券封闭基金成立。
28 诺德中小盘股票基金成立
长信中短债债券基金成立
29 银华信用债券封闭基金成立
东吴新创业股票基金成立
民生加银稳健成长股票基金成立
30 交银主题优选混合基金成立

02 2只开放式基金分红
04 1只开放式基金分红
08 1只封闭式基金分红
17 2只开放式基金分红
24 1只开放式基金分红
28 2只开放式基金分红
29 5只开放式基金分红
30 1只开放式基金分红

（详况请见基金日历解读P821–P826）

F基金日历

Fund Calendar

■基金行业机构 ■基金成立 ■基金分红 ■基金法规文件

七月/July

16 银河蓝筹股票基金成立
21 新华行业周期轮换股票基金成立
27 博时大中华亚太精选股票(QDII)基金成立
博时宏观回报债券基金成立
28 信达澳银红利回报股票基金成立
中海货币基金成立
30 信诚深度价值股票(LOF)基金成立

01 1只开放式基金分红
02 2只开放式基金分红
05 1只开放式基金分红
08 1只封闭式基金分红
09 3只开放式基金分红
14 1只开放式基金分红
15 1只ETF基金分红
26 1只开放式基金分红
28 3只开放式基金分红

八月/August

19 恒泰长财证券基金销售资格获准

04 长盛沪深300指数(LOF)基金成立
05 民企ETF及其联接基金成立
09 华商稳健双利债券基金成立
12 天弘深证成份指数(LOF)基金成立
13 国泰价值经典股票(LOF)基金成立
16 工银双利债券基金成立
18 广发亚太精选股票(QDII)基金成立
20 易方达消费行业股票基金成立
25 中银价值混合基金成立
27 南方小康ETF及其联接基金成立

04 1只开放式基金分红
05 2只开放式基金分红
1只封闭式基金分红
06 1只开放式基金分红
09 1只封闭式基金分红
10 1只开放式基金分红
12 1只开放式基金分红
23 3只开放式基金分红
24 1只开放式基金分红
25 3只开放式基金分红
26 1只开放式基金分红

九月/September

01 齐商银行基金销售资格获准
13 万和证券经纪公司基金销售资格获准
20 浙商基金管理有限公司获批成立

01 农银大盘蓝筹股票基金成立
嘉实稳固收益债券基金成立
08 华富强化回报债券基金成立
国投瑞银优化增强债券基金成立
09 富国汇利分级债券封闭基金成立
14 建信全球机遇股票(QDII)基金成立
15 金元比联消费主题股票基金成立
诺安主题精选股票基金成立
19 海富通上证周期ETF基金成立
华安香港精选股票(QDII)基金成立
21 汇添富医药保健股票基金成立
28 海富通上证周期ETF联接基金成立
29 信诚增强收益债券封闭基金成立
30 嘉实H股指数(QDII-LOF)基金成立

02 1只开放式基金分红
03 3只开放式基金分红
07 3只开放式基金分红
08 1只开放式基金分红
1只封闭式基金分红
09 1只开放式基金分红
10 3只开放式基金分红
13 1只开放式基金分红
14 1只开放式基金分红
15 3只开放式基金分红
17 2只开放式基金分红
20 1只开放式基金分红
27 3只开放式基金分红

十月/October

26 证监会颁发《关于保本基金的指导意见》

08 浙江民泰商业银行基金销售资格获准
22 大连银行基金销售资格获准
哈尔滨银行基金销售资格获准

08 银华成长先锋混合基金成立
12 鹏华环球发现(QDII-FOF)基金成立
15 大成景丰分级债券基金成立
20 富国全球债券(QDII－FOF)基金成立
22 申万菱信深证成指分级基金成立

08 1只开放式基金分红
11 2只开放式基金分红
14 1只开放式基金分红
15 4只开放式基金分红
1只封闭式基金分红
18 1只开放式基金分红
20 4只开放式基金分红
1只封闭式基金分红
21 3只开放式基金分红
22 1只开放式基金分红
1只ETF基金分红
25 2只开放式基金分红
28 3只开放式基金分红
29 3只开放式基金分红

十一月/November

01 证监会颁发《基金销售管理办法(修订版)》
18 证监会颁发《证券投资基金信息披露XBRL模板第4号〈基金合同生效公告及十一类临时公告(试行)〉》

02 中邮证券基金销售资格获准
16 重庆银行基金销售资格获准
23 浙江稠州商业银行基金销售资格获准

02 兴全沪深300指数(LOF)基金成立
03 南方广利回报债券基金成立
05 工银深证红利ETF基金成立
09 易方达岁丰添利债券基金成立
工银深证红利ETF联接基金成立
华商策略精选混合基金成立
15 融通深证成份指数基金成立
16 建信内生动力股票基金成立
18 华安上证龙头ETF及其联接基金成立
长信量化先锋股票基金成立
23 广发行业领先股票基金成立
国富中小盘股票基金成立
农银货币基金成立
海富通稳固收益债券基金成立
24 博时转债增强债券基金成立
中银双利债券基金成立
26 国联安上证商品ETF基金成立

01 4只开放式基金分红
02 2只开放式基金分红
04 1只开放式基金分红
05 3只开放式基金分红
09 1只开放式基金分红
1只封闭式基金分红
10 1只ETF基金分红
12 2只开放式基金分红
15 3只开放式基金分红
16 2只开放式基金分红
1只ETF基金分红
17 1只开放式基金分红
19 3只开放式基金分红
22 2只开放式基金分红
23 1只开放式基金分红
24 2只开放式基金分红
29 4只开放式基金分红

十二月/December

28 平安大华基金管理有限公司获批成立

01 国联安上证商品ETF联接基金成立
02 华泰柏瑞亚洲领导企业股票(QDII)基金成立
鹏华丰润债券封闭基金成立
中欧增强回报债券基金成立
03 天弘添利分级债券基金成立
大摩消费领航混合基金成立
银华信用双利债券基金成立
06 银华抗通胀主题(QDII-FOF-LOF)基金成立
07 华宝兴业新兴产业股票基金成立
嘉实主题新动力股票基金成立
08 招商上证消费80ETF及其联接基金成立
汇丰晋信消费红利股票基金成立
富国可转债基金成立
09 南方金砖四国指数(QDII)基金成立
中海环保新能源混合基金成立
10 博时行业轮动股票基金成立
浦银安盛沪深300指数增强基金成立
15 泰信发展主题股票基金成立
16 国投瑞银中证消费服务指数(LOF)基金成立
17 信诚金砖四国配置(QDII-FOF-LOF)基金成立
20 金鹰主题优势股票基金成立
上投摩根大盘蓝筹股票基金成立
21 大成深证成长40ETF及其联接基金成立
华安稳固收益债券基金成立
22 交银趋势股票基金成立
28 鹏华消费优选股票基金成立
29 银河创新成长股票基金成立

01 2只开放式基金分红
02 2只开放式基金分红
03 1只开放式基金分红
06 2只开放式基金分红
07 2只开放式基金分红
08 2只开放式基金分红
09 1只开放式基金分红
1只封闭式基金分红
10 2只开放式基金分红
13 2只开放式基金分红
14 3只开放式基金分红
15 6只开放式基金分红
16 4只开放式基金分红
17 3只开放式基金分红
20 4只开放式基金分红
21 3只开放式基金分红
22 7只开放式基金分红
23 5只开放式基金分红
24 8只开放式基金分红
27 3只开放式基金分红
28 5只开放式基金分红
29 1只开放式基金分红
30 1只开放式基金分红
1只封闭式基金分红
31 1只封闭式基金分红

(详况请见基金日历解读P826-P829)

2011年4月21日至22日，“第33次基金业联席会暨高管培训班”在江苏无锡召开。中国证监会副主席姚刚、基金部主任王林、基金业协会筹备组负责人孙杰等出席会议；全国64家基金公司以及11家在筹基金公司高管人员参加了会议。

中国证监会主席郭树清、深圳市副市长陈应春、资本市场研究会主席，证监会首任主席刘鸿儒、深圳证券交易所总经理宋丽萍为中国证券投资基金永久性论坛揭牌。

2011年12月2日，“第十届中国证券投资基金国际论坛”在深圳举行。本届论坛主题为“突破——基金公司向资产管理公司转型”。

F基金图片

Fund Pictures

2011年4月12日，“2011(第六届)中国证券投资基金业年会”在北京召开。本届年会主题为“基金业转型与可持续发展”。重点探讨了转型期中国基金业的持续发展；基金业发展的竞争力及基金业如何适应新的市场环境等议题。

2010年11月18日，全国第一家基金同业公会——上海市基金同业公会成立大会暨第一次全体会员大会召开。上海地区31家基金管理公司、23家异地基金管理公司在沪分支机构的代表参加了会议。

2011年11月17日，“2011中国基金营销拓展研讨会暨基金营销十年高峰论坛”在北京召开。本次论坛主题为“下一个十年 基金营销战略之道”。来自50多家基金公司、18家商业银行及多家证券公司基金业务负责人就基金营销十年成长经验，存在问题，及基金营销未来的发展战略进行了总结、研讨。

论坛现场，“2001-2011商业银行基金营销金奖”系列奖项揭晓。

F基金图片 Fund Pictures

2011年4月23日，“中国基金投资者服务巡讲大型公益活动”首次走进高校。中国工商银行资产托管部总经理周月秋为高校巡讲首站——天津南开大学的学子们做了题为《中国证券投资基金业发展历程》的专题报告。

2011年7月8日，“第二届中国基金投资者网上集体接待日”活动在全景网举行，66家基金管理公司高管通过全景网专设交流页面与投资者进行实时交流与互动。

2011年3月14日，由《中国证券投资基金年鉴》发起主办的“2011年中国基金投资者服务巡讲大型公益活动暨纪念中国开放式基金10周年特别活动”在上海拉开序幕。

2010年12月1日，“金财富 新基金”黄金投资研讨会暨诺安全球黄金基金新闻发布会在北京举行。就国内首只黄金基金的特点、当前黄金投资策略等问题进行了研讨。

2010年11月16日，摩根士丹利华鑫基金举办“心灵基汤”投资者教育活动，为投资者深度剖析“七情”对投资的影响。

F基金图片
Fund Pictures

2011年11月12日，上海交通大学安泰经济与管理学院第二届顾问委员会第四次全体会议在上海交通大学上中院召开。东吴基金与安泰经管院签署了战略合作协议，希望在人才培养、战略研发等相关领域项目进行交流合作。

2011年4月24日，华富基金与中国建设银行联手推出的“华富理财长征路‘北斗星’计划”在革命老区江西瑞金正式启动。

2010年6月24日，泰信基金举行“援藏助学，爱心奉献”活动启动仪式，义卖著名摄影记者胡颖女士实地拍摄的44幅照片，将筹集的善款全部用于援助甘肃省夏河县麻当化旦尖措孤儿学校，以支持该校接纳更多的青海玉树等受灾地区的孤儿就学。

2010年5月，汇添富基金领导和员工参观北京“天使之家”孤残儿童寄养点并捐款10万元，支持孤残儿童的治疗和成长。

F基金图片

Fund Pictures

2010年9月3日，交银施罗德基金管理公司开展真爱梦想基金义工活动，公司的志愿者们来到上海浦东新区民工子弟学校新星小学，为公司捐建的梦想中心组装书架。

2010年5月15日，10位幸运的易方达网上交易客户受邀免费参与绿色地球、低碳骑行——易方达网上交易bike（拜客）环保行动。

2011

ALMANAC OF CHINA' S SECURITIES INVESTMENT FUNDS

中国证券投资基金年鉴

总第九卷

国务院发展研究中心金融研究所　主办

中国证券投资基金年鉴编辑委员会　编

中国经济出版社
CHINA ECONOMIC PUBLISHING HOUSE

图书在版编目（CIP）数据

中国证券投资基金年鉴2011/《中国证券投资基金年鉴》编委员会编．—北京：中国经济出版社，2012.5

ISBN 978-7-5136-1598-3

Ⅰ．①中… Ⅱ．①中… Ⅲ．①证券投资—基金—中国—2011—年鉴 Ⅳ．①F832.51-54

中国版本图书馆CIP数据核字（2012）第106900号

责任编辑：师少林

装帧设计：北京金萍广告有限公司

出版发行：中国经济出版社

（北京市西城区百万庄北街3号 100037）

经　销：各地新华书店

承　印：北京金华印刷有限公司

开　本：889mm×1194mm 1/16

印　张：54.25

插　页：46

字　数：1300千字

版　次：2012年5月第1版 第1次印刷

书　号：ISBN 978-7-5136-1598-3/F·9342

定　价：680.00元（精装）

编辑说明 Editor's Note

《中国证券投资基金年鉴》(以下简称“《年鉴》”)创刊于2003年，由国务院发展研究中心金融研究所主办，是中国首部系统、全面记录中国证券投资基金行业创新与发展进程，逐年编撰、连续出版的大型史料性工具书。

一、本卷《年鉴》系总第九卷，根据中国证券投资基金行业年度发展新特点，《年鉴》对部分篇章进行调整与补充。全书分为六个部分，包括：第一部分(特载)、第二部分(市场发展综述)、第三部分(综合数据统计)、第四部分(基金市场体系)、第五部分(政策与法规)和第六部分(附录)。

二、本卷《年鉴》按照中国证监会对基金的分类方式进行编辑。证券投资基金分为封闭式基金和开放式基金两大类。开放式基金包括股票型基金、混合型基金、债券型基金和货币市场基金。在此基础上，为方便研究，《年鉴》将ETF基金、QDII基金单独分列规类。为体现近两年基金市场的发展，从2009年开始，《年鉴》将封闭式基金细分为传统封闭式基金和创新封闭式基金。

三、中国证监会2010年末、2011年上半年末基金数量统计为704只、810只，包括华安国际配置基金。考虑该基金未按QDII基金信息披露规则进行相关披露，《年鉴》在数据统计中剔除了华安国际配置基金，2010年末、2011年上半年末基金数量分别为703只、809只。

四、为体现市场发展，本卷《年鉴》新增“私募证券投资基金”相关内容的编辑。

五、《年鉴》中的“基金”特指证券投资基金；为增加检索途径，目录编排按各章节顺序进行；篇章中，“基金市场体系、基金行业大事记、基金日历”均以时间为序进行编辑、“部分彩图与综合数据统计”篇中的数据截至时间为2011年6月30日；“基金专论、基金市场体系、政策与法规”部分内容截至时间为2011年9月30日。数据统计篇中由于四舍五入，总计与分项相加略有误差。

六、《年鉴》中的数据主要根据证券投资基金公开披露的信息加以汇总、统计，来源2010年、2011年上半年基金年报、中报、季度报告以及基金管理公司对外公开的网站信息，并经各编委单位相关领导审核；部分内容参考了相关行业单位及媒体对外公开的信息，包括中国证监会、中国证券业协会、上海证券交易所、深圳证券交易所、《中国证券报》、《上海证券报》和《证券时报》等；基金图片部分来源于中国证监会、上海市基金同业公会，其他由相关行业机构及媒体单位提供。

本卷《年鉴》的编纂工作，得到了各编委单位的鼎力支持；编委会各位委员也对《年鉴》相关内容提出了宝贵意见，对提高《年鉴》的编辑质量起到了重要作用。在此，我们谨向有关方面的同志和单位表示最衷心的感谢。

中国证券投资基金年鉴编辑部

《中国证券投资基金年鉴 2011》

国务院发展研究中心金融研究所 主办

目 录 CONTENTS

第三部分 综合数据统计 | Composite Data Statistics

目 录 CONTENTS

目 录 CONTENTS

目 录 CONTENTS

第二章 基金托管人及托管业务 Custodians and Their Businesses

第三章 其他服务机构 Other Fund Service Providers

基金代销机构 Distributors

其他机构 Other Providers

第四章 境外机构 Overseas Institutions

目 录 CONTENTS

编委风采 Highlight

夏 斌

国务院参事、国务院发展研究中心金融研究所名誉所长

中国证券投资基金年鉴编委会名誉主任

享受国务院特殊津贴，研究员，博士生导师，国家哲学社会科学规划评审组专家、“中国经济学家50人论坛”成员，中国金融学会常务理事、《银行家》杂志编委会主任、上海、北京等多个省市政府特聘专家、顾问、北京大学中国经济研究中心及国家行政学院等高校兼职教授、中国人民银行总行博士后流动站学术委员会委员、中国并购公会首席经济学家。曾任中国人民银行金融研究所副所长、中国证监会交易部主任、深圳证券交易所总经理、中国人民银行政策研究室负责人、非银行金融机构监管司司长。

张承惠

国务院发展研究中心金融研究所所长、中国金融学会副秘书长、中国房地产学会副会长

中国证券投资基金年鉴编委会主任

享受国务院特殊津贴，研究员。1994年毕业于中国社科院研究生院，获经济学博士学位。此后进入国务院发展研究中心工作，历任宏观经济研究部副研究员、研究室副主任。1998年破格晋升研究员并任技术经济研究部研究室主任。2002年起任技术经济研究部副部长，2003年2月起任国务院发展研究中心金融研究所副所长，2011年12月起任金融所所长。

主要研究领域：金融改革、中小企业融资。曾参加20余项国务院发展研究中心的重点课题；主持研究多个课题；7次获得中国发展研究奖，发表论文200多篇，独立、合作撰写专著10多部。

王连洲

全国人大财经委证券投资基金法起草工作组首任组长

中国证券投资基金年鉴编委会执行主任

研究员。1964年毕业于山东财经学院财政金融专业，进入中国人民银行总行工作。1983年调任全国人大财经委员会，先后担任委员会办公室财金组组长、办公室副主任、经济法室副主任、研究室负责人、巡视员，是中国《证券法》、《信托法》以及投资基金法起草工作的主要组织者和参与者。其作品和谈话涉猎证券、信托和投资基金等方面，表达了具有独立个性的视点，为促进中国资本市场规范发展做出了自己坚持不懈的努力，得到了社会比较广泛的认知。从原公务员岗位退休后，现任中国人民大学信托与基金研究所理事长、中国证券投资基金年鉴编委会执行主任等社会兼职。

编委风采 Highlight

周月秋

中国工商银行资产托管部总经理

经济学博士，研究员，享受国务院政府特殊津贴专家。

现任中国工商银行资产托管部总经理，1993年加入中国工商银行，历任工商银行资金营运部处长、资金营运部副总经理、基金托管部副总经理(主持工作)。目前兼任中国银行业协会托管业务专业委员会常务副主任，中国证券业协会基金专业委员会委员，中国基金业委员会中唯一的托管银行委员，中国工商银行年金理事会副主席，中国工商银行博士后工作站指导专家，中央财经大学硕士生导师，中国金融学会会员。

张 健

中国农业银行托管业务部总经理

经济学学士、高级经济师。

曾任中国农业银行党委组织部副部长、人事部副总经理(主持工作)，中国农业银行房地产信贷部总经理，中国农业银行河南分行党委书记、行长。28年金融从业经历。

印金强

中国农业银行总行个人金融部副总经理

1987年毕业于中国人民大学获硕士学位。自参加工作至今，一直就职于中国农业银行总行从事个人金融业务，历任综合处处长助理、存款处副处长、代理业务处处长、投资基金管理处处长，现任总行个人金融部副总经理。印金强先生自2001年起即从事开放式证券投资基金销售管理工作，直接负责了代销系统研发、销售队伍建设、投资者教育以及产品服务创新等。

李爱华

中国银行总行托管及投资者服务部总经理

中共党员，硕士研究生（中国人民银行研究生部国际金融专业，意大利乔达诺阿莫瑞基金学院金融专业硕士学位），1988年7月进入中国银行参加工作，曾任总行金融机构部助理总经理，副总经理；曾任约翰内斯堡分行总经理；现任金融市场总部托管投资服务模块总经理。

杨 柳

中国银行总行个人金融总部（财富和私行）总监

武汉大学硕士，从事金融工作20多年。曾任中国银行东方信托投资公司处长、中国银行总行投资管理部处长。2003年起任中国银行托管及投资者服务部副总经理、销售总监。现任中国银行总行个人金融总部(财富和私行)总监。

杨新丰

中国建设银行投资托管服务部副总经理（主持工作）

现任中国建设银行投资托管服务部副总经理（主持工作），曾就职于中国建设银行江苏省分行、广东省分行、中国建设银行总行会计部、营运管理部，长期从事计划财务、会计结算、营运管理等工作，具有丰富的客户服务和业务管理经验。

编委风采 Highlight

马梅琴

中国建设银行个人存款与投资部副总经理

1984年毕业于中央财政金融学院；自1984年至今就职于中国建设银行总行，先后从事证券、外汇、自助服务、教育培训及个人客户经理队伍建设工作；曾任个人业务部门处长、二级客户经理(部门副总经理级)，现任总行个人存款与投资部副总经理。

马梅琴女士从事银行个人业务工作二十多年，从2002年我国诞生开放式证券投资基金以来，一直直接负责银行证券投资基金销售、交易、投资者教育、系统开发、新产品及服务创新、客户经理队伍建设等工作，具有丰富的管理经验，在业内有广泛影响力。

谷娜莎

交通银行资产托管部总经理

大学学历，经济师。曾任交通银行研究开发部主任科员、交通银行信托部代理业务处副处长、交通银行证券投资基金托管部规划处副处长、交通银行证券投资基金托管部内控巡查处处长；2001年1月任交通银行证券投资基金托管部总经理助理，2002年5月起任交通银行资产托管部副总经理，2005年11月起任交通银行资产托管部副总经理(正职级)，2007年12月起任交通银行资产托管部总经理。

杨旭东

交通银行个人金融业务部副总经理

1998年3月起任交通银行珠海分行副行长，党委副书记；

2007年4月起任交通银行个人金融业务部副总经理。

吴若曼

兴业银行资产托管部总经理

毕业于中国人民大学，具有二十三年金融从业经历。历任南方证券公司上海分公司副总经理、蔚深证券公司副总裁、光大证券公司总裁助理、中国光大银行资产托管部副总经理(主持工作)、兴业银行资产托管部副总经理，现任兴业银行资产托管部总经理兼期货金融部总经理。

刘滘棠

中国民生银行资产托管部负责人

研究生学历，拥有近三十年金融从业经历。曾任职于中国工商银行深圳分行、中国民生银行深圳分行、广州分行、香港代表处、香港分行筹备组，现任中国民生银行资产托管部负责人。

徐 进

中国邮政储蓄银行托管业务部总经理

中共党员，研究生学历。1998年7月起在国家邮政储汇局(2007年3月改制为中国邮政储蓄银行)工作。历任国家邮政储汇局副主任科员、主任科员，中国邮政储蓄银行代理托管部副总经理。现任中国邮政储蓄银行托管业务部总经理。

编委风采 Highlight

袁丹旭

深圳发展银行零售银行总监兼任财富管理部总经理

曾供职招商银行总行零售银行部；美国顶级大学商学院毕业生，具备广泛与深厚的金融理论知识；拥有在国际化银行积累的投资与融资、风险分析以及战略发展规划与管理的实践经验；通晓商业银行价值评估、业务计划与财务预测的量化技术手段。

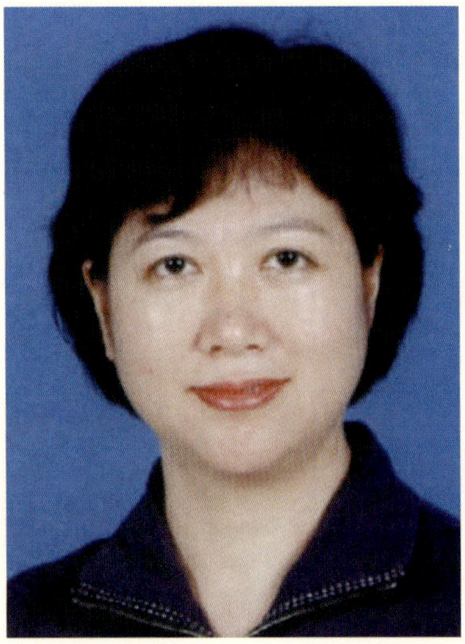

叶　萍

深圳发展银行资产托管部副总经理

大学学历，高级会计师。长期从事银行会计工作，精通本外币资金清算，具有多年计财、零售业务管理经验。1982年至1989年在中国银行惠州分行工作；1989年至1990年在深圳发展银行上步支行工作；1990年至2002年在深圳发展银行总行工作，历任总行国际业务部外汇会计室副主任、室主任、总行清算中心副主任(副总经理级)；2002年至2007年任深圳发展银行深圳分行副行长；2007年7月至2008年1月任深圳发展银行总行零售运营管理部副总经理兼基金托管筹备小组副组长；2008年8月，经中国证券监督管理委员会任职资格核准，任深圳发展银行资产托管部副总经理。

林道峰

上海浦东发展银行总行个人银行总部副总经理

浙江大学EMBA，高级会计师。

现任浦发银行总行个人银行总部副总经理，拥有二十多年的金融行业从业经历，曾供职于浙江省国际信托投资公司，1994年加盟浦发银行，历任浦发银行杭州分行资金财务部、计划信贷部等部门负责人、分行副行长。

林道峰先生致力于浦发银行个人银行财富管理业务的创新和推动，包括财富产品创新及开发、业务研究与发展、财富管理专业队伍的建设等。在林道峰先生带领的团队的努力下，浦发银行建立了涵盖基金证券、保险、黄金外汇及银行理财等理财产品体系，这些产品立足社会发展和客户需求、结合监管政策与金融创新，为企业创造更多财富类中间业务收入的同时，满足了个人客户日新月异的理财需求，推动了银行转型的实现，在个人银行财富管理业务领域确立了浦发银行个人银行的市场地位和品牌价值。

刘长江

上海浦东发展银行公司及投资银行总部副总经理、资产托管部总经理

拥有20多年的金融从业经历，曾供职于中国工商银行总行，常年致力于我国商业银行收费型中间业务产品的创新研究和开发。刘长江先生是我国证券投资基金托管业务、企业年金托管业务、直接股权基金托管业务的最早的研究者和设计者之一，在我国基金托管、养老金管理和产业基金托管等领域有着深入而专业的研究，在国内刊物上公开发表相关论文十余篇，出版译著一本，主编完成我国第一本介绍商业银行托管服务的专业书籍《商业银行资产托管业务》。在刘长江先生带领的团队的努力下，浦发银行于2005年成为我国第一只实行委托管理的产业投资基金中国比利时直接股权投资基金的独家托管人。2008年刘长江先生被荣誉评为2007年上海市的金融领军人才。

高良玉

南方基金管理有限公司总裁

中共党员，经济学硕士，经济师。历任南京农业大学审计处干部、中国人民银行金融管理司主任科员、中国证监会发行部副处长、南方基金管理有限公司副总经理，现任南方基金管理有限公司总裁、党委书记、南方东英资产管理有限公司(香港)董事会主席。

范勇宏

华夏基金管理有限公司总经理

博士。曾任华夏证券股份有限公司总裁助理、中国建设银行总行干部。现任华夏基金管理有限公司总经理。

编委风采 Highlight

李 勍

华安基金管理有限公司总裁

大学学历，高级管理人员工商管理硕士(EMBA)。历任中国兴南(集团)公司证券投资部副总经理，北京汇正财经顾问有限公司董事总经理，上海证券交易所深圳办事处主任，自2001年开始，长驻香港任职中国投资信息有限公司董事总经理，现任华安基金管理有限公司总裁。

王立新

银华基金管理有限公司总经理

经济学博士。历任中国工商银行总行科员；南方证券股份有限公司基金部副处长；南方基金管理有限公司研究开发部、市场拓展部总监；银华基金管理有限公司总经理助理、副总经理、代总经理。现任银华基金管理有限公司总经理。

杨光裕

长城基金管理有限公司董事长

缪钧伟

泰达宏利基金管理有限公司总经理

毕业于复旦大学和香港城市大学，获得理学学士、经济学硕士和金融学博士学位；1998年10月至2003年2月任证监会基金部副处长；2003年3月至2006年8月任海富通基金管理有限公司副总经理。2007年2月起任泰达宏利基金管理有限公司总经理。

尚 健

国投瑞银基金管理有限公司总经理

美国康涅狄格大学金融学博士，历任中国证监会基金部副处长，上海证券交易所发展战略委员会副总监，华安基金管理有限公司副总经理，银华基金管理有限公司总经理。

许小松

招商基金管理有限公司总经理

经济学博士，历任深圳证券交易所综合研究所副所长，南方基金管理有限公司首席经济学家、副总经理，国联安基金管理有限公司总经理，2011年加入招商基金管理有限公司，现任公司总经理、董事。

编委风采 Highlight

高清海

泰信基金管理有限公司总经理

经济学博士，曾任新加坡鲁信(亚洲)投资公司董事、济南百灵信息科技有限公司董事、山东省国际信托公司投资银行业务部经理，现任泰信基金管理有限公司总经理。

赵玉彪

天治基金管理有限公司总经理

硕士，历任吉林省信托有限责任公司上海证券业务部交易部经理、吉林省信托有限责任公司上海洪山路证券营业部经理兼驻上海证券交易所出市代表、上海金路达投资管理有限公司总经理、天治基金管理有限公司董事长，现任天治基金管理有限公司总经理。

徐建平

东吴基金管理有限公司总裁

上海交通大学管理学硕士，会计师，中共党员，17年证券及基金业从业经历。历任苏州证券有限责任公司张家港杨舍证券营业部总经理、苏州证券有限责任公司总裁助理兼资产管理总部总经理，东吴证券有限责任公司副总裁等职务。2004年9月起任东吴基金管理有限公司总裁。

战　龙

交银施罗德基金管理有限公司总经理

“对于资产管理行业而言，通往优秀和卓越的路径清晰而简单——回归专业、回归责任。专业是对公司各个方面精益求精的追求：提升投研能力、加强内部管理、完善客户服务……而对客户资产的责任感素来是这个行业的从业准则和安身立命之本。只有怀抱着高度的责任感、努力夯实基础、长久做好业绩、让客户有良好的回报，这样的资产管理公司才会获得真正的发展。

“我们相信，在中国理财市场这块富饶的土壤上，随着未来进一步的制度创新，中国资产管理行业一定会诞生世界一流的伟大公司。我们要做的，不仅仅是应对当前的瓶颈期，还需要着眼更为远大的目标。立足当下，谋局长远，把该做的事情做好了，未来自然会把你带到梦寐以求的地方。

江先周

建信基金管理有限责任公司董事长

作为银行系基金管理公司，建信基金自成立以来快速成长。作为专业的资产管理机构，建信基金建立了规范的公司治理结构，制定了中长期发展战略，建立了科学的投资管理流程和严密的风险控制体系，为投资者提供了多种不同风险收益特征的基金产品，创造了持续稳定的投资业绩，并得到了投资者的广泛认可。

无论过去还是现在，建信基金成长过程中的每一步，都离不开投资者的信任、股东的支持以及建信基金全体员工的勤奋努力，对此我们深怀感激。

展望未来，建信基金管理公司将继续以“建设财富生活”为使命，以“持有人利益重于泰山”为完成使命的核心原则，坚持“诚信、专业、规范、创新”的核心价值观，为投资者创造稳定的回报，致力于成为“最可信赖、持续领先的资产管理公司”。

何加武

信达澳银基金管理有限公司董事长

中南财经大学本科毕业，1982年8月至1996年1月就职于中国建设银行总行，历任科长、副处长、处长、副主任，1996年1月至1997年6月任中国信达信托投资公司副总经理，1997年6月至2003年6月任宏源证券股份有限公司总经理，2003年6月至2005年1月任宏源证券股份有限公司副董事长，2005年1月至2006年4月任中国信达资产管理公司金融风险研究中心研究员，2006年4月至今任信达澳银基金管理有限公司董事长。

编委风采 Highlight

林 羿

美国普信集团副总裁及北亚区总经理

在加盟普信之前，林羿博士曾在美国美林公司和林肯金融集团就任高管职务。林羿博士具有在美国基金业工作18年的丰富经验。他目前是中国证监会聘任的QDII产品评审专家;还担任中国劳动和社会保障部的企业年金基金管理机构资格认定评审专家。林羿博士曾在美国参议院金融委员会上，就美国证券投资基金和养老金法律的改革为该委员会提供专业证词。此外，他还担任过美国国会金融法改革委员会的特别法律顾问。林羿博士是美国基金业界协会国际委员会委员。林羿博士获有美国天普大学法律博士(juris doctor)学位,并是中国大陆第一批通过美国律师资格考试、荣获美国从业律师执照的执业律师。

温婉容

东亚联丰投资管理有限公司行政总裁

温女士从事亚洲区资产管理行业逾15年，拥有深厚的专业知识和丰富经验，于基金行业内曾负责多个范畴的工作，包括：业务发展、市场推广、销售、客户服务及整体行政管理工作等。在加盟东亚联丰前，温女士为香港财务策划师学会行政总裁，领导该会提升香港财务策划师之专业水平。此外，温女士亦曾担任德盛安联资产管理之行政总裁，负责发展及执行增长策略与及管理跨国分销商。

温女士同时也积极参与公共事务。她现正被香港特别行政区政府委任为保险业咨询委员会之成员，并于2008至2011年期间，获委任为香港存款保障委员会的委员之一，更为该会担任投资委员会的主席一职。温女士亦曾是香港投资基金公会之活跃成员，于2006至2008年期间，担任该会之副主席。

莫兆奇

摩根富林明基金（亚洲）有限公司副总裁

莫兆奇现职摩根富林明基金(亚洲)有限公司副总裁。驻于香港，专责通过合格境内机构投资者计划的中国内地银行，向内地投资者提供零售产品。莫氏于2000年加入本集团之台湾证券业务任职证券经纪，其后调职至资产管理业务，领导其中一队零售营业队伍。及至2003年调职至香港，负责管理及发展离岸高增值客户业务，并于2006年获任命开拓中国合格境内机构投资者零售业务。莫氏持有高雄理工学院工商管理学士学位。

冯芷贤

先机环球基金亚太区董事

冯芷贤女士于2002年加入先机环球基金成为亚太区联席董事，负责整个亚太市场业务。她拥有超过15年丰富的行业经验，曾在Baring (霸菱)资产管理和Credit Agricole (东方汇理)资产管理有限公司担任高级职位。冯芷贤是英国伦敦大学法学荣誉学士和美国伊利诺州州立大学金融学学士。

孙 昊

东方汇理资产管理香港有限公司
中国业务拓展主管

东方汇理结合两大银行集团——法国农业信贷银行(Crédit Agricole)及法国兴业银行(Société Générale)的资产管理专才而成。此结合反映两个集团对资产管理业务拥有相同的愿景，并致力共同应对业界的新挑战，同时进一步为客户提供更优质的服务。东方汇理管理约1万亿美元的资产，是环球资产管理的先驱。我们的投资组合团队，遍布欧洲(巴黎、伦敦和米兰)、亚洲(日本、香港和新加坡)、澳洲及美国的多个主要金融中心。我们在全球范围内广泛设置的机构，反映公司致力与客户保持紧密的联系，及建立长远的伙伴关系。

在经济和财富增长方面，中国无疑是全球最重要的市场。为此，我们与中国农业银行及中国铝业于2008年在中国创立合营公司，名为农银汇理基金管理有限公司。我们凭借专业的知识致力在中国基金业建立旗舰品牌，为投资者提供优质贴心的理财服务，助其实现财富增值。公司的目标是成为一家深受投资者信赖及尊敬的、优秀的基金管理公司。

东方汇理于2006年签署联合国责任投资原则(PRI)。此后，公司一直奉行可持续责任投资的政策，开拓及发展“社会责任投资”(committed investment)，为投资者提供一系列有利于社会的创新产品，如道德基金(ethical funds)、利润提成基金(profit sharing funds)、发展援助基金(development aid funds)和社区事业基金(social business funds)等。

能在一间对社会有承担及关注全球发展的公司工作，我们尤其感到荣幸。我们亦深信合作伙伴和投资者的长久支持是公司成功的关键。

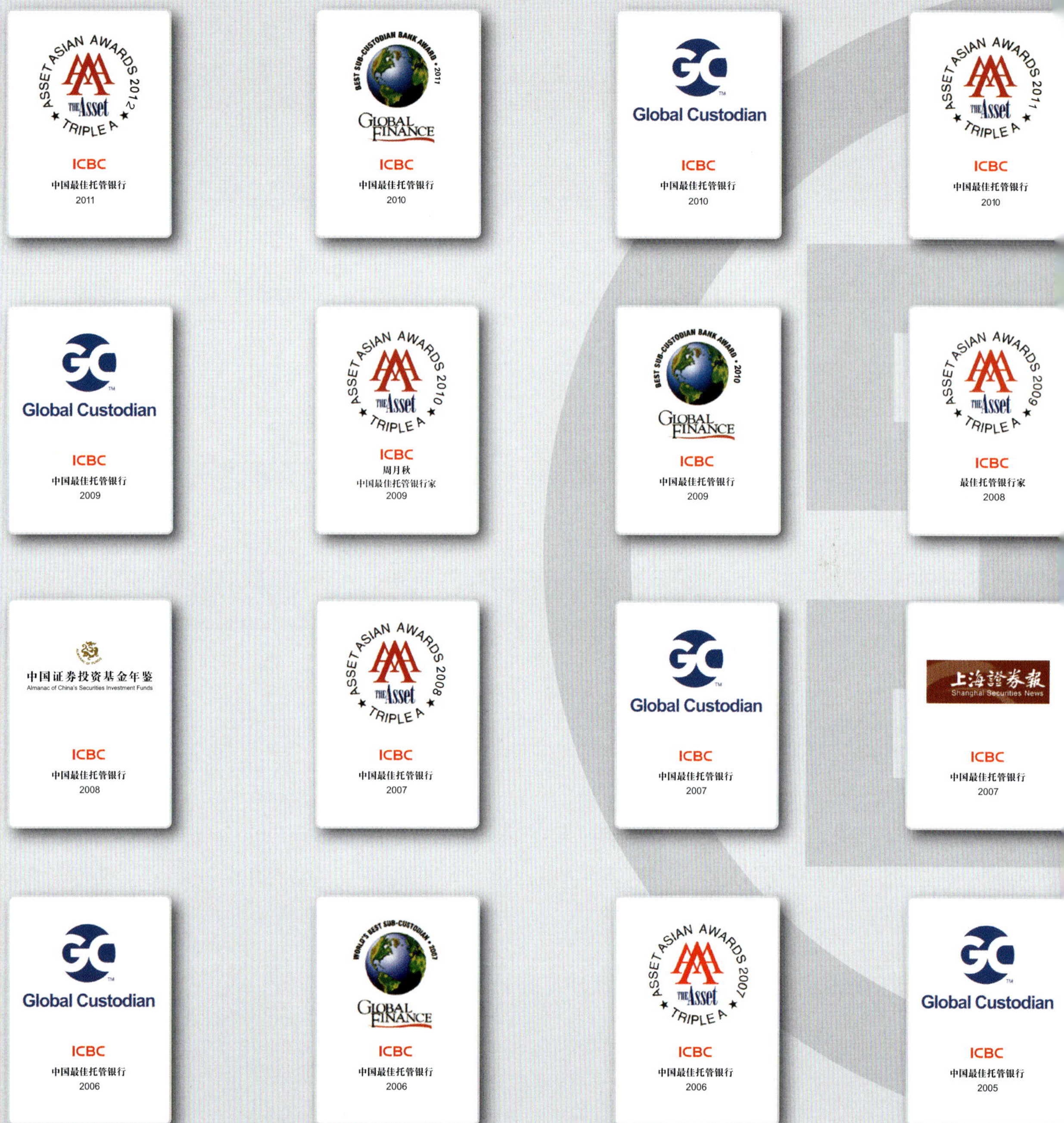
ICBC
中国最佳托管银行
2011
ICBC
中国最佳托管银行
2010
Global Custodian
ICBC
中国最佳托管银行
2010
ICBC
中国最佳托管银行
2010
Global Custodian
ICBC
中国最佳托管银行
2009
ICBC
周月秋
中国最佳托管银行家
2009
ICBC
中国最佳托管银行
2009
ICBC
最佳托管银行家
2008
中国证券投资基金年鉴
Almanac of China's Securities Investment Funds
ICBC
中国最佳托管银行
2008
ICBC
中国最佳托管银行
2007
Global Custodian
ICBC
中国最佳托管银行
2007
上海證券報
Shanghai Securities News
ICBC
中国最佳托管银行
2007
Global Custodian
ICBC
中国最佳托管银行
2006
ICBC
中国最佳托管银行
2006
ICBC
中国最佳托管银行
2006
Global Custodian
ICBC
中国最佳托管银行
2005

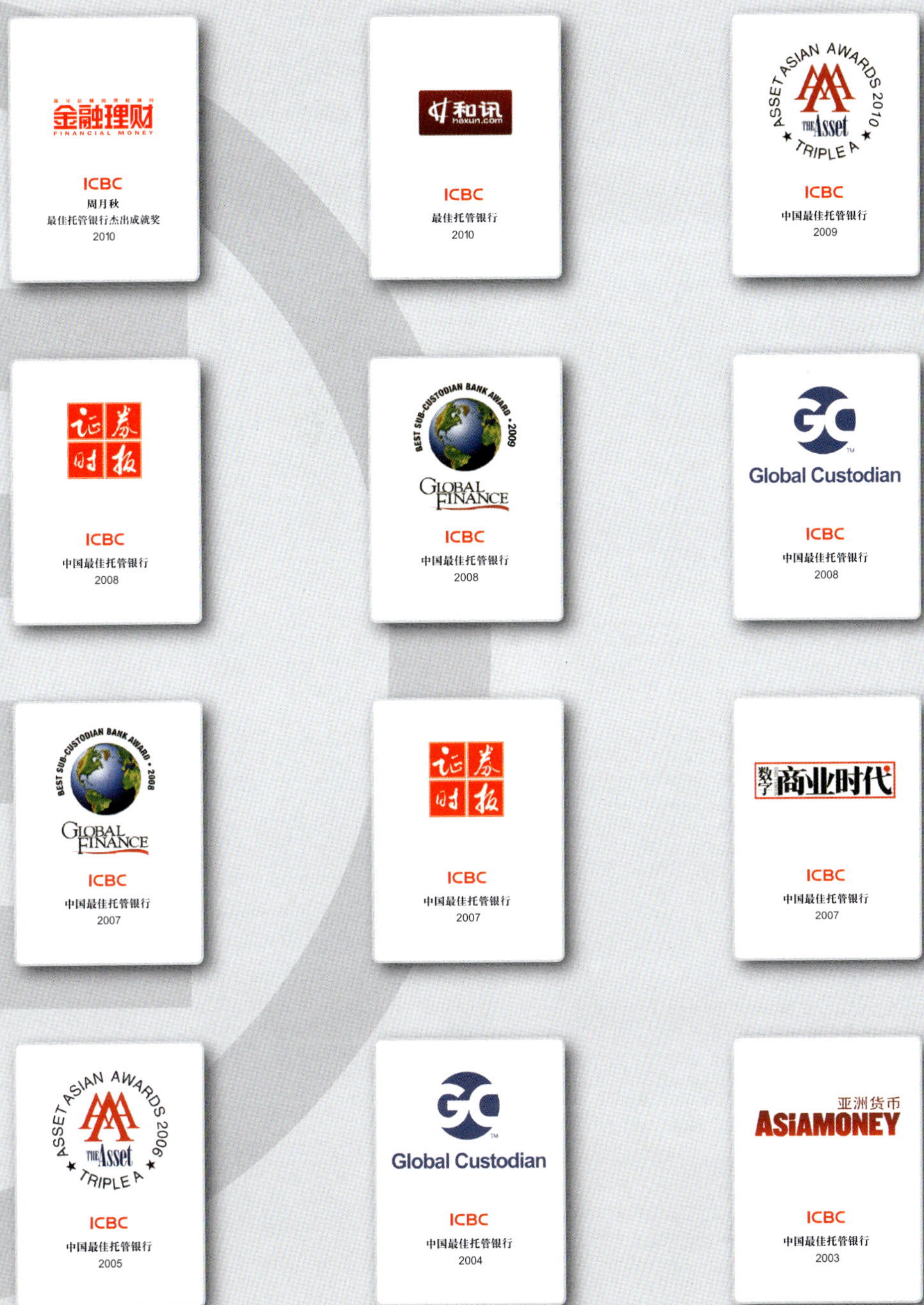

ICBC

中国工商银行

托管服务

www.icbc.com.cn

中国农业银行托管业务部全体员工将继续本着“开拓进取、勤勉尽责、诚实守信、严谨自律”的执业原则，以科学严谨的风险管理和内部控制体系、高效安全的业务营运和技术保障系统、开拓创新的托管服务团队，为广大客户提供安全、专业、高效的托管服务，与广大客户共创价值、共同成长。

托管业务部：

地址：北京市西城区复兴门内大街28号凯晨世贸中心东座F9

电话：010—66060069

传真：010—63201816　　邮编：100031

网址：www.abchina.com

中国银行
BANK OF CHINA
中国银行
全球服务
A Y S W I T H Y O U

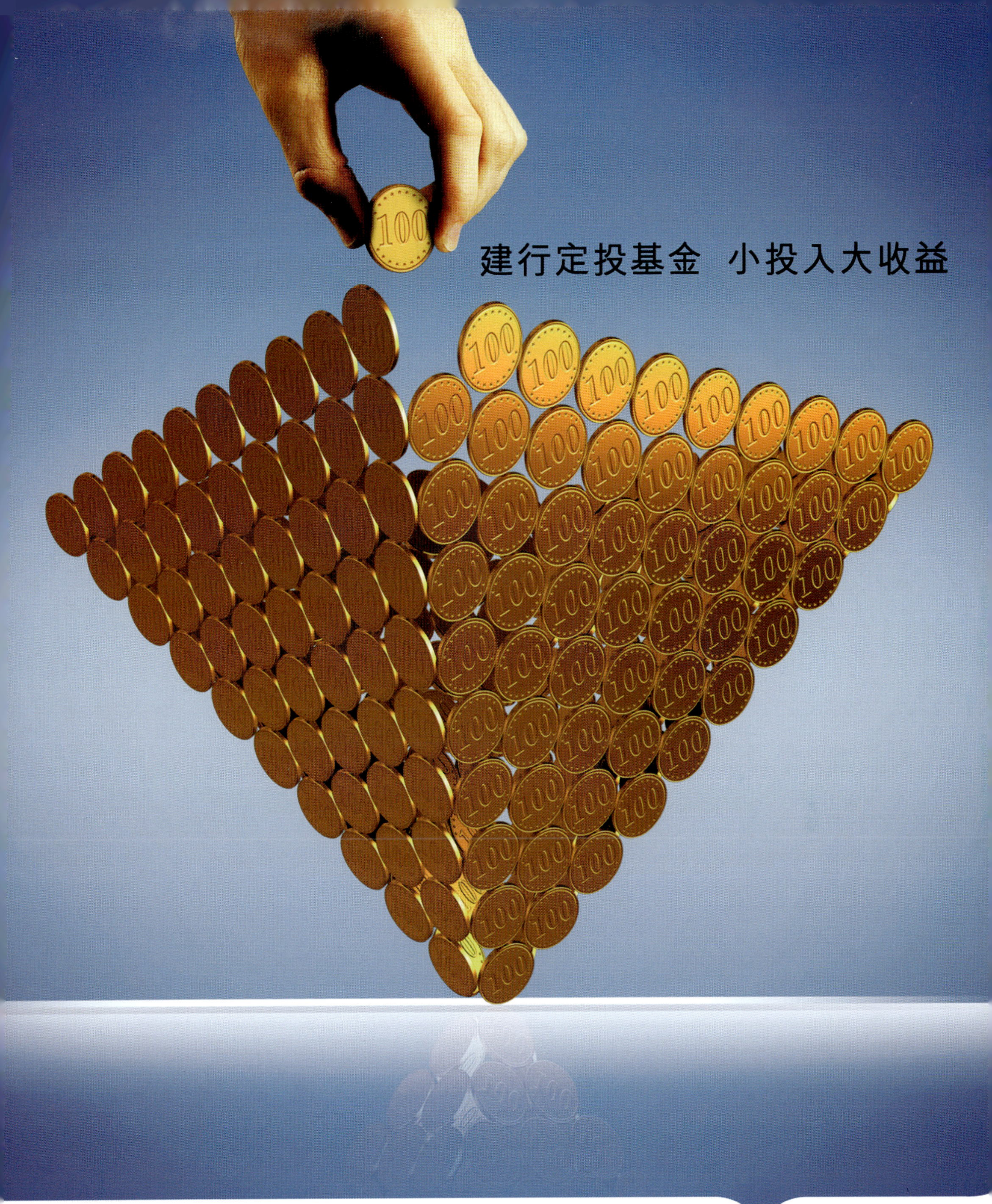
建行定投基金 小投入大收益

携手兴业 托付未来

邮银理财 关爱未来

资产托管
托付民生·安享财富
专业 稳健 创新

华夏基金
ChinaAMC

稳·见未来　绩·优生活

我们努力耕耘，勤勉工作，虽取得不菲业绩，可我

作为基金行业的先行者，我们深知：使命在肩！

国投瑞银基金管理有限公司

国投瑞银
UBS SDIC

国投瑞银基金管理有限公司（以下简称“国投瑞银”）由国投信托有限公司和瑞银集团联合组建，中外股东分别持有公司51%和49%的股份。自2005年合资以来，国投瑞银展现出快速发展的蓬勃朝气和勇于创新的开拓精神，迅速成长为一家具备较强综合实力的基金公司。公司的目标是建立品牌认知、资产规模、投资业绩、产品创新、诚信声誉均达一流的资产管理公司。

截至2011年6月30日，公司共管理12只开放式基金和2只创新型分级基金、1只封闭式债券基金，涵盖市场上主要基金品种，旗下公募基金管理规模超377亿元。并为QFII、信托计划和专户总计约80亿元人民币资产提供投资管理咨询服务。2007年12月，公司获批境外证券投资管理业务，成为率先获得QDII资格的基金公司之一。

客服热线：400-880-6868
公司网址：www.ubssdic.com　电子邮箱：service@ubssdic.com
公司地址：深圳市福田区金田路4028号荣超经贸中心46层　邮编：518035
上海市虹口区东大名路638号6层　邮编：200080

Chrysalis T
我们是一支"专业、纪律、协作"的团队
我们有一种"激情、包容、关爱"的文化
交银施罗德基金，致力于专业的投资和研究，策略前瞻，一路领航。

泰信基金管理有限公司
FIRST-TRUST FUND MANAGEMENT CO., LTD.

天治基金管理有限公司
CHINA NATURE ASSET MANAGEMENT CO.,LTD.
顺天而治 顺势而为
The value derived from nature
睿智 诚信 自省 勤勉

默默坚守
只为不负所托
诚信者 可通达
诚者信达
First State
Investments
信达澳银基金
诚者信达

长久回报 诚心服务
CHANGJIUHUIBAO CHENGXINFUWU

我们以表

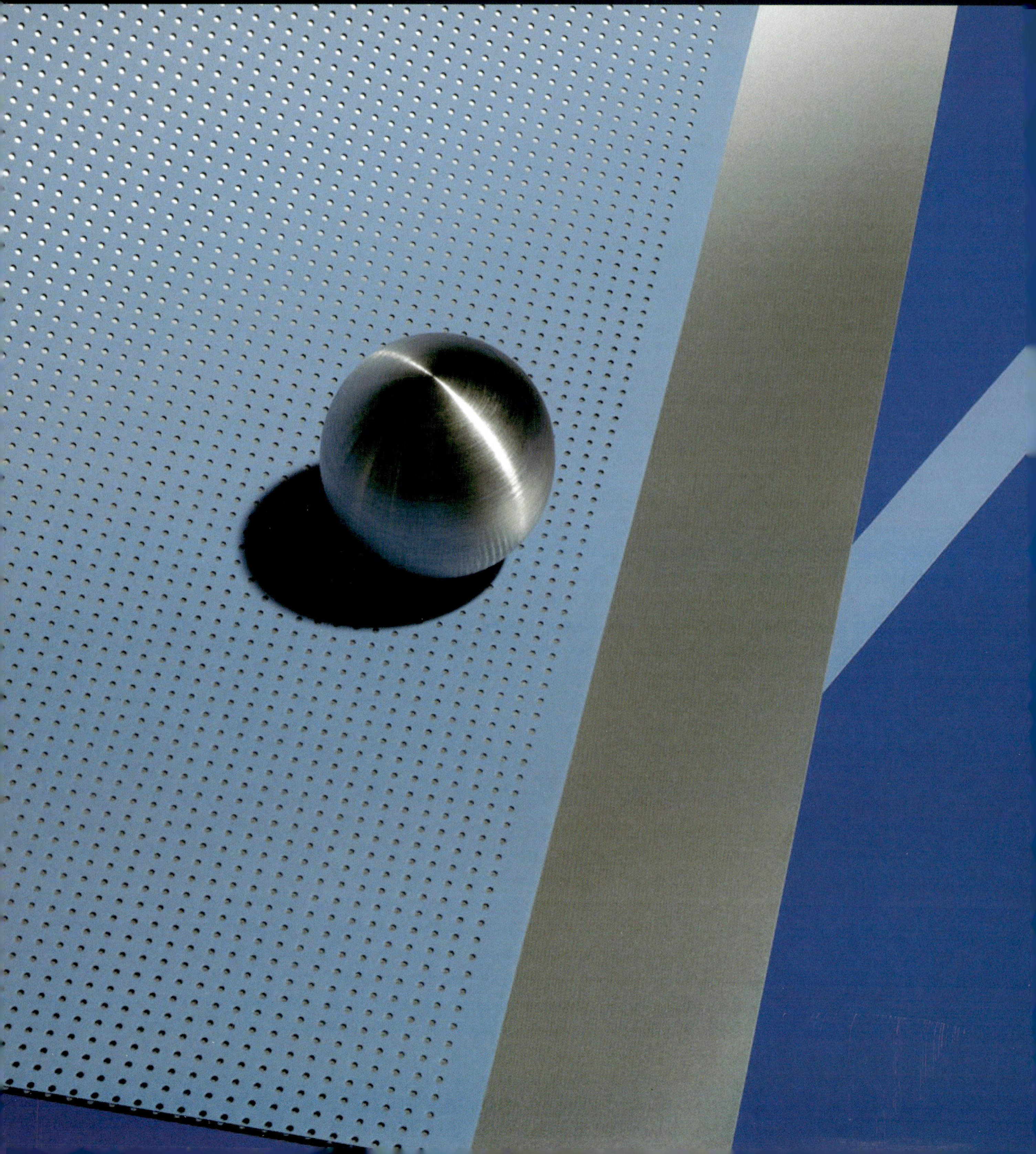

skandia:
global funds
skandia
CITROËN
skandia: Team GBR
accenture
Team GBR RYA
skandia

創新
技术优化
业务变革
增值服务
YSSTECH
赢时胜软件
YSSTECH SOFTWARE
金融行业知名专业软件供应商

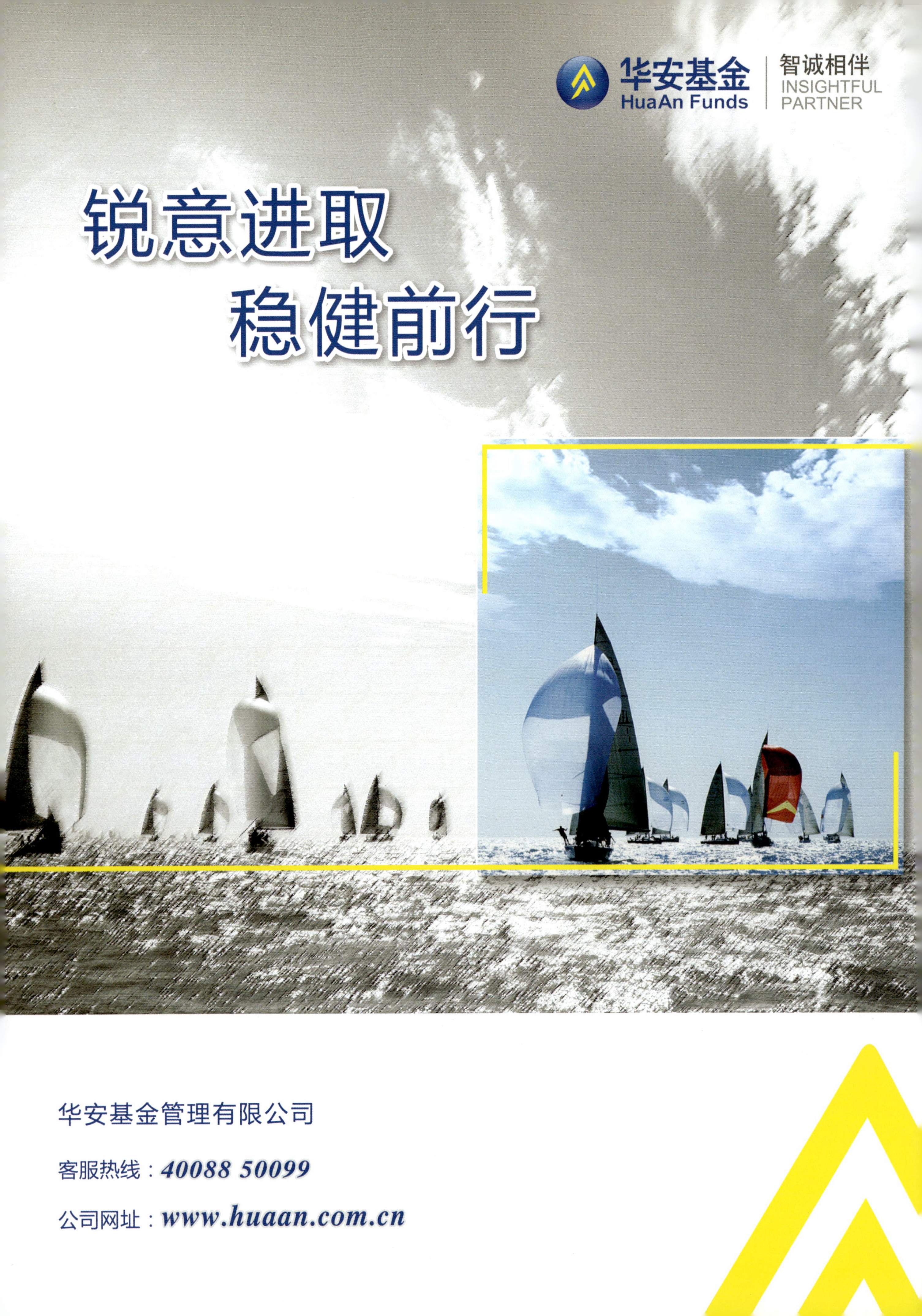
华安基金
HuaAn Funds
智诚相伴
INSIGHTFUL
PARTNER
锐意进取
稳健前行
华安基金管理有限公司
客服热线：40088 50099
公司网址：www.huaan.com.cn

2011

ALMANAC OF CHINA' S SECURITIES INVESTMENT FUNDS

中国证券投资基金年鉴

总第九卷

国务院发展研究中心金融研究所　主办

中国证券投资基金年鉴编辑委员会　编

中国经济出版社
CHINA ECONOMIC PUBLISHING HOUSE

序言 | Preface

基金治理急需反思和变革

□ 王连洲

我国规范的证券投资基金行业，自1998年3月基金金泰、基金开元的成功发行拉开序幕，至今已走过13年的发展历程。从无到有，从小到大，发展迅速。截至2011年9月末，我国已有基金管理公司67家，发行设立基金868只，管理基金份额24,455亿份，基金总资产净值21,251亿元，基金持有市值占A股流通市值的比重为7.9%。据统计，开放式偏股型基金经过前十年的发展，资产净值从当年的693亿元增加到19,977亿元，增长了28倍。在过去的十年中，开放式基金给投资者带来了4,700亿元的绝对收益，剔除申购、赎回费用，基金累计收益率33%，相对市场基准取得了年化7.2%的增长速度。可以说，中国基金业取得了令人瞩目的长足进步和发展，十余年走过了西方发达国家百余年走过的路程，已成为中国证券市场一支重要的机构投资力量。特别是2006-2007年证券投资基金获得近似疯狂的追捧景况，已成为中国基金行业发展历史上最令人难忘的一页。

但是不能不承认，中国基金业从曾经的辉煌顶峰一直跌落至今难止。对于一般基金持有人来说，基金似乎成了食之无味、弃之可惜的鸡肋，犹如沉疴块垒纠结在广大投资者心目中久久挥之不去。基金业绩近年下滑难有起色，多数基金持有人损失惨重，基金的信任程度受到重创，基金营销空前困难，基金专业人才流失不断，基金资产规模一降再降，行业内弥漫着悲观情绪。特别是刚刚过去的一两年来，基金业绩下降速度加快，股、债基金在同一年双双发生亏损，亏损总额达到4,000多亿元，并且跑输大盘指数，这是基金设立以来十分罕见的事情。这不仅对于“专家运作、组合投资、风险分散”的基金行业来说情何以堪，而且对于一向积极倡导并大力推动基金发展的专家、学者和业界，更免不了感到一丝无奈与尴尬，并对一路走来的基金现状的成因，不得不进行一番新的思考。

基金业绩难以稳定甚至发生巨额亏损，有其内部的原因，这就是以股东资本为基础的基金公司治理体系、监管规制，特别是基金管理费的固定比率提取制度，无法将作为法定受托人的基金管理人应有的内在创新性、能动性、积极性以及尽职尽责的操作要素等，有效地导向到维护投资者最大利益的努力和诉求上。尽管基金持有人利益优先的原则，在大会小会、报章文件上不厌其烦地一再被呼吁和要求，但事实上很难得到贯彻和落实。因为公司股东垫支的资本，其本质是逐利的，经营团队也只有管理越来越多的基金资产，才能满足股东日益提高的获利需求和自身报酬提高的需求。其结果一定是：基金管理人势必将其全部工作的“重中之重”，放在为完成公司利润指标和提高报酬而去追求基金资产规模，不可能关顾到基金持有人的利益，更遑论放在首位。这既是现行基金治理结构和机制下的必然结果，也是人之本性下的使然。

当然，基金业绩下滑，更主要是致因于股市的“跌跌不休”。股市是纲，基金是目，纲举才能目张；股市是水，基金是船，水涨才能船高；股市是根，基金是叶，根深才能叶茂。2011年A股募集资金总额为6, 780.47亿元，仅次于2010年的10, 275.20亿元与2007年的8, 043.61亿元，为历史第三高水平。上证综指从2006年的6000多点下降到2010年末的2808点，再下降到2011年末的2200多点，当年下降21.68%。在这种环境下，有人估计中国的股民，可能是一成盈利，两成打平，七成亏损。如果只统计散户投资者弱势群体，这个比例或许更加糟糕。在这种情况下，基金的投资仅限于国内被批准上市的股票和债券，仍按照基金的有关规定，哪怕股市再“跌跌不休”，基金还必须持有60%的仓位垫底支撑，而其他的机构可以随时进出市场，这样的环境基金哪有不亏的道理?

坚持中长期投资以及价值投资，是我们经常向投资者灌输的理念。这个理念一般来说并不错，以后很可能还要坚持下去。但事实上，居高不下的新股市盈率严重透支了企业未来几十年甚至更长远的发展成果，哪里还能指望有什么中长期投资的价值？大家对于当年创业板开始发行交易的盛况，可能还记忆犹新。创业板近百倍的新股发行市盈率，仅一天就涌出了多位上亿元、上几十亿元的富翁。而世人何尝不清楚 这是虚拟财富的暴涨，而不是实际社会财[illegible]增加。想当初人们担心的事情，就是创业企业一旦上市成功，难禁发起人变现快跑，事实已证明，这种担心已经或正在成为现实。我们不清楚这里面，究竟有多少只基金为抬高创业企业市盈率做出了“贡献”，又有多少只基金至今还深陷其中。

除此之外，基金在运作过程中，付出了基金管理费、托管费、交易席位费、中间服务费、信息披露费等相关费用。据相关统计，投资者投资基金的成本不低于4%。为什么大家现在对于基金的情绪比较大，对基金的信赖程度降低，我认为主要原因是由于基金亏损造成的，当然基金管理人有责任，但更应该把关注的重点，指向宏观经济的调控政策，指向基金治理的制度设计，指向整个证券市场更深层次的瑕疵和问题。

基金要想走出困境，首先应在行业指导上，赋予公募基金行业作为买方的特殊定位，给予政策上的一些特殊扶持。公募基金的持有人绝大多数是资产量很小的中小投资者。基金管理公司作为中小投资者财产的管理人，肩负着为中小投资者财产保值增值的责任和道义。如果大多数投资者在资本市场中都不能获得收益，如果在财产公有制下，大多数人不能分享经济发展的成果，则资本市场的合理性、公正性就要打上大大的问号。特别是中小投资者的资金，低利率存银行受损失，却为其他富人提供低成本资金，用于推高房地产等，有欠公平。应该使公募基金成为高于银行利率、低于股市收益、适于弱势群体投资的平台，为缩小收入差距的悬殊，实现共同富裕，建设和谐社会，在公募基金上做出政策倾斜。

其次，应该反思监管层面的监管理念、监管思路、监管办法和监管措施。如果说，仅是一家公司、一只基金业绩不好，资产规模上不去，人才留不住，那是这家公司的经营、这只基金的管理问题；如果是基金全行业的业绩都不理想，人才留不住，投资者离开基金市场，基金规模持续降低，那只能从制度设计和监管的科学性上去找原因。

第三，改革股票发行制度，改善基金投资的外部环境。加强市场的违规惩戒、规制上市公司的分红，强制执行创业板的退市规定等，固然不失当前的进取措施，但治标不治本，故态复萌难以避免。解决问题的根本之策是取消股票发行的审批制，实行注册制，让新股发行由市场选择，让凡具备一定条件，因发展高新技术、有助提升竞争力而急需资金扶持的，都有平等的机会在市场竞争中得到应有的资金扶持，兑现应有的回报承诺。让需要上市的公司和承销商的卖方，与包括基金和散户在内的买方之间，进行短兵相接的价格博弈，市场会出现理性的询价回归和功能回复。

第四，投资者是市场的脊梁，要采取切实有效的政策措施，维护市场的三公原则，保护投资者特别是公众投资者的合法权益。

第五，考虑公司型基金、有限合伙型基金的设立，扩大投资者的投资选择范围，推动理财市场良性竞争环境的发展。

第六，增大基金的直接交易比重，考虑公募基金直接从交易所租用席位的可能性，降低基金的交易成本。

第七，取消过于频繁的评级排位，参考借鉴欧美市场的业绩评估经验，使基金经理人在市场中能有充分的机会和足够的时间，体现他们的职业价值。

第八，切实维护基金公司独立自主经营的市场法人地位，妥善处理与股东之间可能产生的规制之外的利益纠葛。

第九，新的基金法早日出台，修正、补充、完善，兴利除弊。

第十，还基金业一个外部公平、公正竞争的生态环境。同一的产品、同一的经济行为，享用同一的规制监管标准。

总之，采取有效的措施，积极应对市场发展，相信中国的基金业有着光辉的前景，对此我们应当充满信心。

第一部分 特载

Part I Special Articles

第一章 领导讲话

第二章 基金专论

第一章

领导讲话

Leader's Lectures

深化证券期货市场改革 促进实体经济科学发展

—— 在第九届中小企业融资论坛上的讲话

中国证监会主席、党委书记 郭树清

（2011年12月1日 中国深圳）

各位来宾，女士们、先生们：

大家上午好！

非常高兴参加今年的中小企业融资论坛。首先，我代表中国证监会，对第九届中小企业融资论坛的召开表示热烈的祝贺！同时，也请大家允许我，对接下来还要开幕的基金论坛和国际期货大会表示热烈的祝贺！

大家知道，我刚刚从间接融资领域转岗到直接融资战线，对资本市场并没有多少成熟的想法。因此，虽然同时接到了三个会议的邀请，其实并没有那么多话要说，所以将有限的几点感想整理成一篇发言，算是与参加三个会议的朋友们一起来讨论交流。我讲三个问题。

一、全面正确地看待我国资本市场发展取得的伟大成就

中国资本市场的发展和整个经济体制的转轨密切相连，实际上就是后者不可分割的一个有机组成部分。由计划经济转向市场经济，在农村是从联产承包责任制开始的，在城市则是从对企业松绑和放权让利渐次展开的，其共同之处都是优化资源的配置方式，逐步强化市场机制在经济活动中的作用。

20多年来，中国资本市场在探索中前进，在改革中创新，走出了一条符合市场规律和中国国情的发展道路。

一是坚持市场化导向，积极培育和完善证券期货运行机制。中国的证券期货是在城市改革启动后才出现的新生事物，按照邓小平同志“大胆试、大胆闯”的方针，我们充分发挥市场主体自身的积极性和相互间的制衡约束作用，逐步建立起了一套比较完整的以信息披露为核心的市场运行规则体系。特别是最近一些年里，集中力量推进了股权分置改革、证券公司综合治理和股票发行体制改革，成功推出了股指期货、融资融券等创新业务。

二是坚持法治化导向，切实维护“三公”原则。不断完善市场体系、产品结构、投资融资、并购重组、资产管理、监管执法等方面的制度规范。一个包括法律、法规、部门规章在内的市场法制体系基本形成。与此同时，我们始终坚持依法监管、依法治市，严厉打击财务造假、内幕交易、“老鼠仓”等违法违规行为。

三是坚持公开化导向，着力增强市场透明度。主动公开证券期货立法、稽查执法、常规监管、行政许可等信息，建设资本市场诚信档案数据库，持续强化上市公司、证券公司、基金公司的信息披露责任和义务。

四是坚持国际化导向，稳步提升对外开放水平。截至2011年10月底，我国共设立13家合资证券公司、38家合资基金公司，批准119家境外机构QFII资格，涉及投资金额208.9亿美元。41家证券公司和基金公司获批QDII资格。发行境外上市外资股的境内企业共168家，累计融资1, 726.24亿美元。

经过多年的不懈努力，我国资本市场规模稳步扩大，承载能力大幅提升，日益深刻地影响着我国的国民经济和社会发展。在推动经济体制改革方面，推广了股份公司制度，确立了现代企业治理结构的基本框架，巩固和发展了以公有制为主体、多种所有制共同发展的基本经济制度，形成了以市场机制为基础的资源配置方式。在促进经济持续发展方面，开辟了储蓄转化为投资的新通道，有力地支持了基础设施、支柱产业和高新技术产业的快速发展，推动了民营企业的规范运作，上市公司正日益成为国民经济的骨干力量，为形成世界第二的经济规模和全球瞩目的综合国力做出了重要贡献。在完善金融体系方面，改变了长期以来单纯依靠银行体系的融资格局，培育和发展了新的金融业态，推动金融机构转变经营机制，有力地增强了我国金融体系的市场竞争力和抗风险能力。在推动创新型国家建设方面，借助资本市场的平台，一大批代表未来发展方向的创新型企业脱颖而出，也带动了产业基金、风险投资、股权投资等民间资本的活跃与发展，增强了我国经济发展的内生动力。在推进社会建设方面，普及了市场经济的基本理念和基础知识，深化了人们对市场的认识，也使法治、契约、公开、透明、正义、诚信等现代社会观念日益深入人心。

毋庸讳言，中国的证券期货市场还十分年轻，存在着明显的缺点和不足。例如，行业和产品的结构还很不完善，服务国民经济的广度和深度都需要拓展；内在约束机制还不健全，一些市场主体诚实守信、规范守法的意识相当淡漠；市场分层不够清晰，投资者适当性安排比较薄弱，风险分散和承受能力不强；理性投资和长期投资的基础尚不厚实，有些时候投机炒作、追涨杀跌、大起大落的现象仍然比较突出；监管理念和方式还不能适应市场发展的需要，执法的及时性、有效性和权威性迫切需要增强。这些发展过程中的问题只能在发展中得到解决。

二、转变经济发展方式需要更加充分地发挥资本市场功能

国家“十二五”规划纲要明确提出，经济社会发展要坚持以科学发展为主题，以加快转变经济发展方式为主线，这也是资本市场改革发展的中心任务。对于资本市场如何落实“十二五”规划，业内和学界已进行过很多探讨，我认为应重点集中在以下几个方面：

一是拓展和完善储蓄转化为投资的机制。我国是世界上储蓄率最高的国家之一，每年形成的净储蓄绝对额也名列前茅，但是国内不少产业和地区资金短缺，“三农”和中小企业尤为突出。大力发展资本市场，有助于推进投资主体的多元化和融资方式的多样化，有助于引导民间资本进入代表未来发展方向的领域。例如，发展股本融资和产业基金可以强化对经济主体的约束机制，也有利于减轻政府的财政负担，为机构和富裕居民开辟新的投资渠道。又如，债券融资也存在着非常广阔的发展前景。从国际比较来看，我国企业融资结构的差距很大。截至2010年底，美国企业债券余额相当于银行贷款余额的207%，韩国为54.45%，日本为43.29%，而我国企业债券余额仅相当于银行贷款余额的18.32%。

二是切实加快结构调整和产业升级。这些年，我国经济实现了高速增长，但在社会、资源和环境方面也付出了巨大代价，必须调整经济结构，优化产业布局，使经济发展建立在技术进步和制度创新的基础上。建设层次丰富、结构合理、功能完善的资本市场体系，能够显著加快我国产业的结构调整和优化升级。通过完善资本市场相关的制度安排，可以推动优势企业实施强强联合、跨地区兼并重组，淘汰落后产能，提高产业集中度，引导产业在不同地区之间有序转移。当前，我国沿海和内地的产业分工日渐清晰，中西部地区的投资和增长速度已明显超过东部地区，资本市场的发展可以进一步加快这个进程。从另一个角度来看，我

国实体经济规模已居世界第二，但金融服务业整体上还很薄弱，大力发展包括资本市场在内的金融服务业，可以带动会计、法律、咨询、信息等许多现代服务业加快发展，这本身就是产业升级和结构调整的重要内容。

三是全力促进科技创新。发达国家的经验证明，科技创新与资本市场的有效对接，是推进经济发展方式转变和实施自主创新战略的根本途径。资本市场提供的风险共担、利益共享机制，能够推动各类资源向高新技术产业集聚，加速实现科技成果向现实生产力的转化。我国证券期货产业的发展，已经在引导资金、人才等各类资源向新兴产业聚集方面发挥了较好的作用，并带动形成了股权投资产业。今后，资本市场参与各方应当把落实创新型国家战略，促进新兴产业发展作为长期任务，不断深化科技金融合作，丰富科技资源与资本市场深度融合的方式和渠道，使资本市场成为全社会创新和创业更重要的推动力量。

四是动员更多资源建设文化强国。我国是文明古国和文化资源大国，但还不是文化强国。资本市场至少可以从三个方面支持和促进文化的发展：第一个方面，通过发展创业基金和风险投资，支持文化创意人才和团队，把各种美好的梦想变成现实；第二个方面，通过支持符合条件的文化企业发行上市，鼓励文化类上市公司并购重组等多种渠道，推动文化产业成为国民经济的支柱性产业；第三个方面，资本市场是以委托代理和商业信用为基础的市场，有效提升各类市场主体的法治意识和诚信水平，使社会各界认可这个市场、信任这个市场，也是对社会诚信建设和文化建设不可估量的贡献。

五是维护国家经济金融安全。当前，我国金融重要的风险因素仍然是金融结构失衡。2002年至2010年的9年间，我国企业通过交易所市场筹措的资金总额是3.28万亿元，仅为同期银行贷款增加额的8.5%。即使把其他直接融资形式筹措的资金都加到一起，比例仍然严重偏低。间接融资比例过高，意味着银行体系集中承担了大部分的市场风险。经济生活中的许多问题，比如中小企业融资难、民间金融不规范、非法集资和金融欺诈活动猖獗都与资本市场不发达有关。因此，大力发展直接融资市场，逐步改善融资结构，运用好资本市场分散风险的功能，可以显著增强我国金融体系抵御风险的能力。

此外，在促进城乡统筹和区域协调发展，完善我国的养老和社会保障体系，促进节能减排，拓展对外经济合作空间等方面，资本市场也可大有作为。贯彻落实好“十二五”规划，必须积极拓展资本市场的覆盖面和包容力，通过资本市场的科学发展来促进经济社会的科学发展。

总之，我们应当把中国的资本市场建设成为自主创新的发动机，产业升级的推进器，国民经济的晴雨表，全球合作的粘合剂。

三、坚定不移地深化资本市场的改革创新

关于资本市场下一步的任务，“十二五”规划纲要已作出了详尽的安排和部署。做好证券期货业的改革和监管工作，就是要坚定不移地落实这些要求，扎扎实实推进资本市场的改革创新和健康发展。

第一，加快多层次资本市场体系建设。健全和完善市场体系结构，可以为不同规模、不同类型、不同成长阶段的企业提供差异化的金融服务，促进其加快发展。要继续支持符合条件的公司在主板上市，坚持不懈地发展中小企业板，积极稳妥地发展创业板市场。加快统一监管的场外市场建设步伐，稳步推进期货、期权和金融衍生品市场的发展，认真研究柜台交易的可行性。进一步明晰各板块的职能分工和服务定位，形成功能互补、相互促进、协调发展的多层次市场体系。

第二，积极发展多样化的投融资工具。要落实国务院关于积极稳妥发展债券市场的要求，鼓励符合条件的企业通过发行公司债券筹集资金。适应我国城市化、工业化、信息化、国际化的需要，逐步研究推动地方债、机构债、市政债、高收益债等固定收益类金融产品创新。同时，按照统一准入条件、统一信息披露标准、统一资信评估要求、统一投资者适当性制度、统一投资者保护安排的原则，加快实现债券市场的互联互通。要积极研究股票、基金相关的新品种，探索并购重组、资产证券化以及期货期权等金融工具创新。逐步建立以市场为主导的品种创新机制，不断丰富市场投融资产品体系，更好地服务于中小企业和创新创业活动。

第三，大力培育多元化的投资者群体。资本市场的安全运行和功能发挥，不仅需要透明高效的市场机制、经营稳健的市场主体、适度有效的市场监管，更离不开结构合理、成熟理性的投资者群体。要本着对人民负责的态度，加强对多层次市场各类产品的风险揭示和归类，落实与之相匹配的投资者适当性制度，引导投资者审慎评估，理性参与，确保将合适的产品卖给合适的投资人。例如，尽管国内外许多权威研究机构一致认为，中国的股票市场蕴藏着罕见的增长潜力，但是低收入人群和以退休金为生的人群就可能不太适宜参与其中，应当建议他们更多考虑风险较低的投资和储蓄工具。在强化对广大中小投资者服务的同时，要鼓励和引导证券投资基金、养老基金、社保基金、保险资金等机构投资者协调发展，积极引导风险投资、私募股权投资阳光化、规范化运作，共同促进资本市场稳定健康发展。

第四，切实加强资本市场诚信建设。诚信缺失加剧了社会焦虑，增加了经济运行的成本，也侵蚀着政治稳定的基础。中央对诚信建设高度重视，广大人民群众也充满了期待。资本市场本身就是商业信用发展的结果，是以诚信立足的，应该有责任和信心在诚信建设方面走在最前列。要积极贯彻落实六中全会关于政务诚信、商务诚信、社会诚信和司法公信建设的要求。证监会将带头讲诚信，推进政务信息公开和阳光作业，搞好主动沟通和解疑释惑，提高监管工作的透明度。我们将升级和完善资本市场诚信档案数据库，丰富诚信监管和约束手段，积极督促上市公司、证券公司、基金公司、期货公司和其他中介机构不断提升商务诚信水平；加强投资者教育工作，增强投资者的契约精神、风险意识和理性参与能力；密切与司法机关、相关部门、地方政府之间的监管协作，充分发挥新闻媒体的舆论监督作用。

第五，坚决打击证券期货违法违规行为。当前，市场监管工作的一项重点仍然是防控和打击内幕交易。现阶段我国的内幕交易有两种情况，有一部分人有目的地利用特殊地位和关系，谋取不正当利益；也有一部分人主观意识不甚明确，没有认识到这是与贪污、盗窃、欺诈性质相近的犯罪行为。小偷从菜市场偷一棵白菜，人们都会义愤填膺，但是若有人把手伸进成千上万股民的钱包，却常常不会引起人们的重视。这就是内幕交易的实质，也是防范和打击这种犯罪活动的困难之所在。在这里，我们要郑重声明，中国证监会对内幕交易和证券期货犯罪始终坚持零容忍的态度，发现一起坚决查处一起。同时我们也真诚地请求社会各界特别是投资者个人和机构，一定要及时向我们提供案件线索，协助我们调查取证，在需要的情况下能够积极作证。我们将继续改进监管手段和方式，严惩操纵市场、欺诈上市、利益输送、虚假披露等违法违规行为，维护好市场“三公”原则。

第六，时刻警惕和防范区域性、系统性风险。防范风险是金融市场永恒的主题。在国际经济金融动荡加剧、形势复杂多变的环境下，更要把防范风险摆在突出位置。要认真贯彻落实国务院关于清理整顿各类交易场所的部署，协同有关方面加强组织指导和监督检查，推动清理整顿工作有序、有效开展。要深入排查、妥善处置非法证券发行和非法经营证券业务活动，防止形成区域性证券期货风险。要进一步加强对货币市场、资本市场、保险市场不同主体行为模式及其互动关系的预防性研究，加强监管协调，防止风险在不同主体、不同市场间传递和转移。密切关注国际金融市场的动向，强化跨境风险的监控、评估、预警和应急处置，牢牢守住不发生系统性风险的底线。

女士们，先生们，朋友们，“十二五”时期是不断深化改革开放、全面建设小康社会的关键时期。我国资本市场正处在一个新的起点上，发展前景非常广阔。相信在党中央国务院的正确领导下，在全国人民的关心支持下，在市场各方的共同努力下，我们一定能够抓住机遇，不断完善资本市场服务实体经济的体制机制，为加快转变经济发展方式，全面实现“十二五”时期经济社会发展目标做出新的贡献。

谢谢大家！

财富管理领域的立法问题

—— 在《信托法》颁布十周年纪念研讨会上的讲话

全国人大财经委副主任　吴晓灵

（2011年4月28日　中国北京）

各位领导，女士们，先生们：

大家早上好！

自从我到人大工作这几年，就不断学习法律问题，因为参与立法工作就要不断地学习法律问题。今天有幸应邀参加《信托法》发布十周年的大会，既然是一个研讨会，我就借这个机会汇报一下我三年来对法律问题的研究，特别是理财市场上法律问题研究的心得。谨代表我个人的一种学术观点。

我认为，财富管理是今后金融领域中非常重要的一种业态，它的主要工具是投资基金，它的法律关系是信托关系。我想财富管理可以分成两大类：第一类是财富管理咨询，我们可以帮助客户制定各种各样的理财规划；第二类是财富的直接管理。财富的直接管理可以分两类：第一类是实物资产的管理，第二类是货币资金的管理。实物资产的管理可以包括实物资产的经营管理、收购、兼并、重组，还有财产权的传承、财产权的代表、财产收益权的处置等等。货币资金的管理最主要的是资金信托，投资基金应该是资金信托当中非常重要的一个工具。

首先，我讲一下信托与公司的法律关系的区别

因为我们现在经常讲搞信托业务或搞信托计划等等，很多金融产品是信托的，信托与平常所讲的公司，它们在法律关系上有什么不同呢？《信托法》第二条规定，“本法所称信托是指委托人基于对受托人的信任，将其财产权委托给受托人，由受托人按委托人的意愿，以自己的名义为受益人的利益或特定目的进行管理或处分的行为。”我认为，信托最大的特点和核心问题是第三方受托管理，建立信托契约。

而公司呢，《公司法》第三条规定，“公司是企业法人，有独立的法人财产，享有法人财产权，公司以其全部资产和财产对公司的债务承担责任，有限责任公司的股东以其认缴的出资额为限对公司承担责任，股份有限公司的股东以其认购的股份为限，对公司承担责任。”它的核心是公司以出资额承担责任，投资人与公司是自管理关系，经理层与投资人是代理关系，也可以说是一种委托关系。我个人认为，委托和代理基本属于同一法律关系，因为在权力行使方面，它们的方法是差不了太多的。时间关系我不展开说。

第二，投资基金和投资公司的区别

我从2008年到现在，一直在推动《证券投资基金法》的修法。在修法的过程当中，大家就不断地在问，基金和现在私募基金采取的公司制以及合伙制之间到底有什么区别？这个问题困扰着我一直到现在。我想了很长时间，前段时间又进行了一些交流。我们的《证券投资基金法》也在征求意见，反馈回来的意见矛盾的焦点也在这个方面，迫使我不断地在想这个问题，我把我最近想到的体会跟大家说一说。

1. 投资基金是资金信托的主要形式，是重要的财富管理工具

投资基金有四个要素：

(1) 筹集资金；

(2) 专业机构受托管理；

(3) 按投资人与受托人的合同进行投资；

(4) 投资人承担风险，获取收益，管理人(受托人)收取管理费。

基金是资金的集合，是连接投资人与筹资人的管道，因而不应是经济活动的纳税主体，应由管理人代行纳税义务。我们国家的法律体系有一个最大的缺憾，即没有财团法人。一个公益组织，包括一个资金的集合，它去从事一些行为的时候没有法律地位。我想我们在修法的时候也不可能在这个问题上有什么大的突破去修民法。但应确立投资基金是资金的集合，通过法律赋予它投资主体的地位，我希望这次修法应能够在这方面给予突破。

按照这样的框架大家可以看到，基金是中间这一块，它有投资人，有管理人，还有被投资对象。应该说在投资人的环节上它是可以纳税的，把资金投出去，获得投资收益，归还本金，在这个环节上可以纳税。它的被投资对象本身是一个实业主体，或者不管它是一个什么样的实体，但毕竟它是一个实体，它的被投资对象本身也应该是一个纳税环节。基金管理人来管理这个基金，它也应该是一个纳税的主体。有了这三方面纳税主体，税收是不会被遗漏的，不会被逃掉的，只是减少了资金集合成本。

我们在银行间市场发行资产证券化证券的时候，就成功地与税务总局达成了协议，由国债登记公司向税务局报哪个机构买了资产证券，他分了多少红，一比对，税收上是不可能产生漏洞的。我想信托基金以及投资基金在这个环节当中也应该秉持这种纳税理念。

投资基金在分配的环节上，因为投资基金是管道，因而它的收益90%以上，或者我们还可以规定得更高，要分配给投资人。

投资基金的治理或投资基金的法律外壳。

我一直在想，什么叫公司型的基金，什么叫合伙企业型的基金？其实美国的投资公司法，不过就是基金的法律外壳。它并不是一个实体的公司，它用这个法律外壳，用的是它的治理结构。所以，我想我们的投资基金就是一个契约，投资人把这一堆钱集合在一起然后交给第三方去管，投资人和管理人之间本身就是一种契约，这个契约就是一个信托的契约。在这个契约的基础上，用什么样的方式来管这一堆钱，就是这堆钱应该怎么运作，我想应该采取三种方式，这个事我没想好，特别是第一个没想好，借助于各位专家，看看怎么样把这个问题表述得好一些。因为我们一月份发下去的征求意见稿写的就是契约型基金、公司型基金、合伙型基金，大家都认为所有这些都是一种契约，那怎么表述这个问题呢？我想从它们的法律关系来说都是信托，而且都是信托契约，只是在治理上不一样。

(1) 签订一个标准合约，通过买卖、申购、赎回基金，本身就意味着我承认这个标准合约(合同)。这就是契约建立了。由基金持有人大会或持有人代表大会来代表投资人的利益，这是第一种治理方式。

(2) 采用公司的治理方式选举董事会，代表投资人利益，由其来选举管理人和受托人，监督管理人。

(3) 采用有限合伙制的方式，由合伙人大会选择管理人、受托人，商定利益分配办法和监督管理人。

2. 投资公司

投资公司是一个专门从事投资业务的企业，投资人本身也是受托人，自己集合资金自己进行管理，没有第三方的独立管理人。我想要把信托基金投资方式和公司集合资金投资方式区分开，关键是看有没有第三方的介入。投资公司可以采取有限责任公司、股份制公司和有限合伙企业的的形式，投资公司是按《公司法》和《合伙企业法》注册的企业法人，是经济活动的纳税主体。

第三，财富管理市场的立法

《信托法》第四条规定，“受托人采取信托机构形式从事信托活动，其组织和管理由国务院制定具体办法”。我们国家这部《信托法》只规定了信托的法律关系，但是对经营信托没有作出表述，而只是在第四条当中作了这样的表述。根据这样的表述，当初是人民银行，后来是银监会，制定了《信托公司集合资金信托计划管理办法》，也就是信托机构可以做资金信托这项业务，且应该按照这个办法来做。证监会有《证券投资基金管理公司管理办法》，允许基金管理公司发起一个信托性质的证券投资基金，也作了一定的规定。再往后，除了这两个办法以外，还有很多其他信托关系型的资金信托，一会儿我下面讲。

经营性的信托其实有多种经营形式，包括民事的、商事的、公益的，当然公益的它不是营利性的，民事也不是营利性的，但是这些行为需要有专门机构来做。民事信托、商事信托和公益信托，信托公司是可以做的，但也可以由其他专门的机构做这些业务，在我们的《信托法》中没有对这些作出规定。在商事信托当中，投资基金是一个最主要的工具，而且这个工具比较复杂。如果在《信托法》中把它加进去的话，那就太庞大了，所以，我在想可不可以把投资基金作为资金信托的主要工具，给它单独立法。

公募投资基金，发起和管理投资基金的机构肯定是个金融机构，因为它在做金融业务，应该受金融监管机构的监管。投资基金里有一种公募投资基金，现在证券投资基金是公募的，是证监会监管着，还有一种可以公募的基金，叫单位受益信托基金，在香港也有这样的法律，因为它是公开向社会募集基金份额，它应该由证监会来监管。它最典型的产品就是房地产信托投资基金REITS。我们现在对REITS的监管也存在着各种各样的的争议，我认为从法理上来推论应该是由证监会来监管。今天我是人大代表，不是央行副行长，以人大代表的身份研究这个问题，从法理和学术上的角度来谈对监管问题的看法。

信托公司，我认为应该允许它做公募投资基金，这应该是它的主业。我们的信托投资公司自从20世纪80年代成立以来屡遭整顿，就是因为信托投资公司的市场定位从来不清，它的主营业务不清，运作方式不清。从人民银行2000年制定《信托投资公司投资资金管理办法》开始时，就逐渐向资金信托方向规范。银监会成立后，在非银部的领导下，信托公司向资金信托的方向规范，这个思路越来越清楚。

资金信托就资金募集方式来分有两种，一种是公募的，一种是私募的。但是银监会囿于《证券投资基金法》的限定，信托投资公司不能做公募基金，各种各样的规定把信托公司(以后把“投资”两个字去掉了)都局限在私募基金的范围之内，我个人认为这不太合适。从法理上来说，应该给信托公司以发起公募基金的资格，但是如果发起公募基金的话，应该接受双重监管，机构的风险可以由银监会负责监管，但是业务方面应该接受证监会功能监管，遵循统一的法则。

保险公司现在做投资联结保险，我认为它本质上是一个公募基金，应该由保监会和证监会共同来监管。同样，机构的风险归保监会监管，业务的合规应该接受证监会监管。这个问题在修法的过程中我和保监会多次交换过意见，在这方面有不同的意见。去年国际保险业协会其实已经从会计准则上规定了，凡是有保障功能的才能够计入保费，没有保障功能的资金是不能够计入保费的，按照这个原则，好像投连险基金账户的钱是不能够计入保费收入的。所以，从国际上会计准则方面已经把这个问题分清楚了，国内我认为可以对这个问题进行进一步的探讨。

我表述个人的学术观点，投连险本身是一个投资基金。如果你不认为是个投资基金，是保险公司负责的话，就应当在合同当中向所有投连险的购买者，明示这个基金账户出现了亏损由保险公司负责，如果你不敢承诺这个基金出现亏损由保险公司负责，而是让账户持有人承担风险，它就是投资基金。我认为我们做金融业务的时候，法律关系、法律责任必须是清晰的。

私募投资基金，我们现在各类金融机构都在做私募投资基金，基金管理公司在做一对多的账户资产管理，是证监会在监管。证券公司在做集合资产管理也是证监会监管。银行在做代客理财产品，对代客理财产品也有各种各样的争论。我认为，如果代客理财产品，银行有保本承诺的，特别是很多理财产品是结构性的，只要银行有保本承诺的，可以不算基金，因为它是以银行的信誉在经营，它是银行的或有负债，这样它必须占用银行的资本金，而且必须纳入表内监管。如果这个理财产品完全由投资人承担风险，银行在这里只承担资金集合的管理责任，这就是一个纯信托投资产品，是投资基金。这个关系我希望能够得到清晰统一的认识。信托公司在做集合资金信托计划，由银监会监管。

我们还有合格的境内投资者QDII到海外投资，因为我们是三个监管当局在监管，即使是同样法律关系的产品也制定了三个不同的规则，就是证监会有证券公司的QDII，保监会有保险公司的QDII，银行业有银行业的QDII。我认为，在相同的法律关系上的相同产品还是应该有统一的规则。

在当前，中国金融业分业监管和机构监管的格局下，在私募投资基金层面，可以按机构主体归属分别监管，我承认这个现实，但是理念和标准必须一致。大家要厘清它的法律关系，法律关系必须界定清楚。我们的标准和理念必须是一致的，但监管可以是分别的，因为是不同的金融机构在做这个事情。只要这个金融机构的行为有人负责，对社会公众、对社会金融秩序不会酿成风险，出了风险有人管，我想就到达目的了。

现在很多同志呼吁我们要修《信托法》，我想《信托法》不宜大修，最好就加那么一章，把经营性信托规定一下。在经营性信托当中，民事信托、商事信托、公益信托都可以由哪些机构来做，他们要由谁来管，把这些事情给明确了，然后再配之以具体的监管法规就可以了。

这是我在最近一段时间推动《证券投资基金法》修法过程当中对有信托关系产品的思考。我在上海讲过一次，目的是凝聚共识，推动证券投资基金修法。我想我们所有的立法工作应该是民主的、公开的，充分的学术讨论有利于我们科学立法。这就是我的一些体会，有不当之处请批评指正。

谢谢大家！

后危机时期的经济发展和养老基金管理

—— 在“后危机时期和养老金投资”国际研讨会上的讲话

全国社保基金理事会理事长　戴相龙

（2010年6月25日　中国西安）

各位嘉宾，女士们，先生们：

早上好！

世界各国应对全球金融危机取得了明显成效。今年是全国社保基金和社保基金会成立十周年。在此之际，社保基金会举办“后危机时期和养老基金投资”的国际研讨会，针对后危机时代的四个专题进行探讨，对于加强各国养老基金管理机构的交流与合作有着积极意义。

下面，我就四个专题先谈一谈粗浅看法。

一、后危机时期经济和金融全球化的新特点

经济全球化是世界经济发展的必然趋势，区域经济一体化又是促进经济全球化的实现形式。经济全球化对各国有利有弊，但总体上讲是利大于弊。我认为，经济全球化并非这次全球严重金融危机的原因。这次金融危机的主要原因是，某些国家的货币政策失当，金融监管缺失，国际货币体系不适应当今世界经济发展的新格局。相反，经济全球化的共同利益，才促使世界主要国家和地区同心协力应对金融危机，免于全球经济进一步恶化，并开始艰难恢复。这次金融危机是一场金融大地震，虽然集中爆发只经历半年左右时间，但是恢复和完善国际经济和金融的运行，却需要5年左右或更长时间。我们把这个时期称为“后危机时期”。后危机时期经济全球化的总体趋势不会改变，但将出现新的特点：

(一)新兴经济体在全球经济增长中的作用更加突出

美国在全球经济中仍处于强势地位，但这种强势地位会有所变化，世界经济将呈现由发达国家和以金砖四国为代表的新兴经济体共同主导的格局。据国际货币基金组织统计，从2000年到2008年，以购买力平价计算的世界总产出中，发达国家所占份额从63%降至55.3%，而发展中经济体和转型经济体所占份额从37%上升至44.7%。预测2010年全球经济增长4%，其中，发达国家增长2.3%，发展中国家增长6.3%，中国增长超过9%，印度增长超过8%。

(二)全球贸易增长近期恢复后仍会大大超过全球经济增长

1990-2007年，世界贸易年均增长8.5%，比同期经济增长高出约5个百分点。2009年全球贸易受金融危机影响回落10.7%。随着全球经济复苏，全球贸易增长会恢复到过去十多年平均增长7.4%的水平。后危机时期，贸易保护主义抬头，但自由贸易区的设立会加快。

(三)全球直接投资呈现新格局

2007年，全球外国直接投资流入量创下1.98万亿美元的新纪录。金融危机对国际直接投资带来很大的负面影响，全球外国直接投资流入量2008年跌到1.68万亿美元，2009年跌到1.2万亿美元。世界投资的恢复可能会慢于世界

贸易的恢复，短时间内难以达到2007年近2万亿美元的水平。流入发展中国家的直接投资占全球的比重在逐年提高，2007年为31.4%，2009年已接近一半，这个比例还会上升。西方跨国公司仍主导世界投资的发展，但新兴经济体的崛起正在改变这种格局。中国不只是吸引外商直接投资的最大经济体，也会逐步成为对外投资最大经济体。仅2009年1月到2010年4月，中国三大石油公司对外投资就达到290亿美元。

(四)国际金融体制变革已成不可逆转之势

20国集团峰会对国际金融改革方向和原则已有较多共识。后危机时期，国际金融监管的合作将会加强，新兴经济体在国际货币基金组织和世界银行的地位和话语权将逐步提升，国际货币多元化进程将有所加快。后危机时期，美元仍为主导货币，但从长远看，美元存在贬值趋势，美元在国际储备货币中的比例将继续下降。欧元在调整和振荡中会逐步稳定。希腊等国发生债务危机，原因不在使用欧元，相反，欧元救了希腊等国家。与此同时，人民币国际化将有序推进。新兴经济体和产油大国的主权财富基金会异军突起，全球私募基金将进一步活跃。

二、中国经济和资本市场的发展

(一)转变经济发展方式

后危机时期，中国将转变经济发展方式，从主要依靠出口、投资转向消费、投资、出口的均衡协调发展。促进中国消费需求，需要调整收入分配中的不合理因素。2008年，我国累积贸易顺差3,000亿美元，去年减少1,000亿美元，今后还会减少。我国的目标是进出口平衡。1992-2007年的初次分配格局上，政府部门和企业部门所占比例上升，而居民部门所占比重从66.06%下降到59.59%。转变经济发展方式要逐步提高居民部门在国民收入分配中的比重和劳动报酬在初次分配中的比重。一些企业集团大幅度提高工资，会带来连锁反应，总的看是一件好事。尽管如此，中国在全球劳动力市场仍有很强的竞争力。

(二)调整经济结构

首先，加快调整城乡结构，推进城镇化建设。目前，中国的城镇化水平约为46%。今后，每年将有1,000万农村劳动力转入城镇。预计不到20年，中国城镇化水平将提高至70%左右，这将给我国经济发展带来很大需求。

其次，加快推进产业结构调整，促进产业升级，全面提升产业技术水平和国际竞争力。2009年，中国出台了汽车、钢铁等十大产业振兴规划，主要内容是淘汰落后产能，提高技术水平，扩大生产规模和自主品牌。几年后，中国将出现几个2,000万吨炼钢、200万辆汽车制造、2,000万吨炼油等生产制造基地。预计到2012年底，我国铁路营业里程将达到11万公里以上，其中客运专线和城际铁路将达到1.3万公里。

(三)改善国际收支，扩大对外投资

长期以来，我国国际收支一直是收大于支。前10年，累计贸易顺差1.2万亿美元，累计吸收外国直接投资近7,000亿美元。到2009年底，我国金融对外净债权为1.8万亿美元，上升为世界第二债权国。但是，也要看到在维持“双顺差”和高储备上我国付出了重大代价。一是中央银行为收购“双顺差”形成的外汇，投放了大量人民币，增加了控制通胀的压力；二是增加了宏观金融调控的成本和难度，损失了中央银行发行货币的铸币税收入；三是降低了外汇资产收益水平，聚集了外汇资产缩水的风险。我国外汇储备的绝大部分用于购买美国等发达国家的国债，收益率仅为3%左右。2002年4月开始到2009年底，按美元指数衡量，美元已贬值41%，我国外汇储备大幅上升，也增加了资产缩水的风险。

改善国际收支状况，已成为我国完善开放战略、改善宏观调控的紧迫任务。前几天，我国中央银行宣布进一步推进人民币汇率形成机制改革，增强人民币汇率弹性，坚持以市场供求为基础，参考一篮子货币进行调节，有管理的浮动汇率形成机制。同时，我国宣布对406种商品(其中钢铁46个)取消出口退税。我国有关部门进一步扩大了审批合格投资机构数和投资额度，特别是更多地扩大境内合格对外投资机构投资额度。应创造条件，启动2007年8月原打算实施的“香港股票直通车”。认真实施“境外投资办法”，加快完善国家和市场对工商企业扩大对外投资的服务体系。通过采取以上措施，预测我国对外投资会迅速扩大，国际收支平衡会不断得到改善。

(四)当前中国的宏观经济形势

今年，中国经济增长超过9%。今年5月，消费物价增长3.1%，全年可控制在3%左右。经过采取综合措施，房价过高上升已得到控制。去年新增贷款许多用于基础设施建设，还贷期限会延长，坏账率可得到控制。预测2011-2015年经济增长7%以上。

三、完善多支柱养老体系，实现养老保障可持续发展

(一)人口老龄化和金融危机是威胁养老保障的两大风险

根据联合国发布的《世界人口展望》提供的预测数据，未来40年，全球60岁以上人口规模将从目前的7.6亿上升到20亿，60岁以上人口占总人口比例从目前的11%上升到22%，其中，发达国家从21.7%上升到32.5%，欠发达国家从9.3%上升到22.7%。未来的人口老龄化程度史无前例，老龄化风险对养老保障体系的冲击也将是前所未有的。人口老龄化是一个长期过程，在相当长的时期内不会逆转，老龄化风险将长期威胁养老制度的平稳运行。

2008年的全球金融危机凸显了养老保障的投资风险。金融危机期间，全球养老基金规模从31.4万亿美元大幅缩水到25万亿美元。养老基金规模最大的几个国家，在金融危机期间的养老基金损失最为严重。金融危机对养老保障的负面影响在短时间内难以消除，一些国家的公共养老基金筹资率大幅度下降，严重影响着养老保障的可持续性和稳定性，政府和企业将不得不在未来一段时间内筹集资金改善公共养老体系的财务状况。

(二)多支柱养老体系的本质是分散养老风险

过去30年，全球养老制度改革的重心是应对人口老龄化的冲击。发达国家已经建立了比较完备的现收现付制养老计划，政府和企业承担了养老保障的老龄化风险和投资风险。但是，在人口老龄化的作用下，养老基金收支矛盾开始威胁到公共养老保障的稳定性和可持续性，迫使发达国家进行养老制度改革。养老制度改革的成功经验是：建立多支柱养老体系。

多支柱养老体系的核心是有效分散养老风险。第一支柱的公共养老金采用现收现付制，政府承担基本养老保障的老龄化风险和基金投资风险，确保老龄人口的基本生活；第二支柱的补充养老金采用积累制，个人承担老龄化风险和基金投资风险；第三支柱的个人养老储蓄有多种灵活方式，在投资商业养老保险的情况下，保险公司承接老龄化风险。多支柱养老体系将养老风险分散到政府、企业、家庭多个主体，不仅减轻了国家的养老负担，而且增强了养老保障的抗风险能力。

中国即将进入快速老龄化阶段。到2009年底，60岁以上人口已占全部人口的12.5%，其中65岁以上人口已占8.5%。预计到2050年，60岁以上人口高达31%。因此，也需要通过多支柱养老体系来充分调动社会各方面资源，改变养老保障完全依赖政府的局面，分散养老风险，有效应对人口老龄化和金融危机的冲击。

(三)多渠道积累养老基金，理顺投资管理体制和运营机制

中国正在建立和完善包括城镇职工、城镇居民、农民工、农民在内的多层次养老保障体系。完善中国城镇职工养老保障体系，我们还面临两项重要任务：

一是多渠道积累养老基金。养老保险社会

统筹基金，在未来存在很大缺口，而全国社会保障基金的现有规模只相当于基本养老保险支出的87%，储备基金规模偏小。在养老保险个人账户层面，全国范围内只有不到一半的省市开始做实个人账户，而且做实的比例与制度要求还有较大差距。此外，还有个人账户历史“空账”尚未弥补。在企业年金层面，目前的规模才2,000多亿元，企业年金成为多支柱养老体系中的一块短板。为了应对人口老龄化，需要壮大全国社保基金的规模，做实基本养老保险个人账户，鼓励企业建立企业年金计划。

二是理顺养老基金的投资管理体制和运行机制。现在，中国养老金主要有三笔钱，一是集中到各省市的城镇职工社会养老保险金。2009年底，累计结存约1.3万亿元。该项基金只能存入银行和购买国债，投资收益率低于现在的通货膨胀率；二是全国社会保障基金。2009年底有7,766亿元；三是补充养老保险金，即企业年金。2009年底有2,000多亿元。以上三项共计约2.27万亿元。我国正在研究和改进对这些基金的投资管理体制。

公共养老基金的管理体制和运行机制既不能套用行政事业单位的模式，也不能照搬商业机构的模式。理顺养老基金的管理体制和运行机制，需要把养老基金的投资管理职能和行政管理职能分离开来，赋予专门管理机构投资管理职责，实现投资管理的专业化和市场化；赋予专门管理机构独立的投资决策权，提高基金管理效率；赋予专门管理机构在人、财、物管理方面一定的灵活性，以适应基金投资市场化运作的需要；强化养老基金投资管理的透明度，以形成有效的外部监督。在上述改革中，全国社保基金将发挥更大的作用。

四、不懈努力，建设一流社会保障资产管理机构

2000年8月，我国决定设立全国社会保障基金，该基金是由中央政府筹集的全国社会保障储备基金，主要用于弥补我国人口老龄化时期养老金收支不足。经过十年努力，我们在该项基金管理运营上取得丰硕成果。

一是基金规模不断扩大，筹资渠道逐步拓宽。全国社保基金成立之初，中央财政拨付了200亿元，到2009年底，全国社保基金规模达到7,766亿元。全国社保基金最初的资金来源是中央财政预算拨款，此后中国政府又决定将部分彩票公益金划拨给社保基金会，2009年6月，经国家批准，将上市公司国有股的10%划归全国社保基金转持。

二是稳步扩大投资范围，合理配置各类资产。全国社保基金成立初期，主要投资于银行存款和国债。2003年开始股票投资，2004年开始实业股权投资，2006年开始境外投资，2008年开始股权投资基金投资。谨慎稳步地扩大投资范围，为分散风险提高收益奠定了良好基础。到2009年底，全国社保基金的固定收益产品投资比例是40.67%，境内外股票投资比例是32.45%，实业投资比例是20.54%。

三是坚持审慎投资方针，形成安全有效的投资决策体系和投资管理方式。社保基金会坚持长期投资、价值投资、责任投资的理念；重大投资决策由社保基金会理事大会决定；成立了投资决策委员会、风险管理委员会、专家评审委员会，负责投资决策、风险管理；评选基金投资管理人和托管人。我们建立了资产配置决策体系，在分析资本市场长期收益和风险特征的基础上，制定为期五年的战略资产配置计划；结合中短期宏观经济和资本市场的变化趋势，制定资产配置年度计划和每个季度的执行计划。

四是获得了稳定较好的投资收益。全国社保基金成立以来的权益累计投资收益2,448亿元，投资收益成为全国社保基金的重要来源。成立以来的年平均投资收益率为9.75%，超过同期年均通货膨胀率7.74个百分点。

在总结10年实践经验的基础上，我们依照政府赋予我们的职责，明确了社保基金会的中长期发展目标：努力把全国社会保障基金理事

会建成一流的社会保障资产管理机构。这个目标包括三方面内涵：

第一，要壮大全国社保基金的规模。我国是一个经济规模逐步扩大的经济大国，也是一个人口老龄化比较严重的大国，扩大中央政府社会保障储备基金既有必要也有条件。为此，我们要巩固现有的筹资渠道，开辟新的筹资渠道。在“十二五”计划末，也就是到2015年，争取全国社保基金规模达到1.5万亿—2万亿元。

第二，确保长期的稳定收益。针对全国社保基金长期投资的性质，正确处理风险收益关系，根据市场变化，合理配置各类资产，在可以接受的风险范围内追求长期稳定的收益，务必做到长远投资回报要明显高于通货膨胀率，在防范风险的前提下，争取较高的投资回报率，在同行业中要处于领先水平。

第三，完善管理体制。要根据国家的改革原则和全国社保基金实际承担的职责，确定社保基金会的定位和任务，实现投资决策和执行职能的科学分工。提高专业化、规范化和市场化的运作水平，吸引、留住和用好专业人才，建立一支专业化的队伍，不但为社保基金会，也为国家社会保障基金管理事业积聚人才。

各位嘉宾，女士们，先生们，请允许我代表全国社会保障基金理事会对各位出席今天的会议，再次表示热烈的欢迎和衷心的感谢！

第二章

基金专论

Fund Thesis

资本市场与中国经济社会发展

—— 十一届全国人大常委会专题讲座

□ 中国证监会研究中心主任　祁 斌

近期，“占领华尔街”运动迅速扩展到美国几百个城市，并逐步影响到很多西方国家。19世纪中叶，美国作家福勒曾经描述过那个时期美国一些民众对于华尔街的印象：“那里的人们在从事着一种可怕的交易，靠榨取邻居和朋友的血汗养肥自己”[1]。过去两百多年中，人们对于华尔街的看法似乎没有发生太大改变，而围绕资本市场的争论也从未停息过。追溯全球资本市场发展的历史，对于我们理解正在发生的国际金融经济变局，研判其发展方向，并探讨如何推动我国资本市场健康发展，会有一定的帮助。

一、全球资本市场的演进历程与启示

(一) 资本市场的出现及在欧洲的早期发展

人类的金融活动始于货币的出现。伴随着商业的繁荣，企业借助银行的信用向存款人间接融资的行为，在15、16世纪欧洲的意大利等地逐步兴旺起来。

企业依靠自身的信用，在资本市场向投资者发行股票或债券进行直接融资的金融活动，出现在17世纪前后。1602年，荷兰成立了股份制公司——东印度公司，到海外开拓殖民地，进行贸易活动，为筹措资金，规避风险，东印度公司开始向社会发行股票。1609年，在荷兰出现了世界上第一个交易所——阿姆斯特丹交易所。17世纪到19世纪，在股份制和资本市场推动下，欧洲主要资本主义国家的经济得以快速发展。

从历史上看，资本市场是商业信用发展的结果，也是股份制和市场经济发展到一定阶段的产物。但在早期的资本市场上，企业往往缺乏商业信用，甚至有很多骗局，而投资者也缺乏风险识别能力，因此，欧洲最早的三大资本市场，都不约而同地因为过度投机和欺诈而遭遇了一场危机，它们分别是荷兰的郁金香泡沫、英国的南海泡沫和法国的密西西比泡沫[2]。

(二) 美国资本市场的历程

以华尔街为代表的美国资本市场依托于美国经济社会的发展成长起来，也对其产生了重大的影响。这里，我们简要回顾一下华尔街发展过程中的一些重要历史事件。

1. 华尔街的起源

随着欧洲移民迁徙到北美洲，美国资本市场开始兴起。纽约凭借天然良港的地理优势，以及荷兰移民带来的热爱商业和交易的精神，最终成长为全球金融中心。

美国于1776年建国，取得独立战争胜利后，华盛顿于1789年宣誓就职第一任总统。为了偿还战争借款，美国政府在初生的资本市场发行大量的国债，带来了纽约金融市场的繁荣，但也因为从事证券销售的经纪人的无序竞争而陷入混乱。1792年，纽约的24名经纪人达成《梧桐树协议》，约定在出售每一手证券的时候，收取的佣金不能低于证券面值的2.5‰。在这个价格垄断协议的基础上形成了日后的纽约交易所，而在纽交所门外马车上进行交易的"路边交易者"们，后来形成了纳斯达克市场。

2. 美国资本市场与美国经济社会的发展

美国的资本市场从诞生第一天起，就与经济社会的发展密不可分。从国债发行支持战争债务重组，到运河和铁路股票上市促进经济一体化和农牧业规模化生产，华尔街都扮演了重要角色。马克思在《资本论》中有一段著名论述："假如依靠单个资本积累到能够修建铁路的程度，估计直到今天世界上还没有铁路。通过股份公司集中资金，转瞬间就把这件事完成了。"

在1861年到1865年的南北战争中，战争融资能力成为了决定胜负的关键因素之一。北方政府依托于华尔街发行战争债券，一举动员了全国的金融资源和民众力量，到战争末期，发行国债的速度已经超过了军费开支；而南方依靠大量印钞筹集军费，通货膨胀率上涨了90倍，经济处于彻底崩溃的境地。

19世纪末期，美国的钢铁、化工、橡胶、石油、汽车等产业依托在华尔街的融资和并购活动迅速崛起，一举完成了重工业化并超越欧洲列强，诞生了通用电气、通用汽车、美孚石油、杜邦等世界级企业。1901年，美国钢铁大王卡耐基的产量已经超过了"日不落帝国"的英国，华尔街的投资银行家摩根组织了财团，将其和美国其他几个最大的钢铁公司买下，并整合在一起，形成了美国钢铁集团，资本金高达当年联邦政府预算的2.75倍，一举形成了在全球的绝对垄断地位。

20世纪最后30年，美国的高科技产业依托于华尔街在全球范围内占领了各个制高点。风险投资、私募股权投资基金和资本市场共同推动了个人电脑、通讯、互联网和生物制药等四大新兴产业的出现，培育了微软、思科、苹果等一大批世界级公司，并帮助美国成功走出70年代的"经济滞胀"，实现转型。同一时期，美国推动了大部分企业和家庭参与的、以401K计划为代表的养老体系与资本市场的协同发展，两者的相关性超过了90%，国家给予延迟纳税和税收优惠等政策支持，以共同基金[3]为代表的机构投资者提供了专业理财服务，使得千家万户的普通家庭得以分享经济的成长。

到2000年，华尔街的影响力达到了顶峰。美国股市的规模是15万亿美元，相当于GDP的150%；债市规模20万亿美元，相当于GDP的200%。著名美国金融历史学家、《伟大的博弈》一书的作者戈登曾评论过，"华尔街已经独立于美国，成为了另一个世界强国"。在不到两百年的时间里，美国迅速超越欧洲列强，在包括高科技产业在内的诸多领域雄踞世界首位，是作为虚拟经济代表的华尔街和美国的实体经济协同发展的结果。

达到辉煌顶点的华尔街也埋下了由盛而衰的种子。2000年前后，随着互联网产业泡沫的破裂，华尔街将房贷证券化产品作为一个新的增长点；与此同时，华尔街本身大量的杠杆化操作、金融创新泛滥和美国社会无节制的信用消费[4]等推波助澜，造就了2008年一场波及全球、影响深远的金融危机。在某种意义上，目前正在发生的欧美债务危机仍然是2008年危机的延续。

3. 美国资本市场的发展历程及路径探索

美国资本市场遵循了自下而上的发展模式，经历了非常曲折的过程。由于长期奉行政府对市场不干预的理念，在长达140年的华尔街早期历史中，没有监管机构，没有证券法，市场欺诈众多，投机气氛猖獗。例如，在华尔街"运河热"时期发行的大量运河概念股票中，1/3未能完工，相当一部分从未动工过；在铁路热的股市投机狂潮中，据说曾经出现过“从地球通往月球的铁路”的招股说明书，并得到了投资者的踊跃认购。而当时的美国社会也处于早期发展阶段，股市的庄家往往与法官勾结在一起，肆意兴风作浪。

在这样放任自流的发展模式下，市场得以“野蛮生长”，但也会不断出现危机，给社会带来巨大的冲击和危害。1929年发生的股灾中，有很多经纪人和投资者因绝望而跳楼自杀。随后的大萧条中，千百万人流离失所，挣扎在死亡线上。痛定思痛，罗斯福实施的“新政”，其重要目标之一就是重塑华尔街。在这个阶段，美国颁布了《证券法》、《证券交易法》、《投资公司法》和《投资顾问法》等法律，成立了美国证监会，奠定了现代资本市场的基本监管和法律框架，试图寻求政府和市场的平衡点。战后，随着共同基金行业的快速发展，价值投资理念的逐步形成，美国市场的投机气氛逐步降低，走上了相对健康的发展道路。

2008年金融危机是美国资本市场发展历史上的第二次重大危机，在某种意义上也是过度自由带来了市场的崩溃，而危机后的美国金融改革法案，也是试图重新寻找政府与市场的平衡点。

(三) 世界金融市场发展历史对我们的启示

1. 资本市场和一国的经济社会发展相伴相生，而脱离经济社会需求的金融发展会带来灾难

在运河和铁路的修建、南北战争、重工业化、高科技浪潮这些重要历史事件中，我们都可以看到美国的资本市场发挥了重要作用。一个发人深省的历史事实是，1895年发生了中日之间的甲午海战。尽管当时中国的GDP总量是日本的5倍，但缺乏战争集资能力，北洋水师的舰队维护和炮弹供应严重不足，终以完败告终；而日本依托其资本市场发行国债，迅速动员了全社会的资源支持战争。从世界各国的百年兴替的历史来看，我们可以说，“资本市场的博弈牵动着大国的博弈和兴衰”[5]。

从郁金香泡沫到2008年的金融危机，世界金融历史也说明，脱离经济社会的金融发展会带来危机和灾难。在美国历史上，代表着社会民众和实体经济的“主街”，与代表着虚拟经济的“华尔街”是一对相互依存的矛盾体：凡是两者结合得比较好，美国经济社会就发展得比较顺利；凡是两者偏离，就会给经济社会带来沉重的打击。过去十几年中，美国的金融服务业过度膨胀，再次带来了危机，近期“占领华尔街”等事件就是两者失衡带来严重社会问题的一次集中爆发。

2. 资本市场代表着市场化的资源配置方式，但诚信缺失和非理性因素也会带来市场失灵

资本市场将人类经济活动中的很多要素转化为证券，公司的股份成为股票，信用成为债券，人的潜能成为期权，在电子平台上便捷迅速地交换。而市场参与者在买卖证券、寻求自身利益的同时，客观上推动了社会资源配置的优化。从长期来看，更多的金融资源走向资本市场是一个基本趋势。有效的市场化资源配置方式，是美国经济得以迅速崛起，并在高科技浪潮中步步领先的重要原因。

资本市场也对社会诚信水平和法律制度等方面提出了更高的要求。而且，资本市场是一个最为人性的市场，人性中的自私、贪婪、狂热等弱点，往往在资本市场上表露无遗，市场因而常常表现出较强的非理性和脆弱性，有时会偏离实体经济的发展，并出现危机。美国金融学家福古森曾计算过，“自1870年以来，人类一共发生了148次大大小小的金融危机”。但危机也会带来变革，正是1929年的股灾带来了现代金融体系的基本监管框架。

在《伟大的博弈》一书中，有这么一段话：“在华尔街这个伟大的博弈场中的博弈者，过去是，现在还是，既伟大又渺小，既高贵又卑贱，既聪慧又愚蠢，既自私又慷慨——他们都是，也永远是普通人”。这是我们在发展资本市场的过程中应该记住的。

3. 2008年的金融危机对全球化时代的资本市场发展和监管提出了新的挑战，对世界经济金融格局也将产生深远的影响

此次危机首先表明，全球金融一体化的趋势正在加剧，各国金融市场相互影响的程度超出了原来的想象，这要求我们加快我国资本市场的发展步伐。其次，“资本市场已经跨越了国界，而监管还止步于各国的边境之内”[6]，未来，我们应该积极参与全球金融监管协调机制的建设并寻求适当的话语权。第三，危机及随后的金融动荡加快了业已开始的东西方格局的调整步伐，世界的重心加速向新兴国家倾斜。但欧美经济复苏进程的缓慢，也可能拖累中国和其他新兴经济体的发展，从而形成一种相互影响、相互缠绕的复杂格局。但如果我们调整得好，也会加快崛起的进程。

二、中国资本市场的发展历程、情况及问题

上个世纪70年代末期以来的经济改革大潮，推动了资本市场在中国的出现和成长。中国资本市场从无到有，从小到大，从区域到全国，得到了迅速的发展，在很多方面走过了一些发达市场几十年，甚至是上百年的道路。今天，资本市场已经成为我国社会主义市场经济的重要组成部分，总市值居于世界第二。

(一) 中国资本市场的发展历程

与成熟市场自下而上的“自然演进”的发展模式不同，中国资本市场是在政府和市场的共同推动下，逐步探索和发展起来的。

资本市场出现的直接原因是股份制试点。上个世纪80年代早期，少量企业开始自发地向社会或在企业内部发行股票或债券集资，随后逐步形成了“股票热”。1990年，上海、深圳两家证券交易所开始营业。

在资本市场创建之初，人们还有不少的犹豫和争论。1992年1月，邓小平在南方讲话中指出：“证券、股市，这些东西究竟好不好，有没有危险，是不是资本主义独有的东西，社会主义能不能用？允许看，但要坚决地试”[7]。随后，股份制试点进一步扩大，中国资本市场开始了快速发展。同年8月，在深圳发生了因抢购股票而造成混乱的“8·10事件”，暴露出缺乏统一管理体制的弊端。10月，中国证监会成立，标志着市场被纳入统一的监管框架。

1999年7月，《证券法》实施，以法律形式确定了资本市场的地位，规范了证券发行和交易行为，将资本市场纳入更高层次的发展轨道。2004年，《证券投资基金法》实施，促进了证券投资基金的发展。在这些法律法规的保障下，银广夏、德隆系等一些重大案件先后得到及时查处，资本市场在不断规范中逐步成长壮大。

2001年11月，中国正式加入世界贸易组织，资本市场也加快了对外开放和国际化发展的步伐，迄今已设立了12家中外合资证券公司和38家中外合资基金管理公司，引入了116家QFII(合格境外机构投资者)，并推出了50只QDII(合格境内机构投资者)产品[8]。

2004年1月，国务院出台《关于推进资本市场改革开放和稳定发展的若干意见》(俗称“国九条”)，将大力发展资本市场提升到了完善社会主义市场经济体制、促进国民经济发展的战略高度。2005年5月启动的股权分置改革，使得市场早期制度安排带来的定价机制扭曲得以纠正，打造了一个股份全流通的市场，市场的深度和广度大为拓展。

近年来，我国初步建立起主板、中小板、创业板、代办股份转让系统构成的多层次资本市场

体系，以适应多元化的投资与融资需求；上市公司大股东清欠工作共清欠金额数百亿元，保护了中小投资者的利益，提高了上市公司质量；证券公司的综合治理化解了行业风险，夯实了发展基础；基金业的市场化改革带来了行业的迅速成长，基金规模已占到流通市值的近10%，并带来了市场投资理念的深刻转变。

通过这些改革措施，资本市场的法律体系逐步健全，监管规则日臻完善，层次和结构日渐丰富，市场文化更加理性。

(二) 中国资本市场的发展情况

中国资本市场的发展是中国经济和金融改革的必然产物，随着其功能的逐步健全，资本市场对我国经济和社会的影响也日益增强。

1. 市场的成长及其推动力

中国资本市场在短短20多年的时间里，取得了非凡成长，成为了全球第二大资本市场。而始于19世纪末期、同为新兴市场的印度和巴西市场，今天位列全球第五和第八。截至今年8月底，我国有上市公司2, 273家，总市值25.46万亿元；证券公司109家，基金公司66家，期货公司163家，投资者有效账户数1.3亿，是全球最大的投资者群体。同时，市场的质量也有了较大的提升。2000年前后，《如何做庄》、《如何与庄共舞》等书籍是全社会的畅销书，而今天资产组合和价值投资等理念逐步成为市场主流。

近年来，我国市场的国际影响力也大大增强。10年前，华尔街大部分交易员从未听说过中国资本市场，而今天，他们早上醒来的第一件事情，就是要看看前一天晚上A股市场是涨是跌，才能开始交易。

中国资本市场的快速成长，背后有两个重要的推动力。首先它受益于中国经济的快速发展。实体经济发展到了一定水平，对金融服务和资本市场的需求成为必然。其次，资本市场的市场化改革，唤起了各个市场参与者的积极性，共同推动了市场的成长。从“包产到户”开始的连续30年的市场化改革使中国经济成为了全球第二大经济体，以市场化为明确导向的股权分置、发行体制和基金业等改革，使中国资本市场从一个小池塘变成了今天的汪洋大海。

2. 对经济社会发展的推动作用

成为经济要素市场化配置的重要平台。在现代经济体系中，一国的经济发展速度和运行效率，在很大程度上取决于包括资源、人才、资本、专利等各种经济要素配置的效率。资本市场的兴起和壮大，加速了我国经济要素的配置方式从计划方式向市场方式的转变进程。今天，我国的资本市场上，最具代表性的企业在这里进行IPO、再融资、参与并购，并发展壮大，亿万股票和基金投资者在这里投资，使得这个市场正成为我国市场经济运行和投融资活动的核心平台。资本市场的制度安排和全社会的广泛参与，也在一定程度上决定了我国继续深化市场经济改革的方向。

推动了现代金融体系建设。上世纪90年代以前，中国金融体系由间接融资完全主导。资本市场的出现和发展，改变了这种格局。2010年底，我国股市市值为银行资产的28%，虽然仍然低于美英等发达国家(超过100%)的比例，但无疑大大改善了我国的金融结构。其次，近年来，我国的主要商业银行，通过上市提高了资本充足率，引入了市场监督机制，改善了公司治理结构，也提高了运作的透明度，在全球商业银行中位居前列。同时，资本市场的发展也拓宽了商业银行中间业务的范围，并为银行和保险等金融机构提供了多元化的资金运用渠道。

极大地促进了我国企业的发展。资本市场不仅为企业提供了融资渠道，而且带动了股份制在我国的普及，推动了现代企业制度的建设。上市公司日益成为我国经济体系的重要组成部分，去年底，我国上市公司总资产86.22万亿元，为GDP的2.15倍；全年上市公司实现利润总额2.16万亿元，占规模以上企业的64%。国企治理一直是世界范围内的难题，中国的国有企业通过股份制改革走向资本市场，不断发展壮大，已有中国石化、工商银行、建设银行等多家大型国有企业跻身于全球财富500强。其次，中小板和创业板的推出，更是有力地支持了众多中小企业和科技企业的发展，并在很多原先家族性企业中逐步引入了现代企业的管理方式。据统计，在创业板上市的企业中，92%是民营企业。在中小板上市的苏宁电器，2005年上市后营业额增长了10倍，累计派现14.69亿元。今天，在日本东京街头，我们都可以看到苏宁电器收购的日本电器店。

对社会发展有全方位的影响。资本市场不仅加速了中国经济的现代化进程，也推动了相关的法律体系和会计制度的不断完善，促进了信用体制的逐步建立，带来了“家庭理财”等全新的理念。广大居民因为投资于资本市场而更加关注宏观经济的发展，并成为推动企业和经济发展的重要社会监督力量，完善了社会主义市场经济体系。而从资本市场这个最为市场化的市场中探索到的经验和规律，也能对其他领域的市场化改革提供有益的借鉴。

(三) 我国资本市场的特点与问题

从建立至今21年，我国资本市场总体判断依然是“新兴加转轨”的市场。“新兴”，是指与国外成熟市场数百年的发展历程相比，我国市场起步晚、发展时间短、成熟度不够，存在一系列基础制度的缺失；“转轨”，是指脱胎于计划经济向市场经济的转轨，市场化程度不高。

我国资本市场现阶段的主要特征和问题包括：

1. 市场发展水平不足，不能满足我国广大企业和投资者的投融资需求

与一些发达国家金融产业发展过度不同，我国金融体系中直接融资比重偏低，多层次资本市场体系尚未建成，总体来说不能满足我国经济和社会的需求。我国经济中存在企业和资金“两头过剩”的结构性缺陷，一方面大量中小企业面临融资困境，另一方面大量社会富余资金流动到全国各地甚至海外，成为炒房团，甚至投机于棉花、绿豆等。

从多层次资本市场的结构来看，美国股票市场中，纽交所有2, 311家公司，纳斯达克2, 717家，场外报价市场2, 385家，粉单市场6,199家，灰色市场6万多家[9]，大致呈金字塔状，结构相对稳定合理。而我国市场结构像一个倒金字塔：主板1, 405家，中小板610家，创业板258家，中关村代办转让系统115家[10]。我国股份制公司有10多万家，仅中关村科技园区符合创业板上市条件的公司就有1, 000多家，浙江省年销售收入超过亿元的企业就有1万多家。因此，多层次资本市场，尤其是场外市场建设的任务非常紧迫。

同时，我国的交易所债券市场不够发达，衍生品市场才刚刚起步。在这些方面我们还有相当大的发展空间。

2. 市场的投资回报未能充分显现，投资者保护需要进一步加强；投资文化也需要进一步走向理性和成熟

近年来，由于国际国内诸多因素的影响，市场的投资回报未能充分显现，市场的表现也与国民经济的增长不尽同步，投资者的信心受到了严峻的挑战。我们应该更加关注市场的可持续发展能力，在各项改革措施的推动过程中，更加注重统筹协调，强化保护投资者利益的各项机制。

与此同时，尽管取得了长足的进步，我国市场的投资文化仍有较大的改进空间。以代表市场投机性的投资者换手率为例，2007年，全球主要市场的换手率均在100%左右，而我国市场的换手率超过900%，尽管这两年有很大的降低，但仍然远高于其他市场。我们需要进一步加强投资者教育工作，引导市场走向更加理性和成熟的发展阶段。

3. 市场化水平不足，法制建设和监管需要进一步适应市场的快速发展

受所处历史阶段的限制，我国资本市场的市场化程度不足。市场化改革是客观要求和历史趋势，而改革又是一个系统性工程。在改革的过程中，行政手段逐步放松，市场本身的奖惩和约束机制又尚未建立起来，很容易出现问题。同时，市场的快速发展，也要求现有的法律法规不断做出调整、补充和完善。

例如，近年来，包括私募股权投资基金、私募证券投资基金在内的非公开募集基金快速发展，在培育创新企业和满足社会投资需求等方面，开始发挥积极的作用。特别是私募股权投资基金，管理资产规模接近1万亿元，每年为上千家企业提供1,000多亿元的资金,对创新型中小企业的成长提供了大力支持。但募集过程不规范、误导投资者的情况也时有发生；更有利用私募股权投资基金的名义进行非法集资、诈骗的情况发生，危害较大。因此，我们亟需通过修订《证券投资基金法》，将私募股权投资基金纳入调整范围，确定其法律地位，保护投资者，促进行业的健康发展。

4. 我国资本市场和证券业的国际竞争力有待提高

尽管我国股票市场规模很大，但市场的深度和广度还与发达市场有很大差距，抗冲击能力远远不足。我国证券期货经营机构与国际同行相比也总体实力偏弱，不能满足我国经济国际化的需求。每年我国企业参与上万起海外并购，但没有一家我国券商能够为他们提供财务和战略咨询的服务。同时，人民币国际化的进程也对资本市场的国际竞争力提出了更高的要求。

三、推动我国资本市场健康发展的宏观背景与战略措施

“十二五”时期是我国深化改革开放、加快转变经济发展方式的攻坚时期，是资本市场发展的重要历史机遇期。我们要抓住时机，推动资本市场的健康发展，为我国经济和社会的全面发展做出贡献。

(一) 未来一段时期我国资本市场发展的形势分析

1. 我国经济转型的背景及历史上经济转型的经验和教训

从1978年改革开放开始，中国经济创造了令世界震惊的连续30年每年增长近10%的奇迹。但我们必须保持清醒的头脑，我国经济在结构、效率、机制等方面仍然需要进一步完善，例如，我国人均GDP排名仅为全球第99，而排名第98的国家是阿尔巴尼亚。又如，我国依托于初级消费拉动和低附加值产业的发展模式已经不可持续，粗放式的发展方式在某些地区造成了严重污染，我国产出等量GDP所需的能耗是发达国家的2-8倍，有相当一部分产业和公司位列全球产业链的末端。以钢铁产业为例，尽管我国钢产量位居全球之首，但我国每年进口钢材的平均价格是出口钢材的两倍；我国占全球铁矿石贸易量的60%-70%，但在每一次铁矿石价格谈判中都处于被动地位。富士康公司生产的iPhone等产品仅能获得360美元价格中不到7美元的微薄利润。

党中央提出的转变经济发展方式，重要内容之一便是经济结构调整和产业升级。这有赖于两方面的努力：一是存量的整合，即通过并购等市场化手段整合钢铁、化工、汽车等产业；二是增量的发现，推动战略性新兴产业的发展，建立和完善资本和科技对接的机制。两者都离不开一个强大的

资本市场的支持。

历史上的经验教训值得我们借鉴。经过了战后30年的经济快速发展，上世纪70年代的美国和欧洲同时陷入了“经济滞胀”，但随后，美国以资本市场和高科技的有效结合，带动其在80年代走出低谷，实现了又一轮的30年成长。今天，这一结合机制仍然在发挥作用，不断推出以iPad为代表的平板电脑，和以脸谱公司为代表的社交网络等新兴科技产业，继续领先于全球。

而欧洲经济一直未能走出低增长的困境，近年欧盟发布的《欧盟竞争力研究报告》承认，其科技研发和创新能力落后美国28年。多年前，撒切尔夫人曾表示，欧洲高科技产业落后于美国，并不是由于欧洲技术水平的落后，而是由于风险投资和资本市场的落后。事实上，现代科学之父牛顿和互联网之父贝恩都是欧洲人。近年来，在全球化浪潮的冲击下，欧洲很多原先具有比较优势的产业，如汽车制造业等，因劳动力成本偏高等因素逐步被新兴经济体并购走，但同时又缺乏发现新兴产业的市场化机制，使得欧洲在全球经济中的竞争力日渐式微，这也是当今愈演愈烈的欧洲主权债务危机的深层次原因。

1989年，也经历了战后30年高速增长的日本经济遭遇了一场危机，至今20多年未能走出低谷。2004年日本财政大臣山本有二访华时曾说，日本经济的一个重大缺陷就是资本市场相对不发达。日本的大银行和大企业实施捆绑式的发展模式，一旦大企业出问题，大银行就会破产，反之亦然，而一旦出问题，清理不良贷款就要花十年以上的时间，缺乏弹性，严重拖累了日本经济的复苏和转型。美欧日三大经济体的转型成败，说明了一个有效的资本市场及市场化的资源配置体系对于经济转型的重要影响。

从更广阔的历史范围来看，今天我国人均GDP的水平大致为4, 000多美元。1913年前后，美国和阿根廷同时达到了4, 000美元的人均GDP，100年后的今天，阿根廷的人均GDP增长到6, 000美元，而美国增长到48, 000美元，强大的资本市场无疑是推动美国经济长期持续增长的动力之一。阿根廷的国土面积大致为美国的1/3，但耕地面积却与美国相当，且自然资源非常丰富。两个国家百年博弈的历史证明，在大国崛起的过程中，起点和资源固然重要，但起决定性作用的是体制机制。

2. 危机后国际金融版图整合的趋势和全球战略性新兴产业的竞争，对我国资本市场的发展提出了更高的要求

上个世纪最后10年以来，全球共发生了30次以上的交易所并购案。国际资本市场的一个发展趋势是强者越强，弱者越弱，在某种意义上，正在动荡中的国际市场也酝酿着金融版图的整合。今年发生的德意志交易所集团和纽约泛欧交易所集团的并购，标志着欧洲与美国竞相图谋对国际资本市场的主导权。而在新兴市场，交易所并购也烽烟四起。例如，近年来，印度一直试图参与泛非交易所的组建；韩国连续入股老挝和柬埔寨交易所，试图扩展其在亚洲金融市场的战略地位和影响力。面对日趋激烈的国际竞争，我们必须要有全局思维和顶层设计，应该加快我国资本市场的建设步伐。

同时，金融危机也深刻地影响了二战以来逐步形成的全球产业格局。危机后，美国汽车业的三大巨头有两家破产重组，一些高能耗的传统产业难以为继，各国都在加大战略性新兴产业的发展力度。在某种意义上，我们第一次与发达国家站在了同一个起跑线上。但我们靠什么去竞争？未来的战略性新兴产业是什么？是干细胞、风能发电、云计算，还是物联网？过去30年最为重要的四大战略性新兴产业PC、电信、互联网和生物制药，1970年的人类还不知道它们的存在，而它们都是通过资本市场发现和推动成长起来的。也就是说，很大程度上，对于未来战略性新兴产业的竞争，国家和国家之间竞争的，是哪个国家资本市场能够健康运行，并有效发挥其发现和推动新兴产业成长的作用。

3. 资本市场的发展有助于我国一些重要的经济社会目标的实现

金融是现代经济的核心，资本市场作为现代金融体系的重要组成部分，其发展对于经济社会具有系统的重要性。

创新型国家的建设。近期，社会上热议的一个话题是，"中国为什么没有乔布斯？"乔布斯无疑是苹果公司科技创新的推动者和领导者，但我们也要记住苹果公司在全球有46,600名员工，对这些员工的激励机制是股权激励。而苹果1976年诞生，1980年上市，在其并购其他企业和发展壮大的过程中离不开资本市场这个平台。因此，我们需要建立和完善资本和科技对接的机制，推动更多的中小企业成长，并促进科技园区成长为创新型企业的摇篮。2009年，美国硅谷仅有一家公司上市，而中关村科技园区有23家企业成功上市。我们有理由相信，这些遍布在全国各地的创新型企业和资本市场的结合，将造就中国未来的苹果和乔布斯们。

世界级企业的成长。过去的一个世纪，从诞生成长到市值1,000亿美元的过程，通用电气花了100年的时间，微软花了20年，而谷歌只花了7年。这个事实说明了世界的竞争是加速的，也说明了在今天的世界，我国企业如果不能与社会化的资源平台相结合，在激烈的国际竞争中是很难有机会获胜的。

国际金融中心的建设。1913年，依托于美国的重工业化进程，纽约交易所的规模首次超过伦敦交易所，同一时期，纽约取代伦敦成为世界第一大金融中心，美国取代英国成为世界第一强国。在我国建设国际金融中心的过程中，资本市场的发展壮大将发挥重要的作用。

中西部经济跨越式发展。美国加州的硅谷从100年前的淘金地和50年前的牧场，华丽转身，成长为全球高科技产业的摇篮。尽管其面积仅占美国国土万分之五，却产出了美国GDP的1/12，关键是解决了一个将该地区比较优势与资本市场对接的机制，并创造了技术、专利、人才和资本等生产要素自由交换的环境，使其成为落后地区经济跨越式发展的典范。我们应该推动中西部地区整合区域优势，通过资本市场发展壮大当地优势产业，并发展创新型经济。

和谐社会的建设。1930年，美国通用汽车的第一任总裁威尔逊首先鼓励工人用养老金购买股票，大大缓解了劳资矛盾。养老体系与资本市场的协同发展，是20世纪主要发达国家最为重要的一项制度发明，不仅使得大部分家庭得以分享经济的成长，也使得普通民众和雇员成为了该国经济和企业的股东。过去10年中，我国的社保基金通过专业投资，实现了年均10%左右的回报率，而当期年均通胀率在2%-3%之间，这既说明依靠科学的组合投资等方法能够获得相对稳健的回报，也在长期机构投资者的建设方面做出了初步的尝试。

(二) 推动我国资本市场健康发展的基本原则和重要措施

1. 五个基本原则

(1) 将发展资本市场作为一项重要的战略措施。资本市场的建设是一个系统工程，我们应该充分发挥社会主义市场经济的优势，凝结全社会的力量，顶层设计、统筹协调，推动市场的改革、发展和创新。

(2) 资本市场的发展要服务服从于我国经济社会的发展目标，防范系统性金融风险。在推动金融创新的过程中，要立足于我国实体经济发展的需要，不断完善监管体系，提高监管水平，实现风险防范和市场发展相协调。

(3) 坚持市场化改革的方向。充分调动市场各个参与主体的积极性，也不断完善市场自我约束机制，推动各个主体归位尽责，推动市场有效运行和功能发挥。

(4) 强化资本市场法制建设。不断完善与资本市场相关的法律法规体系，完善监管体系和执法体系，提高信息披露质量和透明度，提升市场信用水平，保护投资者合法权益，建设公平、公开、公正的市场。

(5) 推动资本市场的国际化进程。充分发挥后发优势，借鉴成熟市场的经验教训，少走弯路；积极参与我国经济走出去和人民币国际化的进程，进一步提高资本市场和证券业的国际竞争力；在推动国际化进程中，随时关注国内外经济金融环境的变化，把握以我为主、循序渐进的原则。

2. 四项重要措施

今年是我国“十二五”规划的开局之年，我们要积极推进各项改革，推动资本市场健康发展。

完善市场体系，加快场外市场建设。我们要加快多层次资本市场的建设步伐，尤其是场外市场建设，为投资方和融资方提供有效对接的平台，缓解中小企业融资难和投资者缺乏投资渠道等社会难题。提高监管水平，改革监管体制。我们需要不断提高监管水平和效率，增强监管体系的竞争力；证券期货监管体制也需要进一步优化和完善，并解决监管资源缺乏、监管队伍专业人才不足等问题。强化投资者保护机制，加强投资者教育工作。我国市场是一个散户为主的市场，且有全世界最大的投资者群体。我们要高度关注投资者的利益保护，强化投资者保护机制，在推进各项改革措施的过程中，注意配套和协调；同时要更加注重投资者教育工作。推动社会保障和养老体系与资本市场的良性互动发展。这是一个全社会的系统工程，既要不断提高资本市场治理水平，增加市场的透明度，强化保护投资者机制，又要发展机构投资者并不断提高其专业理财能力；既要有战略性的顶层制度设计，也涉及到税收优惠等政策协调和各级政府及企业的共同参与。为此，我们应该充分发挥社会主义市场经济的优势，协调方方面面的力量，积极推动这项工作的开展。

1984年的时候，小平同志曾经说过，我们的目标是，“发展经济，到本世纪末翻两番，国民生产总值按人口平均达到800美元……更为重要的是，在这个基础上，还要再发展30年到50年，力争接近世界发达国家的水平”[11]。也就是说，中国经济的发展大致是两个30年：从1979年到2009年，我们走完了第一个30年，我们还需要在更高的层次上再发展30年，才能达到小平同志提出的发展目标。今天我们站在了前后30年的中间点，在这个阶段，最为重要的工作是推动经济结构的转型升级，推动高科技和其他高经济附加值产业的发展。而在这一过程中，一个健康运行、有效配置资源的资本市场，无疑是决定成败的最为重要的环节之一。如果我们能够完成这后30年的发展任务，中国经济才有可能实现真正意义上的崛起。小平同志说，“到那个时候，我们才能说，人口众多的中国对人类做出了贡献”[12]。我们有幸生活在这样一个时代，我们应该共同努力，加快改革步伐，不辜负时代赋予我们的伟大机遇。

---

[1]详见戈登《伟大的博弈》。

[2]它们分别发生于1637年、1720年和1721年前后。

[3]即我国的证券投资基金。

[4]例如，雷曼兄弟公司在倒闭前的表内杠杆率是44倍，表外为200倍；在各种名目繁多的金融衍生品中，CDS——信用违约掉期在金融危机爆发前夜的名义价值为62万亿美元，是全球GDP的总和；在金融危机爆发前，美国平均每一个家庭的信用卡数目为13张。

[5]详见戈登《伟大的博弈》（译者题注）。

[6]详见戈登《伟大的博弈》。

[7]详见《邓小平文选》第三卷。

[8]截至2011年9月底。

[9]纽交所和纳斯达克两个市场以外，有三个层次更低的场外市场，交易未在纽交所和纳斯达克上市的公司的股票，它们分别是场外报价市场、粉单市场和灰色市场。

[10]截至2011年8月底。

[11]详见《邓小平文选》第三卷。

[12]详见《邓小平与外国首脑及记者会谈录》。

2011年中国指数及指数化投资发展报告

□ 深圳证券信息有限公司指数事业部

2011年以来，我国经济面临较大通胀压力，央行通过加息及多次上调存款准备金率等手段来收缩流动性。与此同时，美国经济复苏乏力，欧洲债务危机升级，对全球经济的复苏产生较大的影响。在经济基本面内忧外患的严峻形势下，沪深两市主要指数整体呈现出先扬后抑、震荡下跌的走势，结构分化比较明显。至10月31日，上证综指、深证成指、沪深300分别下跌12.1%、15.87%、13.84%，估值较高的创业板指和中小板指跌幅较大，分别下跌25.04%和24.63%。受益于政策扶持的传播文化板块和具有抗通胀、非周期特征的消费板块逆市上涨，成为市场中一抹亮色。

一、指数发展情况及分析

(一) 指数体系概况

近年来，为满足日益旺盛的指数化投资需求，国内两家专业化指数编制机构——中证指数公司和深圳证券信息公司指数事业部加快了指数发布速度，指数发布数量呈现跨越式增长。截至2011年11月底，两家机构发布的线上实时计算指数累计达到350条。其中，2011年以来发布107条，创历年指数发布数量新高。

图1　两家机构历年指数发布数量

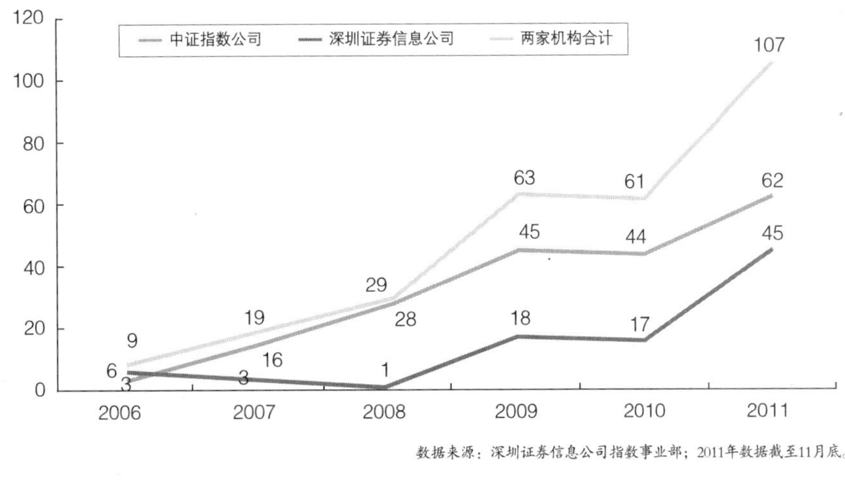

数据来源：深圳证券信息公司指数事业部；2011年数据截至11月底。

与多层次资本市场结构相适应，国内指数体系建立了覆盖主板、中小板、创业板的多层次结构，形成规模、综合、行业、风格、主题、策略等丰富的指数类别。指数覆盖的资产类别由股票资产向债券、基金、商品等多种资产延伸，覆盖的市场范围从A股市场向大中华区及全球市场逐步扩展。

表1　各系列指数分类别数量统计

	上证系列		深证系列		中证系列		巨潮系列		小计	
	历年累计	2011年	历年累计	2011年	历年累计	2011年	历年累计	2011年	历年累计	2011年
规模指数	8	0	14	7	8	2	7	0	37	9
综合指数	11	0	28	0	1	0	3	0	43	0
行业指数	20	10	10	10	33	10	10	10	73	40
风格指数	12	4	10	6	4	0	8	0	34	10
主题指数	31	10	17	7	42	12	21	0	111	29
策略指数	18	8	7	4	10	3	2	0	37	15
基金指数	1	0	3	2	0	0	2	2	6	4
债券指数	5	0	0	0	2	0	1	0	8	0
海外指数	0	0	0	0	1	0	0	0	1	0
合计	106	32	89	36	101	27	54	12	350	107

数据来源：深圳证券信息公司指数事业部。统计范围为线上实时计算指数，下同
2011年数据截至11月底，历年累计数据包含2011年数据

1. 按照指数编制机构划分

截至2011年11月底，中证指数公司发布线上实时计算指数213条，深圳证券信息公司发布137条。按跟踪市场来看，单市场的上证系列106条，深证系列89条，跨市场的中证系列101条，巨潮系列54条。从2011年指数发布情况看，中证指数公司发布62条，深圳证券信息公司发布45条。其中，上证系列32条，深证系列36条，中证系列27条，巨潮系列12条。

图2　2011年新发及历年累计发布指数的系列分布

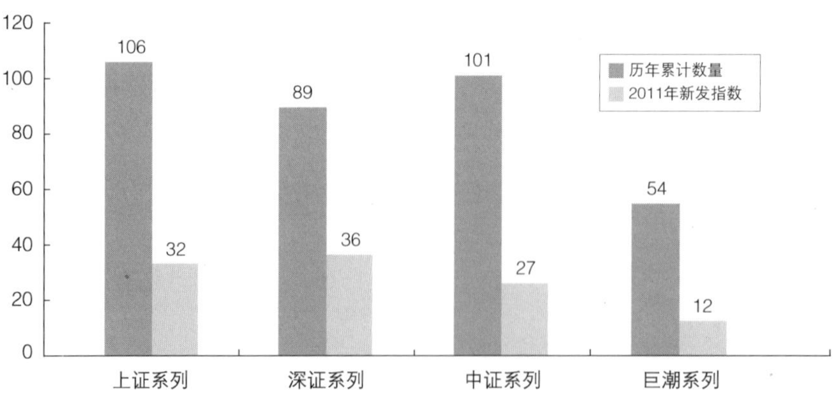

数据来源：深圳证券信息公司指数事业部；2011年数据截至11月底。

2. 按指数类别划分

两家机构编制的指数已覆盖规模指数、综合指数、行业指数、风格指数、主题指数和策略指数六大类。其中，主题指数和行业指数占比较高。2011年新发布指数中，行业指数40条，占37%；主题指数29条，占27%。从历年累计数量看，行业指数73条，占总数的21%；主题指数111条，占32%。

图3 2011年新发及历年累计发布指数的类别分布

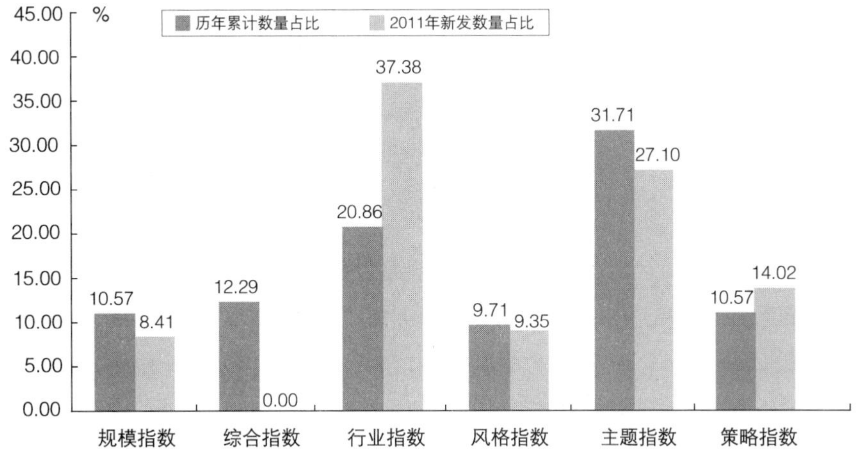

数据来源：深圳证券信息公司指数事业部；2011年数据截至11月底。

(二) 2011年指数发布情况

2011年，国内两家指数编制机构共发布规模指数9条，行业指数40条，风格指数10条，主题指数29条，策略指数15条，基金指数4条，进一步丰富了各类别指数的体系内涵。

1. 规模指数

规模指数以市值规模为核心选样指标，是表征市场规模特征的重要标尺，同时也是开发指数产品及衍生品的主要标的，在指数体系中具有举足轻重的地位。

2011年，中证指数公司发布中证超大指数和中证全指，构建了由超大盘(50)、中证100(大盘)、中证200(中盘)、沪深300(大中盘)、中证500(小盘)、中证700(中小盘)、中证800(大中小盘)以及全指构成的中证规模指数体系。

图4 中证规模指数体系

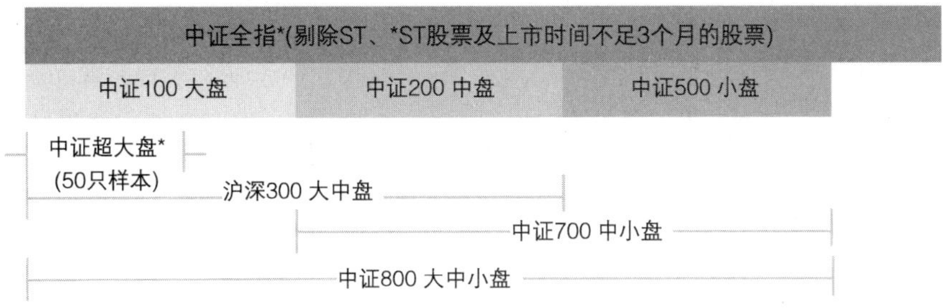

*为2011年新发指数

深圳证券信息公司指数事业部发布深证200、深证700和深证1000指数，构建了由深证100(大盘)、深证200(中盘)、深证300(大中盘)、深证700(小盘)、深证1000(大中小盘)构成的深证规模指数体系。

图5　深证规模指数体系

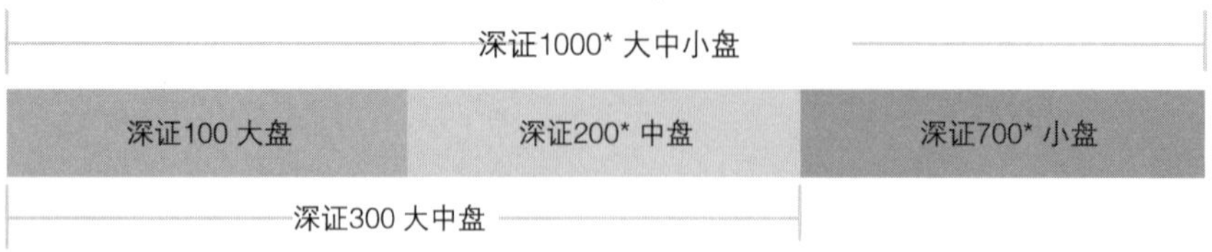

*为2011年新发指数

中小板、创业板具有多个共同的投资性特征，跨板块投资需求旺盛。为此，深圳证券信息公司指数事业部基于中小板和创业板(简称“中创板块”，下同)编制了中创100、中创400、中创500三条规模指数。

针对中小板市场规模快速增长、固定数量的成份指数市值覆盖率下降的问题，深圳证券信息公司指数事业部引入国际上已有广泛应用的市值覆盖法，编制发布中小板基础市场指数，市值覆盖目标设定为85%。

2. 行业指数

行业结构是最重要的市场结构之一，行业指数兼具行业标尺和投资标的职能，是指数体系的重要组成部分。

2011年，中证指数公司围绕重点指数派生行业指数，编制发布10条上证380行业指数和10条中证全指行业指数。至此，中证系列已基于沪深300、中证800和全指，上证系列已基于上证180、上证380编制了行业指数。

深圳证券信息公司指数事业部参照国际通行的分类标准，采用市值覆盖法编制发布10条深证投资性行业指数，并以巨潮1000指数为样本空间，编制发布10条巨潮行业指数，填补了深证系列和巨潮系列投资性行业指数的空白。

3. 风格指数

风格指数以规模指数为母体，依据成长、价值因子构建而成，反映市场的成长和价值特征。

中证指数公司2011年基于上证380发布了380成长/价值、380相对成长/相对价值指数。至此，中证系列已基于沪深300，上证系列已基于上证180、上证全指编制了成长/价值、相对成长/相对价值风格指数。

2011年随着中创指数体系的建立和深证规模指数体系的完善，深圳证券信息公司指数事业部分别基于中创500、深证700和深证1000编制发布成长/价值指数。至此，除创业板市场外，各层次市场均建立了基于核心规模指数的风格指数，具有了表征不同层次、不同规模的成长、价值型股票的市场标尺。

图6　各指数系列的风格指数

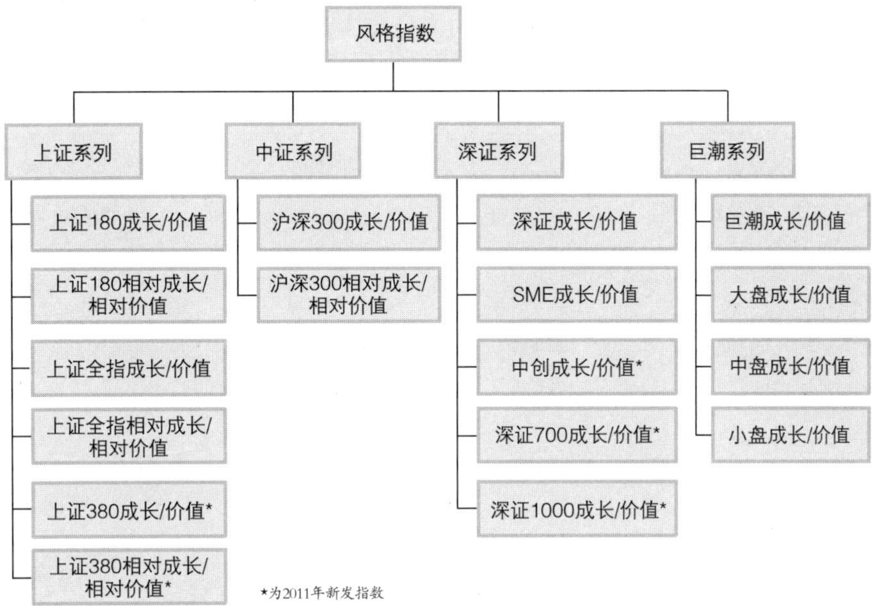

4. 主题指数

主题投资是经济全球化背景下开始流行的一种投资方式，即通过发现经济体的长期发展趋势以及使这种发展趋势产生和持续的驱动因素，将能够受惠的相关产业和上市公司纳入投资范围。主题投资的内容比较宽泛，相应的，主题指数种类繁多。国内两家指数编制机构早期已经发布公司治理、社会责任、红利、TMT、科技、央企、民企、创业成长等独具市场特色的主题指数。深圳证券信息公司指数事业部建立并维护了自主创新、环保、低碳、公司治理、社会责任等近20个上市公司主题分类标准，提升了主题指数构建的专业化水平。

2011年，中证指数公司将产业链指数由中证系列延伸至深证、上证系列，编制发布了深证上/中/下游指数和上证上/中/下游指数，并跟踪国内经济发展的长期趋势，发布高端装备、内地低碳、医药100、智能资产等多条主题指数，丰富了主题指数体系。

巨潮系列主题指数发布较早，体系较为丰富。2011年，深圳证券信息公司指数事业部将部分备选样本达到一定规模，且运行平稳、收益性较好的巨潮主题指数扩展至深证系列，编制发布深证地产、深证装备、深证环保、深证大宗4条主题指数，使得深市主题投资标的选择更为多样化。

5. 策略指数

策略指数是除了传统的只做多的市值加权指数之外的指数，其与其他指数的主要区别在于加权方式的不同或多空交易方式的结合。目前国内的策略指数主要集中于等权重指数和基本面加权指数。等权重指数为样本股赋予相同的初始权重，能有效缓解少数股票或行业权重过大的问题。基本面加权指数根据公司的净资产、销售收入、现金流、分红等基本面指标来确定样本公司的权重，以期获得稳定的长期投资超额收益。

2011年，中证指数公司将基本面指数延伸至上证系列，发布上证基本面200、300、500指数。进一步扩大等权重指数的覆盖面，发布上证180、沪深300、中证500、上证大盘的等权重指数，以及上证180和沪深300的行业分层等权重指数。

深圳证券信息公司指数事业部开发了基于深证100、深证300、中小板指和创业板指4条深市核心指数的等权重指数系列，进一步挖掘核心指数的价值与潜力，拓展核心指数的产品链。

表2　各指数系列的策略指数

上证系列(18条)		中证系列(10条)	深证系列(7条)	巨潮系列(2条)
信息等权	大盘等权*	基本面50	深100EW*	南方低碳
电信等权	380等权*	基本面200	深300EW*	分析师指
能源等权	180等权*	基本面400	中小板EW*	
材料等权	180分层*	基本面600	创业板EW*	
工业等权	上证F200*	等权90	深证F60	
可选等权	上证F300*	300分层*	深证F120	
消费等权	上证F500*	500等权*	深证F200	
医药等权	沪财中小*	300等权*		
金融等权		财富大盘		
公用等权		银河99		

*为2011年新发指数

6. 基金指数

近年来，上市基金产品发展较快，形成了一定规模。截至2011年11月1日，深交所上市基金(乐富基金)共有140只产品，场内资产规模合计1, 247亿元；上交所上市基金35只，资产规模合计821亿元。ETF作为主要的上市基金品种，资产规模达到824亿元，约占市场规模总量的40%；成交金额为32.75亿元，约占市场成交总额的66%。为全面反映沪深两市所有上市基金及ETF的二级市场整体走势，深圳证券信息公司指数事业部发布了深证乐富基金指数、深证ETF指数、巨潮上市基金指数、巨潮ETF指数4条上市基金综合指数。

(三) 2011年指数发展特点

目前，国际上规模、综合、行业、风格、主题、策略指数历经多年发展，都形成了规模庞大的分支。在国内，各类指数发展的起点不同，受市场发展阶段、投资需求变化等市场环境的影响，发展速度也不一样。至2011年，各类指数呈现出不同的发展特点。

1. 规模指数体系框架基本建立

规模指数作为指数体系的一个重要的、基础性的指数类别，在指数产业发展的初期阶段发展最快，发布数量最多。随着对市场规模的不断覆盖，发展空间渐趋饱和。至2011年，上证指数、深证指数、中证指数、巨潮指数都建立了较为系统的规模指数体系框架。中小板、创业板的总体规模和内部结构正处于快速发展变化之中，规模指数的构建还有很大潜力。

固定数量法和市值覆盖法是国际上规模指数构建的两种主要方法，国内规模指数以固定样本数量的成份指数为主。深圳证券信息公司指数事业部2011年发布中小板基础市场指数，是市值覆盖法应用于国内规模指数编制的首次尝试。

2. 风格指数依托规模指数稳步增长

随着我国资本市场的完善，市场有效性不断提高，成长和价值指数的风格收益区分度逐渐增强，风格指数和风格指数产品取得了较快发展。风格指数一般基于规模指数开发。随着规模指数体系的不断完善，风格指数的数量在稳步增长，2008年底为4条，2009年底为10条，2010年底为24条，目前达到34条。

3. 行业指数大幅充实并向纵深推进

2011年，国内两家机构新发布4套共40条行业指数，上证、深证、中证、巨潮系列均建立了一至多套行业指数，行业指数体系得到大幅充实。从发展趋势看，一是围绕重点指数开发派生行业指数，上证380行业指数和巨潮1000行业指数均为此类；二是对行业分类进行细分、重组或整合，开发细分行业指数、超行业指数和跨行业指数；三是采用新型行业分类标准，开发适合中国市场特征的行业指数，深圳证券信息公司指数事业部已开展自主行业分类标准的研究工作。

4. 主题指数进入快速发展期

主题指数是标普、MSCI、富时等国际主要指数编制机构指数体系的重要分支，也将是国内指数未来拓展的主要领域之一。主题指数在国内指数体系占据着重要地位，截至2011年11月底，主题指数累计发布111只，占总数的32%，居各类指数之首。在2011年新发布指数中，主题指数29只，占27%，仅次于行业指数。

我国正处于经济发展方式转变的关键时期，伴随着经济结构转型和政策调整，市场热点转换频繁，结构性投资机会不断涌现，市场对主题指数的需求迅速提升。在此背景下，区域振兴、能源、消费、医药、大宗商品、红利、战略性新兴产业、环保低碳、可持续发展等投资热点不断涌现，为我国主题指数的大力发展提供了重要的支撑，主题指数将进入快速发展期。

5. 策略指数研发取得突破性成果

近年来，国内指数编制机构紧跟国际指数创新的步伐，加大了对策略指数的研发力度。2011年策略指数研发成效显著，发布数量达到了15只，占历年累计总数的40%。

策略指数的主要发展方向有：非市值加权策略、杠杆/多空策略、动态多资产配置策略等。目前国内采取非市值加权策略的基本面指数和等权重指数已形成了较为成熟的编制技术，多空策略指数的研究尚处于起步阶段，但也已取得一定的突破。中证指数公司于2011年发布的沪深300富国130/30多空策略指数(线下计算)，是国内首只杠杆策略指数。深圳证券信息公司在130/30策略指数、财务加权策略指数的研究方面取得了重要进展。

二、指数基金发展情况及分析

(一) 指数基金发展概况

2011年，中国证监会将指数基金审核通道单列，提高了基金公司开发指数产品的积极性，指数基金产品发行数量创历年新高。据目前市场公开信息统计，全年发行跟踪A股市场的指数基金49只。截至2011年三季度，我国指数基金总计131只(不含QDII)，占所有基金数量的13%；资产规模为3, 122亿元，占所有基金资产规模的14%。

图7 历年中国指数基金资产规模

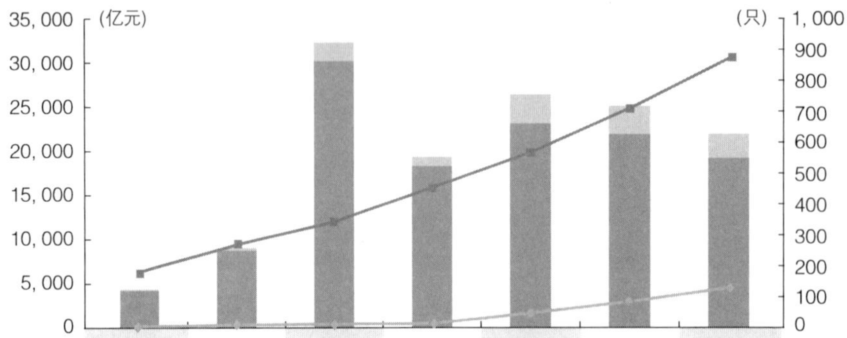

	2005	2006	2007	2008	2009	2010	2011.09.30
指数型基金规模(亿元)	195	279	2,056	993	3440	3,346	3,122
非指数型基金规模(亿元)	4,332	7,844	30,392	18,384	23,464	22,091	19,162
指数型基金只数	10	16	17	19	48	89	131
非指数型基金只数	182	274	339	454	579	717	885

数据来源：深圳证券信息公司指数事业部

2011年发行的指数基金产品在市场覆盖广度和产品开发深度上都取得了重要进展，规模类、主题类、行业类和风格类指数基金等均取得突破，为市场提供多样化的被动投资品种选择。其中，创业板ETF及其联接基金的成立填补了创业板指数基金产品的空缺，上证综指ETF的成立开创了基于大数量样本指数开发ETF的新模式。2011年，新发行指数基金总体情况如下：

1. 跟踪深圳市场的指数基金数量和资产规模占比较大

从标的指数所属市场来看，2011年前三季度成立的指数基金中，跟踪沪深跨市场指数的有8只，资产规模75亿元；跟踪上证单市场指数的有15只，资产规模为68亿元；而跟踪深证单市场指数的基金数量最多，共有19只，资产规模达到93亿元。

表3 2011年新成立指数基金按跟踪市场分类比较

	产品数量(只)	数量占比(%)	资产规模(亿元)	资产规模占比(%)
跟踪深证指数的指数基金	19	45	93	39
跟踪跨市场指数的指数基金	8	19	75	32
跟踪上证指数的指数基金	15	36	68	29

数据来源：深圳证券信息公司指数事业部；截至2011年基金三季报。

2. 跟踪标的指数多为规模指数和主题指数

2011年新成立的指数基金中，跟踪规模指数的基金产品数量最多，为16只，资产规模达到86亿元；其次是跟踪主题指数的基金产品，数量为15只，规模为77亿元；跟踪策略指数和风格指数的基金分别为7只和4只，资产规模分别为51亿元和21亿元。

表4　2011年新成立的指数产品按指数类别比较

	产品数量(只)	数量占比(%)	资产规模(亿元)	资产规模占比(%)
规模	16	38	86	36
主题/行业	15	36	77	33
策略	7	17	51	22
风格	4	10	21	9

数据来源：深圳证券信息公司指数事业部　截至2011年基金三季报

3. ETF成为指数基金的主要产品类别

2011年以来，有17只ETF成立，资产规模达到86亿元，同时发行的16只ETF联接基金资产规模达到68亿元，两者合计数量占比达到79%，资产规模占比达到66%。期间发行的分级指数基金与LOF指数基金4只，资产规模占比15%。

表5　2011年新成立指数产品按产品类别分类比较

	产品数量(只)	数量占比(%)	资产规模(亿元)	资产规模占比(%)
普通指数基金	21	50	112	48
ETF	17	40	86	37
分级指数基金	2	5	27	11
LOF指数基金	2	5	10	4

数据来源：深圳证券信息公司指数事业部　截至2011年基金三季报

(二) 2011年指数基金发展特点

1. 指数基金发行数量创历年新高

近10年，我国指数基金经历了由起步到缓慢成长，再到快速发展的几个阶段。2002年国内第一只指数型基金成立，2003至2006年间，国内有15只指数型基金成立，而2007至2008年仅有3只指数基金成立。2009年，由于指数基金的业绩表现优异，被动式投资逐步被市场认可，指数基金数量和资产规模均出现大幅增长，当年成立指数基金29只，平均资产规模48亿元。2010年，成立指数基金41只，平均资产规模下降至11亿元，而2011年前三个季度指数基金的成立数量超过2010年，达到42只，但平均资产规模再度下降至6亿元。

图8　历年成立的指数基金数量和平均资产规模

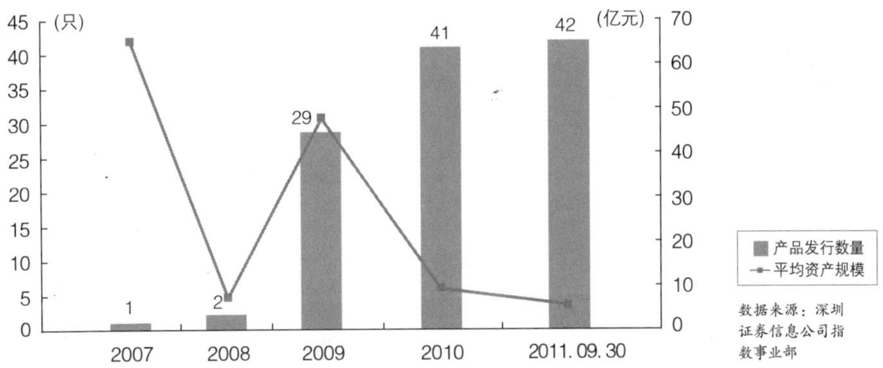

数据来源：深圳证券信息公司指数事业部

2. ETF和分级基金资产规模占比不断上升

2009年至2011年间，ETF资产规模由662亿元上升至786亿元，资产规模占指数基金比例由19%上升至25%；分级指数基金资产规模由33亿元发展到178亿元，资产规模占比由1%上升至6%。与此同时，普通指数基金和LOF的资产规模出现不同程度的下降，普通指数基金资产规模占比由60%下降至52%，LOF指数基金资产规模占比由20%下降至17%。

图9　历年指数基金资产规模占比（以产品类型分类）

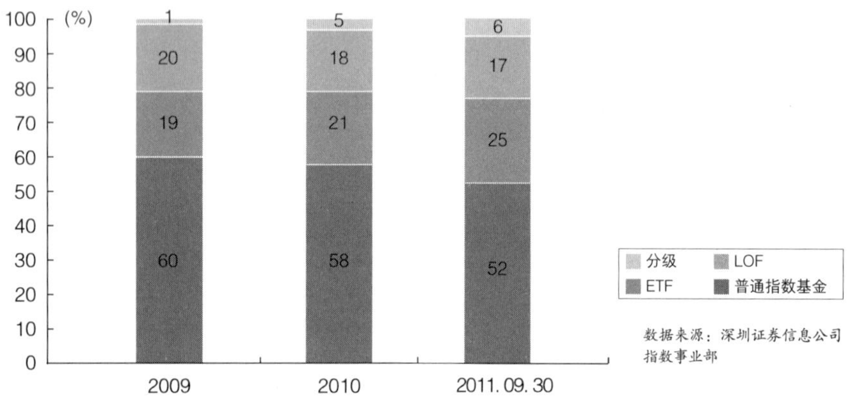

数据来源：深圳证券信息公司指数事业部

3. 跟踪标的由规模指数向主题等类别指数延伸

规模指数兼具市场标尺和投资标的功能，是指数基金跟踪的主要标的。近年来，国内指数基金的跟踪标的以规模指数为主，但出现向主题指数、策略指数和风格指数延伸的趋势。其中，跟踪主题指数的基金资产规模占比上升明显，跟踪策略和风格指数的基金资产规模占比较小。2011年基金三季报数据显示，规模类指数基金资产规模为2,619亿元，占指数基金总体资产规模的84%；主题类指数基金资产规模367亿元，占比12%；策略类指数基金80亿元，占比3%；风格类指数基金53亿元，占比2%。

图10　历年指数基金资产规模占比（以指数类型分类）

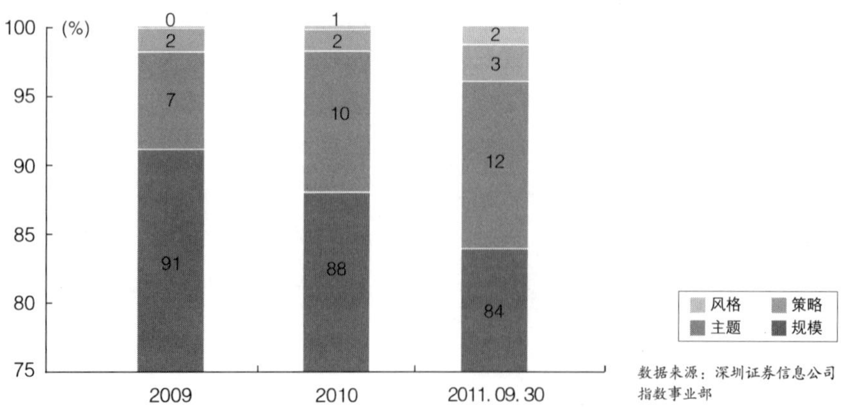

数据来源：深圳证券信息公司指数事业部

4. 跟踪深证系列的指数基金规模占比持续增长

自2009年指数基金进入快速发展期，跟踪深证系列的指数基金的资产规模占比一直保持稳步增长，由2009年的17%上升至2010年的21%，截至2011年基金三季报，资产规模占比增至24%。同期，跟踪上证系列和巨潮系列的基金资产规模占比基本维持不变，而跟踪中证系列的基金资产规模占比出现小幅下滑，资产规模占比由48%降至43%。

图11　历年指数基金资产规模占比（以指数所属市场分类）

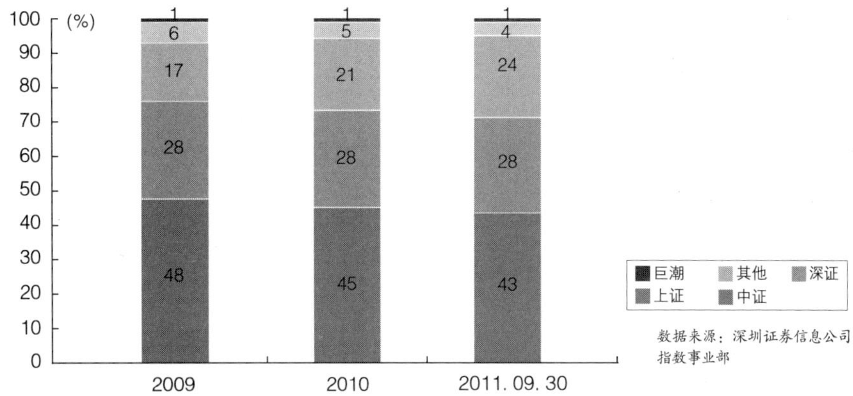

数据来源：深圳证券信息公司指数事业部

5. 机构投资者持有指数基金比例逐年提高

以2007年前成立的16家指数基金产品为统计对象，基金份额持有人户数在近两年呈现下降趋势，从2009年的879万户下降至2011年基金中报的713万户。与此同时，指数基金份额中机构投资者持有比例却逐年上升，由2007年平均19%上升至2011年平均26%，机构投资者对指数化投资的认同度不断提高。

图12　基金份额持有人户数和机构投资者持有比例

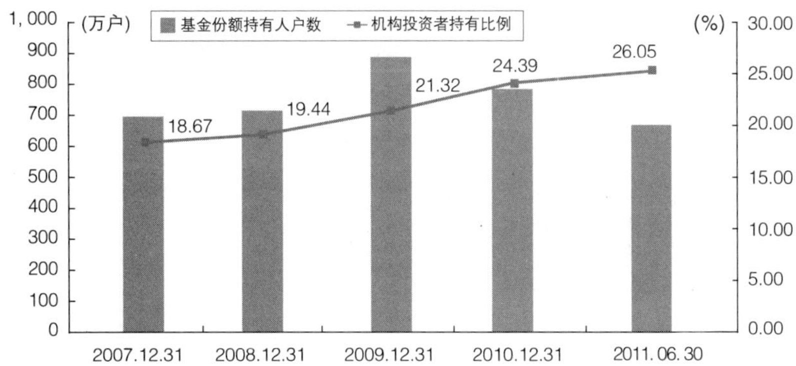

数据来源：深圳证券信息公司指数事业部
机构投资者持有比例采用算术平均进行计算

(三) 2011年指数基金收益比较分析

近年来，我国指数基金在收益方面的优势开始逐渐体现，已形成了一批具有市场影响力的指数基金产品。2007年和2009年，深证100ETF分别获得187%和114%的年度收益，均在当年开放式基金业绩排名中名列第四。2007年1月1日至2011年10月31日，市场经历了一轮大牛市和四年熊市，期间中小板ETF累计收益109%，战胜了同期可比的91%股票型基金。

1. 2011年股票型基金整体收益比较

2011年，受国内外诸多不利因素影响，市场整体震荡下跌，指数基金均出现不同程度的下跌。将2011年以前成立的基金分为四大类，其中指数基金89只、主动股票型基金236只、QDII基金27只及偏股混合型基金125只，数据统计显示，截至2011年10月31日，指数基金平均跌幅12.67%，而偏股混合型基金平均跌幅14.77%，QDII基金平均跌幅14.88%，主动股票型基金平均跌幅15.99%。指数基金平均收益略好于主动股票型基金。

图13　2011年各类型基金整体收益比较

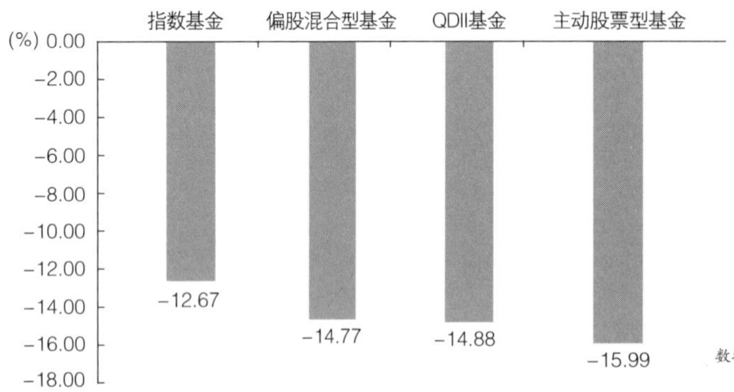

数据来源：深圳证券信息公司
指数事业部　Wind
数据截至：2010.10.31

2. 不同市场的指数基金收益比较

以2007年以前成立的指数基金为样本，按照指数基金跟踪市场划分为三类，即跟踪深市指数的指数基金3只，跟踪沪市指数的指数基金5只，跟踪跨市场指数的指数基金5只。与67只具有可比数据的主动股票型基金进行比较，自2007年至2011年10月31日，跟踪深市指数的指数基金累计收益为82%，高于同期其他市场的指数基金及主动股票型基金。

图14　不同市场指数基金及股票型基金收益比较

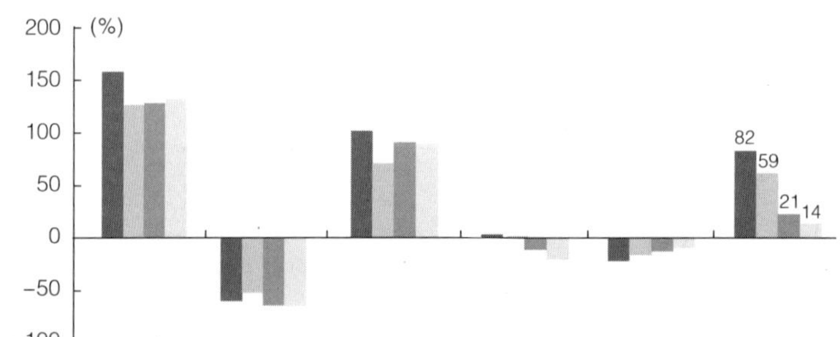

	2007	2008	2009	2010	2011.10.31	累计收益
■ 跟踪深市指数的指数基金	161	−59	104	5	−20	82
■ 主动股票型基金	127	−51	70	1	−16	59
■ 跟踪跨市场指数的指数基金	130	−64	89	−13	−12	21
■ 跟踪沪市指数的指数基金	141	−65	86	−19	−10	14

数据来源：深圳证券信息公司指数事业部

3. 不同风格的指数基金收益

以2007年前成立的指数基金为统计样本，按照指数基金不同风格类型划分为四类，即大盘股指数基金10只，中盘股指数基金2只，小盘股指数基金1只，红利主题指数基金1只。数据显示，近五年来，小盘股指数基金收益和中盘指数基金收益较高，累计收益分别为109%、68%，高于其他风格的指数基金。

图15 不同风格指数基金及股票型基金收益比较

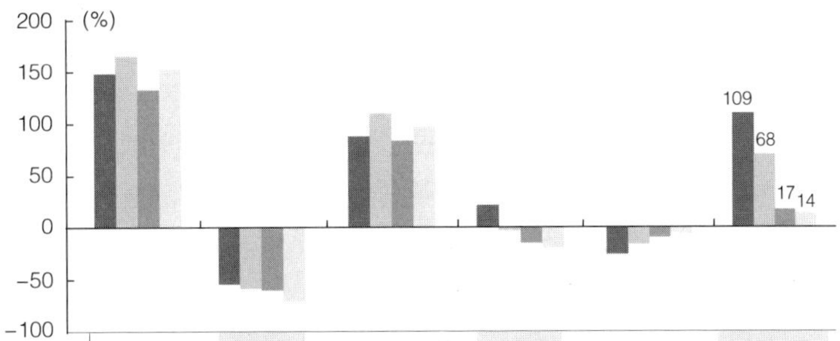

	2007	2008	2009	2010	2011.10.31	累计收益
小盘股指数基金	149	−53	95	21	−25	109
中盘股指数基金	168	−62	109	−3	−18	68
大盘股指数基金	134	−64	86	−15	−11	17
红利主题指数基金	155	−68	96	−21	−8	14

数据来源：深圳证券信息公司指数事业部

三、对指数及指数化投资的几点思考

近五年，指数基金的产品数量和资产规模大幅增长，部分基金公司或凭借先发优势，或依靠产品创新和加强营销，在指数化产品方面已经建立一定的领先地位。与此同时，越来越多的基金公司开始重视指数产品开发，加快了指数化产品的布局。但是，基金公司正面临规模指数稀缺、指数化产品竞争日益加剧、指数产品同质化、指数基金首发规模下降等诸多问题，如何在当前指数基金竞争格局中发挥自身优势，做大做强指数产品，值得业内思考。

(一) 业绩是指数基金规模增长的驱动力

指数化投资是分享市场发展的手段。业绩回报始终是投资者选择基金产品的重要标准，收益高的指数基金易于吸引更多投资者，从而做大指数基金规模。2003年融通深证100指数基金首募规模仅5亿元，此后3年规模变化不大。受益于2007年及2009年深证100指数优异的收益表现，融通深证100指数基金迎来两次爆发式增长，2007年资产规模达到124亿元，相比2006年增长1, 671%；2009年资产规模173亿元，相比2008年增长170%。

图16 融通深证100指数基金资产规模发展变化

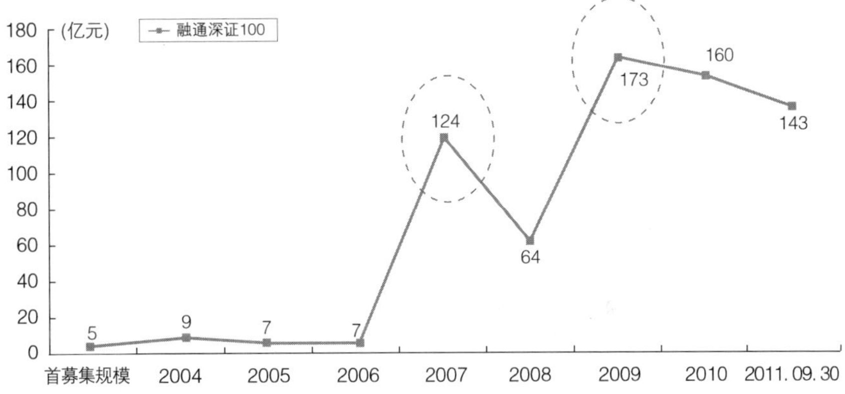

数据来源：深圳证券信息公司指数事业部

(二) 指数化投资对基金行业的影响逐渐显现

近年来，指数基金的资产规模在市场状态不佳的情况下继续保持增长，成为基金行业的亮点之一。2007年至2011年三季度，基金行业整体资产规模从3.2万亿元下降至2.2万亿元，减少31%，而指数基金资产规模却从2007年的2, 056亿元上升至3, 122亿元，增长52%。

指数化产品已成为改变基金市场地位，提升基金公司竞争能力的重要手段。截至2011年9月底，前十大基金公司的指数基金资产规模已占其基金总资产规模的20%，其中总规模排名第二的易方达，指数基金资产规模占比高达42%。

表6 排名前十基金管理公司资产规模比较

排 名	扣除指数基金规模排名	管理人	基金资产规模(亿元)	指数基金规模(亿元)	指数基金资产规模占比(%)
1	1	华夏	1, 899	426	22
2	6	易方达	1, 352	561	42
3	2	嘉实	1, 328	305	23
4	3	南方	1, 081	130	12
5	4	博时	1, 075	128	12
6	5	广发	963	75	8
7	7	大成	772	99	13
8	9	华安	673	153	23
9	10	银华	653	174	27
10	8	富国	628	51	8
合 计			10, 424	2, 101	20

数据来源：深圳证券信息公司指数事业部 数据截至：2011年基金三季报

(三) 指数化投资需寻求新的突破

经过近几年的快速发展，市场已初步形成少数基金公司与少数规模指数占据较大市场份额的格局。目前指数基金资产主要集中在沪深300、深证100、深成指、上证50、上证180和中证500等指数，跟踪上述指数的指数基金占所有指数基金资产规模的70%。基金公司对规模指数需求仍很强烈，但规模指数稀缺性日益凸显，基金先发优势比较明显。

表7 主要指数跟踪产品数量及规模情况

跟踪指数	产品数量	资产规模(亿元)	资产规模占比(%)
沪深300	21	1, 006	32
深证100	5	481	15
上证50	3	386	12
上证180	3	139	4
中证500	4	89	3
深证成指	5	77	2
合 计	41	2, 178	70

数据来源：深圳证券信息公司指数事业部 数据截至：2011年基金三季报

指数运行的驱动力来自基础市场。与成熟市场相比，中国股票市场具有高成长的特征。近年来，沪深交易所IPO数量在全球交易所中名列前茅，在融资金额、上市公司数量和成交金额等指标上排名不断攀升，正进入全球主要交易所的行列。公司成长是价值投资的源泉，相比成熟市场，我国指数型基金仍有较大的发展空间。

一是挖掘指数化投资广度。从A股市场整体来看，指数基金的资产净值占市场流通市值的1.7%，在中小板市场和创业板市场，指数基金资产规模占市场流通市值的比例仅为0.37%和0.32%。中小板指数是近7年来回报最好的指数之一，创业板指数是未来最具成长潜力的指数之一，相关指数基金的数量和规模发展空间较大。从指数基金类别来看，美国市场的行业ETF占比为23%，而中国行业ETF几近空白。此外，主题指数也具有较大的发展空间。

二是拓展核心指数深度。尽管核心指数基金已形成明显的先发优势，但核心指数的品牌效应也为后续指数基金的开发提供了有利条件。2010年发行的银华深证100指数基金是产品深度挖掘的成功案例。在已有三只跟踪深证100指数基金的前提下，银华深证100指数基金通过分级机制适应不同的市场趋势，目前资产规模相比2010年首发规模增长203%，已成为深受投资者欢迎的指数化产品。另一方面，通过拓展现有核心指数的派生指数，如等权重指数、策略增强指数、波动率加权指数等，提供更为丰富的投资工具。2008年12月31日至2011年10月31日，相比其母指数，深证100等权重指数与中小板等权重指数的超额收益分别为25%与49%。

130/30策略指数基金
海外发展与国内运作框架研究

□ 兴业全球基金管理有限公司

导 言:

130/30策略是指在普通做多策略的基础上，通过融券实现组合130%的多头仓位和30%的空头仓位，从而将净头寸维持在100%左右的资产配置策略。这种组合与普通组合总仓位一致，但拓展了投资有效边界，在给定风险的前提下，为投资者提供更多的预期收益。因此，130/30策略通常又称为“双α策略”，它更突出管理人的择股能力。

130/30策略中组合采用卖空股票而非做空股指期货的方式获取空头仓位。虽然理论上，融券卖空与股指期货空头所起的效果有类似之处，但两者之间也有显著不同。

首先，融券卖空策略是针对个股的卖空，而300股指期货是针对300只股票的合计卖空，因此，融券卖空是规避个股非系统性风险，而股指期货则是规避系统性风险，相对而言，投资研究对个股风险的把握要远好于对大盘系统性风险的把握。

其次，融券卖空策略更主要的目标是获取超额收益，在投资绩效目标上，比单纯的股指期货套保策略要更为积极。多空投资策略提高了研究成果的效用性，相比于传统共同基金多空策略能更加有效地利用基金经理的研究和判断。传统共同基金管理策略一般只会注重那些经过研究后预期表现较好的股票，对于表现较差的股票只能剔除，相当于浪费了“表现较差的股票”这一信息。

再次，采用多空策略可以卖空相对基准表现较差的股票，再将卖空所得现金用于购买相对基准表现较好的股票，以此来提升基金业绩。这个过程可在控制市场系统性风险的前提下实现杠杆效应，130/30策略实际对应了1.6倍的杠杆比例；而使用股指期货卖空则一方面直接降低了组合的系统性风险，另一方面由于交付保证金需要占用头寸实际对应了小于1的杠杆比例，因此更适用于在对冲中性策略中使用。两者的目标都是将风险收益边界向外拓展，但对应的却是边界上的不同位置。

这些不同的关注和区别成为开发本产品的初衷和本产品在细分市场上的特殊定位。本文旨在通过对海外130/30策略以及相关策略指数基金运作的研究，为推动国内130/30相关产品的发展提供借鉴。

一、130/30策略相关文献综述

尽管130/30策略相对出现较晚，但在股票多空策略上的文献研究却已经相当丰富。

Hasanhodzic，Lo and Patel(2009)认为，对130/30策略的核心争议集中在放松卖空后，是否能带来有效收益。

Jacobs，Levy and Starer(1999)提出只有多空头寸的整体最优化才能提高组合收益。这种最优化的好处不仅来自于卖空收益，还来自于对于基准成分股的权重调整。

Brush(1997)认为，对一个仅能做多的组合加入多空头策略后，可以拓展均值方差的有效边界，从而推论多空头策略可带来预期为正的阿尔法。Grinold and Kahn(2000)模拟计算的结果表明，从多空策略转为单纯做多策略时信息比例是下降的。而Jacobs，Levy and Starer(1999)进一步阐述了卖空约束可能产生的效率损失。Martielli(2005)针对美国大盘股基金的实证表明，即使是考虑了卖空的额外成本，放松卖空限制后的预期信息比例仍能得到改善。

Clarke de Silva and Thorley(2002)在Grinold(1989)框架的基础上采用“转移系数”度量基金经理将信息有效转化为实际组合权重的能力，发现实施了卖空限制后转移系数下降的程度要大大多于实施其他约束条件。

当然，多空头策略也会带来一些主要与组合对应多空头比例相关的额外成本。Jacobs，Levy and Starer(1999)明确了卖空策略的四类成本，分别是与卖空有关的成本、额外头寸的交易成本、较高管理费以及卖空带来的额外风险。但他们也认为，相对于单纯做多策略而言，多空头策略并不一定带来更多成本或更多风险。

随着对多空头策略的日益关注，如何确定空头头寸的最优规模越来越显得重要。Clarke de Silva and Thorley(2007)提出，为维持主动管理风险保持不变，多空比例应该随个股风险、证券相关性，以及基准权重集中程度适时变化。

将130/30策略运用于被动投资在近几年才受到重视并获得迅速发展，因此，相关研究成果不多。在基准确定上面，Lo and Patel(2008)提供了一个动态被动基准构建方法，为建立130/30指数和衡量130/30产品绩效制定了标准。

二、130/30策略基金的海外借鉴

(一) 130/30策略基金的海外发展

130/30策略在海外非公募基金中已运作多年，但直到最近几年才在公募基金中迅速发展。据晨星统计，目前美国共同基金市场共有20只130/30基金。2007年共成立14只130/30共同基金，管理资产总额超过1, 400亿美元。据Tabb & Johnson(2007)预测，130/30基金资产管理总规模到2010年末可达2万亿美元。尽管2008、2009年欧美遭遇1929年大萧条以来最严重金融风暴的影响，仍有3只130/30共同基金面世。JP摩根资产管理的大盘130/30基金在2007年7月超过20亿美元，并在当时所有大盘核心股票基金和130/30基金中业绩排名第一。

(二) 130/30策略指数的海外发展

指数基金发展之初，一般选择普通市场指数，如标普500指数，作为标的指数。但市场发展需要一类新的指数既能有效融入动态策略，又不失传统指数的市场代表性、可交易性、透明化和被动管理的特点。

相关问题直到Lo and Patel(2008)论证了基于给定策略被动调整的动态基准可能优于买入并持有的静态基准后才得到较好的解决，也为指数编制机构编制相关指数、资产管理公司向公众发行130/30类产品铺平了道路。

2007年底，瑞士信贷和标普公司首次推出130/30指数。随后道琼斯、Index IQ、First Trust等公司纷纷效仿，相继发布各自的130/30指数。目前，市场上较为主流的130/30指数有瑞信130/30指数、标普500 130/30策略指数、标普TSX60 130/30策略指数、道琼斯RBP美国大盘股130/30指数等。

(三) 海外130/30策略指数基金案例

目前全球最大的指数基金公司ProShares和Direxion都在过去两年中发行了与相关指数挂钩的130/30策略指数基金，追踪标的分别为瑞信130/30指数和标普500 130/30策略指数。

对ProShares 2009年推出的ProShares Credit Suisse 130/30策略指数基金的具体描述见表1。

表1 ProShares Credit Suisse130/30策略指数基金基本情况

净资产	截至2009年12月31日，基金净资产规模达1,755万美元。
费率情况	基本费率为1.70%，优惠费率0.95%，高于普通策略指数基金产品。
特点	Beta接近1，追求Alpha。
可投资标的	股票、衍生品(SWAPS、远期合约)、货币市场工具。
产品运作	通过做空股票，并用做空资金做多股票，实现对130/30指数的跟踪，以2010年1月15日为例，该基金多头占比约129.73%，空头占比约29.75%。
基金业绩	基金成立以来净值增长跑赢标普500，接近基准。截至2009年12月31日，自成立以来基金总收益为25.91%，而同期标普指数的收益率为24.30%。
折溢价情况	折溢价幅度都不大，基本在0.249%以内。

数据来源：相关公司主页 http://www.proshares.com/

三、130/30策略指数基金实务及法律框架

(一) 美国130/30策略指数基金实务

由于在美国券商通常会对卖空证券要求抵押，130/30策略指数基金的管理人需要与券商合作计算所需抵押品金额。根据美联储T法规规定，券商应要求卖空证券者提供卖空证券市价150%的抵押。如果130/30策略指数基金的管理人需要将卖空证券所得资金在买券还券前用于其他投资，则根据1940年投资银行法第18条f款，券商应要求卖空证券者提供卖空证券市价300%的抵押。美国证监会认为如果投资者在一个分立的不在券商处开设的账户(一般为在托管行等第三方开设的账户)中保存相当于卖空证券市价100%的流动资产，则可以豁免1940年投资银行法第18条f款关于300%担保的限制。

以图1为例，基金实施130/30策略的通常步骤包括：

(1) 基金构建一个价值100的证券组合；

(2) 基金卖空证券获得价值30的资金；

(3) 基金根据法律法规对卖空证券所需抵押的要求与券商和托管行签订三方协议；

(4) 在开立分立账户的情况下，根据美联储T法规和美国证监会关于使用高级证券的规定，基金可在提供价值45(150%)抵押品的前提下使用融券卖出所得的价值30的资金进行投资；

(5) 投资融券卖出所得资金形成的价值30的证券，与A中价值100的证券组合共同构成130组合；

(6) 最终形成处在三方协议下价值45的资产和处在托管协议下价值85的资产。

图1　130/30基金头寸构建与运作流程

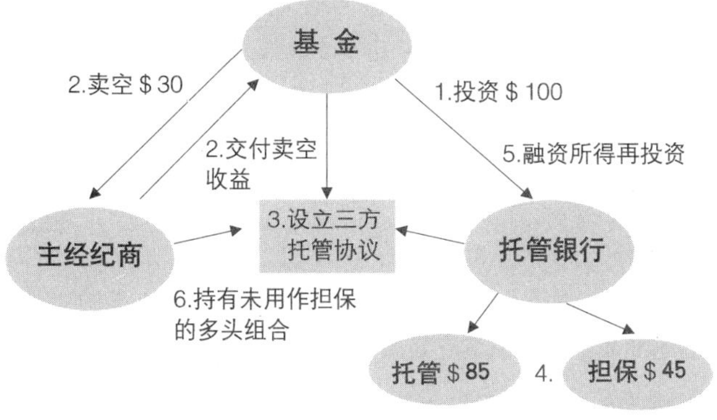

(二) 130/30策略指数基金在国内推出的合规性检验

130/30策略指数基金作为一种创新基金，既与其他普通基金一样受基金法的规范，也由于其融券卖空操作受中国证监会和交易所关于融资融券相关条例的指引。

对130/30策略指数基金是否符合相关法律规定的检验如下：

1. 是否属于可投资品种范围

参照海外成熟市场的经验，融券卖空业务与股指期货业务均归类为高级证券品种。鉴于目前国内已允许基金参与股指期货，因此可参照基金投资股指期货范式，由中国证监会规定允许基金参与融券卖空业务即可。

虽然我们认为国内基金参与融券业务并无法律约束，但在法律上尚需中国证监会规定允许基金参与融券业务。需要特别指出，本基金只参与融券卖空业务，并不进行融资买券。

2. 对融资融券保证金比例的检验

融资融券交易试点实施细则(以下简称《细则》)规定融资融券保证金比例不低于50%。其中，融资融券保证金比例=保证金 / (融资融券证券数量 × 买入或卖出价格)。

130/30基金融券30%后所需保证金为初始基金资产的15%(30% × 0.5)，大大小于按65%折算率计算的基金初始保证金可达数额。

3. 对维持担保比例的检验

《细则》规定维持担保比例不应低于130%的警戒线，否则应追加至150%的严重关注线。

其中维持担保比例=(现金+信用证券账户内证券市值) / (融资买入金额+融券卖出证券数量 × 市价+息费总和)

现金包括融券卖出冻结资金；证券市值不必经过折算率折算。

130/30基金的初始维持担保比例约为433%([100+30] / [0+30])，远远高于130%的警戒线和150%的严重关注线。

4. 对使用融券所得资金投资的检验

《细则》第十五条规定融券所得资金除买券还券外不得他用。该部分存在一定的政策障碍，有待相关部门的认可。

《上海证券交易所融资融券交易试点实施细则》第二章第十五条规定，未了结相关融券交易前，投资者融券卖出所得价款除买券还券外不得他用。因此，本基金在产品设计中对融券所得价款进行冻结。然而，从欧美多空基金的运作经验来看，往往可将卖空所得价款买入看好的股票，这样，在获取卖空的超额收益的同时，整个基金资产的系统风险能够接近普通股票型基金，比如标普500指数基金。因此，若将来相关法规能够放开融券所得价款的使用，130/30指数基金将能更好地运用多空策略进行投资运作。

5. 对使用基金财产为融资担保的检验

基金法第七章第五十九条规定，“基金财产不得用于向他人贷款或者提供担保”，以及《上海证券交易所融资融券交易试点实施细则》第四章第三十条规定，“会员向客户融资、融券，应当向客户收取一定比例的保证金。保证金可以标的证券以及本所认可的其它证券充抵”。

基金法第七章第五十九条，是对基金财产向他人提供担保行为作出的约束，而130/30指数基金的融券业务所需证券担保物可比照基金参与债券回购业务，是以证券品种作为“自身”(而非他人)交易行为的充抵物。而且参与融券业务时如以现金做为保证金方式，则与基金参与股指期货交付保证金的形式与性质一致。

综上所述，130/30指数基金认为参与融券卖空并不违反上述法律法规的规定。

此外，在转融通业务开放后，130/30指数基金还可参与转融通业务，一方面可以增加基金的收入来源，另一方面能在很大程度上提高做空效率。

四、130/30指数的编制方法

(一) 130/30指数的特点

130/30指数保持了传统指数具有的市场代表性、可交易性和成分股透明性特点，在指数成分股选择和成分股调整上与传统指数并无太大区别。但融入130/30策略后的动态被动指数又有其自身独有特点：

首先，130/30指数在基本保持市场风险的基础上争取多空投资部分的双Alpha收益。既能有效反映市场整体状况和运动轨迹，又在风险可控的前提下寻求超额收益。

其次，130/30指数仍属被动管理指数。指数管理公司定期(可以是每月、每季或每年)根据量化模型，确定指数成分股和权重，在此过程中不进行人为判断。

(二) 海外主流130/30指数比较

目前，国际主流的130/30指数成分股都是美国市值最大的公司。指数成分股以按季度调整居多，瑞信130/30指数按月调整，是其中调整频率最高的指数。

表2 海外主流130/30指数基本信息

指数名称	发布日期	成分股	成分股调整周期
瑞信 130/30	2007.10.02	500家市值最大的美国公司(包含ADR)	每月
标普500 130/30	2007.11.19	标普500指数成分股	每季度
道琼斯RBP 130/30	2008.03.11	道琼斯750大盘股指数成分股	每季度
Index IQ 130/30	2008.04.30	52周日均成交量和市值排名最大的1,000只股票	多头年度调整；空头季度调整
First Trust 130/30	2008.05.05	美国最大的2,500只股票	每季度

数据来源：相关公司主页http://www.proshares.com/，http://www.standardandpoors.com/，http://www.dowjones.com/，http://www.indexiq.com/，http://www.ftbni.com/

主流130/30指数的编制方法大体一致，即通过量化手段从成分股中分别选出看多和看空的股票，在成分股调整日对其进行权重调整，增加看多股票的权重，减少甚至做空看空股票。不同的是量化选股模型和指数调整权重的具体方法，受篇幅限制在此不做进一步介绍。

(三) 国内130/30策略指数编制的关键点

在确定如何嵌入130/30策略后，中证指数公司可以发布旗下任意指数的130/30指数。下面以中证50指数为例，重点介绍130/30指数编制中的若干关键点。

1. 指数调整周期

上证50指数每半年调整一次成分股，上证50 130/30指数成分股与同时期上证50指数保持一致。

鉴于130/30指数作为定期调整的被动管理指数需要定期对指数成分股权重进行调整，参照海外130/30指数编制经验，上证50 130/30指数可以按季度对指数成分股权重进行调整。

2. 量化选股模型

选股能力是130/30策略的关键，海外130/30指数都有一套成熟的量化选股模型，比如瑞信的Alpha因子模型。因此需要建立一套对上证50指数成分股股价波动解释度较强的因子指标系统。

3. 130/30策略的实施

上证50 130/30指数可根据实际操作的可行性和指数表现，选择适合中国国情的操作手段。既可像标普500 130/30指数那样对相对看好的10只成分股各增加3%权重，而对相对不看好的10只成分股降低3%权重；也可像瑞信130/30指数那样，在限制组合Beta为1的基础上，通过组合优化实现多空头权重配置。

4. 对融券成本的考虑

130/30策略还需承担融券过程中利息支出、分红返还等费用，因此除了编制标准上证50 130/30指数外，还可以编制一个扣除这些费用的130/30指数，按日计提固定的利息支出，并在分红日计提分红返还。

五、130/30策略指数基金融券业务流程

随着国内金融创新的步伐不断迈进，证券市场融资融券和股指期货业务相继开闸。目前，包括公募基金在内的机构投资者在满足一定的合规条件下，已可以投资股指期货，但融资融券业务仍尚未对公募基金开放。通过比较个人参与融券业务、公募基金参与股指期货投资以及现有普通公募基金开户、交易和结算的业务流程，在合法合规、风险可控的前提下，我们提出130/30策略指数基金参与融券业务的相应流程。

(一) 130/30策略指数基金参与融券业务的业务流程

普通公募基金只需在中登公司和托管行开立对应的普通证券账户和普通资金账户即可，在引入融券业务后，为了保证普通证券账户与信用证券账户、普通资金账户与信用资金账户之间的独立性，我们提议设立基金信用交易账户体系，分别在中登公司和托管行设立基金信用交易证券总账户和基金信用交易资金总账户。

基金信用交易证券总账户下设二级账户有普通证券账户和基金信用证券总账户。基金信用证券总账户下设基金对应在各家证券公司所开立的信用证券账户，即各证券公司在中登公司开立的客户

信用交易担保证券账户的二级账户。在融券业务中，信用证券账户由中登公司按照规则进行统一编码，证券公司委托中登公司维护信用证券账户的明细记录，因此，基金信用交易证券总账户下的信用证券账户仍保持普通证券账户“看穿式”二级账户体系的特点。

在基金账户体系下，证券公司无法获取基金普通证券账户的相关信息，保证了基金运作的独立性；同时，由于当前各家证券公司可融券种数量有限，因此有必要在多家证券公司分别开立信用证券账户，由于各信用证券账户之间相互独立，因此证券公司只能获取、监控到公司下设的信用证券账户，保证了融券业务的相对独立性。

同样，我们提议设立基金信用交易资金总账户，下设普通资金账户和信用资金总账户。在信用资金总账户下，开立对应各家证券公司的信用资金账户，用于接收证券公司客户信用交易担保资金账户发过来的明细数据。于是，基金信用交易资金账户体系下的信用资金总账户仍保持普通资金账户“看穿式”二级账户体系的特点。

上述基金信用交易账户体系(基金信用交易证券总账户和基金信用交易资金总账户)是在现有个人融券业务账户体系下的延伸，在考虑保障证券公司担保权益的同时，也充分保护了公募基金参与融券业务的资产安全及合法权益。由第三方(中登公司和托管行)进行信用交易的明细账维护，可以有效防范个别证券公司伪造和篡改记录，违规挪用和串用担保证券等违规行为，有利于保障基金持有人的权益和资产安全。

(二) 融券交易流程

普通公募基金接通过各家证券公司的交易单元进行股票交易，证券公司在其中扮演了提供交易通道的角色。在引入融券业务后，证券公司的交易单元需开通相应的融券业务权限。对于上交所，证券公司完成相关报备手续后，即可申请开通交易单元的融券交易权限；对于深交所，证券公司通过申请设立融券专用交易单元来取得融券交易权限。

为了确保融券交易的准确性与可执行性，130/30策略指数基金与证券公司将建立相应的业务衔接，在融券指令生成以前，明确相应证券公司可融证券的明细。而130/30策略指数基金提交融券卖出指令后，接受该指令的证券公司核对该基金在证券公司信用证券账户的相关信息，如满足融券交易的相关要求，则交易指令通过对应交易单元下达到交易所，交易所完成融券卖出指令后，将交易明细传送给中登公司和托管行。买券还券的交易流程与融券卖出的流程类似。

(三) 融券业务结算

交易所将交易明细分别传送给中登公司、托管行和基金公司。交易日日终，中登公司根据交易所发送的成交记录进行资金净额清算，并完成基金信用交易证券总账户的证券划转，并将基金信用交易证券总账户结算数据传送给托管行，用于资金划转。托管行和基金公司根据交易明细在当日收盘后，进行估值核对。基金证券总账户包含了普通证券账户和信用证券账户，其中，普通证券账户的结算与普通基金一致，但信用证券账户由于牵涉到融券业务，其资金、证券交收与普通基金有所不同。

1. 融券交易的资金交收

交易日日终，中登公司根据交易所发送的包含信用证券账户信息的成交记录进行资金净额清算，生成各证券公司信用交易资金应收应付净额和基金信用交易资金应收应付净额，并将清算结果发送给证券公司和托管行。证券公司资金交收通过信用交易专用资金交收账户进行，基金通过信用资金账户下的结算备付金账户进行。

2. 融券交易的证券交收

融券交易的证券交收通过证券公司融券专用账户和客户信用交易担保证券账户实现。当130/30策略指数基金向XX证券公司融券后，在交收日最终交收时点，中登公司计算证券公司对应的"XX证券公司融券专用账户"的每类证券应收应付数量，在办理证券交收后，相应维护130/30策略指数基金在该证券公司下的信用证券账户的明细数据。

六、130/30策略指数基金的风险管理与控制

130/30策略指数基金除具有普通指数基金的共有风险外，还由于采用量化选股融券卖空而面临一些特有风险，如融券的流动性风险、申购赎回清单中的匹配风险、量化策略风险等。但总体而言，我们认为这些风险都是可测、可控、可承受的。下面是我们重点关注的若干特有风险。

(一) 融券流动性风险

130/30策略指数基金中的融券卖空部分，可能存在诸如流动性不足、投资品种受限等风险。但由于目前设定的130/30策略指数基金限定每日融券卖空部分最大仅达到当日申购金额的30%，该类风险相对可控。假设某日策略指数基金净申购量为5, 000万，则当日融券卖空不足1, 700万，基本不会存在上述融券卖空风险。为进一步控制该类风险，基金管理人还可根据市场融券规模，对基金规模加以限制。

(二) 申购赎回清单匹配风险

如何匹配130/30策略指数基金申购赎回清单中的融券卖空部分存在风险。在T+1日进行融券卖空或买券还券存在一定的价格波动风险。尤其在股票出现涨跌停的情况下，无法按时完成融券卖空或买券还券的行为。在此情况下，基金管理人可采取替代法买卖备选看空股票。我们认为这类风险仍可承受，不会影响基金的正常运作。

(三) 量化策略风险

130/30策略是一种在给定风险下，拓展组合投资有效边界的投资策略，尤其注重基金管理人的选股能力。因此，对于130/30指数和追踪该指数的策略指数基金，选择合适的量化选股模型至关重要。

(四) 政策法规风险

上述风险控制分析是在基于政策允许的前提下认为这些风险皆符合可知、可测、可承受的原则。但由于该类基金作为创新品种，其批准运作涉及中国证监会和证券交易所的监督管理，因此是否可以运作还存在政策性风险。

七、总结与建议

(一) 鼓励发展一个流动性较高的融券市场

实施130/30策略在实践中要求存在一个具有充足流动性的融券市场。鉴于目前我国融券市场刚刚展开，具有融券资格的券商有限，且其拥有的证券数量较小，一旦出现大规模融券需求，可能形成整个市场无券可融的局面。

针对这种情况，我们建议：

尽快出台相关指引规范金融机构(如基金、保险公司、养老基金等)通过证券金融公司开展转融通借

券业务。事实上，基金、保险公司等金融机构的借券业务在海外非常流行，既能充分满足市场的融券需求，又有助于提高相关机构的收益、降低金融机构持券成本、鼓励长期投资理念和降低指数基金为满足申购赎回而持有部分现金所造成的跟踪误差。

在建立融券交易转融通机制初期，我们建议借鉴日本的集中化信用交易模式，在券商自有证券不足的情况下，由证券金融公司通过券商向投资者间接提供融券。并且可考虑在试点阶段只允许部分合格券商从事转融通业务；如果出现融券规模过小，缺乏流动性等问题，则可考虑引入我国台湾地区的双轨制模式，允许证券金融公司通过券商代理向投资者直接提供融券服务。

采用集中化信用交易模式，且只对大型合规券商开放转融通业务有利于管理层监管，不但可以较为有效地监测市场融券总量，而且能在实践操作层面上对融券供给进行控制。

(二) 适当放宽融券资金的使用限制

根据本文合规性检验可以看出，中国目前复制海外标准130/30策略的主要法律障碍在于融券所得资金在买券还券外不得他用。交易所主要出于防范风险的考虑做此规定。但由欧美实践看，在投资者能够提供充分担保且在将该担保存于第三方账户的情况下，注册基金卖空证券无论对市场、基金持有人，还是券商，风险都是可控的。事实上，美国证监会1979年调研结果显示，注册基金卖空证券的风险小于预期，因此规定如果投资者可在分立账户中提供相当于卖空证券市价100%的流动资产，即可豁免1940年投资银行法第18条f款关于300%担保金额的限制。所以，我们建议交易所适当放开关于融券所得资金使用的规定，在基金提供充足担保的情况下，允许基金调用融券所得资金。这样既符合国际通行惯例，又可降低130/30策略指数基金的运行成本，也不违反基金法的规定。

综上所述，在我国现阶段发行130/30策略指数基金并不违反基金法的规定，具有较强的可行性。具体操作上的难点主要集中在如何使用融券所得资金和形成一个具有相当规模的融券市场上。针对这两个操作难点，我们参照美国法律法规和市场实践，提出建立针对融券资金使用的担保制度和加快规范券商以外其他金融机构参与借券业务的政策建议。事实上，这两项工作也符合证监会和交易所进一步规范完善我国融资融券市场和推动资本市场完善健全的内生需求。

参考文献:

[1] R. McFall Lamm, Jr, “The Role of Long/Short Equity Hedge Funds in Investment Portfolios”, Deutsche Bank Absolute Return Strategies Research, Aug. 2004

[2] Hasanhodzic, J. and A. W. Lo, “Can Hedge-Fund Returns Be Replicated? The Linear Case”, Journal of Investment Management,2007,5,5–45.

[3] Brush, J.S. “Comparisons and Combinations of Long and Long- Short Strategies.” , Financial Analysts Journal, Vol. 53, No. 3. (May/June 1997), pp. 81–89.

[4] Grinold, Richard C., and Kahn, Ronald N. “The Efficiency Gains of Long-Short Investing.” , Financial Analysts Journal, forthcoming, 2000a.

[5] Martielli, J.D. “A Little Flexibility Goes a Long (and Short) Way.” , SEI Investments' Weekly Commentary (January 2005), pp. 1–4.

[6] Clarke, R., H. de Silva, and S. Thorley, “Portfolio Constraints and the Fundamental Law of Active Management”, Financial Analysts Journal, 2002,58,48–67.

[7] Jacobs, B. and K. Levy, “Enhanced Active Equity Strategies”, Journal of Portfolio Management,2006,32,45–55.

[8] Lo, A. and P. Patel, “130/30: The New Long-Only”, Journal of Portfolio Management,2008,34,12–38.

[9] Tabb, L, J. Johnson, “Alternative Investments 2007: The Quest for Alpha”, Technical report, Tabb Group,2007

[10] Investment Company Act of 1940,As Amended Through P.L. 111-72, Approved Oct. 13, 2009

[11]上海证券交易所融资融券交易试点实施细则，2006

[12] 中华人民共和国证券投资基金法，2003

基金公司核心投研人员变更及其对基金业绩影响分析

□ 天相投资顾问有限公司[①]

摘 要：

● 基金是一种集合理财、专业管理的金融产品，基金公司投研团队的实力、稳定性是基金业绩的影响因素之一。而在投研团队中，基金公司总经理、投资总监、基金经理在不同层面上对基金的投资决策形成影响。本文将上述三类岗位从业者定义为基金管理公司核心投研人员。

● 从1998年至2010年9月，全部基金公司共发生总经理变更67次、投资总监变更85次、基金经理变更1，104次。总体来看，随着公募基金行业的发展、同业竞争的加剧，基金公司核心投研人员的流动性明显提高，并在2007-2008年左右达到阶段性高潮，随后则呈现小幅回落的态势。

● 本文统计了核心投研人员的平均任职期间，用来反映基金公司调整核心投研人员的频率。统计显示，在1998年至2010年9月底的区间内，60%的基金公司总经理平均任职期间少于4年，超过80%的基金公司投资总监平均任职期间少于4年，超过90%的基金公司基金经理平均任职期限不足2年。可见，基金公司核心投研人员较短的任职期限、较高的变更频率已经成为公募基金业的普遍现象。

● 本文对核心投研人员变更的原因和去向进行了归类分析。统计发现，基金管理公司总经理、投资总监、基金经理离职后仍就职于公募基金行业的变更次数占总变更次数的比例分别为50%、55%、74%，可见核心投研人员的变更主要呈现“体内循环”的特征。

● 为了量化分析核心投研人员变更对基金业绩的影响，本文对核心投研人员变更前后业绩的相对百分比排名进行了汇总，选择配对t检验法来判断变更前后基金业绩是否发生了显著性变化，并综合考虑基金历史业绩、不同市场环境、不同基金资产规模等多种因素的影响，按照一定的规则进行分组，比较在不同情况下核心投研人员变动对基金业绩的影响。

● 研究发现，总经理、投资总监相对稳定的基金公司，整体来说业绩相对偏好；若总经理、投资总监发生变动，短期内将对基金公司整体业绩造成不利的影响，但随着时间的推移这一影响将逐渐淡化。

● 基金经理方面，其变更对基金业绩的影响，并未像广大普通投资者想象的那样，都是“坏事”。统计分析表明，基金经理变更整体上对业绩影响略偏正面。

● 分类型来看，债券型基金相对较为明显，其次是股票型基金，而混合型基金则好坏均有，影响不明显，这可能与混合型基金较灵活的资产配置、操作空间较大、对基金经理的投资管理能力要求较高，以及类型品种本身带来的业绩差异较大等原因有关。

● 本文同时对投资决策委员会成员变更对基金公司业绩的影响、海外基金经理变更对基金业绩的影响两个问题做了简要论述。

①课题组成员：闻群、张春雷、钟诚、王放、兰生荣、张琳琳

● 研究表明，投资决策委员会成员相对稳定的基金公司，整体业绩相对较好；当投资决策委员会成员出现变更和调整后，基金公司的业绩短期小幅下滑，但从中长期来看，基金公司的业绩有所改善。

● 从1990年以来美国积极投资开放式股票型基金的情况来看，基金经理变更对基金业绩呈现出长期显著的正向影响，而就短期而言，变更对基金业绩呈现出并不显著的负面影响。

一、数据选择与研究方法

(一) 数据选择

有关核心投研人员变更对基金业绩影响的相关数据选择方法，作如下说明：

1. 变 更

在本文中，基金公司核心投研人员的变更是指其在统计期间离职。其中，因现行信息披露并不要求基金公司对投资总监、投资决策委员会成员的任职、离职事件进行公告，因此我们查阅半年度更新的招募说明书，比较投资总监、投资决策委员会成员是否发生变化，给出估计的变更日期。

2. 业 绩

为了分析核心投研人员变更对业绩产生的影响，本文统计其变更前后基金或基金公司的业绩。因考虑到不同市场的基金业绩不具有可比性，我们舍弃了基金的绝对业绩，选用基金的相对业绩来进行下文的分析。

相对业绩=某时段基金或基金公司的业绩排名/该时段基金或基金公司的总数

变更前后的相对业绩差=人员变动前的相对业绩–人员变动后的相对业绩

由定义可知：若基金或基金公司的业绩越好，则排名越靠前，相对业绩越小，越接近于0；反之，业绩越差，相对业绩越接近于1。若变更前后的相对业绩差为正，则表示经过变更，相对业绩排名减小，即业绩有所改善；反之，业绩出现下滑。

3. 统计区间

为了更加充分地说明核心投研人员变动对基金业绩的影响，我们统计了多期的业绩，包括变更前后一月、一季、半年和一年的基金和基金公司的相对业绩。若基金经理在统计的区间内再次发生变动，则剔除该样本。考虑到核心投研人员公告变更的当月很可能已经发生了实质上的工作交接，在划分统计区间时，我们不考虑核心投研人员变更当月的情况，取变更前后的月份作为讨论的时间段。如：基金经理在2008年8月离职，前后一月即取2008年7月、2008年9月；前后三月即取2008年5月—7月、2008年9月—11月；前后半年取2008年2月—7月、2008年9月—2009年2月；前后一年则取2007年8月—2008年7月、2008年9月—2009年8月。而更长时间段的业绩，因影响较小，不再统计。

4. 基金类型

不同类型的基金不具有可比性，不能直接进行比较，因此对基金进行分类是必要的程序：我们在分析总经理、投资总监和投资决策委员会成员时，考虑到部分基金公司未设立封闭式基金，选择开放式积极投资偏股型基金作为分析的对象；在分析基金经理时，选择数量较多的、具有代表性的积极投资偏股型基金和债券型基金作为研究的对象。

出于以下考虑，以下类型基金在本文的分析中不涉及：货币市场基金由于“准现金”的特性，基金经理的变更对收益率的影响不明显；指数型基金以预定跟踪误差为目标，基金经理更换对业绩影响很小；QDII、保本型基金数量较少，发生变更的更少。

(二) 研究方法

因核心投研人员变动前后的业绩数据一一对应，且样本数量众多，故选择配对t检验作为本文主要的分析方法。配对t检验主要用于检验两相关样本的均值所代表的未知总体均值是否具有差别。

本文中，配对t检验的原假设和备择假设是：

H_0：核心投研人员变动前后基金业绩没有出现显著变化，即$u_d = u_1 - u_2 = 0$

H_1：核心投研人员变动前后基金业绩出现了显著变化，即$u_d = u_1 - u_2 \neq 0$

检验统计量 $t = \dfrac{\bar{d} - \mu_d}{S_{\bar{d}}} = \dfrac{\bar{d} - 0}{S_d / \sqrt{n}} = \dfrac{\bar{d}}{S_d / \sqrt{n}}$

若$t < t_\alpha$或$p > \alpha$(α为显著性水平，一般取5%)，则不能拒绝原假设，即认为核心投研人员变动前后基金业绩没有出现显著变化；反之，拒绝原假设，认为核心投研人员变动前后基金业绩出现了显著变化。

基金公司的核心投研人员主要包括：总经理、投资总监以及基金经理。本文对核心投研人员变动前后的业绩进行统计，考察在核心投研人员发生变动后业绩是否发生了显著的变化，并在此基础上分析不同情况下核心投研人员变动对基金业绩的影响。

其中，基金公司总经理、投资总监是基金公司投资研究团队中的核心人物，起全局性的作用，因此我们以基金公司而非单只基金的业绩变化来反映两者变动对业绩的影响。而基金经理作为基金的最直接管理者，其个人素质、投资风格都是影响基金业绩的主要因素，因此以具体基金业绩变化来反映变动对业绩的影响。

另外，有关不同情况的分组，需作以下说明：

1. 按历史业绩分组

仅在基金经理变动对业绩影响中涉及，按变更前的相对业绩进行排序，变更前相对业绩排名前50%的样本归为A组，变更前相对业绩排名后50%的样本归为B组，分别考察基金经理更换对业绩的影响。

2. 按市场环境分组

无论是总经理、投资总监还是基金经理，本文按上证指数的走势将市场分为牛市(2005.07.11—2007.10.16)、熊市(2007.10.16—2008.11.04)和震荡市(2009.08.04—2010.09.30)。

3. 按资产规模分组

对总经理、投资总监分析：将60家基金公司按2010年3季度末的资产规模进行了降序排名，前1/3为大型基金公司；中间1/3为中型基金公司；后1/3为小型基金公司。

对基金经理分析：取基金经理离职时基金的资产规模。在适当考虑各统计区间样本数量的基础上，定义资产规模30亿元以下的基金为“小型基金”；30-80亿元的基金为“中型基金”；80亿元以上的基金为“大型基金”。

基金经理离职时基金的资产规模=(离职前上一季度资产规模+离职当季资产规模)/2

二、总经理变更及其影响分析

(一) 变更情况

本文统计了1998-2010年9月期间基金公司总经理历年变更情况。根据下图，可以将统计期间划分为变动次数较少的1998-2002年、快速增长的2003-2008年、小幅回落的2009-2010年9月等三个阶段。

图2-1 基金公司总经理年度变更次数

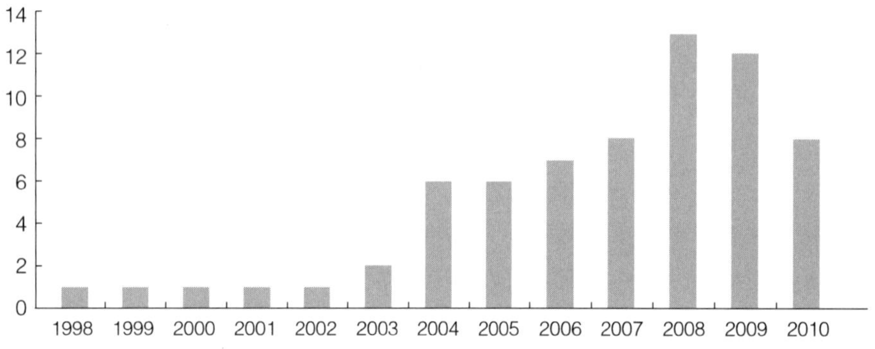

资料来源：天相投资分析系统

统计期间所有60家基金公司中，未变更总经理的有21家，占全部基金公司的35%；变更过总经理的基金公司有39家，占全部基金公司的65%，可见大部分基金公司发生过总经理变更事件。其中，变更1次的有14家，占23.33%；变更2次的有22家，占37%；变更3次的有3家，占5%。

图2-2 基金公司总经理变更次数占比

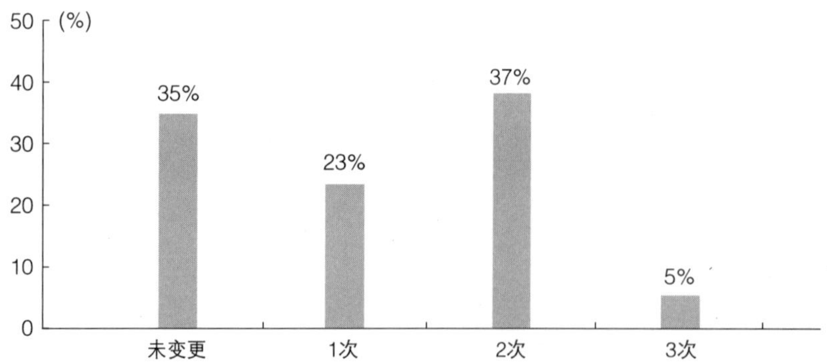

资料来源：天相投资分析系统

我们进一步将“基金公司设立期间与现任、历任总经理人数和的比值”定义为基金公司总经理平均任职期间，以反映在一家基金公司中平均每位总经理的任职时长。整体来看，36家基金公司总经理平均任职期间少于4年，占全部60家基金公司的60%。

图2-3　基金公司总经理平均任职期限分布

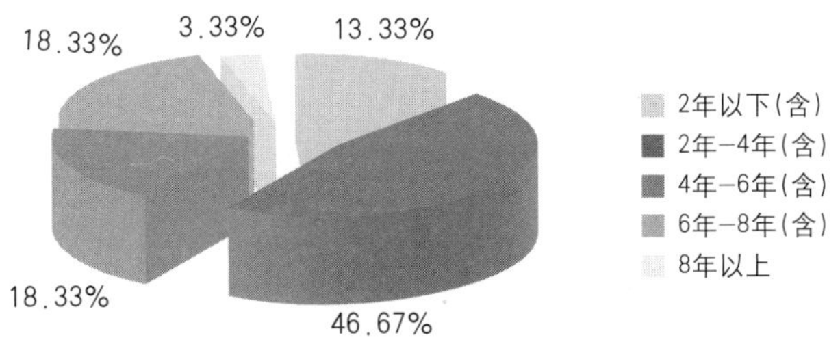

资料来源：天相投资分析系统

(二) 变更原因与去向归类分析

我们将基金公司总经理离职的原因分为个人追求、公司内部调动、负面信息压力、股东方原因、其他等五个类别①。1998年至2010年9月底期间内，全部60家基金公司共发生67人次的总经理变更，我们通过定性跟踪对其中46人次的总经理变更进行了原因归类。

在46人次的总经理变更中，个人追求15人次，占比33%；公司内部调动14人次，占比30%；股东方原因7人次，占比15%；负面信息压力4人次，占比9%；其他原因6人次，占比13%。

图2-4　基金公司总经理变更原因归类

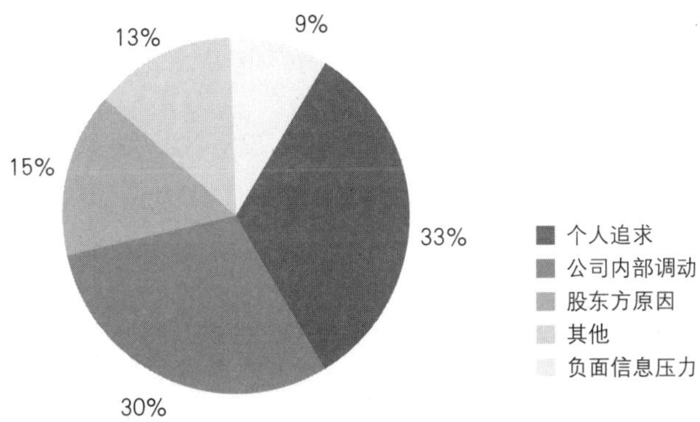

资料来源：天相投资分析系统、网络信息搜集

本文将基金公司总经理离职去向分为公募基金、私募基金、保险公司、证券公司、监管机构、商业银行、其他等七个类别。在统计期间全部总经理变更中，我们确定了其中42人次总经理变更的去向。

在42人次变更中，仍然任职于公募基金的总经理有21人次，占全部离职总经理人数的50%；证券公司7人次，占比17%；私募基金3人次，占比7%；保险公司2人次，占比5%；监管机构1人次，占比2%；商业银行1人次，占比2%；其他去向7人次，占比17%。

①个人追求是指出于对个人事业发展、薪酬待遇等因素而主动离职；公司内部调动指因公司内部调任、升职或任期届满等原因而发生的内部人事变动；负面信息压力是指由于年终业绩考核压力以及老鼠仓、内幕交易等违法违规操作暴露而"被离职"；股东方原因是指基金公司股东与核心投研人员的理念不合、合作不愉快而导致的核心投研人员变动。

图2-5 基金公司总经理变更去向归类

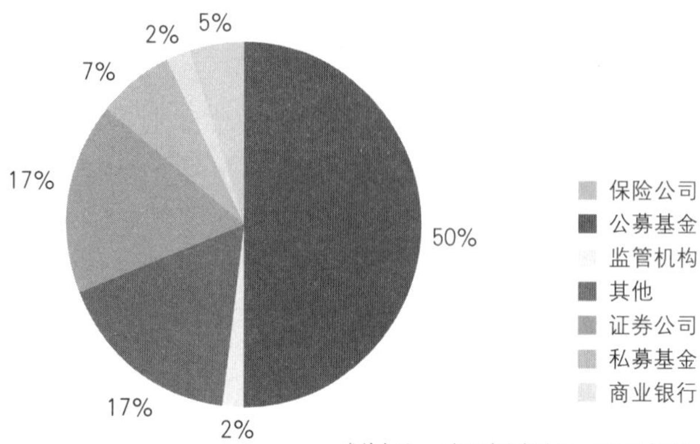

资料来源：天相投资分析系统、网络信息搜集

可见，共计发生的67次总经理变更中，有21人次、31.34%比例的变更为公募基金内部的流动；公募基金以外的流动和不能确定流动方向的有46人次，占67次变更的比例为68.66%，占历任127 名总经理总人数的比例为36.22%。

(三) 变更对业绩的影响概述

1998年6月4日至2010年9月30日期间，历任和在任的总经理共有127人次，其中，离职的总经理有67人次。从影响效果来看，总经理变动对公司短期影响相对明显，如下图所示，总经理变动后一个月基金公司业绩变差的次数比例约为60%；但随着时间的推移，这一影响将逐渐淡化，一年后这一影响将基本消失。

图2-6 总经理变动对基金公司业绩相对排名的影响

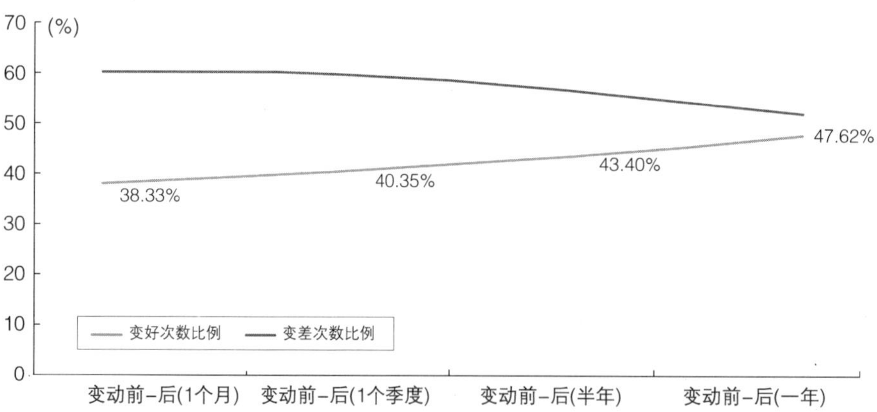

资料来源：天相投资分析系统

自60家样本基金公司中最后一家公司的首只基金(民生加银，民生品牌蓝筹)设立以来(2009年3月27日至2010年9月30日)，60家基金公司旗下的开放式积极投资偏股型基金加权平均净值增长率为31.84%。其中，有26家基金公司高于这一平均值，其总经理平均变动次数约为1.04；34家基金公司业绩低于行业平均值，其总经理平均变动次数约为1.18。另外，统计发现，在上述区间内，涉及总经理变动的39家基金公司加权平均净值增长率为31.58%，略低于行业平均水平；21家未发生变动的基金公司加权平均净值增长率为32.24%，高于行业平均及发生总经理变动的基金公司业绩。可

见，由于总经理的稳定对于公司发展战略、企业文化持续、统一，核心投研团队稳定等起到至关重要的作用，因此总经理相对稳定的基金公司，整体来说业绩相对偏好。

具体来看，在发生总经理变动的基金公司中，变更3次的基金公司旗下开放式积极投资偏股型基金业绩改善的概率最高，变更1次的基金公司业绩改善则不明显；而从波动程度来看，变更3次的基金公司波动程度也最大，变更2次的基金公司最为稳定。但需要指出的是，由于不同总经理变更次数下基金公司样本数目不同，可能会造成统计结果偏差。

图2-7 不同总经理变动次数对基金公司业绩相对排名影响（趋势图为业绩变好比例变化）

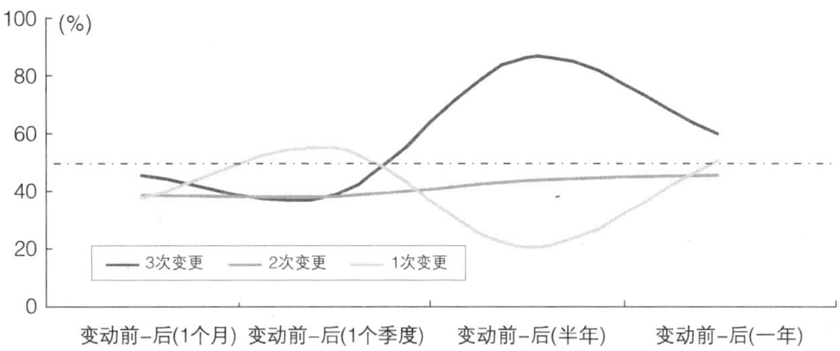

资料来源：天相投资分析系统

(四) 变更对业绩的影响：不同市场环境

为了考察不同市场环境下，总经理变动对基金公司业绩的影响，我们将市场划分为牛市、熊市、震荡市(划分见前文：研究方法)。

分析结果显示，不同市场情况下，总经理变动对基金公司业绩的影响也有所不同：牛市情况下，总经理变动对业绩影响整体偏正面；熊市情况下，总经理变动对业绩的影响整体来看是负面的，其中短期将使基金公司业绩更差，但随着时间的推移，业绩会慢慢改善；震荡市情况下，总经理变动则对基金公司业绩改善效应明显。

图2-8 不同市场情况下总经理变动对基金公司业绩的影响

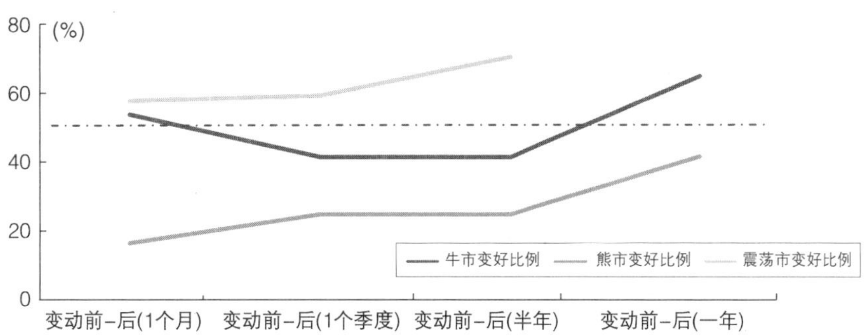

资料来源：天相投资分析系统

(五) 变更对业绩的影响：不同资产规模

为了考察不同资产规模的基金公司总经理变动对业绩的影响，我们将基金公司划分为大型、中型、小型基金公司(划分见前文：研究方法)

统计显示，相对于小型基金公司，中、大型基金公司总经理变动相对更为频繁。1998年6月4日至2010年9月30日期间，中、大型基金公司总经理平均变动次数均约为1.15；小型基金公司平均变动次数约为1.05。而且发生变动的中、大型基金公司中，以变动2次的居多；但资产规模在1, 000亿元以上的基金公司，总经理则相对较为稳定，平均变动次数仅约为0.6。

表2-1　不同资产规模基金公司总经理变动情况

	发生变动基金公司数	累计变动次数	2010年三季度末平均资产规模(亿元)
大型基金公司	14	23	855.07
中型基金公司	13	23	277.33
小型基金公司	12	21	72.79

资料来源：天相投资分析系统

对于不同资产规模的基金公司来说，总经理变动后，短期内大、中、小型基金公司业绩都出现不同程度的下滑，但随着时间的推移，中型基金公司业绩将率先明显好转，随后是小型基金公司出现好转且好转速度快于中型基金公司，但大型公司业绩恶化后，复苏需要的时间将较长。

图2-9　不同资产规模基金公司总经理变动后业绩变化情况

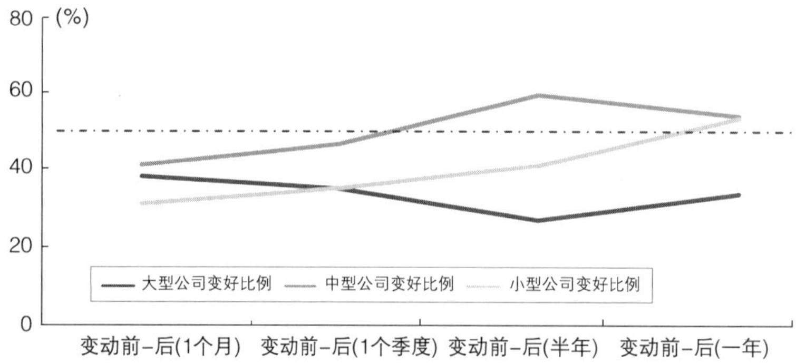

资料来源：天相投资分析系统

由于影响基金业绩的因素包括投研团队实力、投资风格、市场及政策变化等诸多因素，另外，总经理个人能力也有差异，因此，上述结论，只是反映了总体趋势，具体每家基金公司的情况，还应具体分析。

(六) 变更对业绩的影响：实证检验

为了验证上述统计分析结果，我们进行了统计学检验，结果如下表所示。

表2-2　总经理变动对基金公司业绩的配对t检验

指 标	前后一月	前后一季	前后半年	前后一年
样本容量	60	57	53	42
样本均值	−0.123	−0.002	−0.001	0.014
样本标准差	0.399	0.421	0.380	0.373
t 值	−2.391	−0.043	−0.012	0.250
p 值	0.020**	0.966	0.991	0.804

数据来源:天相投资分析系统，**表示检验结果在95%的置信水平下显著

从样本均值来看，总经理变更前后一月、一季、半年的样本均值均为负值，而仅在总经理变更前后一年，样本均值为正，即说明在大部分的时间里，在总经理发生变动后，基金公司的业绩不如从前。从均值的走势来看，随着时间的延伸，总经理变动前后相对业绩差的均值由负值转为正值，并且呈现出递增的趋势，表明了随着时间的推移，总经理离职这一事件的影响在逐渐减弱，基金公司的运营逐渐恢复正常，新任总经理与基金公司逐渐融合，基金公司的业绩也随之慢慢提升。此外，从配对t检验的结果来看，总经理变更这一事件对于基金公司整体业绩的影响是短期性的，从中长期来看，影响并不大。这个结论和前述分析结果是一致的。

三、投资总监变更及其影响分析

(一) 变更情况

我国基金行业第一次投资总监变更发生在2004年8月，我们统计了2004年至2010年9月的基金公司投资总监变更情况。整体来看，投资总监各年的变更人次呈逐步攀升态势，由2004年的2次增至2009年的22次。2010年前9个月基金公司投资总监变更11次。

图3-1 基金公司投资总监年度变更次数

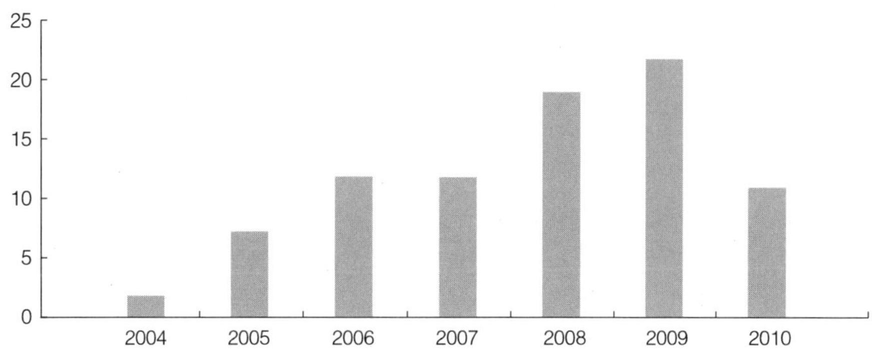

资料来源：天相投资分析系统

从2004年1月到2010年9月底，统计口径下设有“投资总监”岗位的56家基金公司[1]中，没有变更过投资总监的基金公司仅有7家，占全部基金公司的13%；变更过投资总监的基金公司有49家，占全部基金公司的87%；在已发生过投资总监变更的基金公司中，变更过1次投资总监的公司占比达45%，变更次数为2次、3次及以上的基金公司占比分别为27%、16%。

图3-2 基金公司投资总监变更次数占比

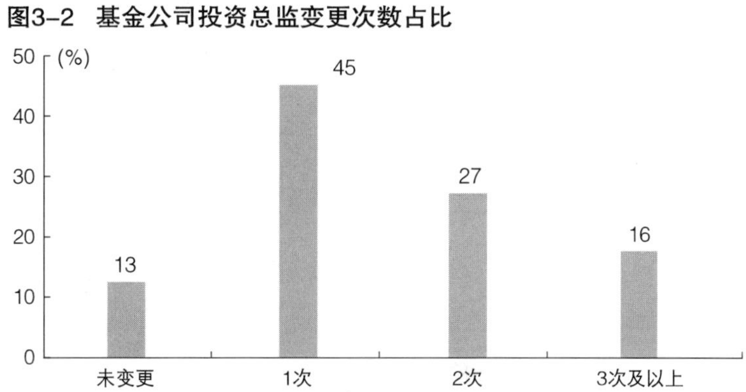

资料来源：天相投资分析系统

①富国、鹏华、融通和万家基金公司未在公开资料中明确列示投资总监、投资决策委员会主席和首席投资官岗位。

我们统计了有统计数据的历任、现任投资总监的任职期限，并按基金公司进行了分类汇总，以反映在一家基金公司中平均每位投资总监的任职时长。整体来看，46家基金公司投资总监平均任职期间不足4年，在有统计数据的56家公司中占比高达82%，可见，较短的投资总监任期、较高的变更频率已经成为基金业的普遍现象。

图3-3 基金公司投资总监平均任职期限分布

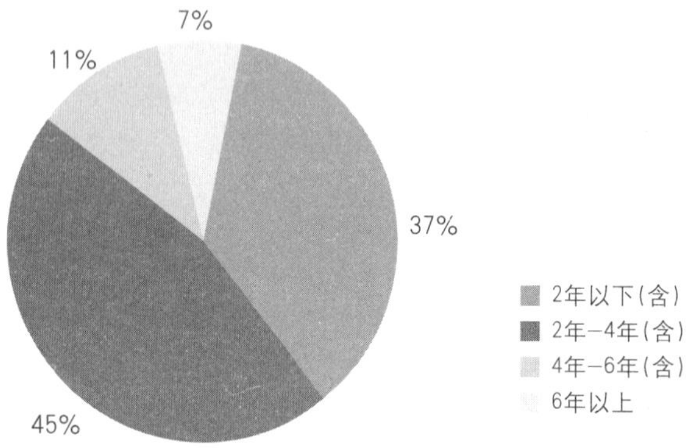

资料来源：天相投资分析系统

(二) 变更原因与去向归类分析

我们将基金公司投资总监离职的原因分为个人追求、公司内部调动、股东方原因、负面信息压力、身体原因、其他等六个类别。在统计期间全部85人次投资总监变更中，我们通过定性跟踪对其中47人次投资总监变更进行了原因归类。

统计结果发现，个人追求和公司内部调动是投资总监离职的主要原因，两者合计占比88%。在47次变更中，个人追求32人次，占比最高，达69%；公司内部调动9人次，占比19%；股东方原因2人次，占比4%；身体原因2人次，占比4%；负面信息压力1人次，占比2%；其他原因1人次，占比2%。

图3-4 基金公司投资总监变更原因归类

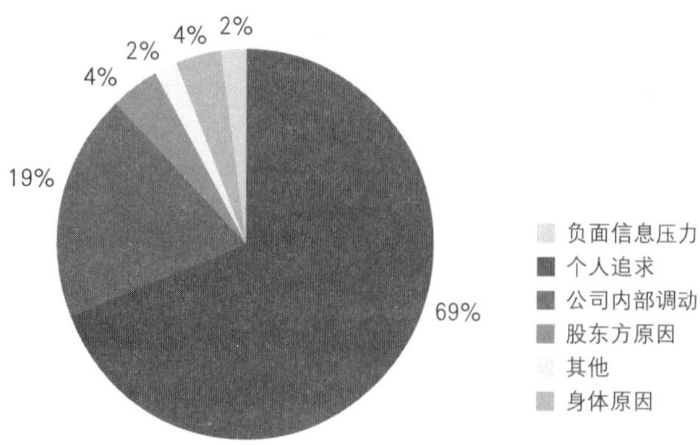

资料来源：天相投资分析系统、网络信息搜集

我们将基金公司投资总监离职去向分为公募基金、私募基金、券商、其他等四个类别。在全部85人次的投资总监变更中，我们确定了其中44人次投资总监变更的去向。

统计结果发现，公募基金、私募基金和证券公司是投资总监的主要离职去向，其中超过半数的投资总监仍然在公募基金公司任职。在44人次投资总监变更中，基金、私募是比较主流的去向：公募基金24人次，占比55%；私募基金11人次，占比25%；证券公司5人次，占比11%；其他去向4人次，占比9%。

图3-5 基金公司投资总监变更去向归类

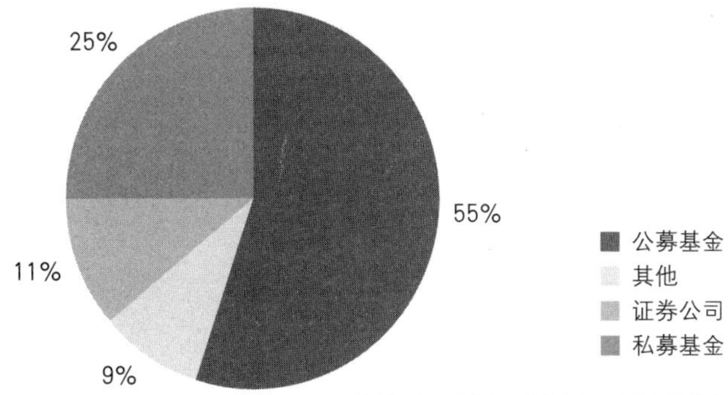

资料来源：天相投资分析系统、网络信息搜集

(三) 变更对业绩的影响概述

从2004年1月到2010年9月末，统计口径下设有“投资总监”岗位的56家基金公司[①]，共发生投资总监变更79人次。从影响效果来看，投资总监变动对公司短期影响也比较明显，投资总监变动后一个月基金公司业绩变差的次数比例约为58%，随着时间的推移，这一影响将逐渐淡化，这一点与总经理变动对业绩的影响基本类似；但与总经理变动后影响不同的是，期间波动性较大。这可能与投资总监较总经理更接近一线投研团队，影响更加直接有关。

图3-6 投资总监变动对基金公司相对业绩排名的影响

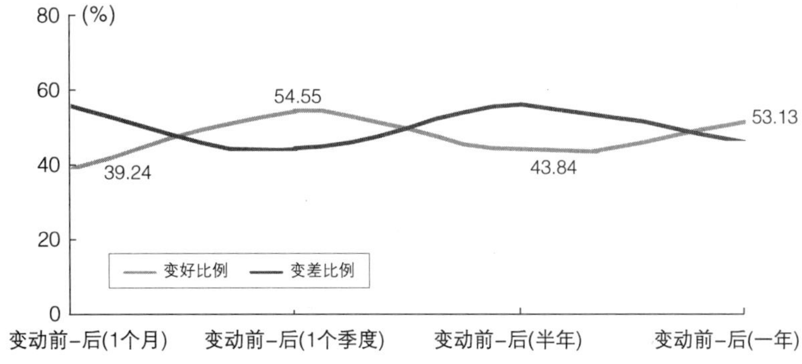

资料来源：天相投资分析系统

自60家样本基金公司中最后一家公司的首只基金(民生加银，民生品牌蓝筹)设立以来(2009年3月27日至2010年9月30日)，56家有投资总监岗位的基金公司旗下开放式积极偏股型基金加权平均净值增长率为31.94%。其中，有25家基金公司高于这一平均值，其投资总监平均变动次数约为1.36；31家基金公司业绩低于行业平均值，其投资总监平均变动次数约为1.45。可见，整体来看，投资总监相对稳定的基金公司，业绩相对偏好。

①富国、鹏华、融通和万家基金公司未在招募说明书中明确列示投资总监、投委会主席和首席投资官岗位。

具体来看，在发生投资总监变动的基金公司中，变更了3次及以上的基金公司旗下开放式积极投资偏股型基金业绩短期和中期出现恶化的概率较大，业绩恶化持续期大约半年；发生1次及2次投资总监变更的基金公司中，一个季度后业绩转好的概率较大；总体上看，随着时间的延长，投资总监变动的影响将逐渐淡化。

图3-7 不同投资总监变动次数对基金公司业绩相对排名影响（趋势图为业绩变好比例变化）

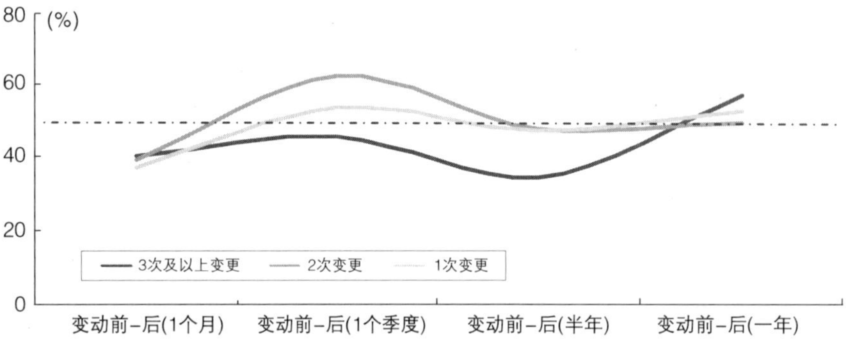

资料来源：天相投资分析系统

(四) 变更对业绩的影响：不同市场环境

在牛市情况下，投资总监变动使基金公司短期业绩受影响，但中长期业绩向好的概率略大一些；在熊市情况下，投资总监变动基金公司中短期业绩恶化明显，但随着时间的推移，业绩会慢慢改善；而在震荡市情况下，投资总监变动对基金公司业绩影响的波动较大，但偏正面的概率相对较大一些。整体来看，不同市场情况下，投资总监变动短期均会对基金公司业绩造成负面影响，就程度而言，熊市影响更大，但随着时间的推移，基金公司业绩受市场环境的影响更大。

图3-8 不同市场环境下投资总监变动对基金公司业绩的影响

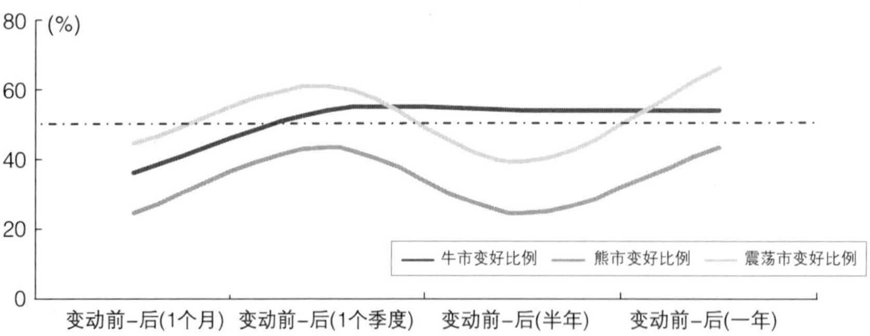

资料来源：天相投资分析系统

(五) 变更对业绩的影响：不同资产规模

从不同资产规模基金公司投资总监变化的情况来看，小型基金公司投资总监变动相对更为频繁，其次是大型公司。2004年1月至2010年9月末，小型基金公司投资总监平均变动次数约为1.75；大型基金公司平均变动次数约为1.47；而中型的平均变动次数仅为1。

表3-1 不同资产规模基金公司投资总监变动情况

	发生变动基金公司家数	累计变动次数	2010年三季度末平均资产规模(亿元)
大型	15	25	909.54
中型	13	19	283.46
小型	18	35	72.79

资料来源：天相投资分析系统

从不同资产规模基金公司投资总监变动对业绩的影响来看，中型规模基金公司投资总监变更后，公司短期业绩恶化的概率相对较低，但一个季度后则恶化的概率相对较高；大型和小型规模基金公司投资总监变更后，公司短期内业绩恶化的概率相对较高，但随着时间的推移，业绩将逐渐改善(其中，大型基金公司投资总监变更半年后，对业绩的影响基本消失)。

图3-9 不同资产规模基金公司投资总监变动后业绩变化情况

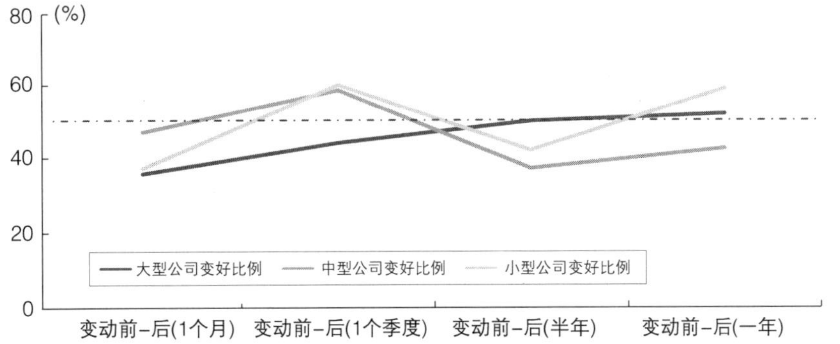

资料来源：天相投资分析系统

综合来看，在不同的市场环境和不同资产规模的基金公司，投资总监的变动对基金公司业绩的影响均会出现差异。由于投资总监在基金公司中是投研体系的核心人物，在制定投资策略、资产配置等方面具有较大发言权，因此投资总监相对稳定的基金公司，整体来说业绩相对偏好。

由于影响基金业绩的因素(如投研团队实力、投资风格、市场及政策变化等)众多，投资总监个人能力也有差异，因此，上述结论，只是反映了不同情形下的大致趋势，具体到每家基金公司，还应具体分析。

(六) 变更对业绩的影响：实证检验

为了对上述现象及分析进行验证，我们进行了统计学检验。结果如下表所示：

表3-2 投资总监变动对基金公司业绩的配对t检验

指标	前后一月	前后一季	前后半年	前后一年
样本容量	68	67	66	65
样本均值	−0.099	0.064	0.044	0.064
样本标准差	0.387	0.427	0.434	0.442
t 值	−2.101	1.226	0.830	1.165
p 值	0.039**	0.225	0.410	0.248

数据来源：天相投资分析系统，**表示检验结果在95%的置信水平下显著。

结合样本均值和p值来看，在投资总监变动前后一月，基金公司的业绩出现了显著的下滑；但随着时间的延伸，在投资总监变更后，基金公司的中长期业绩较变更前出现了小幅的提升。与总经理变动对基金公司业绩的影响相比，可以发现：无论是总经理发生变动，还是投资总监发生变动，对基金公司短期的业绩都带来了比较显著的负面影响；不同的是，在中长期，总经理变更对基金公司业绩的影响偏负面，而在投资总监发生变更后，基金公司经过人员调整，业绩反而略有提升。实证检验的结果与前文描述的统计分析基本相符。

四、基金经理变更及其影响分析

(一) 变更情况

我国公募基金经理首次变更发生在1999年11月，我们统计了1999年—2010年9月末基金经理历年的变更情况。整体来看，可以将基金经理变更的统计区间划分为1999年—2002年低位徘徊、2003年—2007年快速增长、2008年—2010年高位震荡、小幅回落三个阶段。

图4-1 基金经理年度变更次数

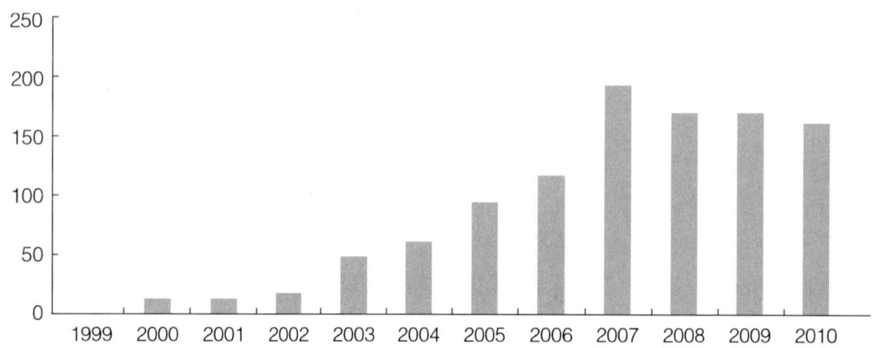

资料来源：天相投资分析系统

统计期间所有的60家基金公司中，均出现过基金经理变更的情况。变更次数最少的基金公司仅变动过1次，变更次数最多的基金公司变更次数为59次，可见基金经理变更是行业内普遍存在的情况。基金经理变更的绝对数量与基金公司管理基金产品数量、基金经理总数、公司设立时间等相关。总体来看，可比60家基金公司平均每家基金公司的基金经理变动次数为18.4次。

图4-2 基金经理变更次数占比

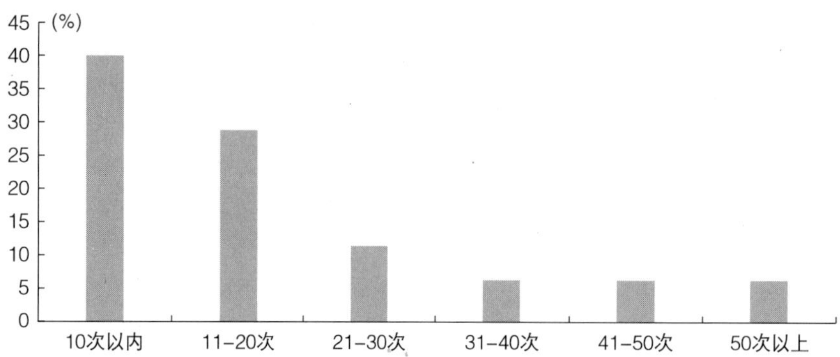

资料来源：天相投资分析系统

我们统计了历任、现任全部基金经理的任职期限，并按基金公司进行了分类汇总，以反映平均每位基金经理的任职时长。整体来看，60家基金公司的基金经理平均任职年限仅为1.62年，且有53家、占比高达88.33%的基金公司基金经理平均任职期限集中在1-2年区间内。

图4-3　基金经理平均任职期限分布

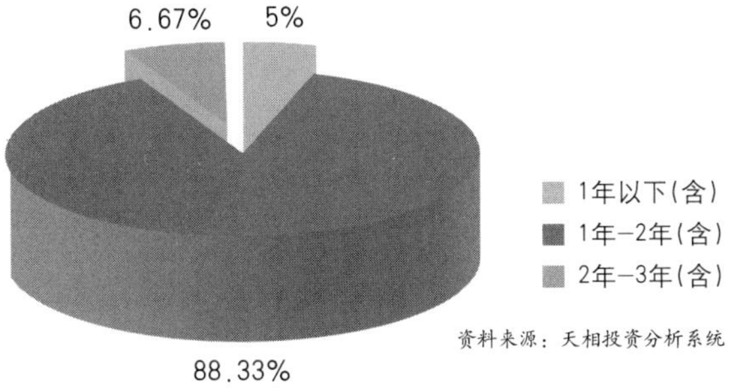

资料来源：天相投资分析系统

我们进一步从基金类型、基金经理学历、性别等角度对基金经理的变动情况进行分别分析。

从基金类型来看，货币型基金调整基金经理最为频繁，截至2010年9月底，45只货币型基金共计发生变更94次，基金经理离职率高达208.89%；积极投资偏股型基金以193.05%的离职率排名第二；债券型、被动投资股票型、QDII基金的基金经理流动性相对较低，其中24只QDII基金共发生12次基金经理变动，基金经理离职率50%，在各类型基金中处于最低水平。

图4-4　不同类型基金调整基金经理次数占比

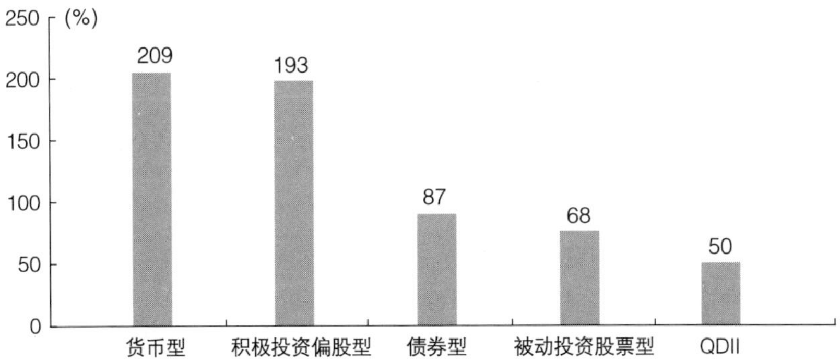

资料来源：天相投资分析系统

表4-1　不同类型基金调整基金经理次数情况

类　型	基金经理变更次数	基金数量	基金经理离职率(%)
货币型	94	45	208.89
积极投资偏股型	861	446	193.05
债券型	83	95	87.37
被动投资股票型	54	80	67.50
QDII	12	24	50.00
合　计	1,104	690	160.00

资料来源：天相投资分析系统

从不同学历背景来看，截至2010年9月底，在学历背景明确可知且具有代表性的944位公募基金经理中，硕士学历背景的基金经理人数最多，为746人，占所有公募基金经理的比例为79%；学士背景的基金经理人数最少，仅为70人。从基金经理变更情况来看，硕士学历背景的基金经理变动最为频繁，共有877人次发生过变动，变动率为117.56%；学士学历背景的基金经理变动率也较高，为115.71%；博士背景的基金经理流动性相对较小，128人次共发生139次变更，变动率为108.59%。

图4-5　不同学历背景的基金经理变动次数占比

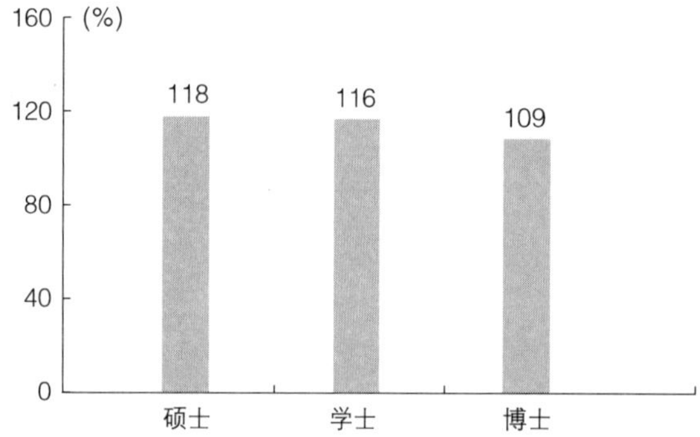

资料来源：天相投资分析系统

表4-2　不同学历背景的基金经理变动情况

学 历	基金经理数量	变动次数	变动率(%)
硕　士	746	877	117.56
学　士	70	81	115.71
博　士	128	139	108.59
合　计	944	1,097	116.21

资料来源：天相投资分析系统

从不同性别来看，截至2010年9月底，958位公募基金经理中男性基金经理共计842位，女性基金经理共计116位。在可统计1,104次的基金经理变更次数中，男性基金经理占1,008次，平均每位男性基金经理变更1.2次；女性基金经理占96次，平均每位女性基金经理变更0.8次。可见，相比于男性基金经理而言，女性基金经理的稳定性相对较高。

图4-6　不同性别的基金经理变动率统计

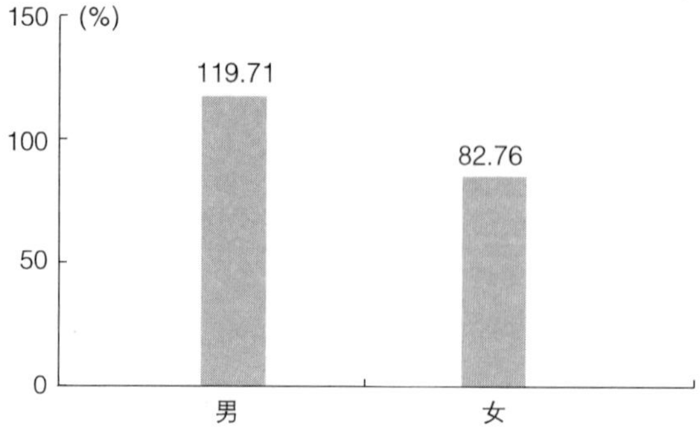

资料来源：天相投资分析系统

表4-3 不同性别基金经理变动情况

性 别	基金经理数量	变动次数	变动率(%)
男	842	1, 008	119.71
女	116	96	82.76
合 计	958	1, 104	115.24

资料来源：天相投资分析系统

(二) 变更原因与去向归类分析

我们将基金公司基金经理离职的原因分为个人追求、公司内部调动、身体原因、退休、违规、其他等六个类别。统计期间全部60家基金公司共发生1, 104人次的基金经理变更，通过长期定性跟踪掌握的资料，我们对其中835人次基金经理变更进行了原因归类。

统计结果发现，个人追求和公司内部调动是基金经理离职的主要原因，两者合计占比高达92%。在1, 104人次基金经理变更中，个人追求398人次，占比47.66%；公司内部调动367人次，占比43.95%；违规15人次，占比1.8%；身体原因6人次，占比0.72%；退休1人次，占比0.12%；其他原因48人次，占比5.75%。

图4-7 基金经理变更原因归类

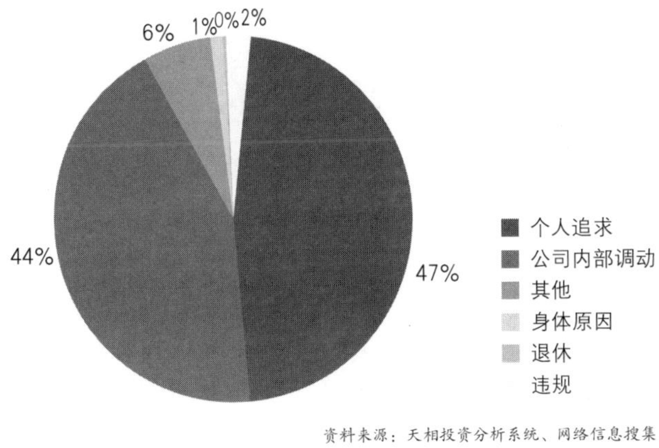

资料来源：天相投资分析系统、网络信息搜集

我们将基金经理离职去向分为公募基金(本公司)、公募基金(其他公司)、私募基金、保险公司、监管机构、券商、专户、其他等类别。全部60家基金公司共发生1, 104人次的基金经理变更，通过我们掌握的资料，确定了其中799人次基金经理变更的去向。

统计结果发现，在799人次变更中，公募基金(本公司)351人次，占比43.93%；公募基金(其他公司)245人次，占比30.66%；私募基金119人次，占比14.89%；证券公司36人次，占比4.51%；保险公司8人次，占比1%；基金专户(本公司)6人次，占比0.75%；监管机构2人次，占比0.25%；其他去向32人次，占比4.10%。可见，公募基金内部的流动为基金经理变更的主要原因，在公募基金内部流动的次数达到596次，占799次有明确变更方向样本的74.59%，占全部1, 104次基金经理总变更数的53.98%。

图4-8 基金经理变更去向归类

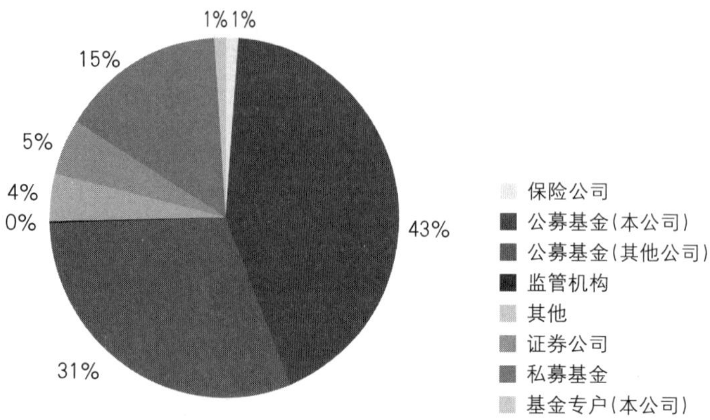

资料来源：天相投资分析系统、网络信息搜集

(三) 变更对业绩的影响概述

从1999年底开始到2010年9月30日，现存积极偏股型、债券型基金共发生基金经理变更790次，其中积极偏股型基金变更711次，债券型基金变更79次，共涉及60家基金公司325只基金。

总体来看，不管短期(月度、季度)还是中长期(半年、一年)，基金经理变更后业绩得到改善的基金占比均略超50%，显示基金经理变更后整体上对业绩影响略偏正面。

图4-9 基金经理变更前后业绩变化占比

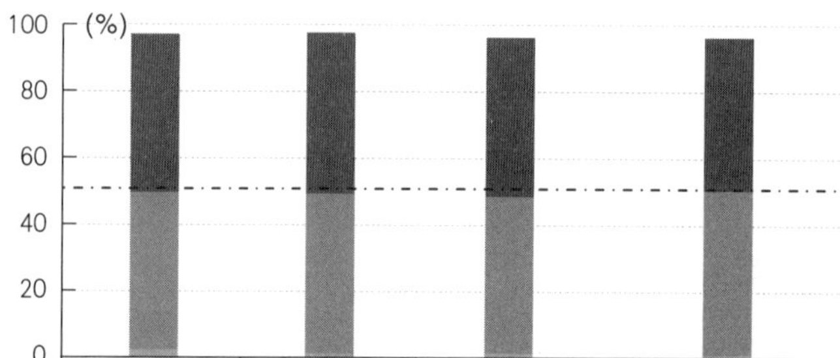

	月度	季度	半年	一年
业绩不变	0.39%	0.26%	0.28%	0.19%
业绩下降	47.86%	48.69%	46.81%	47.64%
业绩提升	51.75%	51.05%	52.91%	52.17%

资料来源：天相投资分析系统

分类型来看，股票型和债券型基金经理变更对业绩影响偏正面的占多数，其中债券型基金相对较为明显，变更后业绩得到改善的基金占比多在60%以上。而混合型基金则好坏均有，影响不明显，这可能与混合型基金较灵活的资产配置、操作空间较大、对基金经理的投资管理能力要求较高，以及类型品种本身带来的业绩差异较大等原因有关。

图4–10 基金经理变更后业绩排名提升的基金占比

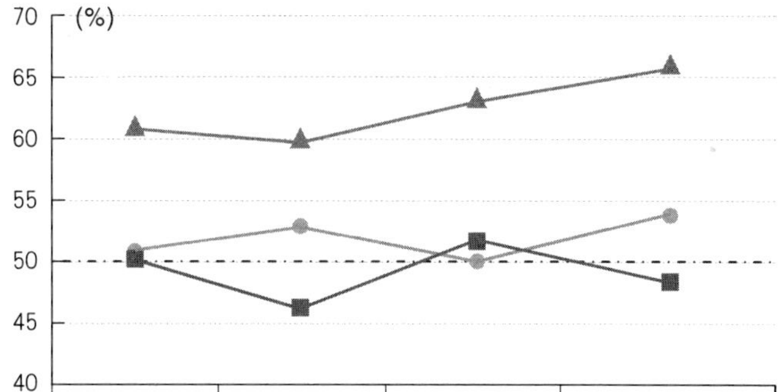

	月度	季度	半年	一年
股票型	51.16%	53.35%	50.48%	54.31%
混合型	50.29%	46.82%	52.92%	47.39%
债券型	61.33%	60.00%	64.62%	66.67%

资料来源：天相投资分析系统

以下我们分别对积极投资偏股型基金和债券型基金变更前后的业绩差进行配对t检验，分析变更对业绩的影响。

对于积极偏股型基金，检验结果如下所示：

表4–4 积极偏股型基金相对业绩差配对t检验结果

指 标	前后一月	前后一季	前后半年	前后一年
样本容量	696	689	640	481
样本均值	−0.002	0.013	0.041	0.021
样本标准差	0.377	0.365	0.370	0.374
t 值	−0.171	0.934	2.787	1.240
p 值	0.864	0.351	0.006**	0.216

数据来源：天相投资分析系统，**表示检验结果在95%的置信水平下显著。

从检验结果来看，基金经理变更的前后一个月是新旧基金经理交接的过渡期，这段时间的管理基本会延续前期的模式，由于新任基金经理尚未开始积极管理，可能导致业绩有所下滑，但并不明显；变动后的一个季度里，基金经理开始真正管理新基金，业绩开始有起色，在变更后的半年业绩相对明显，检验结果也相对显著，变动一年后，基金业绩开始趋向平稳。

债券型基金检验结果如下所示：

表4–5 债券型基金相对业绩差配对t检验结果

指 标	前后一月	前后一季	前后半年	前后一年
样本容量	75	75	65	48
样本均值	0.122	0.136	0.160	0.181
样本标准差	0.380	0.400	0.463	0.484
t 值	2.778	2.948	2.789	2.597
p 值	0.007***	0.004***	0.007***	0.013***

数据来源:天相投资分析系统，***表示检验结果在99%的置信水平下显著。

从检验结果来看，债券型基金相对业绩变化在各阶段均通过了显著性检验，且样本均值均为正，随时间增加呈上升趋势，说明大部分债券型基金基金经理变更后业绩有所改善。

债券型基金与积极偏股型基金检验结果的差异，可能的原因是积极偏股型基金的投资标的受到更多不确定因素的影响，基金经理只是影响基金业绩的其中一个因素，导致检验结果只是阶段显著。债券型基金主要投资于债券等固定收益类品种，同时也可一定限度参与股票市场的投资，由于固定收益类的投资收益差异较小，而股票投资的收益波动较大，不同基金经理对股票的仓位控制和对个股选择的差别可能导致基金业绩出现剧烈的变化，前后任基金经理的管理业绩出现显著差异。

(四) 变更对业绩的影响：不同历史业绩

我们将样本按更换前的相对业绩进行排序，把变更前相对业绩排名前50%的样本归为A组，把变更前相对业绩后50%的样本归为B组，分别考察基金经理更换对业绩的影响。

1. 处于业绩排名两端的基金经理变更对业绩影响更显著

统计结果表明，积极偏股型A组更换基金经理后业绩下滑的基金占多，尤以月度和季度最为明显，但随着时间的推移，差异有所收窄；积极偏股型B组表现则与之相反。债券型A组在更换后一个月排名下滑的占多，但随着时间的延长，业绩将逐渐改善；债券型B组在基金经理变更后业绩变化与偏股型基金一致，业绩得到提升的基金较多。这个结果也在下文的配对t检验中得到了很好的验证。

图4-11　不同业绩表现基金变更后业绩变化占比

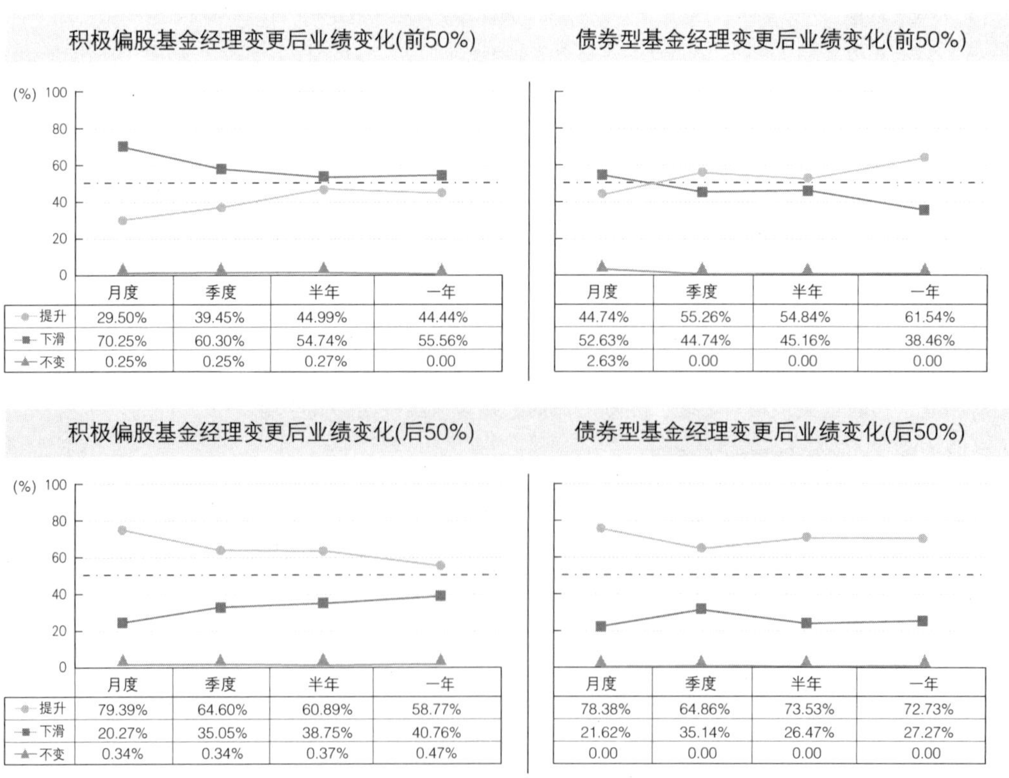

积极偏股基金经理变更后业绩变化(前50%)

	月度	季度	半年	一年
提升	29.50%	39.45%	44.99%	44.44%
下滑	70.25%	60.30%	54.74%	55.56%
不变	0.25%	0.25%	0.27%	0.00

债券型基金经理变更后业绩变化(前50%)

	月度	季度	半年	一年
提升	44.74%	55.26%	54.84%	61.54%
下滑	52.63%	44.74%	45.16%	38.46%
不变	2.63%	0.00	0.00	0.00

积极偏股基金经理变更后业绩变化(后50%)

	月度	季度	半年	一年
提升	79.39%	64.60%	60.89%	58.77%
下滑	20.27%	35.05%	38.75%	40.76%
不变	0.34%	0.34%	0.37%	0.47%

债券型基金经理变更后业绩变化(后50%)

	月度	季度	半年	一年
提升	78.38%	64.86%	73.53%	72.73%
下滑	21.62%	35.14%	26.47%	27.27%
不变	0.00	0.00	0.00	0.00

2. 实证检验

积极偏股型基金配对t检验结果如下：

表4-6 积极偏股型基金配对t 检验结果

分 组	A 组				B 组			
时 间	一月	一季	半年	一年	一月	一季	半年	一年
样本容量	348	344	320	240	348	345	320	241
样本均值	−0.231	−0.189	−0.159	−0.203	0.227	0.215	0.241	0.244
样本标准差	0.311	0.304	0.305	0.299	0.287	0.305	0.319	0.301
t 值	−13.865	−11.566	−9.349	−10.508	14.733	13.077	13.512	12.587
p 值	0.000***	0.000***	0.000***	0.000***	0.000***	0.000***	0.000***	0.000***

数据来源:天相投资分析系统，***表示检验结果在99%的置信水平下显著。

从检验结果来看，A、B两组的基金在各个阶段均通过了显著性检验。结果表明对于前期业绩表现较好的基金，在更换了基金经理之后，业绩将会有不同程度的下滑，而前期业绩较差的基金，新任基金经理将对相对业绩的提升起到明显的作用，这个显著性检验在各个阶段都有表现。

类似地，对于债券型基金，采用同样的分组方法进行检验。由下表的检验结果可知，变更前业绩较好的基金在基金经理变更后影响不大，只有半年通过了显著性检验；而把变更前业绩较差的基金经理换掉后，基金的业绩均有较为显著的提升。

表4-7 债券型基金配对t检验结果

分 组	A 组				B 组			
时 间	一月	一季	半年	一年	一月	一季	半年	一年
样本容量	37	37	32	24	38	38	33	24
样本均值	−0.086	−0.099	−0.202	−0.146	0.324	0.365	0.512	0.508
样本标准差	0.315	0.345	0.330	0.391	0.328	0.309	0.253	0.320
t 值	−1.662	−1.739	−3.466	−1.824	6.100	7.269	11.632	7.793
p 值	0.105	0.091	0.002***	0.081	0.000***	0.000***	0.000***	0.000***

数据来源:天相投资分析系统，***表示检验结果在99%的置信水平下显著。

综上，无论是积极投资偏股型基金，还是债券型基金，所得的结论和直观的理解是基本一致的：若前任基金经理业绩已较为出色，则新任基金经理超越前任的难度较大；反之，若前任基金经理业绩低于同业平均水平，则新任基金经理获得超越前任的业绩也相对容易。

特别地，对于积极偏股基金，复杂的投资市场既是机会同时也是挑战，具备出色投资管理能力的基金经理加上公司良好的投研平台，可能很快把落后的基金做到平均的市场业绩上来，因此分组后的A组基金经理在各个阶段均表现出了显著性。而债券型基金，业绩的继续提升主要依靠基金公司的投研力量，涉及到公司对整个团队的投入，短期内不能有较好的体现。

因此，当更换掉优秀的基金经理时，业绩有可能出现下滑；而替换业绩相对较差的基金经理时，基金业绩转好也是较大概率事件。这也是国内基金经理频繁变动的重要原因之一。因此，当基金经理发生变更时，投资者最好能作充分了解，不必盲目买入或抛售相关基金，可将前任和现任基金经理的历史业绩作为一个参考指标进行评估。

(五) 变更对业绩的影响：不同市场环境

受不同市场环境的影响，基金经理变动对基金业绩也会产生不同程度的影响，因此，下文将分析在牛市、熊市和震荡市(划分见前文：研究方法)中，基金经理变更对不同类型基金业绩的影响。

1. 牛市环境

牛市区间积极投资偏股型基金共发生200次基金经理变更，涉及47家基金公司的135只基金，平均每只基金的基金经理变动1.48次。综合来看，牛市环境下，基金经理变更短期可能造成基金业绩出现恶化，但趋势性效果并不明显，另外随着时间的推移，基金经理在市场向好的环境中，敢于积极投资，因此，也分享了市场整体上涨的收益，基金业绩会逐渐得到提升。具体如下表所示：

表4-8　牛市环境下基金经理变更后业绩表现情况占比(%)

变更后业绩表现	月度	季度	半年度	年度
提升	48.50	48.73	48.35	53.09
不变	2.00	0.51	0.55	0.00
恶化	49.50	50.76	51.10	46.91

数据来源：天相投资分析系统

实证检验

2005年7月至2007年10月的牛市期间，积极投资偏股型基金配对t检验结果如下：

表4-9　按市场环境分类——2005年至2007年牛市

指 标	前后一月	前后一季	前后半年	前后一年
样本容量	200	197	182	162
样本均值	-0.018	0.026	0.019	0.015
样本标准差	0.383	0.355	0.361	0.376
t 值	-0.672	1.034	0.701	0.500
p 值	0.503	0.302	0.484	0.618

数据来源：天相投资分析系统

结果显示：牛市环境中更换基金经理后基金业绩在短期内会变差，但是拉长时间至一季、半年甚至一年之后，业绩会逐步得到改善。但是在各期的分析中，更换基金经理对基金业绩的影响均是不显著的。出现这种现象的原因主要与牛市的大背景有关。牛市行情下，经济持续向好、市场投资热情高涨、股指呈上升趋势，在这种环境下，基金业绩随市上涨，分享市场整体上涨的投资收益，因而，基金经理的个人因素对基金业绩的影响就显得不那么明显了。此外，补充说明一点：2005年至2007年牛市区间较短(两年)，因而，前后一年的数据很可能已不在牛市区间。

2. 熊市环境

整体来看，在熊市环境中，积极投资偏股型基金的基金经理变更，对于基金业绩的提升，将起到积极作用。具体如下表所示：

表4-10 熊市环境下基金经理变更后业绩表现情况占比(%)

变更后业绩表现	月度	季度	半年度	年度
提升	55.00	52.89	53.45	62.75
不变	0.00	0.00	0.86	0.00
恶化	45.00	47.11	45.69	37.25

数据来源：天相投资分析系统

实证检验

2007年10月至2008年11月的熊市期间，积极投资偏股型基金配对t检验结果如下：

表4-11 按市场环境分类——2007年至2008年熊市

指 标	前后一月	前后一季	前后半年	前后一年
样本容量	121	121	116	102
样本均值	0.019	0.020	0.074	0.130
样本标准差	0.353	0.375	0.371	0.396
t 值	0.597	0.598	2.147	3.319
p 值	0.552	0.551	0.034**	0.001***

数据来源：天相投资分析系统，**表示检验结果在95%的置信水平下显著，***表示检验结果在99%的置信水平下显著。

结果显示：熊市环境中，基金经理变动对基金业绩有正面影响，但从短期来看，更换基金经理对业绩的影响并不明显，而在中长期，更换基金经理对基金业绩的影响更为显著。结合实际，在惨淡的市场环境下，基金公司受业绩排名、投资者不满等因素影响，有较强的更换现任基金经理的冲动，希望能通过基金经理的更换，来实现提高基金业绩、抚慰投资者的目的。

当然，本文所作的分析均是从整体上把握，单只基金更换基金经理对基金的业绩影响会怎样还须具体结合市场特征、基金特点、基金经理能力等因素进行综合分析。

3. 震荡市场环境

整体来看，在震荡市场环境下，基金经理变更对于基金各期业绩影响不尽相同。具体表现为：短期和长期业绩表现恶化的基金占绝大多数，但是对于变更后的一个季度、半年度的业绩来说，大部分基金业绩提升明显。这主要是由于在震荡市中，市场波动比较明显，热点切换也比较频繁，基金业绩受市场环境变化的影响较大，因此基金经理的变更对业绩的影响没有比较明显的规律。具体如下表所示：

表4-12 震荡市场环境下基金经理变更后业绩表现情况占比(%)

变更后业绩表现	月度	季度	半年度	年度
提升	47.53	56.55	62.41	44.12
不变	0.00	0.00	0.00	0.00
恶化	52.47	43.45	37.59	55.88

数据来源：天相投资分析系统

实证检验

在 2009年8月至2010年9月的震荡市区间，积极投资偏股型基金配对t检验结果如下：

表4-13　按市场环境分类——2009年至2010年震荡市

指 标	前后一月	前后一季	前后半年	前后一年
样本容量	162	162	141	41
样本均值	–0.027	0.030	0.114	–0.026
样本标准差	0.395	0.355	0.384	0.368
t 值	–0.870	1.083	3.537	–0.455
p 值	0.386	0.281	0.001**	0.652

数据来源：天相投资分析系统，**表示检验结果在95%的置信水平下显著

从样本均值来看，震荡市中，基金经理变动对基金业绩的影响正负兼有，未有明确的变化趋势。究其原因，可能与震荡市中不确定因素较多，基金经理的变动对基金业绩的影响会被诸多因素所对冲有关。

从配对t检验的结果来看，除更换基金经理前后半年能通过配对t检验外，其余各组均未通过检验。此处，仍需要说明的是，我国震荡市的区间较短(一年)，基金经理变更前后半年、一年的时间段已很可能跨出震荡，因此，此处半年、一年的数据仅供参考，要更好地比较震荡市基金经理变动的影响最好还是取离职前后一月、三月的数据。所以，我们认为，在震荡市中，基金受各项权重因素相互制约，基金经理的个人特质并不明显，因而，在更换基金经理后基金业绩并没有显著的变化趋势。

(六) 变更对业绩的影响：不同资产规模

基金实际运作中，基金资产规模过大或过小都可能影响基金运作，规模过大的基金往往灵活性较差，无法及时回避市场波动带来的风险，基金经理操作上难度较大，因此，很多基金为避免规模过大影响基金业绩通常会采取“暂停申购”等措施；而规模过小的基金存在流动性风险，为了应对投资者赎回基金经理往往不能贯彻执行既定投资策略，转而采取一些次优的投资策略，给基金业绩带来负面影响。因此在考察基金经理变更对业绩的影响时，有必要对不同资产规模的基金进行分类考察。

1. 总体情况分析

我们将全部积极投资偏股型基金划分为大型规模基金、中型规模基金和小型规模基金(划分见前文：研究方法)。大型规模基金在考察期间共发生112次变更，涉及32家基金公司74只基金，平均每只基金变更1.51次；中型规模基金在考察期间共发生205次变更，涉及47家基金公司128只基金，平均每只基金变更1.60次；小型规模基金在考察期间共发生112次变更，涉及55家基金公司184只基金，平均每只基金变更2.14次。可见，小型规模基金的基金经理变更涉及基金个数和基金公司的数量最多，平均变更次数也最频繁。

整体来看，大型基金在基金经理变更后，短期业绩改善的概率相对高些，但随着时间的延长，业绩逐渐恶化的概率将会提升；中型基金月度和年度表现正向的基金多于季度和半年度；对于小型基金来说，基金经理变更后短期业绩会出现短暂下滑，但随着时间推移，正向影响逐渐显现。

表4-14 不同规模及积极投资偏股型基金变更后业绩表现占比(%)

变化	月度	季度	半年	一年	月度	季度	半年	一年
	大型基金				小型基金			
提升	56.88	50.00	49.49	42.03	48.83	51.58	53.71	52.06
下滑	43.12	50.00	50.51	57.97	50.91	47.89	45.71	47.57
不变	0.00	0.00	0.00	0.00	0.26	0.53	0.57	0.37
	中型基金				积极投资偏股型基金			
提升	50.99	47.26	49.21	52.41	50.72	50.07	51.72	50.73
下滑	48.51	52.74	50.79	47.59	48.99	49.64	47.97	49.06
不变	0.50	0.00	0.00	0.00	0.29	0.29	0.31	0.21

数据来源：天相投资分析系统

2. 进一步细分业绩分析

我们再对变更前业绩分成排名前30%、排名中间40%、排名后30%，分别考察基金经理变更后对各规模基金的影响。

图4-12 大型规模基金经理变更后业绩变化情况

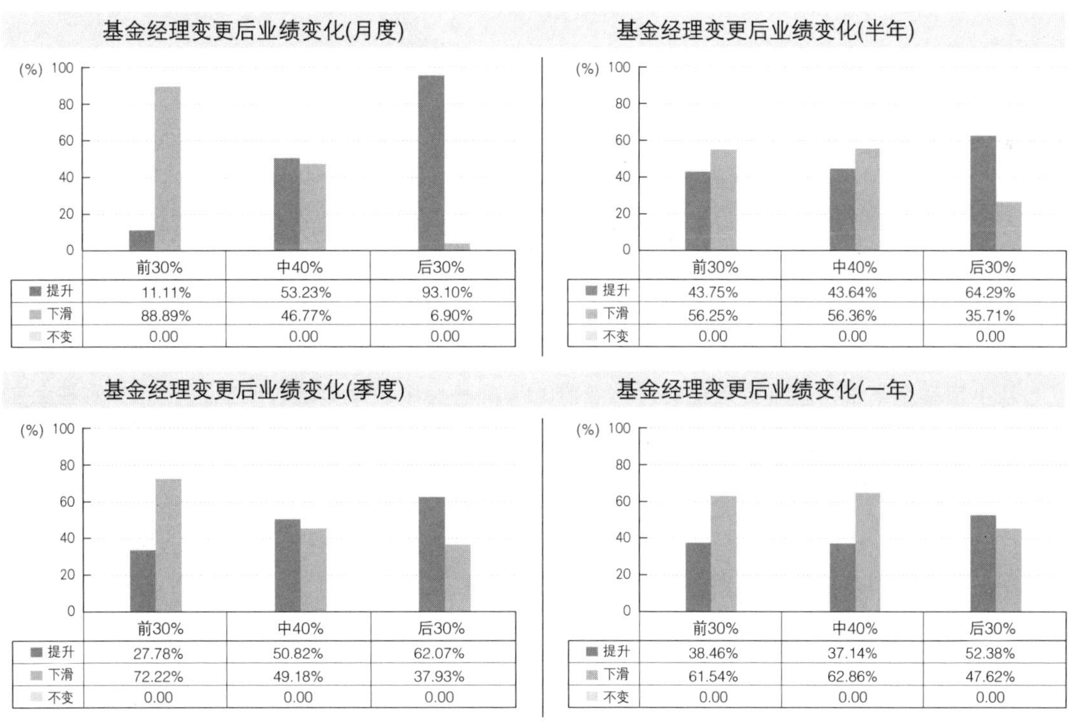

数据来源：天相投资分析系统

对于大型基金变更前业绩排名前30%的基金，变更后一个月、一个季度、半年和一年排名出现下滑的基金占多数，其中对变更后一个月影响最明显，有接近90%的基金业绩排名出现了下滑；对于变更前排名居中40%的基金，并未表现出明显的趋势，中短期(月度和季度)业绩提升的基金占多，而中长期(半年和一年)则业绩下滑的基金占多；变更前排名后30%的基金业绩上升占比多于下滑占比，其中93%的基金在基金经理变更后一个月的业绩得到了提升。

变更前业绩排名前30%的基金，一方面由于前任基金经理具备高于市场平均水平的投资管理能力，新任基金经理超越前任的难度较高，另外新任基金经理调整操作思路可能也会对基金业绩造成较大影响；变更前业绩排名后30%的基金在更换基金经理后业绩则有较为显著的提升；而投资者对排名居中的基金反应比较平淡，基金经理的变更对业绩影响不明显。

图4-13 中型规模基金经理变更后业绩变化情况

基金经理变更后业绩变化(前30%)

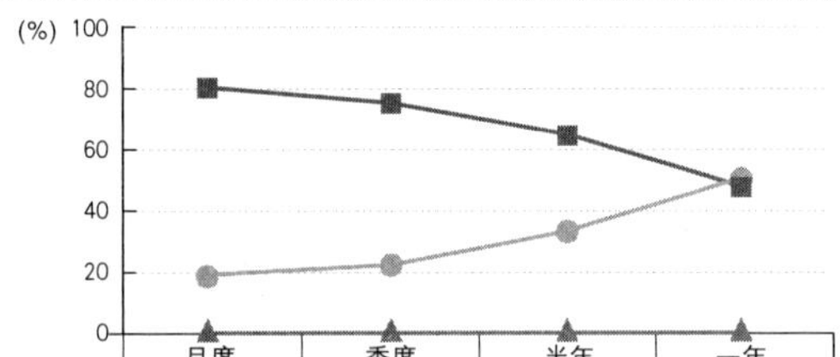

	月度	季度	半年	一年
提升	19.30%	24.56%	33.33%	51.28%
下滑	80.70%	75.44%	66.67%	48.72%
不变	0.00	0.00	0.00	0.00

基金经理变更后业绩变化(中40%)

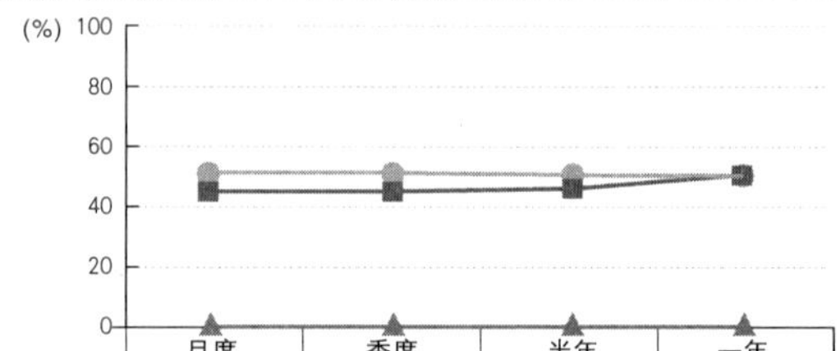

	月度	季度	半年	一年
提升	53.98%	53.98%	52.34%	50.00%
下滑	46.02%	46.02%	47.66%	50.00%
不变	0.00	0.00	0.00	0.00

基金经理变更后业绩变化(后30%)

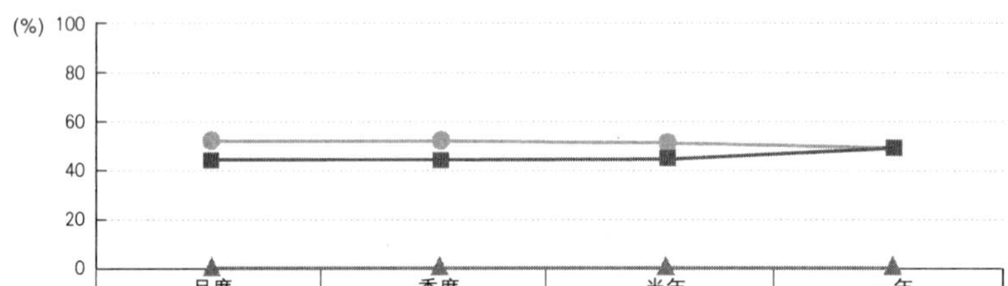

	月度	季度	半年	一年
提升	53.98%	53.98%	52.34%	50.00%
下滑	46.02%	46.02%	47.66%	50.00%
不变	0.00	0.00	0.00	0.00

数据来源：天相投资分析系统

从中型基金来看，基金经理变更对排名前30%的基金中短期影响较明显，有80%的基金变更后一个月的业绩出现了下滑，但随着考察期的延长，对业绩的影响好坏趋于平衡，呈现左开口喇叭状；对于排名居中40%和后30%的基金，基金经理变更短期影响正向的基金居多，长期亦趋于平衡。

图4-14 小型规模基金经理变更后业绩变化情况

基金经理变更后业绩变化(前30%)

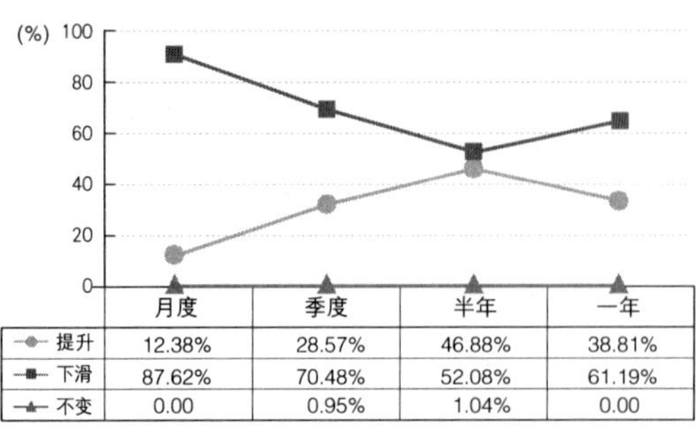

	月度	季度	半年	一年
提升	12.38%	28.57%	46.88%	38.81%
下滑	87.62%	70.48%	52.08%	61.19%
不变	0.00	0.95%	1.04%	0.00

基金经理变更后业绩变化(中40%)

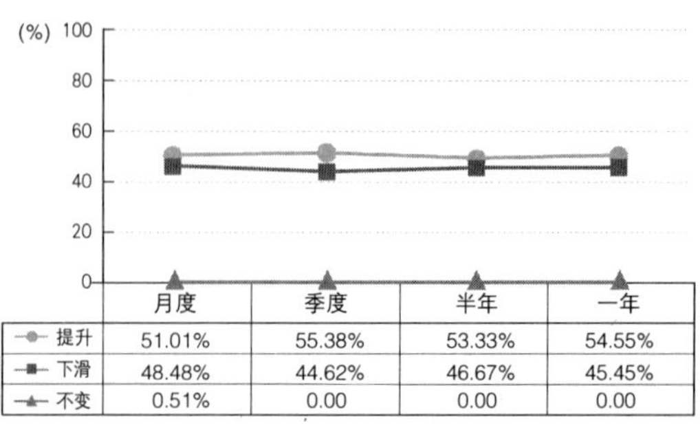

	月度	季度	半年	一年
提升	51.01%	55.38%	53.33%	54.55%
下滑	48.48%	44.62%	46.67%	45.45%
不变	0.51%	0.00	0.00	0.00

数据来源：天相投资分析系统

基金经理变更后业绩变化(后30%)

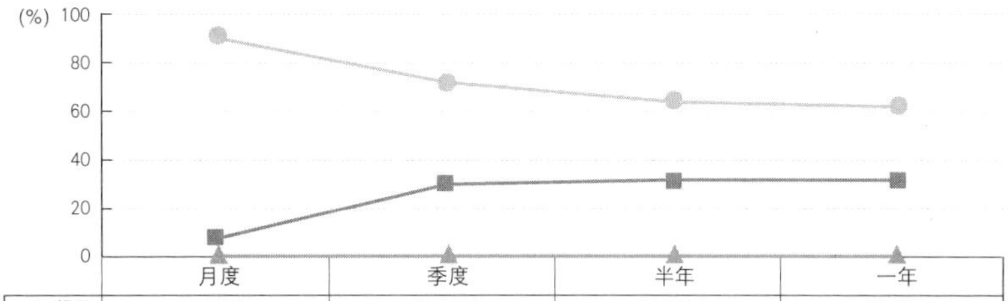

	月度	季度	半年	一年
提升	90.24%	72.50%	63.51%	61.40%
下滑	9.76%	26.25%	35.14%	36.84%
不变	0.00	1.25%	1.35%	1.75%

数据来源：天相投资分析系统

前期业绩排名前30%的小型基金在基金经理变更后对各阶段的影响负面占多，变更后一个月和一个季度尤为明显，一个月业绩下滑的基金达87.62%，但在半年后会有部分基金的业绩开始走好；前期排名中间40%的基金业绩提升和下滑的数量差异不大，变好的基金稍多；前期排名后30%的基金走势与前30%的基金相反，变更后业绩得到改善的基金占大多数。

总体来看，基金经理变更对大型和小型规模的基金业绩影响较明显，对中型规模的基金的影响有好有坏，同时前期排名两端的基金受基金经理变更的影响较大(前期排名靠前的变更基金经理后业绩下滑显著，前期业绩排名垫底的基金在基金经理变更后业绩有较明显的改善)，排名居中的基金业绩对基金经理变更反应较小。

3. 实证检验

剔除变更后无数据的样本，按资产规模进行分类，配对t检验结果如下：

(1) 大型基金

如下表，变更后一个月和半年的样本均值为正，变更后一个季度和一年的相对业绩差均值为负，在各阶段的配对t检验均未通过显著性检验。

大型规模基金在操作上缺乏灵活性，基金经理的管理难度较大，其业绩除了与基金经理的稳定性有关外，受其他更多因素的影响。

表4-15 大型基金相对业绩差配对t检验结果

指 标	前后一月	前后一季	前后半年	前后一年
样本容量	109	108	99	69
样本均值	0.022	−0.030	0.011	−0.051
样本标准差	0.297	0.315	0.354	0.398
t 值	0.771	−0.988	0.300	−1.067
p 值	0.442	0.325	0.765	0.290

数据来源：天相投资分析系统

(2) 中型基金

如下表，变更后一个月、半年和一年的样本均值为正，变更后一个季度相对业绩差均值为负，中型基金在各阶段的配对t检验也均未通过显著性检验，中型基金基金经理的变更对基金业绩的影响不显著。

表4-16 中型基金相对业绩差配对t检验结果

指 标	前后一月	前后一季	前后半年	前后一年
样本容量	202	201	191	145
样本均值	0.008	-0.006	0.019	0.030
样本标准差	0.380	0.367	0.361	0.343
t 值	0.287	-0.248	0.729	1.059
p 值	0.775	0.804	0.467	0.291

数据来源：天相投资分析系统。

(3) 小型基金

如下表，变更后一个季度、半年和一年的样本均值为正，但变更后一个月的相对业绩差均值为负，小型基金的相对业绩差在半年通过显著性检验。

表4-17 小型基金相对业绩差配对t检验结果

指 标	前后一月	前后一季	前后半年	前后一年
样本容量	385	380	350	267
样本均值	-0.015	0.035	0.061	0.035
样本标准差	0.395	0.377	0.379	0.384
t 值	-0.727	1.836	3.017	1.489
p 值	0.468	0.067	0.003***	0.138

数据来源：天相投资分析系统，***表示检验结果在99%的置信水平下显著。

五、其他延伸分析

(一) 投资决策委员会成员变更及其影响分析

我国基金行业第一次投资决策委员会成员变更发生在2002年8月，我们统计了2002年至2010年9月历年的投资决策委员会成员变更情况。具体来看，可以将统计期间划分为2002—2004年低位徘徊，2005—2008年高速增长、2009—2010年小幅回落三个阶段。

图5-1 投资决策委员会成员年度变更次数

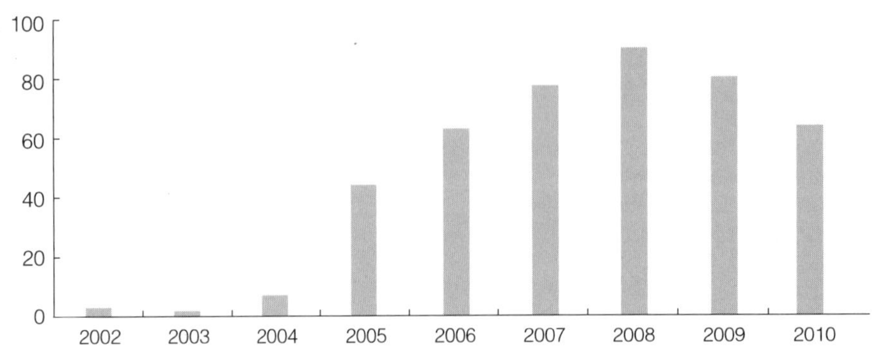

资料来源：天相投资分析系统

统计期间共发生投资决策委员会成员变更431人次。整体来看，变更对基金公司中期业绩的影响较为明显，变更前后半年的基金公司业绩变好的次数比例约为60.41%。

图5-2 投资决策委员会成员变动对基金公司相对业绩排名的影响

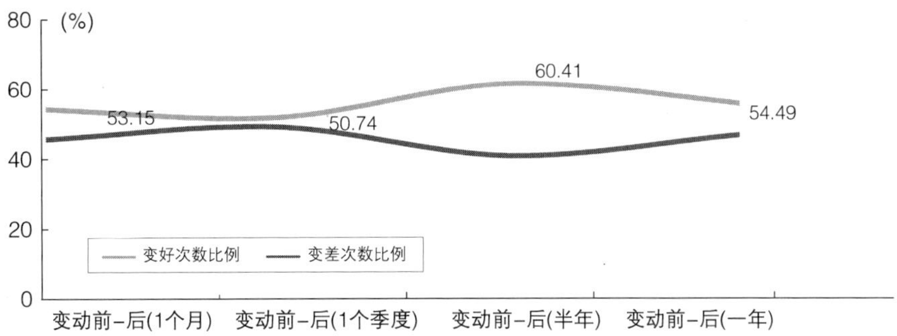

资料来源：天相投资分析系统

对投资决策委员会成员变更前后一月、一季、半年、一年的基金公司业绩进行统计，并整理得到各阶段的相对业绩差进行配对t检验，结果如下：

表5-1 总体分析——投资决策委员会

指 标	前后一月	前后一季	前后半年	前后一年
样本容量	419	406	387	321
样本均值	0.001	0.023	0.078	0.052
样本标准差	0.400	0.291	0.373	0.371
t 值	0.043	1.602	4.139	2.512
p 值	0.966	0.110	0.000***	0.013**

数据来源:天相投资分析系统，**表示检验结果在95%的置信水平下显著，***表示检验结果在99%的置信水平下显著。

实证结果显示：投资决策委员会成员的变更对业绩短期影响并不显著，而从中长期来看，变更后基金公司的业绩有较显著的提升。由此可见，投资决策委员会成员的变更对基金公司业绩的影响是长期性的。

(二) 美国基金经理变更及其影响分析

1. 海外学者的相关研究

海外学者对基金经理变更与基金业绩之间的关系已有较为深入的研究。

Khorana(1996)研究表明基金的前期业绩水平与基金经理的变更存在联系。他发现基金在过去两年中表现不佳是基金经理出现变动的一个显著的预示性指标。业绩表现在最后10%的共同基金经理发生变动的概率是表现在前10%基金经理的4倍。Khorana(2001)研究了基金经理的变更与基金随后业绩表现之间的关系，研究显示新基金经理并不能产生相对于业绩评价基准而言显著的超额业绩，但投资组合的总风险相对于变更前有所降低。

Chevalier和Ellison(1999)研究显示投资者对基金经理的离职事件做出反应。由于市场上部分投资者认为某些基金经理具有突出的能力，投资者进行投资决策时会同时考虑基金经理和基金业绩。基金经理的离职使开放式基金的资金流入量对基金业绩的敏感度下降。验证表明，开放式基金的资金流入和流出与基金过去的业绩显著相关，并且上一年度业绩的影响比其他年度业绩影响要大。但是如果发生基金经理变更，那么基金的资金流量比未发生变更的基金弱25%。另外，业绩表现差的基金经理的离职可以有效地阻止基金资产的流出，基金市场对基金经理变更的反应为基金公司解雇业绩较差的基金经理提供了动力。

Bill Ding和Russ Wermers(2003)研究发现，当新任基金经理的业绩记录明显好于前任基金经理时，基金经理的变更会对基金业绩产生明显影响。

2. 实证检验

我们主要针对美国积极投资开放式股票基金进行数据统计、实证研究，以考察基金经理变动对基金业绩的影响。

我们从彭博系统中依照以下条件筛选出符合条件的309只[1]基金样本：①注册地在美；②以美元计价；③积极投资开放式股票型基金；④基金规模大于10亿美元；⑤设立满3年；⑥基金经理最近一次变动时间在1990年1月至2009年12月之间。

根据309只样本基金中所统计的美国积极投资开放式股票基金中共同基金经理最近一次变更时间的统计，可以看出基金经理最近一次变动集中于2002年后，并在2006年达到峰值。

图5-3　样本基金经理最近一次变更年度分布

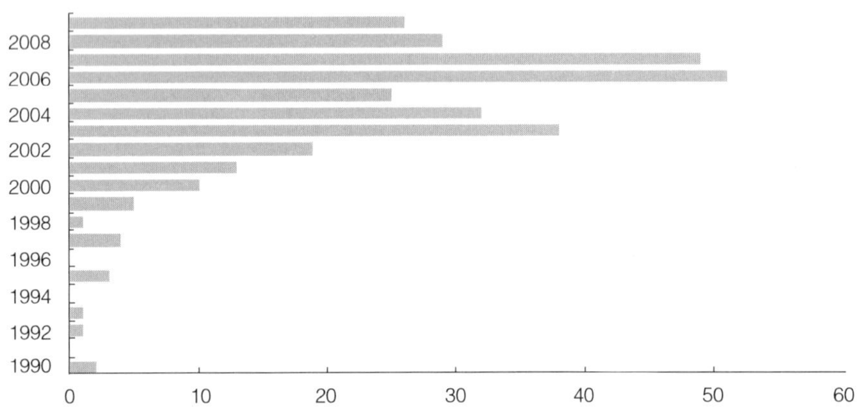

数据来源：Bloomberg

我们统计了样本基金最近一次基金经理变更前后一个月、一个季度、半年、一年基金的绝对业绩，通过处理得到各阶段的相对业绩，在此基础上以前后相对业绩差来反映基金经理变更前后基金业绩的变动情况，并进行配对t检验，结果如下：

表5-2　总体分析

指 标	前后一月	前后一季	前后半年	前后一年
样本容量	285	285	278	266
样本均值	−0.013	0.040	0.037	0.078
样本标准差	0.368	0.399	0.389	0.422
t 值	−0.598	1.674	1.609	3.023
p 值	0.551	0.095	0.109	0.003

数据来源：Bloomberg

① 分级基金分开统计

单就样本均值指标来看，除一个月外，基金经理变动后季度、半年、一年的相对业绩差均值均为正，表明短期(一个月)而言，基金经理变更事件对基金业绩带来负效应，而变动对业绩产生的正向效应要在变更后一个季度才逐渐显露出。从配对t检验结果来看，基金经理变动前后一个月、一季度、半年的影响并不显著，只有变动前后一年是显著的。由此可见，基金经理变动对基金业绩所产生的效果是一个长期释放积累的过程，短期内影响并不显著。

从总体上来看，基金经理的变动对于美国积极投资开放式股票基金的业绩影响仅在长期内呈现出显著的正向影响。即基金经理变更发生一年后，基金的相对业绩总体水平得到提升，且提升效果是显著的。而就短期(一个月)而言，基金经理变动对基金业绩总体呈负向作用，但并不显著。

六、研究结论

通过对全文的分析，得出结论如下：

(一) 总经理变更对基金公司业绩的影响

由于总经理稳定对于公司发展战略持续、统一，以及企业文化、核心投研团队等的稳定起到至关重要的作用，因此，总经理相对稳定的基金公司，整体来说业绩相对偏好。若总经理发生变动，短期内将对基金公司整体业绩造成不利的影响，但随着时间的推移这一影响将逐渐淡化。

在不同市场情况下，总经理变动对基金公司业绩的影响也有所不同。一般来说，牛市情况下，总经理变动对业绩影响整体偏正面；熊市情况下，总经理变动，短期将使基金公司业绩更差，但随着时间的推移，业绩会慢慢改善，但整体影响还是偏负面；震荡市情况下，总经理变动对基金公司业绩会有不同程度的提升。

对于不同资产规模的基金公司来说，长期来看总经理变动后，小型、中型基金公司业绩将有所提升，但大型基金公司总经理变动后业绩下滑的概率较大。

(二) 投资总监变更对基金公司业绩的影响

投资总监相对稳定的基金公司，整体来说业绩相对偏好。若投资总监发生变动，短期内公司业绩恶化的概率较大，但随着时间的推移这一影响将逐渐弱化。

投资总监在不同市场情况下发生变动，除短期恶化概率均增大外，中长期影响偏正面的概率大一些，在不同市场环境中，影响也有所不同。对于不同资产规模的基金公司来说，投资总监变动后，中型规模基金公司短期业绩恶化的概率相对较低，但一个季度后则概率相对较高；而大型和小型规模基金公司，短期内业绩恶化的概率相对较高，但随着时间的推移，业绩将逐渐改善(其中，大型公司投资总监变更半年后，影响将基本消失)。

(三) 基金经理变更对基金业绩的影响

整体来看，基金经理个人投资管理能力对基金业绩将产生较大影响。而基金经理变更对基金业绩的影响，并未像广大普通投资者想象的那样，都是“坏事”。经过统计分析，我们发现，基金经理变更整体上对业绩影响略偏正面。分类型来看，其中，债券型基金相对较为明显，其次是股票型基金，而混合型基金则好坏均有，影响不明显，这可能与混合型基金较灵活的资产配置、操作空间较大、对基金经理的投资管理能力要求较高，以及类型品种本身带来的业绩差异较大等原因有关。

若按变更前的基金业绩分组，从总体上看，当更换掉优秀基金经理时，业绩出现下滑的概率较大；而替换业绩相对较差的基金经理时，基金业绩转好也是较大概率事件。这也是国内基金经理频繁变动的重要原因之一，即当基金经理管理基金业绩出色时，将有很多机构争相挖角，而当管理基金业绩较差时，其所在的基金公司有较大的动力，去替换掉目前的基金经理。因此，当基金经理发生变更时，投资者最好能作充分了解，不必盲目买入或抛售相关基金，可将前任和现任基金经理的历史业绩作为一个参考指标进行适当评估。

若按市场环境分组，在牛市、熊市以及震荡市中更换基金经理对基金业绩的影响不太显著(不考虑超出时间范围)。整体来看，在熊市中，基金经理变更基金业绩有小幅提升，而在牛市、震荡市中却不明显。

若按基金资产规模分组，基金经理变更对大型和小型规模的基金业绩影响较明显，对中型规模的基金的影响有好有坏。同时排名两端的基金受基金经理变更的影响较大。

(四) 其他分析结论

我们对投资决策委员会成员变更对基金公司业绩的影响、美国基金经理变更对基金业绩的影响进行了数据统计和实证分析。

研究表明，投资决策委员会成员相对稳定的基金公司，整体业绩相对较好。当投资决策委员会成员出现变更和调整后，基金公司的业绩短期小幅下滑，但从中长期来看，基金公司的业绩有所改善。

从1990年以来美国积极投资开放式股票基金的情况来看，基金经理变更对基金业绩在长期呈现显著的正向影响，而就短期而言，变更对基金业绩呈现出并不显著的负面影响。

影响我国基金业绩的因素众多(包括宏观经济状况、市场环境、当前投资热点、市场风险等)，另外，基金公司投研团队的实力、基金经理投资风格及基金投资管理能力也有差异，因此，上述结论只是根据历史数据得出的总体趋势，具体对每只基金、每家基金公司，还应具体问题具体分析。

附表1 核心投研人员变更总次数——基金公司汇总(1998-2010年9月)

基金公司	总经理变更	投资总监变更	基金经理变更
宝盈	2	3	22
博时	1	2	40
长城	1	0	22
长盛	2	1	53
长信	2	3	11
大成	2	1	49
东方	3	5	12
东吴	0	1	4
富国	2	—	34
工银瑞信	0	1	19
光大保德信	1	1	11
广发	0	1	11
国海富兰克林	2	1	5
国联安	1	3	18
国泰	1	3	54

（续上表）

基金公司	总经理变更	投资总监变更	基金经理变更
国投瑞银	2	2	21
海富通	0	0	12
华安	2	0	48
华宝兴业	0	1	24
华富	1	2	12
华商	2	1	1
华夏	0	1	59
汇丰晋信	0	1	3
汇添富	0	0	5
嘉实	1	1	45
建信	0	2	7
交银施罗德	2	1	7
金鹰	2	2	10
金元比联	0	1	5
景顺长城	2	3	27
摩根士丹利华鑫	1	4	8
南方	1	3	54
农银汇理	0	0	3
诺安	1	2	15
诺德	0	2	7
鹏华	3	—	36
浦银安盛	0	1	6
融通	2	—	19
上投摩根	1	2	16
申万巴黎	2	3	12
泰达宏利	2	2	29
泰信	0	2	17
天弘	1	1	6
天治	3	2	16
万家	2	—	20
新华	0	2	3
信诚	2	1	7
信达澳银	1	1	2
兴业全球	0	0	7
易方达	0	1	36
益民	2	1	7
银河	2	1	19
银华	2	2	29
华泰柏瑞	1	1	6

（续上表）

基金公司	总经理变更	投资总监变更	基金经理变更
招商	0	1	42
中海	2	2	13
中欧	2	1	5
中银	0	2	9
中邮创业	0	1	3
民生加银	0	0	1
总　计	**67**	**85**	**1,104**

数据来源：天相投资分析系统

附表2　基金公司核心投研人员变更总次数历年汇总(1998–2010年9月)

年度	总经理变更	投资总监变更	基金经理变更
1998年	1	0	0
1999年	1	0	2
2000年	1	0	15
2001年	1	0	14
2002年	1	0	28
2003年	2	0	51
2004年	6	2	64
2005年	6	7	97
2006年	7	12	119
2007年	8	12	195
2008年	13	19	175
2009年	12	22	178
2010年1–9月	8	11	166
总　计	**67**	**85**	**1,104**

数据来源：天相投资分析系统

附表3 基金公司总经理历年变更次数汇总(1998–2010年9月)

基金公司	1998	1999	2000	2001	2002	2003	2004	2005	2006	2007	2008	2009	2010.1.9
国泰	0	0	0	0	0	0	0	0	0	1	0	0	0
南方	0	1	0	0	0	0	0	0	0	0	0	0	0
华夏	0	0	0	0	0	0	0	0	0	0	0	0	0
华安	1	0	0	0	0	0	0	0	0	0	0	0	1
博时	0	0	0	0	0	1	0	0	0	0	0	0	0
鹏华	0	0	0	0	1	0	1	0	0	0	1	0	0
嘉实	–	0	1	0	0	0	0	0	0	0	0	0	0
长盛	–	0	0	1	0	0	0	0	1	0	0	0	0
大成	–	0	0	0	0	0	1	0	0	0	1	0	0
富国	–	0	0	0	0	0	0	0	0	0	2	0	0
易方达	–	–	–	0	0	0	0	0	0	0	0	0	0
宝盈	–	–	–	0	0	0	0	0	1	0	0	0	1
融通	–	–	–	0	0	0	1	0	0	0	0	0	1
银华	–	–	–	0	0	0	1	0	1	0	0	0	0
长城	–	–	–	0	0	1	0	0	0	0	0	0	0
国投瑞银	–	–	–	–	0	0	0	0	2	0	0	0	0
银河	–	–	–	–	0	0	0	0	0	1	0	0	1
泰达宏利	–	–	–	–	0	0	1	0	0	1	0	0	0
万家	–	–	–	–	0	0	0	1	0	1	0	0	0
金鹰	–	–	–	–	0	0	0	1	0	0	0	0	1
招商	–	–	–	–	0	0	0	0	0	0	0	0	0
华宝兴业	–	–	–	–	–	0	0	0	0	0	0	0	0
摩根士丹利华鑫	–	–	–	–	–	0	0	0	0	0	0	1	0
国联安	–	–	–	–	–	0	0	0	0	0	1	0	0
海富通	–	–	–	–	–	0	0	0	0	0	0	0	0
长信	–	–	–	–	–	0	0	1	0	0	1	0	0
泰信	–	–	–	–	–	0	0	0	0	0	0	0	0
天治	–	–	–	–	–	0	1	0	0	0	0	1	1
景顺长城	–	–	–	–	–	0	0	0	0	0	0	2	0
广发	–	–	–	–	–	0	0	0	0	0	0	0	0
兴业全球	–	–	–	–	–	0	0	0	0	0	0	0	0
诺安	–	–	–	–	–	0	0	0	1	0	0	0	0
申万巴黎	–	–	–	–	–	–	0	0	0	1	1	0	0
中海	–	–	–	–	–	–	0	0	0	1	0	1	0

（续上表）

基金公司	1998	1999	2000	2001	2002	2003	2004	2005	2006	2007	2008	2009	2010.1.9
华富	–	–	–	–	–	–	0	0	0	0	1	0	0
光大保德信	–	–	–	–	–	–	0	1	0	0	0	0	0
上投摩根	–	–	–	–	–	–	0	0	0	0	0	0	1
东方	–	–	–	–	–	–	0	1	0	0	0	2	0
中银	–	–	–	–	–	–	0	0	0	0	0	0	0
东吴	–	–	–	–	–	–	0	0	0	0	0	0	0
天弘	–	–	–	–	–	–	0	0	0	1	0	0	0
国海富兰克林	–	–	–	–	–	–	0	0	1	0	1	0	0
华泰柏瑞	–	–	–	–	–	–	0	1	0	0	0	0	0
新华	–	–	–	–	–	–	0	0	0	0	0	0	0
汇添富	–	–	–	–	–	–	–	0	0	0	0	0	0
工银瑞信	–	–	–	–	–	–	–	0	0	0	0	0	0
交银施罗德	–	–	–	–	–	–	–	0	0	0	1	0	1
建信	–	–	–	–	–	–	–	0	0	0	0	0	0
信诚	–	–	–	–	–	–	–	0	0	0	1	1	0
汇丰晋信	–	–	–	–	–	–	–	0	0	0	0	0	0
益民	–	–	–	–	–	–	–	0	0	0	0	2	0
华商	–	–	–	–	–	–	–	0	0	1	0	1	0
中邮创业	–	–	–	–	–	–	–	–	0	0	0	0	0
信达澳银	–	–	–	–	–	–	–	–	0	0	1	0	0
诺德	–	–	–	–	–	–	–	–	0	0	0	0	0
中欧	–	–	–	–	–	–	–	–	0	0	1	1	0
金元比联	–	–	–	–	–	–	–	–	0	0	0	0	0
浦银安盛	–	–	–	–	–	–	–	–	–	0	0	0	0
农银汇理	–	–	–	–	–	–	–	–	–	–	0	0	0
民生加银	–	–	–	–	–	–	–	–	–	–	0	0	0

资料来源：天相投资分析系统

附表4　基金公司投资总监历年变更次数汇总(1998-2010年)

基金公司	1998	1999	2000	2001	2002	2003	2004	2005	2006	2007	2008	2009	2010.1.9
国泰	0	0	0	0	0	0	0	0	0	0	1	1	1
南方	0	0	0	0	0	0	1	1	0	0	0	1	0
华夏	0	0	0	0	0	0	0	0	1	0	0	0	0
华安	0	0	0	0	0	0	0	0	0	0	0	0	0
博时	0	0	0	0	0	0	0	0	1	1	0	0	0
嘉实	–	0	0	0	0	0	0	0	0	0	1	0	0
长盛	–	0	0	0	0	0	0	0	0	0	0	0	1
大成	–	0	0	0	0	0	0	0	0	1	0	0	0
易方达	–	–	–	0	0	0	0	0	1	0	0	0	0
宝盈	–	–	–	0	0	0	0	0	0	0	1	2	0
银华	–	–	–	0	0	0	0	0	0	1	1	0	0
长城	–	–	–	0	0	0	0	0	0	0	0	0	0
国投瑞银	–	–	–	–	0	0	0	0	1	0	0	1	0
银河	–	–	–	–	0	0	0	0	0	0	0	1	0
泰达宏利	–	–	–	–	0	0	1	1	0	0	0	0	0
金鹰	–	–	–	–	0	0	0	1	0	0	0	1	0
招商	–	–	–	–	0	0	0	1	0	0	0	0	0
华宝兴业	–	–	–	–	–	0	0	0	0	1	0	0	0
摩根士丹利华鑫	–	–	–	–	–	0	0	1	0	1	2	0	0
国联安	–	–	–	–	–	0	0	0	0	0	2	1	0
海富通	–	–	–	–	–	0	0	0	0	0	0	0	0
长信	–	–	–	–	–	0	0	0	1	0	1	0	1
泰信	–	–	–	–	–	0	0	0	0	1	0	1	0
天治	–	–	–	–	–	0	0	0	0	0	1	1	0
景顺长城	–	–	–	–	–	0	0	0	1	1	0	1	0
广发	–	–	–	–	–	0	0	0	0	0	1	0	0
兴业全球	–	–	–	–	–	0	0	0	0	0	0	0	0
诺安	–	–	–	–	–	0	0	1	1	0	0	0	0
申万巴黎	–	–	–	–	–	–	0	0	1	0	1	1	0
中海	–	–	–	–	–	–	0	0	0	0	0	1	1
华富	–	–	–	–	–	–	0	0	0	1	0	1	0
光大保德信	–	–	–	–	–	–	0	0	1	0	0	0	0
上投摩根	–	–	–	–	–	–	0	0	0	1	0	1	0
东方	–	–	–	–	–	–	0	1	1	1	0	0	2
中银	–	–	–	–	–	–	0	0	1	0	1	0	0

（续上表）

基金公司	1998	1999	2000	2001	2002	2003	2004	2005	2006	2007	2008	2009	2010.1.9
东吴	—	—	—	—	—	—	0	0	0	0	1	0	0
天弘	—	—	—	—	—	—	0	0	0	0	1	0	0
国海富兰克林	—	—	—	—	—	—	0	0	0	0	0	0	1
华泰柏瑞	—	—	—	—	—	—	0	0	0	0	0	0	1
新华	—	—	—	—	—	—	0	0	1	0	0	1	0
汇添富	—	—	—	—	—	—	—	0	0	0	0	0	0
工银瑞信	—	—	—	—	—	—	—	0	0	1	0	0	0
交银施罗德	—	—	—	—	—	—	—	0	0	0	0	1	0
建信	—	—	—	—	—	—	—	0	0	1	0	1	0
信诚	—	—	—	—	—	—	—	0	0	0	0	1	0
汇丰晋信	—	—	—	—	—	—	—	0	0	0	1	0	0
益民	—	—	—	—	—	—	—	0	0	0	0	0	1
华商	—	—	—	—	—	—	—	0	0	0	0	1	0
中邮创业	—	—	—	—	—	—	—	—	0	0	1	0	0
信达澳银	—	—	—	—	—	—	—	—	0	0	0	1	0
诺德	—	—	—	—	—	—	—	—	0	0	1	1	0
中欧	—	—	—	—	—	—	—	—	0	0	1	0	0
金元比联	—	—	—	—	—	—	—	—	0	0	0	0	1
浦银安盛	—	—	—	—	—	—	—	—	—	0	0	0	1
农银汇理	—	—	—	—	—	—	—	—	—	—	0	0	0
民生加银	—	—	—	—	—	—	—	—	—	—	0	0	0

资料来源：天相投资分析系统

附表5 基金公司基金经理历年变更次数汇总(1998–2010年)

基金公司	1998	1999	2000	2001	2002	2003	2004	2005	2006	2007	2008	2009	2010.1.9
国泰	0	0	0	1	3	6	6	3	5	10	10	6	4
南方	0	0	2	0	3	4	1	7	7	5	13	4	8
华夏	0	0	2	1	2	1	7	5	10	11	9	6	5
华安	0	0	0	4	0	11	1	3	1	10	6	6	6
博时	0	0	1	3	5	4	2	3	4	4	7	1	6
鹏华	0	0	1	2	0	5	2	3	5	9	2	5	2
嘉实	–	0	1	0	1	1	6	1	7	6	9	6	7
长盛	–	0	3	0	4	4	7	4	5	7	10	5	4
大成	–	1	4	0	4	9	3	1	6	8	7	3	3
富国	–	1	1	3	3	0	6	5	5	3	2	2	3
易方达	–	–	–	0	2	0	2	8	4	12	4	3	1
宝盈	–	–	–	0	0	3	1	0	2	3	4	6	3
融通	–	–	–	0	0	0	4	2	0	3	3	3	4
银华	–	–	–	0	1	1	1	4	2	3	4	7	6
长城	–	–	–	0	0	0	0	4	3	3	2	7	3
国投瑞银	–	–	–	–	0	1	3	0	3	5	5	2	2
银河	–	–	–	–	0	1	1	4	2	3	2	3	3
泰达宏利	–	–	–	–	0	0	2	4	1	5	6	9	2
万家	–	–	–	–	0	0	1	3	4	3	3	2	4
金鹰	–	–	–	–	0	0	0	2	1	1	4	2	0
招商	–	–	–	–	0	0	0	6	6	8	5	9	8
华宝兴业	–	–	–	–	–	0	1	0	1	6	3	6	7
摩根士丹利华鑫	–	–	–	–	–	0	0	1	1	2	2	1	1
国联安	–	–	–	–	–	0	2	1	1	5	2	3	4
海富通	–	–	–	–	–	0	0	0	5	4	1	2	0
长信	–	–	–	–	–	0	0	2	3	1	1	0	4
泰信	–	–	–	–	–	0	1	3	1	2	6	3	1
天治	–	–	–	–	–	0	1	1	1	4	5	0	4
景顺长城	–	–	–	–	–	0	3	7	0	6	0	9	2
广发	–	–	–	–	–	0	0	3	2	2	1	1	2
兴业全球	–	–	–	–	–	0	0	1	0	2	1	1	2
诺安	–	–	–	–	–	0	0	1	5	3	2	3	1
申万巴黎	–	–	–	–	–	–	0	0	2	1	2	7	0
中海	–	–	–	–	–	–	0	0	0	2	3	5	3
华富	–	–	–	–	–	–	0	0	0	5	2	2	3

（续上表）

基金公司	1998	1999	2000	2001	2002	2003	2004	2005	2006	2007	2008	2009	2010.1.9
光大保德信	—	—	—	—	—	—	0	1	2	4	0	0	4
上投摩根	—	—	—	—	—	—	0	2	2	2	4	6	0
东方	—	—	—	—	—	—	0	1	2	1	3	0	5
中银	—	—	—	—	—	—	0	1	2	1	2	0	3
东吴	—	—	—	—	—	—	0	0	1	0	1	1	1
天弘	—	—	—	—	—	—	0	0	1	1	1	2	1
国海富兰克林	—	—	—	—	—	—	0	0	1	3	0	0	1
华泰柏瑞	—	—	—	—	—	—	0	0	0	1	2	1	2
新华	—	—	—	—	—	—	0	0	1	0	0	2	0
汇添富	—	—	—	—	—	—	—	0	0	2	0	1	2
工银瑞信	—	—	—	—	—	—	—	0	1	7	4	4	3
交银施罗德	—	—	—	—	—	—	—	0	0	1	1	4	1
建信	—	—	—	—	—	—	—	0	0	1	1	3	2
信诚	—	—	—	—	—	—	—	0	0	2	2	1	2
汇丰晋信	—	—	—	—	—	—	—	0	0	0	1	2	0
益民	—	—	—	—	—	—	—	0	1	1	2	3	0
华商	—	—	—	—	—	—	—	0	0	0	0	1	0
中邮创业	—	—	—	—	—	—	—	—	0	0	2	0	1
信达澳银	—	—	—	—	—	—	—	—	0	0	0	1	1
诺德	—	—	—	—	—	—	—	—	0	0	1	1	5
中欧	—	—	—	—	—	—	—	—	0	0	0	3	2
金元比联	—	—	—	—	—	—	—	—	0	1	0	1	3
浦银安盛	—	—	—	—	—	—	—	—	—	0	0	1	5
农银汇理	—	—	—	—	—	—	—	—	—	—	0	0	3
民生加银	—	—	—	—	—	—	—	—	—	—	0	0	1

资料来源：天相投资分析系统

附表6 美国基金经理变更分析研究样本

基金公司	基金名称	设立日期
American Century Funds	American Century Global Gold Fund	1988-08-17
Ariel Funds	Ariel Appreciation Fund	1989-12-01
Aston Asset Management	Aston Optimum Mid Cap Fund	1994-09-19
Baron Funds	Baron Asset Fund	1987-06-12
Baron Funds	Baron Growth Fund	1994-12-31
BlackRock Funds Inc	BlackRock Value Opportunities Fund Inc	1978-05-05
BlackRock Funds Inc	BlackRock Mid-Cap Value Portfolio	1986-08-25
BlackRock Funds Inc	BlackRock Capital Appreciation Fund Inc	1992-12-24
BlackRock Funds Inc	BlackRock Small Cap Growth Equity Portfolio	1993-09-14
BlackRock Funds Inc	BlackRock U.S. Opportunities Portfolio	1998-05-01
Columbia Funds	Columbia Value and Restructuring Fund	1992-12-31
Columbia Funds	Columbia Acorn International	1992-09-23
Columbia Funds	Columbia Acorn Select	1998-11-23
Columbia Funds	Columbia Funds Series Trust—Columbia Marsico Focused Equities Fund	1997-12-31
CRM Funds	CRM Mid Cap Value Fund	1998-01-06
Delaware Group Funds	Delaware Emerging Markets Fund	1996-06-10
Dreyfus Funds	Dreyfus Premier Midcap Value Fund	1995-09-29
DWS Scudder Funds	DWS Dreman Small Cap Value Fund	1992-05-22
DWS Scudder Funds	DWS RREEF Real Estate Securities Fund	2002-09-03
Eaton Vance Funds	Eaton Vance Parametric Structured Emerging Markets Fund	2006-06-30
Fairholme Funds	Fairholme Fund	1999-12-29
Federated Funds	Federated Kaufmann Fund	1986-02-21
Fidelity Funds	Fidelity Trend Fund	1958-06-16
Fidelity Funds	Fidelity Advisor Diversified Stock Fund	1970-07-10
Fidelity Funds	Fidelity Select Technology Portfolio	1981-07-14
Fidelity Funds	Fidelity OTC Portfolio	1984-12-31
Fidelity Funds	Fidelity Select Software & Computer Services Portfolio	1985-07-29
Fidelity Funds	Fidelity Select Electronics Portfolio	1985-07-29
Fidelity Funds	Fidelity Independence Fund	1983-03-25
Fidelity Funds	Fidelity Advisor Equity Growth Fund	1983-11-22
Fidelity Funds	Fidelity Contrafund	1967-05-17
Fidelity Funds	Fidelity Blue Chip Growth Fund	1987-12-31
Fidelity Funds	Fidelity Advisor Growth Opportunities Fund	1987-11-18
Fidelity Funds	Fidelity Advisor Materials Fund	1986-09-29
Fidelity Funds	Fidelity Select Materials Portfolio	1986-09-29
Fidelity Funds	Fidelity Advisor Gold Fund	1985-12-16
Fidelity Funds	Fidelity Select Gold Portfolio	1985-12-16
Fidelity Funds	Fidelity Advisor Capital Development Fund	1985-12-30
Fidelity Funds	Fidelity Canada Fund	1987-11-17
Fidelity Funds	Fidelity Advisor Canada Fund	1987-11-17

（续上表）

基金公司	基金名称	设立日期
Fidelity Funds	Fidelity Capital Appreciation Fund	1986–11–26
Fidelity Funds	Fidelity Advisor Worldwide Fund	1990–05–30
Fidelity Funds	Fidelity Emerging Asia Fund	1993–04–19
Fidelity Funds	Fidelity Stock Selector Small Cap Fund	1993–06–28
Fidelity Funds	Fidelity Dividend Growth Fund	1993–04–27
Fidelity Funds	Fidelity Growth Strategies Fund	1990–12–28
Fidelity Funds	Fidelity Worldwide Fund	1990–05–30
Fidelity Funds	Fidelity Advisor Stock Selector Small Cap Fund	1993–06–28
Fidelity Funds	Fidelity New Millennium Fund	1992–12–28
Fidelity Funds	Fidelity Emerging Markets Fund/United States	1990–11–01
Fidelity Funds	Fidelity Growth Company Fund	1983–01–17
Fidelity Funds	Fidelity Real Estate Investment Portfolio	1986–11–17
Fidelity Funds	Fidelity Mid–Cap Stock Fund	1994–03–29
Fidelity Funds	Fidelity Small Cap Stock Fund	1998–03–12
Fidelity Funds	Fidelity Select Natural Resources Portfolio	1997–03–03
Fidelity Funds	Fidelity Advisor Large Cap Fund	1996–02–20
Fidelity Funds	Fidelity Advisor Small Cap Fund	1998–09–09
Fidelity Funds	Fidelity Small Cap Discovery Fund	2000–09–26
Fidelity Funds	Fidelity Advisor Mid Cap Fund	1996–02–20
Fidelity Funds	Fidelity Advisor Small Cap Value Fund	2004–11–03
Fidelity Funds	Fidelity Small Cap Value Fund	2004–11–03
Fidelity Funds	Fidelity Leveraged Company Stock Fund	2000–12–19
Fidelity Funds	Fidelity Advisor Leveraged Company Stock Fund	2000–12–27
Fidelity Funds	Fidelity Series Small Cap Opportunities Fund	2007–03–22
Fidelity Funds	Fidelity Advisor Small Cap Growth Fund	2004–11–03
Fidelity Funds	Fidelity Small Cap Growth Fund	2004–11–03
Frank Russell Funds	Russell Emerging Markets Fund/United States	1993–01–29
Franklin Funds	Franklin Strategic Series—Franklin Natural Resources Fund	1995–06–05
GuideStone Funds	GuideStone Funds—Growth Equity Fund	2001–08–27
Hartford HLS Mutual Funds	Hartford Growth Opportunities HLS Fund	1987–03–24
Hartford HLS Mutual Funds	Hartford Small Company HLS Fund	1996–08–09
Hotchkis & Wiley Funds	Hotchkis and Wiley Large Cap Value Fund	1987–06–24
Janus Funds	Janus Enterprise Fund	1992–09–01
Janus Funds	Janus Research Fund	1993–05–03
Janus Funds	Janus Venture Fund	1985–04–30
Janus Funds	Janus Overseas Fund	1994–05–02
Janus Funds	Janus Worldwide Fund	1997–05–01
Janus Funds	Janus Global Select Fund	2000–06–30
Janus Funds	Perkins Small Cap Value Fund	1985–02–14
Janus Funds	Janus Triton Fund	2005–11–28
JennisonDryden Funds	Prudential Jennison Small Company Fund Inc	1980–11–13
JennisonDryden Funds	Prudential Jennison Mid–Cap Growth Fund Inc	1996–12–31

（续上表）

基金公司	基金名称	设立日期
JP Morgan Funds	JPMorgan Mid Cap Growth Fund	1989–03–02
JP Morgan Funds	JPMorgan Emerging Markets Equity Fund	1993–11–15
JP Morgan Funds	JPMorgan Small Cap Equity Fund	1994–12–20
JP Morgan Funds	JPMorgan Market Expansion Index Fund	1998–07–31
Legg Mason Funds	Legg Mason Capital Management Special Investment Trust	1994–12–01
Loomis Sayles Funds	Loomis Sayles Small Cap Value Fund	1991–05–13
Lord Abbett Funds	Lord Abbett Developing Growth Fund Inc	1973–10–10
Mairs & Power Funds	Mairs & Power Growth Fund	1958–11–07
Matthews Fund Group	Matthews Pacific Tiger Fund	1994–09–12
Mellon Funds Trust	BNY Mellon Mid Cap Stock Fund	2000–10–02
Morgan Stanley Institutional	Morgan Stanley Institutional Fund Trust—Mid Cap Growth Portfolio	1990–03–30
Morgan Stanley Institutional	Universal Institutional Funds Inc—Emerging Markets Equity Portfolio	1996–10–01
Neuberger Berman Funds	Neuberger Berman Guardian Fund	1950–06–01
Northern Funds	Northern Small Cap Value Fund	1994–04–01
Oppenheimer Funds	Oppenheimer Equity Income Fund Inc	1987–02–13
Oppenheimer Funds	Oppenheimer Developing Markets Fund	1996–11–18
Oppenheimer Funds	Oppenheimer Main Street Small Cap Fund	1999–08–02
Oppenheimer Funds	Oppenheimer International Small Company Fund	1997–11–17
Riversource Funds	Columbia Mid Cap Growth Opportunity Fund	1957–06–04
Royce Funds	Royce Value Fund	2001–06–14
SSgA Funds	SSgA Emerging Markets Fund	1994–03–01
STI Classic Funds	RidgeWorth Mid Cap Value Equity Fund	1997–06–06
STI Classic Funds	RidgeWorth Large Cap Value Equity Fund	1993–02–12
T Rowe Price Funds	T Rowe Price Growth Stock Fund	1950–04–11
T Rowe Price Funds	T Rowe Price International Funds—New Asia Fund	1990–09–28
T Rowe Price Funds	T Rowe Price Media & Telecommunications Fund	1993–10–13
USAA Funds	USAA Precious Metals and Minerals Fund	1984–08–15
Vanguard Funds	Vanguard Selected Value Fund	1996–02–15
Vanguard Funds	Vanguard Mid–Cap Growth Fund	1997–12–31
Waddell & Reed Funds	Waddell & Reed Advisors Core Investment Fund	1940–10–09
Waddell & Reed Funds	Waddell & Reed Advisors New Concepts Fund	1983–06–09
Wells Fargo Funds	Wells Fargo Advantage Precious Metals Fund	1978–01–30
Wells Fargo Funds	Wells Fargo Montgomery Small Cap Fund	1990–07–13
Wells Fargo Funds	Wells Fargo Advantage Emerging Markets Fund	1994–09–06
Wells Fargo Funds	Wells Fargo Advantage Capital Growth Fund	1997–11–03

注：研究样本中的分级基金不重复列示 资料来源：Bloomberg

参考文献

1. 彭聪. 我国基金经理对基金业绩影响研究[D]. 重庆：重庆大学硕士学位论文, 2005, 18

2. Bill Ding and Russ Wermers. Mutual Fund 'Stars' The Performance and Behavior of U.S. FundManagers. Boulder: Department of Finance Leeds School of Business University of Colorado atBoulder, 2003, 1–5

3. David R. Gallagher and Prashanthi Nadarajah. Top Management Turnover: An Analysis of ActiveAustralian Investment Managers. Australian Journal of Management, Vol. 29, No. 2 December 2004, 246–248

基于ISO20000的基金行业IT服务管理建设

□ 南方基金管理有限公司

摘 要:

ISO20000是基于ITIL最佳实践与BS15000英标体系进行构建的，并于2005年12月由ISO组织发布的第一部具有国际权威性的IT服务管理体系标准。此套体系规范企业组织有效地识别与管理IT服务的关键过程，保证在满足客户与业务需求的同时，依照公认的“PDCA”方法论，充分发挥IT服务持续改进的能力，最终达到企业组织用最小成本获得最大收益与价值的目的。

本文阐述了企业如何立足于ISO20000标准，依照ITIL流程构建企业内部的IT服务规范，建立了统一的IT服务热线、统一的IT服务管理平台、统一的监控平台和统一的投诉通道，构成了快速有效处理业务部门IT服务请求和投诉的渠道，基本形成了“事前有规划、过程有记录、结果可追溯、事后有回顾”的持续改进管理模式。首次实现了基金行业IT服务管理的体系化，提高了服务质量，加强了公司的规范化管理，建立起科学的企业管理制度和服务流程，有力地保证了公司业务数据的安全和业务平台的稳定性，从而能更有效地支持公司业务参与市场竞争。

一、ISO20000管理体系

(一) 应用背景

随着基金行业的快速发展，基金管理规模日益扩大，业务量和复杂度激增，对基金公司的治理、投资管理水平、信息系统运作保障和信息安全提出了更高的要求。据专业数据统计，75%的故障是由维护操作不规范造成的。事实上企业对IT的运维管理都非常重视，但由于没有规范流程和方法，大部分企业仍面临着以下三个问题：一是IT环境还不是足够可靠，例如，尽管网络、服务器、数据库、应用软件等都达到了99.5%的可用性，但结果仍是一年要有10多天的停机时间；二是企业IT部门的员工仍在忙于“救火”，IT部门扮演的仍是“救火队”的角色，哪里有问题就扑向哪里，服务质量和业绩没有量化的标准；第三就是企业的IT管理仍在依靠所谓的“天才”来支撑，由于缺少相应的流程和知识积累，IT管理过多地依赖于人，关键人员的流动甚至造成企业IT系统的瘫痪。因此可以说，目前的IT管理还处于被动服务的第一层次，而IT服务管理的更高层次则是变被动服务为主动服务，而实现这一目标的关键不仅需要IT管理工具的支撑，同时更要有规范的流程和人员的技能，而这正是实施信息服务管理的精髓所在。

(二) ISO20000 标准介绍

ISO/IEC20000是第一部针对信息技术服务管理领域的国际标准，它于2005年12月15日发布。作为认证组织的IT运营和服务管理水平的国际标准，它面向客户，以IT运维管理业务为核心建设和管理IT系统，以流程和服务作为业务建设与提供的形式，以关键控制点作为流程建设的导向，以流程控制与优化作为服务管理的基本方法，以不断改进IT服务质量作为实施目标。

(三) ISO20000体系框架

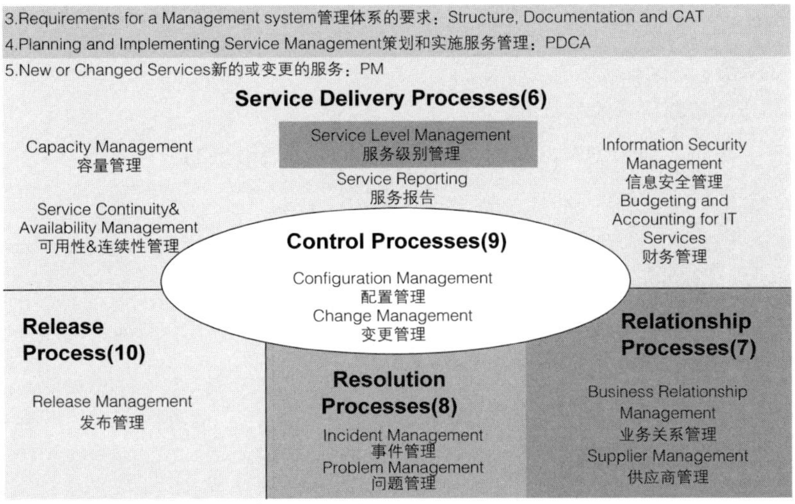

(3) 管理体系(Management System)，包括管理职责、文档控制、服务管理的能力/意识和培训；

(4) 服务管理计划与实施，即服务管理的计划－执行－检查－行动(PDCA)方法；

(5) IT 新服务和服务变更的计划与实施；

(6) 服务交付流程组(Service Delivery Processes)，包括服务级别管理、服务报告、容量管理、服务持续性/可用性管理、信息安全管理以及IT 服务的预算和会计；

(7) 关系流程组(Relationship Processes)，包括业务关系管理和供应商关系管理；

(8) 解决流程组(Resolution Processes)，包括突发事件管理和问题管理；

(9) 控制流程组(Control Processes)，包括配置管理和变更管理；

(10) 发布流程(Release Process)，包括发布管理。

(四) ISO20000的方法论

ISO20000采用戴明环“Plan-Do-Check-Act”(PDCA)方法论模型，并将其运用到IT服务管理体系的每一个流程中，确保管理体系持续改进。

PDCA方法中各环节的主要工作如下：

策划（Plan）

参考同行业的IT服务管理建设经验；

明确企业IT服务管理工作的重点及切入点；

明确企业IT服务管理体系的建设思路；

策划企业IT服务管理策略；

建立满足客户要求和企业策略所需的目标和过程；

建立IT服务管理体系，包括：体系制度的架构及重要的策略文件、必要的流程和规范文件、服务连续性计划等。

实施（Do）

按照IT服务管理体系计划进行实施；

IT服务管理体系的落实，包括：落实体系的建立、业务连续性计划演练、内部审核机制的建立、PDCA循环的完善；

IT服务管理体系解决过程与控制过程的工作日常管理和运作，包括：流程的固化、平台的搭建、解决过程、控制过程等。

检查（Check）

根据策略、目标和要求监视并测量这些过程，并报告结果；

关注IT服务管理体系标准,进行阶段性的审查、监视；

对于IT服务管理体系实施过程进行评审，并报告结果。

改进（Act）

对于IT服务管理体系采取措施进行改进；

对于IT服务管理体系进行持续改进。

(五) 实施IT管理流程的必要性

实施IT服务管理是实现上述目标的必然途径。IT服务管理是一种以客户为中心的基于流程的信息技术管理方法，它通过整合企业业务与IT服务，提高企业IT服务的提供和职能能力及水平。IT服务管理涉及系统管理、网络管理、系统开发管理等管理活动，并融合了包括变更管理、资产管理、问题管理等众多流程在内的管理理论和实践。

信息技术部门通过实施IT服务管理体系，可以获取如下收益：

- 有效地管理服务以满足客户和业务需求，为客户提供最佳解决方案；
- 强化员工的服务意识，规范组织的服务行为，提高客户满意度；
- 降低信息系统运维的错误，消除重复劳动；
- 提高项目的可交付性并保证按期交付；
- 提高IT服务关键业务的可用性、可靠性和安全性，为业务用户提供高质量的服务；
- 建立透明、优化的组织架构，降低IT运营成本；
- 衡量服务水平，评估绩效，减少运营风险；
- 建立规范的服务流程，提高信息技术服务和运营效率，提高服务响应和处理时间；
- 建立持续改进的服务管理机制，提高客户服务质量。

对于IT服务提供商，ISO20000认证的意义并不仅仅限于IT服务符合规程和提高服务质量。它在服务量化、员工绩效考核、衡量IT部门投资回报方面更具有积极的意义。

二、服务支持

(一) 服务管理流程

从企业管理层和业务需求出发，同时结合ISO20000标准的要求，包括以下流程：

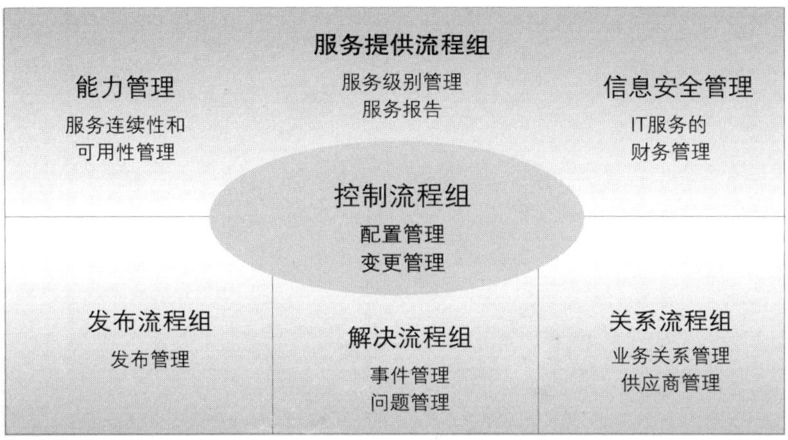

(二) 服务台

服务台(Service Desk)在用户支持方面扮演了重要的角色。一个成熟的服务台可作为其他IT部门的前台，是用户联系IT部门的单一联系点，能够在无需联系专家的情况下处理一些用户的服务请求。

服务台通过电话、传真、电子邮件或其他途径接受用户的请求，可以解决的请求第一时间会得到处理。服务台不能解决的服务会被转到二线和三线工程师，由二线、三线人员负责解决跟踪，任务的转交分派活动都由平台负责记录，用户可方便地在平台查询服务进度。

服务台接收服务内容的类型：服务请求、故障申告两种类型。

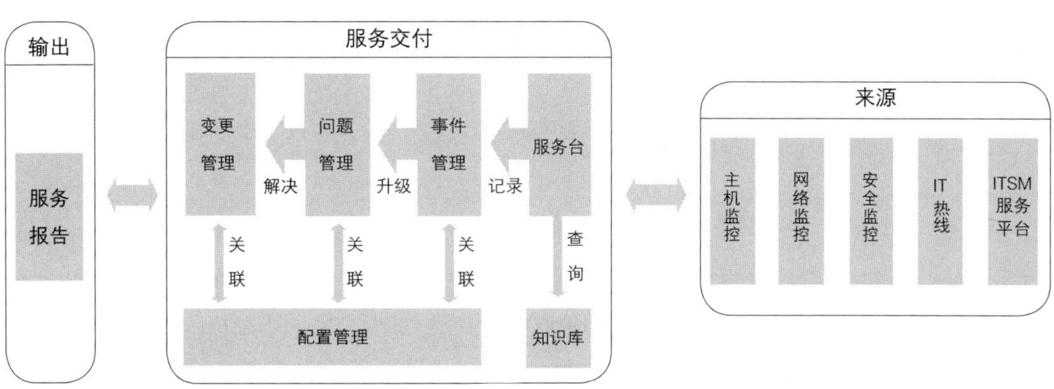

IT服务热线

为了快速响应IT服务需求，信息技术部门对外开通了IT服务热线，信息技术部门指定的工程师接收到服务请求后，会在IT服务管理平台中记录该服务请求，并及时更新问题的处理情况与进度，如下图所示：

(三) 事件流程管理

事件(Incidents)，即在某一服务中不属于标准操作(Standard Operation)，并能导致、或可能导致这个服务的中断或服务质量下降的任何事件。

服务请求的例子包括：功能方面的问题或请求、状态查询、口令重置、批处理活动、恢复以及口令认证的请求、数据库的提取、要求提供具有一定IT技能或服务的新雇员的请求。

1. 影响度、紧急度和优先级

当同时处理若干事件时，必须设定优先级。优先级是根据错误对用户和正常业务带来的影响的严重程度来确定的。服务台通过与用户进行协商，并根据服务级别协议(SLA)确定事件的优先级。优先级决定了事件得到处理的先后顺序。当事件被提升至二线(第二层)、三线(第三层)或者更高级别的支持小组时，其优先级的维护及调整仍是在与服务台进行协商后确定的。

影响度(Impact)——影响度指就所影响的用户或业务数量而言，事件偏离正常服务级别的程度。重要事件是指那些对用户带来非常严重影响的事件。而有些在时间上极度紧迫的需要解决的事件也应当作重要事件来处理。

紧急度(Urgency)——紧急度指解决故障时，对用户或业务来说可接受的耽搁时间。

优先级(Priority)——主要基于紧急度和影响度两个纬度来决定。而对于具有同样优先级的事件，可按解决它们需花费的精力的多少来安排顺序。例如，对某个影响不大且容易解决的故障，可先于一个影响较大且需要大量精力解决的故障。

影响度和紧急度可形成优先级矩阵，如下表所示：

事件优先级		影响度		
		高	中	低
紧急度	1－危急	1	2	3
	2－紧急(高)	2	3	3
	3－紧急(低)	3	4	4
	4－普通	4	4	4

2. 事件管理流程中的各个步骤

- 事件的接收和记录：发现并报告事件，同时生成一个事件记录；
- 分类和初步支持：根据事件的类型、状态、影响度、紧急度、优先级、SLA等来对其进行编码。可由此向用户提供建议来解决或处理问题，哪怕这些建议仅仅是临时性的；
- 如果呼叫是关于服务请求的，则启动与处理服务请求有关的程序；
- 匹配：检查一下事件是否是已知的，或是可能与某一现存事件、问题或已知错误有关的，看看是否有解决方案或应急措施；
- 调查和诊断：如果不存在已知的解决方案则需要对事件进行调查；
- 解决与恢复：一旦找到了解决方案，问题便能得到解决；
- 终止：询问用户对问题的解决过程和结果是否满意，如果满意的话，将事件终止；
- 进展监控与跟踪：监控整个事件生命周期，如果估计事件不能得到及时解决或以当前的专业级别无法解决，则进行事件升级。

(四) 问题管理

问题管理的目标是消除引起事件的深层次根源以防止事件再次发生，它包括主动性问题管理和被动性问题管理两类活动。被动性问题管理(Reactive Problem Management)的目标是找出导致以前的事件发生的根本原因，以及提出解决措施或纠正建议；而主动性问题管理(Proactive Problem Management)的目标是通过找出基础设施中的薄弱环节来阻止事件的再次发生，以及提出消除这些薄弱环节的建议。

从以下事件工单中，可以看出事件的处理流程：

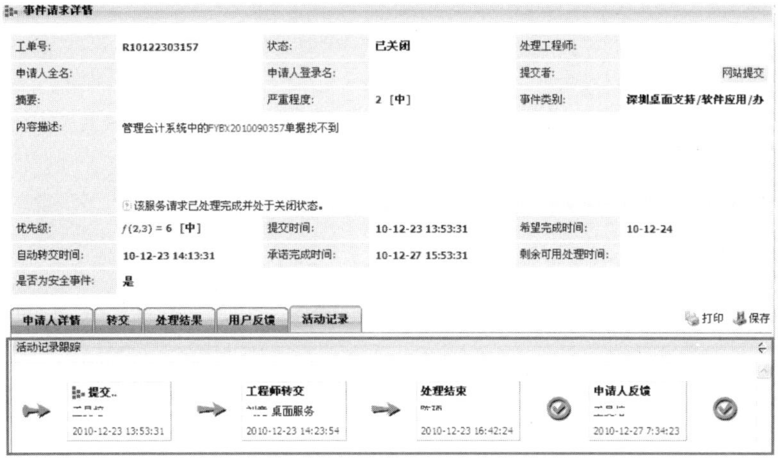

IT服务管理平台中集成的问题管理：

问题管理的输入有：

- 有关事件的详细信息，包括应急措施；
- 来自配置管理数据库(CMDB)的配置信息；
- 来自供应商的关于基础设施中使用其产品的信息。这些信息包括技术细节和这些产品本身存在的已知错误；
- 服务目录和服务级别协议(SLA)；
- 有关基础设施及其运行状况方面的信息，如能力记录、性能指标和服务级别报告等。

问题管理的主要活动如下：

- 问题控制(Problem Control)：定义、调查以及诊断；问题控制注重将问题转化成已知错误；
- 错误控制(Error Control)：监控并控制已知错误，提出变更请求(RFC)。错误控制注重于通过变更管理流程在结构上解决已知错误；
- 主动性问题管理：通过改进基础设施以及提出变更请求来阻止可避免事件的发生；
- 提供信息：对结果和重要问题的报告。

问题管理的输出包括：

- 一个已知错误数据库，它实际上是问题数据库中的一部分；
- 变更请求(RFC)；
- 最新的问题记录(主要更新与已知错误、解决方案和应急措施相关的信息)；
- 一旦消除了事件发生的根源，就可以停止问题记录；
- 管理信息。

问题解决跟踪情况：

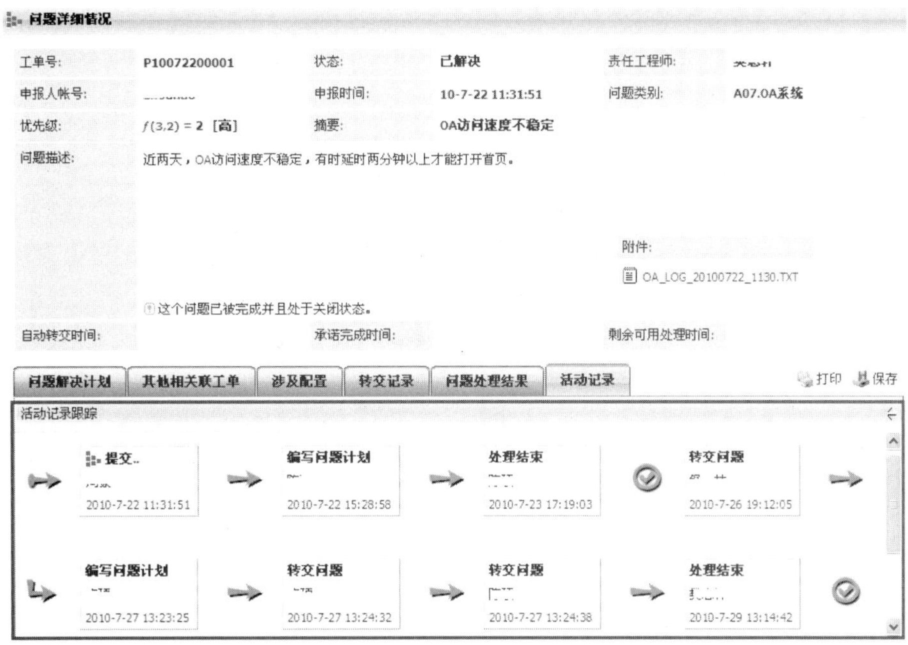

(五) 配置管理

每个IT部门都有许多关于IT基础设施方面的信息，特别是在实施了一些较大的项目之后可以产生大量这样的信息。然而，这里的技巧就在于如何保持对这些信息的及时更新。配置管理流程的目标就是要保证有关IT基础设施的可靠性和提供最新的信息。值得一提的是，这些信息不仅包括基础设施中某个特定的项目(配置项，或CI，Configuration Items)的详细资料，还包括这些配置项与其他配置项之间的相互关系方面的信息。这些关系构成了影响度评估的基础。

配置管理(Configuration Management)

配置管理流程负责核实IT基础设施中实施的变更以及配置项之间的关系是否已被正确地记录下来；监控IT组件的运行状态，以确保配置管理数据库能够准确地反映现存配置项的实际版本状况。

配置项(CI)

在配置管理流程中，IT组件以及运用这些IT组件所提供的服务被称为配置项(CI，Configuration Items)。配置项可以包括由IT部门控制的所有PC硬件、软件、有源和无源网络、服务器、中央处理器、文件、规程、服务，以及由IT部门所控制的所有其他IT组件。

配置管理数据库(CMDB)

所有配置项的信息都包括在配置管理数据库(CMDB)中。配置管理数据库对所有IT组件、组件的不同版本和状态以及组件之间的相互关系进行跟踪。配置管理数据库由一套电子表格(Spreadsheets)组成。

配置管理活动

包括规划、识别、控制、状态记录、核实、报告。前两项活动，即规划和识别，主要涉及配置管理流程的建立，而其他活动则涉及流程的运作。

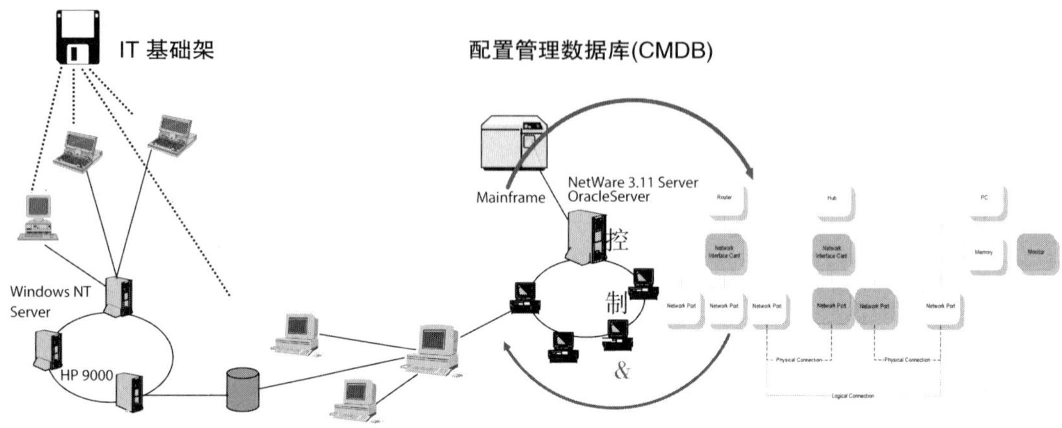

目前，配置管理中统一管理的类别包括：

- **提供服务的硬件：**

(1) 服务器，包括小型机和PC服务器；

(2) 存储设备，包括磁盘阵列、光纤交换机、磁带机；

(3) 网络设备，包括路由器、交换机、网络线路、卫星终端等；

(4) 空调设备，包括梅日梅兰和爱默生；

(5) 电源设备，包括UPS电源；

(6) 终端设备，包括台式机和笔记本；

(7) 外设设备，包括考勤机、投影仪、传真机、复印机、打印机、指纹机，等等。

- **软 件：**

(1) 数据库，包括Orale、SQL Server DB2 等；

(2) 操作系统，包括AIX、Linux、Windows等；

(3) 应用系统，包括中间件、Web服务器、集群、存储备份软件、系统管理软件、安全软件等；

(4) 工具软件。

- **文档类：**

(1) 管理类，包括管理流程，如ISO20000管理流程文档、服务级别协议等；

(2) 技术类，如路由器配置指南等；

(3) 操作类，如操作手册、应急预案等。

(4) 合同类，如供应商合同、服务合同等为方便对信息资产的管理，及时跟踪信息资产的位置、配置、使用状态等信息，在IT服务管理平台中集成了“配置管理”模块，对信息资产按照硬件、软件、人员、文档、供应商和业务系统等要素进行了分类，如下图所示：

(1) 硬件资产

硬件资产包括小型机、PC服务器、磁带机、磁盘阵列、光纤交换机、路由器、交换机、防火墙、卫星终端、台式机、笔记本等资产类别，如下图所示。

按硬件查看配置项子类别：

(2) 软件资产

软件资产包括各类操作系统、数据库、工具软件、应用系统等资产类别，如下图所示：

按所属类别查看：　按配置分类查看 | 按地理位置查看 | 按部门查看 | 按使用状态查看

软件		
操作系统（180）		
	AIX（10）	
	LINUX（41）	
	WINDOWS（129）	
数据库（26）		
	ORACLE（18）	
	DB2（0）	
	SQLSERVER（8）	
工具软件（3）		
应用系统（116）		
	WEB应用（8）	
	集群（0）	
	存储备份软件（3）	
	应用软件（87）	
	安全软件（0）	
	中间件（18）	

(3) 人员

人员包括IT工程师和第三方技术支持两个类别，如下图所示：

按所属类别查看：　按配置分类查看 | 按地理位置查看 | 按部门查看 | 按使用状态查看

人员
IT工程师（19）
第三方技术支持（11）

配置库检索　批量导入配置　映射关系

(4) 供应商

供应商列表包含现有所有在运行项目的供应商联系信息，如下图所示：

配置列表：供应商

代码	名称	类别	所属部门	管理员	事件	变更	问题	关系	详细
VD_SUP_000032	在线客户服务	供应商			0	0	0		
VD_SUP_000061	呼叫中心系统	供应商			0	0	0		
VD_SUP_000063	信息安全	供应商			0	0	0		
VD_SUP_000065	BMC监控	供应商			0	0	0		
VD_SUP_000066	Hiware ITSM服务平台	供应商			0	0	0		
VD_SUP_000067	小型机维保	供应商			0	0	0		
VD_SUP_000072	IBM HMC保修	供应商			0	0	0		
VD_SUP_000071	HP PC服务器保修	供应商			0	0	0		
VD_SUP_000070	Windows Remote Desktop	供应商			0	0	0		
VD_SUP_000069	vmware虚拟化	供应商			0	0	0		
VD_SUP_000068	EMC存储维保	供应商			0	0	0		
VD_SUP_000073	IBM PC服务器保修	供应商			0	0	0		
VD_SUP_000058	Windows 2008R2	供应商			0	0	0		
VD_SUP_000057	OfficeStd 2007 CHNS OLP,WinS	供应商			0	0	0		

1 | 2 | 3 | 4 | 5 | ⏭ [69/5]　新建软件　导出　分类汇总　映射　自定义

(5) 业务系统

业务系统列表包含信息技术部对外提供的所有与在运行服务相关的配置信息，定义了业务系统相关的管理员，相关配置，关联的事件、问题和变更。如下图所示：

配置列表: 业务系统

代码	名称	类别	所属部门	管理员	事件	变更	问题	关系	详细
SV_BIZ_000034	sharepoint2010	业务系			0	0	0		
SV_BIZ_000004	网上交易系统	业务系			0	0	0		
SV_BIZ_000023	基金估值会计系统	业务系			0	0	0		
SV_BIZ_000041	在线客户服务系统	业务系			0	0	0		
SV_BIZ_000042	电话交易系统	业务系			0	0	0		
SV_BIZ_000009	境外交易相关系统	业务系			0	0	0		
SV_BIZ_000020	客服中心系统	业务系			0	0	0		
SV_BIZ_000002	BMC监控系统	业务系			0	0	0		
SV_BIZ_000003	TSM备份系统	业务系			0	0	0		
SV_BIZ_000010	金融工程相关系统	业务系			0	0	0		
SV_BIZ_000040	动态口令卡管理系统	业务系			0	0	0		
SV_BIZ_000001	IT服务管理平台	业务系			0	0	0		
SV_BIZ_000011	电话录音系统	业务系			0	0	0		
SV_BIZ_000007	投资研究平台系统	业务系			0	0	0		

| 1 | 2 | 3 | [42/3]　新建软件　导出　分类汇总　映射　自定义

并在系统中对各类资产之间的关联关系进行了规划，如下图所示：

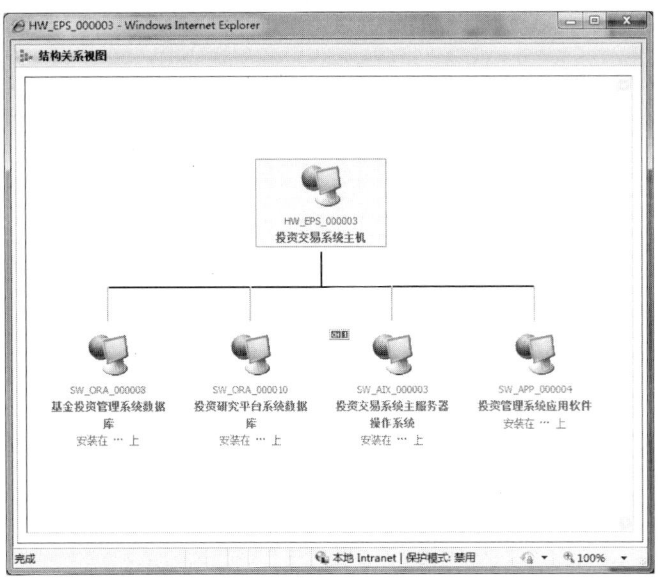

(六) 变更管理

变更管理(Change Management)旨在管理变更的过程，以及相应地减少错误和与变更有关的事件。变更管理的格言是：不是每一次变更都能带来进步，但是每一次进步均由变更引起。

变更作为新的变革和进步建议(服务交付和问题管理)、变更(对于变更的请求)以及解决和改进(问题管理)的PDCA循环过程。

变更管理流程的类型

变更类型根据变更的影响度和紧急度分为四种类型：标准变更、一般变更、重大变更、紧急变更。

变更管理活动

变更管理流程批准或拒绝每一个变更请求(RFC)。流程由变更经理推动，但是对于更重要的变更的真正决定是由变更顾问委员会(CAB)作出的。变更顾问委员会拥有来自整个组织许多部门的成员，也有顾客和供应商。配置管理负责提供关于建议的变更的潜在影响的信息。

IT服务管理平台中集成的变更管理：

(七) 发布管理

一项发布就是一组新的或变更后的配置项，它们是经过测试后一起被导入实际运营环境的。它由其所要实施的变更请求(RFC)来决定。发布管理(Release Management)采用一种项目规划的方法来实施IT服务中的变更，它负责处理变更项目所有技术和非技术方面的问题。

发布管理的目标

是要通过正式的程序来确保生产环境的质量以及在实施新的版本时对其进行检查。

变更管理则涉及整个变更流程，并且主要关注与变更有关的风险。发布管理与配置管理和变更管理密切配合，以确保每项发布都被更新到公用的配置管理数据库(CMDB)中。发布管理还要确保发布的内容在最终软件库(DSL，Definitive Software Library)中也得到更新。配置管理数据库也要对硬件说明、安装指南和网络配置进行跟踪控制。硬件的库存，特别是标准的基础配置一般被存储在最终硬件库(DHS，Definitive Hardware Store)中。但是，总体而言，发布管理主要涉及的还是软件方面。

三、服务交付

(一) 服务级别管理

服务级别管理(SLM，Service Level Management)是对IT服务的供应进行谈判、定义、评价、管理以及以可接受的成本改进IT服务的质量流程。服务级别管理包括对服务级别协议(SLA)的设计、协商和维护。

服务级别管理包括下列活动：识别客户的需求、定义服务级别需求和服务说明书、签约、将协议结果定义在服务级别协议(SLA)中、监控、撰写服务级别报告、评审。

信息技术部门与各业务部门签订了SLA协议，并将SLA中约定达到的目标写到各系统负责人的年度考核KPI中：

1.1 目 的

为了提高信息技术部服务提供和支持水平，规范服务管理流程，特签订本协议。

服务级别协议规定了基金信息技术部对相关IT系统服务级别的承诺以保证客户和业务的服务要求可以得到及时的满足。

服务级别协议规定了信息技术部所提供的服务需要达成的主要目标，是有效的服务衡量考核工具。

1.2 范 围

南方基金信息技术部将提供以下服务及权重：

服务范围	权 重
投资交易系统	40%
投资研究平台系统	20%
风控系统	10%
报表中心、数据中心	10%
公共服务系统	20%

2. 服务内容与质量要求

2.1 服务内容

(1) 投资交易系统

①负责投资交易系统的运行监控维护；

②系统基础数据的维护管理；

(二) 能力管理流程

能力管理致力于根据当前和未来的业务需求，在恰当的时间(在需要的时候)以恰当的成本协调地提供所需的IT资源。能力管理主要涉及资源管理、性能管理、需求管理、模拟测试、能力规划、负载管理以及应用选型。主要通过重点关注需求的规划和整合，从而确保约定的服务级别可以实现。

能力管理主要考虑下列几个方面：

- 处理能力的购买成本相对于业务需求来说，是否合理以及处理能力是否以最有效率的方式(成本VS能力)被加以利用；
- 当前的处理能力是否足够满足客户当前以及未来的需求(供给VS需求)；
- 现有的处理能力是否发挥了最大的效率(性能调整)；
- 额外的处理能力准确地讲应该在什么时候形成；
- 我们是否知道未来需要什么样的IT能力以及何时需要这种能力。

服务级别目录中规定了各个系统的容量管理使用上限及容量计划：

分 类	子 类	周期/频率	工 具	级别说明
服务时间		N/A		7×24小时
服务描述	可用性指标	年		承诺故障次数为2次
	报告服务可用性的周期	季报		每季度对当前的服务可用性进行评估和报告
	在协议时期内，能忍受的服务中断的最大次数（服务中断次数）	2次/年		在协议时期内，能忍受的服务中断的最大次数为2次(服务中断次数)
	服务器备份策略			热备系统、灾备系统
	服务恢复			热备系统，服务不会完全中断，单机恢复时间小于40分钟
	可用性计划	每年		每年在上报预算之前，依照整年的可用性趋势，提供下一年的可用性计划
	容量管理	日常监控	人工监控	CPU使用＜80% 内存使用率＜70% 硬盘使用＜80%
	容量计划	每年		每年在上报预算之前，依照整年的容量趋势，提供下一年的容量计划
	灾备策略	每年		4次灾备切换演练
	服务报告	季报		每季度对当前的服务容量进行评估和报告
	责任人			

(三) 可用性流程

1. 可用性（Availability）

高可用性意味着宕机时间很少和服务恢复迅速，因而IT服务对客户是持续可用的。已实现的可用性级别是通过一些指标来显示的。

2. 可靠性（Reliability）

足够的可靠性意味着在约定的服务时段内服务没有发生中断。这个概念同时也意味着恢复能力(Resilience)。如果宕机时间能够被避免，则一项服务的可靠性就可以得到提高。可靠性可以通过一些统计数据计算出来。

3. 可维护性（Maintainability）

可维护性和可恢复性与维持服务的运作以及在出现服务中断时尽快恢复等活动相关。主要包括预防性维护和计划性审查。

4. 服务可用性指标

信息技术部承诺各IT系统达到如下要求：

专用业务系统：

服务项目	服务时段	差错次数/无故障运行率目标值	差错次数/无故障运行承诺值
投资交易系统	工作日12小时	1	2
投资研究平台系统	工作日12小时	99.95%	99.50%
……	……	……	……

共服务系统：

服务项目	服务时段	差错次数/无故障运行率目标值	差错次数/无故障运行承诺值	占比
OA	工作日12小时	99.90%	99.50%	20%
邮件	全年24小时	99.90%	99.50%	10%
……	……	……	……	……

(四) IT服务财务管理

IT服务财务管理是负责预算和核算IT服务提供方提供IT服务所需的成本，并向客户收取相应服务费用的管理流程，它包括IT投资预算、IT服务成本核算和服务计费三个子流程，其目标是通过量化服务成本减少成本超支的风险、减少不必要的浪费、合理引导客户的行为，从而最终保证所提供的IT服务符合成本效益的原则。IT服务财务管理流程产生的预算和核算信息可以为服务级别管理、能力管理、IT服务持续性管理和变更管理等管理流程提供决策依据。

(五) IT服务持续性管理

IT服务持续性管理是指确保发生灾难后有足够的技术、财务和管理资源来确保IT服务持续性的管理流程。IT服务持续性管理关注的焦点是在发生服务故障后仍然能够提供预定级别的IT服务，从而支持组织的业务持续运作的能力。它包括：灾难恢复设施的需求分析、灾难恢复计划的制定、计划的更新、测试的执行以及必要时进行实际的灾难恢复等方面。持续性管理主要通过确保服务运营所需的IT技术和服务设施能够在要求和约定的时间期限内得到恢复，为总体的业务持续性管理提供支持。

四 IT服务管理平台

为落实IT管理的“四化”原则，在实施ISO20000认证的过程中，我们建立了基于ITIL/ISO20000的信息化IT服务管理平台，以及时响应各种IT服务需求。

(一) 统一IT服务管理平台

为实现任务的工具化，信息技术部开发了统一的IT服务管理平台，用来记录、跟踪、处理和评审日常运维工作中遇到的各种活动，包括事件管理、问题管理、变更管理、配置管理和发布管理等流程工具，并实现了平台与OA办公系统、BMC监控系统的集成。

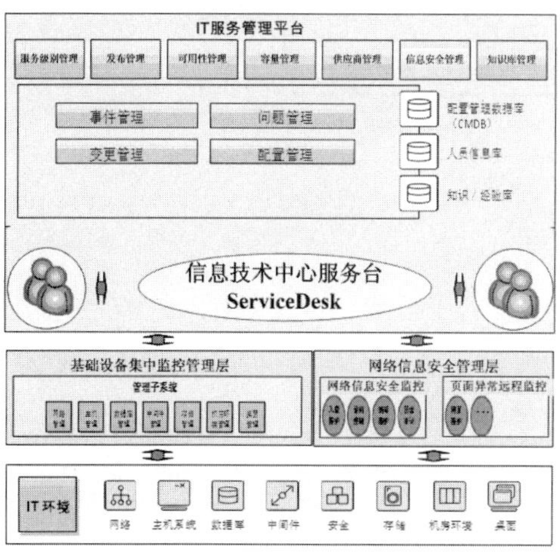

平台首页显示了截至当天的系统运行情况总结。包括出现的事件、问题、变更、发布次数；未完成的事件、问题、变更预警；客户的满意度水平等。

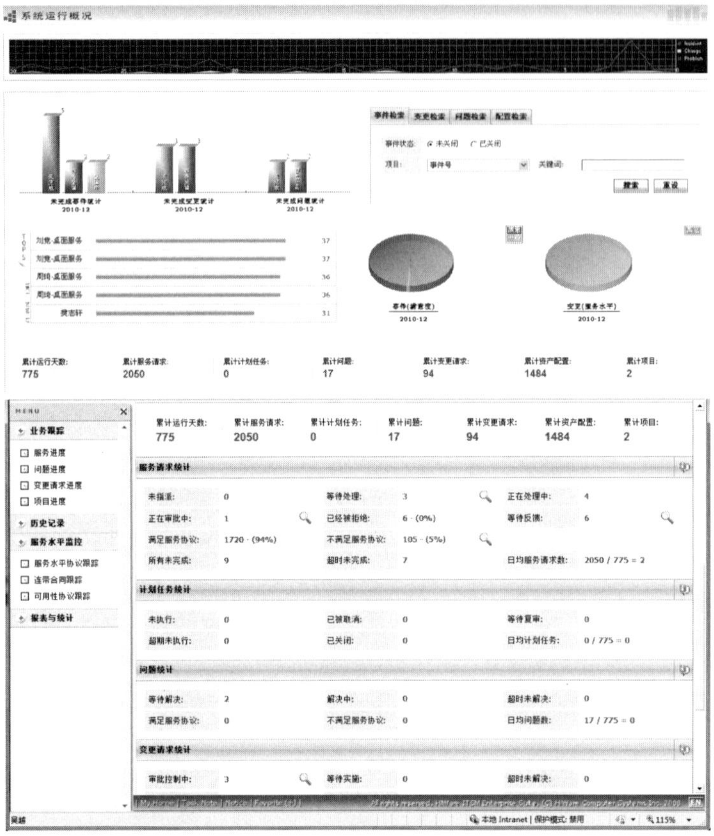

用户也可以直接登录ITSM服务管理平台，提交各种IT需求，登陆的方式有多种：

(1) 从OA门户登陆

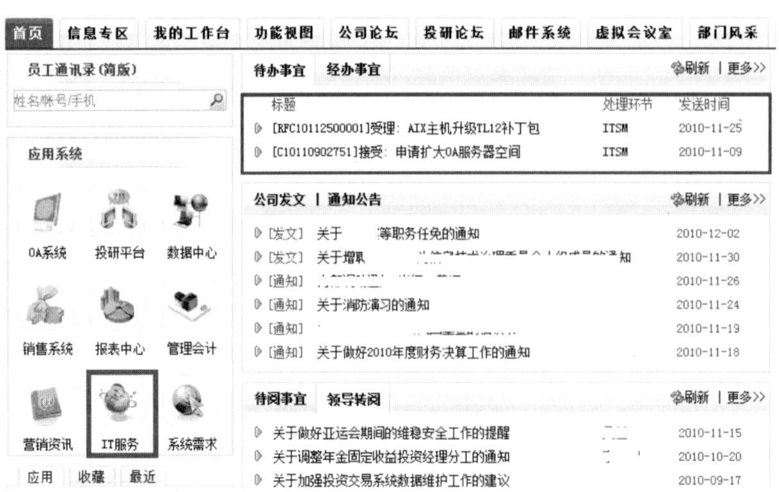

点击“IT服务”图标，用户可跳转至IT服务管理平台，处理来自平台的服务请求事件或者处理结果反馈，同时用户在OA的待办事宜中可能看到来自ITSM的“事件工单”或手机短信提示。

(2) 直接登陆

在IE中输入网址(http://196.168.0.115)，可直接跳转到ITSM服务管理平台(系统已与域控制器集成，域用户无需账号密码即可直接登陆)，如下图所示：

用户可方便地按照图示的说明进行操作，如提交新请求、跟踪服务处理进度、查看历史记录等，其中“服务请求”种类很多，用户可根据自己的需求选择，方便用户操作，如下图所示：

(二) 统一的监控平台

为了更好地整合IT资源，及时掌握服务的运行状态，在实施ISO20000的过程中，信息技术部对深圳免税大厦机房、深证通灾备机房和合肥机房在运行的生产服务器安装了BMC监控终端，实时监控服务器上的操作系统、数据库、应用系统等资源，如下图所示：

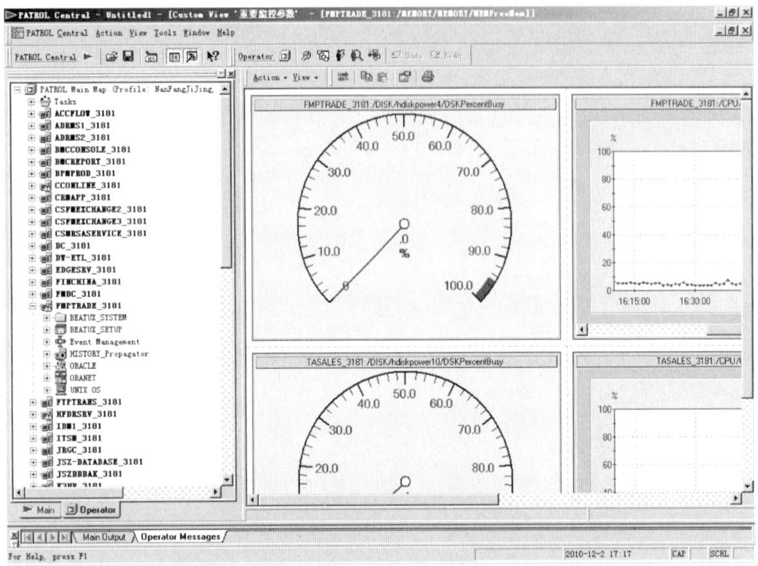

一旦出现软、硬件故障或监控指标超过预设计的监控阀值，监控平台将立即触发报警，通过短信、邮件、在IT服务管理平台自动生成事件工单等多种方式，及时通知相关的责任工程师，信息技术部工程师收到报警信息后，将按照服务级别协议SLA，在规定的时间内完成故障处理，并在事件工单中记录处理过程。

手机报警：

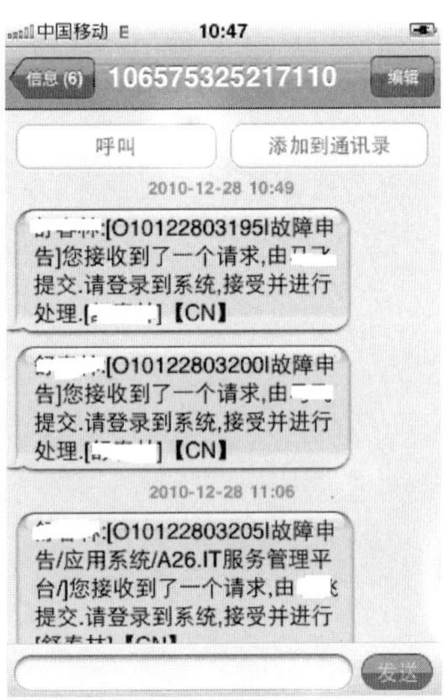

邮件报警：

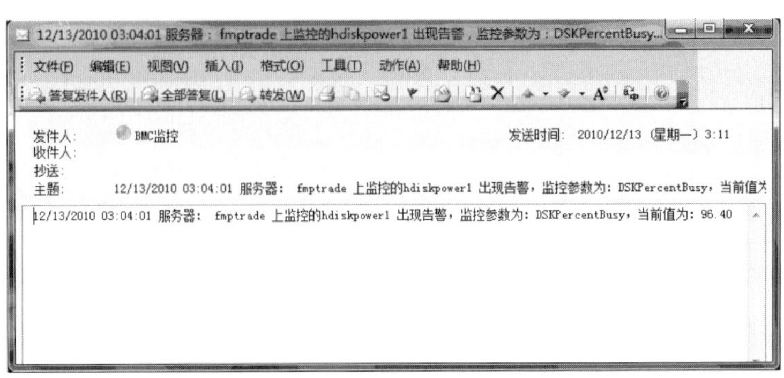

(三) 统一的投诉通道

用户如果对信息技术部提供的服务有不同的看法，可以通过IT服务管理平台提供的“服务质量”进行投诉或者表扬，信息技术部将由专人负责处理用户的投诉与建议，并及时和用户沟通处理结果，用户也可以通过平台跟踪处理过程，如下图所示：

五、报告机制

在实施ISO20000认证项目中，信息技术部首先和各业务部门签订了服务级别协议SLA，对信息技术部提供的服务范围、服务内容和服务指标等进行了定义，作为信息技术的服务承诺，并且每季度针对各个业务部门出具服务报告，对信息技术部所提供的服务是否达到SLA的要求向各业务部门提供报告。服务报告的内容基于服务级别协议，信息技术部每季度向业务部门提供一份服务报告，并取得业务部门的反馈。信息技术部将根据业务部门的反馈内容，进行服务改进，以达到持续改进的目标，不断提高服务质量，这也是ISO20000的核心宗旨。

类型	名称
	服务报告反馈意见
	2010年7-8月IT服务报告(电子商务部)
	2010年7-8月IT服务报告(风控策略部)
	2010年7-8月IT服务报告(固定收益部)
	2010年7-8月IT服务报告(国际业务部)
	2010年7-8月IT服务报告(监察稽核部)
	2010年7-8月IT服务报告(交易部)
	2010年7-8月IT服务报告(客户服务部)
	2010年7-8月IT服务报告(渠道部)
	2010年7-8月IT服务报告(人力资源部)
	2010年7-8月IT服务报告(数量化投资部)
	2010年7-8月IT服务报告(投资部)
	2010年7-8月IT服务报告(研究部)
	2010年7-8月IT服务报告(养老金业务部)
	2010年7-8月IT服务报告(运作保障部)
	2010年7-8月IT服务报告(专户管理部)
	2010年7-8月IT服务报告(专户投资管理部)
	2010年7-8月IT服务报告(综合管理部)

7–8月份事件统计

系统类型	业务系统	事件个数	超期个数	及时完成率
桌面、服务请求		8	1	87.5%
专有系统	公司网站	24	0	100%
	网上直销	31	3	90.3%
公共系统	管理会计系统	35	4	88.6%
	OA系统	24	3	87.5%
	OCS统一通信系统	6	1	83.3%
	邮件系统	3	0	100%
合计		131	12	90.8%

* 表格中桌面、服务请求统计数基于部门提交事件数
* 专有系统、公共系统统计数基于全公司提交事件数

Microsoft Office Excel 工作表

平台还集成了报表功能，对事件、故障的来源、分布、及时解决率等进行分类统计，如下图所示：

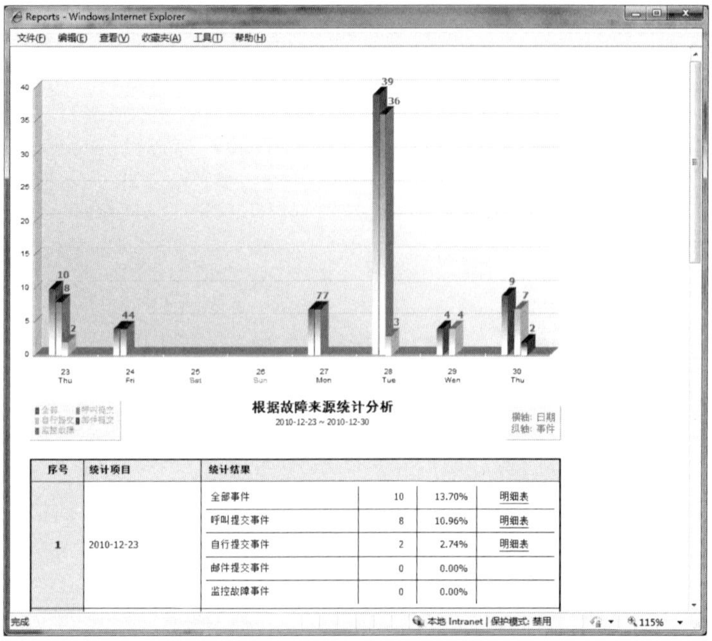

六、运行结果

2010年7月初，南方基金公司IT服务管理体系开始进入全面试运行阶段，体系运转已初见成效，逐步形成了不断完善、持续改进的制度文化。信息技术部通过这次认证，建立了统一的IT服务热线、统一的IT服务管理平台、统一的监控平台和统一的投诉通道，构成了快速有效处理业务部门IT服务请求和投诉的渠道，基本形成了“事前有规划、过程有记录、结果可追溯、事后有回顾”的持续改进管理模式。实现了管理体系化，提高了服务质量，加强了公司的规范化管理，建立起了科学的企业管理制度和服务流程，有力地保证了公司业务数据的安全和业务平台的稳定性，从而能更有效地支持公司业务参与市场竞争。

IT管理的现状

通过ITSM平台的建设，IT管理实现了管理体系化、工作流程化、任务工具化、人员专业化的目标。

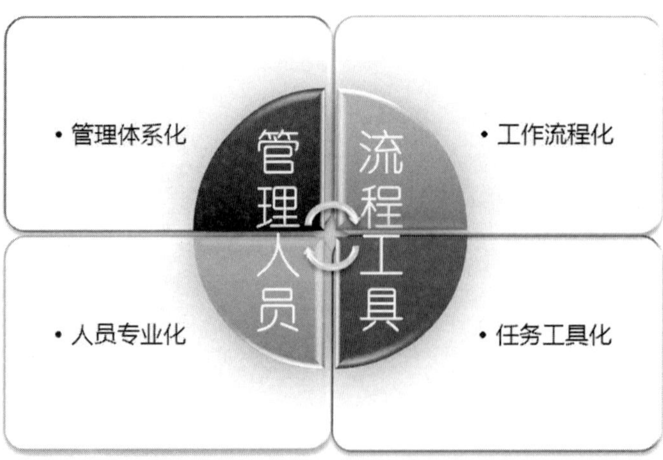

管理体系化：IT服务管理的整个体系基于ISO20000标准，将服务提供过程、关系过程、解决过程、控制过程和发布过程进行全面整合。实现了科学的IT服务质量管理和运营，并且使企业具备基于戴明环“PDCA”的管理体系持续改进方法。

工作流程化：ISO20000的实施方式就是将现有的工作方式“流程化”的过程。构建“以流程为导向，以客户为中心”的IT服务管理体系，加强各小组/部门之间的协作，保证服务质量和绩效监督，为客户提供高质量服务。

任务工具化：公司完全采用ITIL相关工具固化管理流程，使工作任务通过自动化的方式来实现，从而快速、高效、准确地实现管理体系的运营。

人员专业化：将ISO20000认证咨询过程中的知识转移给客户，使企业内人员了解相关知识，提升服务意识，具备ITSM体系建设和改进、审核的能力，并使客户相关人员获取ISO20000和ITIL的资质证书。

中国私募证券投资基金规范发展研究

□ 中国证监会宁波证监局课题组[①]

摘 要:

国际资本市场上，私募证券投资基金(以下简称“私募基金”)早已合法存在并蓬勃发展，监管体系也趋于成熟。我国私募基金的发展只有短短的二十余年，因此需加强规范引导，使其成为成熟的机构投资者。

本文简要回顾私募证券投资基金的发展历程，分析其所处的法律、经济、市场、监管及自律环境，认为我国私募基金的发展仍带有明显的初级市场特征，但随着我国宏观经济持续、健康、快速发展,以及金融市场的日益完善，私募基金将有广阔的发展空间，加以正确的引导会给资本市场乃至国民经济带来良好的正面效应。同时，我国私募基金的规范发展仍存在不少风险和障碍，包括涉嫌“非法融资”、契约利益无法得到保障的法律风险，基金管理人的信用风险，基金产品利益输送、违规操作的运行风险以及阳光化发展途径少等不利于行业发展的制约因素。最后，我们建议在尊重市场发展规律的前提下，完善立法、加强适度监管，改善发展环境和提高政府支持，从而确保私募基金的健康发展，完善我国多层次资本市场的建设。

我国私募基金产生于20世纪90年代，由于缺乏相应的法律地位和政策支持，其运行和发展始终以地下或半地下的方式进行。近几年，随着我国经济的高速增长和证券市场的蓬勃发展，私募基金因其投资策略灵活、信息披露要求较低以及高风险高收益等特点，满足了不同类型投资者的理财需求，使其具备一定的规模和较强的竞争力，成为资本市场的重要参与者。但私募基金作为我国资本市场自发形成的产物，其运行和发展中的规范问题也随之产生，并阻碍其进一步发展。

本文通过对我国私募基金发展历程的回顾以及生存环境、制约因素的分析，力图寻求私募基金的规范发展方向。

一、私募证券投资基金的概念及其发展历程

目前，对于私募基金的概念，我国立法没有一个明确的定义。从广义上讲，凡符合非公开发行要求，针对特定对象、采取特定方式、接受特定规定发行的证券投资基金均属于私募基金范畴，包括券商集合理财产品、公募一对多、一对一产品、海外对冲基金等。而本文研究的是狭义上的私募基金，即基金管理人尚未纳入证券市场监管范围的证券投资基金，包括民间私募，结构化、非结构化的阳光私募以及有限合伙等组织形式的私募基金等。从我国私募基金的市场发展情况看，大致经历了三个阶段：

① 课题主持人：陆意琴，课题组成员：吴志华、潘健红。

(一) 地下运作阶段：私募基金发展的萌芽时期

我国私募基金产生于上世纪90年代，部分客户与券商建立不规范的信托关系，如委托理财、三方监管等，一些上市公司也将闲置资金委托承销商进行投资，使众多券商成为私募基金操盘手。此外，个人依靠自身人脉，以工作室、投资管理公司等名义，通过委托理财方式为其他投资者提供投资服务，形成民间私募基金的雏形。此阶段私募基金主要表现为：以民间信用为基础，规范化程度低，存在较大违约风险，部分私募甚至成了“黑庄”的代名词。2001年以后，中国股市急速调整，进入持续四年多的熊市，私募基金行业原有“坐庄”、“封涨停”等操作手法和投资理念受到市场调整和行业规范的影响，经历了痛苦的调整和转型，期间部分券商被中国证监会行政清理，一大批按传统方式运行的民间私募也被行业洗牌。那些依然在夹缝中求生存的私募基金要继续生存和发展，进一步被投资者、监管机构认可，就必须从“灰色”地带中走出来。

(二) 阳光化阶段：私募基金寻求规范化发展

从2005年开始，私募基金进入阳光化阶段，主要表现为：完成资本原始积累的灰色私募纷纷探索阳光化途径，并以阳光化来扩大规模、规避风险、寻求发展，使行业逐步趋于规范化、透明化，从而奠定了私募基金的市场地位。此阶段，信托证券投资基金因其具备产品向监管部门备案、资金实行第三方托管等阳光化特征而开始在我国兴起，并得到了迅速发展，成为私募基金谋求改变的主要途径。从实际情况看，在信托证券投资基金发展初期，由于尚未建立市场口碑和影响力，往往以发行结构化产品为主，即基金管理人通过投入一定比例的资金成为普通投资者，在确保优先投资者的固定收益后，享受超额收益或承担亏损。但随着上市公司股权分置改革的完成、证券市场牛熊的转换以及经济快速发展的市场环境，非结构化的管理型私募基金开始不断涌现，并迅速发展壮大起来。可以说，此阶段是阳光私募快速发展的4年，发行规模呈逐年翻倍增长态势(见图1)。截至2009年12月31日，全国信托证券投资基金产品共有686只，其中结构化213只、非结构化473只。

图1 私募基金产品历年设立数据

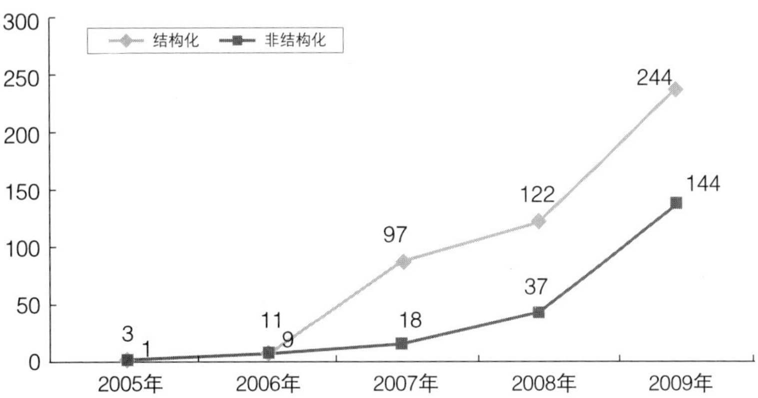

数据来源：私募排排网

(三) 寻求突破阶段：私募基金不断尝试和创新

2009年7月，为完善新股发行机制，保障中小投资者的权利，防止大企业、大机构通过信托平台广开证券账户以提高中签率的投机现象蔓延，中国证券登记结算公司暂停了信托产品开立证券投资股东账户，使得依靠信托产品发行的阳光私募基金数量锐减，面临发展困局。此外，阳光私募经过震荡调整行情，出现业绩亏损、发行遇冷等现象。因此，在证券市场不断发展，投资品种和工具日趋丰富的环境下，私募基金开始寻求创新和发展，并逐步尝试与金融机构合作，多元化发展趋势初步形成，主要表现为：一是阳光化途径有所拓宽，如随着《合伙企业法》、《证券登记结算管理办法》重新修订，合伙企业被允许开立证券账户，使有限合伙企业形式的私募基金应运而生；二是盈利模式不断创新，利用股指期货、ETF、可转债转股等进行套利的操作模式逐渐被私募基金所采用，避免了单一股票配置操作的系统性风险；三是金融合作开始起步，如随着私募基金越来越多，业绩差异越来越大，投资者因资金量不是很充裕，无法做到有效配置，增加了选择难度，因此由银行主导的TOT产品[1]逐步发展，即银行向中高端客户发行理财产品，再通过信托将募集资金投资于多个私募基金，以实现分散投资、防范风险的目的。

二、私募证券投资基金发展环境分析

随着我国经济持续发展以及经济体制改革的深入，私募基金所处的外部环境正在发生改变，但其萌芽阶段的特征依然明显。

(一) 法律环境

2004年6月1日正式实施的《证券投资基金法》主要规范公募基金，并不涉及私募基金。目前，我国私募基金所处的法律环境不健全，法律地位得不到确认，相关规定为：在发行规模方面，为了将私募基金的风险控制在一定范围内，《证券法》和《信托公司集合资金信托计划管理办法》(修订)(银监会令2009年第1号)明确了投资者上限标准，其中《证券法》第十条第二款规定："向特定对象发行证券累计超过200人的，属于公开发行证券，须监管部门审核"，此条款明确了私募基金投资者最高人数不得超过200人的要求；《信托公司集合资金信托计划管理办法》第五条规定："单个信托计划的自然人人数不得超过50人，但单笔委托金额在300万元以上的自然投资人和机构投资者数量不受限制"，此条款进一步提高了阳光私募投资者人数的限制门槛；在投资者资格方面，新修订的《证券登记结算管理办法》(2009年12月21日起施行)第十九条规定："投资者开立证券账户应当向证券登记结算机构提出申请。前款所称投资者包括中国公民、中国法人、中国合伙企业以及法律、行政法规、中国证监会规章规定的其他投资者"，此规定明确了我国能开立证券账户的私募组织形式，首次允许合伙企业开立证券账户；在运行规范方面，《中华人民共和国信托法》、《信托投资公司管理办法》规定了阳光私募参与各方的权利义务；《中华人民共和国合伙企业法》明确了有限合伙私募基金中各类合伙人须承担的责任；《信托公司参与股指期货交易业务指引》则设立了阳光私募参与股指期货的仓位限制要求，上述规定往往通过投资者与信托公司或者基金管理人签订的合同条款来体现。

从上述条款看，法律规定较分散，规范范围较窄，未能明确私募基金的法律地位。在此情况下，不少投资者对私募基金的认识不足，无法辨别其是否合法，导致市场上不断滋生以私募基金名义进行诈骗的"假私募"。例如，2008年以来，宁波辖区一些无资质的机构或个人以荐股名义、以传销方式骗取会员费、保证金甚至账户资金，且此类案件呈多发态势，共发生148起，累计涉案金额近1,000万元，平均每起6.46万元，最高达170万元(见图2)。

① TOT(Trust of Trusts)是专门投资信托产品的信托，目前操作模式为机构募集，在信托平台成立母信托产品，由母信托产品选择已成立的阳光私募信托计划进行投资配置，形成一个母信托产品投资多个子信托的信托组合产品。

图2 宁波辖区涉及证券欺诈案件分析图

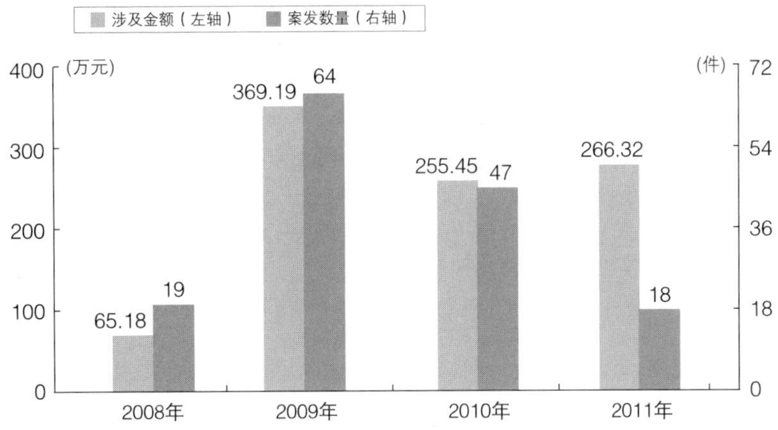

数据来源：宁波市公安局经侦支队

(二) 经济环境

改革开放三十年多来，我国经济呈现跨越式发展，居民个人财富大大增加，1990年至2010年，我国居民人均可支配收入由1, 515元增加到1.7万元，增幅达11倍，居民储蓄存款余额超过30万亿元[1]。随着人们生活水平的迅速提高，国内已经形成了一个相当规模的富裕阶层，这一阶层具有雄厚的资金实力和较强的风险承受能力，在理财方面，他们更偏向于方式灵活、预期回报高的投资产品。此外，社会上还有大量企业闲置资金、养老保险基金等社会资金缺乏合适的投资渠道。同时，随着股指期货、融资融券等做空机制的推出，证券市场已越来越不适合中小投资者或无理财经验的机构参与，选择专业机构更能确保资金安全。从近三年私募、公募以及沪深300业绩对比来看，作为专业理财机构的基金公司，私募基金的平均收益均好于公募基金，具有较强的竞争优势(见表1)，其发展满足了中产及以上人群的投资需求，且具备独树一帜的投资风格，也促进了证券市场的稳定健康发展。

表1 近三年私募、公募及沪深300的业绩比较

	2008年	2009年	2010年
私募基金	−32.86%	54.92%	6.48%
公募基金	−50.63%	50.41%	3.83%
沪深300	−65.95%	96.71%	−12.51%

数据来源：私募排排网

从宁波辖区情况分析来看，2011年度市区居民人均可支配收入达34, 058元，金融机构个人本外币存款余额为3, 743.65亿元[2]。截至2011年底，辖区证券市场中投资额在100万元以上的账户有10, 542户，其中资产超过1, 000万元的有524户，机构账户有2, 811户，上述账户占辖区总开户数的1.5%[3]。但辖区仍在运行的阳光私募仅6只[4]，信托公司仅有一家——昆仑信托，远远满足不了市场对证券专业理财的需求，因此私募基金的市场需求和发展空间较为巨大。

① 中国证监会研究中心课题组：《关于我国商业银行理财产品市场研究》(2011年10月28日)
② 数据来源：《宁波市金融统计指标一览》(2011年12月)
③ 数据来源：由辖区57家证券营业部提供
④ 其中中融国际信托有限公司为受托人有4只，分别为洲泼1号、宁聚稳进、洲泼3号、宁电1期；
华宝信托有限责任公司为受托人有2只，分别为洲泼3号和宁聚申万，上述数据来源于私募排排网

(三) 市场环境

在我国资本市场发展初期，投资者以散户为主，并没有真正意义上的机构投资者。近十年，随着公募基金和券商的壮大，机构投资者已经从无到有发展起来，并在量变的积累中逐渐成为中国资本市场上最重要的力量。但从成熟资本市场的发展经验和我国资本市场的发展实践来看，如果机构投资者较为单一，不利于改善信息不对称的现状，也不利于引入多样化的投资思路和理念，无法真正起到市场“稳定器”作用。中国证监会主席郭树清曾指出，“资本市场的健康稳定发展必须要有一支实力强、多元化的机构投资者队伍，大力培育多元化的投资者群体、发展机构投资者将是未来资本市场建设的主要方向”。而私募基金因其更为开放的思路和灵活的投资，已成为资本市场重要的机构投资者，并与公募基金、银行理财产品、券商集合理财产品形成互补，有效充实了专业理财机构队伍，为不同需求的投资者提供专业化理财服务。如公募基金通过公开方式发行，主要面向大众客户，并在严格的法律体系下从事标准化资产管理业务；而私募基金则通过非公开方式发行，主打高端客户，提供个性化理财服务。截至2011年6月底，银行理财产品存续规模在4万亿元左右；公募基金管理规模为2.3万亿元；券商集合理财产品规模近1, 300亿元；私募基金规模也在1万亿元以上[①]。私募基金在发展的同时，也存在两大问题：一是阳光化程度低。目前，阳光私募的规模仅为1, 000亿元左右[②]，占私募基金总规模的10%，这意味着真正进入阳光化运作的私募基金还是少数，阳光私募只是“冰山一角”；二是发展不平衡。目前，私募基金在我国的地域分布极度不平衡，无论是基金公司数量，还是发行私募产品的数量，均呈现深圳、上海和北京三足鼎立之势，而形成这种分布与地方的金融政策、金融地位和投资者意识等因素有很大的关系。

(四) 监管环境

目前，私募基金监管环境相对宽松，以事前报备、机构自律为主，银监会、工商行政管理等部门往往仅对发行私募基金的机构履行监管职责，并不涉及对基金产品运行情况的日常监管职能。如银监会作为信托公司的监管部门，履行行业监管的职责，但对信托公司发行的阳光私募，仅要求其作为一项产品履行报备义务；工商行政管理部门作为有限合伙制私募基金公司的设立审核部门，只负责审核合伙企业的设立是否符合法律法规，并不对其日常经营进行监管；证监会对证券市场参与者履行监管职责，即对私募基金设立及其相关行为是否符合《证券法》进行监管，无法对私募基金投资者的合法权益履行保护职责。

(五) 自律环境

随着私募基金的快速发展，我国金融发达地区涌现出不少自发性的组织，主要有：①私募基金网站纷纷设立。目前行业内比较有影响力的网站包括：“私募排排网”(http://www.simuwang.com)，该网站内容涵盖私募基金的资讯、数据、研究等方面；中国基金网(www.cnfund.cn)中的私募基金专栏等；②区域性私募基金协会成立。2011年3月21日，经深圳市民政局审核通过，原深圳市金融顾问协会更名为深圳市私募基金协会。该协会是私募证券投资基金管理企业及从事私人股份交易、投资的私人股权投资公司和相关金融企业、科研机构等自愿结成的地方性、行业性、非营利性社会组织，其成为国内首家以“私募基金”命名的行业协会；③推出私募基金评级机构。2004年“私募排排网”创始人成立了深圳市融智投资顾问有限责任公司，该公司是一家提供私募基金评级的第三方机构及私募基金投资服务商，其提供的“融智评级”是针对成立一年或一年以上的非结构化私募产品，评价结果通过“私募排排网”公布。

① 数据来源：中国改革论坛上的《私募基金眼中的合规化 监管重点应是投资人资格》
② 数据来源：中国证监会研究中心课题组：《关于我国商业银行理财产品市场研究》

三、影响私募基金规范发展的制约因素

虽然私募基金发展趋于规范化，所处环境也有所改善，但因其本身投机性强、掌握着大量资本，容易操纵市场价格、诱使上市公司开展违规资本运作，扰乱市场秩序，并影响其他投资者的利益，且由于没有相应的法律法规和直接监管机构，将产生很多风险和法律问题，一旦形成不良的股权投资文化，最终将影响资本市场的健康和稳定。目前，从影响私募基金规范发展的制约因素分析，主要存在以下几方面：

(一) 法律风险

我国私募基金存在形式多样化、法律地位不明确，无论对基金管理人还是投资人的保护都非常薄弱，面临的法律风险主要有以下两种情况：

1. 涉嫌“非法融资”风险。阳光私募在设立过程中，因信托公司主观或客观原因，可能导致发行对象非特定化，产生“非法融资”[①]的法律后果，其主要表现为以下两个方面：一是投资者人数超限。在信托公司默许或未尽审核义务的情况下，投资者可能通过委托、拼单等方式来集合资金，从而规避《证券法》、《信托公司集合资产信托计划管理办法》对投资人数量的限制，但可能因达到《关于经济犯罪案件标准的规定》相关标准，而构成“非法吸收公众存款罪”。如上海一家私募基金就因涉嫌非法吸收公众存款罪，于2007年4月被警方调查。二是募集方式非特定化。私募基金的发行除了基金管理人通过一对一沟通方式来寻找特定客户外，更多是依托商业银行、证券公司的客户资源或营销渠道，这种委托关系的存在，无法确保营销方式的合规性，代理销售机构极有可能通过公开或变相公开方式销售，向不具备风险承受能力的投资者推介产品，从而被认定为合法形式掩盖下的非法融资行为。如果资金来源为非法资金，私募基金还有可能成为洗钱工具。

2. 契约利益无法得到保障的风险。非阳光化的私募基金与投资者之间签订的委托合同有的仅仅是君子协定，超越了《合同法》的规定，法律约束的缺位使地下私募与投资者双方都面临利益受损风险。目前，地下私募的基金管理人和投资人一般以委托理财方式操作，双方之间可能存在以下两种关系：一种是投资人不转移资金，将证券账户和密码告诉受托人，并约定收益分成比例，此模式形成的关系为民事委托。根据我国法律，由受托人以委托人的名义从事民商行为，委托行为的后果由委托人承担，且承诺收益因违反法律规定而无效，即如果私募基金与投资人的某一方不遵守合同，从而给另一方造成损失，难以通过诉讼等司法途径保护契约利益。以宁波辖区为例，2008年以来发生的类似民间私募性质的案件148起，但其中仅两起被公安机构破获。另一种是投资人转移资金给受托人管理，双方之间的关系为借贷关系，不违反法律规定，但如果约定的固定收益高于银行同期贷款利率的四倍，一旦发生纠纷，司法机构难以支持高于超过民间借贷利率最高限的部分[②]，承诺实现风险较大，从而危及投资人切身利益。

(二) 信用风险

目前，私募基金的运作机制，一方面靠与管理人进行利益捆绑，另一方面靠管理人良好的个人信用和经营业绩，但任何信用都是有限度的，主要存在以下两方面风险：

1. 基金管理人的博弈心态。与公募基金相比，私募基金的最大优势在于灵活的投资机制和弹性的考核机制，且私募经理可通过运用财务杠杆，突破基金自身资金不足的问题，但部分基金管理人在管理能力不足的情况下，存在侥幸心理，试图以小额投入来博取高额回报，个别基金经理甚至不

① 此处的“非法融资”并不是严格意义上的法律概念，而是对资金募集非法性的一个概括性的通俗称谓，主要涉及的罪名为“非法吸收公众存款罪”、“集资诈骗罪”、“欺诈发行股票、债券罪”、“擅自发行股票、公司、企业债券罪”。

② 徐强生. 私募基金法律纠纷求解 [N].证券时报，2007-04-09。

结合自身和市场情况，盲目发行新基金、无限扩大规模。根据朝阳永续及私募排排网的最新统计数据，剔除2011年下半年成立的新产品，目前处于存续期中的非结构化私募产品共962只，结构化私募产品共569只，而2011年以来，已经有173只阳光私募产品确定清盘，其中非结构化私募产品35只，结构化私募产品138只，占阳光私募总数的11.3%，比上年同期的83只增长了2/3[①]，清盘中的私募基金更多吞噬的是投资者的利益。

2. 信息披露准确性问题。从基金赎回情况看，一般阳光私募基金有6-12个月封闭期,投资者在封闭期中赎回受到限制，封闭期后一般每月公布一次净值并开放赎回。但由于私募基金信息披露程度低、随意性大，甚至部分私募基金在解散时也不聘请会计师事务所审计。因此，投资者赖以计算赎回额的基金净值可能存在不准确、不及时等情况，直接影响投资者的利益。

（三）操作风险

在日常监督缺乏的情况下，私募基金的参与方或多或少都存在运行上的违规风险：

1. 信托公司账户使用存在违规风险。随着信托产品证券账户的停开，一些信托公司借机高价叫卖老账户，最高价甚至达到阳光私募总盈利的5%，而按照中登公司特殊法人开户实施细则规定，信托公司设立一个信托产品应开立一个专用证券账户，因此，信托公司出售老账户、变相延长账户使用期限的行为不仅涉及商业道德风险，也隐藏着违规问题。

2. 同一管理下账户之间利益输送风险。目前，同一基金管理人运行多个阳光私募的情况较为普遍，而信托公司往往未在私募产品之间设置人员、信息等方面的隔离墙制度，个别基金管理人容易在日常操作中通过向结构化、首推产品输送利益的方式，来达到保护自有资金、吸引其他投资者的目的。

3. 私募基金操作模式存在的违规风险。海外私募基金的操作手段主要是利用金融衍生工具进行对冲，而目前在中国金融衍生工具还不完善，基金管理人素质还不高的情况下，部分私募基金仍依靠“做庄”或“跟庄”方式获取利益，有的甚至利用内幕交易和市场操纵等手段，此行为有可能会触犯2009年修正后《刑法》第一百八十条第一款关于内幕信息的相关法律。

4. 私募基金运行方式存在道德风险。私募基金的运行需要产生工资、房租、调研经费以及信托账户使用费等支出，而部分私募基金并不收取管理费，而是采取利润分成的方式来获取收益。因此，在市场行情低迷的情况下，部分私募只能通过券商返佣，或者私募账户转入证券营业部时收取一次性补贴或者定额年费的形式来维持自身的正常运行。但获取返佣等资金往往要求私募基金的交易达到一定的换手率，这就在一定程度上怂恿了私募基金频繁交易，制约了价值投资理念的贯彻，并且返佣等获取的收入并不入账，涉嫌商业贿赂，且容易因逃税漏税而被处罚。

（四）发展障碍

我国私募基金不仅在运行上存在法律、信用和操作风险，而且在现阶段还存在阳光化途径少、优胜劣汰机制不健全等不利于行业发展的因素。

1. 阳光化、规范化发展任重道远。私募基金现有的阳光化途径较少，从信托证券投资基金模式来看，随着信托公司休眠存量账户逐渐被消耗，遗留账户不足以支持阳光私募的高速发展，且部分信托公司为了控制风险，限制私募基金参与股指期货等对冲、量化操作，在一定程度上影响了私募基金的创新发展；从有限合伙模式的私募基金看，需要缴纳5%至35%的合伙人所得税以及基金本身

①阳光私募：2011年砥砺前行 两喜三优 [N].证券时报，2011-11-25

的营业税，运行成本较高，并且合作关系的建立是基于客户对基金管理人投资理念的长期认可，难以大面积推广，不具备大规模复制的可能性。

2. 基金管理人优胜劣汰机制尚不健全。目前，我国社会信用环境不佳，对私募基金管理人缺少外部监督，尚未建立相应的评价体系，未纳入证券市场诚信档案记录范围，基金管理人的诚信缺乏和内部人控制在一定程度上阻碍了私募基金的发展，投资者也无法进行有效辨别来实现自我选择和保护。一些诚信不良、管理能力较弱的基金管理人在股票牛市来临时，往往会杀回私募基金市场，最终影响了私募基金行业的有序健康发展。

四、规范发展我国私募基金的政策建议

私募基金作为一种重要的民间投资途径，是资本市场的重要参与方，其规范运行是行业发展的需要，也是资本市场科学发展的需要，并将对我国金融市场的发展甚至是国民经济的发展都产生重要作用。而随着私募基金市场规模不断扩大，产品种类日益丰富，现有监管模式已不能完全适应私募行业发展的需要，需借鉴海外私募基金的监管经验以及公募基金的运行经验，对我国私募基金的发展提出合理建议。

(一) 完善制度安排，加强立法约束

应该看到，在近几年我国私募基金市场迅速发展、影响力不断增强的同时，亟待形成统一的制度安排，以促进其规范发展。

1. 在关注与相关法律法规衔接的同时，将私募基金纳入基金法的规范范围。我国的立法具有成文法的传统，因此在信用体系不完善的情况下，立法约束是促进私募基金规范发展的根本。从制度设计方面看，有三种意见：第一种意见认为，私募基金应该由《信托法》、《合伙企业法》、《公司法》等来规范；第二种意见则强调，我国私募基金体现信托关系，本质上属于信托范畴，其立法及监管与证券市场无太大关系，应该由《信托法》和《民法》来约束和规范；第三种意见则提出，应制定行政性法规，对私募基金做出监管规定。第一种和第二种意见虽然都关注了私募基金与现有法律的相关性，但忽略了私募基金的特殊性，将其纳入任何一个现有法律都会出现与其他法律规范相悖的地方，从而出现无效合同、维权困难等问题[①]。因此，建议借《证券投资基金法》修订之际，将私募基金纳入规范范畴，从而明确私募基金的法律地位。

2. 建立监管条例，由机构监管转向功能监管。建议适时出台《私募基金监管条例》，明确私募基金的监管模式、监管体制等方面的内容。①在监管模式方面，建议以适度监管为主。当前，因监管理念、目标以及政治文化上的差异，各国和地区监管体系各有不同，最为典型的有自律监管、政府监管、折中型的适度监管。而私募基金是顺应市场发展的自发性产物，是市场经济契约精神的集中体现，其存活的大环境为金融自由化。因此，建议对我国私募基金采取外松内紧的适度监管原则，即充分利用市场及基金内部的约束机制来达到控制风险的最终目的；②在监管体制方面，建议由机构监管转向功能监管。在现有的机构监管模式下，对各种类型的私募基金监管标准严宽有别，容易出现重复监管或监管空白，建议将私募基金作为证券市场的参与方，由机构监管转为功能监管，即对私募基金的设立采取备案制，只要私募基金符合设立条件，可以申请备案，受理部门不履

①付晓慧.我国私募基金监管问题研究[D]西南财经大学金融法毕业论文，2007.

行审批和核准的职责，但对其运行情况实施统一监管，明确内部治理、信息隔离、处罚机制等方面的内容，防范私募基金运行过程中可能出现的风险。

(二) 明确监管重点，以保护投资者利益为根本

目前，我国私募基金监管重点应该是确保投资者有能力且有可能去执行和实现自我保护，这需要在私募基金的募集对象、销售渠道、销售方式、信息披露等方面的规范方面下工夫。

1. 明确基金管理人的资格要求。目前，私募基金的经营主体有合法的信托公司和证券公司，也有地下经营的投资咨询管理公司。2006年11月，深圳证券交易所建议明确基金投资管理人资格要求[①]，如“基金管理人必须以投资管理公司的名义注册，最低注册资本不得低于1,000万元，必须具有基金投资管理必要的场所和设备”。但根据我国私募基金的发展实际以及管理人多样化的特点，目前很多地下私募基金管理人达不到这个水平，建议现阶段对私募基金不设置最低标准，而要求基金管理人的注册资本与基金规模按一定的比例挂钩，并且推崇结构化和有限合伙的基金模式，使基金管理人与投资人的利益捆绑，防范道德风险。

2. 把好投资者的市场准入关。私募基金之所以在各国和地区得到较为宽松的发展和监管环境，主要是由于私募基金是向特定少数人群发行的基金，这类群体是具有自我保护能力的投资人，在认购基金时具有相当的投资识别能力和风险承受能力。建议一方面对我国私募基金现有的发行模式进行研判，对可能存在的变相公开销售行为予以禁止，如通过银行渠道的公开代销行为等；另一方面借鉴美国对私募基金投资人的准入管理经验，以资产作为识别风险承受能力的标准，制定统一的市场准入底限，并区分机构投资者与个人投资者，提高机构投资者的准入门槛。此外，对私募基金的投资资金来源做一些限制，防止风险承受能力较低的国家财政资金、一般银行客户存款、银行贷款投入私募基金[②]。

3. 完善监控机制。建议将私募基金的大额交易纳入证券交易所的重点监控对象，一方面防止“内幕交易”、“操纵市场”等行为，避免坐庄盈利模式；另一方面防止私募基金与庄家、客户之间的利益输送。

(三) 加强内部控制，完善公司治理

公募基金与私募基金都属于投资基金，在治理结构方面有很多共通之处，但在募集对象、募集方式、披露义务、监管模式上存在差异，且私募基金有更长的委托代理链条，建议私募基金可结合二者的异同，借鉴公募基金的管理模式，进一步完善内部控制。在资金安全方面，建议可引用公募基金及信托模式，通过银行托管来确保客户资产的独立性和安全性。在信息披露监管方面，由于私募产品是针对特定对象发行的，所以信息公开需把握合理的度，建议可以采用国际上已经普遍认可的披露方式和原则，要求在私募基金注册登记后，必须向投资人提交基金投资说明书，内容至少包括基金的投资策略、投资管理人的背景及诚信情况、管理费用和佣金等，并至少每半年一次向投资人寄发投资情况报告，在清算时出具由会计师事务所审计的清算报告。在内部管理方面，建议允许多形式的私募组织形式存在，但须制定明确的内控要求、标准，并予以备案，如设立隔离墙制度，即要求明确如何通过内控防止利益在所控制的不同基金产品之间、基金与管理人之间的利益输送；建立必要的风险预警机制，及时向投资者提示风险。

---

①深圳证券交易所.[DL]中国私募基金发展前景和当前问题研究.中国证监会内网，2010-07.

②限制私募基金的投资资金来源，是针对投资者而言，私募基金管理人不负有审查义务，除非明知资金来源不合规而接受投资，否则不承担责任，防止因为部分资金来源不合规而影响整个私募基金的情况发生。

(四) 改善投资环境，加强行业引导

私募基金业的发展是我国多层次资本市场体系建设的重要一环，推动私募基金的规范发展，需要从行业自律、市场评价和政策扶持三方面入手：

一是加强行业自律管理。行业自律是证券行业发展的内在需要，如中国证券业协会在证券行业发展中起到了积极作用，建议由筹建中的中国基金业协会承担私募基金行业自律组织的职责，由其制定非强制性的风险控制原则和业务推介惯例，如在私募基金发展的初期，加强规范引导，尽可能统一私募基金合同契约的版本，建立私募基金管理人诚信档案，避免诚信不良、品行不善的人员进入市场。

二是完善基金评级体系。国外成熟市场发展的经验表明，合理、完善的基金评价体系和权威的基金评级机构是基金业规范发展的重要配套措施。建议构建一个高水平的私募基金评价体系，组建一个独立、公正的评级机构，对私募基金进行准确评价，为投资者选择私募基金提供参考，减少盲目投资的风险。

三是加大对私募基金发展的扶持力度。在进一步推动多层次资本市场建设的同时，给私募基金营造良好的生存环境，如在私募基金发展的不同阶段，政府给予一定的税收优惠，尤其是对有限合伙制私募基金的税收扶持；支持区域性的私募基金发展，及时总结发展经验，作为全行业推广的典范；拓宽私募基金的投资领域，允许私募基金参与金融创新产品的交易等。

参考文献

1. 中国证监会研究中心课题组.关于我国商业银行理财产品市场研究[DL].中国证监会研究中心内网，2011-10-28.
2. 吴祯卿.私募基金内部治理结构研究[DL].中国知网，2011-05.

第二部分 市场发展综述

Part II Overview of Market Development

2010–2011年 中国证券投资基金市场发展综述

□ 王群航　王乐乐[①]

2011年，中国证券投资基金业发展13周年，开放式基金发行10周年。

2001年9月21日，国内首只开放式基金——华安创新证券投资基金发行设立，中国开放式基金市场开始快速、稳健成长。截至2011年9月30日，我国开放式基金市场走完第一个10年的发展历程。在此值得纪念的日子里，回顾总结2010年以来中国证券投资基金市场发展所呈现的特征，对于证券投资基金下一个10年的发展，将起到承前启后的作用。

① 作者工作单位系华泰联合证券基金研究中心

第一部分 2010-2011年基金市场发展环境分析

本部分要点：

● 2010年中国经济进入高增长和高通胀的阶段，央行着力提高政策的针对性和灵活性，处理经济平稳较快发展、调整经济结构和管理通胀预期的关系，逐步引导货币条件从危机状态向常态水平的回归，市场流动性有所收紧。2011年上半年宏观经济在持续趋紧的货币政策和流动性格局下有所放缓。

● 2010年上证综指、深成指分别下跌14.31%、9.06%，但由于融资规模的增加，股票总市值由2009年末的24万亿元，增加到2010年末的26万亿元。A股流通市值由2009年末的14万亿元增加到2010年末的19万亿元，比2009年末增长了27.7%。2011年上半年随着市场的宽幅震荡，股票总市值基本维持在26万亿元左右，A股流通市值略有增加。

● 2010年，银行间和交易所债券指数均有所上升，2011年上半年受央行两次上调存贷款基准利率和市场通胀预期较强等的影响，债券利率均不同程度走高，中债综合净价指数下跌0.64%。

一、中国宏观经济与金融市场发展概况

2010年中国经济进入高增长和高通胀的阶段，央行着力提高政策的针对性和灵活性，处理经济平稳较快发展、调整经济结构和管理通胀预期的关系，逐步引导货币条件从危机状态向常态水平的回归，市场流动性有所收紧。2011年上半年宏观经济在持续趋紧的货币政策和流动性格局下有所放缓。

2010年国内生产总值397, 983亿元，比上年同比增长10.3%，其中第一产业增加值40, 497亿元，增长4.3%；第二产业增加值186, 481亿元，增长12.2%；第三产业增加值171, 005亿元，增长9.5%。2011年上半年国内生产总值增长率略有回落，国内生产总值为205, 779亿元，同比增长9.6%。2010年全年农村居民人均纯收入5, 919元，剔除价格因素，比上年实际增长10.9%，城镇居民人均可支配收入19, 109元，实际增长7.8%。农村居民家庭食品消费支出占消费总支出的比重为41.1%，城镇居民家庭食品消费支出占消费总支出的比重为35.7%[1]。

图1 国内生产总值及其增长率

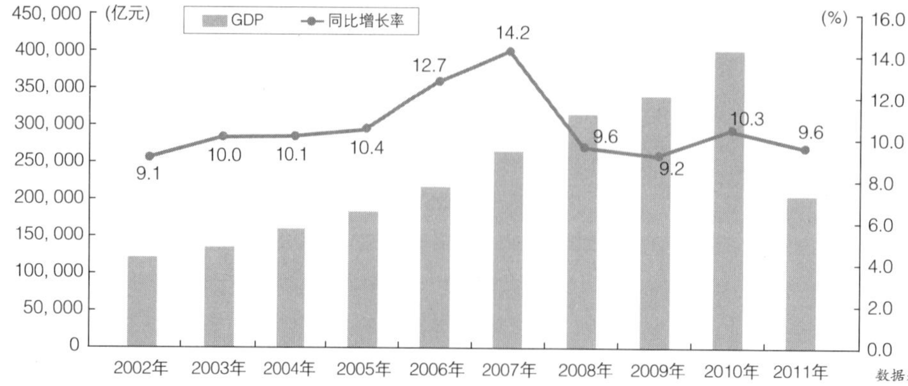

数据来源：国家统计局
数据截至：2011年6月30日

① 数据来源：《2010年国民经济和社会发展统计公报》

表1 中国城乡居民人均可支配收入变动

	2004年	2005年	2006年	2007年	2008年	2009年	2010年
农村居民人均可支配收入(元)	2,936	3,255	3,587	4,14	4,761	5,153	5,919
实际增长(%)	6.8	6.2	7.4	9.5	8.0	8.5	10.9
城镇居民人均可支配收入(元)	9,422	10,493	11,759	13,786	15,781	17,175	19,109
实际增长(%)	7.7	9.6	10.4	12.2	8.4	9.8	7.8

数据来源：国家统计局

2010年全年财政收入83,080亿元，比上年增加14,562亿元，增长21.3%。其中，税收收入73,202亿元，增加13,680亿元，增长23.0%。2010年末国家外汇储备28,473亿美元，比上年末增加4,481亿美元。2010年末人民币汇率为1美元兑6.6227元人民币，比上年末升值3.0%。

2010年末广义货币供应量(M2)余额为72.6万亿元，比上年末增长19.7%；狭义货币供应量(M1)余额为26.7万亿元，增长21.2%；流通中现金(M0)余额为4.5万亿元，增长16.7%。2010年末全部金融机构本外币各项存款余额73.3万亿元，比年初增加12.1万亿元。其中人民币各项存款余额71.8万亿元，增加12.0万亿元。全部金融机构本外币各项贷款余额50.9万亿元，增加8.4万亿元，其中人民币各项贷款余额47.9万亿元，增加7.9万亿元。

2011年上半年在多项调控措施的综合作用下，货币信贷增长向常态回归。截至2011年6月末，广义货币供应量M2余额为78.1万亿元，同比增长15.9%，增速比2010年末下降5.3个百分点。人民币贷款余额同比增长16.9%，比年初增加4.17万亿元，同比少增4,497亿元[①]。

二、股票市场发展趋势

截至2010年末，上证综合指数、深证成份指数分别收于2808点和12459点，分别比上年末下跌14.3%和9.1%；沪、深两市A股平均市盈率也都有所下降，分别从上年末的29倍和47倍回落到2010年末的22倍和45倍。但由于融资规模的增加，股票总市值由2009年末的24万亿元，增加到2010年末的26.5万亿元。A股流通市值由2009年末的14万亿元增加到2010年末的19万亿元，同比增长27.7%。创业板市场稳步发展，截至2010年末，创业板上市公司153家，市值总计7,365亿元，比上年末净增5,755亿元。2011年上半年随着市场的宽幅震荡，股票总市值基本维持在26万亿元左右，A股流通市值略有增加，为20.1万亿元，比上年末增长4.0%。

2010年A股市场呈现结构化行情：中小盘股表现较好，大盘股大幅下跌。2010年代表大盘股走势的中证100指数下跌19.28%，而代表中小盘股的中证200指数、中证500指数均不同程度上涨，涨幅分别为2.57%、10.07%。2011年上半年A股市场呈现与2010年不同的风格，即大盘股表现相对较好，而中小盘股遭遇大幅调整，中证200指数、中证500指数分别下跌6.43%、7.24%。

① 数据来源：《2010年国民经济和社会发展统计公报》

图2 大中小盘股指表现

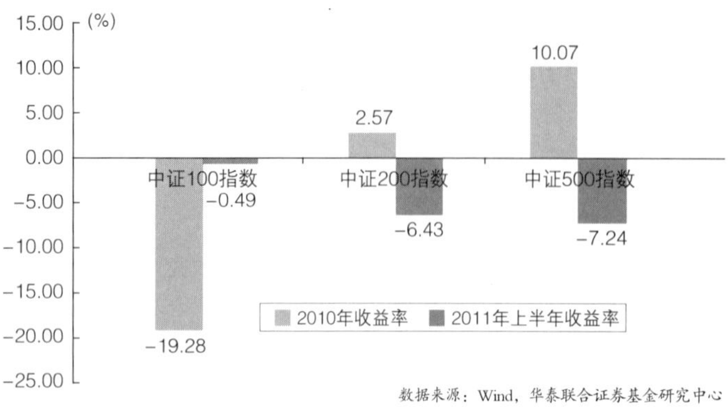

数据来源：Wind，华泰联合证券基金研究中心

图3 中证SAC行业指数表现

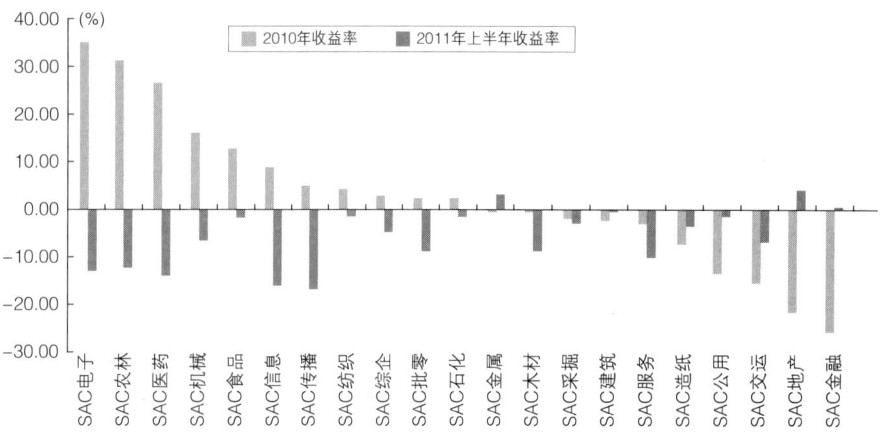

数据来源：Wind，华泰联合证券基金研究中心

根据中证SAC行业指数，2010年电子、农林、医药、机械、食品等行业表现较为突出，而金融、地产、交运等行业跌幅居前。与2010年行业表现不同，2011年上半年金融、地产等行业表现相对较好，而电子、农林、医药、信息等行业遭遇大幅调整，跌幅均在10%以上。2010-2011年上半年，A股市场行业表现的差异性，为基金行业配置调整带来了一定的挑战。

2010年股票市场成交量保持活跃，沪、深两市累计成交54.6万亿元，同比增长9, 647亿元，日均成交2, 255亿元，同比增长2.6%，这与2010年A股市场呈现结构化行情有关。2011年上半年随着中小盘股的大幅调整，股票市场成交量小幅增加，沪、深两市累计成交24.7万亿元，同比增长9.1%。

股票市场筹资规模明显增加。2010年全年上市公司通过境内市场累计筹资10, 257亿元，比上年增加5, 666亿元。其中首次公开发行A股347只，筹资4, 883亿元，同比增加3, 004亿元；A股再筹资4, 072亿元(包括配股、公开增发、非公开增发、认股权证)，同比增加2, 057亿元。全年公开发行创业板股票117只，筹资963亿元。2011年上半年各类企业和金融机构在境内外股票市场上通过发行、增发、配股等累计筹资3, 362亿元，同比减少667亿元。

三、债券市场发展趋势

2010年银行间和交易所债券指数均有所上升。银行间债券指数由年初的130.2点升至年末的132.7点，上涨1.9%，交易所国债指数由年初的122.3点升至年末的126.3点，上涨3.3%。2011年上半年银行间中债综合净价指数由年初的99.8点下降至6月末的99.1点，下跌0.64%，考虑到债券息票收益，中债综合全价指数由年初的132.9点升至6月末的134.1点，上涨0.87%。交易所市场国债指数由年初的126.3点升至6月末的128.6点，上涨1.77%。

2010-2011年上半年，债券发行利率总体有所走高。受两次上调存贷款基准利率和市场通胀预期较强等影响，各期限债券发行利率均呈走高趋势。2010年12月份发行的5年期记账式附息国债利率为3.64%，比上年末发行的同期限国债利率上升0.74个百分点。2011年上半年短期国债收益率受货币市场利率波动影响较大，随着货币市场利率快速上行，短期国债收益率也于6月末达到年内较高水平。中长期收益率随着前期一系列调控措施的累积效用逐步体现，加之受通胀预期有所增强的影响，中长期收益率上行幅度较大，国债收益率曲线总体较年初有所上移。

银行间债券现券交易量明显增加，2010年全年累计成交64.0万亿元，日均成交2, 562亿元，同比增长35.5%。2011年上半年累计成交30.7万亿元，日均成交2, 519亿元，比2010年同期增长25.6%。从交易主体看，国有商业银行是银行间现券市场上的主要净买入方，2010年、2011年上半年分别净买入现券9, 956亿元、3, 042亿元，其他商业银行是主要净卖出方，2010年、2011年上半年净卖出现券1万亿元、3, 627亿元。交易所国债现货成交额持续减小，2010年、2011年上半年分别成交1, 662亿元、610亿元，同比减少423亿元、360亿元。

2010年、2011年上半年，债券市场发行规模稳步扩大，累计发行人民币债券(不含中央银行票据)5.2万亿元、3.19万亿元，同比增长5.4%、38.9%。2010年短期融资券、国开行及政策性银行债券和国债增长较快，同比分别增长46.2%、13.0%和9.5%。2011年上半年商业银行为提高资本充足率而发行的银行次级债和混合资本债增长较快，同比增长183.8%。政策性金融债也保持较快的发行进度，同比增长109.2%。国债发行规模稳步增加，2011年上半年共发行8, 378亿元，同比增长1.0%。截至2011年上半年末，中央国债登记结算有限责任公司债券托管量余额为20.4万亿元。

表2 2010-2011年上半年主要债券发行情况

债券品种	2010年		2011年上半年	
	发行额(亿元)	同比增长(%)	发行额(亿元)	同比增长(%)
国债	19, 778①	10.3	8, 378	1.0
国开行及政策性银行债	13, 193	13.0	11, 274	109.2
银行次级债、混合资本债	920	−66.5	1, 619	183.8
银行普通债	10	−90.0	20	100.0
企业债券	16, 812②	0.8	10, 636	27.9
其中：短期融资券	6, 742	46.2	4, 999③	41.4
中期票据	4, 924	−29.5	3, 294④	14.0
公司债券	603	−18.0	581	32.6

数据来源：中国人民银行，中央国债登记结算公司
截至日期：2011年6月30日

注：①国债含财政部代理发行的地方政府债券2, 000亿元。
②包括企业债、短期融资券、中期票据、中小企业集合票据、可转债、可分离债和公司债。
③短期融资券包含超短期融资券。
④中期票据含非金融企业债务融资。

第二部分　2010-2011年基金市场发展回顾

本部分要点：

● 2010年、2011年上半年，中国证券投资基金的资产规模不断减少，降幅分别为5.85%、6.33%，但其中，ETF基金和封闭式基金的资产规模2008-2011年上半年却呈现稳步增长。

● 最近三年基金数量持续增加，但基金总份额并未明显增加。基金数量的增加和基金总份额的回落说明了中国证券投资基金整体正在经历着“赎旧买新”的局面。与基金份额整体走势不同的是，ETF基金、创新封闭式基金的份额规模在持续增加。

● 从基金发行数量看，2010年市场共有147只新基金发行成立，较2009年增长了22.50%。2011年上半年市场发行成立106只基金，同比增长了70.97%。2010-2011年上半年，基金发行速度明显加快，受益于基金多审批通道的开通，一家基金公司可以同时申报多只产品。

● 从业绩表现来看，2010年A股市场演绎的结构化行情考验着基金的主动管理能力。2010年股票型基金和混合型基金净值表现较好，平均净值增长率分别为1.96%、4.91%，优于上证综指和深成指，展现了基金的主动投资能力。2011年上半年A股受紧缩货币政策的影响，其估值震荡下行，中小盘股遭遇大幅调整，股票型基金、混合型基金由于重配了较多的中小盘股，净值下跌，分别为-6.72%、-7.07%，跌幅超过上证综指。货币市场基金是2011年上半年唯一取得正收益的基金类型，平均收益率为1.53%。

● QDII基金作为全球资产配置产品，其投资区域逐年增多。2010年、2011年上半年QDII基金的投资区域分别为31个、43个。从区域资产配置变化趋势来看，QDII基金逐渐增加了美国、韩国、英国等发达市场的资产配置比例。

● 从机构投资者持有基金份额来看，2007-2010年在逐年增加，2010年末机构投资者持有基金份额为4, 745.68亿份。2011年上半年由于新基金发行份额的增加，尽管机构投资者加大了对基金的投资，但机构投资者持有基金份额的比例略有下滑，为19.87%。从基金类型来看，机构投资者占比最高的是ETF基金，占比高达76.00%。

● 2010-2011年上半年，新增5家基金管理公司。截至2011年上半年末我国基金管理公司数量达到65家。其中，合资基金公司38家，中资基金管理公司27家。合资基金公司在数量上保持增长趋势。

一、基金资产规模发展

截至2010年末，中国证券投资基金[①](简称“基金”)的总资产规模为25, 194.49亿元，较2009年末减少1, 566.31亿元，降幅为5.85%。2011年上半年随着A股市场的走低，基金总资产规模进一步降低为23, 599.59亿元，较2010年末再度减少1, 594.90亿元，降幅为6.33%。从近年基金资产规模变化趋势来看，基金总资产规模在2007年达到高点之后震荡回落，2011年上半年末基金总资产规模仅为2007年末的72.05%(见图4)。

① 本年鉴将基金分为国内基金和海外基金(QDII)，将国内基金分为开放式基金、封闭式基金和ETF三大类，其中开放式基金细分为股票型基金、混合型基金、债券型基金与货币市场基金四大类，混合型基金进一步细分为偏股混合型基金、平衡混合型基金、偏债混合型基金和保本基金，封闭式基金分为传统封闭式基金、创新封闭式基金。如无特殊说明，本文所指的开放式基金不包括ETF与QDII。

图4 证券投资基金历年资产规模

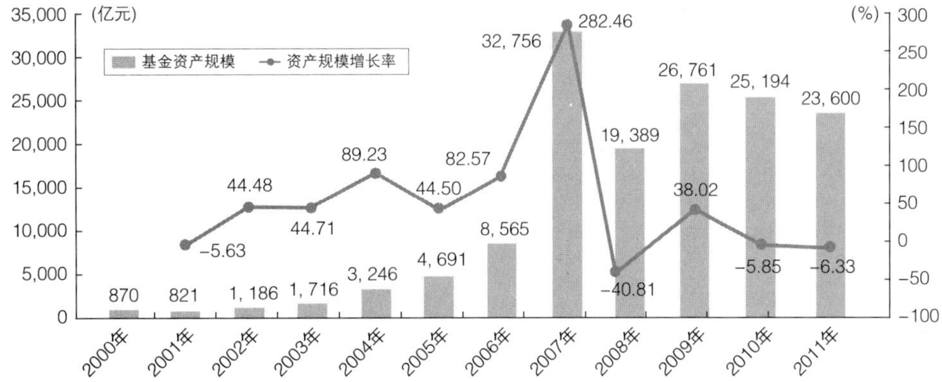

数据来源：Wind、《基金年鉴》、华泰联合证券基金研究中心
数据截至：2011年6月30日

图5 各类型证券投资基金资产规模结构

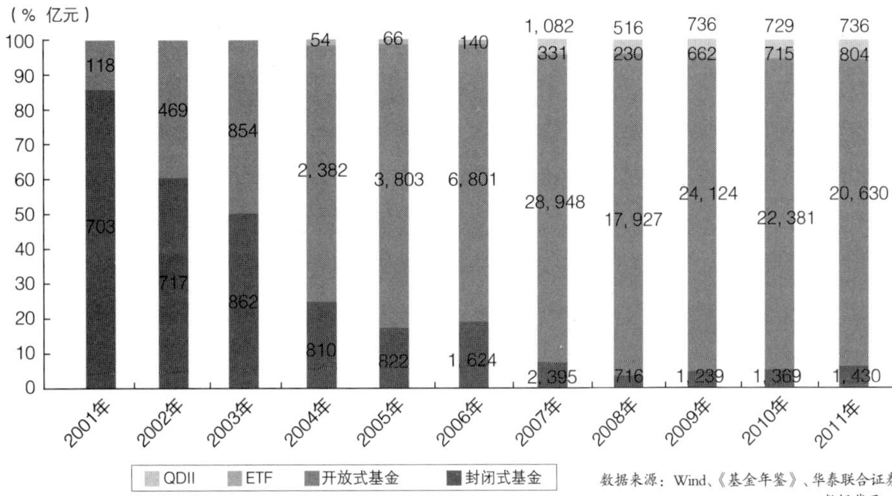

数据来源：Wind、《基金年鉴》、华泰联合证券基金研究中心
数据截至：2011年6月30日

ETF基金和封闭式基金[1]的资产规模2008-2011年上半年稳步增加，其中ETF基金资产规模在2010年、2011年上半年增幅分别为8.01%、12.37%，封闭式基金资产规模在2010年、2011年上半年分别增加10.48%、4.47%。在基金资产规模整体徘徊不前的背景下，ETF基金和封闭式基金的资产规模增加说明了投资者对于这两类产品较为关注。开放式基金资产规模在2010年和2011年上半年均有不同程度的下滑，减少幅度分别为7.22%和7.82%。尽管ETF基金和封闭式基金的资产规模在逐年增长，然而这两类基金市场容量相对较小。截至2011年上半年末，ETF基金资产规模为803.70亿元，占基金总资产规模的3.41%。封闭式基金资产规模1, 429.80亿元，占基金总资产规模的6.06%。

具体到基金类型来看，股票型基金和混合型基金是中国证券投资基金市场的主要投资品种。截至2011年上半年末，股票型基金和混合型基金的资产规模合计18, 157.29亿元，占基金总资产规模的76.94%，高于其他类型基金的资产规模占比；债券型基金和QDII基金的资产规模分别为1, 291.29亿元和735.70亿元，分别占基金总资产规模的5.47%和3.12%。

① 包括传统封闭基金和创新封闭基金。

表3 2010-2011年上半年各类型基金资产规模

单位：亿元；%

基金类型	2011年上半年末		2010年末	
	资产净值	占总净值比	资产净值	占总净值比
传统封闭式基金	664.41	2.82	790.71	3.14
创新封闭式基金	765.39	3.24	577.86	2.29
开放式基金				
其中：股票型基金	11,412.79	48.36	12,282.90	48.75
混合型基金	6,744.50	28.58	7,300.70	28.98
债券型基金	1,291.79	5.47	1,265.08	5.02
货币市场基金	1,181.32	5.01	1,532.77	6.08
ETF	803.70	3.41	715.25	2.84
QDII	735.70	3.12	729.20	2.89

数据来源：Wind、《基金年鉴》、华泰联合证券基金研究中心

从资产规模变动情况来看，2010-2011年上半年股票型基金和混合型基金的资产规模均不同程度降低。2010年、2011年上半年，股票型基金资产规模分别减少5.36%、7.08%，混合型基金资产规模分别减少5.56%、7.62%。这两类基金资产规模减少的原因在于A股市场震荡走低，投资者赎回部分基金。剔除新成立基金带来的规模增量，2010年股票型基金、混合型基金分别净赎回1,157.23亿元、480.76亿元。

与股票型基金和混合型基金资产规模缩水不同，债券型基金资产规模在2010年、2011年上半年均有所增加，增幅分别为54.41%、2.11%。债券型基金资产规模大幅提升主要归功于该类基金在2010年业绩表现相对较好，吸引了部分投资者投资。剔除新成立基金带来的规模增量，2010年债券型基金净申购36.29亿元。

2010-2011年上半年虽然不断有新QDII基金发行成立，然而由于老QDII基金持续遭遇净赎回，QDII基金的资产规模基本维持在730亿元左右。2010年QDII基金净赎回量为96.53亿元。

二、基金份额变动

最近三年基金数量虽然持续增加，但基金总份额并未明显增加。截至2010年末，证券投资基金总份额为24,234.38亿份，较2009年末减少了1.23%。2011年上半年随着新基金发行加速，基金总份额达到24,272.27亿份，较2010年末小幅增加，但却较2008年末降低了5.71%。从2008年至今，基金数量的增加和基金总份额的回落说明了中国证券投资基金正在经历着"赎旧买新"的局面。

具体到各类型基金，2010年末股票型基金总份额为12,028.31亿份，较2009年末减少了1.41%；2011年上半年由于新发行成立的股票型基金数量较多，抵消了该类基金的净赎回，股票型基金总份额增加了31.21亿份，增幅为0.26%；混合型基金2010年末的总份额为6,651.09亿份，较2009年末减少3.98%，2011年上半年混合型基金份额略有增加，增幅0.84%。

债券型基金总份额在2010年、2011年上半年均有不同程度的增加，其总份额分别为1,177.10亿份、1,249.48亿份，占基金总份额的比例分别为4.86%、5.15%，市场相对容量有所上升。尽管

表4 2010年各类型基金净赎回量

单位：亿元

基金类型	净申赎量
开放式基金	
其中：股票型基金	-1,157.23
混合型基金	-480.76
债券型基金	36.29
货币市场基金	-1,139.90
ETF	49.01
QDII	-96.53
总 计	**-2,789.13**

注：当年新成立的基金不在统计范围内
数据来源：Wind、《基金年鉴》、华泰联合证券基金研究中心
数据截至：2010年12月31日

表5 2010-2011年上半年各类型基金份额规模

基金类型	2010年末			2011年上半年末		
	基金数量(只)	份额规模(亿份)	占总份额比(%)	基金数量(只)	份额规模(亿份)	占总份额比(%)
创新封闭式基金	16	571.57	2.36	26	759.49	3.13
开放式基金						
其中：股票型基金	307	12,028.31	49.63	348	12,059.52	49.68
混合型基金	166	6,651.09	27.44	180	6,706.74	27.63
债券型基金	95	1,177.10	4.86	113	1,249.48	5.15
货币市场基金	46	1,532.77	6.32	49	1,181.32	4.87
ETF	20	709.01	2.93	29	756.90	3.12
QDII	27	939.53	3.88	40	938.82	3.87

数据来源：数据来源：Wind、《基金年鉴》
华泰联合证券基金研究中心

2010-2011年上半年不断有新QDII基金成立，但QDII基金总份额却在持续减少。截至2011年上半年末，QDII基金总份额为938.82亿份，较2009年末降低了7.56%。

ETF基金作为场内交易被动投资工具，其份额由2009年末的362.98亿份大幅增至2010年末的709.01亿份，增幅高达95.32%。2011年上半年随着新ETF基金的发行成立，ETF基金总份额进一步提高到756.90亿份，占基金总份额的3.12%。

从单位基金平均份额来看，2010年混合型基金、股票型基金的平均份额规模相对较高，分别为40.07亿份、39.18亿份；其次是ETF基金、QDII基金，平均份额规模分别为35.45亿份、34.80亿份，这说明投资者参与这两类基金的力度相对较高。从单位基金平均份额变动来看，2011年上半年不同类型基金的平均份额规模均有不同程度的下降，其中QDII基金的平均份额规模下降幅度最大，降幅为35.43%。由于市场流动性趋紧，货币市场基金遭遇赎回，其平均份额规模由2010年末的33.32亿份降低到2011年上半年末的23.11亿份，降幅达到30.65%。

图6 2010-2011年上半年各类型基金平均份额规模

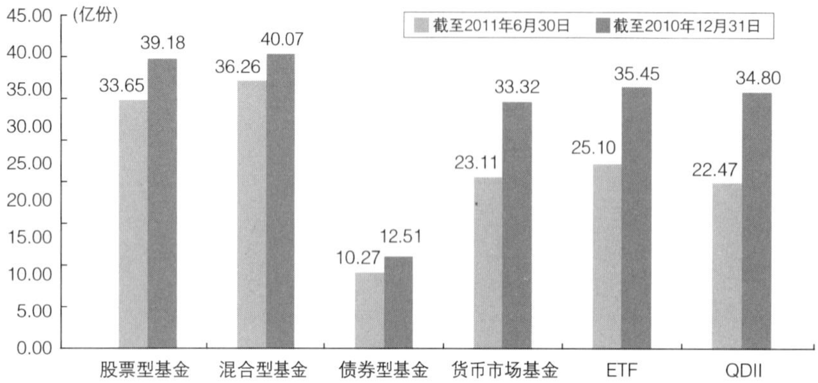

数据来源：Wind、华泰联合证券基金研究中心

三、基金产品发行

新基金的发行为基金市场提供了新的血液，丰富了基金品种。2010年市场共有147只新基金发行成立，较2009年增长了22.50%。2011年上半年共发行成立106只基金，同比增长70.97%。2010-2011年上半年，基金发行速度明显加快，受益于基金多审批通道的开通，基金公司可以同时申报多只产品，如鹏华基金2010年发行成立了7只基金，博时基金、大成基金、工银瑞信基金2010年分别发行成立了5只基金。基金的快速发行增加了市场存量基金的数量，截至2011年上半年末市场共有809只基金[①]。

图7 历年新发行基金数量与基金总数量

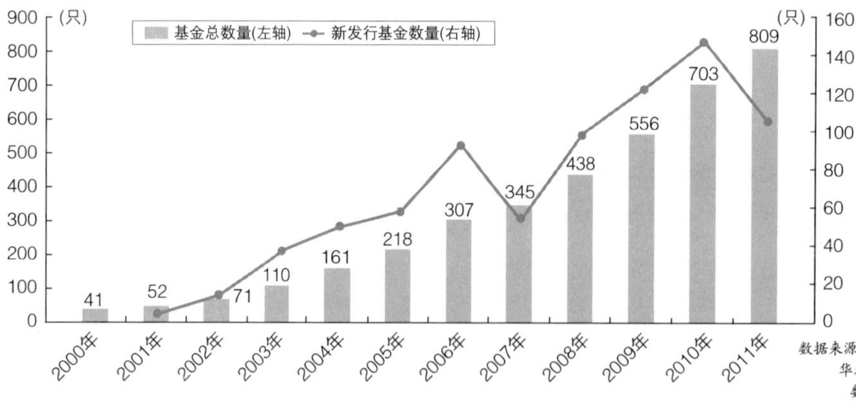

数据来源：Wind，《基金年鉴》，华泰联合证券基金研究中心
数据截至：2011年6月30日

(一) 股票型基金发行情况

2010年市场共有81只股票型基金成立，较2009年增长了12.50%。2011年上半年在弱势的市场格局下，市场上仍有40只股票型基金成立。从2004年至今，股票型基金的平均成立数量逐年增加，发行节奏不断加快。从发行数量来看，股票型基金是新发行基金的主要品种。2009年到2011年上半年，股票型基金发行数量均高于其他类型基金。

① 证监会统计数据为810只，包括华安国际配置QDII，本年鉴统计数据未包括该基金。

从募集资金来看，股票型基金的募集金额相对较高，2010年、2011年上半年分别达到了1, 522.67亿元、619.65亿元，主要原因在于股票型基金发行数量相对较多，提高了募集总额。从平均募集规模来看，股票型基金2010年、2011年上半年的平均募集规模在持续降低，分别为18.80亿元、15.49亿元，均较2009年大幅降低。

表6　近三年新基金发行进度

基金类型	2011年上半年		2010年度		2009年度	
	新设立数量(只)	募集总额(亿元)	新设立数量(只)	募集总额(亿元)	新设立数量(只)	募集总额(亿元)
创新封闭式基金	10	195.33	11	251.54	1	146.87
开放式基金						
其中:股票型基金	40	619.65	81	1, 522.67	72	2, 478.02
混合型基金	14	339.47	8	373.97	20	598.17
债券型基金	17	328.21	15	594.56	20	442.62
货币市场基金	3	96.30	3	134.25	3	76.28
ETF	9	47.54	11	117.77	4	110.77
QDII	13	136.66	18	105.08	0	0.00
总　计	106	1, 763.17	147	3, 099.84	120	3, 852.72

数据来源：Wind、《基金年鉴》，华泰联合证券基金研究中心

表7　近三年新基金户均认购规模

单位：万元

基金类型	2011年上半年	2010年度	2009年度
创新封闭式基金	10.39	21.34	57.54
开放式基金			
其中:股票型基金	6.37	6.28	6.99
混合型基金	7.00	7.73	6.41
债券型基金	16.89	13.02	13.12
货币市场基金	57.87	22.13	15.27
ETF	8.18	11.22	9.95
QDII	6.53	5.83	6.99

数据来源：Wind、《基金年鉴》
华泰联合证券基金研究中心

(二) 混合型基金发行情况

相比较股票型基金，混合型基金由于可调整的股票仓位空间相对较大，在2003-2007年得到了较快的发展，年平均发行数量高达21只。从2008年开始，混合型基金的发行节奏有所放缓，2010年仅有8只混合型基金成立。2011年上半年混合型基金发行数量开始增加，共发行成立了14只，主要是由于该类型基金中的保本基金发行数量相对增加较多。

从平均募集规模来看，混合型基金在2010年、2011年上半年的平均募集规模分别为24.25亿元、46.75亿元，其户均认购募集规模分别为7.73万元、7.00万元，高于2009年的6.41万元。

(三) 债券型基金发行情况

2010年市场共有15只债券型基金成立，发行节奏较2009年有所放缓。2011年上半年，债券型基金发行节奏相对较快，共有17只债券型基金发行成立，高于2010年全年债券型基金的发行数量。

从平均募集规模来看，2010年债市的良好表现使得债券型基金的平均募集规模大幅增加，由2009年的22.13亿元增至2010年的39.64亿元。2011年上半年随着债券市场的波动，债券型基金的平均募集规模降低为19.31亿元。

(四) ETF基金发行情况

ETF基金在2010-2011年上半年获得了较快的发展，这期间共有20只ETF发行成立，较2009年有大幅提高，其发行数量是2010年之前市场存量ETF基金数量的两倍多。

从平均募集规模来看，ETF基金在2010年、2011年上半年的平均募集规模持续降低，分别为10.71亿元、5.28亿元，远低于2009年的平均募集规模27.69亿元，但其户均认购规模并未有明显降低。2010年、2011年上半年ETF基金户均认购规模分别为11.22万元、8.18万元，均高于股票型基金和混合型基金，说明部分投资者对此类基金仍有较强的配置需求。

(五) QDII基金发行情况

QDII基金经过2009年的沉寂之后，在2010-2011年上半年期间发行速度大幅提高。2010年市场共发行成立了18只QDII基金，高于2010年之前市场存量QDII基金数量。2011年上半年市场再度发行成立13只QDII基金，同比增长近20%。QDII基金作为全球资产配置工具，其快速发行丰富了投资者的选择。

从平均募集规模来看，QDII基金2010年、2011年上半年平均募集规模分别为5.84亿元、10.51亿元，该基金平均募集规模在2010年大幅上升，主要在于部分特色QDII吸引了投资者的热情参与，募集规模相对较高，如诺安全球黄金、易方达黄金主题、博时抗通胀增强回报，募集规模分别达到31.97亿元、26.57亿元、19.41亿元。

(六) 创新封闭式基金发行情况

创新封闭式基金从2010年开始进入快速发展阶段，2010-2011年上半年共发行成立21只，超过2010年之前存量创新封闭式基金数量。该类基金2010年、2011年上半年的平均募集规模为22.87亿元、19.53亿元。从户均认购规模看，该类基金2010年的户均认购规模为21.34万元，高于股票型基金、混合型基金和债券型基金。2011年上半年创新封闭式基金户均认购规模略有降低，为18.10万元。

作为创新封闭式基金中的重要组成部分——分级基金，从2010年开始进入加速发行阶段。2007年我国推出首只分级基金“国投瑞银瑞福分级”，在2010年之前市场已有3只分级基金，分别是国投瑞银瑞福分级、长盛同庆分级和国投瑞银瑞和沪深300指数分级。2010年市场新发行成立8只分级基金，超过了2010年之前存量分级基金数量。2011年上半年市场再度发行成立10只分级基金，超过了2010年成立的分级基金总数量。从分级基金的母基金类型来看，2010-2011年上半年期间发行成立的分级基金呈现不同的特征：2010年主要以股票分级基金为主，而2011年上半年主要以债券分级基金为主。

图8 分级基金历年发行情况

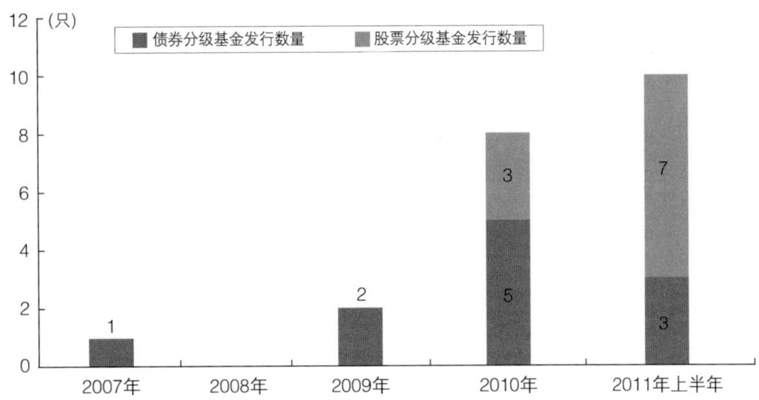

数据来源：Wind、华泰联合证券基金研究中心

四、基金业绩表现回顾

(一) 2010年基金业绩表现

2010年A股市场整体呈现弱势震荡格局，上证综指、深成指、沪深300指数均不同程度下跌，跌幅分别为14.31%、9.06%、12.51%。虽然A股市场整体沉寂，但市场呈现大盘和小盘冰火两重天的行情，其中中证100指数下跌19.28%，而中证500指数上涨10.07%。

2010年演绎的结构化行情考验着基金的主动管理能力。股票型基金和混合型基金表现较好，年平均净值增长率分别为1.96%、4.91%，优于上证综指和深成指。创新封闭式基金、传统封闭式基金也取得了正收益，年净值增长率分别为4.66%、4.55%。这些基金的良好业绩表现在一定程度上展现了基金的主动投资能力。ETF基金由于被动跟踪指数，且标的指数多为大盘蓝筹风格，2010年在大盘蓝筹股走弱的背景下，ETF基金净值跌幅高达6.46%。

2010年受益于债市的良好表现，债券型基金在公募基金中表现最好，年平均净值增长率为6.51%；受外围市场良好表现的影响，2010年QDII基金取得了4.21%的净值增长率。

图9 2010年各类型基金业绩表现

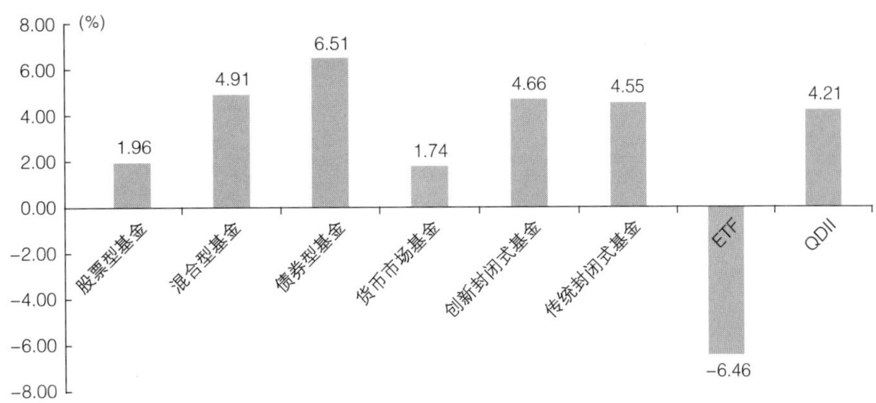

数据来源：Wind、华泰联合证券基金研究中心

(二) 2011年上半年基金业绩表现

2011年上半年A股受紧缩货币政策的影响，其估值震荡下行，上证综指下跌1.64%。2011年上半年A股市场的风格也有别于2010年。2011年上半年中小盘股遭遇大幅调整，中小盘指数、创业板综指分别下跌12.68%、24.84%，而低估值的蓝筹股下跌相对有限，中证100指数仅下跌0.49%。

在此背景下，由于股票型基金和混合型基金重配了较多的中小盘股，2011年上半年股票型基金和混合型基金净值分别下跌6.72%和7.07%，跌幅均超过上证综指。ETF基金跟踪的指数多为大盘蓝筹风格，其净值下跌幅度相对较低，跌幅为2.78%。

对于债券型基金，2011年上半年债市受到诸多不利因素的影响：央行数次加息、城投债风波等，债市收益率上升、债券价格下跌，债券型基金净值平均下跌0.76%；QDII基金受外围市场的影响，2011年上半年净值下跌1.25%。

货币市场基金是2011年上半年唯一取得正收益的公募基金类型，平均收益率为1.53%。

图10　2011年上半年各类型基金业绩表现

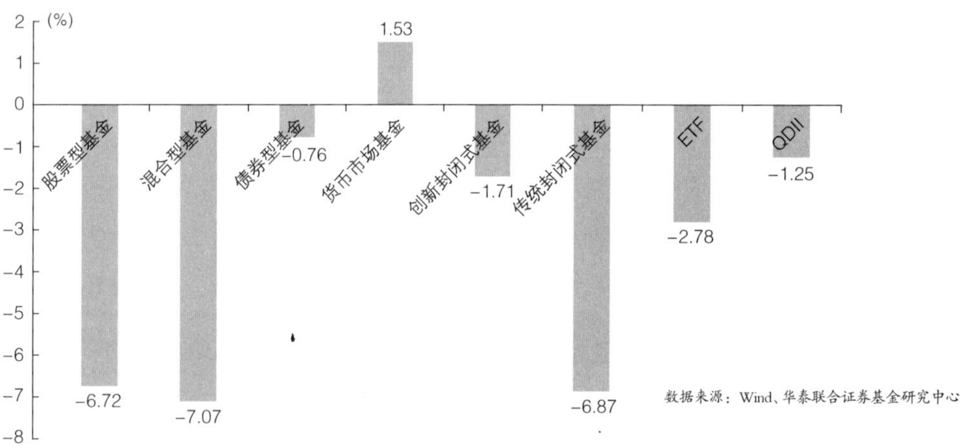

五、基金资产配置分析

(一) 基金的股票仓位调整

2010年市场呈现先抑后扬的走势，基金顺应市场的变化动态调整其股票仓位，在一定程度上降低了市场下跌带来的冲击，分享市场上涨带来的收益。以股票型基金和混合型基金为例，在2010年一、二季度，沪深300指数分别下跌6.43%、23.39%，股票型基金和混合型基金顺势将平均股票仓位由2009年末的86.86%、75.84%分别降低为2010年二季度末的74.26%、62.91%。随着三季度A股回升，股票型基金和混合型基金大幅提高股票仓位，分享A股上涨收益，其中股票型基金仓位提高了9.92%，混合型基金提高了9.94%。

2011年上半年A股震荡走低，股票型基金和混合型基金再次降低股票仓位。截至2011年二季度末，股票型基金、混合型基金的股票仓位分别为83.47%、71.00%，分别较2010年末降低了0.71%、1.85%。从过去四年基金股票仓位水平来看，2011年二季度末股票型基金和混合型基金的股票仓位基本位于股票型基金和混合型基金历史平均水平附近。

图11 基金股票仓位变动趋势

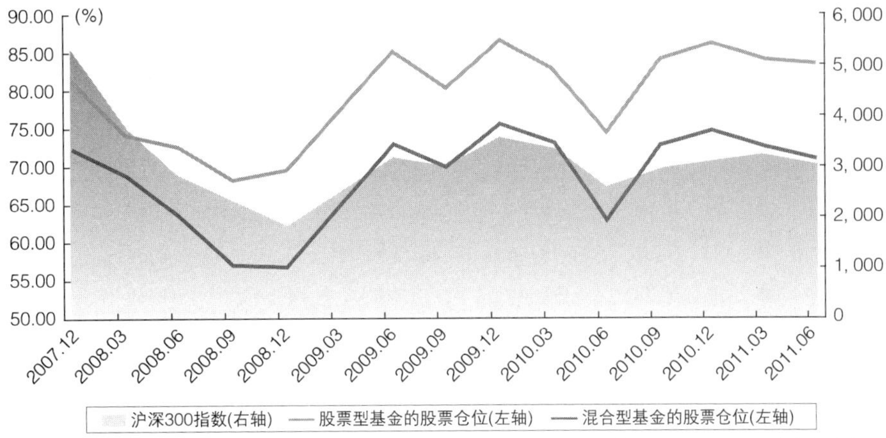

数据来源：Wind，华泰联合证券基金研究中心

(二) 基金的行业配置调整

为应对2010年市场结构化行情，基金除了调整股票仓位之外，还积极调整其行业配置。2010年基金大幅提高食品饮料、医药生物制品等大消费行业的配置比例，其中食品饮料的行业配置比例由2009年末的6.25%提高到2010年三季度末的9.67%，医药生物制品的配置比例由2009年末的5.41%大幅提高到2010年三季度末的10.11%。2010年在大盘蓝筹股调整的背景下，基金在金融保险业上的配置比例由2009年末的23.67%降低到2010年末的12.44%，减持力度相对较大。

2011年上半年A股行业表现与2010年不同，金融保险、金属非金属等行业表现相对较好，医药生物制品遭遇大幅调整。应对于A股行业的轮动，上半年基金减持了医药生物制品、电子、信息技术等跌幅相对较高的行业，增持了金融保险业、金属非金属、房地产等表现相对较好的行业，分享了这些行业上涨带来的部分收益。

表8 基金行业投资占股票市值的比例

单位：%

行业名称	2011年		2010年				2009年年报
	中报	一季报	年报	三季报	中报	一季报	
农林牧渔业	0.69	0.78	1.37	1.18	0.74	0.48	0.51
采掘业	7.18	7.29	6.73	5.42	5.64	6.74	9.43
食品饮料	8.70	7.75	8.55	9.67	8.10	6.53	6.25
纺织服装	0.96	0.82	0.93	1.05	1.07	0.71	0.55
木材家具	0.08	0.10	0.09	0.12	0.07	0.09	0.07
造纸印刷	0.23	0.38	0.38	0.39	0.53	0.65	0.54
石油化学	5.02	5.32	4.94	4.61	4.31	5.12	4.95
电子	2.19	2.54	3.07	2.17	2.13	1.63	1.21
金属非金属	8.34	8.98	6.87	5.94	4.95	6.41	8.43
机械设备	15.97	17.11	15.49	14.54	13.43	13.60	12.38
医药生物制品	6.85	6.47	8.62	10.11	9.89	6.67	5.41
其他制造业	0.32	0.38	0.48	0.50	0.45	0.45	0.38

（续上表）

行业名称	2011年		2010年				2009年
	中报	一季报	年报	三季报	中报	一季报	年报
电力煤气	1.38	1.14	1.01	1.30	1.74	1.43	1.28
建筑业	2.67	2.58	2.38	2.04	1.73	1.67	1.78
交运仓储	2.05	1.97	2.25	2.27	2.90	3.04	2.56
信息技术	5.56	5.71	6.64	5.99	6.10	5.67	4.29
批发零售	5.70	5.52	6.26	8.28	7.19	6.07	5.81
金融保险	14.06	13.52	12.44	13.56	18.54	21.66	23.67
房地产	5.28	4.68	4.26	3.70	3.26	4.40	4.45
社会服务	1.84	1.81	1.80	1.64	1.52	1.32	1.18
传播与文化	0.45	0.46	0.53	0.63	0.89	0.80	0.48
综合类	1.52	1.66	1.89	1.81	1.51	1.85	1.58

数据来源：Wind、华泰联合证券基金研究中心
数据截至：2011年6月30日

(三) QDII基金的区域资产配置调整

QDII基金作为全球资产配置产品，其投资区域逐年增多。2010年QDII基金的投资区域为31个，较2009年的22个投资区域提高了40.90%。2011年QDII基金投资区域又增加了波兰、土耳其等市场，投资区域增加到34个。

从2011年基金中报来看，中国香港地区是QDII基金配置的重点区域，该区域配置的资产占QDII基金总资产的58.99%；其次是美国、韩国、澳大利亚，区域资产配置占比分别为11.91%、6.57%、5.03%。

从区域资产配置变化趋势来看，QDII基金逐渐增加了美国、韩国、英国等发达市场的资产配置比例，其中美国的资产配置比例由2009年末的8.53%提到2011年上半年末的11.91%，韩国的资产配置比例由2009年末的3.43%提高到2011年上半年末的6.57%，相比之下香港市场的资产配置比例逐年降低。

图12 QDII基金的区域资产配置比例

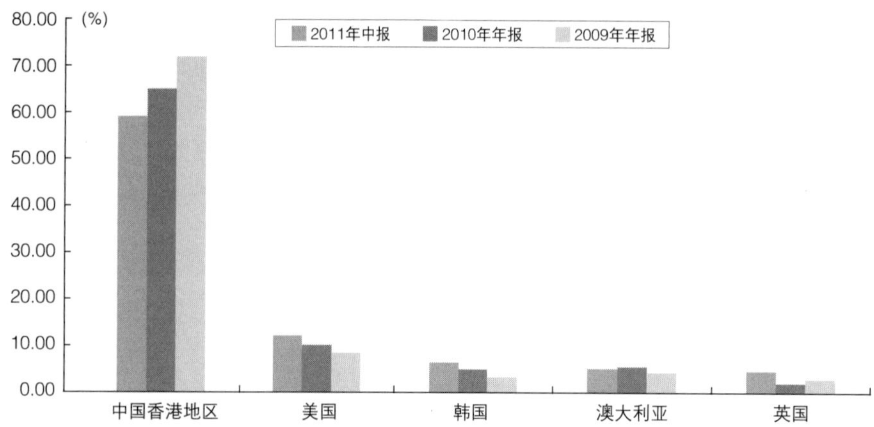

数据来源：Wind、华泰联合证券基金研究中心

六、基金管理费用

在公募基金资产规模相对稳定的背景下，基金管理费亦保持相对稳定的局面。2010年公募基金的管理费为302亿元，较2009年增加了5.89%。2011年上半年A股震荡走低，新基金发行为基金管理费提供了一定的补充，基金管理费与2010年上半年基本相当，为149.51亿元。

图13 基金管理费增长趋势

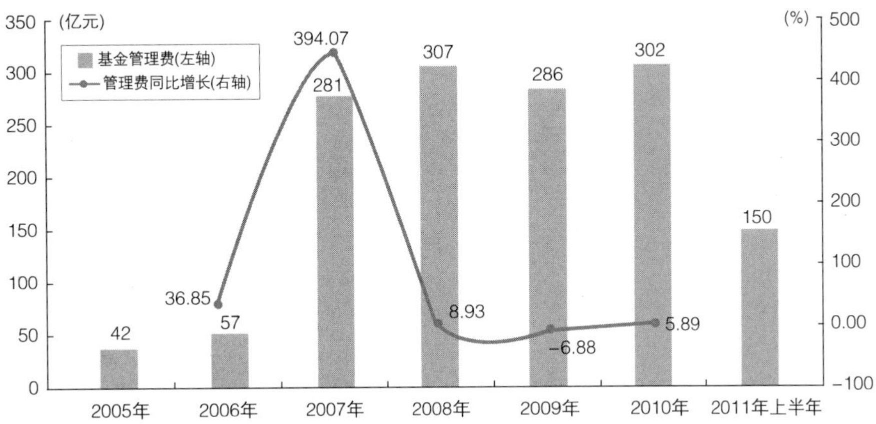

数据来源：Wind、《基金年鉴》
华泰联合证券基金研究中心

从各类型基金来看，股票型基金和混合型基金是基金管理费的主要来源。2010年，股票型基金、混合型基金的管理费分别为156.90、102.95亿元，分别占总管理费用的51.31%、32.77%，占比相对较高。其他类型基金管理费合计占总管理费用的比例相对较低，约为16%。

图14 2010年各类型基金管理费用结构

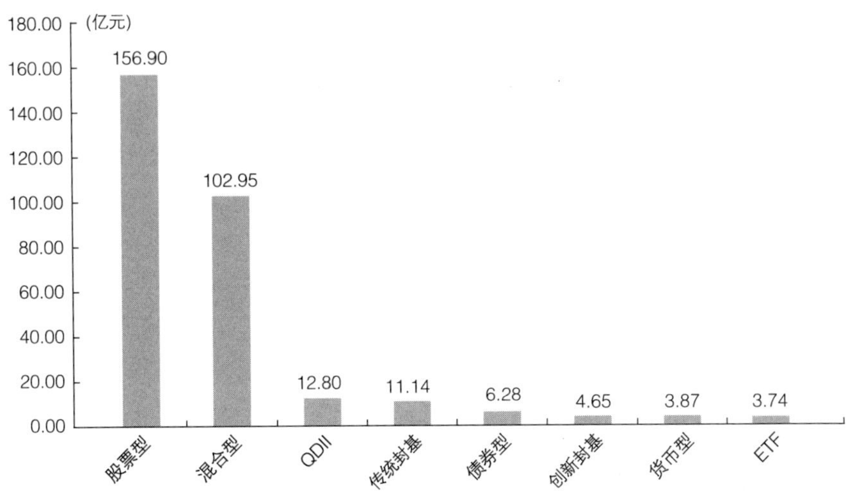

数据来源：Wind、《基金年鉴》
华泰联合证券基金研究中心

从基金管理费的变化来看，ETF基金管理费涨幅最高，较2009年增加了104.47%；其次是创新封闭式基金，其管理费收入涨幅为48.85%。ETF和创新封闭式基金管理费的大幅增加，主要在于2010年之前ETF和创新封闭式基金的资产规模相对较小，2010年新成立ETF和创新封闭式基金数量较多，增加了管理费用。2010年股票型基金、混合型基金的管理费增幅相对较小，分别为10.27%、0.92%。2011年上半年由于A股的弱势表现，股票型基金、混合型基金管理费同比降低1.25%、4.06%；创新封闭式基金、ETF基金的管理费进一步增加，增幅分别为65.31%、4.94%。

表9　近三年各类型基金管理费概况

基金类型	2011年上半年		2010年度		2009年度		2008年度	
	管理费(亿元)	占比(%)	管理费(亿元)	占比(%)	管理费(亿元)	占比(%)	管理费(亿元)	占比(%)
传统封闭式基金	5.22	3.50	11.14	3.68	11.30	3.96	14.85	4.83
创新封闭式基金	3.57	2.39	4.65	1.54	3.13	1.10	1.41	0.46
开放式基金								
其中：股票型基金	76.47	51.15	156.90	51.90	142.37	49.89	152.23	49.52
混合型基金	49.37	33.02	102.59	34.05	101.65	35.62	111.49	36.27
债券型基金	4.06	2.72	6.28	2.08	7.35	2.58	7.18	2.34
货币市场基金	2.49	1.67	3.87	1.28	6.13	2.15	4.57	1.49
ETF	1.85	1.24	3.74	1.24	1.83	0.64	1.54	0.50
QDII	6.48	4.33	12.80	4.23	11.60	4.07	14.11	4.59

数据来源：Wind、华泰联合证券基金研究中心

从各家基金公司管理费收入来看，2010年，华夏、嘉实、易方达等基金公司的年管理费收入居同业前列，其中华夏基金、嘉实基金的年管理费收入分别为28.84亿元、17.01亿元，分别占基金总管理费的9.14%和5.39%。从管理费收入集中度来看，前10大基金公司的管理费收入合计占基金总管理费的47.22%；前30家基金公司的管理费收入合计占基金总管理费的86.10%。与此同时，后10家基金公司的管理费收入均不足1亿元。

2005年至2011年上半年，前10大基金公司的管理费收入占比呈逐渐降低趋势。2011年上半年，前10大基金公司管理费收入占基金总管理费用的比例为46.72% 。

图15　前10大基金公司管理费收入占比

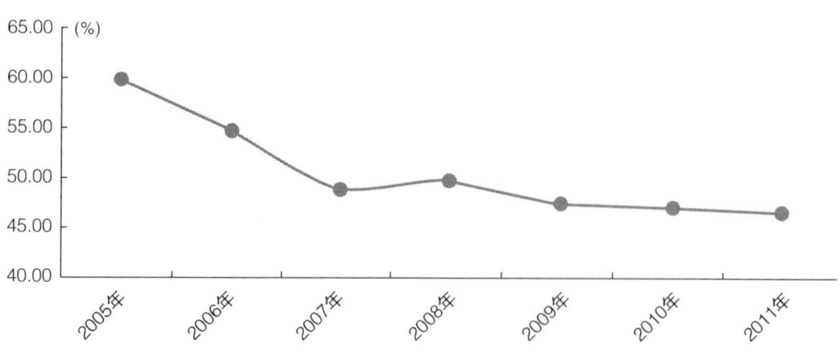

数据来源：Wind、华泰联合证券基金研究中心
数据截至：2011年截至6月30日

2010年共有39家基金公司的管理费收入实现正增长，其中嘉实、银华、华夏等基金公司管理费收入绝对额增加较多，均超过2亿元。从基金公司管理费收入增长幅度来看，摩根士丹利华鑫、华商、农银汇理等基金公司的管理费收入增幅相对较高，均超过50%。基金公司管理费收入增长的原

因是由于公司旗下基金良好的业绩吸引投资者的热情参与，带动资产规模的增加，同时，新发行的基金也提高了基金公司的管理规模。

表10 近三年基金管理费收入绝对额增加较多的基金公司

单位：亿元

基金公司	2008年年报	2009年年报	2010年年报
嘉实基金	15.58	14.07	17.01
银华基金	7.79	7.69	9.72
华夏基金	27.89	26.82	28.84
易方达基金	16.41	14.72	16.37
华商基金	1.23	1.28	2.77
兴业全球基金	4.68	5.17	6.15
中银基金	3.35	3.37	4.30
农银汇理基金	0.36	1.33	2.23
大成基金	12.24	10.98	11.88
广发基金	13.39	12.60	13.48

数据来源：Wind、华泰联合证券基金研究中心

七、基金托管费用

基金托管费是基金托管人为保管和处置基金资产而向基金收取的费用，依赖于基金的资产规模。2010年，基金托管费用为53.31亿元，较2009年增加了5.70%。2011年上半年基金托管费同比小幅增加1.33%，为26.62亿元。

2011年上半年，在统计的15家托管银行中，工商银行、建设银行、中国银行的优势较为明显，托管基金数量分别为234只、195只、119只，托管费收入分别为7.85亿元、6.89亿元、4.09亿元，占全行业托管费收入的29.48%、25.98%、15.40%。2011年上半年有10家托管银行的托管费收入同比上升，其中民生银行的托管费收入增幅较大，达到41.91%。

图16 基金托管费增长趋势

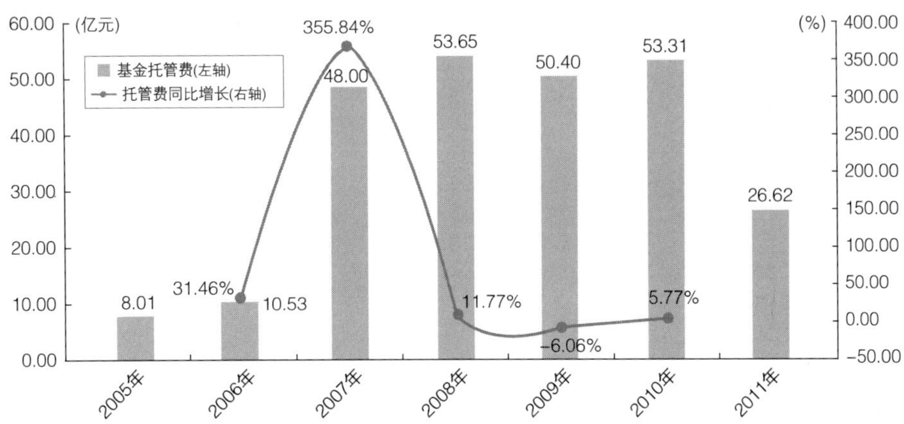

数据来源：Wind、华泰联合证券基金研究中心
数据截至：2011年截至6月30日

图17 2011年上半年托管银行托管基金概况

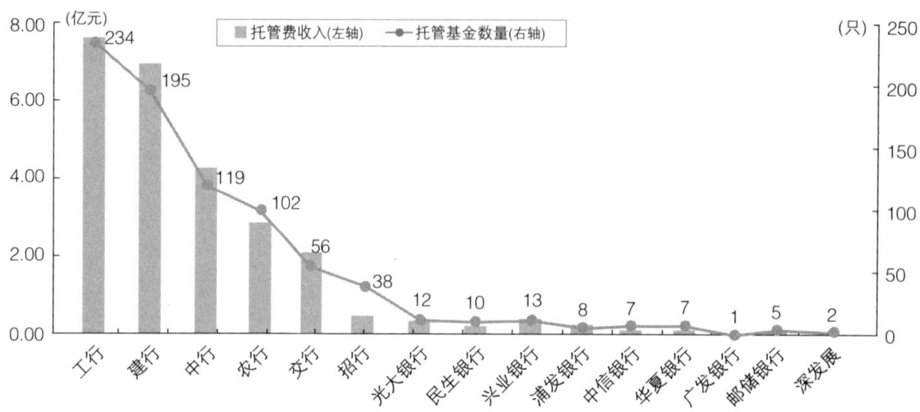

数据来源：Wind、华泰联合证券基金研究中心
数据截至：2011年6月30日

八、基金客户维护费用

2010年基金客户维护费支出为45.98亿元，占基金总管理费用的15.23%。2011年上半年基金客户维护费支出为23.78亿元，同比增加了7.07%。从2008年披露基金客户维护费至今，基金客户维护费占基金总管理费用的比例在逐渐提升，由2008年的14.27%提高到15.95%，在一定程度上说明在当前基金销售格局下基金公司的议价能力在逐年趋弱。

表11 基金客户维护费用历年概况

	2011年中报	2010年年报	2009年年报	2008年年报
基金客户维护费(亿元)	23.78	45.98	41.40	43.87
基金客户维护费占总管理费之比(%)	15.95	15.23	14.51	14.27

数据来源：Wind、华泰联合证券基金研究中心

从不同类型基金客户维护费占比来看，2010年股票型基金的客户维护费占比最高，为17.17%；其次是混合型基金、QDII基金，客户维护费占比分别为15.31%、15.02%。债券型基金的客户维护费占比相对较低，为13.23%。2011年上半年随着债市的走弱，债券型基金的客户维护费占比快速攀升，由2010年的13.23%增加到2011年上半年的18.81%。从2008年基金公司开始披露客户维护费到2011年上半年，股票型基金、混合型基金、QDII基金、债券型基金等的客户维护费占比逐年走高。

表12 各类型基金支付客户维护费概况

单位：%

类 型	2011年中报	2010年年报	2009年年报	2008年年报
开放式基金				
其中：股票型基金	17.88	17.17	16.08	16.01
混合型基金	15.89	15.31	14.69	14.56
债券型基金	18.81	13.23	12.62	8.41
货币市场基金	15.64	11.73	15.56	15.44
QDII	15.93	15.02	13.92	13.36

数据来源：Wind、华泰联合证券基金研究中心

新基金是基金公司客户维护费投入的重点。2011年上半年在股债低迷和新基金密集发行的多重背景下，基金公司通过加大客户维护费投入，来提高基金的发行效率。2010年以来新发基金的维护费占管理费用的比例高达30%左右。相比之下2010年之前成立的基金，其客户维护费占比相对较低，仅为2010年之后成立基金的一半左右。

图18 不同时间成立的基金支付客户维护费占比

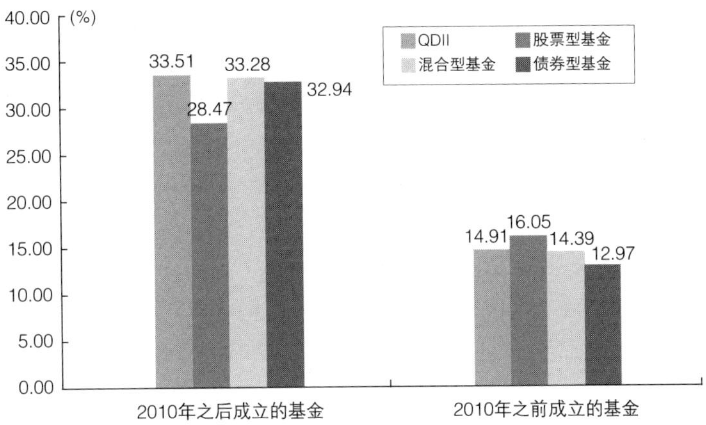

数据来源：Wind，华泰联合证券基金研究中心

九、基金持有人结构

2010年末机构投资者持有各类基金份额规模为4,745.68亿份，较2009年末提高了0.72%；2011年上半年，机构投资者对基金的持有量略有下降，持有基金份额4,682.31亿份。从2007年末至今，机构投资者持有基金总份额由2,325.50亿份增加到4,682.31亿份，增幅超过100%。

从机构投资者持有基金份额占比来看，2007-2010年在逐年增加。2011年上半年由于新基金发行份额的增加，尽管机构投资者加大了对基金的持有份额，但机构投资者持有基金总份额的比例略有下滑，为19.87%。

从基金类型来看，机构投资者持有占比最高的为ETF基金，为76.00%；其次是传统封闭式基金、创新封闭式基金和货币市场基金，分别为60.44%、55.75%和52.44%。相比之下，QDII基金的机构投资者占比最低，仅为1.59%。

图19 2011年上半年机构投资者持有各类型基金市场占比

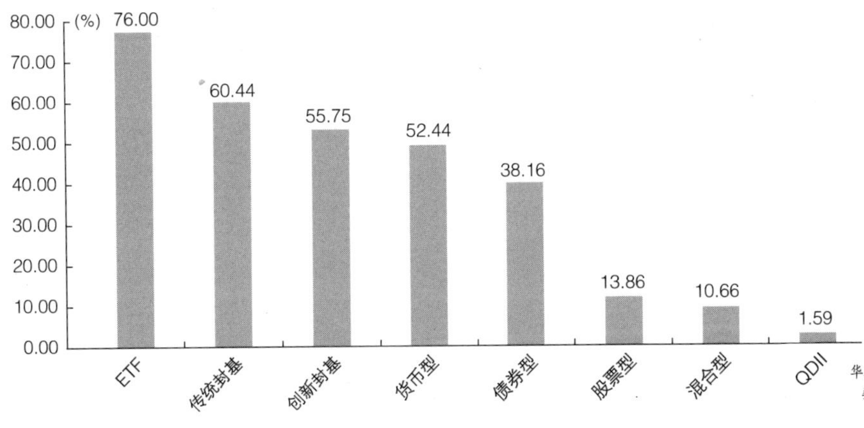

数据来源：Wind；
华泰联合证券基金研究中心
数据截至：2011年6月30日

从机构投资者持有基金占比变动来看，机构投资者从2007-2010年逐年提高ETF基金、股票型基金、混合型基金、创新封闭式基金的配置比例，其中ETF基金机构投资者占比提高幅度最大，由2007年末的44.52%提高到2011年上半年末的76.00%。股票型基金的机构投资者占比由2007年末的5.48%提高到2011年上半年末的13.86%，混合型基金的机构投资者占比由2007年末的4.86%提高到2011年上半年末的10.66%。

对于债券型基金，机构投资者占比基本保持在42%左右，其中2010年、2011年上半年机构投资者占比略有下降，分别为36.18%、38.16%。相比之下，QDII基金机构投资者占比变动不大，由2009年末的1.23%提高到2010年末的1.52%，2011年上半年末为1.59%。

十、基金管理公司发展概况

2010年, 沉寂两年的新基金管理公司破冰。2010-2011年上半年，中国证监会相继批准了6家新基金管理公司，期间正式成立的有5家，其中合资基金公司2家。截至2011年6月30日，我国基金管理公司数量达到65家，同比2009年末增加了5家。其中合资基金公司38家，市场占比增至58.46%。

2010年末前10大基金管理公司市场集中度达到48.10%，与2009年末相比略有下降。2010年末有6家公司管理公募基金资产规模超过1,000亿元，管理资产规模最高的为2,247.13亿元；2011年上半年末前10大基金管理公司市场集中度小幅上升，达到49.01%。

尽管基金资产规模出现回落，但基金公司管理费收入却出现小幅增长。2010年基金管理费收入为302.34亿元，同比2009年增长了5.89%。

十一、基金托管银行发展概况

2010年6月，渤海银行获得基金托管资格，至此我国基金托管机构的数量从2009年的17家增至18家。基金托管费收入从2009年的50.40亿元增至53.31亿元, 增长了5.77%。

18家托管银行中，工商银行继续保持行业龙头地位，2010年末托管基金资产7,620.00亿元，市场份额从上年的29.26%上升到30.24%；建设银行保持第二大基金托管银行的位置，其市场份额为24.58%。前5大托管银行——工商银行、建设银行、中国银行、农业银行和交通银行共计托管基金资产22, 911.54亿元，市场份额合计90.94%，比上年略有下滑。

第三部分 2010-2011年基金市场发展特点

本部分要点：

● 2010年中小基金公司的管理规模大幅增加。基金公司管理规模增加有两方面的原因：基金公司良好的业绩吸引了投资者的热情参与；基金公司发行新产品，增加了公司的管理规模。

● 2010-2011年上半年新基金发行节奏明显加快，但与2010年之前发行成立的新基金不同，这一期间成立的新基金呈现细分化的特点。

● 2010年基金逐渐增加了中小盘股、大消费行业的配置比例。尽管2011年上半年基金调整了其股票和行业配置，然而基金整体上并未改变高配中小盘股、大消费行业的格局。

● 基金股票投资市值占A股流通市值的比例在2007年三季度达到了历史的高点之后逐渐走低，从一定程度说明2007-2011年上半年，基金对于A股的影响力在持续下降。

● 从绝对数量来看，2010-2011年上半年基金经理变更次数在逐渐增加，但从基金经理变更次数与基金总数之比来看，这一指标基本和2009年相当，说明基金经理整体的变更率并未明显增加。

● 《关于保本基金的指导意见》发布，放宽了保本基金的发行约束条件，保本基金迎来了一轮扩容。

一、良好业绩助推中小基金公司管理规模提升

2010年，中、小基金公司的管理规模大幅增加，管理规模在100亿份以下的基金公司，总规模增加了27.59%；管理规模在100亿份-500亿份之间的基金公司，总规模增加了10.63%。相比之下，管理规模超过500亿份的基金公司，仅增加了1.31%。

中小基金公司管理规模增加，有两方面原因：一是基金公司良好的业绩吸引了投资者的热情参与；二是基金公司加快发行新基金，增加了公司资产规模。

图21 2011年上半年中小基金公司管理规模大幅增长

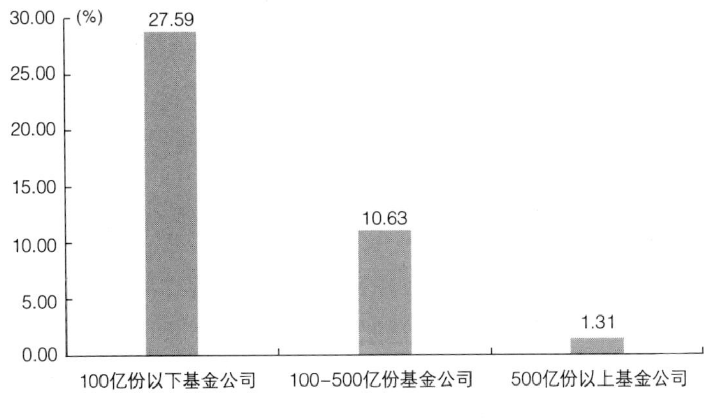

数据来源：Wind、华泰联合证券基金研究中心
数据截至：2011年6月30日

表13　近三年基金管理份额实现增长的部分基金公司

公司简称	2010年基金公司旗下基金业绩表现(%)	2010年		2009年		规模同比增长(%)
		基金数量(只)	年末基金份额规模(亿份)	基金数量(只)	年末基金份额规模(亿份)	
摩根士丹利华鑫	10.40	7	95.77	5	96.65	318.65
民生加银	1.48	4	28.39	2	24.96	181.21
华商	23.27	7	324.69	4	317.22	173.18
国联安	−4.77	12	172.64	8	173.45	81.41
华富	0.07	8	98.68	7	106.20	59.76
金鹰	12.27	6	88.40	4	69.92	50.84
东吴	16.62	8	135.63	6	108.94	48.48

数据来源：Wind、华泰联合证券基金研究中心

从基金数量来看，管理规模快速增长的基金公司均在2010年发行了若干只新基金，比如，国联安基金2010年发行成立4只基金。

从业绩来看，管理规模增幅较大的基金公司业绩相对较好。我们把基金公司管理规模增幅从大到小排列，前1/3的基金公司旗下基金在2010年取得了5.55%的净值增长；中间1/3基金公司旗下基金在2010年取得了2.90%的收益。相比之下，管理规模增幅较小的1/3基金公司，旗下基金业绩涨幅也相对较低，仅为2.32%。中小基金公司在2010年能够取得相对较好的业绩，是由于2010年A股呈现的结构化行情，部分中小基金公司凭借着“船小好掉头”的优势，灵活调整行业配置和股票仓位，整体业绩表现相对较好。大型基金公司由于旗下基金产品规模偏大，在结构化行情中，无论股票仓位调整还是行业配置调整均较为困难，从而冲击了成本。

二、新基金呈现细分化特点

2010-2011年上半年，新基金发行节奏明显加快。但与2010年之前发行的基金不同，这期间发行的新基金呈现细分化的特点。对于指数基金，新基金的发行不局限于沪深300、上证50等宽基指数，新的指数基金涵盖了内地消费、民营企业、大宗商品、TMT等主题指数、策略指数和细分行业指数。对于主动股票型基金，新发行的基金投资范围更加具体，如绿色投资、医疗保健、内需增长、社会责任等。新发行的QDII基金更加侧重细分市场，如金砖四国、新兴市场等，或专注某一细分领域，如黄金、房地产等，产品特征也更加鲜明。

无论是股票型基金还是QDII基金，新基金展现出的这种细分化特点使得：

①基金产品特色更加鲜明，可以更好地将投资者的需求和产品进行匹配；

②基金的细分化有利于发挥基金管理人的主动投资能力，尤其对于QDII基金。在基金公司研究范围尚不足以涵盖广泛的全球市场的情况下，具体的投资范围可以集中基金管理人的有限资源，有利于提高基金的业绩；

③基金的细分化有利于发挥基金产品的工具功能，投资者不但可以利用细分基金产品进行择时投资，而且可以进行不同基金的组合投资，改善基金组合的风险收益效率。

2010-2011年上半年，在基金首发募集规模逐渐走低的背景下，部分特色基金仍获得了较好的募集规模，比如：在大部分QDII基金募集规模均不足10亿份的背景下，诺安黄金、易方达黄金的募集规模均超过了25亿份。2011年上半年股票型基金平均募集规模为16.03亿份，一些有特色的基金募集规模相对较高，比如汇添富社会责任股票基金募集规模高达56.23亿份。

表14 2011年上半年募集规模较大的部分新基金

单位：亿份

基金代码	基金简称	成立日期	募集规模	托管银行
470028	汇添富社会责任股票	2011-03-29	56.23	农业银行
202212	南方保本混合	2011-06-21	49.61	农业银行
040020	华安升级主题股票	2011-04-22	41.19	建设银行
270024	广发聚祥保本混合	2011-03-15	41.09	工商银行
160513	博时裕祥分级债券	2011-06-10	40.02	招商银行
110023	易方达医疗保健行业股票	2011-01-28	38.13	中国银行
519509	浦银安盛货币	2011-03-09	37.74	中信银行
161015	富国天盈分级债券	2011-05-23	35.05	工商银行

数据来源：Wind、华泰联合证券基金研究中心

三、基金重配中小盘股和大消费行业

2010年A股震荡走低，上证综指、沪深300指数分别下跌14.31%、12.51%，然而市场结构化行情显著，中小盘表现相对较好。在此背景下，股票型基金和混合型基金通过主动资产配置，均取得了正收益，其中股票型基金年净值增长1.91%、混合型基金年净值增长4.91%，均跑赢沪深300指数，然而2011年上半年在沪深300指数仅下跌2.69%的情况下，股票型基金和混合型基金净值下跌幅度均在7%左右。

基金的这种表现主要由于基金整体重配中小盘和大消费行业、低配金融保险等行业。首先从大小盘股票①来看，2010年基金大幅提高了中小盘股的配置比例，其中小盘股的配置比例由2009年末的3.18%提高到2010年末的8.61%；中盘股的配置比例由2009年末的21.26%提高到2010年末的28.14%；而大盘股的配置比例由2009年末的76.56%降低为2010年末的63.25%。2011年上半年随着中小盘股的大幅调整，基金小幅减持了中小盘股的配置比例，将大盘股的配置比例提高到68.23%。

其次从行业超配情况来看，2010年基金超配食品饮料、医药生物制品、批发零售贸易等大消费行业，低配金融保险、采掘等行业。2011年以来尽管基金增加了金融保险、采掘等行业的配置比例，然而基金整体并未改变金融保险业、采掘业等行业低配和食品饮料、医药生物制品等行业超配的格局。

①华泰联合证券将股票流通市值从大到小排列，流通市值排在前70%的股票为大盘股，流通市值排在最后10%的股票为小盘股，介于两者之间的股票为中盘股。

图22　基金的股票配置特征

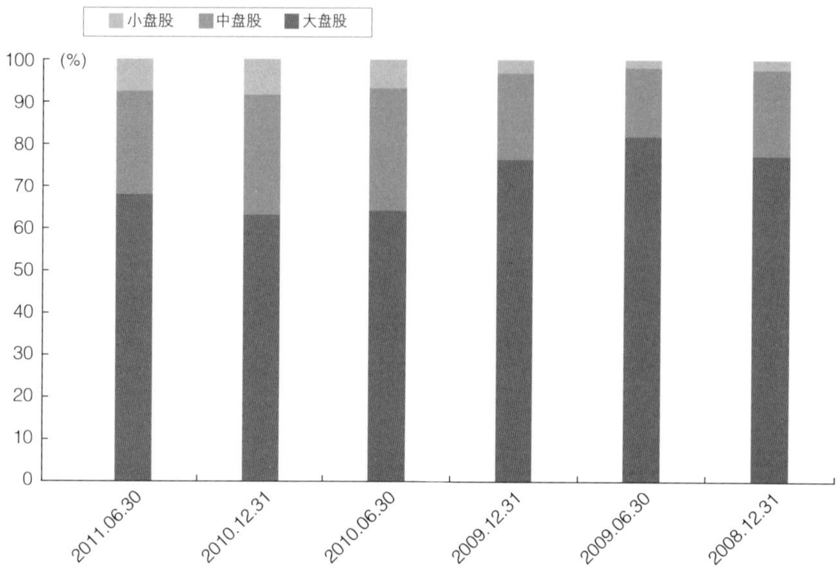

数据来源：Wind、华泰联合证券基金研究中心

图23　基金的行业超配比例

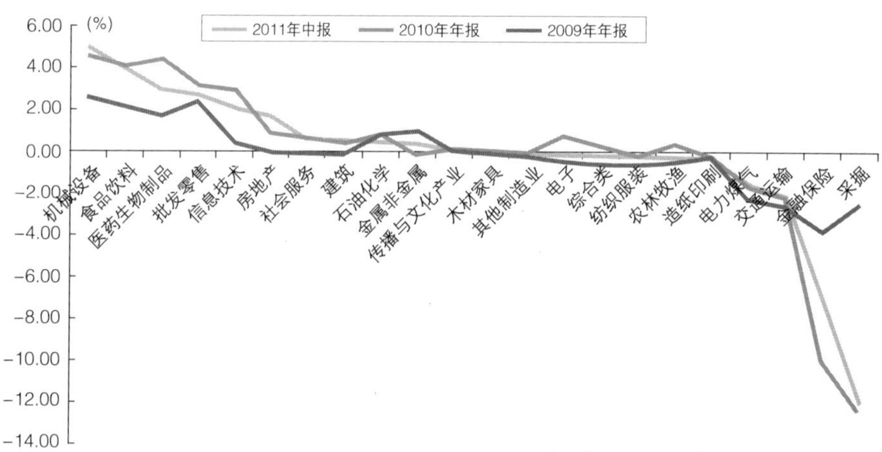

数据来源：Wind、华泰联合证券基金研究中心

四、基金股票投资对A股的市场影响力有所减弱

基金股票投资市值占A股流通市值的比例反映了基金对于A股的影响力。截至2011年二季度末，基金的股票资产为15, 014亿元，占A股流通市值的7.47%。从基金股票投资市值占A股流通市值的比例变动趋势来看，基金股票投资市值占比在2007年三季度达到历史高点之后逐渐走低，说明从2007年到2011年上半年基金对于A股的影响力持续下降。

造成基金对于A股影响力持续下降的原因在于，从2007年三季度到2011年上半年随着新股的不断发行和大小非解禁，A股流通市值增加了1倍多，而同期基金的股票资产降低了27%左右。

图24　基金股票资产占沪深流通市值之比

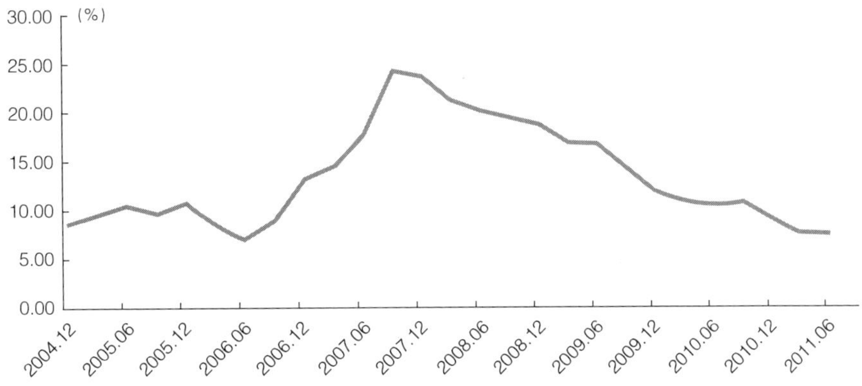

数据来源：Wind，华泰联合证券基金研究中心

五、2010年下半年基金换手率提升

2010年下半年市场结构行情表现较上半年更加明显，中小盘股相对较为强势的表现在一定程度上刺激了基金的投资活跃度。2010年下半年基金的平均换手率①在连续一年下滑后，出现了回升，换手率由上半年的1.06倍提高到下半年的1.32倍，其中股票型基金、混合型基金的换手率分别由上半年的1.22倍、1.18倍提高到下半年的1.56倍、1.45倍。

基金换手率增加的背后是基金股票买入量和卖出量的大幅增加。2010年下半年基金的股票买入和卖出量分别增加了24.53%和16.01%。基金买入量和卖出量的环比大幅增加在一定程度上说明基金在2010年下半年积极进行重仓股的调整来应对市场的结构行情。

图25　基金的换手率走势

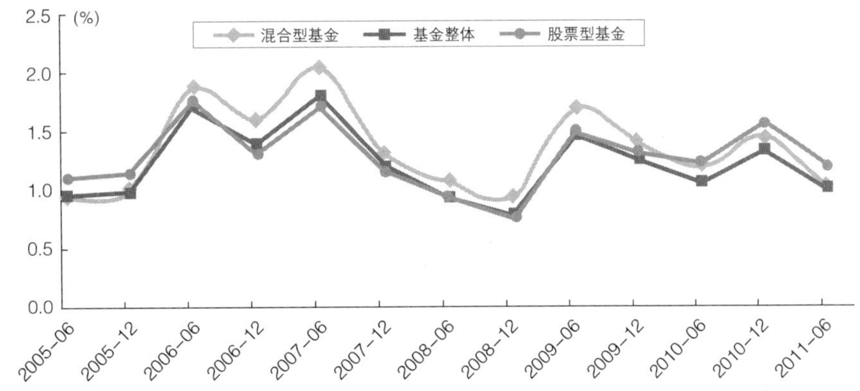

数据来源：Wind、华泰联合证券基金研究中心

大型基金的换手率相对较低，而中小基金的换手率和差异化程度均相对较高。以股票型基金为例，2010年下半年，资产规模低于10亿元的股票型基金平均换手率为2.87倍，而资产规模高于100亿元的股票型基金平均换手率仅为1.05倍。进一步可以看到中小基金的换手率差异性较大。规模小于10亿元的股票型基金最低、最高换手率差异高达近10倍。从换手率的偏离程度来看，资产规模低于10亿元的股票型基金换手率偏离度②为2.18倍，而同期规模高于100亿元的股票型基金换手率偏离度仅为0.79倍。

① 换手率=买入股票额和卖出股票额的最低值/基金股票资产的平均值。
② 基金换手率偏离度定义为基金换手率和同类基金平均换手率偏差的程度。

图26　2010年下半年不同资产规模的股票型基金换手率

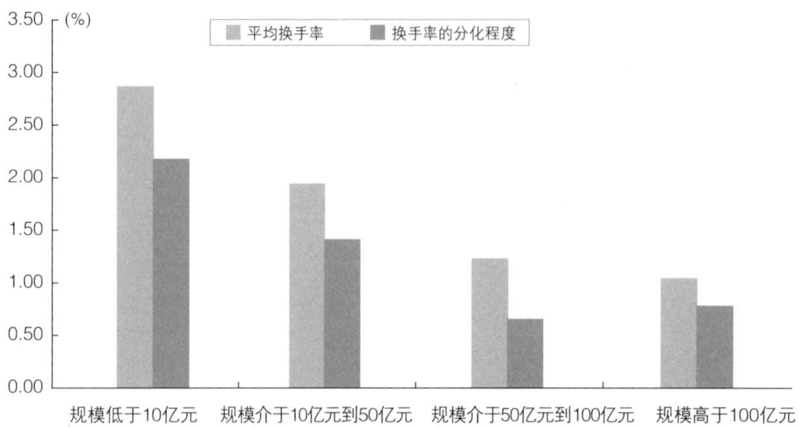

数据来源：Wind、华泰联合证券基金研究中心

六、基金经理整体的变动率并未明显增加

随着基金数量的不断增多，基金经理的变动次数趋于增加。2011年上半年共有143只基金发生基金经理变更，同比增加14.40%。从绝对数量来看，2010-2011年上半年基金经理变更的次数在逐渐增加，然而新基金的发行增加了基金的数量。从基金经理变更次数和基金总数之比来看，这一指标基本和2009年相当，说明基金经理整体的变动率并未明显增加。

为应对基金经理的变更，有近1/4的基金采用双基金经理或多基金经理管理。从不同时期成立的基金来看，2010-2011年上半年新成立的基金采用双基金经理或多基金经理管理的比例相对较高，其中2011年新成立的股票型基金，采用多基金经理制的基金占比达到了32%。采用多基金经理制的基金在一定程度可以减小基金经理变更对基金风格、业绩稳定性造成的冲击。

图27　基金经理月度变动数目

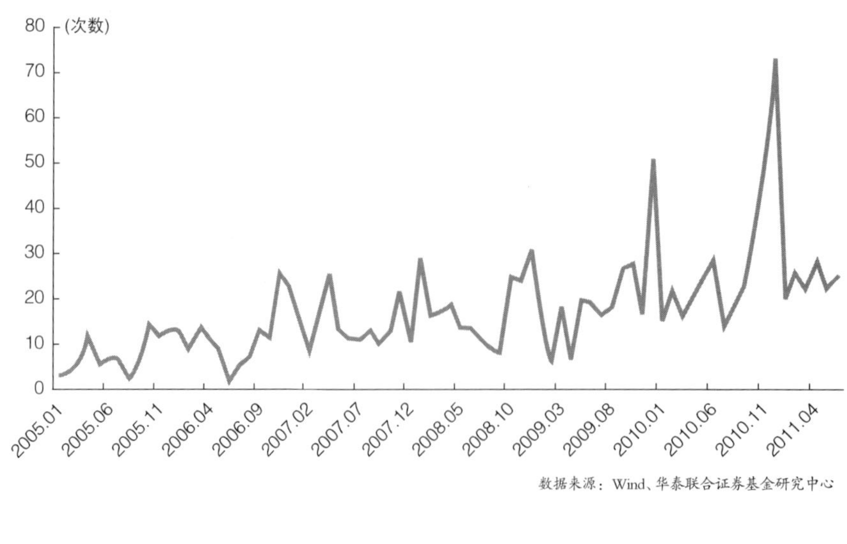

数据来源：Wind、华泰联合证券基金研究中心

图28 新基金管理“双基金经理或多基金经理制”的市场占比

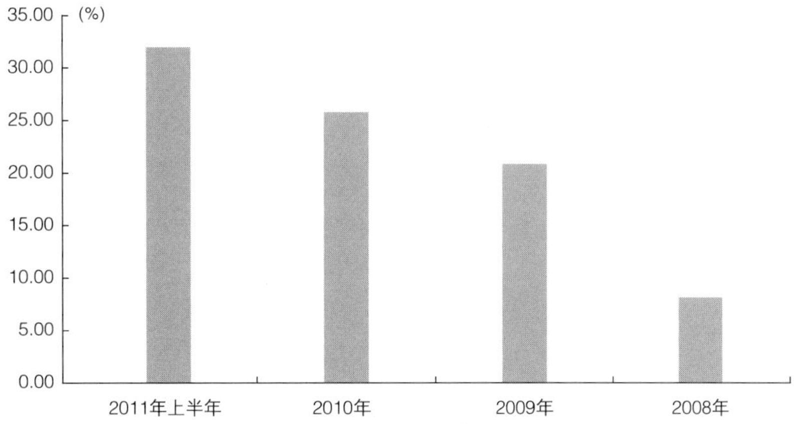

数据来源：Wind、华泰联合证券基金研究中心

七、保本基金迎来扩容

国内保本基金从2003年6月开始推出，由于担保机构的条件较高，保本基金扩容受到限制。2010年9月，中国证监会发布《关于保本基金的指导意见》，该指导意见在注册资本、净资产等方面降低了担保人的门槛，增加了可以为保本基金提供担保的机构。新的指导意见鼓励基金公司在产品设计阶段，通过保本策略来力求本金的安全。

随着保本基金约束条件的放宽，保本基金迎来了一轮扩容。2011年上半年共有12只保本基金发行成立，远高于2010年之前保本基金的总数。新成立的保本基金多通过CPPI、PPPI等保本策略力求保证保本基金本金的安全。从募集规模来看，2011年上半年新成立的保本基金平均募集规模为25.02亿份，高于同期股票型基金的募集规模，其中广发聚祥保本混合基金募集规模高达41.09亿份，可以看出，投资者参与积极性很高。

表15 2011年上半年新成立保本基金概况

基金简称	成立日期	募集规模(亿份)	担保人	托管银行
建信保本混合	2011-01-18	31.26	中国投资担保有限公司	工商银行
汇添富保本混合	2011-01-26	25.07	中国投资担保有限公司	工商银行
广发聚祥保本混合	2011-03-15	41.09	中国投资担保有限公司	工商银行
东方保本混合	2011-04-14	18.69	中国邮政集团公司	邮储银行
国泰保本混合	2011-04-19	26.25	重庆市三峡担保集团有限公司	招商银行
大成保本混合	2011-04-20	16.72	中国投资担保有限公司	工商银行
诺安保本混合	2011-05-13	27.01	中国投资担保有限公司	招商银行
金鹰保本混合	2011-05-17	9.34	广州国际集团有限公司	工商银行
长盛同鑫保本混合	2011-05-24	30.32	安徽省信用担保集团有限公司	中国银行
银河保本混合	2011-05-31	10.58	中国银河金融控股有限责任公司	建设银行
南方保本混合	2011-06-21	49.61	中国投资担保有限公司	农业银行
银华永祥保本混合	2011-06-28	14.29	中国投资担保有限公司	中国银行

数据来源：Wind，华泰联合证券基金研究中心

第四部分　基金监管新规及其影响

本部分要点：

● 2010年至2011年上半年，中国证监会出台了一系列加强基金监管的法规，新的监管规定对未来基金业的发展有着重要的影响。

● 新的监管法规包括《证券投资基金信息披露XBRL模板第3号——年度报告和半年度报告》、《证券投资基金参与股指期货交易指引》、《关于保本基金的指导意见》等。

2010-2011年上半年，中国证监会不断强化基础建设，加强监管，积极推进市场创新，出台了多个部门规章及规范性文件，对基金行业的销售监管、交易监管提出了规范性要求，引导行业稳健发展。

2010年初，中国证监会推出基金产品分类审核制度，充分发挥市场配置资源的基础性作用，加快新基金发行速度，基金产品结构得到了初步改善。证监会对基金产品审批情况实行公示制度，进一步提高了基金产品审核工作的透明度。

一、《证券投资基金信息披露XBRL模板第3号——年度报告和半年度报告》

简称《第3号XBRL模板》 2010年2月8日发布 证监会公告[2010]5号

XBRL是一种标准化电子计算机语言，目前广泛应用在国内外企业财务报告和监管报告领域中。《第3号XBRL模板》的发布和实施，明确规定了基金年度和半年度报告的XBRL格式。该模板有效增强了基金信息披露的准确性和及时性，有利于从不同角度和不同层次对基金信息进行深加工和精细化处理，大幅提高了基金信息利用的广度、深度和精度，提高了基金信息在编报、传送和使用的效率和质量，降低了社会信息采集成本，减少了差错。

对于基金公司来说，随着基金产品数量的不断增加，基金管理的复杂程度和强度日期提高，增加了传统人工方法出现差错的可能性。XBRL模板的运用改善了基金公司的内部流程，为投资决策系统、估值系统、咨询系统和检查稽核系统构筑了一个统一的平台，将大幅提高基金公司的内控水平。

二、《证券投资基金参与股指期货交易指引》

简称《基金参与股指期货交易指引》2010年4月21日发布 证监会公告[2010]13号

《基金参与股指期货交易指引》对基金投资股指期货的投资策略、参与程序、比例限制、信息披露、风险管理、内控制度等提出了具体要求。《基金参与股指期货交易指引》明确规定：①除了保本基金及特殊基金品种外，基金应当根据风险管理的原则，以套期保值为目的；②股票型基金、混合型基金及保本基金可以从事股指期货交易，债券型基金、货币市场基金不得从事股指期货交易；③规定了基金股指期货投资比例的限制。

《基金参与股指期货交易指引》还明确了基金管理公司从事股指期货交易的决策制度，引导基金管理公司和托管银行以审慎的态度对待基金从事股指期货交易的问题，强化了基金从事股指期货交易的信息披露工作，规范了基金参与股指期货。

此次基金开放参与股指期货，在一定程度上为基金规避下跌风险、套期保值提供了便利，然而由于基金持有的卖出期货合约价值不得超过基金持有的股票总市值的20%，意味着基金只能规避部分市场风险。

三、《关于保本基金的指导意见》

简称《指导意见》 2010年10月26日发布 证监会公告[2010]30号

《指导意见》降低了非金融机构担任保本基金担保人的门槛，还首度允许基金公司、证券公司等可担任保本基金的担保人，扩大了保本基金担保机构的可选范围，减小了保本基金的发行障碍。此外，《指导意见》还明确提出基金管理人应当充分揭示保本基金的风险，说明保本基金在极端情况下仍存在本金损失的风险，有利于投资者熟悉该类基金的风险特征。

《指导意见》明确保本基金可以参与股指期货投资，其投资限制以基金的保本策略和投资目标为依据。保本基金参与股指期货投资不但为保本基金获取较高收益提供了可能性，而且为基金管理人设计不同保本策略保本产品提供了便利。

四、《证券投资基金信息披露XBRL模板第4号——基金合同生效公告及十一类临时公告(试行)》

简称《第4号XBRL模板》 2010年11月18日发布 证监会公告[2010]32号

该《第4号XBRL模板》规定了基金合同和临时公告的XBRL标准，涵盖基金合同生效公告、基金开放日常申购（赎回、转换、定期定额投资）业务公告、基金暂停/恢复（大额）申购（转换转入、赎回、转换转出、定期定额投资）公告、基金经理变更公告、基金行业高级管理人员变更公告等多项临时公告的格式模板。

继《第3号XBRL模板》之后，该《第4号XBRL模板》进一步完善了基金XBRL披露规范的框架，为基金行业构建标准化XBRL库奠定了基础。

五、《合格境外机构投资者参与股指期货交易指引》

简称《QFII股指期货交易指引》 2011年5月4日发布 证监会公告[2011]12号

《QFII股指期货交易指引》规定合格境外机构投资者参与股指期货交易，只能从事套期保值交易，其股指期货合约价值和成交金额均不得超过其投资额度。

该指引规范了境外机构参与国内股指期货，为合格境外机构投资者参与股指期货提供了一个框架。股指期货对合格境外机构投资者开放是我国股指期货市场逐步走向成熟必经的一步，然而由于市场规模、股指期货经验等限制，目前只允许合格境外机构投资者有限度参与股指期货–套期保值交易，在一定程度上保证了股指期货的平稳运行。

六、《证券投资基金销售管理办法》

简称《基金销售管理办法》 2011年6月9日发布 证监会令第72号

《基金销售管理办法》明确规定了商业银行、外资法人银行、证券公司、证券投资咨询机构、独立基金销售机构以及中国证监会规定的其他机构可以向中国证监会申请基金销售业务资格，从法规层面为拓宽基金销售渠道创造了条件。该办法明确了基金宣传推介材料的事前报备程序，保护投资人权益，详细地规定了基金宣传推介材料的必备内容与具体要求。

在基金费率方面，基金销售机构可以按照基金合同和招募说明书的约定向投资人收取认购费、申购费、赎回费、转换费和销售服务费等费用，基金销售机构为基金投资人提供增值服务的，可以向基金投资人收取增值服务费。

《基金销售管理办法》从法律层面为基金第三方销售扫清了障碍，拓宽了基金销售渠道。在短期来看，由于投资者的投资习惯、银行网点覆盖优势等因素，第三方销售尚难以改变银行垄断销售的格局，然而从长期来看或将改变“银行销售基金为主”的局面，将为投资者提供更多的基金销售渠道。

2010年，中国证监会在出台多个部门规章及规范性文件，深化市场监管的同时，还加大对基金管理公司“老鼠仓”、非公平交易和各种形式的利益输送行为的打击力度，对触犯“三条底线”的行为继续采取了高压打击态势。处置了多起涉嫌异常交易行为，查处了两家基金管理公司3名基金经理的“老鼠仓”行为。其中1名基金经理被移送司法机关追究刑事责任，这是基金行业第一件移交司法机关处理的“老鼠仓”案件。另2名基金经理被取消基金从业资格、没收违法所得、处以罚款，并分别被处罚终身禁入市场和3年禁入市场。通过强化责任追究，严肃了市场法纪，很好地维护了市场秩序。

2010-2011年 中国私募证券投资基金发展综述

□ 私募排排网①

2011年，是私募证券投资基金发展具有代表性的一年。从发展初期投资者、监管层的疑虑，参与方的摸索和困惑，到2011年新的基金法修订草案将私募基金纳入监管范围，私募基金将有法可依，获得明确的法律地位，整个行业在摸索中前进，在前进中发展，确立了自身在高端财富管理中的作用和地位。

目前，私募证券投资基金在国内主要有两大模式：信托制和有限合伙制。信托制模式的私募基金，即经阳光化后的私募证券投资基金，又叫做阳光私募。阳光私募基金是指借助信托公司发行的，经过监管机构备案，资金实现第三方银行托管，有定期业绩报告的投资于股票市场的基金。这种“信托公司+托管银行+私募公司”的模式创新在适应政策的要求下，使得私募基金公司可以用“投资顾问”的身份进入基金管理领域，改变了此前私募十多年徘徊在地下的境遇。阳光私募基金与一般私募证券基金的区别主要在于规范化、透明化，由于借助信托公司平台发行能保证私募认购者的资金安全。

然而近年来，一方面由于信托制私募基金的投资限制相对较多，并不能充分满足私募基金灵活操作，追求绝对收益的目标；另一方面由于信托证券账户的停开，有限合伙制模式的私募基金在国内也逐步兴起。

本文主要概括主流模式下的私募证券投资基金2010年度及2011年上半年度的发展回顾、发展特点以及未来的发展趋势。

① 参与人员：融智评级中心研究员 彭晓武、杨志为、何卫玲、陈琴

第一部分 2010-2011年中国私募证券基金业发展回顾

一、产品发行数量及规模

(一)发行数量

经过7年的发展历程，国内私募证券投资基金已初具规模。历年产品的发行数量呈现出逐步上升的趋势，如图1。截至2011年6月30日，共发行成立了1, 899只阳光私募产品，包括非结构化产品1, 062只，结构化产品780只，TOT产品57只。除去已经清算的产品404只，现存各类阳光私募总数为1, 495只。

图1 历年阳光私募产品成立数量（含已结束的产品）

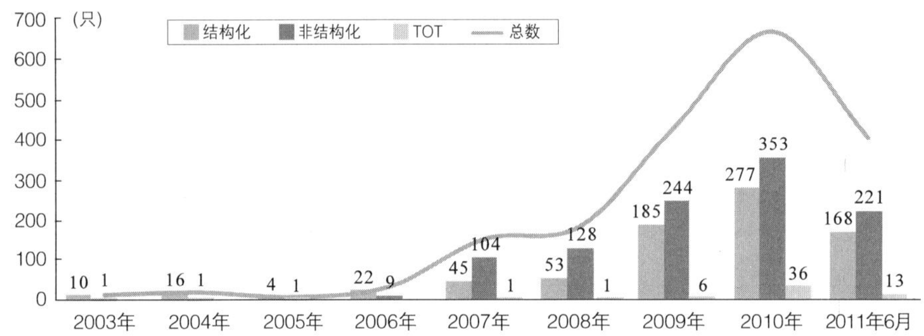

资料来源：私募排排网数据中心

2010年，结构化产品中信信托·麟益1期分层型证券投资集合资金信托计划的发行，拉开了2010年至2011年6月阳光私募基金爆发式发展的序幕，期间产品发行数量达到1, 068只，其中结构化产品由335只增长至780只，新发行445只；非结构化产品由488只增长至1, 062只，新发行574只；TOT在2010年至2011上半年也获得了飞速发展，期间共发行产品49只，其中券商系4只，银行系4只，第三方16只，信托系25只。综合来看，平均每月发行产品数量近60只。

图2 2010-2011年上半年全国阳光私募产品月度成立数量（含已结束的产品）

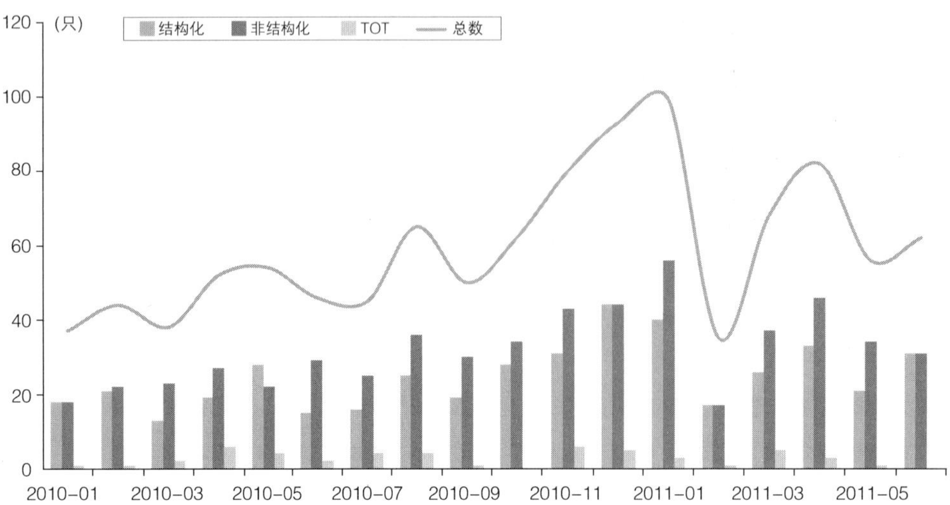

资料来源：私募排排网数据中心

截至2011年6月底，发行了证券投资类信托产品的投资顾问有535家，如图3，管理产品数量最多的阳光私募投资顾问公司为云南国际信托有限公司，共计发行37只产品。2010-2011年6月参与产品发行的投资顾问数量达到353家，如图4显示，发行数量排名前十的投资顾问公司均发行了10只(含)以上的产品，其中尚雅投资、新价值投资和数君投资产品发行数均在20只以上。

图3 管理产品数量前十的投资顾问公司

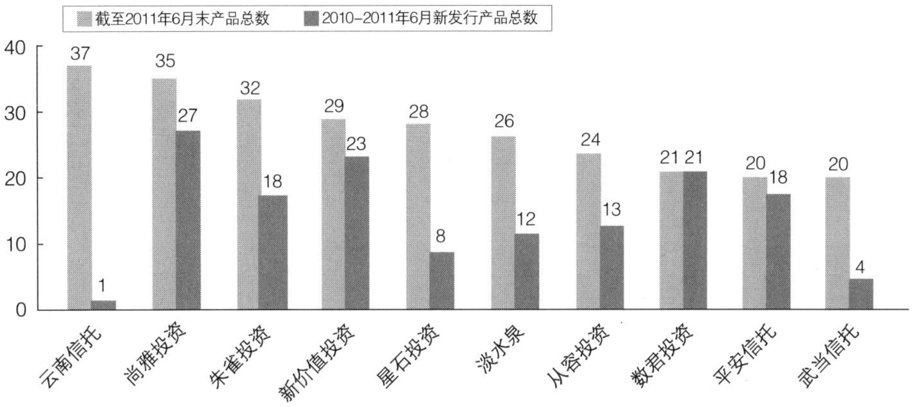

资料来源：私募排排网数据中心

图4 2010-2011年上半年发行产品数量前十的投资顾问公司

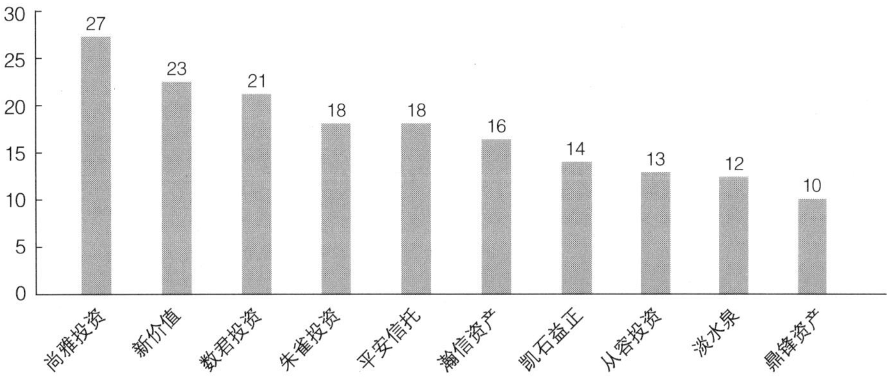

资料来源：私募排排网数据中心

另外根据产品注册地统计，截至2011年6月，上海、深广及北京地区是阳光私募产品三大主要发行地。如表1显示，北京、上海和深广地区产品发行占总产品量的83.73%。2010年至2011年6月期间，新发行产品仍然以上海最多，共计发行329只产品，北京、深圳和广州紧随其后，分别发行184只、175只和58只产品。

表1 产品发行城市排名

2003-2011.06产品发行城市前十		2010-2011.06产品发行城市前十	
发行城市	发行产品数量(只)	发行城市	发行产品数量(只)
上海	620	上海	329
深圳	352	北京	184
北京	322	深圳	175
广州	75	广州	58

（续上表）

2003-2011.06产品发行城市前十		2010-2011.06产品发行城市前十	
发行城市	发行产品数量(只)	发行城市	发行产品数量(只)
昆明	37	杭州	20
杭州	28	西安	17
西安	24	南京	12
宁波	21	武汉	8
南京	18	天津	7
武汉	13	苏州	7

资料来源：私募排排网数据中心

图5 产品发行城市市场占比

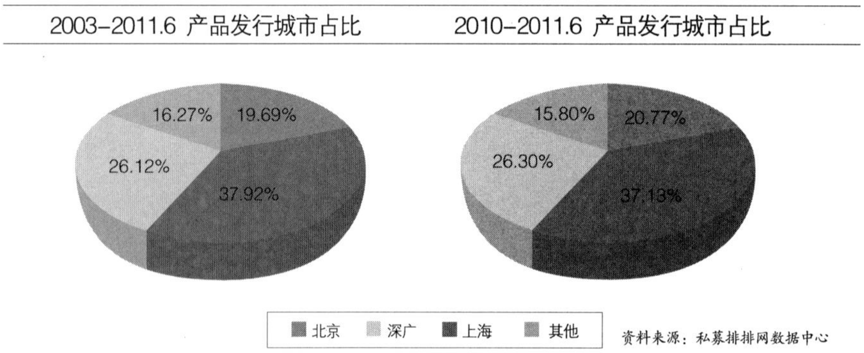

资料来源：私募排排网数据中心

与阳光私募产品发行关联的三方分别是信托公司、托管银行和证券公司。据不完全统计，如表2，2010年至2011年6月所发行产品的三大关联方产品数排名中，中融信托发行产品数量最多，达197只；托管银行方面，工商银行托管的产品数量排第一，总计为119只；证券公司方面，选择国信证券作为交易券商的产品最多，为71只。

表2 2010-2011年上半年所发行产品的三大关联方排名

信托公司	产品数(只)	托管银行	产品数(只)	证券公司	产品数(只)
中融信托	197	工商银行	119	国信证券	71
外贸信托	166	招商银行	102	中金公司	46
中信信托	124	中国银行	86	中信建投	39
兴业信托	96	兴业银行	80	安信证券	38
平安信托	86	光大银行	68	中信证券	36
华润信托	52	建设银行	67	国泰君安	36
陕国投	45	民生银行	53	海通证券	30
华宝信托	44	农业银行	33	招商证券	34
中海信托	38	交通银行	30	申银万国	26
北京信托	38	浦发银行	23	银河证券	16

资料来源：私募排排网数据中心

(二) 发行规模

2010年阳光私募产品发行的一个重要特征是信托公司提高了产品成立的规模门槛。非结构化产品的首发规模一般要求在1亿元左右，结构化产品所要求的劣后资金一般为5,000万左右，加上优先资金后的总规模一般也不会低于1亿元。这在一定程度上加速了单个阳光私募产品发行规模的扩张。

截至2011年6月，根据有数据统计的520家私募公司发行规模估计，阳光私募基金行业整体规模已达1,420亿元。其中，重阳投资、泽熙投资、凯石投资、朱雀投资等11家私募公司的资产管理规模已超30亿元，整体规模约488亿元。

从单只产品来看，在2009年5月出现第一个首发规模突破10亿元的产品后，2010年也相继出现规模超10亿元的产品。上海泽熙投资管理有限公司于2010年3月成立的首只非结构化产品规模即达到10亿元；2010年11月发行的“外贸信托·鸿道3期”以18亿元的募集规模改写了阳光私募行业最大首发规模。另外，借助于银行强大的渠道优势，中国银行和招商银行分别在2010年4月和8月推出的TOT产品也均达到10亿元以上的规模。

表3　私募公司资产管理规模统计

项 目	第一梯队	第二梯队	第三梯队	第四梯队	第五梯队	总规模
定义(亿元)	>=30	(15, 30)	(5, 15)	(2,5)	<2	
公司个数(家)	11	19	35	61	394	520
梯队规模(亿元)	488	325	230	203.6	173.5	1,420.1

资料来源：私募排排网数据中心

二、业绩表现回顾

(一) 非结构化产品业绩表现

1.2010年业绩表现

2010年沪深300指数下跌了12.51%，据私募排排网研究中心的不完全统计，具有持续业绩记录的非结构化私募证券信托产品共有587只，全年平均收益率为6.4%，分别跑赢公募基金和沪深300指数3.39%、18.91%。表4为2010年非结构化阳光私募年度收益率排行前十的产品。

表4　2010年非结构化阳光私募年度收益率排行榜

序号	产品名称	投资顾问	净值日期	单位净值(元)	2010年度收益(%)
1	深国投·世通1期	世通资产	2011.01.05	126.74	96.16
2	山东信托·泽熙瑞金1号	泽熙投资	2010.12.24	1.6768	67.68
3	中融·隆圣精选	隆圣投资	2010.11.22	1.5437	63.10
4	中融·光华59	西域投资	2010.12.22	1.5092	50.92
5	中融·华宝1号	聚益投资	2010.12.31	1.6713	47.80
6	华宝·从容医疗1期	从容投资	2010.12.31	1.4683	46.83
7	华润信托·理成风景2号	理成资产	2010.12.31	161.15	44.71
8	深国投·尚雅5期	尚雅投资	2010.12.10	171.88	44.38
9	华润信托·德源安1号	德 源 安	2010.12.20	159.84	42.92
10	粤财信托·瑞天价值成长	瑞天投资	2010.12.31	1.8584	39.95

资料来源：私募排排网数据中心

从私募基金2010年的整体业绩来看，587只产品中有402只实现了绝对收益，占比68.48%；跑赢大盘的产品共有561只，占比95.57%；收益率在50%以上的产品4只；亏损幅度超过20%的产品有8只。图6为2010年非结构化阳光私募收益率分布情况。

图6 2010年度非结构化阳光私募收益率分布图

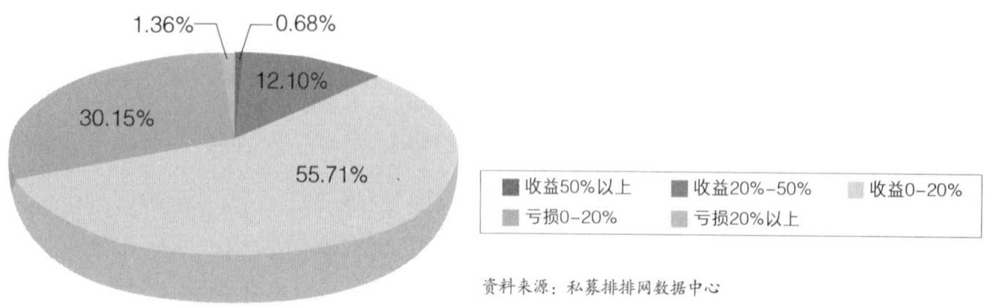

资料来源：私募排排网数据中心

2. 2011年上半年业绩表现

2011年上半年沪深300指数震荡下跌2.69%，中小板指数和创业板指数的跌幅分别为14.83%和25.64%，钟情于中小盘股票的私募基金因此遭受重创。根据私募排排网统计，905只非结构化私募证券产品2011年上半年的平均收益率为-6.24%，同期股票型公募基金的收益率为-8.03%。表5为2011年上半年非结构化阳光私募收益率排行前10的产品。

表5 2011年上半年非结构化阳光私募收益率排行榜

序号	产品名称	投资顾问	净值日期	单位净值(元)	2011年上半年收益(%)
1	兴业信托·呈瑞1期	呈瑞投资	2011.06.24	1.4027	22.56
2	国投瑞僖稳健收益	瑞银证券	2011.06.24	1.0002	17.13
3	重庆国投·金中和西鼎	金中和	2011.06.24	2.1360	15.77
4	山东信托·泽熙瑞金1号	泽熙投资	2011.06.24	1.9542	14.04
5	中信信托·华富励勤1期	华富励勤	2011.06.24	114.10	13.61
6	中信信托·国弘1期	国弘资产	2011.06.24	102.26	13.25
7	陕国投·金诚富利1期	同亿富利	2011.06.24	103.76	12.97
8	山东信托·景良能量3期	景良投资	2011.06.28	1.0263	12.92
9	中信信托·国弘2期	国弘资产	2011.06.24	99.09	12.62
10	中融·宁聚稳进	宁聚投资	2011.06.30	1.1205	12.05

资料来源：私募排排网数据中心

如图7显示，在这905只产品中，2011年上半年实现正收益的产品182只，占比20.11%；收益率在10%以上的产品18只，占比1.99%；亏损幅度在10%以内的产品462只，占比51.05%；亏损幅度在10%以上的产品261只，占比28.84%。

图7 2011年上半年非结构化阳光私募收益率分布图

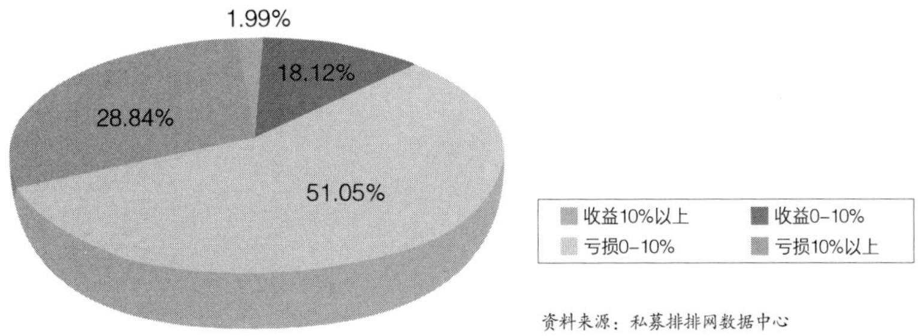

资料来源：私募排排网数据中心

(二) 结构化产品业绩表现

截至2010年底，有业绩数据披露的195只结构化产品2010年度的平均收益率为6.47%，非结构化产品平均收益率6.4%。同期，沪深300指数累计下跌12.51%。结构化与非结构化信托产品整体表现持平，均大幅跑赢大盘。

195只结构化产品中，9只产品跑输大盘，95%的产品表现优于大盘；121只产品实现了正收益，占比62%。表6为2010年结构化产品收益率前10名。

表6 2010年结构化产品累计收益率排行榜

序号	基金全称	投资顾问	2010年收益率(%)
1	中海-浦江之星6号	彤源投资	72.52
2	中海信托-聚发(3)-浦江之星28号	彤源投资	63.76
3	外贸信托-聚益1期(汇富27号)	聚益投资	57.40
4	外贸信托-聚益3期(汇富42号)	聚益投资	51.65
5	中融-西域和谐	西域投资	48.60
6	中融-中聚1号	中融信托	47.00
7	陕国投-博信2号	新盛华盈	45.70
8	陕国投-京福创富1期	京福资产	35.80
9	外贸信托-聚益2期(汇富32号)	聚益投资	33.69
10	外贸信托-创富1号(凯石)	凯石投资	33.02

资料来源：私募排排网数据中心

图8 2010年结构化阳光私募产品收益分布图

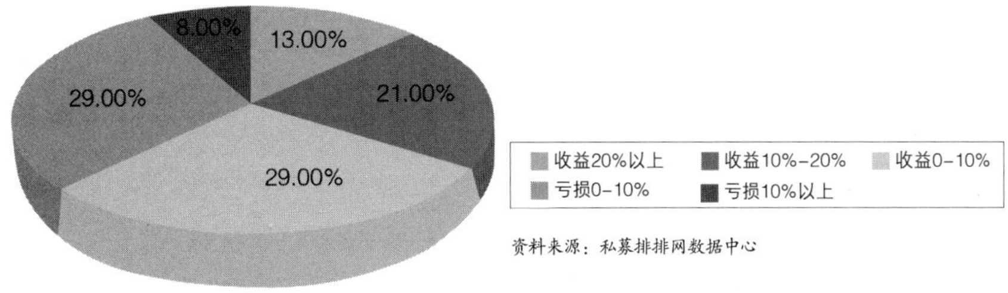

资料来源：私募排排网数据中心

2011年上半年，可统计的327个结构化私募证券基金的平均收益率为-4.37%，最高收益率为40.46%，最差收益率为-29.24%。平均收益率优于同期非结构化私募证券基金的-6.24%。

(三) TOT产品业绩表现

目前，由于85%以上的TOT产品2010年才发行成立，业绩记录未满一年，因此，我们统计了产品成立以来的收益率情况。如表7所示，TOT产品成立以来截至2011年6月的累计收益率和同期沪深300收益率对比情况，40只业绩情况可得的产品中，22只产品累计收益率超同期沪深300指数。

表7 TOT产品收益率情况

单位：%

产品简称	成立时间	报告日期	累计收益率	同期沪深300收益率
平安财富·东海盛世一号	2009.05.26	2011.06	17.27	11.92
中国光大银行阳光私募基金宝	2009.09.15	2011.06	1.85	-8.33
陕国投·"金种子"理财	2009.11.12	2011.06	-4.55	-15.33
平安财富·黄金组合1期1号	2010.01.22	2011.06	6.03	-9.56
平安财富·黄金组合1期3号	2010.02.09	2011.06	5.33	-3.94
平安财富·黄金组合1期4号	2010.04.12	2011.06	1.23	-9.17
平安财富·双核动力1期1号	2010.04.27	2011.06	-0.68	-2.06
平安财富·双核动力1期2号	2010.04.27	2011.06	-0.88	-2.06
平安财富·双核动力1期3号	2010.04.27	2011.06	-0.79	-2.06
陕国投·弘酬优选2期	2010.04.29	2011.06	3.44	-1.82
平安财富·双核动力1期5号	2010.05.26	2011.06	1.38	8.17
平安财富·双核动力1期4号	2010.05.26	2011.06	1.60	8.17
平安财富·双核动力1期6号	2010.05.26	2011.06	1.62	8.17
陕国投·弘酬优选3期	2010.06.08	2011.06	2.93	11.29
平安财富·双核动力1期7号	2010.06.28	2011.06	6.72	12.04
外贸信托·汇富(3号)	2010.07.21	2011.06	7.35	10.19
平安财富·双核动力2期1号	2010.07.27	2011.06	5.15	8.88
华润信托·新方程私募精选1号	2010.07.27	2011.06	-2.72	8.88
平安财富·黄金组合2期1号	2010.07.28	2011.06	2.32	6.29
陕国投·弘酬优选4期	2010.08.16	2011.06	-1.13	2.80
外贸信托·汇聚成长1期	2010.08.25	2011.06	-10.34	5.90
陕国投·弘酬优选5期	2010.08.27	2011.06	-2.77	5.09
华润信托·融智组合宝1期	2010.09.17	2011.06	6.67	6.38
华润信托·新方程私募精选2号	2010.11.04	2011.06	-16.37	-12.53
建信信托·建信私募精选1期	2010.11.10	2011.06	-8.43	-13.00
平安财富·双核动力3期1号	2010.11.11	2011.06	-11.25	-13.27
陕国投·弘酬优选6期	2010.11.15	2011.06	-11.63	-9.37
陕国投·弘酬优选7期	2010.11.15	2011.06	-9.48	-10.64
华润信托·新方程私募精选3号	2010.12.02	2011.06	-14.32	-3.51
陕国投·极元私募优选1期	2010.12.10	2011.06	-12.02	-9.07
陕国投·弘酬优选8期	2010.12.13	2011.06	-9.21	-11.84
平安财富·双核动力4期1号	2010.12.28	2011.06	-6.01	-0.02

（续上表）

产品简称	成立时间	报告日期	累计收益率	同期沪深300收益率
厦门信托 · 金蛋基金宝	2010.12.30	2011.06	−7.85	−1.19
华润信托 · 新方程私募精选4号	2011.02.28	2011.06	−4.03	−8.70
平安财富 · 双核动力5期1号	2011.03.10	2011.06	−6.46	−7.19
平安财富 · 双核动力2期2号	2011.03.10	2011.06	−4.87	−7.19
建信信托 · 建信私募精选2期	2011.03.23	2011.06	0.02	−6.76
平安财富 · 双核动力5期2号	2011.03.28	2011.06	−4.82	−7.49
陕国投 · 极元私募优选2期	2011.04.25	2011.06	−2.77	−8.10
平安财富 · 双核动力5期3号	2011.04.26	2011.06	−1.09	−5.78

资料来源：私募排排网数据中心

三、有限合伙制私募基金发展回顾

2004年，赵丹阳携手华润信托发行了首只开放式集合资金信托计划，标志着私募基金正式开始在阳光下运作。此后，信托模式的私募基金在国内得到了大力发展，成为中国私募证券基金阳光化运作的主流模式。2009年7月信托公司暂停开立证券账户之后，阳光私募证券投资基金以信托方式开户受限，信托型私募基金的发展面临前所未有的困难。

在此背景下，私募基金不断寻找新的运行模式发行产品。2007年6月1日，我国新《合伙企业法》正式实施，但是，根据当时的《证券登记结算治理办法》合伙企业不能开立证券账户，合伙制私募证券投资基金运行仍面临障碍。2009年12月21日《证券登记结算治理办法》修改，新的《证券登记结算治理办法》第十九条规定："投资者开立证券账户应当向证券登记结算机构提出申请。前款所称投资者包括中国公民、中国法人、中国合伙企业及法律、行政法规、中国证监会规章规定的其他投资者。" 这打破了此前合伙制企业不能开设证券账户的限制，也意味着合伙企业申请开立证券账户进入操作阶段。

明确合伙企业可以开立证券账户后，有限合伙制私募基金以《合伙企业法》为依据，采取合伙制企业的组织形式，由普通合伙人(GP)和有限合伙人(LP)组成，普通合伙人(即基金治理机构)对合伙企业债务承担无限连带责任，有限合伙人(即投资者)以其认缴的出资额为限对合伙企业债务承担责任。在这种模式下，私募基金管理人绕过信托公司独立筹集和运作基金，开辟了私募证券投资基金一条新的的运营渠道。

2010年2月，首只以有限合伙方式运作的银河普润合伙制私募基金成立。该基金采取合伙制企业的组织模式，由普通合伙人和不超过49个人的有限合伙人组成，其中普通合伙人由银河财富资产管理有限公司担任，即基金管理人负责该基金的投资及日常管理，有限合伙人即该基金的主要投资者。银河普润合伙制私募基金的主要特点：银河普润基金由普通合伙人和不超过49人的有限合伙人共同组成，出资比例为1:1，最低规模1,000万元，认购起步资金为30万元，基金存续期1年，合同中规定股票投资总数不超过20只，单位净值低于止损线0.7元时就会清仓。基金治理费、托管费方面，与信托式私募基金的用度相当，均年末一次性支付。从模式来看，"银河普润"只是采取了合伙制企业的模式，本质上还只是一只基金，公司本身并非合伙制公司。且银河普润的设计模式与"上海模式”的结构化私募信托基金更为相似。

有限合伙制基金具有较低的发行费用和更有效的决策机制等优势，并且较好地解决了当前信托存量账户稀少及不能参与股指期货投资的困难。而投资者需要缴纳5%-35%的合伙人所得税以及基金本身的营业税成为制约该模式发展的最大障碍，加上监管和销售上的不足，在当前的政策环境下，有限合伙制尚未成为中国私募基金的主流模式。而在国际成熟的资本市场中，有限合伙制已经是对冲基金的主流运作模式。

截至2011年6月底，共有25只有限合伙制私募基金成立。按照有限合伙企业注册地分，以北京和深圳为有限合伙模式产品发行最多，产品数量均为7只；其次是上海6只，天津3只，温州与西安各发行1只。

四、2010-2011年私募证券基金重大事件盘点

(一) 第三方研究机构首发TOT

2010年7月，第三方私募研究评级机构——深圳市融智投资顾问有限责任公司正式宣布发行TOT产品“华润信托·融智组合宝1期”。

这是国内首只由第三方研究机构发行的TOT产品，也改写了此前由银行、券商和信托公司发行TOT的行业格局。这意味着TOT产品将会融入新的血液。而第三方机构由于其独立性，在挑选投资标的上会更为客观，预计未来这种由第三方机构担任投资顾问的TOT产品会受到投资者的追捧。

(二) 首只医药行业基金面世

2010年6月30日，国内首只医药行业基金——从容医疗一期成立。以医药股大牛市作为背景，该基金一出场，就收获了众多关注的目光。

(三) 私募成IPO询价对象

2010年8月20日，证监会发布《关于深化新股发行体制改革的指导意见》(征求意见稿)，启动了新股发行体制第二阶段改革。意见规定，主承销商可自主推荐一定数量的具有较高定价能力和长期投资取向的机构投资者，参与网下询价配售。继公募基金、QFII、券商、保险、信托和财务公司之后，阳光私募、PE和民营企业等成为获准参与IPO询价及配售的第七类机构。

阳光私募被纳为新股询价对象，除了表明监管层对私募作为市场利益一方的认可，也让私募基金可通过打新股获得较为确定的盈利渠道，大大增强了私募公司的盈利能力和生存能力。另外，私募作为IPO的询价对象，也可促进新股价格形成机制的市场化和多元化。

(四) 基金法修订 私募行业纳入监管

备受关注的《证券投资基金法》修订工作取得阶段性成果。据透露，《证券投资基金法(修订草案)》征求意见稿已于2011年1月中旬下发监管部门、基金公司等有关方面，向业内广泛征求意见。该修订草案将监管范围拓宽至私募基金、私募股权投资基金、风险投资基金等机构，并放宽基金从业人员买卖证券、公募基金投资重大利益相关方股票等限制，允许员工持股计划。比较现有《证券投资基金法》，修订草案中第二条出现“公开或非公开募集资金”字样的表述，另外将原规定中“其他证券投资品种”改为“投资品种”，去掉“证券”两字。

(五) 首家私募基金行业协会成立

2011年3月30日，深圳市金融顾问协会通过了深圳市政府、市民政局的审核和批准，正式更名为“深圳市私募基金协会”，成为国内首家私募基金行业协会。据悉，该协会将承接政府委托职能，将制定私募基金行业资金募集、风险管理、内部控制、财务管理与披露、合规管理、社会责任等行业指引。私募基金协会成立后，更重要的职能是私募基金行业自律和监管工作，还将致力于投资环境的优化，包括经济环境、政策环境和文化环境等。同时，协会拟为私募机构建立项目资源共享数据库，为会员提供丰富的投资机会。

(六) 阳光私募首发“半结构化”产品

2011年二季度以来，股市持续低迷，阳光私募新品发行面临巨大压力。面对发行困境，国内首只“半结构化”阳光私募面世，该产品首创结构化和非结构化产品联合发行，通过母信托计划同时发行一只结构化和一只非结构化产品，认购资金将按1∶1的比例同时认购旗下结构化和非结构化产品。相关人士表示，“半结构化”产品保本、保收益的结构化子信托能有效降低整个信托计划的风险，同时，管理型子信托也能分享上涨行情中的超额收益，力图为投资者在震荡市中提供低风险前提下的超额收益机会。目前，该产品的模式创新已获得第三方渠道认可。

第二部分　2010-2011年中国私募证券基金业发展特点

一、私募产品发行特点

国内阳光私募从无到有，经过近几年的快速发展，已经成为国内证券市场上不可忽视的力量。阳光私募基金在高速发展的同时，2010-2011年随着市场的变化，也呈现出多样化的特点，主要表现在以下几个方面：

(一) 结构化产品需求增加

对于投资者来说，在市场低迷的情况下，选择结构化产品的意愿要比投资非结构化产品要强，因为结构化产品不但可以保证投资者的本金，而且每年获得固定的收益率，比市场上其他固定收益类理财产品的收益稍高。

从2010年至2011年上半年的私募发行情况来看，结构化产品数量显著上升，某种程度上这种现象与市场行情持续疲弱有关，阳光私募基金募集异常困难，结构化产品比较容易受到市场的追捧，但对于没有资金实力的私募基金来说，发行结构化产品压力也较大。

(二) 产品创新模式多样化

“创新”是永恒的主题，阳光私募基金也不例外。2010年至2011年上半年，行业内也出现了不同形式的创新产品。

1. 行业主题投资创新

2010年6月30日，由上海从容投资管理有限公司主导的国内首只医药行业基金——从容医疗一期诞生，该基金以医药股大牛市作为背景。随后，国内的众多基金管理人纷纷效仿，大消费、医药、制造等主题投资产品屡出不穷。表8提供了2010-2011上半年主题投资基金产品的相关情况。

表8 2010-2011年上半年主题投资基金产品列表

序号	产品类型	产品名称	投资行业	投资顾问	成立时间
1	非结构化	华宝·从容医疗1期	医疗	从容投资	2010.06.30
2	非结构化	北京信托·从容医疗2期	医疗	从容投资	2010.10.11
3	非结构化	兴业信托·从容医疗5期	医疗	从容投资	2011.01.25
4	非结构化	华润信托·从容医疗3期	医疗	从容投资	2011.02.11
5	非结构化	外贸信托·从容医疗精选	医疗	从容投资	2011.03.15
6	非结构化	外贸信托·从容内需医疗	医疗	从容投资	2011.06.10
7	非结构化	中融·中融执耳医药	医疗	执耳投资	2010.09.28
8	非结构化	兴业信托·朱雀18期	消费	朱雀投资	2010.09.28
9	非结构化	兴业信托·朱雀17期	TMT	朱雀投资	2010.10.08

资料来源：私募排排网数据中心

除了行业投资外，定增类产品也是投资亮点，其中以上海数君投资的博弘定增系列为代表，目前博弘旗下的定增系列产品已达29只。

产品创新不仅表现在投资方向上，更在产品的结构和产品的发行以及产品的投资策略上有所体现。

2. 产品结构创新

在结构创新上，据私募排排网数据中心统计，2010年以来，长金投资、凯石投资和鼎诺投资等三家私募机构发行了5只风险缓冲型阳光私募产品，分别是长金8号Ⅰ期、长金8号Ⅱ期、长金8号Ⅲ期、凯石风险缓冲1期和鼎诺风险缓冲1期。

所谓风险缓冲型阳光私募，是指投顾自己拿出一定比例的资金参与私募基金的运作，出现亏损时，投顾以认购资金对客户进行补偿的创新产品。

风险缓冲型私募产品将结构化模式嵌入管理型产品，投顾与投资者认购比例一般是1:6到1:4之间，与结构化产品的完全保本相比，投顾将以自有资金为产品提供安全垫设置，具有“半保本”特性。

表9 2010-2011年风险缓冲产品列表

基金简称	投资顾问	基金经理	成立时间
平安财富 · 长金8号Ⅰ期	长金投资	郑晓军	2011.04.01
平安财富 · 长金8号Ⅱ期	长金投资	郑晓军	2011.06.10
平安财富 · 长金8号Ⅲ期	长金投资	郑晓军	2010.09.13
外贸信托 · 鼎诺风险缓冲1期	鼎诺投资	黄 弢	2011.06.13
外贸信托 · 凯石风险缓冲1期	凯石投资	殷 伟	2011.07.29

资料来源：私募排排网数据中心

除了风险缓冲外，结构创新的还有目标回报类产品。所谓“目标回报” 型阳光私募，即在规定时间内，如果投资该产品收益达不到前期设定的目标，私募公司将之前收取的部分业绩报酬补偿给投资者。

同时，产品设定风控目标，如果净值在某段时间内低于该目标，则大幅降低或减少该段时间的管理费，以起到惩罚和警示作用。根据私募排排网数据中心统计，2010年以来，分别有重阳投资、武当投资、云南信托、星石投资等4家明星私募公司成立了5只“目标回报”型阳光私募。该类产品设置目的是私募基金管理人展示对自己投资能力的自信，更表明了对未来市场的信心，是一种把自身利益和投资人利益捆绑“赏罚”的机制。

表10　2010–2011年目标回报产品列表

产品简称	公司简称	基金经理	成立时间
厦门信托 · 淡水泉目标回报第6期	淡 水 泉	赵　军	2011.11.28
兴业信托 · 合赢目标回报第5期	合赢投资	曾昭雄	2011.09.27
外贸信托 · 重阳目标回报1期	重阳投资	裘国根	2011.09.01
兴业信托 · 重阳9期	重阳投资	裘国根	2011.08.18
兴业信托 · 武当目标回报第3期	武当资产	田荣华	2011.07.11
云南信托 · 中国龙回报1	云南信托	赵　凯	2011.05.04
外贸信托 · 星石目标回报1期	星石投资	江　晖	2011.01.28

资料来源：私募排排网数据中心

3. 产品发行模式创新

自从信托账户停开以来，私募发行一度遭遇窘迫困境，西安信托率先为国内私募发行开辟发行新通道，采取“有限合伙+信托”模式，该模式不但可以有效解决账户问题，而且大大降低了有限合伙人应缴的税收，受到国内私募基金管理人的认可。

由于该模式没有得到法律的明确认可，所以国内的信托公司并没有铺开发行，目前运用该模式发行产品的的有西安信托、中融信托、外贸信托、华鑫信托等少数几家信托公司。

4. 投资策略创新

随着股指期货的开通，国内的私募基金管理人逐渐效仿海外的投资方法，引入相关的量化人才，发行量化投资策略的产品，该类产品在市场低迷的时候一度受到投资者追捧，而且业绩表现较其他类型的产品相对稳定。表11显示了 2010–2011年投资策略创新产品的相关情况。

表11　2010–2011年投资策略创新产品列表

产品类型	产品名称	管理人	投资策略
非结构化	兴业信托 · 道冲ETF套利稳增	福建道冲投资	ETF套利
结构化	兴业信托 · 道冲ETF套利先锋	福建道冲投资	ETF套利
非结构化	平安财富 · 朱雀丁远指数	朱雀投资	市场中性
信托+有限合伙	外贸信托 · 尊嘉ALPHA	北京尊嘉资产	市场中性
信托+有限合伙	外贸信托 · 民森市场中性策略1、2	深圳民森投资	市场中性
结构化	兴业信托 · 申毅量化1号	上海申毅投资	量化
有限合伙	尚道乾坤合伙基金	天津尚道投资	多空策略
有限合伙	天合财信一期	天合财信资产管理	量化
有限合伙	瀚鑫泰安 · 量化成长1期对冲基金	深圳瀚鑫泰安资产	量化+多空

（续上表）

产品类型	产品名称	管理人	投资策略
有限合伙	富融理财·超额回报套利投资基金	富融理财	量化+多空
信托+有限合伙	中融信托·融新354号	广州广晟财富	量化+多空
信托+有限合伙	广晟量化优选2号	广州广晟财富	量化+多空
非结构化	华润信托·青骓量化一期信托计划	上海杉杉青骓	量化
有限合伙	拉芳舍·天津合伙企业对冲基金产品	天津拉芳舍	多空策略
有限合伙	佳和恒生合伙基金	深圳佳和恒生	多空策略
信托+有限合伙	外贸信托·民晟A号	深圳民晟资产	市场中性
信托+有限合伙	外贸信托·民晟B号	深圳民晟资产	市场中性
信托+有限合伙	外贸信托·民晟C号	深圳民晟资产	市场中性
信托+有限合伙	外贸信托·民晟G号	深圳民晟资产	市场中性
有限合伙	德银创鑫一期	深圳德银资产	量化+多空
非结构化	山东信托·茂源1号	深圳茂源资本	量化
结构化	外贸信托·茂源2号	深圳茂源资本	量化
有限合伙	信合东方	倚天阁	多空策略
非结构化	西部信托·信合东方	倚天阁	多空策略
有限合伙	梵基一号	梵基投资	全球宏观
结构化	乾博量化1号	杭州乾博投资	量化

资料来源：私募排排网数据中心

二、私募遭遇首次行业大洗牌

2010年以来，行情持续低迷，阳光私募行业迎来前所未有的复杂局面，合作伙伴分家、信托产品清盘、基金经理涉案、并购重组等集中出现。在经过7年的高速发展之后，2004年诞生的阳光私募正面临“七年之痒”的挑战，也迎来了行业诞生以来的首次大洗牌。

(一) 私募分家潮

在“奔私潮”停止一段时间后，私募的“分家潮”再度受到关注。近年来，私募基金合伙人、核心人员等分家现象络绎不绝，先是昔日的熊市冠军邓继军携彭讯出走金中和，到后来国内私募的两位老前辈但斌和钟兆民因理念不合各自分家，然后是最近的广州80后私募黎仕禹出走公司，麦盛的陈宝东、肖雄文因与股东间的合作问题而选择单飞等大大小小的分家事件不下十件。

私募分家是行业发展的必然趋势，分家的原因主要有以下几个方面：一是投资理念不合；二是利益分配不均，得不到相应的回报；三是业绩表现差时，合伙人之间的信任危机；四是出于风险的考虑，分家管理资产有利于分化投资风险，而实际上两者的投研体系是共享的。

从长远来看，分家更有利于私募基金的发展，是私募基金经理投资理念日趋成熟的表现。

表12 2010-2011年上半年知名阳光私募基金“分家”情况

公司名称	掌门人	出走者	出走者的新去向
合赢投资	曾昭雄	刘 鹰	成立新公司上善御富
金中和	曾 军	邓继军、彭 迅	成立新公司泰达鼎晟
菁英时代	陈宏超	文 婷、苏志坚	成立新公司富来投资
向日葵投资	廖 冰	金晓斌	加盟恒丰投资治理
彤源投资	李 威	顾 峰	成立泓谷投资
东方港湾	但 斌	钟兆民、杨 云、孔 鹏	成立新公司东方港湾资产
华富励勤	李 越	朱精华	n/a
柏坊资产	龙小波	谢柳毅	成立尚道乾坤公司
从容投资	吕 俊	魏延军	成立新公司
新价值	罗伟广	邱 伟	成立道谊资产
斯达克	n/a	黎仕禹	n/a
麦盛投资	李向鸿	肖雄文	加盟瑞丰投资
麦盛投资	李向鸿	陈宝东	n/a

资料来源：私募排排网数据中心

(二) 私募并购潮

任何行业在发展到一定阶段时，均离不开并购重组，私募基金亦如此。

2011年3月，上海宝银投资咨询有限公司并购了陕西创赢投资理财有限公司，从而获得阳光私募产品陕国投·创赢1号的管理权，此举拉开了阳光私募并购重组的序幕。此后，沃园投资旗下的非结构化产品“新东风成长”嫁入长金投资，爱康创业投资有限公司的“爱康1号”易帜为“鼎锋11期”。而在近期，陕国投·华信1号也由于业绩不佳转手北京尊嘉投资。

并购潮是私募基金快速扩张的必然结果，有利于行业的长期健康发展，更能帮助私募基金走出困境，更是对投资者的一种负责任的态度。

表13 2010-2011年阳光私募产品并购情况

并购产品	原管理人	现管理人
陕西·创赢1号	创赢理财	宝银投资
新东风成长	沃园投资	长金投资
爱康1号	爱康创业	鼎锋资产
陕国投·华信1号	徽金投资	尊嘉投资

资料来源：私募排排网数据中心

(三) 私募清盘潮

2010-2011年A股市场的持续低迷令相当多数量的私募基金业绩表现不尽如人意。与公募基金依靠固定管理费收入不同，私募基金收入来源主要来自于业绩提成。如果不能取得绝对回报，私募基金则面临着缺少营业收入的尴尬。

更为严峻的是，由于资产规模低于一定水平或者业绩表现不佳，一部分私募基金不得不选择清盘。对于实力原本就不够强大的私募基金来说，清盘无异于雪上加霜。

根据私募排排网数据中心的统计，如图9，2010–2011年上半年期间共有157只阳光私募产品清盘，其中非结构化产品50只，结构化产品106只，TOT1只。

私募基金的清盘原因主要有两类，一类是正常清盘，即到期清盘。此类产品主要存在于结构化产品中。此类产品存续期一般设定在两年以内，而非结构化产品也存在有期限在一两年的产品，但相对较少。另一类是非正常清盘(强制清盘)，即因业绩不佳、客户赎回导致产品规模达不到信托公司要求，以及因公司内部管理问题，对市场悲观等因素导致的清盘。

图9　2010–2011年上半年阳光私募基金清盘情况

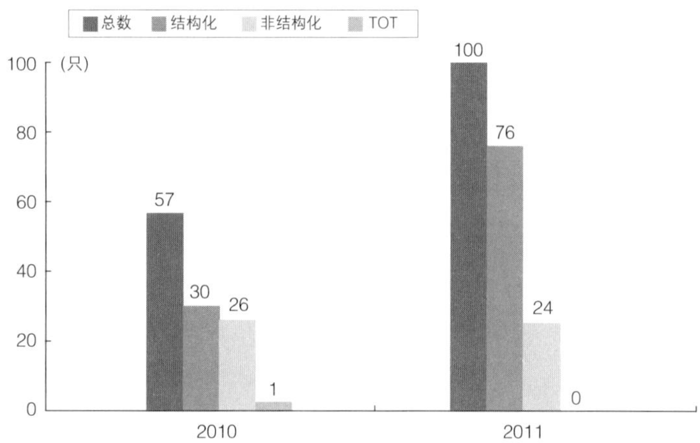

资料来源：私募排排网数据中心

第三部分　中国私募证券基金业未来发展战略与趋势

一、风险偏好：警惕高风险，对冲和量化受青睐

2011年的熊市，让阳光私募净值普遍遭受了较大的损失，其高风险、高收益的特征更多地呈现出“高风险”的一面。

相比于2010年，2011年阳光私募发行减速，尤其是非结构化产品发行艰难。这与非结构化产品大面积亏损有关，投资人对于非结构化产品的高收益信心受挫。而结构化产品发行则比较顺利，认购踊跃。

“对冲”、“量化”和“程序化”产品，以其对于风险的明确描述和量化控制，引起了投资者的浓厚兴趣。但是，由于制度及监管上的障碍，这一类产品尚未能公开发行。

二、产品模式：有限合伙+信托加快发展

信托公司证券账户自2009年7月暂停开放以来，信托账号就成了稀缺资源，目前一个信托证券账户管理费开价可达150万元。

为了规避高额的信托账户费用，私募被迫寻找新的公开发行产品的方式。“有限合伙+信托模式”大大降低了产品发行成本，通过这种方式发行产品，信托证券账户管理费最低仅需60万元。比如，西安信托和华鑫信托已经开始大量运作此类产品。

所谓“有限合伙+信托模式”，即私募注册一家投资管理公司，作为有限合伙企业的普通合伙人，将信托作为有限合伙企业的有限合伙人。除了企业的组织形式不同之外，其他的运作方式与“信托投资集合理财计划”一样。这样，既达到了降低成本的目的，又能够实现阳光化。

但是，在阳光私募的法律地位明确之前，信托模式与“有限合伙+信托模式”将长期共存。由于信托私募先入为主，给投资人造成一种正统的印象，信托对私募来说，还是难以绕过的一道门槛。

《证券投资基金法》修改之后，一旦确立了适合私募发展的监管模式(牌照、注册、备案等)，信托公司对于私募的作用可能微乎其微。

三、竞争环境：进入对冲时代，市场生态更为复杂

2011年12月，上海励石投资成为首家参与股指期货的阳光私募，与业内第一家获得股指期货交易业务资格的华宝信托合作，标志着《信托公司参与股指期货交易业务指引》正式生效。

允许参与股指期货之后，阳光私募将可以采取多空策略。一些阳光私募已经先行一步，通过有限合伙的方式发行了市场中性策略的“量化投资基金”(如深圳民森投资)。

在公募基金专户允许参与商品期货交易后，阳光私募也将探索多种交易策略，比如设计跨股票和商品的产品模式，从而在更大的范围内捕捉收益、对冲风险。

对冲时代，阳光私募面临的竞争环境，将大为改变。一是国内已经在对冲基金研究方面走在前列的阳光私募，将扩大影响力；二是期货操盘手转做阳光私募，具有发行对冲基金的天然优势；三是海外有对冲基金管理经验的基金经理，回国发行对冲基金，将整体上提升行业的竞争水平；四是公募基金具有对冲基金的人才优势和研究优势，通过一对多专户的方式对冲基金；五是券商的金融衍生品部门通过集合理财的方式，发行对冲基金，比阳光私募更有优势。

四、监管模式：以银监会为主，转向证监会为主

信托模式的阳光私募，其信托集合理财计划主要是受银监会的监管，但是其证券账户又是受证监会的监管，出现一个产品多头管理的局面，使得阳光私募一诞生就受到了限制。

证监会对阳光私募实行“适度监管”，同时保持其灵活性，将一改阳光私募尴尬的法律地位，回归对冲基金的本来面目，是大部分阳光私募的心声。

五、投资理念：更加成熟，更加与国际接轨

私募基金发展初期，我国证券市场发展很不成熟。市场上庄家盛行，私募基金经理惯常使用的手法是坐庄、跟庄和趋势投资。近年来，随着我国证券市场的发展、市场监管的不断加强、市场投资者结构的转变，市场投资理念发生重大变化。私募基金的投资理念也呈现出百花齐放的状况，趋势投资与价值投资、分散投资与集中持股、关注重组与关注成长性，基金经理风格各异。

随着国内A股市场的估值水平日益接近国际水平，以及投资者对收益的预期接近国际水平，私募的投资理念将更加与国际接轨。

六、投资方式：第三方理财艰难中发展

市场需求催生出了专门为私募投资人提供投资建议的机构，即第三方理财机构。目前专注于阳光私募的第三方理财机构，有私募排排网(融智投资顾问)、好买等机构。在2011年的弱市中，这一类机构生存环境非常困难。

其困难的原因有以下几个方面：第一，中国金融业的垄断竞争格局，并非完全市场化的环境，让资本实力较弱和政策资源缺乏的民营资本，很难打开发展的快速通道。第二，由于投资者对银行、信托等传统渠道的依赖，民间金融服务机构很难在大范围内建立信用，吸引并留住稳固的客户群体。第三，国内高净值人群的理财观念和中国的资本市场一样，都有待提高和完善。第四，阳光私募产品都是非标准化的，其风险收益难以计算，这种特性决定其很难销售。

第三方销售机构的发展前途根本上系于国内金融改革的步伐。

七、管理方式：将催生专业的行政管理人

对冲基金的行政管理作为一个产业，是由海外Citco基金服务公司在40年前开创的。基金行政服务公司的主要服务对象为对冲基金、私募股权基金及房地产投资基金。海外这类基金的投资结构一般非常复杂，如大部分法律结构为有限合伙人制；由于税制的不同，有在岸、离岸、主从结构(Master-Feeder)基金等。投资者作为基金的有限合伙人按基金的净资产值购入“公司”也就是基金的股份。每个基金的计费标准，认购、赎回条件都可不同。

行政管理人要负责私募基金投资以外的事务，特别是要准确、公正地计算基金盈亏与净值。而要计算出准确的净值就要求有极强的金融产品定价能力(场外交易的金融产品如各类衍生产品，其定价非常复杂)。要具备公正性与权威性，以及最大限度地保护投资者利益，还要能协调其他相关的服务商如律师、托管行、审计师等负责基金的设立。海外的行政管理人阿托雷斯(Apex)于2009年10月进入中国，并担任倚天阁的行政管理人。

随着国内有限合伙制对冲基金数量的增加，必将增加对行政管理人的需求。

2010年中国香港地区基金业发展调查报告

□ 香港投资基金公会

前 言

1. 证监会自1999年起每年进行这项基金调查，以收集有关香港基金管理业概况的数据。这些数据有助于证监会制定政策及进行工作规划。

2. 调查涵盖香港以下三类商号的基金管理活动：

(a) 获证监会发牌从事资产管理和基金顾问业务的法团(统称“持牌法团”[1])；

(b) 从事资产管理及其他私人银行业务的银行(统称“注册机构”[2])，其基金管理活动与持牌法团一样须受相同的监管制度(即《证券及期货条例》)规管；

(c) 根据《保险公司条例》注册但并非获证监会发牌的保险公司[3]，这些公司提供的服务构成《保险公司条例》附表1第2部所界定的长期业务，并从资产管理业务赚取总营运收入。

3. 我们向持牌法团寄发基金调查问卷(调查问卷)，并在金管局和香港保险业联会的协助下，将问卷分别发给注册机构和有关保险公司，查询他们截至2010年12月31日为止的基金管理活动。注册机构和保险公司的调查问卷与持牌法团的问卷内容大致相同，其中只涉及轻微改动以反映问卷对象的不同业务性质和运作。

调查概况

证券及期货事务监察委员会(证监会)进行了截至2010年12月31日的年度香港基金管理活动调查(基金调查)。调查涵盖持牌法团1、注册机构2及保险公司3的资产管理活动。

本年度基金调查的主要结果综述如下:

一、香港的基金管理业务在2010年持续增长，截至年底的基金管理业务合计资产为100, 910亿元*，较一年前增加18.6%

图1　基金管理业务合计资产（以十亿元计）

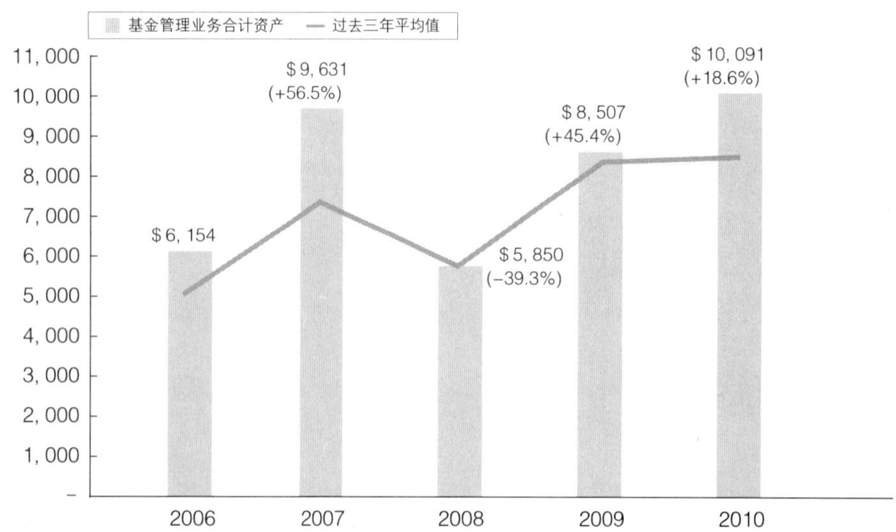

图2　基金管理业务合计资产的组成部分

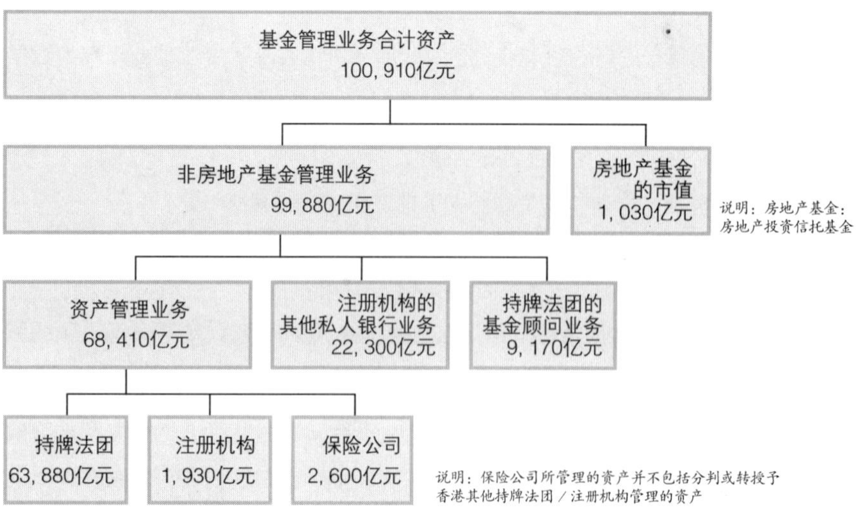

* 除非另有说明，否则所有金额均以港元计。

基金管理业务合计资产增至100, 910亿元，超越了2007年金融危机爆发前所创的纪录，较2009年上升18.6%。基金管理业务的合计资产增加，反映投资者可能已对环球金融市场重拾信心，以及继续有资金流入亚太地区。

根据国际证券交易所联会发表的《2010年市场焦点》（2010 Market Highlights）：

- 该会的成员交易所的一般股票市场指数在2010年上升11%(以美元计算)。
- 亚太区市场的一般股票市场指数在2010年上升12.8%，超越了该会的成员交易所的平均升幅。
- 全球的投资资金在2010年(包括首次公开招股及其后发行股份的集资额)整体增加了11.2%至10, 116亿美元。统计数据显示，流入亚太区市场的资金在2010年按年增加21.3%，至4, 362亿美元。另一方面，流入美洲的资金得到17.0%增长，而欧洲、非洲及中东地区则得到9.5%跌幅。

获发牌提供资产管理服务(即第9类受规管活动)的持牌法团及人士增加了大约10%。截至2010年底，共有798个法团及5, 483名人士持有提供资产管理服务的牌照，而2009年底则有728个法团及4, 975名人士。另一项可作参考的数据是截至2011年4月的统计数字，获发牌提供资产管理服务的法团及人士分别上升至814个及5, 694名。

人民币产品方面，全球首只以人民币计价的房地产投资信托基金(房地产基金)于2011年4月在香港首次公开发售及上市，为香港奠下新里程。该房地产基金是首只在中国内地以外地区上市及交易的人民币计价股票型产品，基金单位以人民币交易及结算，而派息亦以人民币宣派及支付。获证监会认可的房地产基金的总市值在2010年上升大约39%，达1, 030亿元。

按业务活动性质划分：

- 资产管理业务在2010年的管理资产总值为68, 410亿元，按年上升17.5%。
- 其他私人银行业务增加32.1%至22, 300亿元。
- 基金顾问业务下跌0.4%至9, 170亿元。

按市场参与者性质划分：

- 持牌法团在2010年的资产管理业务及基金顾问业务所涉及的资产总值为73, 050亿元，按年上升13.3%。
- 注册机构的资产管理业务及其他私人银行业务所涉及的资产总值为24, 230亿元，增幅为33.8%。
- 保险公司呈报的管理资产总值为2, 600亿元，增加48.6%。

二、香港继续成为首选的国际投资平台，非房地产基金管理业务的资产总值为99, 880亿元，其中66.0%来自非香港投资者

就非房地产基金管理业务而言，继续有超过六成的资金源自非香港投资者。源自非香港投资者的资金总额增加22.3%至65, 920亿元，超越了非房地产基金管理业务(总额为99, 880亿元)的整体升幅(18.4%)。

香港得以保持国际资产管理中心的地位，吸引了全球各地的投资者选择以香港为投资平台，可归功于高透明度的监管制度。香港的监管制度与稳健的市场基础建设及高效率的金融市场互相配合，在保障投资者利益及促进市场创新之间取得平衡。

图3 非房地产基金管理业务——按资金来源划分（以十亿元计）

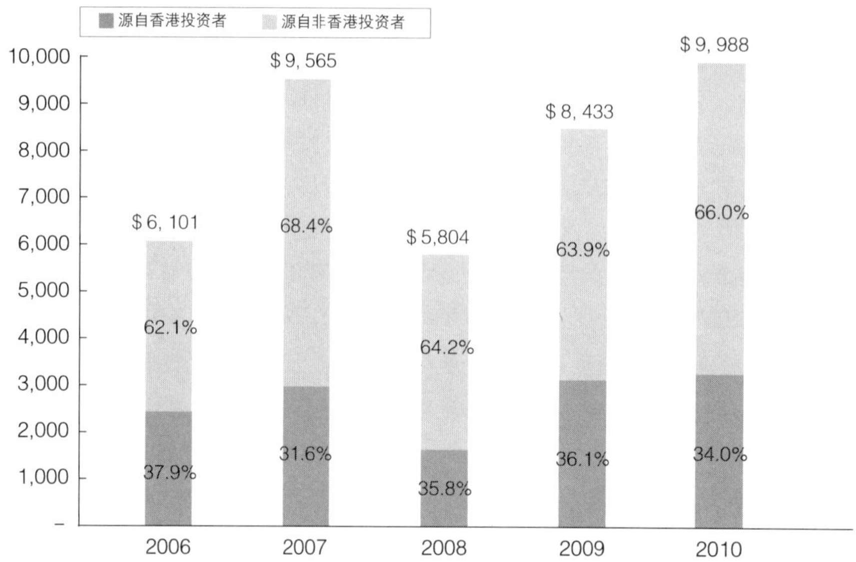

三、非房地产基金所管理的资产总值为68,410亿元，当中有60.8%(即41,610亿元)在香港管理

图4 非房地产基金管理业务——按管理地域划分（以十亿元计）

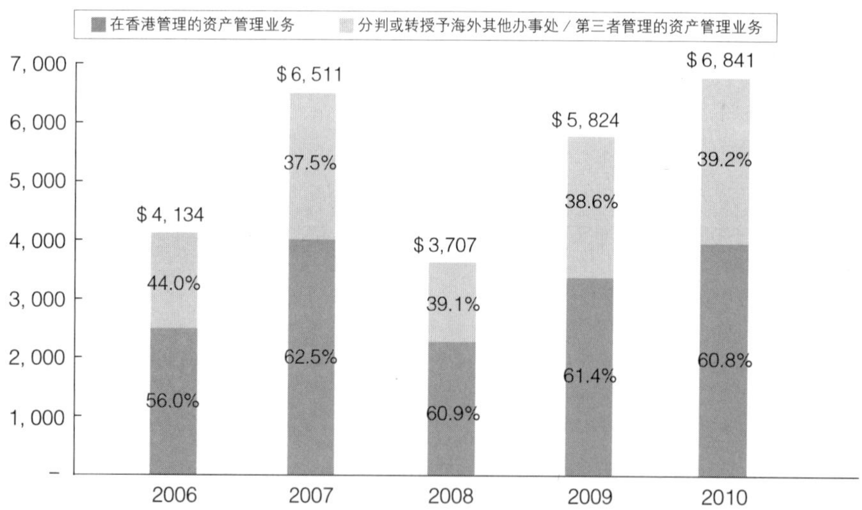

香港的资产管理业务在2010年持续增长。香港拥有自由的经济体系、稳健的监管制度、本地专业人才以及来自不同领域的资产管理专才，并与内地市场相邻，因此一直是亚洲区具领导地位的资产管理中心，别具优势。与此同时，香港享有国际金融中心的独特地位，获国家给予明确的政策支持。国家的“第十二个五年规划”亦首次述明会支持香港发展成离岸人民币中心及国际资产管理中心。

在香港管理的内地资产总值于2010年按年上升2.6%至大约770亿元。在上述内地资产中，有超过50%投资于香港，另有大约25%投资于亚太区，其余则投资于北美、欧洲及其他地区。

香港不但是推动人民币国际化的试点，也是接通内地经济体系与环球金融市场的主要桥梁。越来越多的内地相关金融机构来港开展业务，截至2011年4月底，约有51家内地相关集团在香港设立了共152家持牌法团或注册机构，其中：

- 14家内地证券公司设立了共56家持牌法团
- 6家内地期货公司设立了共6家持牌法团
- 9家内地基金管理公司设立了共9家持牌法团
- 6家内地保险公司设立了共7家持牌法团
- 其余从事不同业务的16家内地企业则设立了共60家持牌法团及14家注册机构

至于获委托管理证监会认可基金的内地相关持牌商号，亦由2009年的7家增至2011年6月底的10家。由这些商号管理的证监会认可基金数目由2009年的65只增至2010年的81只，而这些基金的资产净值亦于同期上升16.2%，由458亿元增至532亿元。

2010年来自内地相关持牌商号的非房地产基金管理业务总值为2, 345亿元，较2009年的1, 547亿元增加了51.6%。非房地产基金管理业务有所增长，部分原因是有更多内地相关持牌商号参与本年度的调查(在2009年有20家持牌商号参与，2010年增至34家)。

基于以下发展趋势，预计内地相关持牌商号的重要性将会上升：

- 人民币国际化的发展正在加快步伐。继香港金融管理局(金管局)与中国人民银行(人行)在2010年7月就扩大人民币贸易结算安排签订补充合作备忘录后，人行在2010年8月推出试验计划，让合资格机构投资于内地银行间债券市场，成为投资于内地在岸市场的另一个新途径，进而带动香港的人民币流通量持续增长。

- 香港继续鼓励国际市场增加使用人民币，在推广人民币方面发挥主要作用，而中国“第十二个五年规划”亦确认了香港作为人民币离岸中心的角色。截至2011年5月底，香港的人民币存款额增至5, 490亿元人民币，与2009年底比较，增幅大约为800%。随着人民币资金池规模的扩大，预计在不久的将来，市场会发展及推出更多类型的人民币计价投资产品。此外，凭着与内地的联系，预计内地相关持牌商号将会在这方面担当重要角色。

- 根据国家外汇管理局(外汇局)公布的统计数据，截至2010年底，外汇局已根据QDII计划向29家内地基金管理公司及6家证券商批出406亿美元的投资额度，以及向25家内地商业银行批出合计82.6亿美元的投资额度，准许这些机构进行境外投资。

四、大部分在香港管理的资产均投资于亚洲，2010年的比例为79.7%

在香港管理并投资于亚洲的资产比例为79.7%，与2009年的水平相当。这些资产的总值为33, 170亿元，其中20, 860亿元投资于香港及内地*，2, 580亿元投资于日本，9, 730亿元投资于亚太其他地区。

在香港管理并投资于亚洲的资产按年上升14.1%至33, 170亿元，远高于投资于亚洲以外地区的资产，后者在2010年的总值为8, 440亿元。虽然欧元区仍受主权债务危机的困扰，而美国的经济复苏步伐仍相对缓慢，但投资于亚洲的资产仍有所增加，反映亚洲区在2010年能为各国与地区的投资者提供投资机会。

* 未能提供中国内地及香港地区两地的分项数据。

内地经济表现理想，国内生产总值在2010年增长10.3%，世界银行及国际货币基金组织预测中国在2011年可取得超过9%的增长，上述因素亦促使资金流入香港的投资管理市场。

图5　在香港管理的资产——按投资地域划分（以十亿元计）

近期发展及行业前景

为巩固香港作为资产管理中心的领先地位，证监会在2010年专注推行以下三方面的工作：

一、加强监管公开发售的投资产品

集体投资计划

证监会在2010年6月推出一系列用以加强投资者保障的新措施，其中包括《证监会有关单位信托及互惠基金、与投资有关的人寿保险计划及非上市结构性投资产品的手册》(以下简称《手册》)，同时修订关于集体投资计划的守则，加入新的监管规定。继推出《手册》后，证监会从多方面协助业界妥善地实施《手册》所订立的措施。

举办了12场简报会，吸引了超过1, 000名业界人士参加。另外，向业界发出5份通函／信件，协助从业人员加深了解《手册》的新规定，并就有关新规定的实施和应用提供指引，以确保市场能顺利过渡至新监管制度。

就如何编制产品数据概要为业内人士提供指引，以确保这项新措施能在2011年6月25日或之前顺利实施，证监会审阅了超过65家基金公司所提交的逾150份产品数据概要草拟稿，就其编撰方针提供意见，另外认可了超过100项投资相连寿险计划的产品数据概要。

刊登了超过12条常见问题，说明如何诠释及应用《手册》的新规定，为业界人士提供指引。

非上市结构性投资产品

《2011年证券及期货和公司法例(结构性产品修订)条例》(以下简称《修订条例》)已于2011年5月刊登宪报并正式生效。根据《修订条例》，所有属股份或债权证形式的结构性产品，其公开要约将转由《证券及期货条例》的投资要约制度所规管，而不再受《公司条例》的招股章程制度所规管。

产品咨询委员会

产品咨询委员会于2010年8月成立，成员包括具备市场知识及专长的业内人士、专业人员、学者及其他相关人士。该委员会属咨询性质，证监会可就《手册》、《证监会强积金产品守则》及《集资退休基金守则》所涉及的各类事宜，以及整体市场环境、行业常规及新的产品特点，征询产品咨询委员会的意见。

投资者教育

为协助公众了解产品数据概要及售后冷静期这两项加强投资者保障的新措施，证监会举办了一系列投资者教育活动，包括刊发不同类型的投资者教育刊物、在电台及电视频道播放信息短片，以及在证监会学・投资网站登载短片。

鉴于人民币产品的发展愈来愈受市场关注，传媒亦广泛报道，证监会遂于学・投资网站及多份报章刊登投资者教育刊物，协助投资者加深了解人民币产品的特点和风险。

二、推动人民币国际化进程和加强与内地市场的联系

人民币国际化是国家一个主要的策略性目标。香港作为国际金融中心，亦在人民币国际化的进程中扮演重要角色，其中一个主要功能是提供适当的投资平台，藉此构建及推出多元化的离岸人民币金融及投资产品，切合国际及本地投资者的需求。这些产品的出现可鼓励更多国际投资者离岸持有人民币，从而提升人民币在国际间的流通性，促进人民币国际化。

在发展香港的人民币业务时，我们采取循序渐进及平衡的策略，尤其着重对相关风险的管理，与内地开放市场的方针相符。

人民币债券是香港最先推出的主要人民币产品类别，一般被视为复杂程度较低。首只人民币债券于2007年在香港发行。根据市场数据，2007年7月至2011年5月底在港发行的人民币债券总值约达1, 060亿元人民币。

自2010年7月修订《香港银行人民币业务的清算协议》以来，香港的人民币产品市场取得重大进展，陆续有环球及本地机构发行离岸人民币债券，发行量创下新高；本地市场亦推出了两类新的人民币产品，证监会在这一过程中担当重要角色：

零售人民币计价债券基金

证监会在2010年8月认可了首只以人民币计价的基金，该基金主要投资于在中国内地以外地区发行的人民币计价定息或浮息债务工具及／或人民币银行存款，其认购和赎回均以人民币办理。截至2011年6月30日，共有5只人民币计价基金主要投资于中国内地以外发行的人民币计价债务工具。

上市人民币股票型产品——房地产基金

证监会在2011年4月认可了首只以人民币计价的房地产基金，在开拓人民币交易及投资方面跨

出一大步，同时亦进一步巩固了香港作为主要离岸人民币中心的地位。为协助市场及业界人士迎接首只以人民币计价、上市及交易的股票型产品，证监会与香港交易及结算所有限公司(香港交易所)及金管局紧密合作，以解决与基础建设有关的问题，确保市场准备就绪。证监会并在该产品首次公开发售前进行大量的筹备工作，包括通过不同的媒体推行投资者教育活动，为业界举办简介会，以及安排中介人参与运作测试，确定为进行人民币证券业务作好准备。

上述离岸人民币产品得以成功推向市场，反映了香港拥有稳健的金融基础建设，有助于推动人民币投资产品的发展。这些产品也确立了香港作为离岸人民币市场的重要地位，而各国及地区的金融市场参与者可在香港直接使用人民币作买卖、结算及储值用途。

三、开拓交易所买卖基金(ETF)市场及提高产品透明度

在调查年度内及2011年，ETF市场持续增长，而本会亦引入新的规管措施，以监察ETF市场的急速发展，并提高ETF的透明度。

ETF之中，有24只追踪A股指数。

根据2011年2月的市场调查，以成交额计算，香港是亚洲区内最大的ETF市场，而按管理资产总值计算则占亚洲区第二位：

- 在截至2011年3月31日的年度内，香港上市ETF总成交额达839亿美元，较上年同期648亿美元增加29%。
- 截至2011年3月31日，香港上市ETF总市值达886亿美元，较上年同期643亿美元增加38%。

ETF市场持续国际化

随着香港ETF市场更趋成熟，我们在2010年见证了多项重大发展：

- 认可了首只由韩国投资及证券集团的香港资产管理附属公司所管理的ETF，这也是香港第3只参与韩国股票市场的ETF；
- 认可了首只由香港资产管理公司管理并在本地保险库储存实物黄金的黄金ETF；
- 第4只香港ETF在台湾证券交易所跨境上市。

提高合成ETF透明度的新措施

针对合成ETF的市场发展趋势，证监会及香港交易所合作制订了一系列措施，令一些主要采用合成模拟策略的ETF提高透明度：

- 从2010年11月22日起，为了令合成ETF产品更易于识别，所有名列香港交易所证券交易系统股份专页、香港交易所网站及披露易网站的合成ETF，均须在其证券简称(Stock Short Name)前加上“X”号标记。
- 合成ETF基金经理须于2011年1月16日或之前，在合成ETF产品名称后加上“*”号，并附注“此基金为一只合成交易所买卖基金”，让投资者在作出投资决定前能够更易于分辨产品是否属于合成ETF。
- 证监会与香港交易所联合发出通函，列出各项可能触发《单位信托及互惠基金守则》及/或《上市协议》所指的披露责任的事件。
- 为提高透明度，从2011年3月底起，合成ETF的基金经理除遵守现行规定外，必须每月在其网址公布并更新有关抵押品/所投资资产的资料。根据现行规定，合成ETF网站须每日公布就交易对手方所承担的风险总额及净额。

各合成ETF表示，为了更妥善地管理交易对手风险，这些基金不会以提升基金表现为理由进行股份借贷活动。

随着本地ETF市场的蓬勃发展，香港的ETF管理专才亦见增长。截至2011年3月，香港共有14家ETF管理公司，2009年底则有10家。

市场机遇与挑战

一系列用以加强投资者保障的新措施已于2011年成功实施，证监会将继续与业界保持紧密联系，以妥善监察新监管制度的运作和发展。另一方面，为协助投资者了解最新的监管措施，本会将继续加强投资者教育工作，推出不同类型的教育活动，提醒投资者注意关于监管及销售投资产品的新措施。

为巩固香港作为离岸人民币中心的地位，证监会将继续与香港特区政府、金管局、其他相关监管机构及内地监管当局紧密合作，致力于推广离岸人民币业务及离岸人民币计价投资产品在香港的发展。

鉴于环球金融市场的关系日趋密切，跨境金融活动也将发挥愈来愈大的影响力，证监会将继续与海外监管机构保持密切联系，以探讨各项将于短期内实施的监管改革，了解背后的监管理念和方针：

- 欧盟委员会在2011年中推出经修订的可转让证券集体投资计划(UCITS)制度(即欧洲基金的规管架构)，此举或将扩大欧洲基金业的投资范围。证监会将继续与其他监管机构紧密合作，密切关注这方面的发展。
- 欧洲地区仍然面对主权债务危机，美国的经济复苏步伐也相对缓慢，金融市场续受拖累，这可能会影响环球经济的复苏前景。证监会将继续监察环球金融市场的发展，密切留意任何潜在事故。

2010年全球基金业：从经济主导到政策驱动

□ 高潮生[①]

全球资本市场在经历了2008年的惊涛骇浪和2009年的绝地反弹之后，延续了缓步上涨的势头，连续第二年告涨。在美国市场上，代表大型蓝筹股的道琼斯工业指数全年上涨了11%，其中近一半的涨幅来自于收官期的12月份。工程机械制造商卡特彼勒(Caterpillar)的涨幅高达64%，成为表现最佳的成份股，反映出了处于复苏之中的全球经济。具有广泛代表性的标准普尔500指数上涨了13%。以科技股为主的纳斯达克综合指数全年上涨了17%，其中苹果公司的年度涨幅为53%。罗素2000小盘股指数全年飙升了25%，为2003年以来表现最佳的年份。从历史上来看，小盘股的表现远远超越大盘股，这也是经济复苏与成长进程中的普遍现象。最具有象征性意义的是，道琼斯指数在12月29日收于11, 585.38点，创下了自2008年9月15日“金融危机”爆发以来的最高收盘价，意味着美国股市已然完全收复失地，彻底摆脱了金融风暴的冲击与纠缠。

①作者系汇添富基金(香港)公司总经理

全球资本市场

然而2010年全球资本市场的走势并非一帆风顺。头四个月中，经济持续复苏的态势让市场充满信心和期冀，投资者继续沉浸在股市快速反弹所带来的狂喜之中。然而，随着陆续出笼的经济数据并非如人所愿，主权债务危机开始在欧洲迅速发酵，投资者心态急速恶化，股市高歌猛进的格局一夜间分崩离析。标普500指数在第二季度中重挫了13%。市场的波动性也骤然间显著增大，显示出投资人对于经济和市场前景的预期严重对立。虽然疲弱的经济与就业数据无法继续拉升全球股票市场，但得益于美联储在8月底推出的6,000亿美元的第二期量化宽松政策，充裕的流动性得以在后四个月中发挥出驱动股市飙升的魔力，使得全球股市在一片惊叹声中落下帷幕。因此，全球股市在2010年中经历了典型的三部曲格局：头四个月为经济复苏和公司盈利所拉升；下四个月在“晕头转向”和“不知所措”中惶恐不安；最后四个月则完全靠宽松政策和市场流动性所驱动。

表1　世界主要股市指数2010年表现

指数名称		收盘值	年度涨跌(%)
DOW JONES	道琼斯工业指数	11,577.51	11.02
S&P 500	标准普尔500指数	1,257.64	12.78
NASDAQ COMPOSITE	纳斯达克综合指数	2,652.87	16.91
FTSE 100	英国富时100指数	5,899.94	9.00
DAX	德国30指数	6,914.19	16.06
CAC 40	法国40指数	3,804.78	−3.34
S&P/ASX 200	澳大利亚200指数	4,745.20	−2.57
NIKKEI 225	日经225指数	10,228.92	−3.01
HANG SENG INDEX	恒生指数	23,035.45	5.32
KOSPI	韩国KOSPI指数	2,062.68	22.58
SHANGHAI COMPOSITE	上证综合指数	2,808.08	−14.31

资料来源：彭博资讯

表1汇总了全球主要股市指数在2010年的业绩表现。除了美国股市的靓丽表现之外，欧洲三大股市可谓是泾渭分明。德国公司受益于全球经济复苏带来的出口稳定增长，股市的表现可圈可点。相对于法国股市的微挫，英国股市9%的上涨幅度也还算不错。相形之下，亚太股市的表现最为差强人意。除了韩国股市受到全球电子行业强劲复苏的刺激而暴涨之外，香港股市仅上扬了5%，而日本和澳大利亚股市则均出现了与全球股市背道而驰的下挫。尤其是中国内地股市14%以上的下跌幅度更是在全球股市普涨的背景下显得格外刺眼。

就行业板块而言，图1展示了全球十大主要行业在过去三年中的相对表现，这其中既包括了金融风暴盛行的2008年，也涵盖了之后的两年持续复苏。这十大行业中只有消费品生产、消费品服务、高科技、原材料这四个行业提供了正收益。其中与消费品相关的两个行业收益又高、风险又低，表明了它们在经济兴衰和市场动荡中具有高防御性的自然属性。不难想见，收益差、风险高的当属金融服务业。过度的创新、乏力的监管、无序的竞争使原本旱涝保收的金融业面临空前的挑战。

图1 全球股市主要行业板块的收益风险状况

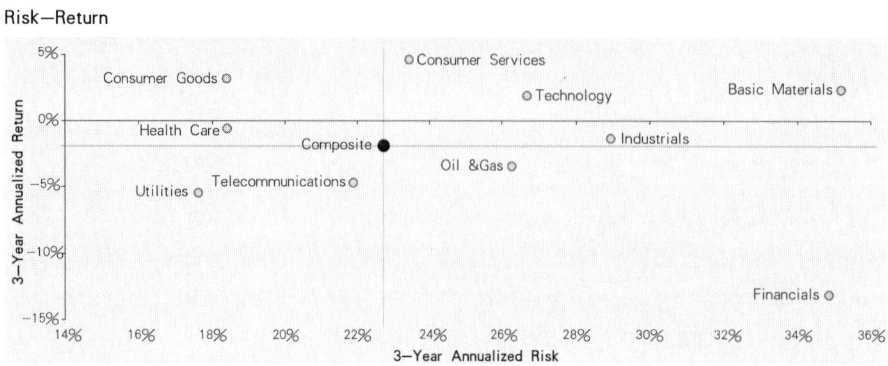

资料来源：Dow Jones Indexes.

在外汇市场上，如表2所示，欧元和英镑受到了欧债危机的冲击，在2010年流年不利，受到了市场的冷落和无情抛售，分别下跌了8%和3%。令人惊讶的倒是日元的坚挺和一路走强，虽然日本经济依旧在过去失落的二十年中沉沦，但日元却在2010年上涨了将近14%。

表2 全球四大主要货币在2010年中的走势

指数名称		收盘值	年度涨跌(%)
DOLLAR INDEX SPOT	美元	79.31	1.86
EURO	欧元	1.33	-7.78
JAPANESE YEN	日元	81.33	13.73
BRITISH POUND	英镑	1.55	-3.36

资料来源：彭博资讯

美元在2010年虽然微涨了不到2%，但在整个年度中却是大起大落、大悲大喜。新年伊始，由于市场预期美国经济的复苏进程会优于其他发达经济体，所以使得美元一改2009年的颓势。紧接着欧债危机全面爆发，导致大量游资回流美国、美元暴涨。但随着美国经济的实际状况差强人意，以及第二期量化宽松政策的被迫出笼，美元又开始了新一轮下挫（见图2）。

图2 美元在2010年中的走势

资料来源：彭博资讯

除了股票市场之外，其他类别的资产也同样在2010年中表现非凡，尤其是大宗商品。表3展示了全球主要类别大宗商品在2010年中的表现。在众人都被黄金价格的高企所震撼时，殊不知与其他类别的多种商品相比，黄金只不过是小巫见大巫。其29%的涨幅既低于铜、砂糖、大豆和玉米，而且只是棉花高达87%涨幅的1/3。很多人都认为是美元贬值在推动大宗商品的价格步步高升，但美元在2010年中实际上涨了2%，所以大宗商品价格的飙升更多是来自于人们对经济复苏导致需求增长的预期，以及担心未来通货膨胀可能失控所采取的投机活动。相形之下，原油价格仅仅上涨了不到8%，大大低于市场预期。这是否源于其他新能源的开发和研究，目前还不得而知。股市波动性的降低仅是两个时点之间的比较，说明年底时的波动性要大大低于年初时，无法刻划出波动性在整个年度内的变化情况。

表3 部分大宗商品在2010年中的表现

指数名称		收盘值	年度涨跌(%)
CRUDE OIL	原油	91.29	7.77
GOLD	黄金	1,415.55	29.04
LME COPPER	铜	9,650.00	31.44
COTTON (US)	棉花	144.81	86.71
SUGAR (US)	砂糖	36.15	31.69
SOYBEAN	大豆	1,399.75	36.16
CORN	玉米	627.00	39.41
CBOE VOLATILITY INDX	波动性	17.75	−18.13

资料来源：彭博资讯

全球基金业

全球资本市场的上扬态势也同样在全球基金业中得到了真实的反映。根据美国波士顿咨询公司(BCG)的统计数据，全球资产管理业的规模总额在2010年底时创下了56.4万亿美元的历史新高，打破了2007年底时56.2万亿美元的历史记录。这主要归功于全球股市在2009年和2010年的强劲反弹，最终从2008年金融风暴的阴影中迈步而出。

就地区配置而言，美国分散化股票型基金2010年平均涨幅接近19%，大大优于标普500指数和道琼斯工业指数15%和14%的增长率(包含股息再投资收益)。这一表现也超过了分散化国际股票基金平均13.3%的回报率。不过大型美国股票基金的表现却不尽如人意，先锋500指数基金和美国成长基金的涨幅仅有17%和12%。这似乎再度验证了国际基金业中的那句名言：资产规模是基金公司的情人，是投资业绩的敌人。

就基金类别而言，2010年似乎延续了上一年度的普遍趋势。成长股基金16%的平均收益率优于价值型基金的14%；周期性股票基金胜过抗跌股基金；小盘股基金强于大盘股基金。在行业板块层面，工业类基金表现最佳，涨幅达到了30%；耐用消费品基金位居第二，涨幅27.8%；排名第三的科技股基金的回报率为20.5%。

就投资风格而言，表现最好的是小盘成长股基金，全年上涨了近28%。小盘价值股和小盘混合型基金紧随其后，回报率略高于26%。这似乎又一次应验了“小的就是美的”这一传统说法。在非传统类基金中，贵金属基金上涨了40%，超过了所有的传统类基金。除去不可直接类比的杠杆性基金，2010年表现最佳的分散化股票基金是动态美国成长基金，涨幅高达52%。作为其姊妹基金的动态黄金及贵金属基金更是取得了71%的回报率，在所有基金中排名第一。

在国际股票基金中，加拿大和欧洲股票基金在2010年分别上涨了18%和10%。分散化亚太股票基金上涨了16.2%，其中日本股票基金也取得了12.5%的投资回报，尽管日经225指数下跌了3%。当然这可能主要归功于日元兑美元在2010年中累计上涨了12%。中国的股票基金全年上涨了12.1%，而上证综指的暴跌幅度超过了14%。这主要来源于中小盘股票在2010年中的优异表现。

分散化新兴市场股票基金全年上涨了18%，略逊色于美国股票基金。这是因为虽然新兴市场国家的经济态势良好，但就估值而言，新兴市场股票的相对价格高于发达市场。而且应对通胀风险的货币紧缩措施、央行干预和资本控制等多重因素也使得泰国、马来西亚、印尼等国家的情况不甚明朗。不过就未来五到十年的投资期限而言，新兴市场的投资潜力依然巨大。

2010年的国际市场也承接了美国股市中的一些特色，譬如中小盘股票基金也在震荡格局中显现了明显的优势。美国的海外小盘成长型基金2010年的平均收益率为20.7%，而海外大盘价值型基金只有区区的6.7%。就具体基金而言，国际股票基金中表现最佳的是Encompass基金的近60%。其次是Wasatch新兴市场小型股基金的近40%，安本全球小型股基金的35%以上，锐思全球价值基金的近35%。

虽然2010年对于全球基金业而言又是一个花好月圆之年，但并不是所有投资人都享受到了这一股市基金盛宴。据美国投资公司学会(Investment Company Institute)估算，美国股票型基金在2010年中的净赎回金额超过了810亿美元。显示众多投资者依然对2008年的金融风暴历历在目、耿耿于怀，在利用市场的反弹机会撤出资金。与此同时，又有高达1, 200亿美元的资产在2010年中流入了债券型基金，表明投资人既对股市的持续反弹缺乏信心，又坚信低利率的市场环境能够得以延续。这一从股市到债市的资金大挪移造就了债券型基金规模的持续膨胀，也导致了500只股票型基金和货币市场基金在2010年的繁荣市场中消失于无形，或者是通过基金合并，或者是索性彻底清盘。这其中不乏一些曾经创造过辉煌历史的知名基金。

在欧洲市场上，金融风暴的降临使资产管理业相较于过去10年来说，所受到的限制和监管更多。例如根据欧盟的资本要求，最高可达60%的业绩奖金要递延三至五年才能发放给基金经理。英国金融服务管理局的薪酬规定也变得更加苛刻，使资产管理业与商业银行的规则并驾齐驱。另外与美国市场相似，很多投资者倾向于低风险、低回报的债券类产品，导致股票型基金面临资金外流的情况，基金公司的营业收入也因此而增长缓慢甚至出现下滑。这就迫使一些欧洲资产管理商不得不通过兼并重组和产品创新等手段来谋求生存和发展。

主动型与被动型投资

自第一只指数化产品1981年问世以来，主动型与被动型投资谁赢谁负的争议在过去30年间从未止息过。2009年是主动型基金胜出的年份，而2010年则恰好相反，仿佛是一年河东、一年河西。如表4所示，无论是大盘股基金、中盘股基金、小盘股基金，还是综合股基金，所有类别的主动型基金的平均业绩在2010年中都不及相应的指数，中盘股基金尤甚。

表4 2010年主动型股票基金与指数业绩的比较

单位：%

资产类别	一年收益	三年收益	五年收益
标普500指数	15.05	−2.86	2.29
所有大盘股基金	13.60	−2.87	2.21
标普中盘股400指数	26.64	3.53	5.74
所有中盘股基金	23.13	0.88	5.02
标普小盘股600指数	26.32	3.02	4.65
所有小盘股基金	25.87	2.43	4.71
标普美国1500指数	16.38	−2.15	2.65
所有综合股基金	15.91	−1.78	3.12

资料来源：标准普尔公司

在债券投资领域，主动型基金的情况要好得很多，在短期和中期国债基金的管理中都大大战胜了相应指数；在高息债券、也就是垃圾债券基金的管理方面不相上下；只是在长期国债基金上显著落后(见表5)。

表5 2010年主动型债券基金与指数业绩的比较

单位：%

资产类别	一年收益	三年收益	五年收益
巴克莱长期国债指数	9.44	5.64	5.70
长期国债基金	6.14	5.42	5.40
巴克莱1−3年国债指数	2.38	3.46	4.32
短期国债基金	4.25	4.20	4.60
巴克莱中期国债指数	4.97	4.93	5.40
中期国债基金	5.89	5.45	5.38
巴克莱高息债指数	15.12	10.38	8.92
高息债券基金	15.12	10.38	8.92

资料来源：标准普尔公司

表6汇总了美国八大主要类别资产的公募基金在过去一年、三年、五年中相对于基准指数的表现情况。很显然，在美国这一有效性最高的全球资本市场上，主动型投资遇到了巨大的挑战。就以往三年和五年的数据来看，无论是何种资产类别，落后于相应指数的基金都是大多数。尤其是高息债券基金，有90%以上的主动型基金都不及指数的表现。只是在过去一年中，整体股票型基金能够勉强与基准指数打个平手。

表6 落后于相应基准指数的主动型基金的比例

单位：%

资产类别	相应的基准指数	一年	三年	五年
所有大盘股基金	标普500指数	65.72	57.65	61.83
所有中盘股基金	标普中盘股400指数	73.75	83.90	78.19
所有小盘股基金	标普小盘股600指数	53.42	70.11	63.02
所有美国股票基金	标普美国1500指数	49.31	51.68	57.63
长期国债基金	巴克莱长期国债指数	94.12	65.96	68.18
巴克莱中期国债指数	巴克莱中期国债指数	68.29	58.70	68.09
短期国债基金	巴克莱1−3年国债指数	56.82	58.70	75.00
高息债券基金	巴克莱高息债指数	75.50	92.09	92.37

资料来源：标准普尔公司

既然如此，为什么还会有众多投资者去选择主动型基金，使得从基金数目上来讲，主动型基金依然是指数基金和ETF产品的上百倍呢？这是因为尽管大多数主动型基金的相对表现不佳，但毕竟还是有一些能够战胜指数。所以投资人总是充满了自信和乐观，坚信自己能够找到那些傲然于指数之上的主动型基金。这就如同购买六合彩完全是行为金融学使然一样，虽然期望收益是负值，但依然吸引了无尽的平民百姓前仆后继、乐此不疲。

全球ETF市场

ETF的蓬勃发展已经使得ETF成为一个衡量市场冷暖和板块轮动的风向标和温度计。ETF的流量和流向刻划出了投资人的心态与脉动。如表7所示，国际股票类ETF在2010年中吸引了407亿美元的净流入额，其中主要是流向新兴市场股票ETF。这一数额甚至超过了投资于美国本土股票的ETF。对于美国债券ETF来说，能够在经济复苏进程中还吸引到近278亿美元的净流入额，应当说是令人惊叹的。因为这与“经济繁荣时买股票、经济低迷时买债券”的传统投资理念背道而驰。不过这一趋势在年底时已经开始逆转，11月和12月份分别出现了7亿美元和19亿美元的净流出。

表7 不同类别ETF在2010年中的资金流入额

单位：亿美元

	净流入额	资产规模
美国股票	321.4	4,497
国际股票	407.4	2,785
美国债券	277.5	1,320
国际债券	19.2	66
大宗商品	110.8	1,016
外　汇	−23.4	47
杠杆性产品	−10.7	130
反向型产品	85.9	188
资产配置型	0.9	5
另类产品	35.5	36
总　额	**1,224.5**	**10,091**

资料来源：彭博资讯

表8列出了2010年底时全美资产规模最大的10只ETF。标普500蜘蛛证券依旧名列第一，黄金ETF紧随其后，第三和第四则分属两家不同的新兴市场股票ETF。虽然就名单本身而言与2009年底时一样，但在排名上却发生了很大变化。其中最大的变化来自于先锋新兴市场ETF，不仅资产规模膨胀了一倍以上，而且排名也从2009年底时的第六名提升到第四名，同时还大大缩小了与安硕新兴市场ETF的规模差距(2009年底时是394亿美元对194亿美元)。其稳定的业绩和较低的费率使其在过去几年中发展神速，成为全球最大的新兴市场ETF可以说是指日可待。

表8 2010年全美十大ETF

单位：亿美元

代码	名称	净流入额	资产规模
SPY	SPDR标普500	−38.5	898.75
GLD	SPDR黄金	58.2	580.49
EEM	安硕MSCI新兴市场	22.8	474.59
VWO	先锋新兴市场	193.4	443.61
EFA	安硕MSCI欧澳远东	0.9	368.29
IVV	安硕标普500	11.4	257.82
QQQQ	PowerShares纳斯达克100	2.8	220.61
TIP	安硕巴克莱抗通胀债券	1.7	193.51
VTI	先锋全美国股票	26.0	182.16
IWM	安硕罗素2000美国小盘股	17.7	174.92

资料来源：彭博资讯 数据截至：2010年末

表9列出了美国2010年净流入额最多的十只ETF基金。先锋基金公司旗下的新兴市场ETF吸引了高达193亿美元的净流入，成为全年度中最耀眼的ETF产品。这不仅比排名第二的黄金ETF多出了三倍以上，也大大缩小了与安硕新兴市场ETF的规模差距。表明投资人依旧热衷于新兴市场的股票投资，而且也开始将ETF视为最主要的投资工具。黄金ETF能够排名第二应该说是不足为奇，因为面对动荡的市场环境和通货膨胀的经济压力，黄金仍旧被普遍认为是最佳的避险工具之一。倒是排名第三的高股息ETF有些出人意料之外，或许反映了婴儿潮在步入退休之年后对于稳定现金收入的需求在不断升温。

表9 2010年全美净流入额最多的十只ETF

单位：亿美元

代码	名称	净流入额	资产规模
VWO	先锋新兴市场	193.4	443.6
GLD	SPDR黄金	58.2	580.5
SDY	SPDR标普高股息	34.9	50.3
PFF	安硕标普美国优先股	28.3	61.3
JNK	SPDR巴克莱高息债券	28.0	63.2
BND	先锋全美国债券	26.7	90.5
VTI	先锋全美国股票	26.0	182.2
HYG	iBoxx高息公司债	25.9	72.7
VXX	iPath标普500波动性	23.7	143.5
VIG	先锋股息增值	23.2	46.1

资料来源：彭博资讯

表10列出了美国2010年净流出额最多的十只ETF基金。首当其冲的便是资产规模最大的ETF—标普500蜘蛛证券。虽然这仍然无损于它的龙头老大地位，但这一趋势的持续发展以及黄金价格的不断攀升有可能在不远的将来改变这一格局。美元看涨ETF的净流出不足为怪，第二轮量化宽松政策的出台使得众多投资人相信美元将会供给过剩而持续贬值。安硕富时新华中国ETF虽然也呈现出巨额净流出，但并不表明投资人对中国投资热情的冷却，而是因为诸多新的中国ETF涌入市场，引起资金分流，譬如SPDR标普中国ETF、古根汉姆中国ETF、PowerShares金龙ETF、Van Eck沪深300ETF等等。

表10 2010年全美净流出额最多的十只ETF

单位：亿美元

代码	名称	净流入额	资产规模
SPY	SPDR标普500	−38.5	898.8
UUP	PowerShares德银美元	−22.8	10.0
FXI	安硕富时新华中国25	−20.1	81.4
DIA	SPDR道琼斯工业指数	−11.0	87.2
USO	UnitedStates石油	−8.4	18.2
EWT	安硕台湾	−6.5	34.4
IVW	安硕标普500成长型	−6.2	58.2
PVI	PowerSharesVRDO免税	−5.7	5.7
SSO	ProShares标普500杠杆型	−5.0	15.9
OEF	安硕标普100	−4.2	24.2

资料来源：彭博资讯

就业绩表现而言，2010年可谓是贵金属大宗商品类ETF的天下。其中安硕的白银基金飙升了80%；Van Eck的小型金矿股ETF和ProShares的原材料ETF分别上涨了64%和57%。最大的黄金ETF—SPDR 黄金ETF的涨幅约为28%。

表11列出了美国市场上所有ETF提供商的资产规模以及它们在2010年的净流入或净流出情况。先锋基金公司无疑是最大的赢家，共吸引了400亿美元以上的新资产额。其中仅新兴市场一只ETF就吸引了将近200亿美元。如表9所示，在2010年十大净流入额ETF中，仅先锋公司一家就占了其中四只：新兴市场、全美国股票、全美国债券、股息增值，这还是首次有一家ETF提供商的年度净流入额超过了拥有ETF巨擘安硕集团的贝莱德公司。

表11 2010年各ETF发行商的资产规模变化

ETF发行商	净流入额(美元)	资产规模(美元)
先锋	405亿	1,479亿
贝莱德	302亿	4,476亿
SSgA	190亿	2,469亿
ProShares	53.9亿	236亿
Van Eck	37.8亿	200亿
巴克莱	36.3亿	85.3亿
WisdomTree	31.6亿	98.9亿
第一信托	29.0亿	54.3亿
ETF Securities	23.6亿	35.2亿
嘉信理财	21.4亿	27.2亿
Direxion	19.8亿	65.8亿
太平洋投资管理	17.0亿	21.7亿
摩根大通银行	12.4亿	22.9亿
Rydex	12.2亿	74.7亿
Invesco PowerShares	10.5亿	540.1亿
Global X	10.4亿	12.9亿

（续上表）

ETF发行商	净流入额(美元)	资产规模(美元)
ALPS	6.5亿	7.1亿
Guggenheim	5.5亿	35.5亿
瑞银	3.7亿	6.3亿
Emerging Global Shares	3.6亿	4.3亿
ELEMENTS	2.4亿	14.1亿
GreenHaven	2.2亿	5.3亿
IndexIQ	1.9亿	3.0亿
RevenueShares	1.6亿	5.5亿
瑞信	1.6亿	1.9亿
AdvisorShares	1.3亿	1.5亿
VelocityShares	5,506万	0.46亿
Jefferies	4,147万	1.4亿
Teucrium	3,489万	0.43亿
CitiGroup	2,045万	0.14亿
Javelin	1,088万	0.12亿
Grail Advisors	1,057万	0.21亿
富达	955万	1.5亿
U.S. One Trust	900万	984万
Pax World	248万	276万
高盛	—	0.7亿
FaithShares	−280万	0.1亿
美林	−9.7亿	47.8亿
美国大宗商品基金	−10亿	49.6亿

资料来源：彭博资讯

虽然ETF提供商的头两把交椅仍然属于贝莱德和道富资产管理公司，而且它们近4,500亿和2,500亿美元的资产额远远超过了其他所有竞争对手，但是先锋基金公司在ETF业务上的快速崛起和突飞猛进，使得ETF行业三足鼎立的格局已经俨然成形。不过尽管如此，马太效应在ETF行业中似乎并不显著。不少默默无闻的小型公司依然能够在激烈的市场竞争中找到自己的生存和壮大空间。这主要得益于国际投资市场和产品的多样性和分散化。小公司总能找到具有独特收益风险结构的小众市场，开发出为特殊投资者设计和交易的产品和服务。

全球对冲基金

在经历了2008年的金融风暴之后，全球对冲基金业终于恢复了元气，资产规模已经最终接近于危机前的历史峰值。截至2010年底，全球对冲基金的规模总额达到了1.917万亿美元，与2008年第二季度的历史最高点1.931万亿美元相差无几，比危机后的2009年第一季度增长了将近44%。

全球对冲基金业在2010年的平均收益率为10.97%。其中投资于相对价值套利策略的对冲基金增长了11.7%，而关注宏观策略和股市策略的对冲基金则分别取得了8.6%和10.6%的回报率。

另外根据全球对冲基金资讯公司Eurekahedge的数据，对冲基金在2010年的表现远远不如股市强烈反弹的2009年，说明市场的贝塔值在对冲基金的运作管理中仍然发挥着极其重要的作用。例如在表12中的四个主要对冲基金指数中，有三只在2010年的表现尚不足2009年的一半。

表12　主要对冲基金指数的业绩对比

单位：%

主要的对冲基金指数	2010年收益	2009年收益
Eurekahedge 对冲基金指数	10.97	19.89
Eurekahedge 投资对冲基金的基金指数	4.47	9.47
Eurekahedge 长仓绝对收益基金指数	14.95	47.51
Eurekahedge 伊斯兰对冲基金指数	9.92	21.57

资料来源：Eurekahedge

表13展示了全球对冲基金九大不同投资策略的年度表现。危机债(Distressed Debt)策略在2010年表现最佳，取得了20.6%的回报率，比整个对冲基金业的平均收益高出了将近一倍。一向为投资者所津津乐道的宏观投资策略仅仅上涨了不到8%，再度持续了2009年的低迷。2010年的收益率高于2009年的唯一投资类别就是管理型期货基金，而且高出的幅度不是一星半点。此外，市场波动性的降低使得不同投资策略的对冲基金的业绩差异在减小。例如2010年的差距是7.7%与20.6%，而2009年的差距是3.4%与39.5%。

表13　主要对冲基金投资策略的业绩对比

单位：%

主要的对冲基金投资策略	2010年收益	2009年收益
Eurekahedge 套利策略	9.69	23.54
Eurekahedge 管理型期货策略	12.14	3.43
Eurekahedge 危机债策略	20.60	33.77
Eurekahedge 事件驱动型策略	16.08	39.49
Eurekahedge 固定收益策略	10.44	22.29
Eurekahedge 长短仓股票策略	10.19	23.84
Eurekahedge 宏观投资策略	7.74	13.04
Eurekahedge 多重组合策略	9.70	21.09
Eurekahedge 相对价值策略	11.85	21.81

资料来源：Eurekahedge

表14对比了不同规模对冲基金的平均业绩表现。就2009年和2010年的相对表现而言，很难得出大型基金的表现就不如小型基金的结论。因为2009年和2010年显示出了完全不同的结果。小型对冲基金在2009年业绩表现最差，但在2010年却以微弱优势名列榜首。这一点似乎与公募共同基

金有所不同。在公募基金业中，越大的基金越难驾驭，可以选择的投资对象越少，业绩表现也就越难出众。

表14 不同规模对冲基金的业绩对比

单位：%

不同规模对冲基金	2010年收益	2009年收益
Eurekahedge 小型对冲基金(低于1亿美元)	11.00	18.75
Eurekahedge 中型对冲基金(1-5亿美元)	10.64	23.82
Eurekahedge 大型对冲基金(高于5亿美元)	10.39	21.22

资料来源：Eurekahedge

展望2011年，美国股市有望继续震荡走高和缓慢爬升。首先，美国经济仍然处于进一步的缓慢复苏之中，这一进程可望在来年之中得以持续。其次，2011年是所谓总统周期的第三年。历史数据显示在大选年之前的年份中，股市通常都以上扬而作收。另外，2011年将迎来始于2009年3月的牛市的第三年。二战之后的全部10次牛市中，第三年都显示是股市的丰收年(尽管目前尚无有力的理论依据来解释这些奇特的历史现象)。如果美国股市的上涨态势能够在2011年中得以延续，那么全球市场，特别是新兴市场将从中受益，除非美股的飙升过于强势，以至于在全球资本市场上形成资金黑洞。诚然，这一切演变格局从根本上来讲，都取决于美国乃至全球经济持续复苏的步伐是否稳健和强劲。让我们为全球市场和基金业的又一个辉煌年份而祈祷和祝福！

第三部分 综合数据统计

Part III Composite Data Statistics

数据统计说明

1. 从2008年开始，本年鉴采用新的基金分类方法。证券投资基金被分为国内市场基金与海外市场基金两大类；国内市场基金部分则被进一步分为封闭式基金、开放式基金与ETF基金。与此同时，对历史数据进行了追溯修正。

2. 为体现市场发展，从2010年开始，本年鉴将封闭式基金细分为传统封闭式基金和创新封闭式基金。

3. 2011年4月22日，传统封闭式基金“裕泽证券投资基金”到期转型为博时卓越品牌股票(LOF)基金，至此，传统封闭式基金数量减少1只，为25只。2010-2011年上半年，市场发行成立了21只创新封闭式基金。

4. 2010年8月16日，金元比联宝石动力保本基金保本周期到期转型为混合型基金。至此，国内保本基金数量从9只减少到5只。

5. 由于华安国际配置基金未按QDII基金的信息披露规则进行信息披露，本年鉴数据统计未包含在QDII的统计之中。

6. 2010-2011年上半年，国内新成立5家①基金管理公司，其中合资基金公司2家；2010年，有2家中资基金公司股权变动，由中资基金公司变为合资基金公司，与2009年末相比，截至2011年上半年末，合资基金公司数量增加4家，为38家。

7. 2010年6月，渤海银行获得基金托管资格。至此，我国拥有基金托管资格的银行数量增加到18家。

8. 数据来源：基金年报、基金季报、基金招募说明书、基金合同生效公告、各基金公司网站等公开披露的信息。

①2010—2011年上半年证监会获准6家基金管理公司成立。本年鉴统计按照基金管理公司在工商注册成立时间统计。

中国证券投资基金市场概貌(2010-2011)

	2010年	2009年	同比		2011年[5]
			变动额	增长率(%)	
基金管理公司					
基金公司家数	62	60	2	3.33%	65
新增基金公司	2	-1[1]	3		
其中:合资基金公司	3[2]	0	3		3
基金托管银行					
托管银行家数	18	17	1	5.88	18
新增托管银行数	1	3	-2		0
证券投资基金					
年末基金数量(只)	703	556	147	26.44	809
开放式基金	614	507	107	21.10	689
封闭式基金	42	31	11	35.48	51
ETF基金	20	9	11	122.22	29
QDII基金	27	9	18	200.00	40
年末资产净值(亿元)	25,194.49	26,760.80	-1,566.31	-5.85	23,599.59
开放式基金	22,381.46	24,123.86	-1,742.40	-7.22	20,630.40
封闭式基金	1,368.58	1,238.80	129.78	10.48	1,429.80
ETF基金	715.25	662.20	53.05	8.01	803.70
QDII基金	729.20	735.94	-6.74	-9.16	735.70
全年募集规模(亿份)	3,099.84	3,852.72	-752.88	-19.54	1,766.91
开放式基金	2,625.45	3,705.85	-1,080.40	-2.92	1,387.37[3]
封闭式基金	251.54	146.87	104.67	71.27	195.33
ETF基金	117.77	0.00	117.77		47.54
QDII基金	105.08	0.00	105.08		136.66
基金分红金额(亿元)					
全年分红额	1,152.21	506.58	645.63	127.45	445.75
基金年度费用(亿元)					
管理费用	302.34	285.52	16.82	5.89	149.51
托管费用	53.31	50.40	2.91	5.77	26.62
基金投资者(万户)					
年末持有人户数[4]	9,493	9,827	-334	-3.40	91,553

说明:①基金公司吸收合并,公司数量减少1家;②2家为中资公司股权变更,变为合资基金,1家为新成立的合资基金公司。
③包括1只封转开基金;④以年报数据为统计范围;⑤2011年数据截至6月30日。

第一章 市场综合数据统计

表1-1 证券投资基金历年数量、资产净值与份额规模（1998-2011）

（单位：只；亿元；亿份；%）

年度	基金数量	增长率	年末资产净值	增长率	年末份额规模	增长率
1998	5	——	107.42	——	100.00	——
1999	23	360.00	576.85	437.00	505.00	405.00
2000	41	78.26	869.80	50.78	560.00	10.89
2001	52	26.83	820.58	-5.66	801.26	43.08
2002	71	36.54	1,185.58	44.48	1,310.30	63.53
2003	110	54.93	1,715.61	44.71	1,614.66	23.23
2004	161	46.36	3,246.40	89.23	3,308.72	104.92
2005	218	35.40	4,691.16	44.50	4,736.78	43.16
2006	307	40.83	8,564.60	82.57	6,220.70	31.33
2007	345	12.38	32,755.90	282.46	22,336.03	259.06
2008	438	26.96	19,388.67	-40.81	25,740.81	15.24
2009	556	26.94	26,760.80	38.02	24,534.94	-4.68
2010	**703**	**26.44**	**25,194.49**	**-5.85**	**24,234.38**	**-1.23**
2011	**809**	**15.08**	**23,599.59**	**-6.33**	**24,272.27**	**0.16**

说明：2011年数据截至6月30日；基金数量统计以基金设立时间为准；分级基金合并统计。

表1-2 各类型证券投资基金历年数量发展（1998-2011）

（单位：只；%）

年度	封闭式基金	占比	开放式基金	占比	ETF	占比	QDII	占比	合 计
1998	5	100.00							5
1999	23	100.00							23
2000	41	100.00							41
2001	49	94.23	3	5.77					52
2002	54	76.06	17	23.94					71
2003	54	49.09	56	50.91					110

（续上表）

年度	封闭式基金	占比	开放式基金	占比	ETF	占比	QDII	占比	合　计
2004	54	33.54	106	65.84	1	0.62			161
2005	54	24.77	163	74.77	1	0.46			218
2006	53	17.26	249	81.11	5	1.63			307
2007	35	10.14	301	87.25	5	1.45	4	1.16	345
2008	32	7.31	392	89.50	5	1.14	9	2.05	438
2009	31	5.58	507	91.19	9	1.62	9	1.62	556
2010	**42**	**5.97**	**614**	**87.34**	**20**	**2.84**	**27**	**3.84**	**703**
2011	**51**	**6.30**	**689**	**85.17**	**29**	**3.58**	**40**	**4.94**	**809**

说明：为年末统计数据，2011年数据截至6月30日；基金数量统计以基金设立时间为准；分级基金合并统计。

表1-3　各类型证券投资基金历年资产净值增长（1998-2011）

（单位：亿元；%）

年度	封闭式基金	占比	开放式基金	占比	ETF	占比	QDII	占比	合　计
1998	107.42	100.00							107.42
1999	576.85	100.00							576.85
2000	869.80	100.00							869.8
2001	702.55	85.62	118.03	14.38					820.58
2002	717.08	60.48	468.50	39.52					1,185.58
2003	861.99	50.24	853.62	49.76					1,715.61
2004	809.73	24.94	2,382.32	73.38	54.35	1.67			3,246.40
2005	822.11	17.52	3,803.04	81.07	66.01	1.41			4,691.16
2006	1,623.50	18.96	6,800.72	79.40	140.38	1.64			8,564.60
2007	2,394.69	7.31	28,948.14	88.36	331.28	1.01	1,081.79	3.29	32,755.90
2008	715.89	3.69	17,927.00	92.44	229.70	1.18	516.08	2.65	19,388.67
2009	1,238.80	4.63	24,123.86	90.13	662.20	2.47	735.94	2.74	26,760.80
2010	**1,368.58**	**5.43**	**22,381.46**	**88.83**	**715.25**	**2.84**	**729.20**	**2.89**	**25,194.49**
2011	**1,429.80**	**6.06**	**20,630.40**	**87.42**	**803.70**	**3.41**	**735.70**	**3.12**	**23,599.59**

说明：为年末统计数据，2011年数据截至6月30日。

表1-4 开放式基金数量结构（2001-2011）

（单位：只；%）

年度	股票型基金	占比	混合型基金	占比	债券型基金	占比	货币市场基金	占比	合计
2001			3	100.00					3
2002	2	11.76	13	76.47	2	11.76			17
2003	10	17.86	31	55.36	13	23.21	2	3.57	56
2004	20	19.23	60	57.69	14	13.46	10	9.62	107
2005	43	26.71	76	47.20	16	9.94	26	16.15	164
2006	82	33.33	101	41.06	23	9.35	40	16.26	254
2007	141	46.84	96	31.89	24	7.97	40	13.29	301
2008	155	39.54	138	35.21	60	15.05	40	10.20	392
2009	226	44.58	158	31.16	80	15.78	43	8.48	507
2010	**307**	**50.00**	**166**	**27.04**	**95**	**15.47**	**46**	**7.49**	**614**
2011	**348**	**50.51**	**180**	**26.12**	**112**	**16.26**	**49**	**7.11**	**689**

说明：不含ETF与QDII；为年末统计数据，2011年数据截至6月30日。

表1-5 开放式基金资产净值结构（2001-2011）

（单位：亿元；%）

年度	股票型基金	占比	混合型基金	占比	债券型基金	占比	货币市场基金	占比	合 计
2001			118.03	100.00					118.03
2002	44.97	9.60	386.28	82.45	7.95	11.76			468.49
2003	111.25	13.03	580.69	68.03	13.96	23.21	42.54	4.98	853.62
2004	307.27	12.61	1,456.74	59.78	1.62	13.46	633.27	25.99	2,436.66
2005	421.10	10.88	1,356.55	35.06	5.78	9.94	1,867.90	48.28	3,869.05
2006	2,877.27	42.31	2,994.44	44.03	1.97	9.35	794.88	11.69	6,800.73
2007	18,216.78	62.93	8,949.50	30.92	671.40	2.32	1,110.46	3.84	28,948.14
2008	7,054.03	39.35	5,124.67	28.58	1,856.57	10.36	3,891.74	21.71	17,927.00
2009	12,978.87	53.80	7,730.40	32.04	819.32	3.40	2,595.27	10.76	24,123.86
2010	**12,282.90**	**54.88**	**7,300.70**	**32.62**	**1,265.08**	**5.65**	**1,532.77**	**6.84**	**22,381.46**
2011	**11,412.79**	**55.32**	**6,744.50**	**32.69**	**1,291.79**	**6.26**	**1,181.32**	**5.73**	**20,630.40**

说明：不含ETF与QDII；为年末统计数据，2011年数据截至6月30日。

表1-6 基金管理公司管理基金数量与资产规模（2009-2011）

（单位：只；亿元）

基金管理公司	成立日期	公司性质	2009年			2010年			2011年上半年		
			基金数量	年末资产净值	排名	基金数量	年末资产净值	排名	基金数量	年末资产净值	排名
华夏	1998.04.09	中资	25	2,657.59	1	25	2,247.13	1	26	2,215.15	1
易方达	2001.04.17	中资	19	1,595.23	2	24	1,573.75	3	27	1,525.50	2
嘉实	1999.03.25	合资	19	1,564.21	3	23	1,603.00	2	25	1,446.20	3
南方	1998.03.06	中资	21	1,222.71	5	26	1,185.37	4	29	1,224.51	4
博时	1998.07.13	中资	18	1,504.56	4	23	1,176.22	5	27	1,113.19	5
广发	2003.08.05	中资	12	1,104.71	6	15	1,036.28	6	19	1,022.81	6
大成	1999.04.12	中资	16	1,060.46	7	21	994.36	7	24	887.69	7
华安	1998.06.04	中资	15	930.18	8	20	825.65	9	23	755.13	8
银华	2001.05.28	中资	13	747.10	10	18	855.46	8	20	730.83	9
富国	1999.04.13	合资	15	653.62	11	19	621.73	10	22	645.40	10
工银瑞信	2005.06.21	合资	11	626.76	12	16	578.71	12	18	563.49	11
汇添富	2005.02.03	中资	9	615.47	14	12	569.34	13	15	545.14	12
上投摩根	2004.05.12	合资	10	584.61	18	12	591.67	11	13	539.49	13
诺安	2003.12.09	中资	9	511.57	20	11	469.57	21	15	518.27	14
鹏华	1998.12.22	合资	14	596.73	15	21	564.23	14	23	498.94	15
交银施罗德	2005.08.04	合资	11	923.92	9	13	529.79	15	15	488.45	16
融通	2001.05.22	合资	11	595.33	16	12	527.19	16	12	467.81	17
景顺长城	2003.06.12	合资	11	536.80	19	11	464.47	22	13	452.05	18
建信	2005.09.19	合资	9	437.34	24	13	485.66	18	17	433.13	19
国泰	1998.03.05	合资	15	594.03	17	18	473.23	19	21	424.95	20
长盛	1999.03.26	合资	13	484.75	21	15	412.24	25	16	399.25	21
华宝兴业	2003.03.07	合资	13	619.54	13	16	493.50	17	18	397.29	22

（续上表）

基金管理公司	成立日期	公司性质	2009年			2010年			2011年上半年		
			基金数量	年末资产净值	排名	基金数量	年末资产净值	排名	基金数量	年末资产净值	排名
海富通	2003.04.18	合资	11	458.19	23	15	471.93	20	18	392.65	23
华商	2005.12.20	中资	4	133.84	40	7	417.28	24	9	380.66	24
国投瑞银	2002.06.13	合资	10	384.49	28	14	402.80	28	15	377.21	25
中银	2004.08.12	合资	8	289.98	31	11	391.29	29	14	365.47	26
招商	2002.12.27	合资	12	355.56	29	17	406.38	27	21	362.79	27
中邮创业	2006.05.08	中资	3	482.67	22	4	408.11	26	5	362.05	28
兴业全球	2003.09.30	合资	7	434.57	25	9	440.99	23	10	340.29	29
长城	2001.12.27	中资	11	415.94	26	11	340.43	30	13	322.83	30
光大保德信	2004.04.22	合资	8	398.26	27	9	295.79	31	10	280.15	31
泰达宏利	2002.06.06	合资	12	302.46	30	13	259.05	32	15	262.43	32
长信	2003.05.09	中资	7	274.72	32	10	206.02	34	12	198.15	33
国联安	2003.04.03	合资	8	102.33	45	12	173.44	38	14	175.26	34
国海富兰克林	2004.11.15	合资	7	183.48	36	8	192.42	36	8	173.25	35
华泰柏瑞	2004.11.18	合资	7	220.68	34	9	195.31	35	11	162.36	36
农银汇理	2008.03.18	合资	4	131.73	41	7	148.54	40	8	157.58	37
万家	2002.08.23	中资	8	150.27	37	8	162.83	39	10	155.68	38
中海	2004.03.18	合资	6	204.77	35	9	238.62	33	10	154.65	39
信诚	2005.09.30	合资	6	134.48	39	10	183.03	37	12	141.35	40
银河	2002.06.14	中资	9	130.12	42	11	146.29	41	12	140.38	41
东吴	2004.09.02	中资	6	70.26	50	8	126.03	43	9	137.78	42
申万菱信	2004.01.15	合资	8	236.62	33	10	126.69	42	12	125.65	43
摩根士丹利华鑫	2003.03.14	合资	5	32.59	58	7	124.36	44	8	118.64	44
汇丰晋信	2005.11.16	合资	7	99.48	47	9	112.43	45	9	100.87	45

（续上表）

基金管理公司	成立日期	公司性质	2009年			2010年			2011年上半年		
			基金数量	年末资产净值	排名	基金数量	年末资产净值	排名	基金数量	年末资产净值	排名
泰信	2003.05.23	中资	7	136.27	38	8	111.96	46	10	96.38	46
东方	2004.06.11	中资	6	103.82	44	6	91.16	48	7	91.25	47
华富	2004.04.19	中资	7	59.35	51	8	103.16	47	9	87.65	48
宝盈	2001.05.18	中资	8	114.33	43	9	91.14	49	9	84.31	49
金鹰	2002.11.06	合资	4	46.53	54	6	70.86	52	8	80.53	50
信达澳银	2006.06.05	合资	4	100.38	46	5	76.04	50	6	78.45	51
中欧	2006.07.19	合资	5	47.41	53	7	60.08	55	9	65.35	52
天弘	2004.11.08	中资	4	45.02	55	6	75.18	51	6	63.06	53
新华	2004.12.09	中资	3	71.40	49	5	62.53	54	6	58.97	54
益民	2005.12.12	中资	4	76.49	48	4	64.74	53	4	56.53	55
诺德	2006.06.08	合资	4	44.73	56	5	39.06	57	6	43.18	56
天治	2003.05.27	中资	7	54.76	52	7	41.72	56	7	37.26	57
民生加银	2008.11.03	合资	2	14.29	60	4	26.30	58	5	26.37	58
浦银安盛	2007.08.05	合资	4	18.39	59	5	19.45	59	6	17.46	59
浙商	2010.10.21	中资	—	—	—	—	—	—	1	12.68	60
金元比联	2006.11.13	合资	4	32.90	57	6	12.51	60	6	9.32	61
纽银梅隆西部	2010.07.20	合资	—	—	—	—	—	—	1	8.02	62
合　计			556	26,760.80		703	25,194.49		809	23,599.59	

说明：按年末资产净值排名，2011年数据截至6月30日。

表1-7 管理基金资产规模前二十的基金管理公司（2009-2011）

排序	2009年					2010年					2011年上半年				
	基金公司	公司性质	基金数量	资产净值	行业占比	基金公司	公司性质	基金数量	资产净值	行业占比	基金公司	公司性质	基金数量	资产净值	行业占比
1	华夏	中资	25	2,657.59	9.93	华夏	中资	25	2,247.13	8.92	华夏	中资	26	2,215.15	9.93
2	易方达	中资	19	1,595.23	5.96	嘉实	合资	23	1,603.00	6.36	易方达	中资	27	1,525.50	5.96
3	嘉实	合资	19	1,564.21	5.85	易方达	中资	24	1,573.75	6.25	嘉实	合资	25	1,446.20	5.85
4	博时	中资	18	1,504.56	5.62	南方	中资	26	1,185.37	4.70	南方	中资	29	1,224.51	5.62
5	南方	中资	21	1,222.71	4.57	博时	中资	23	1,176.22	4.67	博时	中资	27	1,113.19	4.57
6	广发	中资	12	1,104.71	4.13	广发	中资	15	1,036.28	4.11	广发	中资	19	1,022.81	4.13
7	大成	中资	16	1,060.46	3.96	大成	中资	21	994.36	3.95	大成	中资	24	887.69	3.96
8	华安	中资	15	930.18	3.48	银华	中资	18	855.46	3.40	华安	中资	23	755.13	3.48
9	交银施罗德	合资	11	923.92	3.45	华安	中资	20	825.65	3.28	银华	中资	20	730.83	3.45
10	银华	中资	13	747.10	2.79	富国	合资	19	621.73	2.47	富国	合资	22	645.40	2.79
11	富国	合资	15	653.62	2.44	上投摩根	合资	12	591.67	2.35	工银瑞信	合资	18	563.49	2.44
12	工银瑞信	合资	11	626.76	2.34	工银瑞信	合资	16	578.71	2.30	汇添富	中资	15	545.14	2.34
13	华宝兴业	合资	13	619.54	2.32	汇添富	中资	12	569.34	2.26	上投摩根	合资	13	539.49	2.32
14	汇添富	中资	9	615.47	2.30	鹏华	合资	21	564.23	2.24	诺安	中资	15	518.27	2.30
15	鹏华	合资	14	596.73	2.23	交银施罗德	合资	13	529.79	2.10	鹏华	合资	23	498.94	2.23
16	融通	合资	11	595.33	2.22	融通	合资	12	527.19	2.09	交银施罗德	合资	15	488.45	2.22
17	国泰	合资	15	594.03	2.22	华宝兴业	合资	16	493.50	1.96	融通	合资	12	467.81	2.22
18	上投摩根	合资	10	584.61	2.18	建信	合资	13	485.66	1.93	景顺长城	合资	13	452.05	2.18
19	景顺长城	合资	11	536.80	2.01	国泰	合资	18	473.23	1.88	建信	合资	17	433.13	2.01
20	诺安	中资	9	511.57	1.91	海富通	合资	15	471.93	1.87	国泰	合资	21	424.95	1.91

说明：为年末统计数据，2011年数据截至6月30日；行业占比为公司基金资产净值占行业总资产净值的比例。

表1-8 基金管理公司管理基金数量情况（2010-2011）

（单位：只）

基金管理公司	成立日期	2010年					2011年上半年				
		封闭式基金	开放式基金	ETF	QDII	合计	封闭式基金	开放式基金	ETF	QDII	合计
南方	1998.03.06	2	20	2	2	26	2	23	2	2	29
易方达	2001.04.17	2	19	2	1	24	2	21	2	2	27
博时	1998.07.13	3	18	1	1	23	3	20	2	2	27
华夏	1998.04.09	2	20	2	1	25	2	21	2	1	26
嘉实	1999.03.25	2	19	—	2	23	2	21	—	2	25
大成	1999.04.12	4	16	1		21	4	18	1	1	24
鹏华	1998.12.22	3	16	1	1	21	3	18	1	1	23
华安	1998.06.04	2	15	2	1	20	2	17	2	2	23
富国	1999.04.13	4	14	—	1	19	5	15	1	1	22
国泰	1998.03.05	3	14	—	1	18	3	16	1	1	21
招商	2002.12.27	1	14	1	1	17	1	16	2	2	21
银华	2001.05.28	1	15	—	2	18	1	17	—	2	20
广发	2003.08.05	—	14	—	1	15	—	16	1	2	19
华宝兴业	2003.03.07	—	14	1	1	16	—	15	1	2	18
工银瑞信	2005.06.21	—	12	2	2	16	1	13	2	2	18
海富通	2003.04.18	—	13	1	1	15	—	14	2	2	18
建信	2005.09.19	1	10	1	1	13	2	12	1	2	17
长盛	1999.03.26	3	11	—	1	15	3	12	—	1	16
国投瑞银	2002.06.13	1	12	—	1	14	2	12	—	1	15
泰达宏利	2002.06.06	—	13	—	—	13	1	14	—	—	15
交银施罗德	2005.08.04	—	11	1	1	13	1	12	1	1	15
汇添富	2005.02.03	—	11	—	1	12	—	14	—	1	15
诺安	2003.12.09	—	11	—	—	11	—	13	1	1	15
国联安	2003.04.03	—	11	1	—	12	—	13	1	—	14
中银	2004.08.12	—	11	—	—	11	—	12	1	1	14
上投摩根	2004.05.12	—	11	—	1	12	—	11	—	2	13
长城	2001.12.27	1	10	—	—	11	1	12	—	—	13
景顺长城	2003.06.12	—	11	—	—	11	—	13	—	—	13
融通	2001.05.22	1	11	—	—	12	1	11	—	—	12
银河	2002.06.14	1	10	—	—	11	1	11	—	—	12
长信	2003.05.09	—	10	—	—	10	1	10	—	1	12
申万菱信	2004.01.15	—	10	—	—	10	—	12	—	—	12

（续上表）

基金管理公司	成立日期	2010年					2011年上半年				
		封闭式基金	开放式基金	ETF	QDII	合计	封闭式基金	开放式基金	ETF	QDII	合计
信诚	2005.09.30	1	8	—	1	10	1	10	—	1	12
华泰柏瑞	2004.11.18	—	7	1	1	9	—	8	2	1	11
兴业全球	2003.09.30	—	9	—	—	9	—	10	—	—	10
中海	2004.03.18	—	9	—	—	9	—	10	—	—	10
光大保德信	2004.04.22	—	9	—	—	9	—	10	—	—	10
万家	2002.08.23	—	8	—	—	8	1	9	—	—	10
泰信	2003.05.23	—	8	—	—	8	—	10	—	—	10
宝盈	2001.05.18	1	8	—	—	9	1	8	—	—	9
汇丰晋信	2005.11.16	—	9	—	—	9	—	9	—	—	9
华富	2004.04.19	1	7	—	—	8	1	8	—	—	9
东吴	2004.09.02	—	8	—	—	8	—	9	—	—	9
华商	2005.12.20	—	7	—	—	7	—	9	—	—	9
中欧	2006.07.19	1	6	—	—	7	2	7	—	—	9
国海富兰克林	2004.11.15	—	8	—	—	8	—	8	—	—	8
摩根士丹利华鑫	2003.03.14	—	7	—	—	7	—	8	—	—	8
农银汇理	2008.03.18	—	7	—	—	7	—	8	—	—	8
金鹰	2002.11.06	—	6	—	—	6	—	8	—	—	8
天治	2003.05.27	—	7	—	—	7	—	7	—	—	7
东方	2004.06.11	—	6	—	—	6	—	7	—	—	7
天弘	2004.11.08	1	5	—	—	6	1	5	—	—	6
金元比联	2006.11.13	—	6	—	—	6	—	6	—	—	6
新华	2004.12.09	—	5	—	—	5	—	6	—	—	6
信达澳银	2006.06.05	—	5	—	—	5	—	6	—	—	6
诺德	2006.06.08	—	5	—	—	5	—	6	—	—	6
浦银安盛	2007.08.05	—	5	—	—	5	—	6	—	—	6
中邮创业	2006.05.08	—	4	—	—	4	—	5	—	—	5
民生加银	2008.11.03	—	4	—	—	4	—	5	—	—	5
益民	2005.12.12	—	4	—	—	4	—	4	—	—	4
纽银梅隆西部	2010.07.20	—	—	—	—	—	—	1	—	—	1
浙商	2010.10.21	—	—	—	—	—	—	1	—	—	1
总　计		42	614	20	27	703	51	689	29	40	809

说明：为年末统计数据，2011年数据截至6月30日。

表1-9 基金管理公司年度管理费收入（2009-2011）

（单位：只；亿元）

基金管理公司	成立日期	公司性质	2009年年报		2010年年报		2011年中报	
			基金数量	管理费收入	基金数量	管理费收入	基金数量	管理费收入
国泰	1998.03.05	合资	15	5.04	18	5.80	21	2.68
南方	1998.03.06	中资	19	15.06	24	14.54	27	7.20
华夏	1998.04.09	中资	24	26.82	25	28.84	25	13.28
华安	1998.06.04	中资	14	9.47	17	9.43	21	4.40
博时	1998.07.13	中资	16	16.21	21	13.35	24	5.98
鹏华	1998.12.22	合资	14	6.97	19	6.98	22	3.31
嘉实	1999.03.25	合资	18	14.07	22	17.01	24	8.65
长盛	1999.03.26	合资	12	5.06	15	5.83	15	2.75
大成	1999.04.12	中资	16	10.98	19	11.88	23	6.32
富国	1999.04.13	合资	14	7.05	18	7.56	21	3.84
易方达	2001.04.17	中资	18	14.72	23	16.37	25	8.19
宝盈	2001.05.18	中资	8	1.49	9	1.19	9	0.57
融通	2001.05.22	合资	11	7.10	11	6.95	12	3.18
银华	2001.05.28	中资	13	7.69	16	9.72	19	4.92
长城	2001.12.27	中资	11	5.56	11	5.29	13	2.39
泰达宏利	2002.06.06	合资	11	3.42	13	3.51	14	1.83
国投瑞银	2002.06.13	合资	10	3.71	13	4.17	15	2.14
银河	2002.06.14	中资	8	1.45	10	1.55	11	0.94
万家	2002.08.23	中资	8	1.32	8	1.45	9	0.67
金鹰	2002.11.06	合资	4	0.58	5	0.67	6	0.52
招商	2002.12.27	合资	11	4.19	15	4.21	19	2.00
华宝兴业	2003.03.07	合资	13	6.70	15	6.36	18	2.84
摩根士丹利华鑫	2003.03.14	合资	4	0.31	6	1.07	7	0.82
国联安	2003.04.03	合资	8	1.23	10	1.40	13	0.89
海富通	2003.04.18	合资	11	4.72	14	5.19	18	2.68
长信	2003.05.09	中资	7	2.57	9	2.44	11	1.23
泰信	2003.05.23	中资	7	1.60	7	1.42	9	0.69
天治	2003.05.27	中资	7	0.57	7	0.51	7	0.24
景顺长城	2003.06.12	合资	11	7.53	11	7.10	13	3.41
广发	2003.08.05	中资	11	12.60	14	13.48	16	6.87
兴业全球	2003.09.30	合资	7	5.17	8	6.15	9	2.65
诺安	2003.12.09	中资	9	6.27	11	6.51	14	3.43

（续上表）

基金管理公司	成立日期	公司性质	2009年年报		2010年年报		2011年中报	
			基金数量	管理费收入	基金数量	管理费收入	基金数量	管理费收入
申万菱信	2004.01.15	合资	8	1.80	10	1.71	11	0.81
中海	2004.03.18	合资	6	2.66	8	2.55	10	1.21
华富	2004.04.19	中资	6	0.65	8	0.75	9	0.44
光大保德信	2004.04.22	合资	8	4.93	9	4.68	9	2.10
上投摩根	2004.05.12	合资	10	8.27	11	8.18	13	3.86
东方	2004.06.11	中资	6	1.31	6	1.33	7	0.61
中银	2004.08.12	合资	8	3.37	10	4.30	12	2.14
东吴	2004.09.02	中资	5	1.04	8	1.30	9	0.93
天弘	2004.11.08	中资	3	0.56	5	0.61	6	0.38
国海富兰克林	2004.11.15	合资	7	2.40	7	2.31	8	1.24
华泰柏瑞	2004.11.18	合资	7	2.29	8	2.37	11	1.16
新华	2004.12.09	中资	3	0.52	5	1.16	6	0.46
汇添富	2005.02.03	中资	8	6.61	12	7.21	14	3.66
工银瑞信	2005.06.21	合资	11	5.43	14	5.92	18	2.95
交银施罗德	2005.08.04	合资	11	7.50	12	6.98	14	2.96
建信	2005.09.19	合资	8	3.78	12	4.00	14	2.48
信诚	2005.09.30	合资	6	1.65	9	1.98	12	1.05
汇丰晋信	2005.11.16	合资	6	1.04	8	1.43	9	0.75
益民	2005.12.12	中资	4	1.04	4	0.99	4	0.44
华商	2005.12.20	中资	3	1.28	6	2.77	8	2.72
中邮创业	2006.05.08	中资	3	5.93	4	6.31	4	2.80
信达澳银	2006.06.05	合资	3	1.15	5	1.19	5	0.54
诺德	2006.06.08	合资	4	0.67	5	0.58	5	0.27
中欧	2006.07.19	合资	4	0.45	6	0.59	8	0.31
金元比联	2006.11.13	合资	4	0.44	6	0.29	6	0.08
浦银安盛	2007.08.05	合资	3	0.23	4	0.22	6	0.11
农银汇理	2008.03.18	合资	4	1.33	6	2.23	8	0.96
民生加银	2008.11.03	合资	2	0.19	4	0.45	5	0.20
纽银梅隆西部	2010.07.20	合资	—	—	—	—	1	0.06
总　计			**531**	**285.52**	**656**	**302.34**	**762**	**149.51**

表1-10 前十大基金管理公司市场集中度（1998-2011）

（单位：家；亿元；%）

年度	基金公司总家数	基金行业总资产净值	前十大基金公司资产净值合计	市场占比
1998	6	107.42	107.42	100.00
1999	10	576.85	576.85	100.00
2000	10	869.8	869.80	100.00
2001	15	820.58	742.62	90.50
2002	21	1,185.58	958.42	80.84
2003	34	1,715.61	1,200.92	70.00
2004	45	3,246.40	1,960.83	60.40
2005	52	4,691.16	2,927.28	62.40
2006	57	8,564.60	4,903.10	57.25
2007	59	32,755.90	16,307.01	49.78
2008	61	19,388.67	9,774.99	50.42
2009	60	26,760.80	13,310.67	49.74
2010	**62**	**25,194.49**	**12,118.95**	**48.10**
2011	**65**	**23,599.59**	**11,566.41**	**49.01**

说明：为年末统计数据，2011年数据截至6月30日。

表1-11 中资基金公司与合资基金公司数量发展（1998-2011）

（单位：家；%）

年度	基金公司总家数	中资基金公司家数	占比	合资基金公司家数	占比
1998	5	5	100.00		
1999	10	10	100.00		
2000	10	10	100.00		
2001	15	15	100.00		
2002	21	21	100.00		
2003	34	27	79.41	7	20.59
2004	45	32	71.11	13	28.89
2005	53	33	62.26	20	37.74
2006	58	34	58.62	24	41.38
2007	59	31	52.54	28	47.46
2008	61	28	45.90	33	54.10

（续上表）

年度	基金公司总家数	中资基金公司家数	占比	合资基金公司家数	占比
2009	60	27	45.00	33	55.00
2010	**62**	**26**	**41.94**	**36**	**58.06**
2011	**65**	**27**	**41.54**	**38**	**58.46**

说明：为年末统计数据，2011年数据截至6月30日。

表1-12 中资基金公司与合资基金公司管理基金数量对比（2003-2011）

（单位：只；%）

年度	中资基金公司						合资基金公司					
	封闭式基金	开放式基金	ETF	QDII	合计	占比	封闭式基金	开放式基金	ETF	QDII	合计	占比
2003	54	40	—	—	94	85.45	—	16	—	—	16	14.55
2004	54	78	1	—	133	82.61	—	28	—	—	28	17.39
2005	54	103	1	—	158	72.15	—	61	—	—	61	27.85
2006	48	149	4	—	201	65.47	5	100	1	—	106	34.53
2007	23	157	4	2	186	53.91	12	144	1	2	159	46.09
2008	20	191	4	3	218	49.77	12	201	1	6	220	50.23
2009	18	243	6	3	270	48.56	13	264	3	6	286	51.44
2010	**21**	**275**	**10**	**10**	**316**	**44.95**	**21**	**339**	**10**	**17**	**387**	**55.05**
2011	**23**	**301**	**13**	**17**	**354**	**43.76**	**28**	**388**	**16**	**23**	**455**	**56.24**

说明：为年末统计数据，2011年数据截至6月30日。

表1-13　中资基金公司与合资基金公司管理基金资产规模对比（2003-2011）

（单位：亿元；%）

年度	中资基金公司						合资基金公司					
	封闭式基金	开放式基金	ETF	QDII	合计	占比	封闭式基金	开放式基金	ETF	QDII	合计	占比
2003	861.99	667.15			1,529.14	89.13		186.47			186.47	10.87
2004	809.73	1,767.09	54.35		2,631.17	81.05		615.23			615.23	18.95
2005	822.11	2,709.37	66.01		3,597.49	76.69		1,093.67			1,093.67	23.31
2006	1,498.88	3,702.78	113.87		5,315.53	62.06	124.61	3,097.95	26.51		3,249.07	37.94
2007	1,576.31	17,109.96	264.68	550.56	19,501.52	59.54	818.38	11,838.18	66.59	531.23	13,254.39	40.46
2008	424.76	9,669.96	206.33	274.98	10,576.03	54.55	291.13	8,257.04	23.37	241.10	8,812.65	45.45
2009	636.84	13,315.16	510.22	374.10	14,836.32	55.44	601.96	10,808.70	151.99	361.84	11,924.49	44.56
2010	**617.15**	**11,805.61**	**588.46**	**370.50**	**13,381.72**	**53.11**	**751.42**	**10,575.85**	**126.79**	**358.70**	**11,812.77**	**46.89**
2011	**629.09**	**11,160.71**	**631.06**	**402.96**	**12,823.82**	**54.34**	**800.71**	**9,469.69**	**172.64**	**332.74**	**10,775.77**	**45.66**

说明：为年末统计数据，2011年数据截至6月30日。

表1-14　合资基金公司管理基金概况（2010-2011）

（单位：只；亿元；%）

合资基金公司	成立日期	注册地	2010年			2011年上半年		
			基金数量	年末资产净值	行业占比	基金数量	年末资产净值	行业占比
国泰	1998.03.05	上海	18	473.23	1.88	21	424.95	1.80
鹏华	1998.12.22	深圳	21	564.23	2.24	23	498.94	2.11
嘉实	1999.03.25	上海	23	1,603.00	6.36	25	1,446.20	6.13
长盛	1999.03.26	深圳	15	412.24	1.64	16	399.25	1.69
富国	1999.04.13	上海	19	621.73	2.47	22	645.40	2.73
融通	2001.05.22	深圳	12	527.19	2.09	12	467.81	1.98

（续上表）

合资基金公司	成立日期	注册地	2010年			2011年上半年		
			基金数量	年末资产净值	行业占比	基金数量	年末资产净值	行业占比
泰达宏利	2002.06.06	北京	13	259.05	1.03	15	262.43	1.11
国投瑞银	2002.06.13	深圳	14	402.80	1.60	15	377.21	1.60
金鹰	2002.11.06	珠海	6	70.86	0.28	8	80.53	0.34
招商	2002.12.27	深圳	17	406.38	1.61	21	362.79	1.54
华宝兴业	2003.03.07	上海	16	493.50	1.96	18	397.29	1.68
摩根士丹利华鑫	2003.03.14	深圳	7	124.36	0.49	8	118.64	0.50
国联安	2003.04.03	上海	12	173.44	0.69	14	175.26	0.74
海富通	2003.04.18	上海	15	471.93	1.87	18	392.65	1.66
景顺长城	2003.06.12	深圳	11	464.47	1.84	13	452.05	1.92
兴业全球	2003.09.30	上海	9	440.99	1.75	10	340.29	1.44
申万菱信	2004.01.15	上海	10	126.69	0.50	12	125.65	0.53
中海	2004.03.18	上海	9	238.62	0.95	10	154.65	0.66
光大保德信	2004.04.22	上海	9	295.79	1.17	10	280.15	1.19
上投摩根	2004.05.12	上海	12	591.67	2.35	13	539.49	2.29
中银	2004.08.12	上海	11	391.29	1.55	14	365.47	1.55
国海富兰克林	2004.11.15	南宁	8	192.42	0.76	8	173.25	0.73
华泰柏瑞	2004.11.18	上海	9	195.31	0.78	11	162.36	0.69
工银瑞信	2005.06.21	北京	16	578.71	2.30	18	563.49	2.39
交银施罗德	2005.08.04	上海	13	529.79	2.10	15	488.45	2.07
建信	2005.09.19	北京	13	485.66	1.93	17	433.13	1.84
信诚	2005.09.30	上海	10	183.03	0.73	12	141.35	0.60
汇丰晋信	2005.11.16	上海	9	112.43	0.45	9	100.87	0.43

（续上表）

合资基金公司	成立日期	注册地	2010年			2011年上半年		
			基金数量	年末资产净值	行业占比	基金数量	年末资产净值	行业占比
信达澳银	2006.06.05	深圳	5	76.04	0.30	6	78.45	0.33
诺德	2006.06.08	上海	5	39.06	0.16	6	43.18	0.18
中欧	2006.07.19	上海	7	60.08	0.24	9	65.35	0.28
金元比联	2006.11.13	上海	6	12.51	0.05	6	9.32	0.04
浦银安盛	2007.08.05	上海	5	19.45	0.08	6	17.46	0.07
农银汇理	2008.03.18	上海	7	148.54	0.59	8	157.58	0.67
民生加银	2008.11.03	深圳	4	26.30	0.10	5	26.37	0.11
纽银梅隆	2010.07.20	上海	—	—	—	1	8.02	0.03
总　计			**396**	**11,812.77**	**46.89**	**455**	**10,775.77**	**45.65**

说明：为年末统计数据，2011年数据截至6月30日；行业占比为公司基金资产净值占基金行业总资产净值的比例。

表1-15 托管银行托管基金资产规模统计（2009–2011）

（单位：只；亿元；%）

托管银行	2009年			2010年			2011年上半年		
	基金数量	托管基金资产	市场占比	基金数量	托管基金资产	市场占比	基金数量	托管基金资产	市场占比
中国工商银行	147	7,829.98	29.26	210	7,620.00	30.24	234	7,041.11	29.84
中国建设银行	143	6,633.95	24.79	178	6,192.96	24.58	195	5,783.24	24.51
中国银行	81	4,356.59	16.28	95	4,116.04	16.34	119	3,841.18	16.28
中国农业银行	74	3,506.08	13.1	87	2,991.70	11.87	102	2,888.81	12.24
交通银行	46	2,178.71	8.14	52	1,990.84	7.90	56	1,801.15	7.63
招商银行	19	478.48	1.79	28	605.57	2.40	38	699.16	2.96
中国光大银行	10	525.35	1.96	11	405.17	1.61	12	380.37	1.61
中国民生银行	7	233.21	0.87	9	367.73	1.46	10	337.78	1.43
上海浦东发展银行	7	336.35	1.26	7	289.90	1.15	8	269.30	1.14
兴业银行	11	458.24	1.71	12	346.66	1.38	13	255.95	1.08
中信银行	3	105.46	0.39	4	115.15	0.46	7	110.88	0.47
华夏银行	6	99.31	0.37	6	119.00	0.47	7	106.34	0.45
邮政储蓄银行	1	14.78	0.06	2	7.23	0.03	5	56.29	0.24
广东发展银行	—	—	—	1	23.73	0.09	1	24.01	0.10
深圳发展银行	1	4.32	0.02	1	2.81	0.01	2	4.03	0.02
总 计	**556**	**26,760.80**	**100**	**703**	**25,194.49**	**100.00**	**809**	**23,599.59**	**100.00**

说明：为年末统计数据，2011年数据截至6月30日；市场占比为银行托管基金资产净值占基金行业托管基金总资产的比例。

表1-16 托管银行年度基金托管费收入（2009-2011）

（单位：只;万元）

序号	托管银行	注册地	取得托管资格时间	2009年年报		2010年年报		2011年中报	
				基金数量	基金托管费收入	基金数量	基金托管费收入	基金数量	基金托管费收入
1	中国工商银行	北京	1998.02.24	135	148,711.01	190	154,927.93	225	78,431.12
2	中国建设银行	北京	1998.03.18	134	126,234.73	170	141,208.23	191	68,873.39
3	中国农业银行	北京	1998.05.29	74	61,138.45	81	64,589.93	94	31,601.83
4	交通银行	上海	1998.07.03	45	46,593.70	50	43,369.29	52	21,288.95
5	中国银行	北京	1998.07.07	79	78,619.76	89	83,363.05	108	41,477.01
6	中国光大银行	北京	2002.10.23	10	8,223.80	10	8,407.01	12	4,549.55
7	招商银行	深圳	2002.11.06	19	8,748.82	26	11,332.26	31	6,132.35
8	上海浦东发展银行	上海	2003.09.10	7	6,778.33	7	6,483.90	8	3,263.28
9	中国民生银行	北京	2004.07.09	7	4,819.48	8	5,222.91	9	3,984.16
10	中信银行	北京	2004.08.18	3	2,424.58	4	2,594.42	6	1,325.32
11	华夏银行	北京	2005.02.23	6	2,133.50	6	2,160.73	7	1,206.87
12	兴业银行	福州	2005.04.25	11	9,532.10	12	9,028.24	13	3,613.66
13	深圳发展银行	深圳	2008.08.06	1	63.49	1	85.06	2	45.16
14	广东发展银行	广州	2009.05.04	—	—	—	—	1	236.95
15	中国邮政储蓄银行	北京	2009.07.16	—	—	2	335.55	3	192.55
总　计				**531**	**50.40亿元**	**656**	**53.31亿元**	**762**	**26.62亿元**

说明：以取得基金托管资格时间排序。

表1-17 证券交易所上市基金交易情况（1998-2011）

（单位：只；亿份；亿元）

年度	合计			上海证券交易所			深圳证券交易所		
	基金数量	成交数量	成交金额	基金数量	成交数量	成交金额	基金数量	成交数量	成交金额
1998	29	555.33	1,016.89	19	329.58	605.28	10	225.75	411.61
1999	42	1,623.12	2,485.48	26	827.95	1,365.82	16	795.17	1,119.66
2000	36	2,180.62	2,801.84	18	995.32	1,334.18	18	1,185.30	1,467.66
2001	48	2,208.62	2,561.88	23	1,148.35	1,348.92	25	1,060.27	1,212.96
2002	54	1,218.60	1,166.62	25	573.69	556.77	29	644.91	609.85
2003	54	849.18	682.65	25	441.62	362.16	29	407.56	320.49
2004	54	589.72	479.47	25	297.78	249.10	29	291.94	230.37
2005	65	1,098.41	773.15	26	778.73	567.78	39	319.67	196.37
2006	72	2,058.16	2,002.65	26	1,042.85	1,024.35	46	1,015.31	978.30
2007	65	2,058.16	2,002.65	17	1,981.36	4,298.24	48	2,349.16	4,321.85
2008	64	3,742.20	5,831.05	16	2,001.43	3,700.23	48	1,740.85	2,130.82
2009	73	6,531.40	10,340.02	18	3,690.94	6,549.06	55	2,840.46	3,790.96
2010	**118**	**6,582.01**	**8,996.44**	**25**	**3,580.37**	**4,771.71**	**93**	**3,001.64**	**4,224.73**
2011	**144**	**2,972.20**	**3,358.27**	**31**	**1,178.59**	**1,578.81**	**113**	**1,793.61**	**1,779.46**

数据来源：上海证券交易所、深圳证券交易所；2011年数据截至6月30日。

表1-18 基金投资者年度账户情况（2009-2011）

（单位：万户）

年度	2009年			2010年			2011年上半年		
	沪市	深市	合计	沪市	深市	合计	沪市	深市	合计
期末基金账户数	1,557.52	1,564.27	3,121.80	1,693.75	1,710.49	3,404.25	1,767.42	1,809.88	3,577.30
新增基金账户开户数	129.80	158.32	288.12	136.45	146.42	282.87	73.75	99.49	173.24

数据来源：中登证券结算公司统计月报；2011年数据截至6月30日。

表1-19 基金投资者月度账户情况（2010-2011）

（单位：万户）

月度	期末基金账户数			新增基金账户开户数		
	上海分公司	深圳分公司	合计	上海分公司	深圳分公司	合计
2010年1月	1,571.13	1,578.13	3,149.26	13.63	13.87	27.50
2010年2月	1,577.92	1,587.73	3,165.66	6.81	9.60	16.41
2010年3月	1,591.82	1,603.15	3,194.97	13.92	15.44	29.36
2010年4月	1,603.02	1,616.75	3,219.77	11.23	13.62	24.85
2010年5月	1,611.58	1,625.68	3,237.26	8.59	8.97	17.56
2010年6月	1,623.56	1,634.37	3,257.93	12.00	8.70	20.70
2010年7月	1,631.55	1,642.08	3,273.63	8.01	7.72	15.72
2010年8月	1,641.26	1,653.36	3,294.63	9.73	11.30	21.03
2010年9月	1,650.10	1,662.99	3,313.09	8.85	9.64	18.50
2010年10月	1,658.89	1,676.08	3,334.98	8.81	13.10	21.91
2010年11月	1,678.68	1,698.75	3,377.44	19.81	22.69	42.50
2010年12月	1,693.75	1,710.49	3,404.25	15.08	11.76	26.84
2011年1月	1,703.31	1,721.86	3,425.17	9.57	11.37	20.94
2011年2月	1,713.52	1,733.45	3,446.97	10.22	11.61	21.83
2011年3月	1,733.14	1,757.88	3,491.02	19.63	24.45	44.08
2011年4月	1,744.14	1,775.51	3,519.65	11.02	17.65	28.67
2011年5月	1,756.04	1,795.83	3,551.87	11.92	20.33	32.25
2011年6月	1,767.42	1,809.88	3,577.30	11.39	14.07	25.46

数据来源：中登证券结算公司统计月报

表1-20 证券投资基金年度管理费统计（1998-2011）

（单位：亿元；%）

年度	基金管理费用	变动额	增长率
1998	1.62	——	——
1999	6.78	5.16	318.52
2000	11.06	4.28	63.13
2001	10.96	−0.1	−0.9
2002	14.3	3.34	30.47
2003	19.7	5.4	37.76
2004	35.41	15.71	79.75
2005	41.63	6.22	17.57
2006	56.97	15.34	36.85
2007	281.47	224.5	394.07
2008	306.6	25.13	8.93
2009	285.52	−21.08	−6.88
2010	**302.34**	**16.82**	**5.89**
2011	**149.51**	——	——

说明：以年报数据为统计范围；2011年为中报数据。

表1-21 证券投资基金年度托管费统计（1998-2011）

（单位：亿元；%）

年度	基金托管费用	变动额	增长率
1998	0.16	——	——
1999	0.77	0.61	381.25
2000	1.87	1.1	142.86
2001	1.89	0.02	1.07
2002	2.45	0.56	29.63
2003	3.44	0.99	40.41
2004	6.19	2.75	79.94
2005	8.01	1.82	29.4
2006	10.53	2.52	31.46
2007	48.00	37.47	355.84
2008	53.65	5.65	11.77
2009	50.40	−3.25	−6.06
2010	**53.31**	**2.91**	**5.77**
2011	**26.62**	——	——

说明：以年报数据为统计范围；2011年为中报数据。

表1-22　证券投资基金年度利润统计（2007-2011）

（单位：亿元）

年度	年度收入	年度费用	年度利润
2007	11,670.04	614.02	11,056.02
2008	−14,507.82	534.96	−15,042.77
2009	9,557.39	473.97	9,083.42
2010	**537.68**	**485.72**	**51.96**
2011	**−1,012.62**	**229.37**	**−1,228.02**

说明：以年报数据为统计范围；2011年为中报数据。

表1-23　证券投资基金年度收益分配统计（1999-2011）

（单位：亿元；%）

年度	收益分配总金额	变动额	增长率
1999	3.28	——	——
2000	52.72	49.44	1,507.32
2001	164.75	112.03	212.50
2002	28.52	−136.23	−82.68
2003	18.27	−10.25	−35.94
2004	77.80	59.53	325.85
2005	76.20	−1.60	−2.06
2006	332.37	256.17	336.18
2007	3,556.75	3,224.38	970.12
2008	1,770.22	−1,786.53	−50.23
2009	506.58	−1,263.64	−71.38
2010	**1,152.21**	**645.63**	**127.45**
2011	**445.75**	**——**	**——**

说明：以年报数据为统计范围；2011年为中报数据。

表1-24 历年新设立证券投资基金统计（2001-2011）

（单位：只；亿份；户；亿元）

年度	基金数量	募集规模	投资者认购户数	年末资产净值
2001	3	117.26	136,418	110.76
2002	14	447.98	770,653	357.75
2003	39	678.51	1,448,717	534.86
2004	51	1,821.40	3,019,866	1,634.26
2005	57	1,002.79	1,136,445	1,012.22
2006	90	3,906.19	7,108,695	3,902.54
2007	58	5,939.75	29,437,668	9,245.55
2008*	99	1,772.65	2,514,163	1,529.93
2009*	120	3,852.72	5,001,053	3,104.09
2010	**147**	**3,099.84**	**3,830,598**	**2,377.16**
2011*	**107**	**1,766.91**	**2,128,182**	**1,455.63**

说明：*包括封转开基金，不含其他转型基金；2011年数据截至6月30日。

表1-25 历年新设立开放式(股票型)基金（2002-2011）

（单位：只；亿份；户；亿元）

年度	基金数量	募集规模	投资者认购户数	年末资产净值
2002	10	254.65	445,153	203.98
2003	18	257.58	613,387	204.84
2004	28	753.05	1,280,901	620.07
2005	35	401.93	731,973	305.11
2006	42	1,742.79	4,119,750	2,160.89
2007	34	3,134.55	16,474,249	5,416.41
2008*	36	457.67	1,056,122	313.47
2009*	72	2,478.02	3,543,613	2,189.90
2010	**81**	**1,522.67**	**2,426,060**	**1,183.66**
2011*	**41**	**623.39**	**976,751**	**544.58**

说明：*包括封转开基金，不含其他转型基金；2011年数据截至6月30日。

表1-26 历年新设立开放式(混合型)基金(2001-2011)

(单位：只；亿份；户；亿元)

年度	基金数量	募集规模	投资者认购户数	年末资产净值
2001	3	117.26	136,418	110.76
2002	3	141.98	254,271	116.52
2003	10	239.69	466,134	189.65
2004	14	594.10	1,123,161	492.70
2005	4	22.45	47,640	14.53
2006	26	1,374.82	2,647,499	1,502.59
2007	16	1,443.38	5,623,183	2,496.36
2008*	21	160.22	212,612	134.61
2009	20	598.17	933,409	369.53
2010	**8**	**373.97**	**484,054**	**302.45**
2011	**14**	**339.47**	**485,060**	**322.88**

说明：*包括封转开基金，不含其他转型基金；2011年数据截至6月30日。

表1-27 历年新设立开放式(债券型)基金(2002-2011)

(单位：只；亿份；户；亿元)

年度	基金数量	募集规模	投资者认购户数	年末资产净值
2002	1	51.33	71,229	37.24
2003	9	133.91	224,270	94.52
2005	2	160.37	81,420	189.14
2006	6	271.33	83,070	50.95
2007	2	61.33	141,006	122.24
2008*	35	1,037.82	941,215	1,018.65
2009	20	442.62	337,253	148.78
2010	**15**	**594.56**	**456,706**	**412.98**
2011	**17**	**328.21**	**194,328**	**244.88**

说明：*包括封转开基金，不含其他转型基金；2011年数据截至6月30日。

表1-28 历年新设立开放式(货币市场)基金（2003-2011）

（单位：只；亿份；户；亿元）

年度	基金数量	募集规模	投资者认购户数	年末资产净值
2003	2	47.27	126,926	45.84
2004	8	419.82	578,537	467.14
2005	16	418.04	275,412	503.43
2006	14	426.00	133,824	133.15
2009	3	76.28	49,966	79.47
2010	**3**	**134.25**	**60,671**	**77.40**
2011	**3**	**96.30**	**16,641**	**17.23**

说明：2007年、2008年未设立货币市场基金；2011年数据截至6月30日。

表1-29 历年新设立ETF基金（2004-2011）

（单位：只；亿份；户；亿元）

年度	基金数量	募集规模	投资者认购户数	年末资产净值
2004	1	54.35	37,267	54.35
2006	2	91.24	124,552	54.96
2009	4	110.77	111,288	153.58
2010	**11**	**117.77**	**104,981**	**93.14**
2011	**9**	**47.54**	**58,100**	**48.31**

说明：2005年、2007年、2008年未设立ETF基金；2011年数据截至6月30日。

表1-30 历年新设立QDII基金（2007-2011）

（单位：只；亿份；户；亿元）

年度	基金数量	募集规模	投资者认购户数	年末资产净值
2007	4	1,193.76	7,016,664	1,081.79
2008	5	50.53	184,932	18.59
2010	**18**	**105.08**	**180,224**	**52.92**
2011	**13**	**136.66**	**209,371**	**81.16**

说明：2009年未设立QDII基金；2011年数据截至6月30日。

表1-31 历年新设立创新封闭式基金（2007-2011）

（单位：只；亿份；户；亿元）

年度	基金数量	募集规模	投资者认购户数	年末资产净值
2007	2	106.75	182,566	128.75
2008	2	66.41	119,282	47.28
2009	1	146.87	25,524	162.83
2010	**11**	**251.54**	**117,902**	**254.60**
2011	**10**	**195.33**	**187,931**	**196.58**

说明：2011年数据截至6月30日。

表1-32 证券投资基金(不含封闭式基金)资金流量汇总（2002-2011）

（单位：亿元）

年度	总申购金额	总赎回金额	总流量	净流量
2002	40.52	37.07	77.59	3.45
2003	145.28	346.24	491.51	-200.96
2004	878.63	870.44	1,749.07	8.19
2005	6,568.27	6,164.74	12,733.01	403.53
2006	8,815.32	10,541.10	19,356.42	-1,725.79
2007	29,540.79	20,347.36	49,888.15	9,193.43
2008	21,766.33	19,833.12	41,599.45	1,933.21
2009	22,730.00	26,832.01	49,562.02	-4,102.01
2010	**18,362.28**	**21,151.41**	**39,513.68**	**-2,789.13**
2011	**9,887.03**	**11,243.86**	**21,130.89**	**-1,356.84**

说明：以年报数据为统计范围，2011年数据来源中报；
当年新成立的基金不在统计范围之内；总流量=总申购金额+总赎回金额；净流量=总申购金额-总赎回金额

表1-33 开放式(股票型)基金资金流量情况（2003-2011）

（单位：亿元）

年度	总申购金额	总赎回金额	总流量	净流量
2003	18.28	40.98	59.26	-22.70
2004	110.53	102.23	212.76	8.30
2005	147.07	227.43	374.50	-80.36

（续上表）

年度	总申购金额	总赎回金额	总流量	净流量
2006	800.22	828.06	1,628.28	−27.84
2007	13,064.17	8,496.93	21,561.10	4,567.24
2008	3,705.46	4,270.91	7,976.36	−565.45
2009	4,423.70	5,440.99	9,864.69	−1,017.29
2010	**3,950.50**	**5,107.73**	**9,058.23**	**−1,157.23**
2011	**1,662.49**	**2,213.75**	**3,876.24**	**−551.25**

说明：以年报数据为统计范围，2011年数据来源中报；
当年新成立的基金不在统计范围之内；总流量=总申购金额+总赎回金额；净流量=总申购金额−总赎回金额

表1-34　开放式(混合型)基金资金流量情况（2002–2011）

（单位：亿元）

年度	总申购金额	总赎回金额	总流量	净流量
2002	40.52	37.07	77.59	3.45
2003	112.75	256.42	369.17	−143.67
2004	331.94	374.60	706.53	−42.66
2005	302.29	540.78	843.07	−238.49
2006	1,161.54	1,455.91	2,617.45	−294.37
2007	11,080.74	7,159.01	18,239.75	3,921.73
2008	2,387.64	2,974.88	5,362.52	−587.24
2009	1,696.31	2,255.17	3,951.48	−558.85
2010	**2,055.08**	**2,535.84**	**4,590.92**	**−480.76**
2011	**707.74**	**968.68**	**1,676.42**	**−260.94**

说明：以年报数据为统计范围，2011年数据来源中报；
当年新成立的基金不在统计范围之内；总流量=总申购金额+总赎回金额；净流量=总申购金额−总赎回金额

表1-35　开放式(债券型)基金资金流量情况（2003–2011）

（单位：亿元）

年度	总申购金额	总赎回金额	总流量	净流量
2003	14.25	48.83	63.08	−34.59
2004	16.62	95.13	111.75	−78.52
2005	19.30	37.72	57.02	−18.42
2006	453.56	605.29	1,058.86	−151.73

（续上表）

年度	总申购金额	总赎回金额	总流量	净流量
2007	1,190.53	847.81	2,038.35	342.72
2008	1,995.71	1,811.61	3,807.31	184.10
2009	1,549.13	2,745.03	4,294.16	–1,195.90
2010	**1,847.48**	**1,811.19**	**3,658.67**	**36.29**
2011	**730.73**	**895.28**	**1,626.01**	**–164.55**

说明：以年报数据为统计范围，2011年数据来源中报；
当年新成立的基金不在统计范围之内；总流量=总申购金额+总赎回金额；净流量=总申购金额–总赎回金额

表1–36　开放式(货币市场)基金资金流量情况（2004–2011）

（单位：亿元）

年度	总申购金额	总赎回金额	总流量	净流量
2004	419.55	298.48	718.02	121.07
2005	5,979.35	5,248.97	11,228.32	730.38
2006	6,336.43	7,542.60	13,879.03	–1,206.17
2007	3,602.27	3,251.78	6,854.05	350.50
2008	12,472.72	9,691.44	22,164.16	2,781.28
2009	10,433.20	11,809.13	22,242.33	–1,375.93
2010	**7,110.04**	**8,249.94**	**15,359.98**	**–1,139.90**
2011	**5,602.94**	**5,971.62**	**11,574.56**	**–368.68**

说明：以年报数据为统计范围，2011年数据来源中报；
当年新成立的基金不在统计范围之内；总流量=总申购金额+总赎回金额；净流量=总申购金额–总赎回金额

表1–37　ETF基金资金流量情况（2005–2011）

（单位：亿元）

年度	总申购金额	总赎回金额	总流量	净流量
2005	120.26	109.85	11,228.32	730.38
2006	63.57	109.24	172.80	–45.67
2007	603.07	591.83	1,194.91	11.24
2008	1,144.43	932.43	2,076.86	212.00
2009	4,552.17	4,455.20	9,007.37	96.98
2010	**3,382.15**	**3,333.15**	**6,715.30**	**49.01**
2011	**1,170.17**	**1,114.38**	**2,284.54**	**55.79**

说明：以年报数据为统计范围，2011年数据来源中报；
当年新成立的基金不在统计范围之内；总流量=总申购金额+总赎回金额；净流量=总申购金额–总赎回金额

表1-38　QDII基金资金流量情况（2008-2011）

（单位：亿元）

年度	总申购金额	总赎回金额	总流量	净流量
2008	60.38	151.86	212.24	-91.48
2009	73.40	124.41	197.82	-51.01
2010	**17.02**	**113.55**	**130.57**	**-96.53**
2011	**12.94**	**80.16**	**93.10**	**-67.21**

说明：以年报数据为统计范围，2011年数据来源中报；
当年新成立的基金不在统计范围之内；总流量=总申购金额+总赎回金额；净流量=总申购金额-总赎回金额

表1-39　各类型证券投资基金年末资产净值（2010-2011）

（单位：亿元）

基金类型	2010年				2011年上半年			
	最大值	中间值	最小值	平均值	最大值	中间值	最小值	平均值
传统封闭式基金	45.04	32.96	5.82	30.41	37.29	29.81	16.29	26.58
创新封闭式基金	156.31	29.88	9.61	36.94	150.03	26.43	6.37	29.44
开放式基金								
其中：股票型基金	335.26	23.18	0.56	40.01	316.50	17.49	0.57	32.80
混合型基金	261.48	31.72	0.53	43.98	222.61	27.12	0.50	37.50
债券型基金	55.49	8.48	0.53	13.43	44.71	8.48	0.47	11.53
货币市场基金	114.50	23.80	0.89	33.32	162.35	10.44	0.54	24.11
ETF	199.47	11.08	4.80	35.76	207.03	12.38	1.70	27.71
QDII	192.68	3.02	0.74	27.01	180.22	2.32	0.54	18.39

说明：2011年数据截至6月30日。

表1-40　各类型证券投资基金年度业绩表现（2010）

（单位：%）

基金类型	2010年			
	最好表现	中间表现	最差表现	平均表现
传统封闭式基金	24.89	3.16	-7.07	4.55
创新封闭式基金	16.27	3.74	-4.06	5.66
开放式基金				
其中：股票型基金	37.77	0.54	-26.11	0.82
混合型基金	29.50	4.36	-20.77	4.84
债券型基金	15.54	7.05	0.02	7.08
货币市场基金	2.48	1.84	0.33	1.80
ETF	20.71	-15.45	-25.58	-12.79
QDII	14.00	3.25	-3.17	3.58

说明：当年新成立的基金不在统计范围之内。

表1-41 证券投资基金持有人持有各类型基金结构（2008-2011）

（单位：亿份）

	封闭式基金		开放式基金		ETF		QDII		合计	
	机构	个人	机构	个人	机构	个人	机构	个人	机构	个人
2008	322.02	506.13	3,498.75	19,913.36	61.78	93.13	13.99	1,079.05	3,896.54	21,591.67
2009	744.73	598.88	3,830.76	17,520.82	123.59	112.86	12.55	1,003.84	4,711.63	19,236.40
2010	**648.94**	**453.74**	**3,624.58**	**16,778.10**	**458.14**	**212.23**	**14.02**	**906.85**	**4,745.68**	**18,350.92**
2011	**724.22**	**522.71**	**3,383.37**	**17,297.10**	**560.36**	**177.00**	**14.36**	**886.89**	**4,682.31**	**18,883.70**

说明：以年报数据为统计范围；2011年来源中报数据。

表1-42 证券投资基金持有人持有各类型基金占比（2008-2011）

（单位：%）

	封闭式基金		开放式基金		ETF		QDII		合计	
	机构	个人	机构	个人	机构	个人	机构	个人	机构	个人
2008	38.88	61.12	14.94	85.06	39.88	60.12	1.30	98.70	15.29	84.71
2009	55.43	44.57	17.94	82.06	52.27	47.73	1.23	98.77	19.67	80.33
2010	**58.85**	**41.15**	**17.77**	**82.23**	**68.34**	**31.66**	**1.52**	**98.48**	**20.55**	**79.45**
2011	**58.08**	**41.92**	**16.36**	**83.64**	**76.00**	**24.00**	**1.59**	**98.41**	**19.87**	**80.13**

说明：以年报数据为统计范围;2011年来源中报数据

表1-43 证券投资基金年报数据统计（2009-2011）

（单位：只；户；亿元）

	2009年年报			2010年年报			2011年中报		
	基金数量	持有人户数	年末资产净值	基金数量	持有人户数	年末资产净值	基金数量	持有人户数	年末资产净值
国内市场基金									
封闭式基金	31	2,906,423	1,238.80	38	2,073,436	1,274.30	44	1,781,563	1,289.63
其中：传统封闭式基金	26	2,147,534	915.19	26	1,274,176	790.71	25	1,196,578	664.41
创新封闭式基金	5	758,889	323.61	12	799,260	483.59	19	584,985	625.22
开放式基金	507	87,862,713	23,260.74	580	86,624,984	21,397.23	657	83,701,896	20,119.85
其中：股票型基金	206	51,849,670	12,170.42	284	51,702,481	11,745.17	330	51,221,096	11,192.70
混合型基金	156	33,250,576	7,679.34	163	32,007,369	7,131.35	173	29,694,040	6,586.24
债券型基金	79	1,481,230	815.71	88	1,754,339	1,001.74	105	1,698,091	1,159.60
货币市场基金	43	1,281,237	2,595.27	45	1,160,795	1,508.97	49	1,088,669	1,181.32
ETF	7	1,035,590	606.61	15	603,152	676.85	25	621,919	784.02
海外市场基金									
QDII	9	6,100,397	735.94	23	5,625,344	710.48	36	5,448,087	698.18
总　计	**531**	**97,905,123**	**25,842.09**	**656**	**94,926,916**	**24,058.86**	**762**	**91,553,465**	**22,891.68**

说明：以年报数据为统计范围；2011年来源中报数据

表1-44 基金销售机构销售基金收入占比（2010）

（单位：%）

	认购费收入占比	申购费收入占比	赎回费收入占比	转换费收入占比	销售服务费收入占比	客户维护费收入占比	合计
商业银行	19.12	28.83	7.76	0.86	2.62	40.81	100.00
证券公司	33.99	22.06	12.58	0.85	6.87	23.65	100.00
基金公司	1.13	11.95	69.82	10.60	6.50	—	100.00

数据来源：中国证券业协会

表1-45 基金销售收入前十位的全国性商业银行（2010）

（单位：亿元；%）

序号	商业银行	基金销售收入	市场占比
1	中国工商银行	30.26	29.85
2	中国建设银行	28.50	28.11
3	中国农业银行	12.64	12.47
4	招商银行	9.00	8.88
5	中国银行	7.53	7.43
6	交通银行	7.12	7.02
7	邮政储蓄银行	2.42	2.39
8	中国民生银行	0.85	0.84
9	上海浦东发展银行	0.78	0.77
10	兴业银行	0.60	0.59
	合 计	99.71	98.35

数据来源：中国证券业协会；市场占比为占全国性商业银行基金总销售收入的比例。

表1-46 基金销售收入前五位的城市商业银行（2010）

（单位：亿元；%）

序号	商业银行	基金销售收入	市场占比
1	上海银行	0.24	43.27
2	北京银行	0.09	16.30
3	江苏银行	0.08	14.94
4	宁波银行	0.03	5.46
5	杭州银行	0.03	5.06
	合 计	0.48	85.04

数据来源：中国证券业协会；市场占比为占城市商业银行基金总销售收入的比例。

表1-47　基金销售收入前十位的证券公司（2010）

（单位：亿元；%）

序号	证券公司	基金销售收入	市场占比
1	广发证券	0.53	8.54
2	国泰君安证券	0.48	7.76
3	中信建投证券	0.38	6.16
4	海通证券	0.38	6.06
5	申银万国证券	0.37	5.86
6	招商证券	0.33	5.37
7	中国银河证券	0.32	5.06
8	中信证券	0.29	4.73
9	兴业证券	0.29	4.64
10	华泰证券	0.24	3.89
合　计		3.62	58.07

数据来源：中国证券业协会；市场占比为占证券公司基金总销售收入的比例。

表1-48　基金销售收入前十位的基金管理公司（2010）

（单位：亿元；%）

序号	基金公司	基金销售收入	市场占比
1	嘉实	1.21	6.65
2	易方达	1.17	6.43
3	广发	0.85	4.63
4	华夏	0.82	4.50
5	南方	0.77	4.23
6	交银施罗德	0.76	4.16
7	银华	0.75	4.08
8	富国	0.72	3.96
9	博时	0.63	3.44
10	国投瑞银	0.49	2.71
合　计		8.18	44.79

数据来源：中国证券业协会；市场占比为占基金公司基金总销售收入的比例。

第二章　年度经营数据统计

表2-1　2010年证券投资基金发行年度汇总

基金类型	2010年			2009年		
	新设立数量(只)	募集总份额(亿份)	认购总户数(万户)	新设立数量(只)	募集总份额(亿份)	认购总户数(万户)
创新封闭式基金	11	251.54	11.79	1	146.87	2.55
开放式基金						
其中:股票型基金	81	1,522.67	242.61	72	2,478.02	354.36
混合型基金	8	373.97	48.41	20	598.17	93.34
债券型基金	15	594.56	45.67	20	442.62	33.73
货币市场基金	3	134.25	6.07	3	76.28	5.00
ETF	11	117.77	10.50	4	110.77	11.13
QDII	18	105.08	18.02	—	—	—
总　计	**147**	**3,099.84**	**383.06**	**120**	**3,852.73**	**500.11**

表2-2　2010年证券投资基金发行月度汇总

月份	设立基金类型	设立基金数量	基金募集情况	
			募集总份额(亿份)	认购总户数(户)
一月	股票型基金	1	36.17	33,482
	QDII	1	5.92	12,268
	合　计	2	42.09	45,750
二月	股票型基金	9	134.78	218,975
	混合型	1	61.84	88,701
	创新封基–股票	1	8.43	8,534
	合　计	11	205.05	316,210
三月	股票型基金	5	152.88	342,225
	ETF	1	27.52	36,726
	QDII	1	5.53	6,739
	合　计	7	185.94	385,690

（续上表）

月份	设立基金类型	设立基金数量	基金募集情况	
			募集总份额(亿份)	认购总户数(户)
四月	股票型基金	9	119.89	124,920
	混合型基金	1	42.26	57,357
	ETF	1	21.09	5,312
	QDII	1	5.56	8,983
	合 计	12	188.81	196,572
五月	股票型基金	7	137.98	251,003
	债券型基金	1	21.72	16,027
	货币市场基金	1	44.33	9,327
	ETF	1	4.20	3,775
	QDII	2	9.26	46,150
	合 计	12	217.48	326,282
六月	股票型基金	11	143.63	255,449
	混合型基金	1	32.36	47,822
	债券型基金	2	41.37	48,936
	创新封基-债券	2	44.13	13,932
	QDII	2	9.66	6,791
	合 计	18	271.15	372,930
七月	股票型基金	4	21.27	30,987
	债券型基金	1	21.49	13,473
	货币市场基金	1	29.59	18,218
	QDII	1	5.55	2,342
	合 计	7	77.90	65,020
八月	股票型基金	6	104.61	206,618
	混合型基金	1	40.93	63,115
	债券型基金	2	160.40	110,499
	ETF	2	16.64	20,647
	QDII	1	5.41	6,610
	合 计	12	327.98	407,489
九月	股票型基金	5	124.51	216,750
	债券型基金	2	84.69	56,744
	创新封基-债券	3	72.65	18,379
	ETF	1	9.67	7,297
	QDII	3	24.40	47,585
	合 计	14	315.92	346,755

（续上表）

月份	设立基金类型	设立基金数量	基金募集情况	
			募集总份额(亿份)	认购总户数(户)
十月	股票型基金	1	7.12	11,785
	混合型基金	1	31.40	30,328
	创新封基-债券	1	32.45	7,926
	QDII	2	13.63	11,361
	合 计	5	84.61	61,400
十一月	股票型基金	8	223.62	368,412
	混合型基金	1	118.15	134,869
	债券型基金	4	164.28	123,470
	货币市场基金	1	60.33	33,126
	创新封基-债券	1	26.79	2,914
	ETF	3	26.80	23,792
	合 计	18	619.96	686,583
十二月	股票型基金	15	316.20	365,454
	混合型基金	2	47.03	61,862
	债券型基金	3	100.61	87,557
	创新封基-债券	3	67.10	66,217
	ETF	2	11.84	7,432
	QDII	4	20.17	31,395
	合 计	29	562.95	619,917
	总 计	**147**	**3,099.84**	**3,830,598**

表2-3　2010年开放式(股票型)基金发行情况

基金简称	基金代码	设立日期	基金募集情况		2010年市场表现			管理人	托管人
			募集总份额(亿份)	认购总户数(户)	年末资产净值(亿元)	年末份额规模(亿份)	年净值增长率(%)		
上投摩根行业轮动股票	377530	2010.01.28	36.17	33,482	24.70	24.32	1.60	上投摩根	招行
大成中证红利指数	090010	2010.02.02	18.70	28,426	4.86	4.78	1.60	大成	建行
民生加银精选股票	690003	2010.02.03	24.75	25,752	10.90	10.82	0.70	民生加银	建行
新华钻石企业股票	519093	2010.02.03	19.38	28,960	9.93	9.72	2.10	新华	建行
鹏华中证500指数(LOF)	160616	2010.02.05	26.31	48,291	12.41	12.06	2.90	鹏华	工行
宝盈中证100指数增强	213010	2010.02.08	2.81	1,845	0.56	0.62	-10.00	宝盈	建行
工银中小盘成长股票	481010	2010.02.10	23.18	57,272	10.21	9.43	8.20	工银瑞信	农行
信诚中小盘股票	550009	2010.02.10	6.04	7,352	2.81	2.88	10.62	信诚	建行
金元比联核心动力股票	620005	2010.02.11	4.37	8,094	0.96	0.97	-1.10	金元比联	工行
申万菱信沪深300价值指数	310398	2010.02.11	9.25	12,983	6.34	7.59	-16.40	申万菱信	工行
农银中小盘股票	660005	2010.03.25	97.31	245,661	22.19	18.17	22.11	农银汇理	建行
中海上证50指数增强	399001	2010.03.25	5.52	8,373	4.04	4.72	-14.30	中海	工行
长信中证央企100指数(LOF)	163001	2010.03.26	7.43	11,737	1.31	1.31	-0.10	长信	建行
南方策略优化股票	202019	2010.03.30	21.73	34,351	12.69	13.05	-2.80	南方	招行
易方达上证中盘ETF联接	110021	2010.03.31	20.89	42,103	12.60	11.55	9.10	易方达	工行
国投瑞银沪深300金融地产指数(LOF)	161211	2010.04.09	17.23	13,467	15.57	18.94	-17.80	国投瑞银	工行
光大保德信中小盘股票	360012	2010.04.14	8.89	12,903	11.95	9.64	27.63	光大保德信	交行
海富通中小盘股票	519026	2010.04.14	12.37	11,522	21.21	16.91	25.40	海富通	工行
金鹰稳健成长股票	210004	2010.04.14	6.49	7,697	4.31	4.02	25.44	金鹰	工行
国联安双禧中证100指数分级	162509	2010.04.16	9.82	8,043	31.75	29.61	7.20	国联安	建行
兴全合润分级股票	163406	2010.04.22	33.29	37,556	22.26	20.53	8.44	兴业全球	招行
华宝兴业上证180价值ETF联接	240016	2010.04.23	5.87	8,272	3.23	3.41	-2.69	华宝兴业	工行

（续上表）

基金简称	基金代码	设立日期	基金募集情况		2010年市场表现			管理人	托管人
			募集总份额（亿份）	认购总户数（户）	年末资产净值（亿元）	年末份额规模（亿份）	年净值增长率（%）		
泰达宏利财富大盘指数	162213	2010.04.23	11.65	11,891	6.19	5.96	5.91	泰达宏利	中行
诺安中小盘精选股票	320011	2010.04.28	14.29	13,569	15.86	13.18	26.93	诺安	工行
汇添富民营活力股票	470009	2010.05.05	14.08	17,351	9.16	7.96	15.00	汇添富	工行
银华深证100指数分级	161812	2010.05.07	22.04	27,615	50.96	42.30	20.50	银华	民生银行
华安行业轮动股票	040016	2010.05.11	18.06	23,435	8.78	7.67	14.46	华安	中行
富国通胀通缩主题股票	100039	2010.05.12	14.86	15,322	3.91	3.27	19.60	富国	工行
大摩卓越成长股票	233007	2010.05.18	22.64	27,158	10.67	9.63	10.81	摩根士丹利华鑫	建行
中邮核心主题股票	590005	2010.05.19	22.34	89,839	19.51	17.35	22.43	中邮创业	招行
建信上证社会责任ETF联接	530010	2010.05.28	23.96	50,283	4.77	4.43	7.60	建信	工行
博时创业成长股票	050014	2010.06.01	34.22	100,558	7.91	7.10	11.40	博时	农行
嘉实价值优势股票	70019	2010.06.07	39.32	43,959	37.99	32.08	18.40	嘉实	中行
汇丰晋信低碳先锋股票	540008	2010.06.08	6.66	6,884	6.65	5.95	21.88	汇丰晋信	交行
华商产业升级股票	630006	2010.06.18	9.99	10,378	8.71	7.97	9.40	华商	建行
大成核心双动力股票	090011	2010.06.22	11.73	13,789	11.27	10.25	10.00	大成	工行
华泰柏瑞量化先行股票	460009	2010.06.22	7.33	22,679	1.98	1.88	5.60	华泰柏瑞	中行
招商深证100指数	217016	2010.06.22	6.62	9,361	4.28	3.71	15.20	招商	工行
中欧沪深300指数增强(LOF)	166007	2010.06.24	12.02	16,112	3.56	3.53	4.93	中欧	兴业银行
诺德中小盘股票	570006	2010.06.28	3.64	10,419	3.54	3.26	11.44	诺德	中行
东吴新创业股票	580007	2010.06.29	4.34	7,135	2.30	2.13	14.03	东吴	工行
民生加银稳健成长股票	690004	2010.06.29	7.76	14,175	2.53	2.53	−0.10	民生加银	中行
银河蓝筹股票	519672	2010.07.16	6.61	8,620	2.42	2.33	3.60	银河	建行
新华行业周期轮换股票	519095	2010.07.21	3.48	3,894	1.90	1.66	14.40	新华	工行

（续上表）

基金简称	基金代码	设立日期	基金募集情况		2010年市场表现			管理人	托管人
			募集总份额（亿份）	认购总户数（户）	年末资产净值（亿元）	年末份额规模（亿份）	年净值增长率（%）		
信达澳银红利回报股票	610005	2010.07.28	5.95	11,995	2.87	2.59	11.10	信达澳银	建行
信诚深度价值股票(LOF)	165508	2010.07.30	5.24	6,478	4.40	4.20	4.80	信诚	建行
长盛沪深300指数(LOF)	160807	2010.08.04	8.99	12,976	2.63	2.49	5.70	长盛	招行
鹏华上证民企50ETF联接	206005	2010.08.05	5.72	14,050	4.08	3.74	8.90	鹏华	工行
天弘深证成份指数(LOF)	164205	2010.08.12	4.41	6,090	1.39	1.42	−2.20	天弘	工行
国泰价值经典股票(LOF)	160215	2010.08.13	12.77	11,530	4.54	4.67	−2.70	国泰	建行
易方达消费行业股票	110022	2010.08.20	63.73	141,621	43.91	44.67	−1.70	易方达	农行
南方小康ETF联接	202021	2010.08.27	9.00	20,351	4.55	4.63	−1.80	南方	工行
农银大盘蓝筹股票	660006	2010.09.01	39.17	114,298	31.89	32.37	−1.46	农银汇理	建行
金元比联消费主题股票	620006	2010.09.15	4.07	4,101	1.98	1.99	−0.60	金元比联	工行
诺安主题精选股票	320012	2010.09.15	33.09	27,386	20.86	20.81	0.20	诺安	建行
汇添富医药保健股票	470006	2010.09.21	40.85	65,139	36.92	36.56	1.00	汇添富	工行
海富通上证周期ETF联接	519027	2010.09.28	7.33	5,826	3.21	3.67	−12.40	海富通	工行
申万菱信深证成指分级	163109	2010.10.22	7.12	11,785	11.06	12.20	−9.40	申万巴黎	工行
兴全沪深300指数(LOF)	163407	2010.11.02	29.55	72,112	28.43	29.55	—	兴业全球	农行
工银深证红利ETF联接	481012	2010.11.09	26.18	56,932	26.31	26.18	—	工银瑞信	农行
融通深证成份指数	161612	2010.11.15	18.49	29,815	18.01	17.86	—	融通	工行
建信内生动力股票	530011	2010.11.16	53.88	89,045	54.02	53.88	—	建信	工行
华安上证龙头ETF联接	040190	2010.11.18	17.46	18,115	17.09	17.46	—	华安	工行
长信量化先锋股票	519983	2010.11.18	3.25	3,874	3.20	3.25	—	长信	交行
广发行业领先股票	270025	2010.11.23	44.30	58,645	44.17	44.30	—	广发	工行
国富中小盘股票	450009	2010.11.23	30.52	39,874	31.35	30.52	—	国海富兰克林	中行

（续上表）

基金简称	基金代码	设立日期	基金募集情况		2010年市场表现			管理人	托管人
			募集总份额(亿份)	认购总户数(户)	年末资产净值(亿元)	年末份额规模(亿份)	年净值增长率(%)		
国联安上证商品ETF联接	257060	2010.12.01	12.94	11,254	12.89	12.94	—	国联安	中行
华宝兴业新兴产业股票	240017	2010.12.07	36.33	32,154	36.16	36.33	—	华宝兴业	建行
嘉实主题新动力股票	070021	2010.12.07	63.17	73,410	63.41	63.17	—	嘉实	工行
招商上证消费80ETF联接	217017	2010.12.08	24.03	19,914	23.80	24.03	—	招商	工行
汇丰晋信消费红利股票	540009	2010.12.08	22.49	21,130	22.35	22.49	—	汇丰晋信	交行
博时行业轮动股票	050018	2010.12.10	14.00	18,780	14.01	14.00	—	博时	建行
浦银安盛沪深300指数增强	519116	2010.12.10	8.15	10,918	7.18	7.21	—	浦银安盛	建行
泰信发展主题股票	290008	2010.12.15	7.07	5,162	6.98	7.07	—	泰信	工行
国投瑞银中证消费服务指数(LOF)	161213	2010.12.16	12.47	7,605	12.43	12.47	—	国投瑞银	工行
金鹰主题优势股票	210005	2010.12.20	20.51	19,316	20.56	20.51	—	金鹰	工行
上投摩根大盘蓝筹股票	376510	2010.12.20	11.90	16,962	11.94	11.90	—	上投摩根	建行
大成深证成长40ETF联接	090012	2010.12.21	31.30	73,942	31.42	31.30	—	大成	农行
交银趋势股票	519702	2010.12.22	26.60	26,912	26.67	26.60	—	交银施罗德	工行
鹏华消费优选股票	206007	2010.12.28	12.72	17,329	12.83	12.72	—	鹏华	工行
银河创新成长股票	519674	2010.12.29	12.52	10,666	12.52	12.52	—	银河	招行
合　计	81只		1,522.67	2,426,060	1,183.66	1,145.44			

表2-4 2010年开放式(混合型)基金发行情况

基金简称	基金代码	设立日期	基金募集情况		2010年市场表现			管理人	托管人
			募集总份额(亿份)	认购总户数(户)	年末资产净值(亿元)	年末份额规模(亿份)	年净值增长率(%)		
中银蓝筹混合	163809	2010.02.11	61.84	88,701	24.77	24.12	4.53	中银	招行
广发内需增长混合	270022	2010.04.19	42.26	57,357	37.02	36.89	10.17	广发	建行
交银主题优选混合	519700	2010.06.30	32.36	47,822	12.89	11.44	12.60	交银施罗德	建行
中银价值混合	163810	2010.08.25	40.93	63,115	23.63	23.17	3.94	中银	招行
银华成长先锋混合	180020	2010.10.08	31.40	30,328	34.79	34.03	4.75	银华	工行
华商策略精选混合	630008	2010.11.09	118.15	134,869	122.62	124.12	—	华商	民生银行
大摩消费领航混合	233008	2010.12.03	37.57	49,447	37.37	37.57	—	摩根士丹利华鑫	建行
中海环保新能源混合	398051	2010.12.09	9.46	12,415	9.37	9.46	—	中海	工行
合 计	8只		373.97	484,054	302.45	300.80			

表2-5 2010年开放式(债券型)基金发行情况

基金简称	基金代码	设立日期	基金募集情况		2010年市场表现			管理人	托管人
			募集总份额(亿份)	认购总户数(户)	年末资产净值(亿元)	年末份额规模(亿份)	年净值增长率(%)		
鹏华信用增利债券	206003	2010.05.31	21.72	16,027	9.60	9.58	0.40/0.10	鹏华	交行
国联安信心增益债券	253030	2010.06.22	19.03	10,831	20.03	19.03	5.30	国联安	中信银行
长信中短债债券	519985	2010.06.28	22.34	38,105	3.76	3.73	0.75	长信	邮储银行
博时宏观回报债券	050016	2010.07.27	21.49	13,473	7.70	7.76	0.60/0.80	博时	中行
华商稳健双利债券	630007	2010.08.09	19.87	13,358	14.95	14.46	3.50/3.30	华商	建行
工银双利债券	485111	2010.08.16	140.53	97,141	47.75	47.45	0.70/0.60	工银瑞信	交行

（续上表）

基金简称	基金代码	设立日期	基金募集情况		2010年市场表现			管理人	托管人
			募集总份额（亿份）	认购总户数（户）	年末资产净值（亿元）	年末份额规模（亿份）	年净值增长率（%）		
嘉实稳固收益债券	070020	2010.09.01	44.83	37,683	34.88	35.32	−1.20	嘉实	工行
国投瑞银优化增强债券	121012	2010.09.08	39.86	19,061	20.95	20.82	0.70/0.60	国投瑞银	建行
南方广利回报债券	202105	2010.11.03	45.66	37,691	34.17	34.15	—	南方	工行
海富通稳固收益债券	519030	2010.11.23	26.97	18,556	27.10	26.97	—	海富通	工行
博时转债增强债券	050019	2010.11.24	36.35	28,764	36.13	36.35	—	博时	光大银行
中银双利债券	163811	2010.11.24	55.30	38,459	55.49	55.30	—	中银	招行
银华信用双利债券	180025	2010.12.03	30.62	23,781	30.59	30.62	—	银华	建行
富国可转债	100051	2010.12.08	42.65	44,344	42.51	42.65	—	富国	农行
华安稳固收益债券	040019	2010.12.21	27.34	19,432	27.37	27.34	—	华安	工行
合　计	**15只**		**594.56**	**456,706**	**412.98**	**411.54**			

表2-6　2010年开放式(货币市场)基金发行情况

基金简称	基金代码	设立日期	基金募集情况		2010年市场表现			管理人	托管人
			募集总份额（亿份）	认购总户数（户）	年末资产净值（亿元）	年末份额规模（亿份）	年净值收益率（%）		
东吴货币	583001	2010.05.11	44.33	9,327	7.71	7.71	0.9252/1.0831	东吴	农行
中海货币	392001	2010.07.28	29.59	18,218	45.89	45.89	0.7081/0.8134	中海	工行
农银货币	660007	2010.11.23	60.33	33,126	23.80	23.80	—	农银汇理	工行
合　计	**3只**		**134.25**	**60,671**	**77.40**	**77.40**			

表2-7 2010年创新封闭式基金发行情况

基金简称	基金代码	设立日期	基金募集情况		2010年市场表现			管理人	托管人
			募集总份额(亿份)	认购总户数(户)	年末资产净值(亿元)	年末份额规模(亿份)	年净值增长率(%)		
国泰估值优势分级封闭	160212	2010.02.10	8.43	8,534	9.61	8.43	14.00	国泰	工行
招商信用添利债券封闭	161713	2010.06.25	21.17	1,661	21.39	21.17	3.16	招商	农行
银华信用债券封闭	161813	2010.06.29	22.96	12,271	24.51	22.96	6.70	银华	建行
华富强化回报债券	164105	2010.09.08	19.99	3,192	19.94	19.99	−0.30	华富	建行
富国汇利分级债券封闭	161014	2010.09.09	29.99	9,338	29.88	29.99	−0.40	富国	农行
信诚增强收益债券封闭	165509	2010.09.29	22.66	5,849	22.63	22.66	−0.10	信诚	建行
大成景丰分级债券	160915	2010.10.15	32.45	7,926	32.39	32.45	−0.20	大成	农行
易方达岁丰添利债券	161115	2010.11.09	26.79	2,914	27.06	26.79	—	易方达	中行
鹏华丰润债券封闭	160617	2010.12.02	13.36	5,226	13.39	13.36	—	鹏华	建行
中欧增强回报债券	166008	2010.12.02	23.74	17,590	23.73	23.74	—	中欧	广发银行
天弘添利分级债券	164206	2010.12.03	30.00	43,401	30.08	30.00	—	天弘	工行
合 计	11只		251.54	117,902	254.60	251.54			

表2-8 2010年ETF基金发行情况

基金简称	基金代码	设立日期	基金募集情况		2010年市场表现			管理人	托管人
			募集总份额(亿份)	认购总户数(户)	年末资产净值(亿元)	年末份额规模(亿份)	年净值增长率(%)		
易方达上证中盘ETF	510130	2010.03.29	27.52	36,726	20.06	6.35	8.69	易方达	工行
华宝兴业上证180价值ETF	510030	2010.04.23	21.09	5,312	11.08	4.34	−12.56	华宝兴业	工行
建信上证社会责任ETF	510090	2010.05.28	4.20	3,775	4.80	5.11	12.14	建信	工行
民企ETF	510070	2010.08.05	10.07	13,792	6.10	4.80	9.11	鹏华	工行
南方小康ETF	510160	2010.08.27	6.57	6,855	5.61	13.28	5.11	南方	工行
海富通上证周期ETF	510110	2010.09.19	9.67	7,297	7.07	2.96	−4.20	海富通	工行
工银深证红利ETF	159905	2010.11.05	6.07	4,519	6.10	6.07	—	工银瑞信	农行
华安上证龙头ETF	510190	2010.11.18	11.30	10,710	11.06	11.30	—	华安	工行
国联安上证商品ETF	510170	2010.11.26	9.42	8,563	9.45	9.42	—	国联安	中行
招商上证消费80ETF	510150	2010.12.08	6.86	4,221	6.79	6.86	—	招商	工行
大成深证成长40ETF	159906	2010.12.21	4.99	3,211	5.01	4.99	—	大成	农行
合 计	11只		117.77	104,981	93.14	75.47			

表2-9 2010年QDII基金发行情况

基金简称	基金代码	设立日期	基金募集情况		2010年市场表现			管理人	托管人
			募集总份额（亿份）	认购总户数（户）	年末资产净值（亿元）	年末份额规模（亿份）	年净值增长率（%）		
易方达亚洲精选股票(QDII)	118001	2010.01.21	5.92	12,268	1.86	1.76	5.70	易方达	工行
招商全球资源股票(QDII)	217015	2010.03.25	5.53	6,739	2.14	1.75	21.90	招商	工行
国泰纳斯达克100指数(QDII)	160213	2010.04.29	5.56	8,983	2.31	2.06	12.10	国泰	建行
工银全球精选股票(QDII)	486002	2010.05.25	5.86	35,448	2.19	2.05	7.00	工银瑞信	建行
长盛环球行业股票(QDII)	080006	2010.05.26	3.40	10,702	0.81	0.75	7.60	长盛	中行
国投瑞银新兴市场股票(QDII－LOF)	161210	2010.06.10	4.43	3,002	0.74	0.68	8.60	国投瑞银	工行
汇添富亚澳成熟优选股票(QDII)	470888	2010.06.25	5.23	3,789	1.43	1.29	11.40	汇添富	工行
博时大中华亚太精选股票(QDII)	050015	2010.07.27	5.55	2,342	0.99	0.96	3.10	博时	工行
广发亚太精选股票(QDII)	270023	2010.08.18	5.41	6,610	2.35	2.28	3.10	广发	工行
建信全球机遇股票(QDII)	539001	2010.09.14	6.82	30,205	5.49	5.58	−1.60	建信	工行
华安香港精选股票(QDII)	040018	2010.09.19	7.41	8,384	3.67	3.81	−3.80	华安	工行
嘉实H股指数(QDII—LOF)	160717	2010.09.30	10.17	8,996	3.11	3.46	−9.96	嘉实	建行
鹏华环球发现(QDII—FOF)	206006	2010.10.12	5.34	3,811	2.45	2.46	−0.60	鹏华	建行
富国全球债券(QDII－FOF)	100050	2010.10.20	8.28	7,550	4.66	4.66	0.00	富国	工行
华泰柏瑞亚洲领导企业股票(QDII)	460010	2010.12.02	2.91	2,515	1.40	1.40	—	华泰柏瑞	中行
银华抗通胀主题(QDII—FOF—LOF)	161815	2010.12.06	6.91	12,925	6.95	6.91	—	银华	建行
南方金砖四国指数(QDII)	160121	2010.12.09	6.37	12,146	6.38	6.37	—	南方	工行
信诚金砖四国配置(QDII—FOF—LOF)	165510	2010.12.17	3.99	3,809	3.99	3.99	—	信诚	中行
合　计	**18只**		**105.08**	**180,224**	**52.92**	**52.22**			

表2-10　2011年上半年证券投资基金发行汇总

基金类型	2011年上半年			2010年上半年		
	新设立数量（只）	募集总份额（亿份）	认购总户数（万户）	新设立数量（只）	募集总份额（亿份）	认购总户数（万户）
创新封闭式基金	10	195.33	18.79	3	52.56	2.25
开放式基金						
其中：股票型基金	41	623.39	97.68	42	725.34	122.61
混合型基金	14	339.47	48.51	3	136.46	19.39
债券型基金	17	328.21	19.43	3	63.09	6.50
货币市场基金	3	96.30	1.66	1	44.33	0.93
ETF	9	47.54	5.81	3	52.81	4.58
QDII	13	136.66	20.94	7	35.93	8.09
总　计	**107**	**1,766.91**	**212.82**	**62**	**1,110.52**	**164.34**

表2-11　2011年上半年证券投资基金发行月度汇总

月份	设立基金类型	设立基金数量	募集情况	
			募集总份额(亿份)	认购总户数(户)
一月	股票型基金	8	116.91	165,692
	混合型基金	3	78.49	100,468
	货币市场基金	1	28.46	4,437
	创新封基-债券	1	18.95	10,403
	ETF	2	6.69	7,558
	QDII	3	43.68	56,374
	合　计	18	293.18	344,932
二月	股票型基金	3	27.53	52,181
	债券型基金	2	12.43	10,227
	创新封基-债券	1	24.03	29,288
	QDII	1	4.37	3,779
	合　计	7	68.35	95,475
三月	股票型基金	5	129.98	239,024
	混合型基金	1	41.09	55,772
	债券型基金	5	104.15	78,456
	货币市场基金	2	67.85	12,204

（续上表）

月份	设立基金类型	设立基金数量	募集情况	
			募集总份额(亿份)	认购总户数(户)
三月	创新封基-债券	1	12.38	12,293
	ETF	1	5.66	2,521
	QDII	4	29.56	35,765
	合计	19	390.66	436,035
四月	股票型基金	7	123.22	218,707
	混合型基金	3	61.66	139,560
	债券型基金	3	61.72	33,593
	ETF	2	15.65	22,144
	QDII	1	19.41	21,290
	合计	16	281.66	435,294
五月	股票型基金	8	139.09	196,494
	混合型基金	5	94.33	116,587
	债券型基金	3	83.82	33,857
	创新封基-债券	2	50.87	45,383
	QDII	2	30.92	72,933
	合计	20	399.01	465,254
六月	股票型基金	10	86.66	104,653
	混合型基金	2	63.90	72,673
	债券型基金	4	66.10	38,195
	创新封基-债券	5	89.10	90,564
	ETF	4	19.54	25,877
	QDII	2	8.73	19,230
	合计	27	334.05	351,192
	总计	**107**	**1,766.91**	**2,128,182**

表2-12 2011年上半年开放式(股票型)基金发行情况

基金简称	基金代码	设立日期	基金募集情况		2011年上半年市场表现			管理人	托管人
			募集总份额(亿份)	认购总户数(户)	期末资产净值(亿元)	期末份额规模(亿份)	净值增长率(%)		
纽银策略优选股票	671010	2011.01.25	10.63	10,206	8.02	8.64	−7.20	纽银梅隆西部	建行
华泰柏瑞上证中小盘ETF联接	460220	2011.01.26	4.83	2,500	0.86	0.94	−9.10	华泰柏瑞	中行
泰达宏利领先中小盘股票	162214	2011.01.26	27.09	63,405	18.36	19.56	−6.20	泰达宏利	农行
长城中小盘股票	200012	2011.01.27	9.53	10,964	4.41	4.76	−7.40	长城	中行
民生加银内需增长股票	690005	2011.01.28	11.83	12,762	8.03	8.45	−5.00	民生加银	兴业银行
新华中小市值优选股票	519097	2011.01.28	7.43	8,641	4.88	5.12	−4.70	新华	建行
易方达医疗保健行业股票	110023	2011.01.28	38.13	49,007	32.60	33.80	−3.60	易方达	中行
富国上证综指ETF联接	100053	2011.01.30	7.45	8,207	4.39	4.62	−5.00	富国	工行
东吴中证新兴指数	585001	2011.02.01	19.77	41,129	15.87	17.45	−9.10	东吴	农行
中欧新动力股票(LOF)	166009	2011.02.10	4.02	7,289	3.33	3.40	−2.07	中欧	光大银行
信诚中证500指数分级	165511	2011.02.11	3.74	3,763	2.71	2.96	−8.60	信诚	建行
万家中证红利指数(LOF)	161907	2011.03.17	10.89	16,900	7.40	7.19	2.96	万家	建行
银华中证等权90指数分级	161816	2011.03.17	32.40	49,269	27.23	28.94	−5.90	银华	建行
景顺长城中小盘股票	260115	2011.03.22	20.63	35,990	16.69	17.62	−5.30	景顺长城	工行
汇添富社会责任股票	470028	2011.03.29	56.23	130,017	54.23	54.43	−0.40	汇添富	农行
国泰上证180金融ETF联接	020021	2011.03.31	9.84	6,848	7.08	7.58	−6.50	国泰	中行
华富量子生命力股票	410009	2011.04.01	2.94	3,024	1.63	1.76	−7.57	华富	深圳发展银行
诺安上证新兴产业ETF联接	320014	2011.04.07	13.14	13,625	8.08	8.03	0.70	诺安	工行
农银沪深300指数	660008	2011.04.12	32.98	101,799	30.36	32.98	−7.93	农银汇理	工行
工银消费服务股票	481013	2011.04.21	26.51	48,702	26.37	26.51	−0.50	工银瑞信	农行
博时卓越品牌股票(LOF)①	160512	2011.04.22	2.66	5,228	7.87	7.76	−3.25	博时	工行
华安升级主题股票	040020	2011.04.22	41.19	42,578	30.96	30.93	0.10	华安	建行

① 博时卓越品牌股票(LOF)为原裕泽证券投资基金转型。

（续上表）

基金简称	基金代码	设立日期	基金募集情况		2011年上半年市场表现			管理人	托管人
			募集总份额（亿份）	认购总户数（户）	期末资产净值（亿元）	期末份额规模（亿份）	净值增长率（%）		
海富通上证非周期ETF联接	519032	2011.04.27	3.81	3,751	3.13	3.24	−3.40	海富通	工行
诺德优选30股票	570007	2011.05.05	11.81	7,984	9.25	9.29	—	诺德	中行
建信双利分级股票	165310	2011.05.06	29.75	45,605	25.83	25.78	—	建信	招行
兴全绿色投资股票(LOF)	163409	2011.05.06	20.22	24,689	20.31	20.22	—	兴业全球	工行
大摩多因子策略股票	233009	2011.05.17	10.44	18,034	10.56	10.44	—	摩根士丹利华鑫	建行
浙商聚潮产业成长股票	688888	2011.05.17	12.71	25,238	12.68	12.71	—	浙商	农行
国联安优选行业股票	257070	2011.05.23	13.67	11,710	13.83	13.67	—	国联安	中行
华商价值精选股票	630010	2011.05.31	12.78	11,582	12.82	12.78	—	华商	建行
嘉实领先成长股票	070022	2011.05.31	27.71	51,652	27.74	27.71	—	嘉实	农行
金鹰中证技术领先指数增强	210007	2011.06.01	4.32	2,018	4.32	4.32	—	金鹰	中行
广发中小板300联接	270026	2011.06.09	9.66	28,761	9.71	9.66	—	广发	农行
泰信中证200指数	290010	2011.06.09	3.17	2,012	3.20	3.17	—	泰信	中行
博时深证基本面200ETF联接	050021	2011.06.10	2.89	4,361	2.90	2.89	—	博时	交行
信达澳银产业升级股票	610006	2011.06.13	8.35	11,045	8.36	8.35	—	信达澳银	建行
大成内需增长股票	090015	2011.06.14	14.30	12,028	14.54	14.30	—	大成	中行
鹏华新兴产业股票	206009	2011.06.15	13.61	13,286	13.61	13.61	—	鹏华	招行
申万菱信量化小盘股票(LOF)	163110	2011.06.16	5.13	9,765	5.14	5.13	—	申万菱信	工行
交银先进制造股票	519704	2011.06.22	19.18	16,452	19.21	19.18	—	交银施罗德	农行
招商深证TMT50ETF联接	217019	2011.06.27	6.06	4,925	6.06	6.06	—	招商	中行
合 计	41只		623.39	976,751	544.58	555.15			

表2-13　2011年上半年开放式(混合型)基金发行情况

基金简称	基金代码	设立日期	基金募集情况		2011年上半年市场表现			管理人	托管人
			募集总份额(亿份)	认购总户数(户)	期末资产净值(亿元)	期末份额规模(亿份)	净值增长率(%)		
建信保本混合	530012	2011.01.18	31.26	39,139	28.86	28.65	0.70	建信	工行
汇添富保本混合	470018	2011.01.26	25.07	24,765	23.60	23.45	0.60	汇添富	工行
南方优选成长混合	202023	2011.01.30	22.17	36,564	18.28	18.96	−3.60	南方	建行
广发聚祥保本混合	270024	2011.03.15	41.09	55,772	39.68	39.67	0.00	广发	工行
东方保本混合	400013	2011.04.14	18.69	99,903	14.40	14.41	0.00	东方	邮政储蓄银行
国泰保本混合	020022	2011.04.19	26.25	20,755	26.00	25.96	0.20	国泰	招行
大成保本混合	090013	2011.04.20	16.72	18,902	13.79	13.78	—	大成	工行
中邮中小盘灵活配置混合	590006	2011.05.10	17.08	48,518	17.20	17.08	—	中邮创业	农行
诺安保本混合	320015	2011.05.13	27.01	18,799	27.12	27.01	—	诺安	招行
金鹰保本混合	210006	2011.05.17	9.34	10,990	9.05	9.04	—	金鹰	工行
长盛同鑫保本混合	080007	2011.05.24	30.32	24,500	30.38	30.32	—	长盛	中行
银河保本混合	519676	2011.05.31	10.58	13,780	10.59	10.58	—	银河	建行
南方保本混合	202212	2011.06.21	49.61	60,318	49.63	49.61	—	南方	农行
银华永祥保本混合	180028	2011.06.28	14.29	12,355	14.30	14.29	—	银华	中行
合　计	**14只**		**339.47**	**485,060**	**322.88**	**322.82**			

表2-14　2011年上半年开放式(债券型)基金发行情况

基金简称	基金代码	设立日期	基金募集情况		2011年上半年市场表现			管理人	托管人
			募集总份额(亿份)	认购总户数(户)	期末资产净值(亿元)	期末份额规模(亿份)	净值增长率(%)		
泰信债券周期回报	290009	2011.02.09	6.99	5,835	7.15	6.99	2.30	泰信	中信银行
申万菱信稳益宝债券	310508	2011.02.11	5.43	4,392	3.14	3.12	0.50	申万菱信	华夏银行
华商稳定增利债券	630009	2011.03.15	33.39	30,262	19.62	19.63	0.00/−0.10	华商	建行
招商安瑞进取债券	217018	2011.03.17	24.63	27,182	15.86	16.05	−1.20	招商	农行
嘉实多利分级债券	160718	2011.03.23	23.40	12,158	19.27	19.33	−0.32	嘉实	招行
中海增强收益债券	395011	2011.03.23	6.98	4,114	2.77	2.77	0.30/0.10	中海	工行
景顺长城稳定收益债券	261001	2011.03.25	15.74	4,740	6.53	6.55	0.30/0.40	景顺长城	中行
长城积极增利债券	200013	2011.04.12	16.78	16,484	8.07	8.06	0.10	长城	建行
鹏华丰盛债券	206008	2011.04.25	30.46	11,018	15.79	15.80	−0.10	鹏华	工行
华宝兴业可转债债券	240018	2011.04.27	14.48	6,091	14.48	14.48	—	华宝兴业	招行
光大保德信信用添益债券	360013	2011.05.16	26.27	9,210	8.48	8.46	—	光大保德信	民生银行
南方中证50债券指数(LOF)	160123	2011.05.17	28.27	16,954	28.37	28.27	—	南方	工行
华夏亚债中国指数	001021	2011.05.25	29.27	7,693	29.19	29.27	—	华夏	交行
汇添富可转换债券	470058	2011.06.17	9.23	6,759	9.23	9.23	—	汇添富	工行
易方达安心回报债券	110027	2011.06.21	17.90	9,964	17.92	17.90	—	易方达	工行
华安可转债债券	040022	2011.06.22	12.88	9,252	12.89	12.88	—	华安	招行
中银转债增强债券	163816	2011.06.29	26.09	12,220	26.10	26.09	—	中银	招行
合　计	17只		328.21	194,328	244.88	244.90			

表2-15　2011年上半年开放式(货币市场)基金发行情况

基金简称	基金代码	设立日期	基金募集情况		2011年上半年市场表现			管理人	托管人
			募集总份额(亿份)	认购总户数(户)	期末资产净值(亿元)	期末份额规模(亿份)	净值收益率(%)		
国联安货币	253050	2011.01.26	28.46	4,437	1.91	1.91	1.10/1.21	国联安	浦发银行
浦银安盛货币	519509	2011.03.09	37.74	8,662	4.88	4.88	0.94/1.01	浦银安盛	中信银行
信诚货币	550010	2011.03.23	30.10	3,542	10.44	10.44	0.8207/0.8880	信诚	建行
合　计	3只		96.30	16,641	17.23	17.23			

表2-16　2011年上半年创新封闭式基金发行情况

基金简称	基金代码	设立日期	基金募集情况		2011年上半年市场表现			管理人	托管人
			募集总份额(亿份)	认购总户数(户)	期末资产净值(亿元)	期末份额规模(亿份)	净值增长率(%)		
交银信用添利债券	164902	2011.01.27	18.95	10,403	19.40	18.95	2.40	交银施罗德	农行
工银四季收益债券	164808	2011.02.10	24.03	29,288	24.60	24.03	2.30	工银瑞信	农行
国投瑞银双债债券封闭	161216	2011.03.29	12.38	12,293	12.42	12.38	0.40	国投瑞银	建行
泰达宏利聚利分级债券	162215	2011.05.13	15.82	3,471	15.86	15.82	—	泰达宏利	中行
富国天盈分级债券	161015	2011.05.23	35.05	41,912	35.16	35.05	—	富国	工行
万家添利分级债券	161908	2011.06.02	26.36	40,901	26.43	26.36	—	万家	邮政储蓄银行
博时裕祥分级债券	160513	2011.06.10	40.02	19,102	39.97	40.02	—	博时	招行
建信信用增强债券	165311	2011.06.16	7.61	8,890	7.63	0.20	—	建信	交行
中欧鼎利分级债券	166010	2011.06.16	8.75	6,984	8.76	8.75	—	中欧	中信银行
长信利鑫分级债券	163003	2011.06.24	6.36	14,687	6.37	6.36	—	长信	邮政储蓄银行
合　计	10只		195.33	187,931	196.58	187.92			

表2-17 2011年上半年ETF基金发行情况

基金简称	基金代码	设立日期	基金募集情况		2011年上半年市场表现			管理人	托管人
			募集总份额(亿份)	认购总户数(户)	期末资产净值(亿元)	期末份额规模(亿份)	净值增长率(%)		
华泰柏瑞上证中小盘ETF	510220	2011.01.26	3.48	4,932	1.70	0.51	−9.20	华泰柏瑞	中行
富国上证综指ETF	510210	2011.01.30	3.20	2,626	5.09	1.84	−5.10	富国	工行
国泰上证180金融ETF	510230	2011.03.31	5.66	2,521	9.74	3.03	−8.78	国泰	中行
诺安上证新兴产业ETF	510260	2011.04.07	9.12	11,828	5.25	5.46	−3.90	诺安	工行
海富通上证非周期ETF	510120	2011.04.22	6.52	10,316	6.84	3.02	−4.50	海富通	工行
广发中小板300ETF	159907	2011.06.03	7.18	9,415	7.24	7.18	—	广发	农行
博时深证基本面200ETF	159908	2011.06.10	4.03	8,507	4.04	4.03	—	博时	交行
中银上证国企100ETF	510270	2011.06.16	4.86	4,880	4.90	4.86	—	中银	招行
深证TMT50ETF	159909	2011.06.27	3.47	3,075	3.49	3.47	—	招商	中行
合 计	9只		47.54	58,100	48.31	33.40			

表2-18　2011年上半年QDII基金发行情况

基金简称	基金代码	设立日期	基金募集情况		2011年上半年市场表现			管理人	托管人
			募集总份额(亿份)	认购总户数(户)	期末资产净值(亿元)	年末份额规模(亿份)	净值增长率(%)		
诺安全球黄金(QDII-FOF)	320013	2011.01.13	31.97	50,098	16.52	15.73	6.48	诺安	工行
海富通大中华股票(QDII)	519602	2011.01.27	8.22	3,024	1.11	1.14	-2.60	海富通	中行
上投摩根全球新兴市场股票(QDII)	378006	2011.01.30	3.50	3,252	1.24	1.26	-1.20	上投摩根	建行
招商标普金砖四国指数(QDII-LOF)	161714	2011.02.11	4.37	3,779	1.69	1.77	-4.80	招商	中行
中银全球策略(QDII-FOF)	163813	2011.03.03	10.60	25,343	6.36	6.32	0.60	中银	建行
华宝兴业成熟市场动量优选	241002	2011.03.15	5.65	2,810	1.24	1.26	-1.60	华宝兴业	中行
大成标普500等权重指数(QDII)	096001	2011.03.23	8.23	6,242	1.69	1.71	-1.40	大成	中行
长信标普100等权重指数(QDII)	519981	2011.03.30	5.08	1,370	0.61	0.60	1.50	长信	中行
博时抗通胀增强回报(QDII-FOF)	050020	2011.04.25	19.41	21,290	13.19	13.29	-0.80	博时	中行
易方达黄金主题(QDII-LOF-FOF)	161116	2011.05.06	26.57	70,683	26.46	26.57	—	易方达	农行
华安大中华升级股票(QDII)	040021	2011.05.17	4.35	2,250	2.32	2.27	—	华安	中行
建信新兴市场股票(QDII)	539002	2011.06.21	4.27	12,285	4.27	4.27	—	建信	工行
广发全球农业指数(QDII)	270027	2011.06.28	4.47	6,945	4.48	4.47	—	广发	工行
合　计	**13只**		**136.66**	**209,371**	**81.16**	**80.64**			

表2-19　近三年开放式(股票型)基金年度收益率排名

(单位：%)

基金代码	基金简称	设立日期	2010年	排名	2009年	排名	2008年	排名
630002	华商盛世成长股票	2008.09.23	37.77	1	106.80	4	—	—
519670	银河行业股票	2009.04.24	29.94	2	—	—	—	—
000021	华夏优势增长股票	2006.11.24	24.75	3	57.05	129	−43.44	8
350005	天治创新先锋股票	2008.05.08	23.90	4	34.99	152	—	—
610004	信达澳银中小盘股票	2009.12.01	23.70	5	—	—	—	—
070099	嘉实优质企业股票	2007.12.08	23.24	6	52.79	138	−47.72	28
580002	东吴双动力股票	2006.12.15	23.00	7	33.20	153	−43.47	9
162201	泰达宏利成长股票	2003.04.25	22.32	8	52.12	139	−31.61	1
460005	华泰柏瑞价值增长股票	2008.07.16	21.98	9	75.36	62	—	—
233006	大摩领先优势股票	2009.09.22	21.97	10	—	—	—	—
470008	汇添富策略回报股票	2009.12.22	21.60	11	—	—	—	—
290006	泰信蓝筹精选股票	2009.04.22	21.30	12	—	—	—	—
550003	信诚盛世蓝筹股票	2008.06.04	20.79	13	71.03	86	—	—
202011	南方优选价值股票	2008.06.18	20.66	14	66.84	102	—	—
519019	大成景阳领先股票	2007.12.11	20.40	15	81.28	39	−57.17	92
260112	景顺长城能源基建股票	2009.10.20	19.61	16	—	—	—	—
162212	泰达宏利红利先锋股票	2009.12.03	19.30	17	—	—	—	—
580003	东吴行业轮动股票	2008.04.23	19.05	18	42.10	148	—	—
210003	金鹰行业优势股票	2009.07.01	17.96	19	—	—	—	—
660001	农银行业成长股票	2008.08.04	17.87	20	67.21	99	—	—
420005	天弘周期策略股票	2009.12.17	17.54	21	—	—	—	—
000031	华夏复兴股票	2007.09.10	16.81	22	104.33	6	−38.44	3
270008	广发核心精选股票	2008.07.16	16.13	23	82.25	37	—	—
320007	诺安成长股票	2009.03.10	15.74	24	—	—	—	—
180012	银华富裕主题股票	2006.11.16	15.68	25	91.88	13	−50.47	43
580006	东吴新经济股票	2009.12.30	14.99	26	—	—	—	—
110011	易方达中小盘股票	2008.06.19	14.57	27	74.72	64	—	—
660004	农银策略价值股票	2009.09.29	14.50	28	—	—	—	—
260111	景顺长城公司治理股票	2008.10.22	14.25	29	47.67	144	—	—
090009	大成行业轮动股票	2009.09.08	13.85	30	—	—	—	—
020015	国泰区位优势股票	2009.05.27	13.70	31	—	—	—	—
519017	大成积极成长股票	2007.01.16	12.85	32	64.30	113	−54.32	72
460007	华泰柏瑞行业领先股票	2009.08.03	12.83	33	—	—	—	—
162204	泰达宏利精选股票	2004.07.09	12.73	34	71.09	84	−48.44	36
270021	广发聚瑞股票	2009.06.16	12.66	35	—	—	—	—

（续上表）

基金代码	基金简称	设立日期	2010年	排名	2009年	排名	2008年	排名
530006	建信核心精选股票	2008.11.25	12.51	36	75.20	63	—	—
160106	南方高增长股票(LOF)	2005.07.13	12.30	37	55.37	133	-56.07	85
519025	海富通领先成长股票	2009.04.30	12.28	38	—	—	—	—
090007	大成策略回报股票	2008.11.26	12.04	39	91.23	15	—	—
110015	易方达行业领先股票	2009.03.26	11.60	40	—	—	—	—
260104	景顺长城内需增长股票	2004.06.25	11.42	41	89.68	18	-55.13	78
420003	天弘永定价值成长股票	2008.12.02	11.16	42	31.27	154	—	—
260109	景顺长城内需贰号股票	2006.10.11	10.84	43	99.63	9	-54.92	74
450004	国富深化价值股票	2008.07.03	10.56	44	80.13	44	—	—
519069	汇添富价值精选股票	2009.01.23	10.29	45	—	—	—	—
217010	招商大盘蓝筹股票	2008.06.19	10.14	46	66.91	100	—	—
550002	信诚精萃成长股票	2006.11.27	9.78	47	73.16	77	-48.03	30
162202	泰达宏利周期股票	2003.04.25	9.51	48	71.49	83	-40.52	4
160119	南方中证500指数(LOF)	2009.09.25	9.40	49	—	—	—	—
481004	工银稳健成长股票	2006.12.06	9.37	50	62.32	118	-47.97	29
519668	银河成长股票	2008.05.26	9.23	51	73.98	70	—	—
166005	中欧价值发现股票	2009.07.24	9.06	52	—	—	—	—
070013	嘉实研究精选股票	2008.05.27	9.03	53	72.71	79	—	—
540007	汇丰晋信中小盘股票	2009.12.11	8.60	54	—	—	—	—
162711	广发中证500指数(LOF)	2009.11.26	8.52	55	—	—	—	—
530001	建信恒久价值股票	2005.12.01	8.39	56	73.26	75	-49.94	40
540006	汇丰晋信大盘股票	2009.06.24	8.20	57	—	—	—	—
160211	国泰中小盘成长股票(LOF)	2009.10.19	8.20	58	—	—	—	—
217013	招商中小盘股票	2009.12.25	8.06	59	—	—	—	—
519013	海富通风格优势股票	2006.10.19	7.86	60	87.67	23	-56.27	88
540002	汇丰晋信龙腾股票	2006.09.27	7.58	61	77.03	56	-52.88	64
410003	华富成长趋势股票	2007.03.19	7.52	62	57.22	128	-59.77	104
519068	汇添富成长焦点股票	2007.03.12	7.51	63	63.79	114	-50.85	48
100026	富国天合稳健股票	2006.11.15	7.24	64	71.05	85	-46.75	23
550008	信诚优胜精选股票	2009.08.26	7.05	65	—	—	—	—
160105	南方积极配置股票(LOF)	2004.10.14	6.98	66	53.23	136	-50.51	45
162209	泰达宏利市值优选股票	2007.08.03	6.86	67	74.58	65	-57.87	95
180010	银华优质增长股票	2006.06.09	6.83	68	84.40	28	-52.43	58
519005	海富通股票	2005.07.29	6.72	69	73.16	78	-58.77	102
460001	华泰柏瑞盛世中国股票	2005.04.27	6.62	70	56.45	131	-51.94	56

（续上表）

基金代码	基金简称	设立日期	2010年	排名	2009年	排名	2008年	排名
340007	兴全社会责任股票	2008.04.30	6.60	71	108.57	3	—	—
166006	中欧中小盘股票(LOF)	2009.12.30	6.41	72	—	—	—	—
398041	中海量化策略股票	2009.06.24	6.38	73	—	—	—	—
163805	中银策略股票	2008.04.03	6.19	74	74.55	66	—	—
519698	交银先锋股票	2009.04.10	6.15	75	—	—	—	—
519035	富国天博创新股票	2007.04.27	6.05	76	66.88	101	−51.52	52
162203	泰达宏利稳定股票	2003.04.25	5.99	77	42.03	149	−46.00	18
161810	银华内需精选股票(LOF)	2009.07.01	5.96	78	—	—	—	—
100020	富国天益价值股票	2004.06.15	5.89	79	49.73	143	−43.83	11
481001	工银核心价值股票	2005.08.31	5.67	80	57.49	127	−41.07	5
020001	国泰金鹰增长股票	2002.05.08	5.33	81	83.62	31	−46.24	21
450007	国富成长动力股票	2009.03.25	5.16	82	—	—	—	—
519018	汇添富均衡增长股票	2006.08.07	4.92	83	53.27	134	−45.57	17
450002	国富弹性市值股票	2006.06.14	4.88	84	65.43	106	−43.68	10
450003	国富潜力组合股票	2007.03.22	4.81	85	62.40	117	−46.17	20
379010	上投摩根中小盘股票	2009.01.21	4.56	86	—	—	—	—
570005	诺德成长优势股票	2009.09.22	4.56	87	—	—	—	—
530003	建信优选成长股票	2006.09.08	4.49	88	64.66	111	−55.22	79
217012	招商行业领先股票	2009.06.19	4.44	89	—	—	—	—
519039	长盛同德主题股票	2007.10.25	4.34	90	70.91	87	−48.40	35
080005	长盛量化红利股票	2009.11.25	4.17	91	—	—	—	—
162703	广发小盘成长股票(LOF)	2005.02.02	4.03	92	87.59	24	−59.25	103
340006	兴全全球视野股票	2006.09.20	3.97	93	77.08	55	−44.16	12
310368	申万菱信竞争优势股票	2008.07.04	3.70	94	70.51	89	—	—
040011	华安核心股票	2008.10.22	3.51	95	64.43	112	—	—
121008	国投瑞银成长优选股票	2008.01.10	3.43	96	83.45	33	—	—
519089	新华优选成长股票	2008.07.25	3.42	97	115.21	2	—	—
610001	信达澳银领先增长股票	2007.03.08	3.01	98	78.42	50	−55.88	84
162006	长城久富股票(LOF)	2007.02.12	2.65	99	74.35	68	−44.82	15
163803	中银增长股票	2006.03.17	2.45	100	62.42	116	−47.04	25
070017	嘉实量化阿尔法股票	2009.03.20	2.41	101	—	—	—	—
202003	南方绩优成长股票	2006.11.16	2.38	102	59.48	124	−49.47	39
050010	博时特许价值股票	2008.05.28	1.98	103	76.08	57	—	—
377020	上投摩根内需动力股票	2007.04.13	1.91	104	72.62	80	−47.00	24
040007	华安中小盘成长股票	2007.04.10	1.69	105	84.31	29	−57.68	94

（续上表）

基金代码	基金简称	设立日期	2010年	排名	2009年	排名	2008年	排名
110013	易方达科翔股票	2008.11.13	1.69	106	70.14	91	—	—
121005	国投瑞银创新动力股票	2006.11.15	1.64	107	80.52	43	−51.72	54
163503	天治核心成长股票(LOF)	2006.01.20	1.28	108	50.60	141	−57.31	93
310388	申万菱信消费增长股票	2009.06.12	1.23	109	—	—	—	—
519692	交银成长股票	2006.10.23	1.07	110	83.03	34	−45.11	16
519110	浦银安盛价值成长股票	2008.04.16	1.05	111	65.34	107	—	—
202007	南方隆元产业主题股票	2007.11.09	0.57	112	59.59	123	−57.97	96
290004	泰信优质生活股票	2006.12.15	0.54	113	65.11	109	−55.01	77
519996	长信银利精选股票	2005.01.17	0.43	114	70.59	88	−54.49	73
020010	国泰金牛创新股票	2007.05.18	0.34	115	93.28	10	−54.17	70
320005	诺安价值增长股票	2006.11.21	0.28	116	78.89	47	−56.55	90
110009	易方达价值精选股票	2006.06.13	0.20	117	63.50	115	−46.12	19
217001	招商安泰股票	2003.04.28	−0.28	118	45.33	145	−44.29	13
110019	易方达深证100ETF联接	2009.12.01	−0.50	119	—	—	—	—
161706	招商优质成长股票(LOF)	2005.11.17	−0.71	120	73.73	72	−56.20	87
162607	景顺长城资源垄断股票(LOF)	2006.01.26	−0.96	121	73.17	76	−55.38	80
260101	景顺长城优选股票	2003.10.24	−1.09	122	53.25	135	−51.92	55
270005	广发聚丰股票	2005.12.23	−1.29	123	75.64	58	−55.60	81
040005	华安宏利股票	2006.09.06	−1.30	124	75.46	60	−48.39	34
202009	南方盛元红利股票	2008.03.21	−1.39	125	61.98	119	—	—
400007	东方策略成长股票	2008.06.03	−1.66	126	67.65	97	—	—
260108	景顺长城新兴成长股票	2006.06.28	−1.70	127	35.61	150	−48.38	33
360006	光大保德信新增长股票	2006.09.14	−1.78	128	89.52	20	−56.51	89
570001	诺德价值优势股票	2007.04.19	−2.04	129	61.82	120	−56.61	91
160314	华夏行业股票(LOF)	2007.11.22	−2.40	130	78.61	49	−44.51	14
320003	诺安股票	2005.12.19	−2.68	131	69.63	93	−53.35	67
519001	银华价值优选股票	2005.09.27	−2.72	132	116.08	1	−53.15	66
040008	华安策略优选股票	2007.08.02	−2.88	133	67.60	98	−52.81	62
240011	华宝兴业大盘精选股票	2008.10.07	−3.18	134	91.29	14	—	—
360001	光大保德信量化股票	2004.08.27	−3.20	135	90.61	16	−64.75	117
519994	长信金利趋势股票	2006.04.30	−3.40	136	65.99	105	−58.68	101
620004	金元比联价值增长股票	2009.09.11	−3.43	137	—	—	—	—
050008	博时第三产业股票	2007.04.12	−3.46	138	69.37	94	−48.30	32
110029	易方达科讯股票	2007.12.18	−3.54	139	42.36	147	−41.77	6
161903	万家公用事业行业股票(LOF)	2005.07.15	−3.57	140	66.52	103	−50.42	42

（续上表）

基金代码	基金简称	设立日期	2010年	排名	2009年	排名	2008年	排名
161604	融通深证100指数	2003.09.30	−3.66	141	103.78	7	−60.61	106
121003	国投瑞银核心企业股票	2006.04.19	−3.70	142	74.47	67	−52.08	57
213008	宝盈资源优选股票	2008.04.15	−3.81	143	77.53	53	—	—
161609	融通动力先锋股票	2006.11.15	−3.84	144	49.76	142	−56.10	86
257030	国联安优势股票	2007.01.24	−3.84	145	56.08	132	−49.40	38
206002	鹏华精选成长股票	2009.09.09	−3.87	146	—	—	—	—
161610	融通领先成长股票(LOF)	2007.04.30	−3.93	147	75.41	61	−55.01	75
000061	华夏盛世股票	2009.12.11	−3.94	148	—	—	—	—
161611	融通内需驱动股票	2009.04.22	−4.06	149	—	—	—	—
519115	浦银安盛红利精选股票	2009.12.03	−4.57	150	—	—	—	—
360005	光大保德信红利股票	2006.03.24	−4.82	151	83.01	35	−58.10	97
360010	光大保德信均衡精选股票	2009.03.04	−4.91	152	—	—	—	—
310328	申万菱信新动力股票	2005.11.10	−4.97	153	65.17	108	−58.63	100
240004	华宝兴业动力组合股票	2005.11.17	−5.46	154	73.56	73	−47.54	27
257050	国联安主题驱动股票	2009.08.26	−5.64	155	—	—	—	—
202017	南方深证成份ETF联接	2009.12.09	−5.79	156	—	—	—	—
450008	国富沪深300指数增强	2009.09.03	−5.89	157	—	—	—	—
481006	工银红利股票	2007.07.18	−5.90	158	70.30	90	−47.49	26
400011	东方核心动力股票	2009.06.24	−6.35	159	—	—	—	—
050009	博时新兴成长股票	2007.07.06	−6.39	160	74.32	69	−50.49	44
377010	上投摩根阿尔法股票	2005.10.11	−6.51	161	57.57	125	−46.62	22
202005	南方成份精选股票	2007.05.14	−6.56	162	53.18	137	−52.84	63
160611	鹏华优质治理股票(LOF)	2007.04.25	−6.57	163	75.48	59	−53.07	65
257020	国联安精选股票	2005.12.28	−6.62	164	80.94	40	−58.10	98
040002	华安中国A股增强指数	2002.11.08	−6.65	165	85.11	25	−62.45	108
519987	长信恒利优势股票	2009.07.30	−6.75	166	—	—	—	—
288002	华夏收入股票	2005.11.17	−6.83	167	78.76	48	−43.27	7
519993	长信增利动态策略股票	2006.11.09	−6.84	168	42.98	146	−52.72	61
590001	中邮核心优选股票	2006.09.28	−7.06	169	105.09	5	−61.62	107
160613	鹏华盛世创新股票(LOF)	2008.10.10	−7.38	170	70.14	92	—	—
050004	博时精选股票	2004.06.22	−7.42	171	61.38	121	−51.66	53
360007	光大保德信优势配置股票	2007.08.24	−7.46	172	79.32	46	−55.63	82
200006	长城消费增值股票	2006.04.06	−8.05	173	87.94	22	−51.07	50
519185	万家精选股票	2009.05.18	−8.20	174	—	—	—	—
100038	富国沪深300指数增强	2009.12.16	−9.00	175	—	—	—	—

（续上表）

基金代码	基金简称	设立日期	2010年	排名	2009年	排名	2008年	排名
240010	华宝兴业行业精选股票	2007.06.14	−9.04	176	81.48	38	−54.20	71
100032	富国天鼎中证指数增强	2008.11.20	−9.06	177	67.83	96	—	—
240005	华宝兴业多策略股票	2004.05.11	−9.22	178	67.85	95	−37.79	2
200010	长城双动力股票	2009.01.15	−9.24	179	—	—	—	—
180013	银华领先策略股票	2008.08.20	−9.31	180	102.71	8	—	—
519694	交银蓝筹股票	2007.08.08	−9.78	181	71.61	81	−50.01	41
378010	上投摩根成长先锋股票	2006.09.20	−9.84	182	51.09	140	−50.81	47
481008	工银大盘蓝筹股票	2008.08.04	−10.28	183	73.38	74	—	—
162208	泰达宏利首选企业股票	2006.12.01	−10.35	184	79.68	45	−55.84	83
160505	博时主题行业股票(LOF)	2005.01.06	−10.61	185	71.51	82	−48.14	31
162605	景顺长城鼎益股票(LOF)	2005.03.16	−10.85	186	57.50	126	−50.74	46
590002	中邮核心成长股票	2007.08.17	−10.90	187	77.80	52	−60.31	105
200002	长城久泰中信标普300指数	2004.05.21	−11.05	188	92.40	11	−63.44	112
257040	国联安红利股票	2008.10.22	−11.23	189	56.70	130	—	—
160706	嘉实沪深300指数(LOF)	2005.08.29	−11.45	190	91.97	12	−64.36	116
000051	华夏沪深300指数	2009.07.10	−11.52	191	—	—	—	—
020011	国泰沪深300指数	2007.11.11	−11.67	192	89.60	19	−62.61	109
481009	工银沪深300指数股票	2009.03.05	−11.79	193	—	—	—	—
110020	易方达沪深300指数	2009.08.26	−11.85	194	—	—	—	—
161811	银华沪深300指数(LOF)	2009.10.14	−11.85	195	—	—	—	—
050002	博时沪深300指数	2003.08.26	−11.98	196	88.61	21	−63.88	113
161207	国投瑞银沪深300指数分级	2009.10.14	−12.14	197	—	—	—	—
165309	建信沪深300指数(LOF)	2009.11.05	−12.28	198	—	—	—	—
270010	广发沪深300指数	2008.12.30	−12.30	199	85.05	26	—	—
202015	南方沪深300指数	2009.03.25	−12.31	200	—	—	—	—
160615	鹏华沪深300指数(LOF)	2009.04.03	−12.63	201	—	—	—	—
519300	大成沪深300指数	2006.04.06	−12.67	202	90.08	17	−64.77	118
213003	宝盈策略增长股票	2007.01.19	−12.96	203	66.06	104	−51.01	49
160607	鹏华价值优势股票(LOF)	2006.07.18	−13.43	204	80.78	41	−52.53	59
260110	景顺长城精选蓝筹股票	2007.06.18	−13.80	205	65.02	110	−52.66	60
519688	交银精选股票	2005.09.29	−14.24	206	78.17	51	−48.87	37
470007	汇添富上证综合指数	2009.07.01	−14.37	207	—	—	—	—
040180	华安上证180ETF联接	2009.09.29	−14.43	208	—	—	—	—
240009	华宝兴业先进成长股票	2006.11.07	−14.51	209	80.68	42	−51.21	51
519180	万家180指数	2003.03.17	−15.65	210	83.81	30	−63.32	111

（续上表）

基金代码	基金简称	设立日期	2010年	排名	2009年	排名	2008年	排名
519671	银河沪深300价值指数	2009.12.28	−15.98	211	—	—	—	—
166001	中欧新趋势股票(LOF)	2007.01.29	−16.27	212	60.41	122	−58.61	99
519686	交银上证180公司治理ETF联接	2009.09.29	−16.95	213	—	—	—	—
410008	华富中证100指数	2009.12.30	−17.04	214	—	—	—	—
200008	长城品牌优选股票	2007.08.06	−17.34	215	73.94	71	−55.01	76
519100	长盛中证100指数	2006.11.22	−17.70	216	83.53	32	−62.78	110
163808	中银中证100指数增强	2009.09.04	−17.79	217	—	—	—	—
180003	银华-道琼斯88指数	2004.08.11	−18.01	218	82.46	36	−54.02	68
162307	海富通中证100指数(LOF)	2009.10.30	−18.24	219	—	—	—	—
161607	融通巨潮100指数(LOF)	2005.05.12	−18.39	220	84.92	27	−63.96	115
320010	诺安中证100指数	2009.10.27	−18.48	221	—	—	—	—
240014	华宝兴业中证100指数	2009.09.29	−19.00	222	—	—	—	—
110003	易方达上证50指数	2004.03.22	−19.18	223	77.36	54	−63.94	114
213002	宝盈泛沿海增长股票	2005.03.08	−24.04	224	35.43	151	−54.07	69
050013	博时上证超大盘ETF联接	2009.12.29	−24.10	225	—	—	—	—
160716	嘉实基本面50指数(LOF)	2009.12.30	−26.11	226	—	—	—	—

说明：仅对完整运作一年以上的基金进行统计，当年新成立的基金不在统计范围之内。

表2-20 近三年开放式(混合型)基金年度收益率排名

(单位：%)

基金代码	基金简称	设立日期	2010年	排名	2009年	排名	2008年	排名
002031	华夏策略混合	2008.10.23	29.50	1	84.30	13	—	—
070002	嘉实增长混合	2003.07.09	24.87	2	60.33	61	-39.36	20
630005	华商动态阿尔法混合	2009.11.24	24.64	3	—	—	—	—
000011	华夏大盘精选混合	2004.08.11	24.24	4	116.19	1	-34.88	11
580005	东吴进取策略混合	2009.05.06	21.24	5	—	—	—	—
070011	嘉实策略混合	2006.12.12	19.91	6	72.69	32	-51.32	78
161005	富国天惠成长混合(LOF)	2005.11.16	19.37	7	75.80	24	-47.34	54
070010	嘉实主题混合	2006.07.21	19.11	8	82.49	15	-52.49	85
163302	大摩资源优选混合(LOF)	2005.09.27	18.51	9	76.75	22	-47.62	56
150103	银河银泰混合	2004.03.30	18.51	10	51.60	81	-45.57	45
162102	金鹰中小盘精选混合	2004.05.27	18.47	11	80.48	18	-35.03	13
270006	广发策略优选混合	2006.05.17	18.37	12	70.75	35	-53.27	90
350002	天治品质优选混合	2005.01.12	18.36	13	58.62	65	-50.86	76
100016	富国天源平衡混合	2002.08.16	18.08	14	49.66	89	-43.74	35
580001	东吴嘉禾优势精选混合	2005.02.01	17.88	15	39.00	115	-46.85	51
070006	嘉实服务增值行业混合	2004.04.01	17.87	16	77.01	21	-47.30	53
590003	中邮核心优势灵活配置混合	2009.10.28	17.78	17	—	—	—	—
398001	中海优质成长混合	2004.09.28	17.65	18	57.49	67	-44.70	39
630001	华商领先企业混合	2007.05.15	17.62	19	88.43	8	-59.54	114
110012	易方达科汇灵活配置混合	2008.10.09	16.83	20	73.39	30	—	—
162207	泰达宏利效率优选混合(LOF)	2006.05.12	16.27	21	44.58	103	-46.19	49
320006	诺安灵活配置混合	2008.05.20	16.02	22	73.72	29	—	—
080001	长盛成长价值混合	2002.09.18	15.41	23	52.52	78	-45.86	46
100029	富国天成红利混合	2008.05.28	14.52	24	70.42	36	—	—
550001	信诚四季红混合	2006.04.29	14.45	25	61.03	58	-44.41	38
340008	兴全有机增长混合	2009.03.25	14.42	26	—	—	—	—
121006	国投瑞银稳健增长混合	2008.06.11	14.39	27	55.18	72	—	—
163801	中银中国混合(LOF)	2005.01.04	12.89	28	73.73	28	-39.79	21
360011	光大保德信动态优选混合	2009.10.28	12.63	29	—	—	—	—
090006	大成2020生命周期混合	2006.09.13	12.57	30	67.51	43	-56.52	104
540003	汇丰晋信动态策略混合	2007.04.09	12.54	31	62.55	49	-47.81	58
163804	中银收益混合	2006.10.11	12.37	32	52.97	77	-43.17	34
162211	泰达宏利品质生活混合	2009.04.09	12.37	33	—	—	—	—
519007	海富通强化回报混合	2006.05.25	12.32	34	45.87	99	-52.27	84

（续上表）

基金代码	基金简称	设立日期	2010年	排名	2009年	排名	2008年	排名
660003	农银平衡双利混合	2009.04.08	11.81	35	—	—	—	—
200011	长城景气行业龙头混合	2009.06.30	11.53	36	—	—	—	—
160603	鹏华普天收益混合	2003.07.12	11.37	37	69.02	39	−51.75	82
070018	嘉实回报混合	2009.08.18	11.25	38	—	—	—	—
290005	泰信优势增长混合	2008.06.25	10.90	39	39.47	113	—	—
206001	鹏华行业成长混合	2002.05.24	10.78	40	56.74	69	−39.11	18
080002	长盛创新先锋混合	2008.06.04	10.57	41	59.87	63	—	—
350007	天治趋势精选混合	2009.07.15	10.44	42	—	—	—	—
519021	国泰金鼎价值混合	2007.04.11	10.11	43	84.39	12	−53.83	96
020003	国泰金龙行业混合	2003.12.05	10.00	44	72.69	31	−50.06	73
200007	长城安心回报混合	2006.08.22	9.99	45	61.32	55	−58.90	112
210002	金鹰红利价值混合	2008.12.04	8.93	46	48.77	94	—	—
310308	申万菱信盛利精选混合	2004.04.09	8.72	47	62.12	51	−48.20	62
519011	海富通精选混合	2003.08.22	8.72	48	56.02	70	−46.61	50
398031	中海蓝筹混合	2008.12.03	8.64	49	34.37	123	—	—
610002	信达澳银精华配置混合	2008.07.30	8.43	50	53.59	75	—	—
519066	汇添富蓝筹稳健混合	2008.07.08	8.15	51	54.16	74	—	—
519008	汇添富优势精选混合	2005.08.25	8.05	52	52.07	79	−46.13	48
519113	浦银安盛精致生活混合	2009.06.04	7.89	53	—	—	—	—
340001	兴全可转债混合	2004.05.11	7.65	54	35.21	121	−19.65	4
519003	海富通收益增长混合	2004.03.12	7.54	55	52.04	80	−52.00	83
040004	华安宝利配置混合	2004.08.24	7.53	56	60.64	59	−38.20	16
571002	诺德灵活配置混合	2008.11.05	7.06	57	24.17	128	—	—
460002	华泰柏瑞积极成长混合	2007.05.29	7.03	58	43.16	106	−43.14	33
090001	大成价值增长混合	2002.11.11	6.95	59	67.96	42	−49.65	70
420001	天弘精选混合	2005.10.08	6.85	60	34.85	122	−50.30	74
151001	银河稳健混合	2003.08.04	6.77	61	60.32	62	−42.22	27
270002	广发稳健增长混合	2004.07.26	6.58	62	68.90	40	−51.68	81
350001	天治财富增长混合	2004.06.29	6.49	63	18.00	131	−35.98	14
510081	长盛动态精选混合	2004.05.21	6.02	64	81.13	16	−57.57	109
410006	华富策略精选混合	2008.12.24	5.93	65	21.07	130	—	—
090003	大成蓝筹稳健混合	2004.06.03	5.78	66	71.23	33	−58.55	111
110005	易方达积极成长混合	2004.09.09	5.32	67	63.29	47	−45.86	47
519015	海富通精选贰号混合	2007.04.09	5.26	68	44.65	100	−42.36	29
040001	华安创新混合	2001.09.21	5.04	69	43.20	105	−45.44	43

（续上表）

基金代码	基金简称	设立日期	2010年	排名	2009年	排名	2008年	排名
450001	国富中国收益混合	2005.06.01	5.00	70	53.38	76	−41.58	25
040015	华安动态灵活配置混合	2009.12.22	4.89	71	—	—	—	—
620001	金元比联宝石动力混合	2007.08.15	4.88	72	1.56	134	−3.07	1
288001	华夏经典混合	2004.03.15	4.81	73	63.14	48	−42.27	28
373020	上投摩根双核平衡混合	2008.05.21	4.69	74	42.03	109	—	—
160910	大成创新成长混合	2007.06.12	4.44	75	68.75	41	−57.77	110
002021	华夏回报二号混合	2006.08.14	4.38	76	38.59	117	−31.47	10
210001	金鹰成份优选混合	2003.06.16	4.36	77	62.19	50	−51.43	79
163807	中银优选混合	2009.04.03	4.36	78	—	—	—	—
002001	华夏回报混合	2003.09.05	4.33	79	37.15	119	−24.52	5
180001	银华优势企业混合	2002.11.13	4.11	80	50.62	86	−45.47	44
166002	中欧新蓝筹混合	2008.07.25	4.05	81	54.17	73	—	—
257010	国联安小盘精选混合	2004.04.12	3.98	82	47.16	97	−47.99	59
398011	中海分红增利混合	2005.06.16	3.83	83	66.98	45	−53.60	92
519029	华夏稳增混合	2006.08.09	3.76	84	49.08	92	−51.49	80
270007	广发大盘成长混合	2007.06.13	3.66	85	70.93	34	−54.63	100
160605	鹏华中国50混合	2004.05.12	3.58	86	73.87	26	−48.86	66
000001	华夏成长混合	2001.12.18	3.56	87	67.37	44	−44.02	37
121002	国投瑞银景气行业混合	2004.04.29	3.26	88	57.61	66	−39.33	19
540001	汇丰晋信2016周期混合	2006.05.23	2.95	89	22.25	129	−25.16	6
110010	易方达价值成长混合	2007.04.02	2.94	90	102.90	2	−53.62	93
002011	华夏红利混合	2005.06.30	2.92	91	79.33	19	−38.59	17
050007	博时平衡配置混合	2006.05.31	2.76	92	51.50	82	−26.32	7
400001	东方龙混合	2004.11.25	2.30	93	40.12	112	−57.21	107
180018	银华和谐主题混合	2009.04.27	2.08	94	—	—	—	—
090004	大成精选增值混合	2004.12.15	1.79	95	75.92	23	−52.50	86
070001	嘉实成长收益混合	2002.11.05	1.29	96	45.99	98	−41.23	24
560003	益民创新优势混合	2007.07.11	1.20	97	73.85	27	−56.83	105
213001	宝盈鸿利收益混合	2002.10.08	1.11	98	9.37	133	−47.47	55
398021	中海能源策略混合	2007.03.13	0.49	99	61.42	54	−49.30	67
160805	长盛同智优势混合(LOF)	2007.01.05	0.47	100	57.15	68	−50.01	72
217002	招商安泰平衡混合	2003.04.28	−0.32	101	28.92	125	−27.26	9
540004	汇丰晋信2026周期混合	2008.07.23	−0.69	102	69.80	37	—	—
240001	华宝兴业宝康消费品混合	2003.07.15	−0.70	103	83.29	14	−41.78	26
233001	大摩基础行业混合	2004.03.26	−0.89	104	39.04	114	−66.42	115

（续上表）

基金代码	基金简称	设立日期	2010年	排名	2009年	排名	2008年	排名
217009	招商核心价值混合	2007.03.30	−0.91	105	51.07	84	−54.52	99
270001	广发聚富混合	2003.12.03	−0.94	106	59.48	64	−49.50	68
400003	东方精选混合	2006.01.11	−0.99	107	100.81	3	−56.87	106
050012	博时策略混合	2009.08.11	−1.01	108	—	—	—	—
160311	华夏蓝筹混合(LOF)	2007.04.24	−1.07	109	61.16	57	−42.85	31
161601	融通新蓝筹混合	2002.09.13	−1.25	110	48.92	93	−44.85	41
217005	招商先锋混合	2004.06.01	−1.39	111	42.16	107	−47.16	52
519091	新华泛资源优势混合	2009.07.13	−2.14	112	—	—	—	—
519087	新华优选分红混合	2005.09.16	−2.18	113	99.73	4	−55.96	102
483003	工银精选平衡混合	2006.07.13	−2.41	114	50.53	88	−48.38	63
373010	上投摩根双息平衡混合	2006.04.26	−2.53	115	38.75	116	−40.45	22
310318	申万菱信盛利强化配置混合	2004.11.29	−2.67	116	11.00	132	−8.80	2
163402	兴全趋势混合(LOF)	2005.11.03	−2.77	117	69.32	38	−40.68	23
530005	建信优化配置混合	2007.03.01	−2.89	118	75.08	25	−53.43	91
519183	万家双引擎灵活配置混合	2008.06.27	−2.98	119	49.35	90	—	—
020009	国泰金鹏蓝筹混合	2006.09.29	−3.03	120	87.25	9	−52.69	87
110001	易方达平稳增长混合	2002.08.23	−3.32	121	27.95	127	−36.74	15
112002	易方达策略成长二号混合	2006.08.16	−3.39	122	61.18	56	−47.77	57
320001	诺安平衡混合	2004.05.21	−3.41	123	51.04	85	−42.75	30
375010	上投摩根中国优势混合	2004.09.15	−3.47	124	80.80	17	−57.24	108
160610	鹏华动力增长混合(LOF)	2007.01.09	−3.51	125	79.24	20	−54.40	98
519690	交银稳健配置混合	2006.06.14	−3.73	126	85.46	10	−42.93	32
110002	易方达策略成长混合	2003.12.09	−3.99	127	62.06	52	−48.17	61
310358	申万菱信新经济混合	2006.12.06	−4.10	128	65.41	46	−54.24	97
519991	长信双利优选混合	2008.06.19	−4.15	129	43.94	104	—	—
290002	泰信先行策略混合	2004.06.28	−4.44	130	44.62	101	−48.15	60
020005	国泰金马稳健混合	2004.06.18	−4.71	131	84.41	11	−53.79	95
162205	泰达宏利风险预算混合	2005.04.05	−4.73	132	36.27	120	−14.74	3
213006	宝盈核心优势混合	2009.03.17	−5.19	133	—	—	—	—
202002	南方稳健成长贰号混合	2006.07.25	−5.45	134	41.82	110	−52.99	89
519181	万家和谐增长混合	2006.11.30	−5.52	135	48.47	95	−56.09	103
070003	嘉实稳健混合	2003.07.09	−5.54	136	42.07	108	−51.26	77
050001	博时价值增长混合	2002.10.09	−5.56	137	55.45	71	−48.70	65
161606	融通行业景气混合	2004.04.29	−5.68	138	91.30	7	−59.44	113
410001	华富竞争力优选混合	2005.03.02	−5.75	139	47.79	96	−54.70	101

（续上表）

基金代码	基金简称	设立日期	2010年	排名	2009年	排名	2008年	排名
161605	融通蓝筹成长混合	2003.09.30	-6.01	140	50.59	87	-49.60	69
200001	长城久恒平衡混合	2003.10.31	-6.25	141	37.83	118	-34.96	12
240008	华宝兴业收益增长混合	2006.06.15	-6.40	142	91.39	6	-53.69	94
620002	金元比联成长动力混合	2008.09.03	-6.47	143	33.65	124	—	—
255010	国联安稳健混合	2003.08.08	-6.84	144	51.40	83	-44.86	42
690001	民生加银品牌蓝筹混合	2009.03.27	-6.88	145	—	—	—	—
240002	华宝兴业宝康配置混合	2003.07.15	-7.13	146	60.45	60	-44.78	40
202001	南方稳健成长混合	2001.09.28	-7.25	147	44.61	102	-52.94	88
260103	景顺长城动力平衡混合	2003.10.24	-7.25	148	41.27	111	-43.74	36
410007	华富价值增长混合	2009.07.15	-7.33	149	—	—	—	—
050201	博时价值增长贰号混合	2006.09.27	-8.55	150	61.59	53	-50.35	75
100022	富国天瑞强势混合	2005.04.05	-9.22	151	99.16	5	-48.47	64
560002	益民红利成长混合	2006.11.21	-14.28	152	49.25	91	-49.98	71
253010	国联安安心成长混合	2005.07.13	-20.77	153	28.87	126	-27.06	8

说明：仅对完整运作一年以上的基金进行统计，当年新成立的基金不在统计范围之内。

表2-21 近三年开放式(混合型，保本)基金年度收益率排名

（单位：%）

基金代码	基金简称	设立日期	2010年	排名	2009年	排名	2008年	排名
202211	南方恒元保本混合	2008.11.12	12.28	1	13.47	2	1.80	1
202202	南方避险增值混合	2003.06.27	5.54	2	12.44	3	-20.38	3
519697	交银保本混合	2009.01.21	4.33	3	—	—	—	—
180002	银华保本增值混合	2004.03.02	-0.02	4	21.42	1	-5.66	2
020018	国泰金鹿保本混合	2008.06.12	-1.39	5	5.06	4	—	—

说明：原金元比联宝石动力保本混合于2010年10月1日转型为混合型基金，在此不作排名。
仅对完整运作一年以上的基金进行统计，当年新成立的基金不在统计范围之内。

表2-22 近三年开放式(债券型)基金年度收益率排名

（单位：%）

基金代码	基金简称	设立日期	2010年	排名	2009年	排名	2008年	排名
080003	长盛积极配置债券	2008.10.08	15.54	1	7.65	21	—	—
410004	华富收益增强债券A	2008.05.28	14.74	2	11.90	5	—	—
100035	富国优化增强债券A/B级	2009.06.10	14.65	3	—	—	—	—
410005	华富收益增强债券B	2008.05.28	14.26	4	11.43	6	—	—
100037	富国优化增强债券C级	2009.06.10	14.07	5	—	—	—	—
310378	申万菱信添益宝债券A	2008.12.04	13.63	6	1.79	67	—	—
310379	申万菱信添益宝债券B	2008.12.04	13.18	7	1.49	72	—	—
630003	华商收益增强债券A	2009.01.23	13.04	8	—	—	—	—
253020	国联安增利债券A	2009.03.11	12.84	9	—	—	—	—
630103	华商收益增强债券B	2009.01.23	12.57	10	—	—	—	—
110017	易方达增强回报债券A	2008.03.19	12.35	11	7.36	24	—	—
253021	国联安增利债券B	2009.03.11	12.34	12	—	—	—	—
213007	宝盈增强收益债券A/B	2008.05.15	12.06	13	9.49	11	—	—
110018	易方达增强回报债券B	2008.03.19	11.87	14	7.02	25	—	—
213917	宝盈增强收益债券C	2008.10.20	11.62	15	9.07	12	—	—
660002	农银恒久增利债券A	2008.12.23	11.55	16	2.37	55	—	—
400009	东方稳健回报债券	2008.12.10	11.04	17	−1.69	88	—	—
519989	长信利丰债券	2008.12.29	10.81	18	3.74	47	—	—
320004	诺安优化收益债券	2007.08.29	10.79	19	2.95	52	2.57	27
233005	大摩强收益债券	2009.12.29	10.36	20	—	—	—	—
070015	嘉实多元债券A	2008.09.10	10.29	21	10.22	8	—	—
050106	博时稳定价值债券A	2007.09.06	10.21	22	−0.54	85	11.16	5
530008	建信稳定增利债券	2008.06.25	10.03	23	8.95	13	—	—
070016	嘉实多元债券B	2008.09.10	9.93	24	9.82	9	—	—
690002	民生加银增强收益债券A	2009.07.21	9.83	25	—		—	—
050006	博时稳定价值债券B	2005.08.24	9.82	26	−0.90	86	10.79	8
217008	招商安本增利债券	2006.07.11	9.71	27	6.74	27	−0.31	29
530009	建信增强债券A	2009.06.02	9.67	28	—	—	—	—
690202	民生加银增强收益债券C	2009.07.21	9.46	29	—	—	—	—
519186	万家稳增债券A	2009.08.12	9.32	30	—	—	—	—
121009	国投瑞银稳定增利债券	2008.01.11	9.23	31	4.12	43	—	—
050011	博时信用债券A/B	2009.06.10	9.22	32	—	—	—	—
531009	建信增强债券C	2009.06.02	9.21	33	—	—	—	—
360008	光大保德信增利收益债券A	2008.10.29	9.11	34	1.86	63	—	—

（续上表）

基金代码	基金简称	设立日期	2010年	排名	2009年	排名	2008年	排名
020019	国泰双利债券A	2009.03.11	9.05	35	—	—	—	—
163806	中银增利债券	2008.11.13	9.04	36	4.25	42	—	—
110008	易方达稳健收益B债券	2008.01.29	8.92	37	4.90	36	—	—
519187	万家稳增债券C	2009.08.12	8.91	38	—	—	—	—
217011	招商安心收益债券	2008.10.22	8.85	39	8.34	18	—	—
166003	中欧稳健收益债券A	2009.04.24	8.81	40	—	—	—	—
040009	华安稳定收益A	2008.04.30	8.73	41	3.79	46	—	—
050111	博时信用债券C	2009.06.10	8.73	42	—	—	—	—
360009	光大保德信增利收益债券C	2008.10.29	8.62	43	1.57	70	—	—
110007	易方达稳健收益A债券	2008.01.29	8.59	44	4.58	38	—	—
395001	中海稳健收益债券	2008.04.10	8.54	45	6.56	28	—	—
550006	信诚经典优债债券A	2009.03.11	8.52	46	—	—	—	—
610003	信达澳银稳定价值债券A	2009.04.08	8.52	47	—	—	—	—
020002	国泰金龙债券A	2003.12.05	8.48	48	2.41	54	11.61	2
020020	国泰双利债券C	2009.03.11	8.43	49	—	—	—	—
485105	工银增强收益债券A	2007.05.11	8.42	50	3.95	45	9.85	10
040010	华安稳定收益B	2008.04.30	8.35	51	3.33	51	—	—
166004	中欧稳健收益债券C	2009.04.24	8.35	52	—	—	—	—
610103	信达澳银稳定价值债券B	2009.04.08	8.06	53	—	—	—	—
020012	国泰金龙债券C	2008.06.05	8.00	54	1.93	61	11.41	4
100018	富国天利增长债券	2003.12.02	7.99	55	8.94	15	3.65	25
485005	工银增强收益债券B	2007.05.11	7.97	56	3.52	48	9.39	11
550007	信诚经典优债债券B	2009.03.11	7.96	57	—	—	—	—
550004	信诚三得益债券A	2008.09.27	7.79	58	2.24	56	—	—
550005	信诚三得益债券B	2008.09.27	7.35	59	1.56	71	—	—
519078	汇添富增强收益债券A	2008.03.06	7.14	60	1.83	65	—	—
121001	国投瑞银融华债券	2003.04.16	7.12	61	42.73	1	−23.63	33
485107	工银添利A	2008.04.14	7.09	62	8.10	19	—	—
070005	嘉实债券	2003.07.09	7.05	63	4.03	44	0.41	28
470078	汇添富增强收益债券C	2008.03.06	6.77	64	—	—	—	—
290007	泰信债券增强收益A	2009.07.29	6.69	65	—	—	—	—
485007	工银添利B	2008.04.14	6.67	66	7.64	22	—	—
288102	中信稳定双利债券	2006.07.20	6.59	67	7.64	23	12.72	1
090002	大成债券A/B	2003.06.12	6.56	68	2.72	53	11.10	7
519024	海富通稳健添利债券A	2008.10.24	6.45	69	4.26	41	—	—

（续上表）

基金代码	基金简称	设立日期	2010年	排名	2009年	排名	2008年	排名
270009	广发增强债券	2008.03.27	6.37	70	1.78	68	—	—
291007	泰信债券增强收益C	2009.07.29	6.29	71	—	—	—	—
519023	海富通稳健添利债券C	2008.10.24	6.26	72	4.56	39	—	—
320008	诺安增利债券A	2009.05.27	6.25	73	—		—	—
092002	大成债券C	2006.04.24	6.19	74	2.24	57	10.56	9
151002	银河收益债券	2003.08.04	6.14	75	9.72	10	−6.00	31
160602	鹏华普天债券A	2003.07.12	5.97	76	4.33	40	7.24	18
040012	华安强化收益债券A	2009.04.13	5.84	77	—	—	—	—
090008	大成强化收益债券	2008.08.06	5.82	78	10.56	7	—	—
001001/2	华夏债券A/B	2002.10.23	5.81	79	2.19	59	11.52	3
290003	泰信双息双利债券	2007.10.31	5.78	80	5.05	35	7.11	19
320009	诺安增利债券B	2009.05.27	5.76	81	—	—	—	—
519680/81	交银增利债券A/B	2008.03.31	5.57	82	6.97	26	—	—
001003	华夏债券C	2006.04.03	5.52	83	1.85	64	11.13	6
040013	华安强化收益债券B	2009.04.13	5.46	84	—	—	—	—
160608	鹏华普天债券B	2006.05.15	5.45	85	3.51	49	6.32	20
420102	天弘永利债券B	2008.04.18	5.44	86	1.01	74	—	—
217003	招商安泰债券A	2003.04.28	5.41	87	1.92	62	8.27	15
519682	交银增利债券C	2008.03.31	5.11	88	6.50	29	—	—
420002	天弘永利债券A	2008.04.18	5.00	89	0.57	77	—	—
202101	南方宝元债券	2002.09.20	4.91	90	18.34	2	−16.72	32
217203	招商安泰债券B	2006.04.12	4.86	91	1.45	73	7.76	17
519111	浦银安盛优化收益债券A	2008.12.30	4.79	92	0.40	79	—	—
510080	长盛全债指数增强债券	2003.10.25	4.63	93	7.79	20	−2.08	30
202103	南方多利增强债券A	2007.08.28	4.45	94	4.66	37	—	—
519112	浦银安盛优化收益债券C	2008.12.30	4.19	95	0.50	78	—	—
200009	长城稳健增利债券	2008.08.27	4.16	96	5.56	34	—	—
573003	诺德增强收益债券	2009.03.04	4.14	97	—	—	—	—
202102	南方多利增强债券C	2007.08.28	4.11	98	3.42	50	3.37	26
450005	国富强化收益债券A	2008.10.24	3.95	99	2.23	58	—	—
162210	泰达宏利集利债券A	2008.09.26	3.94	100	0.31	80	—	—
450006	国富强化收益债券C	2008.10.24	3.84	101	2.02	60	—	—
240003	华宝兴业宝康债券	2003.07.15	3.62	102	1.81	66	4.75	24
582001	东吴优信稳健债券A	2008.11.05	3.58	103	0.27	82	—	—
001011	华夏希望债券A	2008.03.10	3.49	104	8.94	14	—	—

（续上表）

基金代码	基金简称	设立日期	2010年	排名	2009年	排名	2008年	排名
162299	泰达宏利集利债券C	2008.09.26	3.47	105	-0.13	84	—	—
340009	兴全磐稳增利债券	2009.07.23	3.20	106	—	—	—	—
620003	金元比联丰利债券	2009.03.23	3.19	107	—	—	—	—
001013	华夏希望债券C	2008.03.10	3.15	108	8.58	16	—	—
582201	东吴优信稳健债券C	2008.11.05	3.14	109	0.28	81	—	—
160612	鹏华丰收债券	2008.05.28	3.12	110	12.18	4	—	—
180015	银华增强收益债券	2008.12.03	2.83	111	18.12	3	—	—
560005	益民多利债券	2008.05.21	2.60	112	0.01	83	—	—
350006	天治稳健双盈债券	2008.11.05	2.52	113	0.77	75	—	—
371020	上投摩根纯债债券A	2009.06.24	2.37	114	—	—	—	—
161902	万家增强收益债券	2004.09.28	2.32	115	8.50	17	7.86	16
161603	融通债券	2003.09.30	2.26	116	1.75	69	9.22	13
519667	银河银信添利债券A	2007.03.14	2.13	117	6.34	30	6.27	21
371120	上投摩根纯债债券B	2009.06.24	1.98	118	—	—	—	—
660102	农银恒久增利债券C	2008.12.23	1.71	119	—	—	—	—
519666	银河银信添利债券B	2007.03.14	1.68	120	5.87	32	6.04	22
070009	嘉实超短债债券	2006.04.26	1.57	121	0.65	76	5.41	23
519519	华泰柏瑞稳本增利债券A	2006.04.13	1.52	122	5.98	31	9.37	12
460003	华泰柏瑞稳本增利债券B	2007.12.03	1.22	123	5.64	33	9.06	14
240012	华宝兴业增强收益债券A	2009.02.17	0.51	124	—	—	—	—
240013	华宝兴业增强收益债券B	2009.02.17	0.11	125	—	—	—	—
540005	汇丰晋信平稳增利债券	2008.12.03	0.02	126	-1.47	87	—	—

说明：仅对完整运作一年以上的基金进行统计，当年新成立的基金不在统计范围之内。

表2-23　近三年开放式(货币市场)基金年度收益率排名

（单位：%）

基金代码	基金简称	设立日期	2010年	排名	2009年	排名	2008年	排名
180009	银华货币B	2005.01.31	2.4846	1	1.3313	35	3.1404	41
202302	南方现金增利货币B	2009.07.23	2.3907	2	—	—	—	—
519508	万家货币	2006.05.24	2.2958	3	1.7029	9	4.2845	5
350004	天治天得利货币	2006.07.05	2.2722	4	1.6628	12	3.3773	32
180008	银华货币A	2005.01.31	2.2398	5	1.0870	44	2.8949	47
410002	华富货币	2006.06.21	2.2317	6	1.6279	16	3.8805	13
003003	华夏现金增利货币	2004.04.07	2.2010	7	1.7616	6	4.0683	9
202301	南方现金增利货币A	2004.03.05	2.1458	8	1.7435	7	3.9326	12
519506	海富通货币B	2006.08.01	2.1453	9	1.8551	3	4.3553	3
050003	博时现金收益货币	2004.01.16	2.1400	10	1.6750	10	4.2949	4
288101	中信现金优势货币	2005.04.20	2.1344	11	2.1526	1	4.6792	1
163802	中银货币	2005.06.07	2.1223	12	1.4994	26	3.8426	15
163303	大摩货币	2006.08.17	2.1076	13	1.8123	5	3.0089	44
041003	华安现金富利B	2009.12.23	2.1059	14	—	—	—	—
217014	招商现金增值货币B	2009.12.01	2.0731	15	—	—	—	—
200003	长城货币	2005.05.30	2.0594	16	0.8435	50	3.5389	21
091005	大成货币B	2005.06.03	2.0525	17	1.5599	21	3.9814	10
519999	长信利息收益货币A	2004.03.19	2.05	18	1.62	17	4.28	6
160609	鹏华货币B级	2005.04.12	2.0367	19	1.7144	8	3.4477	27
270014	广发货币B	2009.04.20	2.0347	20	—	—	—	—
080011	长盛货币	2005.12.12	2.0201	21	1.6506	13	3.4322	29
128011	国投瑞银货币B	2009.01.19	2.0099	22	—	—	—	—
070008	嘉实货币	2005.03.18	1.9870	23	1.3683	31	4.3646	2
110016	易方达货币B	2006.07.19	1.9418	24	2.0997	2	3.8006	16
519517	汇添富货币B	2007.05.22	1.91	25	1.55	22	3.52	22
100028	富国天时货币B级	2006.06.05	1.9021	26	1.6663	11	3.0253	43
519505	海富通货币A	2005.01.04	1.9003	27	1.6104	19	4.1075	7
240007	华宝兴业现金宝B	2005.03.31	1.9003	28	1.4096	30	3.3805	31
161608	融通易支付货币	2006.01.19	1.8616	29	1.6362	15	3.46	26
040003	华安现金富利A	2003.12.30	1.8614	30	1.4998	25	3.3029	36
530002	建信货币	2006.04.25	1.84	31	1.6168	18	3.94	11
519589	交银货币B	2007.06.22	1.84	32	1.58	20	3.56	19
162206	泰达宏利货币	2005.11.10	1.8345	33	1.3487	33	2.9010	46
320002	诺安货币	2004.12.06	1.8300	34	1.1953	41	3.3966	30

（续上表）

基金代码	基金简称	设立日期	2010年	排名	2009年	排名	2008年	排名
217004	招商现金增值货币A	2004.01.14	1.8279	35	1.3671	32	3.4380	28
020007	国泰货币	2005.06.21	1.8245	36	1.5294	24	2.8041	49
400005	东方金账簿货币	2006.08.02	1.82	37	1.64	14	3.29	37
090005	大成货币A	2005.06.03	1.8066	38	1.3162	36	3.7332	17
482002	工银货币	2006.03.20	1.8057	39	1.2863	38	4.1048	8
160606	鹏华货币A级	2005.04.12	1.7925	40	1.4697	28	3.2016	40
270004	广发货币A	2005.05.20	1.7904	41	1.2827	39	3.3637	33
213909	宝盈货币B	2009.08.05	1.7733	42	—	—	—	—
150015	银河银富货币B	2004.12.20	1.7722	43	1.1633	43	3.8442	14
121011	国投瑞银货币A	2009.01.19	1.7642	44	—	—	—	—
290001	泰信天天收益货币	2004.02.10	1.7597	45	1.5308	23	3.3593	34
110006	易方达货币A	2005.02.02	1.6974	46	1.8550	4	3.5532	20
519518	汇添富货币A	2006.03.23	1.67	47	1.31	37	3.27	38
100025	富国天时货币A级	2006.06.05	1.6578	48	1.4229	29	2.7809	50
240006	华宝兴业现金宝A	2005.03.31	1.6553	49	1.1660	42	3.1333	42
519588	交银货币A	2006.01.20	1.60	50	1.34	34	3.3151	35
310338	申万菱信收益宝货币	2006.07.07	1.5636	51	0.8559	49	2.8694	48
213009	宝盈货币A	2009.08.05	1.5283	52	—	—	—	—
150005	银河银富货币A	2004.12.20	1.5281	53	0.9191	48	3.5956	18
370010	上投摩根货币B	2005.04.13	1.4463	54	1.0174	46	2.9159	45
360003	光大保德信货币	2005.06.09	1.44	55	1.48	27	3.47	24
370010	上投摩根货币A	2005.04.13	1.2029	56	0.7748	51	2.6698	51
460106	华泰柏瑞货币B	2009.05.06	1.1701	57	—	—	—	—
340005	兴全货币	2006.04.27	1.1426	58	1.0000	47	3.2500	39
260102	景顺长城货币A	2005.07.15	1.1310	59	1.1973	40	3.4738	23
460006	华泰柏瑞货币A	2009.05.06	0.9293	60	—	—	—	—
583001	东吴货币A	2010.05.11	0.9252	61	—	—	—	—
560001	益民货币	2006.07.17	0.8532	62	0.6729	52	3.4719	25

说明：仅对完整运作一年以上的基金进行统计，当年新成立的基金不在统计范围之内。

表2-24 近三年ETF基金年度收益率排名

（单位：%）

基金代码	基金简称	设立日期	2010年	排名	2009年	排名	2008年	排名
159902	华夏中小板ETF	2006.06.08	20.71	1	94.19	3	−52.62	1
159901	易方达深证100ETF	2006.03.24	−3.38	2	113.64	1	−63.43	2
159903	南方深证成份ETF	2009.12.04	−7.15	3	—	—	—	—
510180	华安上证180ETF	2006.04.13	−15.45	4	87.82	4	−64.55	3
510010	交银上证180公司治理ETF	2009.09.25	−18.07	5	—	—	—	—
510880	华泰柏瑞上证红利ETF	2006.11.17	−21.07	6	95.58	2	−68.29	5
510050	华夏上证50ETF	2004.12.30	−21.78	7	83.60	5	−65.19	4
510060	工银上证央企ETF	2009.08.26	−23.37	8	—	—	—	—
510020	博时上证超大盘ETF	2009.12.29	−25.58	9	—	—	—	—

说明：仅对完整运作一年以上的基金进行统计，当年新成立的基金不在统计范围之内。

表2-25 近三年QDII基金年度收益率排名

（单位：%）

基金代码	基金简称	设立日期	2010年	排名	2009年	排名	2008年	排名
377016	上投摩根亚太优势股票(QDII)	2007.10.22	14.00	1	58.49	4	−57.21	4
486001	工银全球股票(QDII)	2008.02.14	9.27	2	64.93	3	—	—
000041	华夏全球股票(QDII)	2007.10.09	8.86	3	56.65	6	−41.1	1
183001	银华全球优选(QDII-FOF)	2008.05.26	3.25	4	29.93	9	—	—
202801	南方全球精选配置(QDII-FOF)	2007.09.19	1.89	5	39.55	8	−43.33	2
519696	交银环球精选股票(QDII)	2008.08.22	1.46	6	72.31	2	—	—
519601	海富通中国海外股票(QDII)	2008.06.27	−0.75	7	83.47	1	—	—
070012	嘉实海外中国股票(QDII)	2007.10.12	−2.59	8	57.95	5	−49.94	3
241001	华宝兴业海外中国股票(QDII)	2008.05.07	−3.17	9	54.08	7	—	—

注：仅对完整运作一年以上的基金进行统计，当年新成立的基金不在统计范围之内。

表2-26 近三年封闭式(创新)基金年度收益率排名

（单位：%）

基金代码	基金简称	设立日期	2010年	排名	2009年	排名	2008年	排名
161010	富国天丰强化债券封闭	2008.10.24	16.27	1	7.23	1	—	—
150002	大成优选封闭	2007.08.01	15.78	2	76.88	4	−54.49	2
150003	建信优势动力封闭	2008.03.19	3.74	3	63.64	3	—	—
121099	国投瑞银瑞福分级封闭	2007.07.17	−3.42	4	73.52	2	−53.36	1
160806	长盛同庆封闭	2009.05.12	−4.06	5	—	—	—	—

注：仅对完整运作一年以上的基金进行统计，当年新成立的基金不在统计范围之内。

表2-27 近三年封闭式(传统)基金年度收益率排名

（单位：%）

基金代码	基金简称	设立日期	2010年	排名	2009年	排名	2008年	排名
184721	嘉实丰和价值封闭	2002.03.22	24.89	1	43.85	25	−34.52	1
500038	融通通乾封闭	2001.08.29	20.91	2	69.14	8	−45.53	11
184701	大成景福封闭	1999.12.30	20.32	3	62.40	14	−50.71	24
500002	嘉实泰和封闭	1999.04.08	15.41	4	70.59	7	−47.21	15
500001	国泰金泰封闭	1998.03.27	9.70	5	64.77	11	−47.93	17
184699	长盛同盛封闭	1999.11.05	8.89	6	66.44	9	−49.85	21
500056	易方达科瑞封闭	2002.03.12	8.55	7	58.70	18	−42.94	6
184689	鹏华普惠封闭	1999.01.06	7.82	8	57.69	20	−50.83	25
500003	华安安信封闭	1998.06.22	5.05	9	57.95	19	−41.08	4
500005	富国汉盛封闭	1999.05.10	4.39	10	64.49	13	−44.89	10
500009	华安安顺封闭	1999.06.15	3.79	11	77.62	1	−38.22	3
500008	华夏兴华封闭	1998.04.28	3.51	12	75.50	2	−36.66	2
184688	南方开元封闭	1998.03.27	3.16	13	54.66	23	−51.78	26
500058	银河银丰封闭	2002.08.15	3.05	14	70.66	6	−44.59	8
184722	长城久嘉封闭	2002.07.05	2.92	16	56.01	21	−44.74	9
184691	大成景宏封闭	1999.05.04	2.92	15	60.60	15	−49.00	19
500006	博时裕阳封闭	1998.07.25	1.90	17	72.54	5	−48.19	18
500011	国泰金鑫封闭	1999.10.21	1.23	18	73.51	3	−47.01	13
184698	南方天元封闭	1999.08.25	−2.62	19	60.29	17	−47.62	16
184690	长盛同益封闭	1999.04.08	−2.74	20	73.48	4	−49.67	20
184692	博时裕隆封闭	1999.06.15	−2.78	21	64.72	12	−42.76	5
184705	博时裕泽封闭	2000.03.27	−2.78	22	60.37	16	−49.91	22
184728	宝盈鸿阳封闭	2001.12.10	−2.96	23	43.02	26	−50.29	23
184693	鹏华普丰封闭	1999.07.14	−3.96	24	54.63	24	−47.17	14
500018	华夏兴和封闭	1999.07.14	−5.31	25	65.52	10	−46.18	12
500015	富国汉兴封闭	1999.12.30	−7.07	26	55.12	22	−43.73	7

说明：仅对完整运作一年以上的基金进行统计，当年新成立的基金不在统计范围之内。

表2-28 各类型证券投资基金年度分红汇总（2010-2011）

（单位：只；次；亿元；%）

基金类型	2010年				2011年上半年			
	分红总数量	分红总次数	利润分配总额	市场占比	分红总数量	分红总次数	利润分配总额	市场占比
传统封闭式基金	22	28	153.56	13.33	25	25	73.71	16.54
创新封闭式基金	3	17	4.24	0.37	5	13	3.00	0.67
开放式基金								
其中：股票型基金	104	131	414.79	35.99	83	85	169.42	38.01
混合型基金	85	114	493.52	42.82	64	75	137.82	30.92
债券型基金	68	137	60.30	5.23	44	59	37.03	8.31
货币市场基金	45	—	22.31	1.94	48	—	24.18	5.42
ETF	2	3	3.68	0.32	—	—	—	—
QDII	—	—	—	—	7	7	0.60	0.13
总 计	**329**	**430**	**1,152.21**	**100.00**	**276**	**264**	**445.75**	**100**

说明：以年报数据为统计范围，2011年数据来源中报；分红总次数不包括货币市场基金。

表2-29 旗下基金年度分红排名前二十的基金管理公司（2010-2011）

（单位：只；次；亿元；%）

基金公司	2010年				2011年上半年				
	分红总数量	分红总次数	利润分配总额	排名	基金公司	分红总数量	分红总次数	利润分配总额	排名
华夏	14	21	275.95	1	广发	5	5	28.78	1
博时	13	12	95.61	2	汇添富	9	8	27.43	2
南方	16	20	76.38	3	南方	18	19	25.38	3
交银施罗德	7	7	57.29	4	嘉实	13	16	23.87	4
易方达	11	19	49.23	5	富国	12	20	22.05	5
上投摩根	5	4	42.70	6	博时	12	11	20.53	6
工银瑞信	7	10	40.99	7	海富通	3	4	19.89	7
鹏华	8	16	39.11	8	中银	6	5	19.49	8
国投瑞银	6	7	38.17	9	大成	8	8	18.74	9
富国	11	31	36.12	10	国投瑞银	4	4	18.10	10
华安	8	9	36.01	11	国泰	9	8	16.35	11
汇添富	7	6	34.38	12	华夏	9	9	16.90	12
广发	6	5	29.99	13	易方达	8	11	14.33	13
大成	9	11	28.74	14	华安	6	5	14.10	14
中海	4	4	18.44	15	工银瑞信	5	4	13.09	15
银华	8	7	17.37	16	泰达宏利	8	8	12.38	16
兴业全球	4	7	16.93	17	鹏华	10	9	11.13	17
嘉实	11	22	16.66	18	招商	9	10	10.17	18
招商	8	10	15.90	19	汇丰晋信	2	2	10.03	19
国海富兰克林	4	5	14.01	20	景顺长城	7	6	9.68	20
合 计	167	233	979.97			163	172	352.42	

说明：以年报数据为统计范围，2011年数据来源中报；分红总次数不包括货币市场基金。

表2-30 基金管理公司旗下基金年度分红统计（2010）

（单位：次；元；万元）

基金公司	基金简称	基金代码	设立日期	累计分红次数	每10份累计派现	利润分配合计	其中：现金形式发放额	再投资形式发放额
国泰	国泰金泰封闭	500001	1998.03.27	1	1.100	22,000.00	22,000.00	—
	国泰金鑫封闭	500011	1999.10.21	1	0.250	7,500.00	7,500.00	—
	国泰金鹰增长股票	020001	2002.05.08	2	1.290	24,399.48	13,472.21	10,927.27
	国泰金牛创新股票	020010	2007.05.18	1	0.250	12,719.88	6,580.37	6,139.51
	国泰金龙行业混合	020003	2003.12.05	1	0.300	1,901.93	1,036.95	864.97
	国泰金鹏蓝筹混合	020009	2006.09.29	2	0.790	16,637.58	6,982.46	9,655.12
	国泰金鼎价值混合	519021	2007.04.11	1	0.160	9,627.11	6,219.63	3,407.48
	国泰金鹿保本混合	020018	2008.06.12	1	0.520	10,565.50	10,565.50	—
	国泰金龙债券	020002	2003.12.05	1	—	1,027.82	536.76	491.06
	国泰双利债券	020019	2009.03.11	1	0.400	2,213.80	1,535.74	678.06
	国泰货币	020007	2005.06.21	—	—	2,709.38	—	—
合 计		11只基金		12	—	111,302.47	76,429.62	32,163.47
南方	南方开元封闭	184688	1998.03.27	1	0.500	10,000.00	10,000.00	—
	南方天元封闭	184698	1999.08.25	1	3.050	91,500.00	91,500.00	—
	南方积极配置股票(LOF)	160105	2004.10.14	1	0.600	13,537.34	5,941.43	7,595.91
	南方高增长股票(LOF)	160106	2005.07.13	1	0.500	12,743.23	5,047.10	7,696.13
	南方绩优成长股票	202003	2006.11.16	2	2.600	203,396.65	61,403.27	141,993.38
	南方成份精选股票	202005	2007.05.14	1	0.200	25,028.85	12,705.41	12,323.44
	南方盛元红利股票	202009	2008.03.21	2	0.400	12,654.94	10,178.71	2,476.22
	南方优选价值股票	202011	2008.06.18	2	2.200	17,367.37	8,774.84	8,592.54
	南方中证500指数(LOF)	160119	2009.09.25	1	0.500	17,199.16	11,633.10	5,566.05
	南方稳健成长混合	202001	2001.09.28	1	0.200	12,471.90	3,803.72	8,668.18
	南方避险增值混合	202202	2003.06.27	2	0.500	23,633.45	23,633.45	—

（续上表）

基金公司	基金简称	基金代码	设立日期	累计分红次数	每10份累计派现	利润分配合计	其中：现金形式发放额	再投资形式发放额
南方	南方稳健成长贰号混合	202002	2006.07.25	1	3.500	295,349.32	154,802.86	140,546.47
	南方恒元保本混合	202211	2008.11.12	1	0.200	5,021.46	5,021.46	—
	南方宝元债券	202101	2002.09.20	1	0.200	3,194.79	1,108.83	2,085.96
	南方多利增强债券	202102	2007.08.28	2	—	3,281.67	2,092.90	1,188.77
	南方现金增利货币	202301	2004.03.05	—	—	17,463.56	—	—
	合　计	16只基金		20	—	763,843.68	407,647.07	338,733.05
华夏	华夏兴华封闭	500008	1998.04.28	1	5.310	106,200.00	106,200.00	—
	华夏兴和封闭	500018	1999.07.14	1	1.800	54,000.00	54,000.00	—
	华夏优势增长股票	000021	2006.11.24	1	7.000	500,033.01	212,146.12	287,886.89
	华夏上证50ETF	510050	2004.12.30	1	0.260	30,369.48	30,369.48	0.00
	华夏成长混合	000001	2001.12.18	1	3.200	255,443.76	106,042.65	149,401.11
	华夏回报混合	002001	2003.09.05	2	0.475	40,092.12	17,478.83	22,613.29
	华夏大盘精选混合	000011	2004.08.11	1	1.000	6,316.50	2,221.92	4,094.58
	华夏红利混合	002011	2005.06.30	2	14.900	1,253,975.96	414,795.61	839,180.35
	华夏蓝筹混合(LOF)	160311	2007.04.24	1	3.400	409,765.34	253,588.18	156,177.16
	华夏债券	001001	2002.10.23	4	0.800	32,964.80	12,715.63	20,249.17
	中信稳定双利债券	288102	2006.07.20	4	0.980	14,650.59	4,133.20	10,517.39
	华夏希望债券	001011	2008.03.10	2	0.600	29,337.98	13,625.87	15,712.11
	华夏现金增利货币	003003	2004.04.07	—	—	25,518.08	—	—
	中信现金优势货币	288101	2005.04.20	—	—	784.86	—	—
	合　计	14只基金		21	—	2,759,452.50	1,227,317.49	1,505,832.07
华安	华安安信封闭	500003	1998.06.22	1	4.000	80,000.00	80,000.00	—
	华安安顺封闭	500009	1999.06.15	1	6.000	180,000.00	180,000.00	—

（续上表）

基金公司	基金简称	基金代码	设立日期	累计分红次数	每10份累计派现	利润分配合计	其中：现金形式发放额	再投资形式发放额
华安	华安中国A股增强指数	004002	2002.11.08	1	0.200	11,896.64	4,472.07	7,424.57
	华安核心股票	040011	2008.10.22	1	5.000	32,126.33	21,455.96	10,670.38
	华安创新混合	004001	2001.09.21	1	0.200	21,642.13	12,147.24	9,494.89
	华安稳定收益债券	040009	2008.04.30	2	1.450	14,551.00	12,008.25	2,542.75
	华安强化收益债券	040012	2009.04.13	2	0.800	6,178.10	4,449.36	1,728.74
	华安现金富利货币	040003	2003.12.30	—	—	13,668.47	—	—
	合 计	8只基金		9	—	360,062.67	314,532.87	31,861.33
博时	博时裕阳封闭	500006	1998.07.25	1	6.700	134,000.00	134,000.00	—
	博时裕隆封闭	184692	1999.06.15	1	2.700	81,000.00	81,000.00	—
	博时裕泽封闭	184705	2000.03.27	1	0.820	4,100.00	4,100.00	—
	博时精选股票	050004	2004.06.22	1	0.800	68,765.79	26,821.47	41,944.32
	博时主题行业股票(LOF)	160505	2005.01.06	1	0.640	48,946.10	17,842.61	31,103.50
	博时第三产业股票	050008	2007.04.12	1	1.900	170,093.86	99,513.58	70,580.28
	博时新兴成长股票	050009	2007.07.06	1	1.520	352,609.68	235,480.37	117,129.31
	博时特许价值股票	050010	2008.05.28	1	1.480	13,592.90	10,785.77	2,807.13
	博时平衡配置混合	050007	2006.05.31	1	2.180	59,127.22	34,463.92	24,663.30
	博时策略混合	050012	2009.08.11	1	0.090	4,439.68	3,398.73	1,040.95
	博时稳定价值债券	050106	2007.09.06	1	0.660	4,522.16	3,319.67	1,202.49
	博时信用债券	050011	2009.06.10	1	0.150	1,991.85	1,482.52	509.33
	博时现金收益货币	050003	2004.01.16	—	—	12,882.60	—	—
	合 计	13只基金		12	—	956,071.84	652,208.64	290,980.60
鹏华	鹏华普惠封闭	184689	1999.01.06	4	5.400	108,000.00	108,000.00	—
	鹏华普丰封闭	184693	1999.07.14	4	2.300	69,000.00	69,000.00	—

（续上表）

基金公司	基金简称	基金代码	设立日期	累计分红次数	每10份累计派现	利润分配合计	其中：现金形式发放额	再投资形式发放额
鹏华	鹏华优质治理股票(LOF)	160611	2007.04.25	2	0.600	42,594.73	24,138.46	18,456.27
	鹏华行业成长混合	206001	2002.05.24	1	0.100	444.70	101.16	343.55
	鹏华中国50混合	160605	2004.05.12	1	1.600	40,631.33	19,887.16	20,744.17
	鹏华动力增长混合(LOF)	160610	2007.01.09	3	1.650	119,720.32	61,577.76	58,142.57
	鹏华丰收债券	160612	2008.05.28	1	1.000	6,802.50	6,405.15	397.35
	鹏华货币	160606	2005.04.12	—	—	3,898.59	—	—
	合 计	8只基金		16	—	391,092.17	289,109.68	98,083.90
嘉实	嘉实泰和封闭	500002	1999.04.08	1	0.470	9,400.00	9,400.00	—
	嘉实量化阿尔法股票	070017	2009.03.20	1	0.800	17,060.06	8,268.05	8,792.00
	嘉实服务增值行业混合	070006	2004.04.01	1	0.500	7,719.07	2,653.63	5,065.45
	嘉实成长收益混合	070001	2002.11.05	1	0.200	6,921.42	2,391.65	4,529.77
	嘉实增长混合	070002	2003.07.09	1	0.500	2,117.89	1,181.18	936.70
	嘉实稳健混合	070003	2003.07.09	1	0.100	16,204.48	6,339.40	9,865.08
	嘉实策略混合	070011	2006.12.12	1	0.840	58,329.35	21,126.54	37,202.81
	嘉实回报混合	070018	2009.08.18	1	0.260	8,173.78	5,010.17	3,163.60
	嘉实超短债债券	070009	2006.04.26	10	0.236	3,886.30	2,624.77	1,261.53
	嘉实多元债券	070015	2008.09.10	4	1.190	20,878.18	11,418.13	9,460.06
	嘉实货币	070008	2005.03.18	—	—	15,943.09	—	—
	合 计	11只基金		22	—	166,633.62	70,413.52	80,277.00
长盛	长盛同益封闭	184690	1999.04.08	1	3.000	60,000.00	60,000.00	—
	长盛中证100指数	519100	2006.11.22	1	0.500	6,446.34	3,229.61	3,216.73
	长盛同智优势混合(LOF)	160805	2007.01.05	1	0.230	7,571.68	4,002.06	3,569.61
	长盛创新先锋混合	080002	2008.06.04	1	1.500	2,612.38	2,262.24	350.14

（续上表）

基金公司	基金简称	基金代码	设立日期	累计分红次数	每10份累计派现	利润分配合计	其中：现金形式发放额	再投资形式发放额
长盛	长盛积极配置债券	080005	2008.10.08	2	1.700	17,661.67	13,275.88	4,385.79
	长盛货币	080011	2005.12.12	—	—	2,429.05	—	—
	合 计	6只基金		6	—	96,721.12	82,769.79	11,522.28
大成	大成景宏封闭	184691	1999.05.04	1	3.100	62,000.00	62,000.00	—
	大成景福封闭	184701	1999.12.30	1	3.800	114,000.00	114,000.00	—
	大成优选封闭	150002	2007.08.01	2	0.200	9,348.61	9,348.61	—
	大成沪深300指数	519300	2006.04.06	1	0.900	61,476.81	34,984.27	26,492.53
	大成积极成长股票	519017	2007.01.16	1	0.050	1,507.83	845.47	662.36
	大成精选增值混合	090004	2004.12.15	1	0.850	28,896.67	11,803.61	17,093.06
	大成债券	090002	2003.06.12	3	0.650	3,731.31	2,731.43	999.88
	大成强化收益债券	090008	2008.08.06	1	1.000	2,361.82	2,024.65	337.17
	大成货币	090005	2005.06.03	—	—	4,046.02	—	—
	合 计	9只基金		11	—	287,369.06	237,738.04	45,585.00
富国	富国汉盛封闭	500005	1999.05.10	1	3.000	60,000.00	60,000.00	—
	富国汉兴封闭	500015	1999.12.30	1	3.030	90,900.00	90,900.00	—
	富国天丰强化债券封闭	161010	2008.10.24	12	1.420	28,373.62	28,373.62	—
	富国天鼎中证指数增强	100032	2008.11.20	1	2.450	19,865.20	9,441.27	10,423.93
	富国天源平衡混合	100016	2002.08.16	1	0.680	4,807.74	3,205.96	1,601.78
	富国天瑞强势混合	100022	2005.04.05	1	0.650	76,232.10	42,746.29	33,485.81
	富国天惠成长混合(LOF)	161005	2005.11.16	1	1.800	34,394.80	15,876.78	18,518.02
	富国天成红利混合	100029	2008.05.28	6	0.750	2,930.30	1,685.04	1,245.26
	富国天利增长债券	100018	2003.12.02	5	1.250	32,972.64	16,960.03	16,012.62

（续上表）

基金公司	基金简称	基金代码	设立日期	累计分红次数	每10份累计派现	利润分配合计	其中：现金形式发放额	再投资形式发放额
富国	富国优化增强债券	100035	2009.06.10	2	0.650	7,247.06	5,972.58	1,274.48
	富国天时货币	100025	2006.06.05	—	—	3,457.20	—	—
	合　计	11只基金		31	—	361,180.66	275,161.57	82,561.89
易方达	易方达科瑞封闭	500056	2002.03.12	1	3.600	108,000.00	108,000.00	—
	易方达价值精选股票	110009	2006.06.13	2	2.300	129,378.18	31,473.14	97,905.04
	易方达行业领先股票	110015	2009.03.26	1	0.350	6,316.99	3,626.94	2,690.05
	易方达平稳增长混合	110001	2002.08.23	1	0.100	2,022.94		1,364.72
	易方达策略成长混合	110002	2003.12.09	3	0.600	8,219.74	0.00	6,190.01
	易方达积极成长混合	110005	2004.09.09	4	2.300	149,787.95	0.36	107,422.59
	易方达策略成长二号混合	112002	2006.08.16	1	0.200	7,207.83	0.43	5,298.26
	易方达价值成长混合	110010	2007.04.02	1	0.300	51,487.33	0.05	32,040.24
	易方达稳健收益债券	110007	2008.01.29	2	1.060/1.120	10,234.76	0.02	4,745.63
	易方达增强回报债券	110017	2008.03.19	3	1.050/0.950	12,904.73	0.00	4,350.42
	易方达货币	110006	2005.02.02	—	—	6,711.27	1.00	—
	合　计	11只基金		19	—	492,271.72	223,553.49	262,006.96
宝盈	宝盈资源优选股票	213008	2008.04.15	1	1.700	3,641.21	2,129.10	1,512.11
	宝盈增强收益债券	213007	2008.05.15	2	1.390	20,654.97	16,129.45	4,525.53
	宝盈货币	213009	2009.08.05	—	—	226.69	—	—
	合　计	3只基金		3	—	24,522.86	18,258.54	6,037.64
融通	融通通乾封闭	500038	2001.08.29	1	3.300	66,000.00	66,000.00	—
	融通领先成长股票(LOF)	161610	2007.04.30	2	0.800	33,906.19	21,413.88	12,492.31
	融通债券	161603	2003.09.30	1	0.800	3,241.20	1,391.17	1,850.03
	融通易支付货币	161608	2006.01.19	—	—	398.55	—	398.55
	合　计	4只基金		4	—	103,545.93	88,805.05	14,740.89

（续上表）

基金公司	基金简称	基金代码	设立日期	累计分红次数	每10份累计派现	利润分配合计	其中：现金形式发放额	再投资形式发放额
银华	银华优质增长股票	180010	2006.06.09	1	2.500	95,507.90	29,016.75	66,491.15
	银华富裕主题股票	180012	2006.11.16	1	0.180	15,166.89	7,143.56	8,023.33
	银华领先策略股票	180013	2008.08.20	1	2.800	13,271.41	8,943.05	4,328.36
	银华优势企业混合	180001	2002.11.13	1	0.100	3,693.08	1,790.28	1,902.80
	银华保本增值混合	180002	2004.03.02	1	1.700	18,619.79	18,619.79	—
	银华成长先锋混合	180020	2010.10.08	1	0.250	8,302.13	6,685.62	1,616.51
	银华增强收益债券	180015	2008.12.03	1	1.100	15,707.06	13,843.59	1,863.47
	银华货币	180008	2005.01.31	—	—	3,388.40	—	—
	合　计	8只基金		7	—	173,656.65	86,042.64	84,225.61
长城	长城久富股票(LOF)	162006	2007.02.12	1	2.900	57,400.36	30,366.30	27,034.06
	长城久恒平衡混合	200001	2003.10.31	1	0.500	889.35	330.53	558.82
	长城稳健增利债券	200009	2008.08.27	1	0.400	248.22	192.79	55.43
	长城货币	200003	2005.05.30	—	—	759.28	—	—
	合　计	4只基金		3	—	59,297.21	30,889.62	27,648.31
泰达宏利	泰达宏利成长股票	162201	2003.04.25	1	1.050	14,485.06	9,616.13	4,868.93
	泰达宏利周期股票	162202	2003.04.25	1	1.000	8,743.49	4,632.26	4,111.23
	泰达宏利精选股票	162204	2004.07.09	1	0.500	6,748.95	3,657.00	3,091.95
	泰达宏利财富大盘指数	162213	2010.04.23	1	0.200	704.22	662.74	41.48
	泰达宏利风险预算混合	162205	2005.04.05	1	2.000	3,576.11	1,814.48	1,761.64
	泰达宏利集利债券	162210	2008.09.26	1	0.100	85.59	72.01	13.59
	泰达宏利货币	162206	2005.11.10	—	—	1,628.73	—	—
	合　计	7只基金		6	—	35,972.15	20,454.61	13,888.82

（续上表）

基金公司	基金简称	基金代码	设立日期	累计分红次数	每10份累计派现	利润分配合计	其中：现金形式发放额	再投资形式发放额
国投瑞银	国投瑞银核心企业股票	121003	2006.04.19	1	0.900	64,489.70	26,135.14	38,354.56
	国投瑞银创新动力股票	121005	2006.11.15	1	1.900	87,873.75	38,500.00	49,373.75
	国投瑞银成长优选股票	121008	2008.01.10	1	1.200	41,870.05	32,496.88	9,373.17
	国投瑞银稳健增长混合	121006	2008.06.11	2	5.500	153,982.02	151,178.91	2,803.11
	国投瑞银稳定增利债券	121009	2008.01.11	2	1.400	31,279.91	24,036.76	7,243.16
	国投瑞银货币	121011	2009.01.19	—	—	2,219.40	—	—
	合　计	6只基金		7	—	381,714.84	272,347.70	107,147.74
银河	银河银丰封闭	500058	2002.08.15	1	0.600	18,000.00	18,000.00	—
	银河成长股票	519668	2008.05.26	1	1.950	3,742.95	3,335.63	407.33
	银河行业股票	519670	2009.04.24	1	1.500	2,399.29	1,961.11	438.18
	银河稳健混合	151001	2003.08.04	1	0.050	788.86	365.06	423.80
	银河收益债券	151002	2003.08.04	1	1.000	1,922.92	908.64	1,014.28
	银河银信添利债券	519666	2007.03.14	3	0.570	4,472.38	2,865.72	1,606.66
	银河银富货币	150005	2004.12.20	—	—	1,764.48	—	—
	合　计	7只基金		8	—	33,090.89	27,436.16	3,890.25
万家	万家公用事业行业股票(LOF)	161903	2005.07.15	1	0.260	2,278.69	1,724.09	554.61
	万家精选股票	519185	2009.05.18	1	0.800	5,474.10	4,574.89	899.21
	万家稳增债券	519186	2009.08.12	1	1.400	11,680.32	11,027.71	652.61
	万家货币	519508	2006.05.24	—	—	7,885.28	—	—
	合　计	4只基金		3	—	27,318.40	17,326.68	2,106.43
金鹰	金鹰行业优势股票	210003	2009.07.01	1	0.300	3,004.22	2,101.11	903.11
	金鹰稳健成长股票	210004	2010.04.14	3	1.800	5,440.57	3,062.61	2,377.96
	金鹰成份优选混合	210001	2003.06.16	1	0.750	16,767.19	6,955.59	9,811.60

（续上表）

基金公司	基金简称	基金代码	设立日期	累计分红次数	每10份累计派现	利润分配合计	其中：现金形式发放额	再投资形式发放额
金鹰	金鹰中小盘精选混合	162102	2004.05.27	1	4.500	32,811.93	19,446.39	13,365.54
	金鹰红利价值混合	210002	2008.12.04	1	1.000	1,491.08	895.96	595.12
	合 计	5只基金		7	—	59,514.98	32,461.66	27,053.33
招商	招商信用添利债券封闭	161713	2010.06.25	3	0.220	4,656.60	4,656.60	—
	招商安泰股票	217001	2003.04.28	1	2.600	31,377.83	16,617.17	14,760.66
	招商大盘蓝筹股票	217010	2008.06.19	1	2.000	21,556.41	9,463.75	12,092.67
	招商安泰平衡混合	217002	2003.04.28	1	5.300	4,078.08	1,298.92	2,779.16
	招商核心价值混合	217009	2007.03.30	1	0.900	47,351.54	20,048.76	27,302.78
	招商安泰债券	217003	2003.04.28	1	1.000	2,272.67	1,301.73	970.94
	招商安本增利债券	217008	2006.07.11	2	2.500	39,521.02	23,972.92	15,548.10
	招商现金增值货币	217004	2004.01.14	—	—	8,144.74	—	—
	合 计	8只基金		10	—	158,958.89	77,359.86	73,454.30
华宝兴业	华宝兴业多策略股票	240005	2004.05.11	1	0.530	61,334.79	33,586.85	27,747.94
	华宝兴业大盘精选股票	240011	2008.10.07	1	0.800	8,504.61	4,091.57	4,413.03
	华宝兴业上证180价值ETF联接	240016	2010.04.23	1	0.300	737.57	463.72	273.85
	华宝兴业宝康消费品混合	240001	2003.07.15	1	0.500	11,563.81	4,244.33	7,319.48
	华宝兴业宝康配置混合	240002	2003.07.15	1	0.500	5,692.18	3,080.17	2,612.01
	华宝兴业宝康债券	240003	2003.07.15	1	0.400	2,892.34	1,455.01	1,437.34
	华宝兴业增强收益债券	240012	2009.02.17	1	0.100	472.07	194.46	277.61
	华宝兴业现金宝货币	240006	2005.03.31	—	—	3,139.25	—	—
	合 计	8只基金		7	—	94,336.63	47,116.11	44,081.27
摩根士丹利华鑫	大摩资源优选混合(LOF)	163302	2005.09.27	1	1.380	21,097.57	10,323.19	10,774.38
	大摩强收益债券	233005	2009.12.29	1	0.350	3,229.51	3,048.75	180.76
	大摩货币	163303	2006.08.17	—	—	546.50	—	—
	合 计	3只基金		2	—	24,873.59	13,371.94	10,955.14

（续上表）

基金公司	基金简称	基金代码	设立日期	累计分红次数	每10份累计派现	利润分配合计	其中：现金形式发放额	再投资形式发放额
海富通	海富通风格优势股票	519013	2006.10.19	1	1.500	107,323.10	55,786.38	51,536.72
	海富通精选混合	519011	2003.08.22	1	0.020	1,851.82	1,142.31	709.50
	海富通稳健添利债券	519023	2008.10.24	3	0.600	4,511.22	1,482.29	3,028.93
	海富通货币	519505	2005.01.04	—	—	11,942.77	—	—
	合　计	4只基金		5	—	125,628.91	58,410.99	55,275.15
国联安	国联安优势股票	257030	2007.01.24	2	1.810	16,303.10	7,391.72	8,911.38
	国联安红利股票	257040	2008.10.22	2	1.610	1,943.88	973.75	970.13
	国联安稳健混合	255010	2003.08.08	3	6.600	94,212.78	80,262.33	13,950.45
	国联安增利债券	253020	2009.03.11	2	—	20,962.14	13,459.10	7,503.04
	合　计	4只基金		9	—	133,421.90	102,086.91	31,334.99
长信	长信利丰债券	519989	2008.12.29	2	1.000	10,883.87	10,473.56	410.30
	长信利息收益货币	519999	2004.03.19	—	—	8,288.99	—	—
	合　计	2只基金		2	—	19,172.86	10,473.56	410.30
泰信	泰信优质生活股票	290004	2006.12.15	2	1.000	21,269.15	7,761.31	13,507.84
	泰信蓝筹精选股票	290006	2009.04.22	5	2.500	8,729.91	5,689.36	3,040.55
	泰信优势增长混合	290005	2008.06.25	3	3.100	4,952.32	3,039.51	1,912.80
	泰信双息双利债券	290003	2007.10.31	1	0.350	662.10	397.53	264.57
	泰信债券增强收益	290007	2009.07.29	3	—	2,085.07	1,004.04	1,081.03
	泰信天天收益货币	290001	2004.02.10	—	—	1,851.71	—	—
	合　计	6只基金		14	—	39,550.26	17,891.75	19,806.80
天治	天治天得利货币	350004	2006.07.05	—	—	533.58	—	—
	合　计	1只基金		—	—	533.58	—	—

（续上表）

基金公司	基金简称	基金代码	设立日期	累计分红次数	每10份累计派现	利润分配合计	其中：现金形式发放额	再投资形式发放额
景顺长城	景顺长城优选股票	260101	2003.10.24	1	0.100	1,839.07	853.16	985.91
	景顺长城内需增长股票	260104	2004.06.25	1	1.280	6,042.45	2,475.34	3,567.11
	景顺长城资源垄断股票(LOF)	162607	2006.01.26	1	0.150	16,067.74	9,644.86	6,422.88
	景顺长城新兴成长股票	260108	2006.06.28	1	0.100	3,676.68	1,398.22	2,278.46
	景顺长城内需贰号股票	260109	2006.10.11	1	1.280	46,461.61	14,951.41	31,510.19
	景顺长城公司治理股票	260111	2008.10.22	2	1.900	1,323.24	664.99	658.26
	景顺长城货币	260102	2003.10.24	—	—	264.55	—	—
	合　计	7只基金		7	—	75,675.35	29,987.99	45,422.82
广发	广发沪深300指数	270010	2008.12.30	1	1.500	35,354.43	22,311.42	13,043.01
	广发稳健增长混合	270002	2004.07.26	1	0.250	15,105.19	4,553.93	10,551.27
	广发策略优选混合	270006	2006.05.17	1	3.200	217,611.10	63,969.96	153,641.13
	广发内需增长混合	270022	2010.04.19	1	1.000	24,061.75	14,653.87	9,407.88
	广发增强债券	270009	2008.03.27	1	0.200	3,074.92	1,868.06	1,206.85
	广发货币	270004	2005.05.20	—	—	4,729.77	—	—
	合　计	6只基金		5	—	299,937.16	107,357.24	187,850.15
兴业全球	兴全可转债混合	340001	2004.05.11	4	1.170	34,424.68	11,119.46	23,305.22
	兴全趋势投资混合(LOF)	163401	2005.11.03	1	0.800	131,500.71	67,922.41	63,578.30
	兴全磐稳增利债券	340009	2009.07.23	2	0.400	3,011.94	2,490.46	521.48
	兴全货币	340005	2006.04.27	—	—	375.33	—	—
	合　计	4只基金		7	—	169,312.67	81,532.34	87,405.00
诺安	诺安成长股票	320007	2009.03.10	1	1.600	20,578.46	15,308.60	5,269.86
	诺安中小盘精选股票	320011	2010.04.28	1	0.600	3,206.15	2,459.18	746.97
	诺安灵活配置混合	320006	2008.05.20	1	1.600	31,088.74	20,715.14	10,373.59

（续上表）

基金公司	基金简称	基金代码	设立日期	累计分红次数	每10份累计派现	利润分配合计	其中：现金形式发放额	再投资形式发放额
诺安	诺安优化收益债券	320004	2007.08.29	2	0.300	2,147.05	1,733.64	413.41
	诺安增利债券	320008	2009.05.27	1	0.150	162.43	76.63	85.80
	诺安货币	320002	2004.12.06	—	—	2,103.98	—	—
	合　计	6只基金		6	—	59,286.81	40,293.19	16,889.64
申万菱信	申万菱信新动力股票	310328	2005.11.10	1	0.300	15,122.35	5,772.11	9,350.24
	申万菱信竞争优势股票	310368	2008.07.04	1	0.500	534.27	274.00	260.27
	申万菱信消费增长股票	310388	2009.06.12	1	0.200	2,049.72	1,282.14	767.57
	申万菱信盛利强化配置混合	310318	2004.11.29	1	0.350	247.34	143.10	104.24
	申万菱信添益宝债券	310378	2008.12.04	2	0.765	2,021.28	1,314.53	706.76
	申万菱信收益宝货币	310338	2006.07.07	—	—	334.76	—	—
	合　计	6只基金		6	—	20,309.71	8,785.88	11,189.07
中海	中海量化策略股票	398041	2009.06.24	2	0.220	1,958.99	1,530.10	428.89
	中海优质成长混合	398001	2004.09.28	1	2.200	170,276.39	103,614.39	66,662.00
	中海稳健收益债券	395001	2008.04.10	1	1.300	10,944.78	9,485.92	1,458.86
	中海货币	392001	2010.07.28	—	—	1,245.81	—	—
	合　计	4只基金		4	—	184,425.97	114,630.42	68,549.75
华富	华富策略精选混合	410006	2008.12.24	1	1.600	1,727.62	1,296.62	431.00
	华富收益增强债券	410004	2008.05.28	4	—	15,502.60	11,235.89	4,266.71
	华富货币	410002	2006.06.21	—	—	1,475.08	—	—
	合　计	3只基金		5	—	18,705.30	12,532.51	4,697.71
光大保德信	光大保德信量化股票	360001	2004.08.27	2	0.600	85,938.16	44,171.71	41,766.45
	光大中小盘股票	360012	2010.04.14	1	0.300	1,767.32	1,490.46	276.87
	光大保德信动态优选混合	360011	2009.10.28	1	1.000	2,350.77	1,809.08	541.69

（续上表）

基金公司	基金简称	基金代码	设立日期	累计分红次数	每10份累计派现	利润分配合计	其中：现金形式发放额	再投资形式发放额
光大保德信	光大保德信增利收益债券	360008	2008.10.29	1	0.540/0.480	1,329.20	1,267.72	61.48
	光大保德信货币	360003	2005.06.09	—	—	374.18	—	—
	合　计	5只基金		5	—	91,759.63	48,738.97	42,646.49
上投摩根	上投摩根中国优势混合	375010	2004.09.15	1	4.500	105,014.73	27,870.94	77,143.78
	上投摩根阿尔法股票	377010	2005.10.11	1	18.800	238,450.48	121,931.40	116,519.08
	上投摩根内需动力股票	377020	2007.04.13	1	0.800	71,134.44	35,001.77	36,132.68
	上投摩根中小盘股票	379010	2009.01.21	1	0.400	3,657.66	1,768.63	1,889.02
	上投摩根货币	370010	2005.04.13	—	—	8,760.15	—	—
	合　计	5只基金		4	—	427,017.46	186,572.74	231,684.56
东方	东方稳健回报债券	400009	2008.12.10	1	0.700	6,003.79	4,912.21	1,091.58
	东方金账簿货币	400005	2006.08.02	—	—	419.58	—	—
	合　计	2只基金		1	—	6,423.37	4,912.21	1,091.58
中银	中银策略股票	163805	2008.04.03	1	1.700	26,361.56	21,243.75	5,117.81
	中银中证100指数增强	163808	2009.09.04	1	0.100	2,677.06	2,332.83	344.22
	中银中国混合(LOF)	163801	2005.01.04	1	2.300	25,716.73	13,795.32	11,921.41
	中银收益混合	163804	2006.10.11	1	0.100	3,742.79	1,876.86	1,865.93
	中银优选混合	163807	2009.04.03	2	1.600	11,054.97	8,738.01	2,316.96
	中银蓝筹混合	163809	2010.02.11	1	0.200	5,226.42	4,828.69	397.74
	中银价值混合	163810	2010.08.25	1	0.200	5,072.25	4,775.79	296.46
	中银增利债券	163806	2008.11.13	3	0.500	7,491.22	5,909.69	1,581.52
	中银货币	163802	2005.06.07	—	—	7,560.94	—	—
	合　计	9只基金		11	—	94,903.94	63,500.94	23,842.06

（续上表）

基金公司	基金简称	基金代码	设立日期	累计分红次数	每10份累计派现	利润分配合计	其中：现金形式发放额	再投资形式发放额
东吴	东吴行业轮动股票	580003	2008.04.23	1	0.800	15,223.80	9,868.45	5,355.35
	东吴新创业股票	580007	2010.06.29	1	0.600	1,291.79	1,001.79	290.00
	东吴货币	583001	2010.05.11	—	—	971.08	—	—
	合计	3只基金		2	—	17,486.67	10,870.24	5,645.35
天弘	天弘永定价值成长股票	420003	2008.12.02	1	1.450	781.71	291.29	490.41
	天弘周期策略股票	420005	2009.12.17	1	0.420	1,527.73	1,114.12	413.61
	天弘永利债券	420002	2008.04.18	3	0.521/0.562	618.44	570.00	48.44
	合计	3只基金		5	—	2,927.87	1,975.41	952.46
国海富兰克林	国富弹性市值股票	450002	2006.06.14	1	1.000	38,385.26	13,408.46	24,976.80
	国富潜力组合股票	450003	2007.03.22	1	1.000	58,267.39	32,438.56	25,828.83
	国富中国收益混合	450001	2005.06.01	1	1.700	42,200.55	29,344.93	12,855.62
	国富强化收益债券	450005	2008.10.24	2	0.730	1,256.25	1,174.88	81.37
	合计	4只基金		5	—	140,109.46	76,366.84	63,742.62
华泰柏瑞	华泰柏瑞上证红利ETF	510880	2006.11.17	2	0.410	6,418.72	6,418.72	—
	华泰柏瑞价值增长股票	460005	2008.07.16	1	2.000	20,021.56	17,336.03	2,685.53
	华泰柏瑞积极成长混合	460002	2007.05.29	1	0.300	12,535.71	5,812.78	6,722.93
	华泰柏瑞稳本增利债券	519519	2007.12.03	1	0.500	2,341.41	1,773.89	567.52
	华泰柏瑞货币	460006	2009.05.06	—	—	170.70	—	—
	合计	5只基金		5	—	41,488.10	31,341.42	9,975.98
新华	新华优选成长股票	519089	2008.07.25	1	3.500	57,855.28	29,307.70	28,547.58
	合计	1只基金		1	—	57,855.28	29,307.70	28,547.58

（续上表）

基金公司	基金简称	基金代码	设立日期	累计分红次数	每10份累计派现	利润分配合计	其中：现金形式发放额	再投资形式发放额
汇添富	汇添富均衡增长股票	519018	2006.08.07	1	0.800	203,661.77	103,259.35	100,402.42
	汇添富成长焦点股票	519068	2007.03.12	1	0.300	27,965.50	7,383.82	20,581.68
	汇添富价值精选股票	519069	2009.01.23	1	0.800	6,876.03	4,160.67	2,715.36
	汇添富优势精选混合	519008	2005.08.25	1	4.700	84,016.69	44,064.74	39,951.95
	汇添富蓝筹稳健混合	519066	2008.07.08	1	1.100	4,496.24	3,912.57	583.67
	汇添富增强收益债券	519078	2008.03.06	1	0.500	10,619.36	8,055.73	2,563.63
	汇添富货币	519518	2006.03.23	—	—	6,161.08	—	—
	合　计	7只基金		6	—	343,796.67	170,836.88	166,798.70
工银瑞信	工银核心价值股票	481001	2005.08.31	2	1.000	183,716.34	69,778.02	113,938.32
	工银大盘蓝筹股票	481008	2008.08.04	3	1.700	15,300.51	8,885.82	6,414.69
	工银沪深300指数股票	481009	2009.03.05	1	0.300	13,456.97	6,458.91	6,998.06
	工银精选平衡混合	483003	2006.07.13	1	1.000	101,565.80	46,648.95	54,916.86
	工银增强收益债券	485105	2007.05.11	1	0.850	35,799.13	18,159.26	17,639.87
	工银添利债券	485107	2008.04.14	2	1.150	47,605.77	29,834.83	17,770.94
	工银货币	482002	2006.03.20	—	—	12,501.90	—	—
	合　计	7只基金		10	—	409,946.42	179,765.79	217,678.73
交银施罗德	交银精选股票	519688	2005.09.29	1	1.500	153,384.57	71,701.48	81,683.09
	交银成长股票	519692	2006.10.23	1	0.650	21,499.36	10,083.62	11,415.73
	交银先锋股票	519698	2009.04.10	1	0.250	6,514.56	4,601.48	1,913.08
	交银稳健配置混合	519690	2006.06.14	1	6.250	356,477.64	201,221.05	155,256.59
	交银保本混合	519697	2009.01.21	1	0.200	6,460.73	6,460.73	—
	交银增利债券	519680	2008.03.31	2	0.700	20,938.58	15,463.10	5,475.48
	交银货币	519588	2006.01.20	—	—	7,607.13	—	—
	合　计	7只基金		7	—	572,882.55	309,531.46	255,743.97

（续上表）

基金公司	基金简称	基金代码	设立日期	累计分红次数	每10份累计派现	利润分配合计	其中：现金形式发放额	再投资形式发放额
建信	建信恒久价值股票	530001	2005.12.01	2	0.940	34,400.13	17,368.67	17,031.45
	建信核心精选股票	530006	2008.11.25	2	0.700	7,759.93	5,348.56	2,411.37
	建信稳定增利债券	530008	2008.06.25	1	0.200	4,462.53	3,316.69	1,145.84
	建信货币	530002	2006.04.25	—	—	5,797.36	—	—
	合 计	4只基金		5	—	52,419.95	26,033.92	20,588.67
信诚	信诚中小盘股票	550009	2010.02.10	2	1.300	3,407.53	3,186.22	221.31
	信诚三得益债券	550004	2008.09.27	5	—	1,577.62	1,238.75	338.87
	信诚经典优债债券	550006	2009.03.11	5	0.700	1,377.28	877.59	499.69
	合 计	3只基金		12	—	6,362.43	5,302.56	1,059.87
汇丰晋信	汇丰晋信大盘股票	540006	2009.06.24	1	0.300	4,082.83	2,942.97	1,139.86
	汇丰晋信中小盘股票	540007	2009.12.11	1	0.200	1,772.34	1,430.79	341.55
	汇丰晋信低碳先锋股票	540008	2010.06.08	1	1.000	5,542.02	4,434.30	1,107.72
	汇丰晋信动态策略混合	540003	2007.04.09	1	1.200	21,305.13	10,533.90	10,771.23
	汇丰晋信平稳增利债券	540005	2008.12.03	2	0.051	88.42	78.68	9.74
	合 计	5只基金		6	—	32,790.74	19,420.64	13,370.10
益民	益民货币	560001	2006.07.17	—	—	57.73	—	—
华商	华商收益增强债券	630003	2009.01.23	2	0.570/0.510	6,315.84	4,513.45	1,802.39
中邮创业	中邮核心主题股票	590005	2010.05.19	3	0.950	8,732.03	7,575.22	1,156.80
	中邮核心优势灵活配置混合	590003	2009.10.28	1	0.300	8,663.38	5,798.10	2,865.29
	合 计	2只基金		4	—	17,395.41	13,373.32	4,022.09
信达澳银	信达澳银领先增长股票	610001	2007.03.08	1	0.800	48,690.67	23,408.51	25,282.17

（续上表）

基金公司	基金简称	基金代码	设立日期	累计分红次数	每10份累计派现	利润分配合计	其中：现金形式发放额	再投资形式发放额
诺德	诺德中小盘股票	570006	2010.06.28	1	0.300	421.94	368.04	53.90
	诺德增强收益债券	573003	2009.03.04	1	0.270	163.47	150.70	12.77
	合 计	2只基金		2	—	585.41	518.74	66.66
中欧	中欧新趋势股票(LOF)	166001	2007.01.29	1	0.600	12,909.56	6,663.96	6,245.60
	中欧中小盘股票(LOF)	166006	2009.12.30	1	0.500	1,842.04	1,665.72	176.32
	中欧沪深300指数增强(LOF)	166007	2010.06.24	1	0.450	1,853.57	1,738.27	115.31
	中欧新蓝筹混合	166002	2008.07.25	3	3.100	2,749.58	2,441.56	308.02
	中欧稳健收益债券	166003	2009.04.24	3	0.766/0.750	4,440.62	3,622.73	817.88
	合 计	5只基金		9	—	23,795.37	16,132.23	7,663.14
金元比联	金元比联宝石动力混合	620001	2007.08.15	2	0.600	5,458.59	5,458.59	—
	金元比联成长动力混合	620002	2008.09.03	2	0.900	752.38	534.02	218.36
	金元比联丰利债券	620003	2009.03.23	1	0.120	132.10	116.80	15.30
	合 计	3只基金		5	—	6,343.07	6,109.41	233.66
浦银安盛	浦银安盛精致生活混合	519113	2009.06.04	1	0.600	913.45	722.97	190.48
	浦银安盛优化收益债券	519111	2008.12.30	1	0.100	91.61	68.81	22.81
	合 计	2只基金		2	—	1,005.07	791.78	213.28
农银汇理	农银行业成长股票	660001	2008.08.04	1	2.000	39,548.24	31,423.38	8,124.86
	农银平衡双利混合	660003	2009.04.08	1	0.500	9,202.07	8,211.88	990.20
	农银恒久增利债券A	660002	2008.12.23	1	0.500	1,503.14	1,392.19	110.94
	合 计	3只基金		3	—	50,253.45	41,027.45	9,226.01
民生加银	民生加银增强收益债券	690002	2009.07.21	1	0.300	2,721.20	2,595.80	125.40
总 计	60家	329只基金		430次		1,152.21亿元		

说明：以年报数据为统计范围，累计分红次数不包括货币市场基金。

表2-31 开放式基金(含ETF、QDII)资金流量汇总（2010-2011）

（单位：只；亿元）

基金类型	2010年年报					2011年中报				
	基金数量	申购总金额	赎回总金额	总流量	净流量	基金数量	申购总金额	赎回总金额	总流量	净流量
股票型基金	226	3,950.50	5,107.73	9,058.23	−1,157.23	307	1,662.49	2,213.75	3,876.24	−551.25
混合型基金	158	2,055.08	2,535.84	4,590.92	−480.76	166	707.74	968.68	1,676.42	−260.94
债券型基金	80	1,847.48	1,811.19	3,658.68	36.29	96	730.73	895.28	1,626.01	−164.55
货币市场基金	43	7,110.04	8,249.94	15,359.98	−1,139.90	46	5,602.94	5,971.62	11,574.57	−368.68
ETF	9	3,382.15	3,333.15	6,715.30	49.01	20	1,170.17	1,114.38	2,284.54	55.79
QDII	9	17.02	113.55	130.57	−96.53	27	12.94	80.16	93.10	−67.21
总　计	**525**	**18,362.28**	**21,151.41**	**39,513.68**	**−2,789.13**	**662**	**9,887.03**	**11,243.86**	**21,130.89**	**−1,356.84**

说明：当年新成立的基金不在统计范围内；总流量=申购总金额+赎回总金额；净流量=申购总金额−赎回总金额。

表2-32 基金管理公司旗下基金资金流量统计（2010）

（单位：万元）

基金公司	基金简称	设立日期	申购金额	赎回金额	总流量	净流量
国泰	国泰金鹰增长股票	2002.05.08	294,030.55	106,786.97	400,817.52	187,243.58
	国泰金牛创新股票	2007.05.18	33,898.00	265,289.33	299,187.34	−231,391.33
	国泰沪深300指数	2007.11.11	399,868.48	348,195.09	748,063.57	51,673.40
	国泰区位优势股票	2009.05.27	294,512.66	206,978.15	501,490.81	87,534.52
	国泰中小盘成长股票(LOF)	2009.10.19	29,599.22	415,277.18	444,876.40	−385,677.96
	国泰金龙行业混合	2003.12.05	59,520.10	48,664.96	108,185.06	10,855.13
	国泰金马稳健混合	2004.06.18	137,056.77	301,012.23	438,069.00	−163,955.45
	国泰金鹏蓝筹混合	2006.09.29	39,775.15	80,097.46	119,872.61	−40,322.31
	国泰金鼎价值混合	2007.04.11	64,674.25	166,369.00	231,043.25	−101,694.74
	国泰金鹿保本混合	2008.06.12	153,982.73	122,899.99	276,882.72	31,082.74
	国泰金龙债券	2003.12.05	104,335.35	108,632.56	212,967.92	−4,297.21
	国泰双利债券	2009.03.11	185,557.50	176,453.06	362,010.56	9,104.45
	国泰货币	2005.06.21	856,134.10	1,590,827.82	2,446,961.92	−734,693.72
	合 计		2,652,944.89	3,937,483.80	6,590,428.68	−1,284,538.91
南方	南方积极配置股票(LOF)	2004.10.14	22,470.34	80,173.51	102,643.85	−57,703.16
	南方高增长股票(LOF)	2005.07.13	29,659.30	76,435.92	106,095.22	−46,776.62
	南方绩优成长股票	2006.11.16	300,987.37	259,745.32	560,732.69	41,242.05
	南方成份精选股票	2007.05.14	51,286.51	192,011.81	243,298.32	−140,725.30
	南方隆元产业主题股票	2007.11.09	11,999.14	100,520.23	112,519.37	−88,521.09
	南方盛元红利股票	2008.03.21	33,459.47	115,474.98	148,934.45	−82,015.51
	南方优选价值股票	2008.06.18	273,765.19	75,193.71	348,958.90	198,571.48
	南方沪深300指数	2009.03.25	234,501.13	233,150.53	467,651.66	1,350.60
	南方中证500指数(LOF)	2009.09.25	751,489.43	753,799.79	1,505,289.23	−2,310.36
	南方深证成份ETF联接	2009.12.09	48,555.39	121,346.54	169,901.93	−72,791.15
	南方稳健成长混合	2001.09.28	39,615.99	124,761.41	164,377.40	−85,145.42
	南方避险增值混合	2003.06.27	70,656.20	191,863.46	262,519.67	−121,207.26
	南方稳健成长贰号混合	2006.07.25	211,309.65	136,256.19	347,565.84	75,053.46
	南方恒元保本混合	2008.11.12	49,472.84	132,203.18	181,676.02	−82,730.33
	南方宝元债券	2002.09.20	74,654.25	105,744.49	180,398.74	−31,090.23
	南方多利增强债券	2007.08.28	86,981.25	79,211.90	166,193.15	7,769.34
	南方现金增利货币	2004.03.05	4,489,930.96	4,071,042.61	8,560,973.57	418,888.35
	南方深证成份ETF	2009.12.04	915,582.26	925,518.61	1,841,100.87	−9,936.36
	南方全球精选配置(QDII−FOF)	2007.09.19	7,812.36	204,462.40	212,274.76	−196,650.04
	合 计		7,704,189.05	7,978,916.58	15,683,105.63	−274,727.53

（续上表）

基金公司	基金简称	设立日期	申购金额	赎回金额	总流量	净流量
华夏	华夏收入股票	2005.11.17	22,747.76	110,808.06	133,555.81	-88,060.30
	华夏优势增长股票	2006.11.24	1,233,413.95	596,238.61	1,829,652.56	637,175.34
	华夏复兴股票	2007.09.10	—	82,045.14	82,045.14	-82,045.14
	华夏行业股票(LOF)	2007.11.22	102,127.41	454,976.10	557,103.52	-352,848.69
	华夏沪深300指数	2009.07.10	936,533.40	995,477.37	1,932,010.76	-58,943.97
	华夏盛世股票	2009.12.11	—	607,675.80	607,675.80	-607,675.80
	华夏成长混合	2001.12.18	463,702.29	358,271.82	821,974.10	105,430.47
	华夏回报混合	2003.09.05	190,545.69	465,081.80	655,627.49	-274,536.11
	华夏经典混合	2004.03.15	2,172.39	17,549.94	19,722.33	-15,377.55
	华夏大盘精选混合	2004.08.11	4,094.58	10,721.56	14,816.14	-6,626.98
	华夏红利混合	2005.06.30	1,306,756.88	643,947.94	1,950,704.82	662,808.95
	华夏稳增混合	2006.08.09	178,751.93	270,053.57	448,805.49	-91,301.64
	华夏回报二号混合	2006.08.14	65,999.50	272,611.21	338,610.71	-206,611.72
	华夏蓝筹混合(LOF)	2007.04.24	320,807.69	357,464.45	678,272.14	-36,656.76
	华夏策略混合	2008.10.23	—	15,161.74	15,161.74	-15,161.74
	华夏债券	2002.10.23	296,703.12	339,972.83	636,675.95	-43,269.72
	中信稳定双利债券	2006.07.20	27,782.69	39,996.73	67,779.42	-12,214.03
	华夏希望债券	2008.03.10	159,525.71	452,021.99	611,547.69	-292,496.28
	华夏现金增利货币	2004.04.07	3,147,352.62	3,623,616.92	6,770,969.53	-476,264.30
	中信现金优势货币	2005.04.20	132,073.04	116,934.76	249,007.80	15,138.28
	华夏上证50ETF	2004.12.30	13,059,745.97	12,974,821.31	26,034,567.27	84,924.66
	华夏中小板ETF	2006.06.08	2,673,740.33	2,713,454.87	5,387,195.21	-39,714.54
	华夏全球股票(QDII)	2007.10.09	49,516.42	312,283.72	361,800.14	-262,767.30
	合 计		24,374,093.36	25,831,188.22	50,205,281.59	-1,457,094.86
华安	华安中国A股增强指数	2002.11.08	547,714.28	472,548.73	1,020,263.01	75,165.55
	华安宏利股票	2006.09.06	237,867.56	722,380.08	960,247.64	-484,512.51
	华安中小盘成长股票	2007.04.10	34,917.84	261,192.55	296,110.39	-226,274.72
	华安策略优选股票	2007.08.02	35,674.91	177,026.98	212,701.89	-141,352.07
	华安核心股票	2008.10.22	132,278.26	108,847.16	241,125.42	23,431.11
	华安上证180ETF联接	2009.09.29	82,930.17	74,157.25	157,087.42	8,772.92
	华安创新混合	2001.09.21	43,192.29	96,053.64	139,245.92	-52,861.35
	华安宝利配置混合	2004.08.24	68,919.07	232,241.60	301,160.67	-163,322.52
	华安动态灵活配置混合	2009.12.22	6,720.61	187,907.74	194,628.35	-181,187.13

（续上表）

基金公司	基金简称	设立日期	申购金额	赎回金额	总流量	净流量
华安	华安稳定收益债券	2008.04.30	240,146.89	114,091.25	354,238.14	126,055.64
华安	华安强化收益债券	2009.04.13	68,879.59	109,365.18	178,244.78	−40,485.59
华安	华安现金富利货币	2003.12.30	4,231,081.39	4,743,981.61	8,975,063.00	−512,900.22
华安	华安上证180ETF	2006.04.13	4,588,186.99	4,328,257.16	8,916,444.15	259,929.84
合　计			10,318,509.86	11,628,050.93	21,946,560.79	−1,309,541.06
博时	博时沪深300指数	2003.08.26	399,027.55	422,122.87	821,150.42	−23,095.31
博时	博时精选股票	2004.06.22	110,066.84	257,330.09	367,396.93	−147,263.25
博时	博时主题行业股票(LOF)	2005.01.06	189,893.51	495,735.60	685,629.11	−305,842.09
博时	博时第三产业股票	2007.04.12	226,641.69	337,201.80	563,843.49	−110,560.11
博时	博时新兴成长股票	2007.07.06	176,000.85	251,855.67	427,856.52	−75,854.82
博时	博时特许价值股票	2008.05.28	74,253.36	130,640.19	204,893.56	−56,386.83
博时	博时上证超大盘ETF联接	2009.12.29	87,700.66	78,831.79	166,532.45	8,868.87
博时	博时价值增长混合	2002.10.09	21,654.13	233,890.56	255,544.69	−212,236.43
博时	博时平衡配置混合	2006.05.31	220,717.01	169,436.91	390,153.92	51,280.10
博时	博时价值增长贰号混合	2006.09.27	7,144.22	108,007.66	115,151.89	−100,863.44
博时	博时策略混合	2009.08.11	74,623.15	309,847.61	384,470.76	−235,224.45
博时	博时稳定价值债券	2007.09.06	474,137.42	468,615.08	942,752.50	5,522.34
博时	博时信用债券	2009.06.10	277,067.37	279,610.09	556,677.47	−2,542.72
博时	博时现金收益货币	2004.01.16	2,941,790.43	3,969,128.83	6,910,919.25	−1,027,338.40
博时	博时上证超大盘ETF	2009.12.29	320,311.06	211,390.88	531,701.94	108,920.17
合　计			5,601,029.27	7,723,645.62	13,324,674.89	−2,122,616.35
鹏华	鹏华价值优势股票(LOF)	2006.07.18	89,133.48	257,205.87	346,339.35	−168,072.40
鹏华	鹏华优质治理股票(LOF)	2007.04.25	39,472.38	150,134.38	189,606.76	−110,661.99
鹏华	鹏华盛世创新股票(LOF)	2008.10.10	124,050.55	112,871.42	236,921.97	11,179.13
鹏华	鹏华沪深300指数(LOF)	2009.04.03	185,041.48	147,657.87	332,699.35	37,383.61
鹏华	鹏华精选成长股票	2009.09.09	26,417.48	78,542.17	104,959.65	−52,124.70
鹏华	鹏华行业成长混合	2002.05.24	14,357.22	10,348.82	24,706.04	4,008.40
鹏华	鹏华普天收益混合	2003.07.12	68,705.17	44,725.09	113,430.26	23,980.08
鹏华	鹏华中国50混合	2004.05.12	218,910.34	260,101.54	479,011.88	−41,191.20
鹏华	鹏华动力增长混合(LOF)	2007.01.09	170,159.19	271,332.21	441,491.40	−101,173.02
鹏华	鹏华普天债券	2003.07.12	116,416.32	135,105.34	251,521.66	−18,689.02
鹏华	鹏华丰收债券	2008.05.28	79,128.29	89,366.42	168,494.71	−10,238.13
鹏华	鹏华货币	2005.04.12	1,639,516.76	1,519,529.92	3,159,046.68	119,986.85
合　计			2,771,308.67	3,076,921.05	5,848,229.72	−305,612.38

（续上表）

基金公司	基金简称	设立日期	申购金额	赎回金额	总流量	净流量
嘉实	嘉实沪深300指数(LOF)	2005.08.29	1,428,861.19	1,599,111.48	3,027,972.68	−170,250.29
	嘉实优质企业股票	2007.12.08	268,289.67	222,326.33	490,616.00	45,963.34
	嘉实研究精选股票	2008.05.27	222,936.45	384,095.78	607,032.23	−161,159.33
	嘉实量化阿尔法股票	2009.03.20	70,644.14	206,925.60	277,569.74	−136,281.47
	嘉实基本面50指数(LOF)	2009.12.30	64,326.69	143,659.65	207,986.34	−79,332.95
	嘉实成长收益混合	2002.11.05	147,767.52	136,062.34	283,829.86	11,705.18
	嘉实稳健混合	2003.07.09	137,691.73	300,003.54	437,695.27	−162,311.81
	嘉实增长混合	2003.07.09	583,554.04	298,969.88	882,523.92	284,584.17
	嘉实服务增值行业混合	2004.04.01	572,841.74	310,475.49	883,317.23	262,366.25
	嘉实主题混合	2006.07.21	1,495,782.86	1,257,020.79	2,752,803.65	238,762.07
	嘉实策略混合	2006.12.12	760,957.43	471,753.47	1,232,710.90	289,203.96
	嘉实回报混合	2009.08.18	43,870.01	389,827.51	433,697.53	−345,957.50
	嘉实债券	2003.07.09	211,306.73	193,994.53	405,301.27	17,312.20
	嘉实超短债债券	2006.04.26	2,950,663.91	3,120,921.62	6,071,585.52	−170,257.71
	嘉实多元债券	2008.09.10	463,874.69	373,251.41	837,126.10	90,623.28
	嘉实货币	2005.03.18	4,649,866.35	5,692,375.28	10,342,241.63	−1,042,508.92
	嘉实海外中国股票(QDII)	2007.10.12	28,179.96	251,063.90	279,243.86	−222,883.93
	合计		14,101,415.13	15,351,838.59	29,453,253.72	−1,250,423.46
长盛	长盛中证100指数	2006.11.22	24,385.02	31,346.74	55,731.76	−6,961.72
	长盛同德主题股票	2007.10.25	30,503.91	275,661.82	306,165.73	−245,157.91
	长盛量化红利股票	2009.11.25	2,438.90	87,234.60	89,673.50	−84,795.70
	长盛成长价值混合	2002.09.18	38,583.03	61,768.34	100,351.36	−23,185.31
	长盛动态精选混合	2004.05.21	9,810.03	77,922.10	87,732.13	−68,112.07
	长盛同智优势混合(LOF)	2007.01.05	8,321.42	59,350.58	67,672.00	−51,029.16
	长盛创新先锋混合	2008.06.04	31,487.62	32,200.18	63,687.80	−712.57
	长盛全债指数增强债券	2003.10.25	7,095.36	29,112.11	36,207.47	−22,016.76
	长盛积极配置债券	2008.10.08	215,341.12	73,689.22	289,030.34	141,651.89
	长盛货币	2005.12.12	1,149,089.48	1,452,767.21	2,601,856.69	−303,677.72
	合计		1,517,055.89	2,181,052.91	3,698,108.80	−663,997.02
大成	大成沪深300指数	2006.04.06	565,155.16	355,123.75	920,278.91	210,031.41
	大成积极成长股票	2007.01.16	81,044.68	89,198.67	170,243.34	−8,153.99
	大成景阳领先股票	2007.12.11	461,380.05	313,259.89	774,639.94	148,120.16
	大成策略回报股票	2008.11.26	289,412.96	190,880.17	480,293.13	98,532.79
	大成行业轮动股票	2009.09.08	17,221.85	147,833.44	165,055.28	−130,611.59
	大成价值增长混合	2002.11.11	62,509.76	235,291.27	297,801.04	−172,781.51

（续上表）

基金公司	基金简称	设立日期	申购金额	赎回金额	总流量	净流量
大成	大成蓝筹稳健混合	2004.06.03	62,899.32	204,117.18	267,016.50	−141,217.87
	大成精选增值混合	2004.12.15	56,411.78	122,204.93	178,616.71	−65,793.16
	大成2020生命周期混合	2006.09.13	66,266.54	161,735.78	228,002.32	−95,469.25
	大成创新成长混合	2007.06.12	11,571.51	189,315.74	200,887.25	−177,744.24
	大成债券	2003.06.12	114,119.49	109,691.22	223,810.71	4,428.27
	大成强化收益债券	2008.08.06	38,564.08	101,897.93	140,462.01	−63,333.84
	大成货币	2005.06.03	1,043,966.38	2,504,354.13	3,548,320.51	−1,460,387.76
	合 计		2,870,523.54	4,724,904.10	7,595,427.65	−1,854,380.56
富国	富国天益价值股票	2004.06.15	123,393.86	361,556.54	484,950.40	−238,162.68
	富国天合稳健股票	2006.11.15	91,121.02	158,304.42	249,425.44	−67,183.40
	富国天博创新股票	2007.04.27	44,338.38	162,359.85	206,698.23	−118,021.47
	富国天鼎中证指数增强	2008.11.20	104,155.02	118,550.95	222,705.96	−14,395.93
	富国沪深300指数增强	2009.12.16	193,680.84	290,654.42	484,335.26	−96,973.58
	富国天源平衡混合	2002.08.16	16,463.13	20,844.29	37,307.43	−4,381.16
	富国天瑞强势混合	2005.04.05	409,516.96	754,117.88	1,163,634.84	−344,600.92
	富国天惠成长混合(LOF)	2005.11.16	268,010.36	131,273.13	399,283.49	136,737.23
	富国天成红利混合	2008.05.28	71,576.22	66,928.33	138,504.55	4,647.89
	富国天利增长债券	2003.12.02	384,155.25	370,666.74	754,821.99	13,488.51
	富国优化增强债券	2009.06.10	197,236.39	245,258.57	442,494.96	−48,022.18
	富国天时货币	2006.06.05	1,336,049.25	1,479,649.04	2,815,698.29	−143,599.79
	合 计		3,239,696.69	4,160,164.16	7,399,860.86	−920,467.47
易方达	易方达上证50指数	2004.03.22	1,297,339.46	956,718.87	2,254,058.33	340,620.59
	易方达价值精选股票	2006.06.13	208,461.62	179,754.05	388,215.66	28,707.57
	易方达科讯股票	2007.12.18	15,008.65	101,112.84	116,121.49	−86,104.18 易
	方达中小盘股票	2008.06.19	383,976.78	241,791.34	625,768.12	142,185.44
	易方达科翔股票	2008.11.13	47,511.53	48,722.97	96,234.50	−1,211.45
	易方达行业领先股票	2009.03.26	234,493.23	232,879.92	467,373.15	1,613.30
	易方达沪深300指数	2009.08.26	536,274.63	563,116.47	1,099,391.10	−26,841.84
	易方达深证100ETF联接	2009.12.01	340,234.79	1,059,334.66	1,399,569.45	−719,099.87
	易方达平稳增长混合	2002.08.23	15,163.00	79,251.45	94,414.45	−64,088.46
	易方达策略成长混合	2003.12.09	76,888.48	169,722.83	246,611.31	−92,834.35
	易方达积极成长混合	2004.09.09	277,621.09	177,747.32	455,368.41	99,873.77
	易方达策略成长二号混合	2006.08.16	29,416.22	153,994.53	183,410.75	−124,578.31
	易方达价值成长混合	2007.04.02	836,624.00	1,486,404.60	2,323,028.60	−649,780.60
	易方达科汇灵活配置混合	2008.10.09	340,218.47	241,112.89	581,331.36	99,105.57

（续上表）

基金公司	基金简称	设立日期	申购金额	赎回金额	总流量	净流量
易方达	易方达稳健收益债券	2008.01.29	468,246.27	437,862.42	906,108.70	30,383.85
	易方达增强回报债券	2008.03.19	494,426.00	304,801.70	799,227.70	189,624.30
	易方达货币	2005.02.02	2,713,179.10	2,855,547.68	5,568,726.78	−142,368.59
	易方达深证100ETF	2006.03.24	11,206,059.93	10,612,622.41	21,818,682.33	593,437.52
	合　计		19,521,143.24	19,902,498.96	39,423,642.20	−381,355.72
宝盈	宝盈泛沿海增长股票	2005.03.08	10,610.92	33,570.71	44,181.63	−22,959.79
	宝盈策略增长股票	2007.01.19	4,215.13	63,469.30	67,684.43	−59,254.18
	宝盈资源优选股票	2008.04.15	18,409.47	15,936.11	34,345.58	2,473.36
	宝盈鸿利收益混合	2002.10.08	2,931.43	9,012.70	11,944.13	−6,081.26
	宝盈核心优势混合	2009.03.17	5,317.93	12,065.99	17,383.92	−6,748.06
	宝盈增强收益债券	2008.05.15	364,275.82	266,895.01	631,170.83	97,380.80
	宝盈货币	2009.08.05	159,803.11	261,517.69	421,320.79	−101,714.58
	合　计		565,563.81	662,467.50	1,228,031.31	−96,903.70
融通	融通深证100指数	2003.09.30	995,555.15	1,077,912.06	2,073,467.21	−82,356.91
	融通巨潮100指数(LOF)	2005.05.12	39,127.23	68,665.97	107,793.20	−29,538.74
	融通动力先锋股票	2006.11.15	6,142.90	66,733.82	72,876.72	−60,590.92
	融通领先成长股票(LOF)	2007.04.30	24,476.56	71,209.10	95,685.66	−46,732.54
	融通内需驱动股票	2009.04.22	23,110.19	47,372.84	70,483.03	−24,262.64
	融通新蓝筹混合	2002.09.13	17,778.82	198,808.90	216,587.73	−181,030.08
	融通蓝筹成长混合	2003.09.30	15,210.85	61,757.41	76,968.26	−46,546.56
	融通行业景气混合	2004.04.29	23,538.66	86,326.30	109,864.96	−62,787.64
	融通债券	2003.09.30	247,124.88	258,578.80	505,703.68	−11,453.92
	融通易支付货币	2006.01.19	269,487.67	326,726.72	596,214.39	−57,239.05
	合　计		1,661,552.92	2,264,091.92	3,925,644.84	−602,539.00
银华	银华−道琼斯88指数	2004.08.11	184,177.71	339,405.17	523,582.88	−155,227.47
	银华价值优选股票	2005.09.27	550,058.21	1,368,409.54	1,918,467.75	−818,351.33
	银华优质增长股票	2006.06.09	309,244.01	205,077.80	514,321.81	104,166.21
	银华富裕主题股票	2006.11.16	745,447.91	645,498.89	1,390,946.80	99,949.02
	银华领先策略股票	2008.08.20	301,649.02	175,716.90	477,365.91	125,932.12
	银华内需精选股票(LOF)	2009.07.01	227,517.89	283,957.22	511,475.11	−56,439.33
	银华沪深300指数(LOF)	2009.10.14	57,471.14	66,548.39	124,019.53	−9,077.26
	银华优势企业混合	2002.11.13	28,973.90	106,993.89	135,967.79	−78,019.99
	银华保本增值混合	2004.03.02	394,549.10	76,616.15	471,165.25	317,932.95
	银华和谐主题混合	2009.04.27	278,082.26	256,692.52	534,774.78	21,389.74

（续上表）

基金公司	基金简称	设立日期	申购金额	赎回金额	总流量	净流量
银华	银华增强收益债券	2008.12.03	328,820.54	356,726.39	685,546.93	-27,905.86
	银华货币	2005.01.31	1,667,445.75	1,330,758.47	2,998,204.22	336,687.28
	银华全球优选(QDII-FOF)	2008.05.26	4,498.60	6,055.59	10,554.19	-1,556.99
	合　计		5,077,936.03	5,218,456.93	10,296,392.96	-140,520.91
泰达宏利	泰达宏利稳定股票	2003.04.25	6,463.11	10,926.82	17,389.93	-4,463.71
	泰达宏利周期股票	2003.04.25	56,481.32	48,430.25	104,911.57	8,051.07
	泰达宏利成长股票	2003.04.25	308,526.74	190,691.17	499,217.91	117,835.56
	泰达宏利精选股票	2004.07.09	326,921.32	493,893.55	820,814.87	-166,972.23
	泰达宏利首选企业股票	2006.12.01	8,634.54	156,411.33	165,045.86	-147,776.79
	泰达宏利市值优选股票	2007.08.03	57,362.96	166,128.37	223,491.33	-108,765.41
	泰达宏利红利先锋股票	2009.12.03	69,750.22	141,155.31	210,905.52	-71,405.09
	泰达宏利风险预算混合	2005.04.05	22,334.60	20,407.39	42,741.99	1,927.21
	泰达宏利效率优选混合(LOF)	2006.05.12	64,232.04	76,539.05	140,771.10	-12,307.01
	泰达宏利品质生活混合	2009.04.09	18,738.83	67,590.65	86,329.48	-48,851.82
	泰达宏利集利债券	2008.09.26	62,659.58	36,678.20	99,337.78	25,981.38
	泰达宏利货币	2005.11.10	278,384.27	517,216.57	795,600.83	-238,832.30
	合　计		1,280,489.52	1,926,068.65	3,206,558.17	-645,579.13
国投瑞银	国投瑞银核心企业股票	2006.04.19	52,876.97	115,262.65	168,139.62	-62,385.67
	国投瑞银创新动力股票	2006.11.15	251,368.49	212,203.57	463,572.06	39,164.92
	国投瑞银成长优选股票	2008.01.10	177,285.43	202,297.54	379,582.97	-25,012.11
	国投瑞银沪深300指数分级	2009.10.14	330,606.25	377,683.18	708,289.43	-47,076.93
	国投瑞银景气行业混合	2004.04.29	40,512.01	79,492.17	120,004.18	-38,980.15
	国投瑞银稳健增长混合	2008.06.11	596,621.20	213,763.13	810,384.33	382,858.06
	国投瑞银融华债券	2003.04.16	231,991.34	234,256.23	466,247.57	-2,264.90
	国投瑞银稳定增利债券	2008.01.11	423,418.65	296,636.48	720,055.13	126,782.17
	国投瑞银货币	2009.01.19	944,230.51	1,206,389.64	2,150,620.15	-262,159.12
	合　计		3,048,910.85	2,937,984.59	5,986,895.44	110,926.27
银河	银河成长股票	2008.05.26	21,742.06	10,331.13	32,073.18	11,410.93
	银河行业股票	2009.04.24	209,629.26	72,115.16	281,744.43	137,514.10
	银河沪深300价值指数	2009.12.28	45,501.30	63,574.52	109,075.82	-18,073.22
	银河稳健混合	2003.08.04	100,837.26	71,850.21	172,687.48	28,987.05
	银河银泰混合	2004.03.30	26,315.57	86,480.49	112,796.07	-60,164.92
	银河收益债券	2003.08.04	21,381.78	24,398.10	45,779.88	-3,016.31

（续上表）

基金公司	基金简称	设立日期	申购金额	赎回金额	总流量	净流量
银河	银河银信添利债券	2007.03.14	28,925.99	76,246.38	105,172.36	-47,320.39
	银河银富货币	2004.12.20	140,869.53	234,809.58	375,679.12	-93,940.05
	合计		595,202.76	639,805.58	1,235,008.33	-44,602.82
万家	万家180指数	2003.03.17	447,179.81	276,621.16	723,800.98	170,558.65
	万家公用事业行业股票(LOF)	2005.07.15	59,283.44	21,950.03	81,233.47	37,333.41
	万家精选股票	2009.05.18	12,845.25	35,738.48	48,583.73	-22,893.23
	万家和谐增长混合	2006.11.30	20,380.07	25,220.29	45,600.36	-4,840.22
	万家双引擎灵活配置混合	2008.06.27	3,944.25	8,113.75	12,058.00	-4,169.51
	万家增强收益债券	2004.09.28	49,123.89	96,646.24	145,770.13	-47,522.35
	万家稳增债券	2009.08.12	234,026.41	218,667.36	452,693.77	15,359.05
	万家货币	2006.05.24	3,102,603.09	2,978,601.93	6,081,205.02	124,001.16
	合计		3,929,386.21	3,661,559.25	7,590,945.46	267,826.96
金鹰	金鹰行业优势股票	2009.07.01	94,005.22	119,336.72	213,341.94	-25,331.50
	金鹰成份优选混合	2003.06.16	14,678.30	27,289.66	41,967.95	-12,611.36
	金鹰中小盘精选混合	2004.05.27	207,570.24	162,046.07	369,616.32	45,524.17
	金鹰红利价值混合	2008.12.04	5,914.48	12,813.53	18,728.02	-6,899.05
	合计		322,168.24	321,485.99	643,654.23	682.26
长城	长城久泰中信标普300指数	2004.05.21	79,963.01	119,816.34	199,779.35	-39,853.34
	长城消费增值股票	2006.04.06	83,569.56	227,466.75	311,036.31	-143,897.19
	长城久富股票(LOF)	2007.02.12	56,812.86	77,375.94	134,188.80	-20,563.08
	长城品牌优选股票	2007.08.06	93,533.85	244,764.42	338,298.27	-151,230.58
	长城双动力股票	2009.01.15	76,368.64	67,727.59	144,096.23	8,641.05
	长城久恒平衡混合	2003.10.31	2,713.11	5,607.64	8,320.75	-2,894.53
	长城安心回报混合	2006.08.22	82,667.78	149,805.32	232,473.10	-67,137.54
	长城景气行业龙头混合	2009.06.30	16,637.30	53,915.82	70,553.13	-37,278.52
	长城稳健增利债券	2008.08.27	21,061.61	18,648.31	39,709.91	2,413.30
	长城货币	2005.05.30	439,371.31	437,591.99	876,963.29	1,779.32
	合计		952,699.02	1,402,720.12	2,355,419.14	-450,021.09
招商	招商安泰股票	2003.04.28	37,487.49	23,373.93	60,861.42	14,113.56
	招商优质成长股票(LOF)	2005.11.17	72,569.52	216,377.74	288,947.26	-143,808.22
	招商大盘蓝筹股票	2008.06.19	96,881.33	115,810.63	212,691.97	-18,929.30
	招商行业领先股票	2009.06.19	110,802.94	211,022.94	321,825.89	-100,220.00
	招商中小盘股票	2009.12.25	8,981.95	197,328.11	206,310.05	-188,346.16
	招商安泰平衡混合	2003.04.28	23,090.91	19,918.26	43,009.17	3,172.65
	招商先锋混合	2004.06.01	81,204.41	118,783.16	199,987.58	-37,578.75

（续上表）

基金公司	基金简称	设立日期	申购金额	赎回金额	总流量	净流量
招商	招商核心价值混合	2007.03.30	83,601.76	111,975.96	195,577.72	−28,374.19
	招商安泰债券	2003.04.28	867,560.24	768,404.41	1,635,964.65	99,155.82
	招商安本增利债券	2006.07.11	348,635.12	193,573.29	542,208.41	155,061.83
	招商安心收益债券	2008.10.22	94,597.06	90,314.67	184,911.73	4,282.40
	招商现金增值货币	2004.01.14	2,290,868.33	1,988,624.81	4,279,493.15	302,243.52
	合　计		4,116,281.07	4,055,507.92	8,171,788.99	60,773.16
华宝兴业	华宝兴业多策略股票	2004.05.11	134,707.96	213,749.19	348,457.15	−79,041.23
	华宝兴业动力组合股票	2005.11.17	89,663.01	113,269.03	202,932.03	−23,606.02
	华宝兴业先进成长股票	2006.11.07	50,055.82	150,942.86	200,998.68	−100,887.03
	华宝兴业行业精选股票	2007.06.14	122,738.91	262,687.29	385,426.20	−139,948.38
	华宝兴业大盘精选股票	2008.10.07	146,430.46	161,236.07	307,666.54	−14,805.61
	华宝兴业中证100指数	2009.09.29	154,738.92	145,531.95	300,270.87	9,206.97
	华宝兴业宝康消费品混合	2003.07.15	255,684.00	271,940.97	527,624.97	−16,256.97
	华宝兴业宝康配置混合	2003.07.15	32,980.96	80,949.31	113,930.27	−47,968.35
	华宝兴业收益增长混合	2006.06.15	68,560.96	424,021.94	492,582.90	−355,460.98
	华宝兴业宝康债券	2003.07.15	41,526.38	96,109.03	137,635.41	−54,582.65
	华宝兴业增强收益债券	2009.02.17	19,427.93	51,514.19	70,942.11	−32,086.26
	华宝兴业现金宝货币	2005.03.31	1,149,843.47	1,565,749.55	2,715,593.03	−415,906.08
	华宝兴业海外中国股票(QDII)	2008.05.07	742.78	4,640.27	5,383.05	−3,897.49
	合　计		2,267,101.56	3,542,341.64	5,809,443.20	−1,275,240.09
摩根士丹利华鑫	大摩领先优势股票	2009.09.22	631,712.80	487,512.86	1,119,225.66	144,199.93
	大摩基础行业混合	2004.03.26	5,542.71	4,365.28	9,907.99	1,177.43
	大摩资源优选混合(LOF)	2005.09.27	328,021.89	162,425.44	490,447.32	165,596.45
	大摩强收益债券	2009.12.29	262,261.54	233,068.18	495,329.72	29,193.36
	大摩货币	2006.08.17	253,955.64	218,500.89	472,456.53	35,454.75
	合　计		1,481,494.58	1,105,872.65	2,587,367.23	375,621.93
国联安	国联安精选股票	2005.12.28	111,982.83	192,829.00	304,811.84	−80,846.17
	国联安优势股票	2007.01.24	30,471.34	40,599.93	71,071.27	−10,128.59
	国联安红利股票	2008.10.22	13,259.65	18,816.95	32,076.60	−5,557.29
	国联安主题驱动股票	2009.08.26	5,531.72	33,486.92	39,018.64	−27,955.20
	国联安稳健混合	2003.08.08	312,434.74	175,001.45	487,436.19	137,433.29
	国联安小盘精选混合	2004.04.12	1,438.52	26,996.82	28,435.34	−25,558.30
	国联安安心成长混合	2005.07.13	15,199.72	27,906.13	43,105.85	−12,706.41
	国联安增利债券	2009.03.11	445,462.85	305,333.72	750,796.57	140,129.13
	合　计		935,781.37	820,970.91	1,756,752.28	114,810.46

（续上表）

基金公司	基金简称	设立日期	申购金额	赎回金额	总流量	净流量
海富通	海富通股票	2005.07.29	111,087.54	159,031.31	270,118.85	-47,943.78
	海富通风格优势股票	2006.10.19	596,610.74	533,644.08	1,130,254.83	62,966.66
	海富通领先成长股票	2009.04.30	193,380.27	122,081.45	315,461.72	71,298.82
	海富通中证100指数(LOF)	2009.10.30	162,677.21	153,025.38	315,702.59	9,651.83
	海富通精选混合	2003.08.22	259,277.16	283,262.99	542,540.15	-23,985.83
	海富通收益增长混合	2004.03.12	2,430.42	51,830.20	54,260.62	-49,399.78
	海富通强化回报混合	2006.05.25	78,633.54	31,672.89	110,306.43	46,960.65
	海富通精选贰号混合	2007.04.09	1,846.54	97,702.44	99,548.98	-95,855.91
	海富通稳健添利债券	2008.10.24	203,537.60	222,587.08	426,124.68	-19,049.48
	海富通货币	2005.01.04	2,417,611.55	2,881,156.23	5,298,767.78	-463,544.68
	海富通中国海外股票(QDII)	2008.06.27	16,855.79	37,364.94	54,220.73	-20,509.15
	合　计		4,043,948.35	4,573,359.00	8,617,307.35	-529,410.64
泰信	泰信优质生活股票	2006.12.15	115,144.45	102,244.79	217,389.24	12,899.66
	泰信蓝筹精选股票	2009.04.22	68,851.11	37,877.02	106,728.13	30,974.09
	泰信先行策略混合	2004.06.28	5,646.19	83,696.00	89,342.20	-78,049.81
	泰信优势增长混合	2008.06.25	16,507.39	11,875.06	28,382.46	4,632.33
	泰信双息双利债券	2007.10.31	13,016.26	48,629.84	61,646.10	-35,613.58
	泰信债券增强收益	2009.07.29	30,409.00	66,642.02	97,051.02	-36,233.02
	泰信天天收益货币	2004.02.10	361,633.32	524,408.57	886,041.89	-162,775.25
	合　计		611,207.73	875,373.30	1,486,581.03	-264,165.57
天治	天治核心成长股票(LOF)	2006.01.20	15,633.44	63,210.35	78,843.79	-47,576.91
	天治创新先锋股票	2008.05.08	62,164.41	36,899.23	99,063.64	25,265.18
	天治财富增长混合	2004.06.29	834.10	4,534.22	5,368.32	-3,700.11
	天治品质优选混合	2005.01.12	3,714.02	6,666.34	10,380.36	-2,952.32
	天治趋势精选混合	2009.07.15	4,133.43	25,384.34	29,517.77	-21,250.91
	天治稳健双盈债券	2008.11.05	14,556.69	29,293.10	43,849.80	-14,736.41
	天治天得利货币	2006.07.05	165,366.19	243,742.80	409,108.98	-78,376.61
	合　计		266,402.29	409,730.38	676,132.66	-143,328.09
景顺长城	景顺长城优选股票	2003.10.24	8,017.22	50,465.41	58,482.63	-42,448.19
	景顺长城内需增长股票	2004.06.25	249,152.34	202,761.36	451,913.70	46,390.98
	景顺长城鼎益股票(LOF)	2005.03.16	8,869.70	115,810.90	124,680.60	-106,941.20
	景顺长城资源垄断股票(LOF)	2006.01.26	15,516.21	112,311.62	127,827.83	-96,795.40
	景顺长城新兴成长股票	2006.06.28	22,637.85	67,957.76	90,595.61	-45,319.91
	景顺长城内需贰号股票	2006.10.11	414,011.44	353,802.42	767,813.86	60,209.02
	景顺长城精选蓝筹股票	2007.06.18	9,727.18	154,033.26	163,760.44	-144,306.09

（续上表）

基金公司	基金简称	设立日期	申购金额	赎回金额	总流量	净流量
景顺长城	景顺长城公司治理股票	2008.10.22	56,739.29	30,042.37	86,781.66	26,696.92
	景顺长城能源基建股票	2009.10.20	167,492.94	124,894.98	292,387.93	42,597.96
	景顺长城动力平衡混合	2003.10.24	3,312.71	71,168.01	74,480.73	-67,855.30
	景顺长城货币	2003.10.24	253,811.28	303,821.45	557,632.73	-50,010.16
	合 计		1,209,288.16	1,587,069.55	2,796,357.71	-377,781.39
广发	广发小盘成长股票(LOF)	2005.02.02	352,469.62	578,352.74	930,822.36	-225,883.12
	广发聚丰股票	2005.12.23	182,244.40	430,536.43	612,780.83	-248,292.02
	广发核心精选股票	2008.07.16	331,205.79	264,117.25	595,323.03	67,088.54
	广发沪深300指数	2008.12.30	461,390.70	360,846.12	822,236.83	100,544.58
	广发聚瑞股票	2009.06.16	241,885.27	413,740.48	655,625.75	-171,855.21
	广发中证500指数(LOF)	2009.11.26	584,970.81	1,153,991.91	1,738,962.72	-569,021.10
	广发聚富混合	2003.12.03	61,828.80	165,230.17	227,058.97	-103,401.38
	广发稳健增长混合	2004.07.26	155,597.51	291,372.96	446,970.47	-135,775.45
	广发策略优选混合	2006.05.17	425,057.23	355,760.55	780,817.78	69,296.68
	广发大盘成长混合	2007.06.13	15,073.93	213,540.45	228,614.39	-198,466.52
	广发增强债券	2008.03.27	89,279.53	141,970.36	231,249.89	-52,690.83
	广发货币	2005.05.20	1,426,159.06	1,625,405.37	3,051,564.42	-199,246.31
	合 计		4,327,162.67	5,994,864.79	10,322,027.46	-1,667,702.13
兴业全球	兴全全球视野股票	2006.09.20	309,094.67	539,062.43	848,157.10	-229,967.77
	兴全社会责任股票	2008.04.30	340,887.05	395,012.01	735,899.06	-54,124.95
	兴全可转债混合	2004.05.11	351,778.25	178,519.38	530,297.63	173,258.87
	兴全趋势混合(LOF)	2005.11.03	333,952.11	575,462.27	909,414.37	-241,510.16
	兴全有机增长混合	2009.03.25	334,377.45	216,874.57	551,252.01	117,502.88
	兴全磐稳增利债券	2009.07.23	132,654.87	157,899.85	290,554.72	-25,244.98
	兴全货币	2006.04.27	297,603.37	401,988.09	699,591.46	-104,384.72
	合 计		2,100,347.77	2,464,818.59	4,565,166.36	-364,470.82
诺安	诺安股票	2005.12.19	52,131.22	469,096.52	521,227.74	-416,965.31
	诺安价值增长股票	2006.11.21	168,455.79	280,828.01	449,283.80	-112,372.23
	诺安成长股票	2009.03.10	204,441.54	102,603.99	307,045.54	101,837.55
	诺安中证100指数	2009.10.27	130,645.11	166,531.28	297,176.39	-35,886.17
	诺安平衡混合	2004.05.21	18,106.38	150,335.27	168,441.65	-132,228.89
	诺安灵活配置混合	2008.05.20	224,007.06	119,898.21	343,905.28	104,108.85
	诺安优化收益债券	2007.08.29	132,407.70	115,410.36	247,818.06	16,997.34
	诺安增利债券	2009.05.27	36,488.02	47,479.57	83,967.59	-10,991.56
	诺安货币	2004.12.06	602,071.51	759,357.04	1,361,428.54	-157,285.53
	合 计		1,568,754.32	2,211,540.26	3,780,294.57	-642,785.94

（续上表）

基金公司	基金简称	设立日期	申购金额	赎回金额	总流量	净流量
申万菱信	申万菱信新动力股票	2005.11.10	20,933.39	58,119.00	79,052.38	−37,185.61
	申万菱信竞争优势股票	2008.07.04	7,608.56	10,286.58	17,895.14	−2,678.02
	申万菱信消费增长股票	2009.06.12	28,185.90	101,933.76	130,119.66	−73,747.86
	申万菱信盛利精选混合	2004.04.09	14,497.49	39,594.25	54,091.74	−25,096.77
	申万菱信盛利强化配置混合	2004.11.29	711.35	2,437.69	3,149.04	−1,726.33
	申万菱信新经济混合	2006.12.06	5,284.41	72,156.86	77,441.28	−66,872.45
	申万菱信添益宝债券	2008.12.04	41,100.65	48,192.78	89,293.43	−7,092.12
	申万菱信收益宝货币	2006.07.07	106,962.61	1,116,840.92	1,223,803.52	−1,009,878.31
	合　计		225,284.36	1,449,561.83	1,674,846.19	−1,224,277.48
长信	长信银利精选股票	2005.01.17	3,134.82	36,966.76	40,101.58	−33,831.93
	长信金利趋势股票	2006.04.30	10,234.95	101,444.96	111,679.91	−91,210.00
	长信增利动态策略股票	2006.11.09	2,822.58	61,193.44	64,016.01	−58,370.86
	长信恒利优势股票	2009.07.30	3,239.31	29,708.87	32,948.19	−26,469.56
	长信双利优选混合	2008.06.19	16,896.59	3,406.41	20,303.01	13,490.18
	长信利丰债券	2008.12.29	236,108.26	199,508.47	435,616.74	36,599.79
	长信利息收益货币	2004.03.19	2,428,033.28	2,965,620.44	5,393,653.72	−537,587.15
	合　计		2,700,469.81	3,397,849.35	6,098,319.15	−697,379.54
中海	中海量化策略股票	2009.06.24	16,114.73	94,608.26	110,722.99	−78,493.52
	中海优质成长混合	2004.09.28	284,951.59	144,506.68	429,458.28	140,444.91
	中海分红增利混合	2005.06.16	29,759.22	75,304.99	105,064.21	−45,545.76
	中海能源策略混合	2007.03.13	27,561.68	163,381.00	190,942.68	−135,819.32
	中海蓝筹混合	2008.12.03	3,276.63	27,083.15	30,359.79	−23,806.52
	中海稳健收益债券	2008.04.10	115,841.14	143,007.41	258,848.54	−27,166.27
	合　计		477,505.00	647,891.49	1,125,396.49	−170,386.49
华富	华富成长趋势股票	2007.03.19	25,401.08	51,976.92	77,378.01	−26,575.84
	华富中证100指数	2009.12.30	5,963.26	13,973.44	19,936.70	−8,010.18
	华富竞争力优选混合	2005.03.02	4,132.71	24,523.34	28,656.05	−20,390.62
	华富策略精选混合	2008.12.24	20,873.03	14,933.21	35,806.25	5,939.82
	华富价值增长混合	2009.07.15	4,430.86	16,578.24	21,009.10	−12,147.38
	华富收益增强债券	2008.05.28	864,254.94	571,344.32	1,435,599.26	292,910.61
	华富货币	2006.06.21	870,300.46	871,670.96	1,741,971.42	−1,370.49
	合　计		1,795,356.35	1,565,000.43	3,360,356.78	230,355.92
光大保德信	光大保德信量化股票	2004.08.27	325,531.78	574,843.49	900,375.27	−249,311.71
	光大保德信红利股票	2006.03.24	17,553.09	166,550.17	184,103.26	−148,997.08
	光大保德信新增长股票	2006.09.14	48,122.41	169,713.02	217,835.43	−121,590.62

（续上表）

基金公司	基金简称	设立日期	申购金额	赎回金额	总流量	净流量
光大保德信	光大保德信优势配置股票	2007.08.24	13,867.09	156,004.69	169,871.78	−142,137.60
	光大保德信均衡精选股票	2009.03.04	6,104.02	38,727.11	44,831.13	−32,623.09
	光大保德信动态优选混合	2009.10.28	14,329.10	39,373.26	53,702.36	−25,044.16
	光大保德信增利收益债券	2008.10.29	37,732.94	38,328.09	76,061.03	−595.14
	光大保德信货币	2005.06.09	289,746.90	450,365.53	740,112.42	−160,618.63
合　计			752,987.32	1,633,905.36	2,386,892.68	−880,918.05
上投摩根	上投摩根阿尔法股票	2005.10.11	377,812.44	232,027.58	609,840.02	145,784.86
	上投摩根成长先锋股票	2006.09.20	21,274.42	158,606.01	179,880.43	−137,331.59
	上投摩根内需动力股票	2007.04.13	274,535.40	337,673.08	612,208.49	−63,137.68
	上投摩根中小盘股票	2009.01.21	79,132.93	90,230.56	169,363.49	−11,097.62
	上投摩根中国优势混合	2004.09.15	465,964.14	339,031.85	804,995.99	126,932.29
	上投摩根双息平衡混合	2006.04.26	12,641.78	100,183.85	112,825.63	−87,542.06
	上投摩根双核平衡混合	2008.05.21	6,512.53	47,079.41	53,591.94	−40,566.88
	上投摩根纯债债券	2009.06.24	227,144.70	271,361.66	498,506.36	−44,216.96
	上投摩根货币	2005.04.13	3,005,201.82	2,676,911.35	5,682,113.17	328,290.48
	上投摩根亚太优势股票(QDII)	2007.10.22	38,039.38	233,143.70	271,183.07	−195,104.32
合　计			4,508,259.55	4,486,249.05	8,994,508.60	22,010.50
东方	东方策略成长股票	2008.06.03	4,730.33	5,569.13	10,299.46	−838.80
	东方核心动力股票	2009.06.24	1,159.19	9,224.16	10,383.35	−8,064.96
	东方龙混合	2004.11.25	14,296.37	18,161.93	32,458.30	−3,865.57
	东方精选混合	2006.01.11	85,270.53	278,600.90	363,871.43	−193,330.37
	东方稳健回报债券	2008.12.10	222,608.26	156,212.74	378,821.00	66,395.52
	东方金账簿货币	2006.08.02	430,369.41	404,003.06	834,372.47	26,366.35
合　计			758,434.09	871,771.92	1,630,206.01	−113,337.83
中银	中银增长股票	2006.03.17	48,573.78	219,673.08	268,246.86	−171,099.30
	中银策略股票	2008.04.03	110,439.32	98,223.60	208,662.93	12,215.72
	中银中证100指数增强	2009.09.04	224,925.33	199,654.50	424,579.83	25,270.82
	中银中国混合(LOF)	2005.01.04	229,805.67	182,514.56	412,320.23	47,291.11
	中银收益混合	2006.10.11	53,545.67	148,343.92	201,889.59	−94,798.25
	中银优选混合	2009.04.03	62,502.00	101,265.74	163,767.74	−38,763.74
	中银增利债券	2008.11.13	454,813.63	353,951.68	808,765.31	100,861.95
	中银货币	2005.06.07	3,306,383.79	3,230,877.25	6,537,261.03	75,506.54
合　计			4,490,989.18	4,534,504.33	9,025,493.51	−43,515.15
东吴	东吴双动力股票	2006.12.15	401,976.80	270,799.06	672,775.86	131,177.74
	东吴行业轮动股票	2008.04.23	478,739.59	285,811.91	764,551.50	192,927.68

（续上表）

基金公司	基金简称	设立日期	申购金额	赎回金额	总流量	净流量
东吴	东吴新经济股票	2009.12.30	42,097.25	85,354.72	127,451.97	−43,257.47
	东吴嘉禾优势精选混合	2005.02.01	37,641.78	56,775.79	94,417.57	−19,134.00
	东吴进取策略混合	2009.05.06	187,722.83	111,228.91	298,951.74	76,493.92
	东吴优信稳健债券	2008.11.05	8,028.05	23,205.52	31,233.56	−15,177.47
	合计		1,156,206.30	833,175.91	1,989,382.21	323,030.39
天弘	天弘永定价值成长股票	2008.12.02	18,944.76	18,483.17	37,427.92	461.59
	天弘周期策略股票	2009.12.17	55,555.85	92,058.66	147,614.52	−36,502.81
	天弘精选混合	2005.10.08	23,161.66	44,715.90	67,877.56	−21,554.25
	天弘永利债券	2008.04.18	34,352.84	21,490.79	55,843.64	12,862.05
	合计		132,015.11	176,748.53	308,763.64	−44,733.42
国海富兰克林	国富弹性市值股票	2006.06.14	173,472.48	164,513.30	337,985.79	8,959.18
	国富潜力组合股票	2007.03.22	57,150.21	152,906.88	210,057.08	−95,756.67
	国富深化价值股票	2008.07.03	143,267.40	134,747.05	278,014.46	8,520.35
	国富成长动力股票	2009.03.25	13,337.05	43,216.98	56,554.03	−29,879.93
	国富沪深300指数增强	2009.09.03	134,223.39	202,565.48	336,788.87	−68,342.10
	国富中国收益混合	2005.06.01	82,226.54	56,590.07	138,816.60	25,636.47
	国富强化收益债券	2008.10.24	39,506.94	27,335.50	66,842.45	12,171.44
	合计		643,184.02	781,875.27	1,425,059.28	−138,691.25
华泰柏瑞	华泰柏瑞盛世中国股票	2005.04.27	60,355.52	127,091.04	187,446.56	−66,735.52
	华泰柏瑞价值增长股票	2008.07.16	142,094.24	64,300.34	206,394.58	77,793.90
	华泰柏瑞行业领先股票	2009.08.03	99,810.22	61,847.02	161,657.24	37,963.21
	华泰柏瑞积极成长混合	2007.05.29	9,913.79	85,106.48	95,020.27	−75,192.69
	华泰柏瑞稳本增利债券	2007.12.03	16,333.38	39,475.29	55,808.67	−23,141.91
	华泰柏瑞货币	2009.05.06	22,262.10	33,339.85	55,601.94	−11,077.75
	华泰柏瑞上证红利ETF	2006.11.17	609,010.99	806,763.49	1,415,774.48	−197,752.51
	合 计		959,780.24	1,217,923.51	2,177,703.75	−258,143.26
新华	新华优选成长股票	2008.07.25	279,531.11	321,986.51	601,517.62	−42,455.41
	新华优选分红混合	2005.09.16	47,658.61	85,429.13	133,087.74	−37,770.52
	新华泛资源优势混合	2009.07.13	16,984.37	87,942.71	104,927.08	−70,958.34
	合 计		344,174.09	495,358.35	839,532.44	−151,184.27
汇添富	汇添富均衡增长股票	2006.08.07	130,361.99	272,412.79	402,774.78	−142,050.80
	汇添富成长焦点股票	2007.03.12	84,490.74	299,555.30	384,046.04	−215,064.56
	汇添富价值精选股票	2009.01.23	306,533.37	228,274.38	534,807.75	78,258.99
	汇添富上证综合指数	2009.07.01	239,374.54	209,391.97	448,766.52	29,982.57
	汇添富策略回报股票	2009.12.22	128,387.86	313,239.18	441,627.03	−184,851.32

（续上表）

基金公司	基金简称	设立日期	申购金额	赎回金额	总流量	净流量
汇添富	汇添富优势精选混合	2005.08.25	134,186.52	226,656.47	360,842.99	−92,469.94
	汇添富蓝筹稳健混合	2008.07.08	53,969.38	49,822.63	103,792.01	4,146.75
	汇添富增强收益债券	2008.03.06	212,313.48	175,105.63	387,419.11	37,207.85
	汇添富货币	2006.03.23	1,178,778.57	1,489,585.01	2,668,363.59	−310,806.44
	合　计		2,468,396.45	3,264,043.36	5,732,439.81	−795,646.91
工银瑞信	工银核心价值股票	2005.08.31	676,016.75	419,468.73	1,095,485.48	256,548.02
	工银稳健成长股票	2006.12.06	157,652.18	153,179.25	310,831.43	4,472.93
	工银红利股票	2007.07.18	104,333.73	193,451.85	297,785.58	−89,118.12
	工银大盘蓝筹股票	2008.08.04	88,542.48	65,715.23	154,257.71	22,827.25
	工银沪深300指数股票	2009.03.05	452,377.70	473,718.18	926,095.88	−21,340.48
	工银精选平衡混合	2006.07.13	147,124.38	147,322.64	294,447.03	−198.26
	工银增强收益债券	2007.05.11	522,206.97	598,719.78	1,120,926.76	−76,512.81
	工银添利债券	2008.04.14	851,004.80	691,111.53	1,542,116.33	159,893.27
	工银货币	2006.03.20	9,201,567.75	10,337,283.57	19,538,851.33	−1,135,715.82
	工银上证央企ETF	2009.08.26	385,238.29	502,610.94	887,849.23	−117,372.64
	工银全球股票(QDII)	2008.02.14	14,694.49	64,678.62	79,373.10	−49,984.13
	合　计		12,600,759.53	13,647,260.32	26,248,019.85	−1,046,500.79
交银施罗德	交银精选股票	2005.09.29	170,050.59	342,974.15	513,024.74	−172,923.56
	交银成长股票	2006.10.23	178,780.73	445,839.63	624,620.36	−267,058.90
	交银蓝筹股票	2007.08.08	18,642.57	200,819.56	219,462.13	−182,176.99
	交银先锋股票	2009.04.10	111,388.62	268,654.55	380,043.16	−157,265.93
	交银上证180公司治理ETF联接	2009.09.29	22,973.13	227,178.08	250,151.21	−204,204.95
	交银稳健配置混合	2006.06.14	536,949.03	543,036.07	1,079,985.10	−6,087.05
	交银保本混合	2009.01.21	—	105,698.85	105,698.85	−105,698.85
	交银增利债券	2008.03.31	327,903.33	474,124.30	802,027.63	−146,220.97
	交银货币	2006.01.20	1,485,271.46	3,269,024.45	4,754,295.91	−1,783,752.99
	交银上证180公司治理ETF	2009.09.25	63,668.92	256,023.43	319,692.35	−192,354.51
	交银环球精选股票(QDII)	2008.08.22	9,860.49	21,845.23	31,705.72	−11,984.74
	合　计		2,925,488.87	6,155,218.30	9,080,707.17	−3,229,729.44
建信	建信恒久价值股票	2005.12.01	206,478.79	104,354.25	310,833.04	102,124.54
	建信优选成长股票	2006.09.08	48,375.50	84,043.67	132,419.17	−35,668.17
	建信核心精选股票	2008.11.25	204,466.92	145,682.32	350,149.24	58,784.59
	建信沪深300指数(LOF)	2009.11.05	237,964.12	200,665.02	438,629.14	37,299.11
	建信优化配置混合	2007.03.01	60,148.95	229,400.25	289,549.20	−169,251.30
	建信稳定增利债券	2008.06.25	407,515.83	435,371.82	842,887.65	−27,855.99

（续上表）

基金公司	基金简称	设立日期	申购金额	赎回金额	总流量	净流量
建信	建信增强债券	2009.06.02	175,995.04	349,938.85	525,933.88	–173,943.81
	建信货币	2006.04.25	4,164,541.59	4,164,962.21	8,329,503.80	–420.61
	合计		5,505,486.74	5,714,418.38	11,219,905.12	–208,931.64
信诚	信诚精萃成长股票	2006.11.27	52,248.98	200,069.52	252,318.50	–147,820.54
	信诚盛世蓝筹股票	2008.06.04	482,596.11	190,141.69	672,737.81	292,454.42
	信诚优胜精选股票	2009.08.26	250,338.41	218,528.87	468,867.27	31,809.54
	信诚四季红混合	2006.04.29	219,070.71	352,274.05	571,344.77	–133,203.34
	信诚三得益债券	2008.09.27	15,413.00	23,213.30	38,626.31	–7,800.30
	信诚经典优债债券	2009.03.11	23,894.92	48,753.75	72,648.68	–24,858.83
	合计		1,043,562.13	1,032,981.19	2,076,543.32	10,580.94
汇丰晋信	汇丰晋信龙腾股票	2006.09.27	142,620.16	203,784.43	346,404.59	–61,164.27
	汇丰晋信大盘股票	2009.06.24	93,762.20	124,030.42	217,792.62	–30,268.23
	汇丰晋信中小盘股票	2009.12.11	23,141.52	170,597.69	193,739.21	–147,456.17
	汇丰晋信2016周期混合	2006.05.23	6,367.63	17,037.99	23,405.62	–10,670.36
	汇丰晋信动态策略混合	2007.04.09	130,151.10	75,403.47	205,554.58	54,747.63
	汇丰晋信2026周期混合	2008.07.23	4,313.19	5,160.98	9,474.17	–847.79
	汇丰晋信平稳增利债券	2008.12.03	153,602.14	172,475.52	326,077.66	–18,873.38
	合计		553,957.94	768,490.51	1,322,448.45	–214,532.56
益民	益民货币	2006.07.17	59,838.35	62,832.11	122,670.47	–2,993.76
	益民红利成长混合	2006.11.21	1,950.08	20,330.92	22,280.99	–18,380.84
	益民创新优势混合	2007.07.11	3,230.17	78,002.55	81,232.71	–74,772.38
	益民多利债券	2008.05.21	7,167.25	7,369.38	14,536.63	–202.13
	合计		72,185.85	168,534.95	240,720.80	–96,349.11
华商	华商盛世成长股票	2008.09.23	1,622,540.39	805,535.55	2,428,075.94	817,004.84
	华商领先企业混合	2007.05.15	215,566.15	342,144.48	557,710.64	–126,578.33
	华商动态阿尔法混合	2009.11.24	622,941.10	432,106.00	1,055,047.10	190,835.09
	华商收益增强债券	2009.01.23	366,746.71	295,448.87	662,195.58	71,297.84
	合计		2,827,794.35	1,875,234.91	4,703,029.26	952,559.44
中邮创业	中邮核心优选股票	2006.09.28	—	216,507.53	216,507.53	–216,507.53
	中邮核心成长股票	2007.08.17	—	213,686.36	213,686.36	–213,686.36
	中邮核心优势灵活配置混合	2009.10.28	335,582.93	469,064.28	804,647.21	–133,481.35
	合计		335,582.93	899,258.16	1,234,841.09	–563,675.23
信达澳银	信达澳银领先增长股票	2007.03.08	42,629.46	156,772.86	199,402.33	–114,143.40
	信达澳银中小盘股票	2009.12.01	99,937.58	224,365.76	324,303.34	–124,428.18

（续上表）

基金公司	基金简称	设立日期	申购金额	赎回金额	总流量	净流量
信达澳银	信达澳银精华配置混合	2008.07.30	5,213.15	7,665.66	12,878.80	-2,452.51
	信达澳银稳定价值债券	2009.04.08	5,021.27	21,884.86	26,906.13	-16,863.59
	合计		152,801.46	410,689.13	563,490.59	-257,887.67
诺德	诺德价值优势股票	2007.04.19	5,503.31	82,690.46	88,193.77	-77,187.15
	诺德成长优势股票	2009.09.22	10,457.88	8,282.34	18,740.22	2,175.53
	诺德灵活配置混合	2008.11.05	4,094.43	8,978.44	13,072.87	-4,884.01
	诺德增强收益债券	2009.03.04	10,896.95	16,373.77	27,270.72	-5,476.81
	合计		30,952.57	116,325.01	147,277.58	-85,372.44
中欧	中欧新趋势股票(LOF)	2007.01.29	11,759.12	32,170.91	43,930.02	-20,411.79
	中欧价值发现股票	2009.07.24	7,963.80	36,229.32	44,193.13	-28,265.52
	中欧中小盘股票(LOF)	2009.12.30	7,481.36	123,212.91	130,694.27	-115,731.55
	中欧新蓝筹混合	2008.07.25	4,508.68	3,718.16	8,226.84	790.53
	中欧稳健收益债券	2009.04.24	340,048.11	277,922.25	617,970.36	62,125.86
	合计		371,761.07	473,253.55	845,014.62	-101,492.48
金元比联	金元比联价值增长股票	2009.09.11	4,523.53	21,899.22	26,422.74	-17,375.69
	金元比联宝石动力混合	2007.08.15	1,232.97	187,981.93	189,214.90	-186,748.96
	金元比联成长动力混合	2008.09.03	19,381.40	17,430.04	36,811.43	1,951.36
	金元比联丰利债券	2009.03.23	5,996.52	29,804.67	35,801.19	-23,808.15
	合计		31,134.41	257,115.85	288,250.27	-225,981.44
浦银安盛	浦银安盛价值成长股票	2008.04.16	1,473.78	28,856.45	30,330.23	-27,382.67
	浦银安盛红利精选股票	2009.12.03	1,417.88	16,292.51	17,710.39	-14,874.63
	浦银安盛精致生活混合	2009.06.04	2,119.27	18,457.38	20,576.65	-16,338.11
	浦银安盛优化收益债券	2008.12.30	25,666.94	28,572.80	54,239.74	-2,905.86
	合计		30,677.87	92,179.14	122,857.01	-61,501.27
农银汇理	农银行业成长股票	2008.08.04	278,773.97	269,318.76	548,092.73	9,455.22
	农银策略价值股票	2009.09.29	90,653.65	646,907.07	737,560.72	-556,253.42
	农银平衡双利混合	2009.04.08	58,736.22	150,218.84	208,955.06	-91,482.62
	农银恒久增利债券	2008.12.23	82,806.15	109,353.39	192,159.55	-26,547.24
	合计		510,970.00	1,175,798.06	1,686,768.06	-664,828.06
民生加银	民生加银品牌蓝筹混合	2009.03.27	21,207.85	47,647.43	68,855.28	-26,439.59
	民生加银增强收益债券	2009.07.21	161,808.18	151,044.00	312,852.18	10,764.18
	合计		183,016.02	198,691.43	381,707.45	-15,675.40
总计			18,362.28亿元	21,151.40亿元	39,513.68亿元	-2,789.13亿元

说明：当年新成立的基金不在统计范围内；总流量=申购金额+赎回金额；净流量=申购金额-赎回金额。

表2-33 各类型证券投资基金年度利润统计（2010-2011）

（单位：只；亿元）

基金类型	2010年年报				2011年中报			
	基金数量	年度收入	年度费用	年度利润	基金数量	年度收入	年度费用	年度利润
传统封闭式基金	26	46.82	17.73	29.09	25	-38.68	8.10	-46.78
创新封闭式基金	12	14.11	7.55	6.56	19	-8.57	6.40	-14.59
开放式基金								
其中：股票型基金	284	-19.82	250.17	-269.99	330	-582.95	111.90	-688.77
混合型基金	163	411.87	162.92	248.95	173	-404.57	74.89	-470.63
债券型基金	88	73.90	15.13	58.77	105	1.35	10.27	-8.57
货币市场基金	45	30.56	8.25	22.31	49	31.01	5.78	23.90
ETF	15	-76.78	5.09	-81.87	25	-14.10	2.60	-16.69
QDII	23	57.02	18.89	38.13	36	3.57	9.44	-5.90
总　计	**656**	**537.68**	**485.72**	**51.96**	**762**	**-1,012.62**	**229.37**	**-1,228.02**

表2-34 旗下基金年度利润前二十的基金管理公司（2010）

（单位：只，亿元）

基金管理公司	基金数量	年度收入	年度费用	年度利润合计	排名
大成	19	83.01	19.12	63.89	1
广发	14	65.14	19.61	45.53	2
嘉实	22	72.30	27.64	44.66	3
华商	6	48.82	5.04	43.78	4
汇添富	12	33.67	11.13	22.54	5
农银汇理	6	25.14	4.81	20.32	6
海富通	14	29.57	9.28	20.29	7
泰达宏利	13	25.32	6.83	18.49	8
富国	18	28.94	12.18	16.76	9
东吴	8	18.21	2.62	15.59	10
中银	10	21.93	7.03	14.91	11
信诚	9	18.36	3.71	14.64	12
上投摩根	11	26.11	14.56	11.55	13
华夏	25	55.27	44.08	11.20	14
兴业全球	8	20.73	9.61	11.12	15
摩根士丹利华鑫	6	12.21	1.61	10.60	16
汇丰晋信	8	11.75	2.44	9.31	17
银河	10	11.76	2.59	9.17	18
中海	8	13.65	4.54	9.11	19
工银瑞信	14	18.29	11.02	7.28	20

表2-35 基金管理公司旗下基金年度利润统计

（单位：万元）

基金公司	基金简称	基金代码	设立日期	年度收入	年度费用	年度利润
国泰	国泰金泰封闭	500001	1998.03.27	28,868.57	5,515.05	23,353.52
	国泰金鑫封闭	500011	1999.10.21	11,664.00	7,449.90	4,214.10
	国泰估值优势分级封闭	160212	2010.02.10	13,619.01	1,802.19	11,816.82
	国泰金鹰增长股票	020001	2002.05.08	17,321.75	3,874.74	13,447.01
	国泰金牛创新股票	020010	2007.05.18	2,276.07	10,190.76	−7,914.69
	国泰沪深300指数	020011	2007.11.11	−68,270.75	5,447.47	−73,718.22
	国泰区位优势股票	020015	2009.05.27	28,188.92	3,284.34	24,904.58
	国泰中小盘成长股票(LOF)	160211	2009.10.19	29,047.26	6,315.90	22,731.36
	国泰价值经典股票(LOF)	160215	2010.08.13	566.76	641.91	−75.16
	国泰金龙行业混合	020003	2003.12.05	7,452.95	1,391.27	6,061.69
	国泰金马稳健混合	020005	2004.06.18	−27,596.67	14,928.01	−42,524.68
	国泰金鹏蓝筹混合	020009	2006.09.29	−4,943.12	4,997.28	−9,940.41
	国泰金鼎价值混合	519021	2007.04.11	65,364.93	11,021.21	54,343.72
	国泰金鹿保本混合	020018	2008.06.12	1,412.40	3,422.65	−2,010.25
	国泰金龙债券	020002	2003.12.05	1,871.48	344.42	1,527.06
	国泰双利债券	020019	2009.03.11	7,489.18	1,483.54	6,005.64
	国泰货币	020007	2005.06.21	3,933.34	1,223.95	2,709.38
	国泰纳斯达克100指数(QDII)	160213	2010.04.29	4,036.63	331.71	3,704.91
	合 计			122,302.69	83,666.30	38,636.40
南方	南方开元封闭	184688	1998.03.27	11,002.95	4,529.01	6,473.94
	南方天元封闭	184698	1999.08.25	−3,525.01	8,323.37	−11,848.38
	南方积极配置股票(LOF)	160105	2004.10.14	23,118.82	7,709.26	15,409.56
	南方高增长股票(LOF)	160106	2005.07.13	55,315.16	8,904.42	46,410.75
	南方绩优成长股票	202003	2006.11.16	39,972.46	28,739.14	11,233.32
	南方成份精选股票	202005	2007.05.14	−64,414.98	26,420.58	−90,835.55
	南方隆元产业主题股票	202007	2007.11.09	14,248.81	13,896.96	351.86
	南方盛元红利股票	202009	2008.03.21	77.41	8,571.70	−8,494.29
	南方优选价值股票	202011	2008.06.18	30,819.07	2,962.94	27,856.13
	南方沪深300指数	202015	2009.03.25	−16,264.86	2,068.82	−18,333.68
	南方中证500指数(LOF)	160119	2009.09.25	50,390.26	4,128.57	46,261.69
	南方深证成份ETF联接	202017	2009.12.09	−15,666.00	767.81	−16,433.81
	南方策略优化股票	202019	2010.03.30	−2,186.36	3,315.50	−5,501.87
	南方小康ETF联接	202021	2010.08.27	2,601.89	267.76	2,334.14

（续上表）

基金公司	基金简称	基金代码	设立日期	年度收入	年度费用	年度利润
南方	南方稳健成长混合	202001	2001.09.28	-40,517.80	13,335.14	-53,852.94
	南方避险增值混合	202202	2003.06.27	81,933.33	18,543.60	63,389.73
	南方稳健成长贰号混合	202002	2006.07.25	-32,436.02	13,443.91	-45,879.94
	南方恒元保本混合	202211	2008.11.12	38,360.65	5,690.69	32,669.96
	南方宝元债券	202101	2002.09.20	11,131.87	2,917.67	8,214.19
	南方多利增强债券	202102	2007.08.28	4,937.03	1,412.75	3,524.27
	南方现金增利货币	202301	2004.03.05	22,586.02	5,122.46	17,463.56
	南方深证成份ETF	159903	2009.12.04	-24,125.55	3,385.74	-27,511.30
	南方小康ETF	510160	2010.08.27	8,204.71	223.00	7,981.70
	南方全球精选配置(QDII-FOF)	202801	2007.09.19	63,998.79	38,842.95	25,155.84
	合　计			259,562.64	223,523.75	36,038.89
华夏	华夏兴华封闭	500008	1998.04.28	8,065.98	6,554.34	1,511.64
	华夏兴和封闭	500018	1999.07.14	-17,887.92	6,486.82	-24,374.74
	华夏收入股票	288002	2005.11.17	-22,724.45	10,920.20	-33,644.65
	华夏优势增长股票	000021	2006.11.24	408,405.75	36,801.57	371,604.18
	华夏复兴股票	000031	2007.09.10	86,704.89	11,210.71	75,494.18
	华夏行业股票(LOF)	160314	2007.11.22	2,749.39	25,978.59	-23,229.21
	华夏沪深300指数	000051	2009.07.10	-269,303.47	16,661.31	-285,964.78
	华夏盛世股票	000061	2009.12.11	-27,840.11	37,322.88	-65,162.99
	华夏成长混合	000001	2001.12.18	61,404.22	26,695.35	34,708.87
	华夏回报混合	002001	2003.09.05	75,450.45	25,822.82	49,627.63
	华夏经典混合	288001	2004.03.15	11,393.74	3,785.88	7,607.86
	华夏大盘精选混合	000011	2004.08.11	165,981.67	14,519.78	151,461.89
	华夏红利混合	002011	2005.06.30	96,572.65	52,658.35	43,914.29
	华夏稳增混合	519029	2006.08.09	46,528.05	17,850.34	28,677.71
	华夏回报二号混合	002021	2006.08.14	43,695.77	14,973.89	28,721.88
	华夏蓝筹混合(LOF)	160311	2007.04.24	-2,524.57	32,227.93	-34,752.50
	华夏策略混合	002031	2008.10.23	77,965.68	6,013.12	71,952.56
	华夏债券	001001	2002.10.23	30,699.24	5,981.43	24,717.81
	中信稳定双利债券	288102	2006.07.20	13,731.99	3,275.23	10,456.76
	华夏希望债券	001011	2008.03.10	29,211.86	10,281.40	18,930.47
	华夏现金增利货币	003003	2004.04.07	35,946.17	10,428.09	25,518.08
	中信现金优势货币	288101	2005.04.20	1,115.57	330.71	784.86

（续上表）

基金公司	基金简称	基金代码	设立日期	年度收入	年度费用	年度利润
华夏	华夏上证50ETF	510050	2004.12.30	−593,247.72	14,991.79	−608,239.51
	华夏中小板ETF	159902	2006.06.08	81,396.07	2,641.33	78,754.75
	华夏全球股票(QDII)	000041	2007.10.09	209,252.50	46,377.59	162,874.90
	合 计			552,743.39	440,791.45	111,951.93
华安	华安安信封闭	500003	1998.06.22	18,195.61	6,151.33	12,044.28
	华安安顺封闭	500009	1999.06.15	20,711.68	10,207.75	10,503.92
	华安中国A股增强指数	040002	2002.11.08	−7,319.22	7,906.32	−15,225.54
	华安宏利股票	040005	2006.09.06	−4,798.47	24,891.17	−29,689.64
	华安中小盘成长股票	040007	2007.04.10	30,405.81	22,242.48	8,163.33
	华安策略优选股票	040008	2007.08.02	−17,367.23	30,272.45	−47,639.68
	华安核心股票	040011	2008.10.22	3,704.59	1,481.45	2,223.15
	华安上证180ETF联接	040180	2009.09.29	−16,152.60	341.31	−16,493.92
	华安行业轮动股票	040016	2010.05.11	16,469.62	2,036.58	14,433.04
	华安创新混合	040001	2001.09.21	53,583.25	17,744.78	35,838.47
	华安宝利配置混合	040004	2004.08.24	35,010.29	9,253.92	25,756.37
	华安动态灵活配置混合	040015	2009.12.22	7,323.46	4,720.37	2,603.09
	华安稳定收益债券	040009	2008.04.30	7,723.88	1,070.46	6,653.42
	华安强化收益债券	040012	2009.04.13	7,051.88	1,678.72	5,373.16
	华安现金富利货币	040003	2003.12.30	17,783.49	4,115.02	13,668.47
	华安上证180ETF	510180	2006.04.13	−65,384.08	3,641.22	−69,025.30
	华安香港精选股票(QDII)	040018	2010.09.19	−944.19	404.82	−1,349.02
	合 计			105,997.78	148,160.16	−42,162.38
博时	博时裕阳封闭	500006	1998.07.25	−130.75	5,637.90	−5,768.64
	博时裕隆封闭	184692	1999.06.15	−7,002.08	8,717.80	−15,719.88
	博时裕泽封闭	184705	2000.03.27	−266.58	1,579.28	−1,845.86
	博时沪深300指数	050002	2003.08.26	−142,794.09	16,829.34	−159,623.44
	博时精选股票	050004	2004.06.22	−75,441.24	25,985.00	−101,426.24
	博时主题行业股票(LOF)	160505	2005.01.06	−137,800.74	25,414.27	−163,215.01
	博时第三产业股票	050008	2007.04.12	−13,939.57	20,045.13	−33,984.70
	博时新兴成长股票	050009	2007.07.06	−85,260.67	46,747.39	−132,008.05
	博时特许价值股票	050010	2008.05.28	6,413.36	2,641.09	3,772.27
	博时上证超大盘ETF联接	050013	2009.12.29	−47,994.64	630.95	−48,625.59
	博时创业成长股票	050014	2010.06.01	24,916.96	2,309.93	22,607.03

（续上表）

基金公司	基金简称	基金代码	设立日期	年度收入	年度费用	年度利润
博时	博时价值增长混合	050001	2002.10.09	-107,776.73	12,035.65	-119,812.37
	博时平衡配置混合	050007	2006.05.31	18,843.62	8,590.48	10,253.14
	博时价值增长贰号混合	050201	2006.09.27	-53,039.88	15,038.29	-68,078.17
	博时策略混合	050012	2009.08.11	-666.37	9,067.10	-9,733.47
	博时稳定价值债券	050006	2007.09.06	13,734.15	1,928.96	11,805.18
	博时信用债券	050011	2009.06.10	13,426.02	2,428.37	10,997.65
	博时宏观回报债券	050016	2010.07.27	887.11	902.09	-14.99
	博时现金收益货币	050003	2004.01.16	18,064.90	5,182.30	12,882.60
	博时上证超大盘ETF	510020	2009.12.29	-60,428.39	1,581.50	-62,009.90
	博时大中华亚太精选股票(QDII)	050015	2010.07.27	689.38	279.80	409.58
	合　计			-635,566.22	213,572.64	-849,138.86
鹏华	鹏华普惠封闭	184689	1999.01.06	21,503.26	6,595.40	14,907.86
	鹏华普丰封闭	184693	1999.07.14	-11,113.85	7,843.26	-18,957.11
	鹏华价值优势股票(LOF)	160607	2006.07.18	-151,669.35	22,545.89	-174,215.23
	鹏华优质治理股票(LOF)	160611	2007.04.25	-36,655.41	17,733.29	-54,388.70
	鹏华盛世创新股票(LOF)	160613	2008.10.10	-10,320.36	2,422.11	-12,742.47
	鹏华沪深300指数(LOF)	160615	2009.04.03	-9,014.90	1,597.20	-10,612.09
	鹏华精选成长股票	206002	2009.09.09	-2,956.60	3,460.88	-6,417.48
	鹏华中证500指数(LOF)	160616	2010.02.05	11,891.47	2,807.34	9,084.13
	鹏华上证民企50ETF联接	206005	2010.08.05	6,721.19	254.77	6,466.42
	鹏华行业成长混合	206001	2002.05.24	6,172.95	1,263.44	4,909.52
	鹏华普天收益混合	160603	2003.07.12	30,774.53	5,075.68	25,698.85
	鹏华中国50混合	160605	2004.05.12	30,674.86	11,409.69	19,265.17
	鹏华动力增长混合(LOF)	160610	2007.01.09	-13,136.34	21,144.54	-34,280.88
	鹏华普天债券	160602	2003.07.12	3,563.16	699.85	2,863.31
	鹏华丰收债券	160612	2008.05.28	4,161.36	981.78	3,179.58
	鹏华信用增利债券	206003	2010.05.31	2,740.74	1,286.63	1,454.10
	鹏华货币	160606	2005.04.12	4,967.27	1,068.68	3,898.59
	民企ETF	510070	2010.08.05	12,150.44	456.65	11,693.79
	鹏华环球发现(QDII-FOF)	206006	2010.10.12	-183.35	169.34	-352.70
	合　计			-99,728.93	108,816.42	-208,545.35
嘉实	嘉实泰和封闭	500002	1999.04.08	41,061.11	6,446.36	34,614.75
	嘉实丰和价值封闭	184721	2002.03.22	82,818.86	7,995.17	74,823.69

（续上表）

基金公司	基金简称	基金代码	设立日期	年度收入	年度费用	年度利润
嘉实	嘉实沪深300指数(LOF)	160706	2005.08.29	-392,952.54	23,497.99	-416,450.53
	嘉实优质企业股票	070099	2007.12.08	121,308.65	11,198.04	110,110.61
	嘉实研究精选股票	070013	2008.05.27	47,923.91	12,161.97	35,761.94
	嘉实量化阿尔法股票	070017	2009.03.20	2,734.59	5,490.77	-2,756.18
	嘉实基本面50指数(LOF)	160716	2009.12.30	-79,964.40	3,621.42	-83,585.82
	嘉实价值优势股票	070019	2010.06.07	49,393.01	5,024.48	44,368.53
	嘉实成长收益混合	070001	2002.11.05	16,029.62	8,326.60	7,703.01
	嘉实增长混合	070002	2003.07.09	102,070.63	8,401.76	93,668.87
	嘉实稳健混合	070003	2003.07.09	-53,539.28	36,070.93	-89,610.21
	嘉实服务增值行业混合	070006	2004.04.01	159,335.98	21,665.05	137,670.94
	嘉实主题混合	070010	2006.07.21	285,511.42	32,822.68	252,688.73
	嘉实策略混合	070011	2006.12.12	232,206.89	21,953.37	210,253.52
	嘉实回报混合	070018	2009.08.18	50,734.21	12,466.67	38,267.54
	嘉实债券	070005	2003.07.09	15,490.57	2,184.21	13,306.36
	嘉实超短债债券	070009	2006.04.26	3,971.30	1,471.50	2,499.80
	嘉实多元债券	070015	2008.09.10	23,126.86	3,406.37	19,720.49
	嘉实稳固收益债券	070020	2010.09.01	-2,746.94	2,034.78	-4,781.72
	嘉实货币	070008	2005.03.18	23,383.87	7,440.78	15,943.09
	嘉实海外中国股票(QDII)	070012	2007.10.12	-1,081.04	42,434.07	-43,515.10
	嘉实H股指数(QDII-LOF)	160717	2010.09.30	-3,839.99	276.70	-4,116.68
	合　计			722,977.29	276,391.65	446,585.65
长盛	长盛同益封闭	184690	1999.04.08	-4,218.71	5,656.25	-9,874.97
	长盛同盛封闭	184699	1999.11.05	40,036.46	7,151.54	32,884.92
	长盛同庆封闭	160806	2009.05.12	-33,809.53	31,396.29	-65,205.82
	长盛中证100指数	519100	2006.11.22	-22,006.84	1,268.41	-23,275.25
	长盛同德主题股票	519039	2007.10.25	59,390.63	22,573.07	36,817.56
	长盛量化红利股票	080005	2009.11.25	4,677.97	2,022.14	2,655.82
	长盛沪深300指数(LOF)	160807	2010.08.04	7,238.50	390.76	6,847.75
	长盛成长价值混合	080001	2002.09.18	20,527.91	2,679.59	17,848.32
	长盛动态精选混合	510081	2004.05.21	4,240.70	4,204.00	36.70
	长盛同智优势混合(LOF)	160805	2007.01.05	7,018.81	6,771.32	247.49
	长盛创新先锋混合	080002	2008.06.04	1,855.94	532.53	1,323.41
	长盛全债指数增强债券	510080	2003.10.25	3,845.06	1,074.56	2,770.50

（续上表）

基金公司	基金简称	基金代码	设立日期	年度收入	年度费用	年度利润
长盛	长盛积极配置债券	080003	2008.10.08	3,229.48	654.91	2,574.57
	长盛货币	080011	2005.12.12	3,432.60	1,003.55	2,429.05
	长盛环球行业股票(QDII)	080006	2010.05.26	1,299.75	286.79	1,012.96
	合 计			96,758.74	87,665.72	9,093.02
大成	大成优选封闭	150002	2007.08.01	77,333.51	8,321.28	69,012.23
	大成景丰分级债券	160915	2010.10.15	94.92	689.60	−594.68
	大成景宏封闭	184691	1999.05.04	13,579.56	7,099.90	6,479.65
	大成景福封闭	184701	1999.12.30	87,374.30	9,637.18	77,737.12
	大成沪深300指数	519300	2006.04.06	−65,264.50	8,162.31	−73,426.81
	大成积极成长股票	519017	2007.01.16	43,632.95	7,364.66	36,268.29
	大成景阳领先股票	519019	2007.12.11	139,326.30	13,984.09	125,342.21
	大成策略回报股票	090007	2008.11.26	31,076.74	4,073.63	27,003.11
	大成行业轮动股票	090009	2009.09.08	12,183.52	3,531.98	8,651.54
	大成中证红利指数	090010	2010.02.02	4,607.68	1,494.90	3,112.78
	大成核心双动力股票	090011	2010.06.22	6,492.26	1,400.87	5,091.38
	大成价值增长混合	090001	2002.11.11	112,634.64	29,887.22	82,747.43
	大成蓝筹稳健混合	090003	2004.06.03	112,830.72	32,636.02	80,194.70
	大成精选增值混合	090004	2004.12.15	11,998.82	8,086.01	3,912.80
	大成2020生命周期混合	090006	2006.09.13	152,653.76	23,208.69	129,445.06
	大成创新成长混合	160910	2007.06.12	76,293.07	28,492.36	47,800.71
	大成债券	090002	2003.06.12	4,944.60	870.15	4,074.45
	大成强化收益债券	090008	2008.08.06	2,748.35	790.79	1,957.56
	大成货币	090005	2005.06.03	5,533.61	1,487.59	4,046.02
	合 计			830,074.81	191,219.24	638,855.57
富国	富国汉盛封闭	500005	1999.05.10	20,489.81	7,213.44	13,276.37
	富国汉兴封闭	500015	1999.12.30	−19,652.41	8,193.56	−27,845.97
	富国天丰强化债券封闭①	161010	2008.10.24	37,427.89	5,289.23	32,138.66
	富国汇利分级债券封闭	161014	2010.09.09	−160.78	992.25	−1,153.03
	富国天益价值股票	100020	2004.06.15	80,322.54	21,529.76	58,792.78
	富国天合稳健股票	100026	2006.11.15	41,699.49	9,883.72	31,815.77
	富国天博创新股票	519035	2007.04.27	68,217.44	17,974.49	50,242.95
	富国天鼎中证指数增强	100032	2008.11.20	−8,339.98	2,244.60	−10,584.58
	富国沪深300指数增强	100038	2009.12.16	−14,904.47	5,722.73	−20,627.20

①该基金自2011年10月24日起运作方式转为上市开放式。

（续上表）

基金公司	基金简称	基金代码	设立日期	年度收入	年度费用	年度利润
富国	富国通胀通缩主题股票	100039	2010.05.12	17,027.05	1,497.36	15,529.69
	富国天源平衡混合	100016	2002.08.16	14,401.87	2,412.28	11,989.59
	富国天瑞强势混合	100022	2005.04.05	−86,082.68	19,783.76	−105,866.44
	富国天惠成长混合(LOF)	161005	2005.11.16	75,950.90	8,160.99	67,789.91
	富国天成红利混合	100029	2008.05.28	9,388.67	1,294.51	8,094.16
	富国天利增长债券	100018	2003.12.02	33,988.82	6,330.65	27,658.17
	富国优化增强债券	100035	2009.06.10	15,005.14	2,134.88	12,870.26
	富国天时货币	100025	2006.06.05	4,452.70	995.50	3,457.20
	富国全球债券(QDII−FOF)	100050	2010.10.20	153.03	166.94	−13.91
	合计			289,385.04	121,820.67	167,564.37
易方达	易方达科瑞封闭	500056	2002.03.12	38,297.81	9,968.33	28,329.48
	易方达上证50指数	110003	2004.03.22	−485,043.37	37,486.27	−522,529.64
	易方达价值精选股票	110009	2006.06.13	13,660.84	16,306.87	−2,646.03
	易方达科讯股票	110029	2007.12.18	−16,078.39	14,762.62	−30,841.01
	易方达中小盘股票	110011	2008.06.19	29,973.24	3,719.60	26,253.63
	易方达科翔股票	110013	2008.11.13	2,519.89	1,864.74	655.15
	易方达行业领先股票	110015	2009.03.26	31,880.86	5,974.58	25,906.29
	易方达沪深300指数	110020	2009.08.26	−98,180.86	8,547.88	−106,728.74
	易方达深证100ETF联接	110019	2009.12.01	5,634.18	2,915.77	2,718.41
	易方达上证中盘ETF联接	110021	2010.03.31	18,139.35	720.05	17,419.30
	易方达消费行业股票	110022	2010.08.20	643.28	4,160.45	−3,517.17
	易方达平稳增长混合	110001	2002.08.23	−5,738.44	7,983.21	−13,721.65
	易方达策略成长混合	110002	2003.12.09	−14,219.99	12,282.19	−26,502.17
	易方达积极成长混合	110005	2004.09.09	59,519.85	17,096.45	42,423.41
	易方达策略成长二号混合	112002	2006.08.16	−14,167.61	13,284.06	−27,451.67
	易方达价值成长混合	110010	2007.04.02	112,808.41	53,347.78	59,460.63
	易方达科汇灵活配置混合	110012	2008.10.09	36,875.81	4,411.95	32,463.86
	易方达稳健收益债券	110007	2008.01.29	8,226.00	1,503.29	6,722.72
	易方达增强回报债券	110017	2008.03.19	19,016.37	2,272.05	16,744.32
	易方达货币	110006	2005.02.02	9,690.39	2,979.12	6,711.27
	易方达深证100ETF	159901	2006.03.24	99,177.10	13,212.60	85,964.50
	易方达上证中盘ETF	510130	2010.03.29	36,750.64	1,865.94	34,884.70
	易方达亚洲精选股票(QDII)	118001	2010.01.21	2,724.47	1,049.80	1,674.68
	合计			−107,890.17	237,715.60	−345,605.77

（续上表）

基金公司	基金简称	基金代码	设立日期	年度收入	年度费用	年度利润
宝盈	宝盈鸿阳封闭	184728	2001.12.10	−1,511.40	3,614.48	−5,125.88
	宝盈泛沿海增长股票	213002	2005.03.08	−65,536.43	7,638.50	−73,174.92
	宝盈策略增长股票	213003	2007.01.19	−35,393.77	8,065.13	−43,458.90
	宝盈资源优选股票	213008	2008.04.15	−509.31	783.85	−1,293.16
	宝盈中证100指数增强	213010	2010.02.08	−174.52	219.49	−394.02
	宝盈鸿利收益混合	213001	2002.10.08	1,975.11	1,474.96	500.15
	宝盈核心优势混合	213006	2009.03.17	26.98	814.27	−787.29
	宝盈增强收益债券	213007	2008.05.15	8,488.41	1,464.19	7,024.23
	宝盈货币	213009	2009.08.05	321.67	94.99	226.69
	合　计			−92,313.25	24,169.86	−116,483.10
融通	融通通乾封闭	500038	2001.08.29	61,232.27	6,456.20	54,776.07
	融通深证100指数	161604	2003.09.30	−24,920.23	19,875.48	−44,795.71
	融通巨潮100指数(LOF)	161607	2005.05.12	−60,468.90	4,721.67	−65,190.57
	融通动力先锋股票	161609	2006.11.15	−5,461.23	8,301.78	−13,763.01
	融通领先成长股票(LOF)	161610	2007.04.30	−9,278.89	10,790.48	−20,069.37
	融通内需驱动股票	161611	2009.04.22	−523.10	2,532.26	−3,055.36
	融通新蓝筹混合	161601	2002.09.13	9,361.31	33,344.15	−23,982.84
	融通蓝筹成长混合	161605	2003.09.30	−9,405.01	7,097.11	−16,502.11
	融通行业景气混合	161606	2004.04.29	−14,809.43	9,273.99	−24,083.42
	融通债券	161603	2003.09.30	1,290.53	407.79	882.74
	融通易支付货币	161608	2006.01.19	594.70	196.15	398.55
	合　计			−52,387.97	102,997.06	−155,385.03
银华	银华信用债券封闭	161813	2010.06.29	16,690.48	1,272.28	15,418.19
	银华-道琼斯88指数	180003	2004.08.11	−203,240.38	22,226.74	−225,467.12
	银华价值优选股票	519001	2005.09.27	−51,965.92	40,661.05	−92,626.97
	银华优质增长股票	180010	2006.06.09	60,266.48	15,531.49	44,734.99
	银华富裕主题股票	180012	2006.11.16	184,718.50	21,597.48	163,121.02
	银华领先策略股票	180013	2008.08.20	−9,553.21	6,034.45	−15,587.66
	银华内需精选股票(LOF)	161810	2009.07.01	16,029.27	8,521.63	7,507.65
	银华沪深300指数(LOF)	161811	2009.10.14	−5,905.39	548.74	−6,454.13
	银华深证100指数分级	161812	2010.05.07	32,479.44	3,620.70	28,858.74
	银华优势企业混合	180001	2002.11.13	23,841.38	8,721.48	15,119.89
	银华保本增值混合	180002	2004.03.02	8,522.01	5,964.59	2,557.42

（续上表）

基金公司	基金简称	基金代码	设立日期	年度收入	年度费用	年度利润
银华	银华和谐主题混合	180018	2009.04.27	14,430.70	5,066.78	9,363.93
	银华成长先锋混合	180020	2010.10.08	16,228.58	1,754.85	14,473.72
	银华增强收益债券	180015	2008.12.03	7,479.23	2,330.31	5,148.92
	银华货币	180008	2005.01.31	4,287.48	899.08	3,388.40
	银华全球优选(QDII-FOF)	183001	2008.05.26	1,091.95	433.71	658.24
	合　计			115,400.61	145,185.37	-29,784.76
长城	长城久嘉封闭	184722	2002.07.05	10,699.94	4,584.67	6,115.27
	长城久泰中信标普300指数	200002	2004.05.21	-20,734.10	2,782.73	-23,516.83
	长城消费增值股票	200006	2006.04.06	-51,355.32	11,579.60	-62,934.93
	长城久富股票(LOF)	162006	2007.02.12	11,682.08	6,038.64	5,643.45
	长城品牌优选股票	200008	2007.08.06	-242,539.60	23,658.90	-266,198.50
	长城双动力股票	200010	2009.01.15	800.30	1,447.31	-647.02
	长城久恒平衡混合	200001	2003.10.31	-578.88	1,162.16	-1,741.04
	长城安心回报混合	200007	2006.08.22	110,450.96	17,750.93	92,700.03
	长城景气行业龙头混合	200011	2009.06.30	4,882.72	1,084.39	3,798.32
	长城货币	200003	2005.05.30	1,072.19	312.90	759.28
	长城稳健增利债券	200009	2008.08.27	445.82	160.23	285.58
	合　计			-175,173.90	70,562.47	-245,736.37
泰达宏利	泰达宏利成长股票	162201	2003.04.25	34,485.55	4,686.14	29,799.41
	泰达宏利周期股票	162202	2003.04.25	8,189.97	1,991.53	6,198.44
	泰达宏利稳定股票	162203	2003.04.25	2,594.16	886.12	1,708.04
	泰达宏利精选股票	162204	2004.07.09	65,269.36	15,881.22	49,388.15
	泰达宏利首选企业股票	162208	2006.12.01	-21,905.32	5,767.01	-27,672.33
	泰达宏利市值优选股票	162209	2007.08.03	62,432.75	19,296.63	43,136.11
	泰达宏利红利先锋股票	162212	2009.12.03	12,757.31	2,816.08	9,941.23
	泰达宏利财富大盘指数	162213	2010.04.23	1,154.30	1,069.20	85.09
	泰达宏利风险预算混合	162205	2005.04.05	-355.53	700.54	-1,056.07
	泰达宏利效率优选混合(LOF)	162207	2006.05.12	82,080.60	12,793.76	69,286.84
	泰达宏利品质生活混合	162211	2009.04.09	3,642.67	1,494.66	2,148.02
	泰达宏利集利债券	162210	2008.09.26	460.16	134.53	325.63
	泰达宏利货币	162206	2005.11.10	2,399.12	770.40	1,628.73
	合　计			253,205.08	68,287.81	184,917.27

（续上表）

基金公司	基金简称	基金代码	设立日期	年度收入	年度费用	年度利润
国投瑞银	国投瑞银瑞福分级封闭	121099	2007.07.17	−3,744.69	14,345.35	−18,090.04
	国投瑞银核心企业股票	121003	2006.04.19	−13,366.39	16,332.26	−29,698.66
	国投瑞银创新动力股票	121005	2006.11.15	13,931.84	10,498.52	3,433.31
	国投瑞银成长优选股票	121008	2008.01.10	21,586.96	8,728.84	12,858.12
	国投瑞银沪深300指数分级	161207	2009.10.14	−50,945.04	3,737.06	−54,682.10
	国投瑞银沪深300金融地产指数(LOF)	161211	2010.04.09	−40,579.89	1,689.31	−42,269.20
	国投瑞银景气行业混合	121002	2004.04.29	21,097.36	9,232.02	11,865.34
	国投瑞银稳健增长混合	121006	2008.06.11	1,622.65	1,095.70	526.95
	国投瑞银融华债券	121001	2003.04.16	6,755.01	1,606.87	5,148.14
	国投瑞银稳定增利债券	121009	2008.01.11	26,652.42	3,392.00	23,260.42
	国投瑞银优化增强债券	121012	2010.09.08	2,737.21	1,235.07	1,502.14
	国投瑞银货币	121011	2009.01.19	2,858.07	638.66	2,219.40
	国投瑞银新兴市场股票(QDII－LOF)	161210	2010.06.10	820.28	180.38	639.89
	合　计			−10,574.24	72,712.04	−83,286.29
银河	银河银丰封闭	500058	2002.08.15	17,899.11	7,698.17	10,200.94
	银河成长股票	519668	2008.05.26	4,642.80	1,102.67	3,540.13
	银河行业股票	519670	2009.04.24	14,441.41	1,682.28	12,759.13
	银河沪深300价值指数	519671	2009.12.28	−12,761.33	735.82	−13,497.16
	银河蓝筹股票	519672	2010.07.16	2,162.15	502.77	1,659.37
	银河收益债券	151002	2003.08.04	2,174.49	435.68	1,738.81
	银河稳健混合	151001	2003.08.04	14,745.68	4,196.32	10,549.36
	银河银泰混合	150103	2004.03.30	69,966.68	7,998.34	61,968.34
	银河银信添利债券	519666	2007.03.14	2,100.47	1,091.58	1,008.90
	银河银富货币	150005	2004.12.20	2,262.34	497.86	1,764.48
	合　计			117,633.81	25,941.50	91,692.31
万家	万家180指数	519180	2003.03.17	−94,547.66	10,175.69	−104,723.35
	万家公用事业行业股票(LOF)	161903	2005.07.15	162.73	2,556.07	−2,393.35
	万家精选股票	519185	2009.05.18	−3,739.34	1,811.02	−5,550.36
	万家和谐增长混合	519181	2006.11.30	−5,450.43	7,432.73	−12,883.16
	万家双引擎灵活配置混合	519183	2008.06.27	235.82	415.92	−180.10
	万家增强收益债券	161902	2004.09.28	1,354.35	1,042.92	311.44
	万家稳健增利债券	519186	2009.08.12	3,186.74	587.37	2,599.38
	万家货币	519508	2006.05.24	10,410.43	2,525.15	7,885.28
	合　计			−88,387.36	26,546.86	−114,934.22

（续上表）

基金公司	基金简称	基金代码	设立日期	年度收入	年度费用	年度利润
金鹰	金鹰行业优势股票	210003	2009.07.01	18,078.49	3,719.68	14,358.80
	金鹰稳健成长股票	210004	2010.04.14	7,092.68	1,119.66	5,973.02
	金鹰成份优选混合	210001	2003.06.16	11,123.09	4,236.91	6,886.18
	金鹰中小盘精选混合	162102	2004.05.27	28,847.63	3,607.01	25,240.62
	金鹰红利价值混合	210002	2008.12.04	2,335.93	909.16	1,426.77
	合 计			67,477.83	13,592.43	53,885.40
招商	招商信用添利债券封闭	161713	2010.06.25	9,396.59	2,549.60	6,846.99
	招商安泰股票	217001	2003.04.28	2,753.46	2,962.83	−209.37
	招商优质成长股票(LOF)	161706	2005.11.17	7,562.38	14,984.77	−7,422.39
	招商大盘蓝筹股票	217010	2008.06.19	17,941.50	5,439.50	12,502.00
	招商行业领先股票	217012	2009.06.19	8,074.34	6,237.45	1,836.89
	招商中小盘股票	217013	2009.12.25	16,409.51	5,795.13	10,614.38
	招商深证100指数	217016	2010.06.22	6,030.53	381.81	5,648.72
	招商安泰平衡混合	217002	2003.04.28	704.93	503.96	200.97
	招商先锋混合	217005	2004.06.01	−2,237.67	16,710.69	−18,948.37
	招商核心价值混合	217009	2007.03.30	4,888.59	14,676.04	−9,787.45
	招商安泰债券	217003	2003.04.28	7,456.54	1,925.40	5,531.14
	招商安本增利债券	217008	2006.07.11	13,969.76	3,318.35	10,651.41
	招商安心收益债券	217011	2008.10.22	5,947.45	1,304.13	4,643.32
	招商现金增值货币	217004	2004.01.14	10,633.09	2,488.35	8,144.74
	招商全球资源股票(QDII)	217015	2010.03.25	5,124.07	621.87	4,502.20
	合 计			114,655.07	79,899.89	34,755.19
华宝兴业	华宝兴业多策略股票	240005	2004.05.11	−56,862.62	18,159.84	−75,022.46
	华宝兴业动力组合股票	240004	2005.11.17	−8,942.99	5,754.88	−14,697.87
	华宝兴业先进成长股票	240009	2006.11.07	−38,935.56	7,629.06	−46,564.62
	华宝兴业行业精选股票	240010	2007.06.14	−122,600.45	34,998.17	−157,598.62
	华宝兴业大盘精选股票	240011	2008.10.07	−7,960.81	5,110.28	−13,071.09
	华宝兴业中证100指数	240014	2009.09.29	−18,172.21	1,089.14	−19,261.35
	华宝兴业上证180价值ETF联接	240016	2010.04.23	923.88	342.53	581.36
	华宝兴业宝康消费品混合	240001	2003.07.15	9,798.68	8,534.09	1,264.59
	华宝兴业宝康配置混合	240002	2003.07.15	−8,570.93	2,857.96	−11,428.90
	华宝兴业收益增长混合	240008	2006.06.15	−44,445.75	21,110.10	−65,555.85
	华宝兴业宝康债券	240003	2003.07.15	3,221.28	677.09	2,544.19

（续上表）

基金公司	基金简称	基金代码	设立日期	年度收入	年度费用	年度利润
华宝兴业	华宝兴业增强收益债券	240012	2009.02.17	954.00	573.66	380.34
	华宝兴业现金宝货币	240006	2005.03.31	4,023.81	884.55	3,139.25
	华宝兴业上证180价值ETF	510030	2010.04.23	−19,387.80	1,077.45	−20,465.26
	华宝兴业海外中国股票(QDII)	241001	2008.05.07	−60.79	382.22	−443.01
	合　计			−307,018.26	109,181.03	−416,199.29
摩根士丹利华鑫	大摩领先优势股票	233006	2009.09.22	47,552.55	6,808.00	40,744.55
	大摩卓越成长股票	233007	2010.05.18	21,917.91	2,488.27	19,429.64
	大摩基础行业混合	233001	2004.03.26	407.84	456.19	−48.36
	大摩资源优选混合(LOF)	163302	2005.09.27	46,210.70	5,359.98	40,850.71
	大摩强收益债券	233005	2009.12.29	5,239.32	746.52	4,492.80
	大摩货币	163303	2006.08.17	749.90	203.40	546.50
	合　计			122,078.21	16,062.37	106,015.85
海富通	海富通股票	519005	2005.07.29	46,175.74	14,369.28	31,806.45
	海富通风格优势股票	519013	2006.10.19	71,350.25	20,551.87	50,798.38
	海富通领先成长股票	519025	2009.04.30	15,231.00	3,714.48	11,516.52
	海富通中证100指数(LOF)	162307	2009.10.30	−38,776.14	2,084.79	−40,860.93
	海富通中小盘股票	519026	2010.04.14	6,238.21	2,622.59	3,615.63
	海富通上证周期ETF联接	519027	2010.09.28	−4,743.66	124.30	−4,867.96
	海富通精选混合	519011	2003.08.22	88,593.46	19,305.36	69,288.10
	海富通收益增长混合	519003	2004.03.12	42,345.09	12,921.75	29,423.34
	海富通强化回报混合	519007	2006.05.25	32,683.96	5,706.71	26,977.25
	海富通精选贰号混合	519015	2007.04.09	16,651.40	5,595.71	11,055.70
	海富通稳健添利债券	519023	2008.10.24	6,808.40	1,169.78	5,638.62
	海富通货币	519505	2005.01.04	15,131.12	3,188.35	11,942.77
	海富通上证周期ETF	510110	2010.09.19	−2,087.21	302.53	−2,389.75
	海富通中国海外股票(QDII)	519601	2008.06.27	62.90	1,105.19	−1,042.28
	合　计			295,664.51	92,762.68	202,901.83
国联安	国联安精选股票	257020	2005.12.28	−13,267.78	8,809.22	−22,076.99
	国联安优势股票	257030	2007.01.24	−3,029.47	2,946.92	−5,976.40
	国联安红利股票	257040	2008.10.22	−1,820.16	371.89	−2,192.05
	国联安主题驱动股票	257050	2009.08.26	−1,526.78	1,025.71	−2,552.49
	国联安双禧中证100指数分级	162509	2010.04.16	−20,526.71	1,910.19	−22,436.91
	国联安稳健混合	255010	2003.08.08	2,597.23	1,813.85	783.39

（续上表）

基金公司	基金简称	基金代码	设立日期	年度收入	年度费用	年度利润
国联安	国联安小盘精选混合	257010	2004.04.12	14,258.94	5,886.79	8,372.14
	国联安安心成长混合	253010	2005.07.13	-1,483.99	578.33	-2,062.32
	国联安增利债券	253020	2009.03.11	15,902.22	1,694.91	14,207.31
	国联安信心增益债券	253030	2010.06.22	11,744.41	1,746.55	9,997.86
	合 计			2,847.91	26,784.38	-23,936.47
长信	长信银利精选股票	519996	2005.01.17	5,968.34	6,142.81	-174.47
	长信金利趋势股票	519994	2006.04.30	-16,914.95	17,127.09	-34,042.04
	长信增利动态策略股票	519993	2006.11.09	-19,378.37	7,905.72	-27,284.09
	长信恒利优势股票	519987	2009.07.30	-1,812.08	1,254.71	-3,066.79
	长信中证央企100指数(LOF)	163001	2010.03.26	759.66	399.14	360.52
	长信双利优选混合	519991	2008.06.19	-382.08	345.04	-727.12
	长信利丰债券	519989	2008.12.29	4,851.35	1,048.22	3,803.13
	长信中短债债券	519985	2010.06.28	1,468.01	641.20	826.82
	长信利息收益货币	519999	2004.03.19	12,060.93	3,771.93	8,288.99
	合 计			-13,379.19	38,635.85	-52,015.04
泰信	泰信优质生活股票	290004	2006.12.15	11,244.44	6,506.96	4,737.48
	泰信蓝筹精选股票	290006	2009.04.22	8,194.51	1,266.43	6,928.09
	泰信先行策略混合	290002	2004.06.28	-15,440.80	14,367.13	-29,807.93
	泰信优势增长混合	290005	2008.06.25	2,221.51	375.55	1,845.96
	泰信双息双利债券	290003	2007.10.31	2,534.78	930.75	1,604.03
	泰信债券增强收益	290007	2009.07.29	4,544.22	907.96	3,636.26
	泰信天天收益货币	290001	2004.02.10	2,661.36	809.65	1,851.71
	合 计			15,960.02	25,164.43	-9,204.41
天治	天治核心成长股票(LOF)	163503	2006.01.20	10,453.95	6,310.38	4,143.57
	天治创新先锋股票	350005	2008.05.08	2,828.25	317.00	2,511.25
	天治财富增长混合	350001	2004.06.29	2,541.48	767.67	1,773.81
	天治品质优选混合	350002	2005.01.12	2,922.90	423.56	2,499.34
	天治趋势精选混合	350007	2009.07.15	2,184.38	573.00	1,611.38
	天治稳健双盈债券	350006	2008.11.05	585.42	245.52	339.90
	天治天得利货币	350004	2006.07.05	759.46	225.87	533.58
	合 计			22,275.84	8,863.00	13,412.84
景顺长城	景顺长城鼎益股票(LOF)	162605	2005.03.16	-65,909.03	19,946.55	-85,855.58
	景顺长城公司治理股票	260111	2008.10.22	93.74	438.28	-344.55

（续上表）

基金公司	基金简称	基金代码	设立日期	年度收入	年度费用	年度利润
景顺长城	景顺长城精选蓝筹股票	260110	2007.06.18	-159,833.78	31,216.73	-191,050.51
	景顺长城内需贰号股票	260109	2006.10.11	61,214.04	14,358.06	46,855.98
	景顺长城内需增长股票	260104	2004.06.25	25,914.26	6,701.95	19,212.31
	景顺长城能源基建股票	260112	2009.10.20	14,900.55	1,942.05	12,958.50
	景顺长城新兴成长股票	260108	2006.06.28	-334.92	8,334.11	-8,669.03
	景顺长城优选股票	260101	2003.10.24	4,518.49	6,358.08	-1,839.59
	景顺长城资源垄断股票(LOF)	162607	2006.01.26	10,384.97	22,835.74	-12,450.77
	景顺长城动力平衡混合	260103	2003.10.24	-35,005.89	13,994.91	-49,000.80
	景顺长城货币	260102	2003.10.24	438.42	173.87	264.55
	合　计			-143,619.15	126,300.33	-269,919.48
广发	广发亚太精选股票(QDII)	270023	2010.08.18	2,079.04	434.10	1,644.94
	广发小盘成长股票(LOF)	162703	2005.02.02	55,053.53	22,997.15	32,056.39
	广发聚丰股票	270005	2005.12.23	12,578.97	51,124.88	-38,545.90
	广发核心精选股票	270008	2008.07.16	51,272.46	7,463.60	43,808.86
	广发沪深300指数	270010	2008.12.30	-26,325.64	3,282.83	-29,608.48
	广发聚瑞股票	270021	2009.06.16	35,520.66	8,412.44	27,108.22
	广发中证500指数(LOF)	162711	2009.11.26	78,301.76	6,409.22	71,892.54
	广发聚富混合	270001	2003.12.03	4,606.41	13,422.01	-8,815.60
	广发稳健增长混合	270002	2004.07.26	80,829.03	20,576.89	60,252.13
	广发策略优选混合	270006	2006.05.17	229,327.09	24,236.71	205,090.39
	广发大盘成长混合	270007	2007.06.13	73,632.12	27,199.48	46,432.64
	广发内需增长混合	270022	2010.04.19	36,172.30	6,301.95	29,870.34
	广发增强债券	270009	2008.03.27	12,144.34	2,738.15	9,406.19
	广发货币	270004	2005.05.20	6,226.52	1,496.75	4,729.77
	合　计			651,418.59	196,096.15	455,322.43
兴业全球	兴全全球视野股票	340006	2006.09.20	44,311.01	16,670.00	27,641.01
	兴全社会责任股票	340007	2008.04.30	70,763.74	18,557.06	52,206.68
	兴全合润分级股票	163406	2010.04.22	26,987.59	6,788.11	20,199.49
	兴全可转债混合	340001	2004.05.11	46,000.85	7,778.25	38,222.60
	兴全趋势混合(LOF)	163402	2005.11.03	-22,784.86	38,185.93	-60,970.78
	兴全有机增长混合	340008	2009.03.25	37,340.75	7,037.18	30,303.57
	兴全磐稳增利债券	340009	2009.07.23	4,031.24	827.20	3,204.04
	兴全货币	340005	2006.04.27	632.17	256.83	375.33
	合　计			207,282.49	96,100.56	111,181.93

（续上表）

基金公司	基金简称	基金代码	设立日期	年度收入	年度费用	年度利润
诺安	诺安股票	320003	2005.12.19	–27,623.53	44,509.54	–72,133.07
	诺安价值增长股票	320005	2006.11.21	26,090.72	27,340.26	–1,249.54
	诺安成长股票	320007	2009.03.10	20,702.43	2,664.64	18,037.79
	诺安中证100指数	320010	2009.10.27	–30,365.42	1,934.45	–32,299.87
	诺安中小盘精选股票	320011	2010.04.28	16,327.03	1,894.98	14,432.05
	诺安主题精选股票	320012	2010.09.15	7,306.29	2,450.87	4,855.42
	诺安平衡混合	320001	2004.05.21	–18,445.37	16,682.32	–35,127.70
	诺安灵活配置混合	320006	2008.05.20	31,142.87	5,625.05	25,517.82
	诺安优化收益债券	320004	2007.08.29	7,290.92	1,130.40	6,160.51
	诺安增利债券	320008	2009.05.27	972.58	323.80	648.77
	诺安货币	320002	2004.12.06	2,987.44	883.47	2,103.98
	合　计			36,385.96	105,439.80	–69,053.83
申万菱信	申万菱信新动力股票	310328	2005.11.10	–11,692.25	10,318.04	–22,010.30
	申万菱信竞争优势股票	310368	2008.07.04	1,219.78	513.01	706.77
	申万菱信消费增长股票	310388	2009.06.12	–231.54	2,088.40	–2,319.94
	申万菱信沪深300价值指数	310398	2010.02.11	–12,679.96	745.99	–13,425.95
	申万菱信深证成指分级	163109	2010.10.22	–8,452.82	323.02	–8,775.85
	申万菱信盛利精选混合	310308	2004.04.09	18,420.68	4,108.59	14,312.09
	申万菱信盛利强化配置混合	310318	2004.11.29	–59.01	197.18	–256.20
	申万菱信新经济混合	310358	2006.12.06	–11,811.42	10,962.13	–22,773.55
	申万菱信添益宝债券	310378	2008.12.04	3,830.58	501.51	3,329.07
	申万菱信收益宝货币	310338	2006.07.07	656.80	322.04	334.76
	合　计			–20,799.17	30,079.92	–50,879.09
中海	中海量化策略股票	398041	2009.06.24	7,252.21	3,395.26	3,856.95
	中海上证50指数增强	399001	2010.03.25	–8,079.20	1,049.88	–9,129.08
	中海优质成长混合	398001	2004.09.28	87,285.37	12,296.38	74,989.00
	中海分红增利混合	398011	2005.06.16	19,199.49	8,522.31	10,677.18
	中海能源策略混合	398021	2007.03.13	18,618.73	17,497.20	1,121.53
	中海蓝筹混合	398031	2008.12.03	3,449.18	1,006.82	2,442.36
	中海稳健收益债券	395001	2008.04.10	7,234.50	1,315.24	5,919.27
	中海货币	392001	2010.07.28	1,544.87	299.07	1,245.81
	合　计			136,505.16	45,382.15	91,123.01

（续上表）

基金公司	基金简称	基金代码	设立日期	年度收入	年度费用	年度利润
华富	华富成长趋势股票	410003	2007.03.19	20,610.15	5,478.48	15,131.67
	华富中证100指数	410008	2009.12.30	−5,133.56	242.78	−5,376.35
	华富竞争力优选混合	410001	2005.03.02	−4,806.31	5,799.44	−10,605.75
	华富策略精选混合	410006	2008.12.24	804.05	388.46	415.60
	华富价值增长混合	410007	2009.07.15	−2,145.26	831.80	−2,977.06
	华富收益增强债券	410004	2008.05.28	32,440.28	3,367.68	29,072.60
	华富强化回报债券	164105	2010.09.08	−13.66	552.40	−566.06
	华富货币	410002	2006.06.21	2,013.61	538.53	1,475.08
	合 计			43,769.30	17,199.55	26,569.75
光大保德信	光大保德信量化股票	360001	2004.08.27	−7,258.41	4,581.88	−11,840.29
	光大保德信红利股票	360005	2006.03.24	−21,374.71	6,312.83	−27,687.54
	光大保德信新增长股票	360006	2006.09.14	−7,258.41	4,581.88	−11,840.29
	光大保德信优势配置股票	360007	2007.08.24	−81,181.34	24,937.22	−106,118.57
	光大保德信均衡精选股票	360010	2009.03.04	−3,685.90	766.25	−4,452.15
	光大保德信中小盘股票	360012	2010.04.14	15,306.03	1,725.89	13,580.15
	光大保德信动态优选混合	360011	2009.10.28	3,474.55	969.82	2,504.73
	光大保德信增利收益债券	360008	2008.10.29	2,629.86	386.47	2,243.39
	光大保德信货币	360003	2005.06.09	611.47	237.29	374.18
	合 计			−98,736.87	44,499.54	−143,236.41
上投摩根	上投摩根阿尔法股票	377010	2005.10.11	−27,731.17	11,573.16	−39,304.33
	上投摩根成长先锋股票	378010	2006.09.20	−41,896.48	13,729.44	−55,625.92
	上投摩根内需动力股票	377020	2007.04.13	40,884.24	32,345.57	8,538.67
	上投摩根中小盘股票	379010	2009.01.21	10,087.31	4,392.41	5,694.90
	上投摩根行业轮动股票	377530	2010.01.28	11,533.00	6,259.10	5,273.90
	上投摩根中国优势混合	375010	2004.09.15	−5,886.81	14,431.69	−20,318.51
	上投摩根双息平衡混合	373010	2006.04.26	−1,222.74	9,323.57	−10,546.31
	上投摩根双核平衡混合	373020	2008.05.21	4,509.66	2,683.61	1,826.05
	上投摩根纯债债券	371020	2009.06.24	1,828.95	569.56	1,259.39
	上投摩根货币	370010	2005.04.13	11,443.92	2,683.77	8,760.15
	上投摩根亚太优势股票(QDII)	377016	2007.10.22	257,578.81	47,603.21	209,975.60
	合 计			261,128.68	145,595.09	115,533.59
东方	东方策略成长股票	400007	2008.06.03	73.86	263.38	−189.52
	东方核心动力股票	400011	2009.06.24	−1,347.89	783.47	−2,131.37

（续上表）

基金公司	基金简称	基金代码	设立日期	年度收入	年度费用	年度利润
东方	东方龙混合	400001	2004.11.25	5,293.24	2,302.14	2,991.11
	东方精选混合	400003	2006.01.11	4,921.72	15,857.58	−10,935.86
	东方稳健回报债券	400009	2008.12.10	3,792.68	796.41	2,996.27
	东方金账簿货币	400005	2006.08.02	629.94	210.37	419.58
	合　计			13,363.56	20,213.34	−6,849.78
中银	中银增长股票	163803	2006.03.17	43,078.66	22,470.42	20,608.24
	中银策略股票	163805	2008.04.03	22,308.08	6,356.33	15,951.75
	中银中证100指数增强	163808	2009.09.04	−41,379.33	3,599.17	−44,978.49
	中银中国混合(LOF)	163801	2005.01.04	43,305.64	6,342.91	36,962.73
	中银收益混合	163804	2006.10.11	56,060.99	9,615.20	46,445.80
	中银优选混合	163807	2009.04.03	7,769.95	2,426.20	5,343.74
	中银蓝筹混合	163809	2010.02.11	35,762.66	9,989.08	25,773.58
	中银价值混合	163810	2010.08.25	24,222.72	3,273.63	20,949.09
	中银增利债券	163806	2008.11.13	17,532.58	3,095.24	14,437.34
	中银货币	163802	2005.06.07	10,645.40	3,084.46	7,560.94
	合　计			219,307.35	70,252.64	149,054.72
东吴	东吴双动力股票	580002	2006.12.15	74,773.88	10,544.82	64,229.06
	东吴行业轮动股票	580003	2008.04.23	23,754.22	4,851.81	18,902.41
	东吴新经济股票	580006	2009.12.30	9,685.85	1,402.08	8,283.77
	东吴新创业股票	580007	2010.06.29	5,476.94	446.30	5,030.64
	东吴嘉禾优势精选混合	580001	2005.02.01	54,662.26	6,294.16	48,368.10
	东吴进取策略混合	580005	2009.05.06	12,075.71	2,093.73	9,981.98
	东吴优信稳健债券	582001	2008.11.05	314.12	204.44	109.68
	东吴货币	583001	2010.05.11	1,364.36	393.28	971.08
	合　计			182,107.35	26,230.63	155,876.72
天弘	天弘永定价值成长股票	420003	2008.12.02	1,054.57	429.13	625.44
	天弘周期策略股票	420005	2009.12.17	11,597.75	1,939.38	9,658.37
	天弘深证成份指数(LOF)	164205	2010.08.12	213.15	285.58	−72.43
	天弘精选混合	420001	2005.10.08	32,575.05	8,602.38	23,972.67
	天弘永利债券	420002	2008.04.18	529.90	169.99	359.91
	合　计			45,970.41	11,426.45	34,543.96

（续上表）

基金公司	基金简称	基金代码	设立日期	年度收入	年度费用	年度利润
国海富兰克林	国富弹性市值股票	450002	2006.06.14	37,607.60	11,612.83	25,994.78
	国富潜力组合股票	450003	2007.03.22	35,366.89	12,838.88	22,528.00
	国富深化价值股票	450004	2008.07.03	12,728.22	2,980.83	9,747.39
	国富成长动力股票	450007	2009.03.25	725.96	886.66	−160.70
	国富沪深300指数增强	450008	2009.09.03	−8,254.69	2,285.16	−10,539.85
	国富中国收益混合	450001	2005.06.01	9,832.37	3,427.73	6,404.64
	国富强化收益债券	450005	2008.10.24	824.89	199.51	625.38
	合　计			88,831.25	34,231.60	54,599.65
华泰柏瑞	华泰柏瑞盛世中国股票	460001	2005.04.27	72,263.18	18,841.16	53,422.02
	华泰柏瑞价值增长股票	460005	2008.07.16	9,573.16	1,364.14	8,209.02
	华泰柏瑞行业领先股票	460007	2009.08.03	16,800.21	3,856.46	12,943.75
	华泰柏瑞量化先行股票	460009	2010.06.22	3,436.72	585.74	2,850.98
	华泰柏瑞积极成长混合	460002	2007.05.29	36,541.71	10,651.96	25,889.75
	华泰柏瑞稳本增利债券	519519	2007.12.03	2,082.56	627.96	1,454.60
	华泰柏瑞货币	460006	2009.05.06	255.90	85.21	170.70
	华泰柏瑞上证红利ETF	510880	2006.11.17	−87,453.69	2,575.46	−90,029.15
	合　计			53,499.75	38,588.07	14,911.68
新华	新华优选成长股票	519089	2008.07.25	15,865.76	7,188.99	8,676.76
	新华钻石品质企业股票	519093	2010.02.03	9,743.04	3,203.38	6,539.66
	新华行业周期轮换股票	519095	2010.07.21	3,252.32	332.06	2,920.26
	新华优选分红混合	519087	2005.09.16	445.76	4,424.17	−3,978.41
	新华泛资源优势混合	519091	2009.07.13	1,439.88	4,077.33	−2,637.45
	合　计			30,746.76	19,225.93	11,520.83
汇添富	汇添富均衡增长股票	519018	2006.08.07	138,128.29	48,471.94	89,656.36
	汇添富成长焦点股票	519068	2007.03.12	102,612.08	24,214.99	78,397.09
	汇添富价值精选股票	519069	2009.01.23	29,981.01	4,877.72	25,103.29
	汇添富上证综合指数	470007	2009.07.01	−90,378.94	6,353.58	−96,732.52
	汇添富策略回报股票	470008	2009.12.22	52,464.99	6,050.04	46,414.95
	汇添富民营活力股票	470009	2010.05.05	14,438.32	2,050.50	12,387.83
	汇添富医药保健股票	470006	2010.09.21	10,688.72	2,617.12	8,071.60
	汇添富优势精选混合	519008	2005.08.25	42,275.28	10,454.17	31,821.11
	汇添富蓝筹稳健混合	519066	2008.07.08	8,561.53	1,895.80	6,665.73

（续上表）

基金公司	基金简称	基金代码	设立日期	年度收入	年度费用	年度利润
汇添富	汇添富增强收益债券	519078	2008.03.06	17,780.14	2,261.02	15,519.12
	汇添富货币	519518	2006.03.23	7,803.89	1,642.81	6,161.08
	汇添富亚澳成熟优选股票(QDII)	470888	2010.06.25	2,382.89	446.52	1,936.37
	合 计			336,738.22	111,336.20	225,402.01
工银瑞信	工银核心价值股票	481001	2005.08.31	74,316.84	18,090.51	56,226.33
	工银稳健成长股票	481004	2006.12.06	75,086.27	15,052.55	60,033.72
	工银红利股票	481006	2007.07.18	−10,995.60	10,643.92	−21,639.52
	工银大盘蓝筹股票	481008	2008.08.04	−6,476.77	4,047.42	−10,524.19
	工银沪深300指数股票	481009	2009.03.05	−44,724.26	4,235.20	−48,959.47
	工银中小盘成长股票	481010	2010.02.10	20,314.59	5,747.59	14,567.00
	工银精选平衡混合	483003	2006.07.13	1,099.12	20,401.95	−19,302.83
	工银增强收益债券	485105	2007.05.11	32,674.52	5,835.04	26,839.48
	工银添利债券	485107	2008.04.14	36,427.87	8,502.91	27,924.96
	工银双利债券	485111	2010.08.16	10,362.84	5,201.31	5,161.53
	工银货币	482002	2006.03.20	18,479.72	5,977.82	12,501.90
	工银上证央企ETF	510060	2009.08.26	−47,577.49	1,120.95	−48,698.43
	工银全球股票(QDII)	486001	2008.02.14	20,623.66	4,671.64	15,952.02
	工银全球精选股票(QDII)	486002	2010.05.25	3,305.30	636.31	2,668.99
	合 计			182,916.61	110,165.13	72,751.49
交银施罗德	交银精选股票	519688	2005.09.29	−139,952.10	24,928.63	−164,880.73
	交银成长股票	519692	2006.10.23	8,105.48	18,338.11	−10,232.62
	交银蓝筹股票	519694	2007.08.08	−105,918.36	31,938.42	−137,856.78
	交银先锋股票	519698	2009.04.10	25,156.72	7,989.89	17,166.83
	交银上证180公司治理ETF联接	519686	2009.09.29	−105,973.04	662.18	−106,635.22
	交银稳健配置混合	519690	2006.06.14	−34,886.99	17,605.75	−52,492.74
	交银保本混合	519697	2009.01.21	18,602.64	5,590.59	13,012.06
	交银主题优选混合	519700	2010.06.30	26,020.66	2,474.30	23,546.36
	交银增利债券	519680	2008.03.31	17,161.77	4,124.44	13,037.33
	交银货币	519588	2006.01.20	9,932.97	2,325.84	7,607.13
	交银上证180公司治理ETF	510010	2009.09.25	−109,783.89	3,547.59	−113,331.48
	交银环球精选股票(QDII)	519696	2008.08.22	1,461.82	1,217.20	244.62
	合 计			−390,072.30	120,742.93	−510,815.24

（续上表）

基金公司	基金简称	基金代码	设立日期	年度收入	年度费用	年度利润
建信	建信恒久价值股票	530001	2005.12.01	39,375.08	8,468.51	30,906.57
	建信优选成长股票	530003	2006.09.08	24,472.53	8,849.04	15,623.50
	建信核心精选股票	530006	2008.11.25	24,942.63	2,746.94	22,195.68
	建信沪深300指数(LOF)	165309	2009.11.05	−36,286.96	4,730.87	−41,017.83
	建信上证社会责任ETF联接	530010	2010.05.28	14,454.47	823.35	13,631.12
	建信优化配置混合	530005	2007.03.01	−16,084.30	21,430.35	−37,514.65
	建信稳定增利债券	530008	2008.06.25	30,836.94	4,897.14	25,939.80
	建信增强债券	530009	2009.06.02	19,032.79	3,405.87	15,626.92
	建信货币	530002	2006.04.25	8,693.23	2,895.87	5,797.36
	建信优势动封闭	150003	2008.03.19	23,943.17	7,641.80	16,301.37
	建信上证社会责任ETF	510090	2010.05.28	3,965.87	267.01	3,698.87
	建信全球机遇股票(QDII)	539001	2010.09.14	−377.47	556.51	−933.99
	合　计			136,967.98	66,713.26	70,254.72
信诚	信诚精萃成长股票	550002	2006.11.27	25,211.19	7,789.36	17,421.83
	信诚盛世蓝筹股票	550003	2008.06.04	21,569.39	3,950.31	17,619.08
	信诚优胜精选股票	550008	2009.08.26	38,902.69	8,954.72	29,947.97
	信诚中小盘股票	550009	2010.02.10	6,291.11	1,329.84	4,961.27
	信诚深度价值股票(LOF)	165508	2010.07.30	2,900.67	566.96	2,333.71
	信诚四季红混合	550001	2006.04.29	85,310.39	13,212.52	72,097.86
	信诚三得益债券	550004	2008.09.27	1,557.91	295.37	1,262.54
	信诚经典优债债券	550006	2009.03.11	1,553.56	415.64	1,137.92
	信诚增强收益债券封闭	165509	2010.09.29	292.15	628.54	−336.39
	合　计			183,589.06	37,143.27	146,445.80
汇丰晋信	汇丰晋信龙腾股票	540002	2006.09.27	27,957.77	7,217.03	20,740.74
	汇丰晋信大盘股票	540006	2009.06.24	15,845.65	3,847.97	11,997.68
	汇丰晋信中小盘股票	540007	2009.12.11	17,641.57	4,750.94	12,890.63
	汇丰晋信低碳先锋股票	540008	2010.06.08	12,693.39	886.76	11,806.63
	汇丰晋信2016周期混合	540001	2006.05.23	3,135.55	1,376.03	1,759.52
	汇丰晋信动态策略混合	540003	2007.04.09	39,653.37	5,824.76	33,828.62
	汇丰晋信2026周期混合	540004	2008.07.23	324.32	336.89	−12.57
	汇丰晋信平稳增利债券	540005	2008.12.03	277.20	208.17	69.03
	合　计			117,528.82	24,448.54	93,080.29

（续上表）

基金公司	基金简称	基金代码	设立日期	年度收入	年度费用	年度利润
益民	益民红利成长混合	560002	2006.11.21	−20,710.03	4,497.97	−25,208.00
	益民创新优势混合	560003	2007.07.11	15,977.79	12,038.15	3,939.64
	益民多利债券	560005	2008.05.21	277.74	104.54	173.20
	益民货币	560001	2006.07.17	119.25	61.52	57.73
	合　计			−4,335.25	16,702.18	−21,037.43
华商	华商盛世成长股票	630002	2008.09.23	254,239.19	20,021.13	234,218.06
	华商产业升级股票	630006	2010.06.18	8,735.44	1,748.38	6,987.06
	华商领先企业混合	630001	2007.05.15	156,041.19	20,431.76	135,609.43
	华商动态阿尔法混合	630005	2009.11.24	50,177.00	5,311.14	44,865.86
	华商收益增强债券	630003	2009.01.23	12,613.63	1,922.57	10,691.06
	华商稳健双利债券	630007	2010.08.09	6,349.63	926.57	5,423.07
	合　计			488,156.09	50,361.55	437,794.53
中邮创业	中邮核心优选股票	590001	2006.09.28	−81,820.20	33,332.38	−115,152.58
	中邮核心成长股票	590002	2007.08.17	−243,313.88	54,225.37	−297,539.24
	中邮核心主题股票	590005	2010.05.19	25,869.35	3,167.96	22,701.40
	中邮核心优势灵活配置混合	590003	2009.10.28	57,076.53	12,747.65	44,328.89
	合　计			−242,188.19	103,473.35	−345,661.54
信达澳银	信达澳银领先增长股票	610001	2007.03.08	26,898.46	14,921.27	11,977.19
	信达澳银中小盘股票	610004	2009.12.01	23,183.93	2,712.51	20,471.42
	信达澳银红利回报股票	610005	2010.07.28	4,817.70	487.87	4,329.83
	信达澳银精华配置混合	610002	2008.07.30	1,394.18	338.03	1,056.15
	信达澳银稳定价值债券	610003	2009.04.08	1,184.95	275.98	908.97
	合　计			57,479.23	18,735.65	38,743.57
诺德	诺德价值优势股票	570001	2007.04.19	1,166.14	8,892.97	−7,726.83
	诺德成长优势股票	570005	2009.09.22	548.42	291.10	257.32
	诺德中小盘股票	570006	2010.06.28	2,786.19	502.66	2,283.53
	诺德灵活配置混合	571002	2008.11.05	1,139.05	547.93	591.13
	诺德增强收益债券	573003	2009.03.04	682.50	298.75	383.75
	合　计			6,322.30	10,533.41	−4,211.10
中欧	中欧新趋势股票(LOF)	166001	2007.01.29	−29,382.41	6,153.95	−35,536.36
	中欧价值发现股票	166005	2009.07.24	5,053.24	1,379.52	3,673.72
	中欧中小盘股票(LOF)	166006	2009.12.30	7,266.40	2,761.01	4,505.39

（续上表）

基金公司	基金简称	基金代码	设立日期	年度收入	年度费用	年度利润
中欧	中欧沪深300指数增强(LOF)	166007	2010.06.24	5,791.44	752.31	5,039.14
	中欧新蓝筹混合	166002	2008.07.25	862.14	413.28	448.86
	中欧稳健收益债券	166003	2009.04.24	5,253.28	1,096.38	4,156.90
	合　计			-5,155.91	12,556.45	-17,712.35
金元比联	金元比联价值增长股票	620004	2009.09.11	-1,171.05	545.17	-1,716.22
	金元比联核心动力股票	620005	2010.02.11	772.92	739.16	33.76
	金元比联消费主题股票	620006	2010.09.15	346.48	213.39	133.09
	金元比联宝石动力混合①	620001	2007.08.15	-474.97	2,014.91	-2,489.89
	金元比联成长动力混合	620002	2008.09.03	-355.86	451.91	-807.77
	金元比联丰利债券	620003	2009.03.23	733.29	403.30	329.98
	合　计			-149.20	4,367.84	-4,517.04
浦银安盛	浦银安盛价值成长股票	519110	2008.04.16	2,953.52	2,114.50	839.01
	浦银安盛红利精选股票	519115	2009.12.03	-619.18	776.75	-1,395.93
	浦银安盛精致生活混合	519113	2009.06.04	2,003.39	574.91	1,428.48
	浦银安盛优化收益债券	519111	2008.12.30	577.64	131.67	445.97
	合　计			4,915.36	3,597.83	1,317.53
农银汇理	农银行业成长股票	660001	2008.08.04	60,706.83	11,186.93	49,519.90
	农银策略价值股票	660004	2009.09.29	49,265.66	12,328.70	36,936.96
	农银中小盘股票	660005	2010.03.25	115,627.10	13,512.33	102,114.78
	农银大盘蓝筹股票	660006	2010.09.01	812.86	4,086.77	-3,273.92
	农银平衡双利混合	660003	2009.04.08	20,183.39	6,443.30	13,740.09
	农银恒久增利债券	660002	2008.12.23	4,796.60	584.51	4,212.09
	合　计			251,392.45	48,142.54	203,249.91
民生加银	民生加银精选股票	690003	2010.02.03	7,182.09	4,948.36	2,233.74
	民生加银稳健成长股票	690004	2010.06.29	5,755.53	1,865.91	3,889.62
	民生加银品牌蓝筹混合	690001	2009.03.27	-1,831.74	1,917.65	-3,749.40
	民生加银增强收益债券	690002	2009.07.21	9,816.37	1,885.26	7,931.11
	合　计			20,922.24	10,617.18	10,305.07
	总　计			537.68亿元	485.72亿元	51.96亿元

①原金元比联宝石动力保本混合型证券投资基金转型。

表2-36 各类型证券投资基金年度费用汇总（2010-2011）

（单位：只；亿元）

基金类型	2010年年报					2011年中报				
	基金数量	管理费用	托管费用	交易费用	销售服务费	基金数量	管理费用	托管费用	交易费用	销售服务费
传统封闭式基金	26	11.14	1.90	3.88	—	25	5.22	0.89	1.73	—
创新封闭式基金	12	4.65	0.89	1.41	—	19	3.57	0.69	0.83	0.05
开放式基金										
其中：股票型基金	284	156.90	26.74	67.13	—	330	76.47	13.05	30.32	—
混合型基金	163	102.95	17.65	40.92	—	173	49.37	8.47	16.37	—
债券型基金	88	6.28	1.90	1.31	1.66	105	4.06	1.22	0.75	1.03
货币市场基金	45	3.87	1.17	0.00	1.89	49	2.49	0.75	—	1.13
ETF	15	3.74	0.75	0.49	—	25	1.85	0.37	0.29	—
QDII	23	12.80	2.30	3.67	—	36	6.48	1.18	1.70	—
总 计	656	302.34	53.31	118.81	3.55	762	149.51	26.62	51.98	2.22

表2-37 各类型证券投资基金管理费用统计（2010-2011）

（单位：只；亿元；%）

基金类型	2010年年报			2011年中报		
	基金数量	基金管理费用	占管理总费用比	基金数量	基金管理费用	占管理总费用比
传统型封闭式基金	26	11.14	3.68	25	5.22	3.49
创新型封闭式基金	12	4.65	1.54	19	3.57	2.39
开放式基金						
其中：股票型基金	284	156.90	51.90	330	76.47	51.15
混合型基金	163	102.95	34.05	173	49.37	33.02
债券型基金	88	6.28	2.08	105	4.06	2.72
货币市场基金	45	3.87	1.28	49	2.49	1.67
ETF	15	3.74	1.24	25	1.85	1.24
QDII	23	12.80	4.23	36	6.48	4.33
总　计	**656**	**302.34**	**100.00**	**762**	**149.51**	**100.00**

表2-38 各类型证券投资基金托管费用统计（2010-2011）

（单位：只；亿元；%）

基金类型	2010年年报			2011年中报		
	基金数量	基金托管费用	占托管总费用比	基金数量	基金托管费用	占托管总费用比
传统型封闭式基金	26	1.90	3.57	25	0.89	3.34
创新型封闭式基金	12	0.89	1.68	19	0.69	2.59
开放式基金						
其中：股票型基金	284	26.74	50.16	330	13.05	49.02
混合型基金	163	17.65	33.11	173	8.47	31.82
债券型基金	88	1.90	3.56	105	1.22	4.58
货币市场基金	45	1.17	2.20	49	0.75	2.82
ETF	15	0.75	1.40	25	0.37	1.39
QDII	23	2.30	4.31	36	1.18	4.43
总　计	**656**	**53.31**	**100.00**	**762**	**26.62**	**100.00**

表2-39 基金管理公司旗下基金年度费用统计（2010）

（单位：万元）

基金公司	基金简称	设立日期	管理费用	托管费用	交易费用	销售服务费
国泰	国泰金泰封闭	1998.03.27	3,761.71	626.95	989.98	—
	国泰金鑫封闭	1999.10.21	5,271.68	878.61	1,036.42	—
	国泰金鹰增长股票	2002.05.08	2,746.91	457.82	616.22	—
	国泰金牛创新股票	2007.05.18	6,630.97	1,105.16	2,410.80	—
	国泰沪深300指数	2007.11.11	3,571.27	714.25	960.50	—
	国泰区位优势股票	2009.05.27	2,371.51	395.25	477.46	—
	国泰中小盘成长股票(LOF)	2009.10.19	4,682.70	780.45	792.64	—
	国泰价值经典股票(LOF)	2010.08.13	452.81	75.47	85.29	—
	国泰金龙行业混合	2003.12.05	832.36	138.73	333.72	—
	国泰金马稳健混合	2004.06.18	10,635.83	1,772.64	2,443.26	—
	国泰金鹏蓝筹混合	2006.09.29	3,561.96	593.66	763.02	—
	国泰金鼎价值混合	2007.04.11	8,332.02	1,388.67	1,251.42	—
	国泰金鹿保本混合	2008.06.12	2,492.28	453.14	281.67	—
	国泰金龙债券	2003.12.05	137.60	45.87	20.34	17.47
	国泰双利债券	2009.03.11	540.11	154.32	332.16	160.01
	国泰货币	2005.06.21	571.98	173.33	—	433.32
	国泰纳斯达克100指数(QDII)	2010.04.29	204.07	63.77	25.97	—
	国泰估值优势分级封闭	2010.02.10	1,170.83	195.14	388.31	—
	合计		57,968.60	10,013.23	13,209.18	610.80
南方	南方开元封闭	1998.03.27	3,130.53	521.80	799.02	—
	南方天元封闭	1999.08.25	5,252.03	875.50	1,874.20	—
	南方积极配置股票(LOF)	2004.10.14	3,887.56	647.93	3,126.29	—
	南方高增长股票(LOF)	2005.07.13	5,877.82	979.64	1,997.00	—
	南方绩优成长股票	2006.11.16	16,871.19	2,811.87	9,006.43	—
	南方成份精选股票	2007.05.14	17,694.66	2,949.11	5,721.04	—
	南方隆元产业主题股票	2007.11.09	9,252.30	1,542.05	3,057.83	—
	南方盛元红利股票	2008.03.21	4,841.45	806.91	2,873.53	—
	南方优选价值股票	2008.06.18	1,852.03	308.67	761.21	—
	南方沪深300指数	2009.03.25	1,179.70	272.24	575.70	—
	南方中证500指数(LOF)	2009.09.25	2,325.51	465.10	1,209.63	—
	南方深证成份ETF联接	2009.12.09	315.03	63.01	339.22	—
	南方策略优化股票	2010.03.30	1,978.22	329.70	974.33	—
	南方小康ETF联接	2010.08.27	106.59	21.32	127.34	—
	南方稳健成长混合	2001.09.28	9,136.01	1,522.67	2,631.45	—
	南方避险增值混合	2003.06.27	13,448.20	2,241.37	2,330.32	—

（续上表）

基金公司	基金简称	设立日期	管理费用	托管费用	交易费用	销售服务费
南方	南方稳健成长贰号混合	2006.07.25	9,026.53	1,504.42	2,867.13	—
	南方恒元保本混合	2008.11.12	3,652.45	561.92	1,365.26	—
	南方宝元债券	2002.09.20	1,386.76	323.58	756.92	—
	南方多利增强债券	2007.08.28	493.96	164.65	51.83	225.11
	南方现金增利货币	2004.03.05	2,588.82	784.49	—	1,107.56
	南方深证成份ETF	2009.12.04	2,355.61	471.12	367.09	—
	南方小康ETF	2010.08.27	93.79	18.76	82.65	—
	南方全球精选配置(QDII-FOF)	2007.09.19	28,698.63	4,653.83	5,365.20	—
	合计		145,445.38	24,841.66	48,260.62	1,332.67
华夏	华夏兴华封闭	1998.04.28	3,630.64	605.62	1,764.82	—
	华夏兴和封闭	1999.07.14	4,453.08	890.62	699.98	—
	华夏收入股票	2005.11.17	6,760.64	1,126.77	2,993.89	—
	华夏优势增长股票	2006.11.24	24,208.65	4,034.78	8,357.83	—
	华夏复兴股票	2007.09.10	7,083.41	1,180.57	2,835.61	—
	华夏行业股票(LOF)	2007.11.22	16,824.25	2,804.04	6,235.10	—
	华夏沪深300指数	2009.07.10	11,884.61	2,376.92	1,955.71	—
	华夏盛世股票	2009.12.11	23,755.18	3,959.20	9,471.18	—
	华夏成长混合	2001.12.18	16,372.40	2,728.73	7,160.11	—
	华夏回报混合	2003.09.05	18,979.78	3,163.30	3,561.15	—
	华夏经典混合	2004.03.15	2,452.65	408.77	824.51	—
	华夏大盘精选混合	2004.08.11	10,056.08	1,676.01	2,581.62	—
	华夏红利混合	2005.06.30	34,254.79	5,709.13	12,596.16	—
	华夏稳增混合	2006.08.09	10,880.45	1,813.41	4,892.34	—
	华夏回报二号混合	2006.08.14	11,018.50	1,836.42	2,029.48	—
	华夏蓝筹混合(LOF)	2007.04.24	20,528.61	3,421.43	8,181.68	—
	华夏策略混合	2008.10.23	4,040.93	673.49	1,084.21	—
	华夏债券	2002.10.23	2,716.06	905.35	237.95	779.96
	中信稳定双利债券	2006.07.20	1,067.08	328.33	181.59	656.66
	华夏希望债券	2008.03.10	4,328.11	1,236.60	1,298.39	985.42
	华夏现金增利货币	2004.04.07	3,943.30	1,194.94	—	2,987.35
	中信现金优势货币	2005.04.20	123.53	37.43	—	93.58
	华夏上证50ETF	2004.12.30	11,769.06	2,353.81	736.53	—
	华夏中小板ETF	2006.06.08	1,985.26	397.05	233.83	—
	华夏全球股票(QDII)	2007.10.09	35,278.46	6,674.30	4,243.64	—
	合计		288,395.48	51,537.03	84,157.29	5,502.97

（续上表）

基金公司	基金简称	设立日期	管理费用	托管费用	交易费用	销售服务费
华安	华安安信封闭	1998.06.22	4,013.79	668.97	1,111.10	—
	华安安顺封闭	1999.06.15	6,340.84	1,060.22	2,457.47	—
	华安中国A股增强指数	2002.11.08	5,634.39	1,126.88	1,101.65	—
	华安宏利股票	2006.09.06	17,189.39	2,864.90	4,786.51	—
	华安中小盘成长股票	2007.04.10	14,588.37	2,431.40	5,173.21	—
	华安策略优选股票	2007.08.02	18,762.36	3,127.06	8,316.70	—
	华安核心股票	2008.10.22	889.16	148.19	403.54	—
	华安上证180ETF联接	2009.09.29	153.28	30.66	126.91	—
	华安行业轮动股票	2010.05.11	1,167.44	194.57	627.59	—
	华安创新混合	2001.09.21	11,456.81	1,909.47	4,332.61	—
	华安宝利配置混合	2004.08.24	4,893.99	1,019.58	3,072.62	—
	华安动态灵活配置混合	2009.12.22	2,928.69	488.11	1,245.03	—
	华安稳定收益债券	2008.04.30	420.37	140.12	70.08	73.60
	华安强化收益债券	2009.04.13	658.81	188.23	170.45	120.19
	华安现金富利货币	2003.12.30	2,287.70	693.24	—	547.20
	华安上证180ETF	2006.04.13	2,733.64	546.73	317.71	—
	华安香港精选股票（QDII）	2010.09.19	229.65	45.93	106.59	—
	合　计		94,348.68	16,684.25	33,419.76	740.99
博时	博时裕阳封闭	1998.07.25	3,628.28	604.71	1,056.22	—
	博时裕隆封闭	1999.06.15	5,500.73	916.79	2,009.46	—
	博时裕泽封闭	2000.03.27	859.13	143.19	505.93	—
	博时沪深300指数	2003.08.26	13,069.40	2,667.22	1,045.33	—
	博时精选股票	2004.06.22	17,893.35	2,982.23	5,059.66	—
	博时主题行业股票（LOF）	2005.01.06	19,552.68	3,258.78	2,542.38	—
	博时第三产业股票	2007.04.12	14,410.22	2,401.70	3,183.92	—
	博时新兴成长股票	2007.07.06	26,786.45	4,464.41	15,446.72	—
	博时特许价值股票	2008.05.28	1,531.64	255.27	810.43	—
	博时上证超大盘ETF联接	2009.12.29	238.51	47.70	305.53	—
	博时创业成长股票	2010.06.01	1,665.14	277.52	343.71	—
	博时价值增长混合	2002.10.09	711.71	4,826.37	6,452.21	—
	博时平衡配置混合	2006.05.31	5,076.48	846.08	2,552.00	—
	博时价值增长贰号混合	2006.09.27	10,673.35	1,778.89	2,537.18	—
	博时策略混合	2009.08.11	6,372.81	1,062.14	1,539.22	—
	博时稳定价值债券	2007.09.06	835.01	278.34	20.44	232.39
	博时信用债券	2009.06.10	980.48	280.14	272.57	354.13

（续上表）

基金公司	基金简称	设立日期	管理费用	托管费用	交易费用	销售服务费
博时	博时宏观回报债券	2010.07.27	390.66	111.62	57.55	134.12
	博时现金收益货币	2004.01.16	2,223.18	673.69	—	1,684.23
	博时上证超大盘ETF	2009.12.29	994.17	198.83	339.05	—
	博时大中华亚太精选股票(QDII)	2010.07.27	126.70	24.64	112.91	0.00
	合 计		133,520.09	28,100.26	46,192.41	2,404.87
鹏华	鹏华普惠封闭	1999.01.06	4,024.98	670.83	1,416.00	—
	鹏华普丰封闭	1999.07.14	4,512.08	902.42	2,116.10	—
	鹏华价值优势股票(LOF)	2006.07.18	17,332.52	2,888.75	2,271.86	—
	鹏华优质治理股票(LOF)	2007.04.25	10,582.93	1,763.82	5,338.20	—
	鹏华盛世创新股票(LOF)	2008.10.10	1,350.62	225.10	797.29	—
	鹏华沪深300指数(LOF)	2009.04.03	934.07	186.81	430.18	—
	鹏华精选成长股票	2009.09.09	2,236.01	372.67	808.46	—
	鹏华中证500指数(LOF)	2010.02.05	1,451.28	290.26	986.96	—
	鹏华上证民企50ETF联接	2010.08.05	71.80	14.36	156.55	—
	鹏华行业成长混合	2002.05.24	690.29	115.05	412.60	—
	鹏华普天收益混合	2003.07.12	3,244.35	432.58	1,371.57	—
	鹏华中国50混合	2004.05.12	7,407.65	1,234.61	2,713.45	—
	鹏华动力增长混合(LOF)	2007.01.09	13,711.70	2,285.28	5,093.63	—
	鹏华普天债券	2003.07.12	295.02	88.51	58.18	85.90
	鹏华丰收债券	2008.05.28	451.99	150.66	84.84	—
	鹏华信用增利债券	2010.05.31	552.59	184.20	48.92	195.71
	鹏华货币	2005.04.12	664.49	201.36	—	109.74
	民企ETF	2010.08.05	186.41	37.28	200.85	—
	鹏华环球发现(QDII—FOF)	2010.10.12	124.41	29.03	2.45	—
	合 计		69,825.20	12,073.58	24,308.10	391.35
嘉实	嘉实泰和封闭	1999.04.08	3,419.68	569.95	2,377.19	—
	嘉实丰和价值封闭	2002.03.22	4,740.68	790.11	2,271.51	—
	嘉实沪深300指数(LOF)	2005.08.29	17,008.75	3,401.75	3,003.91	—
	嘉实优质企业股票	2007.12.08	7,239.75	1,206.62	2,643.80	—
	嘉实研究精选股票	2008.05.27	6,096.08	1,016.01	4,979.04	—
	嘉实量化阿尔法股票	2009.03.20	2,874.43	479.07	2,084.19	—
	嘉实基本面50指数(LOF)	2009.12.30	2,380.21	428.44	522.91	—
	嘉实价值优势股票	2010.06.07	2,725.85	454.31	1,813.04	—
	嘉实成长收益混合	2002.11.05	4,854.19	809.03	2,587.56	—
	嘉实增长混合	2003.07.09	5,812.61	968.77	1,533.66	—

（续上表）

基金公司	基金简称	设立日期	管理费用	托管费用	交易费用	销售服务费
嘉实	嘉实稳健混合	2003.07.09	20,884.56	3,480.76	11,660.39	—
	嘉实服务增值行业混合	2004.04.01	10,779.71	1,796.62	8,961.17	—
	嘉实主题混合	2006.07.21	24,162.03	4,027.00	4,542.46	—
	嘉实策略混合	2006.12.12	15,552.92	2,592.15	3,706.28	—
	嘉实回报混合	2009.08.18	6,846.59	1,141.10	4,287.06	—
	嘉实债券	2003.07.09	1,140.28	380.09	165.27	—
	嘉实超短债债券	2006.04.26	618.28	211.12	3.96	377.00
	嘉实多元债券	2008.09.10	1,456.30	416.09	593.54	312.80
	嘉实稳固收益债券	2010.09.01	891.43	246.86	64.67	548.57
	嘉实货币	2005.03.18	2,721.43	824.68	—	2,061.69
	嘉实海外中国股票(QDII)	2007.10.12	27,759.21	4,626.54	9,973.73	—
	嘉实H股指数(QDII-LOF)	2010.09.30	111.91	37.30	103.53	—
	合　计		170,076.89	29,904.38	67,878.87	3,300.07
长盛	长盛同益封闭	1999.04.08	3,721.89	620.32	1,089.95	—
	长盛同盛封闭	1999.11.05	5,353.26	892.21	851.66	—
	长盛同庆封闭	2009.05.12	22,636.53	3,772.76	4,932.56	—
	长盛中证100指数	2006.11.22	846.93	169.39	214.26	—
	长盛同德主题股票	2007.10.25	14,037.88	2,339.65	6,152.15	—
	长盛量化红利股票	2009.11.25	1,248.03	208.00	525.97	—
	长盛沪深300指数(LOF)	2010.08.04	176.87	35.37	165.73	—
	长盛成长价值混合	2002.09.18	1,765.52	294.25	581.99	—
	长盛动态精选混合	2004.05.21	2,449.55	326.61	1,390.02	—
	长盛同智优势混合(LOF)	2007.01.05	4,427.71	737.95	1,559.66	—
	长盛创新先锋混合	2008.06.04	258.70	43.12	197.68	—
	长盛全债指数增强债券	2003.10.25	481.29	128.34	215.48	—
	长盛积极配置债券	2008.10.08	279.75	74.60	81.89	—
	长盛货币	2005.12.12	424.88	128.75	—	321.88
	长盛环球行业股票(QDII)	2010.05.26	200.62	33.44	33.72	—
	合　计		58,309.41	9,804.75	17,992.71	321.88
大成	大成景宏封闭	1999.05.04	4,161.33	693.56	1,816.74	—
	大成景福封闭	1999.12.30	5,198.25	1,039.65	2,774.82	—
	大成优选封闭	2007.08.01	5,587.26	1,117.45	1,539.77	—
	大成景丰分级债券	2010.10.15	478.43	136.70	60.17	—
	大成沪深300指数	2006.04.06	5,926.53	1,185.31	1,004.96	—
	大成积极成长股票	2007.01.16	4,480.88	746.81	2,092.45	—

（续上表）

基金公司	基金简称	设立日期	管理费用	托管费用	交易费用	销售服务费
大成	大成景阳领先股票	2007.12.11	8,692.84	1,448.81	3,735.08	—
	大成策略回报股票	2008.11.26	2,405.25	400.88	1,225.23	—
	大成行业轮动股票	2009.09.08	1,579.57	263.26	1,641.74	—
	大成中证红利指数	2010.02.02	893.25	176.90	408.59	—
	大成核心双动力股票	2010.06.22	746.77	124.46	518.29	—
	大成价值增长混合	2002.11.11	18,087.57	3,014.60	8,086.97	—
	大成蓝筹稳健混合	2004.06.03	21,371.57	3,561.93	7,542.34	—
	大成精选增值混合	2004.12.15	4,754.06	792.34	2,493.03	—
	大成2020生命周期混合	2006.09.13	15,528.32	2,588.05	4,932.36	—
	大成创新成长混合	2007.06.12	17,258.37	2,876.39	8,178.75	—
	大成债券	2003.06.12	422.46	120.70	19.27	110.80
	大成强化收益债券	2008.08.06	423.96	121.13	73.31	—
	大成货币	2005.06.03	770.26	233.41	—	130.56
	合　计		118,766.93	20,642.34	48,143.85	241.36
富国	富国汉盛封闭	1999.05.10	4,514.41	752.40	1,511.78	—
	富国汉兴封闭	1999.12.30	5,446.47	907.74	1,260.58	—
	富国天丰强化债券封闭	2008.10.24	1,283.06	427.69	96.77	—
	富国汇利分级债券封闭	2010.09.09	553.80	184.60	6.75	—
	富国天益价值股票	2004.06.15	16,209.35	2,701.56	2,213.04	—
	富国天合稳健股票	2006.11.15	6,133.72	1,022.29	2,578.05	—
	富国天博创新股票	2007.04.27	12,852.97	2,142.16	2,652.54	—
	富国天鼎中证指数增强	2008.11.20	1,259.17	209.86	713.61	—
	富国沪深300指数增强	2009.12.16	2,847.12	512.48	2,296.24	—
	富国通胀通缩主题股票	2010.05.12	933.01	155.50	381.57	—
	富国天源平衡混合	2002.08.16	1,045.27	174.21	1,080.41	—
	富国天瑞强势混合	2005.04.05	12,723.84	2,120.64	4,837.12	—
	富国天惠成长混合(LOF)	2005.11.16	4,747.02	791.17	2,502.78	—
	富国天成红利混合	2008.05.28	730.76	121.79	395.62	—
	富国天利增长债券	2003.12.02	2,854.03	713.51	297.09	—
	富国优化增强债券	2009.06.10	733.08	209.45	339.83	242.14
	富国天时货币	2006.06.05	630.73	191.13	—	103.06
	富国全球债券(QDII－FOF)	2010.10.20	123.42	30.17	1.24	—
	合　计		75,621.23	13,368.36	23,165.01	345.20
易方达	易方达科瑞封闭	2002.03.12	5,418.40	903.07	2,989.00	—
	易方达上证50指数	2004.03.22	28,782.41	4,797.07	3,826.18	—

（续上表）

基金公司	基金简称	设立日期	管理费用	托管费用	交易费用	销售服务费
易方达	易方达价值精选股票	2006.06.13	10,874.77	1,812.46	3,571.67	—
	易方达科讯股票	2007.12.18	9,283.87	1,547.31	3,808.62	—
	易方达中小盘股票	2008.06.19	2,670.06	445.01	560.50	—
	易方达科翔股票	2008.11.13	989.93	164.99	664.26	—
	易方达行业领先股票	2009.03.26	3,707.37	617.89	1,599.16	—
	易方达沪深300指数	2009.08.26	5,396.16	1,618.85	1,253.70	—
	易方达深证100ETF联接	2009.12.01	1,357.35	271.47	1,106.91	—
	易方达上证中盘ETF联接	2010.03.31	358.17	71.63	257.97	—
	易方达消费行业股票	2010.08.20	3,162.82	527.14	453.32	—
	易方达平稳增长混合	2002.08.23	4,718.13	786.36	2,169.61	—
	易方达策略成长混合	2003.12.09	8,167.80	1,361.30	2,638.34	—
	易方达积极成长混合	2004.09.09	11,282.38	1,880.40	3,884.57	—
	易方达策略成长二号混合	2006.08.16	8,873.24	1,478.87	2,822.53	—
	易方达价值成长混合	2007.04.02	41,276.50	6,879.42	5,131.38	—
	易方达科汇灵活配置混合	2008.10.09	2,716.21	452.70	1,169.28	—
	易方达稳健收益债券	2008.01.29	493.35	164.45	304.63	142.47
	易方达增强回报债券	2008.03.19	1,006.58	309.72	125.03	235.48
	易方达货币	2005.02.02	1,323.03	400.92	—	560.04
	易方达深证100ETF	2006.03.24	10,384.01	2,076.80	695.33	—
	易方达上证中盘ETF	2010.03.29	986.42	197.28	584.48	—
	易方达亚洲精选股票(QDII)	2010.01.21	517.15	120.67	376.30	—
	合 计		163,746.11	28,885.78	39,992.77	937.99
宝盈	宝盈鸿阳封闭	2001.12.10	2,399.56	399.93	765.83	—
	宝盈泛沿海增长股票	2005.03.08	3,537.08	589.51	3,469.98	—
	宝盈策略增长股票	2007.01.19	3,966.96	661.16	3,393.09	—
	宝盈资源优选股票	2008.04.15	282.28	47.05	417.27	—
	宝盈中证100指数增强	2010.02.08	75.47	15.09	98.66	—
	宝盈鸿利收益混合	2002.10.08	822.80	137.13	472.39	—
	宝盈核心优势混合	2009.03.17	227.52	37.92	511.62	—
	宝盈增强收益债券	2008.05.15	546.22	182.07	274.61	72.05
	宝盈货币	2009.08.05	51.41	15.82	—	9.73
	合 计		11,909.30	2,085.68	9,403.45	81.78
融通	融通通乾封闭	2001.08.29	4,554.78	759.13	891.93	—
	融通深证100指数	2003.09.30	15,735.13	3,147.03	964.26	—
	融通巨潮100指数(LOF)	2005.05.12	3,919.72	603.03	170.73	—

（续上表）

基金公司	基金简称	设立日期	管理费用	托管费用	交易费用	销售服务费
融通	融通动力先锋股票	2006.11.15	4,873.05	812.18	2,573.21	—
	融通领先成长股票(LOF)	2007.04.30	6,303.07	1,050.51	3,378.42	—
	融通内需驱动股票	2009.04.22	1,224.50	204.08	1,061.35	—
	融通新蓝筹混合	2002.09.13	22,619.36	3,769.89	6,898.47	—
	融通蓝筹成长混合	2003.09.30	4,068.96	678.16	2,327.53	—
	融通行业景气混合	2004.04.29	5,912.04	985.34	2,333.11	—
	融通债券	2003.09.30	245.99	82.00	1.68	—
	融通易支付货币	2006.01.19	77.44	23.47	—	58.67
	合 计		69,534.04	12,114.82	20,600.69	58.67
银华	银华信用债券封闭	2010.06.29	779.93	239.98	22.93	—
	银华-道琼斯88指数	2004.08.11	13,841.52	2,883.65	5,454.53	—
	银华价值优选股票	2005.09.27	30,048.38	5,008.06	5,558.67	—
	银华优质增长股票	2006.06.09	10,675.73	1,779.29	3,032.81	—
	银华富裕主题股票	2006.11.16	15,191.69	2,531.95	3,826.00	—
	银华领先策略股票	2008.08.20	3,352.57	558.76	2,079.77	—
	银华内需精选股票(LOF)	2009.07.01	4,049.59	674.93	3,746.59	—
	银华沪深300指数(LOF)	2009.10.14	277.83	83.35	144.26	—
	银华深证100指数分级	2010.05.07	2,139.77	427.95	1,022.32	—
	银华优势企业混合	2002.11.13	5,787.26	964.54	1,925.28	—
	银华保本增值混合	2004.03.02	4,903.30	817.22	120.75	—
	银华和谐主题混合	2009.04.27	3,075.03	512.50	1,434.83	—
	银华成长先锋混合	2010.10.08	1,154.53	192.42	399.72	—
	银华增强收益债券	2008.12.03	1,173.37	361.04	375.10	—
	银华货币	2005.01.31	496.75	150.53	—	186.40
	银华全球优选(QDII-FOF)	2008.05.26	242.80	39.37	112.48	—
	合 计		97,190.05	17,225.54	29,256.04	186.40
长城	长城久嘉封闭	2002.07.05	3,019.67	503.43	1,023.30	—
	长城久泰中信标普300指数	2004.05.21	2,081.53	424.80	239.54	—
	长城消费增值股票	2006.04.06	8,874.94	1,479.16	1,182.09	—
	长城久富股票(LOF)	2007.02.12	4,372.41	728.74	889.41	—
	长城品牌优选股票	2007.08.06	19,176.92	3,196.15	1,240.78	—
	长城双动力股票	2009.01.15	314.03	52.34	1,044.02	—
	长城久恒平衡混合	2003.10.31	369.43	61.57	693.66	—
	长城安心回报混合	2006.08.22	13,745.45	2,290.91	1,670.64	—
	长城景气行业龙头混合	2009.06.30	740.49	123.41	182.14	—

（续上表）

基金公司	基金简称	设立日期	管理费用	托管费用	交易费用	销售服务费
长城	长城稳健增利债券	2008.08.27	57.82	19.27	44.24	—
	长城货币	2005.05.30	128.66	38.99	—	97.47
	合　计		52,881.36	8,918.77	8,209.83	97.47
泰达宏利	泰达宏利成长股票	2003.04.25	2,175.00	362.50	2,111.57	—
	泰达宏利周期股票	2003.04.25	1,041.24	173.54	756.26	—
	泰达宏利稳定股票	2003.04.25	371.44	61.91	435.15	—
	泰达宏利精选股票	2004.07.09	8,658.62	1,443.10	5,730.55	—
	泰达宏利首选企业股票	2006.12.01	2,648.09	441.35	2,635.65	—
	泰达宏利市值优选股票	2007.08.03	10,273.47	1,712.24	7,257.82	—
	泰达宏利红利先锋股票	2009.12.03	1,430.69	238.45	1,104.18	—
	泰达宏利财富大盘指数	2010.04.23	295.08	54.48	677.33	—
	泰达宏利风险预算混合	2005.04.05	333.27	59.51	270.61	—
	泰达宏利效率优选混合(LOF)	2006.05.12	6,699.51	1,116.58	4,891.04	—
	泰达宏利品质生活混合	2009.04.09	827.68	137.95	482.17	—
	泰达宏利集利债券	2008.09.26	49.54	16.51	18.50	11.19
	泰达宏利货币	2005.11.10	316.84	96.01	—	240.03
	合　计		35,120.47	5,914.13	26,370.83	251.22
国投瑞银	国投瑞银瑞福分级封闭	2007.07.17	7,187.73	1,341.71	5,771.74	—
	国投瑞银核心企业股票	2006.04.19	10,137.02	1,689.50	4,460.69	—
	国投瑞银创新动力股票	2006.11.15	6,758.47	1,126.41	2,569.74	—
	国投瑞银成长优选股票	2008.01.10	5,228.97	871.49	2,585.09	0.00
	国投瑞银沪深300指数分级	2009.10.14	2,477.26	545.00	673.30	—
	国投瑞银沪深300金融地产指数(LOF)	2010.04.09	650.01	140.84	843.14	—
	国投瑞银景气行业混合	2004.04.29	5,178.49	863.08	3,144.57	—
	国投瑞银稳健增长混合	2008.06.11	384.98	64.16	602.66	0.00
	国投瑞银融华债券	2003.04.16	870.47	232.13	448.92	—
	国投瑞银稳定增利债券	2008.01.11	1,549.75	516.58	110.91	774.88
	国投瑞银优化增强债券	2010.09.08	734.64	195.90	53.19	155.91
	国投瑞银货币	2009.01.19	407.57	123.51	—	42.32
	国投瑞银新兴市场股票(QDII－LOF)	2010.06.10	114.47	22.26	18.54	—
	合　计		41,679.83	7,732.58	21,282.48	973.11
银河	银河银丰封闭	2002.08.15	5,057.99	843.00	1,320.53	—
	银河成长股票	2008.05.26	488.44	81.41	491.50	—
	银河行业股票	2009.04.24	661.24	110.21	867.62	—
	银河沪深300价值指数	2009.12.28	356.22	106.87	211.38	—

（续上表）

基金公司	基金简称	设立日期	管理费用	托管费用	交易费用	销售服务费
银河	银河蓝筹股票	2010.07.16	289.85	48.31	142.58	—
	银河稳健混合	2003.08.04	2,369.22	394.87	1,245.26	—
	银河银泰混合	2004.03.30	5,244.56	874.09	1,670.17	—
	银河收益债券	2003.08.04	233.56	62.28	98.46	—
	银河银信添利债券	2007.03.14	468.46	144.14	48.41	133.65
	银河银富货币	2004.12.20	343.13	103.98	—	18.83
	合　计		15,512.67	2,769.16	6,095.91	152.48
万家	万家180指数	2003.03.17	7,438.43	1,487.69	1,133.19	—
	万家公用事业行业股票(LOF)	2005.07.15	1,164.36	179.13	1,167.73	—
	万家精选股票	2009.05.18	896.50	149.42	723.09	—
	万家和谐增长混合	2006.11.30	3,108.42	518.07	3,750.71	—
	万家双引擎灵活配置混合	2008.06.27	117.87	19.64	240.55	—
	万家增强收益债券	2004.09.28	339.88	97.11	280.66	194.22
	万家稳增债券	2009.08.12	274.32	78.38	43.32	41.31
	万家货币	2006.05.24	1,158.98	351.21	—	878.02
	合　计		14,498.76	2,880.64	7,339.25	1,113.54
金鹰	金鹰行业优势股票	2009.07.01	1,705.27	284.21	1,690.97	—
	金鹰稳健成长股票	2010.04.14	436.89	72.82	582.70	—
	金鹰成份优选混合	2003.06.16	2,436.89	406.15	1,257.18	—
	金鹰中小盘精选混合	2004.05.27	1,885.23	314.21	1,354.93	—
	金鹰红利价值混合	2008.12.04	264.49	44.08	562.77	—
	合　计		6,728.78	1,121.46	5,448.54	—
招商	招商信用添利债券封闭	2010.06.25	783.58	223.88	27.80	—
	招商安泰股票	2003.04.28	1,270.56	211.76	1,407.06	—
	招商优质成长股票(LOF)	2005.11.17	9,002.68	1,500.45	4,429.83	—
	招商大盘蓝筹股票	2008.06.19	2,380.44	396.74	2,636.86	—
	招商行业领先股票	2009.06.19	3,419.89	569.98	2,211.30	—
	招商中小盘股票	2009.12.25	2,752.21	458.70	2,549.60	—
	招商深证100指数	2010.06.22	188.86	40.47	128.59	—
	招商安泰平衡混合	2003.04.28	218.52	36.42	221.38	—
	招商先锋混合	2004.06.01	10,214.76	1,702.46	4,674.57	—
	招商核心价值混合	2007.03.30	7,804.25	1,300.71	5,522.72	—
	招商安泰债券	2003.04.28	916.86	275.06	8.70	189.10
	招商安本增利债券	2006.07.11	956.82	205.03	656.86	410.07
	招商安心收益债券	2008.10.22	450.77	128.79	56.53	193.19

（续上表）

基金公司	基金简称	设立日期	管理费用	托管费用	交易费用	销售服务费
招商	招商现金增值货币	2004.01.14	1,364.38	413.45	—	548.77
	招商全球资源股票(QDII)	2010.03.25	385.24	74.91	137.71	—
	合 计		42,109.81	7,538.80	24,669.52	1,341.12
华宝兴业	华宝兴业多策略股票	2004.05.11	11,396.18	1,899.36	4,799.49	—
	华宝兴业动力组合股票	2005.11.17	3,990.80	665.13	1,054.66	—
	华宝兴业先进成长股票	2006.11.07	4,078.03	679.67	2,822.13	—
	华宝兴业行业精选股票	2007.06.14	21,953.60	3,658.93	9,331.92	—
	华宝兴业大盘精选股票	2008.10.07	2,363.15	393.86	2,310.56	—
	华宝兴业中证100指数	2009.09.29	486.98	146.09	399.25	—
	华宝兴业上证180价值ETF联接	2010.04.23	57.60	11.52	251.07	—
	华宝兴业宝康消费品混合	2003.07.15	5,881.77	980.29	1,615.42	—
	华宝兴业宝康配置混合	2003.07.15	1,815.07	349.05	661.88	—
	华宝兴业收益增长混合	2006.06.15	9,713.72	1,618.95	9,729.36	—
	华宝兴业宝康债券	2003.07.15	377.80	125.93	42.95	—
	华宝兴业增强收益债券	2009.02.17	199.52	66.51	107.90	62.13
	华宝兴业现金宝货币	2005.03.31	577.07	174.87	—	69.43
	华宝兴业上证180价值ETF	2010.04.23	513.64	102.73	397.57	—
	华宝兴业海外中国股票(QDII)	2008.05.07	207.06	40.26	102.86	—
	合 计		63,611.99	10,913.17	33,627.03	131.56
摩根士丹利华鑫	大摩领先优势股票	2009.09.22	4,751.78	791.96	1,217.10	—
	大摩卓越成长股票	2010.05.18	1,634.07	272.34	551.13	—
	大摩基础行业混合	2004.03.26	140.49	23.42	274.46	—
	大摩资源优选混合(LOF)	2005.09.27	3,777.36	629.56	923.03	—
	大摩货币	2006.08.17	89.22	27.04	—	67.59
	大摩强收益债券	2009.12.29	340.05	97.16	24.11	—
	合 计		10,732.98	1,841.48	2,989.82	67.59
海富通	海富通股票	2005.07.29	7,282.71	1,213.78	5,820.90	—
	海富通风格优势股票	2006.10.19	12,002.41	2,000.40	6,434.66	—
	海富通领先成长股票	2009.04.30	1,776.68	296.11	1,590.73	—
	海富通中证100指数(LOF)	2009.10.30	1,277.86	219.06	492.79	—
	海富通中小盘股票	2010.04.14	1,232.80	205.47	1,142.37	—
	海富通上证周期ETF联接	2010.09.28	39.92	7.98	57.35	—
	海富通精选混合	2003.08.22	12,360.03	2,060.00	4,759.81	—
	海富通收益增长混合	2004.03.12	6,044.56	1,007.43	5,677.69	—
	海富通强化回报混合	2006.05.25	3,273.12	545.52	1,793.23	—

（续上表）

基金公司	基金简称	设立日期	管理费用	托管费用	交易费用	销售服务费
海富通	海富通精选贰号混合	2007.04.09	3,488.91	581.48	1,447.56	—
	海富通稳健添利债券	2008.10.24	560.65	172.51	60.32	115.79
	海富通货币	2005.01.04	1,895.73	574.47	0.00	218.06
	海富通上证周期ETF	2010.09.19	129.46	25.89	113.40	—
	海富通中国海外股票(QDII)	2008.06.27	575.50	134.28	349.30	—
	合　计		51,940.34	9,044.40	29,740.10	333.85
国联安	国联安精选股票	2005.12.28	5,139.36	856.56	2,769.29	—
	国联安优势股票	2007.01.24	1,623.79	270.63	1,010.06	—
	国联安红利股票	2008.10.22	119.67	19.94	194.15	—
	国联安主题驱动股票	2009.08.26	475.59	79.26	422.79	—
	国联安双禧中证100指数分级	2010.04.16	949.63	208.92	696.13	—
	国联安稳健混合	2003.08.08	643.40	107.23	1,022.79	—
	国联安小盘精选混合	2004.04.12	3,330.23	555.04	1,948.31	—
	国联安安心成长混合	2005.07.13	250.71	41.78	247.85	—
	国联安增利债券	2009.03.11	769.14	256.38	83.93	151.59
	国联安信心增益债券	2010.06.22	719.18	205.48	34.29	—
	合　计		14,020.70	2,601.24	8,429.58	151.59
长信	长信银利精选股票	2005.01.17	4,310.26	718.38	944.36	—
	长信金利趋势股票	2006.04.30	11,981.37	1,996.89	3,110.59	—
	长信增利动态策略股票	2006.11.09	5,004.67	834.11	2,031.99	—
	长信恒利优势股票	2009.07.30	717.42	119.57	382.14	—
	长信中证央企100指数(LOF)	2010.03.26	178.30	35.66	131.65	—
	长信双利优选混合	2008.06.19	178.93	29.82	104.30	—
	长信利丰债券	2008.12.29	312.44	89.27	386.27	178.54
	长信中短债债券	2010.06.28	273.88	99.59	0.73	149.39
	长信利息收益货币	2004.03.19	1,393.24	422.19	—	983.16
	合　计		24,350.51	4,345.49	7,092.03	1,311.09
泰信	泰信优质生活股票	2006.12.15	3,524.80	587.47	2,352.22	—
	泰信蓝筹精选股票	2009.04.22	563.57	93.93	569.11	—
	泰信先行策略混合	2004.06.28	8,935.88	1,489.31	3,896.60	—
	泰信优势增长混合	2008.06.25	197.16	32.86	110.61	—
	泰信双息双利债券	2007.10.31	261.30	74.66	197.49	111.98
	泰信债券增强收益	2009.07.29	381.24	127.08	63.54	70.03
	泰信天天收益货币	2004.02.10	364.83	110.55	—	276.38
	合　计		14,228.78	2,515.86	7,189.58	458.40

（续上表）

基金公司	基金简称	设立日期	管理费用	托管费用	交易费用	销售服务费
天治	天治核心成长股票(LOF)	2006.01.20	3,809.00	793.54	1,659.63	—
	天治创新先锋股票	2008.05.08	175.85	29.31	78.02	—
	天治财富增长混合	2004.06.29	419.03	69.84	247.35	—
	天治品质优选混合	2005.01.12	215.81	35.97	136.92	—
	天治趋势精选混合	2009.07.15	272.88	45.48	206.94	—
	天治稳健双盈债券	2008.11.05	85.47	24.42	18.01	36.63
	天治天得利货币	2006.07.05	87.12	26.40	—	66.00
	合　计		5,065.17	1,024.96	2,346.87	102.63
景顺长城	景顺长城优选股票	2003.10.24	3,083.92	513.99	2,731.28	—
	景顺长城内需增长股票	2004.06.25	3,694.24	615.71	2,347.92	—
	景顺长城鼎益股票(LOF)	2005.03.16	10,487.69	1,747.95	7,658.19	—
	景顺长城资源垄断股票(LOF)	2006.01.26	12,886.86	2,147.81	7,744.81	—
	景顺长城新兴成长股票	2006.06.28	5,555.79	925.96	1,809.39	—
	景顺长城内需贰号股票	2006.10.11	7,919.60	1,319.93	5,072.12	—
	景顺长城精选蓝筹股票	2007.06.18	17,260.68	2,876.78	11,034.25	—
	景顺长城公司治理股票	2008.10.22	202.10	33.68	165.65	—
	景顺长城能源基建股票	2009.10.20	907.37	151.23	840.22	—
	景顺长城动力平衡混合	2003.10.24	8,967.22	1,494.54	3,487.31	—
	景顺长城货币	2003.10.24	81.43	24.67	—	47.95
	合　计		71,046.89	11,852.25	42,891.15	47.95
广发	广发小盘成长股票(LOF)	2005.02.02	16,107.27	2,684.54	4,157.05	—
	广发聚丰股票	2005.12.23	38,448.22	6,408.04	6,223.56	—
	广发核心精选股票	2008.07.16	3,587.84	597.97	3,236.55	—
	广发沪深300指数	2008.12.30	2,074.27	414.85	754.06	—
	广发聚瑞股票	2009.06.16	4,904.42	817.40	2,647.57	—
	广发中证500指数(LOF)	2009.11.26	3,358.60	839.65	2,160.53	—
	广发聚富混合	2003.12.03	10,441.86	1,740.31	1,033.71	—
	广发稳健增长混合	2004.07.26	13,494.33	2,249.05	4,523.40	—
	广发策略优选混合	2006.05.17	17,468.13	2,911.35	3,814.18	—
	广发大盘成长混合	2007.06.13	19,165.41	3,194.23	4,795.90	—
	广发内需增长混合	2010.04.19	3,772.49	628.75	1,867.97	—
	广发增强债券	2008.03.27	915.71	305.24	82.85	457.85
	广发亚太精选股票(QDII)	2010.08.18	255.05	49.59	112.44	—
	广发货币	2005.05.20	800.00	242.42	—	200.45
	合　计		134,793.58	23,083.42	35,409.77	658.30

（续上表）

基金公司	基金简称	设立日期	管理费用	托管费用	交易费用	销售服务费
兴业全球	兴全全球视野股票	2006.09.20	10,986.79	1,831.13	3,756.19	—
	兴全社会责任股票	2008.04.30	11,291.04	1,881.84	5,339.40	—
	兴全合润分级股票	2010.04.22	2,740.10	456.68	3,493.10	—
	兴全可转债混合	2004.05.11	4,815.25	926.01	1,904.02	—
	兴全趋势混合(LOF)	2005.11.03	27,829.09	4,638.18	5,635.71	—
	兴全有机增长混合	2009.03.25	3,148.53	524.76	3,311.99	—
	兴全磐稳增利债券	2009.07.23	566.72	161.92	6.92	—
	兴全货币	2006.04.27	115.14	34.89	—	87.22
	合　计		61,492.66	10,455.41	23,447.33	87.22
诺安	诺安股票	2005.12.19	30,006.01	5,001.00	9,459.51	—
	诺安价值增长股票	2006.11.21	14,951.16	2,491.86	9,855.07	—
	诺安成长股票	2009.03.10	1,032.67	172.11	1,418.00	—
	诺安中证100指数	2009.10.27	1,250.90	250.18	391.73	—
	诺安中小盘精选股票	2010.04.28	1,083.07	180.51	602.32	—
	诺安主题精选股票	2010.09.15	1,162.62	193.77	1,075.78	—
	诺安平衡混合	2004.05.21	12,170.85	2,028.48	2,342.16	—
	诺安灵活配置混合	2008.05.20	2,501.64	416.94	2,664.60	—
	诺安优化收益债券	2007.08.29	455.76	117.19	37.30	182.30
	诺安增利债券	2009.05.27	123.57	35.31	71.54	7.82
	诺安货币	2004.12.06	391.57	118.66	—	296.64
	合　计		65,129.81	11,006.01	27,918.01	486.77
申万菱信	申万菱信新动力股票	2005.11.10	5,510.56	918.43	3,846.04	—
	申万菱信竞争优势股票	2008.07.04	231.63	38.61	215.52	—
	申万菱信消费增长股票	2009.06.12	1,091.72	181.95	774.84	—
	申万菱信沪深300价值指数	2010.02.11	421.73	97.32	182.75	—
	申万菱信深证成指分级	2010.10.22	170.65	37.54	98.37	—
	申万菱信盛利精选混合	2004.04.09	2,504.20	417.37	1,123.27	—
	申万菱信盛利强化配置混合	2004.11.29	75.53	15.74	62.68	—
	申万菱信新经济混合	2006.12.06	6,726.81	1,121.13	3,082.22	—
	申万菱信添益宝债券	2008.12.04	186.89	62.30	14.49	60.97
	申万菱信收益宝货币	2006.07.07	143.06	43.35	—	108.38
	合　计		17,062.77	2,933.73	9,400.17	169.35
中海	中海量化策略股票	2009.06.24	1,320.25	220.04	1,805.57	—
	中海上证50指数增强	2010.03.25	269.20	53.84	686.53	—
	中海优质成长混合	2004.09.28	6,913.82	1,152.30	4,156.58	—

（续上表）

基金公司	基金简称	设立日期	管理费用	托管费用	交易费用	销售服务费
中海	中海分红增利混合	2005.06.16	4,583.28	763.88	3,127.97	—
	中海能源策略混合	2007.03.13	11,304.20	1,884.03	4,248.71	—
	中海蓝筹混合	2008.12.03	393.53	65.59	501.17	—
	中海稳健收益债券	2008.04.10	491.80	163.93	43.57	286.89
	中海货币	2010.07.28	194.54	58.95	—	18.40
	合　计		25,470.61	4,362.57	14,570.10	305.28
华富	华富成长趋势股票	2007.03.19	2,482.13	413.69	2,533.95	—
	华富中证100指数	2009.12.30	114.55	34.36	51.34	—
	华富竞争力优选混合	2005.03.02	2,250.87	375.14	3,124.50	—
	华富策略精选混合	2008.12.24	104.92	17.49	222.44	—
	华富价值增长混合	2009.07.15	510.34	85.06	188.61	—
	华富收益增强债券	2008.05.28	1,456.49	485.50	78.77	357.04
	华富强化回报债券	2010.09.08	374.59	124.86	4.46	—
	华富货币	2006.06.21	226.10	68.52	—	171.29
	合　计		7,519.98	1,604.61	6,204.06	528.33
光大保德信	光大保德信量化股票	2004.08.27	19,222.71	3,203.78	3,615.27	—
	光大保德信红利股票	2006.03.24	4,545.43	757.57	967.82	—
	光大保德信新增长股票	2006.09.14	3,204.92	534.15	799.84	—
	光大保德信优势配置股票	2007.08.24	17,786.92	2,964.49	4,137.91	—
	光大保德信均衡精选股票	2009.03.04	473.15	78.86	174.74	—
	光大保德信中小盘股票	2010.04.14	774.83	129.14	787.07	—
	光大保德信动态优选混合	2009.10.28	507.60	84.60	314.20	—
	光大保德信增利收益债券	2008.10.29	164.29	54.76	17.64	20.58
	光大保德信货币	2005.06.09	94.94	28.77	—	70.60
	合　计		46,774.78	7,836.12	10,814.47	91.18
上投摩根	上投摩根阿尔法股票	2005.10.11	6,893.58	1,148.93	3,483.93	—
	上投摩根成长先锋股票	2006.09.20	7,188.00	1,198.00	5,287.82	—
	上投摩根内需动力股票	2007.04.13	15,231.15	2,538.53	14,522.17	—
	上投摩根中小盘股票	2009.01.21	2,026.93	337.82	1,983.06	—
	上投摩根行业轮动股票	2010.01.28	4,090.14	681.69	1,449.82	—
	上投摩根中国优势混合	2004.09.15	9,290.09	1,548.35	3,545.02	—
	上投摩根双息平衡混合	2006.04.26	5,559.27	926.54	2,777.00	—
	上投摩根双核平衡混合	2008.05.21	1,204.54	200.76	1,235.00	—
	上投摩根纯债债券	2009.06.24	299.28	99.76	22.00	99.65
	上投摩根货币	2005.04.13	1,942.04	588.50	—	103.74

（续上表）

基金公司	基金简称	设立日期	管理费用	托管费用	交易费用	销售服务费
上投摩根	上投摩根亚太优势股票(QDII)	2007.10.22	28,051.49	5,454.46	14,018.13	—
	合计		81,776.51	14,723.33	48,323.94	203.39
东方	东方策略成长股票	2008.06.03	122.93	20.49	89.10	—
	东方核心动力股票	2009.06.24	351.31	58.55	332.58	—
	东方龙混合	2004.11.25	1,334.95	222.49	700.43	—
	东方精选混合	2006.01.11	11,073.15	1,845.53	2,898.51	—
	东方稳健回报债券	2008.12.10	354.50	118.17	30.52	—
	东方金账簿货币	2006.08.02	77.74	23.56	—	58.90
	合计		13,314.59	2,288.78	4,051.15	58.90
中银	中银增长股票	2006.03.17	15,585.10	2,597.52	4,188.58	—
	中银策略股票	2008.04.03	3,278.07	546.35	2,487.64	—
	中银中证100指数增强	2009.09.04	2,474.00	371.10	660.93	—
	中银中国混合(LOF)	2005.01.04	3,707.05	617.84	1,950.42	—
	中银收益混合	2006.10.11	6,028.10	1,004.68	2,536.50	—
	中银优选混合	2009.04.03	1,294.19	215.70	857.39	—
	中银蓝筹混合	2010.02.11	6,342.06	1,057.01	2,502.25	—
	中银价值混合	2010.08.25	1,712.86	285.48	1,253.65	—
	中银增利债券	2008.11.13	1,318.61	376.75	91.55	659.30
	中银货币	2005.06.07	1,217.31	368.88	—	922.21
	合计		42,957.36	7,441.30	16,528.91	1,581.51
东吴	东吴双动力股票	2006.12.15	4,135.74	689.29	5,670.23	—
	东吴行业轮动股票	2008.04.23	2,356.43	392.74	2,056.08	—
	东吴新经济股票	2009.12.30	898.08	149.68	300.10	—
	东吴新创业股票	2010.06.29	266.39	44.40	109.09	—
	东吴嘉禾优势精选混合	2005.02.01	4,123.29	687.22	1,452.65	—
	东吴进取策略混合	2009.05.06	886.20	147.70	1,013.10	—
	东吴优信稳健债券	2008.11.05	77.10	23.72	56.28	17.73
	东吴货币	2010.05.11	216.70	65.67	—	39.90
	合计		12,959.93	2,200.41	10,657.54	57.63
天弘	天弘永定价值成长股票	2008.12.02	109.99	18.33	262.11	—
	天弘周期策略股票	2009.12.17	771.36	128.56	1,001.59	—
	天弘深证成份指数(LOF)	2010.08.12	77.88	15.58	169.81	—
	天弘精选混合	2005.10.08	5,072.87	845.48	2,559.87	—
	天弘永利债券	2008.04.18	61.33	17.52	9.83	22.15
	合计		6,093.42	1,025.47	4,003.21	22.15

（续上表）

基金公司	基金简称	设立日期	管理费用	托管费用	交易费用	销售服务费
国海富兰克林	国富弹性市值股票	2006.06.14	8,018.07	1,336.34	2,211.57	—
	国富潜力组合股票	2007.03.22	9,163.15	1,527.19	2,099.27	—
	国富深化价值股票	2008.07.03	1,999.49	333.25	606.11	—
	国富成长动力股票	2009.03.25	475.40	79.23	290.90	—
	国富沪深300指数增强	2009.09.03	1,357.52	239.56	618.60	—
	国富中国收益混合	2005.06.01	1,979.57	358.62	932.22	—
	国富强化收益债券	2008.10.24	85.62	28.54	22.07	6.95
	合　计		23,078.81	3,902.74	6,780.74	6.95
华泰柏瑞	华泰柏瑞盛世中国股票	2005.04.27	12,553.01	2,092.17	4,145.14	—
	华泰柏瑞价值增长股票	2008.07.16	729.19	121.53	474.05	—
	华泰柏瑞行业领先股票	2009.08.03	2,092.18	348.70	1,370.91	—
	华泰柏瑞量化先行股票	2010.06.22	315.03	52.50	190.93	—
	华泰柏瑞积极成长混合	2007.05.29	5,824.81	970.80	3,809.51	—
	华泰柏瑞稳本增利债券	2007.12.03	297.07	84.88	124.66	48.82
	华泰柏瑞货币	2009.05.06	50.13	15.19	—	5.13
	华泰柏瑞上证红利ETF	2006.11.17	1,853.08	370.62	281.04	—
	合　计		23,714.51	4,056.39	10,396.25	53.94
新华	新华优选成长股票	2008.07.25	4,408.28	734.71	2,006.17	—
	新华钻石品质企业股票	2010.02.03	2,047.46	341.24	774.20	—
	新华行业周期轮换股票	2010.07.21	160.17	26.69	122.83	—
	新华优选分红混合	2005.09.16	2,714.65	452.44	1,217.21	—
	新华泛资源优势混合	2009.07.13	2,238.55	373.09	1,423.88	—
	合　计		11,569.10	1,928.18	5,544.29	—
汇添富	汇添富均衡增长股票	2006.08.07	30,793.03	5,132.17	12,458.32	—
	汇添富成长焦点股票	2007.03.12	16,368.69	2,728.12	5,072.75	—
	汇添富价值精选股票	2009.01.23	2,697.45	449.57	1,676.51	—
	汇添富上证综合指数	2009.07.01	4,739.43	947.89	614.17	—
	汇添富策略回报股票	2009.12.22	4,141.80	690.30	1,173.18	—
	汇添富民营活力股票	2010.05.05	1,122.00	187.00	707.85	—
	汇添富医药保健股票	2010.09.21	1,673.31	278.89	644.74	—
	汇添富优势精选混合	2005.08.25	6,877.04	1,146.17	2,382.97	—
	汇添富蓝筹稳健混合	2008.07.08	993.39	165.56	689.57	—
	汇添富增强收益债券	2008.03.06	1,291.00	430.33	86.28	28.49
	汇添富货币	2006.03.23	1,126.66	341.41	—	77.78
	汇添富亚澳成熟优选股票(QDII)	2010.06.25	268.71	52.25	98.04	—
	合　计		72,092.52	12,549.67	25,604.39	106.27

（续上表）

基金公司	基金简称	设立日期	管理费用	托管费用	交易费用	销售服务费
工银瑞信	工银核心价值股票	2005.08.31	12,457.52	2,076.25	3,510.35	—
	工银稳健成长股票	2006.12.06	8,504.11	1,417.35	5,071.81	—
	工银红利股票	2007.07.18	6,110.31	1,018.39	3,459.96	—
	工银大盘蓝筹股票	2008.08.04	1,738.45	289.74	1,980.63	—
	工银沪深300指数股票	2009.03.05	2,659.18	531.84	999.27	—
	工银中小盘成长股票	2010.02.10	2,600.42	433.40	2,681.24	—
	工银精选平衡混合	2006.07.13	11,119.64	1,853.27	7,202.05	—
	工银增强收益债券	2007.05.11	2,085.33	692.29	242.64	545.16
	工银添利债券	2008.04.14	2,804.50	932.36	243.11	814.39
	工银双利债券	2010.08.16	2,382.06	680.59	459.87	1,038.65
	工银货币	2006.03.20	2,397.13	726.40	—	1,816.00
	工银上证央企ETF	2009.08.26	786.04	157.21	132.43	—
	工银全球股票(QDII)	2008.02.14	3,135.78	522.63	855.22	—
	工银全球精选股票(QDII)	2010.05.25	448.13	87.14	36.55	—
	合　计		59,228.60	11,418.86	26,875.12	4,214.20
交银施罗德	交银精选股票	2005.09.29	13,807.82	2,301.30	8,774.08	—
	交银成长股票	2006.10.23	10,451.24	1,741.87	6,098.39	—
	交银蓝筹股票	2007.08.08	18,476.20	3,079.37	10,311.54	—
	交银先锋股票	2009.04.10	4,184.87	697.48	3,063.62	—
	交银上证180公司治理ETF联接	2009.09.29	176.92	35.38	387.68	—
	交银稳健配置混合	2006.06.14	11,147.93	1,857.99	4,538.25	—
	交银保本混合	2009.01.21	3,634.66	605.78	655.93	—
	交银主题优选混合	2010.06.30	1,566.95	261.16	615.82	—
	交银增利债券	2008.03.31	1,704.21	568.07	180.16	364.53
	交银货币	2006.01.20	1,527.91	463.00	—	134.15
	交银上证180公司治理ETF	2009.09.25	2,502.55	500.51	336.41	—
	交银环球精选股票(QDII)	2008.08.22	625.04	121.53	411.91	—
	合　计		69,806.30	12,233.45	35,373.79	498.68
建信	建信优势动力封闭	2008.03.19	5,306.91	1,061.38	1,222.48	—
	建信恒久价值股票	2005.12.01	4,466.14	744.36	3,212.47	—
	建信优选成长股票	2006.09.08	5,230.81	871.80	2,694.60	—
	建信核心精选股票	2008.11.25	1,550.65	258.44	895.82	—
	建信沪深300指数(LOF)	2009.11.05	3,347.70	669.54	659.44	—
	建信上证社会责任ETF联接	2010.05.28	289.23	57.85	447.55	—
	建信优化配置混合	2007.03.01	15,058.99	2,509.83	3,730.05	—

（续上表）

基金公司	基金简称	设立日期	管理费用	托管费用	交易费用	销售服务费
建信	建信稳定增利债券	2008.06.25	1,914.69	547.06	206.18	1,094.11
	建信增强债券	2009.06.02	1,339.62	382.75	595.37	499.40
	建信货币	2006.04.25	1,084.60	328.67	—	821.67
	建信上证社会责任ETF	2010.05.28	124.08	24.82	74.46	—
	建信全球机遇股票(QDII)	2010.09.14	332.73	64.70	135.73	—
	合 计		40,046.16	7,521.19	13,874.15	2,415.18
信诚	信诚增强收益债券封闭	2010.09.29	402.54	115.01	23.60	—
	信诚精萃成长股票	2006.11.27	4,235.02	705.84	2,800.80	—
	信诚盛世蓝筹股票	2008.06.04	1,898.09	316.35	1,686.67	—
	信诚优胜精选股票	2009.08.26	4,118.04	686.34	4,091.52	—
	信诚中小盘股票	2010.02.10	602.40	100.40	584.18	—
	信诚深度价值股票(LOF)	2010.07.30	300.64	50.11	178.01	—
	信诚四季红混合	2006.04.29	7,958.20	1,326.37	3,881.48	—
	信诚三得益债券	2008.09.27	117.15	33.47	27.15	28.04
	信诚经典优债债券	2009.03.11	157.62	45.04	9.88	77.53
	合 计		19,789.70	3,378.92	13,283.29	105.57
汇丰晋信	汇丰晋信龙腾股票	2006.09.27	4,375.80	729.30	2,061.06	—
	汇丰晋信大盘股票	2009.06.24	2,072.03	345.34	1,380.83	—
	汇丰晋信中小盘股票	2009.12.11	2,578.46	429.74	1,690.32	—
	汇丰晋信低碳先锋股票	2010.06.08	525.46	87.58	247.17	—
	汇丰晋信2016周期混合	2006.05.23	949.71	158.29	217.83	—
	汇丰晋信动态策略混合	2007.04.09	3,530.69	588.45	1,654.72	—
	汇丰晋信2026周期混合	2008.07.23	172.78	28.80	88.16	—
	汇丰晋信平稳增利债券	2008.12.03	120.13	40.04	2.78	—
	合 计		14,325.06	2,407.53	7,342.87	—
益民	益民红利成长混合	2006.11.21	2,424.23	404.04	1,644.03	—
	益民创新优势混合	2007.07.11	7,395.51	1,232.59	3,382.14	—
	益民多利债券	2008.05.21	43.51	12.43	12.51	18.65
	益民货币	2006.07.17	23.21	7.03	—	17.58
	合 计		9,886.46	1,656.09	5,038.68	36.23
华商	华商盛世成长股票	2008.09.23	10,456.11	1,742.69	7,685.49	—
	华商产业升级股票	2010.06.18	672.64	112.11	937.91	—
	华商领先企业混合	2007.05.15	12,035.52	2,005.92	6,351.05	—
	华商动态阿尔法混合	2009.11.24	3,433.88	572.31	1,231.91	—
	华商收益增强债券	2009.01.23	627.87	209.29	72.46	262.89

（续上表）

基金公司	基金简称	设立日期	管理费用	托管费用	交易费用	销售服务费
华商	华商稳健双利债券	2010.08.09	481.60	137.60	131.33	151.88
	合　计		27,707.62	4,779.91	16,410.16	414.77
中邮创业	中邮核心优选股票	2006.09.28	20,880.97	3,480.16	8,917.42	—
	中邮核心成长股票	2007.08.17	35,033.57	5,838.93	13,299.05	—
	中邮核心主题股票	2010.05.19	1,524.10	254.02	1,356.04	—
	中邮核心优势灵活配置混合	2009.10.28	5,614.89	935.82	6,143.41	—
	合　计		63,053.53	10,508.92	29,715.92	
信达澳银	信达澳银领先增长股票	2007.03.08	9,764.15	1,627.36	3,481.53	—
	信达澳银中小盘股票	2009.12.01	1,627.93	271.32	769.74	—
	信达澳银红利回报股票	2010.07.28	266.56	44.43	148.24	—
	信达澳银精华配置混合	2008.07.30	170.11	28.35	102.34	—
	信达澳银稳定价值债券	2009.04.08	77.43	25.81	9.65	33.66
	合　计		11,906.18	1,997.27	4,511.51	33.66
诺德	诺德价值优势股票	2007.04.19	5,322.31	887.05	2,632.18	—
	诺德成长优势股票	2009.09.22	114.55	19.09	116.27	—
	诺德中小盘股票	2010.06.28	208.12	34.69	237.01	—
	诺德灵活配置混合	2008.11.05	130.58	21.76	352.00	—
	诺德增强收益债券	2009.03.04	60.74	16.20	128.80	32.40
	合　计		5,836.30	978.79	3,466.26	32.40
中欧	中欧新趋势股票(LOF)	2007.01.29	2,881.04	480.17	2,742.56	—
	中欧价值发现股票	2009.07.24	671.27	111.88	555.49	—
	中欧中小盘股票(LOF)	2009.12.30	1,415.77	235.96	1,057.98	—
	中欧沪深300指数增强(LOF)	2010.06.24	394.77	59.22	252.06	—
	中欧新蓝筹混合	2008.07.25	151.27	25.21	197.17	—
	中欧稳健收益债券	2009.04.24	384.30	128.10	51.68	146.07
	合　计		5,898.42	1,040.54	4,856.94	146.07
金元比联	金元比联价值增长股票	2009.09.11	251.87	41.98	207.95	—
	金元比联核心动力股票	2010.02.11	407.23	67.87	226.86	—
	金元比联消费主题股票	2010.09.15	114.25	19.04	38.98	—
	金元比联宝石动力混合	2007.08.15	1,822.65	327.38	224.50	—
	金元比联成长动力混合	2008.09.03	208.25	34.71	169.65	—
	金元比联丰利债券	2009.03.23	146.24	41.78	50.36	83.56
	合　计		2,950.48	532.76	918.30	83.56

（续上表）

基金公司	基金简称	设立日期	管理费用	托管费用	交易费用	销售服务费
浦银安盛	浦银安盛价值成长股票	2008.04.16	1,374.86	229.14	466.52	—
	浦银安盛红利精选股票	2009.12.03	389.51	64.92	275.85	—
	浦银安盛精致生活混合	2009.06.04	334.28	55.71	144.29	—
	浦银安盛优化收益债券	2008.12.30	64.14	19.74	2.30	4.02
	合计		2,162.80	369.51	888.97	4.02
农银汇理	农银行业成长股票	2008.08.04	3,996.30	666.05	6,501.29	—
	农银策略价值股票	2009.09.29	6,403.81	1,067.30	4,824.53	—
	农银中小盘股票	2010.03.25	7,240.15	1,206.69	5,026.70	—
	农银大盘蓝筹股票	2010.09.01	1,921.61	320.27	1,826.03	—
	农银平衡双利混合	2009.04.08	2,487.09	414.51	3,499.76	—
	农银恒久增利债券	2008.12.23	262.44	87.48	37.89	0.53
	合计		22,311.41	3,762.31	21,716.20	0.53
民生加银	民生加银精选股票	2010.02.03	2,551.40	425.23	1,930.01	—
	民生加银稳健成长股票	2010.06.29	447.07	74.51	1,308.67	—
	民生加银品牌蓝筹混合	2009.03.27	875.44	145.91	829.47	—
	民生加银增强收益债券	2009.07.21	639.23	182.64	393.84	149.47
	合计		4,513.14	828.29	4,461.99	149.47
	总计	656只基金	302.34亿元	53.31亿元	118.81亿元	3.55亿元

表2-40 各类型证券投资基金年末持有人结构（2010-2011）

（单位：只；户；亿份；%）

基金类型	2010年年报						2011年中报					
	基金数量	持有人户数	机构投资者		个人投资者		基金数量	持有人户数	机构投资者		个人投资者	
			持有份额	占比	持有份额	占比			持有份额	占比	持有份额	占比
传统封闭式基金	26	1,274,176	359.33	57.49	265.67	42.51	25	1,196,578	374.70	60.44	245.30	39.56
创新封闭式基金	12	799,260	289.62	60.63	188.06	39.37	19	584,985	349.52	55.75	277.41	44.25
开放式基金												
其中：股票型基金	284	51,702,481	1,584.14	13.79	9,905.92	86.21	330	51,221,096	1,639.59	13.86	10,193.37	86.14
混合型基金	163	32,007,369	648.10	10.00	5,831.83	90.00	173	29,694,040	697.92	10.66	5,850.90	89.34
债券型基金	88	1,754,339	334.23	36.18	589.49	63.82	105	1,698,091	426.34	38.16	691.03	61.84
货币市场基金	45	1,160,795	1,058.10	70.12	450.87	29.88	49	1,088,669	619.52	52.44	561.80	47.56
ETF	15	603,152	458.14	68.34	212.23	31.66	25	621,919	560.36	76.00	177.00	24.00
QDII	23	5,625,344	14.02	1.52	906.85	98.48	36	5,448,087	14.36	1.59	886.89	98.41
总　计	656	94,926,916	4,745.68	20.55	18,350.92	79.45	762	91,553,465	4,682.31	19.87	18,883.70	80.13

表2-41　基金管理公司旗下基金年末持有人结构（2010）

（单位：户；万份；%）

基金公司	基金简称	设立日期	持有人户数	机构投资者		个人投资者	
				持有份额	占比	持有份额	占比
国泰	国泰金泰封闭	1998.03.27	49,592	137,694.67	68.85	62,305.33	31.15
	国泰金鑫封闭	1999.10.21	77,984	173,440.13	57.81	126,559.87	42.19
	国泰估值优势分级封闭	2010.02.10	13,851	42,571.42	50.49	41,739.03	49.51
	国泰金鹰增长股票	2002.05.08	86,740	146,699.06	50.99	141,023.80	49.01
	国泰金牛创新股票	2007.05.18	156,446	44,497.74	13.31	289,812.38	86.69
	国泰沪深300指数	2007.11.11	269,202	395,729.97	32.60	818,060.38	67.40
	国泰区位优势股票	2009.05.27	20,390	90,334.80	58.12	65,089.45	41.88
	国泰中小盘成长股票(LOF)	2009.10.19	27,905	46,593.85	33.07	94,304.92	66.93
	国泰价值经典股票(LOF)	2010.08.13	7,736	12,954.10	27.76	33,711.26	72.24
	国泰金龙行业混合	2003.12.05	39,990	5,749.97	8.81	59,489.34	91.19
	国泰金马稳健混合	2004.06.18	337,744	123,055.57	15.61	665,350.78	84.39
	国泰金鹏蓝筹混合	2006.09.29	81,195	28,004.16	13.83	174,557.04	86.17
	国泰金鼎价值混合	2007.04.11	211,732	116,251.04	22.55	399,184.03	77.45
	国泰金鹿保本混合	2008.06.12	24,875	7,626.71	3.28	224,795.58	96.72
	国泰金龙债券	2003.12.05	10,237	2,629.21	13.45	16,918.69	86.55
	国泰双利债券	2009.03.11	9,719	13,866.44	24.18	43,486.79	75.82
	国泰货币	2005.06.21	20,009	188,697.98	64.82	102,434.90	35.18
	国泰纳斯达克100指数(QDII)	2010.04.29	7,059	2,398.30	11.63	18,231.84	88.37
	合　计		1,452,406	1,578,795.12	31.86	3,377,055.42	68.14
南方	南方开元封闭	1998.03.27	56,148	112,222.41	56.11	87,777.59	43.89
	南方天元封闭	1999.08.25	56,359	162,307.30	54.10	137,692.71	45.90
	南方积极配置股票(LOF)	2004.10.14	112,267	10,896.80	5.63	182,607.80	94.37
	南方高增长股票(LOF)	2005.07.13	126,986	8,404.25	3.60	224,849.04	96.40
	南方绩优成长股票	2006.11.16	339,328	73,206.21	9.13	728,193.54	90.87
	南方成份精选股票	2007.05.14	574,960	26,160.29	2.19	1,168,254.20	97.81
	南方隆元产业主题股票	2007.11.09	275,993	24,985.33	2.92	829,480.19	97.08
	南方盛元红利股票	2008.03.21	98,957	32,435.50	11.05	260,973.56	88.95
	南方优选价值股票	2008.06.18	45,369	115,643.67	59.95	77,261.25	40.05
	南方沪深300指数	2009.03.25	59,419	57,114.94	33.43	113,731.76	66.57
	南方中证500指数(LOF)	2009.09.25	241,397	31,100.50	10.46	266,128.44	89.54
	南方深证成份ETF联接	2009.12.09	44,447	19,857.86	7.85	233,225.41	92.15
	南方策略优化股票	2010.03.30	26,232	11,412.94	8.74	119,113.28	91.26

（续上表）

基金公司	基金简称	设立日期	持有人户数	机构投资者		个人投资者	
				持有份额	占比	持有份额	占比
南方	南方小康ETF联接	2010.08.27	14,975	2,184.83	4.72	44,141.22	95.28
	南方稳健成长混合	2001.09.28	306,775	5,074.13	0.92	546,431.31	99.08
	南方避险增值混合	2003.06.27	101,080	21,533.76	4.81	425,747.71	95.19
	南方稳健成长贰号混合	2006.07.25	461,904	25,032.08	2.60	937,271.71	97.40
	南方恒元保本混合	2008.11.12	25,922	1,363.52	0.67	201,757.43	99.33
	南方宝元债券	2002.09.20	54,147	16,408.65	11.91	121,338.27	88.09
	南方多利增强债券	2007.08.28	19,756	33,443.20	39.30	51,648.10	60.70
	南方现金增利货币	2004.03.05	130,572	579,720.40	54.82	477,740.46	45.18
	南方深证成份ETF	2009.12.04	20,774	207,144.23	69.42	91,231.23	30.58
	南方小康ETF	2010.08.27	3,661	110,116.77	82.92	22,688.97	17.08
	南方全球精选配置(QDII-FOF)	2007.09.19	1,029,715	11,833.66	0.58	2,013,704.73	99.42
	合　计		4,227,143	1,699,603.23	15.36	9,362,989.94	84.64
华夏	华夏兴华封闭	1998.04.28	71,910	73,012.39	36.51	126,987.61	63.49
	华夏兴和封闭	1999.07.14	65,197	201,606.66	67.20	98,393.34	32.80
	华夏收入股票	2005.11.17	113,344	813.87	0.50	160,844.34	99.50
	华夏优势增长股票	2006.11.24	639,516	47,397.36	4.44	1,019,679.09	95.56
	华夏复兴股票	2007.09.10	671,895	6,897.65	2.15	313,830.23	97.85
	华夏行业股票(LOF)	2007.11.22	289,203	110,885.98	11.95	816,857.09	88.05
	华夏沪深300指数	2009.07.10	621,460	154,676.71	6.01	2,418,952.14	93.99
	华夏盛世股票	2009.12.11	183,284	12,575.76	1.00	1,245,574.91	99.00
	华夏成长混合	2001.12.18	484,901	48,533.20	5.42	846,122.06	94.58
	华夏回报混合	2003.09.05	544,565	16,295.35	1.97	810,010.58	98.03
	华夏经典混合	2004.03.15	23,681	5,527.60	3.64	146,379.15	96.36
	华夏大盘精选混合	2004.08.11	12,125	34,631.12	55.25	28,047.77	44.75
	华夏红利混合	2005.06.30	1,040,990	56,738.84	5.14	1,047,557.38	94.86
	华夏稳增混合	2006.08.09	276,229	25,011.39	6.92	336,419.72	93.08
	华夏回报二号混合	2006.08.14	255,455	14,865.72	2.71	533,140.27	97.29
	华夏蓝筹混合(LOF)	2007.04.24	727,794	16,436.03	1.30	1,252,426.39	98.70
	华夏策略混合	2008.10.23	12,879	31,917.69	25.39	93,795.36	74.61
	华夏债券	2002.10.23	98,737	117,100.74	28.94	287,472.62	71.06
	中信稳定双利债券	2006.07.20	25,681	1,854.41	1.28	142,678.05	98.72
	华夏希望债券	2008.03.10	99,441	54,384.62	13.24	356,417.03	86.76

（续上表）

基金公司	基金简称	设立日期	持有人户数	机构投资者		个人投资者	
				持有份额	占比	持有份额	占比
华夏	华夏现金增利货币	2004.04.07	168,962	127,520.59	13.62	808,542.46	86.38
	中信现金优势货币	2005.04.20	9,749	1,631.60	3.81	41,177.84	96.19
	华夏上证50ETF	2004.12.30	226,246	533,745.69	52.77	477,710.99	47.23
	华夏中小板ETF	2006.06.08	89,186	23,606.69	18.09	106,877.47	81.91
	华夏全球股票(QDII)	2007.10.09	1,400,251	13,538.41	0.63	2,133,671.97	99.37
	合　计		8,152,681	1,731,206.08	9.96	15,649,565.85	90.04
华安	华安安信封闭	1998.06.22	62,903	113,016.71	56.51	86,983.29	43.49
	华安安顺封闭	1999.06.15	54,621	166,051.71	55.35	133,948.29	44.65
	华安中国A股增强指数	2002.11.08	237,453	218,507.11	30.72	492,685.46	69.28
	华安宏利股票	2006.09.06	216,363	105,911.49	29.36	254,825.56	70.64
	华安中小盘成长股票	2007.04.10	449,101	18,015.18	2.46	715,172.22	97.54
	华安策略优选股票	2007.08.02	1,509,454	42,912.02	2.72	1,537,629.52	97.28
	华安核心股票	2008.10.22	19,123	19,219.08	49.95	19,253.72	50.05
	华安上证180ETF联接	2009.09.29	38,867	10,818.73	10.51	92,106.04	89.49
	华安行业轮动股票	2010.05.11	17,164	10,998.68	14.34	65,700.23	85.66
	华安创新混合	2001.09.21	488,838	47,912.62	4.73	965,972.22	95.27
	华安宝利配置混合	2004.08.24	161,087	35,769.19	12.48	250,755.92	87.52
	华安动态灵活配置混合	2009.12.22	18,733	21,813.22	20.70	83,582.63	79.30
	华安稳定收益债券	2008.04.30	13,156	132,582.77	80.19	32,753.09	19.81
	华安强化收益债券	2009.04.13	8,780	32,465.38	48.92	33,902.57	51.08
	华安现金富利货币	2003.12.30	49,706	702,646.86	78.25	195,276.53	21.75
	华安上证180ETF	2006.04.13	56,781	313,354.25	34.14	604,568.43	65.86
	华安香港精选股票(QDII)	2010.09.19	7,083	5,049.26	13.25	33,067.17	86.75
	合　计		3,409,213	1,997,044.27	26.29	5,598,182.88	73.71
博时	博时裕阳封闭	1998.07.25	66,776	87,233.68	43.62	112,766.32	56.38
	博时裕隆封闭	1999.06.15	49,093	170,742.88	56.91	129,257.12	43.09
	博时裕泽封闭①	2000.03.27	7,568	38,616.12	77.23	11,383.88	22.77
	博时沪深300指数	2003.08.26	780,137	172,719.63	11.05	1,390,382.97	88.95
	博时精选股票	2004.06.22	567,819	5,997.76	0.78	763,032.18	99.22
	博时主题行业股票(LOF)	2005.01.06	485,126	22,630.10	3.54	617,380.23	96.46
	博时第三产业股票	2007.04.12	460,595	46,598.36	5.98	732,503.66	94.02
	博时新兴成长股票	2007.07.06	1,037,179	40,158.73	1.80	2,189,672.53	98.20

①已于2011年4月22日转型为博时卓越品牌股票(LOF)

（续上表）

基金公司	基金简称	设立日期	持有人户数	机构投资者		个人投资者	
				持有份额	占比	持有份额	占比
博时	博时特许价值股票	2008.05.28	29,717	21,415.28	35.89	38,254.33	64.11
	博时上证超大盘ETF联接	2009.12.29	34,633	56,839.13	28.60	141,883.11	71.40
	博时创业成长股票	2010.06.01	33,389	4,667.13	6.57	66,349.25	93.43
	博时价值增长混合	2002.10.09	1,157,728	6,922.22	0.29	2,363,015.09	99.71
	博时平衡配置混合	2006.05.31	145,000	76,391.16	25.71	220,740.40	74.29
	博时价值增长贰号混合	2006.09.27	448,259	14,669.78	1.63	887,897.61	98.37
	博时策略混合	2009.08.11	70,264	43,478.82	14.72	251,889.61	85.28
	博时稳定价值债券	2007.09.06	32,334	49,554.08	56.35	38,381.79	43.65
	博时信用债券	2009.06.10	20,214	27,266.35	23.03	91,124.77	76.97
	博时宏观回报债券	2010.07.27	8,981	19,293.92	24.87	58,270.69	75.13
	博时现金收益货币	2004.01.16	52,423	211,246.12	43.46	274,861.22	56.54
	博时上证超大盘ETF	2009.12.29	21,221	772,934.48	83.22	155,811.43	16.78
	博时大中华亚太精选股票(QDII)	2010.07.27	1,732	4,497.62	46.62	5,150.12	53.38
	合　计		5,510,188	1,893,873.37	15.23	10,540,008.33	84.77
鹏华	鹏华普惠封闭	1999.01.06	31,648	146,987.98	73.49	53,012.02	26.51
	鹏华普丰封闭	1999.07.14	45,286	191,953.93	63.98	108,046.07	36.02
	鹏华价值优势股票(LOF)	2006.07.18	675,789	66,379.98	5.13	1,228,805.12	94.87
	鹏华优质治理股票(LOF)	2007.04.25	304,143	29,085.02	4.74	584,521.96	95.26
	鹏华盛世创新股票(LOF)	2008.10.10	19,033	18,550.12	41.57	26,071.63	58.43
	鹏华沪深300指数(LOF)	2009.04.03	32,998	71,648.02	55.83	56,681.04	44.17
	鹏华精选成长股票	2009.09.09	27,975	26,844.37	19.03	114,212.68	80.97
	鹏华中证500指数(LOF)	2010.02.05	29,141	7,058.19	5.85	113,581.70	94.15
	鹏华上证民企50ETF联接	2010.08.05	9,900	8,137.62	21.73	29,303.81	78.27
	鹏华行业成长混合	2002.05.24	20,083	11,273.88	23.42	36,873.04	76.58
	鹏华普天收益混合	2003.07.12	136,691	58,938.18	20.30	231,458.19	79.70
	鹏华中国50混合	2004.05.12	151,094	59,058.69	22.23	206,657.88	77.77
	鹏华动力增长混合(LOF)	2007.01.09	337,981	69,374.74	10.44	594,884.90	89.56
	鹏华普天债券	2003.07.12	9,077	10,814.82	43.07	14,292.32	56.93
	鹏华丰收债券	2008.05.28	4,388	26,022.15	68.94	11,723.39	31.06
	鹏华信用增利债券	2010.05.31	10,039	16,183.09	16.90	79,592.75	83.10
	鹏华货币	2005.04.12	9,590	535,403.35	84.25	100,082.64	15.75
	民企ETF	2010.08.05	4,457	33,183.52	69.19	14,778.88	30.81

（续上表）

基金公司	基金简称	设立日期	持有人户数	机构投资者		个人投资者	
				持有份额	占比	持有份额	占比
鹏华	鹏华环球发现(QDII—FOF)	2010.10.12	3,472	3,289.29	13.38	21,302.25	86.62
鹏华	合　计		1,862,785	1,390,186.92	27.71	3,625,882.27	72.29
嘉实	嘉实泰和封闭	1999.04.08	58,001	106,401.03	53.20	93,598.97	46.80
嘉实	嘉实丰和价值封闭	2002.03.22	42,069	158,251.37	52.75	141,748.63	47.25
嘉实	嘉实沪深300指数(LOF)	2005.08.29	1,673,172	652,568.88	15.65	3,517,140.78	84.35
嘉实	嘉实优质企业股票	2007.12.08	173,114	73,965.86	11.95	544,767.19	88.05
嘉实	嘉实研究精选股票	2008.05.27	51,418	93,212.34	54.68	77,255.76	45.32
嘉实	嘉实量化阿尔法股票	2009.03.20	32,349	16,990.23	14.36	101,337.28	85.64
嘉实	嘉实基本面50指数(LOF)	2009.12.30	31,112	38,407.02	15.70	206,171.50	84.30
嘉实	嘉实价值优势股票	2010.06.07	36,542	111,631.84	34.80	209,193.19	65.20
嘉实	嘉实成长收益混合	2002.11.05	125,219	62,979.42	17.18	303,595.59	82.82
嘉实	嘉实增长混合	2003.07.09	202,118	30,478.46	29.22	73,817.58	70.78
嘉实	嘉实稳健混合	2003.07.09	756,763	71,151.04	4.75	1,427,331.08	95.25
嘉实	嘉实服务增值行业混合	2004.04.01	119,063	105,850.11	47.96	114,847.04	52.04
嘉实	嘉实主题混合	2006.07.21	473,151	129,623.04	12.79	883,914.68	87.21
嘉实	嘉实策略混合	2006.12.12	260,182	237,398.87	25.28	701,861.69	74.72
嘉实	嘉实回报混合	2009.08.18	62,943	13,641.69	4.84	268,354.54	95.16
嘉实	嘉实债券	2003.07.09	37,046	54,237.86	42.35	73,832.21	57.65
嘉实	嘉实超短债债券	2006.04.26	12,783	5,200.95	9.84	47,677.57	90.16
嘉实	嘉实多元债券	2008.09.10	20,401	98,131.18	49.73	99,184.56	50.27
嘉实	嘉实稳固收益债券	2010.09.01	32,004	18,392.46	5.21	334,787.28	94.79
嘉实	嘉实货币	2005.03.18	74,791	780,035.23	68.12	365,012.17	31.88
嘉实	嘉实海外中国股票(QDII)	2007.10.12	1,395,554	17,877.70	0.84	2,111,080.01	99.16
嘉实	嘉实H股指数(QDII—LOF)	2010.09.30	5,974	15,540.48	44.92	19,053.19	55.08
嘉实	合　计		5,675,769	2,891,967.07	19.80	11,715,562.49	80.20
长盛	长盛同益封闭	1999.04.08	26,167	129,066.71	64.53	70,933.29	35.47
长盛	长盛同盛封闭	1999.11.05	59,664	171,002.49	57.00	128,997.51	43.00
长盛	长盛同庆封闭	2009.05.12	47,837	1,006,922.66	68.56	461,750.66	31.44
长盛	长盛中证100指数	2006.11.22	71,162	1,005.21	0.82	121,690.23	99.18
长盛	长盛同德主题股票	2007.10.25	335,502	43,854.53	4.89	853,412.76	95.11
长盛	长盛量化红利股票	2009.11.25	7,869	7,370.49	18.90	31,618.65	81.10
长盛	长盛沪深300指数(LOF)	2010.08.04	9,167	897.05	3.61	23,966.78	96.39

（续上表）

基金公司	基金简称	设立日期	持有人户数	机构投资者		个人投资者	
				持有份额	占比	持有份额	占比
长盛	长盛成长价值混合	2002.09.18	76,657	10,658.61	9.96	96,318.56	90.04
	长盛动态精选混合	2004.05.21	79,917	481.99	0.41	116,276.00	99.59
	长盛同智优势混合(LOF)	2007.01.05	121,539	9,148.86	3.24	273,128.86	96.76
	长盛创新先锋混合	2008.06.04	8,764	5,296.66	37.11	8,976.61	62.89
	长盛全债指数增强债券	2003.10.25	19,051	9,059.22	21.06	33,952.88	78.94
	长盛积极配置债券	2008.10.08	20,977	15,405.19	12.00	112,993.09	88.00
	长盛货币	2005.12.12	12,970	32,184.66	43.51	41,788.79	56.49
	长盛环球行业股票(QDII)	2010.05.26	4,451	2,341.99	31.10	5,188.44	68.90
	合　计		901,694	1,444,696.32	37.76	2,380,993.12	62.24
大成	大成景宏封闭	1999.05.04	28,750	142,320.75	71.16	57,679.26	28.84
	大成景福封闭	1999.12.30	38,280	192,944.30	64.31	107,055.70	35.69
	大成优选封闭	2007.08.01	398,547	203,592.42	43.56	263,838.09	56.44
	大成景丰分级债券	2010.10.15	18,356	286,647.30	88.34	37,847.96	11.66
	大成沪深300指数	2006.04.06	981,046	256,925.82	28.43	646,942.96	71.57
	大成积极成长股票	2007.01.16	587,205	58,257.85	19.71	237,266.50	80.29
	大成景阳领先股票	2007.12.11	258,023	339,935.48	43.87	435,012.19	56.13
	大成策略回报股票	2008.11.26	104,903	100,123.65	49.62	101,665.24	50.38
	大成行业轮动股票	2009.09.08	62,499	11,904.74	24.31	37,070.46	75.69
	大成中证红利指数	2010.02.02	39,265	6,191.88	12.95	41,624.18	87.05
	大成核心双动力股票	2010.06.22	16,858	80,619.68	78.66	21,869.21	21.34
	大成价值增长混合	2002.11.11	1,162,111	46,037.54	3.39	1,313,934.97	96.61
	大成蓝筹稳健混合	2004.06.03	1,444,221	42,947.38	2.43	1,724,539.82	97.57
	大成精选增值混合	2004.12.15	630,057	4,101.69	1.44	280,047.56	98.56
	大成2020生命周期混合	2006.09.13	982,732	6,454.53	0.46	1,408,514.65	99.54
	大成创新成长混合	2007.06.12	1,097,629	16,400.29	1.40	1,156,533.27	98.60
	大成债券	2003.06.12	305,239	15,471.91	31.05	34,363.19	68.95
	大成强化收益债券	2008.08.06	29,200	19,898.82	70.25	8,427.59	29.75
	大成货币	2005.06.03	279,114	120,478.55	72.89	44,803.62	27.11
	合　计		8,464,035	1,951,254.56	19.69	7,959,036.42	80.31
富国	富国汉盛封闭	1999.05.10	26,457	145,253.21	72.63	54,746.79	27.37
	富国汉兴封闭	1999.12.30	56,533	200,769.42	66.92	99,230.58	33.08
	富国天丰强化债券封闭	2008.10.24	11,534	140,011.73	70.07	59,802.47	29.93

（续上表）

基金公司	基金简称	设立日期	持有人户数	机构投资者		个人投资者	
				持有份额	占比	持有份额	占比
富国	富国汇利分级债券封闭	2010.09.09	18,357	252,855.55	84.31	47,069.99	15.69
富国	富国天益价值股票	2004.06.15	433,084	75,722.41	7.20	975,416.19	92.80
富国	富国天合稳健股票	2006.11.15	125,485	76,281.24	18.85	328,390.35	81.15
富国	富国天博创新股票	2007.04.27	461,083	46,830.29	4.99	891,613.23	95.01
富国	富国天鼎中证指数增强	2008.11.20	24,808	32,515.68	45.99	38,187.36	54.01
富国	富国沪深300指数增强	2009.12.16	25,892	116,013.04	44.67	143,726.40	55.33
富国	富国通胀通缩主题股票	2010.05.12	9,069	9,327.50	28.53	23,366.81	71.47
富国	富国天源平衡混合	2002.08.16	38,733	10,860.68	16.22	56,098.70	83.78
富国	富国天瑞强势混合	2005.04.05	267,281	91,880.82	12.77	627,618.71	87.23
富国	富国天惠成长混合(LOF)	2005.11.16	61,617	150,343.63	54.95	123,281.64	45.05
富国	富国天成红利混合	2008.05.28	15,190	31,743.54	67.15	15,529.23	32.85
富国	富国天利增长债券	2003.12.02	50,108	106,063.85	43.23	139,286.82	56.77
富国	富国优化增强债券	2009.06.10	14,778	48,756.12	40.26	72,359.02	59.74
富国	富国天时货币	2006.06.05	9,566	112,701.83	87.04	16,780.88	12.96
富国	富国全球债券(QDII－FOF)	2010.10.20	6,875	293.35	0.63	46,282.98	99.37
	合 计		1,656,450	1,648,223.90	30.48	3,758,788.15	69.52
易方达	易方达科瑞封闭	2002.03.12	34,877	179,518.58	59.84	120,481.42	40.16
易方达	易方达上证50指数	2004.03.22	1,398,284	797,809.84	24.70	2,432,678.24	75.30
易方达	易方达价值精选股票	2006.06.13	220,856	43,579.58	7.51	536,822.43	92.49
易方达	易方达科讯股票	2007.12.18	272,871	17,773.23	2.21	785,674.48	97.79
易方达	易方达中小盘股票	2008.06.19	131,963	46,465.62	27.87	120,228.67	72.13
易方达	易方达科翔股票	2008.11.13	26,185	19,443.51	48.06	21,013.62	51.94
易方达	易方达行业领先股票	2009.03.26	42,450	63,230.37	37.96	103,357.76	62.04
易方达	易方达沪深300指数	2009.08.26	221,330	271,521.48	24.78	824,229.28	75.22
易方达	易方达深证100ETF联接	2009.12.01	217,875	41,689.39	3.53	1,140,969.89	96.47
易方达	易方达上证中盘ETF联接	2010.03.31	29,743	27,569.35	23.88	87,897.11	76.12
易方达	易方达消费行业股票	2010.08.20	107,104	73,131.90	16.37	373,589.67	83.63
易方达	易方达平稳增长混合	2002.08.23	107,872	11,534.28	5.69	191,242.50	94.31
易方达	易方达策略成长混合	2003.12.09	237,145	2,947.25	2.32	124,334.76	97.68
易方达	易方达积极成长混合	2004.09.09	309,901	69,011.18	9.59	650,534.24	90.41
易方达	易方达策略成长二号混合	2006.08.16	169,907	22,576.62	6.22	340,636.43	93.78
易方达	易方达价值成长混合	2007.04.02	831,060	92,538.57	5.41	1,619,126.16	94.59

（续上表）

基金公司	基金简称	设立日期	持有人户数	机构投资者		个人投资者	
				持有份额	占比	持有份额	占比
易方达	易方达科汇灵活配置混合	2008.10.09	75,725	70,015.15	50.74	67,982.30	49.26
	易方达稳健收益债券	2008.01.29	17,347	15,028.79	18.95	64,263.30	81.05
	易方达增强回报债券	2008.03.19	34,414	78,389.19	32.18	165,220.61	67.82
	易方达货币	2005.02.02	31,222	229,557.01	62.22	139,359.54	37.78
	易方达深证100ETF	2006.03.24	78,554	1,849,594.13	79.75	469,589.19	20.25
	易方达上证中盘ETF	2010.03.29	11,768	45,807.97	72.17	17,660.54	27.83
	易方达亚洲精选股票(QDII)	2010.01.21	7,442	259.18	1.47	17,365.38	98.53
	合　计		4,615,895	4,068,992.18	28.09	10,414,257.50	71.91
宝盈	宝盈鸿阳封闭	2001.12.10	54,093	64,115.46	32.06	135,884.54	67.94
	宝盈泛沿海增长股票	2005.03.08	215,481	1,700.17	0.40	426,748.16	99.60
	宝盈策略增长股票	2007.01.19	126,038	705.76	0.29	242,971.03	99.71
	宝盈资源优选股票	2008.04.15	13,887	5,195.29	22.12	18,292.63	77.88
	宝盈中证100指数增强	2010.02.08	1,997	761.64	12.27	5,447.47	87.73
	宝盈鸿利收益混合	2002.10.08	47,779	1,561.52	1.67	91,990.16	98.33
	宝盈核心优势混合	2009.03.17	4,751	96.16	0.75	12,744.48	99.25
	宝盈增强收益债券	2008.05.15	10,793	99,274.76	73.24	36,276.72	26.76
	宝盈货币	2009.08.05	1,170	28,689.77	71.17	11,623.82	28.83
	合　计		475,989	202,100.53	17.07	981,979.02	82.93
融通	融通通乾封闭	2001.08.29	45,409	115,252.87	57.63	84,747.13	42.37
	融通深证100指数	2003.09.30	999,807	12,505.02	1.05	1,179,835.28	98.95
	融通巨潮100指数(LOF)	2005.05.12	204,101	9,541.49	3.15	293,285.89	96.85
	融通动力先锋股票	2006.11.15	126,275	1,252.93	0.58	215,634.95	99.42
	融通领先成长股票(LOF)	2007.04.30	217,227	6,235.30	1.62	379,007.38	98.38
	融通内需驱动股票	2009.04.22	20,624	59.49	0.09	67,377.84	99.91
	融通新蓝筹混合	2002.09.13	823,130	6,918.43	0.41	1,675,486.03	99.59
	融通蓝筹成长混合	2003.09.30	126,141	752.00	0.39	193,488.84	99.61
	融通行业景气混合	2004.04.29	198,858	3,709.62	1.01	361,813.47	98.99
	融通债券	2003.09.30	16,105	239.65	0.78	30,362.98	99.22
	融通易支付货币	2006.01.19	3,696	5,395.86	26.00	15,360.91	74.00
	合　计		2,781,373	161,862.65	3.47	4,496,400.71	96.53
银华	银华信用债券封闭	2010.06.29	12,603	135,444.66	58.98	94,203.85	41.02
	银华—道琼斯88指数	2004.08.11	649,025	68,955.78	6.47	996,067.10	93.53

（续上表）

基金公司	基金简称	设立日期	持有人户数	机构投资者		个人投资者	
				持有份额	占比	持有份额	占比
银华	银华价值优选股票	2005.09.27	672,725	74,344.59	6.89	1,004,756.74	93.11
	银华优质增长股票	2006.06.09	159,525	66,280.74	15.24	368,665.97	84.76
	银华富裕主题股票	2006.11.16	439,981	137,306.06	16.18	711,422.63	83.82
	银华领先策略股票	2008.08.20	108,350	11,065.38	9.73	102,632.38	90.27
	银华内需精选股票(LOF)	2009.07.01	68,598	84,163.52	29.26	203,488.80	70.74
	银华沪深300指数(LOF)	2009.10.14	16,595	3,363.57	6.78	46,210.49	93.22
	银华深证100指数分级	2010.05.07	50,911	239,630.30	56.66	183,331.28	43.34
	银华优势企业混合	2002.11.13	167,723	3,074.96	1.00	304,801.91	99.00
	银华保本增值混合	2004.03.02	80,484	25,744.13	5.99	403,976.76	94.01
	银华和谐主题混合	2009.04.27	16,352	53,158.56	44.61	65,999.12	55.39
	银华成长先锋混合	2010.10.08	34,891	52,724.40	15.50	287,526.16	84.50
	银华增强收益债券	2008.12.03	15,015	52,208.93	48.44	55,576.44	51.56
	银华货币	2005.01.31	25,611	557,983.61	68.12	261,087.59	31.88
	银华全球优选(QDII—FOF)	2008.05.26	5,654	5,571.67	46.05	6,527.14	53.95
	合 计		2,524,043	1,571,020.88	23.56	5,096,274.37	76.44
长城	长城久嘉封闭	2002.07.05	37,242	79,885.30	39.94	120,114.70	60.06
	长城久泰中信标普300指数	2004.05.21	101,102	3,174.00	1.96	158,807.50	98.04
	长城消费增值股票	2006.04.06	250,005	20,815.11	3.67	546,009.91	96.33
	长城久富股票(LOF)	2007.02.12	78,193	4,702.21	2.46	186,193.61	97.54
	长城品牌优选股票	2007.08.06	706,343	8,610.81	0.58	1,472,861.33	99.42
	长城双动力股票	2009.01.15	8,022	1,483.03	11.69	11,208.58	88.31
	长城久恒平衡混合	2003.10.31	12,506	747.06	4.50	15,862.82	95.50
	长城安心回报混合	2006.08.22	686,688	44,999.18	3.62	1,198,675.70	96.38
	长城景气行业龙头混合	2009.06.30	10,958	802.51	2.65	29,447.26	97.35
	长城稳健增利债券	2008.08.27	3,587	516.45	5.07	9,662.82	94.93
	长城货币	2005.05.30	9,012	9,328.43	39.77	14,126.95	60.23
	合 计		1,903,658	175,064.08	4.45	3,762,971.19	95.55
泰达宏利	泰达宏利成长股票	2003.04.25	71,730	71,961.27	40.88	104,080.52	59.12
	泰达宏利周期股票	2003.04.25	30,561	18,881.90	24.89	56,975.97	75.11
	泰达宏利稳定股票	2003.04.25	18,768	396.39	1.30	30,141.67	98.70
	泰达宏利精选股票	2004.07.09	69,607	70,779.97	63.47	40,739.19	36.53
	泰达宏利首选企业股票	2006.12.01	52,092	1,483.51	1.68	86,646.34	98.32

（续上表）

基金公司	基金简称	设立日期	持有人户数	机构投资者		个人投资者	
				持有份额	占比	持有份额	占比
泰达宏利	泰达宏利市值优选股票	2007.08.03	326,174	62,628.39	7.30	795,640.14	92.70
	泰达宏利红利先锋股票	2009.12.03	12,062	38,123.44	56.87	28,910.72	43.13
	泰达宏利财富大盘指数	2010.04.23	5,451	45,769.25	76.83	13,805.11	23.17
	泰达宏利风险预算混合	2005.04.05	18,675	290.64	1.69	16,947.28	98.31
	泰达宏利效率优选混合(LOF)	2006.05.12	375,198	67,973.60	12.47	477,295.23	87.53
	泰达宏利品质生活混合	2009.04.09	6,348	18,054.51	54.83	14,874.67	45.17
	泰达宏利集利债券	2008.09.26	3,011	25,635.20	71.81	10,062.77	28.19
	泰达宏利货币	2005.11.10	9456	35,588.41	75.01	11,855.88	24.99
	合计		999,133	457,566.49	21.33	1,687,975.50	78.67
国投瑞银	国投瑞银瑞福分级封闭	2007.07.17	165,592	125,000.43	20.83	475,032.86	79.17
	国投瑞银核心企业股票	2006.04.19	319,691	559.17	0.09	656,544.18	99.91
	国投瑞银创新动力股票	2006.11.15	100,614	166,125.99	34.37	317,262.60	65.63
	国投瑞银成长优选股票	2008.01.10	88,884	130,439.77	39.60	198,926.79	60.40
	国投瑞银沪深300指数分级	2009.10.14	19,892	163,080.44	68.70	74,313.27	31.30
	国投瑞银沪深300金融地产指数(LOF)	2010.04.09	11,740	133,417.28	70.45	55,966.26	29.55
	国投瑞银景气行业混合	2004.04.29	139,681	33,449.84	9.68	312,231.90	90.32
	国投瑞银稳健增长混合	2008.06.11	12,720	233,434.75	96.50	8,474.81	3.50
	国投瑞银融华债券	2003.04.16	26,312	31,671.25	34.84	59,246.35	65.16
	国投瑞银稳定增利债券	2008.01.11	33,972	187,705.11	68.97	84,463.31	31.03
	国投瑞银优化增强债券	2010.09.08	17,180	59,676.34	28.66	148,524.27	71.34
	国投瑞银货币	2009.01.19	2,260	336,138.02	92.66	26,613.51	7.34
	国投瑞银新兴市场股票(QDII－LOF)	2010.06.10	1,496	1,729.38	25.32	5,099.84	74.68
	合计		940,034	1,602,427.76	39.81	2,422,699.95	60.19
银河	银河银丰封闭	2002.08.15	71,549	133,591.00	44.53	166,409.00	55.47
	银河成长股票	2008.05.26	5,999	17,105.95	68.16	7,991.90	31.84
	银河行业股票	2009.04.24	35,856	29,481.61	24.90	88,911.18	75.10
	银河沪深300价值指数	2009.12.28	9,867	15,892.55	24.02	50,262.87	75.98
	银河蓝筹股票	2010.07.16	3,917	9,610.31	41.21	13,710.84	58.79
	银河稳健混合	2003.08.04	69,860	57,033.72	33.45	113,463.22	66.55
	银河银泰混合	2004.03.30	159,491	4,599.69	1.45	312,220.11	98.55
	银河收益债券	2003.08.04	14,633	7,897.49	40.05	11,823.95	59.95

（续上表）

基金公司	基金简称	设立日期	持有人户数	机构投资者		个人投资者	
				持有份额	占比	持有份额	占比
银河	银河银信添利债券	2007.03.14	6,004	24,158.70	53.57	20,942.23	46.43
	银河银富货币	2004.12.20	3,311	78,438.86	95.04	4,093.22	4.96
	合计		380,487	377,809.88	32.36	789,828.53	67.64
万家	万家180指数	2003.03.17	391,141	552,792.29	45.13	672,217.44	54.87
	万家公用事业行业股票(LOF)	2005.07.15	35,852	80,416.83	59.11	55,617.75	40.89
	万家精选股票	2009.05.18	8,436	21,985.86	44.56	27,353.70	55.44
	万家和谐增长混合	2006.11.30	156,319	29,678.62	9.43	285,191.31	90.57
	万家双引擎灵活配置混合	2008.06.27	2,132	3,484.83	48.75	3,663.98	51.25
	万家增强收益债券	2004.09.28	15,372	3,822.74	13.77	23,938.43	86.23
	万家稳健增利债券	2009.08.12	3,195	38,493.12	69.23	17,109.34	30.77
	万家货币	2006.05.24	18,625	202,021.34	58.34	144,285.94	41.66
	合计		631,072	932,695.64	43.14	1,229,377.90	56.86
金鹰	金鹰行业优势股票	2009.07.01	32,137	247.39	0.22	114,783.84	99.78
	金鹰稳健成长股票	2010.04.14	8,293	7,787.85	19.35	32,453.18	80.65
	金鹰成份优选混合	2003.06.16	74,395	942.44	0.45	207,496.50	99.55
	金鹰中小盘精选混合	2004.05.27	66,168	14,775.14	12.58	102,655.34	87.42
	金鹰红利价值混合	2008.12.04	8,666	207.28	1.61	12,688.75	98.39
	合计		189,659	23,960.09	4.85	470,077.61	95.15
招商	招商信用添利债券封闭	2010.06.25	1,705	206,997.09	97.80	4,666.59	2.20
	招商安泰股票	2003.04.28	49,345	26,674.55	18.48	117,663.21	81.52
	招商优质成长股票(LOF)	2005.11.17	161,514	63,545.60	16.63	318,647.84	83.37
	招商大盘蓝筹股票	2008.06.19	31,562	61,356.13	65.49	32,332.65	34.51
	招商行业领先股票	2009.06.19	31,841	71,403.33	41.50	100,646.06	58.50
	招商中小盘股票	2009.12.25	17,940	3,208.91	4.04	76,208.68	95.96
	招商深证100指数	2010.06.22	5,967	23,944.37	64.48	13,189.97	35.52
	招商安泰平衡混合	2003.04.28	10,878	2,311.28	23.21	7,645.73	76.79
	招商先锋混合	2004.06.01	380,568	102,223.41	10.79	845,403.74	89.21
	招商核心价值混合	2007.03.30	200,720	40,013.20	8.02	459,178.25	91.98
	招商安泰债券	2003.04.28	19,593	32,849.19	24.90	99,082.86	75.10
	招商安本增利债券	2006.07.11	15,255	130,201.15	67.44	62,848.44	32.56
	招商安心收益债券	2008.10.22	8,665	32,031.79	55.37	25,816.75	44.63

（续上表）

基金公司	基金简称	设立日期	持有人户数	机构投资者		个人投资者	
				持有份额	占比	持有份额	占比
招商	招商现金增值货币	2004.01.14	22,116	585,379.98	85.08	102,695.19	14.92
	招商全球资源股票(QDII)	2010.03.25	4,928	2,525.14	14.41	14,992.45	85.59
合计			962,597	1,384,665.11	37.77	2,281,018.40	62.23
华宝兴业	华宝兴业多策略股票	2004.05.11	287,868	86,675.98	8.30	957,826.48	91.70
	华宝兴业动力组合股票	2005.11.17	78,323	29,671.75	11.47	228,960.13	88.53
	华宝兴业先进成长股票	2006.11.07	51,370	4,756.97	4.65	97,641.82	95.35
	华宝兴业行业精选股票	2007.06.14	592,568	103,481.84	7.12	1,349,130.82	92.88
	华宝兴业大盘精选股票	2008.10.07	30,108	51,305.70	56.01	40,293.38	43.99
	华宝兴业中证100指数	2009.09.29	21,706	46,199.12	40.23	68,635.90	59.77
	华宝兴业上证180价值ETF联接	2010.04.23	6,328	14,172.15	41.57	19,919.92	58.43
	华宝兴业宝康消费品混合	2003.07.15	111,392	86,989.83	37.66	143,976.29	62.34
	华宝兴业宝康配置混合	2003.07.15	42,633	13,504.89	16.47	68,470.56	83.53
	华宝兴业收益增长混合	2006.06.15	91,724	33,873.31	23.30	111,536.42	76.70
	华宝兴业宝康债券	2003.07.15	9,155	12,369.44	43.07	16,352.09	56.93
	华宝兴业增强收益债券	2009.02.17	3,992	2,211.13	12.87	14,970.07	87.13
	华宝兴业现金宝货币	2005.03.31	3,359	552,934.45	95.36	26,890.84	4.64
	华宝兴业上证180价值ETF	2010.04.23	1,964	40,399.60	93.08	3,003.27	6.92
	华宝兴业海外中国股票(QDII)	2008.05.07	4,551	916.16	10.34	7,947.89	89.66
合计			1,337,041	1,079,462.33	25.49	3,155,555.87	74.51
摩根士丹利华鑫	大摩领先优势股票	2009.09.22	100,897	55,441.38	30.09	128,822.94	69.91
	大摩卓越成长股票	2010.05.18	29,621	8,134.05	8.45	88,126.00	91.55
	大摩基础行业混合	2004.03.26	8,349	1,313.77	7.46	16,300.08	92.54
	大摩资源优选混合(LOF)	2005.09.27	102,589	50,631.43	29.72	119,747.19	70.28
	大摩强收益债券	2009.12.29	5,274	18,602.47	29.86	43,700.37	70.14
	大摩货币	2006.08.17	5,103	11,457.85	19.12	48,473.72	80.88
合计			251,833	145,580.96	24.64	445,170.31	75.36
海富通	海富通股票	2005.07.29	282,876	62,078.19	9.50	591,491.65	90.50
	海富通风格优势股票	2006.10.19	114,142	396,012.78	57.00	298,774.01	43.00
	海富通领先成长股票	2009.04.30	19,448	90,726.70	66.35	46,004.89	33.65
	海富通中证100指数(LOF)	2009.10.30	20,823	112,944.69	51.79	105,144.76	48.21
	海富通中小盘股票	2010.04.14	50,468	48,141.11	28.47	120,961.35	71.53
	海富通上证周期ETF联接	2010.09.28	4,786	10,768.05	29.36	25,910.31	70.64

（续上表）

基金公司	基金简称	设立日期	持有人户数	机构投资者		个人投资者	
				持有份额	占比	持有份额	占比
海富通	海富通精选混合	2003.08.22	345,463	212,945.66	22.28	742,836.28	77.72
	海富通收益增长混合	2004.03.12	240,000	6,226.05	1.29	475,856.54	98.71
	海富通强化回报混合	2006.05.25	133,476	98,315.60	26.32	275,208.93	73.68
	海富通精选贰号混合	2007.04.09	88,374	1,877.33	0.77	241,161.81	99.23
	海富通稳健添利债券	2008.10.24	2,252	27,988.45	71.23	11,302.01	28.77
	海富通货币	2005.01.04	10,098	515,505.33	79.32	134,399.69	20.68
	海富通上证周期ETF	2010.09.19	4,037	20,942.30	70.72	8,669.38	29.28
	海富通中国海外股票(QDII)	2008.06.27	8,952	3,725.83	18.07	16,892.22	81.93
	合 计		1,325,195	1,608,198.07	34.20	3,094,613.83	65.80
国联安	国联安精选股票	2005.12.28	58,051	150,074.60	45.37	180,739.86	54.63
	国联安优势股票	2007.01.24	20,283	24,044.25	23.97	76,272.51	76.03
	国联安红利股票	2008.10.22	1,704	7,095.06	63.77	4,031.76	36.23
	国联安主题驱动股票	2009.08.26	4,812	148.82	0.66	22,478.05	99.34
	国联安双禧中证100指数分级	2010.04.16	25,386	167,018.40	56.41	129,037.24	43.59
	国联安稳健混合	2003.08.08	7,215	56,633.52	76.55	17,347.50	23.45
	国联安小盘精选混合	2004.04.12	93,787	509.19	0.20	255,593.08	99.80
	国联安安心成长混合	2005.07.13	2,681	9,796.06	70.56	4,087.91	29.44
	国联安增利债券	2009.03.11	8,298	147,893.02	68.58	67,751.59	31.42
	国联安信心增益债券	2010.06.22	10,831	57,240.82	30.08	133,069.02	69.92
	合 计		233,048	620,453.75	41.07	890,408.52	58.93
长信	长信恒利优势股票	2009.07.30	8,178	3,093.41	8.20	34,618.97	91.80
	长信金利趋势股票	2006.04.30	582,902	13,162.07	1.26	1,028,758.91	98.74
	长信银利精选股票	2005.01.17	185,256	589.22	0.17	348,767.55	99.83
	长信增利动态策略股票	2006.11.09	175,196	5,094.03	1.36	369,581.80	98.64
	长信中证央企100指数(LOF)	2010.03.26	7,133	—	—	13,126.16	100.00
	长信双利优选混合	2008.06.19	13,074	3,512.45	12.39	24,835.97	87.61
	长信利丰债券	2008.12.29	5,487	37,964.30	68.49	17,468.37	31.51
	长信中短债债券	2010.06.28	11,871	7,162.78	19.19	30,163.91	80.81
	长信利息收益货币	2004.03.19	15,449	352,590.33	77.89	100,097.14	22.11
	合 计		1,004,546	423,168.59	17.70	1,967,418.79	82.30
泰信	泰信优质生活股票	2006.12.15	76,224	38,283.47	18.19	172,172.42	81.81
	泰信蓝筹精选股票	2009.04.22	15,532	15,556.15	22.75	52,833.05	77.25

（续上表）

基金公司	基金简称	设立日期	持有人户数	机构投资者		个人投资者	
				持有份额	占比	持有份额	占比
泰信	泰信先行策略混合	2004.06.28	291,744	9,091.86	1.11	811,590.85	98.89
	泰信优势增长混合	2008.06.25	3,686	9,004.02	63.88	5,092.15	36.12
	泰信双息双利债券	2007.10.31	6,094	3,706.06	19.97	14,856.51	80.03
	泰信债券增强收益	2009.07.29	2,228	27,897.27	76.96	8,353.32	23.04
	泰信天天收益货币	2004.02.10	6,636	90,882.55	88.27	12,080.67	11.73
	合　计		402,144	194,421.38	15.29	1,076,978.95	84.71
天治	天治核心成长股票(LOF)	2006.01.20	224,388	4,503.77	0.87	513,305.49	99.13
	天治创新先锋股票	2008.05.08	9,297	1,206.35	5.59	20,370.11	94.41
	天治财富增长混合	2004.06.29	15,098	3,347.77	9.71	31,129.07	90.29
	天治品质优选混合	2005.01.12	7,252	910.43	6.54	13,013.24	93.46
	天治趋势精选混合	2009.07.15	2,183	2,000.10	25.30	5,906.14	74.70
	天治稳健双盈债券	2008.11.05	644	2,417.40	47.93	2,626.19	52.07
	天治天得利货币	2006.07.05	1,502	1,526.00	9.56	14,437.48	90.44
	合　计		260,364	15,911.82	2.58	600,787.72	97.42
景顺长城	景顺长城优选股票	2003.10.24	77,396	3,867.19	2.39	157,606.22	97.61
	景顺长城内需增长股票	2004.06.25	84,700	12,967.86	22.25	45,313.92	77.75
	景顺长城鼎益股票(LOF)	2005.03.16	309,179	1,642.03	0.26	628,911.30	99.74
	景顺长城资源垄断股票(LOF)	2006.01.26	427,673	1,379.48	0.14	984,576.35	99.86
	景顺长城新兴成长股票	2006.06.28	173,995	3,962.33	1.07	367,172.53	98.93
	景顺长城内需贰号股票	2006.10.11	174,820	18,520.59	4.49	393,664.05	95.51
	景顺长城精选蓝筹股票	2007.06.18	830,827	5,852.45	0.47	1,252,690.04	99.53
	景顺长城公司治理股票	2008.10.22	16,756	3,334.33	13.70	20,997.50	86.30
	景顺长城能源基建股票	2009.10.20	23,414	30,974.48	33.26	62,150.21	66.74
	景顺长城动力平衡混合	2003.10.24	400,181	1,708.49	0.22	762,835.77	99.78
	景顺长城货币	2003.10.24	8,062	21,567.04	59.37	14,757.18	40.63
	合　计		2,527,003	105,776.28	2.21	4,690,675.06	97.79
广发	广发小盘成长股票(LOF)	2005.02.02	432,137	50,970.00	10.66	427,036.04	89.34
	广发聚丰股票	2005.12.23	2,589,248	7,131.28	0.22	3,261,723.24	99.78
	广发核心精选股票	2008.07.16	57,337	99,576.69	57.65	73,160.75	42.35
	广发沪深300指数	2008.12.30	115,250	99,159.35	44.40	124,159.12	55.60
	广发聚瑞股票	2009.06.16	59,518	39,812.72	15.69	213,871.05	84.31
	广发中证500指数(LOF)	2009.11.26	154,085	23,823.40	6.97	318,043.68	93.03

（续上表）

基金公司	基金简称	设立日期	持有人户数	机构投资者		个人投资者	
				持有份额	占比	持有份额	占比
广发	广发聚富混合	2003.12.03	394,466	10,986.09	2.13	505,361.36	97.87
	广发稳健增长混合	2004.07.26	450,180	4,653.11	0.89	518,324.58	99.11
	广发策略优选混合	2006.05.17	275,390	75,664.28	10.70	631,334.80	89.30
	广发大盘成长混合	2007.06.13	610,350	26,955.40	2.08	1,269,055.75	97.92
	广发内需增长混合	2010.04.19	34,934	184,857.62	50.11	184,031.82	49.89
	广发增强债券	2008.03.27	27,491	33,075.81	30.03	77,078.03	69.97
	广发货币	2005.05.20	31,493	204,540.16	70.55	85,370.97	29.45
	广发亚太精选股票(QDII)	2010.08.18	3,633	7,054.19	30.95	15,740.29	69.05
	合 计		5,235,512	868,260.09	10.13	7,704,291.48	89.87
兴业全球	兴全全球视野股票	2006.09.20	64,901	86,466.38	49.25	89,100.53	50.75
	兴全社会责任股票	2008.04.30	285,248	93,200.49	20.52	360,974.43	79.48
	兴全合润分级股票	2010.04.22	27,614	67,528.36	32.89	137,797.78	67.11
	兴全可转债混合	2004.05.11	79,494	90,222.06	23.04	301,364.67	76.96
	兴全趋势混合(LOF)	2005.11.03	608,875	182,114.65	11.39	1,417,476.71	88.61
	兴全有机增长混合	2009.03.25	32,036	138,798.48	62.20	84,352.87	37.80
	兴全磐稳增利债券	2009.07.23	5,514	29,651.37	59.54	20,149.49	40.46
	兴全货币	2006.04.27	4,635	23,167.30	67.75	11,030.16	32.25
	合 计		1,108,317	711,149.08	22.70	2,422,246.66	77.30
诺安	诺安股票	2005.12.19	928,945	7,968.89	0.46	1,730,220.97	99.54
	诺安价值增长股票	2006.11.21	431,666	63,431.58	6.44	921,040.38	93.56
	诺安成长股票	2009.03.10	12,008	109,509.57	88.62	14,062.49	11.38
	诺安中证100指数	2009.10.27	19,548	66,629.65	37.97	108,834.13	62.03
	诺安中小盘精选股票	2010.04.28	20,369	45,482.79	34.51	86,303.80	65.49
	诺安主题精选股票	2010.09.15	22,548	52,153.50	25.06	155,990.16	74.94
	诺安平衡混合	2004.05.21	480,603	57,824.89	6.01	904,581.26	93.99
	诺安灵活配置混合	2008.05.20	37,583	132,748.82	74.19	46,183.52	25.81
	诺安优化收益债券	2007.08.29	7,417	40,708.98	66.49	20,516.62	33.51
	诺安增利债券	2009.05.27	2,395	3,673.23	20.73	14,045.61	79.27
	诺安货币	2004.12.06	6,620	124,333.65	87.12	18,387.06	12.88
	合 计		1,969,702	704,465.54	14.91	4,020,165.99	85.09
申万菱信	申万菱信新动力股票	2005.11.10	237,862	15,685.50	3.43	441,437.03	96.57
	申万菱信竞争优势股票	2008.07.04	6,384	3,889.42	42.20	5,328.29	57.80

（续上表）

基金公司	基金简称	设立日期	持有人户数	机构投资者		个人投资者	
				持有份额	占比	持有份额	占比
申万菱信	申万菱信消费增长股票	2009.06.12	16,617	4,113.26	8.80	42,609.23	91.20
	申万菱信沪深300价值指数	2010.02.11	11,915	5,132.16	6.76	70,774.73	93.24
	申万菱信深证成指分级	2010.10.22	18,662	34,871.22	28.58	87,123.67	71.42
	申万菱信盛利精选混合	2004.04.09	47,418	22,423.49	14.21	135,430.38	85.79
	申万菱信盛利强化配置混合	2004.11.29	4,764	112.20	2.11	5,197.83	97.89
	申万菱信新经济混合	2006.12.06	244,936	30,690.89	5.18	561,531.24	94.82
	申万菱信添益宝债券	2008.12.04	3,799	13,239.77	44.89	16,251.64	55.11
	申万菱信收益宝货币	2006.07.07	3,116	14,583.47	77.89	4,139.73	22.11
	合　计		595,473	144,741.37	9.56	1,369,823.77	90.44
中海	中海量化策略股票	2009.06.24	9,897	30,536.79	55.36	24,627.88	44.64
	中海上证50指数增强	2010.03.25	7,593	19,996.02	42.39	27,173.94	57.61
	中海优质成长混合	2004.09.28	256,200	178,586.24	20.52	691,604.23	79.48
	中海分红增利混合	2005.06.16	149,589	86,353.23	22.89	290,861.41	77.11
	中海能源策略混合	2007.03.13	239,675	65,322.51	8.85	672,997.91	91.15
	中海蓝筹混合	2008.12.03	6,403	4,023.51	34.96	7,485.17	65.04
	中海稳健收益债券	2008.04.10	4,738	66,068.16	74.44	22,690.09	25.56
	中海货币	2010.07.28	1,800	444,423.33	96.84	14,506.10	3.16
	合　计		675,895	895,309.80	33.82	1,751,946.72	66.18
华富	华富成长趋势股票	2007.03.19	101,580	485.64	0.22	215,581.41	99.78
	华富中证100指数	2009.12.30	4,744	3,653.81	14.90	20,875.18	85.10
	华富竞争力优选混合	2005.03.02	101,929	1,504.98	0.80	186,817.93	99.20
	华富策略精选混合	2008.12.24	3,827	2,926.31	27.71	7,633.13	72.29
	华富价值增长混合	2009.07.15	5,626	9,113.85	29.76	21,510.95	70.24
	华富收益增强债券	2008.05.28	34,931	63,349.46	19.36	263,836.54	80.64
	华富强化回报债券	2010.09.08	3,016	176,716.08	88.39	23,204.59	11.61
	华富货币	2006.06.21	3,320	38,102.44	58.80	26,698.42	41.20
	合　计		258,973	295,852.58	27.86	766,158.14	72.14
光大保德信	光大保德信量化股票	2004.08.27	706,499	11,423.87	0.89	1,266,116.15	99.11
	光大保德信红利股票	2006.03.24	94,251	2,652.48	2.44	105,904.52	97.56
	光大保德信新增长股票	2006.09.14	49,436	11,745.07	10.56	99,528.41	89.44
	光大保德信优势配置股票	2007.08.24	742,368	8,868.96	0.59	1,485,356.40	99.41
	光大保德信均衡精选股票	2009.03.04	8,248	69.40	0.43	16,114.65	99.57

（续上表）

基金公司	基金简称	设立日期	持有人户数	机构投资者		个人投资者	
				持有份额	占比	持有份额	占比
光大保德信	光大保德信中小盘股票	2010.04.14	28,159	3,779.13	3.92	92,609.52	96.08
	光大保德信动态优选混合	2009.10.28	5,094	8,203.57	34.57	15,526.63	65.43
	光大保德信增利收益债券	2008.10.29	6,616	5,735.83	42.72	7,690.82	57.28
	光大保德信货币	2005.06.09	9,814	14,884.41	47.28	16,598.56	52.72
	合　计		1,650,485	67,362.72	2.12	3,105,445.66	97.88
上投摩根	上投摩根阿尔法股票	2005.10.11	141,649	29,308.04	20.77	111,788.70	79.23
	上投摩根成长先锋股票	2006.09.20	114,112	2,263.04	0.88	254,818.22	99.12
	上投摩根内需动力股票	2007.04.13	801,314	161,160.90	18.48	710,754.55	81.52
	上投摩根中小盘股票	2009.01.21	50,246	16,464.51	18.38	73,108.38	81.62
	上投摩根行业轮动股票	2010.01.28	22,135	110,520.34	45.45	132,642.98	54.55
	上投摩根中国优势混合	2004.09.15	186,491	35,342.14	12.63	244,506.96	87.37
	上投摩根双息平衡混合	2006.04.26	97,133	67,321.14	19.29	281,656.30	80.71
	上投摩根双核平衡混合	2008.05.21	15,508	15,471.88	29.26	37,411.64	70.74
	上投摩根纯债债券	2009.06.24	5,534	3,728.98	16.73	18,558.31	83.27
	上投摩根货币	2005.04.13	3,628	799,764.24	97.89	17,235.93	2.11
	上投摩根亚太优势股票(QDII)	2007.10.22	1,597,593	24,034.64	1.02	2,334,313.28	98.98
	合　计		3,035,343	1,265,379.84	23.08	4,216,795.27	76.92
东方	东方策略成长股票	2008.06.03	6,992	908.08	17.06	4,416.15	82.94
	东方核心动力股票	2009.06.24	7,266	1,275.15	5.84	20,577.50	94.16
	东方龙混合	2004.11.25	70,099	14,594.59	11.01	117,906.70	88.99
	东方精选混合	2006.01.11	289,544	1,646.40	0.26	623,372.69	99.74
	东方稳健回报债券	2008.12.10	15,304	11,627.71	14.93	66,233.63	85.07
	东方金账簿货币	2006.08.02	9,237	33,531.79	62.48	20,138.80	37.52
	合　计		398,442	63,583.72	6.94	852,645.48	93.06
中银	中银增长股票	2006.03.17	459,654	52,045.56	4.38	1,137,214.26	95.62
	中银策略股票	2008.04.03	45,425	68,653.06	40.34	101,517.22	59.66
	中银中证100指数增强	2009.09.04	38,795	106,833.75	37.75	176,139.69	62.25
	中银中国混合(LOF)	2005.01.04	80,305	54,428.03	37.71	89,906.59	62.29
	中银收益混合	2006.10.11	162,909	39,084.94	10.85	321,247.87	89.15
	中银优选混合	2009.04.03	17,939	22,282.00	37.78	36,692.65	62.22
	中银蓝筹混合	2010.02.11	42,528	18,018.32	7.47	223,145.75	92.53
	中银价值混合	2010.08.25	35,769	74,488.61	32.15	157,216.85	67.85

（续上表）

基金公司	基金简称	设立日期	持有人户数	机构投资者		个人投资者	
				持有份额	占比	持有份额	占比
中银	中银增利债券	2008.11.13	6,953	102,015.27	68.92	45,995.86	31.08
	中银货币	2005.06.07	14,907	393,877.19	79.31	102,743.55	20.69
	合　计		905,184	931,726.74	28.03	2,391,820.27	71.97
东吴	东吴双动力股票	2006.12.15	117,789	92,601.13	36.68	159,843.10	63.32
	东吴行业轮动股票	2008.04.23	97,078	63,836.37	25.01	191,427.90	74.99
	东吴新经济股票	2009.12.30	7,115	26,317.45	67.00	12,961.18	33.00
	东吴新创业股票	2010.06.29	5,019	9,054.05	42.59	12,203.37	57.41
	东吴嘉禾优势精选混合	2005.02.01	211,355	6,061.88	1.79	333,316.42	98.21
	东吴进取策略混合	2009.05.06	37,106	42,067.20	44.19	53,131.00	55.81
	东吴优信稳健债券	2008.11.05	3,316	6,076.88	64.23	3,384.33	35.77
	东吴货币	2010.05.11	3,831	72,201.47	93.66	4,887.71	6.34
	合　计		482,609	318,216.44	29.21	771,155.01	70.79
天弘	天弘永定价值成长股票	2008.12.02	3,739	—	—	9,284.08	100.00
	天弘周期策略股票	2009.12.17	3284	29,786.96	80.97	6,999.29	19.03
	天弘深证成份指数(LOF)	2010.08.12	3,570	897.58	6.31	13,323.58	93.69
	天弘精选混合	2005.10.08	324,012	25,562.56	4.66	523,525.77	95.34
	天弘永利债券	2008.04.18	964	7,181.73	37.92	11,755.27	62.08
	合　计		335,569	63,428.83	10.10	564,887.99	89.90
国海富兰克林	国富弹性市值股票	2006.06.14	162,230	57,044.23	15.44	312,447.26	84.56
	国富潜力组合股票	2007.03.22	194,972	38,972.75	7.69	467,645.67	92.31
	国富深化价值股票	2008.07.03	15,936	74,382.32	78.46	20,423.79	21.54
	国富成长动力股票	2009.03.25	7,313	5,987.63	32.68	12,336.18	67.32
	国富沪深300指数增强	2009.09.03	44,621	26,775.55	23.25	88,371.41	76.75
	国富中国收益混合	2005.06.01	48,478	84,108.22	41.86	116,835.19	58.14
	国富强化收益债券	2008.10.24	1,920	18,927.89	83.91	3,629.58	16.09
	合　计		475,470	306,198.60	23.06	1,021,689.08	76.94
华泰柏瑞	华泰柏瑞盛世中国股票	2005.04.27	613,221	285,913.97	21.94	1,017,040.67	78.06
	华泰柏瑞价值增长股票	2008.07.16	10,401	81,887.94	81.58	18,488.31	18.42
	华泰柏瑞行业领先股票	2009.08.03	25,312	89,107.35	41.19	127,208.64	58.81
	华泰柏瑞量化先行股票	2010.06.22	7,245	5,929.54	31.55	12,866.58	68.45
	华泰柏瑞积极成长混合	2007.05.29	125,556	41,170.25	11.75	309,262.31	88.25
	华泰柏瑞稳本增利债券	2007.12.03	6,170	6,464.20	34.78	12,124.20	65.22

（续上表）

基金公司	基金简称	设立日期	持有人户数	机构投资者		个人投资者	
				持有份额	占比	持有份额	占比
华泰柏瑞	华泰柏瑞货币	2009.05.06	1,976	14,931.56	89.61	1,732.17	10.39
	华泰柏瑞上证红利ETF	2006.11.17	57,099	40,981.62	36.41	71,585.95	63.59
	合 计		846,980	566,386.44	26.51	1,570,308.82	73.49
新华	新华优选成长股票	2008.07.25	60,071	11,985.62	8.80	124,206.58	91.20
	新华钻石品质企业股票	2010.02.03	15,597	2,069.26	2.13	95,159.75	97.87
	新华行业周期轮换股票	2010.07.21	2,415	4,195.71	25.30	12,386.00	74.70
	新华优选分红混合	2005.09.16	65,607	8,551.61	4.63	176,316.75	95.37
	新华泛资源优势混合	2009.07.13	16,257	7,968.66	7.11	104,104.30	92.89
	合 计		159,947	34,770.86	6.36	512,173.39	93.64
汇添富	汇添富均衡增长股票	2006.08.07	1,129,526	14,974.54	0.62	2,397,794.61	99.38
	汇添富成长焦点股票	2007.03.12	304,873	31,839.52	4.07	751,256.54	95.93
	汇添富价值精选股票	2009.01.23	36,881	107,532.98	75.71	34,498.43	24.29
	汇添富上证综合指数	2009.07.01	131,619	175,301.99	23.75	562,816.35	76.25
	汇添富策略回报股票	2009.12.22	20,093	80,943.44	53.21	71,169.25	46.79
	汇添富民营活力股票	2010.05.05	12,414	37,710.87	47.36	41,922.47	52.64
	汇添富医药保健股票	2010.09.21	59,287	104,030.86	28.46	261,561.14	71.54
	汇添富优势精选混合	2005.08.25	178,683	36,464.28	22.91	122,703.91	77.09
	汇添富蓝筹稳健混合	2008.07.08	18,584	35,947.17	74.47	12,322.58	25.53
	汇添富增强收益债券	2008.03.06	27,968	126,755.83	70.92	51,980.76	29.08
	汇添富货币	2006.03.23	5,664	266,207.16	94.79	14,631.17	5.21
	汇添富亚澳成熟优选股票(QDII)	2010.06.25	2,238	6,518.42	50.68	6,344.11	49.32
	合 计		1,927,830	1,024,227.05	19.13	4,329,001.33	80.87
工银瑞信	工银核心价值股票	2005.08.31	503,985	382,775.86	15.91	2,023,231.38	84.09
	工银稳健成长股票	2006.12.06	129,663	118,736.83	28.87	292,495.60	71.13
	工银红利股票	2007.07.18	99,444	75,307.47	20.71	288,336.99	79.29
	工银大盘蓝筹股票	2008.08.04	32,636	37,069.41	39.63	56,475.11	60.37
	工银沪深300指数股票	2009.03.05	108,912	113,807.16	26.38	317,543.87	73.62
	工银中小盘成长股票	2010.02.10	27,126	2,691.08	2.85	91,611.46	97.15
	工银精选平衡混合	2006.07.13	396,265	87,329.85	7.94	1,011,895.65	92.06
	工银增强收益债券	2007.05.11	47,670	149,528.97	44.51	186,441.26	55.49
	工银添利债券	2008.04.14	41,629	244,433.61	57.07	183,864.18	42.93
	工银双利债券	2010.08.16	48,394	14,843.54	3.13	459,695.54	96.87

（续上表）

基金公司	基金简称	设立日期	持有人户数	机构投资者		个人投资者	
				持有份额	占比	持有份额	占比
工银瑞信	工银货币	2006.03.20	30,854	322,941.60	60.19	213,632.98	39.81
	工银上证央企ETF	2009.08.26	22,367	19,994.32	24.66	61,101.60	75.34
	工银全球股票(QDII)	2008.02.14	81,780	7,676.26	4.99	146,092.35	95.01
	工银全球精选股票(QDII)	2010.05.25	13,204	608.01	2.97	19,866.53	97.03
	合 计		1,583,929	1,577,743.98	22.77	5,352,284.52	77.23
交银施罗德	交银精选股票	2005.09.29	299,780	45,397.74	5.27	815,718.83	94.73
	交银成长股票	2006.10.23	125,780	52,980.36	24.06	167,258.43	75.94
	交银蓝筹股票	2007.08.08	843,040	13,964.07	1.03	1,335,965.72	98.97
	交银先锋股票	2009.04.10	45,976	6,820.88	4.63	140,344.59	95.37
	交银上证180公司治理ETF联接	2009.09.29	58,484	31,503.93	6.63	443,429.10	93.37
	交银稳健配置混合	2006.06.14	189,270	68,357.22	15.60	369,930.92	84.40
	交银保本混合	2009.01.21	25,285	11,471.54	4.96	219,873.18	95.04
	交银主题优选混合	2010.06.30	22,288	28,435.38	24.85	86,011.43	75.15
	交银增利债券	2008.03.31	29,618	59,508.73	31.33	130,425.68	68.67
	交银货币	2006.01.20	7,041	201,183.17	89.86	22,703.67	10.14
	交银上证180公司治理ETF	2009.09.25	4,152	521,997.18	97.47	13,555.25	2.53
	交银环球精选股票(QDII)	2008.08.22	7,385	2,460.01	13.86	15,291.57	86.14
	合 计		1,658,099	1,044,080.21	21.73	3,760,508.38	78.27
建信	建信优势动力封闭	2008.03.19	101,668	145,903.37	31.43	318,362.13	68.57
	建信恒久价值股票	2005.12.01	140,421	159,763.03	35.47	290,611.98	64.53
	建信优选成长股票	2006.09.08	150,273	42,844.08	12.61	296,849.68	87.39
	建信核心精选股票	2008.11.25	36,928	77,344.36	63.19	45,054.48	36.81
	建信沪深300指数(LOF)	2009.11.05	80,463	163,366.50	31.34	357,974.09	68.66
	建信上证社会责任ETF联接	2010.05.28	19,456	4,423.19	9.98	39,898.11	90.02
	建信优化配置混合	2007.03.01	406,990	13,483.40	1.28	1,035,821.00	98.72
	建信稳定增利债券	2008.06.25	30,043	66,803.37	29.74	157,788.34	70.26
	建信增强债券	2009.06.02	21,755	18,781.67	14.60	109,848.20	85.40
	建信货币	2006.04.25	28,198	597,646.58	61.00	382,060.39	39.00
	建信上证社会责任ETF	2010.05.28	885	47,550.14	93.13	3,507.97	6.87
	建信全球机遇股票(QDII)	2010.09.14	24,322	489.67	0.88	55,273.10	99.12
	合 计		1,041,402	1,338,399.36	30.20	3,093,049.47	69.80

（续上表）

基金公司	基金简称	设立日期	持有人户数	机构投资者		个人投资者	
				持有份额	占比	持有份额	占比
信诚	信诚增强收益债券封闭	2010.09.29	6,194	173,514.18	76.57	53,092.39	23.43
	信诚精萃成长股票	2006.11.27	38,953	103,611.53	41.12	148,388.72	58.88
	信诚盛世蓝筹股票	2008.06.04	34,936	138,676.92	78.59	37,768.24	21.41
	信诚优胜精选股票	2009.08.26	15,677	194,048.54	80.53	46,908.20	19.47
	信诚中小盘股票	2010.02.10	7,122	10,786.80	37.49	17,982.69	62.51
	信诚深度价值股票(LOF)	2010.07.30	4,520	19,519.49	46.46	22,494.83	53.54
	信诚四季红混合	2006.04.29	163,250	171,231.51	35.41	312,315.14	64.59
	信诚三得益债券	2008.09.27	1,667	8,402.68	61.58	5,241.62	38.42
	信诚经典优债债券	2009.03.11	1,596	5,769.60	46.14	6,735.87	53.86
	合计		273,915	825,561.25	55.91	650,927.69	44.09
汇丰晋信	汇丰晋信龙腾股票	2006.09.27	26,074	75,663.16	66.33	38,408.23	33.67
	汇丰晋信大盘股票	2009.06.24	16,641	36,193.99	32.12	76,493.90	67.88
	汇丰晋信中小盘股票	2009.12.11	12,226	17,676.61	21.03	66,363.06	78.97
	汇丰晋信低碳先锋股票	2010.06.08	11,572	22,696.35	38.13	36,822.61	61.87
	汇丰晋信2016周期混合	2006.05.23	12,766	1,465.35	5.25	26,459.74	94.75
	汇丰晋信动态策略混合	2007.04.09	47,172	89,776.04	38.64	142,589.80	61.36
	汇丰晋信2026周期混合	2008.07.23	7,577	1.68	0.02	8,676.17	99.98
	汇丰晋信平稳增利债券	2008.12.03	2,433	383.29	3.51	10,537.32	96.49
	合计		136,461	243,856.47	37.50	406,350.84	62.50
益民	益民红利成长混合	2006.11.21	96,043	7,027.40	3.06	222,736.88	96.94
	益民创新优势混合	2007.07.11	218,370	9,056.71	1.79	496,269.79	98.21
	益民多利债券	2008.05.21	494	4,111.13	67.55	1,974.71	32.45
	益民货币	2006.07.17	521	7,437.96	83.72	1,446.02	16.28
	合计		315,428	27,633.21	3.68	722,427.39	96.32
华商	华商盛世成长股票	2008.09.23	482,044	91,780.08	17.17	442,656.47	82.83
	华商产业升级股票	2010.06.18	16,545	36,523.73	45.84	43,159.28	54.16
	华商领先企业混合	2007.05.15	313,036	81,196.94	11.89	601,753.75	88.11
	华商动态阿尔法混合	2009.11.24	92,062	120,271.46	31.84	257,491.24	68.16
	华商收益增强债券	2009.01.23	14,641	24,770.64	22.21	86,746.22	77.79
	华商稳健双利债券	2010.08.09	16,617	23,354.86	16.15	121,287.99	83.85
	合计		934,945	377,897.71	19.57	1,553,094.94	80.43

（续上表）

基金公司	基金简称	设立日期	持有人户数	机构投资者		个人投资者	
				持有份额	占比	持有份额	占比
中邮创业	中邮核心优选股票	2006.09.28	503,095	5,770.90	0.65	885,728.64	99.35
	中邮核心成长股票	2007.08.17	2,002,448	16,172.71	0.51	3,142,069.42	99.49
	中邮核心主题股票	2010.05.19	39,554	24,393.28	14.06	149,134.90	85.94
	中邮核心优势灵活配置混合	2009.10.28	63,297	35,733.38	13.75	224,221.22	86.25
	合　计		2,608,394	82,070.27	1.83	4,401,154.18	98.17
信达澳银	信达澳银领先增长股票	2007.03.08	219,264	2,630.67	0.50	518,985.49	99.50
	信达澳银中小盘股票	2009.12.01	25,434	8,248.79	12.31	58,776.14	87.69
	信达澳银红利回报股票	2010.07.28	9,123	3,112.70	12.04	22,746.05	87.96
	信达澳银精华配置混合	2008.07.30	3,592	2,559.56	35.97	4,556.06	64.03
	信达澳银稳定价值债券	2009.04.08	1,911	59.80	0.86	6,854.24	99.14
	合　计		259,324	16,611.53	2.64	611,917.97	97.36
诺德	诺德价值优势股票	2007.04.19	178,671	2,339.32	0.70	330,456.52	99.30
	诺德成长优势股票	2009.09.22	2,006	1,148.60	11.81	8,577.08	88.19
	诺德中小盘股票	2010.06.28	6,313	1,522.23	4.66	31,117.38	95.34
	诺德灵活配置混合	2008.11.05	4,423	1,998.90	38.56	3,184.75	61.44
	诺德增强收益债券	2009.03.04	1,149	968.05	16.71	4,823.53	83.29
	合　计		192,562	7,977.11	2.07	378,159.26	97.93
中欧	中欧新趋势股票(LOF)	2007.01.29	98,607	2,137.48	1.10	192,669.64	98.90
	中欧价值发现股票	2009.07.24	6,819	7,436.96	25.13	22,161.35	74.87
	中欧中小盘股票(LOF)	2009.12.30	27,846	594.61	1.74	33,527.41	98.26
	中欧沪深300指数增强(LOF)	2010.06.24	7,562	2,902.70	8.23	32,366.09	91.77
	中欧新蓝筹混合	2008.07.25	20,851	5,137.72	53.00	4,555.49	47.00
	中欧稳健收益债券	2009.04.24	8,356	32,298.36	38.45	51,692.07	61.55
	合　计		170,041	50,507.84	13.03	336,972.05	86.97
金元比联	金元比联价值增长股票	2009.09.11	5,877	1,017.71	8.85	10,481.69	91.15
	金元比联核心动力股票	2010.02.11	3,386	460.01	4.73	9,261.83	95.27
	金元比联消费主题股票	2010.09.15	3,257	8,650.79	43.43	11,266.45	56.57
	金元比联宝石动力混合	2007.08.15	32,452	277.33	0.46	60,306.07	99.54
	金元比联成长动力混合	2008.09.03	6,512	610.63	6.30	9,077.91	93.70
	金元比联丰利债券	2009.03.23	3,268	3,428.38	31.97	7,294.52	68.03
	合　计		54,752	14,444.85	11.83	107,688.48	88.17

（续上表）

基金公司	基金简称	设立日期	持有人户数	机构投资者		个人投资者	
				持有份额	占比	持有份额	占比
浦银安盛	浦银安盛价值成长股票	2008.04.16	16,188	14,052.81	16.60	70,612.34	83.40
	浦银安盛红利精选股票	2009.12.03	5,389	588.31	3.07	18,575.30	96.93
	浦银安盛精致生活混合	2009.06.04	4,508	41.51	0.30	13,786.50	99.70
	浦银安盛优化收益债券	2008.12.30	1,352	3,197.60	42.16	4,387.46	57.84
	合 计		27,437	17,880.23	14.28	107,361.59	85.72
农银汇理	农银行业成长股票	2008.08.04	157,530	55,397.83	23.41	181,217.27	76.59
	农银策略价值股票	2009.09.29	69,204	49,568.92	25.85	142,194.19	74.15
	农银中小盘股票	2010.03.25	98,586	8,793.74	4.84	172,895.04	95.16
	农银大盘蓝筹股票	2010.09.01	100,879	19,076.05	5.89	304,580.83	94.11
	农银平衡双利混合	2009.04.08	58,155	19,040.65	17.84	87,684.91	82.16
	农银恒久增利债券	2008.12.23	18,544	5,898.42	15.84	31,347.79	84.16
	合 计		502,898	157,775.60	14.64	919,920.04	85.36
民生加银	民生加银精选股票	2010.02.03	17,083	5,255.16	4.86	102,979.57	95.14
	民生加银稳健成长股票	2010.06.29	7,820	722.79	2.86	24,567.50	97.14
	民生加银品牌蓝筹混合	2009.03.27	13,898	1,564.67	4.01	37,488.50	95.99
	民生加银增强收益债券	2009.07.21	9,319	27,762.31	36.04	49,277.44	63.96
	合 计		48,120	35,304.92	14.14	214,313.01	85.86
	总 计		94,926,916	4,745.68亿份	20.55	18,350.92亿份	79.45

表2-42 开放式(股票型)基金基本情况

（单位：亿元；亿份；%）

基金简称	基金代码	设立日期	2010年			2011年上半年			管理人	托管人
			年末资产净值	年末份额规模	年度净值增长率	年末资产净值	年末份额规模	期间净值增长率		
国泰金鹰增长股票	020001	2002.05.08	28.84	28.77	5.33	35.55	38.67	-8.09	国泰	交行
华安中国A股增强指数	040002	2002.11.08	62.14	71.12	-6.65	53.15	64.36	-4.33	华安	工行
万家180指数	519180	2003.03.17	82.26	122.50	-15.65	63.14	95.38	-1.41	万家	中行
泰达宏利成长股票	162201	2003.04.25	23.18	17.60	22.32	22.95	21.63	-11.98	泰达宏利	交行
泰达宏利周期股票	162202	2003.04.25	8.46	7.59	9.51	10.58	10.35	-6.52	泰达宏利	交行
泰达宏利稳定股票	162203	2003.04.25	2.24	3.05	5.99	1.84	2.85	-12.22	泰达宏利	交行
招商安泰股票	217001	2003.04.28	8.74	14.43	-0.28	6.56	15.72	-12.45	招商	招行
博时沪深300指数	050002	2003.08.26	132.01	156.31	-11.98	112.26	135.32	-1.78	博时	建行
融通深证100指数	161604	2003.09.30	159.87	119.23	-3.66	159.68	126.10	-4.66	融通	工行
景顺长城优选股票	260101	2003.10.24	18.39	16.15	-1.09	16.39	14.86	-2.32	景顺长城	中行
易方达上证50指数	110003	2004.03.22	244.65	323.05	-19.18	235.20	310.14	0.15	易方达	交行
华宝兴业多策略股票	240005	2004.05.11	67.32	104.45	-9.22	54.54	95.73	-11.59	华宝兴业	建行
长城久泰沪深300指数	200002	2004.05.21	19.78	16.20	-11.05	18.30	15.48	-3.18	长城	招行
富国天益价值股票	100020	2004.06.15	106.61	105.11	5.89	106.02	106.38	-1.74	富国	交行
博时精选股票	050004	2004.06.22	111.56	76.90	-7.42	97.78	72.01	-6.40	博时	工行
景顺长城内需增长股票	260104	2004.06.25	24.58	5.83	11.42	22.01	5.93	-8.90	景顺长城	农行
泰达宏利精选股票	162204	2004.07.09	59.76	11.15	12.73	49.64	10.27	-9.42	泰达宏利	中行
银华—道琼斯88指数	180003	2004.08.11	99.57	106.50	-18.01	92.48	105.36	-6.12	银华	建行
光大保德信量化股票	360001	2004.08.27	117.22	127.75	-3.20	109.61	121.99	-2.07	光大保德信	光大银行
南方积极配置股票(LOF)	160105	2004.10.14	24.74	19.35	6.98	21.06	19.23	-9.30	南方	工行
博时主题行业股票(LOF)	160505	2005.01.06	116.53	64.00	-10.61	118.06	65.30	4.00	博时	建行
长信银利精选股票	519996	2005.01.17	29.17	34.94	0.43	26.02	32.76	-4.87	长信	农行

（续上表）

基金简称	基金代码	设立日期	2010年			2011年上半年			管理人	托管人
			年末资产净值	年末份额规模	年度净值增长率	年末资产净值	年末份额规模	期间净值增长率		
广发小盘成长股票(LOF)	162703	2005.02.02	107.53	47.80	4.03	97.78	45.51	−4.49	广发	浦发银行
宝盈泛沿海增长股票	213002	2005.03.08	21.19	42.84	−24.04	21.85	44.79	−1.33	宝盈	工行
景顺长城鼎益股票(LOF)	162605	2005.03.16	63.76	63.06	−10.85	57.23	59.25	−4.45	景顺长城	中行
华泰柏瑞盛世中国股票	460001	2005.04.27	91.33	130.30	6.62	78.15	125.94	−11.47	华泰柏瑞	中行
融通巨潮100指数(LOF)	161607	2005.05.12	27.27	30.28	−18.39	25.80	28.80	−0.55	融通	工行
南方高增长股票(LOF)	160106	2005.07.13	41.16	23.33	12.30	36.41	24.22	−10.93	南方	中行
万家公用事业行业股票(LOF)	161903	2005.07.15	10.9	13.60	−3.57	7.05	10.02	−12.11	万家	交行
海富通股票	519005	2005.07.29	50.86	65.36	6.72	41.19	59.93	−11.70	海富通	中行
嘉实沪深300指数(LOF)	160706	2005.08.29	335.26	416.97	−11.45	316.50	400.62	−1.74	嘉实	中行
工银核心价值股票	481001	2005.08.31	95.35	240.60	5.67	99.27	294.13	−6.64	工银瑞信	中行
银华价值优选股票	519001	2005.09.27	167.71	107.91	−2.72	151.79	104.59	−6.61	银华	建行
交银精选股票	519688	2005.09.29	79.05	86.11	−14.24	68.86	82.56	−9.14	交银施罗德	农行
上投摩根阿尔法股票	377010	2005.10.11	44.46	14.11	−6.51	42.49	14.72	−8.41	上投摩根	建行
申万菱信新动力股票	310328	2005.11.10	35.69	45.71	−4.97	29.34	42.52	−11.04	申万菱信	工行
华夏收入股票	288002	2005.11.17	40.17	16.17	−6.83	37.76	15.16	0.24	华夏	建行
招商优质成长股票(LOF)	161706	2005.11.17	54.14	38.22	−0.71	41.27	34.04	−14.41	招商	中信银行
华宝兴业动力组合股票	240004	2005.11.17	24.32	25.86	−5.46	20.79	23.91	−7.54	华宝兴业	中行
建信恒久价值股票	530001	2005.12.01	36.43	45.04	8.39	33.52	44.66	−6.00	建信	中信银行
诺安股票	320003	2005.12.19	189.72	173.82	−2.68	161.39	160.13	−7.67	诺安	工行
广发聚丰股票	270005	2005.12.23	262.15	326.89	−1.29	243.49	308.57	−1.61	广发	工行
国联安精选股票	257020	2005.12.28	30.79	33.08	−6.62	23.06	27.74	−6.72	国联安	华夏银行
天治核心成长股票(LOF)	163503	2006.01.20	31.16	51.78	1.28	27.50	49.01	−6.75	天治	交行

（续上表）

基金简称	基金代码	设立日期	2010年			2011年上半年			管理人	托管人
			年末资产净值	年末份额规模	年度净值增长率	年末资产净值	年末份额规模	期间净值增长率		
景顺长城资源垄断股票(LOF)	162607	2006.01.26	86.07	98.60	−0.96	76.82	94.41	−3.98	景顺长城	农行
中银增长股票	163803	2006.03.17	103.74	118.93	2.45	83.93	117.54	−9.61	中银	工行
光大保德信红利股票	360005	2006.03.24	26.75	10.86	−4.82	24.83	10.35	−2.63	光大保德信	兴业银行
大成沪深300指数	519300	2006.04.06	85.43	90.39	−12.67	72.65	78.72	−2.37	大成	农行
长城消费增值股票	200006	2006.04.06	51.51	56.68	−8.05	43.81	52.05	−7.38	长城	建行
国投瑞银核心企业股票	121003	2006.04.19	63.98	65.71	−3.70	54.26	61.85	−9.89	国投瑞银	工行
长信金利趋势股票	519994	2006.04.30	80.28	104.19	−3.40	81.13	104.20	1.05	长信	浦发银行
银华优质增长股票	180010	2006.06.09	82.37	43.49	6.83	72.56	47.09	−13.50	银华	中行
易方达价值精选股票	110009	2006.06.13	72.69	58.04	0.20	68.70	58.31	−5.92	易方达	工行
国富弹性市值股票	450002	2006.06.14	54.47	36.95	4.88	53.07	38.56	−2.79	国海富兰克林	农行
景顺长城新兴成长股票	260108	2006.06.28	36.58	37.11	−1.70	31.59	35.00	−8.42	景顺长城	工行
鹏华价值优势股票(LOF)	160607	2006.07.18	104.44	129.52	−13.43	111.92	130.36	6.58	鹏华	建行
汇添富均衡增长股票	519018	2006.08.07	208.58	241.28	4.92	168.50	240.63	−11.54	汇添富	工行
华安宏利股票	040005	2006.09.06	94.02	36.07	−1.30	89.29	36.36	−5.77	华安	建行
建信优选成长股票	530003	2006.09.08	36.07	33.97	4.49	30.10	31.45	−9.86	建信	工行
光大保德信新增长股票	360006	2006.09.14	14.68	11.13	−1.78	12.14	9.92	−7.26	光大保德信	招行
兴全全球视野股票	340006	2006.09.20	64.84	17.56	3.97	28.92	8.11	−3.43	兴业全球	兴业银行
上投摩根成长先锋股票	378010	2006.09.20	40.58	25.71	−9.84	32.05	23.37	−13.11	上投摩根	建行
汇丰晋信龙腾股票	540002	2006.09.27	22.97	11.41	7.58	20.36	14.63	−10.66	汇丰晋信	交行
中邮核心优选股票	590001	2006.09.28	131.56	89.15	−7.06	111.15	83.31	−9.59	中邮创业	农行
景顺长城内需贰号股票	260109	2006.10.11	51.12	41.22	10.84	44.21	44.05	−8.64	景顺长城	农行
海富通风格优势股票	519013	2006.10.19	73.87	69.48	7.86	48.28	49.61	−8.47	海富通	建行

（续上表）

基金简称	基金代码	设立日期	2010年			2011年上半年			管理人	托管人
			年末资产净值	年末份额规模	年度净值增长率	年末资产净值	年末份额规模	期间净值增长率		
交银成长股票	519692	2006.10.23	61.12	22.02	1.07	59.12	22.08	−3.53	交银施罗德	农行
华宝兴业先进成长股票	240009	2006.11.07	22.08	10.24	−14.51	19.79	9.99	−8.11	华宝兴业	中行
长信增利动态策略股票	519993	2006.11.09	31.28	37.47	−6.84	32.51	41.64	−6.50	长信	民生银行
富国天合稳健股票	100026	2006.11.15	42.03	40.47	7.24	34.39	36.64	−5.99	富国	招行
融通动力先锋股票	161609	2006.11.15	29.32	21.69	−3.84	23.83	20.45	−11.98	融通	工行
国投瑞银创新动力股票	121005	2006.11.15	46.75	48.34	1.64	34.47	45.08	−8.01	国投瑞银	光大银行
南方绩优成长股票	202003	2006.11.16	117.87	80.14	2.38	103.37	80.45	−5.77	南方	工行
银华富裕主题股票	180012	2006.11.16	115.08	84.87	15.68	97.43	82.79	−13.20	银华	建行
诺安价值增长股票	320005	2006.11.21	95.46	98.45	0.28	84.03	92.26	−6.06	诺安	工行
长盛中证100指数	519100	2006.11.22	10.33	12.27	−17.70	10.02	11.87	0.29	长盛	农行
华夏优势增长股票	000021	2006.11.24	215.96	106.71	24.75	198.98	106.90	−8.05	华夏	建行
信诚精萃成长股票	550002	2006.11.27	26.7	25.20	9.78	17.15	18.71	−13.48	信诚	建行
泰达宏利首选企业股票	162208	2006.12.01	12.91	8.81	−10.35	15.81	14.29	−5.47	泰达宏利	农行
工银稳健成长股票	481004	2006.12.06	62	41.12	9.37	52.99	38.98	−9.82	工银瑞信	建行
泰信优质生活股票	290004	2006.12.15	23.44	21.05	0.54	17.75	18.92	−15.77	泰信	中行
东吴双动力股票	580002	2006.12.15	37.43	25.24	23.00	27.37	21.93	−12.16	东吴	农行
大成积极成长股票	519017	2007.01.16	34.5	29.55	12.85	30.47	29.26	−5.49	大成	农行
宝盈策略增长股票	213003	2007.01.19	24.02	24.37	−12.96	22.29	24.23	−6.68	宝盈	农行
国联安优势股票	257030	2007.01.24	10.43	10.03	−3.84	9.28	9.57	−4.87	国联安	招行
中欧新趋势股票(LOF)	166001	2007.01.29	16.71	19.48	−16.27	14.01	18.27	−10.53	中欧	兴业银行
长城久富股票(LOF)	162006	2007.02.12	27.66	19.09	2.65	22.68	20.63	−11.53	长城	交行
信达澳银领先增长股票	610001	2007.03.08	63.1	52.16	3.01	58.59	48.41	0.05	信达澳银	建行

（续上表）

基金简称	基金代码	设立日期	2010年			2011年上半年			管理人	托管人
			年末资产净值	年末份额规模	年度净值增长率	年末资产净值	年末份额规模	期间净值增长率		
汇添富成长焦点股票	519068	2007.03.12	105.43	78.31	7.51	84.26	73.46	−10.71	汇添富	工行
华富成长趋势股票	410003	2007.03.19	17.17	21.61	7.52	13.61	20.59	−16.86	华富	招行
国富潜力组合股票	450003	2007.03.22	60.57	50.66	4.81	50.94	47.53	−5.60	国海富兰克林	中行
华安中小盘成长股票	040007	2007.04.10	92.2	73.32	1.69	74.20	66.70	−11.55	华安	工行
博时第三产业股票	050008	2007.04.12	84.38	77.91	−3.46	73.34	70.47	−3.88	博时	工行
上投摩根内需动力股票	377020	2007.04.13	105.58	87.19	1.91	83.24	82.92	−10.44	上投摩根	工行
诺德价值优势股票	570001	2007.04.19	33.08	33.28	−2.04	28.53	30.21	−5.00	诺德	建行
鹏华优质治理股票(LOF)	160611	2007.04.25	64.1	61.36	−6.57	56.48	57.89	−3.87	鹏华	工行
富国天博创新股票	519035	2007.04.27	90.77	93.84	6.05	81.61	87.22	−3.26	富国	建行
融通领先成长股票(LOF)	161610	2007.04.30	39.85	38.52	−3.93	33.61	37.07	−9.00	融通	建行
南方成份精选股票	202005	2007.05.14	113.73	119.44	−6.56	107.14	111.61	0.83	南方	工行
国泰金牛创新股票	020010	2007.05.18	37.29	33.43	0.34	27.94	28.07	−5.28	国泰	农行
华宝兴业行业精选股票	240010	2007.06.14	144.74	145.26	−9.04	124.34	134.56	−7.26	华宝兴业	建行
景顺长城精选蓝筹股票	260110	2007.06.18	108.51	125.85	−13.80	99.67	121.93	−5.22	景顺长城	工行
博时新兴成长股票	050009	2007.07.06	168.57	222.98	−6.39	145.45	209.11	−7.94	博时	交行
工银红利股票	481006	2007.07.18	35.96	36.36	−5.90	34.84	34.86	1.06	工银瑞信	建行
华安策略优选股票	040008	2007.08.02	127.38	158.05	−2.88	103.34	148.86	−13.86	华安	交行
泰达宏利市值优选股票	162209	2007.08.03	72.55	85.83	6.86	62.15	81.09	−9.33	泰达宏利	建行
长城品牌优选股票	200008	2007.08.06	113.51	148.15	−17.34	114.80	144.10	3.98	长城	建行
交银蓝筹股票	519694	2007.08.08	112.94	134.99	−9.78	98.86	127.93	−7.65	交银施罗德	建行
中邮核心成长股票	590002	2007.08.17	226.11	315.82	−10.90	196.93	301.09	−8.63	中邮创业	农行
光大保德信优势配置股票	360007	2007.08.24	116.17	149.42	−7.46	105.37	142.52	−4.90	光大保德信	招行

（续上表）

基金简称	基金代码	设立日期	2010年			2011年上半年			管理人	托管人
			年末资产净值	年末份额规模	年度净值增长率	年末资产净值	年末份额规模	期间净值增长率		
华夏复兴股票	000031	2007.09.10	47.71	32.07	16.81	40.21	29.74	−9.08	华夏	农行
长盛同德主题股票	519039	2007.10.25	89.78	89.73	4.34	74.20	78.66	−5.73	长盛	农行
南方隆元产业主题股票	202007	2007.11.09	60.79	85.45	0.57	74.89	98.58	6.89	南方	工行
国泰沪深300指数	020011	2007.11.11	76.2	121.38	−11.67	62.10	101.05	−2.07	国泰	中行
华夏行业股票(LOF)	160314	2007.11.22	90.72	92.77	−2.40	75.73	82.11	−5.73	华夏	中行
嘉实优质企业股票	070099	2007.12.08	62.69	61.87	23.24	63.58	66.03	−4.94	嘉实	浦发银行
大成景阳领先股票	519019	2007.12.11	74.12	77.49	20.40	42.73	52.75	−9.24	大成	农行
易方达科讯股票	110029	2007.12.18	62.26	80.34	−3.54	50.81	75.50	−13.15	易方达	交行
国投瑞银成长优选股票	121008	2008.01.10	31.49	32.94	3.43	24.26	32.60	−6.98	国投瑞银	工行
南方盛元红利股票	202009	2008.03.21	30.05	29.34	−1.39	30.52	31.57	−3.80	南方	建行
中银策略股票	163805	2008.04.03	22.78	17.02	6.19	19.82	18.12	−6.96	中银	工行
宝盈资源优选股票	·213008	2008.04.15	2.49	2.35	−3.81	3.85	3.80	−4.35	宝盈	建行
浦银安盛价值成长股票	519110	2008.04.16	8.16	8.47	1.05	6.81	7.88	−10.48	浦银安盛	工行
东吴行业轮动股票	580003	2008.04.23	29.75	25.53	19.05	39.27	35.92	−6.19	东吴	华夏银行
兴全社会责任股票	340007	2008.04.30	68.96	45.42	6.60	55.60	41.69	−12.12	兴业全球	建行
天治创新先锋股票	350005	2008.05.08	3.3	2.16	23.90	2.69	2.01	−12.51	天治	交行
银河成长股票	519668	2008.05.26	3.69	2.51	9.23	1.80	1.71	−10.78	银河	中行
嘉实研究精选股票	070013	2008.05.27	29.01	17.05	9.03	23.17	16.48	−8.27	嘉实	中行
博时特许价值股票	050010	2008.05.28	8.29	5.97	1.98	11.86	9.96	0.55	博时	建行
东方策略成长股票	400007	2008.06.03	0.75	0.53	−1.66	0.92	0.64	1.76	东方	建行
信诚盛世蓝筹股票	550003	2008.06.04	37	17.64	20.79	25.45	14.03	−13.50	信诚	建行
南方优选价值股票	202011	2008.06.18	26.46	19.29	20.66	27.50	23.51	−8.72	南方	工行

（续上表）

基金简称	基金代码	设立日期	2010年			2011年上半年			管理人	托管人
			年末资产净值	年末份额规模	年度净值增长率	年末资产净值	年末份额规模	期间净值增长率		
易方达中小盘股票	110011	2008.06.19	32.19	16.67	14.57	29.44	17.05	−10.60	易方达	中行
招商大盘蓝筹股票	217010	2008.06.19	14.57	9.37	10.14	9.47	7.97	−13.43	招商	工行
国富深化价值股票	450004	2008.07.03	15.1	9.48	10.56	15.95	10.77	−6.98	国海富兰克林	农行
申万菱信竞争优势股票	310368	2008.07.04	1.48	0.92	3.70	1.51	1.06	−8.07	申万菱信	农行
广发核心精选股票	270008	2008.07.16	31.96	17.27	16.13	17.49	10.97	−11.20	广发	工行
华泰柏瑞价值增长股票	460005	2008.07.16	13.66	10.04	21.98	10.90	8.84	−9.47	华泰柏瑞	中行
新华优选成长股票	519089	2008.07.25	23.62	13.62	3.42	22.60	13.19	−1.21	新华	农行
工银大盘蓝筹股票	481008	2008.08.04	10.66	9.35	−10.28	7.90	8.27	−13.19	工银瑞信	中行
农银行业成长股票	660001	2008.08.04	30.18	23.66	17.87	40.96	34.42	−6.70	农银汇理	交行
银华领先策略股票	180013	2008.08.20	16.66	11.37	−9.31	15.86	11.11	−2.61	银华	中行
华商盛世成长股票	630002	2008.09.23	126.45	53.44	37.77	107.39	49.83	−8.92	华商	建行
华宝兴业大盘精选股票	240011	2008.10.07	16.39	9.16	−3.18	10.67	6.98	−14.61	华宝兴业	中行
鹏华盛世创新股票(LOF)	160613	2008.10.10	6.95	4.46	−7.38	6.12	4.20	−6.55	鹏华	建行
华安核心股票	040011	2008.10.22	4.6	3.85	3.51	3.02	2.91	−13.19	华安	建行
国联安红利股票	257040	2008.10.22	1.14	1.11	−11.23	0.61	0.65	−6.99	国联安	招行
景顺长城公司治理股票	260111	2008.10.22	3.6	2.43	14.25	3.24	2.68	−8.02	景顺长城	工行
易方达科翔股票	110013	2008.11.13	6.09	4.05	1.69	4.44	3.40	−7.82	易方达	工行
富国天鼎中证指数增强	100032	2008.11.20	9.19	7.07	−9.06	10.52	8.66	4.32	富国	工行
建信核心精选股票	530006	2008.11.25	14.57	12.24	12.51	16.55	15.01	−6.10	建信	工行
大成策略回报股票	090007	2008.11.26	24.21	20.18	12.04	18.35	16.78	−5.22	大成	光大银行
天弘永定价值成长股票	420003	2008.12.02	1.02	0.93	11.16	0.62	0.64	−11.95	天弘	兴业银行
广发沪深300指数	270010	2008.12.30	29.59	22.33	−12.30	35.58	27.44	−2.11	广发	工行

（续上表）

基金简称	基金代码	设立日期	2010年			2011年上半年			管理人	托管人
			年末资产净值	年末份额规模	年度净值增长率	年末资产净值	年末份额规模	期间净值增长率		
长城双动力股票	200010	2009.01.15	1.5	1.27	−9.24	1.55	1.43	−0.24	长城	建行
上投摩根中小盘股票	379010	2009.01.21	13.91	8.96	4.56	10.96	7.99	−11.65	上投摩根	建行
汇添富价值精选股票	519069	2009.01.23	24.32	14.20	10.29	24.08	15.95	−6.77	汇添富	工行
光大保德信均衡精选股票	360010	2009.03.04	1.89	1.62	−4.91	1.59	1.48	−8.33	光大保德信	建行
工银沪深300指数	481009	2009.03.05	47.81	43.14	−11.79	46.70	44.30	−2.29	工银瑞信	建行
诺安成长股票	320007	2009.03.10	14.25	12.36	15.74	31.00	31.70	−2.83	诺安	工行
嘉实量化阿尔法股票	070017	2009.03.20	14.77	11.83	2.41	11.69	10.83	−13.53	嘉实	工行
南方沪深300指数	202015	2009.03.25	19.82	17.08	−12.31	26.85	25.92	−2.38	南方	工行
国富成长动力股票	450007	2009.03.25	2.37	1.83	5.16	12.06	11.75	−6.87	国海富兰克林	中行
易方达行业领先股票	110015	2009.03.26	24.64	16.66	11.60	14.67	11.79	−13.10	易方达	工行
鹏华沪深300指数(LOF)	160615	2009.04.03	14.03	12.83	−12.63	7.35	6.87	−2.10	鹏华	工行
交银先锋股票	519698	2009.04.10	19.06	14.72	6.15	18.25	15.50	−6.88	交银施罗德	农行
融通内需驱动股票	161611	2009.04.22	7.01	6.74	−4.06	5.94	6.33	−7.89	融通	工行
泰信蓝筹精选股票	290006	2009.04.22	7.16	6.84	21.30	8.57	9.40	−12.90	泰信	中行
银河行业股票	519670	2009.04.24	16.84	11.84	29.94	22.98	21.78	−12.35	银河	建行
海富通领先成长股票	519025	2009.04.30	19.25	13.67	12.28	17.29	15.51	−9.93	海富通	建行
万家精选股票	519185	2009.05.18	4.82	4.93	−8.20	2.76	2.93	−3.64	万家	建行
国泰区位优势股票	020015	2009.05.27	20.38	15.54	13.70	10.17	8.66	−10.37	国泰	中行
申万菱信消费增长股票	310388	2009.06.12	5.41	4.67	1.23	4.60	4.60	−9.45	申万菱信	工行
广发聚瑞股票	270021	2009.06.16	30.7	25.37	12.66	24.24	21.50	−6.78	广发	工行
招商行业领先股票	217012	2009.06.19	20.24	17.20	4.44	14.30	13.78	−11.73	招商	中行
中海量化策略股票	398041	2009.06.24	5.98	5.52	6.38	7.34	7.09	−3.16	中海	工行

（续上表）

基金简称	基金代码	设立日期	2010年			2011年上半年			管理人	托管人
			年末资产净值	年末份额规模	年度净值增长率	年末资产净值	年末份额规模	期间净值增长率		
东方核心动力股票	400011	2009.06.24	2.1	2.19	−6.35	1.78	2.00	−7.73	东方	中行
汇丰晋信大盘股票	540006	2009.06.24	13.49	11.27	8.20	12.82	11.61	−7.77	汇丰晋信	交行
银华内需精选股票(LOF)	161810	2009.07.01	32.71	28.77	5.96	21.98	24.30	−20.40	银华	农行
金鹰行业优势股票	210003	2009.07.01	13.63	11.50	17.96	13.25	12.83	−12.87	金鹰	中行
汇添富上证综合指数	470007	2009.07.01	66.41	73.81	−14.37	53.85	60.91	−1.78	汇添富	工行
华夏沪深300指数	000051	2009.07.10	227.3	257.36	−11.52	217.40	251.16	−1.93	华夏	工行
中欧价值发现股票	166005	2009.07.24	3.03	2.96	9.06	3.97	3.95	−1.96	中欧	建行
长信恒利优势股票	519987	2009.07.30	3.44	3.77	−6.75	3.01	3.53	−6.58	长信	建行
华泰柏瑞行业领先股票	460007	2009.08.03	20.36	21.63	12.83	16.56	19.90	−11.58	华泰柏瑞	工行
易方达沪深300指数	110020	2009.08.26	103.55	109.58	−11.85	84.78	91.42	−1.90	易方达	建行
国联安主题驱动股票	257050	2009.08.26	2.23	2.26	−5.64	1.86	1.90	−0.81	国联安	建行
信诚优胜精选股票	550008	2009.08.26	27.8	24.10	7.05	12.20	12.32	−14.21	信诚	建行
国富沪深300指数增强	450008	2009.09.03	12.51	11.51	−5.89	10.88	10.36	−3.40	国海富兰克林	农行
中银中证100指数增强	163808	2009.09.04	24.15	28.30	−17.79	25.59	30.00	0.00	中银	建行
大成行业轮动股票	090009	2009.09.08	6.04	4.90	13.85	5.27	4.90	−12.73	大成	农行
鹏华精选成长股票	206002	2009.09.09	14.02	14.11	−3.87	13.02	14.45	−9.36	鹏华	建行
金元比联价值增长股票	620004	2009.09.11	1.2	1.15	−3.43	0.93	1.06	−16.33	金元比联	建行
大摩领先优势股票	233006	2009.09.22	24.98	18.43	21.97	16.40	14.43	−16.18	摩根士丹利华鑫	建行
诺德成长优势股票	570005	2009.09.22	1.14	0.97	4.56	0.92	0.83	−5.82	诺德	建行
南方中证500指数(LOF)	160119	2009.09.25	36.59	29.72	9.40	41.52	36.31	−7.10	南方	农行
华安上证180ETF联接	040180	2009.09.29	9.89	10.29	−14.43	8.30	8.76	−1.46	华安	建行
华宝兴业中证100指数	240014	2009.09.29	9.75	11.48	−19.00	12.68	14.90	0.19	华宝兴业	建行

（续上表）

基金简称	基金代码	设立日期	2010年			2011年上半年			管理人	托管人
			年末资产净值	年末份额规模	年度净值增长率	年末资产净值	年末份额规模	期间净值增长率		
交银上证180公司治理ETF联接	519686	2009.09.29	40.04	47.49	−16.95	38.22	45.09	0.59	交银施罗德	农行
农银策略价值股票	660004	2009.09.29	22.97	19.18	14.50	15.36	14.16	−9.47	农银汇理	建行
银华沪深300指数(LOF)	161811	2009.10.14	4.72	4.96	−11.85	5.24	5.65	−2.52	银华	建行
国投瑞银沪深300指数分级	161207	2009.10.14	23.1	23.74	−12.14	19.54	20.64	−2.67	国投瑞银	工行
国泰中小盘成长股票(LOF)	160211	2009.10.19	15.43	14.09	8.20	14.41	14.19	−7.21	国泰	建行
景顺长城能源基建股票	260112	2009.10.20	11.48	9.31	19.61	25.23	21.18	−2.07	景顺长城	农行
诺安中证100指数	320010	2009.10.27	14.31	17.55	−18.48	14.10	17.30	−0.12	诺安	工行
海富通中证100指数(LOF)	162307	2009.10.30	18.28	21.81	−18.24	16.13	19.21	0.24	海富通	中行
建信沪深300指数(LOF)	165309	2009.11.05	46.19	52.13	−12.28	37.28	43.07	−2.26	建信	工行
长盛量化红利股票	080005	2009.11.25	4.08	3.90	4.17	2.97	3.03	−2.62	长盛	工行
广发中证500指数(LOF)	162711	2009.11.26	37.44	34.19	8.52	35.22	34.68	−7.21	广发	工行
易方达深证100ETF联接	110019	2009.12.01	117.8	118.27	−0.50	101.98	107.18	−4.47	易方达	中行
信达澳银中小盘股票	610004	2009.12.01	8.29	6.70	23.70	6.87	6.35	−12.53	信达澳银	建行
泰达宏利红利先锋股票	162212	2009.12.03	8.24	6.70	19.30	9.55	8.47	−5.15	泰达宏利	建行
浦银安盛红利精选股票	519115	2009.12.03	1.84	1.92	−4.57	1.52	1.73	−8.64	浦银安盛	工行
南方深证成份ETF联接	202017	2009.12.09	23.96	25.31	−5.79	21.97	23.83	−2.63	南方	工行
华夏盛世股票	000061	2009.12.11	122.72	125.82	−3.94	101.17	114.35	−9.23	华夏	建行
汇丰晋信中小盘股票	540007	2009.12.11	9.12	8.40	8.60	6.00	6.55	−15.63	汇丰晋信	建行
富国沪深300指数增强	100038	2009.12.16	24.7	25.97	−9.00	27.84	28.20	3.79	富国	工行
天弘周期策略股票	420005	2009.12.17	4.2	3.68	17.54	2.41	2.29	−7.88	天弘	工行
汇添富策略回报股票	470008	2009.12.22	18.76	15.21	21.60	10.97	10.22	−11.43	汇添富	工行
招商中小盘股票	217013	2009.12.25	8.62	7.94	8.06	6.26	6.42	−10.13	招商	工行

（续上表）

基金简称	基金代码	设立日期	2010年			2011年上半年			管理人	托管人
			年末资产净值	年末份额规模	年度净值增长率	年末资产净值	年末份额规模	期间净值增长率		
银河沪深300价值指数	519671	2009.12.28	5.56	6.62	−15.98	7.16	8.43	1.07	银河	建行
博时上证超大盘ETF联接	050013	2009.12.29	15.09	19.87	−24.10	12.89	16.74	1.45	博时	建行
嘉实基本面50指数(LOF)	160716	2009.12.30	18.07	24.46	−26.11	25.73	34.28	1.56	嘉实	工行
华富中证100指数	410008	2009.12.30	2.03	2.45	−17.04	1.64	1.98	−0.17	华富	交行
东吴新经济股票	580006	2009.12.30	4.52	3.93	14.99	3.81	3.51	−5.73	东吴	建行
中欧中小盘股票(LOF)	166006	2009.12.30	3.47	3.41	6.41	2.90	3.17	−10.09	中欧	邮政储蓄
上投摩根行业轮动股票	377530	2010.01.28	24.7	24.32	1.60	15.89	17.21	−9.15	上投摩根	招行
大成中证红利指数	090010	2010.02.02	4.86	4.78	1.60	3.41	3.40	−1.28	大成	建行
新华钻石企业股票	519093	2010.02.03	9.93	9.72	2.10	7.89	7.93	−2.64	新华	建行
民生加银精选股票	690003	2010.02.03	10.9	10.82	0.70	8.75	10.38	−16.29	民生加银	建行
鹏华中证500指数(LOF)	160616	2010.02.05	12.41	12.06	2.90	10.81	11.32	−7.09	鹏华	工行
宝盈中证100指数增强	213010	2010.02.08	0.56	0.62	−10.00	0.57	0.64	−1.78	宝盈	建行
工银中小盘成长股票	481010	2010.02.10	10.21	9.43	8.20	7.68	7.99	−11.18	工银瑞信	农行
信诚中小盘股票	550009	2010.02.10	2.81	2.88	10.62	2.27	2.80	−17.01	信诚	建行
申万菱信沪深300价值指数	310398	2010.02.11	6.34	7.59	−16.40	7.59	8.93	1.67	申万菱信	工行
金元比联核心动力股票	620005	2010.02.11	0.96	0.97	−1.10	0.82	0.88	−5.56	金元比联	工行
中海上证50指数增强	399001	2010.03.25	4.04	4.72	−14.30	3.93	4.58	0.00	中海	工行
农银中小盘股票	660005	2010.03.25	22.19	18.17	22.11	17.65	15.85	−8.80	农银汇理	建行
长信中证央企100指数(LOF)	163001	2010.03.26	1.31	1.31	−0.10	0.92	0.94	−2.00	长信	建行
南方策略优化股票	202019	2010.03.30	12.69	13.05	−2.80	9.89	10.95	−5.15	南方	招行
易方达上证中盘ETF联接	110021	2010.03.31	12.6	11.55	9.10	12.25	11.82	−4.98	易方达	工行
国投瑞银沪深300金融地产指数(LOF)	161211	2010.04.09	15.57	18.94	−17.80	29.32	35.58	0.24	国投瑞银	工行

（续上表）

基金简称	基金代码	设立日期	2010年			2011年上半年			管理人	托管人
			年末资产净值	年末份额规模	年度净值增长率	年末资产净值	年末份额规模	期间净值增长率		
金鹰稳健成长股票	210004	2010.04.14	4.31	4.02	25.44	5.23	5.47	−10.64	金鹰	工行
海富通中小盘股票	519026	2010.04.14	21.21	16.91	25.40	13.44	13.02	−17.70	海富通	工行
光大保德信中小盘股票	360012	2010.04.14	11.95	9.64	27.63	12.26	12.33	−19.76	光大保德信	交行
国联安双禧中证100指数分级	162509	2010.04.16	31.75	29.61	7.20	49.93	46.76	−0.37	国联安	建行
兴全合润分级股票	163406	2010.04.22	22.26	20.53	8.44	16.87	16.73	−6.99	兴业全球	招行
泰达宏利财富大盘指数	162213	2010.04.23	6.19	5.96	5.91	5.47	5.29	−0.39	泰达宏利	中行
华宝兴业上证180价值ETF联接	240016	2010.04.23	3.23	3.41	−2.69	6.89	7.20	1.06	华宝兴业	工行
诺安中小盘精选股票	320011	2010.04.28	15.86	13.18	26.93	27.25	23.10	−1.91	诺安	工行
汇添富民营活力股票	470009	2010.05.05	9.16	7.96	15.00	7.41	6.97	−7.48	汇添富	工行
银华深证100指数分级	161812	2010.05.07	50.96	42.30	20.50	60.66	53.60	−4.71	银华	民生银行
华安行业轮动股票	040016	2010.05.11	8.78	7.67	14.46	8.35	7.89	−7.50	华安	中行
富国通胀通缩主题股票	100039	2010.05.12	3.91	3.27	19.60	2.98	2.93	−13.45	富国	工行
大摩卓越成长股票	233007	2010.05.18	10.67	9.63	10.81	10.32	9.80	−5.04	摩根士丹利华鑫	建行
中邮核心主题股票	590005	2010.05.19	19.51	17.35	22.43	14.86	15.58	−9.95	中邮创业	招行
建信上证社会责任ETF联接	530010	2010.05.28	4.77	4.43	7.60	4.60	4.25	0.65	建信	工行
博时创业成长股票	050014	2010.06.01	7.91	7.10	11.40	5.81	5.64	−5.49	博时	农行
嘉实价值优势股票	070019	2010.06.07	37.99	32.08	18.40	43.08	41.61	−9.94	嘉实	中行
汇丰晋信低碳先锋股票	540008	2010.06.08	6.65	5.95	21.88	6.10	6.05	−9.84	汇丰晋信	交行
华商产业升级股票	630006	2010.06.18	8.71	7.97	9.40	5.27	5.67	−14.99	华商	建行
大成核心双动力股票	090011	2010.06.22	11.27	10.25	10.00	8.95	9.03	−9.91	大成	工行
招商深证100指数	217016	2010.06.22	4.28	3.71	15.20	1.95	1.82	−6.60	招商	工行
华泰柏瑞量化先行股票	460009	2010.06.22	1.98	1.88	5.60	1.51	1.56	−6.16	华泰柏瑞	中行

（续上表）

基金简称	基金代码	设立日期	2010年			2011年上半年			管理人	托管人
			年末资产净值	年末份额规模	年度净值增长率	年末资产净值	年末份额规模	期间净值增长率		
中欧沪深300指数增强(LOF)	166007	2010.06.24	3.56	3.53	4.93	2.53	2.60	−3.42	中欧	兴业银行
诺德中小盘股票	570006	2010.06.28	3.54	3.26	11.44	3.00	3.18	−13.10	诺德	中行
东吴新创业股票	580007	2010.06.29	2.3	2.13	14.03	2.26	2.18	−4.17	东吴	工行
民生加银稳健成长股票	690004	2010.06.29	2.53	2.53	−0.10	1.98	2.27	−12.51	民生加银	中行
银河蓝筹股票	519672	2010.07.16	2.42	2.33	3.60	1.58	1.61	−5.31	银河	建行
新华行业周期轮换股票	519095	2010.07.21	1.9	1.66	14.40	1.45	1.31	−3.50	新华	工行
信达澳银红利回报股票	610005	2010.07.28	2.87	2.59	11.10	2.55	2.68	−12.92	信达澳银	建行
信诚深度价值股票(LOF)	165508	2010.07.30	4.4	4.20	4.80	3.08	3.35	−12.50	信诚	建行
长盛沪深300指数(LOF)	160807	2010.08.04	2.63	2.49	5.70	2.10	2.14	−2.23	长盛	招行
鹏华上证民企50ETF联接	206005	2010.08.05	4.08	3.74	8.90	3.47	3.37	−5.69	鹏华	工行
天弘深证成份指数(LOF)	164205	2010.08.12	1.39	1.42	−2.20	1.09	1.16	−3.99	天弘	工行
国泰价值经典股票(LOF)	160215	2010.08.13	4.54	4.67	−2.70	4.54	4.89	−4.52	国泰	建行
易方达消费行业股票	110022	2010.08.20	43.91	44.67	−1.70	37.02	39.42	−4.48	易方达	农行
南方小康ETF联接	202021	2010.08.27	4.55	4.63	−1.80	3.29	3.51	−2.66	南方	工行
农银大盘蓝筹股票	660006	2010.09.01	31.89	32.37	−1.46	27.66	29.98	−6.37	农银汇理	建行
诺安主题精选股票	320012	2010.09.15	20.86	20.81	0.20	15.78	16.67	−5.59	诺安	建行
金元比联消费主题股票	620006	2010.09.15	1.98	1.99	−0.60	1.16	1.35	−13.38	金元比联	工行
汇添富医药保健股票	470006	2010.09.21	36.92	36.56	1.00	36.24	40.88	−12.28	汇添富	工行
海富通上证周期ETF联接	519027	2010.09.28	3.21	3.67	−12.40	3.42	3.89	0.23	海富通	工行
申万菱信深证成指分级	163109	2010.10.22	11.06	12.20	−9.40	17.51	19.92	−2.41	申万菱信	工行
兴全沪深300指数(LOF)	163407	2010.11.02	28.43	29.55	—	21.13	22.12	−0.69	兴业全球	农行
工银深证红利ETF联接	481012	2010.11.09	26.31	26.18	—	13.23	13.83	−4.76	工银瑞信	农行

（续上表）

基金简称	基金代码	设立日期	2010年			2011年上半年			管理人	托管人
			年末资产净值	年末份额规模	年度净值增长率	年末资产净值	年末份额规模	期间净值增长率		
融通深证成份指数	161612	2010.11.15	18.01	17.86	—	10.92	11.15	−2.87	融通	工行
建信内生动力股票	530011	2010.11.16	54.02	53.88	—	37.30	38.70	−3.89	建信	工行
华安上证龙头ETF联接	040190	2010.11.18	17.09	17.46	—	8.73	9.04	−1.33	华安	工行
长信量化先锋股票	519983	2010.11.18	3.2	3.25	—	1.65	1.70	−1.42	长信	交行
广发行业领先股票	270025	2010.11.23	44.17	44.30	—	34.11	36.83	−7.12	广发	工行
国富中小盘股票	450009	2010.11.23	31.35	30.52	—	18.73	19.20	−5.16	国海富兰克林	中行
国联安上证商品ETF联接	257060	2010.12.01	12.89	12.94	—	8.81	9.27	−4.52	国联安	中行
嘉实主题新动力股票	70021	2010.12.07	63.41	63.17	—	49.06	54.83	−10.86	嘉实	工行
华宝兴业新兴产业股票	240017	2010.12.07	36.16	36.33	—	23.46	26.84	−12.18	华宝兴业	建行
招商上证消费80ETF联接	217017	2010.12.08	23.8	24.03	—	16.63	17.88	−6.25	招商	工行
汇丰晋信消费红利股票	540009	2010.12.08	22.35	22.49	—	21.72	23.25	−6.04	汇丰晋信	交行
博时行业轮动股票	050018	2010.12.10	14.01	14.00	—	7.88	8.94	−11.90	博时	建行
浦银安盛沪深300指数增强	519116	2010.12.10	7.18	7.21	—	2.46	2.51	−1.81	浦银安盛	建行
泰信发展主题股票	290008	2010.12.15	6.98	7.07	—	4.09	4.27	−3.04	泰信	工行
国投瑞银中证消费服务指数(LOF)	161213	2010.12.16	12.43	12.47	—	6.81	7.25	−5.82	国投瑞银	工行
金鹰主题优势股票	210005	2010.12.20	20.56	20.51	—	11.71	13.07	−10.67	金鹰	工行
上投摩根大盘蓝筹股票	376510	2010.12.20	11.94	11.90	—	9.30	9.92	−6.48	上投摩根	建行
大成深证成长40ETF联接	090012	2010.12.21	31.42	31.30	—	20.99	22.76	−8.17	大成	农行
交银趋势股票	519702	2010.12.22	26.67	26.60	—	22.17	23.16	−4.49	交银施罗德	工行
鹏华消费优选股票	206007	2010.12.28	12.83	12.72	—	9.57	9.66	−1.69	鹏华	工行
银河创新成长股票	519674	2010.12.29	12.52	12.52	—	9.40	9.89	−4.90	银河	招行
纽银策略优选股票	671010	2011.01.25	—	—	—	8.02	8.64	−7.20	纽银梅隆西部	建行

（续上表）

基金简称	基金代码	设立日期	2010年			2011年上半年			管理人	托管人
			年末资产净值	年末份额规模	年度净值增长率	年末资产净值	年末份额规模	期间净值增长率		
泰达宏利领先中小盘股票	162214	2011.01.26	—	—	—	18.36	19.56	−6.20	泰达宏利	农行
华泰柏瑞上证中小盘ETF联接	460220	2011.01.26	—	—	—	0.86	0.94	−9.10	华泰柏瑞	中行
长城中小盘股票	200012	2011.01.27	—	—	—	4.41	4.76	−7.40	长城	中行
易方达医疗保健行业股票	110023	2011.01.28	—	—	—	32.60	33.80	−3.60	易方达	中行
新华中小市值优选股票	519097	2011.01.28	—	—	—	4.88	5.12	−4.70	新华	建行
民生加银内需增长股票	690005	2011.01.28	—	—	—	8.03	8.45	−5.00	民生加银	兴业银行
富国上证综指ETF联接	100053	2011.01.30	—	—	—	4.39	4.62	−5.00	富国	工行
东吴中证新兴指数	585001	2011.02.01	—	—	—	15.87	17.45	−9.10	东吴	农行
中欧新动力股票(LOF)	166009	2011.02.10	—	—	—	3.33	3.40	−2.07	中欧	光大银行
信诚中证500指数分级	165511	2011.02.11	—	—	—	2.71	2.96	−8.60	信诚	建行
银华中证等权90指数分级	161816	2011.03.17	—	—	—	27.23	28.94	−5.90	银华	建行
万家中证红利指数(LOF)	161907	2011.03.17	—	—	—	7.40	7.19	2.96	万家	建行
景顺长城中小盘股票	260115	2011.03.22	—	—	—	16.69	17.62	−5.30	景顺长城	工行
汇添富社会责任股票	470028	2011.03.29	—	—	—	54.23	54.43	−0.40	汇添富	农行
国泰上证180金融ETF联接	020021	2011.03.31	—	—	—	7.08	7.58	−6.50	国泰	中行
华富量子生命力股票	410009	2011.04.01	—	—	—	1.63	1.76	−7.57	华富	深发展
诺安上证新兴产业ETF联接	320014	2011.04.07	—	—	—	8.08	8.03	0.70	诺安	工行
农银沪深300指数	660008	2011.04.12	—	—	—	30.36	32.98	−7.93	农银汇理	工行
工银消费服务股票	481013	2011.04.21	—	—	—	26.37	26.51	−0.50	工银瑞信	农行
华安升级主题股票	040020	2011.04.22	—	—	—	30.96	30.93	0.10	华安	建行
博时卓越品牌股票(LOF)	160512	2011.04.22	—	—	—	7.87	7.76	−3.25	博时	工行
海富通上证非周期ETF联接	519032	2011.04.27	—	—	—	3.13	3.24	−3.40	海富通	工行

（续上表）

基金简称	基金代码	设立日期	2010年			2011年上半年			管理人	托管人
			年末资产净值	年末份额规模	年度净值增长率	年末资产净值	年末份额规模	期间净值增长率		
诺德优选30股票	570007	2011.05.05	—	—	—	9.25	9.29	—	诺德	中行
兴全绿色投资股票(LOF)	163409	2011.05.06	—	—	—	20.31	20.22	—	兴业全球	工行
建信双利分级股票	165310	2011.05.06	—	—	—	25.83	25.78	—	建信	招行
大摩多因子策略股票	233009	2011.05.17	—	—	—	10.56	10.44	—	摩根士丹利华鑫	建行
浙商聚潮产业成长股票	688888	2011.05.17	—	—	—	12.68	12.71	—	浙商	农行
国联安优选行业股票	257070	2011.05.23	—	—	—	13.83	13.67	—	国联安	中行
嘉实领先成长股票	070022	2011.05.31	—	—	—	27.74	27.71	—	嘉实	农行
华商价值精选股票	630010	2011.05.31	—	—	—	12.82	12.78	—	华商	建行
金鹰中证技术领先指数增强	210007	2011.06.01	—	—	—	4.32	4.32	—	金鹰	中行
泰信中证200指数	290010	2011.06.09	—	—	—	3.20	3.17	—	泰信	中行
广发中小板300联接	270026	2011.06.09	—	—	—	9.71	9.66	—	广发	农行
博时深证基本面200ETF联接	050021	2011.06.10	—	—	—	2.90	2.89	—	博时	交行
信达澳银产业升级股票	610006	2011.06.13	—	—	—	8.36	8.35	—	信达澳银	建行
大成内需增长股票	090015	2011.06.14	—	—	—	14.54	14.30	—	大成	中行
鹏华新兴产业股票	206009	2011.06.15	—	—	—	13.61	13.61	—	鹏华	招行
申万菱信量化小盘股票(LOF)	163110	2011.06.16	—	—	—	5.14	5.13	—	申万菱信	工行
交银先进制造股票	519704	2011.06.22	—	—	—	19.21	19.18	—	交银施罗德	农行
招商深证TMT50ETF联接	217019	2011.06.27	—	—	—	6.06	6.06	—	招商	中行

表2-43 开放式(混合型)基金基本情况

（单位：亿元；亿份；%）

基金简称	基金代码	设立日期	2010年			2011年上半年			管理人	托管人
			年末资产净值	年末份额规模	年度净值增长率	年末资产净值	年末份额规模	期间净值增长率		
华安创新混合	040001	2001.09.21	80.77	101.39	5.04	72.86	100.53	-6.50	华安	交行
南方稳健成长混合	202001	2001.09.28	57.43	55.15	-7.25	49.44	52.28	-7.28	南方	工行
华夏成长混合	000001	2001.12.18	106.10	89.47	3.56	105.86	94.45	-5.48	华夏	建行
鹏华行业成长混合	206001	2002.05.24	5.52	4.81	10.78	8.31	7.96	-4.82	鹏华	工行
富国天源平衡混合	100016	2002.08.16	7.90	6.70	18.08	10.23	10.33	-4.89	富国	农行
易方达平稳增长混合	110001	2002.08.23	29.86	20.28	-3.32	25.33	18.95	-9.23	易方达	中行
融通新蓝筹混合	161601	2002.09.13	147.11	168.24	-1.25	123.72	159.04	-11.04	融通	建行
长盛成长价值混合	080001	2002.09.18	11.93	10.70	15.41	10.11	10.73	-7.36	长盛	农行
宝盈鸿利收益混合	213001	2002.10.08	5.48	9.36	1.11	5.11	8.86	-1.43	宝盈	农行
博时价值增长混合	050001	2002.10.09	185.02	236.99	-5.56	171.94	223.11	-1.28	博时	建行
嘉实成长收益混合	070001	2002.11.05	34.35	36.66	1.29	32.15	36.22	-4.17	嘉实	中行
大成价值增长混合	090001	2002.11.11	122.76	136.00	6.95	108.65	128.10	-6.04	大成	农行
银华优势企业混合	180001	2002.11.13	36.44	30.79	4.11	32.78	29.35	-3.13	银华	中行
招商安泰平衡混合	217002	2003.04.28	1.51	1.00	-0.32	1.30	1.14	-8.55	招商	招行
金鹰成份优选混合	210001	2003.06.16	15.99	20.84	4.36	14.36	19.78	-4.07	金鹰	中行
南方避险增值混合	202202	2003.06.27	110.82	44.73	5.54	102.80	41.98	0.07	南方	工行
嘉实增长混合	070002	2003.07.09	56.06	10.43	24.87	44.48	9.29	-10.70	嘉实	中行
嘉实稳健混合	070003	2003.07.09	134.20	149.85	-5.54	120.21	140.81	-4.69	嘉实	中行
鹏华普天收益混合	160603	2003.07.12	27.87	29.04	11.37	30.48	33.36	-4.79	鹏华	交行
华宝兴业宝康消费品混合	240001	2003.07.15	35.32	23.10	-0.70	29.65	21.30	-7.74	华宝兴业	建行
华宝兴业宝康配置混合	240002	2003.07.15	11.76	8.20	-7.13	10.52	7.69	-4.63	华宝兴业	建行
银河稳健混合	151001	2003.08.04	18.22	17.05	6.77	13.40	14.36	-10.94	银河	农行

（续上表）

基金简称	基金代码	设立日期	2010年			2011年上半年			管理人	托管人
			年末资产净值	年末份额规模	年度净值增长率	年末资产净值	年末份额规模	期间净值增长率		
国联安稳健混合	255010	2003.08.08	7.68	7.40	−6.84	3.28	3.34	−5.58	国联安	工行
海富通精选混合	519011	2003.08.22	90.61	95.58	8.72	105.92	132.71	−0.66	海富通	交行
华夏回报混合	002001	2003.09.05	117.03	82.63	4.33	110.16	83.01	−2.35	华夏	中行
融通蓝筹成长混合	161605	2003.09.30	24.00	19.42	−6.01	20.44	18.46	−8.07	融通	工行
景顺长城动力平衡混合	260103	2003.10.24	56.75	76.45	−7.25	50.71	71.78	−4.84	景顺长城	中行
长城久恒平衡混合	200001	2003.10.31	2.29	1.66	−6.25	2.09	1.61	−5.87	长城	建行
广发聚富混合	270001	2003.12.03	66.65	51.63	−0.94	59.32	48.65	−5.55	广发	工行
国泰金龙行业混合	020003	2003.12.05	6.39	6.52	10.00	5.04	9.10	−10.15	国泰	浦发银行
易方达策略成长混合	110002	2003.12.09	51.56	12.73	−3.99	46.45	12.35	−7.18	易方达	中行
银华保本增值混合	180002	2004.03.02	43.26	42.97	−0.02	37.36	37.33	0.18	银华	建行
海富通收益增长混合	519003	2004.03.12	40.58	48.21	7.54	36.88	45.44	−3.56	海富通	中行
华夏经典混合	288001	2004.03.15	16.71	15.19	4.81	15.35	14.71	−5.09	华夏	招行
大摩基础行业混合	233001	2004.03.26	1.02	1.76	−0.89	0.84	1.69	−14.02	摩根士丹利华鑫	光大银行
银河银泰混合	150103	2004.03.30	34.78	31.68	18.51	29.43	29.92	−11.29	银河	工行
嘉实服务增值行业混合	070006	2004.04.01	98.45	22.07	17.87	74.86	18.52	−9.17	嘉实	中行
申万菱信盛利精选混合	310308	2004.04.09	17.12	15.79	8.72	16.82	19.02	−11.73	申万菱信	工行
国联安小盘精选混合	257010	2004.04.12	22.78	25.61	3.98	20.98	24.82	−4.84	国联安	工行
融通行业景气混合	161606	2004.04.29	36.41	36.55	−5.68	34.52	36.61	−5.32	融通	交行
国投瑞银景气行业混合	121002	2004.04.29	34.26	34.57	3.26	37.24	39.82	−5.64	国投瑞银	光大银行
兴全可转债混合	340001	2004.05.11	48.23	39.16	7.65	42.46	37.37	−4.10	兴业全球	工行
鹏华中国50混合	160605	2004.05.12	47.48	26.57	3.58	40.30	25.34	−11.02	鹏华	交行
长盛动态精选混合	510081	2004.05.21	14.27	11.68	6.02	13.43	12.47	−4.18	长盛	农行
诺安平衡混合	320001	2004.05.21	76.43	96.24	−3.41	72.03	98.24	−7.67	诺安	工行

（续上表）

基金简称	基金代码	设立日期	2010年			2011年上半年			管理人	托管人
			年末资产净值	年末份额规模	年度净值增长率	年末资产净值	年末份额规模	期间净值增长率		
金鹰中小盘精选混合	162102	2004.05.27	14.81	11.74	18.47	21.23	22.61	−7.44	金鹰	交行
招商先锋混合	217005	2004.06.01	73.32	94.76	−1.39	56.91	86.37	−14.84	招商	中行
大成蓝筹稳健混合	090003	2004.06.03	151.92	176.75	5.78	135.13	168.85	−6.89	大成	中行
国泰金马稳健混合	020005	2004.06.18	68.46	78.84	−4.71	66.49	76.65	−0.12	国泰	建行
泰信先行策略混合	290002	2004.06.28	56.99	82.07	−4.44	46.51	77.78	−13.88	泰信	光大银行
天治财富增长混合	350001	2004.06.29	2.78	3.45	6.49	2.37	3.26	−9.72	天治	浦发银行
广发稳健增长混合	270002	2004.07.26	88.11	52.30	6.58	79.79	54.00	−5.65	广发	工行
华夏大盘精选混合	000011	2004.08.11	76.96	6.27	24.24	78.04	6.26	2.38	华夏	中行
华安宝利配置混合	040004	2004.08.24	33.96	28.65	7.53	48.14	41.39	2.08	华安	交行
易方达积极成长混合	110005	2004.09.09	82.41	71.95	5.32	71.53	77.66	−12.27	易方达	中行
上投摩根中国优势混合	375010	2004.09.15	63.79	27.98	−3.47	69.32	30.05	1.20	上投摩根	建行
中海优质成长混合	398001	2004.09.28	59.64	87.02	17.65	42.31	73.23	−13.67	中海	交行
东方龙混合	400001	2004.11.25	8.89	13.25	2.30	8.74	12.67	2.71	东方	建行
申万菱信盛利强化配置混合	310318	2004.11.29	0.53	0.53	−2.67	0.50	0.51	−1.83	申万菱信	工行
大成精选增值混合	090004	2004.12.15	30.14	28.41	1.79	31.37	31.58	−4.70	大成	农行
中银中国混合(LOF)	163801	2005.01.04	26.83	14.43	12.89	24.84	17.33	−10.48	中银	工行
天治品质优选混合	350002	2005.01.12	1.47	1.39	18.36	1.27	1.37	−10.73	天治	民生银行
东吴嘉禾优势精选混合	580001	2005.02.01	30.99	33.94	17.88	27.54	33.46	−9.85	东吴	工行
华富竞争力优选混合	410001	2005.03.02	14.71	18.83	−5.75	11.51	17.93	−17.75	华富	建行
富国天瑞强势混合	100022	2005.04.05	59.34	71.95	−9.22	58.56	72.55	3.47	富国	农行
泰达宏利风险预算混合	162205	2005.04.05	2.19	1.72	−4.73	2.20	2.07	0.84	泰达宏利	交行
国富中国收益混合	450001	2005.06.01	13.76	20.09	5.00	10.05	17.84	−5.26	国海富兰克林	工行
中海分红增利混合	398011	2005.06.16	32.01	37.72	3.83	24.89	30.95	−5.22	中海	农行

（续上表）

基金简称	基金代码	设立日期	2010年			2011年上半年			管理人	托管人
			年末资产净值	年末份额规模	年度净值增长率	年末资产净值	年末份额规模	期间净值增长率		
华夏红利混合	002011	2005.06.30	215.33	110.43	2.92	207.77	111.16	−4.15	华夏	建行
国联安安心成长混合	253010	2005.07.13	1.08	1.39	−20.77	0.70	0.93	−3.08	国联安	工行
汇添富优势精选混合	519008	2005.08.25	43.30	15.92	8.05	33.92	14.81	−10.68	汇添富	工行
新华优选分红混合	519087	2005.09.16	15.83	18.49	−2.18	13.97	16.87	−3.33	新华	农行
大摩资源优选混合(LOF)	163302	2005.09.27	37.67	17.04	18.51	45.66	21.60	−4.39	摩根士丹利华鑫	光大银行
天弘精选混合	420001	2005.10.08	36.59	54.91	6.85	28.34	49.90	−14.78	天弘	工行
兴全趋势混合(LOF)	163402	2005.11.03	170.08	159.96	−2.77	126.30	126.23	−5.91	兴业全球	兴业银行
富国天惠成长混合(LOF)	161005	2005.11.16	47.67	27.36	19.37	66.08	43.01	−6.83	富国	工行
东方精选混合	400003	2006.01.11	66.02	62.50	−0.99	57.74	55.42	−1.37	东方	民生银行
上投摩根双息平衡混合	373010	2006.04.26	32.77	34.90	−2.53	25.86	30.55	−8.55	上投摩根	建行
信诚四季红混合	550001	2006.04.29	54.99	48.35	14.45	41.90	44.97	−14.23	信诚	农行
泰达宏利效率优选混合(LOF)	162207	2006.05.12	50.43	54.53	16.27	42.12	51.85	−12.16	泰达宏利	建行
广发策略优选混合	270006	2006.05.17	130.57	70.70	18.37	102.57	72.60	−9.49	广发	工行
汇丰晋信2016周期混合	540001	2006.05.23	5.94	2.79	2.95	7.49	5.01	−3.51	汇丰晋信	交行
海富通强化回报混合	519007	2006.05.25	29.64	37.35	12.32	27.21	35.33	−2.90	海富通	招行
博时平衡配置混合	050007	2006.05.31	36.43	29.71	2.76	29.83	30.17	−8.59	博时	工行
交银稳健配置混合	519690	2006.06.14	66.96	43.83	−3.73	49.92	36.93	−11.51	交银施罗德	建行
华宝兴业收益增长混合	240008	2006.06.15	47.19	14.54	−6.40	33.60	11.89	−12.91	华宝兴业	建行
工银精选平衡混合	483003	2006.07.13	71.50	109.92	−2.41	64.18	103.61	−4.77	工银瑞信	建行
嘉实主题混合	070010	2006.07.21	148.53	101.35	19.11	117.87	87.80	−7.98	嘉实	中行
南方稳健成长贰号混合	202002	2006.07.25	55.03	96.23	−5.45	46.51	89.58	−7.57	南方	工行
华夏稳增混合	519029	2006.08.09	60.84	36.14	3.76	53.61	34.18	−6.77	华夏	农行
华夏回报二号混合	002021	2006.08.14	65.34	54.80	4.38	59.37	52.31	−2.35	华夏	中行

（续上表）

基金简称	基金代码	设立日期	2010年			2011年上半年			管理人	托管人
			年末资产净值	年末份额规模	年度净值增长率	年末资产净值	年末份额规模	期间净值增长率		
易方达策略成长二号混合	112002	2006.08.16	54.68	36.32	−3.39	46.10	32.92	−6.91	易方达	中行
长城安心回报混合	200007	2006.08.22	95.43	124.37	9.99	78.11	114.68	−11.25	长城	农行
大成2020生命周期混合	090006	2006.09.13	116.62	141.50	12.57	101.33	134.66	−8.74	大成	中行
博时价值增长贰号混合	050201	2006.09.27	65.59	90.26	−8.55	59.72	83.74	−1.93	博时	建行
国泰金鹏蓝筹混合	020009	2006.09.29	21.11	20.26	−3.03	21.02	21.09	−4.41	国泰	中行
中银收益混合	163804	2006.10.11	37.55	36.03	12.37	30.36	33.10	−11.07	中银	工行
益民红利成长混合	560002	2006.11.21	14.33	22.98	−14.28	12.72	21.75	−6.17	益民	华夏银行
万家和谐增长混合	519181	2006.11.30	20.50	31.49	−5.52	17.47	29.97	−10.43	万家	兴业银行
申万菱信新经济混合	310358	2006.12.06	44.00	59.22	−4.10	36.78	55.78	−11.27	申万菱信	工行
嘉实策略混合	070011	2006.12.12	133.75	93.93	19.91	91.48	81.90	−12.96	嘉实	工行
长盛同智优势混合(LOF)	160805	2007.01.05	28.38	28.23	0.47	24.33	26.42	−7.94	长盛	中行
鹏华动力增长混合(LOF)	160610	2007.01.09	84.94	66.43	−3.51	70.21	61.21	−8.18	鹏华	农行
建信优化配置混合	530005	2007.03.01	97.79	104.93	−2.89	85.56	95.96	−4.32	建信	工行
中海能源策略混合	398021	2007.03.13	70.73	73.83	0.49	54.71	63.15	−9.56	中海	工行
招商核心价值混合	217009	2007.03.30	54.72	49.92	−0.91	44.76	47.54	−11.71	招商	工行
易方达价值成长混合	110010	2007.04.02	261.48	171.17	2.94	222.61	156.68	−7.00	易方达	工行
海富通精选贰号混合	519015	2007.04.09	17.98	24.30	5.26	21.53	29.21	−0.41	海富通	中行
汇丰晋信动态策略混合	540003	2007.04.09	29.68	23.24	12.54	24.48	21.34	−10.23	汇丰晋信	交行
国泰金鼎价值混合	519021	2007.04.11	56.73	51.54	10.11	37.70	42.53	−10.65	国泰	建行
华夏蓝筹混合(LOF)	160311	2007.04.24	118.66	126.89	−1.07	104.18	120.48	−7.49	华夏	交行
华商领先企业混合	630001	2007.05.15	86.34	68.30	17.62	70.30	61.43	−9.48	华商	民生银行
华泰柏瑞积极成长混合	460002	2007.05.29	38.38	35.04	7.03	28.51	30.51	−13.02	华泰柏瑞	中行
大成创新成长混合	160910	2007.06.12	115.71	117.29	4.44	101.45	110.69	−7.19	大成	农行

（续上表）

基金简称	基金代码	设立日期	2010年			2011年上半年			管理人	托管人
			年末资产净值	年末份额规模	年度净值增长率	年末资产净值	年末份额规模	期间净值增长率		
广发大盘成长混合	270007	2007.06.13	126.33	129.60	3.66	106.93	123.72	−11.34	广发	工行
益民创新优势混合	560003	2007.07.11	48.88	50.53	1.20	42.44	47.17	−6.98	益民	农行
金元比联宝石动力混合	620001	2007.08.15	6.25	6.06	4.88	4.82	5.42	−13.87	金元比联	工行
诺安灵活配置混合	320006	2008.05.20	19.38	17.89	16.02	31.88	29.95	−1.75	诺安	工行
上投摩根双核平衡混合	373020	2008.05.21	6.82	5.29	4.69	5.48	4.85	−8.65	上投摩根	工行
富国天成红利混合	100029	2008.05.28	6.81	4.73	14.52	7.27	5.54	−3.93	富国	农行
长盛创新先锋混合	080002	2008.06.04	1.59	1.43	10.57	1.46	1.38	−4.67	长盛	中行
国投瑞银稳健增长混合	121006	2008.06.11	24.71	24.19	14.39	33.52	32.42	1.27	国投瑞银	工行
国泰金鹿保本混合	020018	2008.06.12	23.48	23.24	−1.39	19.53	19.49	−0.79	国泰	中行
长信双利优选混合	519991	2008.06.19	2.62	2.83	−4.15	1.34	1.68	−13.54	长信	农行
泰信优势增长混合	290005	2008.06.25	1.48	1.41	10.90	0.92	0.99	−12.27	泰信	工行
万家双引擎灵活配置混合	519183	2008.06.27	0.73	0.71	−2.98	2.92	3.18	−9.74	万家	兴业银行
汇添富蓝筹稳健混合	519066	2008.07.08	7.49	4.83	8.15	4.65	3.68	−7.58	汇添富	工行
汇丰晋信2026周期混合	540004	2008.07.23	1.14	0.87	−0.69	1.13	0.90	−4.85	汇丰晋信	建行
中欧新蓝筹混合	166002	2008.07.25	0.94	0.97	4.05	0.98	1.07	−5.68	中欧	建行
信达澳银精华配置混合	610002	2008.07.30	1.02	0.71	8.43	0.96	0.73	−8.26	信达澳银	建行
金元比联成长动力混合	620002	2008.09.03	1.03	0.97	−6.47	0.81	0.90	−14.71	金元比联	农行
易方达科汇灵活配置混合	110012	2008.10.09	24.71	13.80	16.83	14.62	9.64	−11.73	易方达	交行
华夏策略混合	002031	2008.10.23	30.96	12.57	29.50	31.67	12.50	2.88	华夏	中行
诺德灵活配置混合	571002	2008.11.05	0.69	0.52	7.06	0.88	0.68	−4.29	诺德	建行
南方恒元保本混合	202211	2008.11.12	25.43	20.31	12.28	22.47	18.27	−0.67	南方	工行
中海蓝筹混合	398031	2008.12.03	1.35	1.15	8.64	0.92	0.95	−6.44	中海	农行
金鹰红利价值混合	210002	2008.12.04	1.55	1.29	8.93	1.37	1.29	−11.14	金鹰	交行

（续上表）

基金简称	基金代码	设立日期	2010年			2011年上半年			管理人	托管人
			年末资产净值	年末份额规模	年度净值增长率	年末资产净值	年末份额规模	期间净值增长率		
华富策略精选混合	410006	2008.12.24	1.19	1.06	5.93	0.85	0.92	−17.24	华富	建行
交银保本混合	519697	2009.01.21	25.48	23.13	4.33	20.74	19.39	−1.11	交银施罗德	工行
宝盈核心优势混合	213006	2009.03.17	1.22	1.28	−5.19	1.01	1.15	−7.67	宝盈	中行
兴全有机增长混合	340008	2009.03.25	29.77	22.32	14.42	22.92	19.33	−11.13	兴业全球	兴业银行
民生加银品牌蓝筹混合	690001	2009.03.27	4.39	3.91	−6.88	3.74	3.66	−9.07	民生加银	建行
中银优选混合	163807	2009.04.03	6.44	5.90	4.36	7.51	7.20	−4.47	中银	工行
农银平衡双利混合	660003	2009.04.08	13.45	10.67	11.81	12.23	11.26	−9.46	农银汇理	交行
泰达宏利品质生活混合	162211	2009.04.09	4.40	3.29	12.37	3.63	2.90	−6.29	泰达宏利	建行
银华和谐主题混合	180018	2009.04.27	14.04	11.92	2.08	15.08	13.76	−6.96	银华	工行
东吴进取策略混合	580005	2009.05.06	12.34	9.52	21.24	12.35	11.85	−14.08	东吴	农行
浦银安盛精致生活混合	519113	2009.06.04	1.47	1.38	7.89	1.14	1.19	−10.79	浦银安盛	建行
长城景气行业龙头混合	200011	2009.06.30	3.74	3.02	11.53	3.01	2.72	−8.95	长城	建行
新华泛资源优势混合	519091	2009.07.13	11.26	11.21	−2.14	8.20	8.12	0.50	新华	工行
天治趋势精选混合	350007	2009.07.15	0.88	0.79	10.44	0.58	0.58	−9.27	天治	建行
华富价值增长混合	410007	2009.07.15	2.81	3.06	−7.33	2.40	2.92	−10.27	华富	深发展
博时策略混合	050012	2009.08.11	31.72	29.54	−1.01	23.46	24.08	−7.96	博时	建行
嘉实回报混合	070018	2009.08.18	32.04	28.20	11.25	23.22	23.54	−13.20	嘉实	中行
光大保德信动态优选混合	360011	2009.10.28	2.54	2.37	12.63	2.05	2.09	−5.77	光大保德信	建行
中邮核心优势灵活配置混合	590003	2009.10.28	30.93	26.00	17.78	21.91	22.39	−10.20	中邮创业	农行
华商动态阿尔法混合	630005	2009.11.24	45.69	37.78	24.64	38.85	38.41	−16.38	华商	建行
华安动态灵活配置混合	040015	2009.12.22	11.08	10.54	4.89	14.94	14.13	0.48	华安	工行
中银蓝筹混合	163809	2010.02.11	24.77	24.12	4.53	19.75	20.47	−6.04	中银	招行
广发内需增长混合	270022	2010.04.19	37.02	36.89	10.17	50.12	49.18	1.49	广发	建行

（续上表）

基金简称	基金代码	设立日期	2010年			2011年上半年			管理人	托管人
			年末资产净值	年末份额规模	年度净值增长率	年末资产净值	年末份额规模	期间净值增长率		
交银主题优选混合	519700	2010.06.30	12.89	11.44	12.60	10.05	9.71	−6.71	交银施罗德	建行
中银价值混合	163810	2010.08.25	23.63	23.17	3.94	18.23	18.80	−4.90	中银	招行
银华成长先锋混合	180020	2010.10.08	34.79	34.03	4.75	21.98	24.54	−12.41	银华	工行
华商策略精选混合	630008	2010.11.09	122.62	124.12	—	99.87	111.22	−9.11	华商	民生银行
大摩消费领航混合	233008	2010.12.03	37.37	37.57	—	29.98	33.11	−8.95	摩根士丹利华鑫	建行
中海环保新能源混合	398051	2010.12.09	9.37	9.46	—	6.12	7.15	−13.43	中海	工行
建信保本混合	530012	2011.01.18	—	—	—	28.86	28.65	0.70	建信	工行
汇添富保本混合	470018	2011.01.26	—	—	—	23.60	23.45	0.60	汇添富	工行
南方优选成长混合	202023	2011.01.30	—	—	—	18.28	18.96	−3.60	南方	建行
广发聚祥保本混合	270024	2011.03.15	—	—	—	39.68	39.67	0.00	广发	工行
东方保本混合	400013	2011.04.14	—	—	—	14.40	14.41	0.00	东方	邮储银行
国泰保本混合	020022	2011.04.19	—	—	—	26.00	25.96	0.20	国泰	招行
大成保本混合	090013	2011.04.20	—	—	—	13.79	13.78	—	大成	工行
中邮中小盘灵活配置混合	590006	2011.05.10	—	—	—	17.20	17.08	—	中邮创业	农行
诺安保本混合	320015	2011.05.13	—	—	—	27.12	27.01	—	诺安	招行
金鹰保本混合	210006	2011.05.17	—	—	—	9.05	9.04	—	金鹰	工行
长盛同鑫保本混合	080007	2011.05.24	—	—	—	30.38	30.32	—	长盛	中行
银河保本混合	519676	2011.05.31	—	—	—	10.59	10.58	—	银河	建行
南方保本混合	202212	2011.06.21	—	—	—	49.63	49.61	—	南方	农行
银华永祥保本混合	180028	2011.06.28	—	—	—	14.30	14.29	—	银华	中行

表2-44 开放式(债券型)基金基本情况

（单位：亿元；亿份；%）

基金简称	基金代码	设立日期	2010年			2011年上半年			管理人	托管人
			年末资产净值	年末份额规模	年度净值增长率	年末资产净值	年末份额规模	期间净值增长率		
南方宝元债券	202101	2002.09.20	16.57	13.77	4.91	15.23	12.91	−0.27	南方	工行
华夏债券	001001	2002.10.23	43.21	40.46	5.81/5.52	38.01	36.95	−1.79/1.92	华夏	交行
国投瑞银融华债券	121001	2003.04.16	13.42	9.09	7.12	14.72	12.36	−2.43	国投瑞银	光大银行
招商安泰债券	217003	2003.04.28	15.24	13.19	5.41/4.86	19.55	17.91	1.91/1.73	招商	招行
大成债券	090002	2003.06.12	5.17	4.98	6.56/6.19	4.49	4.46	0.46/0.31	大成	农行
嘉实债券	070005	2003.07.09	17.32	12.81	7.05	12.37	9.31	−0.96	嘉实	中行
鹏华普天债券	160602	2003.07.12	3.03	2.51	5.97/5.45	2.34	2.05	0.47/0.31	鹏华	交行
华宝兴业宝康债券	240003	2003.07.15	3.39	2.87	3.62	2.67	2.33	−1.22	华宝兴业	建行
银河收益债券	151002	2003.08.04	3.05	1.97	6.14	2.77	1.79	0.07	银河	农行
融通债券	161603	2003.09.30	3.30	3.06	2.26	2.63	2.54	−1.24	融通	工行
长盛全债指数增强债券	510080	2003.10.25	5.58	4.30	4.63	4.49	3.81	−1.72	长盛	农行
富国天利增长债券	100018	2003.12.02	30.49	24.54	7.99	27.59	22.83	−0.35	富国	工行
国泰金龙债券	020002	2003.12.05	2.14	1.95	8.48/8.00	1.97	1.89	−0.53/0.72	国泰	浦发银行
万家增强收益债券	161902	2004.09.28	3.19	2.78	2.32	9.17	8.92	−1.82	万家	农行
嘉实超短债债券	070009	2006.04.26	5.28	5.29	1.57	5.62	5.62	1.47	嘉实	中行
招商安本增利债券	217008	2006.07.11	20.97	19.30	9.71	26.80	25.74	1.40	招商	光大银行
中信稳定双利债券	288102	2006.07.20	15.08	14.45	6.59	13.78	13.67	−0.78	华夏	建行
银河银信添利债券	519666	2007.03.14	4.55	4.51	2.13/1.68	3.64	3.71	−2.05/2.25	银河	中信银行
工银增强收益债券	485105	2007.05.11	36.37	33.60	8.42/7.97	44.71	41.45	−0.45/0.64	工银瑞信	建行
南方多利增强债券	202102	2007.08.28	8.99	8.51	4.45/4.11	7.29	7.23	−1.29/1.44	南方	工行
诺安优化收益债券	320004	2007.08.29	7.16	6.12	10.79	8.19	7.04	0.33	诺安	华夏银行
博时稳定价值债券	050006	2007.09.06	10.06	8.79	10.21/9.82	8.50	8.16	−2.76/2.89	博时	建行

（续上表）

基金简称	基金代码	设立日期	2010年			2011年上半年			管理人	托管人
			年末资产净值	年末份额规模	年度净值增长率	年末资产净值	年末份额规模	期间净值增长率		
泰信双息双利债券	290003	2007.10.31	1.98	1.86	5.78	1.38	1.33	−2.69	泰信	工行
华泰柏瑞稳本增利债券	519519	2007.12.03	1.94	1.86	1.52/1.22	1.35	1.31	−1.00/1.15	华泰柏瑞	招行
国投瑞银稳定增利债券	121009	2008.01.11	28.27	27.22	9.23	22.69	21.78	0.29	国投瑞银	中行
易方达稳健收益债券	110007	2008.01.29	8.45	7.93	8.59/8.92	6.88	6.62	−2.52/2.38	易方达	中行
汇添富增强收益债券	519078	2008.03.06	19.45	17.87	7.14/6.77	17.72	17.27	0.74/0.65	汇添富	工行
华夏希望债券	001011	2008.03.10	44.82	41.08	3.49/3.15	34.11	31.86	−1.73/1.93	华夏	工行
易方达增强回报债券	110017	2008.03.19	27.86	24.36	12.35/11.87	40.23	37.07	0.62/0.44	易方达	建行
广发增强债券	270009	2008.03.27	12.71	11.02	6.37	18.97	18.42	0.63	广发	工行
交银增利债券	519680	2008.03.31	20.27	18.99	5.57/5.11	15.00	15.18	−1.58/1.79	交银施罗德	建行
中海稳健收益债券	395001	2008.04.10	9.61	8.88	8.54	4.73	4.69	−2.65	中海	工行
工银添利债券	485107	2008.04.14	46.71	42.83	7.09/6.67	38.80	38.08	−2.06/2.25	工银瑞信	建行
天弘永利债券	420002	2008.04.18	1.90	1.89	5.00/5.44	0.65	0.66	0.54/0.34	天弘	兴业银行
华安稳定收益债券	040009	2008.04.30	17.34	16.53	8.73/8.35	9.22	8.81	−0.46/0.62	华安	建行
宝盈增强收益债券	213007	2008.05.15	15.38	13.56	12.06/11.62	12.23	11.85	−2.50/2.70	宝盈	建行
益民多利债券	560005	2008.05.21	0.65	0.61	2.60	0.74	0.74	−0.27	益民	招行
鹏华丰收债券	160612	2008.05.28	4.24	3.77	3.12	3.52	3.37	2.01	鹏华	建行
华富收益增强债券	410004	2008.05.28	38.84	32.72	14.74/14.26	18.97	25.38	−3.79/3.98	华富	建行
建信稳定增利债券	530008	2008.06.25	27.96	22.46	10.03	41.29	36.36	0.02	建信	工行
大成强化收益债券	090008	2008.08.06	2.93	2.83	5.82	1.30	1.28	−1.86	大成	建行
长城稳健增利债券	200009	2008.08.27	1.14	1.02	4.16	0.75	0.70	−0.50	长城	建行
嘉实多元债券	070015	2008.09.10	21.68	19.73	10.29/9.93	22.14	20.53	−0.90/1.09	嘉实	工行
泰达宏利集利债券	162210	2008.09.26	3.75	3.57	3.94/3.47	0.47	0.46	−0.14/0.47	泰达宏利	中行
信诚三得益债券	550004	2008.09.27	1.41	1.36	7.79/7.35	1.28	1.28	−2.71/2.92	信诚	建行

（续上表）

基金简称	基金代码	设立日期	2010年			2011年上半年			管理人	托管人
			年末资产净值	年末份额规模	年度净值增长率	年末资产净值	年末份额规模	期间净值增长率		
长盛积极配置债券	080003	2008.10.08	14.19	12.84	15.54	12.30	11.22	−0.87	长盛	建行
招商安心收益债券	217011	2008.10.22	7.11	5.78	8.85	5.64	5.28	−3.50	招商	工行
海富通稳健添利债券	519023	2008.10.24	4.27	3.93	6.45/6.26	1.02	0.99	−2.13/2.22	海富通	工行
国富强化收益债券	450005	2008.10.24	2.28	2.26	3.95/3.84	1.58	1.53	2.18/2.04	国海富兰克林	中行
光大保德信增利收益债券	360008	2008.10.29	1.44	1.34	9.11/8.62	2.56	2.51	2.48/1.98	光大保德信	建行
天治稳健双盈债券	350006	2008.11.05	0.53	0.50	2.52	0.53	0.51	−1.92	天治	农行
东吴优信稳健债券	582001	2008.11.05	0.99	0.95	3.58/3.14	0.58	0.59	−5.16/5.27	东吴	建行
中银增利债券	163806	2008.11.13	16.25	14.80	9.04	34.93	32.99	2.84	中银	工行
银华增强收益债券	180015	2008.12.03	12.00	10.78	2.83	10.25	9.79	−0.40	银华	建行
汇丰晋信平稳增利债券	540005	2008.12.03	1.08	1.09	0.02	0.77	0.77	0.68/−0.35	汇丰晋信	交行
申万菱信添益宝债券	310378	2008.12.04	3.19	2.95	13.63/13.18	2.19	2.10	−3.68/3.90	申万菱信	工行
东方稳健回报债券	400009	2008.12.10	8.03	7.79	11.04	4.66	4.51	0.10	东方	建行
农银恒久增利债券	660002	2008.12.23	4.06	3.72	11.55/1.71	3.73	3.53	−2.97/3.12	农银汇理	交行
长信利丰债券	519989	2008.12.29	5.69	5.54	10.81	3.04	3.00	−1.07	长信	农行
浦银安盛优化收益债券	519111	2008.12.30	0.79	0.76	4.79/4.19	0.66	0.63	0.19	浦银安盛	工行
华商收益增强债券	630003	2009.01.23	12.53	11.15	13.04/12.57	16.93	16.32	−1.79/1.96	华商	建行
华宝兴业增强收益债券	240012	2009.02.17	1.80	1.72	0.51/0.11	1.09	1.05	−0.85/1.05	华宝兴业	工行
诺德增强收益债券	573003	2009.03.04	0.61	0.58	4.14	0.61	0.59	−2.00	诺德	建行
国泰双利债券	020019	2009.03.11	6.56	5.74	9.05/8.43	4.46	3.96	−1.39/1.58	国泰	建行
国联安增利债券	253020	2009.03.11	23.18	21.56	12.84/12.34	16.97	16.38	−1.87/2.04	国联安	工行
信诚经典优债债券	550006	2009.03.11	1.29	1.25	8.52/7.96	1.33	1.33	−1.30/1.54	信诚	建行
金元比联丰利债券	620003	2009.03.23	1.09	1.07	3.19	0.78	0.81	−5.49	金元比联	农行
信达澳银稳定价值债券	610003	2009.04.08	0.75	0.69	8.52/8.06	1.12	1.03	0.37/0.18	信达澳银	建行

（续上表）

基金简称	基金代码	设立日期	2010年			2011年上半年			管理人	托管人
			年末资产净值	年末份额规模	年度净值增长率	年末资产净值	年末份额规模	期间净值增长率		
华安强化收益债券	040012	2009.04.13	6.78	6.64	5.84/5.46	4.94	4.89	−0.98/1.28	华安	工行
中欧稳健收益债券	166003	2009.04.24	8.64	8.40	8.81/8.35	4.87	4.71	0.76/0.51	中欧	建行
诺安增利债券	320008	2009.05.27	1.88	1.77	6.25/5.76	1.20	1.14	−1.13/1.42	诺安	工行
建信增强债券	530009	2009.06.02	14.53	12.86	9.67/9.21	11.33	10.25	−2.03/2.22	建信	农行
博时信用债券	050011	2009.06.10	12.73	11.84	9.22/8.73	16.75	16.10	0.97/0.88	博时	工行
富国优化增强债券	100035	2009.06.10	13.06	12.11	14.65/14.07	12.79	12.20	−2.68/2.89	富国	建行
上投摩根纯债债券	371020	2009.06.24	2.30	2.23	2.37/1.98	2.23	2.14	0.97/0.68	上投摩根	工行
民生加银增强收益债券	690002	2009.07.21	8.48	7.70	9.83/9.46	3.87	3.63	−2.99/3.28	民生加银	建行
兴全磐稳增利债券	340009	2009.07.23	4.99	4.98	3.20	3.69	3.67	0.08	兴业全球	交行
泰信债券增强收益	290007	2009.07.29	3.64	3.63	6.69/6.29	2.19	2.17	0.47/0.26	泰信	中行
万家稳健增利债券	519186	2009.08.12	5.81	5.56	9.32/8.91	4.67	4.48	−0.14/0.35	万家	中行
大摩强收益债券	233005	2009.12.29	6.66	6.23	10.36	4.12	3.93	−2.05	摩根士丹利华鑫	中行
鹏华信用增利债券	206003	2010.05.31	9.60	9.58	0.40/0.10	5.68	5.60	1.29/1.10	鹏华	交行
国联安信心增益债券	253030	2010.06.22	20.03	19.03	5.30	11.66	11.68	−0.98	国联安	中信银行
长信中短债债券	519985	2010.06.28	3.76	3.73	0.75	6.20	6.05	1.74	长信	邮储银行
博时宏观回报债券	050016	2010.07.27	7.70	7.76	0.60/0.80	4.57	4.59	0.50/0.40	博时	中行
华商稳健双利债券	630007	2010.08.09	14.95	14.46	3.50/3.30	9.61	9.39	−1.06/1.26	华商	建行
工银双利债券	485111	2010.08.16	47.75	47.45	0.70/0.60	26.12	26.18	−0.70/0.99	工银瑞信	交行
嘉实稳固收益债券	070020	2010.09.01	34.88	35.32	−1.20	25.84	26.14	0.10	嘉实	工行
国投瑞银优化增强债券	121012	2010.09.08	20.95	20.82	0.70/0.60	14.33	14.59	−2.38/2.58	国投瑞银	建行
南方广利回报债券	202105	2010.11.03	34.17	34.15	—	19.36	19.68	−1.60/1.70	南方	工行
海富通稳固收益债券	519030	2010.11.23	27.10	26.97	—	9.45	9.36	0.50	海富通	工行
博时转债增强债券	050019	2010.11.24	36.13	36.35	—	30.42	30.72	−0.30/0.50	博时	光大银行

（续上表）

基金简称	基金代码	设立日期	2010年			2011年上半年			管理人	托管人
			年末资产净值	年末份额规模	年度净值增长率	年末资产净值	年末份额规模	期间净值增长率		
中银双利债券	163811	2010.11.24	55.49	55.30	—	28.71	28.47	0.50/0.40	中银	招行
银华信用双利债券	180025	2010.12.03	30.59	30.62	—	14.85	14.75	0.80/0.60	银华	建行
富国可转债	100051	2010.12.08	42.51	42.65	—	34.22	34.72	−1.10	富国	农行
华安稳固收益债券	040019	2010.12.21	27.37	27.34	—	14.57	14.23	2.30	华安	工行
泰信债券周期回报	290009	2011.02.09	—	—	—	7.15	6.99	2.30	泰信	中信银行
申万菱信稳益宝债券	310508	2011.02.11	—	—	—	3.14	3.12	0.50	申万菱信	华夏银行
华商稳定增利债券	630009	2011.03.15	—	—	—	19.62	19.63	0.00/−0.10	华商	建行
招商安瑞进取债券	217018	2011.03.17	—	—	—	15.86	16.05	−1.20	招商	农行
嘉实多利分级债券	160718	2011.03.23	—	—	—	19.27	19.33	−0.32	嘉实	招行
中海增强收益债券	395011	2011.03.23	—	—	—	2.77	2.77	0.30/0.10	中海	工行
景顺长城稳定收益债券	261001	2011.03.25	—	—	—	6.53	6.55	−0.30/0.40	景顺长城	中行
长城积极增利债券	200013	2011.04.12	—	—	—	8.07	8.06	0.10	长城	建行
鹏华丰盛债券	206008	2011.04.25	—	—	—	15.79	15.80	−0.10	鹏华	工行
光大保德信信用添益债券	360013	2011.05.16	—	—	—	8.48	8.46	—	光大保德信	民生银行
南方中证50债券指数(LOF)	160123	2011.05.17	—	—	—	28.37	28.27	—	南方	工行
华夏亚债中国指数	001021	2011.05.25	—	—	—	29.19	29.27	—	华夏	交行
汇添富可转换债券	470058	2011.06.17	—	—	—	9.23	9.23	—	汇添富	工行
易方达安心回报债券	110027	2011.06.21	—	—	—	17.92	17.90	—	易方达	工行
华安可转债债券	040022	2011.06.22	—	—	—	12.89	12.88	—	华安	招行
中银转债增强债券	163816	2011.06.29	—	—	—	26.10	26.09	—	中银	招行
华宝兴业可转债债券	240018	2011.04.27	—	—	—	14.48	14.48	—	华宝兴业	招行

表2-45 开放式(货币市场)基金基本情况

（单位：亿元；%）

基金简称	基金代码	设立日期	2010年		2011年上半年		管理人	托管人
			年末资产净值	年度净值收益率	年末资产净值	期间净值收益率		
景顺长城货币	260102	2003.10.24	3.63	1.131/1.0445	1.73	1.0144/1.1349	景顺长城	中行
华安现金富利货币	040003	2003.12.30	89.79	1.8614/2.1059	60.13	1.6274/1.7479	华安	工行
招商现金增值货币	217004	2004.01.14	68.81	1.8279/2.0731	42.61	1.6161/1.7369	招商	招行
博时现金收益货币	050003	2004.01.16	48.61	2.14	47.14	1.55	博时	交行
泰信天天收益货币	290001	2004.02.10	10.30	1.7597	4.62	1.3945	泰信	中行
南方现金增利货币	202301	2004.03.05	105.75	2.1458/2.3907	126.07	1.7811/1.9017	南方	工行
长信利息收益货币	519999	2004.03.19	45.27	2.05/0.33	35.37	1.6905/1.8113	长信	农行
华夏现金增利货币	003003	2004.04.07	93.61	2.2010	162.35	1.9045	华夏	建行
诺安货币	320002	2004.12.06	14.27	1.83	14.46	1.64	诺安	工行
银河银富货币	150005	2004.12.20	8.25	1.5281/1.7722	6.66	1.7450/1.8656	银河	交行
海富通货币	519505	2005.01.04	64.99	1.9003/2.1453	31.38	1.7304/1.8515	海富通	中行
银华货币	180008	2005.01.31	81.91	2.2398/2.4846	9.64	1.3081/1.4296	银华	交行
易方达货币	110006	2005.02.02	36.89	1.6974/1.9418	69.10	1.7357/1.8559	易方达	中行
嘉实货币	070008	2005.03.18	114.50	1.9870	112.18	1.7466	嘉实	中行
华宝兴业现金宝货币	240006	2005.03.31	57.98	1.6553/1.9003	14.99	1.6512/1.7724	华宝兴业	建行
鹏华货币	160606	2005.04.12	63.55	1.7925/2.0367	16.42	1.6383/1.7593	鹏华	农行
上投摩根货币	370010	2005.04.13	81.70	1.2029/1.4463	93.52	1.1187/1.2391	上投摩根	建行
中信现金优势货币	288101	2005.04.20	4.28	2.1344	14.04	1.8817	华夏	招行
广发货币	270004	2005.05.20	28.99	1.7904/2.0347	54.35	1.7675/1.8878	广发	工行
长城货币	200003	2005.05.30	2.35	2.0594	5.29	1.7396	长城	华夏银行
大成货币	090005	2005.06.03	16.53	1.8066/2.0525	12.41	1.6380/1.7589	大成	光大银行
中银货币	163802	2005.06.07	49.66	2.1223	34.43	1.8365	中银	工行
光大保德信货币	360003	2005.06.09	3.15	1.44	1.25	1.33	光大保德信	招行
国泰货币	020007	2005.06.21	29.11	1.8245	6.22	1.6255	国泰	农行

（续上表）

基金简称	基金代码	设立日期	2010年		2011年上半年		管理人	托管人
			年末资产净值	年度净值收益率	年末资产净值	期间净值收益率		
泰达宏利货币	162206	2005.11.10	4.74	1.8345	1.81	1.3568	泰达宏利	农行
长盛货币	080011	2005.12.12	7.40	2.0201	4.67	1.3227	长盛	兴业银行
融通易支付货币	161608	2006.01.19	2.08	1.86	1.63	1.5759	融通	民生银行
交银货币	519588	2006.01.20	22.39	1.60/1.84	8.33	1.46/1.58	交银施罗德	农行
工银货币	482002	2006.03.20	53.66	1.8057	39.86	1.4649	工银瑞信	建行
汇添富货币	519518	2006.03.23	28.08	1.67/1.91	15.51	1.62/1.74	汇添富	浦发银行
建信货币	530002	2006.04.25	97.97	1.84	18.79	1.63	建信	工行
兴全货币	340005	2006.04.27	3.42	1.1426	2.09	1.4326	兴业全球	兴业银行
万家货币	519508	2006.05.24	34.63	2.2958	14.66	1.7895	万家	华夏银行
富国天时货币	100025	2006.06.05	12.95	1.6578/1.9021	11.46	1.4542/1.5746	富国	农行
华富货币	410002	2006.06.21	6.48	2.23	7.20	1.7781	华富	建行
天治天得利货币	350004	2006.07.05	1.60	2.2722	2.32	1.7766	天治	民生银行
申万菱信收益宝货币	310338	2006.07.07	1.87	1.5636	0.54	1.2213	申万菱信	工行
益民货币	560001	2006.07.17	0.89	0.8532	0.62	0.8264	益民	农行
东方金账簿货币	400005	2006.08.02	5.37	1.82	3.01	−1.12	东方	民生银行
大摩货币	163303	2006.08.17	5.99	2.1076	0.76	1.2495	摩根士丹利华鑫	交行
国投瑞银货币	121011	2009.01.19	36.28	1.7642/2.0099	26.98	1.4581/1.5788	国投瑞银	工行
华泰柏瑞货币	460006	2009.05.06	1.67	0.9293/1.1701	1.09	0.9057/1.0249	华泰柏瑞	中行
宝盈货币	213009	2009.08.05	4.03	1.5283/1.7733	1.11	1.4604/1.5821	宝盈	建行
东吴货币	583001	2010.05.11	7.71	0.9252/1.0831	8.74	1.6267/1.7469	东吴	农行
中海货币	392001	2010.07.28	45.89	0.7081/0.8134	6.93	1.5753/1.6968	中海	工行
农银货币	660007	2010.11.23	23.80	—	9.63	1.7567/1.8784	农银汇理	工行
国联安货币	253050	2011.01.26	—	—	1.91	1.10/1.21	国联安	浦发银行
浦银安盛货币	519509	2011.03.09	—	—	4.88	0.94/1.01	浦银安盛	中信银行
信诚货币	550010	2011.03.23	—	—	10.44	0.8207/0.8880	信诚	建行

表2-46 ETF基金基本情况

（单位：亿元；亿份；%）

基金简称	基金代码	设立日期	2010年 年末资产净值	2010年 年末份额规模	2010年 年度净值增长率	2011年上半年 年末资产净值	2011年上半年 年末份额规模	2011年上半年 期间净值增长率	上市日期	上市地点	管理人	托管人
华夏上证50ETF	510050	2004.12.30	199.47	101.15	−21.78	207.03	103.61	1.32	2005.02.23	上交所	华夏	工行
易方达深证100ETF	159901	2006.03.24	189.41	231.92	−3.38	188.42	241.95	−4.69	2006.04.24	深交所	易方达	中行
华安上证180ETF	510180	2006.04.13	59.78	91.79	−15.45	67.92	105.53	−1.08	2006.05.18	上交所	华安	建行
华夏中小板ETF	159902	2006.06.08	41.52	13.05	20.71	48.64	17.89	−14.58	2006.09.05	深交所	华夏	建行
华泰柏瑞上证红利ETF	510880	2006.11.17	24.58	11.26	−21.07	20.75	9.45	0.64	2007.01.18	上交所	华泰柏瑞	招行
工银上证央企ETF	510060	2009.08.26	10.73	8.11	−23.37	8.86	6.73	−0.45	2009.10.27	上交所	工银瑞信	招行
交银上证180公司治理ETF	510010	2009.09.25	40.09	53.56	−18.07	38.02	50.59	0.53	2009.12.15	上交所	交银施罗德	农行
南方深证成份ETF	159903	2009.12.04	37.70	29.84	−7.15	34.58	28.15	−2.75	2010.02.02	深交所	南方	工行
博时上证超大盘ETF	510020	2009.12.29	18.85	92.87	−25.58	15.71	76.45	1.48	2010.03.19	上交所	博时	建行
易方达上证中盘ETF	510130	2010.03.29	20.06	6.35	8.69	16.81	5.62	−5.41	2010.06.23	上交所	易方达	工行
华宝兴业上证180价值ETF	510030	2010.04.23	11.08	4.34	−12.56	14.98	5.79	1.37	2010.05.28	上交所	华宝兴业	工行
建信上证社会责任ETF	510090	2010.05.28	4.80	5.11	12.14	4.44	4.69	0.74	2010.08.09	上交所	建信	工行
民企ETF	510070	2010.08.05	6.10	4.80	9.11	4.44	3.70	−5.81	2010.10.29	上交所	鹏华	工行
南方小康ETF	510160	2010.08.27	5.61	13.28	5.11	4.00	9.50	−0.45	2010.11.01	上交所	南方	工行
海富通上证周期ETF	510110	2010.09.19	7.07	2.96	−4.20	5.40	2.24	0.71	2010.11.15	上交所	海富通	工行
工银深证红利ETF	159905	2010.11.05	6.10	6.07	—	13.68	14.22	−4.17	2011.01.11	深交所	工银瑞信	农行
华安上证龙头ETF	510190	2010.11.18	11.06	11.30	—	10.88	4.36	−2.23	2011.01.10	上交所	华安	工行
国联安上证商品ETF	510170	2010.11.26	9.45	9.42	—	12.38	4.02	−4.89	2011.01.25	上交所	国联安	中行
招商上证消费80ETF	510150	2010.12.08	6.79	6.86	—	17.92	6.36	−6.16	2011.02.25	上交所	招商	工行
大成深证成长40ETF	159906	2010.12.21	5.01	4.99	—	20.54	22.65	−9.75	2011.02.23	深交所	大成	农行
华泰柏瑞上证中小盘ETF	510220	2011.01.26	—	—	—	1.70	0.51	−9.20	2011.03.28	上交所	华泰柏瑞	中行
富国上证综指ETF	510210	2011.01.30	—	—	—	5.09	1.84	−5.10	2011.03.25	上交所	富国	工行

（续上表）

基金简称	基金代码	设立日期	2010年			2011年上半年			上市日期	上市地点	管理人	托管人
			年末资产净值	年末份额规模	年度净值增长率	年末资产净值	年末份额规模	期间净值增长率				
国泰上证180金融ETF	510230	2011.03.31	—	—	—	9.74	3.03	−8.78	2011.05.23	上交所	国泰	中行
诺安上证新兴产业ETF	510260	2011.04.07	—	—	—	5.25	5.46	−3.90	2011.06.08	上交所	诺安	工行
海富通上证非周期ETF	510120	2011.04.22	—	—	—	6.84	3.02	−4.50	2011.06.08	上交所	海富通	工行
广发中小板300ETF	159907	2011.06.03	—	—	—	7.24	7.18	—	2011.08.10	深交所	广发	农行
博时深证基本面200ETF	159908	2011.06.10	—	—	—	4.04	4.03	—	2011.07.13	深交所	博时	交行
中银上证国企100ETF	510270	2011.06.16	—	—	—	4.90	4.86	—	2011.08.18	上交所	中银	招行
深证TMT50ETF	159909	2011.06.27	—	—	—	3.49	3.47	—	2011.09.01	深交所	招商	中行

表2–47　QDII基金基本情况

（单位：亿元；亿份；%）

基金简称	基金代码	设立日期	2010年			2011年上半年			管理人	境内托管人	境外托管人
			年末资产净值	年末份额规模	年度净值增长率	年末资产净值	年末份额规模	期间净值增长率			
南方全球精选配置(QDII–FOF)	202801	2007.09.19	152.99	202.55	1.89	140.80	188.15	−0.93	南方	工行	纽约银行
华夏全球股票(QDII)	000041	2007.10.09	192.68	214.72	8.86	180.22	198.19	1.34	华夏	建行	摩根大通银行
嘉实海外中国股票(QDII)	070012	2007.10.12	144.09	212.90	−2.59	130.78	198.02	−2.51	嘉实	中行	中国银行(香港)
上投摩根亚太优势股票(QDII)	377016	2007.10.22	163.09	235.83	14.00	147.90	220.93	−3.32	上投摩根	工行	纽约银行
工银全球股票(QDII)	486001	2008.02.14	15.41	15.38	9.27	12.28	12.38	−1.00	工银瑞信	中行	美国花旗银行
华宝兴业海外中国股票(QDII)	241001	2008.05.07	0.97	0.89	−3.17	0.91	0.81	2.82	华宝兴业	建行	纽约银行
银华全球优选(QDII–FOF)	183001	2008.05.26	1.19	1.21	3.25	1.25	1.28	−1.12	银华	中行	中国银行(香港)
海富通中国海外股票(QDII)	519601	2008.06.27	3.02	2.06	−0.75	3.03	1.99	4.23	海富通	建行	纽约银行

（续上表）

基金简称	基金代码	设立日期	2010年			2011年上半年			管理人	境内托管人	境外托管人
			年末资产净值	年末份额规模	年度净值增长率	年末资产净值	年末份额规模	期间净值增长率			
交银环球精选股票(QDII)	519696	2008.08.22	2.83	1.78	1.46	2.31	1.55	−3.82	交银施罗德	建行	摩根大通银行
易方达亚洲精选股票(QDII)	118001	2010.01.21	1.86	1.76	5.70	1.54	1.43	1.70	易方达	工行	渣打银行(香港)
招商全球资源股票(QDII)	217015	2010.03.25	2.14	1.75	21.90	2.34	1.94	−1.07	招商	工行	渣打银行(香港)
国泰纳斯达克100指数(QDII)	160213	2010.04.29	2.31	2.06	12.10	2.96	2.69	1.63	国泰	建行	美国道富银行
工银全球精选股票(QDII)	486002	2010.05.25	2.19	2.05	7.00	1.42	1.34	−1.21	工银瑞信	建行	纽约银行梅隆公司
长盛环球行业股票(QDII)	080006	2010.05.26	0.81	0.75	7.60	0.54	0.55	−3.86	长盛	中行	中国银行(香港)
国投瑞银新兴市场股票(QDII−LOF)	161210	2010.06.10	0.74	0.68	8.60	0.74	0.70	−2.39	国投瑞银	工行	渣打银行(香港)
汇添富亚澳成熟优选股票(QDII)	470888	2010.06.25	1.43	1.29	11.40	0.97	0.94	−5.10	汇添富	工行	布朗兄弟哈里曼银行
博时大中华亚太精选股票(QDII)	050015	2010.07.27	0.99	0.96	3.10	0.96	0.95	−1.67	博时	工行	渣打银行(香港)
广发亚太精选股票(QDII)	270023	2010.08.18	2.35	2.28	3.10	1.74	1.75	−3.39	广发	工行	渣打银行(香港)
建信全球机遇股票(QDII)	539001	2010.09.14	5.49	5.58	−1.60	3.56	3.64	−0.51	建信	工行	布朗兄弟哈里曼银行
华安香港精选股票(QDII)	040018	2010.09.19	3.67	3.81	−3.80	2.84	2.94	0.42	华安	工行	香港上海汇丰银行
嘉实H股指数(QDII−LOF)	160717	2010.09.30	3.11	3.46	−9.96	1.85	2.09	−1.50	嘉实	建行	美国道富银行
鹏华环球发现(QDII−FOF)	206006	2010.10.12	2.45	2.46	−0.60	1.62	1.65	−1.31	鹏华	建行	美国道富银行
富国全球债券(QDII−FOF)	100050	2010.10.20	4.66	4.66	0.00	2.62	2.60	0.70	富国	工行	布朗兄弟哈里曼银行
华泰柏瑞亚洲领导企业股票(QDII)	460010	2010.12.02	1.40	1.40	—	0.99	1.03	−5.17	华泰柏瑞	中行	中国银行(香港)
银华抗通胀主题(QDII−FOF−LOF)	161815	2010.12.06	6.95	6.91	—	4.70	4.89	−4.27	银华	建行	纽约银行梅隆公司
南方金砖四国指数(QDII)	160121	2010.12.09	6.38	6.37	—	2.68	2.77	−1.51	南方	工行	布朗兄弟哈里曼银行
信诚金砖四国配置(QDII−FOF−LOF)	165510	2010.12.17	3.99	3.99	—	0.99	1.00	−1.30	信诚	中行	中国银行(香港)
诺安全球黄金(QDII−FOF)	320013	2011.01.13	—	—	—	16.52	15.73	6.48	诺安	工行	布朗兄弟哈里曼银行
海富通大中华股票(QDII)	519602	2011.01.27	—	—	—	1.11	1.14	−2.60	海富通	中行	中国银行(香港)
上投摩根全球新兴市场股票(QDII)	378006	2011.01.30	—	—	—	1.24	1.26	−1.20	上投摩根	建行	摩根大通银行

（续上表）

基金简称	基金代码	设立日期	2010年			2011年上半年			管理人	境内托管人	境外托管人
			年末资产净值	年末份额规模	年度净值增长率	年末资产净值	年末份额规模	期间净值增长率			
招商标普金砖四国指数(QDII–LOF)	161714	2011.02.11	—	—	—	1.69	1.77	–4.80	招商	中行	中国银行(香港)
中银全球策略(QDII–FOF)	163813	2011.03.03	—	—	—	6.36	6.32	0.60	中银	建行	纽约银行梅隆公司
华宝兴业成熟市场动量优选	241002	2011.03.15	—	—	—	1.24	1.26	–1.60	华宝兴业	中行	中国银行(香港)
大成标普500等权重指数(QDII)	096001	2011.03.23	—	—	—	1.69	1.71	–1.40	大成	中行	中国银行(香港)
长信标普100等权重指数(QDII)	519981	2011.03.30	—	—	—	0.61	0.60	1.50	长信	中行	中国银行(香港)
博时抗通胀增强回报(QDII–FOF)	050020	2011.04.25	—	—	—	13.19	13.29	–0.80	博时	中行	中国银行(香港)
易方达黄金主题(QDII–LOF–FOF)	161116	2011.05.06	—	—	—	* 26.46	26.57	—	易方达	农行	香港上海汇丰银行
华安大中华升级股票(QDII)	040021	2011.05.17	—	—	—	2.32	2.27	—	华安	中行	中国银行(香港)
建信新兴市场股票(QDII)	539002	2011.06.21	—	—	—	4.27	4.27	—	建信	工行	布朗兄弟哈里曼银行
广发全球农业指数(QDII)	270027	2011.06.28	—	—	—	4.48	4.47	—	广发	工行	布朗兄弟哈里曼银行

表2-48 封闭式(创新)基金基本情况

（单位：亿份；亿元；%）

基金简称	基金代码	设立日期	设立规模	2010年		2011年上半年		封闭期	上市日期	上市地点	管理人	托管人
				年末资产净值	年度净值增长率	年末资产净值	期间净值增长率					
国投瑞银瑞福分级封闭	121099	2007.07.17	60.00	50.86	−3.42	45.92	−9.79	5年	2007.09.21	深交所	国投瑞银	工行
大成优选封闭	150002	2007.08.01	46.74	49.95	15.78	47.17	−5.61	5年	2007.09.07	深交所	大成	中行
建信优势动力封闭	150003	2008.03.19	46.43	45.08	3.74	42.23	−6.28	5年	2008.09.19	深交所	建信	交行
富国天丰强化债券封闭	161010	2008.10.24	19.98	21.05	16.27	20.25	1.91	3年	2008.12.08	深交所	富国	建行
长盛同庆封闭	160806	2009.05.12	146.87	156.31	−4.06	150.03	−3.95	3年	2009.05.26	深交所	长盛	建行
国泰估值优势分级封闭	160212	2010.02.10	8.43	9.61	14.00	8.92	−7.19	3年	2010.03.08	深交所	国泰	工行
招商信用添利债券封闭	161713	2010.06.25	21.17	21.39	3.16	21.42	1.90	5年	2010.07.30	深交所	招商	农行
银华信用债券封闭	161813	2010.06.29	22.96	24.51	6.70	23.40	−0.99	3年	2010.07.09	深交所	银华	建行
华富强化回报债券	164105	2010.09.08	19.99	19.94	−0.30	29.84	−0.50	3年	2010.10.11	深交所	华富	建行
富国汇利分级债券封闭	161014	2010.09.09	29.99	29.88	−0.40	30.70	2.71	3年	2010.10.08	深交所	富国	农行
信诚增强收益债券封闭	165509	2010.09.29	22.66	22.63	−0.10	22.57	−0.30	3年	2010.11.08	深交所	信诚	建行
大成景丰分级债券	160915	2010.10.15	32.45	32.39	−0.20	32.10	−0.90	3年	2010.11.01	深交所	大成	农行
易方达岁丰添利债券	161115	2010.11.09	26.79	27.06	—	26.87	0.79	3年	2010.12.03	深交所	易方达	中行
鹏华丰润债券封闭	160617	2010.12.02	13.36	13.39	—	13.45	1.79	3年	2010.12.16	深交所	鹏华	建行
中欧增强回报债券	166008	2010.12.02	23.73	23.74	—	24.01	23.74	1年	2011.02.18	深交所	中欧	广发银行
天弘添利分级债券	164206	2010.12.03	30.00	30.08	—	29.94	0.70	5年	2010.12.20	深交所	天弘	工行
交银信用添利债券	164902	2011.01.27	—	—	—	19.40	2.40	3年	2011.04.20	深交所	交银施罗德	农行
工银四季收益债券	164808	2011.02.10	—	—	—	24.60	2.30	3年	2011.03.28	深交所	工银瑞信	农行
国投瑞银双债债券封闭	161216	2011.03.29	—	—	—	12.42	0.40	3年	2011.05.20	深交所	国投瑞银	建行
泰达宏利聚利分级债券	162215	2011.05.13	—	—	—	15.86	—	5年	2011.07.08	深交所	泰达宏利	中行
富国天盈分级债券	161015	2011.05.23	—	—	—	35.16	—	3年	2011.07.08	深交所	富国	工行
万家添利分级债券	161908	2011.06.02	—	—	—	26.43	—	3年	2011.08.29	深交所	万家	邮储银行
博时裕祥分级债券	160513	2011.06.10	—	—	—	39.97	—	3年	2011.09.02	深交所	博时	招行
建信信用增强债券	165311	2011.06.16	—	—	—	7.63	—	3年	2011.09.09	深交所	建信	交行
中欧鼎利分级债券	166010	2011.06.16	—	—	—	8.76	—	1年	2011.09.15	深交所	中欧	中信银行
长信利鑫分级债	163003	2011.06.24	—	—	—	6.37	—	5年	2011.09.23	深交所	长信	邮储银行

表2-49 封闭式(传统)基金基本情况

（单位：亿份；亿元；%）

基金简称	基金代码	设立日期	设立规模	2010年		2011年上半年		存续期	上市日期	上市地点	管理人	托管人
				年末资产净值	年度净值增长率	年末资产净值	期间净值增长率					
国泰金泰封闭	500001	1998.03.27	20.00	27.19	9.70	21.23	−7.21	15年	1998.04.07	上交所	国泰	工行
南方开元封闭	184688	1998.03.27	20.00	21.93	3.16	22.75	6.39	15年	1998.04.07	深交所	南方	工行
华夏兴华封闭	500008	1998.04.28	20.00	24.20	3.51	19.48	−8.71	15年	1998.05.08	上交所	华夏	建行
华安安信封闭	500003	1998.06.22	20.00	26.71	5.05	21.69	−10.54	15年	1998.06.26	上交所	华安	工行
博时裕阳封闭	500006	1998.07.25	20.00	22.34	1.90	19.80	−5.39	15年	1998.07.30	上交所	博时	农行
鹏华普惠封闭	184689	1999.01.06	20.00	27.46	7.82	22.13	−7.55	15年	1999.01.27	深交所	鹏华	交行
嘉实泰和封闭	500002	1999.04.08	20.00	25.99	15.41	20.83	−6.60	15年	1999.04.20	上交所	嘉实	建行
长盛同益封闭	184690	1999.04.08	20.00	24.67	−2.74	20.93	−6.81	15年	1999.04.21	深交所	长盛	工行
大成景宏封闭	184691	1999.05.04	20.00	28.34	2.92	23.56	−3.69	15年	1999.05.18	深交所	大成	中行
富国汉盛封闭	500005	1999.05.10	20.00	32.46	4.39	23.85	−3.78	15年	1999.05.18	上交所	富国	农行
华安安顺封闭	500009	1999.06.15	30.00	41.23	3.79	32.46	−7.03	15年	1999.06.22	上交所	华安	交行
博时裕隆封闭	184692	1999.06.15	30.00	35.87	−2.78	31.09	1.42	15年	1999.06.24	深交所	博时	农行
华夏兴和封闭	500018	1999.07.14	30.00	35.79	−5.31	31.04	−4.99	15年	1999.07.30	上交所	华夏	建行
鹏华普丰封闭	184693	1999.07.14	30.00	35.74	−3.96	31.89	−4.31	15年	1999.07.30	深交所	鹏华	工行
南方天元封闭	184698	1999.08.25	30.00	34.20	−2.62	29.81	−5.86	15年	1999.09.20	深交所	南方	工行
国泰金鑫封闭	500011	1999.10.21	30.00	37.44	1.23	31.90	−9.11	15年	1999.11.26	上交所	国泰	建行
长盛同盛封闭	184699	1999.11.05	30.00	40.28	8.89	37.29	−1.04	15年	1999.11.26	深交所	长盛	中行
大成景福封闭	184701	1999.12.30	30.00	45.04	20.32	35.35	−8.13	15年	2000.01.10	深交所	大成	农行
富国汉兴封闭	500015	1999.12.30	30.00	35.75	−7.07	31.78	−5.10	15年	2000.01.10	上交所	富国	交行
博时裕泽封闭	184705	2000.03.27	5.00	5.82	−2.78	—	—	15年	2000.05.17	深交所	博时	工行
融通通乾封闭	500038	2001.08.29	20.00	32.96	20.91	25.09	−10.65	15年	2001.09.21	上交所	融通	建行
宝盈鸿阳封闭	184728	2001.12.10	20.00	16.78	−2.96	16.29	−2.92	15年	2001.12.18	深交所	宝盈	农行
易方达科瑞封闭	500056	2002.03.12	30.00	37.06	8.55	32.74	−7.78	15年	2002.03.20	上交所	易方达	交行
嘉实丰和价值封闭	184721	2002.03.22	30.00	37.55	24.89	30.49	−15.53	15年	2002.04.04	深交所	嘉实	农行
长城久嘉封闭	184722	2002.07.05	20.00	21.51	2.92	19.96	−4.30	15年	2002.08.27	深交所	长城	农行
银河银丰封闭	500058	2002.08.15	30.00	36.40	3.05	30.97	−14.37	15年	2002.09.10	上交所	银河	建行

说明：博时裕泽封闭于2011年4月22日到期已转型为开放式基金，2011年传统型封闭式基金数量减少1只。

第三章　行业发展相关数据

表3-1　中国证券投资基金市场发展概貌（1998-2011）

（单位：家；只；亿元；万户）

年度	基金公司	基金总数量	基金总资产净值	基金账户总数	托管银行	代销银行	代销证券公司
1998	6	5	107.42	214.81	5	—	—
1999	10	23	576.85	215.93	5	—	—
2000	10	41	869.80	218.58	5	—	—
2001	15	52	820.58	219.40	5	6	—
2002	21	71	1,185.58	18.74	7	11	8
2003	34	110	1,715.61	20.23	8	12	24
2004	45	161	3,246.40	109.61	10	14	50
2005	52	218	4,691.16	146.63	12	16	58
2006	57	307	8,564.60	371.90	12	18	59
2007	59	345	32,755.90	2,599.75	12	18	61
2008	61	438	19,388.54	2,834.12	14	26	75
2009	60	556	26,760.80	3,121.80	17	32	85
2010	**62**	**703**	**25,194.49**	**3,404.25**	**18**	**42**	**93**
2011	**65**	**809**	**23,599.59**	**3,577.30**	**18**	**46**	**95**

说明：为年末统计数据；2011年数据截至6月30日；代销证券公司数据包括1家证券投资咨询机构；年末基金账户数来源中国证券登记结算公司。

表3-2　中国基金业、保险业总资产规模与商业银行储蓄存款发展对比（2002-2011）

（单位：亿元；%）

年度	商业银行		保险业		基金业	
	年末储蓄存款	增长率	年末总资产	增长率	年末总资产	增长率
2002	86,911	—	6,320	—	1,186	—
2003	103,618	10.28	9,088	32.72	1,716	44.69
2004	119,555	14.96	11,954	37.53	3,246	89.16
2005	141,051	17.98	15,286	28.45	4,691	44.52
2006	161,587	18.12	19,704	29.59	8,565	82.58

（续上表）

年度	商业银行		保险业		基金业	
	年末储蓄存款	增长率	年末总资产	增长率	年末总资产	增长率
2007	172,534	3.55	28,912	47.00	32,756	282.44
2008	217,885	28.68	33,418	15.22	19,389	−40.81
2009	260,767	17.46	40,635	21.60	26,761	38.02
2010	**303,302**	**16.31**	**50.482**	**24.23**	**25,194**	**5.86**
2011	**336,078**	**10.81**	**57.470**	**13.84**	**23,600**	**6.33**

说明：为年末统计数据；2011年数据截至6月30日。

表3–3　证券投资基金总资产净值占国民生产总值的比重

（单位：亿元；%）

年度	基金总资产净值	GDP	占GDP的比重
2002	1,186	120,333	0.99
2003	1,716	135,823	1.26
2004	3,246	159,878	2.03
2005	4,691	183,868	2.55
2006	8,565	216,314	3.96
2007	32,756	265,810	12.32
2008	19,389	314,045	6.17
2009	26,761	340,903	7.85
2010	**25,194**	**401,513**	**6.27**
2011	**23,600**	**205,775**	**11.47**

说明：为年末统计数据；2011年数据截至6月30日。

表3–4　证券投资基金总资产净值占城乡居民储蓄存款余额的比重

（单位：亿元；%）

年度	基金总资产净值	城乡居民储蓄存款余额	占居民储蓄存款余额的比重
2002	1,186	86,910	1.36
2003	1,716	103,618	1.66
2004	3,246	119,555	2.72
2005	4,691	141,051	3.33
2006	8,565	161,587	5.30

（续上表）

年度	基金总资产净值	城乡居民储蓄存款余额	占居民储蓄存款余额的比重
2007	32,756	172,534	18.99
2008	19,389	217,885	8.90
2009	26,761	260,772	10.26
2010	**25,194**	**303,302**	**8.31**
2011	**23,600**	**332,542**	**7.10**

说明：为年末数据；2011年数据截至6月30日。

表3-5 证券投资基金总资产净值占A股流通市值的比重

（单位：亿元；%）

年度	基金总资产净值	A股流通市值	占A股流通市值的比重
2002	1,186	12,042	9.85
2003	1,716	12,774	13.43
2004	3,246	11,000	29.51
2005	4,691	10,631	44.13
2006	8,565	25,004	34.25
2007	32,756	93,064	35.20
2008	19,389	44,409	43.66
2009	26,761	141,653	18.89
2010	**25,194**	**193,110**	**13.05**
2011	**23,600**	**200,865**	**11.75**

说明：为年末数据；2011年数据截至6月30日。

表3-6 各国/地区共同基金资产净值汇总统计

（单位：百万美元）

国家/地区	2007年	2008年	2009年	2010年				2011年	
				Q1	Q2	Q3	Q4	Q1	Q2
全球	**26,132,316**	**18,920,012**	**22,952,849**	**23,123,020**	**21,444,650**	**23,695,966**	**24,699,197**	**25,614,397**	**25,922,407**
美洲	**13,423,909**	**10,581,943**	**12,585,819**	**12,742,608**	**11,993,232**	**12,914,576**	**13,586,870**	**14,065,569**	**14,168,008**
阿根廷	6,789	3,867	4,470	4,522	4,155	4,607	5,179	6,362	5,756
巴西	615,365	479,321	783,970	803,675	807,565	922,663	980,448	1,055,418	1,104,956
加拿大	698,397	416,031	565,156	608,661	556,293	587,485	636,947	681,845	681,374
智利	24,444	17,587	34,227	32,920	31,116	33,205	38,243	34,226	34,152
哥斯达黎加	1,203	1,098	1,309	1,570	1,551	1,401	1,470	1,649	1,571
墨西哥	75,428	60,435	70,659	81,363	83,776	92,502	98,094	100,349	106,261
特立尼达和多巴哥			5,832	5,978	6,029	6,046	5,812	5,793	5,913
美国	12,002,283	9,603,604	11,120,196	11,203,919	10,502,747	11,266,667	11,820,677	12,179,927	12,228,023
欧洲	**8,934,861**	**6,231,116**	**7,545,535**	**7,511,015**	**6,794,684**	**7,779,834**	**7,903,389**	**8,328,022**	**8,430,094**
奥地利	138,709	93,269	99,628	97,634	87,906	98,786	94,670	98,358	97,494
比利时	149,842	105,057	106,721	106,320	85,865	99,360	96,288	99,557	100,827
保加利亚		226	256	250	227	269	302	341	333
捷克	7,595	5,260	5,436	5,514	4,793	5,687	5,508	5,886	5,871
丹麦	104,083	65,182	83,024	84,762	76,470	87,836	89,800	95,677	96,392
芬兰	81,136	48,750	66,131	70,416	60,751	69,981	71,210	75,934	75,793
法国	1,989,690	1,591,082	1,805,641	1,727,396	1,486,573	1,669,231	1,617,176	1,700,497	1,695,270
德国	372,072	237,986	317,543	314,609	279,947	323,372	333,713	351,633	357,476
希腊	29,807	12,189	12,434	10,743	7,964	9,072	8,627	9,301	8,222
匈牙利	12,573	9,188	11,052	11,736	10,279	12,082	11,532	12,444	12,541

①法国、德国、意大利和卢森堡包括基金的基金。香港地区、新西兰、特立尼达和多巴哥包括本国注册基金和海外注册基金，其他国家（地区）仅包括本国注册基金。

（续上表）

国家/地区	2007年	2008年	2009年	2010年				2011年	
				Q1	Q2	Q3	Q4	Q1	Q2
爱尔兰	951,371	720,486	860,515	885,133	837,373	966,923	1,014,104	1,068,445	1,112,830
意大利	419,687	263,588	279,474	260,967	225,774	248,630	234,313	238,206	234,042
列支敦士登	25,103	20,489	30,329		29,723	33,792	35,387	38,027	38,092
卢森堡	2,685,065	1,860,763	2,293,973	2,321,398	2,115,020	2,437,986	2,512,874	2,656,412	2,684,903
荷兰	113,759	77,379	95,512	97,018	83,075	84,497	85,924	89,265	89,617
挪威	74,709	41,157	71,170	73,190	62,503	74,051	84,505	95,991	98,276
波兰	45,542	17,782	23,025	25,115	20,718	25,540	25,595	27,221	27,325
葡萄牙	29,732	13,572	15,808	14,519	11,374	12,010	11,004	11,165	10,668
罗马尼亚	390	326	1,134	1,418	1,307	1,660	1,713	2,110	2,296
俄罗斯	7,175	2,026	3,182	3,673	3,174	3,508	3,917	4,448	4,258
斯洛伐克	4,762	3,841	4,222	4,178	3,783	4,376	4,349	4,563	4,553
斯洛文尼亚	4,219	2,067	2,610	2,600	2,260	2,586	2,663	2,813	2,820
西班牙	396,534	270,983	269,611	252,720	211,332	231,952	216,915	235,409	234,168
瑞典	194,955	113,331	170,277	175,824	157,452	189,848	205,449	216,984	215,036
瑞士	176,282	135,052	168,260	212,009	223,470	258,256	261,893	275,619	299,713
土耳其	22,609	15,404	19,426	19,237	18,452	19,793	19,545	19,529	18,190
英国	897,460	504,681	729,141	732,636	687,119	808,750	854,413	892,187	903,089
亚洲和太平洋地区	**3,678,325**	**2,037,536**	**2,715,234**	**2,757,171**	**2,549,346**	**2,875,271**	**3,067,323**	**3,078,863**	**3,181,156**
澳大利亚	1,192,988	841,133	1,198,838	1,254,756	1,136,172	1,312,786	1,455,850	1,500,345	1,553,656
中国	434,063	276,303	381,207	345,665	298,308	344,517	364,985	353,064	348,751
香港地区	818,421								
印度	108,582	62,805	130,284	117,432	118,380	123,395	111,421	98,186	118,992

（续上表）

国家/地区	2007年	2008年	2009年	2010年				2011年	
				Q1	Q2	Q3	Q4	Q1	Q2
日本	713,998	575,327	660,666	681,487	671,814	749,058	785,504	785,658	816,325
韩国	329,979	221,992	264,573	281,282	252,851	269,406	266,495	259,985	254,410
新西兰	14,925	10,612	17,657	16,206	15,856	17,694	19,562	20,039	23,455
巴基斯坦	4,956	1,985	2,224	2,125	1,912	2,604	2,290	2,377	2,598
菲律宾	2,090	1,263	1,488	1,574	1,613	1,970	2,184	2,296	2,365
台湾地区	58,323	46,116	58,297	56,644	52,440	53,841	59,032	56,913	60,604
非洲	**95,221**	**69,417**	**106,261**	**112,226**	**107,388**	**126,285**	**141,615**	**141,943**	**143,150**
南非	95,221	69,417	106,261	112,226	107,388	126,285	141,615	141,943	143,150

说明：由于约数的存在，各部分之和与总计略有误差。

数据来源：中国证券业协会；世界各国（地区）投资基金协会；欧洲基金和资产管理协会提供除俄罗斯以外所有欧洲国家数据。

表3-7 全球共同基金资产净值统计（按基金类别）

（单位：10亿美元）

项 目	2008年	2009年	2010年				2011年	
			Q1	Q2	Q3	Q4	Q1	Q2
所有报告国家①	**18,920**	**22,953**	**23,123**	**21,445**	**23,696**	**24,699**	**25,614**	**25,922**
股票基金	6,498	8,948	9,280	8,221	9,371	10,549	11,082	11,088
债券基金	3,389	4,546	4,749	4,766	5,267	5,409	5,607	5,836
货币市场基金	5,786	5,317	4,842	4,475	4,586	4,995	4,970	4,933
平衡/混合基金	1,772	2,345	2,408	2,248	2,557	2,717	2,878	2,955
其他基金	676	840	862	814	949	1,029	1,079	1,111
各期均报告的国家②	**18,621**	**22,533**	**22,769**	**21,108**	**23,309**	**24,290**	**25,214**	**25,526**
股票基金	6,359	8,721	9,069	8,040	9,161	10,331	10,866	10,874
债券基金	3,354	4,518	4,728	4,739	5,234	5,376	5,572	5,796
货币市场基金	5,723	5,267	4,825	4,458	4,568	4,970	4,947	4,913
平衡/混合基金	1,711	2,231	2,303	2,153	2,448	2,604	2,772	2,852
其他基金	676	840	862	797	930	1,010	1,059	1,091

①由于约数和未分类基金的存在，各项目之和与总计略有误差；②包含40个国家（地区）的数据。

表3-8 全球共同基金数目统计（按基金类别）

项 目	2008年	2009年	2010年				2011年	
			Q1	Q2	Q3	Q4	Q1	Q2
所有报告国家①	**68,574**	**67,552**	**67,807**	**68,819**	**68,860**	**69,519**	**70,359**	**71,030**
股票基金	27,879	27,526	27,396	27,497	27,465	27,754	27,923	27,884
债券基金	12,218	12,417	12,495	12,572	12,683	12,768	12,860	12,843
货币市场基金	3,700	3,521	3,449	3,437	3,380	3,344	3,304	3,211
平衡/混合基金	14,510	14,656	14,957	15,294	15,636	15,896	16,238	16,613
其他基金	7,170	6,711	6,745	6,777	6,839	6,858	7,072	7,462
各期均报告的国家②	**65,776**	**64,566**	**65,170**	**65,369**	**65,840**	**66,398**	**67,203**	**67,826**
股票基金	25,731	25,347	25,396	25,400	25,371	25,576	25,732	25,654
债券基金	11,961	12,083	12,239	12,278	12,387	12,447	12,523	12,487
货币市场基金	3,617	3,434	3,379	3,353	3,297	3,260	3,214	3,129
平衡/混合基金	14,206	14,275	14,651	14,965	15,293	15,539	15,876	16,257
其他基金	7,164	6,706	6,740	6,589	6,635	6,677	6,896	7,282

数据来源：中国证券业协会；世界各国（地区）投资基金协会；欧洲基金和资产管理协会提供除俄罗斯以外所有欧洲国家数据。
①由于未分类基金的存在，各项目之和与总计略有误差。
②包含40个国家（地区）的数据。

表3-9 全球共同基金净销售额统计（按基金类别）

（单位：10亿美元）

项 目	2008年	2009年	2010年				2011年	
			Q1	Q2	Q3	Q4	Q1	Q2
所有报告国家②	**276**	**272**	**−72**	**−84**	**196**	**152**	**78**	**106**
股票基金	−375	182	70	−3	−23	92	61	24
债券基金	−198	623	169	103	164	31	57	100
货币市场基金	888	−640	−395	−253	−17	−45	−101	−85
平衡/混合基金	−75	126	52	46	36	38	45	57
其他基金	35	−19	7	4	13	10	15	11
各期均报告的国家③	**246**	**300**	**−89**	**−101**	**148**	**110**	**71**	**57**
股票基金	−368	169	69	−7	−18	98	58	14
债券基金	−203	636	168	102	158	30	54	83
货币市场基金	854	−624	−386	−244	−43	−64	−96	−89
平衡/混合基金	−72	138	53	44	39	38	46	48
其他基金	35	−20	7	4	11	8	10	1

数据来源：中国证券业协会；世界各国（地区）投资基金协会；欧洲基金和资产管理协会提供除俄罗斯以外所有欧洲国家数据。
①净销售额=新增销售额+分红再投资−赎回+净转换。
②由于约数和未分类基金的存在，各项目之和与总计略有误差。
③包含31个国家（地区）的数据，由于约数的存在，各项目之和与总计略有误差。

第四部分 基金市场体系

Part IV Fund Market System

国泰基金管理有限公司

GuoTai Asset Management Co.,Ltd.

成立时间	1998年3月5日	注册资本	1.1亿元人民币	公司属性	中外合资
董事长	陈勇胜	总经理	金旭	督察长	李峰
联系电话	021-3856 1600	传真号码	021-3856 1800		
客服电话	400-888-8688　021-3856 9000			公司网址	www.gtfund.com
注册地址	上海市浦东新区世纪大道100号上海环球金融中心39层				
办公地址	上海市浦东新区世纪大道100号上海环球金融中心39层				

公司概况

国泰基金管理有限公司(以下简称“国泰基金”)成立于1998年3月5日，是经中国证监会证监基字[1998]5号文批准的首批规范的全国性基金管理公司之一。公司注册资本为1.1亿元人民币，注册地为上海，并在北京和深圳设有分公司。

截至2011年6月30日，国泰基金共管理3只封闭式基金，以及18只开放式基金。另外，公司于2004年获得全国社会保障基金理事会社保基金资产管理人资格，目前受托管理全国社保基金多个投资组合。2007年11月19日，公司获得企业年金投资管理人资格。2008年2月14日，公司成为首批获准开展特定客户资产管理业务(专户理财)的基金公司之一，并于3月24日经中国证监会批准获得合格境内机构投资者(QDII)资格，成为目前业内少数拥有“全牌照”的基金公司之一，囊括了公募基金、社保、年金、专户理财和QDII等管理业务资格。

旗下公募基金产品一览

基金简称	基金代码	设立日期	上市日期	上市地点	托管银行
封闭式					
国泰金泰封闭	500001	1998-03-27	1998-04-07	上交所	工商银行
国泰金鑫封闭	500011	1999-10-21	1999-11-26	上交所	建设银行
国泰估值优势分级封闭①	160212	2010-02-10	2010-03-08	深交所	工商银行
股票型					
国泰金鹰增长股票	020001	2002-05-08			交通银行
国泰金牛创新股票	020010	2007-05-18			农业银行
国泰沪深300指数	020011	2007-11-11			中国银行
国泰区位优势股票	020015	2009-05-27			中国银行
国泰中小盘成长股票(LOF)	160211	2009-10-19	2010-01-07	深交所	建设银行

（续上表）

基金简称	基金代码	设立日期	上市日期	上市地点	托管银行
国泰价值经典股票(LOF)	160215	2010-08-13	2010-09-13	深交所	建设银行
国泰上证180金融ETF联接	020021	2011-03-31			中国银行
混合型					
国泰金龙行业混合	020003	2003-12-05			上海浦发银行
国泰金马稳健混合	020005	2004-06-18			建设银行
国泰金鹏蓝筹混合	020009	2006-09-29			中国银行
国泰金鼎价值混合	519021	2007-04-11			建设银行
国泰金鹿保本混合	020018	2008-06-12			中国银行
国泰保本混合	020022	2011-04-19			招商银行
债券型					
国泰金龙债券	020002	2003-12-05			上海浦发银行
国泰双利债券	020019	2009-03-11			建设银行
货币型					
国泰货币	020007	2005-06-21			农业银行
ETF					
国泰上证180金融ETF	510230	2011-03-31	2011-05-23	上交所	中国银行
QDII					
国泰纳斯达克100指数(QDII)	160213	2010-04-29			建设银行

2010年旗下公募基金数量发展

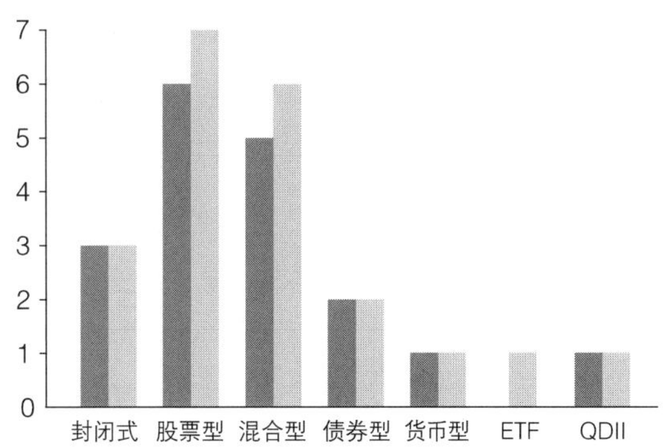

统计周期：2010年-2011年上半年
■2010年末 ■2011年上半年末

2010年旗下公募基金资产净值构成

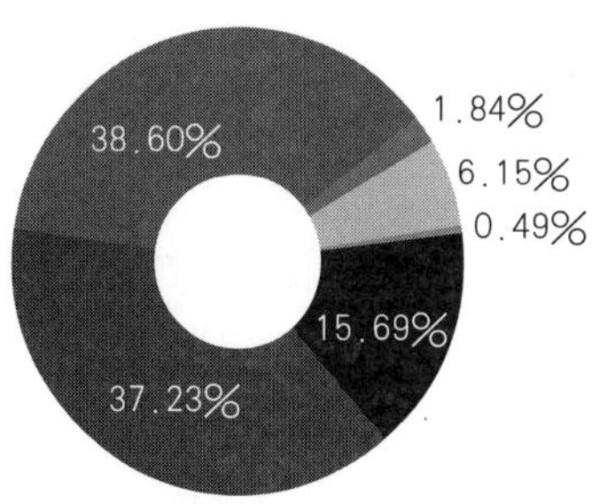

数据截至2010年12月31日
■封闭式 ■股票型 ■混合型 ■债券型
■货币型 ■QDII

南方基金管理有限公司

China Southern Fund Management Co.,Ltd.

成立时间	1998年3月6日	注册资本	1.5亿元人民币	公司属性	中 资
董 事 长	吴万善	总 经 理	高良玉	督 察 长	秦长奎
联系电话	0755-8276 3888	传真号码	0755-8276 3889		
客服电话	400-889-8899	公司网址	www.nffund.com		
注册地址	深圳市福田中心区福华一路6号免税商务大厦31-33层				
办公地址	深圳市福田中心区福华一路6号免税商务大厦31-33层				

公司概况

1998年3月6日，经中国证监会批准，南方基金管理有限公司作为国内首批规范的基金管理公司正式成立，成为我国“新基金时代”的起始标志。

南方基金总部设在深圳，注册资本1.5亿元人民币。股东结构为：华泰证券股份有限公司(45%)；深圳市投资控股有限公司(30%)；厦门国际信托有限公司(15%)；兴业证券股份有限公司(10%)。目前，公司在北京、上海、合肥等地设有分公司，在香港设有子公司——南方东英资产管理有限公司，是首批在香港设立分支机构的内地基金公司。

公司拥有一支高素质、经营丰富的专业化团队，现有员工350余人，其中54%以上具有硕士及硕士以上学历，投研人员的平均证券从业年限为7年，近22%具有海外学习或工作经验。

年度发展

南方基金经历了中国证券市场多次牛熊交替的长期考验，以持续优秀的投资业绩、完善周到的客户服务，赢得了广大基金投资人、社保理事会、企业年金客户、专户客户的认可和信赖。

截至2011年上半年，公司管理资产规模突破1,850亿元，位居行业前列。旗下管理公募基金共29只，产品数量位列行业第一。其中开放式基金27只、封闭式基金2只，公募基金资产管理规模约1,220亿元，累计向基金持有人分红达到465亿元，拥有客户数量突破1,100万人。私募业务管理规模超过630亿元，在行业中持续保持领先地位。南方基金已经发展成为国内产品种类最丰富、业务领域最全面、经营业绩优秀、资产管理规模最大的基金管理公司之一。

公司管理团队及投研体系建设与发展

管理团队建设：

公司十分重视管理团队的培养，持续加强管理团队建设，不断提升干部的管理能力。

将管理能力作为干部晋升的核心标准。公司建立了《南方基金中基层管理干部晋升操作细则》，明确了干部晋升的标准和流程，强调管理能力、文化认同、绩效结果在管理干部晋升中的核心作用，并将国际先进的管理理念和管理工具贯穿到干部的管理能力评估中，使公司中基层干部更加清晰了努力的方向。

培养管理团队在工作任务管理方面的能力。推行了“战略管理——绩效管理——计划管理——预算管理”的工作管理体系，逐步形成了南方基金独具特色的由“年度KPI签署会”、“年度预算下达会”、“部门周计划与总结会”、“公司月度例会”、“公司季度绩效回顾会”、“公司年度总结与计划会”等组成的目标管理体系，促使各级管理者掌握从战略到执行的一整套系统的管理工具和方法，养成工作任务管理的习惯，有效提升了公司各级管理者在工作任务管理方面的管理水平。

投研体系建设：

公司投资研究团队现有员工100余人，涵盖投资部、专户投资部、研究部、数量化投资部、固定收益部、国际业务部、交易部等部门。投资管理决策流程上，实行投资决策委员会领导下的基金经理负责制和研究辅助投资的投研组织框架。经过10余年的摸索和完善，现已形成了完备的投资管理、研究管理、股票池管理、风险控制、交易、监察稽核等相关制度流程，形成了完善的投研分析框架和考核体系，确保科学决策、防范风险，最大程度地保护投资者利益，为投资者创造持续稳定的良好投资回报。

2011年以来，投研体系坚持向管理要效益。一是各基金结合契约规定和市场判断，制定中长期配置计划，将行业配置作为构建投资框架的主体；二是实行交易制度改革，强化基金经理的研究导向；三是利用投资规律，提高行业配置的超额收益；四是完善行业比较体系，形成投资的客观决策依据，减少盲目主观判断；五是数量化研究与基本面研究相结合，形成择时、行业配置、风格预测的定量模型；六是倡导长期思维和逆向思维，提高决策的客观性和前瞻性，做好再平衡；七是构建适合长期投资的组合，把好行业和好股票融为一体。通过这些措施，进一步完善了投研体系流程，提升了投资研究效果。

投资者教育及社会公益活动

投资者教育：

- **开展“彩虹之旅”大型投资者见面活动**

“彩虹之旅”是南方基金2007年创建并坚持开展的品牌化的现场活动。2010年分别在深圳、北京、中山、佛山、广州、郑州、大连、石家庄、天津、成都、哈尔滨举办了11场“彩虹之旅”活动，总计参与活动人数约3, 300多人。2011年上半年，公司分别在广州、深圳、太原、杭州、东莞、沈阳举办了8场“彩虹之旅”活动，总计参与活动人数3, 000多人。客户普遍表示对活动很满意，活动满意度为95.46%，其中非常满意度为15.58%，并希望多举办类似的活动。

- **开展“智富汇”贵宾客户一对一交流活动**

“智富汇”自2008年创办，2010年分别在深圳、北京、上海、杭州、成都以沙龙或小型报告会的形式举办了共5场“智富汇”贵宾活动，参与人数300多人。2011年上半年分别在天津、杭州举办了2场“智富汇”贵宾活动，参与人数100多人。从现场投资者调查问卷分析，南方基金这种“公司整体展示——投研观点交流——产品分享——服务宣传”交替结合的现场交流方式得到投资者的普遍认可，沟通效果极佳。

● **开展“走进南方”活动，让投资者亲身实地感受专业理财**

公司在司庆之际策划推出“走进南方”系列活动，邀请全国的投资者代表到公司总部办公实地进行参观，安排公司高层、投研、运维等部门负责人进行面对面交流，每一位实地到访者对公司办公环境、每一个部门的工作职能都表示出浓厚的兴趣，所到之处都得到公司员工的热情接待和专业交流，让投资者对基金公司的专业理财形象有了更直观、更全面的了解。该活动的成功举办在业内引起强烈反响，得到上万人的热情响应。

社会公益活动：

● **抗震救灾**

2010年5月，青海玉树地震，公司捐款800,000元；2010年8月，公司援助甘肃舟曲灾区300,000元。

● **莲花山植树环保**

2011年3月12日，南方基金植树节组织员工前往深圳莲花山开展植树造林活动，弘扬生态文明，共建绿色城市。

● **地球一小时活动**

2011年3月26日20:30—21:30，来自全球各国家和地区的组织、团体和个人，超过十多亿人共同参与“地球熄灯一小时”活动。作为积极践行社会责任、倡导低碳经济的企业，南方基金积极响应“地球一小时”活动，3月22日即发出倡议书，号召公司全体员工，包括公司总部、全国九大营销中心、香港分公司，积极参与“地球一小时”活动，支持生态公益事业，并通过参与这项活动将南方基金低碳节能的环保理念持续贯彻下去。

● **深圳福利院义工活动**

关爱孤寡老人和小孩，是每一个社会成员义不容辞的责任，也是众多爱心人士发自内心的呼唤。2011年4月16日，南方基金组织员工前往深圳市社会福利中心探访孤寡老人与小孩，开展爱心慈善活动。活动中，南方基金的员工与老人、小孩聊天，做互动游戏，展示书法和表演沙画，赢得老人和小孩的喜爱。

● **地球日活动**

2011年4月22日是第42个世界地球日，本年地球日的主题为：“珍惜地球资源转变发展方式”。作为业界资产管理规模和业绩均领先的基金管理公司，南方基金一直致力于公益慈善事业，积极践行企业公民的社会责任，倡导低碳经济。此次南方基金积极向广大员工和客户发出倡议，号召大家爱惜身边一点一滴的地球资源。

● **给西部贫困地区学校捐赠图书**

2011年4月，南方基金以成都为中心，辐射周边贫困地区，寻找急需帮助的中小学进行图书捐助活动。接受捐赠的学校共六所：四川金堂特殊教育学校、青海门源小学、贵州凯里棉席小学、湖南凤凰的贺村小学、甘肃天水吴村小学、甘肃老君坡教育管理中心。

- **深圳市儿童院捐赠活动**

南方基金组织员工前往深圳市儿童院，送去生活用品，这是继3月份开展植树造林、地球一小时，4月份前往儿童院和老人院参加义工活动后，南方基金再一次组织的爱心公益活动。

- **向身患白血病的同事捐款**

公司为患重病(重度再生障碍性贫血)员工捐款，捐款总计1, 172, 000元。

年度重点业务介绍

企业年金或专户理财等业务发展：

南方基金具备丰富的企业年金基金投资管理经验和能力，为企业年金客户有效实现了保值增值需求。截至2011年6月30日，南方基金企业年金累计中标客户125家。所涉及的行业包括：金融、烟草、石油化工、电力、钢铁冶金、煤炭开采、有色金属、电器制造、航空、港口运输等。值得一提的是，南方基金被39家年金资金规模超过1亿元的大型企业集团选定为投资管理人，成为目前国内企业年金签约规模和已进入投资运作的企业年金规模最大的基金管理公司之一。

截至2011年6月30日，南方基金签约的特定客户数量在行业内居于前列，所管理的特定资产类型覆盖高风险类资产和低风险类资产，积累了较为丰富的特定客户资产管理经验。目前所管理的特定客户资产规模在行业内处于领先位置，管理规模超过55亿元。

南方基金年度纪事

•2010年-2011年上半年•

2011年上半年

2011.06.21 成立旗下第27只开放式证券投资基金——南方保本混合型证券投资基金，募集规模为49.6亿元。

2011.05.17 成立旗下第26只开放式证券投资基金——中证50债券指数证券投资基金(LOF)。该基金为国内首只债券指数LOF基金，募集规模为28.26亿元。

2011.01.30 成立旗下第25只开放式证券投资基金——南方优选成长混合型证券投资基金，募集规模为22.17亿元。

2010年

2010.12.09 成立旗下第24只开放式证券投资基金——南方金砖四国指数证券投资基金，是业内首只提出“金砖四国”概念的QDII基金。募集规模为6.36亿元。

2010.11.03 成立旗下第23只开放式证券投资基金——南方广利回报债券型证券投资基金，募集规模为45.65亿元。

2010.08.27 成立旗下第22只开放式证券投资基金——中证南方小康产业交易型开放式指数证券投资基金联接基金，募集规模为8.99亿元。

成立旗下第21只开放式证券投资基金——中证南方小康产业交易型开放式指数证券投资基金，小康ETF是国内首只跟踪定制指数、首只可投资股指期货的ETF，募集规模为6.56亿元。

2010.03.31 成立旗下第20只开放式证券投资基金——南方策略优化股票型证券投资基金，募集规模为22亿元。

公司旗下公募基金产品一览

基金简称	基金代码	设立日期	上市日期	上市地点	托管银行
封闭式					
南方开元封闭	184688	1998-03-27	1998-04-07	深交所	工商银行
南方天元封闭	184698	1999-08-25	1999-09-20	深交所	工商银行
股票型					
南方积极配置股票(LOF)	160105	2004-10-14	2004-12-20	深交所	工商银行
南方高增长股票(LOF)	160106	2005-07-13	2005-09-21	深交所	中国银行
南方绩优成长股票	202003	2006-11-16			工商银行
南方成份精选股票	202005	2007-05-14			工商银行
南方隆元产业主题股票	202007	2007-11-09			工商银行
南方盛元红利股票	202009	2008-03-21			建设银行
南方优选价值股票	202011	2008-06-18			工商银行
南方沪深300指数	202015	2009-03-25			工商银行
南方中证500指数(LOF)	160119	2009-09-25	2009-11-11	深交所	农业银行
南方深证成份ETF联接	202017	2009-12-09			工商银行
南方策略优化股票	202019	2010-03-30			招商银行
南方小康ETF联接	202021	2010-08-27			工商银行
混合型					
南方稳健成长混合	202001	2001-09-28			工商银行
南方避险增值混合	202202	2003-06-27			工商银行
南方稳健成长贰号混合	202002	2006-07-25			工商银行
南方恒元保本混合	202211	2008-11-12			工商银行
南方优选成长混合	202023	2011-01-30			建设银行
南方保本混合	202212	2011-06-21			农业银行
债券型					
南方宝元债券	202101	2002-09-20			工商银行
南方多利增强债券	202102	2007-08-28			工商银行
南方广利回报债券	202105	2010-11-03			工商银行
南方中证50债券指数(LOF)	160123	2011-05-17	2011-07-25	深交所	工商银行
货币型					
南方现金增利货币	202301	2004-03-05			工商银行
ETF					
南方深证成份ETF	159903	2009-12-04	2010-02-02	深交所	工商银行
南方小康ETF	510160	2010-08-27	2010-11-01	上交所	工商银行
QDII					
南方全球精选配置(QDII-FOF)	202801	2007-09-19			工商银行
南方金砖四国指数(QDII)	160121	2010-12-09			工商银行

2010年旗下公募基金数量发展

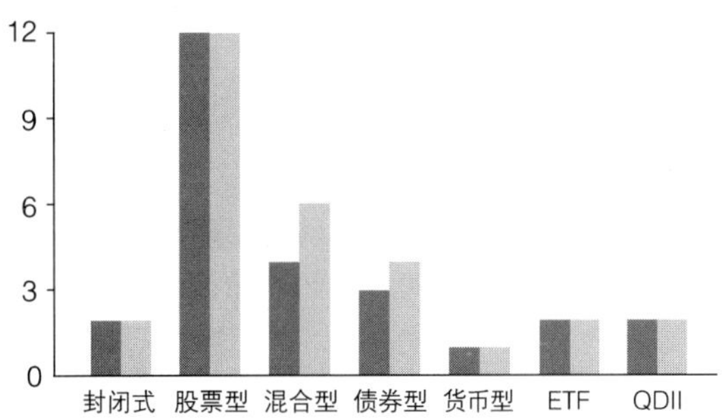

统计周期：2010年-2011年上半年
■2010年末 ■2011年上半年末

2010年旗下公募基金资产净值构成

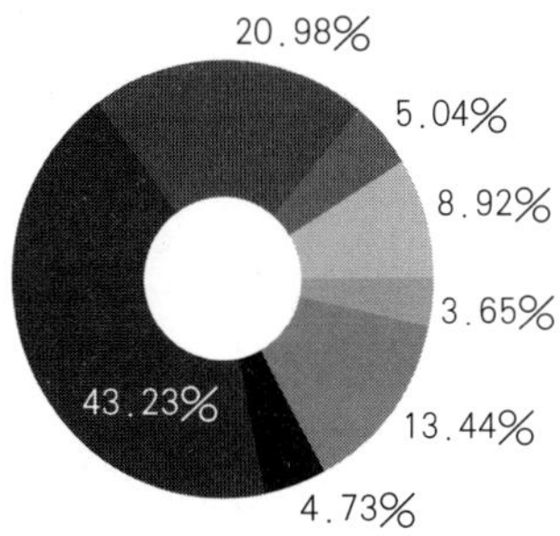

数据截至2010年12月31日
■封闭式 ■股票型 ■混合型 ■债券型
■货币型 ■ETF ■QDII

旗下产品介绍

南方优选价值股票型证券投资基金
简称：南方优选价值股票

基金代码： 202011
成立日期： 2008年06月18日
基金类型： 契约型开放式，股票型
基金管理人： 南方基金管理有限公司
基金托管人： 中国工商银行

基本概况

业绩比较基准

80%×沪深300指数+20%×上证国债指数

风险收益特征

该基金为股票型基金，属于较高预期风险和预期收益的证券投资基金品种，其预期风险和收益水平高于混合型基金、债券基金及货币市场基金。

投资目标

该基金为股票型基金，在适度控制风险并保持良好流动性的前提下，采用自下而上优选的模式，投资于资产价值有保障，并且具备价值释放条件（盈利能力持续稳定或处于经营反转）的上市公司，实现基金资产的长期、稳定增值。

投资策略

采用“自下而上”的策略，比较上市公司的现有账面资产价值与股票投资价值，优选未来价值能够释放（盈利能力持续稳定或处于经营反转，未来两年盈利增长高于GDP增长）的上市公司作为主要投资对象。同时结合“自上而下”的行业分析，根据对宏观经济运行、上下游行业运行态势与利益分配的观察来确定优势或景气行业，以发现能够改变个股未来价值释放能力的系统性条件，从而以最低的组合风险优选并确定最优质的股票组合。

投资范围

该基金的投资范围为具有良好流动性的金融工具，包括投资于国内依法公开发行、上市的股票和债券以及法律、法规或中国证监会允许基金投资的其他金融工具。

股票占基金资产的60%－95%，其中对价值股票的投资不低于股票投资比例的80%；债券、货币市场工具及其他金融工具占基金资产的0－35%；权证占基金资产的0－3%；资产支持证券占基金资产的0－20%；基金保留的现金以及到期日在一年以内的政府债券的比例合计不低于基金资产净值的5%。

市场表现

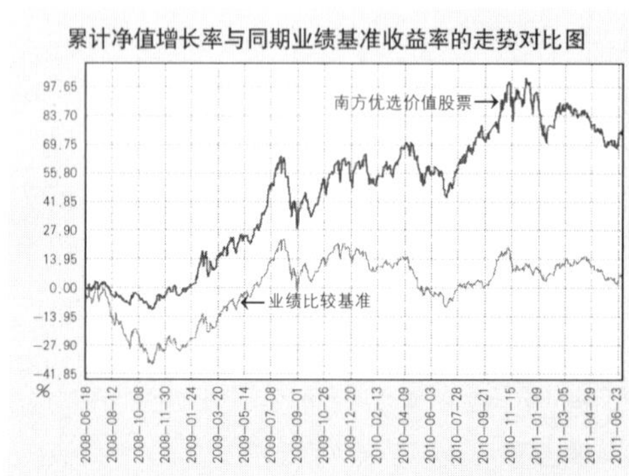

统计时间：截至2011年6月30日
图标来源：南方优选价值股票型证券投资基金2011年半年度报告

业绩表现

阶 段	累计净值增长率(%)	基准累计收益率(%)	超基准收益(%)
2010年度	20.66	-9.12	29.78
2011年上半年	-8.72	-1.67	-7.05
自成立以来	77.13	6.63	70.50

截至日期：2011年6月30日

收益分配

2010年，该基金累计每份分红0.22元。

2011年上半年，该基金累计每份分红0.08元。

基金经理

谈建强：经济学硕士学位，注册会计师，14年证券从业经历。曾任职于上海申华实业股份有限公司、海南港澳国际信托投资公司、中海信托投资有限责任公司，主管自营证券、国债投资及信托资金证券投资管理业务。2006年9月加入南方基金，历任南方绩优基金经理，现任南方高增、南方价值、南方成长基金经理。

投资理念

该基金遵循价值投资的投资理念，通过深入的调查研究，挖掘上市公司的价值，寻求具备该基金所界定的“价值投资”条件的证券，采取适度的风险收益配比原则，通过科学的组合投资，降低投资风险，以长期投资为主，实现基金资产的长期、稳定增值。

南方中证500指数证券投资基金(LOF)
简称：南方中证500指数(LOF)

基金代码： 160119
成立日期： 2009年9月25日
基金类型： 契约型开放式，股票型
基金管理人： 南方基金管理有限公司
基金托管人： 中国农业银行

基本概况

业绩比较基准

中证500指数收益率×95%＋银行活期存款利率(税后)×5%

风险收益特征

该基金属股票基金，风险与收益高于混合基金、债券基金与货币市场基金。该基金为指数型基金，主要采用指数复制法跟踪标的指数的表现，具有与标的指数，以及标的指数所代表的股票市场相似的风险收益特征。

投资目标

该基金采用被动式指数化投资，通过严格的投资纪律约束和数量化的风险管理手段，以实现对标的指数的有效跟踪。

投资策略

该基金为完全被动式指数基金，原则上采用指数复制法，按照成份股在中证500指数中的基准权重构建指数化投资组合，并根据标的指数成份股及其权重的变化进行相应调整。当预期成份股发生调整和成份股发生配股、增发、分红等行为时，或因基金的申购和赎回等对该基金跟踪标的指数的效果可能带来影响时，或因某些特殊情况导致流动性不足时，或其他原因导致无法有效复制和跟踪标的指数时，基金管理人可以对投资组合管理进行适当变通和调整，并辅之以金融衍生产品投资管理等，力争控制该基金的净值增长率与业绩比较基准之间的日均跟踪偏离度不超过0.3%，年跟踪误差不超过4%。

投资范围

该基金资产投资于具有良好流动性的金融工具，包括中证500指数的成份股及其备选成份股、新股(一级市场初次发行或增发)、债券，以及中国证监会允许基金投资的其他金融工具。其中，中证500指数的成份股及其备选成份股的投资比例不低于基金资产净值的90%，现金或者到期日在一年以内的政府债券不低于基金资产净值的5%，权证及其他金融工具的投资比例符合法律法规和监管机构的规定。

待指数衍生金融产品推出以后，基金管理人可以履行适当程序使该基金运用衍生金融产品进行风险管理。

市场表现

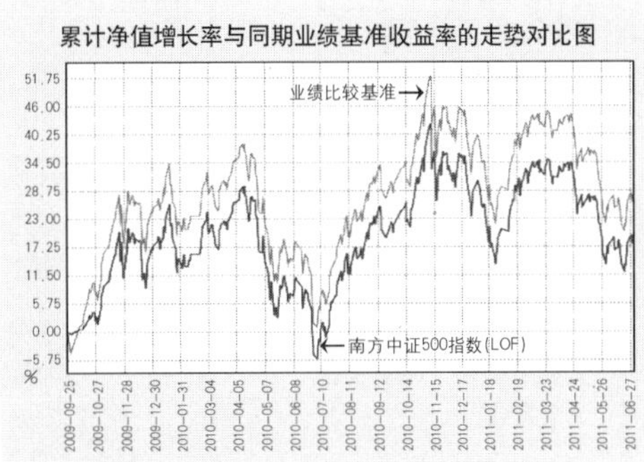

统计时间：截至2011年6月30日
图标来源：南方中证500指数证券投资基金(LOF)2011年半年度报告

业绩表现

阶 段	累计净值增长率(%)	基准累计收益率(%)	超基准收益(%)
2010年度	9.40	9.77	-0.37
2011年上半年	-7.10	-6.83	-0.27
自成立以来	19.52	28.25	-8.73

截至日期：2011年6月30日

收益分配

2010年，该基金累计每份分红0.05元。

基金经理

张　原：美国密歇根大学应用经济学硕士，2006年4月加入南方基金管理有限公司，从事行业研究、基金经理助理等工作，现任南方绩优、南方中证500指数、南方高增基金经理。

潘海宁：会计学学士，9年证券从业经历，具有基金从业资格。曾任职兴业证券股份有限公司、富国基金管理有限公司。2003年加入南方基金管理有限公司，历任行业研究员、开元基金经理助理、投资部总监助理等职务。现任公司投资部总监助理、南方沪深300指数基金经理、深成ETF基金经理、南方深成ETF联接基金经理、南方中证500指数基金经理。

投资理念

该基金通过被动式指数化投资以实现跟踪中证500指数，从而为投资者提供一个分享中国经济中最具活力的中小企业长期增长的有效投资工具。

南方基金
China Southern Fund

南方宝元债券型基金
简称：南方宝元债券

基金代码：202101
成立日期：2002年9月20日
基金类型：契约型开放式，债券型
基金管理人：南方基金管理有限公司
基金托管人：中国工商银行

基本概况

业绩比较基准

75%交易所国债指数+25%(上证A股指数+深证A股指数)

风险收益特征

南方宝元债券型基金属于证券投资基金中的低风险品种，其风险收益配比关系为低风险、适度收益。

投资目标

该基金为开放式债券型基金，以债券投资为主，股票投资为辅，在保持投资组合低风险和充分流动性的前提下，确保基金安全及追求资产长期稳定增值。

投资策略

南方宝元债券型基金采取自上而下的投资策略，通过对宏观经济形势以及财政货币政策的深入分析，确定资产配置的指导原则，在此基础上依照收益率与风险特征对不同金融产品的投资比例进行合理配置，并随投资环境的变化及时做出调整。力争在控制利率风险与市场风险的同时，为投资者获取稳定收益。

投资范围

该基金的投资标的物为国内依法公开发行的各类债券、股票以及中国证监会允许基金投资的其他金融工具。作为债券型基金，该基金主要投资于各类债券，品种主要包括国债、金融债、企业债与可转换债券。债券投资在资产配置中的比例最低为45%，最高为95%；股票投资在资产配置中的比例不超过35%。

投资理念

积极投资、稳健投资、组合投资与灵活投资。

收益分配

2010年，该基金累计每份分红0.02元。
2011年上半年，该基金累计每份分红0.02元。

市场表现

累计净值增长率与同期业绩基准收益率的走势对比图

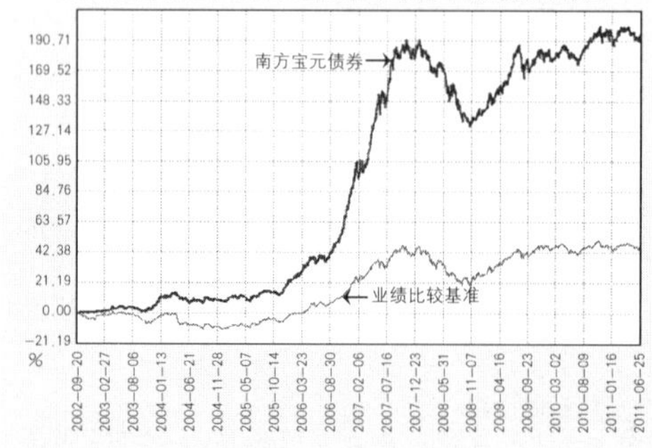

统计时间：截至2011年6月30日
图标来源：南方宝元债券型基金2011年半年度报告

业绩表现

阶段	累计净值增长率(%)	基准累计收益率(%)	超基准收益(%)
2010年度	4.91	-0.67	5.58
2011年上半年	-0.27	0.44	-0.71
自成立以来	195.32	47.21	148.11

截至日期：2011年6月30日

基金经理

应　帅：1997年获得北京大学管理学学士学位，2001年获北京大学管理学硕士学位，7年证券基金从业经历。2001年11月进入长城基金管理公司，任行业研究员；2007年1月进入南方基金管理有限公司，曾任南方绩优成长基金经理助理，现任南方宝元、南方成份基金经理。

蒋朋宸：北京大学生物化学硕士、美国哥伦比亚大学生物学硕士及金融工程学硕士，5年基金行业从业经历。曾担任鹏华基金公司基金管理部分析师，2005年加入南方基金，历任高级分析师、南方宝元基金经理助理、南方全球基金经理助理、南方盛元基金经理，现任南方宝元、南方隆元、基金天元基金经理。

李　璇：清华大学金融学学士、硕士，3年基金行业从业经验，具有基金从业资格。2007年加入南方基金管理有限公司固定收益部，担任信用债高级分析师，现任南方宝元、南方多利基金经理。

南方避险增值基金

简称：南方避险增值混合

基金代码：202202
成立日期：2003年6月27日
基金类型：契约型开放式，混合型
基金管理人：南方基金管理有限公司
基金托管人：中国工商银行

基本概况

业绩比较基准

中信标普全债指数×80%+中信标普综指×20%

风险收益特征

该基金为投资者控制本金损失的风险。

投资目标

该基金控制本金损失的风险，并在三年避险周期到期时力争基金资产的稳定增值。

投资策略

该基金参照优化后的恒定比例投资组合保险机制对风险资产上限进行动态调整，以实现避险目的。在控制本金损失风险的前提下，通过积极的策略、灵活投资，力争最大限度地获取基金资产增值。

投资范围

该基金的投资范围为具有良好流动性的金融工具，包括国内依法公开发行的各类债券、股票以及中国证监会允许基金投资的其他金融工具。

该基金初期债券投资在资产配置中的比例不低于75%，此后按照投资组合保险机制对债券和股票的投资比例进行动态调整，投资组合中投资于股票资产的比例上限随着基金前期收益情况和基金净值水平，按照恒定比例投资组合保险机制进行动态调整，从而达到防御下跌、参与增值的目的。

投资理念

该基金遵循避险增值的投资理念。

基金经理

孙鲁闽：南开大学理学和经济学双学士、澳大利亚新南威尔士大学商学硕士，具有基金从业资格。曾任职于厦门国际银行福州分行，2003年4月加入南方基金管理有限公司，历任行业研究员、南方高增和南方隆元的基金经理助理，2007年12月至2010年10月，担任南方基金企业年金和专户的投资经理，现任南方避险基金经理。

市场表现

累计净值增长率与同期业绩基准收益率的走势对比图

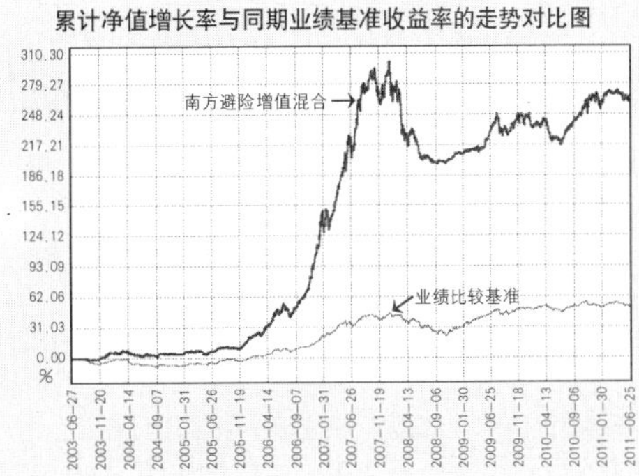

统计时间：截至2011年6月30日
图标来源：南方避险增值基金2011年半年度报告

业绩表现

阶 段	累计净值增长率(%)	基准累计收益率(%)	超基准收益(%)
2010年度	5.54	1.37	4.17
2011年上半年	0.07	0.37	-0.30
自成立以来	265.73	52.70	213.03

截至日期：2011年6月30日

收益分配

2010年，该基金累计每份分红0.05元。

2011年上半年，该基金累计每份分红0.03元。

南方基金
China Southern Fund

南方现金增利基金
简称：南方现金增利货币

基金代码： 202301(A)　202302(B)
成立日期： 2004年3月5日
基金类型： 契约型开放式，货币型
基金管理人： 南方基金管理有限公司
基金托管人： 中国工商银行

基本概况

业绩比较基准 同期7天通知存款利率(税后)

投资目标

该基金为具有高流动性、低风险和稳定收益的短期金融市场基金，在控制风险的前提下，力争为投资者提供稳定的收益。

投资策略

南方现金增利货币基金以"保持资产充分流动性，获取稳定收益"为资产配置目标，在战略资产配置上，主要采取利率走势预期与组合久期控制相结合的策略，在战术资产操作上，主要采取滚动投资、关键时期的时机抉择策略，并结合市场环境适时进行回购套利等操作。

投资范围

该基金的投资标的物包括剩余期限在397天以内(含397天)的债券，期限在一年以内(含一年)的中央银行票据、债券回购、银行定期存款、大额存单、现金以及中国证监会、中国人民银行认可的其他具有良好流动性的货币市场工具。

投资理念

在秉承南方基金管理公司一贯的投资理念的基础上，按照收益稳定、研究为本、积极投资的理念进行投资。

基金经理

韩亚庆：中国人民大学经济学硕士，已考取证券发行承销和证券投资基金从业资格。1997年参加工作，曾先后任职于国家开发银行资金局、全国社会保障基金理事会投资部，担任主任科员、副调研员(副处级)，主要从事企业债券承销、固定收益研究、全国社保基金固定收益投资管理等工作。2008年7月加入南方基金，现任南方现金、南方广利基金经理。

刘朝阳：2007年毕业于北京大学光华管理学院，获金融硕士学位，3年基金行业从业经验，于2008年获得证券/基金从业资格。2007年7月加入南方基金，历任宏观研究员、债券交易员、宏观策略高级研究员，现任南方50债、南方现金增利基金经理。

市场表现

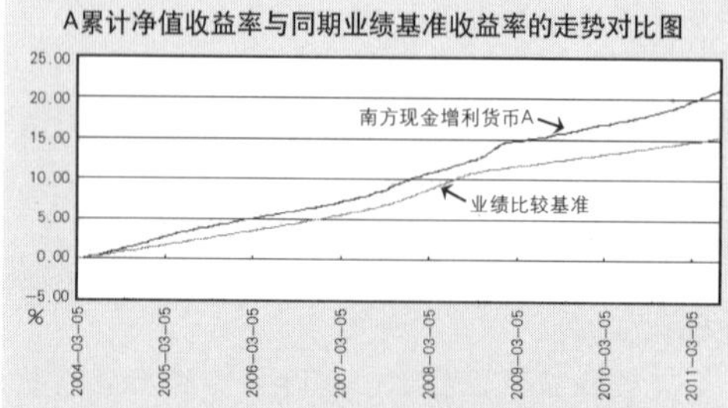

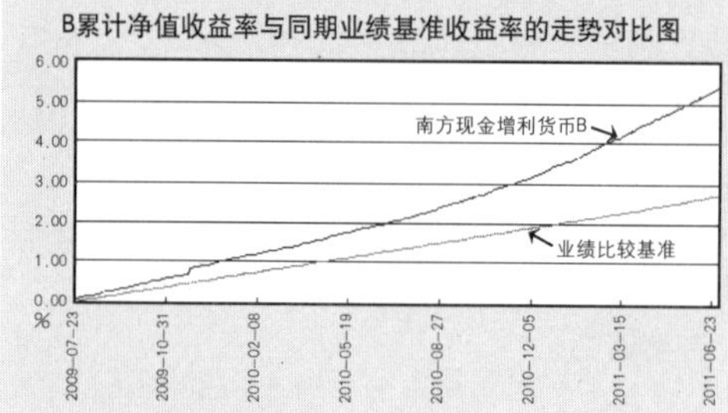

统计时间：截至2011年6月30日
图标来源：南方现金增利基金2011年半年度报告

业绩表现

阶段	累计净值收益率(%)	基准累计收益率(%)	超基准收益(%)
2010年度			
A	2.1458	1.3781	0.7677
B	2.3907	1.3781	1.0126
2011年上半年			
A	1.7811	0.7210	1.0601
B	1.9017	0.7210	1.1807
自成立以来			
A	21.2137	15.3252	5.8885
B	5.4087	2.7276	2.6811

截至日期：2011年6月30日

华夏基金年度纪事

•2011年•

2011.03 《亚洲资产管理》(Asia Asset Management)杂志在香港正式公布了2010年度亚洲地区资产管理行业评选结果，华夏基金再次获得“中国年度最佳基金公司奖”，并获得“中国股票3年最佳业绩奖”，华夏上证50ETF获得“中国最佳品牌ETF奖”。公司已连续七年获得该杂志评选的奖项。

在《证券时报》举办的“第七届中国基金业明星奖颁奖仪式暨中国明星基金论坛”，华夏基金获得评委会特别颁发的“长期回报明星基金公司奖”，华夏策略精选基金获得“2010年度积极混合型明星基金奖”，华夏优势增长基金、华夏复兴基金获得“2010年股票型明星基金奖”；华夏复兴基金、华夏经典配置基金分别获得“三年股票型明星基金奖”和“三年平衡混合型明星基金奖”，华夏大盘精选基金、华夏红利基金获得“五年积极混合型明星基金奖”。

2011.04 在由《中国证券报》、中央电视台主办的第八届“中国基金业金牛奖”颁奖典礼上，华夏基金第六次荣获“2010年度金牛基金管理公司”，华夏大盘精选基金、华夏复兴基金、华夏红利基金、华夏兴华封闭基金以及华夏优势增长基金分别获得各类型基金“金牛基金”称号。

在由《上海证券报》主办的第八届中国“金基金”奖颁奖典礼上，华夏基金第六次荣获“金基金TOP公司奖”，华夏策略精选基金、华夏大盘精选基金、华夏复兴基金、华夏优势增长基金以及华夏红利基金分别获得各类型的单项奖。

2011.05 华夏基金运作了近六年的亚债中国债券基金中国子基金，成功从专户管理转为开放式基金——亚债中国债券指数基金。

2011.10 华夏基金获得香港《财资》杂志(The Asset)评选的2011年3A投资奖(The Asset Triple A Investment Awards 2011)中的“中国最佳基金管理公司”奖项，是唯一获得该奖项的机构。这是公司自该奖项设立以来连续第三年获奖。

华夏基金管理有限公司

China Asset Management Co.,Ltd.

成立时间	1998年4月9日	注册资本	2.38亿元人民币	公司属性	中外合资
董事长	王东明	总经理	范勇宏	督察长	方瑞枝
联系电话	010-8806 6688	传真号码	010-8806 6508		
客服电话	400-818-6666	公司网址	www.chinaamc.com		
注册地址	北京市顺义区天竺空港工业区A区				
办公地址	北京市西城区金融大街33号通泰大厦B座12层				

发展概况

华夏基金管理有限公司(以下简称“华夏基金”)成立于1998年4月9日，是经中国证监会批准成立的首批全国性基金管理公司之一。公司总部设在北京，在北京、上海、南京、杭州、广州、深圳和成都设有分公司，在香港设有子公司。公司以专业、严谨的投资研究为基础，为投资人提供优质的投资理财产品和服务。

业务发展

历经多年牛市熊市的洗礼，华夏基金规范运作、稳健经营，以雄厚的综合实力保持了基金行业的领先地位。截至2011年9月30日，旗下基金累计实现分红超过721亿元，基金份额持有人户数1,600万。

业务领域

成立13年来，华夏基金的业务持续快速发展，获得了基金行业全部业务牌照。华夏基金是首批全国社保基金投资管理人、首批企业年金基金投资管理人、QDII基金管理人、境内首只ETF基金管理人以及特定客户资产管理人，是业务领域最广泛的基金管理公司之一。

投研团队

华夏基金在业内最早提出“研究创造价值”的投资理念，制定了严格的投资管理流程和制度，目的是通过专业、严谨的投资，获取稳定、可靠的收益。华夏基金的投研团队，吸收了大批海内外专业人士，具有高水准的职业操守、丰富的投资经验和突出的研究能力。基金经理平均从业年限超过10年。各基金经理在分享团队智慧的同时，能够充分发挥主观能动性，团队整体富有经验且充满锐气，在投资管理方面具有独立性和前瞻性。

基金产品

华夏基金建立了完善的基金产品线，旗下共有24只开放式基金，2只封闭式基金，从低风险、低收益的货币市场基金到高风险、高收益的股票基金，可以满足各类风险偏好投资者的需求。公司还管理着多只全国社保基金投资组合，已经被超过150家大中型企业确定为年金投资管理人，并被多家客户确定为特定客户资产管理人。公司是境内管理基金数目最多、品种最全的基金管理公司之一。

旗下公募基金产品一览

基金简称	基金代码	设立日期	上市日期	上市地点	托管银行
封闭式					
华夏兴华封闭	500008	1998-04-28	1998-05-08	上交所	建设银行
华夏兴和封闭	500018	1999-07-14	1999-07-30	上交所	建设银行
股票型					
华夏收入股票	288002	2005-11-17			建设银行
华夏优势增长股票	000021	2006-11-24			建设银行
华夏复兴股票	000031	2007-09-10			农业银行
华夏行业股票(LOF)	160314	2007-11-22	2008-01-14	深交所	中国银行
华夏沪深300指数	000051	2009-07-10			工商银行
华夏盛世股票	000061	2009-12-11			建设银行
混合型					
华夏成长混合	000001	2001-12-18			建设银行
华夏回报混合	002001	2003-09-05			中国银行
华夏经典混合	288001	2004-03-15			招商银行
华夏大盘精选混合	000011	2004-08-11			中国银行
华夏红利混合	002011	2005-06-30			建设银行
华夏稳增混合	519029	2006-08-09			农业银行
华夏回报二号混合	002021	2006-08-14			中国银行
华夏蓝筹混合(LOF)	160311	2007-04-24	2007-05-28	深交所	交通银行
华夏策略混合	002031	2008-10-23			中国银行
债券型					
华夏债券	001001	2002-10-23			交通银行
中信稳定双利债券	288102	2006-07-20			建设银行
华夏希望债券	001011	2008-03-10			工商银行
华夏亚债中国指数	001021	2011-05-25			交通银行
货币型					
华夏现金增利货币	003003	2004-04-07			建设银行
中信现金优势货币	288101	2005-04-20			招商银行
ETF					
华夏上证50ETF	510050	2004-12-30	2005-02-23	上交所	工商银行
华夏中小板ETF	159902	2006-06-08	2006-09-05	深交所	建设银行
QDII					
华夏全球股票(QDII)	000041	2007-10-09			建设银行

2010年旗下公募基金数量发展

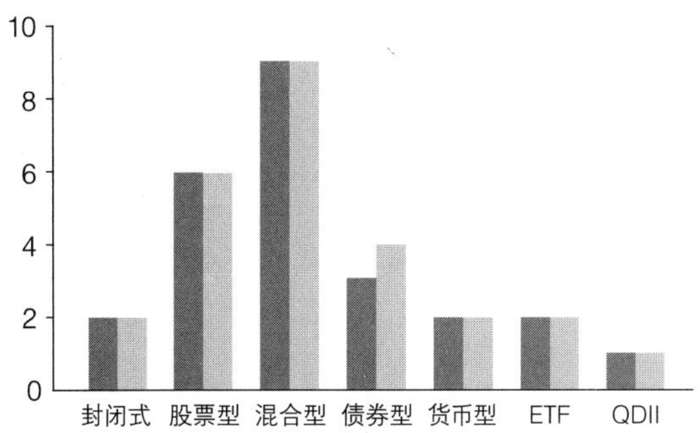

统计周期：2010年-2011年上半年
2010年末　2011年上半年末

2010年旗下公募基金资产净值构成

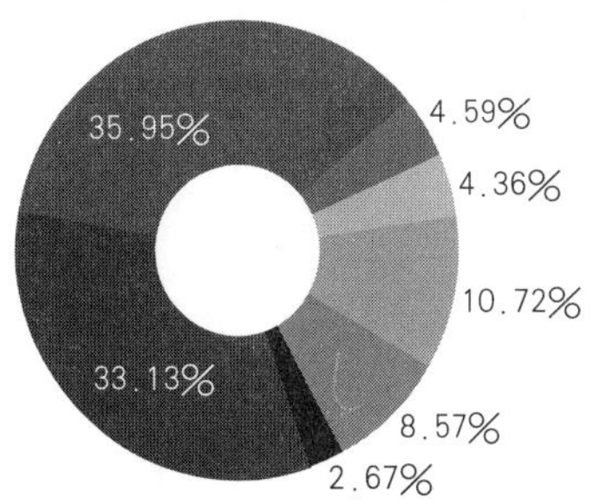

数据截至2010年12月31日
封闭式　股票型　混合型　债券型
货币型　ETF　QDII

华夏基金
China AMC

旗下产品介绍

华夏优势增长股票型证券投资基金
简称：华夏优势增长股票

基金代码： 000021
成立日期： 2006年11月24日
基金类型： 契约型开放式，股票型
基金管理人： 华夏基金管理有限公司
基金托管人： 中国建设银行

基本概况

业绩比较基准

富时中国A600指数收益率×80%＋新华巴克莱资本中国全债指数收益率×20%

风险收益特征

该基金是股票基金，风险高于货币市场基金、债券基金和混合基金，属于较高风险、较高收益的品种。

投资目标

追求在有效控制风险的前提下实现基金资产的稳健、持续增值。

投资策略

该基金主要采取“自下而上”的个股精选策略，以GARP模型为基础，结合严谨、深入的基本面分析和全面、细致的估值分析和市场面分析，精选出具有清晰、可持续的业绩增长潜力且被市场相对低估、价格处于合理区间的股票进行投资。同时，考虑到我国股票市场的波动性，基金将主动进行资产配置，即根据对宏观经济、政策形势和证券市场走势的综合分析，调整基金在股票、债券等资产类别上的投资比例，以降低投资风险，提高累积收益。该基金债券投资将以优化流动性管理、分散投资风险为主要目标，同时根据需要进行积极操作，以提高基金收益。

基金经理

刘文动：基金经理、投资总监。硕士，13年证券从业经历。2006年加入华夏基金管理有限公司，2009年7月起任华夏优势增长股票基金经理。

巩怀志：基金经理、股票投资部副总经理。清华大学MBA，9年证券从业经历。2005年加入华夏基金管理有限公司，2010年1月起任华夏优势增长股票基金经理。

收益分配

自成立以来，该基金累计每份分红1.17元。

截至日期：2011年12月28日

市场表现

累计净值增长率与同期业绩基准收益率的走势对比图

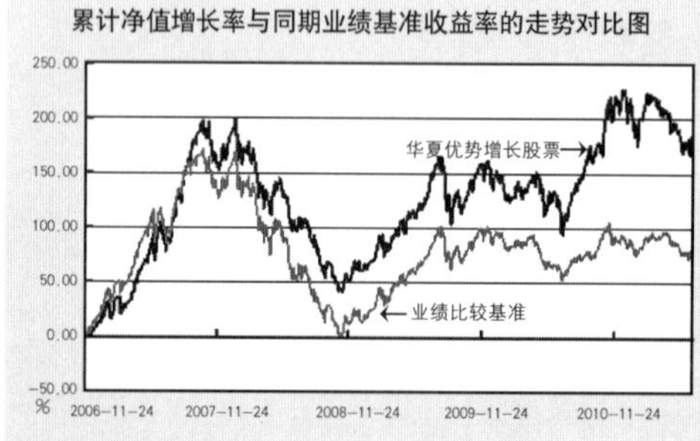

统计时间：截至2011年6月30日
图标来源：华夏优势增长股票型证券投资基金2011年半年度报告

业绩表现

阶段	累计净值增长率(%)	基准累计收益率(%)	超基准收益(%)
2010年度	24.75	-4.85	29.60
2011年上半年	-8.05	-3.25	-4.80
自成立以来	188.69	80.78	107.91

截至日期：2011年6月30日

基金管理回顾

2010年年初，华夏优势增长股票基金大幅减持了周期品和金融行业，重点配置了新能源汽车、电子新材料、稀土永磁、信息技术等新兴产业以及医药等消费品，从投资效果来看，较好的行业/板块配置和个股选择为该基金带来了较好的超额收益。

2011年上半年，该基金在3月中下旬降低了股票仓位，并在6月份大幅加仓。在结构上保持了对新兴产业、医药等经济转型受益领域的重点配置，同时增加了部分供给受限的周期性行业的投资比例。

展望未来，华夏优势增长股票基金将坚守成长型投资理念，在战术层面努力把握传统周期性行业的反弹机会，战略层面则积极寻找中国经济转型带来的长期投资机会，并“自下而上”对各个细分领域（如新兴产业、消费升级、机器替代人工、自动化、安防、装饰、航天军工、连锁、央企整体上市等领域）进行深入研究，寻找并重点布局优质成长股，分享企业高成长带来的长期回报。

华夏复兴股票型证券投资基金
简称：华夏复兴股票

基金代码：000031

成立日期：2007年9月10日

基金类型：契约型开放式，股票型

基金管理人：华夏基金管理有限公司

基金托管人：中国农业银行

■ 基本概况

业绩比较基准

沪深300指数收益率×80%+上证国债指数收益率×20%

风险收益特征

该基金是股票基金，风险高于货币市场基金、债券基金和混合基金，属于高风险、高收益的品种。

投资目标

秉承长期投资理念和个股精选思路，以长期、全球视野考察我国经济、行业以及个股的成长前景，着眼于公司外部环境、公司内部品质两个基本评估维度，通过多层筛选机制构建高品质的投资组合，追求基金资产的持续增值，力争为投资者创造超额回报。

投资策略

该基金的资产配置采用“自上而下”的多因素分析决策支持系统，综合定性分析和定量分析手段，根据全球经济发展形势以及对中国经济发展趋势的判断，对股票市场、债券市场未来一段时间内的风险收益特征做出合理预测，从而确定基金资产在股票、债券、现金三大类资产之间的投资比例，并随着各类资产风险收益特征的相对变化，适时动态地调整股票、债券和货币市场工具的投资比例，以规避或控制市场风险，提高基金收益率水平。该基金投资从经济增长的长期规律和全球视野出发，采取价值型投资策略，选择具有长期竞争力和稳定成长性，且预期估值水平低于市场或行业平均水平的股票，以及已经度过基本面拐点，且预期估值低于其长期平均水平的股票进行投资。

■ 基金经理

程海泳：基金经理、投资副总监、股票投资部总经理。北京大学经济学学士，14年证券从业经历。2004年加入华夏基金管理有限公司，2010年2月起任华夏复兴股票基金经理。

■ 市场表现

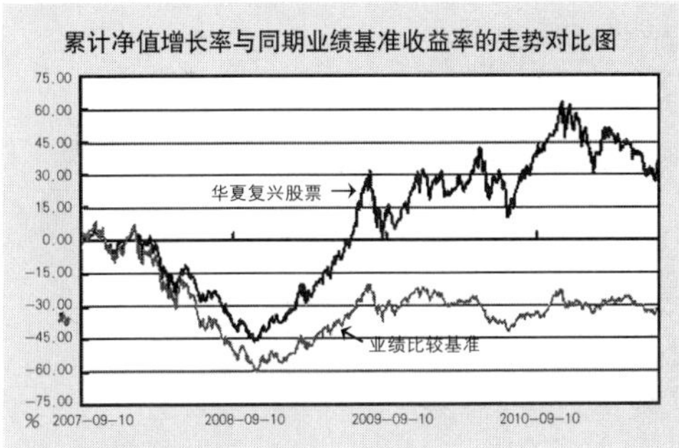

统计时间：截至2011年6月30日
图标来源：华夏复兴股票型证券投资基金2011年半年度报告

■ 业绩表现

阶 段	累计净值增长率(%)	基准累计收益率(%)	超基准收益(%)
2010年度	16.81	-9.12	25.93
2011年上半年	-9.08	-1.67	-7.41
自成立以来	35.20	-31.34	66.54

截至日期：2011年6月30日

■ 基金管理回顾

2010年，在资产配置层面，华夏复兴股票基金始终保持了较高的股票仓位，努力把握结构性机会。

2011年上半年，该基金保持了较高的股票仓位，未做择时，在行业上增加了水泥、家电等低市盈率的周期性投资品和周期性消费品。

展望未来，在资产配置策略上，该基金倾向于保持较高的股票仓位。行业投资策略上，在局部性、结构性行情中，消费、中小市值成长股和主题投资可能较为活跃，周期股、金融股在通胀压力缓解后可能会获得更多的相对收益。在资产配置策略上，该基金倾向于保持较高的股票仓位。行业投资策略上，在局部性、结构性行情中，消费、中小市值成长股和主题投资可能较为活跃，周期股、金融股在通胀压力缓解后可能会获得更多的相对收益。

华夏大盘精选证券投资基金
简称：华夏大盘精选混合

基金代码： 000011

成立日期： 2004年8月11日

基金类型： 契约型开放式，混合型

基金管理人： 华夏基金管理有限公司

基金托管人： 中国银行

基本概况

业绩比较基准

富时中国A200指数×80%+富时中国国债指数×20%

风险收益特征

该基金在证券投资基金中属于中等风险的品种，其长期平均的预期收益和风险高于债券基金和混合基金，低于成长型股票基金。

投资目标

追求基金资产的长期增值。

投资策略

华夏大盘精选混合基金主要采取“自下而上”的个股精选策略，根据细致的财务分析和深入的上市公司调研，精选出业绩增长前景良好且被市场相对低估的个股进行集中投资。考虑到我国股票市场的波动性，基金还将在资产配置层面辅以风险管理策略，即根据对宏观经济、政策形势和证券市场走势的综合分析，监控基金资产在股票、债券和现金上的配置比例，以避免市场的系统性风险，保证基金所承担的风险水平合理。

基金经理

王亚伟：经济学硕士。曾任中信国际合作公司业务经理，华夏证券有限公司研究经理。1998年加入华夏基金管理有限公司，历任兴华证券投资基金基金经理助理、基金经理（1998年4月28日至2002年1月8日期间），华夏成长证券投资基金基金经理（2001年12月18日至2005年4月12日期间）。现任华夏基金管理有限公司副总经理，华夏大盘精选证券投资基金基金经理（2005年12月31日起任职）、华夏策略精选灵活配置混合型证券投资基金基金经理（2008年10月23日起任职）。

市场表现

统计时间：截至2011年6月30日
图标来源：华夏大盘精选证券投资基金2011年半年度报告

业绩表现

阶 段	累计净值增长率(%)	基准累计收益率(%)	超基准收益(%)
2010年度	24.24	-9.90	34.14
2011年上半年	2.38	-1.42	3.80
自成立以来	1388.27	129.63	1258.64

截至日期：2011年6月30日

收益分配

自成立以来，该基金累计每份分红0.58元。

截至日期：2011年6月30日

基金管理回顾

2010年，华夏大盘精选混合基金采取偏防御的投资策略，面对行情结构剧烈分化的市场，始终坚持均衡配置，将组合的整体风险控制在较低水平。行业和个股方面，新疆资源股、医药股、水利股、军工重组类股为组合净值做出了较好贡献。

2011年上半年，该基金保持较高的股票仓位，在组合调整上采取降低防御性的思路。行业和个股方面，对银行股先重仓后减持，对部分创业板个股择机少量增持。

展望未来，华夏大盘精选混合基金将密切关注国内外宏观经济形势和政策的变化，综合考虑估值的安全性和业绩的成长性，对投资组合进行动态优化调整。

华夏策略精选灵活配置混合型证券投资基金
简称：华夏策略混合

基金代码： 002031
成立日期： 2008年10月23日
基金类型： 契约型开放式，混合型
基金管理人： 华夏基金管理有限公司
基金托管人： 中国银行

基本概况

业绩比较基准

沪深300指数收益率×55%＋上证国债指数收益率×45%

风险收益特征

该基金是灵活配置型混合基金，混合基金的风险高于货币市场基金和债券基金，低于股票基金；而灵活配置型混合基金的资产配置比例可灵活调整，在混合基金中也属于较高风险、较高收益的品种。

投资目标

通过灵活运用多种投资策略，充分挖掘和利用市场中潜在的投资机会，谋求基金资产的长期、持续增值。

投资策略

在资产配置策略方面，华夏策略混合基金将结合宏观经济环境、政策形势、证券市场走势的综合分析，主动判断市场时机，进行积极的资产配置，合理确定基金在股票、债券等各类资产类别上的投资比例，以最大限度地降低投资组合的风险、提高收益；在股票投资策略方面，该基金将灵活运用多种投资策略，充分挖掘和利用市场中潜在的投资机会，实现基金投资目标。

基金经理

王亚伟：经济学硕士。曾任中信国际合作公司业务经理，华夏证券有限公司研究经理。1998年加入华夏基金管理有限公司，历任兴华证券投资基金基金经理助理、基金经理(1998年4月28日至2002年1月8日期间)，华夏成长证券投资基金基金经理(2001年12月18日至2005年4月12日期间)。现任华夏基金管理有限公司副总经理，华夏大盘精选证券投资基金基金经理(2005年12月31日起任职)、华夏策略精选灵活配置混合型证券投资基金基金经理(2008年10月23日起任职)。

市场表现

统计时间：截至2011年6月30日
图标来源：华夏策略精选灵活配置混合型证券投资基金2011年半年度报告

业绩表现

阶 段	累计净值增长率(%)	基准累计收益率(%)	超基准收益(%)
2010年度	29.50	−5.03	34.53
2011年上半年	2.88	−0.48	3.36
自成立以来	153.40	41.20	112.20

截至日期：2011年6月30日

基金管理回顾

2010年，华夏策略混合基金采取了偏防御的投资策略，面对行情结构剧烈分化的市场，始终坚持均衡配置，将组合的整体风险控制在较低水平。行业和个股方面，新疆资源股、医药股、水利股、军工重组类股为组合净值做出了较大贡献，而金融股、房地产股拖累了净值表现。债券方面，投资信用债和银行转债取得了较好收益。

2011年上半年，该基金保持较高的股票仓位，在组合调整上采取降低防御性的思路。行业和个股方面，对银行股先重仓后减持，对部分创业板个股择机少量增持。债券投资方面以配置可转债为主。

展望未来，该基金将密切关注国内外宏观经济形势和政策的变化，综合考虑估值的安全性和业绩的成长性，对投资组合进行动态优化调整。

华夏债券投资基金

简称：华夏债券

基金代码： 001001/001002(A/B)　001003(C)
成立日期： 2002年10月23日
基金类型： 契约型开放式，债券型
基金管理人： 华夏基金管理有限公司
基金托管人： 交通银行

基本概况

业绩比较基准

53%×中信标普银行间债券指数+46%×中信标普国债指数+1%×中信标普企业债指数

风险收益特征

该基金属于证券投资基金中相对低风险的品种，其长期平均的风险和预期收益率低于股票基金和平衡型基金，高于货币市场基金。

投资目标

在强调本金安全的前提下，追求较高的当期收入和总回报。

投资策略

该基金将在遵守投资纪律并有效管理风险的基础上，通过价值分析，结合自上而下确定投资策略和自下而上个券选择的程序，采取久期偏离、收益率曲线配置和类属配置等积极投资策略，发现、确认并利用市场失衡实现组合增值。

基金经理

韩会永：基金经理、固定收益副总监。经济学硕士，11年证券从业经历。2000年加入华夏基金管理有限公司，2004年2月起任华夏债券基金经理。

魏镇江：基金经理。北京大学经济学硕士，8年证券从业经历。2005年加入华夏基金管理有限公司，2010年2月起任华夏债券基金经理。

业绩表现

华夏债券A/B

阶段	累计净值增长率(%)	基准累计收益率(%)	超基准收益(%)
2010年度	5.81	1.94	3.87
2011年上半年	−1.79	1.60	−3.39
自成立以来	70.15	26.89	43.26

华夏债券C

阶段	累计净值增长率(%)	基准累计收益率(%)	超基准收益(%)
2010年度	5.52	1.94	3.58
2011年上半年	−1.92	1.60	−3.52
自成立以来	67.34	26.89	40.45

截至日期：2011年6月30日

市场表现

A/B累计净值增长率与同期业绩基准收益率的走势对比图

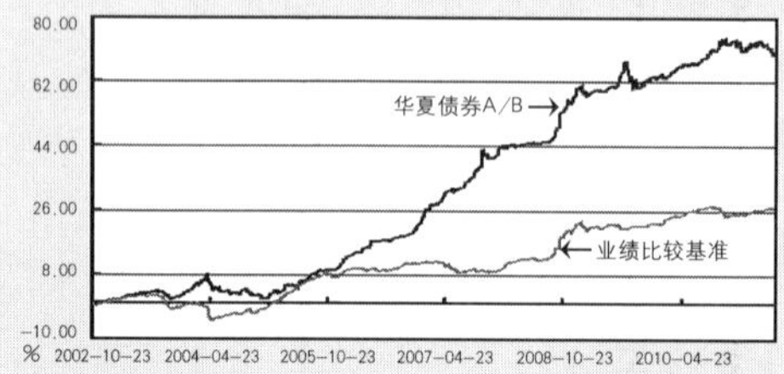

C累计净值增长率与同期业绩基准收益率的走势对比图

统计时间：截至2011年6月30日
图标来源：华夏债券投资基金2011年半年度报告

收益分配

自成立以来，华夏债券A/B累计每份分红0.53元；华夏债券C累计每份分红0.42元。

截至日期：2011年6月30日

基金管理回顾

2010年，华夏债券基金始终保持较高的信用债仓位，并采取偏积极的新股申购策略。上半年重点减持了权益性资产，适度拉长组合久期，降低了股市下跌带来的负面影响；在三季度增加了可转债的配置，并在年底前继续增加了信用债配置。

2011年上半年，该基金保持较低久期，重点持有信用债，并适当减持了部分利率债和低信用等级的企业债。

展望未来，华夏债券基金将继续持有评级较好的信用债，重点做好流动性管理，适度关注债券波段操作的机会，择机提高组合久期。同时，该基金将维持适度的可转债配置，适时进行波段操作，并择优进行新股申购。

华夏希望债券型证券投资基金
简称：华夏希望债券

基金代码： 001011(A)　001013(C)
成立日期： 2008年3月10日
基金类型： 契约型开放式，债券型
基金管理人： 华夏基金管理有限公司
基金托管人： 中国工商银行

■ 基本概况

业绩比较基准 中信标普全债指数

风险收益特征

该基金为债券型基金，其长期平均风险和预期收益率低于股票基金、混合基金，高于货币市场基金。

投资目标

在控制风险和保持资产流动性的前提下，追求较高的当期收入和总回报。

投资策略

该基金将坚持稳健投资，在严格控制风险的基础上，追求较高的当期收入和总回报。

■ 业绩表现

华夏希望债券A

阶段	累计净值增长率(%)	基准累计收益率(%)	超基准收益(%)
2010年度	3.49	2.00	1.49
2011年上半年	-1.73	1.33	-3.06
自成立以来	23.23	11.93	11.30

华夏希望债券C

阶段	累计净值增长率(%)	基准累计收益率(%)	超基准收益(%)
2010年度	3.15	2.00	1.15
2011年上半年	-1.93	1.33	-3.26
自成立以来	21.94	11.93	10.01

截至日期：2011年6月30日

■ 收益分配

自成立以来，华夏希望债券基金累计每份分红0.18元。

截至日期：2011年7月5日

■ 市场表现

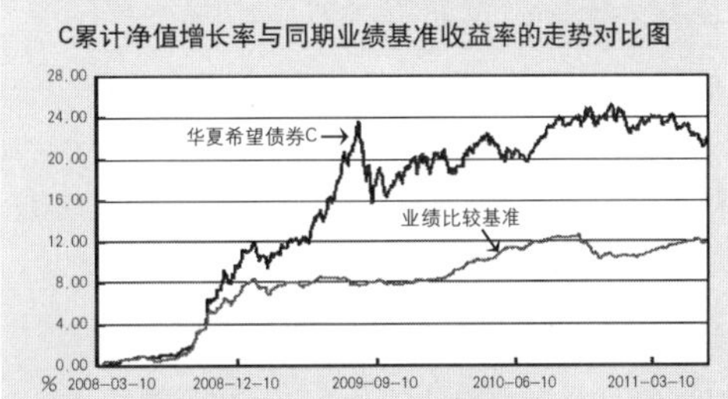

统计时间：截至2011年6月30日
图标来源：华夏希望债券型证券投资基金2011年半年度报告

■ 基金经理

韩会永：基金经理、固定收益副总监。经济学硕士。11年证券从业经历，2000年加入华夏基金管理有限公司，2008年3月起任华夏希望债券基金经理。

■ 基金管理回顾

2010年，华夏希望债券基金保持了较高的信用债投资比例，对国债、央行票据和金融债等利率产品进行了先增后减的波段操作；保持了偏高的股票仓位，并较多地进行了新股申购；同时，考虑到转债溢价率偏高，该基金转债仓位相对偏低。

2011年上半年，华夏希望债券基金主要增持浮息金融债和可转债等，保持了偏低的组合久期。

华夏现金增利证券投资基金
简称：华夏现金增利货币

基金代码： 003003
成立日期： 2004年4月7日
基金类型： 契约型开放式，货币型
基金管理人： 华夏基金管理有限公司
基金托管人： 中国建设银行

■ 基本概况

业绩比较基准 同期7天通知存款利率

风险收益特征

该基金属于证券投资基金中低风险的品种，其长期平均的风险和预期收益率低于股票基金、混合基金和债券基金。

投资目标

在确保本金安全和高流动性的前提下，追求超过基准的较高收益。

投资策略

短期利率预期策略是华夏现金增利货币基金的基本投资策略。根据对宏观经济指标、财政与货币政策、金融监管政策、市场结构变化和市场资金供求等因素的研究与分析，对未来一段时期的短期市场利率进行积极的判断，从而制定并调整组合的期限和品种配置，以适应短期市场利率的预期变化，追求更高收益。根据对短期利率走势的判断确定并调整组合的平均期限。该基金的投资工具具有不同的流动性特征和收益特征，因此，该基金将研究它们的市场准入政策变化、参与主体资金供求变化、市场容量和税收政策等因素，制定并调整类属和品种配置，一方面提高组合的收益性，另一方面满足组合的流动性要求。通过分析短期市场机会发生的动因，研究其中的规律，据此调整组合配置，改进操作方法，积极利用市场机会获得超额收益。

■ 基金经理

曲　波：基金经理。清华大学工商管理学硕士，8年证券从业经历。2003年加入华夏基金管理有限公司，2008年1月起任华夏现金增利货币基金经理。

■ 市场表现

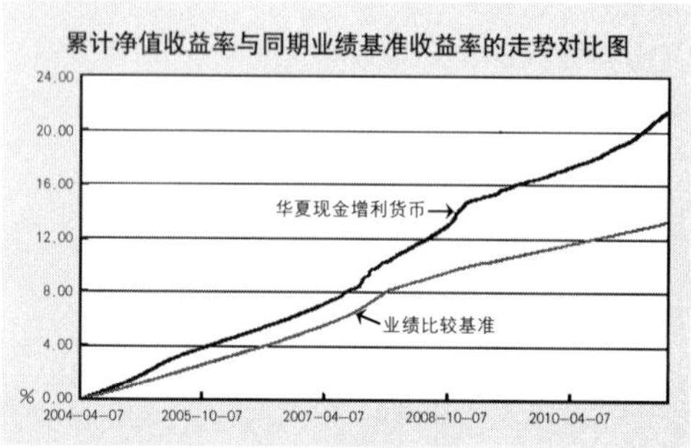

统计时间：截至2011年6月30日
图标来源：华夏现金增利证券投资基金2011年半年度报告

■ 业绩表现

阶段	累计净值收益率(%)	基准累计收益率(%)	超基准收益(%)
2010年度	2.2010	1.3500	0.8510
2011年上半年	1.9045	0.7086	1.1959
自成立以来	21.5783	13.3572	8.2211

截至日期：2011年6月30日

■ 基金管理回顾

2010年，华夏现金增利货币基金保持了较低的组合久期，同时持有较多以Shibor为基准的浮息债，有效规避了利率风险；通过滚动投资于短期回购及存款，合理规划资金的到期分布，组合流动性始终保持在较好水平。同时，该基金全年对短期融资券保持了较高仓位，以获取稳定的利息收入。

2011年上半年，该基金保持较高仓位的短期逆回购及短期存款投资，并在短期融资券收益率上行后进行了部分增持。同时，保持一定比例的以Shibor为基准的浮息债券投资以获取较高的持有期利息收入。

展望未来，华夏现金增利货币基金将在保持良好流动性的前提下，维持合理久期，并继续滚动投资于短期回购等货币市场工具，同时努力把握资金面阶段性紧张带来的投资机会。

上证50交易型开放式指数证券投资基金
简称：华夏上证50ETF

基金代码： 510050
成立日期： 2004年12月30日
基金类型： 交易型开放式
上市日期： 2005年2月23日
上市地点： 上海证券交易所
基金管理人： 华夏基金管理有限公司
基金托管人： 中国工商银行

■ 基本概况

业绩比较基准 上证50指数

风险收益特征

该基金属于股票基金，风险与收益高于混合基金、债券基金与货币市场基金。该基金为指数型基金，采用完全复制策略，跟踪上证50指数，是股票基金中风险较低、收益中等的产品。

投资目标

紧密跟踪标的指数，追求跟踪偏离度和跟踪误差最小化。

投资策略

该基金主要采取完全复制法，即完全按照标的指数的成份股组成及其权重构建基金股票投资组合，并根据标的指数成份股及其权重的变动而进行相应调整。但在因特殊情况（如流动性不足）导致无法获得足够数量的股票时，基金管理人将搭配使用其他合理方法进行适当的替代。

■ 基金经理

方 军：硕士。1999年加入华夏基金管理有限公司，历任研究员，华夏成长证券投资基金基金经理助理、兴华证券投资基金基金经理助理和华夏回报证券投资基金基金经理助理。现担任上证50交易型开放式指数证券投资基金基金经理（2004年12月30日起任职）、中小企业板交易型开放式指数基金基金经理（2006年6月8日起任职）、华夏沪深300指数证券投资基金基金经理（2009年7月10日起任职）。

■ 市场表现

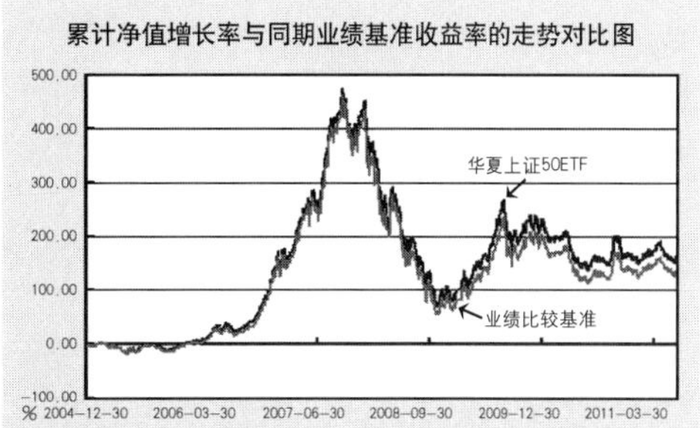

统计时间：截至2011年6月30日
图标来源：上证50交易型开放式指数证券投资基金2011年半年度报告

■ 业绩表现

阶 段	累计净值增长率(%)	基准累计收益率(%)	超基准收益(%)
2010年度	−21.78	−22.57	0.79
2011年上半年	1.32	0.61	0.71
自成立以来	162.85	135.78	27.07

截至日期：2011年6月30日

■ 收益分配

自成立以来，该基金累计每份分红0.147元。

截至日期：2011年6月30日

■ 基金管理回顾

2010—2011年上半年，华夏上证50ETF基金在操作中，严格按照基金合同的要求，在指数权重及成份股变动时，尽量降低成本、减少市场冲击，逐步调整组合至目标结构。

华夏全球精选股票型证券投资基金

简称：华夏全球股票(QDII)

基金代码： 000041
成立日期： 2007年10月9日
基金类型： 契约型开放式，QDII
基金管理人： 华夏基金管理有限公司
基金托管人： 中国建设银行
境外托管人： 摩根大通银行

基本概况

业绩比较基准 摩根士丹利资本国际全球指数

风险收益特征

该基金为股票型基金，风险和收益高于货币基金、债券基金和混合型基金。同时，该基金为全球证券投资基金，除了需要承担与国内证券投资基金类似的市场波动风险之外，该基金还面临汇率风险、国别风险、新兴市场风险等海外市场投资所面临的特别投资风险。

投资目标

主要通过在全球范围内进行积极的股票投资，追求在有效控制风险的前提下实现基金资产的稳健、持续增值。

投资策略

该基金在资产配置方面，一般情况下，主要在全球范围内进行积极的股票投资。但在特殊情况下(如基金遭遇巨额赎回、基金主要投资市场临时发生重大变故、不可抗力等)，基金可将部分资产临时性地投资于低风险资产，如债券、债券基金、货币市场基金、银行存款等。基金临时性投资的主要目标是保持基金资产的安全性和流动性。该基金在股票投资策略方面，主要采取“自下而上”的个股精选策略，以国际化视野精选具有良好成长潜能、价值被相对低估的行业和公司进行投资；该基金在债券投资方面，根据需要，适度进行债券投资。债券投资以优化流动性管理、分散投资风险为主要目标，基金将主要投资于信用等级为投资级以上的债券。

业绩表现

阶段	累计净值增长率(%)	基准累计收益率(%)	超基准收益(%)
2010年度	8.86	10.42	-1.56
2011年上半年	1.34	3.38	-2.04
自成立以来	-9.10	-18.30	9.20

截至日期：2011年6月30日

市场表现

累计净值增长率与同期业绩基准收益率的走势对比图

统计时间：截至2011年6月30日
图标来源：华夏全球精选股票型证券投资基金2011年半年度报告

基金经理

杨昌桁：中国台湾籍，美国田纳西州立大学财务金融专业硕士。自1990年开始从事台湾证券市场的投资管理工作，曾在国票投信投资本部、荷银投信、怡富证券投研部、京华证券研究部、元富证券等任职，具有10年以上的台湾证券市场投资管理经验。2005年1月加入华夏基金管理有限公司，历任公司研究主管。现任公司国际投资首席策略顾问，华夏全球精选股票型证券投资基金基金经理(2007年10月9日起任职)。

周　全：中国人民银行研究生部金融专业硕士。2000年4月加入华夏基金管理有限公司，历任交易主管、行业研究员，现任国际投资部总经理，华夏全球精选股票型证券投资基金基金经理(2007年10月9日起任职)。

基金管理回顾

2010年初，华夏全球股票(QDII)基金明确了“2010年全球股市单边上涨或下跌概率不大”的判断，认为围绕经济复苏的大趋势，投资人对各国宏观经济、政策预期的变化，可能导致证券市场或相关行业出现较大幅度的波动。因此，该基金避免了对股票仓位的过多调整，致力于研究和发掘具有成长性的行业和公司，以期在市场悲观时加大投资，努力为投资人获取长期良好的回报。

2011年上半年，华夏全球股票(QDII)基金继续跟踪各国政策动向，解读主要经济体宏观数据，同时大量走访、研究上市公司。在投资操作上，该基金保持谨慎策略。在行业选择上，适当超配了石油、互联网、可选消费品。在个股选择上，偏向持续成长型公司。

兴华证券投资基金
简称：华夏兴华封闭

基金代码： 500008
成立日期： 1998年4月28日
基金类型： 契约型封闭式
合同存续期： 15年
上市日期： 1998年5月8日
上市地点： 上海证券交易所
基金管理人： 华夏基金管理有限公司
基金托管人： 中国建设银行

基本概况

风险收益特征

该基金在证券投资基金中属于中高风险的品种，其长期平均的预期收益和风险高于债券基金和混合基金。

投资目标

为投资者减少和分散投资风险，确保基金资产的安全并谋求基金长期稳定的投资收益。

投资策略

综合不同投资品种、不同行业和企业及不同投资期限等因素，确定投资组合，达到分散和降低投资风险，确保基金资产安全，谋求基金长期稳定收益。

基金经理

杨明韬：北京大学金融学硕士，4年证券从业及证券投资管理从业经验。2008年7月加入华夏基金管理有限公司，曾任行业研究员、基金经理助理。

阳 琨：北京大学MBA。曾任宝盈基金管理有限公司基金经理助理，益民基金管理有限公司投资部部门经理，中国对外经济贸易信托投资公司财务部部门经理。2006年加入华夏基金管理有限公司，历任策略研究员。

收益分配

自成立以来，该基金累计每份分红4.334元。

市场表现

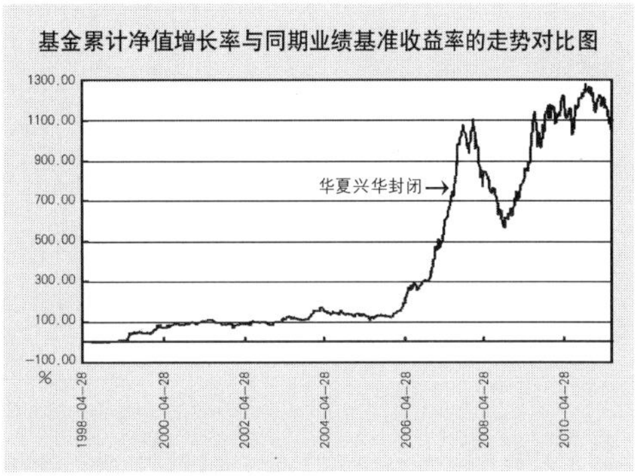

统计时间：截至2011年6月30日
图标来源：兴华证券投资基金2011年半年度报告

业绩表现

阶 段	累计净值增长率(%)	基准累计收益率(%)	超基准收益(%)
2010年度	4.36	–	–
2011年上半年	–8.71	–	–
自成立以来	1108.43	–	–

截至日期：2011年6月30日
注：该基金未规定业绩基准。

基金管理回顾

2010年，华夏兴华封闭基金全年保持较高的股票投资比例，上半年较早地减持了周期性行业，增持了医药、食品、信息技术等行业，取得一定成效。在下半年的市场反弹中，虽然整体组合保持了较高的股票仓位，但在行业配置方面相对保守，对金融、地产等行业配置较多。2011年上半年，该基金保持较高的股票仓位，超配了代表经济转型方向的大消费行业。重仓的医药、商贸等行业虽然长期前景良好，但由于短期估值水平较高，在市场波动中表现不佳，给基金净值造成一定的影响。

展望未来，华夏兴华封闭基金将继续实施“自下而上”的投资策略，将投资的眼光放得更长远，力图挑选出能够跨越周期成长的个股，把握结构性的投资机会。

华安基金管理有限公司

HuaAn Fund Management Co.,Ltd.

成立时间	1998年6月4日	注册资本	1.5亿元人民币	公司属性	中 资
董 事 长	朱仲群	总 经 理	李 劼	督 察 长	章国富
联系电话	021-3896 9999	传真号码	021-3362 6962		
客服电话	40088-50099	公司网址	www.huaan.com.cn		
注册地址	上海浦东新区浦东南路360号新上海国际大厦38楼				
办公地址	上海市浦东新区世纪大道8号国金中心二期31层				

公司概况

华安基金管理有限公司(以下简称“华安基金”)成立于1998年6月4日，是中国证监会批准成立的首批基金管理公司之一，主营业务包括基金发起设立、基金管理和中国证监会批准的其他业务，注册资本1.5亿元人民币，上海电气(集团)总公司、上海国际信托有限公司、上海工业投资(集团)有限公司、上海锦江国际投资管理有限公司、国泰君安投资管理股份有限公司分别持有该公司20%的股权。

近年来财富管理业务成为公司新的业务增长极，由此公司具备完善的产品线以服务客户和社会。公司成立13年来，实现对投资者现金分红的总额高达302.8亿元，让投资者得以分享中国经济和资本市场成长的成果，体现了公司价值和社会价值。

年度发展

截至2011年6月30日，华安基金管理有限公司公募基金资产总规模为755.13亿元，行业排名第八位(据银河证券基金研究中心)。投资业绩排名长期稳定居前，公司管理公募基金24只，专户及投顾28单。所服务的客户超过600万个人客户，8, 300多家机构客户。目前公司共有员工249人，其中投研板块72人，硕士以上学历占比58.6%。

华安基金拥有72人的投研团队，占公司总人数的27%。投研团队近90%具有硕士以上学历，平均从业8年，经验丰富。核心团队中数人服务公司10年以上。

公司管理团队及投研体系建设与发展

“智诚相伴”是公司的文化核心，重视信誉，积极倡导“伙伴文化”，立志与投资者、员工及合作者互为伙伴，共同谋求长期可持续发展，强调专业经验和专业能力，淡化层级观念，强调团队合作、加强部门间沟通，倡导公正和谐的发展环境。

公司在投资研究、投资策略制定、投资组合构建、投资执行、投资组合评估中实行全过程管理，并不断优化管理技术，将风险管理贯穿于投资组合管理的全过程。公司关注增长的稳定性与持续性，长期培养创新能力，开创了中国基金行业开放式基金、货币市场基金等诸多第一，为投资者创造了具有持续性和相对稳定的收益，使公司保持了在行业中相对领先的地位。

年度投资者教育、社会公益活动

完善制度、保障经费，建立投资者教育长效机制

华安基金按照监管部门的要求，从制度和经费上对投资者教育予以双重保障。公司在2007年成立投资者教育工作小组以来，4年来，全公司包括总裁室，均担负和参加了日常的投资者教育工作。2011年公司用于投资者教育实际发生的费用超过500万元。2012年已按高于上年水平完成了预算规划以及开展投资者教育工作的初步方案。投资者教育的预算主要用于包括媒体传播、书籍报刊、现场宣传、广播电视等方面的投入。公司在投资者教育方面，明确了专门的负责人员，进行了多部门参与、统筹规划等安排。要求公司董事长、总裁、监事长以及市场板块等相关部门负责人都担负相应的责任和具体工作，这种机制使公司和投资者的互动成为经常，保证了投资者教育的有效性。

全方位、立体式传播体系

公司与代销渠道合作举办了多种形式的培训会，组织营销板块与媒体的联合推广、设立常年媒体专栏、丰富多彩的投资者沟通会、客户及客户经理互动、各类理财报告会、基金经理见面会等，形成了立体网络架构。公司建立了网络、杂志、平面、电台投资者教育等立体传播体系，通过广告、文章、专栏、博客、论坛等综合媒体传播形式深度进行投资者教育，让更多的投资者了解基金投资、了解理财，帮助投资人树立良好的投资习惯。

投资者教育专项活动开展情况

2011年，公司在北京、广州、成都、西安、上海等各地分公司和业务部共举办50多场大型现场“锐智沙龙”活动，联合《中国证券报》在南京和贵阳进行了两场金牛巡讲，与代销机构协作举办了2, 000多场投资者教育活动，覆盖了机构、渠道投资者、VIP客户和普通投资者，受众达几十万人。在宣传内容上包括了投资理念、投资方法以及投资组合等多个方面。

作为国内首批设立的基金管理公司之一，华安基金在努力做好旗下基金产品业绩，为投资者和股东不断创造利益的同时，始终不忘积极履行社会责任，投身公益事业，为构建和谐社会贡献绵薄之力。公司建立了日常的捐赠制度，以应对大自然灾害等突发事件或不定期参加教育、环保等公益项目。比如在“青海玉树”地震之后，公司第一时间向灾区捐款60万元；在“汶川大地震”中，公司第一时间向灾区人民捐款100多万元；2008年年初雪灾发生后，公司向灾区捐赠了50万元；2007年，公司向上海世界特殊奥林匹克运动会组委会捐赠了300万元。

年度重点业务介绍

截至2011年12月31日，华安基金旗下共管理了两只封闭式基金和24只开放式基金，其中包括两只ETF和两只QDII基金。此外，近年来财富管理业务成为公司新的业务增长极，由此公司具备完善的产品线以服务客户和社会。公司成立13年来，实现对投资者现金分红的总额高达302.8亿元，让投资者得以分享中国经济和资本市场成长的成果，体现了公司价值和社会价值。

2011年专户及投顾业务实际运作28单，协议规模44.51亿元。

2011年专户业绩亮点：一对一专户平均净值增长率为1.52%，2011年最高收益率达到19.88%，最高累计收益率达到75%。

年度荣誉风采

华安基金以稳健的作风和管理实效获得了社会各界的广泛赞誉，同时也得到了业内和专业评审机构的认可。

2011年，在中国明星基金奖、中国金基金奖、中国基金业金牛奖三大行业奖项中，华安基金摘下六项大奖。

2010年度中国明星基金奖，华安宝利配置混合基金获得五年持续回报平衡混合型明星基金奖；2010年度中国基金业金牛奖评选中，华安宝利配置混合基金和华安安顺封闭基金分获五年期混合型金牛基金和三年期封闭式金牛基金。其中，华安宝利配置混合基金成立7年，依靠稳定和优异表现，已经6次获得中国基金业金牛奖，成为金牛奖历史上获奖次数最多的基金。

2010年度所获荣誉

2011-04		
华安宝利配置混合	五年期混合型金牛基金	《中国证券报》第八届中国基金业金牛奖
华安安顺封闭基金	三年期封闭式金牛基金	《中国证券报》第八届中国基金业金牛奖
华安宝利配置混合	2010年度金基金三年期产品奖灵活配置型基金奖	《上海证券报》
华安上证180ETF	2010年度金基金一年期产品奖指数基金奖	《上海证券报》
华安基金管理有限公司	金基金·创新公司奖	《上海证券报》
2011-03		
华安宝利配置混合	五年持续回报平衡混合型明星基金奖	《证券时报》
2010-08		
华安基金管理有限公司	金融机构十大IT创新案例——持续基金交易功能创新	《证券时报》
华安基金管理有限公司	最佳网上定投	《证券时报》

2009年度所获荣誉

2010-05		
华安基金管理有限公司	2009年度金牛基金管理公司	《中国证券报》第七届中国基金业金牛奖
华安宝利配置混合基金	五年期开放式混合型持续优胜金牛基金	《中国证券报》第七届中国基金业金牛奖
华安安顺封闭基金	五年期封闭式持续优胜金牛基金	《中国证券报》第七届中国基金业金牛奖
2010-06		
华安安顺封闭基金	2009年度基金奖—封闭式基金奖	晨星(中国)

华安基金年度纪事

•2010年–2011年•

2011年

2011.12 上证180ETF正式纳入融资融券标的证券。

华安旗下全资子公司——华安资产管理(香港)有限公司的RQFII(人民币合格境外机构投资者)资格正式获得中国证监会批准，成为成功入围首批获准该项资格的机构之一。

华安基金总部搬迁至上海国金中心。

2010年

2010.05 华安基金推出旗下第十五只开放式证券投资基金——华安行业轮动股票型证券投资基金。

2010.09 华安基金推出了第二只海外投资基金(QDII)华安香港精选股票型证券投资基金。

2010 上证180ETF系列金融营销创新项目荣获2010年度上海金融创新成果奖。

旗下公募基金产品一览

基金简称	基金代码	设立日期	上市日期	上市地点	托管银行
封闭式					
华安安信封闭	500003	1998-06-22	1998-06-26	上交所	工商银行
华安安顺封闭	500009	1999-06-15	1999-06-22	上交所	交通银行
股票型					
华安中国A股增强指数	040002	2002-11-08			工商银行
华安宏利股票	040005	2006-09-06			建设银行
华安中小盘成长股票	040007	2007-04-10			工商银行
华安策略优选股票	040008	2007-08-02			交通银行
华安核心股票	040011	2008-10-22			建设银行
华安上证180ETF联接	040180	2009-09-29			建设银行
华安行业轮动股票	040016	2010-05-11			中国银行
华安上证龙头ETF联接	040190	2010-11-18			工商银行
华安升级主题股票	040020	2011-04-22			建设银行
混合型					
华安创新混合	040001	2001-09-21			交通银行
华安宝利配置混合	040004	2004-08-24			交通银行
华安动态灵活配置混合	040015	2009-12-22			工商银行
债券型					
华安稳定收益债券	040009	2008-04-30			建设银行
华安强化收益债券	040012	2009-04-13			工商银行
华安稳固收益债券	040019	2010-12-21			工商银行
华安可转债债券	040022	2011-06-22			招商银行
货币型					
华安现金富利货币	040003	2003-12-30			工商银行
ETF					
华安上证180ETF	510180	2006-04-13	2006-05-18	上交所	建设银行
华安上证龙头ETF	510190	2010-11-18	2011-01-10	上交所	工商银行
QDII					
华安香港精选股票(QDII)	040018	2010-09-19			工商银行
华安大中华升级股票(QDII)	040021	2011-05-17			中国银行

2010年旗下公募基金数量发展

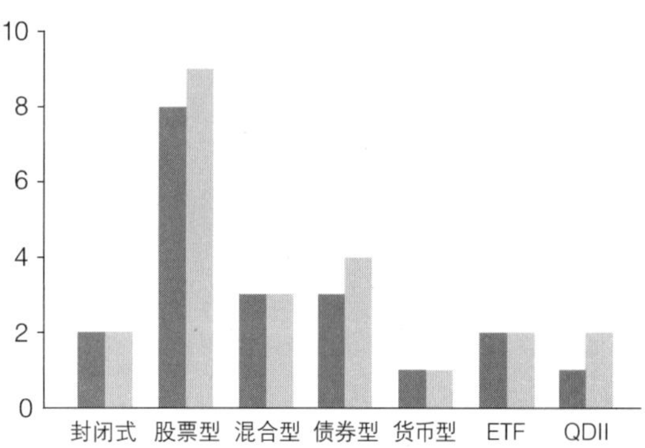

统计周期：2010年-2011年上半年
■ 2010年末 ■ 2011年上半年末

2010年旗下公募基金资产净值构成

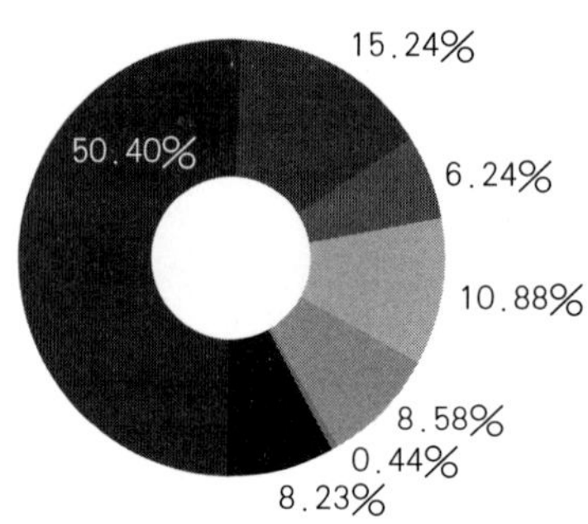

数据截至2010年12月31日
■ 封闭式 ■ 股票型 ■ 混合型 ■ 债券型
■ 货币型 ■ ETF ■ QDII

旗下产品介绍

华安宝利配置证券投资基金
简称：华安宝利配置混合

基金代码： 040004（前端）　041004（后端）
成立日期： 2004年8月24日
基金类型： 契约型开放式，混合型
基金管理人： 华安基金管理有限公司
基金托管人： 交通银行

基本概况

业绩比较基准

35%×天相转债指数收益率＋30%×天相280指数收益率＋30%×天相国债全价指数收益率＋5%×金融同业存款利率

风险收益特征

该基金是混合型基金，在证券投资基金中属于中等风险品种，其预期风险收益水平低于股票型基金和指数型基金，高于债券型基金和货币市场基金。

投资目标

该基金通过挖掘存在于各相关证券子市场以及不同金融工具之间的投资机会，灵活配置资产，并充分提高基金资产的使用效率，在实现基金资产保值的基础上获取更高的投资收益。

投资范围

可转换债券及其对应的基础股票10%－70%（其中可转换债券所对应的基础股票不超过20%），其他债券10%－65%，其他股票10%－65%。

基金经理

陆从珍：经济学硕士，11年证券、基金行业从业经历。历任上海市工商局职员；京华山一证券上海公司高级研究员；中企东方资产管理公司高级研究员；东方证券研究部资深研究员等职。2008年3月加入华安基金管理公司，任研究发展部高级研究员。2009年5月16日至2010年4月20日担任华安安顺封闭基金、华安宏利股票基金的基金经理助理。2010年4月21日起担任华安宝利配置混合基金的基金经理。

风险提示：基金投资有风险，请仔细阅读基金销售文件。

市场表现

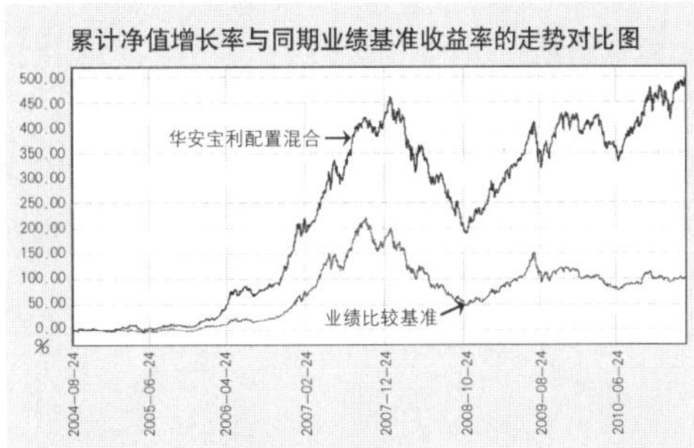

统计时间：截至2011年6月30日
图标来源：华安宝利配置证券投资基金2011年半年度报告

基金特点

- **灵活配置，平衡投资**

将资产在股票、可转债、固定收益证券、货币市场工具4大范围内灵活配置，分散投资风险，减少投资人自行资产配置、挑选入市场时机的烦恼。适合稳健投资者进行长期投资。

- **分红回报**

根据基金合同，基金收益分配比例不得低于基金净收益的90%。

费率介绍

	申购金额（M）	申购费率（%）
申购费（前端）	M<100万元	1.20
	100万元≤M<1,000万元	1.10
	M≥1,000万元	每笔1,000元
	持有时间（Y）	**申购费率（%）**
申购费（后端）	Y<1年	1.50
	1年≤Y<2年	1.20
	2年≤Y<3年	1.00
	3年≤Y<4年	0.80
	4年≤Y<5年	0.40
	Y≥5年	0.00
	持有时间（X）	**赎回费率（%）**
赎回费	X< 365天	0.50
	X≥365天	0.25
托管费	0.25%	
管理费	1.20%	

安顺证券投资基金
简称：华安安顺封闭

基金代码： 500009
成立日期： 1999年6月15日
基金类型： 契约型封闭式，股票型
合同存续期： 15年
基金总份额： 3,000,000,000份
上市日期： 1999年6月22日
上市地点： 上海证券交易所
基金管理人： 华安基金管理有限公司
基金托管人： 交通银行

基本概况

投资目标

该基金的投资目标是为投资者减少和分散投资风险，确保基金资产的安全并谋求基金长期稳定的投资收益。该基金主要投资于成长型上市公司，并兼顾对收益型上市公司及债券的投资，从而使投资者在承受一定风险的情况下，有可能享受到较高的资本利得和稳定的收益。

投资范围

股票类40%–80%，债券类20%–50%

投资策略

该基金为平衡型基金，兼顾资本利得、红利及利息收入。该基金的证券资产将不低于基金资产总额的80%，其中投资于债券的比例控制在基金资产净值的20%–50%，股票资产的比例控制在40%–80%，现金等货币性资产比例根据市场和运作情况调整。在股票资产中，60%左右投资于具有良好成长性的上市公司股票，40%左右投资于收益型上市公司股票，在此基础上各自上下浮动10%。

该基金界定的成长型股票主要指主业发展前景良好，在同行业的上市公司中具有较强的竞争优势，财务状况良好，能保持较高的业绩增长，预期收入或利润增长率不低于同期GDP的增长率。该基金界定的收益型股票主要指经营状况良好、利润来源稳定，具有良好的分红能力，预期每股收益高于市场平均水平，预期市盈率低于市场平均水平的上市公司的股票。

市场表现

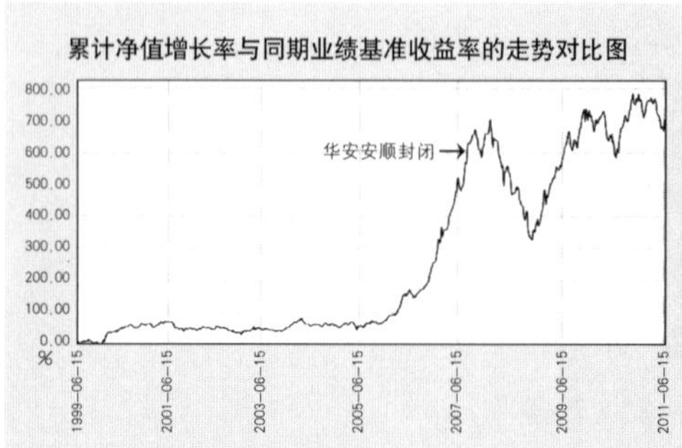

统计时间：截至2011年6月30日
图标来源：安顺证券投资基金2011年半年度报告

费率介绍

托管费	0.25%
管理费	1.50%

收益分配

自成立以来，截至2011年12月31日，该基金共分红14次，累计每10份基金分红37.48元。

基金经理

尚志民：工商管理硕士，15年证券、基金从业经验，曾在上海证券报研究所、上海证大投资管理有限公司工作，进入华安基金管理有限公司后曾先后担任公司研究发展部高级研究员，1999年6月至2001年9月担任安顺证券投资基金的基金经理，2000年7月至2001年9月同时担任安瑞证券投资基金的基金经理，2001年9月至2003年9月担任华安创新证券投资基金的基金经理，2003年9月至今担任安顺证券投资基金的基金经理，2006年9月起同时担任华安宏利股票基金的基金经理。现任华安基金管理公司首席投资官、副总经理。

华安宏利股票型证券投资基金
简称：华安宏利股票

基金代码：040005（前端） 041005（后端）
成立日期：2006年9月6日
基金类型：契约型开放式，股票型
基金管理人：华安基金管理有限公司
基金托管人：中国建设银行

基本概况

业绩比较基准

中信标普300指数收益率×90%＋同业存款利率×10%

风险收益特征

该基金的风险与预期收益高于混合型基金，属于证券投资基金中的中高风险品种。

投资目标

通过持续获取价格回归价值所带来的资本收益，以及分红所带来的红利收益，实现基金资产的稳定增值。

投资范围 股票60%－95%

费率介绍

	申购金额（M）	申购费率（%）
申购费（前端）	M<100万元	1.50
	100万元≤M<1,000万元	1.00
	M≥1,000万元	每笔1,000元
	持有时间（Y）	申购费率（%）
申购费（后端）	Y<1年	1.50
	1年≤Y<2年	1.30
	2年≤Y<3年	1.20
	3年≤Y<4年	1.00
	4年≤Y<5年	0.50
	Y≥5年	0.00
	持有时间（X）	赎回费率（%）
赎回费	X<1年	0.50
	1年≤X<2年	0.25
	X≥2年	0.00
托管费	0.25%	
管理费	1.50%	

市场表现

累计净值增长率与同期业绩基准收益率的走势对比图

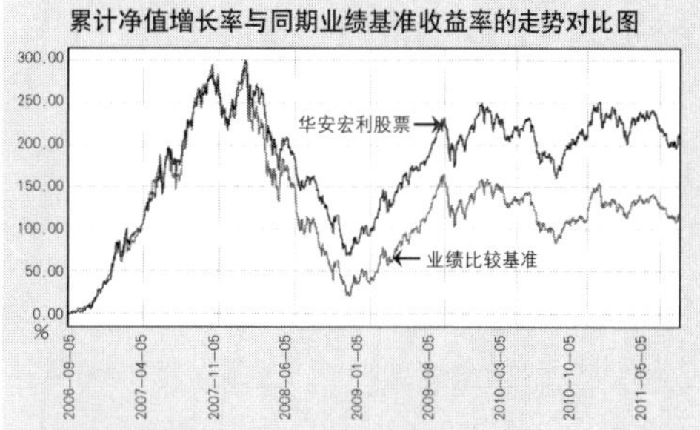

统计时间：截至2011年6月30日
图标来源：华安宏利股票型证券投资基金2011年半年度报告

基金特点

● **专一投资风格，精选大盘价值**

该基金采取专一投资策略，强调价值投资，重点投资于大盘价值股票、大盘红利股票，通过科学的量化工具和方法挖掘个股的投资机会。

● **注重安全边际，强调红利收益**

该基金选择安全边际较大的证券、具有持续现金分红能力的股票作为基金投资的备选对象，以求力争获取价值发现带来的收益及持续分红所带来的稳定股息收入。

基金经理

尚志民：工商管理硕士，15年证券、基金从业经验，曾在上海证券报研究所、上海证大投资管理有限公司工作，进入华安基金管理有限公司后曾先后担任公司研究发展部高级研究员，1999年6月至2001年9月担任安顺证券投资基金的基金经理，2000年7月至2001年9月同时担任安瑞证券投资基金的基金经理，2001年9月至2003年9月担任华安创新证券投资基金的基金经理，2003年9月至今担任安顺证券投资基金的基金经理，2006年9月起同时担任华安宏利股票基金的基金经理。现任华安基金管理公司首席投资官、副总经理。

华安现金富利投资基金
简称：华安现金富利货币

基金代码： 040003（A） 041003（B）
成立日期： 2003年12月30日
基金类型： 契约型开放式，货币型
基金管理人： 华安基金管理有限公司
基金托管人： 中国工商银行

■ 基本概况

业绩比较基准 当期银行个人活期储蓄利率（税前）

风险收益特征

该基金为货币式基金，属于证券投资基金中低风险和低预期收益的品种，其预期的风险收益水平低于股票型基金、混合型基金和债券型基金。

投资目标

该基金的投资目标是在资本保全的情况下，确保基金资产的高流动性，追求稳健的当期收益，并为投资者提供暂时的流动性储备。

投资范围

该基金主要投资于价格波动幅度和信用风险低并具有高度流动性的短期金融工具，如银行定期存款、协议存款或大额存单、剩余期限不超过397天的短期债券、中央银行票据、期限在一年以内的债券回购、银行承兑汇票、经银行背书的商业承兑汇票或中国证监会认可的其他具有良好流动性的金融工具。

■ 基金特点

● 货币基金主要投资于具有良好流动性的金融工具，是理想的现金管理工具。货币基金可以较快地转化为现金，满足投资者的流动性需求。

● 免收申购、赎回费，基金分红免税，交易成本低。

● 货币基金的收益主要来自于票息收入，是风险较低、收益相对稳定的投资品种，也是抵抗通胀的良好选择。

■ 市场表现

A累计净值收益率与同期业绩基准收益率的走势对比图

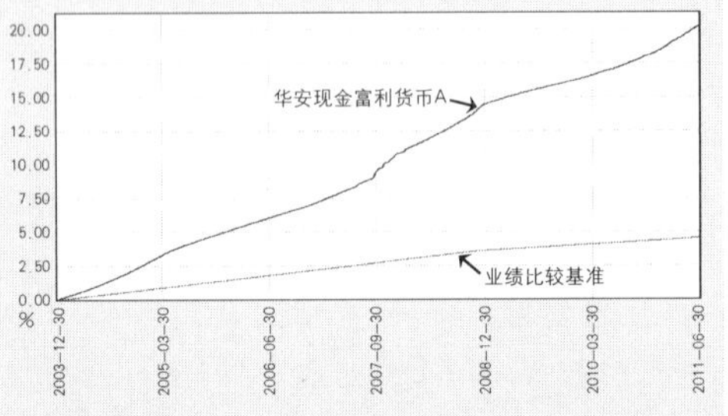

B累计净值收益率与同期业绩基准收益率的走势对比图

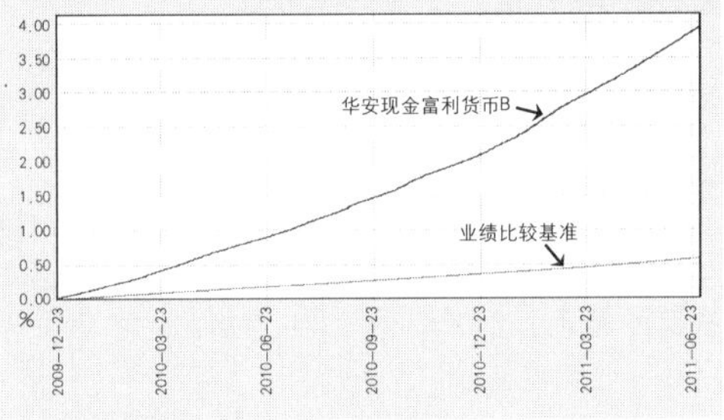

统计时间：截至2011年6月30日
图标来源：华安现金富利投资基金2011年半年度报告

■ 费率介绍

托管费	0.10%
管理费	0.33%

■ 基金经理

黄 勤：经济学硕士，持有基金从业人员资格证书，15年银行、基金从业经历。曾在上海银行资金部从事债券投资、交易工作。2004年8月加入华安基金管理有限公司，曾任固定收益部债券投资经理，2007年5月起担任华安现金富利货币基金的基金经理，2009年4月13日起同时担任华安强化收益债券型基金的基金经理。

风险提示：基金投资有风险，请仔细阅读基金销售文件。

上证龙头企业交易型开放式指数证券投资基金
简称：华安上证龙头ETF

基金代码： 510190
成立日期： 2010年11月18日
基金类型： 交易型开放式，股票型
上市日期： 2011年1月10日
上市地点： 上海证券交易所
基金管理人： 华安基金管理有限公司
基金托管人： 中国工商银行

基本概况

业绩比较基准 上证龙头企业指数

风险收益特征

该基金属于股票基金，风险与收益高于混合基金、债券基金与货币市场基金，属于证券投资基金中风险较高、收益较高的品种。该基金为被动式投资的股票型指数基金，主要采用完全复制法跟踪标的指数的表现，其风险收益特征与标的指数所代表的市场组合的风险收益特征相似。

投资目标

紧密跟踪标的指数，追求跟踪偏离度和跟踪误差最小化。

投资范围

标的指数成份股和备选成份股不低于90%。

基金特点

● **标的指数汇聚行业三强**

上证龙头企业指数由沪市A股全部25个二级行业中市值规模大、市场占有率高、营业收入与营业利润在行业中处于领先地位的前三名龙头企业股票组成。相比一般仅以市值挑选成份股的指数，该指数更能反映企业的盈利能力，龙头企业不仅是“大公司”，更是“强公司”，上证龙头企业指数汇聚了各行各业的“三强”企业。

● **标的指数领先布局，力求分享经济转型收益**

上证龙头指数“行行选三强”，在受益于经济转型的“朝阳行业”中预先布局，不会错失“朝阳行业”由小长大、高速增长阶段的收益。投资该指数可以提前布局经济转型，力求分享迅速成长的行业带来的收益。

市场表现

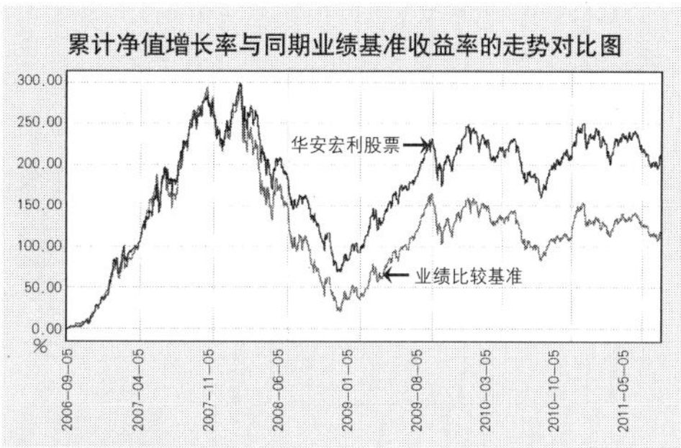

统计时间：截至2011年6月30日
图标来源：华安宏利股票型证券投资基金2011年半年度报告

费率介绍

托管费	0.10%
管理费	0.50%

基金经理

许之彦：理学博士，8年证券、CQF（国际数量金融工程师）、基金从业经验。曾在广发证券和中山大学经济管理学院博士后流动站从事金融工程工作，2005年加入华安基金管理有限公司，曾任研究发展部数量策略分析师，2008年4月起担任华安MSCI中国A股指数增强型证券投资基金的基金经理，2009年9月起同时担任华安上证180ETF及180ETF联接基金的基金经理。2010年11月起担任华安上证龙头企业交易型开放式指数证券投资基金和华安上证龙头企业交易型开放式指数证券投资基金联接基金的基金经理。

牛　勇：复旦大学经济学硕士，FRM（金融风险管理师），7年金融证券从业经历，曾在泰康人寿保险股份有限公司从事研究工作。2008年5月加入华安基金管理有限公司后任风险管理与金融工程部高级金融工程师，2009年7月至2010年8月担任华安中国A股增强指数基金的基金经理，2010年6月起担任上证180ETF基金的基金经理，2010年9月起同时担任华安上证龙头ETF基金的基金经理。

博时基金管理有限公司

Bosera Asset Management Co.,Ltd.

成立时间	1998年7月13日	注册资本	1亿元人民币	公司属性	中 资
董 事 长	杨 鹍	总 经 理	何 宝	督 察 长	孙麒清
联系电话	0755-8316 9999	传真号码	0755-8319 5140		
客服电话	95105568	公司网址	www.bosera.com		
注册地址	广东省深圳市福田区深南大道7088号招商银行大厦29层				
办公地址	广东省深圳市福田区深南大道7088号招商银行大厦29层				

公司概况

博时基金管理有限公司(以下简称“博时基金”)经中国证监会证监基字[1998]26号文批准设立。注册资本为1亿元人民币，总部设在深圳，在北京、上海、沈阳和郑州设有分公司；并设有海外子公司：博时基金(国际)有限公司。目前，公司股东为招商证券股份有限公司，持有股份49%；中国长城资产管理公司，持有股份25%；天津港(集团)有限公司，持有股份6%；璟安实业有限公司，持有股份6%；上海盛业资产管理有限公司，持有股份6%；丰益实业发展有限公司，持有股份6%；广厦建设集团有限责任公司，持有股份2%。

博时基金是中国内地首批成立的五家基金管理公司之一。“为国民创造财富”是博时的使命。博时的投资理念是“做投资价值的发现者”。

截至2011年6月30日，博时基金共管理25只开放式基金和2只封闭式基金，并且受全国社会保障基金理事会委托管理部分社保基金，以及多个企业年金账户，资产管理总规模逾1, 856.66亿元，累计分红超过人民币552.64亿元，是目前我国资产管理规模最大的基金公司之一，养老金资产管理规模在同业中名列前茅。

旗下公募基金产品一览

基金简称	基金代码	设立日期	上市日期	上市地点	托管银行
封闭式					
博时裕阳封闭	500006	1998-07-25	1998-07-30	上交所	农业银行
博时裕泽封闭①	184705	2000-03-27	2000-05-17	深交所	工商银行
博时裕隆封闭	184692	1999-06-15	1999-06-24	深交所	农业银行
股票型					
博时沪深300指数	050002	2003-08-26			建设银行
博时精选股票	050004	2004-06-22			工商银行
博时主题行业股票(LOF)	160505	2005-01-06	2005-02-22	深交所	建设银行

（续上表）

基金简称	基金代码	设立日期	上市日期	上市地点	托管银行
博时第三产业股票	050008	2007-04-12			工商银行
博时新兴成长股票	050009	2007-07-06			交通银行
博时特许价值股票	050010	2008-05-28			建设银行
博时上证超大盘ETF联接	050013	2009-12-29			建设银行
博时创业成长股票	050014	2010-06-01			农业银行
博时行业轮动股票	050018	2010-12-10			建设银行
博时卓越品牌股票(LOF)	160512	2011-04-22	2011-06-30	深交所	工商银行
博时深证基本面200ETF联接	050021	2011-06-10			交通银行
混合型					
博时价值增长混合	050001	2002-10-09			建设银行
博时平衡配置混合	050007	2006-05-31			工商银行
博时价值增长贰号混合	050201	2006-09-27			建设银行
博时策略混合	050012	2009-08-11			建设银行
债券型					
博时稳定价值债券	050106	2007-09-06			建设银行
博时信用债券	050011	2009-06-10			工商银行
博时宏观回报债券	050016	2010-07-27			中国银行
博时转债增强债券	050019	2010-11-24			光大银行
博时裕祥分级债券②	160513	2011-06-10	2011-09-02	深交所	招商银行
货币型					
博时现金收益货币	050003	2004-01-16			交通银行
ETF					
博时上证超大盘ETF	510020	2009-12-29	2010-03-19	上交所	建设银行
博时深证基本面200ETF	159908	2011-06-10	2011-07-13	深交所	交通银行
QDII					
博时大中华亚太精选股票(QDII)	050015	2010-07-27			工商银行
博时抗通胀增强回报(QDII-FOF)	050020	2011-04-25			中国银行

①2011年4月22日转型为博时卓越品牌股票(LOF)。
②为创新封闭式基金，3年内(含)封闭运作。

2010年旗下公募基金数量发展

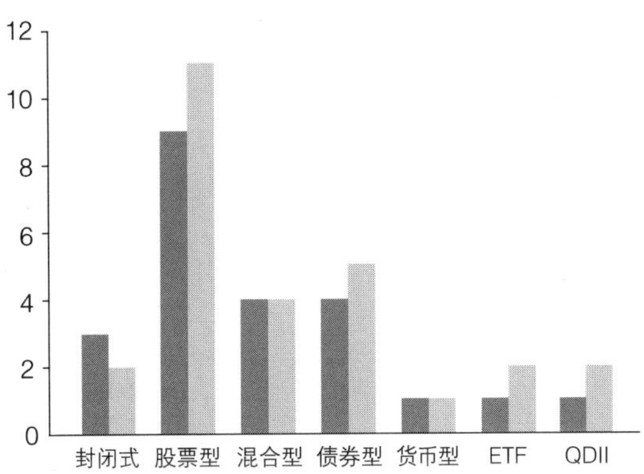

统计周期：2010年-2011年上半年
■2010年末 ■2011年上半年末

2010年旗下公募基金资产净值构成

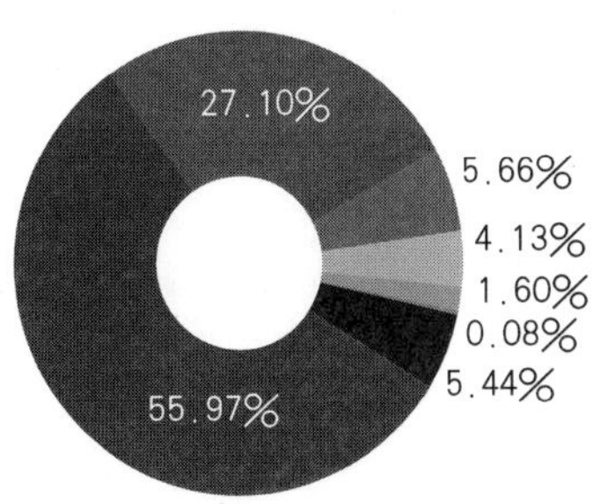

数据截至2010年12月31日
■封闭式 ■股票型 ■混合型 ■债券型
■货币型 ■ETF ■QDII

鹏华基金管理有限公司

PengHua Fund Management Co.,Ltd.

成立时间	1998年12月22日	注册资本	1.5亿元人民币	公司属性	中外合资
董事长	何如	总经理	邓召明	督察长	高鹏
联系电话	0755-8202 1222	传真号码	0755-8202 1112		
客服电话	400-6788-999	公司网址	www.phfund.com.cn		
注册地址	深圳市福田区福华三路168号深圳国际商会中心43层				
办公地址	深圳市福田区福华三路168号深圳国际商会中心43层				

公司概况

鹏华基金管理有限公司(以下简称“鹏华基金”)成立于1998年12月22日，业务范围包括基金募集、基金销售、资产管理及中国证监会许可的其他业务。目前公司股东由国信证券股份有限公司、意大利欧利盛资本资产管理股份公司(Eurizon Capital SGR S.p.A.)、深圳市北融信投资发展有限公司组成。

鹏华基金原注册资本8, 000万元人民币，后于2001年9月完成增资扩股，增至15, 000万元人民币。

截至2011年6月30日，鹏华基金管理3只封闭式基金、20只开放式基金和5只社保组合，经过12年投资管理基金，在基金投资、风险控制等方面积累了丰富经验。

旗下公募基金产品一览

基金简称	基金代码	设立日期	上市日期	上市地点	托管银行
封闭式					
鹏华普惠封闭	184689	1999-01-06	1999-01-27	深交所	交通银行
鹏华普丰封闭	184693	1999-07-14	1999-07-30	深交所	工商银行
鹏华丰润债券封闭①	160617	2010-12-02	2010-12-16	深交所	建设银行
股票型					
鹏华价值优势股票(LOF)	160607	2006-07-18	2006-09-18	深交所	建设银行
鹏华优质治理股票(LOF)	160611	2007-04-25	2007-07-18	深交所	工商银行
鹏华盛世创新股票(LOF)	160613	2008-10-10	2008-11-10	深交所	建设银行
鹏华沪深300指数(LOF)	160615	2009-04-03	2009-05-08	深交所	工商银行
鹏华精选成长股票	206002	2009-09-09			建设银行
鹏华中证500指数(LOF)	160616	2010-02-05	2010-04-28	深交所	工商银行

①为创新封闭式基金，3年内(含)封闭运作。

（续上表）

基金简称	基金代码	设立日期	上市日期	上市地点	托管银行
鹏华上证民企50ETF联接	206005	2010-08-05			工商银行
鹏华消费优选股票	206007	2010-12-28			工商银行
鹏华新兴产业股票	206009	2011-06-15			招商银行
混合型					
鹏华行业成长混合	206001	2002-05-24			工商银行
鹏华普天收益混合	160603	2003-07-12			交通银行
鹏华中国50混合	160605	2004-05-12			交通银行
鹏华动力增长混合(LOF)	160610	2007-01-09	2007-03-09	深交所	农业银行
债券型					
鹏华普天债券	160602	2003-07-12			交通银行
鹏华丰收债券	160612	2008-05-28			建设银行
鹏华信用增利债券	206003	2010-05-31			交通银行
鹏华丰盛债券	206008	2011-04-25			工商银行
货币型					
鹏华货币	160606	2005-04-12			农业银行
ETF					
民企ETF	510070	2010-08-05	2010-10-29	上交所	工商银行
QDII					
鹏华环球发现(QDII-FOF)	206006	2010-10-12			建设银行

2010年旗下公募基金数量发展

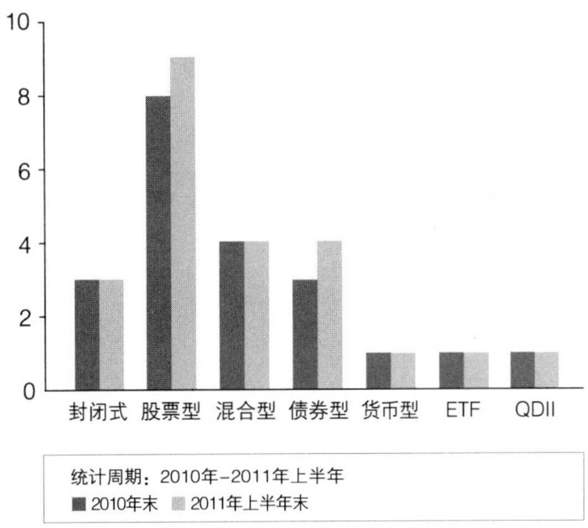

2010年旗下公募基金资产净值构成

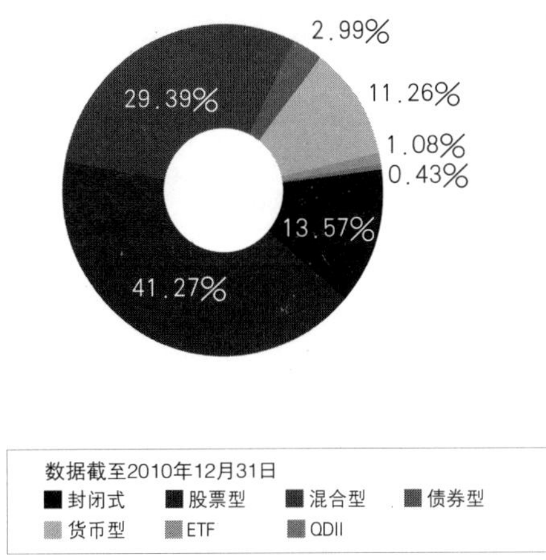

嘉实基金管理有限公司

Harvest Fund Management Co.,Ltd.

成立时间	1999年3月25日	注册资本	1.5亿元人民币	公司属性	中外合资
董事长	安奎	总经理	赵学军	督察长	王炜
联系电话	010-6521 5588	传真号码	010-6518 5678		
客服电话	400-600-8800	公司网址	www.jsfund.cn		
注册地址	上海市浦东新区富城路99号震旦国际大楼1702室				
办公地址	北京市建国门北大街8号华润大厦8层				

公司概况

嘉实基金管理有限公司(以下简称“嘉实基金”)成立于1999年3月25日，是经中国证监会批准设立的第一批基金管理公司之一，是中外合资基金管理公司。公司注册地上海，总部设在北京，在深圳、成都、杭州、青岛、南京、福州、广州设有分公司。2009年2月，嘉实国际资产管理公司完成在香港的注册，获发香港证监会第四类(投资咨询)和第九类(资产管理)牌照。目前，公司股东为中诚信托有限责任公司(40%)、立信投资有限责任公司(30%)、德意志资产管理(亚洲)有限公司(30%)。嘉实基金获得首批全国社保基金、企业年金投资管理人和QDII、特定资产管理业务资格。

2010年至2011年上半年，嘉实基金发行工作得到拓展，先后募集并成立了6只证券投资基金，包括5只开放式基金，分别为嘉实价值优势股票、嘉实稳固收益债券、嘉实主题新动力股票、嘉实多利分级债券和嘉实领先成长股票；1只QDII基金——嘉实H股指数(QDII-LOF)。

截至2011年6月30日，嘉实基金共管理2只封闭式基金、21只开放式基金及2只QDII基金，同时管理多个全国社保基金、企业年金基金、特定客户资产投资组合。

旗下公募基金产品一览

基金简称	基金代码	设立日期	上市日期	上市地点	托管银行
封闭式					
嘉实泰和封闭	500002	1999-04-08	1999-04-20	上交所	建设银行
嘉实丰和价值封闭	184721	2002-03-22	2002-04-04	深交所	农业银行
股票型					
嘉实沪深300指数(LOF)	160706	2005-08-29	2005-10-17	深交所	中国银行
嘉实优质企业股票	070099	2007-12-08			上海浦发银行

（续上表）

基金简称	基金代码	设立日期	上市日期	上市地点	托管银行
嘉实研究精选股票	070013	2008-05-27			中国银行
嘉实量化阿尔法股票	070017	2009-03-20			工商银行
嘉实基本面50指数(LOF)	160716	2009-12-30	2010-02-10	深交所	工商银行
嘉实价值优势股票	070019	2010-06-07			中国银行
嘉实主题新动力股票	070021	2010-12-07			工商银行
嘉实领先成长股票	070022	2011-05-31			农业银行
混合型					
嘉实成长收益混合	070001	2002-11-05			中国银行
嘉实增长混合	070002	2003-07-09			中国银行
嘉实稳健混合	070003	2003-07-09			中国银行
嘉实服务增值行业混合	070006	2004-04-01			中国银行
嘉实主题混合	070010	2006-07-21			中国银行
嘉实策略混合	070011	2006-12-12			工商银行
嘉实回报混合	070018	2009-08-18			中国银行
债券型					
嘉实债券	070005	2003-07-09			中国银行
嘉实超短债债券	070009	2006-04-26			中国银行
嘉实多元债券	070015	2008-09-10			工商银行
嘉实稳固收益债券	070020	2010-09-01			工商银行
嘉实多利分级债券	160718	2011-03-23	2011-05-06	深交所	招商银行
货币型					
嘉实货币	070008	2005-03-18			中国银行
QDII					
嘉实海外中国股票(QDII)	070012	2007-10-12			中国银行
嘉实H股指数(QDII-LOF)	160717	2010-09-30	2010-10-28	深交所	建设银行

2010年旗下公募基金数量发展

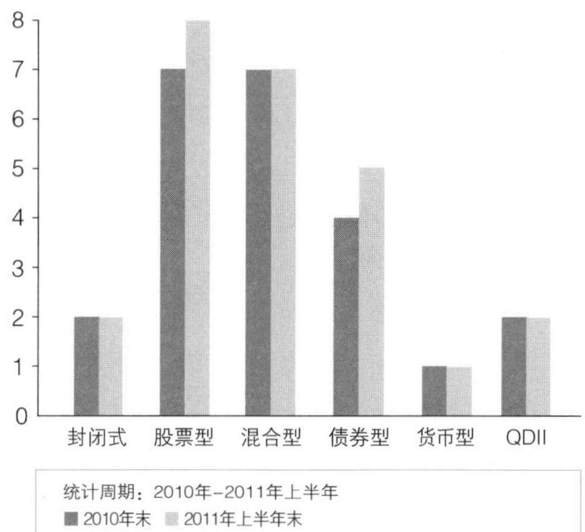

2010年旗下公募基金资产净值构成

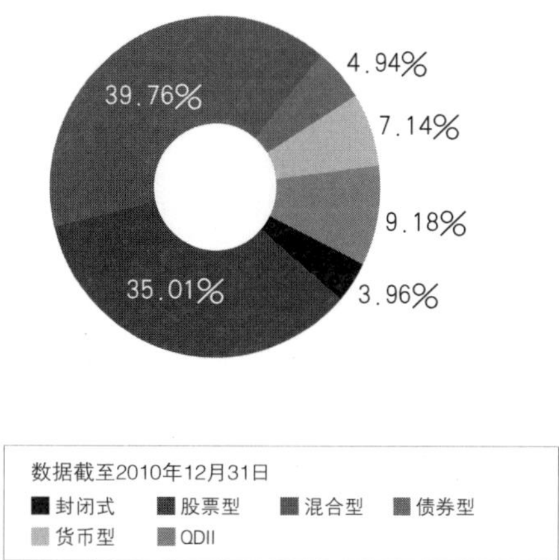

长盛基金管理有限公司

Changsheng Fund Management Co.,Ltd.

成立时间	1999年3月26日	注册资本	1.5亿元人民币	公司属性	中外合资
董事长	凤良志	总经理	周兵	督察长	叶金松
联系电话	010-8201 9988	传真号码	010-8225 5988		
客服电话	400-888-2666	公司网址	www.csfunds.com.cn		
注册地址	深圳市福田区福中三路1006号诺德中心8楼GH单元				
办公地址	北京市海淀区北太平庄路18号城建大厦A座21层				

公司概况

长盛基金管理有限公司(以下简称“长盛基金”)经中国证监会证监基字[1999]6号文批准，于1999年3月成立，注册资本为1.5亿元人民币。目前，公司股东及其出资比例为：国元证券股份有限公司占注册资本的41%；新加坡星展资产管理有限公司占注册资本的33%；安徽省信用担保集团有限公司占注册资本的13%；安徽省投资集团有限责任公司占注册资本的13%。

截至2011年6月30日，长盛基金共管理3只封闭式基金、13只开放式基金(包括1只QDII基金)，并于2002年12月首批取得了全国社保基金管理资格。公司于2007年9月取得合格境内机构投资者资格，并于2008年2月取得从事特定客户资产管理业务资格。

旗下公募基金产品一览

基金简称	基金代码	设立日期	上市日期	上市地点	托管银行
封闭式					
长盛同益封闭	184690	1999-04-08	1999-04-21	深交所	工商银行
长盛同盛封闭	184699	1999-11-05	1999-11-26	深交所	中国银行
长盛同庆封闭①	160806	2009-05-12	2009-05-26	深交所	建设银行
股票型					
长盛中证100指数	519100	2006-11-22			农业银行
长盛同德主题股票	519039	2007-10-25			农业银行
长盛量化红利股票	080005	2009-11-25			工商银行
长盛沪深300指数(LOF)	160807	2010-08-04	2010-09-06	深交所	招商银行
混合型					
长盛成长价值混合	080001	2002-09-18			农业银行

①为创新封闭式基金，3年内(含)封闭运作。

（续上表）

基金简称	基金代码	设立日期	上市日期	上市地点	托管银行
长盛动态精选混合	510081	2004-05-21			农业银行
长盛同智优势混合(LOF)	160805	2007-01-05	2007-02-16	深交所	中国银行
长盛创新先锋混合	080002	2008-06-04			中国银行
长盛同鑫保本混合	080007	2011-05-24			中国银行
债券型					
长盛全债指数增强债券	510080	2003-10-25			农业银行
长盛积极配置债券	080003	2008-10-08			建设银行
货币型					
长盛货币	080011	2005-12-12			兴业银行
QDII					
长盛环球行业股票(QDII)	080006	2010-05-26			中国银行

2010年旗下公募基金数量发展

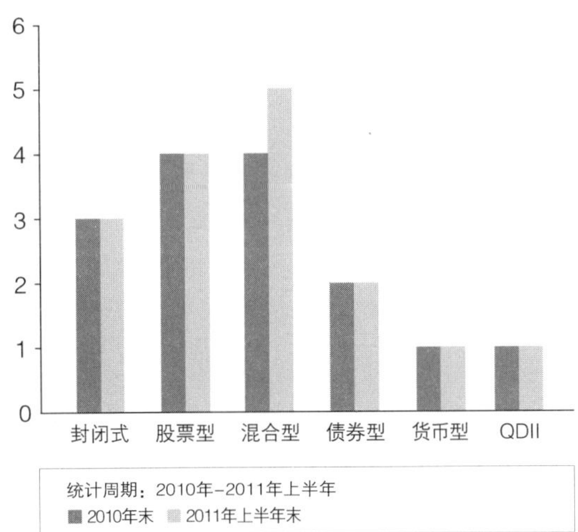

2010年旗下公募基金资产净值构成

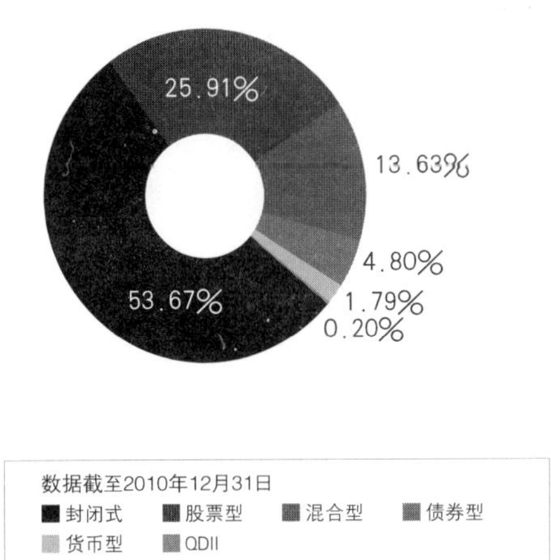

大成基金管理有限公司

Da Cheng Fund Management Co.,Ltd.

成立时间	1999年4月12日	注册资本	2亿元人民币	公司属性	中资
董事长	张树忠	总经理	王颢	督察长	杜鹏
联系电话	0755-8318 3388	传真号码	0755-8319 9588		
客服电话	400-888-5558	公司网址	www.dcfund.com.cn		
注册地址	深圳市福田区深南大道7088号招商银行大厦32层				
办公地址	深圳市福田区深南大道7088号招商银行大厦32层				

公司概况

大成基金管理有限公司(以下简称“大成基金”)经中国证监会证监基金字[1999]10号文批准，于1999年4月12日正式成立，是中国证监会批准成立的首批十家基金管理公司之一，注册资本为2亿元人民币，注册地为深圳。目前，公司股东包括中泰信托投资有限责任公司(48%)、光大证券股份有限公司(25%)、中国银河投资管理有限公司(25%)、广东证券股份有限公司(2%)。大成基金在北京、上海、西安、成都、武汉、福州、沈阳、广州和南京等地设立了9家分公司，并于2009年10月在香港设立子公司——大成国际资产管理有限公司。

2010年至2011年上半年，大成基金的发行工作得到进一步拓展，在此期间共募集并成立了8只证券投资基金，包括1只封闭式基金(大成景丰分级债券)、6只开放式基金(大成中证红利指数、大成核心双动力股票、大成深证成长40ETF、大成深证成长40ETF联接、大成保本混合、大成内需增长股票)和1只QDII基金(大成标普500等权重指数QDII)。

截至2011年6月30日，大成基金共管理4只封闭式基金、19只开放式基金及1只QDII基金，管理公募基金资产规模达到887.69亿元人民币。

旗下公募基金产品一览

基金简称	基金代码	设立日期	上市日期	上市地点	托管银行
封闭式					
大成景宏封闭	184691	1999-05-04	1999-05-18	深交所	中国银行
大成景福封闭	184701	1999-12-30	2000-01-10	深交所	农业银行
大成优选封闭①	150002	2007-08-01	2007-09-07	深交所	中国银行
大成景丰分级债券②	160915	2010-10-15	2010-11-01	深交所	农业银行
股票型					
大成沪深300指数	519300	2006-04-06			农业银行

①为创新封闭式基金，5年内(含)封闭运作。
②为创新封闭式基金，3年内(含)封闭运作。

（续上表）

基金简称	基金代码	设立日期	上市日期	上市地点	托管银行
大成积极成长股票	519017	2007-01-16			农业银行
大成景阳领先股票	519019	2007-12-11			农业银行
大成策略回报股票	090007	2008-11-26			光大银行
大成行业轮动股票	090009	2009-09-08			农业银行
大成中证红利指数	090010	2010-02-02			建设银行
大成核心双动力股票	090011	2010-06-22			工商银行
大成深证成长40ETF联接	090012	2010-12-21			农业银行
大成内需增长股票	090015	2011-06-14			中国银行
混合型					
大成价值增长混合	090001	2002-11-11			农业银行
大成蓝筹稳健混合	090003	2004-06-03			中国银行
大成精选增值混合	090004	2004-12-15			农业银行
大成2020生命周期混合	090006	2006-09-13			中国银行
大成创新成长混合	160910	2007-06-12	2007-10-25	深交所	农业银行
大成保本混合	090013	2011-04-20			工商银行
债券型					
大成债券	090002	2003-06-12			农业银行
大成强化收益债券	090008	2008-08-06			建设银行
货币型					
大成货币	090005	2005-06-03			光大银行
ETF					
大成深证成长40ETF	159906	2010-12-21	2011-02-23	深交所	农业银行
QDII					
大成标普500等权重指数QDII	096001	2011-03-23			中国银行

2010年旗下公募基金数量发展

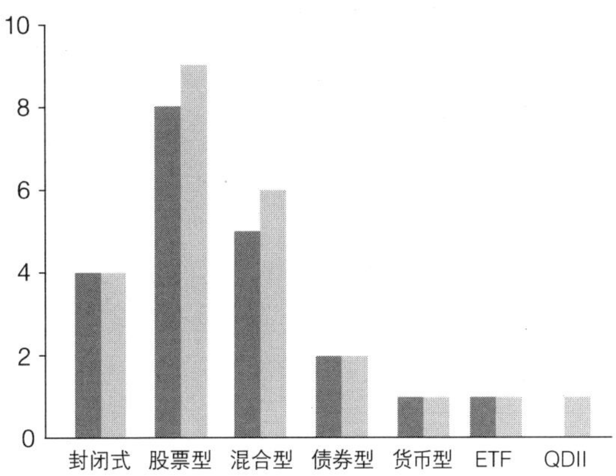

统计周期：2010年-2011年上半年
■2010年末　■2011年上半年末

2010年旗下公募基金资产净值构成

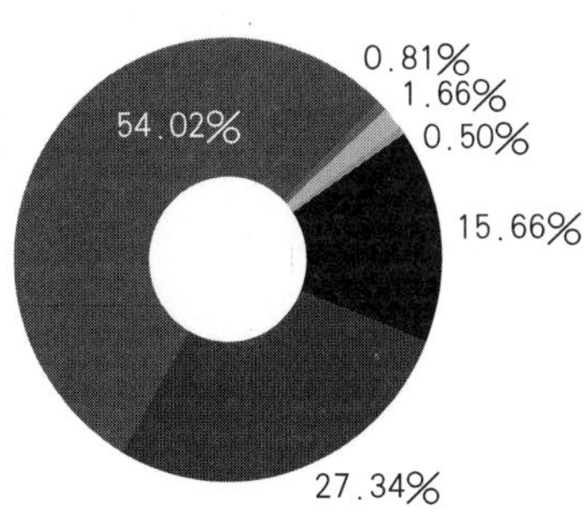

数据截至2010年12月31日
■封闭式　■股票型　■混合型　■债券型　■货币型　■ETF

富国基金管理有限公司

Fullgoal Fund Management Co.,Ltd.

成立时间	1999年4月13日	注册资本	1.8亿元人民币	公司属性	中外合资
董事长	陈敏	总经理	窦玉明	督察长	李长伟
联系电话	021-2036 1818	传真号码	021-2036 1616		
客服电话	400-888-0688　95105686			公司网址	www.fullgoal.com.cn
注册地址	上海市浦东新区花园石桥路33号花旗集团大厦5、6层				
办公地址	上海市浦东新区世纪大道8 号上海国金中心二期16-17层				

公司概况

富国基金管理有限公司(以下简称“富国基金”)于1999年4月13日在国家工商行政管理局登记注册成立，是经中国证监会批准设立的首批10家基金管理公司之一。公司注册资本为1.8亿元人民币，总部于2001年3月从北京迁址上海。2003年9月，加拿大蒙特利尔银行(BMO)参股富国基金的工商变更登记办理完毕，富国基金成为国内首批成立的10家基金公司中，第一家中外合资的基金管理公司。目前，公司股东包括海通证券股份有限公司(27.775%)、申银万国证券股份有限公司(27.775%)、加拿大蒙特利尔银行(27.775%)、山东省国际信托投资公司(16.675%)。

2010年至2011年上半年，富国基金的发行工作得到进一步拓展，在此期间共募集并成立了7只证券投资基金，包括2只创新封闭式基金(富国汇利分级债券封闭和富国天盈分级债券)、4只开放式基金(富国通胀通缩主题股票、富国可转债、富国上证综指ETF及ETF联接)和1只QDII基金—富国全球债券(QDII-FOF)。

截至2011年6月30日，富国基金共管理5只封闭式基金、16只开放式基金及1只QDII基金，管理公募基金资产规模达到645.40亿元人民币。

旗下公募基金产品一览

基金简称	基金代码	设立日期	上市日期	上市地点	托管银行
封闭式					
富国汉盛封闭	500005	1999-05-10	1999-05-18	上交所	农业银行
富国汉兴封闭	500015	1999-12-30	2000-01-10	上交所	交通银行
富国天丰强化债券封闭	161010	2008-10-24	2008-12-08	深交所	建设银行
富国汇利分级债券封闭	161014	2010-09-09	2010-10-08	深交所	农业银行
富国天盈分级债券①	161015	2011-05-23	2011-07-08	深交所	工商银行

①为创新封闭式基金，合同生效后3年(含)封闭运作。

（续上表）

基金简称	基金代码	设立日期	上市日期	上市地点	托管银行
股票型					
富国天益价值股票	100020	2004—06—15			交通银行
富国天合稳健股票	100026	2006—11—15			招商银行
富国天博创新股票	519035	2007—04—27			建设银行
富国天鼎中证指数增强	100032	2008—11—20			工商银行
富国沪深300指数增强	100038	2009—12—16			工商银行
富国通胀通缩主题股票	100039	2010—05—12			工商银行
富国上证综指ETF联接	100053	2011—01—30			工商银行
混合型					
富国天源平衡混合	100016	2002—08—16			农业银行
富国天瑞强势混合	100022	2005—04—05			农业银行
富国天惠成长混合(LOF)	161005	2005—11—16	2006—02—16	深交所	工商银行
富国天成红利混合	100029	2008—05—28			农业银行
债券型					
富国天利增长债券	100018	2003—12—02			工商银行
富国优化增强债券	100035	2009—06—10			建设银行
富国可转债	100051	2010—12—08			农业银行
货币型					
富国天时货币	100025	2006—06—05			农业银行
ETF					
富国上证综指ETF	510210	2011—01—30	2011—03—25	上交所	工商银行
QDII					
富国全球债券(QDII—FOF)	100050	2010—10—20			工商银行

2010年旗下公募基金数量发展

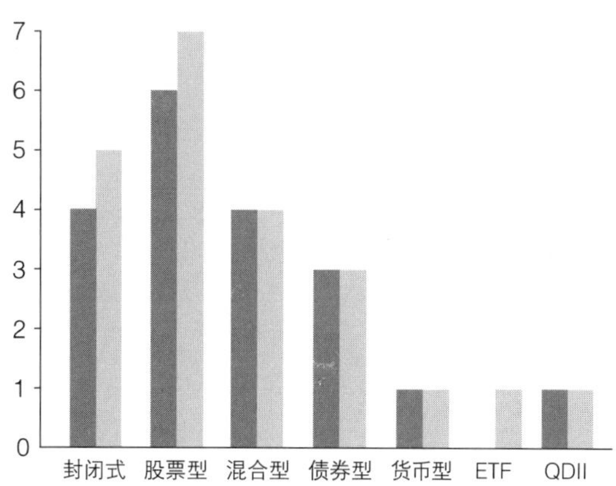

统计周期：2010年-2011年上半年
■2010年末　■2011年上半年末

2010年旗下公募基金资产净值构成

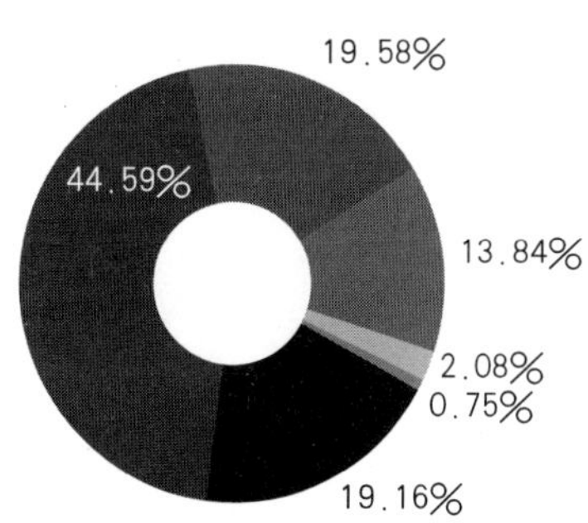

数据截至2010年12月31日
■封闭式　■股票型　■混合型　■债券型
■货币型　■QDII

易方达基金管理有限公司

E Fund Management Co.,Ltd.

成立时间	2001年4月17日	注册资本	1.2亿元人民币	公司属性	中 资
董 事 长	叶俊英	总 经 理	刘晓艳	督 察 长	张 南
联系电话	020-3879 7888	传真号码	020-3879 9488		
客服电话	400-881-8088	公司网址	www.efunds.com.cn		
注册地址	广东省珠海市香洲区情侣路428号九洲港大厦4001室				
办公地址	广州市天河区体育西路189号城建大厦25、26、27、28楼				

公司概况

易方达基金管理有限公司(以下简称“易方达基金”)经中国证监会证监基金字[2001]4号文批准，成立于2001年4月17日，注册资本1.2亿元人民币。目前，公司的股东为广东粤财信托有限公司、广发证券股份有限公司、盈峰投资控股集团有限公司、广东省广晟资产经营有限公司、广州市广永国有资产经营有限公司。易方达基金现已取得全国社会保障基金投资管理人资格、企业年金基金投资管理人资格、合格境内机构投资者(QDII)资格和从事特定客户资产管理业务资格。

2010年至2011年上半年，易方达基金发行工作得到拓展，先后募集并成立了8只证券投资基金：1只封闭式基金——易方达岁丰添利债券；5只开放式基金，分别为易方达上证中盘ETF、易方达上证中盘ETF联接、易方达消费行业股票、易方达医疗保健行业股票和易方达安心回报债券；2只QDII基金，分别为易方达亚洲精选股票(QDII)和易方达黄金主题(QDII-LOF-FOF)。

截至2011年6月30日，易方达基金共管理2只封闭式基金、23只开放式基金及2只QDII基金，同时管理着多个全国社保基金、企业年金基金和特定客户资产管理业务，管理公募基金资产规模达到1, 525.50亿元人民币。

旗下公募基金产品一览

基金简称	基金代码	设立日期	上市日期	上市地点	托管银行
封闭式					
易方达科瑞封闭	500056	2002-03-12	2002-03-20	上交所	交通银行
易方达岁丰添利债券①	161115	2010-11-09	2010-12-03	深交所	中国银行
股票型					
易方达上证50指数	110003	2004-03-22			交通银行
易方达价值精选股票	110009	2006-06-13			工商银行
易方达科讯股票	110029	2007-12-18			交通银行

①为创新封闭式基金，3年内(含)封闭运作。

（续上表）

基金简称	基金代码	设立日期	上市日期	上市地点	托管银行
易方达中小盘股票	110011	2008-06-19			中国银行
易方达科翔股票	110013	2008-11-13			工商银行
易方达行业领先股票	110015	2009-03-26			工商银行
易方达沪深300指数	110020	2009-08-26			建设银行
易方达深证100ETF联接	110019	2009-12-01			中国银行
易方达上证中盘ETF联接	110021	2010-03-31			工商银行
易方达消费行业股票	110022	2010-08-20			农业银行
易方达医疗保健行业股票	110023	2011-01-28			中国银行
混合型					
易方达平稳增长混合	110001	2002-08-23			中国银行
易方达策略成长混合	110002	2003-12-09			中国银行
易方达积极成长混合	110005	2004-09-09			中国银行
易方达策略成长二号混合	112002	2006-08-16			中国银行
易方达价值成长混合	110010	2007-04-02			工商银行
易方达科汇灵活配置混合	110012	2008-10-09			交通银行
债券型					
易方达增强回报债券	110017	2008-03-19			建设银行
易方达稳健收益债券	110007	2008-01-29			中国银行
易方达安心回报债券	110027	2011-06-21			工商银行
货币型					
易方达货币	110006	2005-02-02			中国银行
ETF					
易方达深证100ETF	159901	2006-03-24	2006-04-24	深交所	中国银行
易方达上证中盘ETF	510130	2010-03-29	2010-06-23	上交所	工商银行
QDII					
易方达亚洲精选股票（QDII）	118001	2010-01-21			工商银行
易方达黄金主题（QDII-LOF-FOF）	161116	2011-05-06	2011-11-08	深交所	农业银行

2010年旗下公募基金数量发展

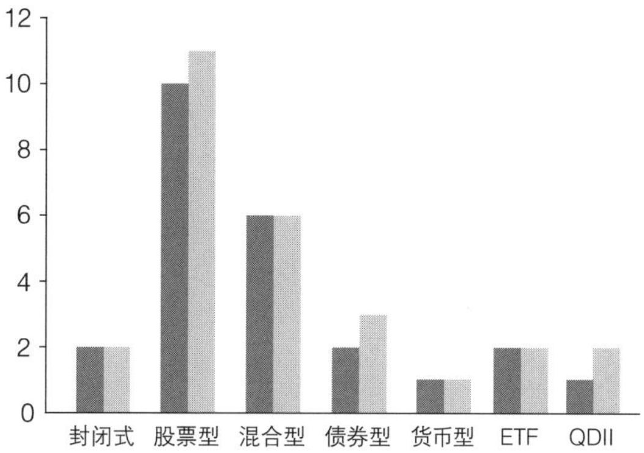

统计周期：2010年-2011年上半年
■2010年末 ■2011年上半年末

2010年旗下公募基金资产净值构成

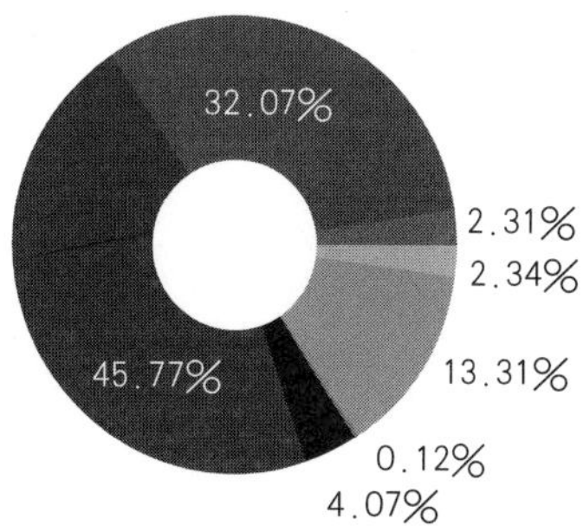

数据截至2010年12月31日
■封闭式 ■股票型 ■混合型 ■债券型
■货币型 ■ETF ■QDII

宝盈基金管理有限公司

BaoYing Fund Management Co.,Ltd.

成立时间	2001年5月18日	注册资本	1亿元人民币	公司属性	中 资
董 事 长	李建生	总 经 理	汪 钦	督 察 长	孙胜华
联系电话	0755-8327 6688	传真号码	0755-8351 5599		
客服电话	400-8888-300	公司网址	www.byfunds.com		
注册地址	深圳市福田区深南路6008号特区报业大厦15层				
办公地址	深圳市福田区深南路6008号特区报业大厦15层				

公司概况

宝盈基金管理有限公司(以下简称“宝盈基金”)是按照中国证监会“新的治理结构、新的内控体系”标准设立的首批基金管理公司之一，于2001年5月18日成立，注册资本为1亿元人民币，注册地在深圳。目前公司股东为中铁信托有限责任公司(49%)、成都工业投资集团有限公司(26%)、中国对外经济贸易信托有限公司(25%)。

2010年至2011年上半年，宝盈基金募集并成立了1只开放式基金(宝盈中证100指数增强)。截至2010年6月30日，宝盈基金共管理9只基金，包括1只封闭式基金和8只开放式基金，管理公募基金资产规模达到84.31亿元人民币。

公司旗下公募基金产品一览

基金简称	基金代码	设立日期	上市日期	上市地点	托管银行
封闭式					
宝盈鸿阳封闭	184728	2001-12-10	2001-12-18	深交所	农业银行
股票型					
宝盈泛沿海增长股票	213002	2005-03-08			工商银行
宝盈策略增长股票	213003	2007-01-19			农业银行
宝盈资源优选股票	213008	2008-04-15			建设银行
宝盈中证100指数增强	213010	2010-02-08			建设银行
混合型					
宝盈鸿利收益混合	213001	2002-10-08			农业银行
宝盈核心优势混合	213006	2009-03-17			中国银行

（续上表）

基金简称	基金代码	设立日期	上市日期	上市地点	托管银行
债券型					
宝盈增强收益债券	213007	2008-05-15			建设银行
货币型					
宝盈货币	213009	2009-08-05			建设银行

2010年旗下公募基金数量发展

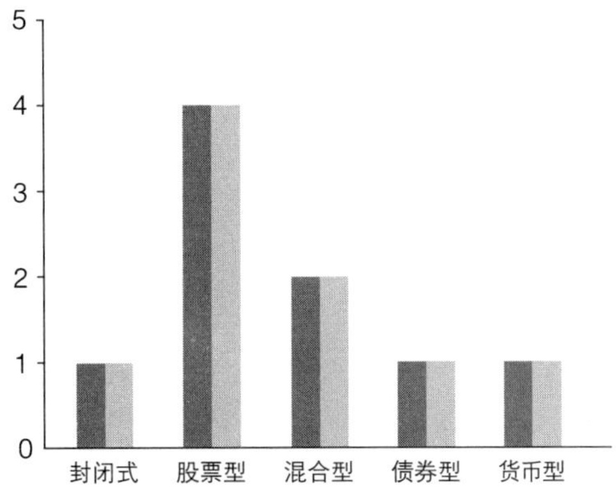

统计周期：2010年-2011年上半年
2010年末 2011年上半年末

2010年旗下公募基金资产净值构成

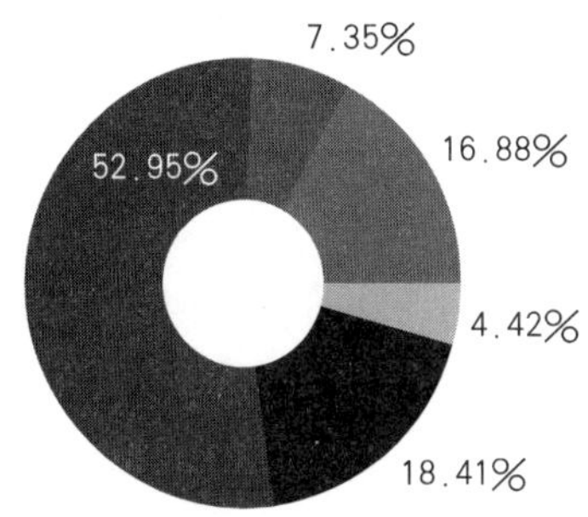

数据截至2010年12月31日
封闭式 股票型 混合型 债券型 货币型

融通基金管理有限公司

RongTong Fund Management Co.,Ltd.

成立时间	2001年5月22日	注册资本	1.25亿元人民币	公司属性	中外合资
董 事 长	田德军	总 经 理	奚星华	督 察 长	涂卫东
联系电话	0755-2694 8666	传真号码	0755-2693 5005		
客服电话	400-883-8088　　0755-2694 8088			公司网址	www.rtfund.com
注册地址	深圳市南山区华侨城汉唐大厦13、14层				
办公地址	深圳市南山区华侨城汉唐大厦13、14层				

公司概况

融通基金管理有限公司(以下简称“融通基金”)经中国证监会证监基字[2001]8号文批准，于2001年5月22日在深圳成立，公司注册资本为1.25亿元人民币。目前公司股东为新时代证券有限责任公司(60%)、日兴资产管理有限公司(Nikko Asset Management Co.,Ltd.)(40%)。

2010年至2011年上半年，融通基金募集并成立了1只开放式基金(融通深证成分指数)。截至2011年6月30日，融通基金共管理1只封闭式基金及11只开放式基金，同时开展了特定客户资产管理业务，管理公募基金资产规模达到467.81亿元人民币。

旗下公募基金产品一览

基金简称	基金代码	设立日期	上市日期	上市地点	托管银行
封闭式					
融通通乾封闭	500038	2001-08-29	2001-09-21	上交所	建设银行
股票型					
融通深证100指数	161604	2003-09-30			工商银行
融通巨潮100指数(LOF)	161607	2005-05-12	2005-06-16	深交所	工商银行
融通动力先锋股票	161609	2006-11-15			工商银行
融通领先成长股票(LOF)	161610	2007-04-30	2007-07-18	深交所	建设银行
融通内需驱动股票	161611	2009-04-22			工商银行
融通深证成份指数	161612	2010-11-15			工商银行
混合型					
融通新蓝筹混合	161601	2002-09-13			建设银行
融通蓝筹成长混合	161605	2003-09-30			工商银行
融通行业景气混合	161606	2004-04-29			交通银行

（续上表）

基金简称	基金代码	设立日期	上市日期	上市地点	托管银行
债券型					
融通债券	161603	2003-09-30			工商银行
货币型					
融通易支付货币	161608	2006-01-19			民生银行

2010年旗下公募基金数量发展

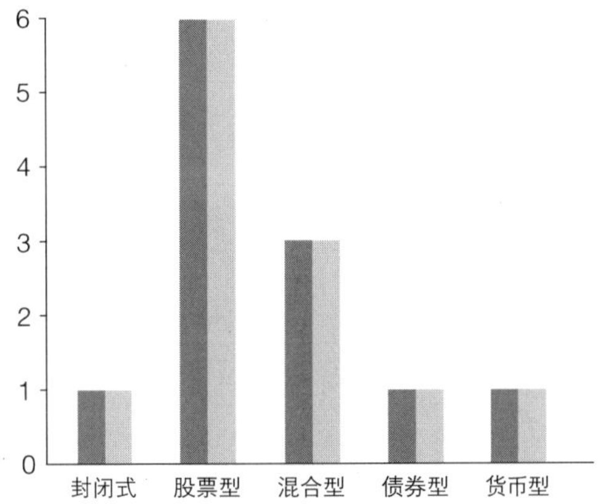

统计周期：2010年-2011年上半年
■2010年末 ■2011年上半年末

2010年旗下公募基金资产净值构成

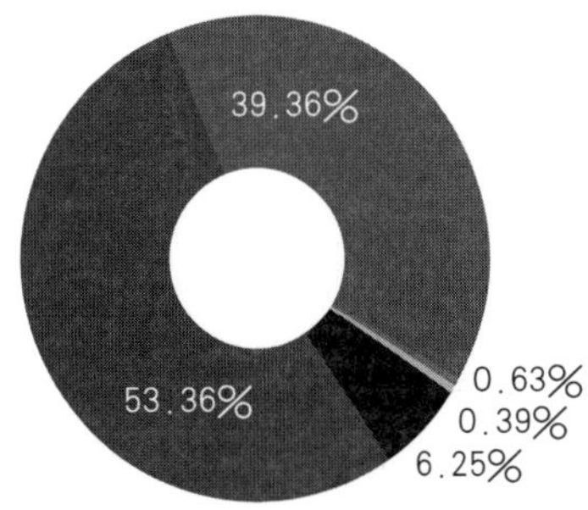

数据截至2010年12月31日
■封闭式 ■股票型 ■混合型 ■债券型 ■货币型

银华基金管理有限公司

Yinhua Fund Management Co.,Ltd.

成立时间	2001年5月28日	注册资本	2亿元人民币	公司属性	中 资
董 事 长	王立新(代)	总 经 理	王立新	督 察 长	凌宇翔
联系电话	010-5816 3000	传真号码	010-5816 2888		
客服电话	400-678-3333	公司网址	www.yhfund.com.cn		
注册地址	广东省深圳市深南大道6008号特区报业大厦19层				
办公地址	北京市东长安街1号东方广场东方经贸城C2办公楼15层				

公司概况

银华基金管理有限公司(以下简称“银华基金”)成立于2001年5月28日，是经中国证监会批准设立的全国性基金管理公司。公司注册资本2亿元人民币，公司股权结构为：西南证券股份有限公司占49%，第一创业证券有限责任公司占29%，东北证券股份有限公司占21%，山西海鑫实业股份有限公司占1%。

自成立以来，公司各项业务稳步推进。2005年8月，银华基金获得企业年金基金投资管理人资格，成为国内9家首批获此资格的基金管理公司之一；2007年10月底，银华基金正式获得合格境内机构投资者(QDII)资格，获准开展境外证券投资管理业务；2008年2月，银华基金获得特定客户资产管理业务资格；2010年12月，银华基金获得“社保基金境内委托投资管理人”资格。至此，银华基金成为业内同时拥有企业年金基金投资管理人资格、合格境外机构投资者业务资格、特定客户资产管理业务资格和社保基金境内委托投资管理人资格的全牌照基金管理公司。

银华基金成立11年以来，凭借诚信、规范、稳健、务实的运作风格，致力于为广大投资者提供专业的资产管理服务，逐步发展为一个具有大资金管理能力的综合型资产管理公司。

年度发展

截至2011年6月30日，银华基金旗下共管理20只公募基金，包括股票型基金9只(含4只指数基金)，混合型基金5只(含1只保本基金)，债券型基金3只，货币市场基金1只，QDII基金2只，建立了完善的基金产品线，为数百万不同风险收益特征和理财需求的客户提供专业的资产管理服务。截至2010年12月31日，银华基金资产管理规模达到855.45亿元，名列行业第8。

产品发行方面，2010年银华基金顺利完成5只新基金的募集，募集市场资金113.94亿元。新设立基金主要针对细分市场，包括指数分级基金——银华深证100指数分级，主要投资于信用债的创新封基——银华信用债券封闭，抗通胀主题投资基金——银华抗通胀主题(QDII-FOF-LOF)，主要投资于信用债的债券型基金—银华信用双利债券以及主要投资于成长性股票的混合型基金——银华成长先锋混合。2011年上半年，银华基金新设立银华中证等权90指数分级和银华永祥保本混合2只新基金。至此，在2010-2011年上半年期间，银华基金新设立基金7只，极大地丰富了公司产品线，为投资者提供了更加多样化的产品与服务。

作为资产管理者，为基金持有人提供长期稳健的回报是银华基金的核心价值所在。截至2010年末，银华旗下所有主动投资偏股型基金自设立以来全部超越业绩比较基准，其中银华价值优选股票、银华优质增长股票、银华富裕主题股票自设立以来分别为持有人实现了497.84%、232.11%、177.77%的业绩回报，分别超越业绩比较基准331.36%、130.85%、101.91%。

自成立以来，银华基金旗下管理的多只基金业绩排名同类产品前列，并获得多项业内大奖，多次赢得独立专业机构的高度评价，为基金持有人带来了可持续的稳健投资回报。因为整体业绩表现突出，银华基金五度荣膺“金牛基金公司”。

社会公益活动

银华基金自成立以来，始终坚持企业价值与社会价值的统一，积极参加各类社会公益活动。2010年4月，青海玉树发生地震，银华基金第一时间捐出善款50万元，支持灾区重建。此前，四川汶川大地震，公司及员工共捐款260万元援助地震灾区重建。此外，公司还通过各种形式，展开多种形式的公益活动。河南太阳村特殊儿童救助研究中心(简称“太阳村”)收留了许多因父母长年服刑而无人抚养的未成年孩子。银华基金在2009年春节前发动全体员工为“太阳村”儿童捐款近20万元，款项将用于资助建造河南太阳村“银华爱心小屋”以及太阳村——银华爱心林。

公司所获荣誉

2011年4月

银华基金管理有限公司在由《中国证券报》主办的第八届金牛奖评选中荣获“2010年度十大金牛基金管理公司”称号，旗下基金银华富裕主题股票基金也同时荣膺“2010三年持续优胜股票型金牛基金”。

在由《上海证券报》主办，中国银河证券、上海证券、晨星资讯(深圳)有限公司提供技术支持的第八届中国“金基金”奖评选中。公司旗下基金银华富裕主题股票基金获“金基金三年期产品·主动型股票基金奖”。

在由《证券时报》主办的2010年度“中国基金业明星基金奖”评选中，银华基金管理有限公司荣获“2010年度十大明星基金公司”称号，旗下银华富裕主题股票基金摘得“三年持续回报股票型明星基金奖”。

2010年11月

在北京举行的第四届中国电子金融发展年会上，由中国电子商务协会、中国电子金融产业联盟举办的中国电子金融“金爵奖”评选中，银华基金电子商务荣获“2010最佳网上基金公司”和“2010最佳基金电子商务营销创新案例奖”两项大奖。

2010年6月

银华基金管理有限公司在由《上海证券报》主办、中国银河证券研究所基金研究中心和晨星资讯(深圳)有限公司提供技术支持的第七届中国“金基金奖”评选中荣获“金基金・投资回报公司奖”，旗下基金银华核心价值优选股票型证券投资基金获得“金基金・主动型股票基金奖”，银华增强收益债券型证券投资基金获得“金基金・债券基金奖”。

2010年6月

银华富裕主题股票型基金在晨星(中国)2009年度基金奖评选中荣获“股票型基金奖”，成为业内唯一获此殊荣的股票型基金。

2010年5月

银华基金管理有限公司在由《中国证券报》主办，中国银河证券、天相投资顾问、招商证券、海通证券联合协办的第七届金牛奖评选中荣获“2009年度十大金牛基金管理公司”称号，旗下基金银华价值优选股票基金和银华富裕主题股票基金也同时荣膺“2009年度开放式股票型金牛基金”。

在由《证券时报》主办、晨星资讯(深圳)有限公司提供数据支持的2009年度“中国基金业明星基金奖”中，凭借2009年的优异表现，银华基金管理有限公司获得“2009年度十大明星基金公司”称号，银华核心价值优选股票基金、银华富裕主题股票基金、银华领先策略股票基金荣获“2009年度股票型明星基金奖”，银华增强收益债券基金荣获“2009年度积极债券型明星基金奖”。

银华基金年度纪事

·2010年-2011年上半年·

2011年

2011.06 银华永祥保本混合型证券投资基金成立，该基金采用投资组合保险技术,在确保保本期到期时本金安全的基础上，通过保本资产和收益资产的动态平衡配置管理，实现组合资产的稳定增长和保本期间收益的最大化。

2011.04 在由《上海证券报》主办，中国银河证券、上海证券、晨星资讯(深圳)有限公司提供技术支持的第八届中国“金基金”奖评选中，银华富裕主题股票基金获“金基金三年期产品·主动型股票基金奖”。

银华基金管理有限公司在由《中国证券报》主办的第八届金牛奖评选中荣获“2010年度十大金牛基金管理公司”称号，旗下基金银华富裕主题股票基金也同时荣膺“2010三年持续优胜股票型金牛基金”。

在由《证券时报》主办的2010年度“中国基金业明星基金奖”评选中，银华基金管理有限公司荣获“2010年度十大明星基金公司”称号，旗下银华富裕主题股票基金摘得“三年持续回报股票型明星基金奖”。

2011.03 银华中证等权重90指数分级证券投资基金成立，该基金完全复制标的指数中证等权重90指数，是国内首只跟踪跨市场蓝筹指数的分级基金。

2010年

2010.12 银华基金管理有限公司获得社保基金境内委托投资管理人资格。

银华抗通胀主题基金及银华信用双利债券基金成立。

2010.10 银华成长先锋混合型证券投资基金正式成立。

2010.06 银华信用债券型基金正式成立，该基金为银华旗下首只以信用债为主要投资标的的债券型产品，封闭期三年，期满后转为上市开放式基金。

2010.05 银华深证100指数分级基金正式成立，该基金为银华旗下首只分级基金，采取优化的分级机制，将基金份额分为低风险的银华稳进、高杠杆的银华锐进及模拟指数收益的银华深证100母基金三类份额。

2010.03 银华保本增值基金第二个保本周期到期，顺利转入第三个保本周期的运作。在此前进行的集中申购中，银华保本增值创造1天销售近百亿元的佳绩。

公司旗下公募基金产品一览

基金简称	基金代码	设立日期	上市日期	上市地点	托管银行
股票型					
银华-道琼斯88指数	180003	2004-08-11			建设银行
银华价值优选股票	519001	2005-09-27			建设银行
银华优质增长股票	180010	2006-06-09			中国银行
银华富裕主题股票	180012	2006-11-16			建设银行
银华领先策略股票	180013	2008-08-20			中国银行
银华内需精选股票(LOF)	161810	2009-07-01	2009-10-16	深交所	农业银行
银华沪深300指数(LOF)	161811	2009-10-14	2009-10-30	深交所	建设银行
银华深证100指数分级	161812	2010-05-07	2010-06-07	深交所	民生银行
银华中证等权90指数分级	161816	2011-03-17	2011-04-08	深交所	建设银行
混合型					
银华优势企业混合	180001	2002-11-13			中国银行
银华保本增值混合	180002	2004-03-02			建设银行
银华和谐主题混合	180018	2009-04-27			工商银行
银华成长先锋混合	180020	2010-10-08			工商银行
银华永祥保本混合	180028	2011-06-28			中国银行
债券型					
银华增强收益债券	180015	2008-12-03			建设银行
银华信用债券封闭①	161813	2010-06-29	2010-07-09	深交所	建设银行
银华信用双利债券	180025	2010-12-03			建设银行
货币型					
银华货币	180008	2005-01-31			交通银行
QDII					
银华全球优选(QDII-FOF)	183001	2008-05-26			中国银行
银华抗通胀主题(QDII-FOF-LOF)	161815	2010-12-06	2010-12-20	深交所	建设银行

①为创新封闭式基金，合同生效后3年内(含)封闭运作，封闭期满后转为上市开放式基金。

2010年旗下公募基金数量发展

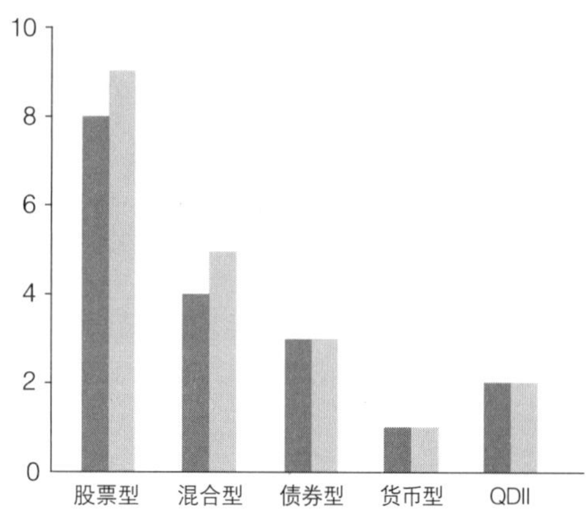

统计周期：2010年-2011年上半年
■2010年末 ■2011年上半年末

2010年旗下公募基金资产净值构成

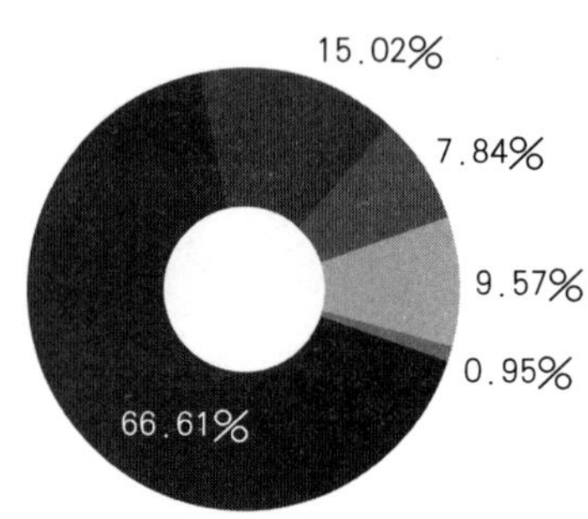

数据截至2010年12月31日
■股票型 ■混合型 ■债券型 ■货币型 ■QDII

旗下产品介绍

银华深证100指数分级证券投资基金
简称：银华深证100指数分级

基金主代码： 161812
分级基金： 银华稳进 银华锐进 银华深证100
交易代码： 150018 150019 161812
成立日期： 2010年5月7日
基金类型： 契约型开放式，股票型
上市日期： 2010年6月7日
上市地点： 深圳证券交易所
基金管理人： 银华基金管理有限公司
基金托管人： 中国民生银行
基金经理： 周 毅

基本概况

业绩比较基准

95%×深证100价格指数收益率+5%×商业银行活期存款利率(税后)

风险收益特征

该基金为完全复制指数的股票型基金，具有较高风险、较高预期收益的特征，其预期风险和预期收益高于货币市场基金、债券型基金和混合型基金。从该基金所分离的两类基金份额来看，银华稳进份额具有低风险、收益相对稳定的特征；银华锐进份额具有高风险、高预期收益的特征。

投资目标

该基金运用指数化投资方式，力争将该基金的净值增长率与业绩比较基准之间的日均跟踪偏离度的绝对值控制在0.35%以内，年跟踪误差控制在4%以内，以实现对深证100指数的有效跟踪，分享中国经济的持续、稳定增长的成果，实现基金资产的长期增值。

投资策略

该基金采用完全复制法，按照成份股在深证100指数中的组成及其基准权重构建股票投资组合，以拟合、跟踪深证100指数的收益表现，并根据标的指数成份股及其权重的变动而进行相应调整。

该基金投资于股票的资产占基金资产的比例为90%－95%，其中投资于深证100指数成份股和备选成份股的资产不低于股票资产的90%。现金、债券资产及中国证监会允许基金投资的其他证券品种占基金资产的比例为5%－10%(其中权证资产占基金资产的比例为0-3%，现金或者到期日在一年以内的政府债券不低于基金资产净值的5%)。

市场表现

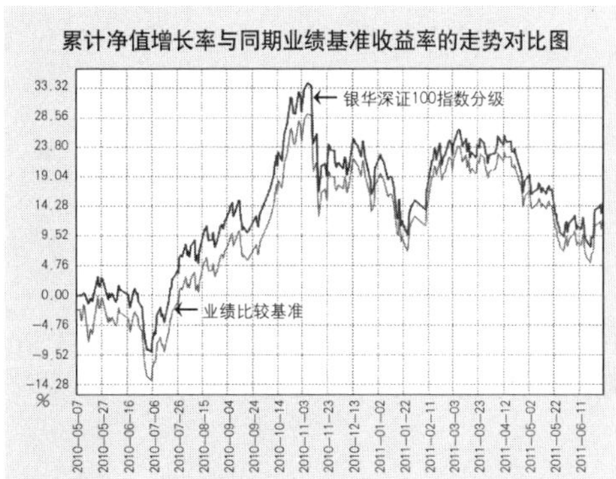

统计时间：截至2011年6月30日
图标来源：银华深证100指数分级证券投资基金2011年半年度报告

业绩表现

阶段	累计净值增长率(%)	基准累计收益率(%)	超基准收益(%)
2010年度	20.50	17.56	2.94
2011年上半年	-4.71	-4.49	-0.22
自成立以来	14.82	12.28	2.54

截至日期：2011年6月30日
(2010年度统计时间为2010年5月7日—2010年12月31日)

基金管理回顾

银华深证100指数分级基金于2010年11月7日完成建仓，进入指数基金跟踪误差管理阶段，自2010年11月7日至2010年末，该基金日均跟踪偏离度绝对值为0.05%，年化跟踪误差为0.78%，符合基金合同约定的日均跟踪偏离度绝对值不超过0.35%及年化跟踪误差不超过4%的限制。2011年上半年，该基金管理人积极改进自行开发的量化投资管理系统，采用系统管理和人工管理相结合的方式处理基金日常运作中所碰到的申购赎回处理、结构配比校验、风险优化等一系列事件，将该基金的跟踪误差控制在合理水平。

银华中证等权重90指数分级证券投资基金

简称：银华中证等权90指数分级

基金主代码： 161816

分级基金/交易代码

银华金利/150030
银华鑫利/150031
银华中证等权90指数分级/161816

成立日期： 2011年3月17日

基金类型： 契约型开放式，股票型

上市日期： 2011年4月8日

上市地点： 深圳证券交易所

基金管理人： 银华基金管理有限公司

基金托管人： 中国建设银行

基金经理： 王 琦

基本概况

业绩比较基准

95%×中证等权重90指数收益率+5%×商业银行人民币活期存款利率(税后)

风险收益特征

该基金为股票型基金，具有较高风险、较高预期收益的特征。从该基金所分离的两类基金份额来看，银华金利份额具有低风险、收益相对稳定的特征；银华鑫利份额具有高风险、高预期收益的特征。

投资目标

该基金力争对中证等权重90指数进行有效跟踪，并力争将该基金的净值增长率与业绩比较基准之间的日均跟踪偏离度的绝对值控制在0.35%以内，年跟踪误差控制在4%以内，以分享中国经济的持续、稳定增长成果，实现基金资产的长期增值。

投资策略

该基金采用完全复制法，按照成份股在中证等权重90指数中的组成及其基准权重构建股票投资组合，以拟合、跟踪中证等权重90指数的收益表现，并根据标的指数成份股及其权重的变动而进行相应调整。

该基金所持有的股票市值和买入、卖出股指期货合约价值，合计(轧差计算)占基金资产的比例为85%－100%，其中投资于股票的资产不低于基金资产的85%，投资于中证等权重90指数成份股和备选成份股的资产不低于股票资产的90%；每个交易日日终在扣除股指期货合约需缴纳的交易保证金后，应当保持不低于基金资产净值5%的现金或到期日在一年以内的政府债券。

市场表现

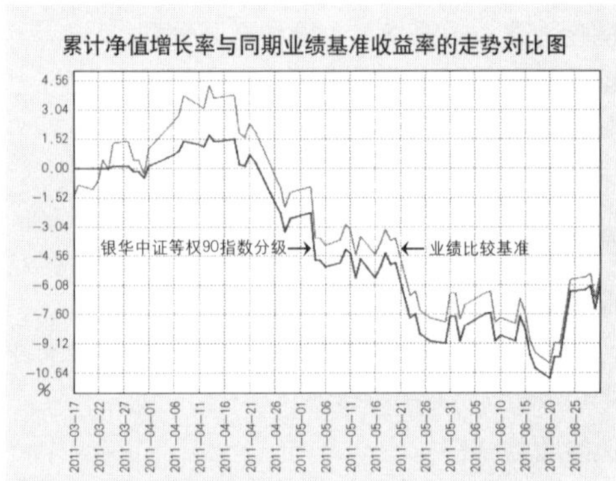

统计时间：截至2011年6月30日
图标来源：银华中证等权重90指数分级证券投资基金2011年半年度报告

业绩表现

阶 段	累计净值增长率(%)	基准累计收益率(%)	超基准收益(%)
自成立以来	−5.90	−5.40	−0.50

统计日期：2011年3月17日—2011年6月30日

基金管理回顾

银华中证等权90指数分级基金成立于2011年3月17日，自运作以来，该基金管理人积极改进自行开发的量化投资管理系统，采用系统管理和人工管理相结合的方式处理基金日常运作中所碰到的申购赎回处理、结构配比校验、风险优化等一系列事件，将该基金的跟踪误差控制在合理水平。

银华保本增值证券投资基金
简称：银华保本增值混合

基金代码：180002

成立日期：2004年3月2日

基金类型：契约型开放式，混合型

基金管理人：银华基金管理有限公司

基金托管人：中国建设银行

基金经理：姜永康

基本概况

业绩比较基准

保本周期同期限的3年期银行定期存款税后收益率

风险收益特征

该基金属于证券投资基金中的低风险品种，其风险收益配比关系为低风险、稳定收益。

投资目标

在确保保本周期到期时本金安全的基础上，谋求基金资产的稳定增值。

投资策略

该基金采用“恒定比例投资组合保险策略”（CPPI），以实现基金的保本与增值。CPPI主要是通过数量分析，根据市场的波动来调整、修正收益资产与保本资产在投资组合中的比重，以确保投资组合在保本周期结束时的保值增值。

该基金在每一个保本周期内，债券投资在资产配置中的比例不低于60%，固定收益类金融产品和银行存款以外的资产在资产配置中的比例不高于15%。

基金管理回顾

2010年在操作方面，第二个保本周期到期（2010年3月1日）之前，该基金对股票、债券均以减持为主，以满足流动性要求；第三个保本周期（2010年3月2日）启动之后，上半年该基金收益资产保持较低仓位，下半年增持了收益资产，品种以可转债为主；债券方面，随着通胀水平的波动，适度进行了波段操作，全年基本保持了较低的组合久期。

2011年上半年，在操作方面，银华保本增值混合基金按照CPPI策略，将权益类资产配置比例维持在较低的水平，适度提高了债券组合久期，持续优化债券组合结构，降低高风险品种信用债及可转债配置比例，增加信用资质较好债券及浮息债的配置比例，提高组合整体信用质量。

市场表现

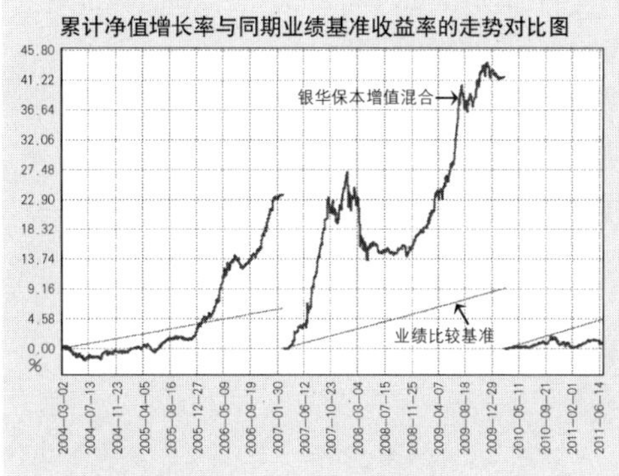

统计时间：截至2011年6月30日
图标来源：银华保本增值证券投资基金2011年半年度报告

业绩表现

阶段	累计净值增长率(%)	基准累计收益率(%)	超基准收益(%)
第一个保本周期（2004年3月2日至2007年3月1日）	23.61	6.22	17.39
第二个保本周期（2007年3月2日至2010年3月1日）	41.80	9.24	32.56
第三个保本周期（2010年3月2日至2011年6月30日）	0.85	4.52	−3.67
自成立以来	76.77	21.30	55.47

银华基金
Yinhua Fund

银华核心价值优选股票型证券投资基金
简称：银华价值优选股票

基金代码：519001
成立日期：2005年9月27日
基金类型：契约型开放式，股票型
基金管理人：银华基金管理有限公司
基金托管人：中国建设银行
基金经理：陆文俊　倪 明

基本概况

业绩比较基准

沪深300指数收益率×80%+中国债券总指数收益率×20%

风险收益特征

该基金是属于证券投资基金中的较高风险、较高收益的产品，其预期风险与预期收益高于混合基金、债券基金与货币市场基金。该基金将力求在严格控制风险的前提下实现较高的投资收益。

投资目标

该基金通过积极优选具备利润创造能力并且估值水平具备竞争力的公司，同时通过优化风险收益配比以获取超额收益，力求实现基金资产的长期稳定增值。

投资策略

在价值创造主导的投资理念指导下，该基金的投资策略以"自下而上"的股票精选为主，同时也通过辅助性的主动类别资产配置，在投资组合中加入债券资产以降低整个资产组合的系统性风险。该基金充分发挥"自下而上"的主动选股能力，通过定量的业绩归因分析深入发掘主动性回报的相关信息，适当加大选股因素的贡献度，借助投资组合优化技术实现投资风险与收益的最佳配比。

该基金的具体投资比例如下：股票投资比例浮动范围：60%–95%；除股票资产以外的其他资产投资比例浮动范围：5%–40%，其中现金及到期日在一年以内的政府债券不低于5%。

市场表现

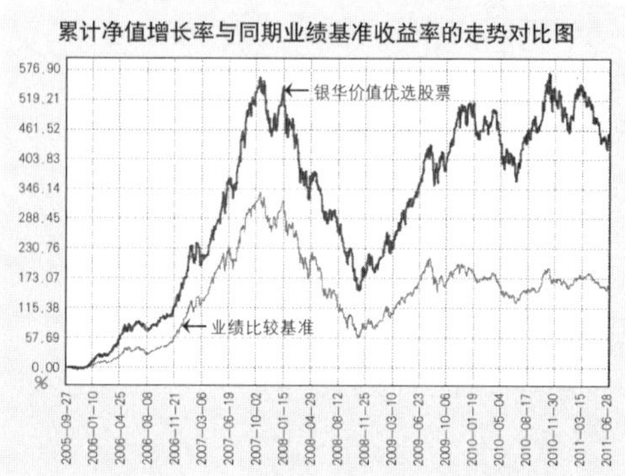

统计时间：截至2011年6月30日
图标来源：银华核心价值优选股票型证券投资基金2011年半年度报告

业绩表现

阶 段	累计净值增长率(%)	基准累计收益率(%)	超基准收益(%)
2010年度	−2.72	−9.86	7.14
2011年上半年	−6.61	−1.82	−4.79
自成立以来	458.30	161.64	296.66

截至日期：2011年6月30日

基金管理回顾

2010年银华价值优选股票基金一直维持着高成长+低估值的哑铃型的配置策略，一方面看好以节能减排、新能源以及新技术为代表的新兴行业在经济转型过程中的高成长性，大量买入了这些行业的优势企业，另一方面，买入并持有认为基本面好、估值低、市场对其预期过分悲观的传统行业的股票。

该基金在2011年上半年依然继续执行上年以来的"高成长+低估值"的哑铃型配置策略，但年初时更为侧重于低估值、基本面超预期的周期类行业，对水泥、工程机械的行业进行了增持，同时，集中减持了一批认为估值已经不具备吸引力的中小市值股票和消费类个股，较好地把握了市场风格转换过程中的投资机会；进入二季度，该基金对市场走势趋于谨慎，在操作上采取了降低仓位，回避系统性风险的策略，对工程机械、黑色金属等盈利趋势向下的周期类行业进行了减持，在一定程度上回避了市场下跌的风险。

银华富裕主题股票型证券投资基金
简称：银华富裕主题股票

基金代码： 180012
成立日期： 2006年11月16日
基金类型： 契约型开放式，股票型
基金管理人： 银华基金管理有限公司
基金托管人： 中国建设银行
基金经理： 王 华

基本概况

业绩比较基准

沪深300指数收益率×80%+中国债券总指数收益率×20%

风险收益特征

该基金属于主动式行业股票型基金，属于证券投资中较高风险、较高收益的基金产品。

投资目标

通过选择富裕主题行业，并投资其中的优势企业，把握居民收入增长和消费升级蕴含的投资机会，同时进行严格的风险管理，实现基金资产可持续的稳定增值。

投资策略

该基金为主动式的股票型基金，在资产配置策略方面，一是在重点投资于富裕主题行业中优势企业的前提下实现大类资产配置，二是对各大行业及细分行业投资评级并确定基金股票资产在各行业的配置比例；在股票选择策略方面，该基金将根据企业的成长性分析来选择股票；在债券投资策略方面，该基金将主要采取久期调整、收益率曲线配置和类属配置等策略，发现、利用市场失衡实现组合增值。

该基金的股票投资比例为基金总资产的60%–95%，债券为0–40%，并保持不低于基金资产净值5%的现金或者到期日在一年以内的政府债券。对于权证及中国证监会允许投资的其他创新金融工具，将依据有关法律法规进行投资管理。该基金的非现金基金资产中，不低于80%的资产将投资于富裕主题行业中的优势上市公司股票。同时，该基金将综合考虑宏观经济、行业景气及企业成长性等因素，以不超过20%的非现金基金资产部分投资于富裕主题行业之外的上市公司发行的证券。

市场表现

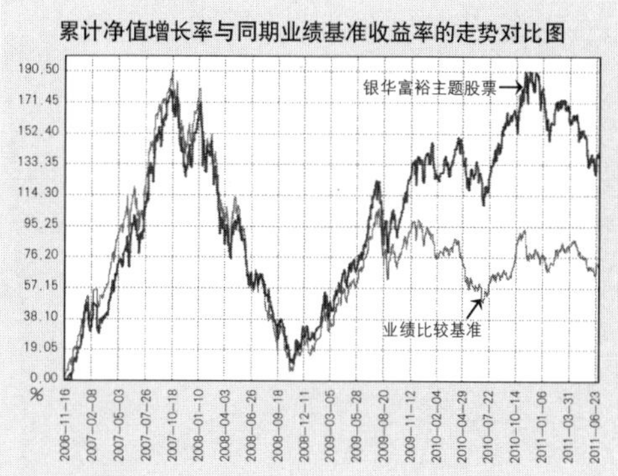

统计时间：截至2011年6月30日
图标来源：银华富裕主题股票型证券投资基金2011年半年度报告

业绩表现

阶 段	累计净值增长率(%)	基准累计收益率(%)	超基准收益(%)
2010年度	15.68	-9.86	25.54
2011年上半年	-13.20	-1.82	-11.38
自成立以来	141.10	72.66	68.44

截至日期：2011年6月30日

基金管理回顾

银华富裕主题股票基金2010年取得了较好的业绩，来自于两点，一是对系统性风险的控制，二是行业结构上大方向的判断基本正确。这包括10月份出现的年中唯一一次周期品与非周期品的风格转换，该基金也有所准备和参与。

2011年上半年，该基金面临很大压力，特别是在一季度，组合结构和一季度的市场热点差别较大，加上规模原因，使得调整的难度比较大。进入二季度后，回调后的大消费行业在业绩披露后，估值压力减弱（如零售和白酒），加上负面因素逐步消化（如医药），整体表现有所恢复。

长城基金管理有限公司

Great Wall Fund Management Co.,Ltd.

成立时间	2001年12月27日	注册资本	1.5亿元人民币	公司属性	中 资
董 事 长	杨光裕	总 经 理	熊科金	督 察 长	车 君
联系电话	0755-2398 2338	传真号码	0755-2398 2328		
客服电话	400-8868-666	公司网址	www.ccfund.com.cn		
注册地址	深圳市福田区益田路6009号新世界商务中心41层				
办公地址	深圳市福田区益田路6009号新世界商务中心41层				

公司概况

长城基金管理有限公司(以下简称“长城基金”)成立于2001年12月27日，是经中国证监会批准设立的第15家基金管理公司。公司由长城证券有限责任公司、东方证券股份有限公司、北方国际信托股份有限公司、中原信托有限公司共同出资设立。其中，长城证券持有47.059%的股份，东方证券、北方国际信托和中原信托分别持股17.647%。

长城基金一直秉承“诚信、规范、专业、创新”的经营理念，坚持基金持有人利益至上的经营原则，凭借完善的公司治理结构、严格的风险控制、规范的业务流程、高效专业的员工团队、开放与学习的文化氛围，努力打造一流的基金管理公司品牌，竭诚为客户提供优质的投资理财产品和服务。

年度发展

长城基金成立以来，建立起较为完善的公司治理结构，形成了科学、合理、特色鲜明的投资研究、市场营销和后台管理体系，培养和造就了一支高素质的员工队伍，奠定了公司长期稳健发展的基石，全面提升了公司的综合竞争力。截至2011年6月30日，长城基金拥有员工120名。为进一步完善组织架构，规范市场销售与服务机构，2010年长城基金先后成立了深圳分公司、上海分公司和北京分公司。

截至2011年6月30日，长城基金共管理13只公募基金(1只封闭式基金和12只开放式基金)；管理公募基金资产管理规模为322.28亿元，份额规模为391.51亿份；专户理财资产管理规模为3.50亿元；公司服务的客户数量超过400万。

公司管理团队及投研体系建设与发展

长城基金自成立以来，核心管理层相对稳定，公司管理层均有丰富的基金行业经营管理经验。2011年，公司董事会换届，补充了部分新的高管成员，经营班子行业管理经验丰富的优势得到进一步增强。

目前公司基金管理部拥有基金经理11人，其中股票基金经理8人，固定收益基金经理3人，平均从业经验为8年，在行业内处于较好水平。公司研究部研究人员共有21人，平均从业经验为4年，既有从事证券研究工作10年以上的资深研究员，也有具有复合背景的优秀应届毕业生，形成了一定层次的人才梯队，研究力量不断增强。其中宏观策略研究员1名、金融工程1名、固定收益研究员1名、行业研究员18名。

年度投资者教育、社会公益活动

投资者教育

2011年度，长城基金将投资者教育工作与各项业务发展紧密结合、共同推进，采取多种组织方式，取得了良好效果。公司投资者教育工作主要通过六个方面进行：

一、加强宣传资料的制作与管理，引导投资者树立正确的基金投资理念；

二、开设网站投资者教育专栏、打击非法证券活动专栏、反洗钱专栏等，将网站打造成重要的投资者教育工作阵地；

三、与各类媒体保持密切合作，共同推进投资者教育工作；

四、通过公司短信平台、邮件平台向投资者发送各类投资者教育信息；

五、完善产品风险测评工作，引导投资者正确了解自身状况，购买合适自身特点的基金产品；

六、与各代销机构紧密配合，举办各类形式的投资讲座、理财报告会等，积极开展投资者现场教育活动。

社会公益活动

长城基金自成立以来，在致力于为投资者提供稳健资产管理服务的同时，积极履行社会责任，热心慈善公益。2008年，公司捐款70万元援建汶川映秀小学；公司向青海青少年发展基金会捐款10万元，用于当地的希望小学建设；2009年8月，公司捐款10万元、全体员工捐款30, 500元，向遭受“莫拉克”台风重创的海峡两岸部分地区受灾同胞提供帮助；2010年4月，公司捐款26.96万元、全体员工捐款30, 400元，帮助青海玉树灾区人民重建家园。

2011年，长城基金与中国宋庆龄基金会合作推出“同心圆”公益计划，在该项公益计划中，每一位长城基金持有人取消纸质对账单，长城基金即捐出1元钱，形成“同心圆”公益助学金。该项目在业内首创基金定投业务捐赠模式，即通过三年左右定投基金的积累，向品学兼优的受助人提供大学入学资助金。为了确保公益计划顺利实施，长城基金捐款9万元作为同心圆公益基金捐赠给中国宋庆龄基金会。

年度重点业务介绍

在公募基金产品发行方面，2010年至2011年上半年，长城基金共募集设立两只开放式基金，分别是长城中小盘成长股票基金和长城积极增利债券基金；2011年下半年，公司旗下的第14只基金——长城久兆中小板300指数分级基金正式推出，三只不同类型基金的推出，使公司产品线进一步得到完善。

在投资业绩上，长城基金坚持稳健为先，致力于获取长久稳健的收益。2011年，公司公募基金管理取得了良好的相对业绩。根据海通证券的评分结果，在其编制的基金公司权益类基金2011年绝对收益排行榜中，长城基金权益类基金加权收益率为-16.98%，在全部60家基金公司中排名第4；公司旗下管理的长城品牌(排名第4)、长城消费增值(排名第17)等基金表现突出，其他权益类产品排名也大多位居前1/2。

长城基金年度纪事

•2010年–2011年•

2011年

2011.12.19 公司管理的第14只公募基金——长城久兆中小板300指数分级证券投资基金公开发行。

2011.10.26 由《理财周报》主办的《2011中国三千万基金持有人最尊敬基金公司调查报告》在深圳发布，长城基金荣获“2011中国最具发展潜力基金公司”奖项。

2011.09.26 长城基金与中国宋庆龄基金会合作推出“同心圆”公益计划。

2011.06.28 长城基金管理有限公司董事会和经营班子顺利换届，公司成立了第四届董事会和经理班子。

2011.05.06 长城基金管理有限公司北京分公司正式成立。

2011.04.12 公司管理的第13只公募基金——长城积极增利债券型证券投资基金正式成立。

2011.01.27 公司管理的第12只公募基金——长城中小盘成长股票型证券投资基金正式成立。

2010年

2010.05.12 长城基金管理有限公司上海分公司正式成立。

2010.05 在《中国证券报》主办的第七届中国基金业金牛奖评选活动中，长城消费增值股票型基金荣获“2009年度开放式股票型金牛基金”。

2010.03.12 长城基金管理有限公司深圳分公司正式成立。

旗下公募基金产品一览

基金简称	基金代码	设立日期	上市日期	上市地点	托管银行
封闭式					
长城久嘉封闭	184722	2002-07-05	2002-08-27	深交所	农业银行
股票型					
长城久泰沪深300指数	200002	2004-05-21			招商银行
长城消费增值股票	200006	2006-04-06			建设银行
长城久富股票(LOF)	162006	2007-02-12	2007-05-18	深交所	交通银行
长城品牌优选股票	200008	2007-08-06			建设银行
长城双动力股票	200010	2009-01-15			建设银行
长城中小盘股票	200012	2011-01-27			中国银行
混合型					
长城久恒平衡混合	200001	2003-10-31			建设银行
长城安心回报混合	200007	2006-08-22			农业银行
长城景气行业龙头混合	200011	2009-06-30			建设银行
债券型					
长城稳健增利债券	200009	2008-08-27			建设银行
长城积极增利债券	200013	2011-04-12			建设银行
货币型					
长城货币	200003	2005-05-30			华夏银行

2010年旗下公募基金数量发展

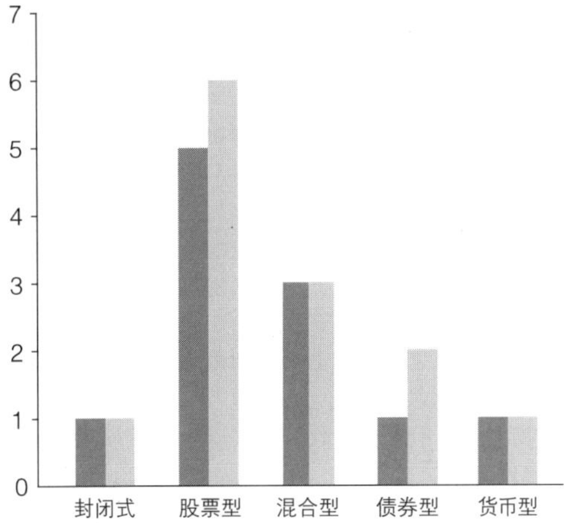

统计周期：2010年-2011年上半年
■2010年末 ■2011年上半年末

2010年旗下公募基金资产净值构成

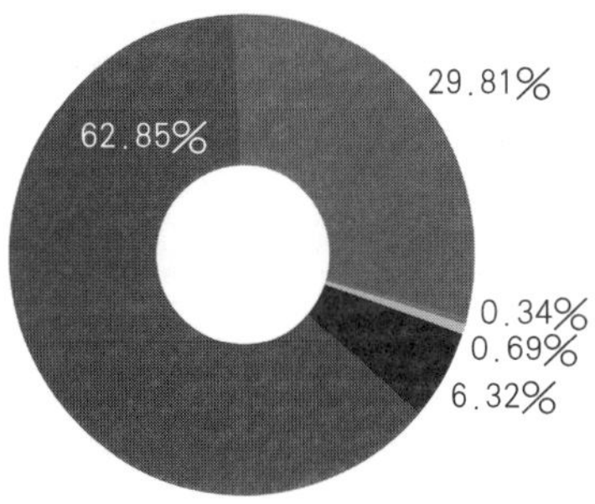

数据截至2010年12月31日
■封闭式 ■股票型 ■混合型 ■债券型 ■货币型

旗下产品介绍

长城久泰沪深300指数证券投资基金
简称：长城久泰沪深300指数

基金代码： 200002(前端)　201002(后端)
成立日期： 2004年5月21日
基金类型： 契约型开放式，股票型
基金管理人： 长城基金管理有限公司
基金托管人： 招商银行
基金经理： 杨建华

基本概况

业绩比较基准

95%×沪深300指数收益率+5%×银行同业存款利率

风险收益特征

承担市场平均风险，获取市场平均收益。

投资目标

以增强指数化投资方法跟踪目标指数，分享中国经济的长期增长，在严格控制与目标指数偏离风险的前提下，力争获得超越目标指数的投资收益，谋求基金资产的长期增值。

投资策略

①该基金为增强型指数基金，股票投资以沪深300指数作为目标指数。②股票投资策略：该基金的指数化投资采用分层抽样法，实现对沪深300指数的跟踪，即按照沪深300指数的行业配置比例构建投资组合，投资组合中具体股票的投资比重将以流通市值权重为基础进行调整。股票投资范围以沪深300指数的成份股为主，少量补充流动性好、可能成为成份股的其他股票，并基于基本面研究进行有限度的优化调整。③该基金债券投资部分以保证基金资产流动性、提高基金投资收益为主要目标，主要投资于到期日一年以内的政府债券等。

基金特点

长城久泰沪深300指数基金是首只以300指数为跟踪目标的指数基金，具有较好的市场代表性和可投资性，充分反映了中国经济成长带来的长期投资机会。

沪深300指数是由上海和深圳证券市场中选取300只A股作为样本编制而成的成份股指数，该指数根据最近一年的日均总市值、日均流通市值、日均流通股份数、日均成交金额和日均成交股份数等指标，然后加权计算选取排名在前300位的股票进行编制。(注：2011年3月31日及之前，长城久泰跟踪指数为中标300指数)

市场表现

累计净值增长率与同期业绩基准收益率的走势对比图

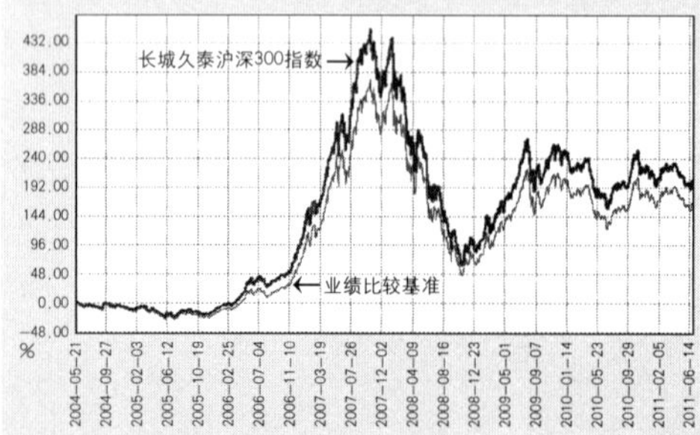

统计时间：截至2011年6月30日
图标来源：长城久泰沪深300指数证券投资基金2011年半年度报告

业绩表现

阶 段	累计净值增长率(%)	基准累计收益率(%)	超基准收益(%)
自成立以来	205.93	167.78	38.15

截至日期：2011年6月30日

收益分配

自成立以来，该基金累计每份分红2.86元，累计派现金额1,593,356,139.40元。

截至日期：2011年6月30日

基金经理管理回顾

2010年全年沪深300指数收益率为-12.51%，中小板综合指数收益率为28.38%。长城久泰基金严格遵守基金合同，在主题投资盛行的行情中把控制跟踪误差放在首位，总体操作基本得当。

2011年上半年，国内经济形势错综复杂，控制通胀成为上半年经济政策的主要目标。在外需和国内消费短期内无法快速提升的情况下，投资成为“保增长”的重要手段，这在证券市场也得到了充分的反映，上半年和固定资产投资相关的钢铁、水泥、煤炭、机械等行业个股以及银行、地产等静态估值较低的蓝筹股在报告期内都曾有良好的表现。

2011年上半年，长城久泰沪深300指数基金进行了目标指数的调整，将跟踪标的更换为更有代表性和影响力的沪深300指数。该基金报告期内侧重于跟踪目标指数，努力控制跟踪误差，操作策略基本得当。

长城消费增值股票型证券投资基金
简称：长城消费增值股票

基金代码：200006

成立日期：2006年4月6日

基金类型：契约型开放式，股票型

基金管理人：长城基金管理有限公司

基金托管人：中国建设银行

基金经理：刘颖芳 蒋劲刚

基本概况

业绩比较基准

80%×中信标普300指数收益率+15%×中信国债指数收益率+5%×同业存款利率

风险收益特征

较高预期收益、较高预期风险，其预期收益与风险高于混合基金、债券基金与货币市场基金。

投资目标

重点投资于消费品及消费服务相关行业中的优势企业，分享中国经济增长及增长方式转变所带来的收益，实现基金资产可持续的稳定增值。

投资策略

长城消费增值股票基金为主动型股票基金，采取适度灵活的资产配置策略，在重点配置消费品及消费服务相关行业中优势企业股票的基础上，择机加入债券类资产以降低系统性风险；"自下而上"地精选个股，充分把握消费驱动因素、消费水平差异与消费升级带来的投资机会，通过对消费类上市公司的分析、评估，优先选择目标行业中的优势企业作为主要投资对象。

基金特点

长城消费增值股票基金是一只消费主题基金，重点投资于消费品及消费服务相关行业中的优势企业。

收益分配

自成立以来，该基金累计每份分红1.44元，累计派现金额1,680,088,607.44元。

截至日期：2011年6月30日

市场表现

累计净值增长率与同期业绩基准收益率的走势对比图

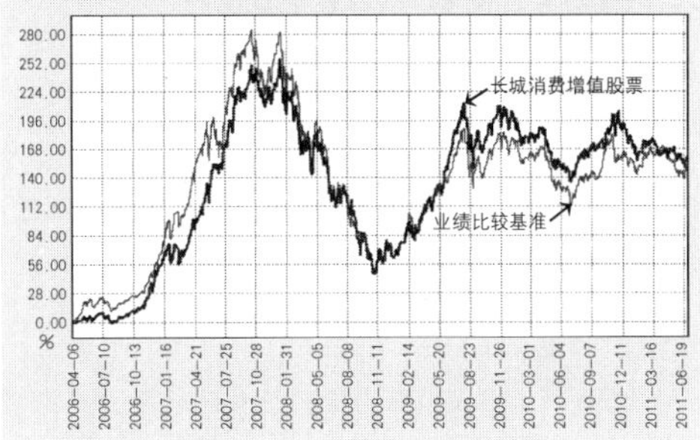

统计时间：截至2011年6月30日
图标来源：长城消费增值股票型证券投资基金2011年半年度报告

业绩表现

阶段	累计净值增长率(%)	基准累计收益率(%)	超基准收益(%)
自成立以来	159.64	149.62	10.02

截至日期：2011年6月30日

基金经理管理回顾

2010年初，长城消费增值股票基金主要配置为金融行业，年内运作的基本思路是降低金融行业的比重，提升生物医药、食品饮料、商业零售等下游消费行业的比重，并适当配置节能减排、通讯设备等行业。但该基金对于年内金融行业的表现过于乐观，等待市场对于金融行业的估值修复，对金融行业的减仓和对消费行业的加仓节奏较慢，导致投资绩效受到一定的影响。

2011年，考虑到年内宏观紧缩政策的影响以及通货膨胀对经济的抑制，国内的经济状况有可能走弱，而上市公司盈利的增速在下半年有可能放缓。上半年，该基金配置主要以稳定成长的大消费行业为主，适当回避周期性行业和小市值股票。上半年，该基金的仓位有所降低，持仓结构变化不大。

展望未来，该基金的策略仍将会是以大消费和新兴行业为重点进行积极配置，谨慎选择未来两年有明确的发展前景和盈利增长能力的公司，控制风险、优化组合以改善基金的投资绩效。

长城品牌优选股票型证券投资基金
简称：长城品牌优选股票

基金代码：200008
成立日期：2007年8月6日
基金类型：契约型开放式，股票型
基金管理人：长城基金管理有限公司
基金托管人：中国建设银行
基金经理：杨毅平

基本概况

业绩比较基准

75%×中信标普300指数收益率+25%×同业存款利率

风险收益特征

该基金为成长型股票基金，主要投资于具有超额盈利能力的品牌优势上市公司，风险高于混合型基金、债券基金和货币市场基金，低于积极成长型股票基金，属于较高风险的证券投资基金产品。

投资目标

充分挖掘具有品牌优势上市公司持续成长产生的投资机会，追求基金资产的长期增值。

投资策略

长城品牌优选股票基金采用“自下而上、个股优选”的投资策略，运用长城基金成长优势评估系统在具备品牌优势的上市公司中挑选拥有创造超额利润能力的公司，构建并动态优化投资组合。运用综合市场占有率、超过行业平均水平的盈利能力及潜在并购价值等三项主要指标判断品牌企业创造超额利润的能力，采用PEG等指标考察企业的持续成长价值，重点选择各行业中的优势品牌企业，结合企业的持续成长预期，优选具备估值潜力的公司构建投资组合。

基金特点

随着中国经济的持续发展，百姓生活水平将不断提高，消费理念和层次也不断提升。品牌企业具有高市场占有率、高知名度与美誉度、高定价能力，在竞争中具有得天独厚的优势。投资品牌企业，可以获得品牌溢价所带来的稳健收益。

市场表现

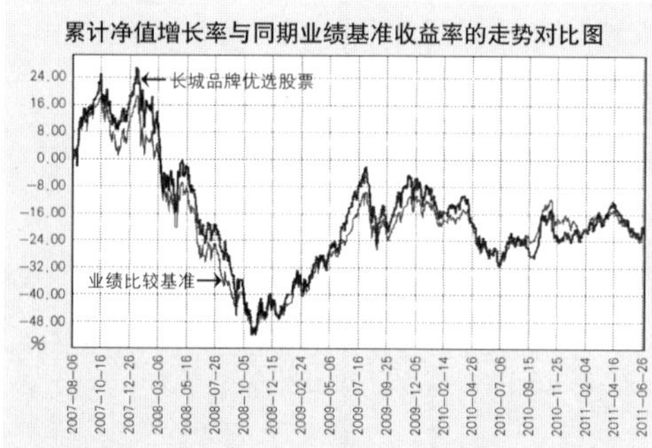

统计时间：截至2011年6月30日
图标来源：长城品牌优选股票型证券投资基金2011年半年度报告

业绩表现

阶段	累计净值增长率(%)	基准累计收益率(%)	超基准收益(%)
自成立以来	-20.33	-20.87	0.54

截至日期：2011年6月30日

基金经理管理回顾

2010年初，长城品牌优选股票基金的总体策略是防守。该基金集中持有了一些估值不高，业绩增长确定的大中型股票。利用市场上涨的机会，减持了能源、通讯类股票，在年末，增加了水泥行业的配置。2010年全年，钢铁、地产、金融、交通运输等大市值股票集中的行业，跌幅较大，该基金由于金融股配置较重，业绩表现受到影响。

2011年上半年，市场总体趋势是蓝筹股的价值回归和题材股的“挤泡沫”，低价的大盘蓝筹股总体呈现稳中有升的局面，而估值过高的中小市值股票，出现较大幅度的下跌。由于该基金坚持价值投资，拒绝参与市场的博傻游戏，坚定持有低估值的金融、能源、交运、家电、高铁、水泥等行业的蓝筹股，对投资组合只是进行微调，报告期内基金净值跑赢指数。

展望未来，2012年仍将是“挤泡沫”的一年，市场的结构分化将持续，代表低估值蓝筹股的沪深300指数，极有可能获得一定幅度的绝对收益，与此对应的是，代表中小股票的中证500指数、中小板指数、创业板指数等估值泡沫极大的指数，仍有较大的下跌空间。该基金始终坚守价值投资理念，用低估值和确定增长的蓝筹股，去应对市场的不确定性。

长城安心回报混合型证券投资基金
简称：长城安心回报混合

基金代码： 200007

成立日期： 2006年8月22日

基金类型： 契约型开放式，混合型

基金管理人： 长城基金管理有限公司

基金托管人： 中国农业银行

基金经理： 徐九龙

■ 基本概况

业绩比较基准

银行一年期定期存款（税前）利率的2倍

风险收益特征

该基金是绝对回报产品，其预期收益与风险低于股票型基金，高于债券基金与货币市场基金。

投资目标

以获取高于银行一年期定期存款（税前）利率2倍的回报为目标，通过动态的资产配置平衡当期收益与长期资本增值，争取为投资人实现长期稳定的绝对回报。

投资策略

分析上市公司股息率、固定收益品种当期收益率、上市公司持续成长潜力，动态配置基金资产。采用”注重收益、关注成长、精选个股”的投资策略，通过把握上市公司股息率预期、持续成长潜力，选择具有持续分红能力或持续成长潜力的企业作为主要投资对象。

■ 基金特点

该基金以获取高于银行一年期定期存款（税前）利率2倍的回报为目标，通过动态的资产配置平衡当期收益与长期资本增值，争取为投资人实现长期稳定的绝对回报。

■ 收益分配

自成立以来，该基金累计每份分红0.31元，累计派现金额474，353，262.42元。

截至日期：2011年6月30日

■ 市场表现

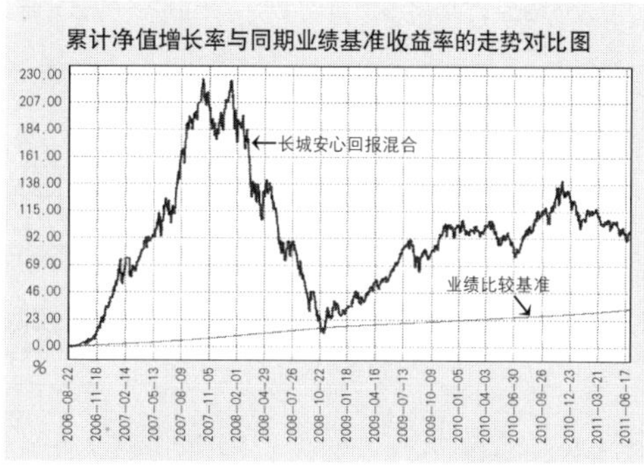

统计时间：截至2011年6月30日
图标来源：长城安心回报混合型证券投资基金2011年半年度报告

■ 业绩表现

阶 段	累计净值增长率（%）	基准累计收益率（%）	超基准收益（%）
自成立以来	99.09	28.25	70.84

截至日期：2011年6月30日

■ 基金经理管理回顾

长城安心回报混合基金对2010年全年市场走势一直保持比较谨慎的态度，采取的投资策略是：第一，严格仓位管理。在10月份之前，一直保持70%左右的仓位水平；第二，持仓个股大部分以长期稳定增长的下游消费板块为主，尽量回避受紧缩政策影响较大的行业和个股；第三，降低换手率，减少交易成本。上述投资策略使该基金的投资组合在市场大幅波动时总体上保持了较好的稳定性，同时也获得了较好的投资回报。2010年该基金净值增长率为9.99%，在同类可比的基金中排名位于中等偏上水平。从全年看，业绩表现比较稳定。

2011年，基于对通货膨胀以及紧缩政策的担忧，上半年长城安心回报混合基金的资产配置仍然以稳定成长的下游板块为主，回避受宏观经济政策影响较大的周期性行业和个股。

泰达宏利基金管理有限公司

MANULIFE TEDA Fund Management Co., Ltd.

成立时间	2002年6月6日	注册资本	1.8亿元人民币	公司属性	中外合资
董事长	刘惠文	总经理	缪钧伟	督察长	张萍
联系电话	010-6657 7777	传真号码	010-6657 7666		
客服电话	400-698-8888　010-6655 5662			公司网址	www.mfcteda.com
注册地址	北京市西城区金融大街7号英蓝国际金融中心南楼三层				
办公地址	北京市西城区金融大街7号英蓝国际金融中心南楼三层				

公司概况

泰达宏利基金管理有限公司(以下简称“泰达宏利”)成立于2002年6月，是中国首批合资基金管理公司之一，注册资本1.8亿元人民币。在吸取外方股东全球投资智慧以及深刻认知中国资本市场的基础上，公司建立并拥有了一整套科学、严谨的投资管理流程、先进的研究方法，并且在九年多的实践中积累了丰富的投资管理经验，取得了良好的长期投资业绩，赢得了投资者的信任。截至2011年6月30日，资产管理规模约269亿元。

基金投资管理

投资管理流程

泰达宏利在对国内资本市场深刻理解的基础之上，着力构建了一套完整的投资管理体系，在严格的风险管理以及积极主动的投资思路指引下，运用国际化的行业分析方法，坚持价值与成长相结合的投资理念，深入分析行业长期发展趋势，注重对上市公司内在品质的考量。这种全球投资智

投资管理流程图

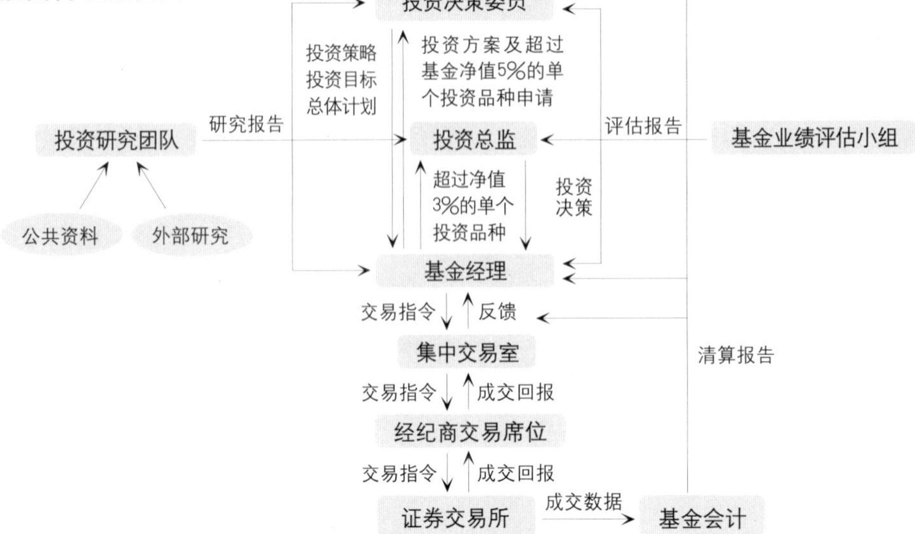

慧和本土市场管理经验的完美结合，使得泰达宏利取得了令业界和投资人瞩目的卓越业绩。

投资流程的特点

整个投资流程着重强调了投资的纪律性；

保持投资和研究之间的透明度。

泰达宏利拥有严谨的投资管理流程，在对国内资本市场深刻理解的基础之上，着力构建了一套完整的投资管理体系，在严格的风险管理以及积极主动的投资思路指引下，运用国际化的行业分析方法，坚持价值与成长相结合的投资理念，深入分析行业长期发展趋势，注重对上市公司内在品质的考量。这种全球投资智慧和本土市场管理经验的完美结合，使得泰达宏利取得了令业界和投资人瞩目的卓越业绩。

资产配置

资产配置需要解决的是在下一阶段现金、股票债券等资产的配置比例。泰达宏利在MVS模型的基础之上，结合中国的实际情况构建了更加符合市场要求的MVPS模型。

MVPS模型主要考虑M(宏观经济环境)、V(价值)、P(政策)和S(市场气氛)四方面因素，具体因素如下：

Macro宏观经济	Valuation价值	Policy国家政策	Sentiment市场气氛
GDP增幅 固定资产投资 工业企业利润增长率 居民消费价格指数CPI 利率和利率政策 M2增长率 国际经济环境 财政货币政策	市场整体的P/B、P/E运行区间 估值的国际比较，包括P/E、P/B、EV/EBITDA、市值 长期成长性等方面的比较	国家宏观经济政策和监管政策对资本市场下一阶段的影响； 政策的秩序性和贯彻情况	QFII申请 分析师指数 开放式基金的平均仓位测算 基金募集规模 技术分析指标 市场流动性 市场关注焦点分析

投资决策委员会每个月依照MVPS的分析结果来讨论决定基金的资产配置。其中，MVPS模型的评分举例如下：

M、V的评分标准（分值）	1分	2分	3分
P、S的评分标准（分值）	-0.5分	0	5分

行业研究

泰达宏利综合运用行业文档、公司记分卡、DCF模型等多种方法对行业进行分析。行业文档(Industry Document)是对某一行业主要观点的总结和研究方法的梳理。公司针对不同的行业设置研究员，每一个研究员运用行业文档对行业的发展趋势作出分析和判断，行业文档可以帮助公司理解各行业商业模式的外部环境、核心公司关键的成功要素、各个公司的比较估值等。同时，行业文档作为一种研究规范，还帮助公司把精力集中在研究驱动各个行业发展的关键要素方面。行业文档研究的核心目的是要得出评价某个行业的上市公司的关键因素。

泰达宏利的行业研究员为各个行业量身打造行业文档的要素包括以下几个部分：

- 分析员对行业的分析和基本判断；
- 全球行业大势和中国行业趋势；
- 企业在中国运作特色；
- 成功企业在行业中的要点(并附行业价值分析方法)。

泰达宏利通过行业研究文档，可以达到以下几个目标：

- 得出行业盈利预测和吸引力，把握行业发展趋势；
- 为整个投资研究团队提供统一的行业分析平台；
- 通过对行业竞争力及行业风险的比较，提出完整的行业配置策略；
- 泰达宏利投研团队通过行业文档研究，能够提升行业配置能力，为业绩夯实基础。

股票选择

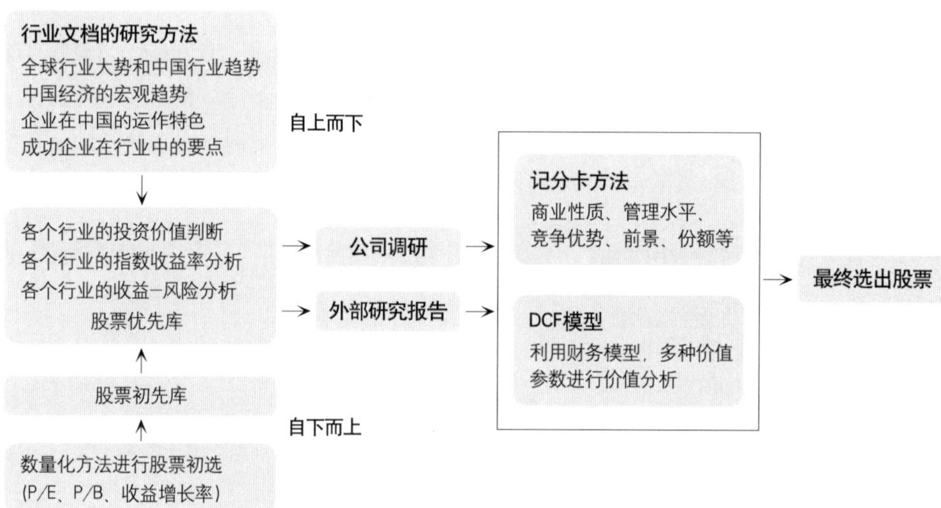

股票选择是决定投资成败的关键，泰达宏利综合运用资产配置、行业文档的研究结果，结合公司记分卡、DCF模型等公司研究工具。采取“自上而下”和“自下而上”相结合的选股方式选择股票。

自上而下：承继行业文档对行业的研究结果，公司研究员形成对行业前景的基本判断，以行业文档研究所形成的关键指标作为考量公司的选择标准，结合实际调研形成投资价值分析报告。

自下而上：采用数量分析方法对P/E、收益增长率等优选指标进行筛选形成股票库，参照公司记分卡、DCF模型等研究结果，进行实际的股票选择。

业绩评估与风险控制

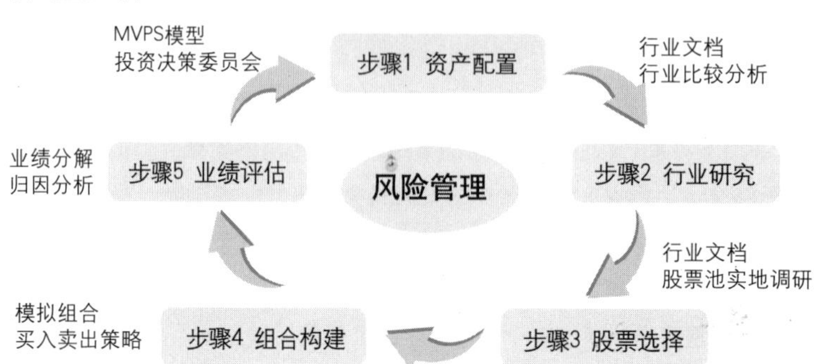

泰达宏利有专门的风险监控和业绩分析团队，建立了针对本基金的风险监控指标体系，对基金经理构造的投资组合，风险管理部将根据策略的要求，对基金投资组合的风险进行日常跟踪、监控、评估和风险构成的度量预测分析。

绩效评估：基金投资业绩评价主要通过比较基金组合与业绩比较基准之间的差别来进行，主要包括对基金长期风险收益特征的分析以及短期内组合结构的动态变化。具体包括以下几个方面：

比较基准涨跌幅等的比较：基金与上证指数、比较基准涨跌幅等的比较以及与基金同业净值涨跌的比较。

与比较基准的对比分析：主要包括行业分布的比较、市场特征指标如P/B、P/E、市值特征等的比较、利润贡献的比较分析。

风险收益特征分析：超额收益α、Sharpe指数、Treynor指数、选股能力和把握市场实际的能力等。

风险控制与管理

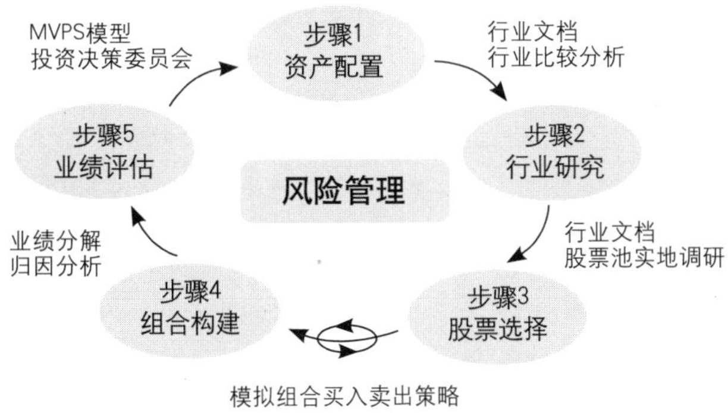

泰达宏利投资管理实行全过程的风险管理，即事前、事中、事后风险管理三个部分。

事前风险管理：体现在投资管理流程的第一步和第二步，即投资目标的设定及风险承受度的设定上。投资风险控制委员会将设定最主要的风险控制指标。

事中风险管理：体现在投资管理流程的第三步即投资组合的建立和执行上。风险管理部和交易部实时监控风险指标值的变化和投资的合规性。

事后风险管理：体现在投资管理流程第四步投资监控和第五步绩效分析上。风险管理部每月提供风险分析报告，及时反馈投资组合的全面风险状况。

投资管理团队

泰达宏利投研团队始终坚持在对国内行业及企业的深刻理解的基础上，在严格风险管理以及积极主动的投资理念指引下，运用国际化的行业分析方法，坚持价值与成长相结合的投资理念，深入分析行业长期趋势，注重对上市公司内在品质的考量。这种全球投资智慧和本土市场管理经验的良好结合，使得泰达宏利取得了令业界和客户瞩目的卓越业绩。

基金投资业绩

截至2011年上半年，泰达宏利共管理15只公募基金，资产规模超过200亿元，具有较为完善的产品线可供投资者选择。2011年1月至2011年6月，公司发行2只基金产品，分别是泰达宏利领先中小盘股票型证券投资基金、泰达宏利聚利分级债券型证券投资基金。

泰达宏利投研能力及品牌获得投资人和机构的广泛认可，公司屡获殊荣。旗下金牛基金泰达宏利成长股票基金和泰达宏利精选股票基金多次被《中国证券报》、《证券时报》、晨星(中国)等权威媒体和评级机构授予奖项。

公司产品业绩表现较佳，2011年以来至6月30日，旗下泰达宏利风险预算混合基金在全部保守混合型基金中，业绩排名第1；截至2011年6月30日，泰达宏利红利先锋股票基金最近一年业绩在281只股票型基金中排名第4。

(数据来源：天相)

社会形象

公司自成立以来，积极投身于社会公益活动：

2008年5月 四川汶川地震，公司第一时间捐助善款60万元，并随即开展持有人关爱A计划，提供寻找持有人、帮助持有人解决资产问题、提供后续帮助三阶段的服务。

2010年4月 青海玉树地震，公司向震区捐款20万元，同时，泰达宏利基金“有爱有未来向生命致敬，为玉树祈福”的网页也正式上线，通过相关活动为震区同胞祈福。

2009年5月 公司开展“有爱有未来”公益系列活动，重回四川绵阳，为安县茶坪乡小学的老师们购买办公桌椅，同时募集图书，为学校建造图书馆。

2010年12月7日 公司再次回到四川安县茶坪小学，满载着泰达宏利所有员工及社会各界爱心的8,000册图书和6个乒乓球桌，在茶坪小学举办了“泰达宏利图书室”挂牌暨捐赠仪式。

2011年8月 泰达宏利通过辽宁省教育基金会“仁者”基金捐助的宽甸一中50名学生顺利考入大学，公司派出由工会代表及员工组成的慰问团前往表示祝贺，并了解学生情况给予进一步帮助。

2011年9月 泰达宏利为茶坪乡小学捐赠笔记本等学习用品。

此外，公司还投身于推荐持有人使用绿色环保电子对账单，举办“I无纸净”纸质对账单推广活动，参与“仁者基金”助学计划资助贫困学生及捐赠电脑、学习用品等一系列公益活动。

客户服务

在客户服务方面，公司坚持为投资人提供高效、专业、不间断、全方位的优质服务，以及多元、个性、互动的服务平台。主动向客户提供丰富的投资资讯和专业的理财知识，同时及时解答客户来电或来信咨询问题，为客户提供顾问式服务。通过热心电话服务、尽心在线服务、安心网上交易、称心网络查询、用心电子资讯、贴心服务短信、精心邮寄服务、虚心意见与建议服务等方式服务于客户。以诚心对待客户，以专心服务客户，以贴心关怀客户，以信心感染客户。

公司旗下公募基金产品一览

基金简称	基金代码	设立日期	上市日期	上市地点	托管银行
股票型					
泰达宏利成长股票	162201	2003-04-25			交通银行
泰达宏利周期股票	162202	2003-04-25			交通银行
泰达宏利稳定股票	162203	2003-04-25			交通银行
泰达宏利精选股票	162204	2004-07-09			中国银行
泰达宏利首选企业股票	162208	2006-12-01			农业银行
泰达宏利市值优选股票	162209	2007-08-03			建设银行
泰达宏利红利先锋股票	162212	2009-12-03			建设银行
泰达宏利财富大盘指数	162213	2010-04-23			中国银行
泰达宏利领先中小盘股票	162214	2011-01-26			农业银行
混合型					
泰达宏利风险预算混合	162205	2005-04-05			交通银行
泰达宏利效率优选混合(LOF)	162207	2006-05-12	2006-07-21	深交所	建设银行
泰达宏利品质生活混合	162211	2009-04-09			建设银行
债券型					
泰达宏利集利债券	162210	2008-09-26			中国银行
泰达宏利聚利分级债券①	162215	2011-05-13	2011-07-08	深交所	中国银行
货币型					
泰达宏利货币	162206	2005-11-10			农业银行

①为创新封闭式基金，5年内(含)封闭运作。

2010年旗下公募基金数量发展

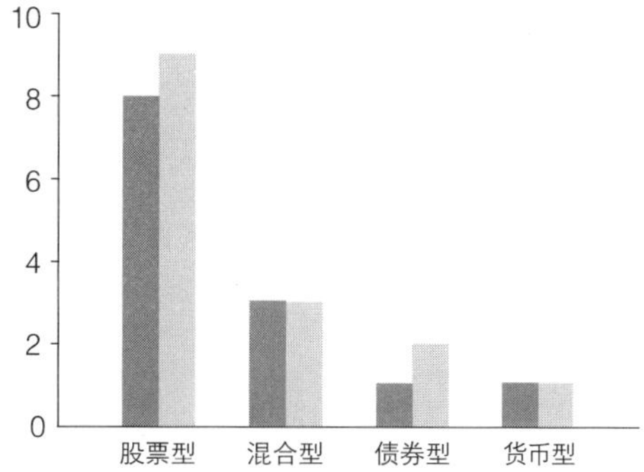

统计周期：2010年-2011年上半年
■2010年末 ■2011年上半年末

2010年旗下公募基金资产净值构成

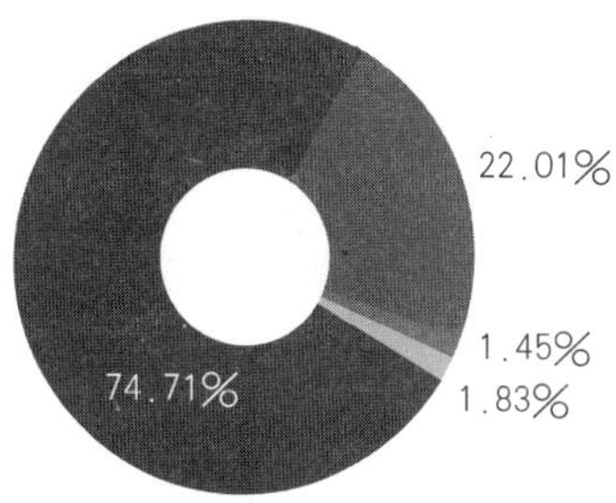

数据截至2010年12月31日
■股票型 ■混合型 ■债券型 ■货币型

旗下产品介绍

泰达宏利价值优化型成长类行业证券投资基金
简称：泰达宏利成长股票

基金代码：162201
成立日期：2003年4月25日
基金类型：契约型开放式，股票型
基金管理人：泰达宏利基金管理有限公司
基金托管人：交通银行
基金经理：梁 辉　邓艺颖

基本概况

业绩比较基准

65%×富时中国A600成长行业指数+35%×上证国债指数

风险收益特征　该基金在证券投资基金中属于较高风险的基金品种。

投资目标　该基金主要投资于成长行业类别中内在价值被相对低估，并与同行业类别上市公司相比具有更高增长潜力的上市公司。在有效控制投资组合风险的前提下，为基金份额持有人提供长期稳定的投资回报。

基金管理回顾

2011年上半年，世界经济在诸多不稳定因素中艰难前行。希腊、爱尔兰、意大利主权债务危机频现。美国经济纠结于经济复苏与进一步政策刺激的逻辑关系中。中国经济增长放缓与通货膨胀持续高位运行同时出现。综合来看，全球资产配置的宏观环境仍然复杂，通货膨胀和大宗商品价格将成为影响全球经济需求最重要的影响因素。从市场表现的情况来看，上半年受货币政策紧缩和成本上升等因素影响，整体市场估值受到压缩。行情演绎以主题投资和低风险品种为主，保障房建设、水利建设成为市场主要的投资线索；食品饮料、纺织服装等板块涨幅居前。

泰达宏利成长股票基金受业绩基准和行业配置等条件约束影响，表现相对较弱。资产配置采取低仓位和提高个股集中度的方法来应对市场的变化，在行业配置上降低信息设备、电子元器件、信息服务等板块的配置，维持对医药生物的配置，加大对家用电器的配置，很大程度上回避了中小盘和创业板个股估值和业绩双杀的投资风险。

业绩表现

阶 段	累计净值增长率(%)	基准累计收益率(%)	超基准收益(%)
自成立以来	450.94	115.49	335.45

截至日期：2011年6月30日

市场表现

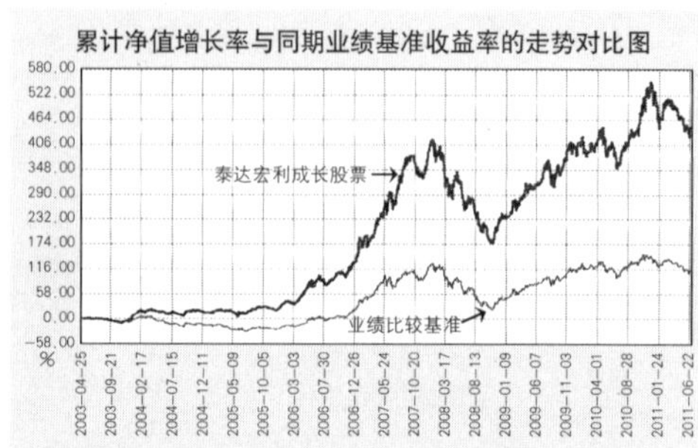

统计时间：截至2011年6月30日
图标来源：泰达宏利成长股票基金2011年半年度报告

基金特点

● **把握成长，坚持长期投资**　泰达宏利成长股票基金坚持长期投资，主要投资于科技、传媒、医药等成长类新兴行业，着力选择稳健成长的公司。展望三季度，欧洲债务危机仍在延续中，美国经济将持续缓慢复苏。国内通货膨胀仍将保持高位水平，但在经历了大面积洪涝灾害之后，以保障房建设、水利建设为代表的基础设施建设将进入施工期，个税改革和相关新兴产业规划的出台将提升市场对经济转型的关注。泰达宏利投研团队将通过认真、细致的研究，对于战略新兴产业中的相关个股进行深入分析和讨论，尤其以新能源汽车、信息技术、生物医药、节能环保装备等为研究重点，挖掘其中具备竞争优势的技术领先性企业。

● **震荡市中，业绩名列前茅**　根据晨星数据，泰达宏利成长股票基金最近1年增长率在87只激进型配置基金中排名第26位，最近2年增长率在82只激进型配置基金中排名第6位，最近3年增长率在70只激进型配置基金中排名第6位。在全市场309只参评基金中，仅有32只获得3年期5星级评级，泰达宏利成长股票基金就是其中之一。（数据来源：天相 晨星 截至日期：2011.06.30）

● **金牛基金，年度同业领先**　2011年4月，在由《中国证券报》主办的“第八届中国基金业金牛奖”评选活动中，泰达宏利成长股票基金获评“三年期股票型金牛基金”。在《证券时报》举办的“2011中国基金业明星基金奖”评选中，泰达宏利成长股票基金获评“2010年度十大明星基金”和“三年持续回报积极混合型明星基金”两项大奖。（《中国证券报》、《证券时报》，2011.04）

收益分配

成立以来每基金份额累计分红为1.915元。

截至日期：2011年6月30日

泰达宏利价值优化型稳定类行业证券投资基金
简称：泰达宏利稳定股票

基金代码： 162203
成立日期： 2003年4月25日
基金类型： 契约型开放式，股票型
基金管理人： 泰达宏利基金管理有限公司
基金托管人： 交通银行
基金经理： 胡　涛　焦　云

■ 基本概况

业绩比较基准

65%×富时中国A600稳定行业指数＋35%×上证国债指数

风险收益特征　该基金在证券投资基金中属于较高风险的基金品种。

投资目标　泰达宏利价值优化型稳定类行业证券投资基金主要投资于稳定行业类别中内在价值被相对低估，并与同行业类别上市公司相比具有更高增长潜力的上市公司。在有效控制投资组合风险的前提下，为基金份额持有人提供长期稳定的投资回报。

■ 基金管理回顾

2011年上半年，国内国际经济形势负面因素居多，导致市场整体投资机会不大。一季度，市场整体对美国、欧洲经济持乐观情绪。二季度，经济形势并没有按照市场预期的方向运行，市场悲观情绪攀升，美国一季度经济数据低于预期，欧洲债务危机再度抬头，全球经济增长放缓；国内旱涝交替，政府持续加码货币紧缩政策（再度加息1次，提高存款准备金3次）。A股市场受上述因素影响，成长类品种继续压缩估值，部分消费类品种（食品、饮料等）因前期下跌较多显著跑赢市场。

整体来看，在国内政策紧缩、国际经济形势低于预期的大背景下，上半年沪深指数先扬后抑，上证指数小幅下跌1.64%，深成指下跌2.79%。从具体行业来看，家电、钢铁、地产、建材等周期性行业表现较好，TMT、医药、旅游、农业等高估值的中小盘股票相对走弱。操作上，一季度，由于该基金股票池行业表现较弱，以精选个股为主，增加了金融股配置，并根据市场风格适当增加了行业外配置。二季度，在规避市场风险的同时，持仓向优质消费类个股集中。

■ 业绩表现

阶 段	累计净值增长率(%)	基准累计收益率(%)	超基准收益(%)
自成立以来	233.28	104.31	128.97

截至日期：2011年6月30日

■ 市场表现

累计净值增长率与同期业绩基准收益率的走势对比图

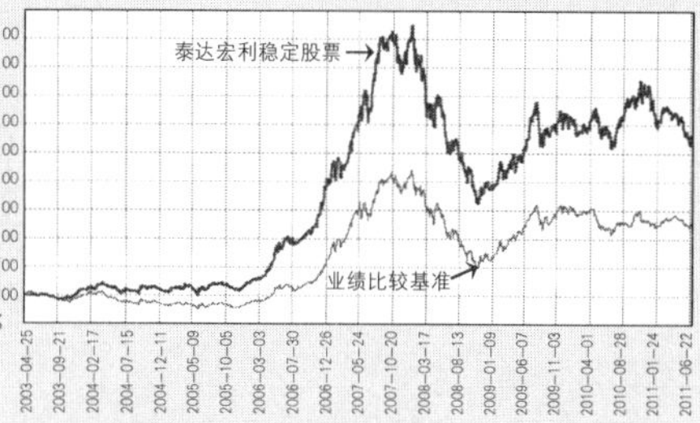

统计时间：截至2011年6月30日
图标来源：泰达宏利稳定股票基金2011年半年度报告

■ 基金特点

● **把握经济转型机会。** 2011年作为“十二五”规划开局之年，经济整体转型和产业结构调整将在国民经济中的地位愈发重要。在经济转型及结构调整过程中，泰达宏利稳定股票基金将在可投资的行业范围内充分发掘消费升级、现代服务业发展等带来的丰硕成果。

● **近期市场震荡调整，使许多个股的投资价值显现。** 泰达宏利稳定股票基金将坚持“自下而上”选择具有成长性、低估值行业和个股，力争为投资者带来长期的投资回报。

● **专注投资稳定类行业。** 泰达宏利稳定股票专注投资于稳定类行业，对于经济周期的敏感性较小，盈利相对稳定。在中国经济发展、通货膨胀加剧的情况下，稳定行业中的消费、公共服务等第三产业具有很强的抗通胀特性及长期增长的特点。在目前市场震荡调整的情况下，我们将关注安全边际比较高、长期增长相对比较确定的个股；另外，由于中报即将出炉，还将会对中报业绩较好行业中的优质个股提前布局，如消费类中的食品饮料、商业、品牌服装等。

● **系列基金资产配置。** 泰达宏利稳定股票基金是泰达宏利价值优化系列基金中的一只。泰达宏利以国际行业归类划分标准和方法为主要依据，设计出业内首批伞形基金，分为成长、周期、稳定三个行业类别，相互之间免费转换，具有专业理财细分化、风险收益特征差异化的特点，能够更好地提升投资价值。

■ 收益分配

成立以来每基金份额累计分红为1.94元。

截至日期：2011年6月30日

泰达宏利基金
MANULIFE TEDA Fund

泰达宏利行业精选证券投资基金
简称：泰达宏利精选股票

基金代码： 162204
成立日期： 2004年7月9日
基金类型： 契约型开放式，股票型
基金管理人： 泰达宏利基金管理有限公司
基金托管人： 中国银行
基金经理： 刘青山

基本概况

业绩比较基准

70%×富时中国A600指数收益率+30%×中债国债总指数(财富)

风险收益特征 该基金在证券投资基金中属于风险较高的基金品种。

投资目标 追求资本的长期持续增值，为投资者寻求高于业绩比较基准的投资回报。

基金特点

- **一只可投资于全市场的基金！**
  一只泰达宏利的旗舰基金！

由投资总监刘青山亲自管理，他自2004年以来连续6年管理泰达宏利精选基金，是市场上为数不多的执掌同只基金超过6年的基金经理。他已连续两年被福布斯评为中国十佳基金经理。(福布斯中国，2009、2010)

- **震荡市中，业绩名列前茅**

泰达宏利精选股票基金单位净值为4.7884元，设立以来总回报率为436%。在全市场154只参与3年期、5年期评级的基金中，只有15只获得双四星评级，泰达宏利精选股票基金就是其中之一。

(数据来源：天相 晨星 截至日期：2011.06.30)

- **金牛基金，值得信赖**

2011年4月，在由《中国证券报》主办的“第八届中国基金业金牛奖”评选活动中，泰达宏利精选股票基金获评“五年期股票型金牛基金”。在由晨星(中国)举办的“晨星(中国)年度基金奖评选”中，泰达宏利精选股票基金荣获“2010年度股票型基金奖”。(《中国证券报》、晨星(中国)，2011.04)

市场表现

统计时间：截至2011年6月30日
图标来源：泰达宏利精选股票基金2011年半年度报告

业绩表现

阶 段	累计净值增长率(%)	基准累计收益率(%)	超基准收益(%)
自成立以来	436.00	139.04	296.96

截至日期：2011年6月30日

收益分配

成立以来每基金份额累计分红为0.24元。

截至日期：2011年6月30日

基金管理回顾

2011年上半年的A股延续了上一年的基本走势，总体上维持区间波动，仍然是全球表现最差的市场之一。上半年市场走弱的主要原因为实际CPI不断超预期，从而引发政策的持续紧缩，基准利率和存款准备金率的不断上调。在偏紧的货币环境和资本成本不断上升的过程中，估值系统性下降。从板块间的表现来看，小盘股在上半年下跌幅度较大，而业绩稳定的中大盘股相对抗跌，两者的估值差距有所缩小。另外与上一年所不同的一点就是，2011年上半年的个股表现差异要大于2010年，即使估值偏高的小盘股，只要业绩增长确定，股价表现也会较好，因此，2011年的投资需要更加重视“自下而上”。

该基金一季度净值损失较大，主要原因是配置的小盘股偏多，通过积极调整配置，大幅增加了低估值和稳定增长行业的配置，二季度表现有较大改善。

泰达宏利红利先锋股票型证券投资基金
简称：泰达宏利红利先锋股票

基金代码： 162212
成立日期： 2009年12月3日
基金类型： 契约型开放式，股票型
基金管理人： 泰达宏利基金管理有限公司
基金托管人： 中国建设银行
基金经理： 梁 辉

■ 基本概况

业绩比较基准

75%×中信标普中国A股红利机会指数收益率+25%×上证国债指数收益率

风险收益特征 该基金为股票型基金，属于高风险、高收益的基金品种，其预期风险和预期收益高于混合型基金、债券型基金和货币市场基金。

投资目标 力争实现基金资产的长期稳定增值和基金的持续稳定分红。

■ 基金管理回顾

2011年上半年市场是在反复与纠结中度过的，其主要原因在于：①持续紧缩的宏观调控政策和持续向上的通胀使得经济增长动力后劲不足；②中小市值公司在2010年股价大幅上涨之后，面临系统性的估值下降；③总量严格控制的信贷使得市场总体利率大幅上升，反过来使得市场的整体估值水平出现下移。

泰达宏利红利先锋股票基金意识到市场可能存在的风险，尤其是对货币政策对经济和市场的负面影响认识深刻，因而适度降低了基金仓位，并以选股作为主要的手段，大幅提高了组合的集中度。行业方面，适度减持了金融股和周期股，增持了消费股。扭转了开局的不利局面，增持的股票开始实行正的回报。

■ 业绩表现

阶 段	累计净值增长率(%)	基准累计收益率(%)	超基准收益(%)
自成立以来	16.67	−0.46	17.13

截至日期：2011年6月30日

■ 市场表现

累计净值增长率与同期业绩基准收益率的走势对比图

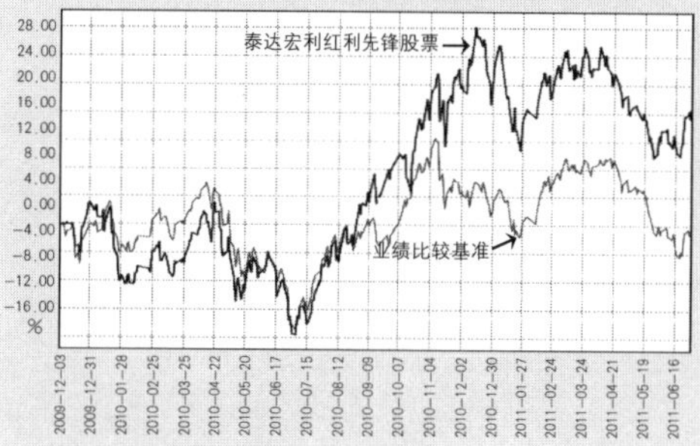

统计时间：截至2011年6月30日
图标来源：泰达宏利红利先锋股票基金2011年半年度报告

■ 基金特点

● **经济复苏 中国崛起** 最困难的时刻也许已经过去，但经济复苏的道路依然曲折。中国社会、经济、自然等诸多条件决定了中国和谐崛起是大势所趋，A股的长期发展趋势看好。目前国内经济在筑底的过程中，近期调整主要受国际市场影响。当前市场估值相对较低，我们将重点关注成长类行业特别是消费类、科技类等。

● **投资红利 把握机遇** 回顾标准普尔全球红利机会指数和标准普尔全球指数1998年—2010年12月31日的表现可以看出，长期以来，红利股收益率高于市场一般水平。泰达宏利红利先锋股票基金投资于具有持续分红能力及潜力，且基本面良好的红利股。（数据来源：标准普尔）

● **纪律分红 更多选择** 泰达宏利红利先锋股票型证券投资基金将在符合相关规定及分红条件的前提下，至少每季进行一次收益分配，是目前股票型基金中为数不多的一只季度分红产品。纪律性的分红约定，使投资人兼顾长期投资积累的同时获得定期回报。2011年以来，泰达宏利红利先锋股票基金已分红3次。（数据来源：泰达宏利基金公告）

■ 收益分配

成立以来每基金份额累计分红为0.052元。

截至日期：2011年6月30日

泰达宏利基金
MANULIFE TEDA Fund

泰达宏利中证财富大盘指数证券投资基金
简称：泰达宏利财富大盘指数

基金代码： 162213
成立日期： 2010年4月23日
基金类型： 契约型开放式，股票型
基金管理人： 泰达宏利基金管理有限公司
基金托管人： 中国银行
基金经理： 王咏辉

基本概况

业绩比较基准

95%×中证财富大盘指数收益率+5%×同业存款利率

风险收益特征 该基金为股票型指数基金，属于高风险、高收益的基金品种，其预期风险和预期收益高于混合型基金、债券型基金和货币市场基金。

投资目标 采用指数化投资策略，紧密跟踪中证财富大盘指数，力争获取与标的指数相似的投资收益，并力争将基金的日跟踪偏离度绝对值控制在0.35%以内，年化跟踪误差不超过4%。

基金特点

● **业绩良好，操作到位**

泰达宏利财富大盘指数基金自2010年4月成立以来，准确抓住市场机会，采用封闭期、建仓期、正式运作期不同的操作策略，取得了较好的业绩，累计收益率为5.5%，超越业绩比较基准11.44%，而同期沪深300指数收益率为-4.57%。（数据来源：泰达宏利财富大盘指数基金2011年半年报，Wind。截至日期：2011.06.30）

● **基金经理经验丰富**

泰达宏利财富大盘指数基金经理王咏辉先生毕业于英国牛津大学，拥有超过13年的基金从业经验，曾在摩根大通、汇丰投资、巴克莱资本等多家海外知名资产管理公司任职，使用量化模型管理指数型基金，在指数基金运作方面经验丰富，取得不俗业绩。

● **财富300强，指数新榜样**

泰达宏利财富大盘指数基金是国内首只自定义创新型指数基金，跟踪标的指数为中证财富大盘指数，根据净资产、净利润、现金流三大财富因子选取300家优质财富企业，共同分享中国的经济增长。

市场表现

统计时间：截至2011年6月30日
图标来源：泰达宏利财富大盘指数基金2011年半年度报告

业绩表现

阶段	累计净值增长率(%)	基准累计收益率(%)	超基准收益(%)
自成立以来	5.50	-5.94	11.44

截至日期：2011年6月30日

收益分配

成立以来每基金份额累计分红为0.02元。

截至日期：2011年6月30日

基金管理回顾

2011年上半年A股市场基本上呈震荡小幅上涨的走势，月度PMI及核心经济数据，进一步验证了中国经济在季节性规律和政府的主动调控政策下出现了放缓。上半年行情，沪市综指先上攻3,067后下探2,610点遇阻，最终上证指数小跌0.09%，但中小板综指下跌-12.95%，可以看出上半年是个股严重分化的行情，低估值股补涨，而高估值的中小板股则出现整体下挫。一季度引发市场分化的主要因素：一是通胀迫使政策收紧，前期高估值股估值下调，而低估值股估值上移；二是经济复苏驱动因素走弱。

该基金在2011年二季度利用量化投资方法，包括深度的量化研究和准确量化投资选时能力，保持高的风险类股票资产的配置，在市场上涨过程中在很大程度上获得净值提升，同时利用有效的数量化投资模型增加了低价股，低估值和高红利的股票权重，从而获得比较好的收益率。

泰达宏利中证500指数分级证券投资基金
简称：泰达宏利中证500指数

基金代码： 162216

成立日期： 2011年12月1日

基金类型： 契约型开放式，股票型

基金管理人： 泰达宏利基金管理有限公司

基金托管人： 中国银行

基金经理： 王咏辉

■ 基本概况

业绩比较基准

95%×中证500指数收益率+5%×1年期定期存款利率(税后)

风险收益特征　该基金为股票型指数基金，属于高风险、高收益的基金品种。

投资目标　采用指数化投资策略，紧密跟踪中证500指数，力争获取与标的指数相似的投资收益，并将基金的净值增长率与业绩比较基准之间的日均跟踪误差偏离度绝对值控制在0.35%以内，年跟踪误差控制在4%以内。

■ 金牛团队，值得信赖

泰达宏利基金经理团队平均从业年限8年以上，具有丰富的投资经验。

旗下金牛基金泰达宏利成长股票基金和泰达宏利精选股票基金屡获殊荣，《中国证券报》、《证券时报》、晨星(中国)等多家权威媒体和评级机构都给予了肯定。

泰达宏利中证500指数分级基金拟任基金经理王咏辉先生拥有超过13年基金从业经验，曾在海外知名资产管理公司多年使用量化模型管理指数型基金，取得不俗业绩。他目前管理的泰达宏利财富大盘指数基金，自成立以来收益率为5.5%，而同期沪深300指数收益率为-4.57%。

(数据来源：泰达宏利财富大盘指数基金2011年半年报，Wind。截至日期：2011.06.30)

■ 基金特点

● 投资当下　把握时机

受欧债危机加剧、美国经济复苏不确定性增强以及国内政策紧缩的影响，A股市场经过近两年调整，上证指数市盈率降至11.70倍，为近10年低点。从估值角度来看，A股正处于历史低位，中长期投资价值显现。

(数据来源：Wind。截至日期：2011.09.30)

● 选择指数　把握市场

指数基金具有低成本、高透明度、投资分散三大特点。从成熟市场基金表现看，指数基金不仅长期业绩优异，而且是投资者进行资产配置的重要工具。尤其目前A股指数处于底部区域，通过选择指数基金，把握趋势性投资机会正当其时。

● 选择500　把握领先

中证500指数主要成份股为具有高成长性的中小市值公司，全面涵盖中国经济转型期将获得高速发展的产业，包括机械、医药、电子以及先进制造业等，发展前景看好。中证500指数自2005年以来累计收益率高达364%，业绩表现极佳。当前中证500指数成份股整体估值水平与2008年接近，具有较好的投资价值。

泰达宏利中证500指数分级基金，场内场外都可交易，既可作为普通指数基金进行投资，也可在场内拆分为进取、稳健两级份额，适用于不同风险偏好，给投资者多重选择。

国投瑞银基金管理有限公司

UBS SDIC Fund Management Co., Ltd.

成立时间	2002年6月13日	注册资本	1亿元人民币	公司属性	中外合资
董事长	钱蒙	总经理	尚健	督察长	包爱丽
联系电话	021-2505 9999	传真号码	021-3531 5989		
客服电话	400-880-6868	公司网址	www.ubssdic.com		
注册地址	上海市虹口区东大名路638号7层				
办公地址	深圳市福田区金田路4028号荣超经贸中心46层				

公司概况

国投瑞银基金管理有限公司(以下简称“国投瑞银”)由国投信托有限公司和瑞银集团联合组建，中外股东分别持有公司51%和49%的股份。自2005年合资以来，国投瑞银展现出快速发展的蓬勃朝气和勇于创新的开拓精神，迅速成长为一家具备较强综合实力的基金公司。公司的目标是建立品牌认知、资产规模、投资业绩、产品创新、诚信声誉均达一流的资产管理公司。

截至2011年6月30日，公司共管理12只开放式基金和2只创新型分级基金、1只封闭式债券基金，涵盖市场上主要基金品种，旗下公募基金管理规模超377亿元，并为QFII、信托计划和专户总计约80亿元人民币资产提供投资管理咨询服务。2007年12月，公司获批境外证券投资管理业务，成为率先获得QDII资格的基金公司之一。

年度经营

2010年以来，国投瑞银先后募集设立了5只基金。

2010年4月，境内首只行业指数基金——国投瑞银沪深300金融地产指数基金正式成立，该基金既填补了境内行业指数基金的空白，也引领了指数基金创新的重要方向；凭借标的指数的精准行业细分定位，该基金在2011年上半年逆势获16.64亿份的净申购。

2010年6月，境内首只上市型QDII基金——国投瑞银全球新兴市场股票基金正式成立，大大提升了QDII基金产品的交易效率。

2010年9月，国投瑞银优化增强债券基金正式成立，首募规模达39.86亿元，摘得2010年新发债基首发规模的“探花”，进一步丰富了固定收益产品线。

2010年12月，首只全市场消费行业指数基金——国投瑞银中证下游消费指数基金成立，该基金是国投瑞银旗下第二只全市场行业指数基金。

2011年3月，业内首只以信用债和可转债为强制投资对象的债基——国投瑞银双债增利债券基金正式成立。

投资管理方面，凭借稳健的投资风格和严格的风控体系，公司旗下基金在2010年以来的震荡市中表现稳定。银河证券发布的基金公司股票投资主动管理能力2011年上半年排名中，国投瑞银基金在61家公司中位列第16名；海通证券发布的2011年上半年基金评级信息显示，国投瑞银的整体股票投资管理能力被评为五星级，位居行业前15名。凭借优良的业绩表现和创新能力，根据知名咨询机构韬睿惠悦的研究，在最新的全球500大基金公司榜单中，国投瑞银以其创新能力和持续的规模增长跻身全球500大基金公司行列。普华永道2011年发布的《合资基金公司在中国》报告显示，在中国的36家合资基金公司中，国投瑞银创新能力持续领先，依然位列榜首，公司在品牌认知、客户关注、市场策略、产品线、服务质量等方面，均位于合资基金公司前10名。

客户服务

以创新著称的国投瑞银，传承UBS以客户为中心的服务理念，在客户服务方面也力求创新与突破。成立六年来，国投瑞银树立起“7×12”客户服务模式新标杆，与合作伙伴携手打造立体服务平台“财富学院”，设立基金客户俱乐部“睿友会”，持续开展“安心投资 健康生活”投资者互动活动，并于2011年陆续打造了业内首个一站式基金投资解决方案——“投基气象站”、“心定投好习惯训练营”等全新增值服务，三维立体客户服务体系颇具特色，进而针对客户不同的理财需求，细分客户群从而提供差异化及个性化的理财服务内容，为客户倾力打造理财之家。国投瑞银基金在2011年连夺两项客户服务大奖，一是“中国最佳服务创新奖”，该奖项由中国信息协会、中国服务贸易协会两大国家级协会共同主办的第六届“中国最佳客户服务评选”活动颁发，这也是公司第三次蝉联此奖项；二是“2010-2011基金投资者最佳服务奖”，该奖项由基金业内颇具影响力的全景基金品牌研究中心颁发。

社会责任

自合资以来，国投瑞银基金一直恪守受托责任，努力创造持续稳健的投资业绩，在给投资者带来价值回报的同时，也不忘履行企业公民的社会责任。

2011年暑假期间，国投瑞银基金携手全国性公益组织、上海交通大学共同发起“调研中国 创想未来——国投瑞银基金大学生2011暑期社会实践公益扶持计划”，这也是国投瑞银基金支持大学生暑期社会实践公益活动的第二个年头。2010年，国投瑞银基金曾发起“调研三农 创富家乡——2010大学生公益扶持计划暨暑期社会实践项目征集活动”，来自全国10所高校的200个团队积极报名参与。

近年来，公司及员工先后向南方雪灾、汶川地震、玉树地震等灾区累计捐款近260万元，公司员工还自发捐款成立“爱心基金”，由员工自己管理，积极寻找有切实困难的救助对象，实施精准援助。

公司旗下公募基金产品一览

基金简称	基金代码	设立日期	上市日期	上市地点	托管银行
封闭式					
国投瑞银瑞福分级封闭①	121099	2007-07-17	2007-09-21	深交所	工商银行
国投瑞银双债债券封闭②	161216	2011-03-29	2011-05-20	深交所	建设银行
股票型					
国投瑞银核心企业股票	121003	2006-04-19			工商银行
国投瑞银创新动力股票	121005	2006-11-15			光大银行
国投瑞银成长优选股票	121008	2008-01-10			工商银行
国投瑞银沪深300指数分级	161207	2009-10-14	2009-11-19	深交所	工商银行
国投瑞银沪深300金融地产指数(LOF)	161211	2010-04-09	2010-06-08	深交所	工商银行
国投瑞银中证消费服务指数(LOF)	161213	2010-12-16	2011-01-20	深交所	工商银行
混合型					
国投瑞银景气行业混合	121002	2004-04-29			光大银行
国投瑞银稳健增长混合	121006	2008-06-11			工商银行
债券型					
国投瑞银融华债券	121001	2003-04-16			光大银行
国投瑞银稳定增利债券	121009	2008-01-11			中国银行
国投瑞银优化增强债券	121012	2010-09-08			建设银行
货币型					
国投瑞银货币	121011	2009-01-19			工商银行
QDII					
国投瑞银新兴市场股票(QDII-LOF)	161210	2010-06-10	2010-07-01	深交所	工商银行

①为创新封闭式基金。
②为创新封闭式基金，3年内(含)封闭运作。

2010年旗下公募基金数量发展

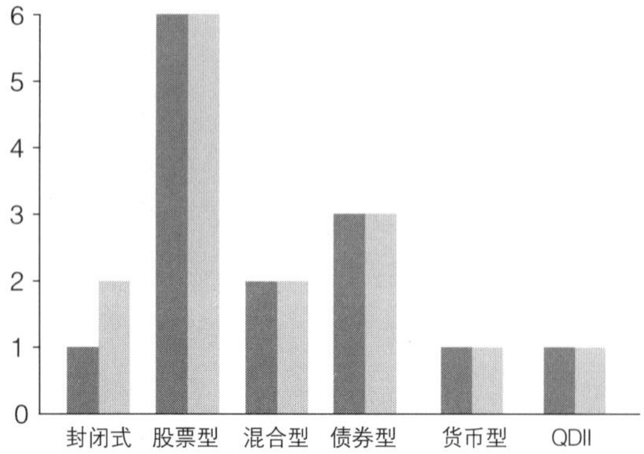

统计周期：2010年-2011年上半年
■2010年末 ■2011年上半年末

2010年旗下公募基金资产净值构成

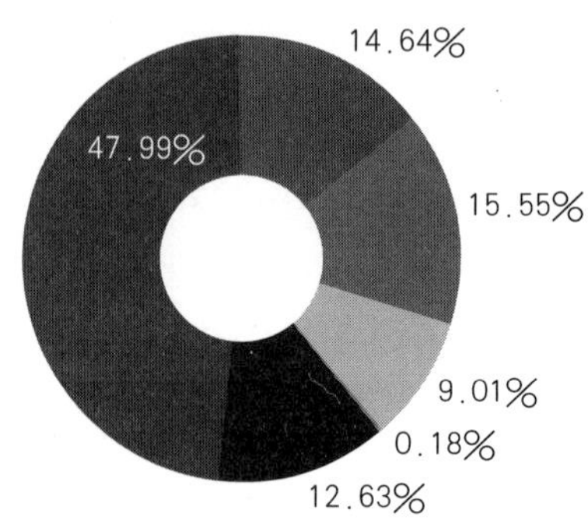

数据截至2010年12月31日
■封闭式 ■股票型 ■混合型 ■债券型 ■货币型 ■QDII

旗下产品介绍

国投瑞银融华债券型证券投资基金
简称：国投瑞银融华债券

基金代码： 121001
成立日期： 2003年4月16日
基金类型： 契约型开放式，债券型
基金管理人： 国投瑞银基金管理有限公司
基金托管人： 中国光大银行
基金经理： 徐炜哲

基本概况

业绩比较基准

80%×中信标普全债指数+20%×中信标普300指数

风险收益特征

该基金属于预期风险相对可控、预期收益相对稳定的低风险基金品种，具有风险低、收益稳的特征，预期长期风险及回报高于单纯的债券基金品种，低于以股票为主要投资对象的基金品种。

投资目标

“追求低风险的稳定收益”，即以债券投资为主，稳健收益型股票投资为辅，在有效控制风险的前提下，谋求基金投资收益长期稳定增长。

基金优势

- **成立八年 历经牛熊考验 持续运作稳健**
- **灵活配置 债券投资为主 股票投资为辅**

据Wind统计显示，截至2011年6月30日，该基金成立以来净值增长231.53%，超越基准收益180.77个百分点，而同期上证综指上涨71.96%。成立以来每基金份额累计分红1.302元；

银河证券数据显示，截至2011年6月30日，融华基金过去一年、过去两年、过去三年的净值增长率在同类7只混合偏债型基金中均排名第1。

收益分配

成立以来每基金份额累计分红为1.302元。

截至日期：2011年6月30日

市场表现

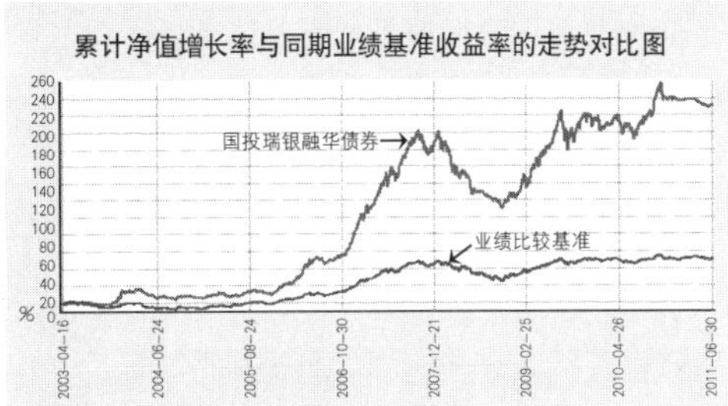

统计时间：截至2011年6月30日
图标来源：国投瑞银融华债券型证券投资基金2011半年度报告

业绩表现

阶 段	累计净值增长率(%)	基准累计收益率(%)	超基准收益(%)
自成立以来	231.53	50.76	180.77

截至日期：2011年6月30日

基金管理回顾

该基金在2010年年初减少了周期类行业配置，主要集中在电力设备及新能源、医药、消费、农业等行业。但是在二季度开始增加周期类行业配置，由于市场在二季度大幅回调，净值受到一定影响。三季度开始，该基金维持较积极的股票仓位，重点配置农业、消费、医药、新能源等行业，对周期类行业维持低配，在四季度末，进一步减持了部分周期类行业及部分估值过高的个股，降低了股票配置，获得了一定的超额收益。债券方面，自二季度开始减持较贵的债券，拉长了久期，在三季度提高了对可转债的配置，对信用产品则大幅减仓，有效回避了利率风险，在四季度收益率大幅上行后增加了债券资产配置。

该基金在2011年上半年操作上比较谨慎，主要配置在估值较低的银行、铁路、公用事业等行业，同时股票仓位较低，所以在一季度的表现落后于基准，但是也避免了二季度个股的大幅回调。债券方面，由于上半年通胀压力不见缓解，央行通过上调存款准备金率、加息等方式不断收紧货币政策。随着资金面的持续收紧，进入二季度，债市调整压力不断上升，该基金小幅增持信用产品，债券资产组合久期继续保持在相对较低水平。

国投瑞银基金
UBS SDIC Fund

国投瑞银稳定增利债券型证券投资基金

简称：国投瑞银稳定增利债券

基金代码：121009

成立日期：2008年1月11日

基金类型：契约型开放式，债券型

基金管理人：国投瑞银基金管理有限公司

基金托管人：中国银行

基金经理：韩海平

■ 基本概况

业绩比较基准 中信标普全债指数收益率

风险收益特征

该基金为债券型基金，属于证券投资基金中的低风险品种，其预期风险与收益高于货币市场基金，低于混合型基金和股票型基金。

投资目标

该基金在追求基金资产稳定增值的基础上，力求获得高于业绩比较基准的投资收益。

■ 基金管理回顾

2010年随着经济形势和货币政策的变化，债市经历了"先牛后熊"的走势。上半年随着货币政策紧缩引发经济增速下滑，债券市场经历了小牛市，收益率持续下降；下半年在货币放松、天气恶化等因素推动下通胀压力持续走高，央行多次上调法定存款准备金率和存贷款基准利率，债市因此进入快速下跌通道，收益率大幅攀升。信用产品随同利率产品出现波动，收益率亦先降后升。上半年该基金增加了信用债的配置比例，降低了转债和股票配置；下半年该基金增加了转债和股票配置比例，降低信用债配置。

2011年上半年在食品、非食品价格交替上涨推动下，通胀水平逐步走高。截至6月份，通胀同比增速创下2008年下半年以来新高，控通胀成为上半年宏观政策调控的主要目标。在"控通胀"为主基调的背景下，央行实行紧缩的货币政策，数量和价格调控双管齐下。上半年经济增速在紧缩政策影响下逐季放缓。在通胀走高、经济放缓双重因素影响下，债券收益率曲线呈现熊市平坦化格局，其中短端收益率在央行多次上调准备金率的冲击下上行至历史较高水平。2011年上半年该基金维持较低股票仓位，并在二季度增加了大盘转债的配置。

■ 市场表现

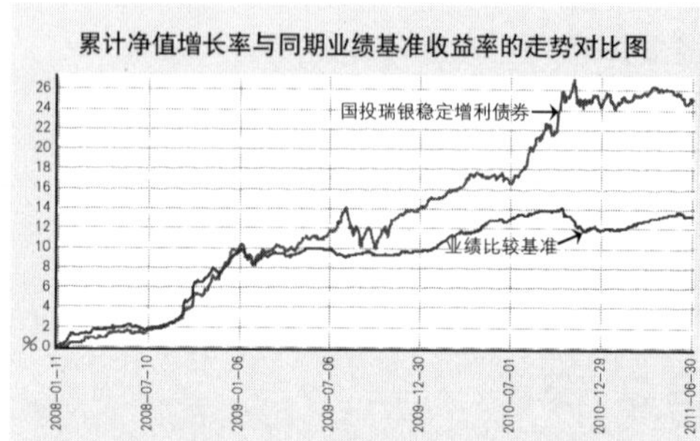

统计时间：截至2011年6月30日
图标来源：国投瑞银稳定增利债券型证券投资基金2011年半年度报告

■ 业绩表现

阶 段	累计净值增长率(%)	基准累计收益率(%)	超基准收益(%)
自成立以来	25.09	13.38	11.71

截至日期：2011年6月30日

■ 收益分配

成立以来每基金份额累计分红为0.195元。

截至日期：2011年6月30日

■ 基金优势

● **长期业绩稳定居前** 截至2011年6月30日，国投瑞银稳定增利基金成立以来累计净值上涨25.09%，超越比较基准11.71个百分点；同期上证综指下跌49.38%。（数据来源：国投瑞银、Wind）

● 晨星数据显示，截至2011年6月30日，该基金最近一年总回报率在同类26只基金中排名第1，最近两年、三年的年化回报率在同类型普通债券基金中排名第2，并且获得三年四星评级。

● **持续分红 回报客户** 截至2011年6月30日，稳定增利基金已累计为客户发放红利5.02亿元。

● **交易成本较低 转换方便** 稳定增利基金申购费率为0，持有60天以上赎回费率也为0，交易成本较低。该基金已开通了与国投瑞银旗下的股票基金、混合基金、货币基金的转换业务，投资者可根据市场环境结合自身需求进行相应转换。

国投瑞银景气行业证券投资基金
简称：国投瑞银景气行业混合

基金代码： 121002
成立日期： 2004年4月29日
基金类型： 契约型开放式，混合型
基金管理人： 国投瑞银基金管理有限公司
基金托管人： 中国光大银行
基金经理： 马少章

基本概况

业绩比较基准

5%×同业存款利率+20%×中信标普全债指数+75%×中信标普300指数

风险收益特征

该基金采取积极型投资策略，主要投资于景气行业先锋股票，具有适度的风险及回报特征，其风险收益高于平衡型基金，低于纯股票基金。

投资目标

该基金的投资目标是“积极投资、追求适度风险收益”，即采取积极混合型投资策略，把握景气行业先锋股票的投资机会，在有效控制风险的基础上追求基金资产的中长期稳健增值。

基金优势

- **灵活调整，攻守兼备，成立至今七年，历经牛熊考验，风格成熟稳健；**
- **历史业绩突出，曾荣获《中国证券报》举办的第六届中国基金业金牛奖之“2008年度同业领先型基金”、第七届中国基金业金牛奖评选之“2009年度开放式混合型金牛基金奖”；**
- **截至2011年6月30日，景气基金获银河证券三年期五星评级、晨星三年期四星评级。**

收益分配

成立以来每基金份额累计分红为1.859元。

截至日期：2011年6月30日

市场表现

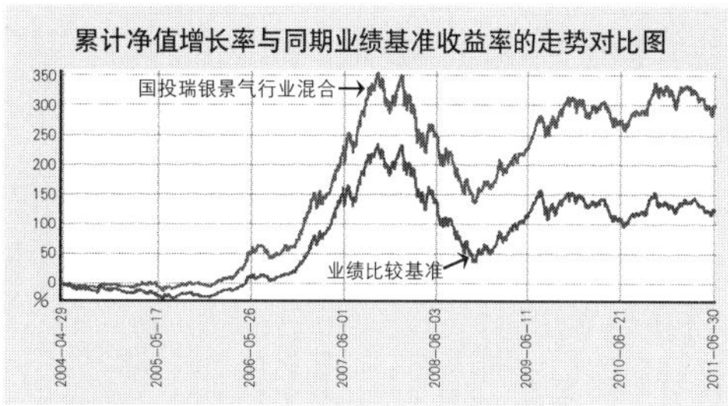

统计时间：截至2011年6月30日
图标来源：国投瑞银景气行业证券投资基金2011年半年度报告

业绩表现

阶 段	累计净值增长率(%)	基准累计收益率(%)	超基准收益(%)
自成立以来	299.74	126.08	173.66

截至日期：2011年6月30日

基金管理回顾

该基金在2010年全年保持了相对灵活的股票仓位，较好地回避了紧缩政策影响带来的市场下跌。二季度末在基金组合中增加了金融类资产、房地产、煤炭和钢铁等周期类股票，分享了周期性行业的估值修复。同时全年重点精选了大消费和新兴行业的个股获得了一定超额收益。在2011年上半年保持了相对灵活但偏谨慎的股票仓位，一定程度上回避了紧缩政策影响带来的市场下跌。二季度末在基金组合中增加了房地产、汽车和钢铁等周期类股票，同时保持了一些优质的医药、零售和信息产业的个股在组合的配比。

债市方面，2010年中国债券市场走势跌宕起伏，上半年，由于经济出现过热苗头，中国政府展开了主要针对房地产的宏观调控，债市走出一波小牛行情。进入下半年，调控政策有所放松，中国经济企稳回升，随之而来的是通胀压力迅速上升，央行两次加息、三次上调存款准备金率，货币政策大幅收紧，债券市场收益率全面上行，债市呈现熊市格局。2010年度该基金债券组合久期一直保持在较低水平以有效控制利率风险。随着资金面的持续收紧，进入2011年，债市调整压力不断上升。6月中旬后，央行上调存款准备金率和银行半年末考核两因素相叠加，资金面非常紧张，债券收益率全面上行，收益率曲线呈现熊市平坦化格局。该基金债券资产组合久期在2011年上半年继续保持在相对较低水平。

国投瑞银基金
UBS SDIC Fund

国投瑞银稳健增长灵活配置混合型证券投资基金

简称：国投瑞银稳健增长混合

基金代码：121006
成立日期：2008年6月11日
基金类型：契约型开放式，混合型
基金管理人：国投瑞银基金管理有限公司
基金托管人：中国工商银行
基金经理：朱红裕　马少章

基本概况

业绩比较基准

中信标普300指数×60%+中信标普全债指数×40%

风险收益特征　该基金为灵活配置混合型基金，属于中高风险、中高收益的基金品种，其预期风险和预期收益高于债券型基金和货币市场基金，低于股票型基金。

投资目标　该基金通过股票与债券等资产的合理配置，追求收益与风险的平衡，力求实现基金资产的长期稳定增值。

基金管理回顾

2010年，A股市场呈V型震荡走势。年初到6月底，由于国家房地产调控和地方融资平台等金融监管的加强，市场呈震荡调整走势，7月以来，政策的放松预期与半年报的超预期催生了震荡反弹的行情。从全年来看，泛消费类和新兴产业类中小盘个股走势较强，金融、地产、钢铁等传统蓝筹板块走势落后。

2010年一季度初该基金降低股票仓位的同时减持了周期性行业，增持医药、零售和TMT行业，季度末增持低估值的金融地产。二季度采取重个股机会轻配置的策略，兼顾到了周期性与非周期性之间的转换，季度末继续增持了低估值的金融地产。三季度后加大了对小盘股的配置，增持了医药、零售和TMT等消费属性较强的小盘成长类个股。阶段性增加了保险、地产等前期跌幅较大的大中盘个股的配置。在四季度阶段性增持了医药等成长类个股，在11月份市场调整期获得了一定的超额收益。该基金还根据对未来市场风格和系统性风险的判断，在4季度末期增加了对金融等低估值蓝筹股的配置，并调降了股票仓位。灵活的仓位策略和行业配置给基金投资带来了一定的超额收益。考虑到紧缩政策对经济面及资金面带来的影响，以及市场估值分化严重的现状，该基金2011年上半年坚持了低估值+防守型行业的配置，坚持了房地产、机械、食品饮料、医药等行业的配置，并对估值较高的中小股票进行了减持，取得了一定的超额收益。

市场表现

累计净值增长率与同期业绩基准收益率的走势对比图

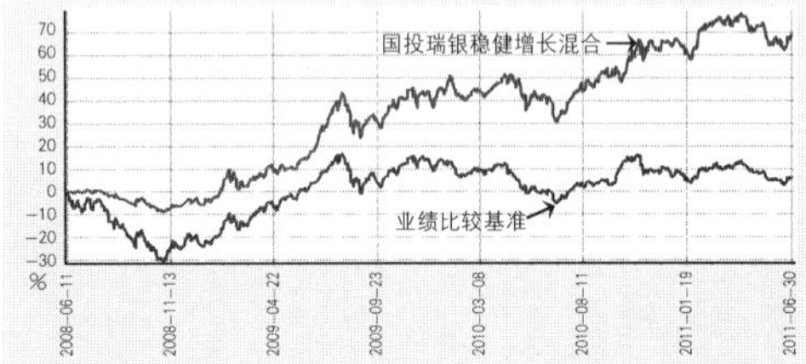

统计时间：截至2011年6月30日
图标来源：国投瑞银稳健增长灵活配置混合型证券投资基金2011年半年度报告

业绩表现

阶 段	累计净值增长率(%)	基准累计收益率(%)	超基准收益(%)
自成立以来	68.81	6.34	62.47

截至日期：2011年6月30日

收益分配

成立以来每基金份额累计分红为0.59元。

截至日期：2011年6月30日

基金优势

- **勇夺晨星五星评级**　作为一只灵活配置的混合型基金，国投瑞银稳健增长基金的股票投资比例为40%–80%，债券投资比例为0–60%，可谓进可攻、退可守，在近年来的震荡市场中尤其适合，能够充分发挥其灵活的特点。根据晨星统计显示，截至2011年6月30日，过去三年、过去两年、过去一年的年化收益率在同类基金中始终排名前三位，荣获晨星三年期五星评级。
- **2011年以来总回报率排名同类第3**　根据晨星统计显示，截至2011年6月30日，稳健基金2011年以来在晨星标准混合型基金中排名第3（共73只）。
- **成立以来收益率大幅跑赢基准**　截至2011年6月30日，稳健基金成立以来累计净值增长68.81%，超越业绩比较基准收益62.47个百分点，跑赢同期上证指数78个百分点。（数据来源：国投瑞银、wind）
- **三年规模增7倍　规模与业绩同步增长**　凭借良好的业绩表现，特别是2010年四季度以来业绩表现持续位列同类前列，国投瑞银稳健增长基金三年期间资产规模从最初的4.69亿份增长至32.42亿份（截至2011年6月30日），真正实现业绩与规模的同步增长。

国投瑞银创新动力股票型证券投资基金
简称：国投瑞银创新动力股票

基金代码： 121005
成立日期： 2006年11月15日
基金类型： 契约型开放式，股票型
基金管理人： 国投瑞银基金管理有限公司
基金托管人： 中国光大银行
基金经理： 徐炜哲

■ 基本概况

业绩比较基准

中信标普300指数×80%+中信标普全债指数×20%

风险收益特征

该基金为股票型基金，属于预期风险收益较高的基金品种，其预期风险和预期收益高于债券型基金和混合型基金。

投资目标

通过投资主要以创新为原动力的优质上市公司的股票，分享企业成长带来的超额回报，实现基金资产的长期稳定增值。

投资策略

该基金将借鉴瑞银全球资产管理公司投资管理经验，根据中国市场的特点，采取积极的投资管理策略。

■ 基金优势

- **把握市场热点，投资创新主题**
- **五星基金，业绩大幅超越大盘**

截至2011年6月30日，在上海证券发布的第二季度基金评价报告中，创新基金因较强的择时能力获得★★★★★评级，并荣获晨星三年期三星评级、银河证券三年期三星评级。

■ 收益分配

成立以来每基金份额累计分红为0.75元。

截至日期：2011年6月30日

■ 市场表现

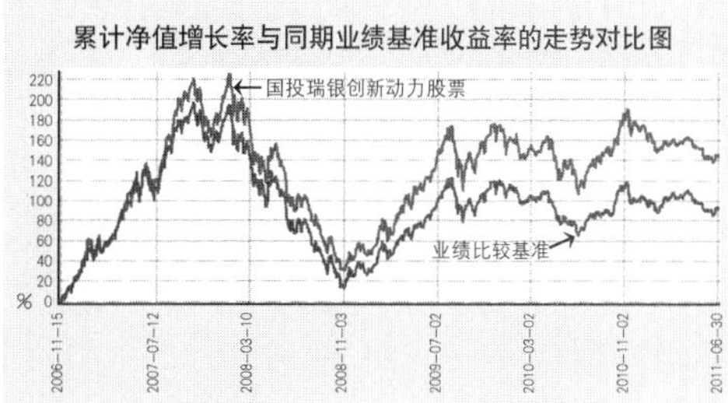

统计时间：截至2011年6月30日
图标来源：国投瑞银创新动力股票型证券投资基金2011年半年度报告

■ 业绩表现

阶 段	累计净值增长率(%)	基准累计收益率(%)	超基准收益(%)
自成立以来	143.81	93.43	50.38

截至日期：2011年6月30日

■ 基金管理回顾

2010年上半年，市场在信贷紧缩的情况下震荡向下，周期类行业表现较差，而以成长股为主的中小板指数表现较好。下半年，在信贷增速同比有所回升的基础上，市场开始回升，周期类行业估值有所提升。但同时，通胀压力在年底开始提升，导致紧缩政策又重新开始，市场开始回调。

该基金在年初减少了周期类行业的配置，主要集中在电力设备及新能源、医药、消费、农业等行业。但是在二季度开始增加周期类行业的配置，由于市场在二季度大幅回调，净值受到一定影响。三季度开始，该基金维持较积极的股票仓位，重点配置农业、消费、医药、新能源等行业，对周期类行业维持低配，在四季度末，该基金进一步减持了部分周期类行业及部分估值过高的个股，降低了股票配置，获得了一定的超额收益。

2011年上半年，沪深300指数下跌2.69%，市场震荡比较大，结构分化也比较明显。周期类如水泥、工程机械、地产、银行等行业表现优于估值较高的医药、消费、电子等成长类股。市场的表现基本符合年初对市场的判断。该基金在上半年操作上比较谨慎，主要配置在估值较低的银行、铁路、公用事业等行业，同时股票仓位较低，所以在一季度的表现落后基准，但是也避免了二季度个股的大幅回调。

国投瑞银沪深300金融地产指数证券投资基金(LOF)

简称：国投瑞银沪深300金融地产指数(LOF)

基金代码： 161211
成立日期： 2010年04月09日
基金类型： 契约型开放式，股票型
基金管理人： 国投瑞银基金管理有限公司
基金托管人： 中国工商银行
基金经理： 孟 亮

基本概况

业绩比较基准

95%×沪深300金融地产指数收益率+5%×银行活期存款利率(税后)

风险收益特征

该基金为股票型基金，属于较高风险、较高预期收益的基金品种，其风险和预期收益高于货币市场基金、债券型基金和混合型基金。

投资目标

该基金通过被动的指数化投资管理，实现对沪深300金融地产指数的有效跟踪。

基金优势

● **精准定位 逆市获净申购**

凭借标的指数的精准行业细分定位，国投瑞银沪深300金融地产指数基金2011年上半年逆势获16.64亿份的净申购。(来源：Wind，2011年基金二季报)

● **政策微调纵深化 金融股有望受益**

随着经济增速的下滑，宏观政策微调逐步纵深化，除了相继出台针对微小企业的扶持政策、小幅度的结构性减税等，无疑对稳定市场特别是金融股起到了积极的作用。

● **潜伏金融地产低估值修复行情**

当前金融地产行业的估值水平已处于历史低位，沪深300金融地产指数TTM市盈率只有9.91倍，蓝筹股的低估值带来的较高安全边际也受到投资者的青睐。2011年以来截至6月末，金融地产指数跌幅为0.4%，代表中小盘的中证500指数下跌达7.24%。(数据来源：wind，截至2011-06-30)

市场表现

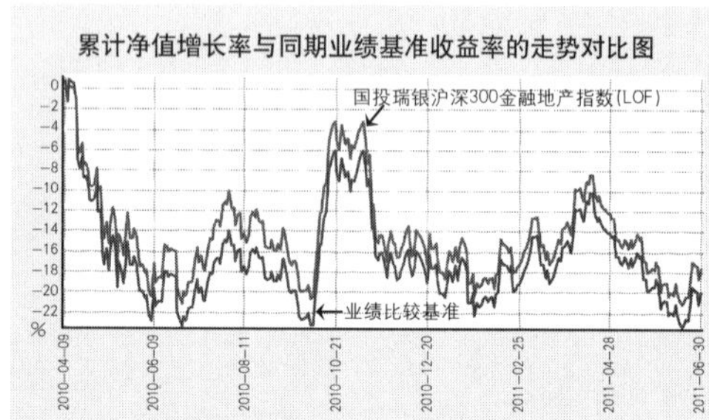

统计时间：截至2011年6月30日
图标来源：国投瑞银沪深300金融地产指数证券投资基金(LOF)2011年半年度报告

业绩表现

阶 段	累计净值增长率(%)	基准累计收益率(%)	超基准收益(%)
自成立以来	-17.60	-20.00	2.40

截至日期：2011年6月30日

基金管理回顾

2010年4月15-19日，国务院及相关部委陆续出台了史上最严厉的房地产调控政策，银监会出台了地方融资平台贷款清理规范和特殊拨备标准。在地产调控政策和地方融资平台贷款风险暴露的双重打击下，金融地产股上半年单边下跌，下半年在低位做区间震荡。

该基金2010年4月9日成立，4月13-30日建仓。考虑到基金成立时，市场对金融、地产行业调控政策已有较多预期，金融、地产股已领先大盘经历了持续的调整，而且4月16日股指期货上市可能诱发市场期待已久的风格转换，选择了快速建立60%基本仓位、剩余仓位机动处理的策略，并于三季度完成建仓。其后，该基金的操作以严格控制跟踪误差为主。

2011年一季度紧缩性货币政策持续出台，A股市场大小盘、传统与新兴产业间估值结构失衡的现象开始修正，低估值的金融地产股震荡上升，300金融地产指数上涨4.76%。二季度金融、地产行业同时遭遇宏观紧缩政策、行业监管政策和贷款资产质量的三种压力，300金融指数冲高后大幅回落至年初低点，二季度下跌4.92%，上半年累计下跌0.40%。

银河基金管理有限公司

Galaxy Asset Management Co.,Ltd.

成立时间	2002年6月14日	注册资本	1.5亿元人民币	公司属性	中 资
董 事 长	徐 旭	总 经 理	尤象都	督 察 长	李立生
联系电话	021-3856 8888	传真号码	021-3856 8800		
客服电话	400-820-0860	公司网址	www.galaxyasset.com		
注册地址	上海市浦东新区世纪大道1568号中建大厦15楼				
办公地址	上海市浦东新区世纪大道1568号中建大厦15楼				

公司概况

银河基金管理有限公司(以下简称“银河基金”)成立于2002年6月4日，是经中国证监会按照市场化机制批准成立的第一家基金管理公司。公司注册资本为1.5亿元人民币，注册地为上海。目前公司股东包括中国银河金融控股有限责任公司(控股股东)(50%)、中国石油天然气集团公司(12.5%)、首都机场集团公司(12.5%)、上海市城市建设投资开发总公司(12.5%)和湖南电广传媒股份有限公司(12.5%)。

2010年至2011年上半年，银河基金相继募集并成立了3只开放式基金，包括银河蓝筹股票、银河创新成长股票和银河保本混合。截至2011年6月30日，银河基金共管理1只封闭式基金和11只开放式基金。

旗下公募基金产品一览

基金简称	基金代码	设立日期	上市日期	上市地点	托管银行
封闭式					
银河银丰封闭	500058	2002-08-15	2002-09-10	上交所	建设银行
股票型					
银河成长股票	519668	2008-05-26			中国银行
银河行业股票	519670	2009-04-24			建设银行
银河沪深300价值指数	519671	2009-12-28			建设银行
银河蓝筹股票	519672	2010-07-16			建设银行
银河创新成长股票	519674	2010-12-29			招商银行
混合型					
银河稳健混合	151001	2003-08-04			农业银行
银河银泰混合	150103	2004-03-30			工商银行

（续上表）

基金简称	基金代码	设立日期	上市日期	上市地点	托管银行
银河保本混合	519676	2011-05-31			建设银行
债券型					
银河收益债券	151002	2003-08-04			农业银行
银河银信添利债券	519666	2007-03-14			中信银行
货币型					
银河银富货币	150005	2004-12-20			交通银行

2010年旗下公募基金数量发展

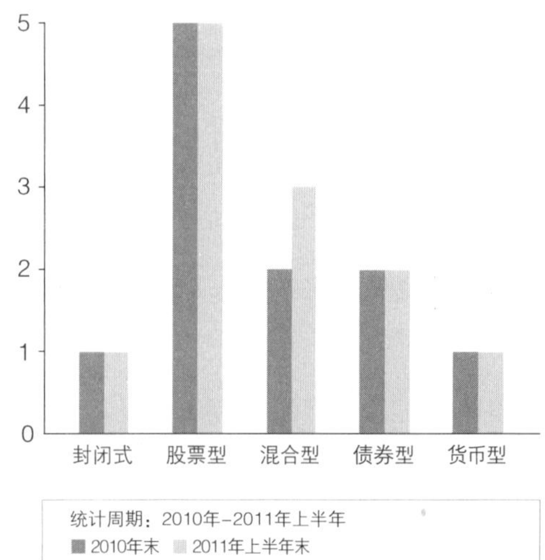

2010年旗下公募基金资产净值构成

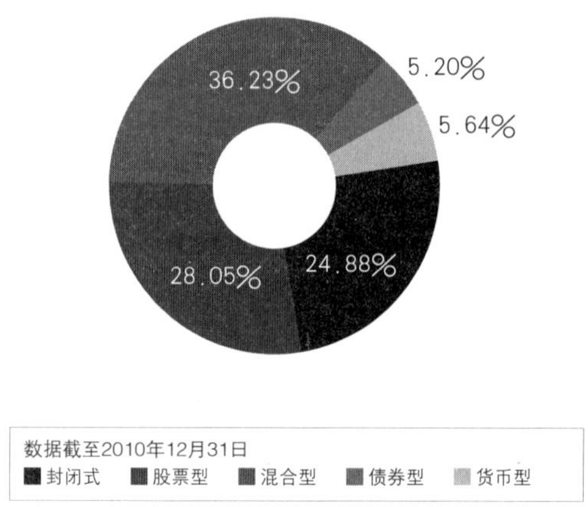

万家基金管理有限公司

Wanjia Asset Managemnet Co.,Ltd.

成立时间	2002年8月23日	注册资本	1亿元人民币	公司属性	中 资
董 事 长	毕玉国	总 经 理	杨 峰	督 察 长	甘世雄
联系电话	021-3861 9999	传真号码	021-3861 9888		
客服电话	400-888-0800	公司网址	www.wjasset.com		
注册地址	上海市浦东新区福山路450号新天国际大厦23楼				
办公地址	上海市浦东新区浦电路360号陆家嘴投资大厦9层				

公司概况

万家基金管理有限公司(以下简称“万家基金”)原名天同基金管理有限公司，2006年2月17日，经中国证监会批准并经工商行政管理机关核准办理公司名称变更登记，更名为万家基金管理有限公司。公司正式成立于2002年8月23日，注册资本1亿元人民币，是“好人举手”制度下，首批经中国证监会批准成立的基金管理公司之一。目前公司股东为齐鲁证券有限公司(49%)、上海久事公司(20%)、深圳市中航投资管理有限公司(20%)、山东省国有资产投资控股有限公司(11%)。

2010年至2011年上半年，万家基金募集并成立了2只证券投资基金，包括1只创新封闭式基金——万家添利分级债券和1只开放式基金——万家中证红利指数(LOF)。截至2011年6月30日，万家基金共管理1只创新封闭式基金和9只开放式基金。

旗下公募基金产品一览

基金简称	基金代码	设立日期	上市日期	上市地点	托管银行
股票型					
万家180指数	519180	2003-03-17			中国银行
万家公用事业行业股票(LOF)	161903	2005-07-15	2005-08-15	深交所	交通银行
万家精选股票	519185	2009-05-18			建设银行
万家中证红利指数(LOF)	161907	2011-03-17	2011-06-15	深交所	建设银行
混合型					
万家和谐增长混合	519181	2006-11-30			兴业银行
万家双引擎灵活配置混合	519183	2008-06-27			兴业银行
债券型					
万家增强收益债券	161902	2004-09-28			农业银行

（续上表）

基金简称	基金代码	设立日期	上市日期	上市地点	托管银行
万家稳健增利债券	519186	2009-08-12			中国银行
万家添利分级债券[①]	161908	2011-06-02	2011-08-29	深交所	邮政储蓄银行
货币型					
万家货币	519508	2006-05-24			华夏银行

①为创新封闭式基金，3年内（含）封闭运作。

2010年旗下公募基金数量发展

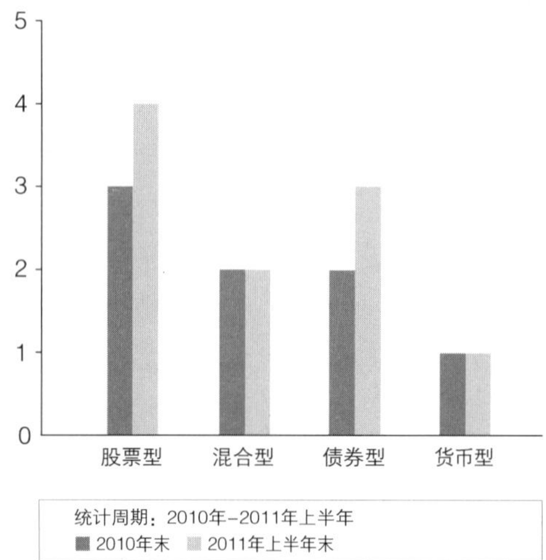

2010年旗下公募基金资产净值构成

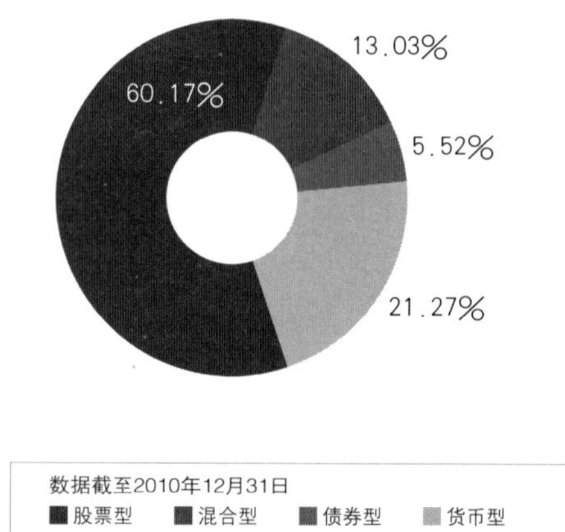

金鹰基金管理有限公司

Golden Eagle Asset Management Co. Ltd.

成立时间	2002年12月25日	注册资本	2.5亿元人民币	公司属性	中外合资
董事长	刘东	总经理	殷克胜	督察长	苏文锋
联系电话	020-8328 2855	传真号码	020-8328 2856		
客服电话	400-6135-888	公司网址	www.gefund.com.cn		
注册地址	广东省珠海市吉大九洲大道东段商业银行大厦7楼16单元				
办公地址	广东省广州市天河区体育西路189号城建大厦22-23层				

公司概况

金鹰基金管理有限公司(以下简称“金鹰基金”)经中国证监会证监基金字[2002]97号文批准，于2002年12月25日成立，注册资本为2.5亿元人民币。目前公司股东包括广州证券有限责任公司(49%)、广州药业股份有限公司(20%)、广东美的电器股份有限公司(20%)、东亚联丰投资管理有限公司(11%)。

2010年至2011年上半年，金鹰基金发行工作得到拓展，先后募集并成立了4只开放式基金。截至2011年6月30日，金鹰基金共管理8只开放式基金，管理公募基金资产规模达到80.53亿元人民币。

旗下公募基金产品一览

基金简称	基金代码	设立日期	托管银行
股票型			
金鹰行业优势股票	210003	2009-07-01	中国银行
金鹰稳健成长股票	210004	2010-04-14	工商银行
金鹰主题优势股票	210005	2010-12-20	工商银行
金鹰中证技术领先指数增强	210007	2011-06-01	中国银行
混合型			
金鹰成份优选混合	210001	2003-06-16	中国银行
金鹰中小盘精选混合	162102	2004-05-27	交通银行
金鹰红利价值混合	210002	2008-12-04	交通银行
金鹰保本混合	210006	2011-05-17	工商银行

2010年旗下公募基金数量发展

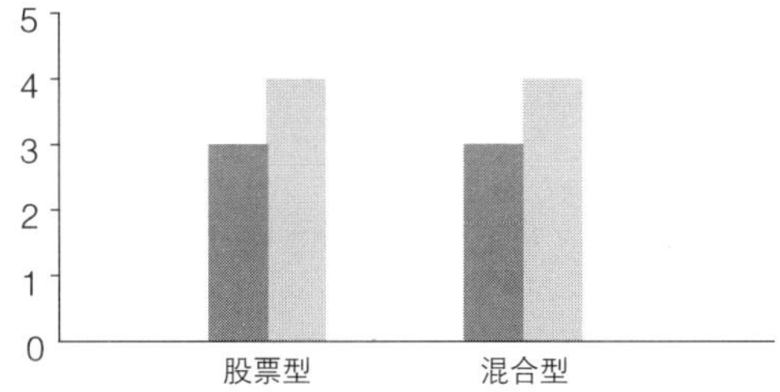

统计周期：2010年-2011年上半年
■ 2010年末 ■ 2011年上半年末

2010年旗下公募基金资产净值构成

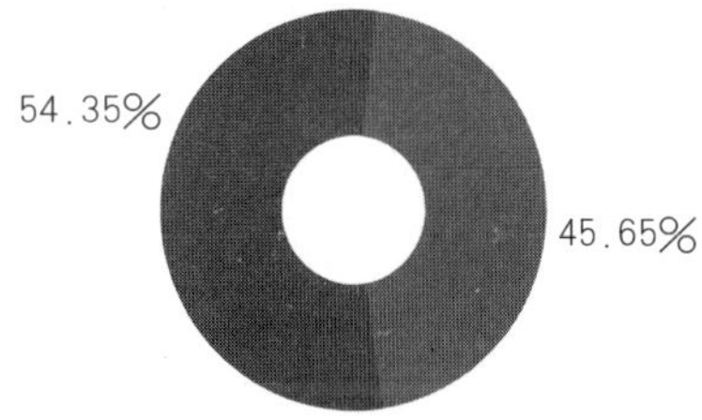

数据截至2010年12月31日
■ 股票型 ■ 混合型

招商基金管理有限公司

China Merchants Fund(CMF) Management Co.,Ltd.

成立时间	2002年12月27日	注册资本	2.1亿元人民币	公司属性	中外合资
董 事 长	马蔚华	总 经 理	许小松	督 察 长	吴武泽
联系电话	0755-8319 6666	传真号码	0755-8319 6405		
客服电话	400-887-9555	公司网址	www.cmfchina.com		
注册地址	深圳市深南大道7088号招商银行大厦28层				
办公地址	深圳市深南大道7088号招商银行大厦28层				

公司概况

招商基金管理有限公司(以下简称“招商基金”)是由中国证监会批准设立的第一家中外合资基金管理公司。公司成立于2002年12月27日，目前注册资本为2.1亿元人民币。公司股东为招商银行股份有限公司、招商证券股份有限公司和ING Asset Management B.V(荷兰投资)。作为中国首家中外合资基金管理公司，招商基金始终坚持“为客户带来价值”的理念，致力于为客户提供优质的专业理财服务，并以良好的投资业绩和完美的客户服务赢得了投资者的信任，树立了良好的市场形象和公司品牌。

经过9年发展，招商基金在共同基金、社保基金、企业年金、QFII、QDII、专户资产管理等各个资产管理业务领域均取得了长足进展，已成长为国内业务资质覆盖范围较广、产品风险梯度较明显、产品风格较齐全的基金管理公司之一。

年度经营

截至2011年11月30日，招商基金共管理22只开放式基金，包括10只股票型基金、3只混合型基金、4只债券型基金、1只货币市场基金，以及4只其他型基金(其中，2只QDII基金，1只创新封闭式基金、1只保本基金)。

在公募基金产品发行方面，2011年以来，招商基金旗下产品线得到了进一步的完善，相继募集设立了包括股票型(ETF及联接)、债券型、QDII、保本在内的5只新产品——招商深证TMT50ETF及联接、招商安瑞进取债券、招商安达保本、招商金砖四国。

在专户资产管理方面，招商基金凭借社保组合稳健的投资风格和良好的业绩表现，持续获得社保理事会的高度评价。同时，招商基金在专户理财和企业年金方面，目前管理着近50个投资组合，累积了各种规模、各种风险收益偏好、各种形式的年金及专户投资经验。截至2011年11月末，招商基金专户团队管理资产规模超过228亿元人民币。

投研团队

招商基金管理有限公司一直致力于提高公司的投资研究能力，公司十分重视基金经理和投研人员的培养与储备。公司现有投研团队共60人(含高管及交易)，占比33%，其中基金经理团队22人，研究团队25人。投研团队92%以上拥有硕士以上学历，平均证券从业经验5.8年，部分人员具有CFA、CPA、FRM等金融方面的专业资格。

公司基金经理团队95%的成员均具有硕士学历，平均金融证券业从业年限为8年，基金经理均通过公司考察、评估、严格筛选产生。公司除了对外招聘具有丰富投资管理经验的资深投资人员以外，大部分基金经理都是从公司研究员中培养和提拔产生。这些资深的投研人员在其以往的职业生涯中积累了丰富的投资研究经验，对证券市场具有较高的敏感度以及前瞻性。

公司的研究团队90%以上拥有硕士及以上学历，平均证券从业年限为4年。公司主要采取从市场上招聘经验丰富的研究人员、从国内外高校招聘具有良好教育背景和综合素质的优秀应届毕业生，以及从公司内部提拔表现优异、具备培养潜力的员工等方式进行投研人员的储备，所有人员均经过公司严格的考核评估程序。

客户服务

作为中国首家中外合资基金管理公司，招商基金始终坚持“为客户带来价值”的理念，致力于为客户提供优质的专业理财服务，并以良好的投资业绩和完美的客户服务赢得了投资者的信任。

招商基金通过专业的客户服务，倡导正确的投资理念，为客户创造价值。目前客户服务中心的服务对象涵盖共同基金、专户及直销机构客户。

招商基金全国统一热线4008879555提供高效、专业的座席服务，客服中心定期为客户寄送对账单、理财导报、投资策略报告等资料，并通过短信、电子邮件为客户发送定制信息。公司开辟了社区论坛、在线客服、会员俱乐部等平台，旨在打造个性、丰富、沟通无障碍的服务体系。

招商基金年度纪事

•2011•

公司荣誉

2011.01.12 在《每日经济新闻》主办的“金鼎奖”评选中，招商基金获得基金专户“一对多”最佳新锐奖。

2011.04.08 在《上海证券报》主办的2011年度“金基金”奖评选中，招商安泰股票基金获得金基金・分红基金奖(一年期)。

2011.05.26 在《人民网》主办的2011年度中国基金“民富奖”评选中，招商安泰债券A基金获得“2010年中国基金产品年度业绩奖最佳纯债基金”奖，招商基金管理有限公司也获得“2010年中国基金最佳纯债基金管理人”的荣誉。

2011.06.02 在《21 世纪经济报道》主办的“2010 年度中国赢基金奖”评选活动中，招商基金获得2010 年度中国最佳海外投资基金公司的荣誉。

2011.07.07 由中国信息协会、中国服务贸易协会两大国家级协会共同主办的第六届中国最佳客户服务评选活动中，招商基金喜获“2010－2011年度中国最佳服务管理”奖。

2011.10.26 由《理财周报》举办的2011中国基金业领袖峰会暨三千万持有人最受尊敬基金公司调查活动中，招商基金荣获2011中国最受尊敬基金公司和2011最佳风险控制基金公司的双项荣誉。

2011.11.25 由新财富杂志社主办、证券时报社联合主办的“第九届新财富最佳分析师”颁奖典礼在深圳举行，招商基金荣获“2011新财富最具慧眼基金管理公司”奖。

2011.12.03 由和讯网主办的第九届中国财经风云榜的评选中，招商基金获得“2011年度最具成长性基金管理公司”的荣誉。

公司大事记

2011.01.04 公司第二只QDII基金——招商金砖四国基金公开发行，并于1月28日结束募集，共募集4.37亿份。

2011.02.21 招商安瑞进取债券基金公开发行，并于3月11日结束募集，共募集24.63亿份。

2011.04.27 公司第二只被动产品——招商深证TMT50ETF及联接基金获批，并于5月16日-6月21日期间募集，共募集3.47亿份。

2011.06.20 公司首只保本产品——招商安达保本混合基金获批，并于7月26日-8月26日期间募集，共募集10.32亿份。

2011.10.08 招商优势企业灵活配置混合型基金获得证监会批准，并于12月14日发行。

公司旗下公募基金产品一览

基金简称	基金代码	成立日期	上市日期	上市地点	托管银行
股票型					
招商安泰股票	217001	2003-04-28			招商银行
招商优质成长股票(LOF)	161706	2005-11-17	2005-12-09	深交所	中信银行
招商大盘蓝筹股票	217010	2008-06-19			工商银行
招商行业领先股票	217012	2009-06-19			中国银行
招商中小盘股票	217013	2009-12-25			工商银行
招商深证100指数	217016	2010-06-22			工商银行
招商上证消费80ETF联接	217017	2010-12-08			工商银行
招商深证TMT50ETF联接	217019	2011-06-27			中国银行
混合型					
招商安泰平衡混合	217002	2003-04-28			招商银行
招商先锋混合	217005	2004-06-01			中国银行
招商核心价值混合	217009	2007-03-30			工商银行
债券型					
招商安泰债券	217003	2003-04-28			招商银行
招商安本增利债券	217008	2006-07-11			光大银行
招商安心收益债券	217011	2008-10-22			工商银行
招商信用添利债券封闭①	161713	2010-06-25	2010-07-30	深交所	农业银行
招商安瑞进取债券	217018	2011-03-17			农业银行
货币型					
招商现金增值货币	217004	2004-01-14			招商银行
ETF					
招商上证消费80ETF	510150	2010-12-08	2011-02-25	上交所	工商银行
深证TMT50ETF	159909	2011-06-27	2011-09-01	深交所	中国银行
QDII					
招商全球资源股票(QDII)	217015	2010-03-25			工商银行
招商标普金砖四国指数(QDII-LOF)	161714	2011-02-11	2011-05-11	深交所	中国银行

①为创新封闭式基金。

2010年旗下公募基金数量发展

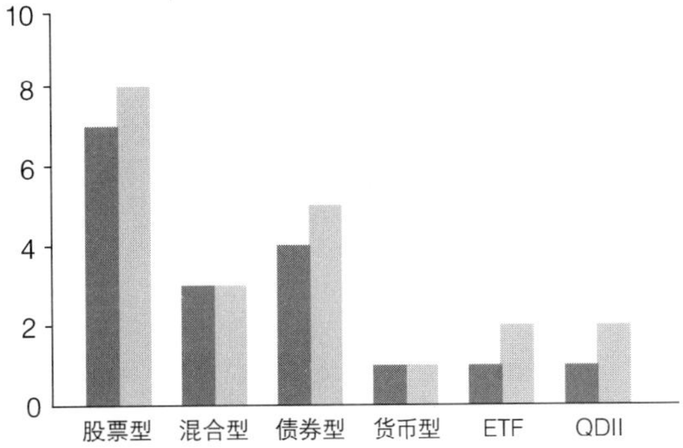

统计周期：2010年-2011年上半年
2010年末 2011年上半年末

2010年旗下公募基金资产净值构成

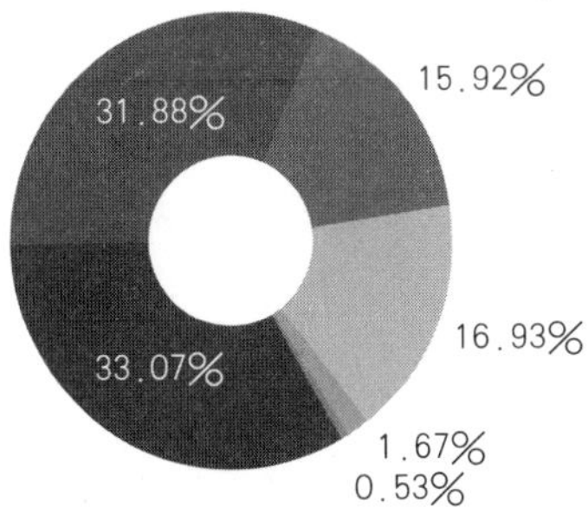

数据截至2010年12月31日
股票型 混合型 债券型 货币型 ETF QDII

旗下产品介绍

招商现金增值货币证券投资基金

简称：招商现金增值货币

基金代码：217004(A级)　217014(B级)

成立日期：2004年1月14日(A级)
2009年12月1日(B级)

基金类型：契约型开放式，货币型

基金管理人：招商基金管理有限公司

基金托管人：招商银行

基本概况

业绩比较基准 一年期银行定期储蓄存款税后利率：(1－利息税率)×一年期银行定期储蓄存款利率

风险收益特征

该基金流动性好、安全性高、收益稳定。

投资目标

保持本金的安全性与资产的流动性，追求稳定的当期收益。

投资策略

以严谨的市场价值分析为基础，采用稳健的投资组合策略，通过对短期金融工具的操作，在保持本金的安全性与资产流动性的同时，追求稳定的当期收益。

投资范围

央行票据0－80%；回购0－80%；短期债券0－80%；现金资产或者到期日在一年以内的政府债券(包括政策性金融债)的比例为5%－80%。

基金特点

- 保持本金的安全性与资产的流动性，追求稳定的当期收益。
- 投资组合的平均剩余到期期限不得超过180天。

基金经理

胡慧颖：经济学学士，5年证券从业经历。2006年加入招商基金管理有限公司，先后在交易部、专户资产投资部、固定收益部从事固定收益产品的交易、研究、投资相关工作。现任招商现金增值开放式证券投资基金基金经理。

市场表现

A级基金累计净值收益率与同期业绩基准收益率的走势对比图

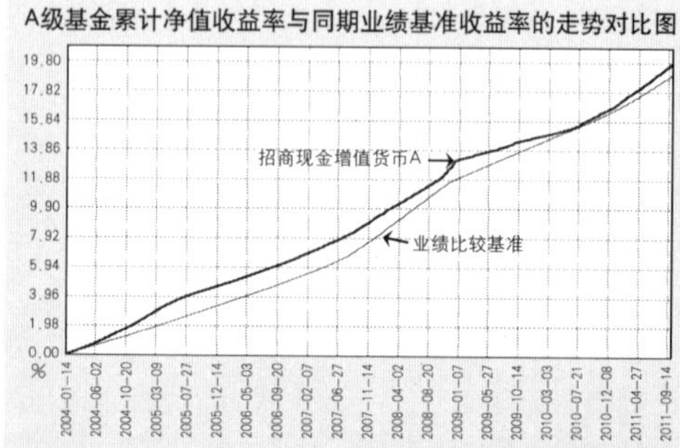

B级基金累计净值收益率与同期业绩基准收益率的走势对比图

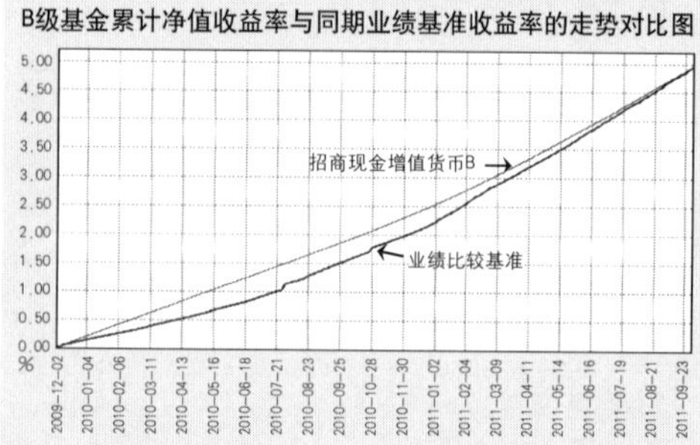

统计时间：截至2011年9月30日

业绩表现

阶段	累计净值增长率(%)	基准累计收益率(%)	超基准收益(%)
自成立以来			
A级	19.77	19.02	0.75
B级	4.96	4.96	0.00

截至日期：2011年9月30日

基金经理管理回顾

2011年第三季度，央行在7月加息25bp，8月上调1年期央票发行利率，9月开始将保证金纳入准备金缴纳范围。货币市场资金面开始有所好转，资金利率的波峰从高点回落，但债券市场观望气氛浓厚，前两个月各期限品种债券收益率一路上扬，9月中旬以后，在欧债危机继续深化，外围市场加剧动荡和国内经济增速下滑的影响下收益率开始反转。

2011年第三季度，该基金对上述市场情形有一定的预期，在7－8月间维持较短久期配置，8月底和9月初在资金利率的高点增持了固息利率产品，同时通过组合投资品种比例的调整增加了组合的静态收益。

招商大盘蓝筹股票型证券投资基金

简称：招商大盘蓝筹股票

基金代码： 217010

成立日期： 2008年6月19日

基金类型： 契约型开放式，股票型

基金管理人： 招商基金管理有限公司

基金托管人： 中国工商银行

■ 基本概况

业绩比较基准

沪深300指数×75%+中信标普国债指数×25%

风险收益特征

该基金是一只进行主动投资的股票型基金，其风险和预期收益均高于混合型基金，在证券投资基金中属于风险较高、预期收益较高的基金产品。

投资目标

发掘价值被低估的投资品种进行积极投资，在控制风险的前提下为投资者谋求资本的长期增值。

投资策略

该基金采取主动投资管理模式。在投资策略上，该基金从两个层次进行，首先是进行积极主动的大类资产配置，尽可能地规避证券市场的系统性风险，把握市场波动中产生的投资机会；其次是采取自下而上的分析方法，从定量和定性两个方面，通过深入的基本面研究分析，精选价值被低估的个股和个券，构建股票组合和债券组合。

■ 基金特点

● 专注投资大盘蓝筹股及关系国计民生的资源垄断型大型国有企业，在各行业中具有领先地位，属于典型的"GDP关联"公司，最能从中国宏观经济持续快速增长中获益。

● 蓝筹主题优中选优，探寻最佳投资标的。蓝筹股兼顾收益性和成长性，注重公司主营业务及盈利能力持续稳定增长，精选价值被低估和未来业绩成长的大盘蓝筹企业。

■ 收益分配

2010年1月8日，每基金份额分红0.200元；

2011年1月11日，每基金份额分红0.180元；

自成立以来，截至2011年9月30日该基金累计每份分红0.380元。

■ 市场表现

统计时间：截至2011年9月30日

■ 业绩表现

阶段	累计净值增长率(%)	基准累计收益率(%)	超基准收益(%)
自成立以来	28.49	-4.64	33.13

截至日期：2011年9月30日

■ 基金经理

袁　野：曾任深圳投资基金管理公司天骥基金基金经理、国信证券基金债券部投资经理。2002年11月加入国投瑞银基金管理有限公司(原中融基金管理有限公司)，曾担任基金经理助理、基金经理及股票投资部总监，2011年加入招商基金管理有限公司，现任总经理助理兼股票投资部负责人。

刘　军：曾任职于中国建设银行福建省分行及深圳润迅通信有限公司；2003年起先后任职于海通证券股份有限公司及平安证券股份有限公司研究所，从事行业研究工作；2009年加入招商基金管理有限公司，曾任高级行业研究员及助理基金经理，现任招商大盘蓝筹股票型证券投资基金基金经理及招商安泰系列开放式证券投资基金(股票及平衡型)基金经理。

招商安泰债券证券投资基金

简称：招商安泰债券

基金代码： 217003(A级) 217203(B级)

成立日期： 2003年4月28日(A级)
2006年4月12日(B级)

基金类型： 契约型开放式，债券型

基金管理人： 招商基金管理有限公司

基金托管人： 招商银行

■ 基本概况

业绩比较基准

中信标普国债指数×95%+同业存款利率×5%

风险收益特征

相对而言，在该系列基金中，该基金短期本金安全性高，当期收益最好，长期资本增值低，总体投资风险低。

投资目标

追求较高水平和稳定的当期收益，保证本金的长期安全。

投资策略

采用主动的投资管理，获得与风险相匹配的收益率，同时保证组合的流动性以满足正常的现金流需要。

■ 基金特点

- 纯债券投资，本金安全性相对较高。投资范围定位于债券品种，包括国债、金融债、可转债等，不涉足股票等权益类品种的投资。
- 提供AB两类收费模式，满足多元投资需求。
- 历史收益稳定，低风险理想品种。运作超过7年，历经债券市场的牛熊转换，中长期投资回报稳定，是较为理想的低风险投资品种。

■ 基金经理

张 婷：管理学硕士，6年证券从业经历。曾任职于中信基金管理有限责任公司以及华夏基金管理有限公司，从事债券交易、研究以及投资管理相关工作，2009年加入招商基金管理有限公司，任固定收益投资部助理基金经理，现任招商安泰系列基金及招商安本增利债券型基金基金经理。

■ 收益分配

自成立以来，截至2011年9月30日招商安泰债券A累计每份分红0.4665元；招商安泰债券B累计每份分红0.3050元。

■ 市场表现

A级基金累计净值增长率与同期业绩基准收益率的走势对比图

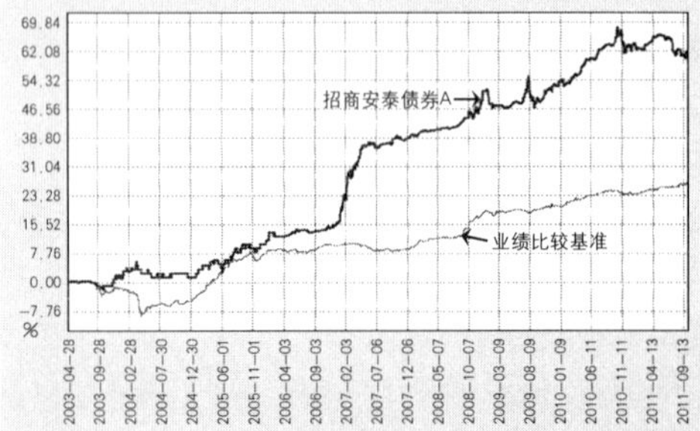

B级基金累计净值增长率与同期业绩基准收益率的走势对比图

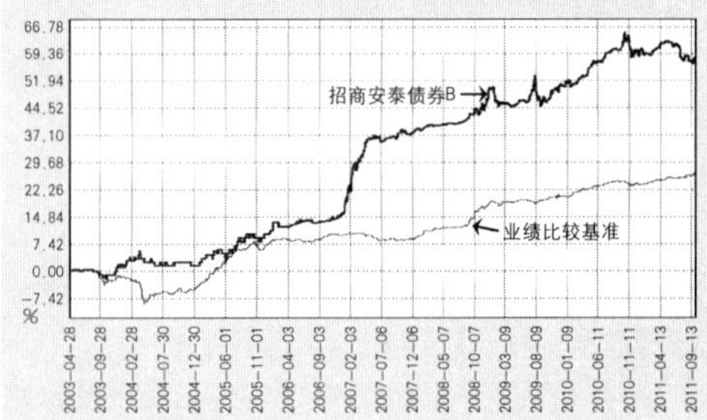

统计时间：截至2011年9月30日

■ 业绩表现

阶段	累计净值增长率(%)	基准累计收益率(%)	超基准收益(%)
自成立以来			
A级	62.13	26.84	35.29
B级	58.36	26.84	31.52

截至日期：2011年9月30日

■ 基金经理管理回顾

2011年7月，由于央企、商业银行上缴利润和分红等财政存款上缴，整月的资金面紧张，债券市场延续6月份的下跌行情。8月份由于资金面的缓和，债券出现了小幅反弹，但8月底随着存款准备金缴存范围的扩大，9月中上旬债券市场再次下跌，直到9月下旬，通胀预期的缓解，债券市场再次反弹。

回顾2011年第三季度的基金操作，该基金严格遵照基金合同的相关约定，按照既定的投资流程进行了规范运作。在债券投资上，该基金逐步增加了中期债券配置；考虑到股票市场波动，适度参与了股票资产的配置。

招商深证100指数证券投资基金

简称：招商深证100指数

基金代码： 217016

成立日期： 2010年6月22日

基金类型： 契约型开放式，股票型

基金管理人： 招商基金管理有限公司

基金托管人： 中国工商银行

■ 基本概况

业绩比较基准

深证100指数收益率×95%+商业银行活期存款利率(税后)×5%

风险收益特征

该基金属于股票型指数基金，在证券投资基金中属于较高风险、较高收益的品种，该基金主要采用指数复制法跟踪标的指数的表现，具有与标的指数相似的风险收益特征。

投资目标

通过严格的投资纪律约束和数量化的风险管理手段，实现对标的指数的有效跟踪，获得与标的指数收益相似的回报。该基金的风险控制目标是追求日均跟踪偏离度的绝对值不超过0.35%，年跟踪误差不超过4%。

投资策略

该基金原则上采取完全复制法构建股票指数组合，即按照深证100指数成份股及权重构建指数投资组合，并根据指数成份股及其权重的变动而进行相应调整。

■ 基金特点

- 紧跟深证100，指数收益表现突出。
- 标的指数价值与成长兼备。既囊括了深市治理结构先进、企业盈利能力强的价值型的大盘蓝筹公司，也不乏收入增长快、科技含量高的成长型的中小民营企业，具有价值成长复合型特征。行业均衡分布，分散市场风险。

■ 业绩表现

阶 段	累计净值增长率(%)	基准累计收益率(%)	超基准收益(%)
自成立以来	−8.10	−1.94	−6.16

截至日期：2011年9月30日

■ 市场表现

累计净值增长率与同期业绩基准收益率的走势对比图

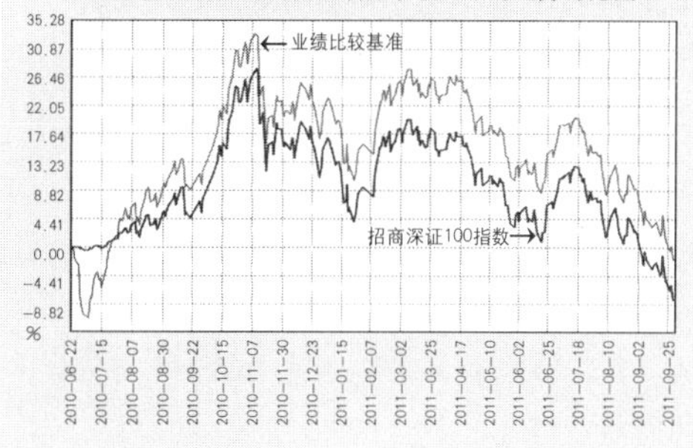

统计时间：截至2011年9月30日

■ 基金经理

王 平：中南大学管理科学与工程专业硕士，FRM(金融风险管理师)。2006年加入招商基金管理有限公司，历任投资风险管理部助理数量分析师、风险管理部数量分析师、高级风控经理、副总监，具有4年证券从业经历，拥有中国证券业执业证书。

■ 基金经理管理回顾

2011年三季度，在欧美经济复苏乏力、欧洲主权债务危机恶化及国内紧缩政策等因素的共同作用下，2011年三季度A股市场呈现单边下跌的态势，7、8、9三个月跌幅逐月加大，深证100回报指数下跌15.72%，其中食品、煤炭、酒店旅游、医疗器械、传媒等行业跌幅相对较小，保险、建材、机械及钢铁等行业跌幅居前。

关于该基金的运作，基金经理在三季度对市场走势保持了谨慎的看法，认为市场震荡下行的概率较大，股票仓位维持在较高水平，基本完成了对基准的跟踪。

受国内外因素的影响，A股市场短期企稳，而后续走势将取决于后续政策的内容及已推出政策执行的情况。四季度，该基金依旧看好节能环保、新一代信息技术、新材料、新能源等行业及大消费行业的表现。

招商优质成长股票型证券投资基金(LOF)

简称：招商优质成长股票(LOF)

基金代码： 161706(前端)　161707(后端)

成立日期： 2005年11月17日

基金类型： 契约型开放式，股票型

基金管理人： 招商基金管理有限公司

基金托管人： 中信银行

基本概况

业绩比较基准

沪深300指数×95%+同业存款利率×5%

风险收益特征

该基金属于主动管理的股票型基金，精选价值被低估的具有优质成长特性的个股进行积极投资，属于预期风险和预期收益相对较高的证券投资基金品种，该基金力争在严格控制风险的前提下为投资人谋求资本的长期稳定增值。

投资目标

精选受益于中国经济成长的优秀企业，进行积极主动的投资管理，在控制风险的前提下为基金份额持有人谋求长期、稳定的资本增值。

投资策略

资产配置方面，该基金股票投资比例为75%–95%，债券及现金投资比例为5%–25%(其中，现金或到期日在一年以内的政府债券不低于5%)。该基金为股票型基金，以股票投资为主，因而在一般情况下，该基金不太进行大类资产配置，股票投资保持相对较高的比例。该基金的股票资产将投资于管理人认为具有优质成长性和较高相对投资价值的股票；在该基金认为股票市场投资风险非常大时，将会有一定的债券投资比例，债券投资采用主动的投资管理，获得与风险相匹配的收益率，同时保证组合的流动性以满足正常的现金流的需要。

基金特点

- 精选受益于中国经济成长的优秀企业，进行积极主动的投资管理。
- 只有优质的成长能创造价值，追求合理价格下的优质成长。
- 高端股票基金产品，股票配置比例为75%–95%，风格比较积极。

市场表现

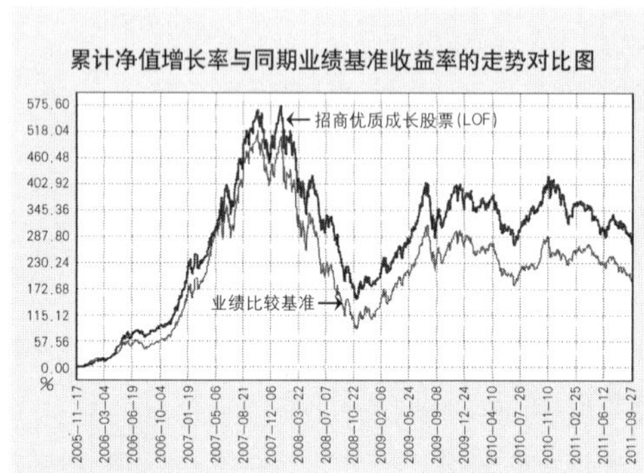

统计时间：截至2011年9月30日

业绩表现

阶 段	累计净值增长率(%)	基准累计收益率(%)	超基准收益(%)
自成立以来	271.59	188.06	83.53

截至日期：2011年9月30日

收益分配

自成立以来，截至2011年9月30日该基金累计每份分红0.600元。

基金经理

张慎平：经济学硕士，17年证券从业经历。2003年加入南方基金管理有限公司，曾任行业研究员及基金经理；2011年加入招商基金管理有限公司，现任招商优质成长股票型证券投资基金(LOF)基金经理。

基金经理管理回顾

2011年三季度，受欧债危机持续发酵、国内经济出现明显下滑预期的影响，三季度A股市场呈现快速下跌的态势，沪深300指数下跌15.2%，其中周期性行业领跌市场，而银行、消费类行业则相对抗跌。

该季度招商优质成长股票基金在资产配置方面，降低了股票仓位；在行业和个股结构上，该基金减持了与固定资产投资关系密切的行业，同时增持了银行等行业。

华宝兴业基金管理有限公司

Fortune SGAM Fund Management Co., Ltd.

成立时间	2003年3月7日	注册资本	1.5亿元人民币	公司属性	中外合资
董事长	郑安国	总经理	裴长江	督察长	刘月华
联系电话	021-3850 5888	传真号码	021-3850 5777		
客服电话	400-700-5588 021-3892 4558			公司网址	www.fsfund.com
注册地址	上海市世纪大道88号金茂大厦48层				
办公地址	上海市世纪大道88号金茂大厦48层				

公司概况

华宝兴业基金管理有限公司(以下简称“华宝兴业基金”)于2003年2月12日获准开业，是国内首批中外合资基金管理公司，也是国内首家由信托公司和外方资产管理公司发起设立的中外合资基金管理公司，公司注册资本1.5亿元人民币，注册地在上海。公司股东背景强大，中外方股东的母公司均为世界500强企业，分别是宝钢集团和法国兴业银行集团，品牌卓越，实力雄厚。其中，中方股东华宝信托有限责任公司持有51%的股份，外方股东领先资产管理有限公司持有49%的股份。

2007年8月，华宝兴业基金获得QDII资格；2008年3月，华宝兴业基金获得特定客户资产管理业务资格。目前，华宝兴业基金已经成为一家向客户提供国内公募基金产品、海外投资基金产品和专户理财服务的综合性资产管理公司。

华宝兴业基金是一支由来自海内外、具有创业进取精神的专业人士构成的优秀团队，投资管理团队规模目前近60人，团队成员均拥有较丰富的证券投资经验，对中国市场具有全面、深刻的理解，工作勤勉、专业、严谨，投资业绩优良。

年度发展

截至2011年6月30日，华宝兴业基金共管理18只开放式证券投资基金，管理基金资产规模约397.29亿元，在62家基金公司中位列22名。2011年下半年，公司募集设立了上证180成长ETF基金、上证180成长ETF联接基金、华宝兴业标普石油天然气上游基金3只产品；2012年2月，公司募集设立了华宝兴业医药生物优选基金。至此，华宝兴业基金共管理了包括指数型、股票型、混合型、债券型、货币型以及QDII等不同类型的22只基金。

投资管理方面，华宝兴业基金成立多年来，旗下基金整体业绩始终保持稳健。其中，宝康消费品基金成立7年多以来曾4次获评“金牛基金”，截至2011年6月30日累计实现386.25%的净值增长率，过去3年的净值增长率在29只同类型基金中排名第5位，并获得银河证券四、五、六、七年期★★★★★评级(数据来源：银河证券基金研究中心)。

2010年5月，在由《中国证券报》主办的"2009年度中国基金业金牛奖"评选中，华宝兴业基金凭借过硬的综合实力摘得4项大奖，其中，华宝兴业基金入选十大"2009年度金牛基金管理公司"，华宝兴业多策略增长基金、华宝兴业宝康消费品基金和华宝兴业收益增长基金则各自凭借在2009年的优异业绩，获得"金牛基金"的殊荣。2010年6月21日，在由《上海证券报》主办的第七届中国"金基金奖"评选中，华宝兴业基金荣获2009年度"金基金·投资回报公司奖"。2011年3月31日，在《证券时报》2010年度"中国基金业明星奖"评选中，华宝兴业宝康消费品基金荣获"三年持续回报平衡混合型明星基金奖"。

专户理财

华宝兴业基金长期致力于专户产品的创新研发，其推出的封基组合产品是业内首批"一对多"产品中具有创新力的类型之一。2010年3月，根据对A股市场将继续维持"震荡市"走势的判断，华宝兴业基金适时推出3只"一对多"灵活配置产品，力图通过时机选择和灵活配置策略，相机把握股市的投资机会，为投资者提供更优质的回报。2011年，华宝兴业基金先后推出了"量化对冲"和"优选成长"两只产品。"量化对冲"专户产品是华宝兴业基金旗下首只股指期货"一对多"，华宝兴业基金也因此成功跻身首批推出"一对多"对冲专户产品的基金管理公司之一，该产品结合股指期货投资策略以及华宝兴业量化投资团队研发多年的量化选股模型，旨在对冲市场的系统性风险，追求稳定的绝对收益。

社会责任

自成立以来，坚持企业社会责任的履行，成为对社会对公众具备高度责任感、在关注民生回报社会的行动中率先垂范的企业公民，是华宝兴业基金始终不懈追求的目标。2010年4月，青海玉树地震发生之后，华宝兴业基金及员工向玉树灾区捐款44.45万元，支援灾区同胞重建家园。

公司旗下公募基金产品一览

基金简称	基金代码	成立日期	上市日期	上市地点	托管银行
股票型					
华宝兴业多策略股票	240005	2004-05-11			建设银行
华宝兴业动力组合股票	240004	2005-11-17			中国银行
华宝兴业先进成长股票	240009	2006-11-07			中国银行
华宝兴业行业精选股票	240010	2007-06-14			建设银行
华宝兴业大盘精选股票	240011	2008-10-07			中国银行
华宝兴业中证100指数	240014	2009-09-29			建设银行
华宝兴业上证180价值ETF联接	240016	2010-04-23			工商银行
华宝兴业新兴产业股票	240017	2010-12-07			建设银行
混合型					
华宝兴业宝康消费品混合	240001	2003-07-15			建设银行
华宝兴业宝康配置混合	240002	2003-07-15			建设银行
华宝兴业收益增长混合	240008	2006-06-15			建设银行
债券型					
华宝兴业宝康债券	240003	2003-07-15			建设银行
华宝兴业增强收益债券	240012	2009-02-17			工商银行
华宝兴业可转债债券	240018	2011-04-27			招商银行
货币型					
华宝兴业现金宝货币	240006	2005-03-31			建设银行
ETF					
华宝兴业上证180价值ETF	510030	2010-04-23	2010-05-28	上交所	工商银行
QDII					
华宝兴业海外中国股票(QDII)	241001	2008-05-07			建设银行
华宝兴业成熟市场动量优选	241002	2011-03-15			中国银行

2010年旗下公募基金数量发展

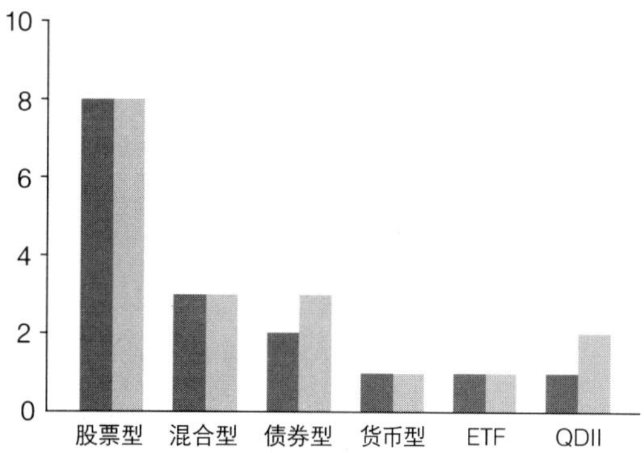

统计周期：2010年-2011年上半年
■2010年末 ■2011年上半年末

2010年旗下公募基金资产净值构成

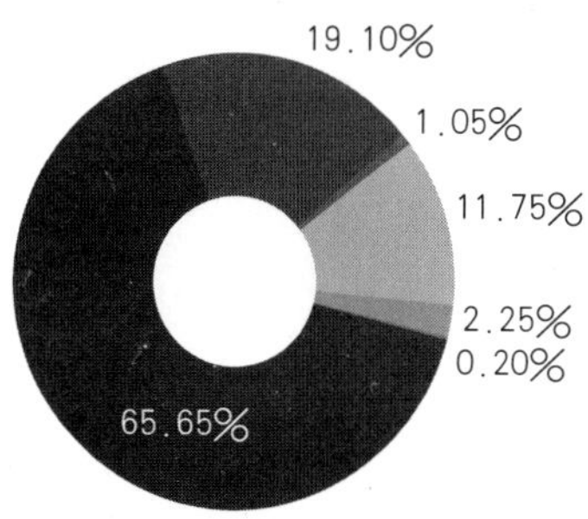

数据截至2010年12月31日
■股票型 ■混合型 ■债券型 ■货币型 ■ETF ■QDII

旗下产品介绍

华宝兴业宝康消费品证券投资基金
简称：华宝兴业宝康消费品混合

基金代码： 240001
成立日期： 2003年7月15日
基金类型： 契约型开放式，混合型
基金管理人： 华宝兴业基金管理有限公司
基金托管人： 中国建设银行
基金经理： 刘自强　胡戈游

基本概况

业绩比较基准

上证180指数和深证100指数的复合指数×80%+中信标普全债指数×20%

投资目标

分享我国全面建设小康社会过程中消费品各相关行业的稳步成长；为基金份额持有人谋求长期稳定回报。

基金特点

● 宝康消费品基金是业内第一只行业基金，以及第一只消费品基金，基金80%的股票资产投资于消费类股票。我国经济持续增长和人口增长为消费品市场提供了广阔的空间。随着未来中国消费水平的升级换代以及政府对内需的大力鼓励，中国消费品行业将保持持续高增长。宝康消费品基金适合长期投资。

● 宝康消费品基金成立近8年来每年分红，累计分红10次，每10份累计分红达4.2元。基金申购费用低，最高申购费率1.2%。

● 宝康消费品基金长期业绩表现领先，自成立以来曾四次获评“金牛基金”。截至2011年上半年的银河证券基金研究中心数据显示，宝康消费品基金过去3年的净值增长率为38.83%，在29只偏股型混合基金（股票上限80%）中排名第5位；并获得银河证券四、五、六、七年期★★★★★评级。

业绩表现

阶 段	累计净值增长率(%)	基准累计收益率(%)	超基准收益(%)
2010年度	−0.70	−10.51	9.81
2011年上半年	−7.74	−1.30	−6.44
自成立以来	386.24	131.27	254.97

截至日期：2011年6月30日

市场表现

累计净值增长率与同期业绩基准收益率的走势对比图

统计时间：截至2011年6月30日
图标来源：华宝兴业宝康消费品证券投资基金2011年半年度报告

收益分配

自成立以来，该基金累计分红10次，每10份基金份额累计分红达4.2元。

截至日期：2011年6月30日

基金经理管理回顾

2010年是风格极度分化的一年。代表传统经济的沪深300指数全年下跌，而代表未来中国经济发展方向的中小盘指数全年上涨，大盘风格大部分时间跑输中小盘。不可否认2010年相对充裕的流动性造就了小盘股的高估值泡沫，但其背后也有一定的合理性，其逻辑是过去10年地产和出口拉动的增长模式已结束，未来10年、20年新兴产业和大消费将逐步成为中国经济新的龙头，股市在2010年做了提前反应。2010年，该基金基本以医药、商业、科技股等板块为基本配置，期间在机械、航空、银行等周期类板块做了波段操作，年底时又加大了低估值行业的配置，减配了高估值小盘股，给2011年开局打下良好的基础。

2011年上半年，市场经过一季度的先抑后扬，而后二季度单边下跌。大小盘出现了与2010年截然相反的走势。以机械、水泥、化工等为代表的中大盘蓝筹和家电、食品饮料等消费品相对强势，而医药、TMT等高估值中小盘则跌幅较大。宝康消费品基金长期看好消费品，上半年维持较高仓位，对家电、食品饮料、医药、商业等消费行业均配置较重。行业配置上喜忧参半，家电，白酒等表现较好，医药和商业跌幅较大。

华宝兴业上证180价值交易型开放式指数证券投资基金
简称：华宝兴业上证180价值ETF

基金代码： 510030
成立日期： 2010年4月23日
基金类型： 交易型开放式，股票型
上市日期： 2010年5月28日
上市地点： 上海证券交易所
基金管理人： 华宝兴业基金管理有限公司
基金托管人： 中国工商银行
基金经理： 徐林明

基本概况

业绩比较基准 上证180价值指数

风险收益特征

该基金为股票基金，其风险和预期收益均高于货币市场基金、债券型基金和混合基金。该基金在股票基金中属于指数基金，紧密跟踪标的指数，属于股票基金中风险较高、收益与标的指数所代表的股票市场水平大致相近的产品。

投资目标

紧密跟踪标的指数，追求跟踪偏离度和跟踪误差的最小化。

基金特点

● 风格指数类ETF是全球ETF市场的重要类别，上证180价值ETF将上证180价值指数作为跟踪标的指数，是国内首只跟踪风格指数的ETF基金，填补了国内没有风格指数ETF的空白。

● 上证180价值指数是运作ETF的理想标的指数：首先，其植根上证180指数，是上证180风格系列指数之一，权威性高；其次，其市场代表性较强，截至2011年6月30日，上证180价值指数流通市值占上证180指数流通市值的74.21%，在A股总流通市值中所占比例也近40.98%；再次，其成份股为60只，数量适中，易于跟踪。

● 上证180价值指数依据D/P、B/P、CF/P、E/P四项价值因子，在上证180指数的样本空间中挑选最具代表性的60只价值股票形成样本股。与上证180、上证50、沪深300等其他主要市场指数相比，上证180价值指数估值更便宜，盈利能力更强，更加突出"价值精选"。

● 自2005年至2011年6月30日，上证180价值指数累计收益率达190.67%，持续跑赢上证50、上证180等其他主流指数。

市场表现

累计净值增长率与同期业绩基准收益率的走势对比图

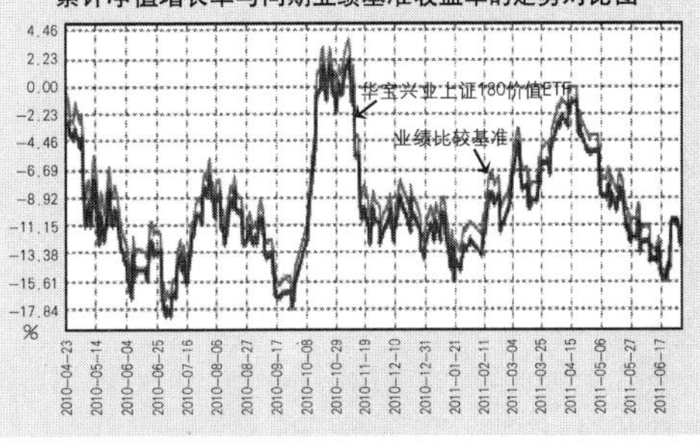

统计时间：截至2011年6月30日
图标来源：华宝兴业上证180价值交易型开放式指数证券投资基金2011年半年度报告

业绩表现

阶段	累计净值增长率(%)	基准累计收益率(%)	超基准收益(%)
2010年度	−12.56	−11.08	−1.48
2011年上半年	1.37	−0.12	1.49
自成立以来	−11.37	−11.19	−0.18

日均跟踪偏离度的绝对值为0.04%，年化跟踪误差为0.80%；银河证券基金研究中心数据显示，上证180价值ETF2011年以来净值增长1.37%，在全部97只标准指数型基金中排名第5，远超同期沪深300指数4.56%的跌幅。
截至日期：2011年6月30日

基金经理管理回顾

2010年，国内外经济形势风起云涌，A股大幅震荡，上证综指全年下跌14.31%，深成指下跌9.06%。虽然大盘蓝筹股指数在2010年乏善可陈，但在经济转型的大背景下，消费、新兴产业受到政策的全力扶持而表现突出。结构分化、风格分化无疑是2010年A股市场最生动的写照。2011年上半年，通货膨胀持续高企、宏观调控政策密集出台，中东、北非地缘政治危机、日本大地震及核危机、美国债务危机、欧债危机等给A股市场带来了很多扰动，A股市场先扬后抑。沪深300指数、上证180价值指数分别下跌2.69%和0.12%，而中小板指数、创业板指数跌幅较大，分别为14.83%和25.64%。

该基金在2010年4月23日合同生效之后，采取了相对快速的建仓策略，于5月上旬基本完成建仓，并于5月28日在上交所挂牌交易。在后续的操作中，该基金严格遵守基金合同，坚持既定的指数化投资策略，在指数权重调整和基金申赎变动时，应用指数复制和数量化技术降低冲击成本和减少跟踪误差。

华宝兴业上证180价值交易型开放式指数证券投资基金联接基金

简称：华宝兴业上证180价值ETF联接

基金代码： 240016
成立日期： 2010年4月23日
基金类型： 契约型开放式，股票型
基金管理人： 华宝兴业基金管理有限公司
基金托管人： 中国工商银行
基金经理： 徐林明

■ 基本概况

业绩比较基准

95%×上证180价值指数收益率+5%×银行同业存款利率

风险收益特征

该基金为ETF联接基金，其风险和预期收益均高于货币市场基金、债券型基金和混合基金。该基金在股票基金中属于指数基金，紧密跟踪标的指数，属于股票基金中风险较高、收益与标的指数所代表的股票市场水平大致相近的产品。

投资目标

紧密跟踪标的指数，追求跟踪偏离度和跟踪误差的最小化。

■ 基金特点

● 上证180价值ETF联接基金是国内首只风格指数ETF联接基金。上证180价值ETF所跟踪的上证180价值指数依据D/P、B/P、CF/P、E/P四项价值因子，在上证180指数的样本空间中挑选最具代表性的60只价值股票形成样本股。与上证180、上证50、沪深300等其他主要市场指数相比，上证180价值指数估值更便宜，盈利能力更强，更加突出“价值精选”。该指数还具有权威性高、市场代表性较强、成份股数量适中等特点，是运作ETF的理想标的指数。

● 作为联接基金，上证180价值ETF联接基金还具有投资起点低、交易便利、费率低廉等特点。申购该基金的单笔最低金额为1,000元（含申购费），更适合中小投资者；目标ETF的最小申赎单位则为50万份。上证180价值ETF联接基金可在银行渠道购买，而目标ETF只能通过券商申赎。投资目标ETF的部分不重复收费；收费部分中，年管理费率仅0.5%，年托管费率仅0.1%，是费用最低的指数型基金之一。

■ 市场表现

累计净值增长率与同期业绩基准收益率的走势对比图

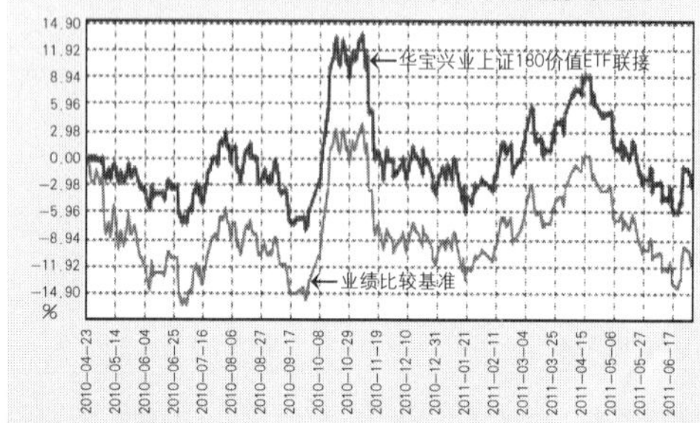

统计时间：截至2011年6月30日
图标来源：华宝兴业上证180价值交易型开放式指数证券投资基金联接基金2011年半年度报告

■ 业绩表现

阶 段	累计净值增长率(%)	基准累计收益率(%)	超基准收益(%)
2010年度	−2.69	−10.44	7.75
2011年上半年	1.06	−0.05	1.11
自成立以来	−1.66	−10.48	8.82

基金的日均跟踪偏离度绝对值为0.05%，年化跟踪误差为0.96%；银河证券基金研究中心数据显示，上证180价值ETF联接基金2011年以来的净值增长率为1.06%，在全部97只标准指数型基金中排名第8，远超同期沪深300指数4.56%的跌幅。

截至日期：2011年6月30日

■ 基金经理管理回顾

2010年，国内外经济形势风起云涌，A股大幅震荡，上证综指全年下跌14.31%，深成指下跌9.06%。虽然大盘蓝筹股指数在2010年乏善可陈，但在经济转型的大背景下，消费、新兴产业受到政策的全力扶持而表现突出。结构分化、风格分化无疑是2010年A股市场最生动的写照。2011年上半年，通货膨胀持续高企、宏观调控政策密集出台，中东、北非地缘政治危机、日本大地震及核危机、美国债务危机、欧债危机等给A股市场带来了很多扰动，A股市场先扬后抑。沪深300指数、上证180价值指数分别下跌2.69%和0.12%，而中小板指数、创业板指数跌幅较大，分别为14.83%和25.64%。

该基金在2010年4月23日合同生效之后，采取了相对快速的建仓策略，但宏观调控政策和市场系统性风险演变超预期，该基金及时放慢了基金建仓速度，在三季度初市场触底反弹中加快了建仓节奏，并于7月底基本建仓完毕。在后续操作中，该基金严格遵守基金合同，坚持既定的指数化投资策略，在指数权重调整和基金申赎变动时，应用指数复制和数量化技术降低冲击成本和减少跟踪误差。

华宝兴业现金宝货币市场基金

简称：华宝兴业现金宝货币

基金代码： 240006

成立日期： 2005年3月31日

基金类型： 契约型开放式，货币型

基金管理人： 华宝兴业基金管理有限公司

基金托管人： 中国建设银行

基金经理： 华志贵 陈昕

基本概况

业绩比较基准 同期7天通知存款利率(税后)

风险收益特征

该基金属于证券投资基金中高流动性、低风险的品种，其预期风险和预期收益率都低于股票、债券和混合型基金。

投资目标

保持本金的安全性与流动性，追求高于比较基准的收益率。

基金特点

● 华宝兴业现金宝货币市场基金自2005年成立以来至2011年上半年累计收益率明显战胜比较基准，在保持资金安全、高流动性的前提下取得良好收益。

● 华宝兴业现金宝的费率低廉，申购、赎回费率为零，且流动性管理历经长期考验，适合投资者用于流动资金管理和增值。

● 基金资产配置较保守，信用类配置比例相对较低，企业短融券占基金净值比例较低。华宝兴业基金引进国外先进的内控体系和风险管理方法，结合国内法律法规的要求，建立了较完善的风控体系。

业绩表现

华宝兴业现金宝货币A

阶 段	累计净值收益率(%)	基准累计收益率(%)	超基准收益(%)
2010年度	13.0523	11.4836	1.5687
2011年上半年	1.6512	0.7086	0.9426
自成立以来	14.9190	12.1922	2.7268

华宝兴业现金宝货币B

阶 段	累计净值收益率(%)	基准累计收益率(%)	超基准收益(%)
2010年度	14.6262	11.4836	3.1426
2011年上半年	1.7724	0.7086	1.0638
自成立以来	16.6579	12.1922	4.4657

银河证券基金研究数据显示，华宝兴业现金宝B类份额2011年上半年的净值增长率在21只同类型基金中排名第6，A类份额2011年上半年的净值增长率在45只同类型基金中排名第16。

截至日期：2011年6月30日

市场表现

A级累计净值增长率与同期业绩基准收益率的走势对比图

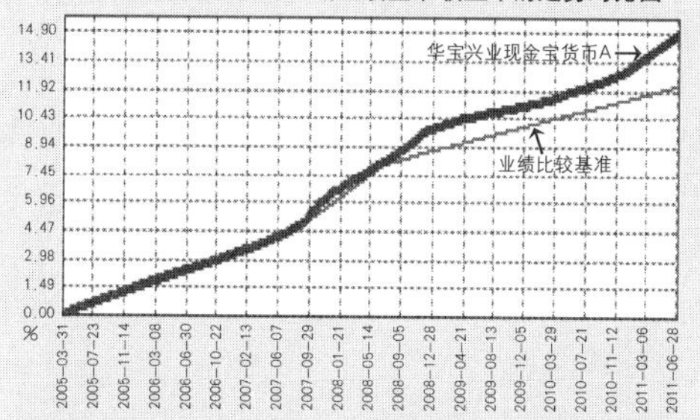

B级累计净值增长率与同期业绩基准收益率的走势对比图

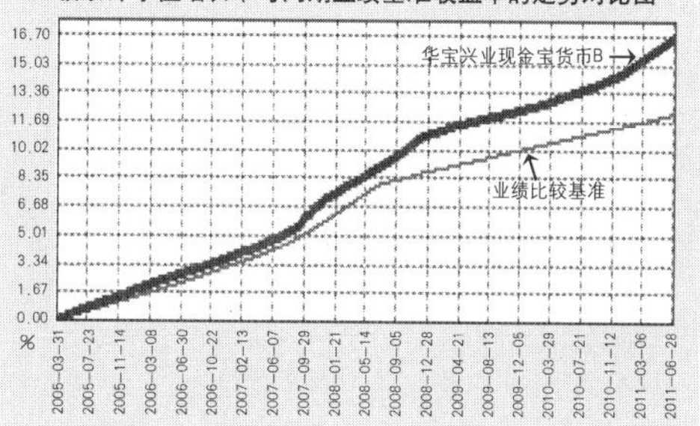

统计时间：截至2011年6月30日

图标来源：华宝兴业现金宝货币市场基金2011年半年度报告

基金经理管理回顾

2010年，整个债券市场运行呈现虎头蛇尾的格局，通胀走势很大程度上左右了市场运行。自6月中行转债发行起，货币市场一改2009年以来的波澜不惊，在多个重要时点出现阶段性流动性枯竭，四季度连续出台的紧缩政策更使得货币市场呈现了明显的脉冲式行情，并在2010年底演绎得淋漓尽致，货币市场利率达到历史罕见高位。该基金结合货币市场运行态势以及货币政策调整动向，下半年对资金面反复阶段性紧张导致货币市场利率中枢逐步上移的市场特征做出了较为准确的预判，将组合平均剩余期限控制在较低水平，保持良好的流动性，并抓住市场利率脉冲上行的机会，增加了逆回购、存款投资比例，获得比较理想的投资收益。

2011年上半年，通胀节节攀升，央行保持货币政策持续紧缩状态，调控力度为史上罕见。该基金基于货币政策持续从紧、货币市场收益率中枢逐步上移的判断，将组合平均剩余期限保持在较低水平，降低了央票仓位，并相应增加了浮息金融债及逆回购仓位，组合收益跟随市场收益率稳步上行。

华宝兴业基金
Fortune SGAM Fund

华宝兴业新兴产业股票型证券投资基金

简称：华宝兴业新兴产业股票

基金代码：240017

成立日期：2010年12月7日

基金类型：契约型开放式，股票型

基金管理人：华宝兴业基金管理有限公司

基金托管人：中国建设银行

基金经理：郭鹏飞

基本概况

业绩比较基准

75%中证新兴产业指数+25%上证国债指数

风险收益特征

该基金属于证券投资基金中的较高风险、较高收益的品种。

投资目标

分享新兴产业所带来的投资机会，力争在长期内为基金份额持有人获取超额回报。

基金特点

● 如今的中国，高消耗高污染的增长模式已不可持续；传统产业发展受限，而新兴产业空间广阔，蓄势待发。2010年9月8日，国务院通过《国务院关于加快培育和发展战略性新兴产业的决定》，确定了中国将要扶持的七个新兴产业。政府对于经济转型决心空前，新兴产业符合经济“调结构”的方向。发展初期的新兴产业广泛分布于能源、交通运输、材料、电子信息等基础性行业中，对相关行业有明显的带动作用；未来将替代、带动传统产业，成为中国经济新的支柱产业。

● 作为行业中首只明确投资于新兴产业的基金，华宝兴业新兴产业基金投资于新兴产业相关股票的比例不低于股票资产的80%。由于政府不断出台支持鼓励和优惠补贴政策，中短期内，行业需求爆发性增长，供给不足，行业成长性和公司业绩的预期都将迅速提升。

市场表现

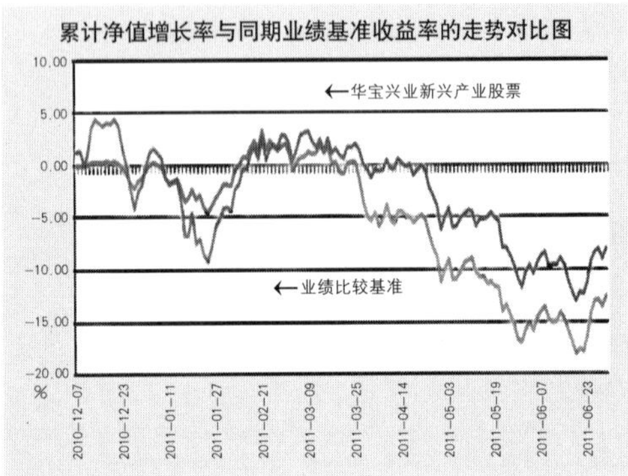

统计时间：截至2011年6月30日
图标来源：华宝兴业新兴产业股票型证券投资基金2011年半年度报告

业绩表现

阶 段	累计净值增长率(%)	基准累计收益率(%)	超基准收益(%)
自成立以来	-12.59	-8.02	-4.57

截至日期：2011年6月30日

基金经理管理回顾

2011年上半年，通胀成为中国经济面临的最大问题，CPI不断创出本轮新高，政府频繁上调准备金率和利息率并紧缩信贷，导致社会资金紧张，实体经济受到一定影响，企业盈利在一季度超出市场预期后，二季度却开始伴随宏观经济指标明显下滑。在资金外流和盈利预期调整的共同作用下，上半年A股冲高下跌，沪深300指数下跌2.69%。同时，市场风格差异明显，2010年涨幅较大的中小盘股票大幅度下跌，而传统产业和消费类股票跌幅较小。

该基金在一季度新兴产业相关股票的下跌过程中逐步开展了基金的建仓工作，但相关股票二季度却再次出现了大幅度下跌，因此基金净值遭受了较大损失。同时，基金经理认为在二季度大跌后，新兴产业股票已经调整得比较充分，估值已经比较合理，因此，该基金维持了较高的股票仓位，但进行了显著的个股结构调整，卖出或减持了业绩明显低于预期的股票，买入或增持了业绩并未下调但股价大幅回落的股票。

摩根士丹利华鑫基金管理有限公司

Morgan Stanley Huaxin Fund Management Co.,Ltd.

成立时间	2003年3月14日	注册资本	1亿元人民币	公司属性	中外合资
董事长	王文学	总经理	于华	督察长	李锦
联系电话	0755-8831 8883	传真号码	0755-8299 0384		
客服电话	400-8888-668	公司网址	www.msfunds.com.cn		
注册地址	深圳市福田区中心四路1号嘉里建设广场第二座第17层01-04室				
办公地址	深圳市福田区中心四路1号嘉里建设广场第二座第17层				

公司概况

摩根士丹利华鑫基金管理有限公司(以下简称“摩根士丹利华鑫基金”)的前身为经中国证监会证监基金字[2003]33号文批准设立并于2003年3月14日成立的巨田基金管理有限公司。2008年6月12日，摩根士丹利华鑫基金完成工商注册登记变更，正式成为中外合资基金管理公司。公司注册资本为1亿元人民币，注册地为深圳。目前公司股东为华鑫证券有限责任公司(36%)、摩根士丹利国际控股公司(34%)、汉唐证券有限责任公司(15%)、深圳市招融投资控股有限公司(10%)、深圳市中技实业(集团)有限公司(5%)。

2010年至2011年上半年，摩根士丹利华鑫基金募集并成立了3只开放式基金，包括大摩卓越成长股票、大摩消费领航混合和大摩多因子策略股票。截至2011年6月30日，摩根士丹利华鑫基金共管理8只公募基金，全部为开放式基金，管理公募基金资产规模达到118.64亿元人民币。

旗下公募基金产品一览

基金简称	基金代码	设立日期	上市日期	上市地点	托管银行
股票型					
大摩领先优势股票	233006	2009-09-22			建设银行
大摩卓越成长股票	233007	2010-05-18			建设银行
大摩多因子策略股票	233009	2011-05-17			建设银行
混合型					
大摩基础行业混合	233001	2004-03-26			光大银行
大摩资源优选混合(LOF)	163302	2005-09-27	2007-07-05	深交所	光大银行
大摩消费领航混合	233008	2010-12-03			建设银行

（续上表）

基金简称	基金代码	设立日期	上市日期	上市地点	托管银行
债券型					
大摩强收益债券	233005	2009-12-29			中国银行
货币型					
大摩货币	163303	2006-08-17			交通银行

2010年旗下公募基金数量发展

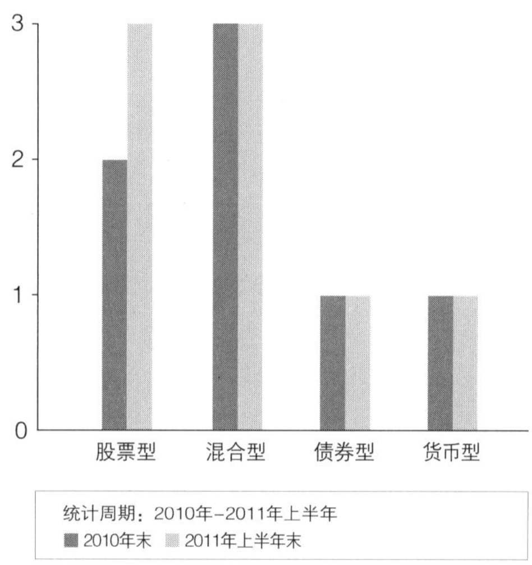

2010年旗下公募基金资产净值构成

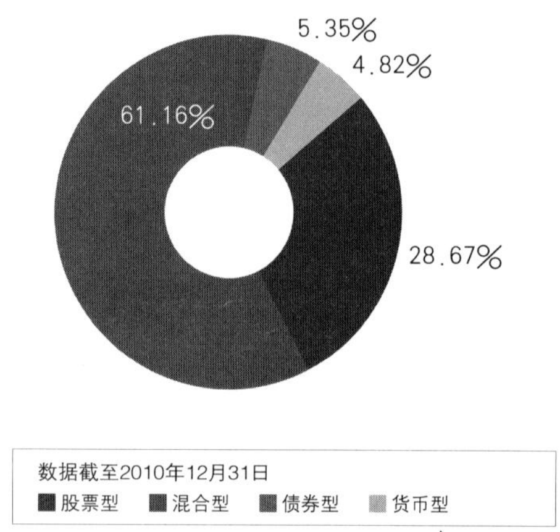

海富通基金管理有限公司

HFT Investment Management Co., Ltd.

成立时间	2003年4月18日	注册资本	1.5亿元人民币	公司属性	中外合资
董事长	邵国有	总经理	田仁灿	督察长	章明
联系电话	021-3865 0999	传真号码	021-5047 9997		
客服电话	40088-40099	公司网址	www.hftfund.com		
注册地址	上海浦东新区花园石桥路66号东亚银行金融大厦36、37层				
办公地址	上海浦东新区花园石桥路66号东亚银行金融大厦36、37层				

公司概况

海富通基金管理有限公司(以下简称“海富通基金”)经中国证监会证监基金字[2003]48号文批准，于2003年4月18日成立，是中国首批获准成立的中外合资基金管理公司之一。海富通基金注册资本为1.5亿元人民币，注册地为上海。目前公司股东为：海通证券股份有限公司(51%)和法国巴黎投资管理BE控股公司(49%)。海富通基金是国家人力资源和社会保障部首批企业年金基金投资管理人和首批获得特定客户资产管理业务资格的基金管理公司之一。

2010年至2011年上半年，海富通基金发行工作得到拓展，先后募集并成立了7只证券投资基金：6只开放式基金，包括海富通中小盘股票、海富通上证周期ETF、海富通上证周期ETF联接、海富通稳固收益债券、海富通上证非周期ETF和海富通上证非周期ETF联接；1只QDII基金——海富通大中华股票(QDII)。截至2011年6月30日，海富通基金共管理16只开放式基金和2只QDII基金。

旗下公募基金产品一览

基金简称	基金代码	成立日期	上市日期	上市地点	托管银行
股票型					
海富通股票	519005	2005-07-29			中国银行
海富通风格优势股票	519013	2006-10-19			建设银行
海富通领先成长股票	519025	2009-04-30			建设银行
海富通中证100指数(LOF)	162307	2009-10-30	2010-01-08	深交所	中国银行
海富通中小盘股票	519026	2010-04-14			工商银行
海富通上证周期ETF联接	519027	2010-09-28			工商银行
海富通上证非周期ETF联接	519032	2011-04-27			工商银行
混合型					
海富通精选混合	519011	2003-08-22			交通银行

（续上表）

基金简称	基金代码	成立日期	上市日期	上市地点	托管银行
海富通收益增长混合	519003	2004-03-12			中国银行
海富通强化回报混合	519007	2006-05-25			招商银行
海富通精选贰号混合	519015	2007-04-09			中国银行
债券型					
海富通稳健添利债券	519023	2008-10-24			工商银行
海富通稳固收益债券	519030	2010-11-23			工商银行
货币型					
海富通货币	519505	2005-01-04			中国银行
ETF					
海富通上证周期ETF	510110	2010-09-19	2010-11-15	上交所	工商银行
海富通上证非周期ETF	510120	2011-04-22	2011-06-08	上交所	工商银行
QDII					
海富通中国海外股票(QDII)	519601	2008-06-27			建设银行
海富通大中华股票(QDII)	519602	2011-01-27			中国银行

2010年旗下公募基金数量发展

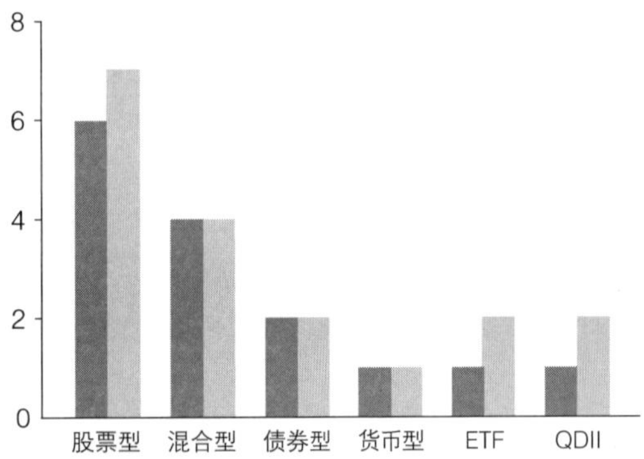

统计周期：2010年-2011年上半年
2010年末　2011年上半年末

2010年旗下公募基金资产净值构成

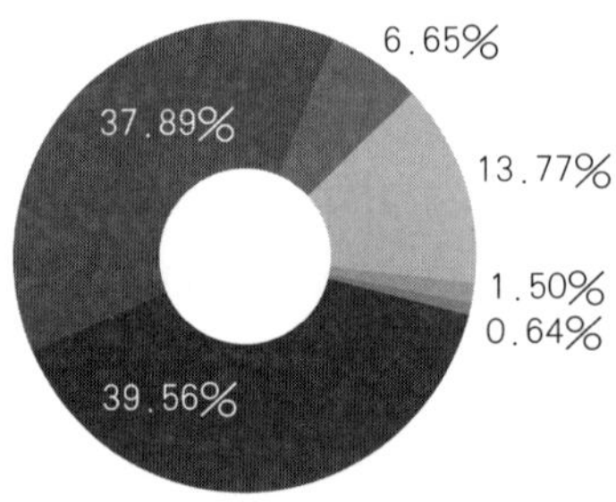

数据截至2010年12月31日
股票型　混合型　债券型　货币型　ETF　QDII

国联安基金管理有限公司

Guotai Junan Allianz fund Management Co.,Ltd.

成立时间	2003年4月3日	注册资本	1.5亿元人民币	公司属性	中外合资
董事长	符学东	总经理	邵杰军	督察长	谢荣兴
联系电话	021-3899 2888	传真号码	021-5015 1880		
客服电话	400-700-0365　021-3878 4766			公司网址	www.gtja-allianz.com
注册地址	上海市浦东新区陆家嘴环路1318号星展银行大厦9楼				
办公地址	上海市浦东新区陆家嘴环路1318号星展银行大厦9楼				

公司概况

国联安基金管理有限公司(以下简称“国联安基金”)是国内首家获准筹建的中外合资基金管理公司。由国泰君安证券股份有限公司与德国安联集团(Allianz AG)共同发起设立。公司注册资本为1.5亿元人民币，注册地为上海。目前公司股权结构为国泰君安证券股份有限公司(51%)、德国安联集团(Allianz AG)(49%)。

2010年至2011年上半年，国联安基金发行工作得到拓展，先后募集并成立了6只开放式基金，分别为国联安双禧中证100指数分级、国联安信心增益债券、国联安上证商品ETF、国联安上证商品ETF联接、国联安货币、国联安优选行业股票。截至2011年6月30日，国联安基金共管理14只开放式基金，管理公募基金资产规模达到175.26亿元人民币。

旗下公募基金产品一览

基金简称	基金代码	设立日期	上市日期	上市地点	托管银行
股票型					
国联安精选股票	257020	2005-12-28			华夏银行
国联安优势股票	257030	2007-01-24			招商银行
国联安红利股票	257040	2008-10-22			招商银行
国联安主题驱动股票	257050	2009-08-26			建设银行
国联安双禧中证100指数分级	162509	2010-04-16	2010-06-18	深交所	建设银行
国联安上证商品ETF联接	257060	2010-12-01			中国银行
国联安优选行业股票	257070	2011-05-23			中国银行
混合型					
国联安稳健混合	255010	2003-08-08			工商银行

（续上表）

基金简称	基金代码	设立日期	上市日期	上市地点	托管银行
国联安小盘精选混合	257010	2004-04-12			工商银行
国联安安心成长混合	253010	2005-07-13			工商银行
债券型					
国联安增利债券	253020	2009-03-11			工商银行
国联安信心增益债券①	253030	2010-06-22			中信银行
货币型					
国联安货币	253050	2011-01-26			上海浦发银行
ETF					
国联安上证商品ETF	510170	2010-11-26	2011-01-25	上交所	中国银行

①为创新封闭式基金，1年内(含)封闭运作。

2010年旗下公募基金数量发展

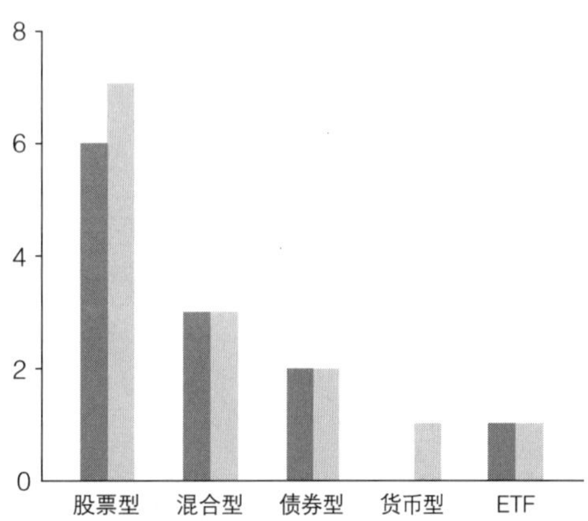

统计周期：2010年-2011年上半年
■2010年末 ■2011年上半年末

2010年旗下公募基金资产净值构成

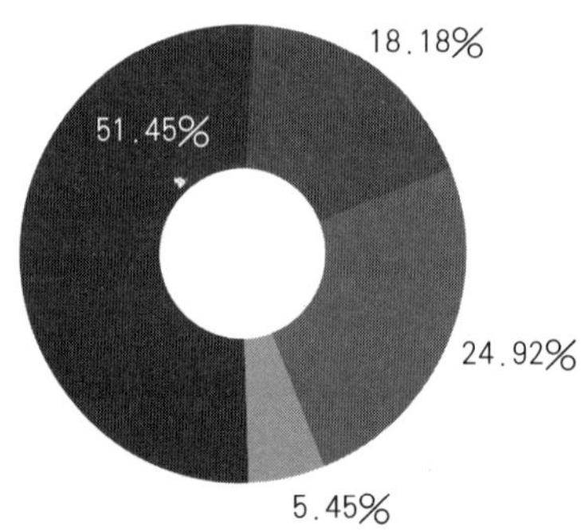

数据截至2010年12月31日
■股票型 ■混合型 ■债券型 ■ETF

长信基金管理有限责任公司

Chang Xin Asset Management Co.,Ltd.

成立时间	2003年5月9日	注册资本	1.5亿元人民币	公司属性	中 资
董 事 长	田 丹	总 经 理	蒋学杰	督 察 长	周永刚
联系电话	021-6100 9999	传真号码	021-6100 9800		
客服电话	400-700-5566	公司网址	www.cxfund.com.cn		
注册地址	上海浦东新区银城中路68号时代金融中心9楼				
办公地址	上海浦东新区银城中路68号时代金融中心9楼				

公司概况

长信基金管理有限责任公司(以下简称“长信基金”)经中国证监会证监基金字[2003]63号文批准，于2003年5月9日成立，注册资本为1.5亿元人民币。目前公司股东包括长江证券股份有限公司(49%)、上海海欣集团股份有限公司(34.33%)、武汉钢铁股份有限公司(16.67%)。

2010年至2011年上半年，长信基金相继募集并成立了5只基金，包括1只创新封闭式基金——长信利鑫分级债券；3只开放式基金，分别为长信中证央企100指数(LOF)和长信中短债债券和长信量化先锋股票；1只QDII基金——长信标普100等权重指数(QDII)。

截至2011年6月30日，长信基金共管理12只公募基金，管理公募基金资产规模达到198.15亿元人民币。

旗下公募基金产品一览

基金简称	基金代码	设立日期	上市日期	上市地点	托管银行
股票型					
长信银利精选股票	519996	2005-01-17			农业银行
长信金利趋势股票	519994	2006-04-30			上海浦发银行
长信增利动态策略股票	519993	2006-11-09			民生银行
长信恒利优势股票	519987	2009-07-30			建设银行
长信中证央企100指数(LOF)	163001	2010-03-26	2010-04-16	深交所	建设银行
长信量化先锋股票	519983	2010-11-18			交通银行
混合型					
长信双利优选混合	519991	2008-06-19			农业银行

（续上表）

基金简称	基金代码	设立日期	上市日期	上市地点	托管银行
债券型					
长信利丰债券	519989	2008-12-29			农业银行
长信中短债债券	519985	2010-06-28			邮政储蓄银行
长信利鑫分级债①	163003	2011-06-24	2011-09-23	深交所	邮政储蓄银行
货币型					
长信利息收益货币	519999	2004-03-19			农业银行
QDII					
长信标普100等权重指数(QDII)	519981	2011-03-30			中国银行

①为创新封闭式基金。

2010年旗下公募基金数量发展

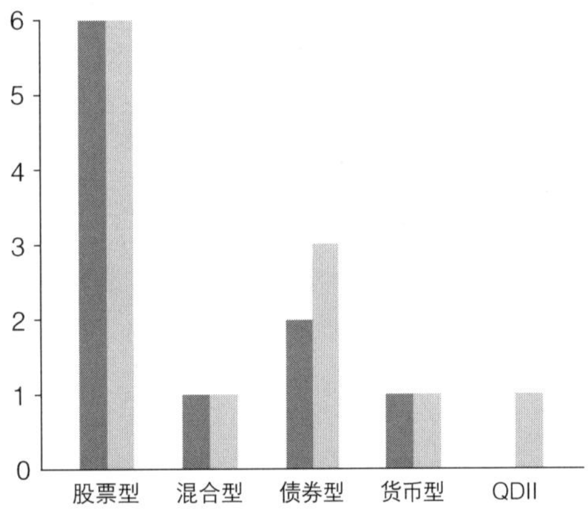

统计周期：2010年-2011年上半年
■2010年末 ■2011年上半年末

2010年旗下公募基金资产净值构成

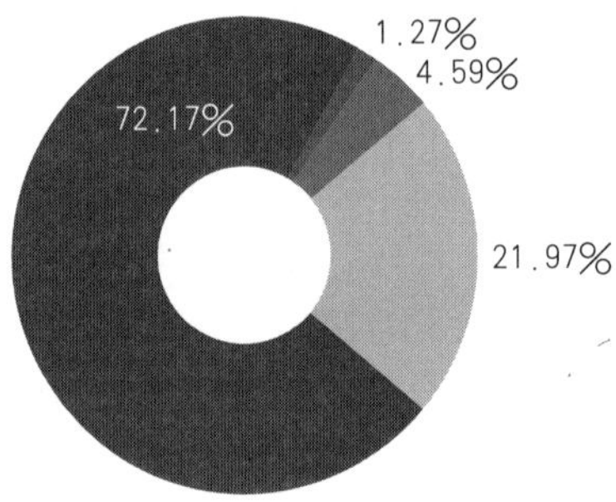

数据截至2010年12月31日
■股票型 ■混合型 ■债券型 ■货币型

泰信基金年度纪事

•2010年–2011年•

2011年

2011.11 泰信基金在“第七届中国证券市场年会”中，荣获“2011年度金奖总评榜金算盘奖”。

2011.10 泰信基金在“2011中国基金业领袖峰会”中，再次获得“2011最具发展潜力基金公司”的荣誉。

2011.06 泰信基金旗下第10只公募基金产品——泰信中证200指数基金募集设立，该基金也是公司旗下首只指数基金。

泰信基金举办“基金经理‘六一’童语”活动。

2011.02 泰信基金旗下第9只公募基金产品——泰信债券周期回报基金募集设立。

2010年

2010.12 泰信基金旗下第8只公募基金产品——泰信发展主题股票基金募集设立。

泰信基金发起组织以“诚信创造价值　杜绝内幕信息”为主题的联谊会，邀请券商等业务合作单位及新闻媒体参与。

2010.11 泰信基金在“2010中国基金业领袖峰会”中，荣获“2010最具发展潜力基金公司”的荣誉。

2010.06 泰信基金举办“泰信基金　援藏助学　爱心奉献”活动，援建化旦尖措孤儿学校校舍。

泰信基金管理有限公司

First-Trust Fund Management Co.,Ltd.

成立时间	2003年5月23日	注册资本	2亿元人民币	公司属性	中 资
董 事 长	孟凡利	总 经 理	高清海	督 察 长	吴胜光
联系电话	021-2089 9188	传真号码	021-2089 9008		
客服电话	400-888-5988	公司网址	www.ftfund.com		
注册地址	上海市浦东新区浦东南路256号华夏银行大厦37层				
办公地址	上海市浦东新区浦东南路256号华夏银行大厦36-37层				

公司概况

泰信基金管理有限公司(以下简称“泰信基金”)是国内首家以信托公司为主发起人的基金管理公司，于2003年5月8日经中国证监会证监许可[2003]68号文批准设立，并于2003年5月23日在上海正式成立。公司注册资本金为2亿元人民币，由山东省国际信托有限公司(出资9,000万元)、江苏省投资管理有限公司(出资6,000万元)、青岛国信实业有限公司(出资5,000万元)共同发起设立。泰信基金的三家股东均是其所在地的政府投资主体，实力雄厚、经营稳健、业绩优良，在国内外资本市场上保持着良好的信誉，设立泰信是三家股东长期发展战略的重要组成部分，也将为其今后的发展提供强有力的支持。

八年来，秉承“先行一步创造优质生活”的企业理念，泰信基金采用“信用、严格、专业、迅速”的管理理念，倾力打造“优秀的投资团队、优化的投资流程、优良的投资品种”，努力为投资者创造优质生活，帮助客户成为“不为拥有财富所困，不为追求财富所累”的“财富自由人”。

年度发展

2010-2011年上半年泰信基金发行工作得到进一步拓展，先后发行募集3只开放式基金，分别为泰信发展主题股票基金、泰信债券周期回报基金和泰信中证200指数基金。截至2011年6月30日，公司共管理10只公募基金，包括4只股票基金、3只债券基金、2只混合基金和1只货币基金，形成了较为完善的基金产品线。

公司投研团队建设以及投研合作情况

2010-2011年，在领导的指导和关怀下，以持续学习和研究为导向的泰信基金投资团队建设取得了长足进展。泰信基金现有基金经理团队的平均从业年限达到10年以上，最高的两位长达16年，形成了老、中、青搭配的梯队形态。经过2008年熊市、2009年牛市以及2010-2011年股市跌宕起伏的洗礼，投资团队经历了一个相对较为完整的成长周期，这将为泰信基金日后投资业绩的提升奠定基础。

投研合作情况

2010-2011年，基金投资部与研究部的合作更为密切，投资、研究环节互相支持的正面效应在实战中得到了充分的体现和检验。投资人员主动汲取研究部门的工作成果，更为严谨、科学地实施组合管理和配置决策。研究成果主要体现为策略对指数趋势的准确研判。

同时，泰信基金日常晨会、周会和投资研究联席会议等例会制度的落实加强了投研团队的互动与交流；开展“乔布斯读书会”，各基金经理相互交流读后感；投研团队调研、学习环保企业公司治理；投资部和研究部年底互相考评，共同总结经验教训。

社会公益活动、投资者教育活动

2010年5月，青海玉树地震发生后，泰信基金积极响应证券业协会为玉树灾区捐款的倡议，迅速组织党员及员工向玉树捐款34, 200元，同时公司总经理高清海先生代表泰信基金参加青海省红十字协会在上海举办的慈善义卖活动，以此为契机向灾区捐款55, 000元。

2010年6月，泰信基金举办了“泰信基金 援藏助学 爱心奉献”的活动，通过网站、渠道等方式向公司全体员工、社会各界发出资助灾区孤儿，援建化旦尖措孤儿学校校舍的倡议，并于2010年6月24日下午，举行了“援藏助学，爱心奉献”活动启动仪式，在泰信员工、参会媒体及合作单位的热心参与下，活动总计义卖著名摄影记者胡颖女士实地拍摄的44幅照片，公司将筹集的善款全部用于援助甘肃省夏河县麻当化旦尖措孤儿学校，以支持该校接纳更多的青海玉树等受灾地区的孤儿就学。

2010年12月21日，公司总经理高清海先生与全体投资研究人员邀请券商等业务合作单位以及新闻媒体参加由泰信基金发起组织的以“诚信创造价值　杜绝内幕信息”为主题的联谊会，共同承诺与倡导在双方的合作中恪守“公平、公正、公开”的原则参与金融证券市场投资活动，引起了各方的共鸣，得到合作单位的积极响应与支持。

2011年“六一”儿童节前夕，泰信基金成功举办了“基金经理‘六一’童语”活动，邀请旗下基金持有人带领孩子们参观公司，通过基金经理对孩子们讲故事的方式，用儿童能接受的语言和思维方式与其交流，启迪孩子们的理财智慧，引导孩子们形成早期良好的理财观和价值观，为其未来的投资理财生活做好启蒙教育。

按照中国证监会《证券投资基金销售管理办法》等法律法规文件的规定，泰信基金修订了2008年版的《泰信基金投资理财手册》，2011修订版紧紧围绕提高投资者风险意识，引导投资者理性投资等主题，不仅将旗下11只基金产品明确标注了相应的风险等级，同时增添了《证券投资基金销售适用性指导意见》中的部分内容以及反洗钱基础知识的部分内容。

为服务于市场广大机构投资者，进一步加大投资者教育力度，深入宣传科学理财观，2011年6月，泰信基金与《机构投资》杂志社联合举办“泰信杯”组合管理征文比赛活动，以征文比赛的形式广泛征集体现机构在证券市场投资运作管理方面的技术与经验的作品，融知识性与启发性为一体，借助征文比赛这一沟通交流平台探讨研究投资组合管理的技术与模式，提高广大机构投资者在证券市场的整体投资运作管理水平，与市场机构投资者共同分享智慧。该栏目自开办以来，引起银行、保险、券商等机构客户代表们和持有人的广泛关注，参与人群不断提升。

年度公司所获荣誉

2010年11月　在《理财周报》主办的"中国基金业领袖峰会"中，泰信基金荣膺"2010最具发展潜力基金公司"殊荣。

2011年10月　在《理财周报》主办的"中国基金业领袖峰会"中，泰信基金荣膺"2011最佳社会责任基金公司"殊荣。

2011年11月　在《证券日报》主办的"第七届中国证券市场年会"中，泰信基金荣膺"2011年度金奖总评榜金算盘奖"。

旗下公募基金产品一览

基金简称	基金代码	设立日期	托管银行
股票型			
泰信优质生活股票	290004	2006-12-15	中国银行
泰信蓝筹精选股票	290006	2009-04-22	中国银行
泰信发展主题股票	290008	2010-12-15	工商银行
泰信中证200指数	290010	2011-06-09	中国银行
混合型			
泰信先行策略混合	290002	2004-06-28	光大银行
泰信优势增长混合	290005	2008-06-25	工商银行
债券型			
泰信双息双利债券	290003	2007-10-31	工商银行
泰信债券增强收益	290007	2009-07-29	中国银行
泰信债券周期回报	290009	2011-02-09	中信银行
货币型			
泰信天天收益货币	290001	2004-02-10	中国银行

2010年旗下公募基金数量发展

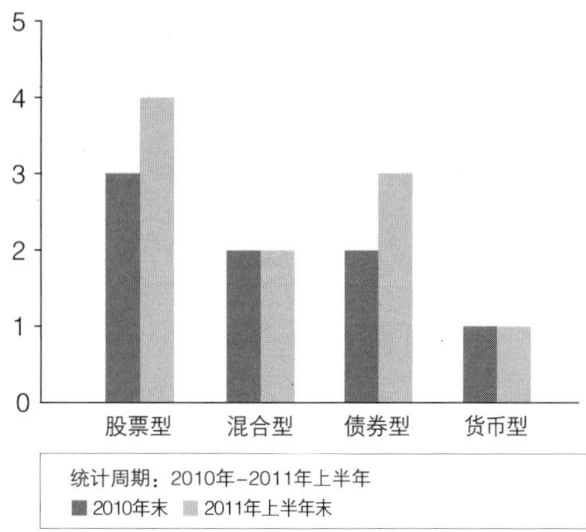

2010年旗下公募基金资产净值构成

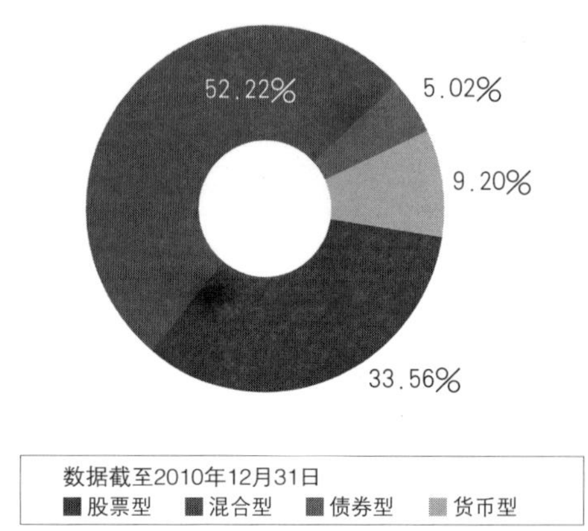

旗下产品介绍

泰信优质生活股票型证券投资基金
简称：泰信优质生活股票

基金代码： 290004
成立日期： 2006年12月15日
基金类型： 契约型开放式，股票型
基金管理人： 泰信基金管理有限公司
基金托管人： 中国银行

基本概况

业绩比较基准

75%×新华富时A600指数+25%×新华富时国债指数

投资目标

分享中国经济可持续发展过程中那些最能够满足人们优质生活需求的上市公司的长期稳定增长，在严格控制投资风险的基础上，谋求基金资产的长期稳定增值。

投资范围

股票资产60%-95%，债券资产0-35%，现金类资产不少于5%。

投资策略

采取"自上而下"的大类资产配置、以核心-卫星策略为基础的优质生活行业配置(核心行业80%，卫星行业20%)和"自下而上"的证券精选相结合的投资策略。

费率介绍

	金　额	费率(%)
申购费	50万元以下	1.50
	50万(含)至200万元	1.20
	200万(含)至500万元	0.80
	500万元以上(含)	1,000.00元
	持有期	费率(%)
赎回费	持有期<365天	0.50
	365天≤持有期<730天	0.25
	持有期≥730天	0.00
托管费	0.25%	
管理费	1.50%	

市场表现

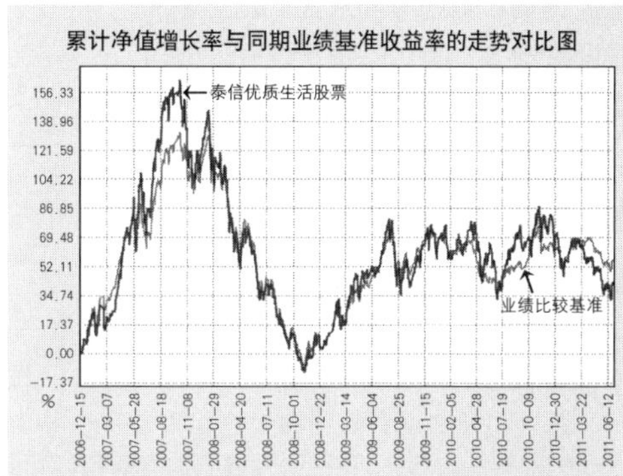

统计时间：截至2011年6月30日
图标来源：泰信优质生活股票型证券投资基金2011年半年度报告

基金特点

以核心-卫星策略为基础的行业配置(核心行业80%，卫星行业20%)和精选个股相结合，分享能满足人们优质生活需求的上市公司的长期稳定增长。

收益分配

自成立以来，该基金累计每份分红0.60元。
截至日期：2011年12月31日

基金经理

朱志权：基金投资部投资总监、15年证券从业经历，长期从事投研工作，先后任职于中信证券上海总部自营室、长盛基金管理有限公司研究部、富国基金管理有限公司基金管理部、银河基金管理有限公司研究部。2008年6月加入泰信基金管理有限公司担任泰信优质生活股票基金的基金经理。2010年1月16日起兼任泰信优势增长混合基金的基金经理。

刘　强：基金投资部投资副总监，工商管理硕士，博士研究生在读，9年证券从业经历。2002年10月进入泰信基金管理有限公司，先后担任交易员、研究员、泰信先行策略开放式证券投资基金经理助理，泰信优质生活股票型证券投资基金经理助理。2007年2月9日起担任泰信优质生活股票型证券投资基金的基金经理。

泰信基金
First-Trust Fund

泰信优势增长灵活配置混合型证券投资基金

简称：泰信优势增长混合

基金代码：290005
成立日期：2008年6月25日
基金类型：契约型开放式，混合型
基金管理人：泰信基金管理有限公司
基金托管人：中国工商银行

基本概况

业绩比较基准

55%×沪深300指数+45%×中证全债指数

投资目标

通过科学的投资管理和资产配置程序，结合主动的宏观、市场、行业、公司研究，选择具有可持续优势的成长型股票和收益率、流动性俱佳的债券，力争使投资者享受到可持续的财富增长。

投资范围

股票资产占基金资产30%—80%，债券资产占基金资产0—65%，权证0—3%（按照相关法律规定），基金保留的现金以及到期日在1年以内的政府债券比例合计不低于基金资产净值的5%。该基金股票资产部分至少80%投资于具有自身比较优势和核心竞争力的持续成长型公司。

投资策略

该基金在充分合理运用现代金融工程科学成果的基础上，以SAA（战略资产配置）策略为基础，结合对不同阶段市场特征的分析，动态配置基金资产在股票、债券和现金之间的配置比例。

费率介绍

	金　额	费率(%)
申购费	100万元以下	1.50
	100万元(含)至500万元	1.20
	500万元(含)至1,000万元	0.30
	1,000万元(含)以上	1,000.00元
	持有期	费率(%)
赎回费	1年以下	0.50
	1年(含1年)至2年	0.25
	2年以上(含2年)	0.00
托管费	0.25%	
管理费	1.50%	

市场表现

累计净值增长率与同期业绩基准收益率的走势对比图

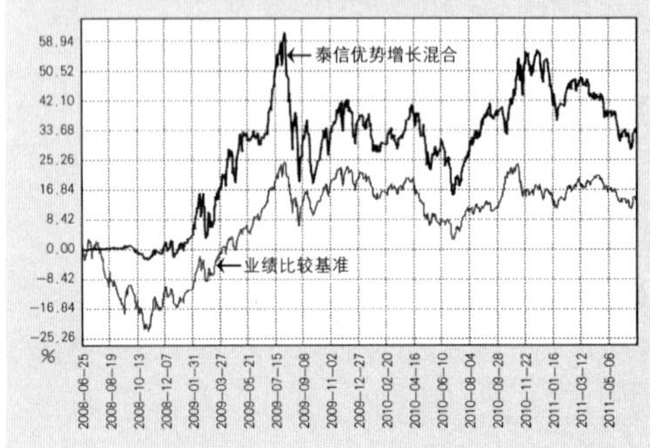

统计时间：截至2011年6月30日
图标来源：泰信优势增长灵活配置混合型证券投资基金2011年半年度报告

基金特点

- 把握优势、分享成长；
- 股债优选、灵活配置；
- 审时度势、动态管理。

收益分配

自成立以来，该基金累计每份分红0.44元。

截至日期：2011年12月31日

基金经理

朱志权：基金投资部投资总监、15年证券从业经历，长期从事投研工作，先后任职于中信证券上海总部自营室、长盛基金管理有限公司研究部、富国基金管理有限公司基金管理部、银河基金管理有限公司研究部。2008年6月加入泰信基金管理有限公司担任泰信优质生活股票型证券投资基金的基金经理至今，2010年1月16日起兼任泰信优势增长灵活配置混合型证券投资基金的基金经理。

泰信蓝筹精选股票型证券投资基金

简称：泰信蓝筹精选股票

基金代码： 290006

成立日期： 2009年4月22日

基金类型： 契约型开放式，股票型

基金管理人： 泰信基金管理有限公司

基金托管人： 中国银行

基本概况

业绩比较基准

75%×沪深300指数+25%×上证国债指数

投资目标

通过投资于在中国经济可持续发展过程中具有核心竞争优势、在其所属行业内占有领先地位，业绩持续增长、分红稳定的优质蓝筹公司，分享中国经济发展的成果。在严格控制投资风险的条件下，实现基金资产的稳健持续增长。

投资范围

股票资产（包括权证）60%–95%，债券资产（包括可转债、资产支持证券等）0–35%，现金及到期日1年内的政府债券资产≥5%，以及证监会允许投资的其他金融工具。

投资策略

该基金采取"自上而下"的大类资产配置和"自下而上"的精选证券相结合的投资策略。

费率介绍

	金 额	费率(%)
申购费	100万元以下	1.50
	100万元(含)至500万元	1.20
	500万元(含)至1000万元	0.30
	1,000万元(含)以上	1,000.00元
	持有期	**费率(%)**
赎回费	1年以下	0.50
	1年(含1年)至2年	0.25
	2年以上(含2年)	0.00
托管费	0.25%	
管理费	1.50%	

市场表现

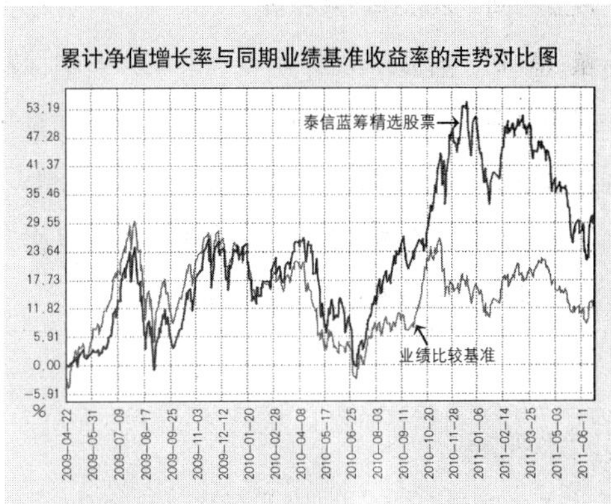

统计时间：截至2011年6月30日
图标来源：泰信蓝筹精选股票型证券投资基金2011年半年度报告

基金特点

- 优中精选，行业领先；
- 蓝筹收益，成长持续；
- 合理配置，抵御风险；
- 精英团队，行家之选。

收益分配

自成立以来，该基金累计每份分红0.40元。

截至日期：2011年12月31日

基金经理

柳　菁：研究总监，工商管理硕士，17年证券从业经历。曾任天同证券有限责任公司资产管理部交易员、研究员、投资经理。2005年加入泰信基金管理有限公司，先后任交易员、研究部高级研究员，泰信先行策略开放式证券投资基金经理助理，2009年4月22日起担任泰信蓝筹精选股票型证券投资基金的基金经理。2011年10月26日起兼任泰信中小盘精选股票型证券投资基金的基金经理。

天治基金管理有限公司

China Nature Asset Management Co.,Ltd.

成立时间	2003年5月27日	注册资本	1.3亿元人民币	公司属性	中 资
董 事 长	高福波	总 经 理	赵玉彪	督 察 长	刘 伟
联系电话	021-6437 1155	传真号码	021-6471 3758		
客服电话	400-886-4800　021-3406 4800			公司网址	www.chinanature.com.cn
注册地址	上海市浦东新区莲振路298号4号楼231室				
办公地址	上海市复兴西路159号				

公司概况

天治基金管理有限公司(以下简称“天治基金”)于2003年5月成立，由吉林省信托投资有限责任公司、中国吉林森林工业集团有限责任公司、吉林市国有资产经营有限责任公司三家股东共同出资发起设立，各股东出资比例分别为46.16%、38.46%、15.38%。公司注册资本1.3亿元人民币，注册地为中国上海。

天治基金秉承“以诚感人，以信立业，顺天而治，顺势而为，以智慧发现规律，依规律共享财富增长” 的经营理念，力争为投资者提供优质的基金理财服务，与投资者共同分享中国经济发展的成果，回报投资者的信任。

年度发展

截至2011年上半年，天治基金旗下共管理7只开放式基金，包括股票型、混合型、债券型和货币型等类型；2011年下半年，公司产品发行工作进一步推进，先后募集设立了天治成长精选股票和天治稳定收益债券两只基金，公司管理基金数量增至9只。

2010年以来，天治基金各项业务积极拓展，发展较快。在困难的市场环境下，公司重视和加强投研团队的管理，积极发挥其优势，旗下基金的业绩表现稳定、良好。2010年以来，天治基金旗下所有权益类产品过去两年的业绩均排在同类基金前列。其中，天治创新先锋股票、天治品质优选混合、天治趋势精选混合分别在同类基金中排第13、第16、第18位；天治天得利货币基金也处于同类基金前列，在60只货币基金中排列第4位。

公司管理团队及投研体系建设

天治基金成立了以权益投资部、固定收益部为核心，研究发展部和产品创新及量化投资部积极参与的基金管理小组，充分调动研究团队的能动性，将基金经理的市场判断能力建立在基础研究和风险控制的坚实平台之上，确保投资决策的科学性和投资风险的可控性，降低投资风险，提高投资绩效。研究发展部研究员负责宏观经济、市场、行业、上市公司、投资品种和投资策略等的研究分析工作，并提交研究报告，为投资策略的制定提供投资决策依据。产品创新及量化投资部的金融工程研究员进行量化策略的研究，并负责开发和完善定量投资分析与决策的工具与系统，为基金投资提供支持。另外，金融工程研究员还需定期或不定期地对基金投资组合进行事中风险监控与事后绩效评估。

天治基金拥有一支扎根本土而又沐浴了欧风美雨的精英投研团队。公司采用团队式投资管理模式，权益投资部、固定收益部、研究发展部和产品创新及量化投资部的相关人员共同组成基金管理小组，在机制上降低决策风险，确保投资决策的科学性和投资风险的可控性。投研团队成员均具有海内外知名金融机构的从业经历，在风险控制、资产配置和投资时机选择等方面具有丰富的投资管理经验和优势。

借鉴国内外基金管理公司的成功经验，天治基金建立了严格的内部控制体系和科学的投资管理流程，确保投资决策的科学性和投资风险的可控性。公司从成立之初确定了“风险管理以良好内控为基础”及“风险管理与投资绩效并重”的风险管理理念，在有效防范风险的前提下，追求基金持有人的合法权益最大化，从而赢得基金持有人的信任，树立“稳健经营、规范运作”的市场形象。

年度社会公益活动

以智慧创造财富，是天治基金自成立之初就坚持的信念。多年来，天治基金在勤勉经营打造优秀投资管理业绩的同时，也力求播下智慧的种子，浇灌以真挚的爱心，恪尽社会责任。

从2011年开始，天治基金开展了“慧公益”系列活动，包括“我要上学”、“我爱阅读”、“我有梦想”等多个活动计划；同时公司与“音乐之声频道”、“真爱梦想”基金会等机构合作，主要面向失学儿童、乡村学校进行捐赠资助。“慧公益”活动发动了公司全体员工、合作伙伴企业、数十万持有人、广大媒体，以及关注天治基金、热心公益的爱心使者共同参与，汇聚点滴爱心，传递智慧力量。

“慧公益·我要上学”

“慧公益·我要上学”大型主题公益系列活动是由“中央人民广播电台MusicRadio音乐之声”与“中国儿童少年基会”强强联手，共同打造的公益事业，9年来引起社会各届的广泛关注。该活动聚焦于“义务教育阶段的贫困儿童”，从学杂费转移到生活费用的资助，旨在帮助贫困儿童改善生活与学习环境，让孩子得以快乐健康地成长。

2011年，天治基金管理有限公司总经理赵玉彪先生成为“2011我要上学”公益活动爱心大使，资助一位贫困儿童3年生活费，以实际行动参与到公益活动，同时呼吁公司员工、基金持有人、业内爱心人士为所关注的孩子，奉献爱心，尽一份力，共同用爱点亮孩子的生活。

“慧公益·我爱阅读”

“慧公益·我爱阅读”是2011年天治基金与“真爱梦想”基金会合作推出的慈善活动。该活动倡议公司员工、合作伙伴及投资者参与捐赠图书，并集中至天治基金管理公司，由公司“慧公益”工作组收集整理后，统一寄往“真爱梦想”基金会，通过“真爱梦想”基金会向中国贫困地区的乡村学校代为捐赠。该慈善活动自开展以来获得了公司及社会各界爱心人士的广泛支持，用集体的爱心为乡村学校的孩子送去了成长的希望。

天治基金年度纪事

•2010年–2011年•

2011年

2011.12.28 天治稳定收益债券型证券投资基金合同生效成立，募集份额220,605,000.90份。

2011.12.27 天治基金管理有限公司经中国证监会批准，获得特定客户资产管理业务资格。

2011.12.01 天治基金与"真爱梦想"基金会合作推出"慧公益·我爱阅读"慈善活动，倡议公司员工、合作伙伴及投资者捐赠图书，由"真爱梦想"基金会代为向中国贫困地区的乡村学校捐赠。

2011.11.30 天治基金"慧公益"系列活动正式启动。

2011.08.04 天治成长精选股票型证券投资基金合同生效成立，募集份额524,890,436.66份。

2010年

2010.10 天治基金管理有限公司与北京理工大学签订助学协议，捐资20万元用于助学，同时出资30万元人民币设立了"天治基金奖学金"用于奖掖品学兼优的青年学子。

2010.04.21 天治基金管理有限公司积极响应中国证券业协会的号召，心系玉树灾区人民，以公司名义向灾区捐款10万元，用于救灾和灾后重建工作。

旗下公募基金产品一览

基金简称	基金代码	设立日期	上市日期	上市地点	托管银行
股票型					
天治核心成长股票(LOF)	163503	2006-01-20	2007-07-30	深交所	交通银行
天治创新先锋股票	350005	2008-05-08			交通银行
混合型					
天治财富增长混合	350001	2004-06-29			上海浦发银行
天治品质优选混合	350002	2005-01-12			民生银行
天治趋势精选混合	350007	2009-07-15			建设银行
债券型					
天治稳健双盈债券	350006	2008-11-05			农业银行
货币型					
天治天得利货币	350004	2006-07-05			民生银行

2010年旗下公募基金数量发展

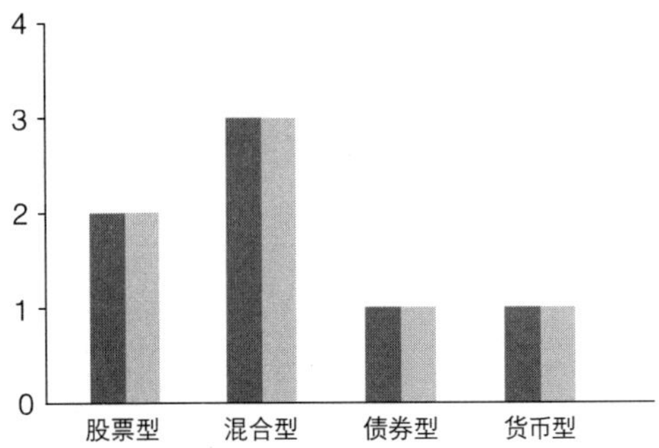

统计周期：2010年-2011年上半年
■2010年末 ■2011年上半年末

2010年旗下公募基金资产净值构成

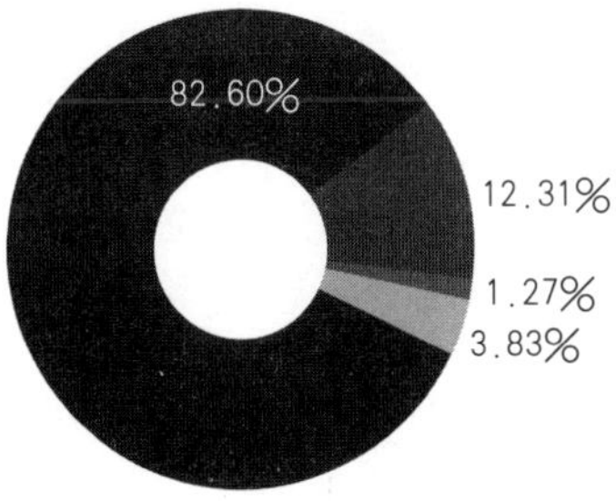

数据截至2010年12月31日
■股票型 ■混合型 ■债券型 ■货币型

天治基金 China Nature Asset

旗下产品介绍

天治品质优选混合型证券投资基金
简称：天治品质优选混合

基金代码： 350002
成立日期： 2005年1月12日
基金类型： 契约型开放式，混合型
基金管理人： 天治基金管理有限公司
基金托管人： 中国民生银行

基本概况

业绩比较基准

中信标普300指数×70%+中信标普国债指数×30%

风险收益特征

该基金属于证券投资基金中风险水平适中的品种，在投资管理全过程中严格实施风险预算管理，在明确的风险预算目标范围内追求稳定的超额收益率。

投资目标

在有效控制风险的前提下，追求中长期稳定且超越业绩比较基准的投资回报。

投资策略

天治品质优选混合基金以股票品种为主要投资标的，以"自下而上"的股票优选策略为主，辅以"自上而下"的类别资产配置、行业资产配置，通过综合运用财务品质、经营品质和市场品质三大评估体系，优选具有长期发展潜力的上市公司股票进行投资，并在投资运作的各个环节实施全面风险预算管理。

基金经理

秦海燕：硕士研究生，5年证券从业经验，具有基金从业资格，2006年6月加入天治基金管理有限公司，历任行业研究员、天治品质优选混合型证券投资基金的基金经理助理，现任天治品质优选混合型证券投资基金的基金经理、天治核心成长股票型证券投资基金的基金经理。

收益分配

2011年上半年，该基金累计每份分红0.015元；
自成立以来，该基金累计每份分红2.525元。

截至日期：2011年6月30日

市场表现

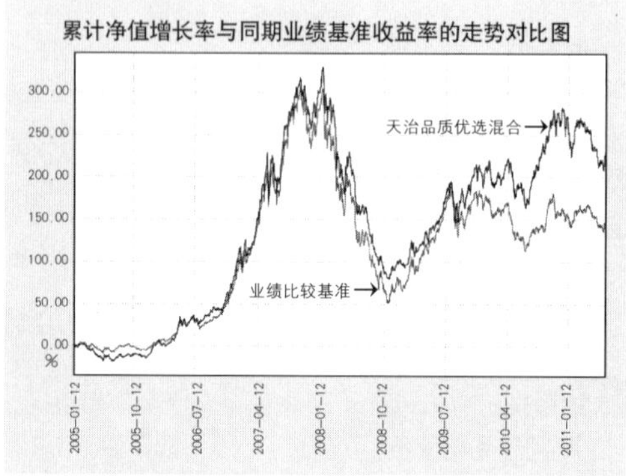

统计时间：截至2011年6月30日
图标来源：天治品质优选混合型证券投资基金2011年半年度报告

业绩表现

阶 段	累计净值增长率(%)	基准累计收益率(%)	超基准收益(%)
2010年度	18.36	-8.75	27.11
2011年上半年	-10.73	-2.59	-8.14
自成立以来	229.42	147.58	81.84

截至日期：2011年6月30日

基金管理回顾

天治品质优选混合基金2010年的投资策略契合了市场主线。上半年以降低仓位的操作思路为主，获得了较好的相对收益，并在下跌的过程中逐步加重了对医药、TMT和食品饮料等行业的配置权重，年中根据市场环境的变化，逐步增加了仓位，选择的行业和个股在反弹中表现较好，三季度没有盲目追涨，仍然坚持看好的新兴产业中的优势公司，规避了市场风险。2010年该基金坚持"自上而下"和"自下而上"的结合使用，投资策略较为成功。

由于2010年该基金对经济结构转型的坚信和对新兴产业等中小盘个股的投资比重较大，导致在2011年年初的大盘股表现相对较强的时候净值表现不太理想。主要原因是该基金忽视了中长期和短期的平衡问题，低估了市场对高估值个股的估值限制问题，但是在经济整体还不错，特别是固定资产投资超预期的情况下，低估了低估值周期股的估值修复幅度，因此该基金逐步调整了投资结构，力争使整个投资结构更趋于均衡。

天治核心成长股票型证券投资基金(LOF)
简称：天治核心成长股票(LOF)

基金代码： 163503
成立日期： 2006年1月20日
基金类型： 契约型上市开放式，股票型
上市日期： 2007年7月30日
上市地点： 深圳证券交易所
基金管理人： 天治基金管理有限公司
基金托管人： 交通银行

基本概况

业绩比较基准

富时中国A全指×75%＋富时中国国债指数×25%

风险收益特征

该基金为具有中等风险、中高收益的股票型基金，风险收益特征介于大盘平衡型基金和小盘成长型基金之间。

投资目标

通过将部分资产投资于品质优良、成长潜力高于平均水平的中小型上市公司股票，并将部分资产用于复制大型上市公司股票指数（富时中国A200指数）的业绩表现，在控制相对市场风险的前提下，追求中长期的资本增值。

投资策略

天治核心成长股票基金以股票品种为主要投资标的，以"核心－卫星"策略作为股票投资的总体策略。"核心－卫星"策略是指将股票资产分为核心组合和卫星组合，核心组合通过跟踪指数进行被动投资，控制投资组合相对于市场的风险；卫星组合通过优选股票进行主动投资，追求超越市场平均水平的收益。该基金的核心组合用于跟踪大型公司股票指数（富时中国A200指数），卫星组合用于优选中小型成长公司股票。

基金经理

吴　涛：华东理工大学毕业，12年证券从业经验，曾任职于上海世基投资顾问有限公司、世华国际金融信息有限公司证券研究部。2007年5月加入天治基金管理有限公司从事证券研究和基金投资管理工作，现任天治核心成长股票基金的基金经理、天治趋势精选灵活配置混合基金的基金经理。

秦海燕：硕士研究生，5年证券从业经验。2006年6月加入天治基金管理有限公司，历任行业研究员、基金经理助理，现任天治核心成长股票基金的基金经理、天治品质优选混合基金的基金经理。

市场表现

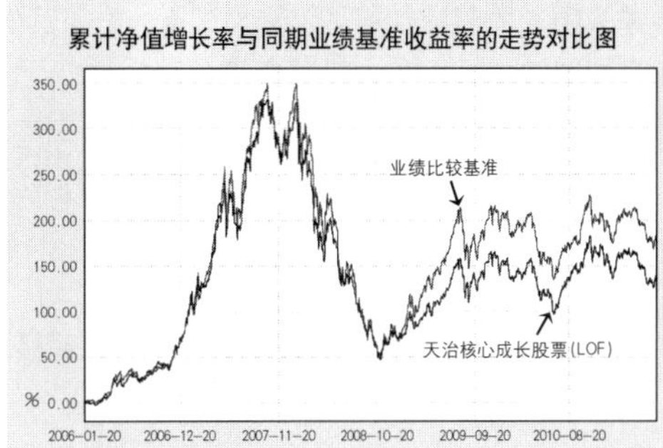

统计时间：截至2011年6月30日
图标来源：天治核心成长股票型证券投资基金(LOF)2011年半年度报告

业绩表现

阶 段	累计净值增长率(%)	基准累计收益率(%)	超基准收益(%)
2010年度	1.28	−3.04	4.32
2011年上半年	−6.75	−2.70	−4.05
自成立以来	141.57	184.37	−42.80

截至日期：2011年6月30日

收益分配

自成立以来，该基金累计每份分红1.01元。

截至日期：2011年6月30日

基金管理回顾

2010年，天治核心成长股票基金根据市场判断，主题性投资机会大于价值投资，在国家对货币政策紧缩以及经济增长方式转变、产业结构升级的大背景下，受政策调控影响较小的新兴产业和消费类行业成为场内资金的避风港。2010年A股市场运行仍以震荡盘整为主基调，传统产业中绝大部分行业估值合理，以上的投资思路贯穿全年，该基金获取了较多行业配置方面的超额收益。

2011年上半年，天治核心成长股票基金在第一季度市场没有系统性投资机会的环境中，通过加强对富时A200指数的跟踪模拟以及对重仓个股投资机会的挖掘，较好地弥补了在中小盘成长股投资上的损失；第二季度通过减持券商、采掘、化工、工程机械等周期类行业，增加医药、食品饮料等消费类行业的配置，增强了组合的防御性。

天治天得利货币市场基金
简称：天治天得利货币

基金代码： 350004

成立日期： 2006年7月5日

基金类型： 契约型开放式，货币型

基金管理人： 天治基金管理有限公司

基金托管人： 中国民生银行

基本概况

业绩比较基准 银行6个月定期储蓄存款利率（税后）

风险收益特征

货币市场基金投资于短期金融工具。由于短期国债、金融债、央行票据等主要投资品种信用等级高，利率风险小，因而该基金安全性高，流动性强，收益稳健。货币市场基金是证券投资基金中风险较低的品种，长期看风险和预期收益低于股票基金、混合基金、债券基金。

投资目标

在充分重视本金安全的前提下，确保基金资产的高流动性，追求稳健的当期收益。

投资策略

该基金以短期金融工具为投资对象，依据宏观经济、货币政策、资金供求决定的市场利率变动预期，综合考虑投资对象的收益性、流动性和风险性，进行"自上而下"与"自下而上"相结合的积极投资组合管理，保障本金安全性和资产流动性，追求稳健的当期收益。

基金经理

秦 娟：固定收益部副总监、经济学硕士研究生，7年证券从业经验，历任广东证券股份有限公司债券分析师、东莞银行股份有限公司债券分析师、长信基金管理有限责任公司债券研究员。2010年2月加入天治基金管理有限公司，任天治天得利货币市场基金的基金经理助理、天治稳健双盈债券型证券投资基金的基金经理助理，现任固定收益部副总监、天治天得利货币市场基金的基金经理、天治稳健双盈债券型证券投资基金的基金经理。

市场表现

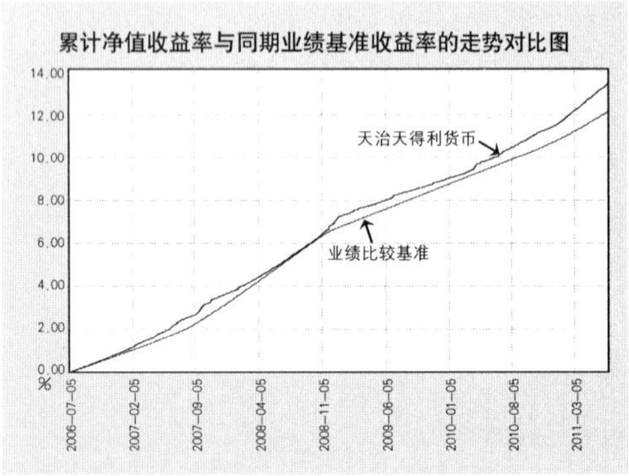

统计时间：截至2011年6月30日
图标来源：天治天得利货币市场基金2011年半年度报告

业绩表现

阶 段	累计净值收益率(%)	基准累计收益率(%)	超基准收益(%)
2010年度	2.2722	2.0289	0.2433
2011年上半年	1.7766	1.4153	0.3613
自成立以来	13.4752	12.1723	1.3029

截至日期：2011年6月30日

基金管理回顾

2010年前三季度，天治天得利货币市场基金的久期拉得比较长，信用产品配置比例较高，获得了相对高的收益，第四季度在债市大幅下跌的情况下，没有及时缩短久期，致使四季度的排名相对靠后。

受到高通胀的影响，2011年上半年频繁的紧缩政策始终没有停止。2011年二季度，该基金所持债券比例较小，主要以央票和金融债为主，久期控制在100天以内，在6月份提高准备金后，回购利率高企，所以参与了一定仓位的逆回购，为二季度的收益做了一些贡献。在7月初加息后，一年期定期存款利率为3.5%，而二级市场AAA级的短期融资券利率高达5%附近，利差优势特别明显，计划积极参与配置，以等待债券市场的全线反弹。

天治趋势精选灵活配置混合型证券投资基金
简称：天治趋势精选混合

基金代码： 350007
成立日期： 2009年7月15日
基金类型： 契约型开放式，混合型
基金管理人： 天治基金管理有限公司
基金托管人： 中国建设银行

■ 基本概况

业绩比较基准

沪深300指数收益率×55%＋中证全债指数收益率×45%

风险收益特征

该基金为混合型基金，其预期收益和风险高于货币型基金、债券型基金，而低于股票型基金，属于证券投资基金中的中高风险、中高收益品种。

投资目标

在灵活配置股票和债券资产的基础上，精选受益于重大人口趋势的优势行业中的领先企业，追求持续稳健的超额回报。

投资策略

天治趋势精选混合基金在大类资产积极配置的基础上，进行主题型行业配置、债券类别配置和证券品种优选；股票资产聚焦受益于重大人口趋势主题的优势行业，通过行业领先度和市场领先度的双重定量评价以及长期驱动因素和事件驱动因素的双重定性分析，精选其中的领先公司进行重点投资。

■ 基金经理

吴战峰：清华大学硕士研究生，15年证券从业经验。曾就职于深圳中大投资基金管理公司任投资经理、平安证券公司任投资经理、招商证券公司任行业部经理、高级分析师、国信证券公司任行业首席分析师、国投瑞银基金管理有限公司任高级组合经理、国泰基金管理有限公司任基金经理、现任公司研究发展部总监、天治趋势精选混合型证券投资基金的基金经理、天治品质优选混合型证券投资基金的基金经理。

■ 市场表现

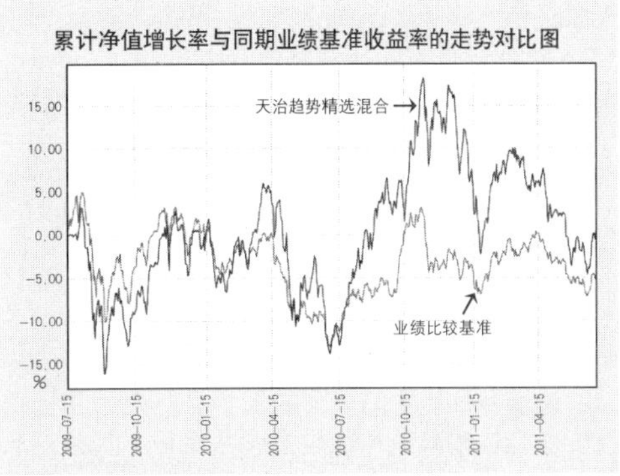

统计时间：截至2011年6月30日
图标来源：天治趋势精选灵活配置混合型证券投资基金2011年半年度报告

■ 业绩表现

阶 段	累计净值增长率(%)	基准累计收益率(%)	超基准收益(%)
2010年度	10.44	−5.49	15.93
2011年上半年	−9.27	−0.88	−8.39
自成立以来	0.80	−4.50	5.30

截至日期：2011年6月30日

■ 基金管理回顾

2010年天治趋势精选混合基金在行业配置和个股选择上坚决贯彻对市场的判断，在泛消费、战略性新兴产业和区域经济三大投资主题中寻找超额收益的机会，获取了较多行业配置方面的超额收益。

2011年上半年A股市场基本处于箱体震荡之中，正如在2010年度报告中展望的，维持震荡的格局，难有系统性机会出现。该基金在第一季度市场没有系统性投资机会的环境中，减持了通讯设备、电子元器件、商业零售行业的配置比重，增加了房地产、采掘、化工、食品饮料和新能源行业的配置比重。虽然通过以上操作，适度增加了组合中周期类行业的比重，并在可转换债券的投资上获取并成功锁定了较多利润，但由于中小市值的成长股仍是该基金配置的重点，因此在上半年市场风格偏向周期类行业和低估值品种的环境中，该基金业绩略低于业绩比较基准。

天治基金
China Nature Asset

天治稳健双盈债券型证券投资基金
简称：天治稳健双盈债券

基金代码：350006
成立日期：2008年11月5日
基金类型：契约型开放式，债券型
基金管理人：天治基金管理有限公司
基金托管人：中国农业银行

基本概况

业绩比较基准 中证全债指数收益率

风险收益特征

该基金属于主动管理的债券型基金，为证券投资基金中的较低风险较低收益品种，其预期风险收益水平低于股票型基金、混合型基金，高于货币市场基金。

投资目标

在注重资产安全性和流动性的前提下，追求超越业绩比较基准的稳健收益。

投资策略

天治稳健双盈债券基金根据宏观经济运行状况、货币政策及利率走势的综合判断，运用“自上而下”的资产配置与品种选择策略，并充分利用各种套利策略，实现基金的保值增值。此外，该基金可以参与股票一级市场申购和二级市场投资。

基金经理

秦 娟：固定收益部副总监、经济学硕士研究生，7年证券从业经验。历任广东证券股份有限公司债券分析师、东莞银行股份有限公司债券分析师、长信基金管理有限责任公司债券研究员。2010年2月加入天治基金管理有限公司，任天治稳健双盈债券基金的基金经理助理及天治天得利货币市场基金的基金经理助理，现任固定收益部副总监、天治稳健双盈债券基金的基金经理、天治天得利货币市场基金的基金经理。

业绩表现

阶 段	累计净值增长率(%)	基准累计收益率(%)	超基准收益(%)
2010年度	2.52	3.10	−0.58
2011年上半年	−1.92	1.33	−3.25
自成立以来	2.89	6.54	−3.65

截至日期：2011年6月30日

市场表现

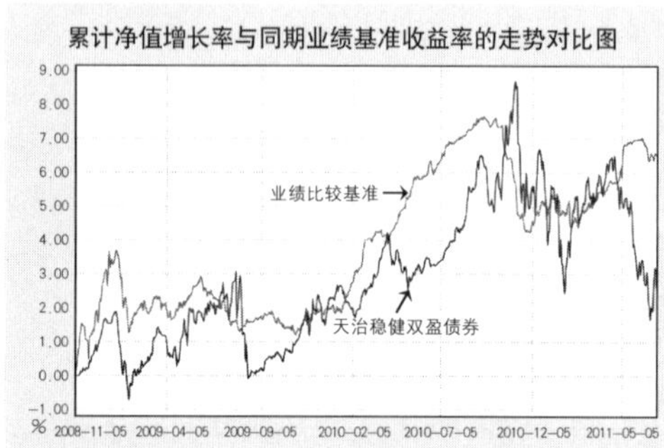

统计时间：截至2011年6月30日
图标来源：天治稳健双盈债券型证券投资基金2011年半年度报告

基金管理回顾

2010年前三季度，天治稳健双盈债券基金所持企业债比重较大，利率产品也以中长期为主，久期控制在3年附近，9月中旬开始减掉所有中长期利率和信用产品，置换为1年以内的利率产品，回避掉了加息的风险。

受到高通胀的影响，2011年上半年频繁的紧缩政策始终没有停止。二季度，该基金所持银行间可转债比重较大，利率产品也以中短期为主，久期控制在1年附近，由于债券市场的全线下跌，导致基金净值有一定幅度的缩水。

景顺长城基金管理有限公司

Invesco Great Wall Fund Mangement Co.,Ltd.

成立时间	2003年6月12日	注册资本	1.3亿元人民币	公司属性	中外合资
董事长	赵如冰	总经理	许义明	督察长	黄卫明
联系电话	0755-8237 0388	传真号码	0755-2238 1339		
客服电话	400-8888-606	公司网址	www.invescogreatwall.com		
注册地址	深圳市福田区中心四路1号嘉里建设广场第一座21层				
办公地址	深圳市福田区中心四路1号嘉里建设广场第一座21层				

公司概况

景顺长城基金管理有限公司(以下简称“景顺长城基金”)是经中国证监会证监基金字[2003]76号文批准设立的证券投资基金管理公司，于2003年6月12日成立，注册资本为1.3亿元人民币，注册地为深圳。目前公司股东包括长城证券有限责任公司(49%)、景顺资产管理有限公司(49%)、开滦(集团)有限责任公司(1%)、大连实德集团有限公司(1%)。

2010年至2011年上半年，景顺长城基金募集并成立了2只开放式基金，分别为景顺长城中小盘股票和景顺长城稳定收益债券。截至2011年6月30日，景顺长城基金共管理13只开放式基金，管理公募基金资产规模达到452.05亿元人民币。

旗下公募基金产品一览

基金简称	基金代码	成立日期	上市日期	上市地点	托管银行
股票型					
景顺长城优选股票	260101	2003-10-24			中国银行
景顺长城内需增长股票	260104	2004-06-25			农业银行
景顺长城鼎益股票(LOF)	162605	2005-03-16	2005-05-25	深交所	中国银行
景顺长城资源垄断股票(LOF)	162607	2006-01-26	2006-04-07	深交所	农业银行
景顺长城新兴成长股票	260108	2006-06-28			工商银行
景顺长城内需贰号股票	260109	2006-10-11			农业银行
景顺长城精选蓝筹股票	260110	2007-06-18			工商银行
景顺长城公司治理股票	260111	2008-10-22			工商银行
景顺长城能源基建股票	260112	2009-10-20			农业银行
景顺长城中小盘股票	260115	2011-03-22			工商银行

（续上表）

基金简称	基金代码	成立日期	上市日期	上市地点	托管银行
混合型					
景顺长城动力平衡混合	260103	2003-10-24			中国银行
债券型					
景顺长城稳定收益债券	261001	2011-03-25			中国银行
货币型					
景顺长城货币	260102	2003-10-24			中国银行

2010年旗下公募基金数量发展

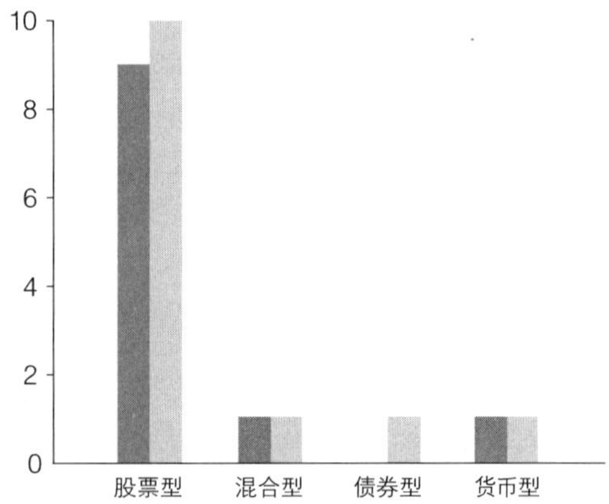

统计周期：2010年-2011年上半年
■2010年末 ■2011年上半年末

2010年旗下公募基金资产净值构成

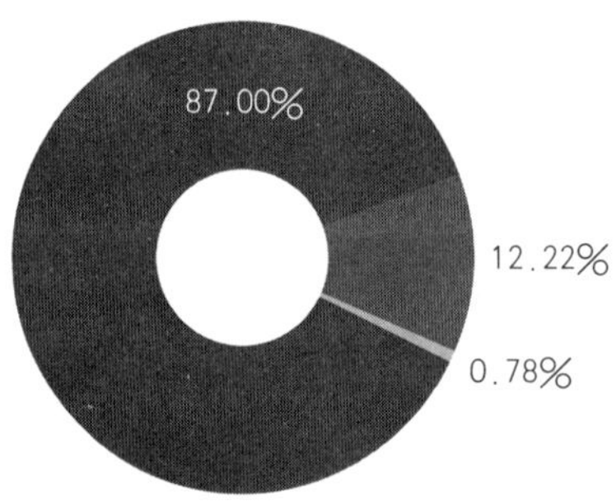

数据截至2010年12月31日
■股票型 ■混合型 ■货币型

广发基金管理有限公司

GF Fund Management Co.,Ltd.

成立时间	2003年8月5日	注册资本	1.2亿元人民币	公司属性	中 资
董 事 长	王志伟	总 经 理	林传辉	督 察 长	段西军
联系电话	020-8393 6666	传真号码	020-8989 9158		
客服电话	9510 5828	公司网址	www.gffunds.com.cn		
注册地址	广东省珠海市拱北情侣南路255号4层				
办公地址	广州市海珠区琶洲大道东1号保利国际广场南塔31-33楼				

公司概况

广发基金管理有限公司(以下简称“广发基金”)经中国证监会证监基金字[2003]91号文批准，于2003年8月5日成立，注册资本为1.2亿元人民币。目前公司股东包括广发证券股份有限公司(48.33%)、烽火通信科技股份有限公司(16.67%)、香江投资有限公司(16.67%)、康美药业股份有限公司(10%)和广州科技风险投资有限公司(8.33%)。同时公司具有企业年金投资管理人、特定资产管理业务和社保基金投资管理人资格。

2010年至2011年上半年，广发基金发行工作得到拓展，先后募集并成立了7只证券投资基金，包括5只开放式基金，分别为广发内需增长混合、广发行业领先股票、广发中小板300ETF、广发中小板300ETF联接和广发聚祥保本混合；2只QDII基金分别为广发亚太精选股票(QDII)和广发全球农业指数(QDII)。截至2011年6月30日，广发基金共管理17只开放式基金和2只QDII基金，管理公募基金资产规模达到1, 022.81亿元人民币。

旗下公募基金产品一览

基金简称	基金代码	设立日期	上市日期	上市地点	托管银行
股票型					
广发小盘成长股票(LOF)	162703	2005-02-02	2005-04-29	深交所	上海浦发银行
广发聚丰股票	270005	2005-12-23			工商银行
广发核心精选股票	270008	2008-07-16			工商银行
广发沪深300指数	270010	2008-12-30			工商银行
广发聚瑞股票	270021	2009-06-16			工商银行
广发中证500指数(LOF)	162711	2009-11-26	2010-01-08	深交所	工商银行
广发行业领先股票	270025	2010-11-23			工商银行
广发中小板300联接	270026	2011-06-09			农业银行

（续上表）

基金简称	基金代码	设立日期	上市日期	上市地点	托管银行
混合型					
广发聚富混合	270001	2003-12-03			工商银行
广发稳健增长混合	270002	2004-07-26			工商银行
广发策略优选混合	270006	2006-05-17			工商银行
广发大盘成长混合	270007	2007-06-13			工商银行
广发内需增长混合	270022	2010-04-19			建设银行
广发聚祥保本混合	270024	2011-03-15			工商银行
债券型					
广发增强债券	270009	2008-03-27			工商银行
货币型					
广发货币	270004	2005-05-20			工商银行
ETF					
广发中小板300ETF	159907	2011-06-03	2011-08-10	深交所	农业银行
QDII					
广发亚太精选股票(QDII)	270023	2010-08-18			工商银行
广发全球农业指数(QDII)	270027	2011-06-28			工商银行

2010年旗下公募基金数量发展

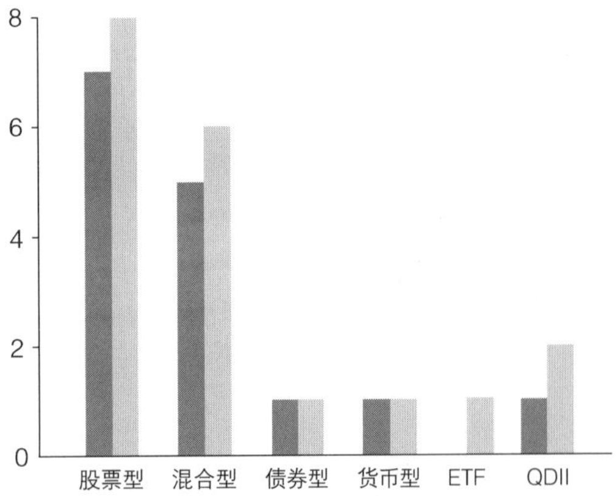

统计周期：2010年-2011年上半年
■2010年末 ■2011年上半年末

2010年旗下公募基金资产净值构成

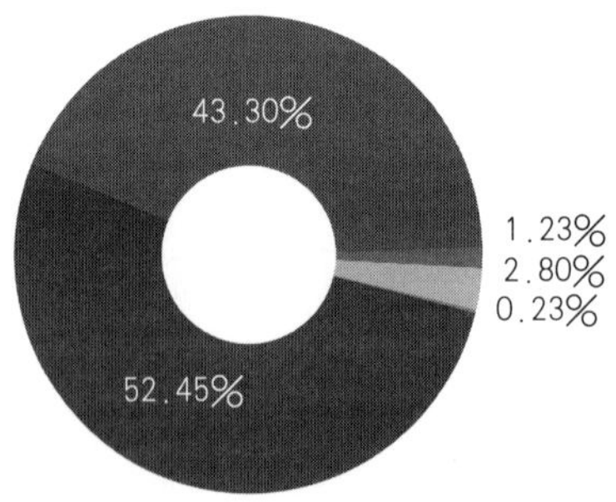

数据截至2010年12月31日
■股票型 ■混合型 ■债券型 ■货币型 ■QDII

兴业全球基金管理有限公司

AEGON-INDUSTRIAL Fund Management Co.,Ltd.

成立时间	2003年9月30日	注册资本	1.5亿元人民币	公司属性	中外合资
董 事 长	兰 荣	总 经 理	杨 东	督 察 长	冯晓莲
联系电话	021-5836 8998	传真号码	021-5836 8858		
客服电话	400-678-0099 021-3882 4536			公司网址	www.xyfunds.com.cn
注册地址	上海市黄浦区金陵东路368号				
办公地址	上海市浦东张杨路500号时代广场20楼				

公司概况

兴业全球基金管理有限公司(以下简称“兴业全球基金”)经中国证监会证监基金字[2003]100号文批准于2003年9月30日成立，原名“兴业基金管理有限公司”，2008年8月25日，公司完成变更名称、注册资本等相关手续后，更名为“兴业全球基金管理有限公司”。公司注册资本为1.5亿元人民币，注册地为上海。目前公司股东为兴业证券股份有限公司(51%)和全球人寿保险国际公司(49%)。

2010年至2011年上半年，兴业全球基金相继募集并成立了3只开放式基金，分别为兴全合润分级股票、兴全沪深300指数(LOF)和兴全绿色投资股票(LOF)。截至2011年6月30日，兴业全球基金共管理10只开放式基金。

旗下公募基金产品一览

基金简称	基金代码	设立日期	上市日期	上市地点	托管银行
股票型					
兴全全球视野股票	340006	2006-09-20			兴业银行
兴全社会责任股票	340007	2008-04-30			建设银行
兴全合润分级股票	163406	2010-04-22	2010-05-31	深交所	招商银行
兴全沪深300指数(LOF)	163407	2010-11-02	2011-01-19	深交所	农业银行
兴全绿色投资股票(LOF)	163409	2011-05-06	2011-07-07	深交所	工商银行
混合型					
兴全可转债混合	340001	2004-05-11			工商银行
兴全趋势混合(LOF)	163402	2005-11-03	2006-01-19	深交所	兴业银行
兴全有机增长混合	340008	2009-03-25			兴业银行

（续上表）

基金简称	基金代码	设立日期	上市日期	上市地点	托管银行
债券型					
兴全磐稳增利债券	340009	2009-07-23			交通银行
货币型					
兴全货币	340005	2006-04-27			兴业银行

2010年旗下公募基金数量发展

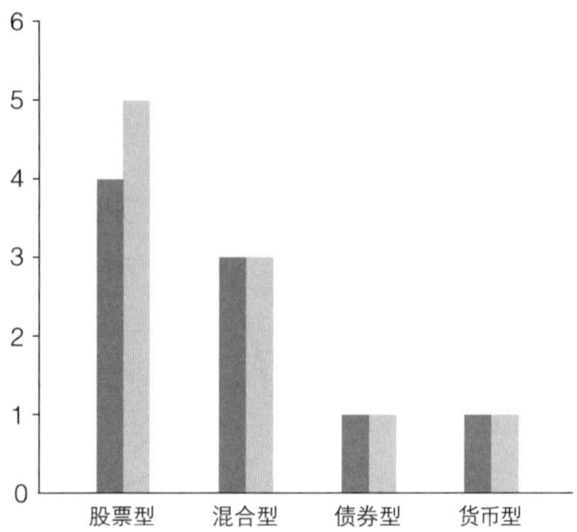

统计周期：2010年-2011年上半年
■2010年末 ■2011年上半年末

2010年旗下公募基金资产净值构成

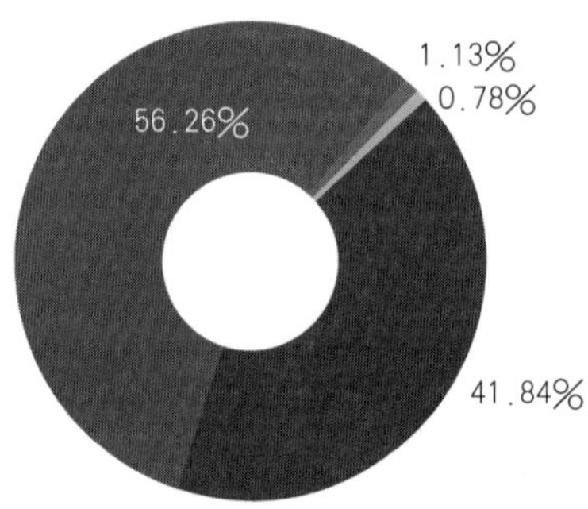

数据截至2010年12月31日
■股票型 ■混合型 ■债券型 ■货币型

诺安基金管理有限公司

LION Fund Management Co.,Ltd.

成立时间	2003年12月9日	注册资本	1.5亿元人民币	公司属性	中 资
董 事 长	秦维舟	总 经 理	奥成文	督 察 长	陈 勇
联系电话	0755-8302 6688	传真号码	0755-8302 6677		
客服电话	400-888-8998　0755-8302 6888			公司网址	www.lionfund.com.cn
注册地址	深圳市深南大道4013号兴业银行大厦19-20层				
办公地址	深圳市深南大道4013号兴业银行大厦19-20层				

公司概况

诺安基金管理有限公司(以下简称“诺安基金”)成立于2003年12月9日，注册资本为1.5亿元人民币，注册地为深圳。目前公司股东为深圳捷隆投资有限公司(40%)、中国对外经济贸易信托有限公司(40%)、北京中关村科学城建设股份有限公司(20%)。

2010年至2011年上半年，诺安基金发行工作得到拓展，先后募集并成立了6只证券投资基金，包括5只开放式基金，分别为诺安中小盘精选股票、诺安主题精选股票、诺安上证新兴产业ETF、诺安上证新兴产业ETF联接和诺安保本混合；1只QDII基金——诺安全球黄金(QDII-FOF)。

截至2011年6月30日，诺安基金共管理14只开放式基金及1只QDII基金，管理公募基金资产规模达到518.27亿元人民币。

旗下公募基金产品一览

基金简称	基金代码	设立日期	上市日期	上市地点	托管银行
股票型					
诺安股票	320003	2005-12-19			工商银行
诺安价值增长股票	320005	2006-11-21			工商银行
诺安成长股票	320007	2009-03-10			工商银行
诺安中证100指数	320010	2009-10-27			工商银行
诺安中小盘精选股票	320011	2010-04-28			工商银行
诺安主题精选股票	320012	2010-09-15			建设银行
诺安上证新兴产业ETF联接	320014	2011-04-07			工商银行
混合型					
诺安平衡混合	320001	2004-05-21			工商银行
诺安灵活配置混合	320006	2008-05-20			工商银行
诺安保本混合	320015	2011-05-13			招商银行

（续上表）

基金简称	基金代码	设立日期	上市日期	上市地点	托管银行
债券型					
诺安优化收益债券	320004	2007-08-29			华夏银行
诺安增利债券	320008	2009-05-27			工商银行
货币型					
诺安货币	320002	2004-12-06			工商银行
ETF					
诺安上证新兴产业ETF	510260	2011-04-07	2011-06-08	上交所	工商银行
QDII					
诺安全球黄金（QDII-FOF）	320013	2011-01-13			工商银行

2010年旗下公募基金数量发展

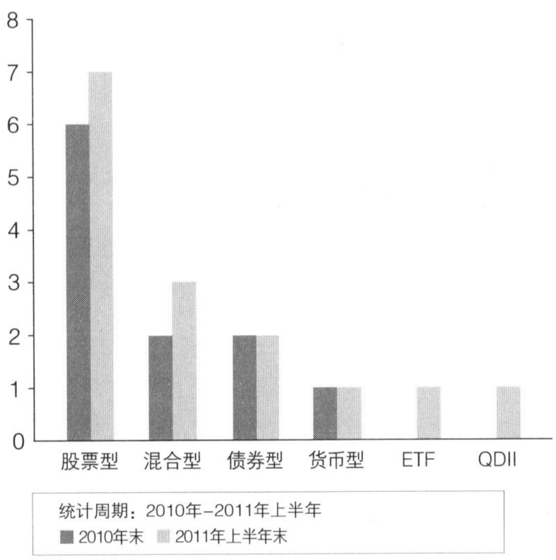

2010年旗下公募基金资产净值构成

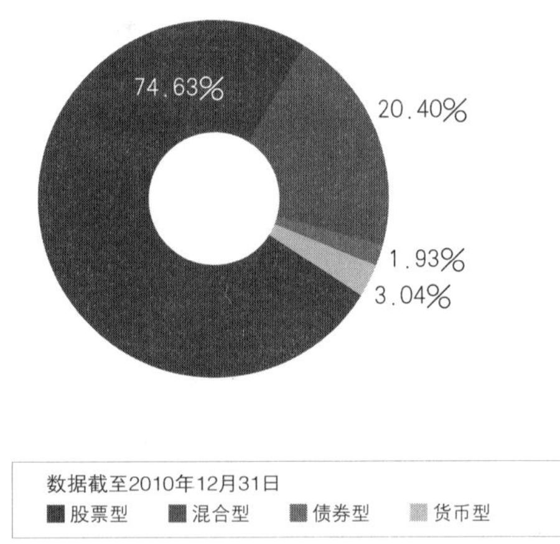

申万菱信基金管理有限公司

SWS MU Fund Management Co., Ltd

成立时间	2004年1月15日	注册资本	1.5亿元人民币	公司属性	中外合资
董事长	姜国芳	总经理	于东升	督察长	来肖贤
联系电话	021-2326 1188	传真号码	021-2326 1199		
客服电话	400-880-8588	公司网址	www.swsmu.com		
注册地址	上海市淮海中路300号香港新世界大厦40层				
办公地址	上海市淮海中路300号香港新世界大厦40层				

公司概况

申万菱信基金管理有限公司(以下简称“申万菱信基金”)经中国证监会证监基金字[2003]144号文批准，于2004年1月15日成立，注册资本为1.5亿元人民币，注册地为上海。公司总部设在上海，在北京、广州先后建立了分公司。目前公司股东包括申银万国证券股份有限公司(67%)、三菱UFJ信托银行株式会社(33%)。

2010年至2011年上半年，申万菱信基金相继募集并成立4只开放式基金，分别为申万菱信沪深300价值指数、申万菱信深证成指分级、申万菱信稳益宝债券和申万菱信量化小盘股票(LOF)。截至2011年6月30日，申万菱信基金共管理12只开放式基金。

旗下公募基金产品一览

基金简称	基金代码	设立日期	上市日期	上市地点	托管银行
股票型					
申万菱信新动力股票	310328	2005-11-10			工商银行
申万菱信竞争优势股票	310368	2008-07-04			农业银行
申万菱信消费增长股票	310388	2009-06-12			工商银行
申万菱信沪深300价值指数	310398	2010-02-11			工商银行
申万菱信深证成指分级	163109	2010-10-22	2010-11-08	深交所	工商银行
申万菱信量化小盘股票(LOF)	163110	2011-06-16	2011-08-01	深交所	工商银行
混合型					
申万菱信盛利精选混合	310308	2004-04-09			工商银行
申万菱信盛利强化配置混合	310318	2004-11-29			工商银行
申万菱信新经济混合	310358	2006-12-06			工商银行
债券型					
申万菱信添益宝债券	310378	2008-12-04			工商银行
申万菱信稳益宝债券	310508	2011-02-11			华夏银行

（续上表）

基金简称	基金代码	设立日期	上市日期	上市地点	托管银行
货币型					
申万菱信收益宝货币	310338	2006-07-07			工商银行

2010年旗下公募基金数量发展

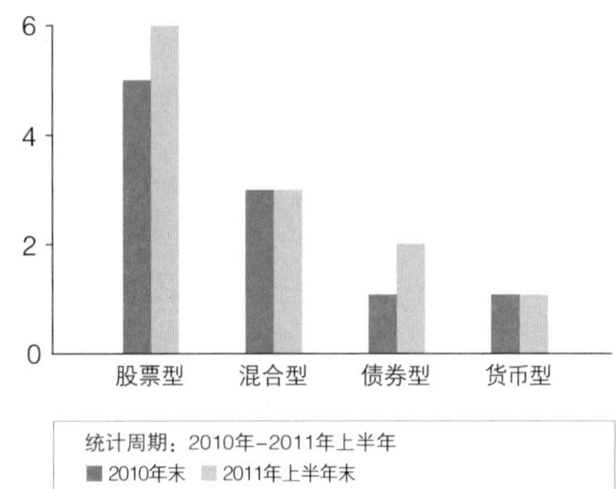

2010年旗下公募基金资产净值构成

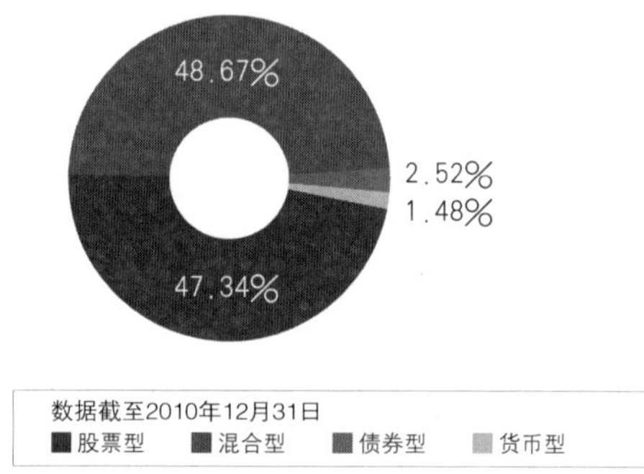

中海基金管理有限公司

ZhongHai Fund Management Co.,Ltd.

成立时间	2004年3月18日	注册资本	1.466667亿元人民币	公司属性	中外合资
董事长	陈浩鸣	总经理	黄鹏	督察长	朱冰峰
联系电话	021-3842 9808	传真号码	021-6841 9525		
客服电话	400-888-9788 021-3878 9788			公司网址	www.zhfund.com
注册地址	上海市浦东新区银城中路68号2905-2908室及30层				
办公地址	上海市浦东新区银城中路68号2905-2908室及30层				

公司概况

中海基金管理有限公司(以下简称“中海基金”)成立于2004年3月18日，前身为国联基金管理有限公司。2006年7月，中国海洋石油总公司旗下中海信托股份有限公司入主成为公司第一大股东，公司名称更名为“中海基金管理有限公司”。公司总部设在上海，在北京设有分公司。

截至2011年6月30日，中海基金共管理10只开放式基金。

旗下公募基金产品一览

基金简称	基金代码	设立日期	托管银行
股票型			
中海量化策略股票	398041	2009-06-24	工商银行
中海上证50指数增强	399001	2010-03-25	工商银行
混合型			
中海优质成长混合	398001	2004-09-28	交通银行
中海分红增利混合	398011	2005-06-16	农业银行
中海能源策略混合	398021	2007-03-13	工商银行
中海蓝筹混合	398031	2008-12-03	农业银行
中海环保新能源混合	398051	2010-12-09	工商银行
债券型			
中海稳健收益债券	395001	2008-04-10	工商银行
中海增强收益债券	395011	2011-03-23	工商银行
货币型			
中海货币	392001	2010-07-28	工商银行

2010年旗下公募基金数量发展

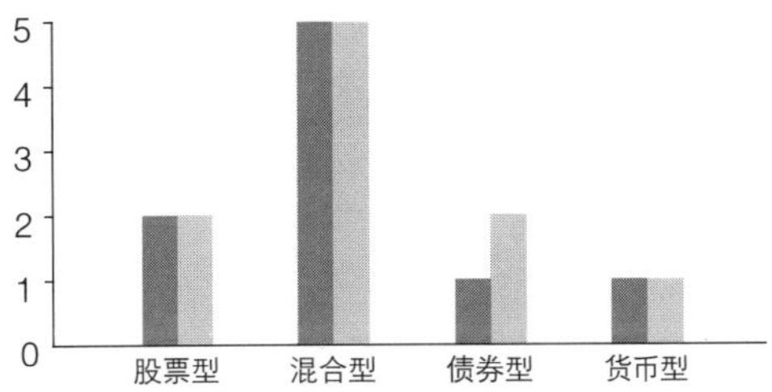

统计周期：2010年-2011年上半年
■2010年末 ■2011年上半年末

2010年旗下公募基金资产净值构成

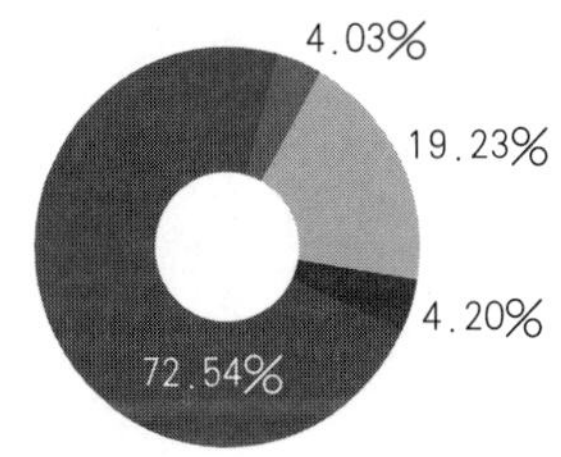

数据截至2010年12月31日
■股票型 ■混合型 ■债券型 ■货币型

华富基金管理有限公司

Harfor Fund Management Co.,Ltd.

成立时间	2004年4月19日	注册资本	1.2亿元人民币	公司属性	中 资
董 事 长	章宏韬	总 经 理	姚怀然	督 察 长	满志弘
联系电话	021-6888 6996	传真号码	021-6888 7997		
客服电话	400-700-8001	公司网址	www.hffund.com		
注册地址	上海市陆家嘴环路1000号汇丰大厦31楼				
办公地址	上海市陆家嘴环路1000号汇丰大厦31楼				

公司概况

华富基金管理有限公司(以下简称“华富基金”)经中国证监会证监基金字[2004]47号文核准开业，成立于2004年4月19日，注册资本为1.2亿元人民币，注册地为上海。目前公司股东为华安证券有限责任公司(49%)、安徽省信用担保集团有限公司(27%)和合肥兴泰控股集团有限公司(24%)。

2010年至2011年上半年，华富基金募集并成立了2只基金，包括1只创新封闭式基金(华富强化回报债券)和1只开放式基金(华富量子生命力股票)。截至2011年6月30日，华富基金共管理9只证券投资基金。

旗下公募基金产品一览

基金简称	基金代码	设立日期	上市日期	上市地点	托管银行
股票型					
华富成长趋势股票	410003	2007-03-19			招商银行
华富中证100指数	410008	2009-12-30			交通银行
华富量子生命力股票	410009	2011-04-01			深发展银行
混合型					
华富竞争力优选混合	410001	2005-03-02			建设银行
华富策略精选混合	410006	2008-12-24			建设银行
华富价值增长混合	410007	2009-07-15			深发展银行
债券型					
华富收益增强债券	410004	2008-05-28			建设银行
华富强化回报债券①	164105	2010-09-08	2010-10-11	深交所	建设银行
货币型					
华富货币	410002	2006-06-21			建设银行

①为创新封闭式基金，3年内(含)封闭运作。

2010年旗下公募基金数量发展

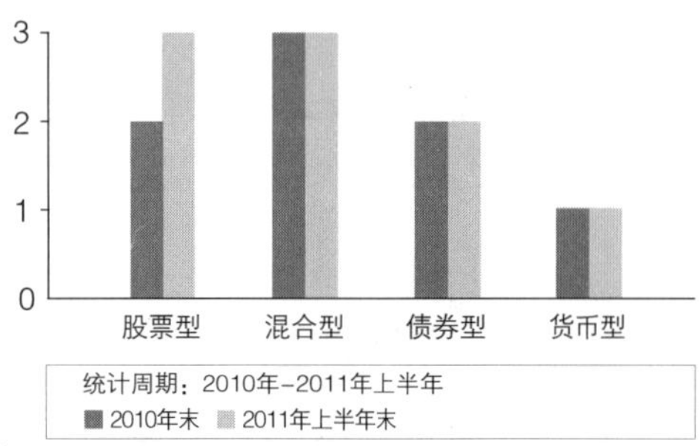

2010年旗下公募基金资产净值构成

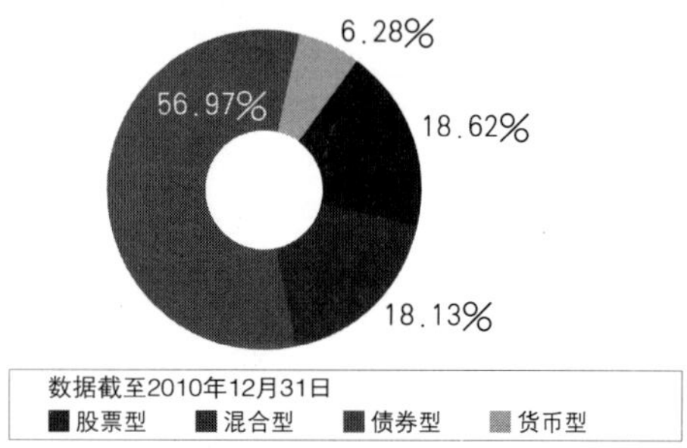

光大保德信基金管理有限公司
Everbright Pramerica Fund Management Co.,Ltd.

成立时间	2004年4月22日	注册资本	1.6亿元人民币	公司属性	中外合资
董事长	林昌	总经理	傅德修	督察长	盛松
联系电话	021-3307 4700	传真号码	021-6335 1152		
客服电话	400-820-2888　021-5352 4620			公司网址	www.epf.com.cn
注册地址	上海市延安东路222号外滩中心46层				
办公地址	上海市延安东路222号外滩中心46层				

公司概况

光大保德信基金管理有限公司(以下简称“光大保德信基金”)经中国证监会证监基金字[2004]42号文批准，成立于2004年4月22日，由中国光大集团控股的光大证券股份有限公司(光大证券)和美国保德信金融集团(保德信)旗下的保德信投资管理有限公司(保德信投资管理)共同创建，两家股东分别持有55%和45%的股份。公司总部设在上海，注册资本为1.6亿元人民币。

截至2011年6月30日，光大保德信基金共管理10只开放式基金。

旗下公募基金产品一览

基金简称	基金代码	设立日期	托管银行
股票型			
光大保德信量化股票	360001	2004-08-27	光大银行
光大保德信红利股票	360005	2006-03-24	兴业银行
光大保德信新增长股票	360006	2006-09-14	招商银行
光大保德信优势配置股票	360007	2007-08-24	招商银行
光大保德信均衡精选股票	360010	2009-03-04	建设银行
光大保德信中小盘股票	360012	2010-04-14	交通银行
混合型			
光大保德信动态优选混合	360011	2009-10-28	建设银行
债券型			
光大保德信增利收益债券	360008	2008-10-29	建设银行
光大保德信信用添益债券	360013	2011-05-16	民生银行
货币型			
光大保德信货币	360003	2005-06-09	招商银行

2010年旗下公募基金数量发展

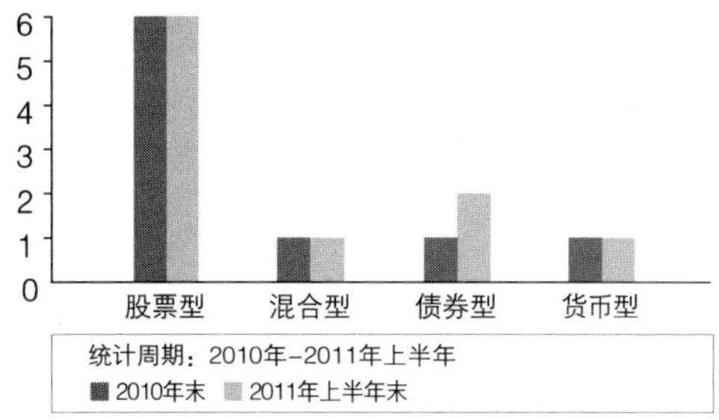

2010年旗下公募基金资产净值构成

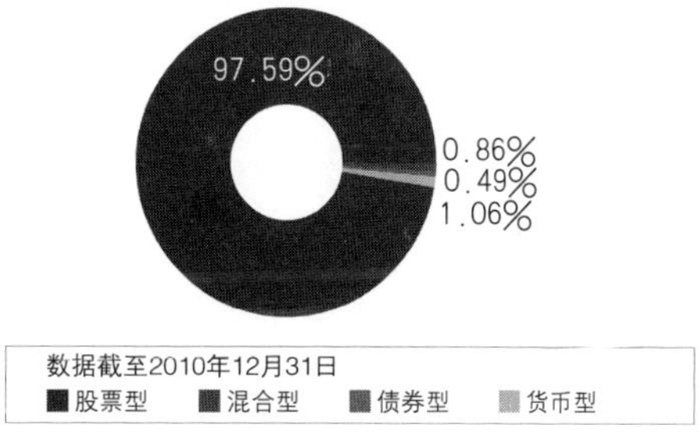

上投摩根基金管理有限公司

China International Fund Management Co.,Ltd.

成立时间	2004年5月12日	注册资本	2.5亿元人民币	公司属性	中外合资
董事长	陈开元	总经理	章硕麟	督察长	陈星德
联系电话	021-3879 4888	传真号码	021-6841 6113		
客服电话	400-889-4888	公司网址	www.51fund.com		
注册地址	上海市浦东富城路99号震旦国际大楼20层				
办公地址	上海市浦东富城路99号震旦国际大楼20层				

公司概况

上投摩根基金管理有限公司(以下简称“上投摩根”)，成立于2004年5月，由上海国际信托有限公司(Shanghai International Trust Co., Ltd.)和摩根资产管理(英国)有限公司(J.P. Morgan Asset Management (UK) Limited)共同组建。其中，上海国际信托有限公司持股51%，摩根资产管理(英国)有限公司持股49%。公司目前主要致力于设立和管理证券投资基金，今后将在法律法规许可的范围内提供多元化的资产管理服务，包括社保基金、企业年金以及为企业提供个性化的理财服务。

借鉴摩根资产管理150余年享誉全球的专业资产管理经验，结合上海国际信托丰富的本地金融运作经验，上投摩根将全力打造中国基金业的旗舰品牌，奉献给国内投资者先进的资产管理理念和国际化的投资管理服务。

成立7年来，上投摩根始终坚持将国际视野与本土智慧相结合，汇聚经验丰富的基金经理和研究专家，将国际化投资理念融入本地市场洞察，力求不断领先趋势。无论投资环境多空变幻，上投摩根均不负重托，为客户争取主动管理回报。凭借旗下基金业绩表现，上投摩根在业内脱颖而出，赢得独立专业机构高度评价，并迅速跻身国内基金业领先行列。

年度发展

截至2011年6月30日，上投摩根共管理了12只开放式基金，其中包括5只股票型基金、3只混合型基金、1只债券型基金、1只货币市场基金和2只QDII基金。形成了覆盖不同水平风险收益特征，较为完善的产品线。基金份额持有人数近600万，资产管理规模约为544亿元人民币，在行业中名列第13位。

同期，公司员工总数(包括分公司)达到231人，其中投资团队人员所占比例约为8%，研究分析团队人员所占比例约为13%。

2011年4月和7月，上投摩根先后成立了香港子公司及厦门分公司。至此，上投摩根已形成上海、北京、深圳、厦门、香港五地并行的市场格局。公司期待以更紧密的多渠道合作、更短的服务路线向各地客户提供优质的基金理财服务。

公司管理团队及投研体系建设与发展

上投摩根于2009年推出的投研部门“群星计划”经过了近2年的磨合和推广，公司投研力量得到不断增强，基金业绩也得到明显提升。特别是在市场环境低迷，基金业绩普遍不佳的2011年，上投摩根旗下多只基金的业绩排名仍保持稳步上升，权益类资产业绩在规模较大的基金公司中排名靠前。

因其稳健的管理能力以及旗下基金的优良表现，上投摩根获得投资人以及专业第三方的高度认可。2010年末，上投摩根获得由《理财周报》颁发的《中国最受尊敬的基金公司》、《中国证券报》颁发的《海外投资金牛基金公司》，以及连续多年获得由《21世纪经济报道》颁发的《中国最佳品牌建设案例》等诸多荣誉。

投资者教育

“始终站在第一线与投资人进行面对面沟通，更好地为客户提供服务”，是上投摩根一直以来的准则。2011年，上投摩根积极举办各种现场讲座和咨询活动，并通过报纸、主流媒体、网站等形式，力求以视、听、阅多方面加强客户服务活动的广度和深度。

其中，举办各类投资者教育专项活动近30场，并在全国20多个省市举办近千场投资者教育活动，吸引了数万名投资者和渠道经理的参与。同期，上投摩根还在新浪、搜狐、和讯、东方财富网等网络媒体陆续刊发《天天向上投》的投资者教育专栏文章，并多次在各大网络媒体连续开展投资者在线互动交流。并且，上投摩根还在《中国证券报》、《新闻晨报》以及《南方都市报》上设立专栏，刊登近百篇与投资者教育相关的文章，与广大读者和投资人不断分享投资理财的专业讯息。

除此以外，上投摩根还看准了智能手机的广泛应用，在其推出的《基金动漫》、《基金E站》APP应用软件广受好评后，2011年，上投摩根与搜狐新媒体合作，首推《基金60秒》这样一个内容丰富，涵盖iphone、android、symbian等平台的强大手机资讯服务。上线1个月，就获得超过1,000人的下载。

社会公益活动

上投摩根历来重视社会公益事业，并希望通过持续的、有系统的社会公益事业，回馈社会。2011年夏天，上投摩根携手宋庆龄基金会，连续第三次开展“上投摩根宋庆龄爱心书库阅读夏令营”活动。营员来自全国及上海外来务工子弟学校，项目结余还用于宋庆龄爱心书库的捐赠。

2011年，也是上投摩根第二年携手中国绿化基金会开展树苗种植的活动。该活动号召投资人取消纸质账单，关注绿化环保。截至2011年6月，逾10万投资人参与了该活动，上投摩根捐种了逾2万棵树苗。同年4月，上投摩根还通过其新浪官方微博，征集粉丝们的生活环保小常识。在活动结束后，公司代表全体参与活动的微博粉丝认养了上海陆家嘴中心3, 000平方米的绿地，并坚持3年。

年度重点事项

2011年，上投摩根启动品牌升级战略，包括公司的品牌标识、品牌口号等都在原有的基础上，进行全新升级定位。更新的标识中，最大的变化是采用了咖啡色作为主色调，咖啡色寓意着稳健的经营作风和厚重的智慧积淀，且和摩根大通的全球品牌颜色一致，代表着一脉相承的紧密关系。

其“用心百年 睿启未来”的新口号也充分表达了上投摩根将立足于摩根百年的智慧沉淀、国际领先的投资和服务理念，以用心的投资和服务态度、专业的能力，去帮助客户开启美好未来的愿景。

上投摩根成立7年来，随着基金业的快速发展，基金公司和投资人都在不断成长。上投摩根希望通过此次品牌升级战略能更贴进于投资人，坚持不断地以“用心”的态度播种理性投资观念，引领产品服务创新，不断奉献给国内投资者先进的资产管理理念和国际化的投资管理服务，致力于打造中国基金业的旗舰品牌。

旗下公募基金产品一览

基金简称	基金代码	设立日期	托管银行
股票型			
上投摩根阿尔法股票	377010	2005-10-11	建设银行
上投摩根成长先锋股票	378010	2006-09-20	建设银行
上投摩根内需动力股票	377020	2007-04-13	工商银行
上投摩根中小盘股票	379010	2009-01-21	建设银行
上投摩根行业轮动股票	377530	2010-01-28	招商银行
上投摩根大盘蓝筹股票	376510	2010-12-20	建设银行
混合型			
上投摩根中国优势混合	375010	2004-09-15	建设银行
上投摩根双息平衡混合	373010	2006-04-26	建设银行
上投摩根双核平衡混合	373020	2008-05-21	工商银行
债券型			
上投摩根纯债债券	371020	2009-06-24	工商银行
货币型			
上投摩根货币	370010	2005-04-13	建设银行
QDII			
上投摩根亚太优势股票(QDII)	377016	2007-10-22	工商银行
上投摩根全球新兴市场股票(QDII)	378006	2011-01-30	建设银行

2010年旗下公募基金数量发展

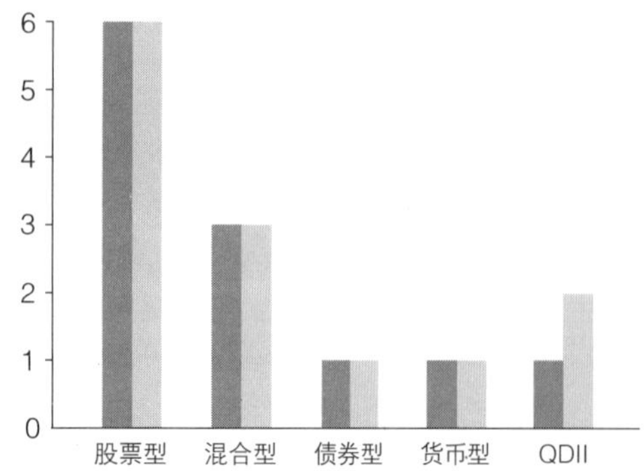

统计周期：2010年-2011年上半年
2010年末 2011年上半年末

2010年旗下公募基金资产净值构成

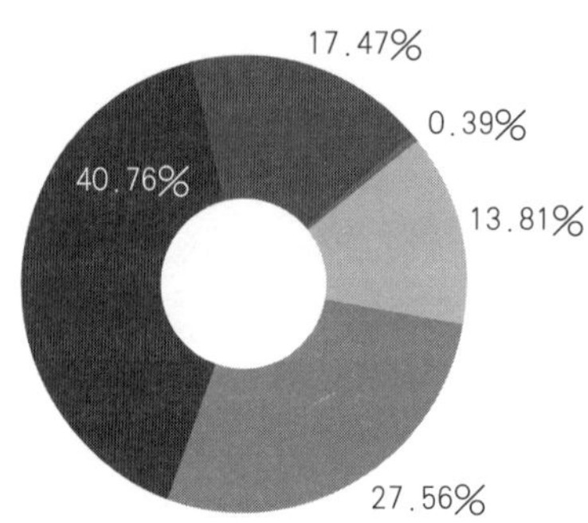

数据截至2010年12月31日
股票型 混合型 债券型 货币型 QDII

东方基金管理有限责任公司
Orient Fund Management Co.,Ltd.

成立时间	2004年6月11日	注册资本	1亿元人民币	公司属性	中 资
董 事 长	崔 伟	总 经 理	单宇	督 察 长	吕日
联系电话	010-6629 5888	传真号码	010-6629 5999		
客服电话	400-628-5888	公司网址	www.orient-fund.com		
注册地址	北京市西城区锦什坊街28号1-4层				
办公地址	北京市西城区锦什坊街28号1-4层				

公司概况

东方基金管理有限责任公司(以下简称“东方基金”)经中国证监会证监基金字[2004]80号文批准，于2004年6月11日在北京注册成立，公司注册资本为1亿元人民币。目前公司股东为东北证券股份有限公司、中辉国华实业(集团)有限公司、河北省国有资产控股运营有限公司和渤海国际信托有限公司，其中，东北证券持股比例为46%，其他三家股东分别各持股18%。

截至2011年6月30日，东方基金旗下共管理7只公募基金产品，包括2只股票型基金、3只混合型基金、1只债券型基金和1只货币市场基金。

旗下公募基金产品一览

基金简称	基金代码	设立日期	托管银行
股票型			
东方策略成长股票	400007	2008-06-03	建设银行
东方核心动力股票	400011	2009-06-24	中国银行
混合型			
东方龙混合	400001	2004-11-25	建设银行
东方精选混合	400003	2006-01-11	民生银行
东方保本混合	400013	2011-04-14	邮政储蓄银行
债券型			
东方稳健回报债券	400009	2008-12-10	建设银行
货币型			
东方金账簿货币	400005	2006-08-02	民生银行

2010年旗下公募基金数量发展

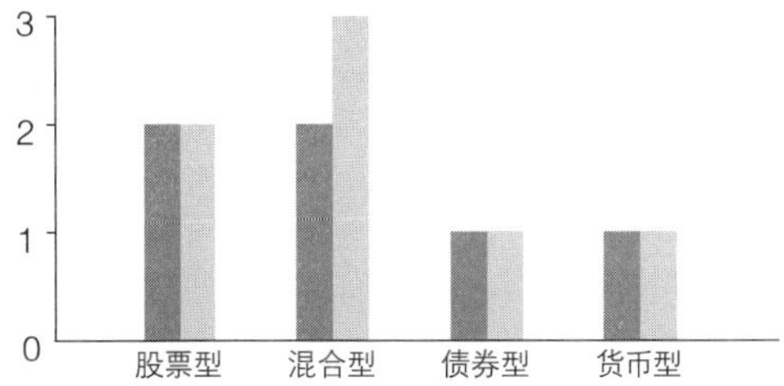

统计周期：2010年-2011年上半年
2010年末 2011年上半年末

2010年旗下公募基金资产净值构成

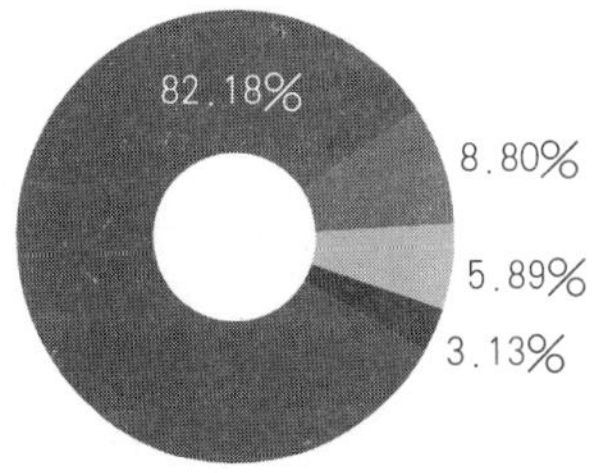

截至2010年12月31日
股票型 混合型 债券型 货币型

中银基金管理有限公司

Bank of China Investment Management Co.,Ltd.

成立时间	2004年8月12日	注册资本	1亿元人民币	公司属性	中外合资
董 事 长	谭 炯	总 经 理	陈 儒	督 察 长	欧阳向军
联系电话	021-3883 4999	传真号码	021-6887 2488		
客服电话	021-3883 4788　400-888-5566			公司网址	www.bocim.com
注册地址	上海市浦东新区银城中路200号中银大厦45层				
办公地址	上海市浦东新区银城中路200号中银大厦26楼、45楼				

公司概况

中银基金管理有限公司(以下简称“中银基金”)经中国证监会批准于2004年8月12日成立，公司注册地为上海，注册资本1亿元人民币。目前公司股东为中国银行股份有限公司(83.5%)和贝莱德投资管理有限公司(16.5%)

2010年至2011年上半年，中银基金先后募集并成立了6只证券投资基金：5只开放式基金，包括中银蓝筹混合、中银价值混合、中银双利债券、中银上证国企100ETF和中银转债增强债券；1只QDII基金——中银全球策略(QDII-FOF)。截至2011年6月30日，中银基金共管理13只开放式基金和1只QDII基金。

旗下公募基金产品一览

基金简称	基金代码	设立日期	上市日期	上市地点	托管银行
股票型					
中银增长股票	163803	2006-03-17			工商银行
中银策略股票	163805	2008-04-03			工商银行
中银中证100指数增强	163808	2009-09-04			建设银行
混合型					
中银中国混合(LOF)	163801	2005-01-04	2005-02-23	深交所	工商银行
中银收益混合	163804	2006-10-11			工商银行
中银优选混合	163807	2009-04-03			工商银行
中银蓝筹混合	163809	2010-02-11			招商银行
中银价值混合	163810	2010-08-25			招商银行
债券型					
中银增利债券	163806	2008-11-13			工商银行
中银双利债券	163811	2010-11-24			招商银行
中银转债增强债券	163816	2011-06-29			招商银行

（续上表）

基金简称	基金代码	设立日期	上市日期	上市地点	托管银行
货币型					
中银货币	163802	2005—06—07			工商银行
ETF					
中银上证国企100ETF	510270	2011—06—16	2011—08—18	上交所	招商银行
QDII					
中银全球策略(QDII—FOF)	163813	2011—03—03			建设银行

2010年旗下公募基金数量发展

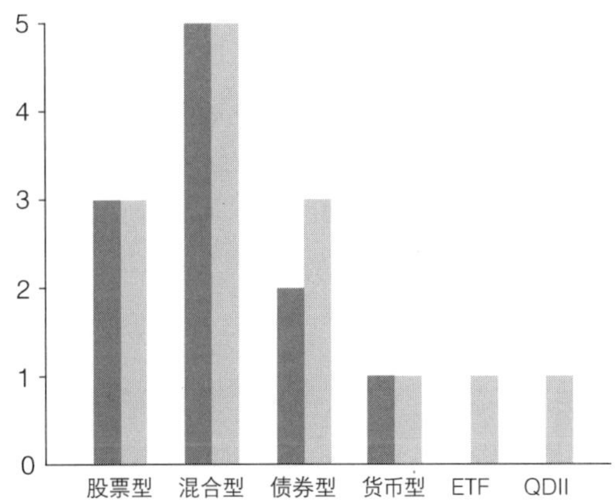

统计周期：2010年-2011年上半年
■2010年末 ■2011年上半年末

2010年旗下公募基金资产净值构成

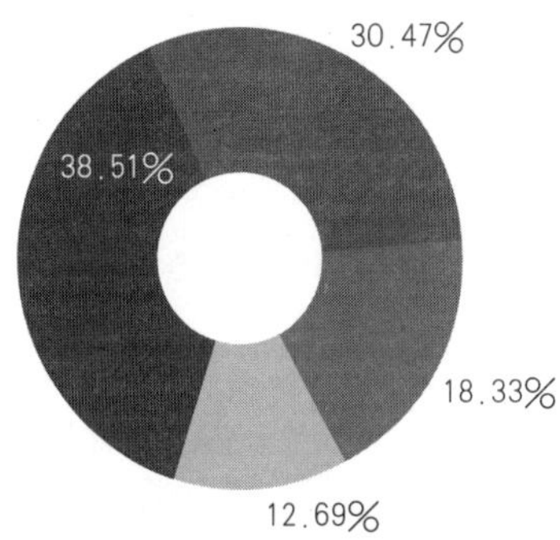

截至2010年12月31日
■股票型 ■混合型 ■债券型 ■货币型

东吴基金管理有限公司

Soochow Asset Management Co.,Ltd.

成立时间	2004年9月2日	注册资本	1亿元人民币	公司属性	中 资
董 事 长	吴永敏	总 经 理	徐建平	督 察 长	吴 威
联系电话	021-5050 9888	传真号码	021-5050 9884		
客服电话	400-821-0588　021-5050 9666			公司网址	www.scfund.com.cn
注册地址	上海市浦东新区源深路279号				
办公地址	上海市浦东新区源深路279号				

公司概况

东吴基金管理有限公司(以下简称“东吴基金”)于2004年9月经中国证监会批准成立，公司注册资本1亿元人民币。东吴基金管理有限公司是经中国证监会批准成立的全国性基金管理公司之一，经营范围包括基金募集、基金销售、资产管理，及中国证监会许可的其他业务。公司股东为东吴证券有限责任公司、上海兰生(集团)有限公司和江阴澄星实业集团有限公司。

自成立以来，公司始终坚持“诚而有信、稳而又健、和而有铮、勤而又专、有容乃大”的企业信条，立志做“价值的创造者、市场的创新者和行业的思想者”，秉承价值投资理念、按照规范流程制度、依靠专业管理团队，努力打造成为值得投资者信赖和托付终生资产的专业资产管理公司，近年取得快速发展，在业内树立了基金业新锐基金公司形象。

年度发展

截至2011年6月30日，公司员工人数98人；管理基金数量9只；公司管理基金规模逆势增长，达到137.78亿元，管理基金份额135.63亿份。

2010年，东吴基金旗下偏股基金业绩持续领先同业，计入排名的权益类基金平均收益19.82%，位居60家基金公司第2名，并且3/4产品挺进同类基金业绩前10位，且均长期稳定占据同类基金的第一象限。至2010年年底，东吴双动力股票基金、东吴行业轮动股票基金分别以23%、19.05%的年净值增长率，位列标准股票型基金中第6、第13位；东吴嘉禾优势精选混合基金以17.88%的净值增长率，在混合偏股型基金中排名第8；东吴进取策略混合基金以21.24%的净值增长率排名灵活配置型基金第2。公司旗下基金“百花齐放”，大部分基金都获得了良好的投资业绩。

业绩优势带来市场对东吴基金品牌的认可。针对2010年以来公司旗下的三只基金东吴双动力股票基金、东吴行业轮动股票基金、东吴进取策略混合基金业绩突出的情况，公司提炼出“东吴三剑客”的称号，已被媒体广泛宣传并为业界所熟知。2010年至2011年上半年，公司先后荣获最具投资价值基金公司、最佳投资团队、最受尊敬基金公司奖、《中国证券报》金牛进取奖、《上海证券报》金基金·股票投资回报公司奖、《证券时报》明星基金公司成长奖、《证券日报》金算盘奖。由于业绩表现突出，公司多只基金产品也获得业界殊荣。

投资者教育、社会公益活动

2011年4月，东吴基金联手央视财经频道在陆家嘴成功举办“财经论坛——新经济财富论坛”，获得社会各界的广泛关注和投资者的高度赞誉。5月，东吴基金先后为南京、成都、苏州等地的投资者献上了精彩的投资盛宴，帮助更多投资者在经济转型的背景下把握新的财富机会，开创崭新未来。

作为一家富于责任感的企业，东吴基金在经营之余，始终重视社会慈善公益活动，良好地履行了作为金融企业应尽的社会责任。

早在2009年公司就与市政协、市少数民族联合会等联合推出旨在帮扶少数民族困难大学生的“阳光育人计划”，此后，东吴基金每年都参与到该帮扶计划中，2011年又创新推出“导师制”，由东吴基金的高层领导直接与受助学生形成一对一的直接联系和沟通。这一计划超越了以经济资助为主的单一形式，为受助学生提供了深层次的精神帮助与人生导航。

2010年，公司与上海交大安泰经管学院合作建立教育实习基地，2011年公司再次与安泰经管学院签署战略合作协议，设立了教育基金，在人才培养、战略研发等相关领域进行交流合作。与高校合作，既为公司的人才梯队建设打下坚实基础，又为大学生就业提供了实践平台。

年度所获荣誉

2011年1月　在由和讯网发起、中国证券市场研究设计中心(SEEC)等机构联合主办的“财经中国2010年会暨第八届财经风云榜”大型活动中，王炯女士荣获“2010年度最佳基金经理奖”。

2011年3月　东吴行业轮动股票基金荣获《理财周刊》评选的“年度最佳表现股票型基金”。

2011年4月　东吴基金在《中国证券报》举办的“金牛基金”评选中获“2010年度金牛进取奖”；东吴双动力股票基金荣获“股票型金牛基金”，东吴进取策略混合基金荣获“混合型金牛基金”。

东吴基金在《上海证券报》举办的“金基金”评选中获“2010年度金基金·股票投资回报公司奖”。

东吴基金在《证券时报》举办的“明星基金”评选中获“2010年度明星基金公司成长奖”；东吴嘉禾优势精选混合基金、东吴进取策略混合基金双双荣获“积极混合型明星基金奖”；东吴双动力股票基金荣获“股票型明星基金奖”。

2011年7月　东吴基金荣获“全景网”“2010年基金品牌建设进步奖”。

2011年11月　东吴基金获得“第七届证券市场年会金算盘奖”。

东吴基金年度纪事

•2011年•

2011.02.01 公司旗下第九只基金产品——东吴中证新兴产业指数基金正式成立，募集规模19.77亿份，列同期发行基金规模前列。

2011.03.26 东吴基金在奉贤召开公司2011年度工作会议，表彰2010年度先进集体和个人，部署2011年具体工作。

2011.03.30 美国道富环球投资(State Street)投资委员会主席、亚太区总裁、中国业务总监等一行6人到访东吴基金，双方就QDII业务及国际合作领域的机会进行了深入交流。

2011.04.23 由东吴基金和中央电视台财经频道联合举办的“财经论剑——新经济财富论坛”在陆家嘴成功举行。众多政府官员和金融界、产业界的权威专家学者在两场主题论坛中对未来新兴产业投资进行了全景式的展望和分析。

2011.06.01 东吴基金正式开通全国统一客服专线：400-821-0588。

2011.06.15 上海证监局副局长韩康、上海证监局基金监管处处长陶耿、上海市基金同业公会副会长李频等一行到东吴基金调研。东吴基金董事长吴永敏、总裁徐建平等领导热情接待。韩康副局长对东吴基金良好的经营业绩表示祝贺，对东吴基金在重视投研人员等方面所做的工作给予了高度评价，并就内控管理、人才培养、营销模式转型等方面提出了要求。

2011.06.19 苏州市国资委、国发集团、东吴证券领导一行20余人莅临东吴基金指导工作。苏州市国资委副主任、党组副书记顾浩、苏州市国发集团领导黄建林在东吴基金董事长吴永敏、东吴基金总裁徐建平陪同下参观了东吴基金办公楼。在听取工作汇报后勉励东吴基金广大员工把握机遇，努力拼搏，再创佳绩。

2011.09 东吴基金冠名的青少年理财系列丛书《金融与理财》陆续进入全国各中小学校，这标志着东吴基金“关爱未来”活动正式拉开序幕。

2011.09.28 东吴基金举行七周年庆典晚会。

2011.11.12 东吴基金总裁徐建平代表东吴基金与上海交大安泰经济与管理学院签署战略合作协议。双方希望在人才培养、战略研发等相关领域进行交流合作。

2011.11.20 东吴基金与建行上海黄浦支行一行20余人参观位于苏州工业园区的中国基金博物馆。

2011.12 东吴基金官方网站全新改版。

东吴基金公司获得证监会核准开展专户业务，首只专户产品正在积极筹备之中。

公司旗下公募基金产品一览

基金简称	基金代码	设立日期	托管银行
股票型			
东吴双动力股票	580002	2006-12-15	农业银行
东吴行业轮动股票	580003	2008-04-23	华夏银行
东吴新经济股票	580006	2009-12-30	建设银行
东吴新创业股票	580007	2010-06-29	工商银行
东吴中证新兴指数	585001	2011-02-01	农业银行
混合型			
东吴嘉禾优势精选混合	580001	2005-02-01	工商银行
东吴进取策略混合	580005	2009-05-06	农业银行
债券型			
东吴优信稳健债券	582001	2008-11-05	建设银行
货币型			
东吴货币	583001	2010-05-11	农业银行

2010年旗下公募基金数量发展

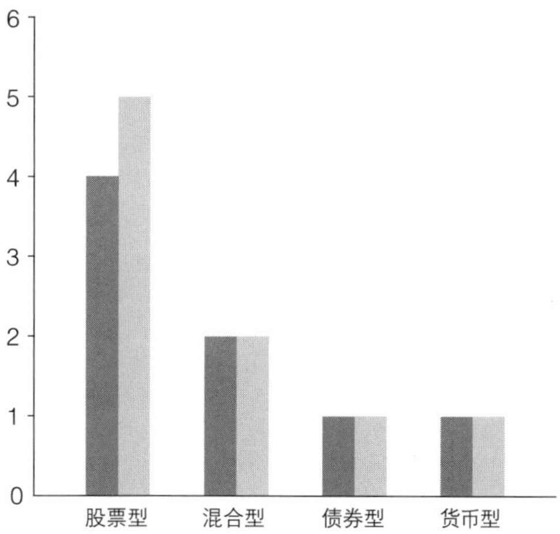

统计周期：2010年-2011年上半年
2010年末　2011年上半年末

2010年旗下公募基金资产净值构成

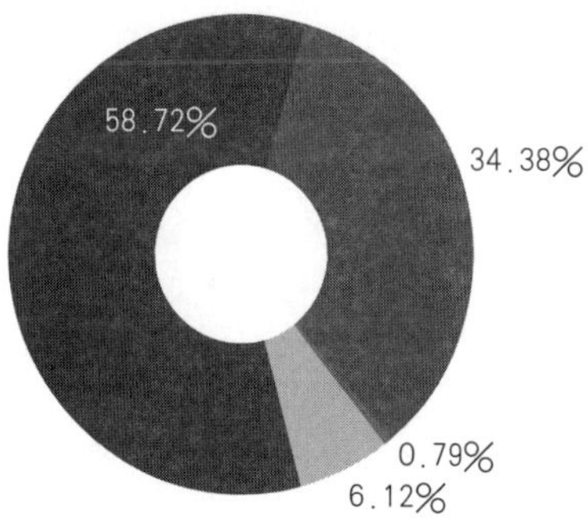

截至2010年12月31日
股票型　混合型　债券型　货币型

旗下产品介绍

东吴嘉禾优势精选混合型开放式证券投资基金
简称：东吴嘉禾优势精选混合

基金代码：580001

成立日期：2005年2月1日

基金类型：契约型开放式，混合型

基金管理人：东吴基金管理有限公司

基金托管人：中国工商银行

基本概况

业绩比较基准

65%×（60%×上证180指数+40%×深证100指数）+35%×中信标普全债指数

风险收益特征

该基金定位于中低风险水平，力求通过选股方法、投资策略等，谋求中长期较高收益。

投资目标

分享中国经济成长，以中低风险水平获得中长期较高收益。

投资策略

在资产配置上，东吴嘉禾优势精选混合基金根据各类别资产风险收益水平及该基金风险收益目标，确定大类资产配置比例。在平衡风险收益的基础上，把握优势成长，追求中长期较高收益。在股票选择上，该基金根据个股在行业、企业、价格三方面比较优势的分析，精选出具有行业、企业、价格三重比较优势及具有企业、价格两重比较优势的个股作为投资对象。在股票的具体操作策略上，将根据经济增长周期、行业生命周期及企业生命周期规律在中长时间段上进行周期持有，同时根据指数及个股运行的时空和量价效应进行中短时间段上的波段操作。

基金经理

唐祝益：经济学硕士，南京大学毕业，曾担任上海证券综合研究有限公司证券分析师、华鑫证券投资经理、海通证券投资经理等职。2009年8月加入东吴基金管理有限公司，现担任东吴嘉禾优势精选混合基金的基金经理、投资管理部副总经理。

收益分配

自成立以来，该基金累计每份分红1.72元。

截至日期：2011年6月30日

市场表现

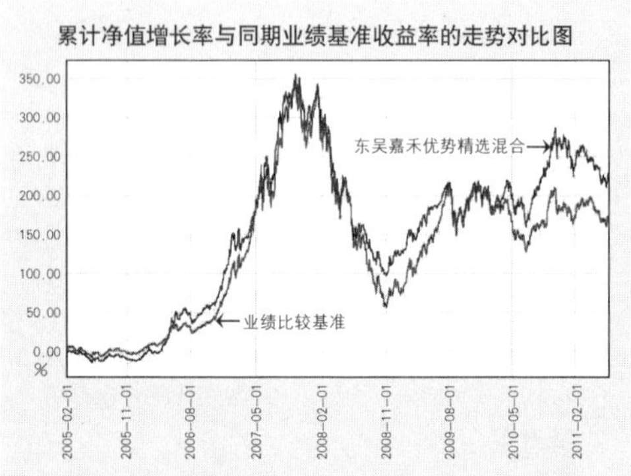

统计时间：截至2011年6月30日
图标来源：东吴嘉禾优势精选混合型开放式证券投资基金2011年半年度报告

业绩表现

阶 段	累计净值增长率(%)	基准累计收益率(%)	超基准收益(%)
2010年度	17.88	-6.41	24.29
2011年上半年	-9.85	-1.29	-8.56
自成立以来	230.44	174.47	55.97

截至日期：2011年6月30日

基金管理回顾

2011年上半年，A股市场的整体走势与上年雷同，以下跌为主，但是市场热点却截然相反，期间，大盘股、周期股表现好于小盘股、成长股。在报告期内，该基金保持较高的股票资产配置水平，在股票选择上，坚持对消费与成长股的投资。鉴于市场风格切换，导致报告期内该基金的收益率水平一般。

从行业配置的角度看，基于对消费增长的乐观判断，东吴嘉禾优势精选混合基金将坚持对食品饮料、商业、医药的核心配置不动摇；基于对生产方式转换与产业升级的判断，该基金将积极寻找先进制造业的标的公司进行投资；基于对中国资本国际化的判断，该基金还将坚定持有有核心竞争力的国际工程类公司；该基金还将从估值、政策、长期需求增长等角度出发，寻找地产、汽车等周期性消费行业的投资机会；该基金依旧会关注新能源政策、产业的发展动向，积极寻找其中的个股机会。

东吴价值成长双动力股票型证券投资基金
简称：东吴双动力股票

基金代码： 580002
成立日期： 2006年12月15日
基金类型： 契约型开放式，股票型
基金管理人： 东吴基金管理有限公司
基金托管人： 中国农业银行

基本概况

业绩比较基准

75%×新华富时A600指数+25%×中信标普全债指数

风险收益特征

该基金是一只进行主动投资的股票型基金，其风险和预期收益均高于混合型基金，在证券投资基金中属于风险较高、收益较高的基金产品。

投资目标

通过对投资对象价值和成长动力的把握，风格动态配置，以资本增值和现金红利的方式获取较高收益。

投资策略

采取"自上而下"策略，根据对宏观经济、政策和证券市场走势的综合分析，确定基金资产在股票、衍生产品、债券和现金上的配置比例。采取"自下而上"策略，以价值、成长动力为主线，根据东吴价值动力评价体系精选估值处在相对安全边际之内，并且具备良好现金分红能力的价值型股票，和根据东吴成长动力评价体系精选成长性高、公司素质优秀和良好成长型股票作为投资对象。在价值和成长风格配置上，根据对未来市场环境的判断结果，动态调节投资组合中价值股和成长股的相对比例，降低基金组合投资风险，追求主动投资的超额收益。

基金经理

王少成：硕士，复旦大学毕业。曾担任上海融昌资产管理公司研究员、中原证券自营部投资经理、信诚基金管理有限公司研究员、研究总监助理等职。2009年6月加入东吴基金管理有限公司，现担任东吴双动力股票基金的基金经理。

收益分配

自成立以来，该基金累计每份分红0.58元。

截至日期：2011年6月30日

市场表现

累计净值增长率与同期业绩基准收益率的走势对比图

统计时间：截至2011年6月30日
图标来源：东吴价值成长双动力股票型证券投资基金2011年半年度报告

业绩表现

阶段	累计净值增长率(%)	基准累计收益率(%)	超基准收益(%)
2010年度	23.00	-4.90	27.90
2011年上半年	-12.16	-3.03	-9.13
自成立以来	82.61	56.54	26.07

截至日期：2011年6月30日

基金管理回顾

2011年上半年，A股市场呈现明显的低估值风格。上半年由于国内的宏观经济依然处于景气的高位，以社会融资总量指标观察的整体流动性依然充裕，从而驱动A股低估值板块产生了明显的超额收益。比较而言，消费类和新兴产业相关板块和个股经历了明显的估值压缩，这种情况在下半年有望得到扭转。

回顾2011年上半年的操作，东吴价值成长双动力股票基金在上半年整体上保持在中性的仓位水平，一方面坚守了大消费板块中优势个股的配置，另一方面增加了低估值和通胀受益板块的配置。由于宏观经济未来可能还会有一个明显的回落，而通胀的回落趋势也需要逐步确认，所以配置上个股机会将先于行业板块的机会。

东吴基金
Soochow Asset

东吴行业轮动股票型证券投资基金
简称：东吴行业轮动股票

基金代码：580003
成立日期：2008年4月23日
基金类型：契约型开放式，股票型
基金管理人：东吴基金管理有限公司
基金托管人：华夏银行

基本概况

业绩比较基准

75%×沪深300指数+25%×中信标普全债指数

风险收益特征

该基金是一只进行主动投资的股票型基金，其风险和预期收益均高于混合型基金，在证券投资基金中属于风险较高、预期收益较高的基金产品。

投资目标

通过对行业轮动规律的把握，侧重投资于预期收益较高的行业，并重点投资具有成长优势、估值优势和竞争优势的上市公司股票，追求超额收益。

投资策略

东吴行业轮动股票基金采取"自上而下"策略，根据对宏观经济、政策和证券市场走势的综合分析，确定基金资产在股票、衍生产品、债券和现金上的配置比例。采取行业轮动策略，对股票资产在不同行业之间进行适时的行业轮动，动态增大预期收益率较高的行业配置，减少预期收益率较低的行业配置。对于股票投资策略，重点投资具有成长优势、估值优势和竞争优势的上市公司股票，追求超额收益。

基金经理

任 壮：管理学博士，中国社科院金融所博士后，副研究员。曾任兴业证券研发中心高级研究员；2007年9月加入东吴基金管理有限公司，曾任公司基金经理助理、研究策划部总经理助理等职，现担任研究策划部副总经理，东吴行业轮动股票基金、东吴新产业精选股票基金的基金经理。

收益分配

自成立以来，该基金累计每份分红0.08元。

截至日期：2011年6月30日

市场表现

统计时间：截至2011年6月30日
图标来源：东吴行业轮动股票型证券投资基金2011年半年度报告

业绩表现

阶 段	累计净值增长率(%)	基准累计收益率(%)	超基准收益(%)
2010年度	19.05	-8.88	27.93
2011年上半年	-6.19	-1.69	-4.50
自成立以来	16.55	-2.91	19.46

截至日期：2011年6月30日

基金管理回顾

2011年上半年，市场呈现先抑后扬的走势。一季度在通胀相对不明显、货币紧缩累计效应不明显的情况下，市场风格转换到钢铁、地产、金融、建材、有色等周期性品种上。二季度在央行持续收紧货币、经济出现下滑预期的情况下，市场出现持续下跌走势。市场风格转向食品饮料、建材、施工等业绩增长预期确定的行业品种。

2011年年初以来，该基金在配置品种上始终坚持"能源+资源+金融"的投资方向。该基金认为，"全球经济复苏下的流动性过剩，把握央行货币调控的节奏与时点"依然是影响当前市场的主要投资逻辑。在投资品种上，该基金继续坚持看好"能源+资源+金融"的投资方向，关注煤炭、有色、金融等具有高估值弹性的品种，以及钨、铟、高岭土等资源类品种，同时关注新能源等中长期的投资机会。

东吴进取策略灵活配置混合型开放式证券投资基金
简称：东吴进取策略混合

基金代码：580005

成立日期：2009年5月6日

基金类型：契约型开放式，混合型

基金管理人：东吴基金管理有限公司

基金托管人：中国农业银行

■ 基本概况

业绩比较基准

65%×沪深300指数+35%×中信标普全债指数

风险收益特征

该基金是一只进行主动投资的混合型基金，其风险和预期收益要低于股票型基金，高于货币市场基金和债券型基金，在证券投资基金中属于风险较高、预期收益也较高的基金产品。

投资目标

该基金为混合型基金，在适度控制风险并保持良好流动性的前提下，以成长股作为投资对象，并对不同成长类型股票采取不同操作策略，追求超额收益。

投资策略

东吴进取策略混合基金采取“自上而下”策略，根据对宏观经济、政策和证券市场走势的综合分析，对基金资产在股票、债券、现金和衍生产品上的投资比例进行灵活配置。该基金的投资策略主要体现在资产配置策略、选股策略、股票操作策略、债券投资策略、权证投资策略等几方面。

■ 基金经理

朱昆鹏：中国人民大学毕业，经济学学士，2008年11月加入东吴基金管理有限公司。曾担任云南国际信托投资有限公司研究员、资产管理部副总经理，国金证券高级投资经理，云南国际信托有限公司信托经理，东吴基金经理助理等职，现任东吴进取策略混合基金的基金经理。

■ 收益分配

自成立以来，该基金累计每份分红0.07元。

截至日期：2011年6月30日

■ 市场表现

统计时间：截至2011年6月30日
图标来源：东吴进取策略灵活配置混合型开放式证券投资基金2011年半年度报告

■ 业绩表现

阶 段	累计净值增长率(%)	基准累计收益率(%)	超基准收益(%)
2010年度	21.24	-7.43	28.67
2011年上半年	-14.08	-1.28	-12.80
自成立以来	11.39	8.82	2.57

截至日期：2011年6月30日

■ 基金管理回顾

2011年上半年，通胀成为扰动市场的主要因素，一月以来通胀不断创出新高，而随着紧缩对经济增长的抑制逐步体现，在对经济出现滞涨的悲观预期下，市场出现下跌。该基金适当调整了持仓结构，对于持续高增长的个股坚定持有，有选择地参与了有色、煤炭、新材料等行业的阶段性投资机会。

通胀可能呈现高位徘徊、逐步回落的走势，货币政策紧缩接近后期，出现局部放松迹象，通胀的逐步回落是政府进行经济结构调整的契机。在资产配置上，该基金依然看好符合经济结构调整的大消费和新兴产业，选择真正具有核心竞争力、成长突出的个股进行长期投资，同时，努力把握经济中出现的新变化，对周期类行业积极参与，争取为持有人获取好的回报。

东吴基金
Soochow Asset

东吴新经济股票型证券投资基金
简称：东吴新经济股票

基金代码：580006
成立日期：2009年12月30日
基金类型：契约型开放式，股票型
基金管理人：东吴基金管理有限公司
基金托管人：中国建设银行

基本概况

业绩比较基准

75%×沪深300指数+25%×中信标普全债指数

风险收益特征

该基金是一只进行主动投资的股票型基金，其风险和预期收益高于货币市场基金、债券型基金和混合型基金，在证券投资基金中属于风险较高、预期收益也较高的基金产品。

投资目标

基金通过投资于引领经济发展未来方向的新兴行业的上市公司，享受新经济发展带来的高成长和高收益。重点投资其中具有成长优势和竞争优势的上市公司股票，追求超额收益。

投资策略

该基金采取“自上而下”与“自下而上”相结合的投资策略，根据“自上而下”对宏观经济、政策和证券市场走势的综合分析，在遵循前述本基金资产配置总体比例限制范围内，确定基金资产在股票、债券、现金和其他金融工具上的具体投资比例。根据科学技术和产业的发展趋势对与新经济相关的创新技术、典型产业进行识别。随后“自下而上”地精选代表新经济的典型上市公司和与新经济密切相关的上市公司，针对两类公司的不同特征，充分考虑公司的成长性，运用东吴基金企业竞争优势评价体系进行评价，构建股票池。投资其中具有成长优势和竞争优势的上市公司股票，追求超额收益。

基金经理

吴圣涛：经济学硕士，武汉大学毕业。曾担任汉唐证券有限责任公司研究员、投资经理，国泰人寿保险有限责任公司投资经理，华富基金管理有限公司基金经理等职。2009年9月加入东吴基金管理有限公司，现担任东吴新经济股票基金、东吴新创业股票基金的基金经理。

市场表现

累计净值增长率与同期业绩基准收益率的走势对比图

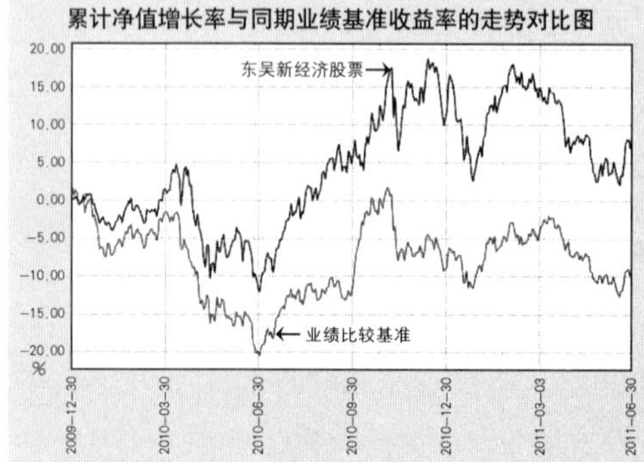

统计时间：截至2011年6月30日
图标来源：东吴新经济股票型证券投资基金2011年半年度报告

业绩表现

阶 段	累计净值增长率(%)	基准累计收益率(%)	超基准收益(%)
2010年度	14.99	-8.88	23.87
2011年上半年	-5.73	-1.69	-4.04
自成立以来	8.50	-8.93	17.43

截至日期：2011年6月30日

基金管理回顾

2011年上半年，居民消费物价指数(CPI)的走高略超出市场预期，而且宏观经济增长速度有放缓迹象，央行果断采取了提高准备金率和加息的紧缩政策，而投资者对宏观政策紧缩的预期和紧张的市场资金面导致了股票市场出现震荡探底走势，期间中小板和创业板则因为估值偏高和业绩低于预期的压力出现了较大幅度的下跌。

东吴新经济股票基金在此期间仓位保持稳定，在行业配置上进一步均衡，持仓结构上采取了有增长的低估值个股、高壁垒高增长的成长个股两端的配置策略，期间基金净值出现一定幅度的下跌。东吴新经济股票基金未来将延续有增长的低估值个股、高壁垒高增长的成长个股两端的配置策略。加强对个股业绩的追踪和挖掘，力争为投资者创造良好的投资回报。

天弘基金管理有限公司

TianHong Asset Management Co.,Ltd.

成立时间	2004年11月8日	注册资本	1亿元人民币	公司属性	中 资
董 事 长	李 琦	总 经 理	郭树强	督 察 长	吕传红
联系电话	022-8331 0208	传真号码	022-8386 5569		
客服电话	400-710-9999	公司网址	www.thfund.com.cn		
注册地址	天津市河西区马场道59号天津国际经济贸易中心A座16层				
办公地址	天津市河西区马场道59号天津国际经济贸易中心A座16层				

公司概况

天弘基金管理有限公司(以下简称“天弘基金”)成立于2004年11月8日，注册地在天津，注册资本为1亿元。公司总部设在天津，并在北京、上海、广州设有分公司。目前公司股东为天津信托有限责任公司(48%)、内蒙古君正能源化工股份有限公司(36%)、芜湖高新投资有限公司(16%)。

2010年至2011年上半年，天弘基金募集并成立了2只证券投资基金，包括1只创新封闭式基金——天弘添利分级债券和1只开放式基金——天弘深证成分指数(LOF)。截至2011年6月30日，天弘基金共管理6只证券投资基金。

旗下公募基金产品一览

基金简称	基金代码	设立日期	上市日期	上市地点	托管银行
股票型					
天弘永定价值成长股票	420003	2008-12-02			兴业银行
天弘周期策略股票	420005	2009-12-17			工商银行
天弘深证成份指数(LOF)	164205	2010-08-12	2010-09-17	深交所	工商银行
混合型					
天弘精选混合	420001	2005-10-08			工商银行
债券型					
天弘永利债券	420002	2008-04-18			兴业银行
天弘添利分级债券①	164206	2010-12-03	2010-12-20	深交所	工商银行

①为创新封闭式基金，5年内(含)封闭运作。

2010年旗下公募基金数量发展

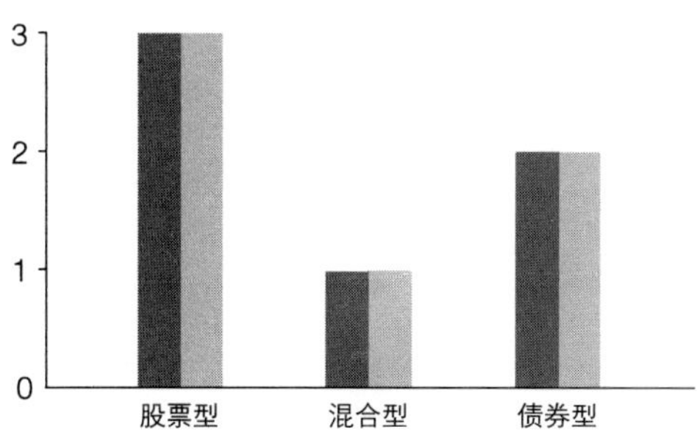

统计周期：2010年-2011年上半年
■2010年末 ■2011年上半年末

2010年旗下公募基金资产净值构成

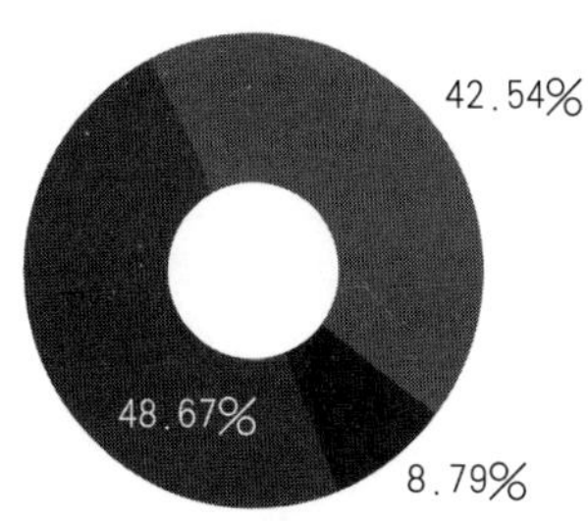

数据截至2010年12月31日
■股票型 ■混合型 ■债券型

国海富兰克林基金管理有限公司

Franklin Templeton Sealand Fund Management Co.,Ltd.

成立时间	2004年11月15日	注册资本	2.2亿元人民币	公司属性	中外合资
董事长	吴显玲	总经理	李雄厚	督察长	李彪
联系电话	021-3855 5555	传真号码	021-6888 3050		
客服电话	400-700-4518	公司网址	www.ftsfund.com		
注册地址	广西南宁市琅东滨湖路46号				
办公地址	上海浦东世纪大道8号上海国金中心二期9层				

公司概况

国海富兰克林基金管理有限公司(以下简称"国海富兰克林基金")成立于2004年11月15日，由国海证券股份有限公司和富兰克林邓普顿投资集团全资子公司邓普顿国际股份有限公司共同出资组建，公司注册地为广西南宁市,注册资本2.2亿元人民币。

2010年至2011年上半年，国海富兰克林基金募集设立了1只开放式基金——国富中小盘股票。截至2011年6月30日，国海富兰克林基金旗下共管理了8只公募基金，包括6只股票型基金、1只混合型基金和1只债券型基金。

旗下公募基金产品一览

基金简称	基金代码	设立日期	托管银行
股票型			
国富弹性市值股票	450002	2006-06-14	农业银行
国富潜力组合股票	450003	2007-03-22	中国银行
国富深化价值股票	450004	2008-07-03	农业银行
国富成长动力股票	450007	2009-03-25	中国银行
国富沪深300指数增强	450008	2009-09-03	农业银行
国富中小盘股票	450009	2010-11-23	中国银行
混合型			
国富中国收益混合	450001	2005-06-01	工商银行
债券型			
国富强化收益债券	450005	2008-10-24	中国银行

2010年旗下公募基金数量发展

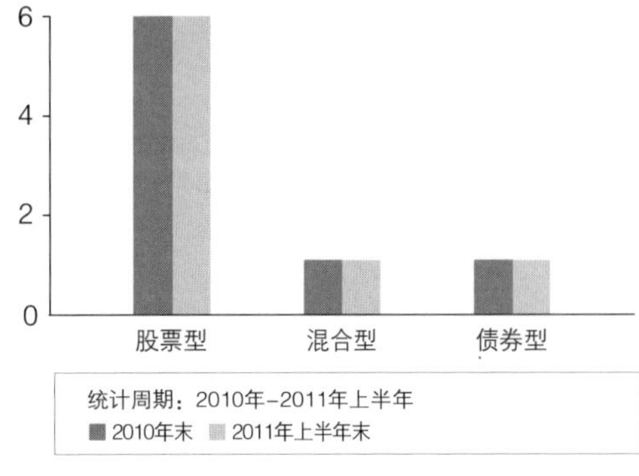

2010年旗下公募基金资产净值构成

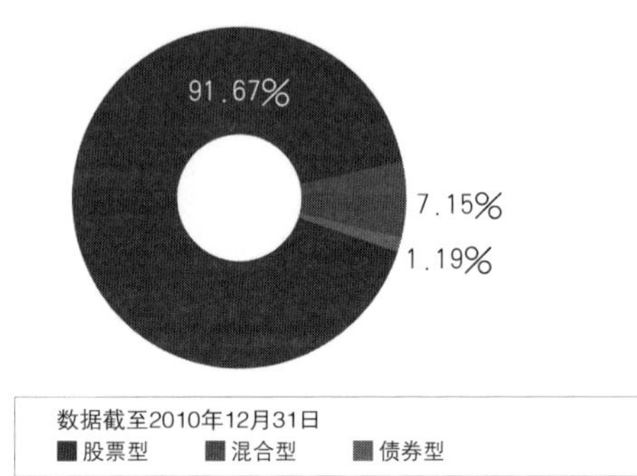

华泰柏瑞基金管理有限公司

Huatai-PineBridge Fund Management Co.,Ltd.

成立时间	2004年11月18日	注册资本	2亿元人民币	公司属性	中外合资
董事长	齐亮	总经理	陈国杰	督察长	陈晖
联系电话	021-3860 1777	传真号码	021-3860 1799		
客服电话	400-888-0001	公司网址	www.huatai-pb.com		
注册地址	上海浦东新区民生路1199弄上海证大五道口广场1号楼17层				
办公地址	上海浦东新区民生路1199弄上海证大五道口广场1号楼17层				

公司概况

华泰柏瑞基金管理有限公司(以下简称“华泰柏瑞基金”)经中国证监会证监基金字[2004]178号文批准，成立于2004年11月18日。公司注册地为上海，注册资本为2亿元人民币。目前公司股东包括华泰证券股份有限公司、PineBridge Investments LLC(柏瑞投资有限责任公司)和苏州新区高新技术产业股份有限公司持股，分别持股49%、49%和2%。

2010年至2011年上半年，华泰柏瑞基金把握市场机会，先后募集设立了4只公募基金，包括3只开放式基金(华泰柏瑞量化先行股票、华泰柏瑞上证中小盘ETF和华泰柏瑞上证中小盘ETF联接)和1只QDII基金(华泰柏瑞亚洲领导企业股票QDII)，公司产品线得到进一步完善。

截至2011年6月30日，华泰柏瑞基金旗下共管理了11只公募基金产品，包括7只股票型基金(包括2只ETF)、1只混合型基金、1只债券型基金、1只货币市场基金和1只QDII基金。

旗下公募基金产品一览

基金简称	基金代码	设立日期	上市日期	上市地点	托管银行
股票型					
华泰柏瑞盛世中国股票	460001	2005-04-27			中国银行
华泰柏瑞价值增长股票	460005	2008-07-16			中国银行
华泰柏瑞行业领先股票	460007	2009-08-03			工商银行
华泰柏瑞量化先行股票	460009	2010-06-22			中国银行
华泰柏瑞上证中小盘ETF联接	460220	2011-01-26			中国银行
混合型					
华泰柏瑞积极成长混合	460002	2007-05-29			中国银行
债券型					
华泰柏瑞稳本增利债券	519519	2007-12-03			招商银行
货币型					
华泰柏瑞货币	460006	2009-05-06			中国银行

（续上表）

基金简称	基金代码	设立日期	上市日期	上市地点	托管银行
ETF					
华泰柏瑞上证红利ETF	510880	2006-11-17	2007-01-18	上交所	招商银行
华泰柏瑞上证中小盘ETF	510220	2011-01-26	2011-03-28	上交所	中国银行
QDII					
华泰柏瑞亚洲领导企业股票(QDII)	460010	2010-12-02			中国银行

2010年旗下公募基金数量发展

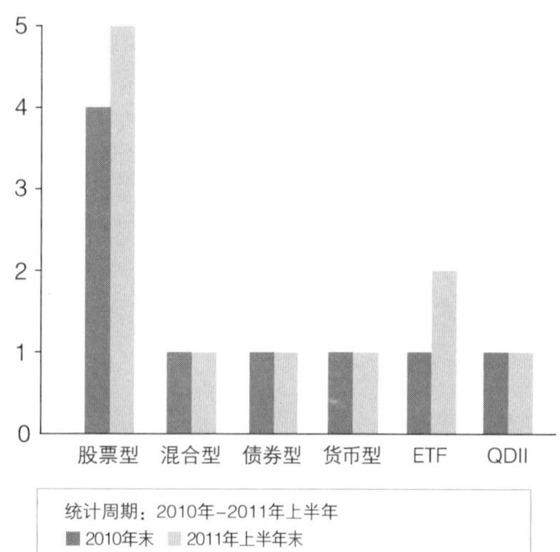

2010年旗下公募基金资产净值构成

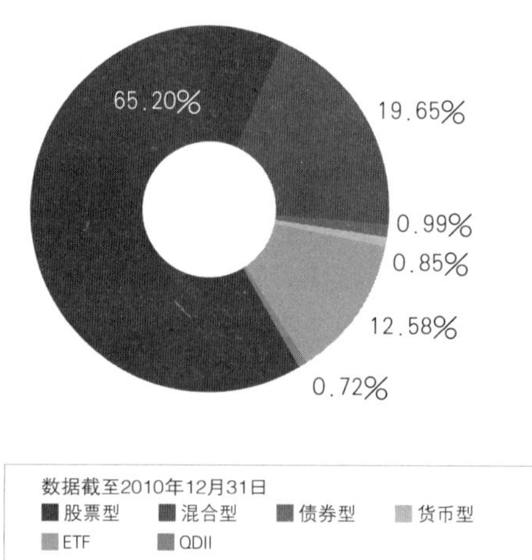

新华基金管理有限公司

New China Fund Management Co., Ltd.

成立时间	2004年12月9日	注册资本	1.6亿元人民币	公司属性	中 资
董 事 长	陈 重	总 经 理	孙枝来	督 察 长	齐 岩
联系电话	010-6872 6666	传真号码	010-8842 3358		
客服电话	400-819-8866　010-6873 0888			公司网址	www.ncfund.com.cn
注册地址	重庆市江北区建新东路85号附1号1层1-1				
办公地址	北京海淀区西三环北路11号海通时代商务中心C1座；重庆市渝中区较场口88号A座7-2				

公司概况

新华基金管理有限公司(以下简称“新华基金”)是在我国西部设立的首家基金管理公司。经中国证监会证监基金字[2004]197号文批准，新华基金于2004年12月9日在重庆注册成立，总部设在北京。公司注册资本为1.6亿元人民币，目前公司股东包括新华信托股份有限公司、陕西蓝潼电子投资有限公司、上海大众环境产业有限公司和杭州永原网络科技有限公司，分别持股48%、30%、13.75%和8.25%。

2010年至2011年上半年，新华基金相继募集设立了3只公募基金，分别为新华钻石企业股票、新华行业周期轮换股票和新华中小市值优选股票。截至2011年6月30日，新华基金旗下共管理6只公募基金产品，包括4只股票型基金和2只混合型基金。

旗下公募基金产品一览

基金简称	基金代码	设立日期	托管银行
股票型			
新华优选成长股票	519089	2008-07-25	农业银行
新华钻石企业股票	519093	2010-02-03	建设银行
新华行业周期轮换股票	519095	2010-07-21	工商银行
新华中小市值优选股票	519097	2011-01-28	建设银行
混合型			
新华优选分红混合	519087	2005-09-16	农业银行
新华泛资源优势混合	519091	2009-07-13	工商银行

2010年旗下公募基金数量发展

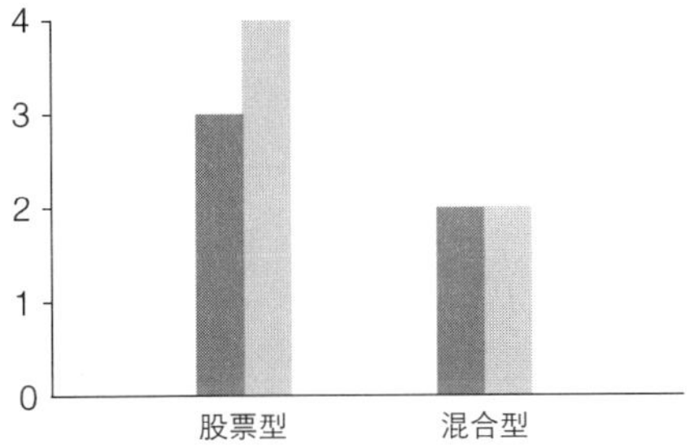

统计周期：2010年-2011年上半年
■2010年末 ■2011年上半年末

2010年旗下公募基金资产净值构成

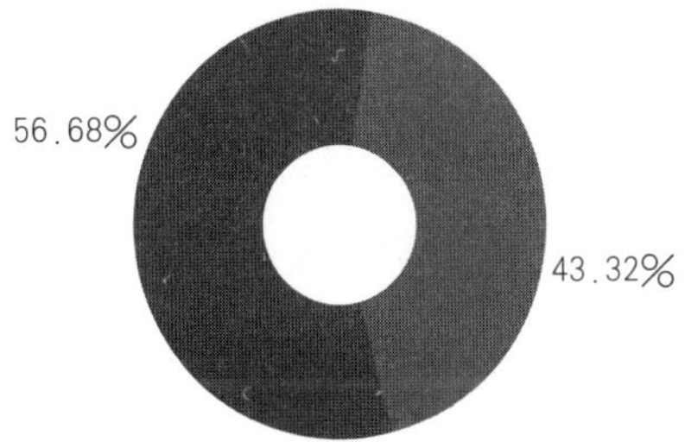

数据截至2010年12月31日
■股票型 ■混合型

汇添富基金管理有限公司

China Universal Asset Management Co.,Ltd.

成立时间	2005年2月3日	注册资本	1亿元人民币	公司属性	中 资
董 事 长	桂水发	总 经 理	林利军	督 察 长	李 文
联系电话	021-2893 2888	传真号码	021-2893 2998		
客服电话	400-888-9918	公司网址	www.99fund.com		
注册地址	上海市黄浦区大沽路288号6幢538室				
办公地址	上海浦东新区富城路99号震旦国际大厦21-23楼				

公司概况

汇添富基金管理有限公司(以下简称“汇添富基金”)成立于2005年2月3日，公司注册地在上海，总部设在上海陆家嘴金融贸易区。汇添富基金是一家高起点、国际化、充满活力的基金公司，由东方证券股份有限公司、文汇新民联合报业集团、东航集团三家实力雄厚、声誉卓著的集团联合发起设立。截至2011年6月30日，汇添富基金共有正式员工235人。

秉承“以企业基本分析为立足点，挑选高质量的证券，把握市场脉络作中长期投资布局，以获得持续稳定增长的较高长期投资收益”的投资理念，汇添富旗下基金在保持较低换手率的同时，长期投资业绩持续居于业内领先。

汇添富基金信奉“正直、激情、团队、客户第一、感恩”的公司文化，追求为投资者打造高质量的“快乐基金”。截至2011年6月30日，汇添富基金共管理有15只开放式基金，产品涵盖股票基金、指数基金、混合基金、保本基金、债券基金、货币市场基金及QDII基金，不同风险收益特征的多层次产品线基本完善。截至2011年6月30日，汇添富基金公募基金资产管理规模约545亿元，专户等其他资产管理规模超过60亿元，管理资产总规模在行业内排名前列。

为了给广大投资人提供专业、便捷、及时的投资理财服务，汇添富基金建立了覆盖全国的销售服务网络。汇添富基金总部设在上海，在上海、北京、广州等地设有分公司，在成都设立了西部营销中心，在香港设有子公司，并与80多家银行及证券公司密切合作，为全国各省市超过300万户投资人提供投资理财服务。

投研体系建设与发展

汇添富基金拥有一支优秀勤勉的基金经理和投资经理团队，该团队历经风雨精诚合作，已成为行业内最稳定的投资管理团队之一。

汇添富基金具有独特的投资研究人员培养体系，截至2011年6月，已构建一支逾50人的投研团队，人员稳定战斗力强。投资人员与研究人员职责明确，配合无间，为实现优秀投资业绩全力以赴，在业内拥有良好口碑和声誉。汇添富多数基金经理由内部研究人员选拔担当，注重内生培养的人才机制保证了投资研究的一体性和连贯性，有利于创造更长期持续的稳定业绩。

实力雄厚的研究平台是汇添富追求长期投资制胜的有力保障。汇添富所有研究人员均具有硕士以上学历，毕业于清华、北大、复旦等国内外顶级名校，拥有行业专业知识与金融经济知识相结合的复合知识结构和丰富的从业经验，研究方向已覆盖市场上全部行业。汇添富基金具有一套科学的研究人员工作模式，按大类行业资产分组、人员新老结合的研究小组模式，最大限度地调动研究人员的潜力和积极性，加深研究的深度，促进人才的成长。

年度重点业务

汇添富基金长期以来致力于围绕团队、流程和文化来构建公司竞争优势，并始终锐意创新，在创新中不断寻求有力突破和实现稳健快速发展。汇添富基金在2010–2011年中陆续推出了多只创新类型的公募产品，填补了国内基金产品的多个空白。如首只重点投资民营上市公司的基金汇添富民营活力股票基金(2010年3月)；首只重点投资于澳洲市场的QDII基金汇添富亚澳优势精选股票基金(2010年5月)；首只医药行业基金汇添富医药保健股票基金等等(2010年9月)。这些基金的成功发行，无一不证明着汇添富引以为荣的强大创新能力。今后公司还将全力以赴地推陈出新，奉献给大家更多富有创新意义的好产品。

汇添富基金已获得QDII和专户资产管理资格，各项资产管理业务蓬勃发展。汇添富基金已经与全球顶尖投资管理公司资本集团(Capital Group)下属企业资本国际(Capital International)缔结QDII合作关系，并成为加入亚洲公司治理协会(ACGA)的首家中国企业。汇添富资产管理(香港)有限公司于2010年2月正式成立，其积极参与境外资产管理业务，是汇添富基金开展跨境业务和合作的重要平台。汇添富基金在业内最早组建了实力强大的专户投资团队，成功打造了在高端客户和核心渠道中具备非常强号召力和口碑的“添富牛专户”业务品牌，积累了丰富的专户资产管理经验，并拥有骄人的投资管理业绩。

2010年12月，汇添富基金获得社保基金境内委托投资管理人资格。

投资者教育与社会公益活动

汇添富基金高度重视投资者教育工作，视投资者教育为常规的重点工作。汇添富基金2010年至2011年度和30多家媒体进行了投资者教育专栏的长期合作，定期刊登有关投资者教育文章(每周一次)。经市场调查反馈读者反映良好，较好地普及了基金投资知识和正确的投资理念。汇添富基金积极开展“添富之约”投资者巡讲活动。通过多种形式的“添富之约”基金投资巡讲活动，力求为普通投资者普及基金理财知识，传播基金理财文化，使其从准基金持有人转化为理性的基金持有人。据不完全统计，2010年至2011年6月汇添富已成功举办了数百场大型投资者教育宣讲会以及千余场小型交流会，直接受众超过十余万人。

作为一家植根于中国的本土基金公司，汇添富将对公司内外、社会各方的责任统一融入公司使命和企业文化中，始终怀抱感恩之心积极践行企业社会责任，以“爱与责任”的名义反哺社会、回馈基金持有人。

2010年初，为了更全面地实践汇添富基金持续公益的承诺，由汇添富基金捐资800万元发起的上海汇添富公益基金会正式成立。这是上海地区第一家由基金公司发起设立的公益基金会，以履行企业的公民责任、支持社会公益活动、促进社会和谐发展为宗旨。

2010年7月，“河流·孩子汇添富黄河流域助学计划2010”正式启动。这是汇添富“河流·孩子助学计划”的第三季。

2011年3月，汇添富基金启动“添富之爱·一对一结对帮扶”项目，公司员工与140名西部贫困山区“添富小学”的学生一对一结对，给予其经济支持和心理关怀。

2011年5月，汇添富基金“添富之爱·红色希望之旅”西部助学公益行启程，公司党总支下属三个支部的党员代表分别奔赴云南、四川和宁夏三地，走访学校和贫困学生家庭，将汇添富人的爱心传递给“添富小学”的孩子们。

年度荣誉

汇添富基金的辛苦努力在为投资者带来丰厚回报和优质服务的同时，也获得了市场及投资者的广泛认可和高度评价。在2010年度中国基金业的三大权威奖项“金牛奖”、“金基金奖”、“中国基金业明星奖”的评选中，汇添富基金凭借出色的投研实力、卓越的产品创新能力和良好的风控能力，荣获了实至名归的5项实力大奖。汇添富基金荣获2010年度“金基金·创新公司奖”及“2010年度十大明星基金公司奖”；旗下汇添富优势精选基金荣获“2010五年持续优胜混合型金牛基金”；汇添富策略回报基金荣获2010年度一年期“金基金·主动型股票基金奖”和“2010年度股票型明星基金奖”。这些权威奖项反映了市场和公众对汇添富基金综合实力及优秀业绩的普遍认可和深度认同，体现了公司在各方面的长足发展与卓越进取。

公司旗下公募基金产品一览

基金简称	基金代码	设立日期	托管银行
股票型			
汇添富均衡增长股票	519018	2006-08-07	工商银行
汇添富成长焦点股票	519068	2007-03-12	工商银行
汇添富价值精选股票	519069	2009-01-23	工商银行
汇添富上证综合指数	470007	2009-07-01	工商银行
汇添富策略回报股票	470008	2009-12-22	工商银行
汇添富民营活力股票	470009	2010-05-05	工商银行
汇添富医药保健股票	470006	2010-09-21	工商银行
汇添富社会责任股票	470028	2011-03-29	农业银行
混合型			
汇添富优势精选混合	519008	2005-08-25	工商银行
汇添富蓝筹稳健混合	519066	2008-07-08	工商银行
汇添富保本混合	470018	2011-01-26	工商银行
债券型			
汇添富增强收益债券	519078	2008-03-06	工商银行
汇添富可转换债券	470058	2011-06-17	工商银行
货币型			
汇添富货币	519518	2006-03-23	上海浦发银行
QDII			
汇添富亚澳成熟优选股票(QDII)	470888	2010-06-25	工商银行

2010年旗下公募基金数量发展

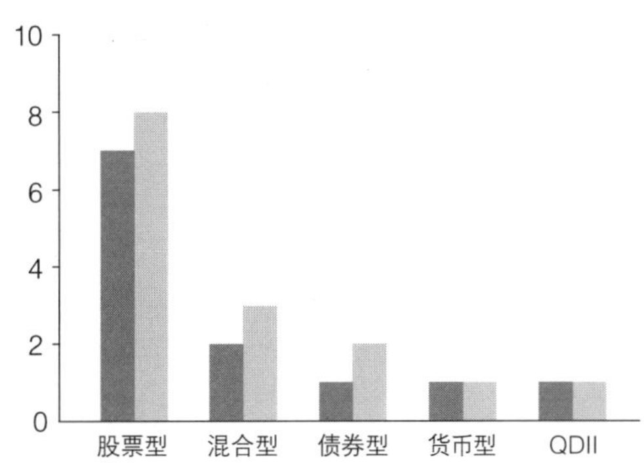

统计周期：2010年-2011年上半年
■2010年末 ■2011年上半年末

2010年旗下公募基金资产净值构成

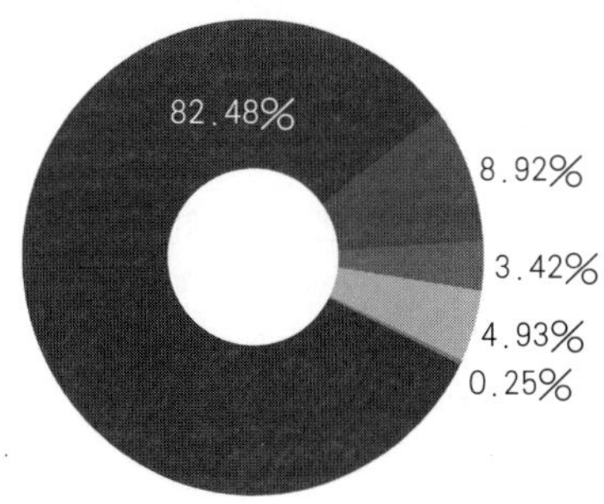

数据截至2010年12月31日
■股票型 ■混合型 ■债券型 ■货币型 ■QDII

旗下产品介绍

汇添富优势精选混合型证券投资基金

简称：汇添富优势精选混合

基金代码： 519008

成立日期： 2005年8月25日

基金类型： 契约型开放式，混合型

基金管理人： 汇添富基金管理有限公司

基金托管人： 中国工商银行

基金经理： 王 栩　苏 竞

基本概况

业绩比较基准

沪深300指数收益率×70%+上证国债指数收益率×30%

风险收益特征　该基金是精选股票并且进行积极风险控制的混合型基金，该基金的风险和预期收益比较均衡，在证券投资基金中属于风险适中的基金品种。

投资目标　投资于具有持续竞争优势的企业，分享其在中国经济持续成长背景下的长期优异业绩，为基金份额持有人谋求长期稳定的投资回报。

基金特点

● **把握竞争优势**　具有持续竞争优势的企业能在长期内使投资者分享到优秀企业成长的丰硕果实。汇添富优势精选基金通过深入研究紧密把握企业的持续竞争优势。

● **精选优势个股**　汇添富优势精选基金注重"自下而上"精选个股，借助"汇添富持续竞争优势企业评估系统"，精选核心投资标的，追求优势个股带来的超额投资回报。

● **历经牛熊转换**　汇添富优势精选基金历经牛熊市转换的较长时间运作，曾荣获《中国证券报》2009年1月19日"开放式混合型持续优胜金牛基金"。

业绩表现

阶 段	累计净值增长率(%)	基准累计收益率(%)	超基准收益(%)
自成立以来	400.85	164.84	236.01

截至日期：2011年6月30日

收益分配

汇添富优势精选基金成立以来累计分红2.18元/基金份额，累计派现金额36.08亿元。

截至日期：2011年6月30日

市场表现

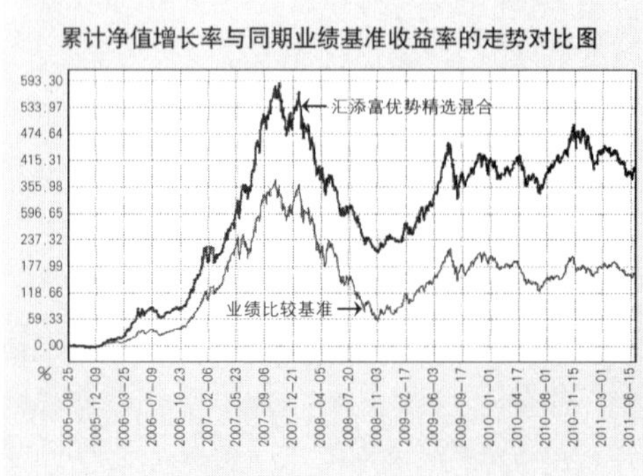

统计时间：截至2011年6月30日
图标来源：数据来源于汇添富优势精选混合基金2011年半年度报告

基金管理回顾

回顾2010年的基金运作，该基金在资产和行业配置上有得有失。该基金在一季度预判到货币政策紧缩会系统性降低市场的估值水平，政策调控也会强化投资者对于经济基本面的担忧，因此大幅降低煤炭、房地产、金融等行业的配置。二季度在房地产调控政策出台之后，将股票仓位降至80%以下，将股票资产配置聚焦于医药、食品饮料、商业等内需消费行业以及新能源、节能环保、IT等新兴产业。比较严重的失误是，三季度在财政政策再次转为积极、市场整体估值水平并不高的情况下没有及时提高股票仓位，导致基金业绩阶段性表现不佳。总结2010年，该基金较好地贯彻了基金契约和原有的投资理念，致力于"自下而上"精选具有持续竞争优势的企业做中长期布局，同时也积极对政策和经济环境的变化做出应对，在部分行业和个股上获得了较好的超额收益。

2011年上半年，国内经济增速稍有放缓，通胀压力持续上升，货币政策和财政政策都趋于紧缩。汇添富优势精选混合基金上半年在资产配置方面，大幅降低股票资产的比例，从一季度末的92.95%降至81.77%。行业配置方面，增持了煤炭、金融、商业、食品饮料等行业，减持了TMT、房地产、医药、化工、有色等行业。个股选择方面，重点是防范伪成长股的风险，减持了投资组合中行业前景不确定性大、估值过高、大小非减持压力大的个股。

汇添富价值精选股票型证券投资基金
简称：汇添富价值精选股票

基金代码： 519069
成立日期： 2009年1月23日
基金类型： 契约型开放式，股票型
基金管理人： 汇添富基金管理有限公司
基金托管人： 中国工商银行
基金经理： 陈晓翔

基本概况

业绩比较基准

沪深300指数收益率×80%+上证国债指数收益率×20%

风险收益特征　该基金为股票型基金，属于证券投资基金中较高风险较高收益的品种。

投资目标　精选价值相对低估的优质公司股票，在有效管理风险的前提下，追求基金资产的中长期稳健增值。

基金特点

● **精选优质公司，发掘低估股票**　精选具备以下特征的优质公司：良好的公司治理结构，诚信、优秀的公司管理层；财务透明、清晰，资产质量及财务状况较好，公司的盈利能力、成长能力、运营能力、负债水平等各个方面财务指标健康；较好的行业集中度及行业地位，并具备独特的核心竞争优势；在此基础上进行审慎估值分析，进一步挑选发掘出价值相对低估的优质公司股票。

● **把握合理估值，追求长期回报**　每当证券市场经过大幅调整，估值回落到历史低位后，就会涌现出一批具有长期投资价值的公司。从国内外经验看，把握价值低估投资时机，坚持长期投资，有望获得持续稳定增长的较高投资收益。

● **实力投研团队，价值理念制胜**　汇添富基金投研团队一贯坚持价值投资理念，是长期价值投资的坚定践行者。汇添富投研团队擅长企业基本面的深度分析，依托扎实的深度研究，专注挑选高质量的证券，作中长期投资布局。汇添富基金投资理念与模式的成效已在旗下基金的管理运作和业绩中得到充分验证。

收益分配

汇添富价值精选股票基金成立以来累计分红0.47元/基金份额，累计派现金额2.04亿元。

截至日期：2011年6月30日

市场表现

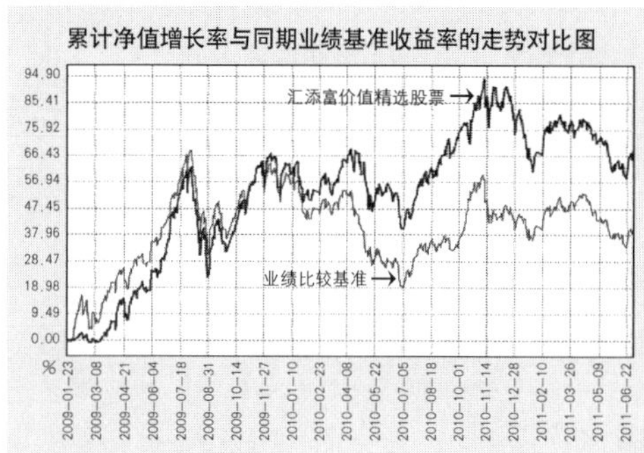

统计时间：截至2011年6月30日
图标来源：数据来源于汇添富价值精选股票基金2011年半年度报告

业绩表现

阶 段	累计净值增长率(%)	基准累计收益率(%)	超基准收益(%)
自成立以来	68.22	40.41	27.81

截至日期：2011年6月30日

基金管理回顾

添富价值在2010年坚持了"自下而上"精选个股的风格，超配受宏观经济影响小、增长确定的医药、消费、TMT类行业，取得了较好的效果，尤其是一些具有前瞻性、经过深入研究、重仓持有的个股，为基金业绩贡献了显著的超额收益。但在资产配置、行业选择层面，也有很多值得反思和改进的不足之处。

2011年上半年，A股市场面临的形势错综复杂。一方面，上市公司利润保持较快增长，且市场整体估值处于历史较低水平；另一方面，欧债危机、日本地震、中东政局、美国债务上限谈判等事件给全球经济前景增加了很大的不确定性，而国内经济则面临通胀水平不断攀升、信贷紧缩、地方融资平台偿债风险暴露等风险，加上市场流动性紧张、国际板推出的预期、IPO与再融资规模大节奏快、大小非减持压力大等利空因素影响，A股市场上半年总体呈现先扬后抑的格局。该基金在上半年延续了此前的投资策略，组合中继续超配受益于消费升级的医药、旅游、商业、家电等行业，同时保持了业绩高增长而估值处于历史底部的银行、保险等价值股的较高配置比例。

汇添富民营活力股票型证券投资基金
简称：汇添富民营活力股票

基金代码：470009
成立日期：2010年5月5日
基金类型：契约型开放式，股票型
基金管理人：汇添富基金管理有限公司
基金托管人：中国工商银行
基金经理：齐东超

基本概况

业绩比较基准

中证民营企业综合指数×80%+上证国债指数×20%

风险收益特征 属于证券投资基金中较高预期风险较高预期收益的品种。

投资目标 该基金采用“自下而上”的方法，精选与中国经济发展密切相关的优秀民营企业上市公司股票进行投资布局，在科学严格管理风险的前提下，力求基金资产的中长期增值。

基金特点

● **首只民营企业主题投资基金** 新经济、强活力、高成长是新民企的三大关键词，民企上市公司则是民营企业群体的突出代表。民营企业高度集中于资本市场中的新兴优势行业和内需重点行业，这些行业最符合经济结构调整下的国家战略方向，也是未来最具成长性的行业。汇添富民营活力股票基金专注于挖掘优秀民营企业，第一次将新经济的机会与民营企业的活力汇聚在一个基金产品中。

● **民企上市公司整体表现出众** 民企上市公司的股东与经营者利益高度一致化，这使其更关注公司本身利润增长和股价的持续上升。过往5年，与其他指数相比，核心民企上市公司整体市场表现大幅超越市场平均水平，投资回报丰厚。

● **选股专家为你精选优秀民企** 历经数年深度研究的沉淀和团队的铸造磨合，汇添富具备一套独特、有效的个股研究方法，适合挖掘结构性投资机会，能够发掘优质的企业，在震荡反复的市场格局中更具优势。汇添富民营活力股票基金通过“自下而上”精选个股，力求准确把握新经济脉络、挖掘民营企业中的真金，竭力开拓投资者的投资添富路。

市场表现

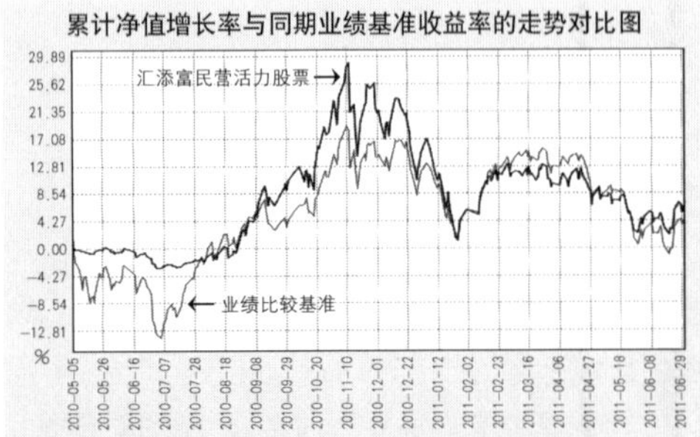

统计时间：截至2011年6月30日
图标来源：数据来源于汇添富民营活力股票型基金2011年半年度报告

业绩表现

阶 段	累计净值增长率(%)	基准累计收益率(%)	超基准收益(%)
自成立以来	6.40	4.49	1.91

截至日期：2011年6月30日

基金管理回顾

2010年上半年，在高密度的调结构政策推动下，市场结构分化继续演绎。传统的大类资产被抛弃，经济结构调整相关的资产，如TMT、医药和战略新兴产业等走出独立的上升行情，作为这一类资产的代表，中证民企指数超额收益明显。二季度后，随着流动性紧缩的缓和，市场风格明显转向，低估值的中盘蓝筹表现优异，高估值的小市值公司估值中枢下移。该基金成立于2010年5月，考虑到彼时民企股价的风险收益比并不相称，初期建仓方式相对谨慎，7月份市场大幅回调后加大了建仓。基于对民营企业的个股精选，该基金在11月份之前取得了近30%的收益率，但对其后市场估值中枢的系统下移估计不足，抹掉了近半盈利。

回顾2011年上半年，作为对信贷紧缩最敏感的受冲击者，民营企业经营压力凸显。企业盈利增速下滑及估值水平回归导致大量民企上市公司股价大幅回调。同时，也有少数具备产业领导地位和显著营收规模的民企，在弱势中仍然维持了高速增长，股价表现成为上半年民企的亮点。该基金2011年上半年的持仓组合主要向行业龙头或竞争优势显著的优质民企集中，更多注重了公司的抗风险性，而放松了对成长性的要求。偏价值的组合构建倾向，使得组合较好地规避了中小盘系统风险，但在后期震荡市中上涨动力不足。

汇添富蓝筹稳健灵活配置混合型证券投资基金
简称：汇添富蓝筹稳健混合

基金代码： 519066
成立日期： 2008年7月8日
基金类型： 契约型开放式，混合型
基金管理人： 汇添富基金管理有限公司
基金托管人： 中国工商银行
基金经理： 苏 竞

■ 基本概况

业绩比较基准

沪深300指数收益率×60%+上证国债指数收益率×40%

风险收益特征 该基金为灵活配置混合型基金，属于证券投资基金中较高风险较高收益的品种。

投资目标 通过投资于价值相对低估的蓝筹公司股票，追求基金资产的长期增值。

■ 基金特点

● **价值典范 基础配置** 蓝筹股因其良好的公司质地和成长性，具备相对估值优势和较强的抵御市场震荡风险的能力，是A股市场中的核心板块。对追求资产长期稳健增长的投资者而言，蓝筹基金是不可缺少的基础性配置品种。

● **比例灵活 攻守兼备** 汇添富蓝筹稳健基金资产配置比例灵活，30%–80%投资于股票，0–60%投资于债券，兼具股票加债券的平衡投资特征。基金管理人将根据不断变化的市场形势来适时调整配置比例和投资品种，利用产品攻守兼备的优势应对市场波动。

■ 业绩表现

阶 段	累计净值增长率(%)	基准累计收益率(%)	超基准收益(%)
自成立以来	58.70	8.76	49.94

截至日期：2011年6月30日

■ 收益分配

汇添富蓝筹稳健混合型基金成立以来累计分红0.32元/基金份额，累计派现金额1.22亿元。

截至日期：2011年6月30日

■ 市场表现

统计时间：截至2011年6月30日
图标来源：数据来源于汇添富蓝筹稳健混合型基金2011年半年度报告

■ 基金管理回顾

2010年汇添富蓝筹稳健基金在资产配置上基本以消费和科技创新为核心，基金净值表现相对于业绩基准和市场同类基金平均水平取得一定的相对收益。但是纵观全年，该基金对于新兴产业，特别是受益于全球消费电子复苏的电子科技股研究和配置力度不足，以及在四季度商贸零售配置过重而对装备制造行业的重视不够也影响了基金的净值表现。

该基金在2010年底注意到高估值板块可能存在的风格转换风险，2011年一季度降低了估值偏高的科技股、医药和消费类资产权重，并且在家电、建材、汽车、钢铁和机械等板块中"自下而上"寻找优质个股以平衡组合风格。在二季度初，当通胀压力、经济增速和企业盈利回落态势超出先前预期，调整了先前投资策略和组合结构，采取相对防御的策略，适当控制仓位，减持了部分与投资相关的周期性资产以及部分成本压力较大的制造业个股，增加了部分估值适中的消费类资产配置权重。

回顾2011年上半年的基金操作，虽在对市场的整体判断和策略上没有出现大的偏差，但是在操作实践过程中还是有所不足，特别是一季度在市场风格转换中资产结构调整的力度和速度不够，二季度在市场回调中对个别前期重仓个股的减持力度不够坚决，拖累了基金净值的表现。

汇添富增强收益债券型证券投资基金

简称：汇添富增强收益债券

基金代码： 519078(A类) 470078(C类)

成立日期： 2008年3月6日

基金类型： 契约型开放式，债券型

基金管理人： 汇添富基金管理有限公司

基金托管人： 中国工商银行

基金经理： 陆文磊 王珏池

基本概况

业绩比较基准 中债总指数

风险收益特征 该基金为债券型基金，其长期平均风险和预期收益率低于混合型基金，高于货币市场基金。

投资目标 在严格控制投资风险的基础上，主要投资于债券等固定收益类品种和其他低风险品种，力求为基金份额持有人谋求持续稳定的投资收益。

基金特点

● **配置之选** 中国经济增长强劲，但市场波动震荡较为剧烈。汇添富增强收益债券基金主要投资于优质固定收益证券品种，风险相对较低。投资者可适当配置汇添富增强收益债券基金，完善适合自己的基金组合，做到攻守兼备。

● **可打新股** 资本市场不断扩容，优质企业上市A股市场的进程加快，为申购新股带来机遇。汇添富增强收益债券基金将以部分资产申购新股，在不妨碍资产流动性的基础上力求增强收益。

业绩表现

阶段	累计净值增长率(%)	基准累计收益率(%)	超基准收益(%)
自成立以来			
A类	20.41	2.83	17.58
C类	9.10	−1.82	10.92

截至日期：2011年6月30日

收益分配

汇添富增强收益债券A类基金成立以来累计分红0.17元/基金份额；汇添富增强收益债券C类基金成立以来累计分红0.12元/基金份额；

自成立以来，汇添富增强收益债券基金累计派现金额4.05亿元。

截至日期：2011年6月30日

市场表现

A类累计净值增长率与同期业绩基准收益率的走势对比图

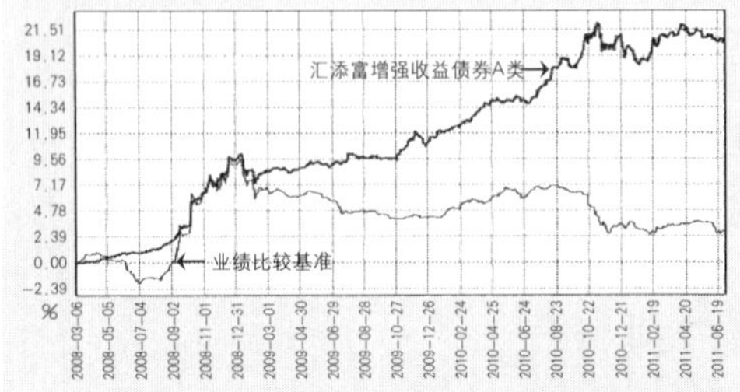

C类累计净值增长率与同期业绩基准收益率的走势对比图

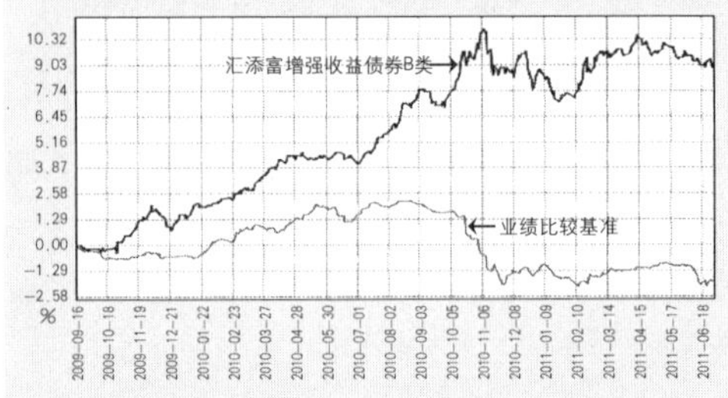

统计时间：截至2011年6月30日

图标来源：数据来源于汇添富增强收益债券基金2011年半年度报告

基金管理回顾

汇添富增强收益债券基金在2010年上半年采取了较为积极的投资策略，较高比例配置了高票息的企业债和公司债，低配可转债，三季度大比例提高了可转债的配置比例，并且考虑到信用品种利率水平已经偏低、信用利差偏窄，大幅降低了信用债配置比例，全年较好地把握住了债券品种的主要投资机会。此外，2010年新股发行速度明显加快，新股投资非常活跃，该基金在新股申购上采取了较为积极的策略，新股投资为该基金提供了较为丰厚的收益。

2011年上半年债券市场呈先涨后跌的走势，1–5月市场总体上以震荡上行为主，6月份以后受通胀超预期、资金面紧张、市场对地方融资平台信用风险担忧加剧的影响，市场出现较大幅度的调整。与上年末相比，2011年上半年债券收益率整体上行明显，收益率曲线明显扁平化。由于宏观基本面较为复杂，资金面持续紧张，该基金上半年在操作上更加注重绝对收益，大部分时间维持对企业债较高的配置比例，以获取较高的利息收益，6月份以后减持了大部分信用资质偏低的企业债，以规避潜在的信用风险。上半年新股申购收益大幅下降，上市破发的新股大量出现，在新股申购策略上非常谨慎，仅选择基本面较好、估值较低的新股进行了少量参与，较好地规避了中小板和创业板大幅下跌的风险。

汇添富货币市场基金

简称：汇添富货币

基金代码： 519518(A) 519517(B)

成立日期： 2006年3月23日

基金类型： 契约型开放式，货币型

基金管理人： 汇添富基金管理有限公司

基金托管人： 上海浦东发展银行

基金经理： 王珏池 陆文磊

■ 基本概况

业绩比较基准 税后活期存款利率（即活期存款利率×(1－利息税率)）

风险收益特征 较低风险、中低收益、流动性强。

投资目标 力求在本金稳妥和基金资产高流动性的前提下，追求超过业绩比较基准的投资收益。

■ 基金管理回顾

2010年内，汇添富货币基金根据对全年经济形势的判断以及年初制定的整体策略，在承担适当的投资风险的基础上积极投资，主要致力于根据市场情况的变化及时调整投资策略，增加对于高流动性的短期债券的投资，以及通过完善的信用评估体系增加高收益率的企业短期融资券的投资。上半年总体投资组合的剩余期限较长，临近年底，随着货币政策的再度趋紧，该基金适当缩短了组合的剩余期限，投资策略转向防守，尽可能维护投资组合的稳定，降低由于市场波动对于投资收益的影响。期间最长剩余期限在152天，最低为39天。

2011年上半年，中国经济保持平稳增长，但CPI逐步走高，PMI指标逐级回落，经济情况变得较为复杂。针对这一情况，央行频繁地采用提高准备金率、加息和控制信贷规模进行紧缩。至半年末，准备金率已经提升至21.5%的历史高位。货币市场利率大幅上升，尤其在春节和半年末，货币市场资金面变得相当紧张，银行类金融机构为了保证各项指标达标，纷纷在市场上融入资金，银行间回购利率一度逼近历史高位。该基金针对市场变化积极调整组合配置结构，在控制整体投资组合剩余期限的基础上，阶段性地持有央票及企业短期融资券以提高收益，较频繁地通过逆回购以及银行存款的手段实现组合的收益，并保证了组合的流动性。

■ 市场表现

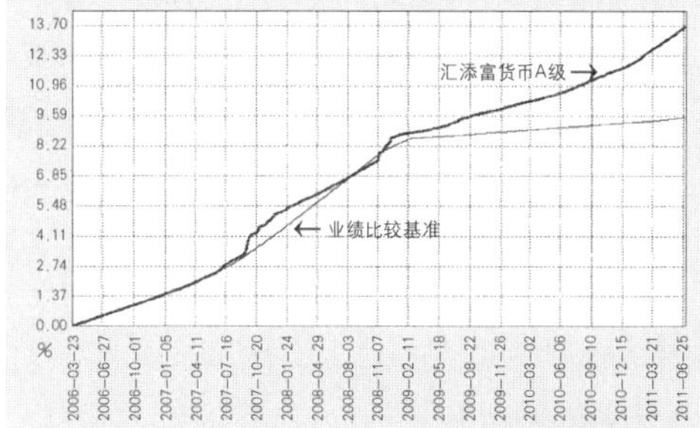

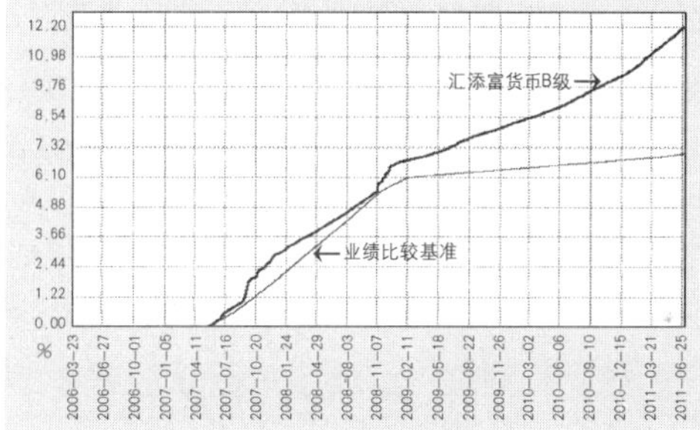

统计时间：截至2011年6月30日
图标来源：数据来源于汇添富货币基金2011年半年度报告

■ 业绩表现

阶 段	累计净值收益率(%)	基准累计收益率(%)	超基准收益(%)
自成立以来			
A类	13.6802	9.5081	4.1721
B类	12.2341	7.0507	5.1834

截至日期：2011年6月30日

■ 基金特点

- **风险较低** 不投资股票，主要投资于货币市场短期金融工具，相对于股票基金、混合基金、债券基金而言风险比较低。
- **申赎免费** 申购、赎回手续费皆为零，自由进出，方便随心。
- **流动性好** 赎回到账快，变现灵活，是较为理想的现金管理工具。
- **转换便捷** 可轻松转换汇添富旗下其他基金并享受相关网上费率优惠，是良好的投资中转站。

工银瑞信基金管理有限公司

ICBC Credit Suisse Asset Management Co.,Ltd.

成立时间	2005年6月21日	注册资本	2亿元人民币	公司属性	中外合资
董 事 长	李晓鹏	总 经 理	郭特华	督 察 长	朱碧艳
联系电话	010-6658 3333	传真号码	010-6658 3158		
客服电话	400-811-9999	公司网址	www.icbccs.com.cn		
注册地址	北京市西城区金融大街丙17号北京银行大厦8层				
办公地址	北京市西城区金融大街丙17号北京银行大厦8层				

公司概况

工银瑞信基金管理有限公司(以下简称“工银瑞信基金”)成立于2005年6月21日，是我国首家由国有商业银行直接发起设立并控股的合资基金管理公司。公司注册地为北京，注册资本为2亿元人民币。公司股东为中国工商银行股份有限公司和瑞士信贷，分别持股80%和20%。

自成立以来，公司坚持“以稳健的投资管理，为客户提供卓越的理财服务”为使命，依托强大的股东背景、稳健的经营理念、科学的投研体系、严密的风控机制和资深的管理团队，立足国际化、专业化、规范化，致力于为广大投资者提供一流的投资管理服务。

2010年至2011年上半年，工银瑞信基金把握市场机会，先后募集设立了7只证券投资基金，分别为工银中小盘成长股票、工银全球精选股票(QDII)、工银双利债券、工银深证红利ETF及ETF联接、工银四季收益债券和工银消费服务股票基金，公司产品线得到进一步完善。

截至2011年6月30日，工银瑞信基金旗下共管理18只证券投资基金。

旗下公募基金产品一览

基金简称	基金代码	设立日期	上市日期	上市地点	托管银行
股票型					
工银核心价值股票	481001	2005-08-31			中国银行
工银稳健成长股票	481004	2006-12-06			建设银行
工银红利股票	481006	2007-07-18			建设银行
工银大盘蓝筹股票	481008	2008-08-04			中国银行
工银沪深300指数	481009	2009-03-05			建设银行
工银中小盘成长股票	481010	2010-02-10			农业银行
工银深证红利ETF联接	481012	2010-11-09			农业银行
工银消费服务股票	481013	2011-04-21			农业银行

（续上表）

基金简称	基金代码	设立日期	上市日期	上市地点	托管银行
混合型					
工银精选平衡混合	483003	2006-07-13			建设银行
债券型					
工银增强收益债券	485105	2007-05-11			建设银行
工银添利债券	485107	2008-04-14			建设银行
工银双利债券	485111	2010-08-16			交通银行
工银四季收益债券	164808	2011-02-10	2011-03-28	深交所	农业银行
货币型					
工银货币	482002	2006-03-20			建设银行
ETF					
工银上证央企ETF	510060	2009-08-26	2009-10-27	上交所	招商银行
工银深证红利ETF	159905	2010-11-05	2011-01-11	深交所	农业银行
QDII					
工银全球股票(QDII)	486001	2008-02-14			中国银行
工银全球精选股票(QDII)	486002	2010-05-25			建设银行

2010年旗下公募基金数量发展

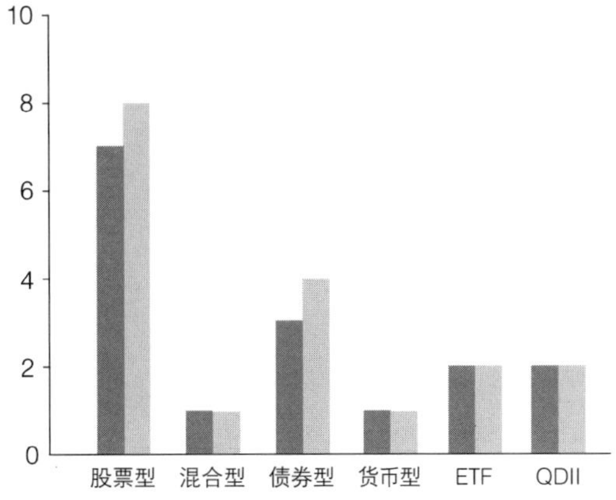

统计周期：2010年-2011年上半年
■2010年末 ■2011年上半年末

2010年旗下公募基金资产净值构成

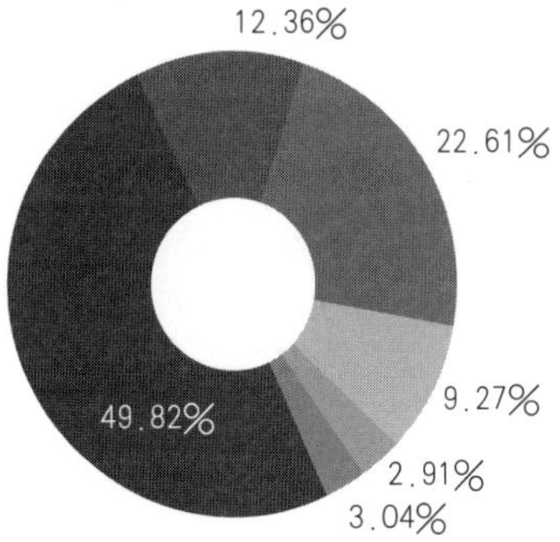

截至2010年12月31日
■股票型 ■混合型 ■债券型 ■货币型 ■ETF ■QDII

交银施罗德基金管理有限公司

Bank Of Communications Schroder Fund Management Co.,Ltd

成立时间	2005年8月4日	注册资本	2亿元人民币	公司属性	中外合资
董事长	钱文挥	总经理	战龙	督察长	苏奋
联系电话	021-6105 5050	传真号码	021-6105 5054		
客服电话	400-700-5000	021-6105 5000		公司网址	www.jyfund.com
注册地址	上海市浦东新区银城中路188号交通银行大楼二层(裙)				
办公地址	上海市浦东新区世纪大道201号渣打银行大厦10楼				

发展概况

交银施罗德基金管理有限公司于2005年8月4日成立，由拥有百年历史的交通银行、二百年投资经验积累的施罗德投资管理有限公司，以及全球集装箱行业的佼佼者中国国际海运集装箱(集团)股份有限公司强强联合，共同发起设立。

公司成立至今，一直秉承“诚信百年、专业理财”的经营宗旨，以诚信和专业作为公司的立身之本，以“稳健源自前瞻”作为公司的核心价值主张，打造“专业、纪律、协作”的团队，营造“激情、包容、关爱”的企业文化，致力于在策略上远见，投资上前瞻，服务上领先，为投资人提供多元化的、全球视野的、专业独具的理财产品和投资服务。

交银施罗德成立以来，获得多种奖项，得到了投资者和各机构的广泛认可和关注。2011年来，公司又新获“海外投资回报公司奖”(《上海证券报》2011年4月11日第八届“金基金”奖评选)以及旗下交银成长基金荣获“2010三年持续优胜股票型金牛基金”(《中国证券报》2011年4月14日第八届“金牛奖”评选)。

年度发展

公募基金方面，公司在精准把握宏观大势的前提下，前瞻性地推出了适时的公募产品：交银主题基金、交银趋势基金、交银添利基金、交银制造基金。在基金发行销售环境不尽理想的大背景下，这4只基金依然取得了较为良好的销售业绩。

非公募业务方面，作为国内专户理财业务的“先驱者”，公司在专户理财、投资咨询业务方面上积极开拓业务，较为成功地管理着多只专户理财产品，有力地推动了公司业务的多元化发展。

截至2011年二季度末，交银施罗德旗下基金管理规模469.24亿元(未扣除联接基金重复投资部分)，共管理着15只基金产品(包括6只股票型基金、1只指数型ETF基金、1只ETF联接基金、2只混合型基金、1只QDII基金、2只债券型基金、1只货币市场基金和1只保本基金)。

卓越的投研体系

交银施罗德基金凭借优秀的投资和研究团队，在延续以往出色的“自上而下”投资策略的同时，积极发挥“自下而上”的选股能力，形成了一套具有交银施罗德特色的投资研究体系，力求在任何市场风格下，配合以有效的风险控制手段，都可以为投资人带来卓越的投资回报。

领先的客服体系

交银施罗德一直以来始终将为投资者提供优质、专业的客户服务作为公司的立足之本。秉承着客户至上的宗旨，经过公司成立以来的不懈努力，为投资者构建了一套较完整的客户服务体系，力求为客户提供高品质、全方面的服务。

交银施罗德致力于帮助投资者树立正确的投资观念，灵活运用各种媒体，建立了全方位的客户沟通体系，包括电话呼叫中心、网站/电子邮件客服、财富万里行投资者见面会、公司双月刊及季刊、客户俱乐部活动、微博、博客等，为投资者解疑释惑，提供前瞻性的市场观点。

2010年至2011年间，公司相继推出了关于定期定额投资的“爱・定投”、客观的基金历史收益测算分析平台“淘基金”网以及“阳光使者爱心基金会活动”等一系列品牌，并将原有的“交银施罗德・财富万里行”进一步推广，与更多投资人进行面对面交流，及时传递公司声音。

交银施罗德基金年度纪事

•2010年-2011年上半年•

2010年

05.12 交银施罗德爱心基金会正式成立，基金会以“扶危救急，扶难助学，奉献爱心，共建和谐”为宗旨，在公司内部招募志愿者，积极开展公益事业。

05.19 在由《证券时报》主办、晨星资讯(深圳)有限公司提供数据支持的2009年度“中国基金业明星基金奖”评选中，交银成长基金获得“2009年度三年持续回报股票型明星基金奖”。

06.30 公司旗下第12只基金——交银施罗德主题优选灵活配置混合型证券投资基金成立，总募集规模达到32.35亿元，成为同期发行基金中的佼佼者。

08.06 公司成立五周年特别活动“感恩同行，与您为伍”网络活动结合公司第四届“金伯乐”客户回馈活动正式启动。

12.22 公司旗下第13只基金——交银施罗德趋势优先股票证券投资基金成立，首募规模超26亿元。

2011年上半年

01.27 公司旗下第14只基金、首只创新型封闭式基金——交银施罗德信用添利债券证券投资基金成立，募集规模近19亿元。

04.11 在由《上海证券报》举办的第八届“金基金”奖评选中，公司荣获“海外投资回报公司奖”。

04.14 由《中国证券报》、中央电视台财经频道联合举办的“第八届(2010年度)中国基金业金牛奖颁奖盛典”评选揭晓，交银成长基金荣获“2010三年持续优胜股票型金牛基金”。

06.22 公司旗下第15只基金、国内首只装备制造类行业基金——交银施罗德先进制造股票证券投资基金公告成立。

公司旗下公募基金产品一览

基金简称	基金代码	设立日期	上市日期	上市地点	托管银行
股票型					
交银精选股票	519688	2005-09-29			农业银行
交银成长股票	519692	2006-10-23			农业银行
交银蓝筹股票	519694	2007-08-08			建设银行
交银先锋股票	519698	2009-04-10			农业银行
交银趋势股票	519702	2010-12-22			工商银行
交银先进制造股票	519704	2011-06-22			农业银行
混合型					
交银稳健配置混合	519690	2006-06-14			建设银行
交银主题优选混合	519700	2010-06-30			建设银行
债券型					
交银增利债券	519680	2008-03-31			建设银行
交银信用添利债券①	164902	2011-01-27	2011-04-20	深交所	农业银行
货币型					
交银货币	519588	2006-01-20			农业银行
指数型					
交银上证180公司治理ETF	510010	2009-09-25	2009-12-15	上交所	农业银行
交银上证180公司治理ETF联接	519686	2009-09-29			农业银行
QDII					
交银环球精选股票(QDII)	519696	2008-08-22			建设银行
保本型					
交银保本混合	519697	2009-01-21			工商银行

①为创新封闭式基金，合同生效3年内(含)采取封闭运作。

2011年旗下公募基金数量发展

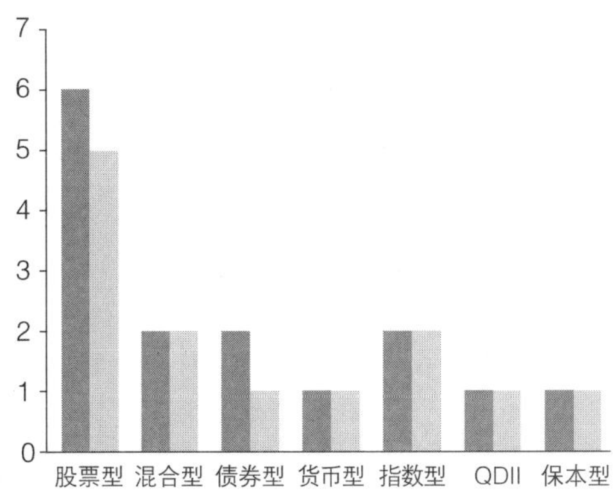

统计周期：2010年-2011年上半年
2011年上半年　2010年

2011年上半年度旗下公募基金资产净值构成

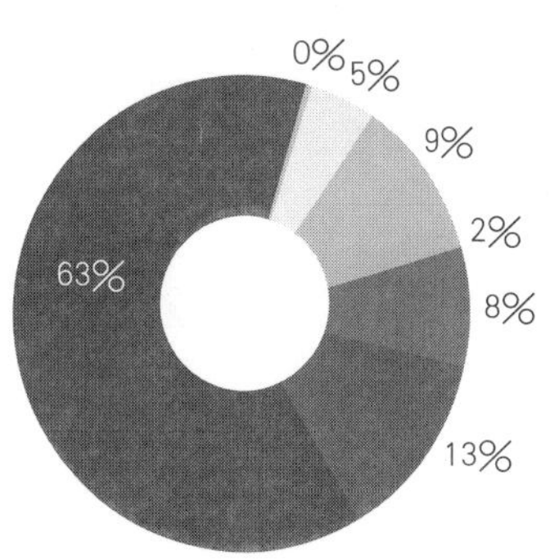

截至2011年6月30日
股票型　混合型　债券型　货币型　指数型　QDII　保本型

旗下产品介绍

交银施罗德成长股票证券投资基金

简称：交银成长股票

基金代码： 519692
成立日期： 2006年10月23日
基金类型： 契约型开放式，偏股型
风险级别： 中高
基金管理人： 交银施罗德基金管理有限公司
基金托管人： 中国农业银行

基本概况

基金净值

单位净值：2.6771元　累计净值：2.9221元

截至日期：2011年6月30日

业绩比较基准

75%×富时中国A600成长指数+25%×富时中国国债指数

投资目标

该基金属于成长型股票基金，主要通过投资于经过严格的品质筛选且具有良好成长性的上市公司的股票，在适度控制风险并保持基金资产良好流动性的前提下，为基金份额持有人谋求长期、稳定的资本增值。

投资理念

在坚持一贯的价值投资理念基础上，通过专业化研究分析，积极挖掘得益于中国经济高速增长的高成长性行业和企业所蕴含的投资机会。该理念至少包含以下三方面的含义：①证券市场不是完全有效，通过专业研究可以获得信息优势，挖掘具有高成长特性的行业和上市公司，积极投资，可以获得较高的超额收益。②随着股权分置改革的逐步推进，国内上市公司的治理结构得到优化，内在价值成为投资的基础，而上市公司的成长性终将在价值中得到体现。③得益于中国经济持续的高速增长，一些上市公司已经呈现出良好的成长性，投资于这些成长型股票，可以在最大程度上分享中国经济高速增长的成果。

投资标准

股票60%–95%；债券、货币市场工具、权证、资产支持证券以及法律法规或中国证监会允许的其他证券品种5%–40%

市场表现

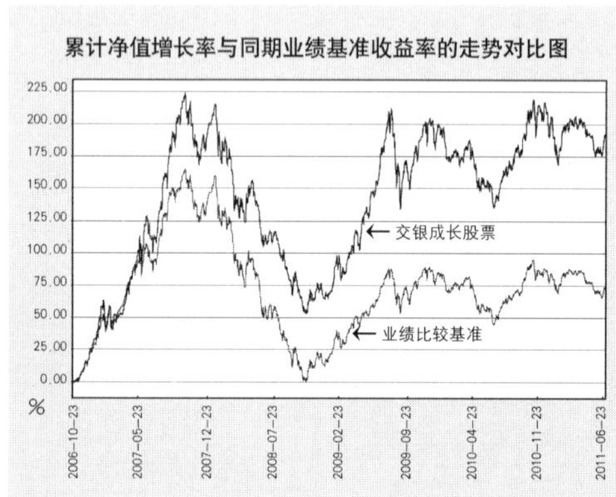

统计时间：截至2011年6月30日
图标来源：交银施罗德成长股票证券投资基金2011年半年度报告

基金经理

管华雨：CFA、博士学历。9年证券、基金行业经验。历任申银万国证券股份有限公司投资部投资经理、高级投资经理，信诚基金管理有限公司分析师、基金经理助理、基金经理。其中2007年5月至2010年5月担任信诚四季红混合型证券投资基金基金经理。2010年6月加入交银施罗德基金管理有限公司，2011年4月6日至2011年12月11日担任权益部副总经理，现任权益部总经理。2010年10月8日担任交银施罗德成长股票证券投资基金基金经理至今，并于2010年12月22日担任交银施罗德趋势优先股票证券投资基金基金经理至今。

投资范围

该基金的投资范围为具有良好流动性的金融工具，包括国内依法发行上市的股票、债券、货币市场工具、权证、资产支持证券及法律法规或中国证监会允许基金投资的其他证券品种。如法律法规或监管机构以后允许基金投资其他品种，基金管理人在履行适当程序后，可以将其纳入投资范围。

交银施罗德稳健配置混合型证券投资基金

简称：交银稳健配置混合

基金代码：519690
成立日期：2006年6月14日
基金类型：契约型开放式，混合型
风险级别：中高
基金管理人：交银施罗德基金管理有限公司
基金托管人：中国建设银行

■ 基本概况

基金净值

单位净值：1.3518元　累计净值：2.8068元

截至日期：2011年6月30日

业绩比较基准

65%×MSCI中国A股指数+35%×新华巴克莱资本中国全债指数

投资目标

该基金将坚持并不断深化价值投资的基本理念，充分发挥专业研究与管理能力，根据宏观经济周期和市场环境的变化，"自上而下"灵活配置资产，"自下而上"精选证券，有效分散风险，谋求实现基金财产的长期稳定增长。

投资理念

该基金的投资理念是：关注经风险调整后的收益，通过专业化研究分析，积极挖掘非完全有效市场及不断变化的市场环境中的投资机会，追求长期稳定的投资回报。该理念至少包含以下三方面的含义：①市场环境在不断变化，证券市场在不同方面显示出不同程度的失效，通过专业研究可以获得信息优势，把握市场环境变化的契机，获得更高的超额收益。②风险和收益同样重要，在一个尽可能广的投资范围内合理配置资产，有效地分散风险，实现经风险调整后的收益的最大化。该基金管理人在控制风险方面将更全面地考察风险，不仅关注可能出现的最大损失，还要关注不同可能结果发生的概率和对收益的影响程度。③利用专业的分析模型和方法，根据经济周期理论，在市场状况不好的情况下通过灵活调整资产的配置比例提升组合收益，实现长期稳定的投资回报。

投资标准

在正常的市场情况下，基金的投资组合比例为：股票资产占基金资产净值的35%-95%；债券资产占基金资产净值的0-60%；现金、短期金融工具、权证以及中国证监会允许基金投资的其他证券品种占基金资产净值的5%-65%，其中基金保留的现金以及投资于一年期以内的政府债券的比例合计不低于基金资产净值的5%。在基金实际管理过程中，该基金具体配置比例由基金管理人根据中国宏观经济情况和证券市场的阶段性变化做主动调整，以求基金资产在各类资产的投资中达到风险和收益的最佳平衡，但比例不超出上述限定范围。在法律法规有新规定的情况下，基金管理人可对上述比例做适度调整。

投资范围

该基金的投资范围为具有良好流动性的金融工具，包括国内依法发行上市的股票、债券、现金、短期金融工具、权证及法律法规或中国证监会允许基金投资的其他金融工具。其中债券投资的主要品种包括交易所和银行间两个市场的国债、金融债、企业债与可转换债。短期金融工具则包括到期日在一年以内的债券、债券回购、央行票据、银行存款、短期融资券等。如法律法规或监管机构以后允许基金投资的其他品种，基金管理人在履行适当程序后，可以将其纳入投资范围。

■ 市场表现

统计时间：截至2011年6月30日
图标来源：交银施罗德稳健配置混合型证券投资基金2011年半年度报告

■ 基金经理

张科兵：本科学历。8年证券行业经验。先后在安达信、普华永道国际会计师事务所担任审计经理、第一证券有限公司、申万巴黎基金管理有限公司从事研究工作。2007年加入交银施罗德基金管理有限公司，历任研究部副总经理、策略分析师，现任研究部总经理。2011年7月19日起担任交银施罗德稳健配置混合型证券投资基金基金经理至今。

交银施罗德趋势优先股票证券投资基金

简称：交银趋势股票

基金代码： 519702
成立日期： 2010年12月22日
基金类型： 契约型开放式，偏股型
风险级别： 中高
基金管理人： 交银施罗德基金管理有限公司
基金托管人： 中国工商银行

基本概况

基金净值

单位净值：0.958元　累计净值：0.958元

截至日期：2011年6月30日

业绩比较基准

75%×沪深300指数收益率+25%×中信标普全债指数收益率

投资目标

该基金力图通过把握中国人口变化的重大趋势，精选受益其中的优势行业和个股，在控制风险并保持基金资产良好的流动性的前提下，力争实现基金资产的长期稳定增值。

投资理念

在坚持一贯的价值投资理念的基础上，通过专业化的研究分析，积极挖掘非完全有效市场及不断变化的市场环境中的投资机会，注重以人口变化趋势这一影响经济结构调整和增长方式的重要外生变量为视角，优选战略性优势行业和领先企业。该理念至少包含以下两方面的含义：①证券市场并非完全有效，通过专业研究可以获得信息优势，把握市场环境变化的契机，积极投资，可以获得较高的超额收益。②人口具有超越诸多经济变量的外生性，其变化趋势会对一国中长期经济走势、结构调整和增长方式产生重大影响，从而进一步影响经济发展不同阶段特征下的行业投资机会。

投资范围

该基金的投资范围为具有良好流动性的金融工具，包括国内依法发行上市的股票、债券、货币市场工具、权证、资产支持证券以及法律法规或中国证监会允许基金投资的其他金融工具。如法律法规或监管机构以后允许该基金投资其他品种，基金管理人在履行适当程序后，可以将其纳入投资范围，并可依据届时有效的法律法规适时合理地调整投资范围。基金的投资组合比例为：股票资产占基金资产的60%-95%；债券、货币市场工具、现金、权证、资产支持证券以及法律法规或中国证监会允许基金投资的其他证券品种占基金资产的5%-40%，其中基金持有的权证不超过基金资产净值的3%，基金保留的现金和投资于到期日在一年以内的政府债券的比例合计不低于基金资产净值的5%。在基金实际管理过程中，基金管理人将根据中国宏观经济情况和证券市场的阶段性变化，在上述组合比例范围内，适时调整基金资产在股票、债券及货币市场工具等之间的配置比例。

市场表现

累计净值增长率与同期业绩基准收益率的走势对比图

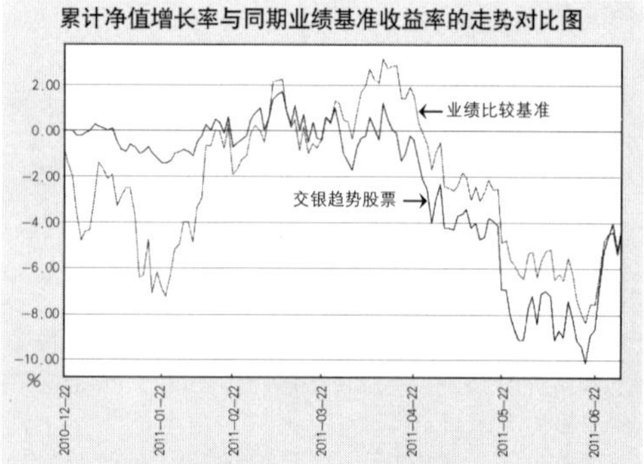

统计时间：截至2011年6月30日
图标来源：交银施罗德趋势优先股票证券投资基金2011年半年度报告

基金经理

管华雨：CFA、博士学历。9年证券、基金行业经验。历任申银万国证券股份有限公司投资部投资经理、高级投资经理，信诚基金管理有限公司分析师、基金经理助理、基金经理。其中2007年5月至2010年5月担任信诚四季红混合型证券投资基金基金经理。2010年6月加入交银施罗德基金管理有限公司，2011年4月6日至2011年12月11日担任权益部副总经理，现任权益部总经理。2010年10月8日担任交银施罗德成长股票证券投资基金基金经理至今，并于2010年12月22日担任交银施罗德趋势优先股票证券投资基金基金经理至今。

张迎军：经济学硕士。11年证券从业经验。2000年7月至2003年3月任职于申银万国证券研究所市场研究部、策略研究部研究员，2003年4月至2006年11月任职于中国太平洋保险（集团）股份有限公司资金运用管理中心投资经理，2006年12月至2008年5月任职于太平洋资产管理有限公司组合管理部组合经理。2008年8月加入交银施罗德基金管理有限公司，现任固定收益部副总经理。2009年1月21日起担任交银施罗德保本混合型证券投资基金基金经理至今，2011年5月3日起担任交银施罗德趋势优先股票证券投资基金基金经理至今。

交银施罗德保本混合型证券投资基金
简称：交银保本混合

基金代码： 519697
成立日期： 2009年1月21日
基金类型： 契约型开放式，混合型
风险级别： 低
基金管理人： 交银施罗德基金管理有限公司
基金托管人： 中国工商银行

基本概况

基金净值

单位净值：1.069元
截至日期：2011年6月30日

业绩比较基准

三年期银行定期存款收益率

投资目标

在确保保本周期到期时本金安全的基础上，通过保本资产与收益资产的动态配置和有效的组合管理，寻求组合资产的稳定增长和保本期间收益的最大化。

投资理念

根据恒定比例组合保险原理，该基金将根据市场的波动、组合安全垫（即基金净资产超过基金价值底线的数额）的大小动态调整保本资产与收益资产投资的比例，通过对保本资产的投资实现保本周期到期时投资本金的安全，通过对收益资产的投资寻求保本期间资产的稳定增值。

投资对象

股票、权证等收益资产占基金资产的0–40%；债券、货币市场工具等保本资产占基金资产的60%–100%，其中基金保留的现金以及投资于到期日在一年以内的政府债券的比例合计不低于基金资产净值的5%。

投资范围

该基金的投资范围为具有良好流动性的金融工具，包括国内依法发行交易的债券、股票、权证、货币市场工具以及法律法规或中国证监会允许基金投资的其他金融工具。

市场表现

累计净值增长率与同期业绩基准收益率的走势对比图

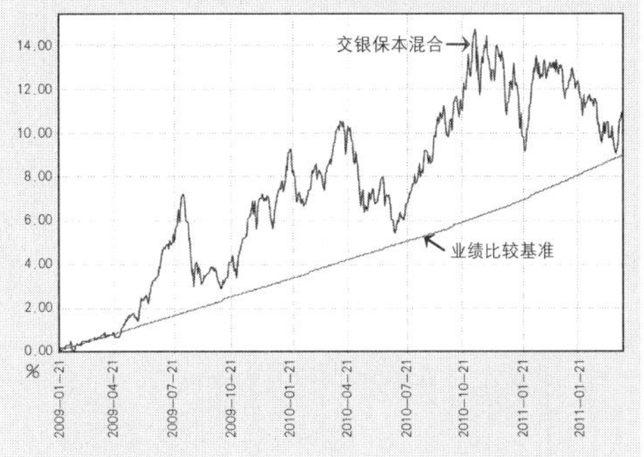

统计时间：截至2011年6月30日
图标来源：交银施罗德保本混合型证券投资基金2011年半年度报告

基金经理

张迎军：经济学硕士。11年证券从业经验。2000年7月至2003年3月任职于申银万国证券研究所市场研究部、策略研究部研究员，2003年4月至2006年11月任职于中国太平洋保险(集团)股份有限公司资金运用管理中心投资经理，2006年12月至2008年5月任职于太平洋资产管理有限公司组合管理部组合经理。2008年8月加入交银施罗德基金管理有限公司，现任固定收益部副总经理。2009年1月21日起担任交银施罗德保本混合型证券投资基金基金经理至今，.2011年5月3日起担任交银施罗德趋势优先股票证券投资基金基金经理至今。

交银施罗德主题优选灵活配置混合型证券投资基金

简称：交银主题优选混合

基金代码： 519700
成立日期： 2010年6月30日
基金类型： 契约型开放式，混合型
风险级别： 中高
基金管理人： 交银施罗德基金管理有限公司
基金托管人： 中国建设银行

基本概况

基金净值

单位净值：1.036元　累计净值：1.051元

截至日期：2011年6月30日

业绩比较基准

60%(沪深300指数收益率)+40%(中信标普全债指数收益率)

投资目标

该基金力图通过前瞻性的主题优选，积极把握行业和个股投资机会，在控制风险并保持基金资产良好的流动性的前提下，力争实现基金资产的长期稳定增值。

投资理念

在坚持一贯的价值投资理念的基础上，通过专业化的研究分析，积极把握非完全有效市场及不断变化的市场环境中的投资机会，注重在优选的投资主题下获取良好的投资收益。

投资标准

基金的投资组合比例为：股票资产占基金资产的30%-80%；债券、货币市场工具、现金、权证、资产支持证券以及法律法规或中国证监会允许基金投资的其他证券品种占基金资产的20%-70%，其中基金保留的现金以及投资于到期日在一年以内的政府债券的比例合计不低于基金资产净值的5%。在基金实际管理过程中，基金管理人将根据中国宏观经济情况和证券市场的阶段性变化，适时调整基金资产在股票、债券及货币市场工具等之间的配置比例。

投资范围

该基金的投资范围为具有良好流动性的金融工具，包括国内依法发行上市的股票、债券、货币市场工具、权证、资产支持证券以及法律法规或中国证监会允许基金投资的其他金融工具。如法律法规或监管机构以后允许基金投资其他品种，基金管理人在履行适当程序后，可以将其纳入投资范围。

市场表现

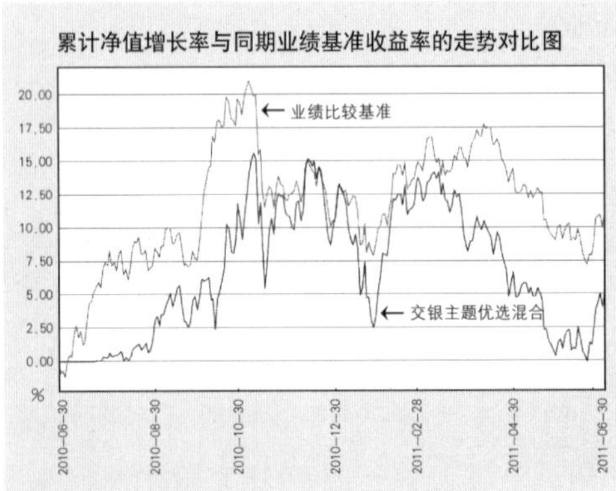

统计时间：截至2011年6月30日
图标来源：交银施罗德主题优选灵活配置混合型证券投资基金2011年半年度报告

基金经理

史　伟：英国雷丁大学经济学硕士，10年证券、基金从业经验。2001年至2002年在东方证券股份有限公司证券投资部从事行业研究，2003年至2008年在华宝兴业基金管理有限公司先后担任高级研究员、基金经理助理和基金经理。其中2005年11月至2008年3月担任华宝兴业动力组合股票型证券投资基金基金经理。2008年4月加入交银施罗德基金管理有限公司，现任权益部副总经理。2009年4月10日起担任交银施罗德先锋股票证券投资基金基金经理至今，并于2010年6月30日起兼任交银施罗德主题优选灵活配置混合型证券投资基金基金经理至今。

建信基金管理有限责任公司

CCB Principal Asset Management Co.,Ltd.

成立时间	2005年9月19日	注册资本	2亿元人民币	公司属性	中外合资
董 事 长	江先周	总 经 理	孙志晨	督 察 长	路彩营
联系电话	010-6622 8888	传真号码	010-6622 8889		
客服电话	400-81-95533　010-6622 8000			公司网址	www.ccbfund.cn
注册地址	北京市西城区金融大街7号英蓝国际金融中心16层				
办公地址	北京市西城区金融大街7号英蓝国际金融中心16层				

公司概况

建信基金管理有限责任公司(以下简称“公司”)成立于2005年9月，注册地在北京，注册资本金为2亿元人民币，由中国建设银行股份有限公司、美国信安金融集团、中国华电集团资本控股有限公司共同发起设立，持股比例分别为65%、25%及10%，是国内首批由商业银行发起设立的基金管理公司。

公司具有特定客户资产管理业务资格和合格境内机构投资者(QDII)资格。公司构建了较为完善的公募基金产品线，拥有多个特定客户资产管理计划，并为多家机构提供投资咨询服务，特定客户资产管理业务及投资顾问业务居业内前列。

自成立以来，良好的治理结构和健全的内部控制保证了公司合法规范经营，并逐步形成稳健、务实、规范、创新的经营风格。

年度发展

截至2011年6月30日，公司资产管理规模(含特定客户资产管理及投资咨询业务规模)已经突破480亿元，其中公募基金管理资产规模超过430亿元，特定客户资产管理规模及投资咨询业务规模超过50亿元；公司旗下拥有17只不同风险收益特征的基金产品，多个特定客户资产管理计划，为355万客户提供理财服务。

公司积极回馈基金持有人，截至2011年6月30日，公司旗下公募基金累计分红金额超过140亿元，得到了投资者的广泛认可。

公司管理团队及投研体系建设与发展

公司遵循市场化原则，吸引、培养和保留了一批基金业的优秀人才。在稳定的管理团队的带领下，公司组建了一只专业化、高素质、富有创造力和团队合作精神的员工队伍。

截至2011年6月30日，公司拥有9位基金经理管理旗下基金产品。公司实行投资决策委员会领导下的团队式投资管理体制。在投资管理过程中，公司将投资、研究、风险管理、监察稽核、运营和技术支持有效结合，建立了一整套完整、高效的投资管理体系。

投资者教育、社会公益活动

年度投资者教育

2010年，公司针对不同的投资者人群开展了内容丰富、形式多样的投资者教育专项活动。公司在全国各地举办了200多场形式多样的理财知识讲座并分别在广州、杭州、石家庄、乌鲁木齐四所城市举办了四场“建信·观察家资本市场季度高峰论坛”活动，共有10,000多名投资者和银行客户经理参加了活动，同主讲嘉宾进行了面对面的沟通。

为普及基金理财知识，2010年8月，公司与中国建设银行和《中国证券报》合作，在成都和郑州举办两场“金牛基金巡讲”，多位专家、基金经理向客户和银行客户经理宣讲了关于资本市场和基金投资的观点。

2011年，公司继续开展投资者教育专项活动。公司在全国举办了多场理财知识讲座并于2011年4月在南京举办了全年首场“建信·观察家资本市场季度高峰论坛”活动。

2011年6月，公司继续与中国建设银行和《中国证券报》合作，在北京举办了“金牛基金巡讲”，多位专家、基金经理向客户和银行客户经理宣讲了关于资本市场和基金投资的观点。

2010年至2011年6月30日期间，公司还与新闻媒体合作进行投资者教育工作，如与报刊、电视台、电台、网站等传媒合作，设立投资者教育专栏，制作、播出投资者教育专题节目等。

社会公益活动

自成立以来，公司始终坚持“热心公益事业，做有社会责任的企业公民”的企业理念，开展了诸多社会公益活动，受到了投资者及社会各界的好评。

2010年4月，公司在青海玉树发生强烈地震后，发扬“一方有难、八方支援”的精神，公司及全体员工向灾区人民捐款30余万元，积极支持灾区群众抗震救灾。同月，建信基金在河北省滦平县巴克什营林场举办“绿色中国—我们在行动”植树活动，在活动中，公司向中国绿化基金会捐赠“绿色公益基金”114,500元，可用于植树2万多棵、造林130余亩。

2010年8月，公司在甘肃舟曲发生泥石流灾害后，积极发动公司员工向灾区捐款表达爱心，捐款金额5万多元。

2010年12月，公司通过四川省青少年发展基金会，向广汉市新丰中学捐赠30万元，用于改善该校在“5.12”地震中遭到损坏的教学设施。

此外，公司还成立了“金色助学计划”，设立“建信金色绩优奖学金”和“建信金色励勤助学金”，已先后资助了北京大学、吉林大学、长春理工大学、华南理工大学、西北师范大学等多所高校的学生。该计划实施以来，助学总资金已达390多万元。

年度重点业务介绍

2010年以来，公司在发展和完善产品线方面取得了长足的进步，先后成功设立了建信上证社会责任ETF及其联接基金、建信全球机遇股票基金和建信内生动力股票基金4只新基金。

2011年以来(截至6月30日)，先后成功设立了建信保本混合基金、建信双利策略主题分级股票基金、建信信用增强债券基金和建信新兴市场优选股票基金4只新基金。

除了公募业务之外，2010年以来公司的非公募业务也获得了快速发展。2010-2011年6月30日期间，公司先后成功设立了多只特定客户资产管理计划。为更多的客户提供个性化的投资服务，满足了不同客户差异性的理财需求。

年度重要事件记载

2010年公司旗下基金整体业绩优良，投资能力不断提升，管理水平稳步提高。2010年，公司旗下债券类基金业绩位居行业前1/4，公司公募产品整体业绩水平位居同业前35.39%。

2010年5月23日，在由《中国证券报》主办的第七届中国基金业金牛奖评选榜单中，建信基金荣获“债券投资金牛基金公司”称号；建信稳定增利债券基金凭借其持续优异的业绩表现荣获“2009年度开放式债券型金牛基金”奖。

2011年3月31日，建信基金在《证券时报》主办的“2010年度基金业明星奖”评选中荣获“2010年度十大明星基金公司”奖；建信核心精选股票基金荣获“2010年度股票型明星基金奖”。

2011年4月10日，在由《中国证券报》主办的第八届中国基金业金牛奖评选榜单中，建信基金荣获“债券投资金牛基金公司”称号。

公司旗下公募基金产品一览

基金简称	基金代码	设立日期	上市日期	上市地点	托管银行
封闭式					
建信优势动力封闭①	150003	2008-03-19	2008-09-19	深交所	交通银行
建信信用增强债券	165311	2011-06-16	2011-09-09	深交所	交通银行
股票型					
建信恒久价值股票	530001	2005-12-01			中信银行
建信优选成长股票	530003	2006-09-08			工商银行
建信核心精选股票	530006	2008-11-25			工商银行
建信沪深300指数(LOF)	165309	2009-11-05	2009-11-30	深交所	工商银行
建信责任	530010	2010-05-28			工商银行
建信内生动力股票	530011	2010-11-16			工商银行
建信双利分级股票	165310	2011-05-06	2011-06-08	深交所	招商银行

①为创新封闭式基金。

（续上表）

基金简称		基金代码	设立日期	上市日期	上市地点	托管银行
混合型						
建信优化配置混合		530005	2007-03-01			工商银行
建信保本混合		530012	2011-01-18			工商银行
债券型						
建信稳定增利债券		530008	2008-06-25			工商银行
建信增强债券A		530009	2009-06-02			农业银行
建信增强债券C		531009	2009-06-02			农业银行
货币型						
建信货币		530002	2006-04-25			工商银行
ETF						
责任ETF	二级市场交易代码:	510090	2010-05-28	2010-08-09	上交所	工商银行
责任申赎	申购、赎回代码:	510091	2010-05-28	2010-08-09	上交所	工商银行
QDII						
建信全球机遇股票(QDII)		539001	2010-09-14			工商银行
建信新兴市场股票(QDII)		539002	2011-06-21			工商银行

2010年旗下公募基金数量发展

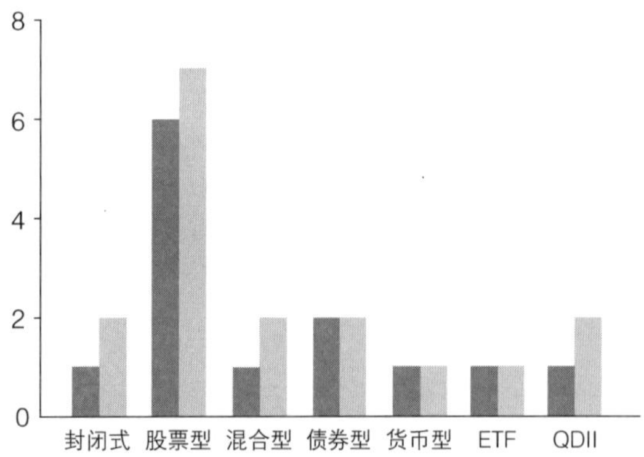

统计周期：2010年-2011年上半年
2010年末　2011年上半年末

2010年旗下公募基金资产净值构成

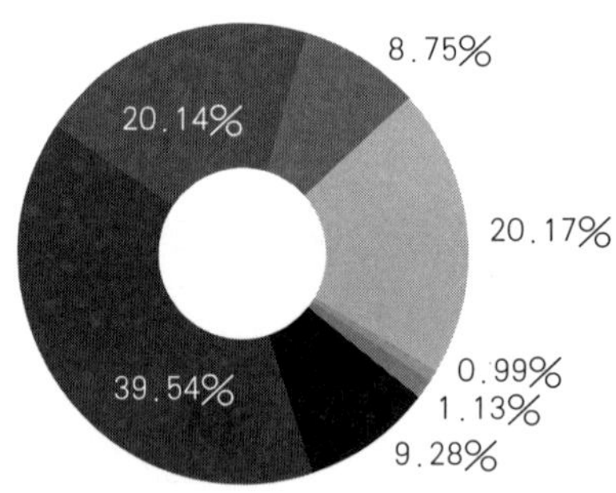

数据截至2010年12月31日
封闭式　股票型　混合型　债券型
货币型　ETF　QDII

旗下产品介绍

建信恒久价值股票型证券投资基金

简称：建信恒久价值股票

基金代码：530001
成立日期：2005年12月1日
基金类型：契约型开放式，股票型
基金管理人：建信基金管理有限责任公司
基金托管人：中信银行
基金经理：邱宇航　顾中汉

基本概况

业绩比较基准

75%×MSCI中国A股指数+20%×中信全债指数+5%×1年定期存款利率

风险收益特征

该基金属于股票型证券投资基金，一般情况下其风险和预期收益高于货币市场基金、债券型基金和混合型基金；在股票型基金中，该基金属于中等风险、中等收益的证券投资基金。

投资目标

有效控制投资风险，追求基金资产长期稳定增值。

基金特点

● **股东价值、投资标尺** 上市公司股东价值是投资者利益的根本体现；关注上市公司创造股东价值的能力、过程和可持续性。

● **MSCI中国A股指数、科学基准** 该基金在国内领先使用MSCI中国A股指数作为业绩比较基准。MSCI中国A股指数是由国际权威基准指数提供商MSCI Barra公司推出的专门为中国国内投资者开发的指数。全球有3万亿美元以上的资产以MSCI的各种指数为投资比较基准。中国股市逐步和国际接轨，国际化的指数将更能引领投资方向。注重股票的可自由流通性，全流通后，MSCI中国A股指数将更能体现中国股市的特性。

● **四重筛选、精益求精** 定量模型发现评估；研究人员优化确认；基金经理精选实施；投研人员动态跟踪。

● **信安技术、安心保障** 成熟的信安ISAR模型首次本土优化使用，信安金融集团为该基金提供先进的风险控制技术和管理支持。

市场表现

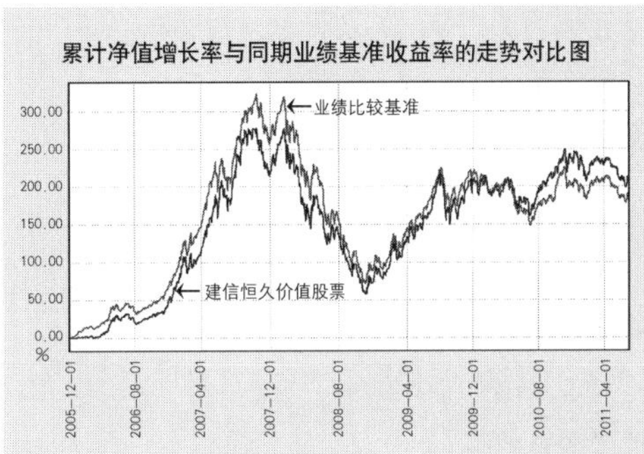

注：1、该基金投资组合中股票资产占基金资产的60-95%，现金、债券、货币市场工具以及中国证监会允许基金投资的其他金融工具占基金资产的5-40%，其中，基金保留的现金以及投资于一年期以内的政府债券的比例合计不低于基金资产净值的5%。
2、2011年2月9日，中国人民银行上调了金融机构人民币存款基准利率。作为该基金业绩比较基准的1年定期存款利率由2.75%上调至3.00%。2011年4月6日，该收益率上调至3.25%。

统计时间：2005年12月1日至2011年6月30日
图标来源：建信恒久价值股票型证券投资基金2011年半年度报告

业绩表现

阶段	累计净值增长率(%)	基准累计收益率(%)	超基准收益(%)
自成立以来	213.85	191.27	22.58

截至日期：2011年6月30日

收益分配

2010—2011年上半年该基金累计每份分红0.104元。

自成立以来，该基金累计每份分红0.684元。

截至日期：2011年6月30日

基金管理回顾

该基金在2010年本着积极防御的策略，在消费服务、优秀制造业与部分新兴产业等行业进行较为积极与集中的配置，而在投资品与部分资源品等周期性较强的行业实行较低的配置，并在合适的时机进行了相对有效的仓位选择，取得了较好的效果，在系统性机会不大的情况下为广大投资者实现了一定的正收益。

该基金在2011年上半年以较为防御的策略，相对集中投资于具备长期竞争力、相对估值有一定优势的消费服务，低估值蓝筹与部分投资品股票。

建信货币市场基金

简称：建信货币

基金代码：530002
成立日期：2006年4月25日
基金类型：契约型开放式，货币型
基金管理人：建信基金管理有限责任公司
基金托管人：中国工商银行
基金经理：彭云峰

基本概况

业绩比较基准

6个月银行定期存款税后收益率

风险收益特征

该基金为货币市场基金，属于证券投资基金中的低风险品种；预期收益和风险均低于债券基金、混合基金、股票基金。

投资目标

在力保本金安全和基金财产较高流动性的前提下，争取获得超过投资基准的收益率。

基金特点

- **活期也有高收益**

投资安全性较高，流动性强的货币市场工具，投资收益率一般高于银行活期存款利率。

- **随时存取很便利**

类似活期存款的便利，随时变现不损失利息，赎回款T+1日从银行划出。

- **买卖费率零成本**

免认购费、申购费、赎回费，免利息税、分红所得税。

- **天天收益享复利**

天天分红，每月支付，且红利享有复利再投资。

市场表现

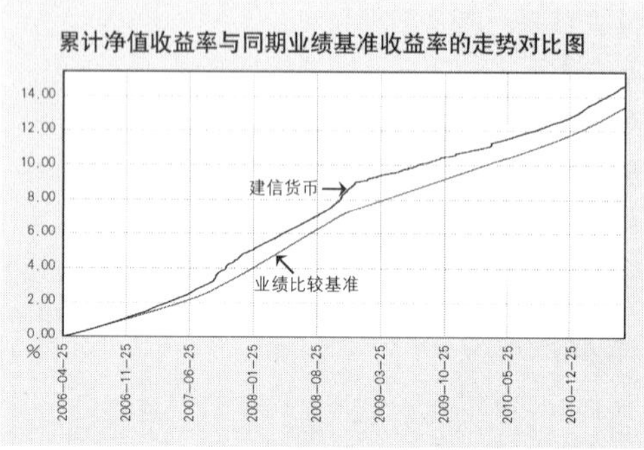

注：2011年2月9日，中国人民银行上调了金融机构人民币存款基准利率。作为该基金业绩比较基准的6个月定期存款税后收益率由2.50%上调至2.80%。2011年4月6日，该收益率上调至3.05%。

统计时间：2006年4月25日至2011年6月30日

图标来源：建信货币市场基金2011年半年度报告

业绩表现

阶 段	累计净值收益率(%)	基准累计收益率(%)	超基准收益(%)
自成立以来	14.66	13.50	1.16

截至日期：2011年6月30日

基金管理回顾

回顾2010年全年的基金管理工作，在2010年市场环境变化剧烈的情况下，基金经理会及时跟踪分析基本面和资金面情况并根据基金本身的申购赎回情况，在各个不同的阶段对基金资产进行动态优化调整，在保证流动性的同时提高了组合收益。建信货币市场基金从2010年年初开始，逐步提高短期融资券等高收益资产的配置，在流动性收紧后适度增配了央票等无风险资产。2010年四季度随着货币市场利率的大幅上行而提高了定期存款和逆回购资产的比例，并降低了债券资产的配置比例，降低了组合的平均剩余期限。

回顾2011年上半年的投资管理工作，建信货币基金保持稳健的投资风格，在一季度根据申购赎回情况逐步提高了高评级短融资产和定期存款的配置比例，二季度仍然以回购和定期存款等流动性资产为配置重点，较为平稳地渡过了资金紧张期和季末赎回期。但对从5月开始的大规模赎回预估不足，在短期利率大幅上升的情况下，组合的平均剩余期限被动有所延长。

建信优选成长股票型证券投资基金

简称：建信优选成长股票

基金代码： 530003
成立日期： 2006年9月8日
基金类型： 契约型开放式，股票型
基金管理人： 建信基金管理有限责任公司
基金托管人： 中国工商银行
基金经理： 姚 锦

■ 基本概况

业绩比较基准

75%×富时中国A600成长指数+20%×中国债券总指数+5%×1年定期存款利率

风险收益特征

该基金属于股票型证券投资基金，一般情况下其预期风险和预期收益高于货币市场基金、债券型基金和混合型基金。

投资目标

通过投资于具有良好业绩成长性和投资价值的上市公司，实现基金资产长期增值。

■ 基金特点

- **灵活布局、把握机遇**

该基金股票资产的投资比例在60%–95%之间，可根据市场形势合理配置。

- **分享成长、优选个股**

该基金将定量研究和定性研究有机结合，对上市公司业绩的成长性、成长的可持续性和投资价值进行GSV三维分析，精选个股，重点投资。

- **国际模式、先进风控**

该基金采用美国信安金融集团先进的风险控制技术和管理方式，对投资风险进行全程嵌入式管理，有效控制投资风险。

- **成功经验、业绩卓越**

■ 收益分配

自成立以来，该基金累计每份分红1.45元。

截至日期：2011年6月30日

■ 市场表现

累计净值增长率与同期业绩基准收益率的走势对比图

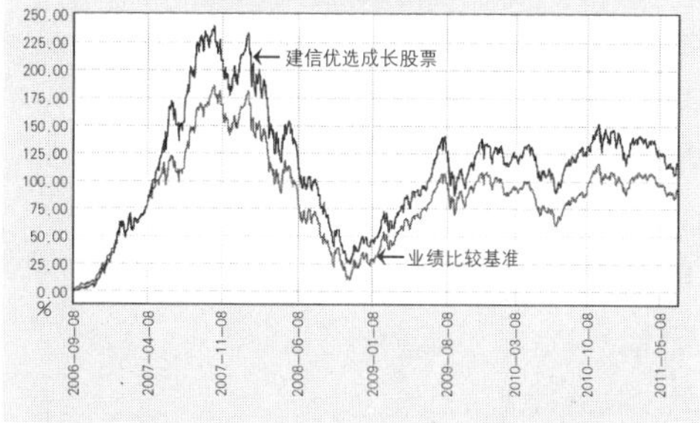

注：该基金股票占基金资产的60%–95%，其中投资于具有良好业绩成长潜力并具备投资价值的上市公司发行的股票占非现金资产的比例不低于80%；现金、债券、货币市场工具以及国家证券监管机构允许基金投资的其他金融工具占基金资产的5%–40%，其中基金保留的现金以及投资于一年期以内的政府债券的比例合计不低于基金资产净值的5%。

统计时间：2006年9月8日至2011年6月30日
图标来源：建信优选成长股票型证券投资基金2011年半年度报告

■ 业绩表现

阶 段	累计净值增长率(%)	基准累计收益率(%)	超基准收益(%)
自成立以来	117.81	93.77	24.04

截至日期：2011年6月30日

■ 基金管理回顾

2010年，世界经济在全球政府空前一致的货币、财政刺激下逐步从金融海啸中走出来，当世界经济迅速反弹时，人们以为金融危机已经远去，然而就在此时，反危机的扩张性财政政策和货币政策的后遗症开始逐步显现。观察2010年的中国经济，在经历了明显的复苏后，泛滥的流动性直接推动了资产价格的上涨，黄金、地产、古玩、农产品价格轮番上涨，被2008年金融危机打掉的通胀再次出现。

2010年CPI的节节攀升，导致中央政府货币政策回归正常化，控制泛滥的流动性重新成为央行货币政策的目标。通胀无牛市，在流动性不断收缩的过程中，资本市场在过去的2010年无明显的趋势性机会，但结构性机遇仍然存在。

建信优选成长股票基金在2011年上半年对市场内在的结构性风险做了一定的预判，在仓位结构上做了调整，但遗憾的是伴随着通胀的攀升，对由此引发的系统性风险认识不足，在仓位上未作出正确选择，上半年仓位始终保持在基金契约的上限。

建信稳定增利债券型证券投资基金

简称：建信稳定增利债券

基金代码： 530008

成立日期： 2008年6月25日

基金类型： 契约型开放式，债券型

基金管理人： 建信基金管理有限责任公司

基金托管人： 中国工商银行

基金经理： 钟敬棣

基本概况

业绩比较基准 中国债券总指数

风险收益特征

该基金为债券型基金，其长期平均风险和预期收益率低于股票型基金、混合型基金，高于货币市场基金。

投资目标

通过主动式管理债券组合，在追求基金资产稳定增长基础上获得高于投资基准的回报。

基金特点

- **优化组合、控制风险** 该基金将采取“自上而下”的方法确定投资组合久期，结合“自下而上”的个券选择方法构建债券投资组合，为基金持有人控制风险。
- **专业投资、追求收益** 该基金将通过专业分工细分研究领域，在立足长期分析的基础上，从利率、信用等角度进行深入研究，形成专业投资策略，回报基金持有人。
- **新股申购、把握机会** 在固定收益资产所提供的收益基础上，该基金将适当参与新股申购及增发新股申购，为基金持有人把握股市机会。

基金优势

2010年5月23日，在由《中国证券报》主办的第七届中国基金业金牛奖评选榜单中，建信稳定增利债券基金凭借其持续优异的业绩表现荣获“2009年度开放式债券型金牛基金”奖。

收益分配

2010—2011年上半年该基金累计每份分红0.13元。

自成立以来，该基金累计每份分红0.195元。

截至日期：2011年6月30日

市场表现

注：该基金主要投资于国债、金融债、央行票据、企业债、公司债、可转换债券(含分离交易可转债)、短期融资券、资产支持证券、债券回购、银行存款等固定收益证券品种。该基金对债券类资产的投资比例不低于基金资产的80%，持有现金或到期日在一年以内的政府债券不低于基金资产净值的5%。

统计时间：2008年6月25日至2011年6月30日

图标来源：建信稳定增利债券型证券投资基金2011年半年度报告

业绩表现

阶 段	累计净值增长率(%)	基准累计收益率(%)	超基准收益(%)
自成立以来	34.10	14.22	19.88

截至日期：2011年6月30日

基金管理回顾

该基金基于对宏观形势的判断，在2010年全年采取了低久期策略，并在10月底加息前减持了部分信用债券，较大程度地规避了债券收益率上升的风险。转债方面，组合在中行转债上市前保持了较低的转债配置，在中行转债上市后加大了中行转债的配置，取得了不错的回报。新股申购方面，该基金采取了比较积极的打新策略，这主要是因为市场给予了新股比较高的溢价，尤其是中小板和创业板的新股，基金的打新策略顺应了市场的趋势，因而取得了一定的收益。但在对个别新股的申购中，由于其出现破发，基金净值曾一度受到较大的影响，这促使基金在以后的新股申购中更趋谨慎。

该基金在2011年上半年维持了债券的低久期策略，并低配了信用债，使组合一定程度上避免了债券价格下跌带来的损失。但2011年上半年组合中的股票和转债资产表现不佳，尤其是中小股票下跌较多，对组合业绩造成一定的影响。

建信核心精选股票型证券投资基金

简称：建信核心精选股票

基金代码：530006
成立日期：2008年11月25日
基金类型：契约型开放式，股票型
基金管理人：建信基金管理有限责任公司
基金托管人：中国工商银行
基金经理：王新艳

基本概况

业绩比较基准

75%×沪深300指数+25%×中国债券总指数

风险收益特征

该基金属于股票型证券投资基金，一般情况下其风险和收益高于货币市场基金、债券型基金和混合型基金。

投资目标

通过对宏观经济环境、市场环境、行业特征和公司基本面的深入研究，精选具有良好成长性和价值性的上市公司股票，在有效控制风险的前提下力争实现基金资产的长期稳定增值。

基金特点

● 价值成长，二维精选

该基金奉行“价值与成长相结合”的选股原则，通过Value-Growth（价值—成长）二维风格分析，使所选股票兼具价值性和成长性的双重投资特征。

● 优中选优，聚焦核心

该基金投资业绩比较基准的主要部分是沪深300指数，股票投资资产的40%以上将投资于基准指数的成份股，构建组合。

基金优势

2011年3月31日，建信核心精选股票基金在《证券时报》主办的“2010年度基金业明星奖”评选中获“2010年度股票型明星基金奖”。

市场表现

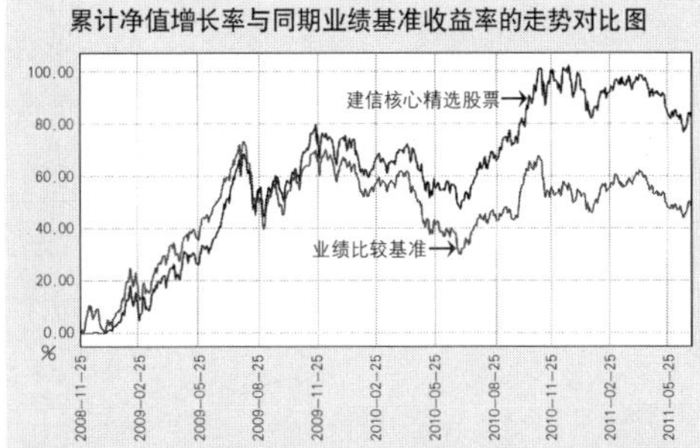

注：该基金股票资产投资比例为基金资产的60～95%，债券、现金类资产及权证、资产支持证券的投资比例为基金资产的5～40%，其中，现金或到期日在一年以内的政府债券投资比例不低于基金资产净值的5%，权证投资比例不高于基金资产净值的3%，资产支持证券投资比例不高于基金资产净值的20%。

统计时间：2008年11月25日至2011年6月30日
图标来源：建信核心精选股票型证券投资基金2011年半年度报告

业绩表现

阶段	累计净值增长率(%)	基准累计收益率(%)	超基准收益(%)
自成立以来	84.72	50.25	34.47

截至日期：2011年6月30日

收益分配

2010—2011年上半年该基金累计每份分红0.085元。

自成立以来，该基金累计每份分红0.665元。

截至日期：2011年6月30日

基金管理回顾

该基金在2010年采取较为积极、灵活的策略，相对集中投资于具备长期竞争力、相对估值有一定优势的非周期行业，阶段性参与周期类行业，获得了较好的收益。

2011年上半年该基金基本保持较低股票仓位，以防范下行风险为主。具体结构上，以绝对估值低的金融、地产和盈利前景明确的商业零售、医药、食品饮料为主。

信诚基金管理有限公司

CITIC-Prudential Fund Management Co.,Ltd.

成立时间	2005年9月30日	注册资本	2亿元人民币	公司属性	中外合资
董 事 长	张翔燕	总 经 理	王俊锋	督 察 长	唐世春
联系电话	021-6864 9788	传真号码	021-5012 0888		
客服电话	400-666-0066 021-5108 5168			公司网址	www.citicprufunds.com.cn
注册地址	上海市世纪大道8号上海国金中心汇丰银行大楼9层				
办公地址	上海市世纪大道8号上海国金中心汇丰银行大楼9层				

公司概况

信诚基金管理有限公司(以下简称“信诚基金”)经中国证监会证监基金字[2005]142号文批准，成立于2005年9月30日，公司注册地为上海，注册资本2亿元人民币。目前公司股东为中信信托有限责任公司、英国保诚集团股份有限公司和中新苏州工业园区创业投资有限公司，分别持股49%、49%和2%。

2010年至2011年上半年，信诚基金产品发行工作得到进一步推进，先后募集并设立了6只公募基金，包括1只创新型封闭式基金——信诚增强收益债券封闭；4只开放式基金，分别为信诚中小盘股票、信诚深度价值股票、信诚中证500指数分级和信诚货币；1只QDII基金——信诚金砖四国配置(QDII-FOF-LOF)，公司产品线得到进一步完善。

截至2011年6月30日，信诚基金旗下共管理12只公募基金。

旗下公募基金产品一览

基金简称	基金代码	设立日期	上市日期	上市地点	托管银行
封闭式					
信诚增强收益债券封闭①	165509	2010-09-29	2010-11-08	深交所	建设银行
股票型					
信诚精萃成长股票	550002	2006-11-27			建设银行
信诚盛世蓝筹股票	550003	2008-06-04			建设银行
信诚优胜精选股票	550008	2009-08-26			建设银行
信诚中小盘股票	550009	2010-02-10			建设银行
信诚深度价值股票(LOF)	165508	2010-07-30	2010-09-20	深交所	建设银行
信诚中证500指数分级	165511	2011-02-11	2011-03-14	深交所	建设银行

①为创新封闭式基金，3年内(含)封闭运作。

（续上表）

基金简称	基金代码	设立日期	上市日期	上市地点	托管银行
混合型					
信诚四季红混合	550001	2006-04-29			农业银行
债券型					
信诚三得益债券	550004	2008--09-27			建设银行
信诚经典优债债券	550006	2009-03-11			建设银行
货币型					
信诚货币	550010	2011-03-23			建设银行
QDII					
信诚金砖四国配置(QDII-FOF-LOF)	165510	2010-12-17	2011-01-20	深交所	中国银行

2010年旗下公募基金数量发展

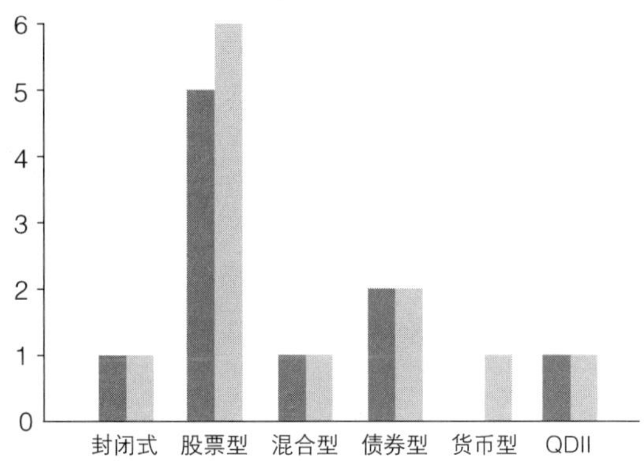

统计周期：2010年-2011年上半年
■2010年末 ■2011年上半年末

2010年旗下公募基金资产净值构成

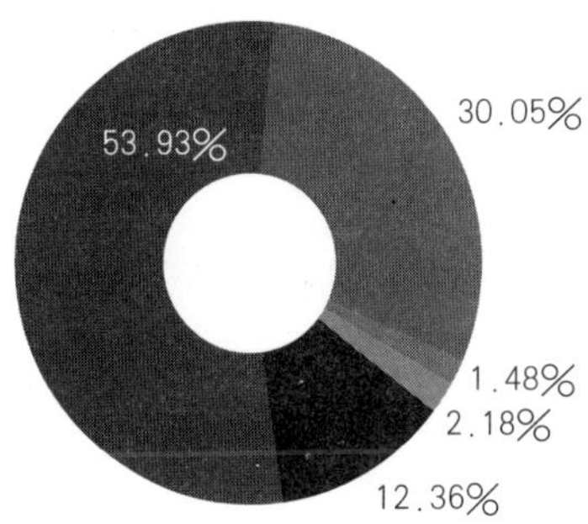

数据截至2010年12月31日
■封闭式 ■股票型 ■混合型 ■债券型 ■QDII

汇丰晋信基金管理有限公司

HSBC Jintrust Fund Management Co.,Ltd.

成立时间	2005年11月16日	注册资本	2亿元人民币	公司属性	中外合资
董事长	杨小勇	总经理	李选进	督察长	古韵
联系电话	021-3878 9898	传真号码	021-3878 9899		
客服电话	021-3878 9998	公司网址	www.hsbcjt.cn		
注册地址	上海市浦东新区富城路99号震旦大厦35楼				
办公地址	上海市浦东新区富城路99号震旦大厦35楼				

公司概况

汇丰晋信基金管理有限公司(以下简称“汇丰晋信基金”)经中国证监会证监基金字[2004]178号文批准，成立于2005年11月16日。公司注册地为上海，注册资本为2亿元人民币。目前公司股东为山西信托有限责任公司和汇丰环球投资管理(英国)有限公司，分别持股51%和49%。

截至2011年6月30日，汇丰晋信基金旗下共管理9只开放式基金。

旗下公募基金产品一览

基金简称	基金代码	设立日期	托管银行
股票型			
汇丰晋信龙腾股票	540002	2006-09-27	交通银行
汇丰晋信大盘股票	540006	2009-06-24	交通银行
汇丰晋信中小盘股票	540007	2009-12-11	建设银行
汇丰晋信低碳先锋股票	540008	2010-06-08	交通银行
汇丰晋信消费红利股票	540009	2010-12-08	交通银行
混合型			
汇丰晋信2016周期混合	540001	2006-05-23	交通银行
汇丰晋信动态策略混合	540003	2007-04-09	交通银行
汇丰晋信2026周期混合	540004	2008-07-23	建设银行
债券型			
汇丰晋信平稳增利债券	540005	2008-12-03	交通银行

2010年旗下公募基金数量发展

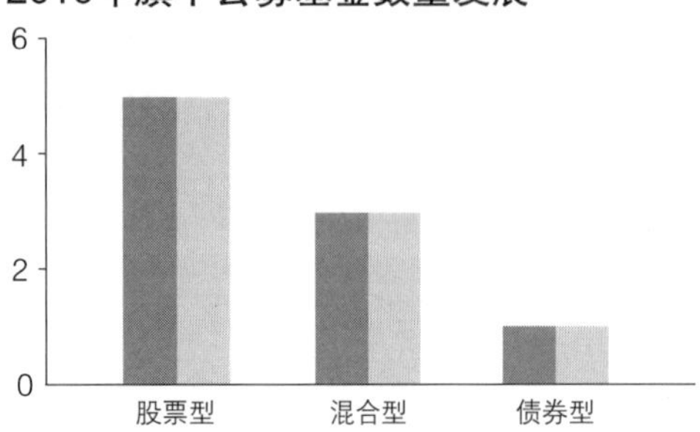

统计周期：2010年-2011年上半年
■2010年末 ■2011年上半年末

2010年旗下公募基金资产净值构成

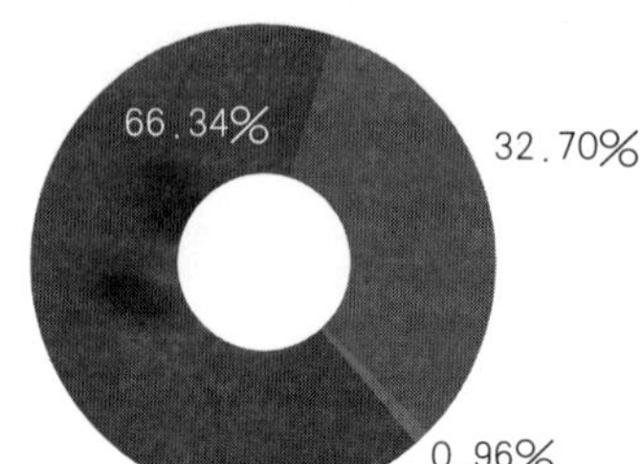

数据截至2010年12月31日
■股票型 ■混合型 ■债券型

益民基金管理有限公司

YiMin Asset Management Co.,Ltd.

成立时间	2005年12月12日	注册资本	1亿元人民币	公司属性	中 资
董 事 长	翁振杰	总 经 理	雷学军	督 察 长	刘 伟
联系电话	010-6310 5556	传真号码	010-6310 0588		
客服电话	400-650-8808　010-6310 5559			公司网址	www.ymfund.com
注册地址	重庆市渝中区上清寺路110号				
办公地址	北京市宣武区宣武门外大街6号庄胜广场中央办公楼南翼13A				

公司概况

益民基金管理有限公司(以下简称“益民基金”)经中国证监会批准于2005年12月12日成立，公司注册地在重庆，注册资本1亿元人民币。目前公司股权结构为重庆国际信托有限公司(49%)、中国新纪元有限公司(31%)和中山证券有限责任公司(20%)。

截至2011年6月30日，益民基金共管理4只开放式基金。

旗下公募基金产品一览

基金简称	基金代码	设立日期	托管银行
混合型			
益民红利成长混合	560002	2006-11-21	华夏银行
益民创新优势混合	560003	2007-07-11	农业银行
债券型			
益民多利债券	560005	2008-05-21	招商银行
货币型			
益民货币	560001	2006-07-17	农业银行

2010年旗下公募基金数量发展

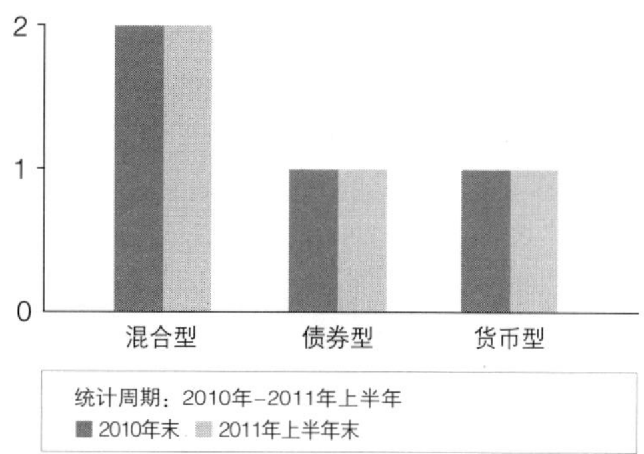

2010年旗下公募基金资产净值构成

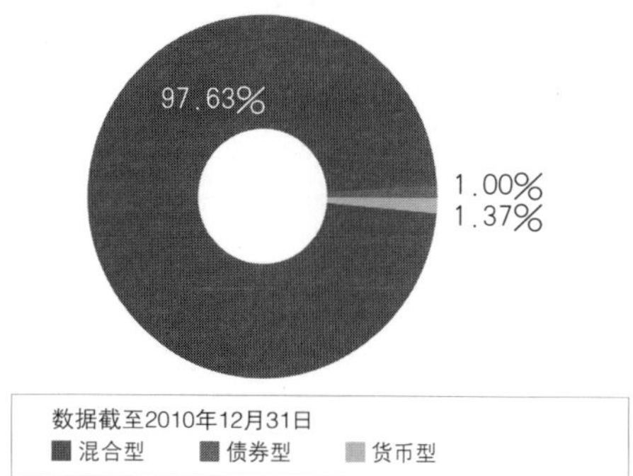

华商基金管理有限公司

Huashang Fund Management Co.,Ltd.

成立时间	2005年12月20日	注册资本	1亿元人民币	公司属性	中 资
董 事 长	李晓安	总 经 理	王 锋	督 察 长	周亚红
联系电话	010-5857 3600	传真号码	010-5857 3520		
客服电话	400-700-8880	公司网址	www.hsfund.com		
注册地址	北京市西城区平安里西大街28号中海国际中心19层				
办公地址	北京市西城区平安里西大街28号中海国际中心19层				

公司概况

华商基金管理有限公司(以下简称“华商基金”)经中国证监会证监基金字[2005]160号文批准，成立于2005年12月20日。公司注册地为北京，注册资本为1亿元人民币。公司股东包括华龙证券有限责任公司、中国华电集团财务有限公司和济钢集团有限公司。

2010年至2011年上半年，华商基金相继募集设立了5只开放式基金，包括2只股票型基金、2只债券型基金和1只混合型基金。截至2011年6月30日，华商基金旗下共管理9只公募基金，包括3只股票型基金、3只混合型基金和3只债券型基金。

旗下公募基金产品一览

基金简称	基金代码	设立日期	托管银行
股票型			
华商盛世成长股票	630002	2008-09-23	建设银行
华商产业升级股票	630006	2010-06-18	建设银行
华商价值精选股票	630010	2011-05-31	建设银行
混合型			
华商领先企业混合	630001	2007-05-15	民生银行
华商动态阿尔法混合	630005	2009-11-24	建设银行
华商策略精选混合	630008	2010-11-09	民生银行
债券型			
华商收益增强债券	630003	2009-01-23	建设银行
华商稳健双利债券	630007	2010-08-09	建设银行
华商稳定增利债券	630009	2011-03-15	建设银行

2010年旗下公募基金数量发展

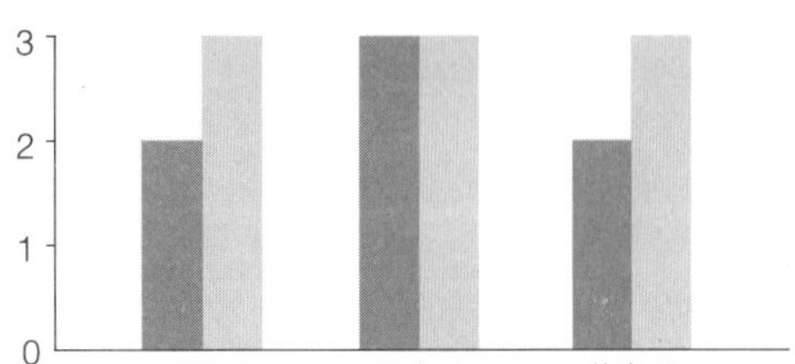

统计周期：2010年-2011年上半年
■2010年末 ■2011年上半年末

2010年旗下公募基金资产净值构成

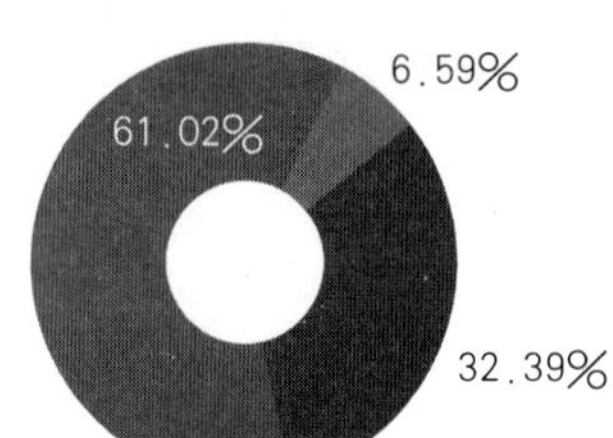

数据截至2010年12月31日
■股票型 ■混合型 ■债券型

中邮创业基金管理有限公司

China Post & Capital Fund Management Co.,Ltd.

成立时间	2006年5月8日	注册资本	1亿元人民币	公司属性	中 资
董 事 长	吴 涛	总 经 理	周 克	督 察 长	郭建华
联系电话	010-8229 5160	传真号码	010-8229 5160转121		
客服电话	400-880-1618	公司网址	www.postfund.com.cn		
注册地址	北京市海淀区西直门北大街60号首钢国际大厦10层				
办公地址	北京市海淀区西直门北大街60号首钢国际大厦10层				

公司概况

中邮创业基金管理有限公司(以下简称“中邮创业基金”)经中国证监会批准，于2006年5月8日成立。公司注册地为北京，注册资本1亿元人民币。目前公司股东为首创证券有限责任公司、中国邮政集团公司和北京长安投资集团有限公司，持股比例分别为47%、29%和24%。

2010年至2011年上半年，中邮创业基金募集并设立了2只开放式基金，分别为中邮核心主题股票和中邮中小盘灵活配置混合。截至2011年6月30日，中邮创业基金旗下共管理5只公募基金，包括3只股票型基金和2只混合型基金。

旗下公募基金产品一览

基金简称	基金代码	设立日期	托管银行
股票型			
中邮核心优选股票	590001	2006-09-28	农业银行
中邮核心成长股票	590002	2007-08-17	农业银行
中邮核心主题股票	590005	2010-05-19	招商银行
混合型			
中邮核心优势灵活配置混合	590003	2009-10-28	农业银行
中邮中小盘灵活配置混合	590006	2011-05-10	农业银行

2010年旗下公募基金数量发展

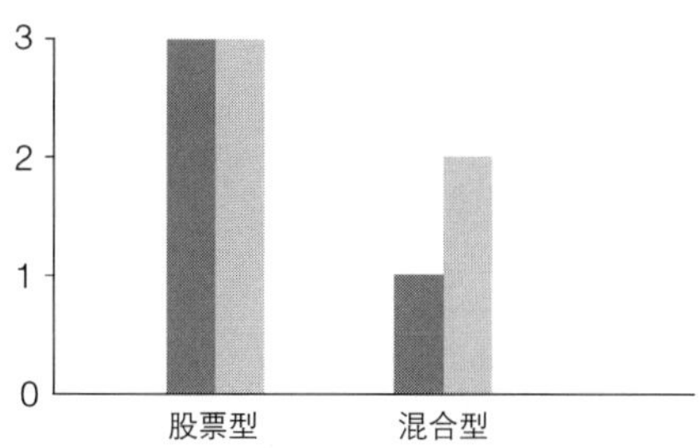

统计周期：2010年-2011年上半年
■2010年末 ■2011年上半年末

2010年旗下公募基金资产净值构成

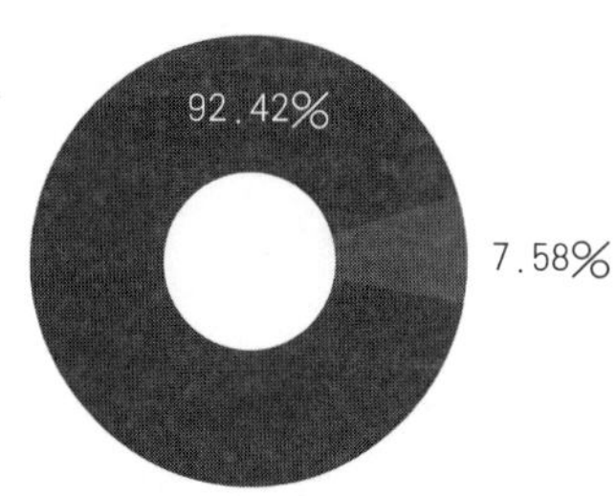

数据截至2010年12月31日
■股票型 ■混合型

信达澳银基金管理有限公司

First State Cinda Fund Management Co.,Ltd.

成立时间	2006年6月5日	注册资本	1亿元人民币	公司属性	中外合资
董事长	何加武	总经理	王重昆	督察长	黄晖
联系电话	0755-8317 2666	传真号码	0755-8319 6151		
客服电话	400-8888-118　0755-8316 0160			公司网址	www.fscinda.com
注册地址	广东省深圳市福田区深南大道7088号招商银行大厦24层				
办公地址	广东省深圳市福田区深南大道7088号招商银行大厦24层				

公司概况

信达澳银基金管理有限公司(以下简称“信达澳银基金”)成立于2006年6月5日，由中国信达资产管理股份有限公司和澳洲联邦银行全资附属公司康联首域集团有限公司共同发起，是经中国证监会批准设立的国内首家由国有资产管理公司控股的基金管理公司，也是澳洲在中国合资设立的第一家基金管理公司。公司注册资本1亿元人民币，总部设在深圳，在北京设有分公司。公司中方股东中国信达资产管理股份有限公司出资比例为54%，外方股东康联首域集团有限公司出资比例为46%。

公司建立了健全的法人治理结构，根据《中华人民共和国公司法》的规定设立了股东会、董事会和监事。股东会层面设立公司咨询委员会，董事会层面设立风险控制委员会和薪酬考核委员会两个专门委员会，并建立了独立董事制度。公司总经理负责公司的日常运作，并由经营管理委员会、投资审议委员会和风险管理委员会协助其议事决策。

年度发展

截至2011年6月30日，信达澳银基金共有正式员工92人，公司旗下共有6只开放式基金,包括4只股票型基金、1只混合型基金和1只债券型基金。

在投资管理方面，信达澳银基金大力加强投研团队建设，投资业绩稳步提升。2010年，信达澳银旗下基金业绩全面进入年度同类基金前1/2，其中，信达澳银中小盘股票基金名列晨星全部股票型基金第五，而信达澳银基金管理有限公司也被《投资者报》评为2010年赚钱比率最高的基金公司。

管理团队及投研体系建设与发展

信达澳银基金自成立以来，在借鉴外方股东成熟经验和结合中国市场特点的基础上，构建了规范的内部管理体系和投研一体化的基金投资运作体系，形成了独具特色的投资理念和投资研究模式，组建了一支优秀的员工队伍。

2010-2011年度，在投研体系建设方面，信达澳银基金继续充实投资研究队伍，加强行业研究员及基金经理配置，形成投资人员的合理梯队；同时，在团队内加强策略和趋势的研究讨论，推动部门内部的交流，提高投资运作的前瞻性；此外，公司还加强调研分析工作，扩大上市公司调研的覆盖度和密度，并且坚持已有的研究员模拟组合以及部门季度最佳推荐评选等有效的激励措施。这些措施较好地促进了公司投研体系的完善与发展，为公司取得优异的经营业绩，乃至长远发展打下了坚实的基础。

社会公益活动

作为一家富有社会责任感的基金公司，信达澳银基金在为投资者创造财富的同时，积极参与社会公益活动。

2010年4月，信达澳银基金积极响应中国证券业协会发起的“证券行业向青海玉树灾区献爱心”的捐款活动，向玉树地震灾区捐款30万元，帮助灾区群众渡过难关、重建家园。

2011年3月，为响应深圳市政府“喜迎绿色大运，播种绿色希望，共建和谐深圳”的号召，信达澳银基金公司参加了由深圳市城管局等单位组织的2011“绿色大运纪念林”植树活动，公司深圳总部全体员工在深圳市龙城公园植树100余棵，以实际行动践行了“支持绿色大运，热心环保公益”的企业精神。

年度重点业务

2010年以来，信达澳银基金抓住有利时机，先后募集设立了信达澳银红利回报和信达澳银产业升级股票两只新基金，共募集资金14.08亿元。

2010年7月，信达澳银红利回报基金募集成立，该基金通过精选红利股票，力争实现基金资产的长期稳定增值，并通过积极回报分红来保证投资者落袋收益。

2011年6月，信达澳银募集设立了信达澳银产业升级股票基金，该基金旨在把握经济结构调整中传统产业升级和新兴产业发展的战略性机遇，力争实现基金资产的长期稳定增值，使公司旗下产品线得到了进一步完善。

年度荣誉风采

2010-2011年度国内乃至全球金融市场都经历了较大程度的波动，而信达澳银基金一直秉承着投资者利益优先的宗旨，不断加强内部管理及投研体系建设，以保证投资者获得良好的回报，一年以来取得了良好的经营业绩，并获得了以下荣誉：

2010年12月4日至6日 公司参加在深圳会展中心举行的2010中国(深圳)国际金融博览会，荣获“2010中国(深圳)国际金融博览会最佳服务奖”。

2010年12月17日 公司在由搜狐财经主办的“搜狐2010金融理财网络盛典”颁奖典礼中荣获“最有影响力基金客户服务奖”。

2010年12月20日 公司偏股型基金业绩获得认可，投资总监王战强荣膺《投资者报》评选的“2010年最佳投资总监TOP10”称号。

2010年12月30日 公司中小盘基金年度实现投资收益23.7%，在晨星所有股票型基金中排名第五。

2010年12月30日 投资总监助理、股票投资部总经理曾国富在由和讯网发起、中国证券市场研究设计中心等机构联合主办的“2010中国财经风云榜”中获得“2010年度最佳基金经理奖”。

信达澳银基金年度纪事

•2010年–2011年上半年•

2010年

04.10 公司组织全体员工参加由深圳市城建局、深圳市绿色基金会等单位联合发起举办的2010年“绿色和谐深圳”植树活动，员工们亲手在深圳市中心公园植树100棵。

04.16-18 “公司2010年度经营工作会议暨基金发行动员会”在东莞松山湖凯悦酒店召开。

04.20 公司积极响应中国证券业协会发起的“证券行业向青海玉树灾区献爱心”的捐款活动，向发生7.1级强震的玉树地震灾区捐款30万元，用于支援当地的抗震救灾工作，帮助灾区群众渡过难关、重建家园。

07.23 公司旗下第五只基金——信达澳银红利回报股票型基金结束募集，募集总额5.95亿元，此次募集的有效认购户数为11, 995户。

2011年上半年

03.11-13 公司在深圳紫荆山庄召开“2011年度工作会议”，期间还举办了营销团队培训和新员工培训，组织了全体员工自编自演的联欢晚会。

03.20 公司组织全体员工在深圳市龙岗龙城公园开展“绿色大运纪念林”植树活动。

06.13 公司旗下第六只基金产品——信达澳银产业升级基金正式成立，首次募集规模8.35亿份，有效认购户数11, 045户。

公司旗下公募基金产品一览

基金简称	基金代码	设立日期	托管银行
股票型			
信达澳银领先增长股票	610001	2007-03-08	建设银行
信达澳银中小盘股票	610004	2009-12-01	建设银行
信达澳银红利回报股票	610005	2010-07-28	建设银行
信达澳银产业升级股票	610006	2011-06-13	建设银行
混合型			
信达澳银精华配置混合	610002	2008-07-30	建设银行
债券型			
信达澳银稳定价值债券	610003	2009-04-08	建设银行

2010年旗下公募基金数量发展

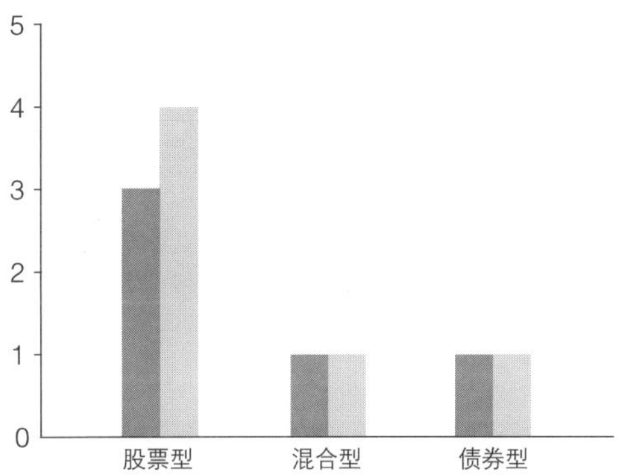

统计周期：2010年-2011年上半年　■2010年末　■2011年上半年末

2010年旗下公募基金资产净值构成

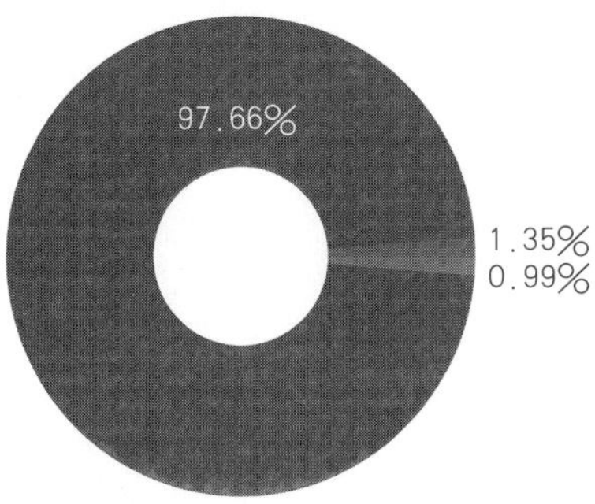

数据截至2010年12月31日　■股票型　■混合型　■债券型

→ 旗下产品介绍

信达澳银领先增长股票型证券投资基金
简称：信达澳银领先增长股票

基金代码：610001
成立日期：2007年3月8日
基金类型：契约型开放式，股票型
基金管理人：信达澳银基金管理有限公司
基金托管人：中国建设银行

■ 基本概况

业绩比较基准

沪深300指数收益率×80%+中国债券总指数收益率×20%

风险收益特征

信达澳银领先增长股票基金长期预期风险与收益高于货币市场基金、债券基金，属于风险较高、收益较高的证券投资基金产品，该基金力争在有效控制风险的前提下实现基金资产的长期稳定增值。

投资目标

信达澳银领先增长股票基金依据严谨的投资管理程序，挖掘并长期投资于盈利能力持续增长的优势公司，通过分享公司价值持续增长实现基金资产的长期增值。

投资策略

该基金以"自下而上"的精选证券策略为核心，适度运用资产配置与行业配置策略调整投资方向，系统有效控制风险，挖掘并长期投资于能抗击多重经济波动，盈利能力持续增长的优势公司，通过分享公司价值持续增长实现基金资产的长期增值。

■ 基金特点

- 精选个股、追求增长；
- 强强联合、稳健增长；
- 卓越团队、创造增长；
- 入市良机、见证增长。

■ 市场表现

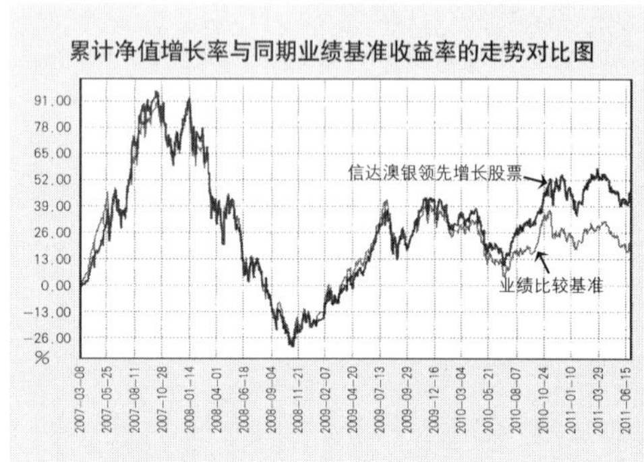

统计时间：2007年3月8日至2011年6月30日
图标来源：信达澳银领先增长股票型证券投资基金2011年第2季度报告

■ 业绩表现

阶段	累计净值增长率(%)	基准累计收益率(%)	超基准收益(%)
2010年度	3.01	−9.35	12.36
2011年上半年	0.05	−1.82	1.87
自成立以来	47.06	21.93	25.13

截至日期：2011年6月30日

■ 收益分配

自成立以来，累计每份分红0.28元；累计分红金额2,227,307,477.26元。

截至日期：2011年6月30日

■ 基金经理

王战强：信达澳银领先增长股票基金基金经理，武汉大学经济学硕士，14年证券从业经历，曾就职于国泰君安证券公司。1997年到2005年，任国泰君安证券公司研究所电信行业分析员、行业公司研究部主管和证券投资部研究主管。2006年6月加盟信达澳银基金，历任投资研究部首席分析师、投资副总监、执行投资总监、信达澳银精华配置混合型证券投资基金基金经理（2008年7月30日至2010年5月25日）。现任信达澳银基金投资总监。

信达澳银精华灵活配置混合型证券投资基金
简称：信达澳银精华灵活配置混合

基金代码： 610002
成立日期： 2008年7月30日
基金类型： 契约型开放式，混合型
基金管理人： 信达澳银基金管理有限公司
基金托管人： 中国建设银行

基本概况

业绩比较基准

沪深300指数收益率×60%＋中国债券总指数收益率×40%

风险收益特征

信达澳银精华灵活配置混合基金属于风险收益水平中等、降低基金资产净值随经济周期产生的波动、长期追求每年获得超过业绩比较基准的正回报的混合型基金，长期预期风险与收益高于货币市场基金和债券基金，低于股票基金。

投资目标

信达澳银精华灵活配置混合基金主要通过投资于优质的、具有长期持续增长能力的公司，并根据股票类和固定收益类资产之间的相对吸引力来调整资产的基本配置，规避系统性风险，从而实现基金资产的长期稳定增值。

投资策略

⑴“自下而上”精选并长期投资于具有长期投资价值和有持续成长能力的个股。

⑵运用战略资产配置和策略灵活配置模型衡量资产的投资吸引力，有纪律地进行资产的动态配置，在有效控制系统风险前提下实现基金资产的长期稳定增值。

基金特点

- 灵活配置、稳健成长；
- 精选个股、积极成长；
- 精华组合、把握成长。

收益分配

自成立以来，累计每份分红0.20元；累计分红金额24,186,419.91元。

截至日期：2011年6月30日

市场表现

累计净值增长率与同期业绩基准收益率的走势对比图

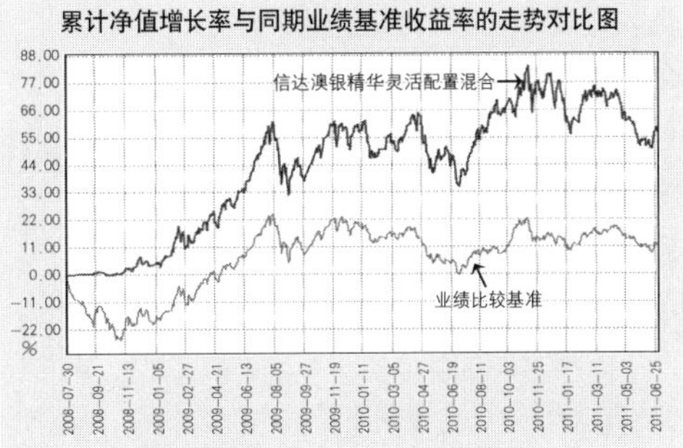

统计时间：2008年7月30日至2011年6月30日
图标来源：信达澳银精华灵活配置混合型证券投资基金2011年第2季度报告

业绩表现

阶段	累计净值增长率(%)	基准累计收益率(%)	超基准收益(%)
2010年度	8.43	−6.31	14.74
2011年上半年	−8.26	−1.01	−7.25
自成立以来	58.89	12.27	46.62

截至日期：2011年6月30日

基金经理

李坤元：信达澳银精华灵活配置混合基金基金经理，南开大学经济学硕士，5年证券从业经历。2002年9月至2003年7月就职于天津华宇国际贸易有限公司；2006年3月至2007年5月就职于申银万国证券研究所任宏观策略部分析师。2007年5月加盟信达澳银基金，任高级分析师、信达澳银精华灵活配置混合基金的基金经理助理（2009年2月至2010年5月）。2010年5月至今担任信达澳银精华灵活配置混合基金基金经理。

信达澳银稳定价值债券型证券投资基金

简称：信达澳银稳定价值债券

基金代码：610003（A类） 610103（B类）

成立日期：2009年4月8日

基金类型：契约型开放式，债券型

基金管理人：信达澳银基金管理有限公司

基金托管人：中国建设银行

■ 基本概况

业绩比较基准 中国债券总指数收益率

风险收益特征

信达澳银稳定价值债券基金风险收益水平较低，长期预期风险收益高于货币市场基金、低于股票和混合基金。

投资目标

从长期来看，在有效控制本金风险的前提下，主要追求债券票息收入的最大化，力争实现基金资产的长期稳定增值。

投资策略

该基金秉承本公司“自下而上”的价值投资理念，把注意力集中在对个券公允价值的研究上，精选价值相对低估的个券品种进行投资。通过整体资产配置、类属资产配置、期限配置等手段，有效构造投资组合。

■ 基金特点

- 风险较低、资产配置的必备工具；
- 专家理财、集合理财助您财富增值；
- 份额分级、费率灵活、长短相宜。

■ 业绩表现

阶段	累计净值增长率(%)	基准累计收益率(%)	超基准收益(%)
2010年度			
A类	8.52	1.92	6.60
B类	8.06	1.92	6.14
2011年上半年			
A类	0.37	1.03	−0.66
B类	0.18	1.03	−0.85
自成立以来			
A类	9.90	3.50	6.40
B类	8.80	3.50	5.30

截至日期：2011年6月30日

■ 市场表现

A类累计净值增长率与同期业绩基准收益率的走势对比图

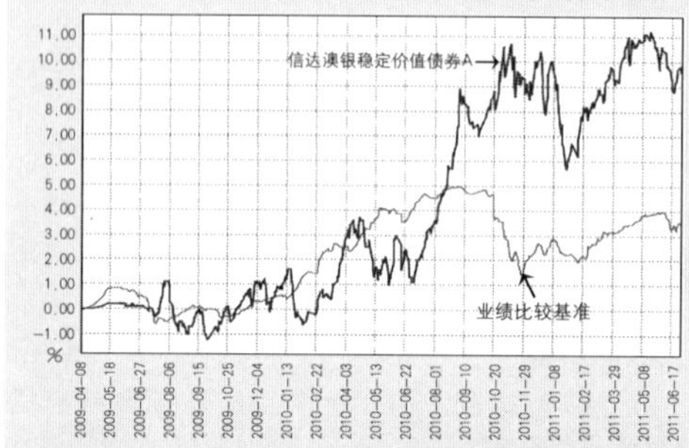

B类累计净值增长率与同期业绩基准收益率的走势对比图

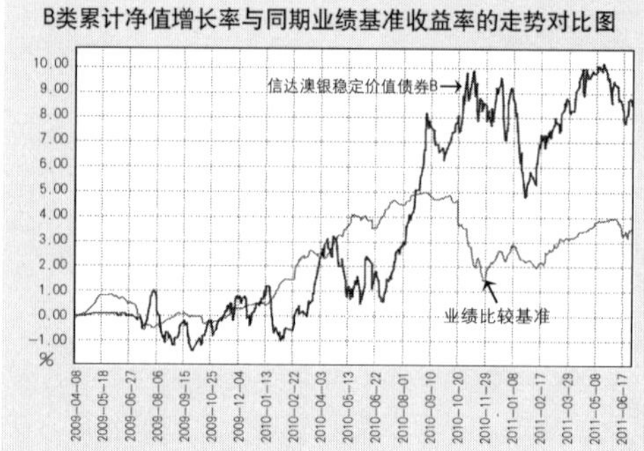

统计时间：2009年4月8日至2011年6月30日
图标来源：信达澳银稳定价值债券型证券投资基金2011年第2季度报告

■ 基金经理

昌志华：信达澳稳定价值基金基金经理，武汉大学理学博士，13年证券从业经历。历任华南理工大学应用数学系经济数学专业副教授、大鹏证券综合研究所金融工程部经理、融通基金管理有限公司高级研究员。曾于2001年获深圳证交所“2000年证券市场金融创新课题”一等奖，在金融工程研究、金融衍生品市场等方面具有较高的研究业务素质。2006年6月加入信达澳银基金管理公司。现任信达澳银基金投资总监助理，兼任投资研究部下宏观策略部总监理。

孔学峰：信达澳稳定价值基金基金经理，中央财经大学金融学硕士，7年证券从业经验，具有中国证券业协会颁发的证券基金执业资格。2004年7月至2011年8月就职于金元证券股份有限公司固定收益总部，历任研究员、高级交易员、总经理助理、副总经理等职；2011年8月加入信达澳银基金管理有限公司，现任投资研究部下属的固定收益部总经理。

信达澳银中小盘股票型证券投资基金

简称：信达澳银中小盘股票

基金代码： 610004

成立日期： 2009年12月1日

基金类型： 契约型开放式，股票型

基金管理人： 信达澳银基金管理有限公司

基金托管人： 中国建设银行

基本概况

业绩比较基准

（天相中盘指数收益率×40%+天相小盘指数收益率×60%）×80%+中国债券总指数收益率×20%

风险收益特征

信达澳银中小盘股票基金长期预期风险与收益高于混合基金、债券基金、货币市场基金，属于预期风险收益水平较高的证券投资基金产品。

投资目标

通过投资具有高成长性的中小盘股票，在有效控制风险的前提下，谋求基金资产的长期稳定增值。

投资策略

信达澳银中小盘股票基金奉行“自下而上”和“自上而下”相结合的投资方法。一方面，该基金通过“自下而上”的深入分析，选择素质高、竞争力突出的优秀公司，依靠这些公司的出色能力来抵御行业的不确定性和各种压力，力争获得超越行业平均水平的良好回报；另一方面，该基金依靠“自上而下”的策略分析和运作，通过优化大类资产配置来有效控制系统风险，并力争把握行业轮动等方面的投资机会。

基金特点

信达澳银中小盘股票基金将80%以上的股票资产投资于累计流通市值占总流通市值50%以下的中小盘股票，对中小市值股票的界定相对更加严格，能更有针对性地开展中小盘主题投资。

市场表现

统计时间：2009年12月1日至2011年6月30日
图标来源：信达澳银中小盘股票型证券投资基金2011年第2季度报告

业绩表现

阶段	累计净值增长率(%)	基准累计收益率(%)	超基准收益(%)
2010年度	23.70	3.75	19.95
2011年上半年	-12.53	-4.24	-8.29
自成立以来	8.20	0.70	7.50

截至日期：2011年6月30日

基金经理

曾国富：信达澳银中小盘股票基金基金经理，荣获和讯网2010年度最佳基金经理奖，上海财经大学管理学硕士，13年证券从业经历。历任深圳大华会计师事务所审计部经理，大鹏证券有限责任公司投资银行部业务董事、内部审核委员会委员，平安证券有限责任公司资本市场事业部业务总监、内部审核委员会委员，国海富兰克林基金管理有限公司研究分析部分析员；2006年9月加入信达澳银基金，现任信达澳银基金投资副总监、股票投资部总经理。

信达澳银基金
First State Cinda Fund

信达澳银红利回报股票型证券投资基金
简称：信达澳银红利回报股票

基金代码：610005
成立日期：2010年7月28日
基金类型：契约型开放式，股票型
基金管理人：信达澳银基金管理有限公司
基金托管人：中国建设银行

基本概况

业绩比较基准

中证红利指数收益率×80%+中国债券总指数收益率×20%

风险收益特征

信达澳银红利回报股票基金长期风险与预期收益高于混合型基金、债券型基金及货币市场基金；该基金主要投资于红利股票，属于股票型基金中风险及预期收益相对较低的证券投资基金产品。

投资目标

精选红利股票，力争实现基金资产的长期稳定增值。

投资策略

信达澳银红利回报股票基金奉行“自下而上”和“自上而下”相结合的投资方法。一方面，该基金通过“自下而上”的深入分析，精选公司素质高、竞争力突出的红利股票，依靠这些公司的出色能力来抵御行业的不确定性和各种压力，力争获得超越行业平均水平的良好回报；另一方面，该基金依靠“自上而下”的策略分析和运作，通过定量/定性分析权益类资产、固定收益类资产及其他类别资产的风险调整收益，及时动态调整资产配置。该基金通过严格的投资管理程序和收益管理程序，力争实现在控制风险的前提下有效提高基金资产组合的整体收益水平。

基金特点

- 精选红利股票，分享股息回报；
- 积极回报分红，及时落袋收益。

收益分配

自成立以来，累计每份分红0.02元；累计分红金额5,092,899.31元。

截至日期：2011年6月30日

市场表现

累计净值增长率与同期业绩基准收益率的走势对比图

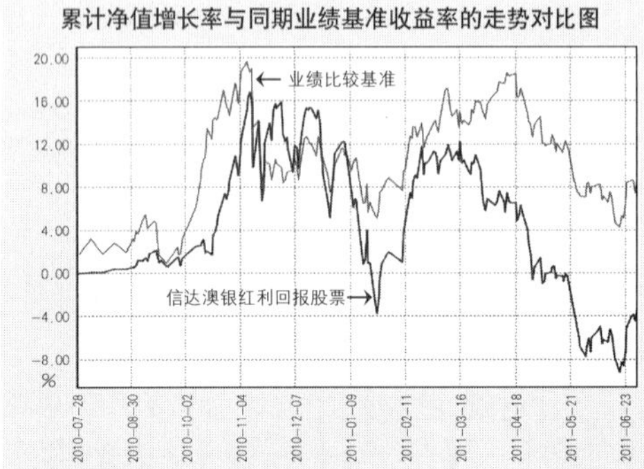

统计时间：2010年7月28日至2011年6月30日
图标来源：信达澳银红利回报股票型证券投资基金2011年第2季度报告

业绩表现

阶 段	累计净值增长率(%)	基准累计收益率(%)	超基准收益(%)
2010年度	11.10	10.06	1.04
2011年上半年	-12.92	-1.35	-11.57
自成立以来	-3.26	8.58	-11.84

2010年度统计时间为2010年7月28日至2010年12月31日
截至日期：2011年6月30日

基金经理

张俊生：信达澳银红利回报股票基金经理。中国科学技术大学管理学硕士。7年证券从业经验，2005年至2006年就职于广东发展银行总行，任信用风险政策组主任；2006年至2009年，就职于鹏华基金管理有限公司研究部，任研究员；2009年7月加入信达澳银基金管理有限公司，历任信达澳银中小盘股票基金基金经理助理、信达澳银领先增长股票基金基金经理助理。2011年12月16日任信达澳银红利回报股票型证券投资基金基金经理至今。

周强松：信达澳银红利回报股票基金经理。大连理工大学工业管理工程学士，CFA。16年证券从业经验，1996年至2003年任职于君安证券、国泰君安证券研究所，任研究员；2003年至2005年就职于兴安证券，任总裁业务助理。2006年加入信达澳银基金管理有限公司，任高级分析师、信达澳银中小盘股票基金基金经理助理。2012年1月9日任信达澳银红利回报股票型证券投资基金基金经理至今。

诺德基金管理有限公司

Lord Abbett China Asset Management Co.,Ltd.

成立时间	2006年6月8日	注册资本	1亿元人民币	公司属性	中外合资
董事长	杨忆风	总经理	潘福祥	督察长	张欣
联系电话	021-6887 9999	传真号码	021-6888 2526		
客服电话	400-888-0009	公司网址	www.lordabbettchina.com		
注册地址	上海市浦东陆家嘴环路1233号汇亚大厦12楼				
办公地址	上海市浦东陆家嘴环路1233号汇亚大厦12楼				

公司概况

诺德基金管理有限公司(以下简称“诺德基金”)经中国证监会证监基金字[2006]88号文批准，于2006年6月8日在上海注册成立。公司注册资本为1亿元人民币。目前公司股东为诺德·安博特资产管理公司(Lord, Abbett & Co.LLC)、长江证券有限责任公司和清华控股有限公司，持股比例分别为49%、30%和21%。

2010年至2011年上半年，诺德基金共募集设立了2只开放式基金，分别为诺德中小盘股票和诺德优选30股票。截至2011年6月30日，诺德基金旗下共管理6只公募基金，包括4只股票型基金、1只混合型基金和1只债券型基金。

旗下公募基金产品一览

基金简称	基金代码	设立日期	托管银行
股票型			
诺德价值优势股票	570001	2007-04-19	建设银行
诺德成长优势股票	570005	2009-09-22	建设银行
诺德中小盘股票	570006	2010-06-28	中国银行
诺德优选30股票	570007	2011-05-05	中国银行
混合型			
诺德灵活配置混合	571002	2008-11-05	建设银行
债券型			
诺德增强收益债券	573003	2009-03-04	建设银行

2010年旗下公募基金数量发展

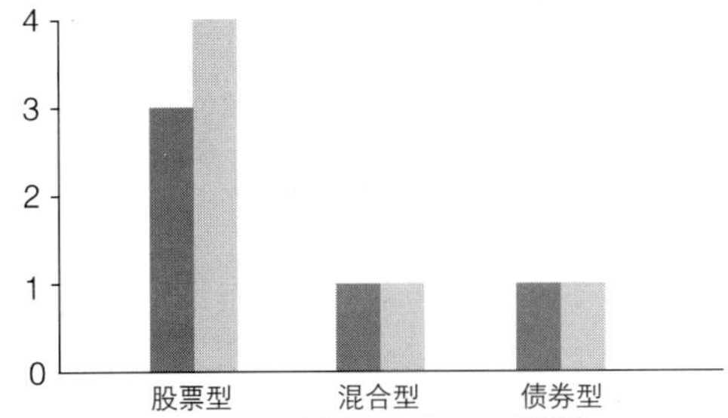

统计周期：2010年-2011年上半年
■2010年末 ■2011年上半年末

2010年旗下公募基金资产净值构成

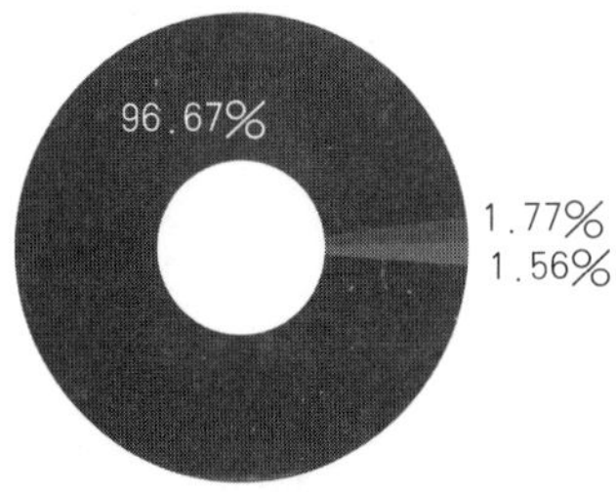

数据截至2010年12月31日
■股票型 ■混合型 ■债券型

中欧基金管理有限公司

Lombarda China Fund Management Co.,Ltd.

成立时间	2006年7月19日	注册资本	1.2亿元人民币	公司属性	中外合资
董事长	唐步	总经理	刘建平	督察长	朱彦
联系电话	021-6860 9600	传真号码	021-3383 0351		
客服电话	400-700-9700 021-6860 9700			公司网址	www.lcfunds.com
注册地址	上海市浦东新区花园石桥路66号东亚银行金融大厦8层				
办公地址	上海市浦东新区花园石桥路66号东亚银行金融大厦8层				

公司概况

中欧基金管理有限公司(以下简称"中欧基金")经中国证监会证监基金字[2006]102号文批准，于2006年7月19日在上海注册成立。公司注册资本为1.2亿元人民币，目前公司股东为意大利意联银行股份合作公司、国都证券有限责任公司和万盛基业投资有限责任公司，持股比例分别为49%、47%和4%。

2010年至2011年上半年，中欧基金先后募集并成立了4只公募基金。截至2011年6月30日，中欧基金旗下共管理9只公募基金产品，包括5只股票型基金、1只混合型基金和3只债券型基金。

旗下公募基金产品一览

基金简称	基金代码	设立日期	上市日期	上市地点	托管银行
股票型					
中欧新趋势股票(LOF)	166001	2007-01-29	2007-04-23	深交所	兴业银行
中欧价值发现股票	166005	2009-07-24			建设银行
中欧中小盘股票(LOF)	166006	2009-12-30	2010-03-26	深交所	邮政储蓄银行
中欧沪深300指数增强(LOF)	166007	2010-06-24	2010-08-16	深交所	兴业银行
中欧新动力股票(LOF)	166009	2011-02-10	2011-04-29	深交所	光大银行
混合型					
中欧新蓝筹混合	166002	2008-07-25			建设银行
债券型					
中欧稳健收益债券	166003	2009-04-24			建设银行
中欧增强回报债券	166008	2010-12-02	2011-02-18	深交所	广发银行
中欧鼎利分级债券	166010	2011-06-16	2011-09-15	深交所	中信银行

2010年旗下公募基金数量发展

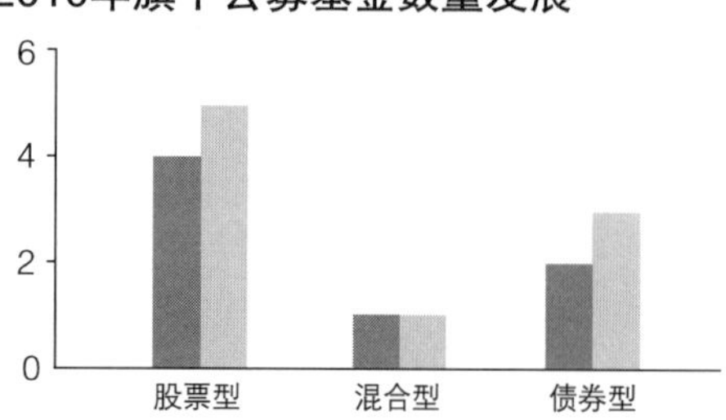

统计周期：2010年-2011年上半年
■2010年末 ■2011年上半年末

2010年旗下公募基金资产净值构成

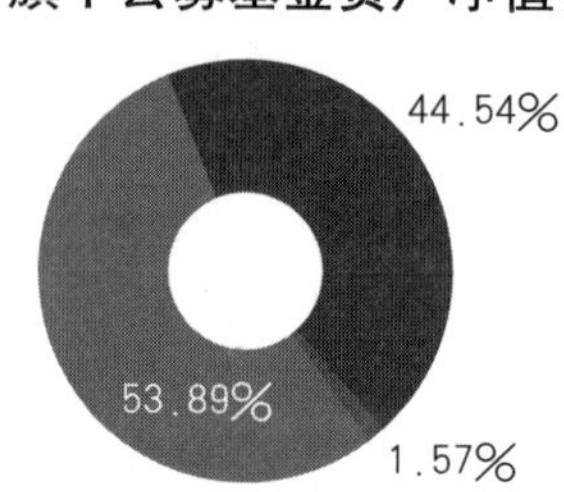

数据截至2010年12月31日
■股票型 ■混合型 ■债券型

金元比联基金管理有限公司

KBC-GOLDSTATE Fund Management Co.,Ltd.

成立时间	2006年11月13日	注册资本	1.5亿元人民币	公司属性	中外合资
董事长	任开宇	总经理	张嘉宾	督察长	符刃
联系电话	021-6888 1801	传真号码	021-6888 1875		
客服电话	400-666-0666 021-6160 1898			公司网址	www.jykbc.com
注册地址	上海浦东新区花园石桥路33号花旗集团大厦36楼3608室				
办公地址	上海浦东新区花园石桥路33号花旗集团大厦36楼3608室				

公司概况

金元比联基金管理有限公司(以下简称“金元比联基金”)成立于2006年11月，是由金元证券股份有限公司和比利时联合资产管理公司共同发起设立的中外合资基金管理公司，公司注册地为上海，注册资本1.5亿元人民币。其中，金元证券股份有限公司持有51%的股份、比利时联合资产管理公司持有49%的股份。比利时联合资产管理公司作为全球最大的保本基金管理人之一，也是比利时最大的基金管理公司。

金元比联基金汇聚业内精英，引进比利时联合资产管理公司先进的投资理念和技术，结合团队资深的本土经验，将投资视角覆盖到市场的方方面面。公司自筹建起，就通过借鉴外方股东的风险控制经验，逐步建立了科学合理的治理结构和组织结构，以及有效的风险控制机制。同时，借鉴国际经验，公司建立了一支具备国际水准并谙熟中国资本市场的管理团队，致力于更好地保护基金投资者的合法权益，控制基金管理的风险，为投资者创造长期价值。

年度发展

2010年以来，金元比联基金继续坚持稳健的投资风格、严谨的风险控制流程和务实的经营策略，投资管理工作稳步发展。截至2011年6月30日，公司拥有员工63人，旗下管理6只开放式基金，资产管理规模约9.32亿元，拥有客户数量近50万。

产品发行方面，2010年以来，金元比联基金坚持“保本产品”和“多元化产品”的双路径发展模式，在保持自身专注于“保本和结构化产品”特色的同时，在现有较完善的产品线基础上加快偏股基金产品的布局，相继推出了2只偏股型基金产品。2010年2月，公司旗下第2只股票型基金“金元比联核心动力股票型基金”募集并设立；2010年9月，公司旗下第6只产品“金元比联消费主题股票型基金”募集并设立。2只新基金共募集市场资金约8.44亿元，投资者有效认购户数合计12,195户。

客户服务

在客户服务方面，金元比联基金秉承中外股东丰富的客户服务经验和周全的全球服务理念，致力于为投资者提供专业的理财服务，以满足不同投资者不同阶段的理财需要。在具体工作中，本着

"以客为尊，以人为本"的经营理念，公司始终致力于设计客户贴心的基金产品，拓展客户安心的交易渠道，开发客户舒心的服务体系，提供客户称心的营销活动，创造客户关心的收益水平，力争成为五星级的基金管理公司。

投资者教育

作为一家将"做负责任的基金公司"理念秉承始终的基金公司，金元比联基金在以诚信和专业能力为投资者创造财富的同时，始终致力于不懈地推进投资者教育工作。

2010年以来，金元比联基金不断推进销售适用性、反洗钱、打非活动的开展和深化。并通过开展投资者见面会、媒体宣传、软文推广、问卷调查等活动帮助投资者树立长期、有效、理性的投资理财观念。在投资者教育的道路上，公司深感任重而道远。惟有不断评估投资者教育工作的成效，才能寻找到更多的高效且为投资者所喜爱的教育形式。

旗下公募基金产品一览

基金简称	基金代码	设立日期	托管银行
股票型			
金元比联价值增长股票	620004	2009-09-11	建设银行
金元比联核心动力股票	620005	2010-02-11	工商银行
金元比联消费主题股票	620006	2010-09-15	工商银行
混合型			
金元比联宝石动力混合[①]	620001	2007-08-15	工商银行
金元比联成长动力混合	620002	2008-09-03	农业银行
债券型			
金元比联丰利债券	620003	2009-03-23	农业银行

①原金元比联宝石保本混合。

2010年旗下公募基金数量发展

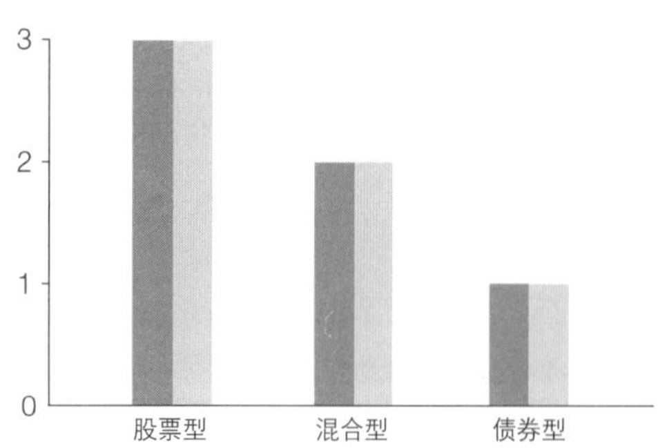

统计周期：2010年-2011年上半年
■2010年末 ■2011年上半年末

2010年旗下公募基金资产净值构成

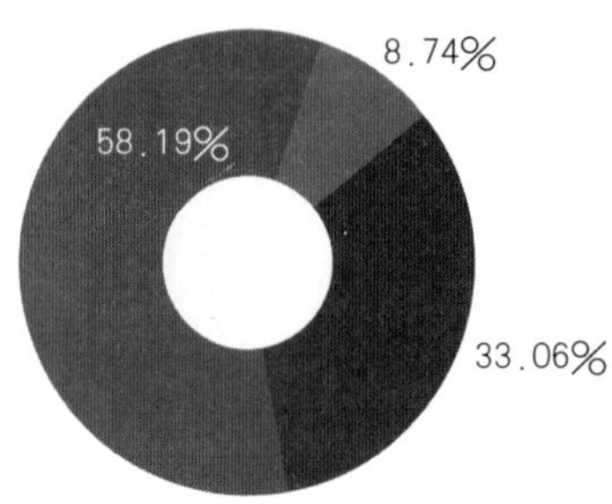

数据截至2010年12月31日
■股票型 ■混合型 ■债券型

旗下产品介绍

金元比联成长动力灵活配置混合型证券投资基金
简称：金元比联成长动力混合

基金主代码：620002
成立日期：2008年9月3日
基金类型：契约型开放式，混合型
基金管理人：金元比联基金管理有限公司
基金托管人：中国农业银行
基金经理：冯志刚 侯 斌

基本概况

业绩比较基准

中信标普300指数收益率×55%+中信标普国债指数收益率×45%

风险收益特征

该基金属于中高风险的证券投资基金品种，风险收益特征从长期平均及预期来看，低于股票型基金，高于债券型基金、保本型基金与货币市场基金。

投资目标

在"可持续成长投资"指导下，该基金深度剖析与把握上市公司的成长动力，以"已投入资本回报率（Return on invested capital，ROIC）"为核心财务分析指标，主要投资于资本运用效率高、具有可持续成长特征的上市公司；力争通过灵活合理的大类资产配置与专业的证券精选，在精细化风险管理的基础上构建优化组合，谋求基金资产长期持续稳定的合理回报。

投资策略

将数量模型与定性分析相结合，采取主动投资方法构建投资组合是该基金的投资策略。在股票投资方面，该基金采取"自下而上"的方法选择投资标的，同时以宏观经济预测和行业趋势分析为辅助。在债券投资方面，基于"自上而下"的原则，该基金采用久期控制下的主动性投资策略，并本着风险收益配比最优、兼顾流动性的原则确定债券各类属资产的配置比例。

收益分配

自成立以来，该基金累计每份分红0.22元。

截至日期：2011年12月29日

市场表现

累计净值增长率与同期业绩基准收益率的走势对比图

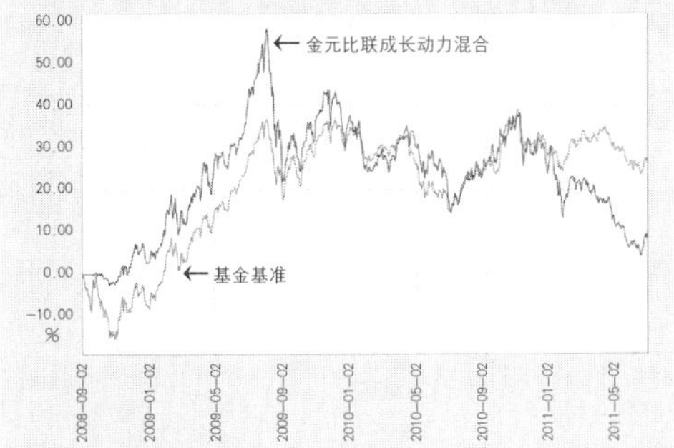

统计时间：截至2011年6月30日
图标来源：金元比联成长动力灵活配置混合型证券投资基金2011年半年度报告

业绩表现

阶 段	累计净值增长率(%)	基准累计收益率(%)	超基准收益(%)
2010年度	-6.47	-4.38	-2.09
2011年上半年	-14.71	-1.10	-13.61
自成立以来	9.70	27.44	-17.74

截至日期：2011年6月30日

基金管理回顾

金元比联成长动力混合2010年一季度在行业配置和股票选择上有所偏失，业绩表现落后。进入二季度，该基金主要通过"自下而上"选择环保节能、新能源、新材料和新疆区域等主题投资股票、减配房地产相关的周期性行业以及控制股票仓位等方法，既把握了结构性机会，又较好规避了二季度股市大幅下跌的风险。三季度，在操作上，随着股市的反弹，该基金也逐步提高了股票仓位，并将配置的重点由上半年的主题投资为主转向精选零售、医药、食品饮料、电力设备和有色金属（黄金和稀有金属）等行业的个股。由于该基金三季度末配置了较多的防守型股票，所以在四季度一波反弹上涨过程中落后较多。

2011年，该基金管理人认为股市将在政府控制通胀与发展经济的纠结、多变的市场情绪和充满分歧的政策解读之中，呈现宽幅震荡的态势。为此，该基金采取了"自下而上"精选个股和波段操作。在战略上仍坚持看好新兴产业和大消费，同时也会努力把握传统行业技术升级以及估值修复中的投资机会。鉴于对公司成长性的信心，该基金坚持持有了2010年配置的防守型股票。基于对二季度基本面和政策面的悲观判断，该基金在一季度末就将股票仓位大幅降低至58%，这在随后的股市下跌中起到了较好的防守作用。

金元比联价值增长股票型证券投资基金

简称：金元比联价值增长股票

基金主代码：620004
成立日期：2009年9月11日
基金类型：契约型开放式，混合型
基金管理人：金元比联基金管理有限公司
基金托管人：中国建设银行
基金托管人：潘 江　冯志刚

基本概况

业绩比较基准

沪深300指数收益率×80%+中证国债指数收益率×20%

风险收益特征

该基金是一只主动投资的股票型基金，其风险收益特征从长期平均及预期来看，高于混合型基金、债券型基金与货币市场基金，属于较高风险、较高收益的证券投资基金品种。

投资目标

在GARP（以合理的价格购买企业的增长）策略指导下，该基金投资于具有良好成长潜力和价值低估的上市公司股票，在控制组合风险的前提下，追求基金资产中长期的稳定增值。

投资策略

该基金的投资将数量模型与定性分析贯穿于资产类别配置、行业资产配置、公司价值评估、投资组合构建的全过程之中，依靠坚实的基本面分析和科学的金融工程模型，把握股票市场的有利投资机会，构建最佳的投资组合，实现长期优于业绩基准的良好收益。

业绩表现

阶 段	累计净值增长率(%)	基准累计收益率(%)	超基准收益(%)
2010年度	−3.43	−9.35	5.92
2011年上半年	−16.33	−1.71	−14.62
自成立以来	−12.90	−1.49	−11.41

截至日期：2011年6月30日

市场表现

累计净值增长率与同期业绩基准收益率的走势对比图

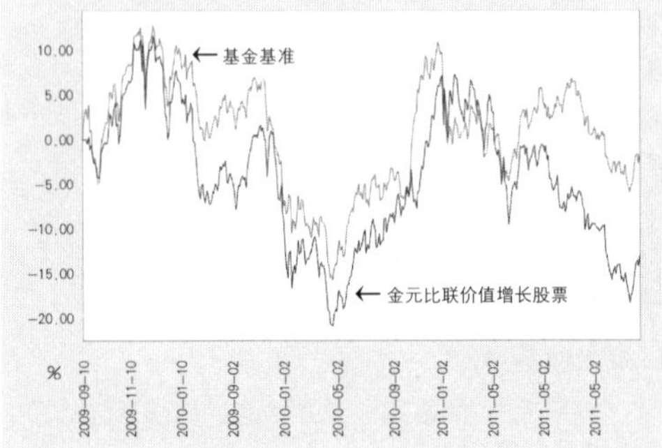

统计时间：截至2011年6月30日
图标来源：金元比联价值增长股票型证券投资基金2011年半年度报告

基金管理回顾

金元比联价值增长股票在2010年1—5月保持较高的股票仓位，之后逐步调低了总体仓位，在行业与个股配置方面更注重稳定增长的消费品板块，如医药、食品饮料、零售、电子技术，同时配置了增长预期较为确定的中游制造业板块和个股，投资业绩逐步回升。

2011年上半年，通货膨胀率逐月走高，并在6月份创出年内新高，达到6.4%，也是自2008年全球金融危机以来，国内通货膨胀率的最高点。上半年，央行采取偏紧的货币政策，多次提高存款准备比率，并提高了存贷款利率，以期管理通货膨胀预期，回收2009年、2010年的超发货币。一季度由于存量流动性依旧宽裕，Shibor利率处于较低水平，A股市场热点板块回归至上游及周期性板块。上游及周期性行业出现持续轮动上涨，而消费类行业及中小板出现较大幅向下调整。随着紧缩货币政策效应逐步显现，市场利率上扬，第二季度上游及周期性行业上涨行情无法持续，出现较大幅度的下跌。金元比联价值增长股票基金在2011上半年内板块结构调整比例较小，重点持仓个股基本未变，行业板块配置仍偏重于消费板块。一季度业绩表现不佳，二季度业绩好转。

金元比联消费主题股票型证券投资基金
简称：金元比联消费主题股票

基金主代码： 620006
成立日期： 2010年9月15日
基金类型： 契约型开放式，股票型
基金管理人： 金元比联基金管理有限公司
基金托管人： 中国工商银行
基金经理： 黄 奕　冯志刚

■ 基本概况

业绩比较基准

沪深300指数收益率×80%+中国债券总指数收益率×20%

风险收益特征

该基金是一只具有主题投资风格的股票型基金，其风险收益特征从长期平均及预期来看，高于混合型基金、债券型基金与货币市场基金，属于高预期风险、高预期收益的证券投资基金品种。

投资目标

在正确认识中国经济发展特点的基础上，重点投资于消费拉动经济增长过程中充分受益的消费主题行业及其中的优势企业，致力于分享中国经济增长及增长方式转变带来的投资机会，力争实现基金资产的中长期稳定增值。

投资策略

该基金的股票投资采取行业配置指导下的个股精选方法，即：首先进行消费主题行业的投资价值评估，确定拟投资的优势行业；其次进行行业内个股的精选，从品质、增长和估值三个维度精选优质消费主题股票构建股票组合。该基金在满足流动性及风险监控要求下，通过宏观经济方面自上而下的分析及债券市场方面自下而上的判断，把握市场利率水平的运行态势，根据债券市场收益率曲线的整体运动方向进行债券投资。

■ 业绩表现

阶 段	累计净值增长率(%)	基准累计收益率(%)	超基准收益(%)
2010年度	−0.60	4.74	−5.34
2011年上半年	−13.38	−2.10	−11.28
自成立以来	−13.90	1.71	−15.61

截至日期：2011年6月30日

■ 市场表现

累计净值增长率与同期业绩基准收益率的走势对比图

统计时间：截至2011年6月30日
图标来源：金元比联消费主题股票型证券投资基金2011年半年度报告

■ 基金回顾

金元比联消费主题股票成立于2010年9月15日，仍处于建仓期。此期间，受美国二次量化宽松政策的影响，市场对流动性宽松的预期强烈，上游及周期性板块出现估值修复性的大幅上涨。后期由于通货膨胀预期加强，加上央行采取加息及存款准备金率上调的货币政策，市场热点重回消费板块及新兴产业。该基金以非周期性的消费品板块为主要配置板块。

2011年上半年，通货膨胀率逐月走高，并在6月份创出年内新高，达到6.4%，也是自2008年全球金融危机以来，国内通货膨胀率的最高点。上半年，央行采取偏紧的货币政策，多次提高存款准备金率，并提高了存贷款利率，以期管理通货膨胀预期，回收2009年、2010年的超发货币。一季度由于存量流动性依旧宽裕，Shibor利率处于较低水平，A股市场热点板块回归至上游及周期性板块。上游及周期性行业出现持续轮动上涨，而消费类行业及中小板出现较大幅向下调整。随着紧缩货币政策效应逐步显现，市场利率上扬，第二季度上游及周期性行业上涨行情无法持续，出现较大幅度的下跌。该基金为消费主题投资基金，在2011年上半年重点持仓个股基本未变，配置偏重于成长性确定的非周期性消费板块。一季度由于消费板块出现整体下调，业绩表现不佳，二季度业绩好转。

浦银安盛基金管理有限公司

AXA-SPDB Investment Managers Co.,Ltd.

成立时间	2007年8月5日	注册资本	2亿元人民币	公司属性	中外合资
董事长	姜明生	总经理	钱华	督察长	喻庆
联系电话	021-2321 2888	传真号码	021-2321 2800		
客服电话	400-8828-999 021-3307 9999			公司网址	www.py-axa.com
注册地址	上海市浦东新区浦东大道981号3幢316室				
办公地址	上海市淮海中路381号中环广场38楼				

公司概况

浦银安盛基金管理有限公司(以下简称“浦银安盛基金”)经中国证监会证监基金字[2007]207号文批准，成立于2007年8月5日，公司注册地为上海，注册资本为2亿元人民币。公司股东为上海浦东发展银行、法国安盛投资管理有限公司和上海盛融投资有限公司。三家股东分别持股51%、39%和10%。

2010年至2011年上半年，浦银安盛基金共募集设立了2只开放式基金，分别为浦银安盛沪深300指数增强和浦银安盛货币。截至2011年6月30日，浦银安盛基金旗下共管理6只开放式基金。

旗下公募基金产品一览

基金简称	基金代码	设立日期	托管银行
股票型			
浦银安盛价值成长股票	519110	2008-04-16	工商银行
浦银安盛红利精选股票	519115	2009-12-03	工商银行
浦银安盛沪深300指数增强	519116	2010-12-10	建设银行
混合型			
浦银安盛精致生活混合	519113	2009-06-04	建设银行
债券型			
浦银安盛优化收益债券	519111	2008-12-30	工商银行
货币型			
浦银安盛货币	519509	2011-03-09	中信银行

2010年旗下公募基金数量发展

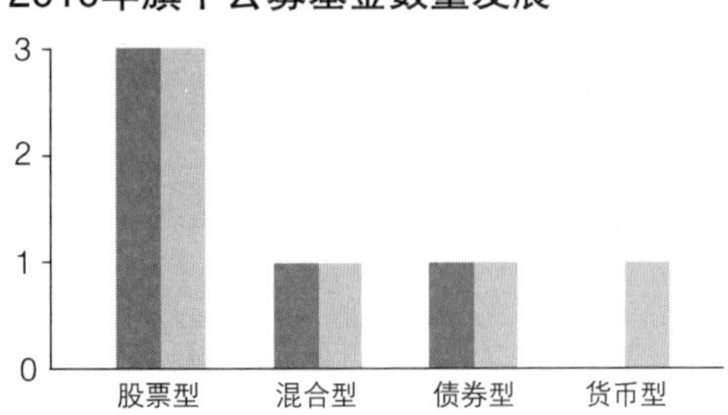

统计周期：2010年-2011年上半年
■2010年末 ■2011年上半年末

2010年旗下公募基金资产净值构成

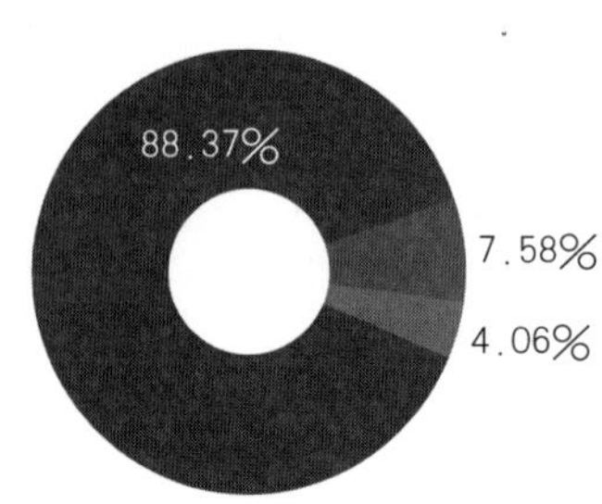

数据截至2010年12月31日
■股票型 ■混合型 ■债券型

农银汇理基金管理有限公司

ABC-CA Fund Management Co.,Ltd.

成立时间	2008年3月18日	注册资本	2亿元人民币	公司属性	中外合资
董事长	杨琨	总经理	许红波	督察长	翟爱东
联系电话	021-6109 5588	传真号码	021-6109 5556		
客服电话	40068-95599 021-6109 5599			公司网址	www.abc-ca.com
注册地址	上海市浦东新区世纪大道1600号陆家嘴商务广场7层				
办公地址	上海市浦东新区世纪大道1600号陆家嘴商务广场7层				

公司概况

农银汇理基金管理有限公司(以下简称“农银汇理基金”)经中国证监会证监许可[2008]307号文批准，由中国农业银行股份有限公司、东方汇理资产管理公司及中国铝业股份有限公司共同出资组建，2008年3月18日公司在上海注册成立，注册资本2亿元人民币。公司股东中国农业银行持股51.67%，东方汇理资产管理公司持股33.33%，中国铝业股份有限公司持股15%。

2010年至2011年上半年，农银汇理基金先后募集设立了4只开放式基金。截至2011年6月30日，农银汇理基金旗下共管理8只开放式基金，包括5只股票型基金、1只混合型基金、1只债券型基金和1只货币市场基金。

旗下公募基金产品一览

基金简称	基金代码	设立日期	托管银行
股票型			
农银行业成长股票	660001	2008-08-04	交通银行
农银策略价值股票	660004	2009-09-29	建设银行
农银中小盘股票	660005	2010-03-25	建设银行
农银大盘蓝筹股票	660006	2010-09-01	建设银行
农银沪深300指数	660008	2011-04-12	工商银行
混合型			
农银平衡双利混合	660003	2009-04-08	交通银行
债券型			
农银恒久增利债券	660002	2008-12-23	交通银行
货币型			
农银货币	660007	2010-11-23	工商银行

2010年旗下公募基金数量发展

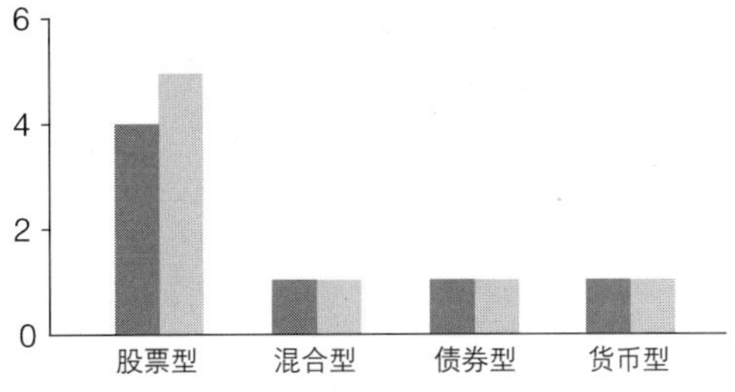

统计周期：2010年-2011年上半年
2010年末 2011年上半年末

2010年旗下公募基金资产净值构成

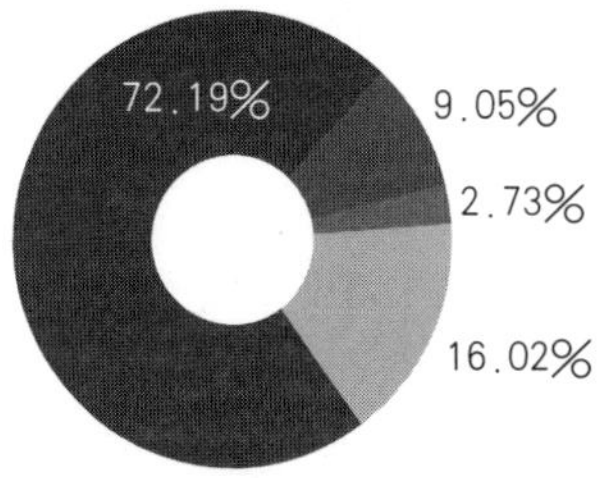

数据截至2010年12月31日
股票型 混合型 债券型 货币型

民生加银基金管理有限公司

MinSheng Royal Fund Management Co.,Ltd.

成立时间	2008年11月3日	注册资本	2亿元人民币	公司属性	中外合资
董事长	万青元	总经理	俞岱曦	督察长	张力
联系电话	0755-2399 9888	传真号码	0755-2399 9800		
客服电话	400-8888-388	公司网址	www.msjyfund.com.cn		
注册地址	深圳市福田区益田路新世界商务中心42楼				
办公地址	深圳市福田区益田路新世界商务中心42楼				

公司概况

民生加银基金管理有限公司(以下简称“民生加银基金”)经中国证监会证监许可[2008]1187号文批准，由中国民生银行股份有限公司、加拿大皇家银行和三峡财务有限责任公司共同出资组建，于2008年11月3日在深圳注册成立，公司注册资本为2亿元人民币。公司股东中国民生银行持股60%，加拿大皇家银行持股30%，三峡财务公司持股10%。

2010年至2011年上半年，民生加银基金先后募集设立了3只开放式基金，分别为民生加银精选股票、民生加银稳健成长股票和民生加银内需增长股票。截至2011年6月30日，民生加银基金旗下发行并管理了5只开放式基金。

公司旗下公募基金产品一览

基金简称	基金代码	设立日期	托管银行
股票型			
民生加银精选股票	690003	2010-02-03	建设银行
民生加银稳健成长股票	690004	2010-06-29	中国银行
民生加银内需增长股票	690005	2011-01-28	兴业银行
混合型			
民生加银品牌蓝筹混合	690001	2009-03-27	建设银行
债券型			
民生加银增强收益债券	690002	2009-07-21	建设银行

2010年旗下公募基金数量发展

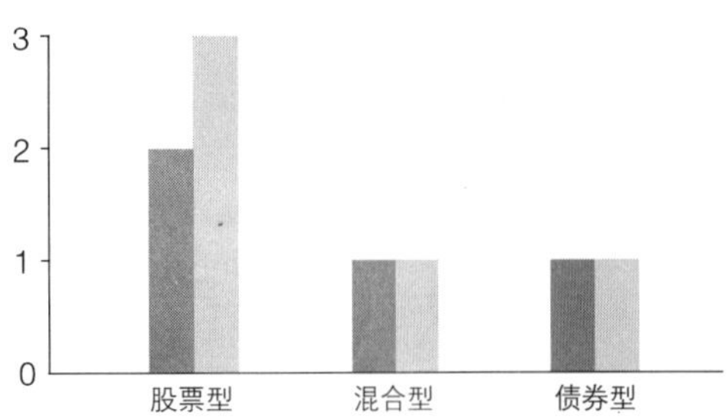

统计周期：2010年-2011年上半年
■2010年末 ■2011年上半年末

2010年旗下公募基金资产净值构成

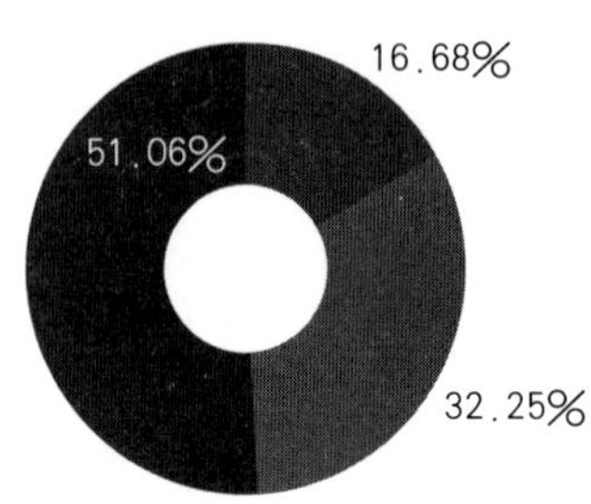

数据截至2010年12月31日
■股票型 ■混合型 ■债券型

纽银梅隆西部基金管理有限公司

BNY Mellon Western Fund Management Co., Ltd.

成立时间	2010年7月20日	注册资本	2亿元人民币	公司属性	中外合资
董事长	安保和	总经理	胡斌	督察长	徐剑钧
联系电话	021-3857 2888	传真号码	021-3857 2860		
客服电话	4007-007-818　021-3857 2666			公司网址	www.bnyfund.com
注册地址	上海市浦东新区世纪大道100号上海环球金融中心19楼				
办公地址	上海市浦东新区世纪大道100号上海环球金融中心19楼				

公司概况

纽银梅隆西部基金管理有限公司经中国证监会证监许可[2010]864号文批准于2010年7月20日在上海注册成立，公司注册资本为2亿元人民币。中方股东西部证券股份有限公司出资51%，外方股东纽约银行梅隆资产管理国际有限公司出资49%。

截至2011年6月30日，纽银梅隆西部基金管理有限公司旗下发行并管理1只开放式基金。

浙商基金管理有限公司

Zheshang Fund Management Co.,Ltd.

成立时间	2010年10月21日	注册资本	1亿元人民币	公司属性	中资
董事长	高玮	总经理	周一烽	督察长	闻震宙
联系电话	0571-2819 0000	传真号码	0571-2819 1830		
客服电话	4006-321-321　0571-2882 2288			公司网址	www.zsfund.com
注册地址	浙江省杭州市下城区环城北路208号1801室				
办公地址	浙江省杭州市文三路90号东部软件园1号楼2楼				

公司概况

2010年9月20日，经中国证监会证监许可[2010]1312号文批准，浙商基金管理有限公司于2010年10月21日在浙江省工商行政管理局注册成立，成为我国第62家基金管理公司。公司注册地为浙江省杭州市，公司股东包括浙商证券有限责任公司、养生堂有限公司、通联资本管理有限公司和浙江浙大网新集团有限公司，四家股东各出资2, 500万元，公司注册资本1亿元人民币。2011年12月，浙商基金管理有限公司经中国证监会核准取得特定客户资产管理业务资格。

2011年5月17日，公司首只公募基金——浙商聚潮产业成长股票型基金募集设立。

平安大华基金管理有限公司

Ping An UOB Fund Management Co., Ltd.

成立时间	2011年1月7日	注册资本	3亿元人民币	公司属性	中外合资
董事长	杨秀丽	总经理	李克难	督察长	肖宇鹏
联系电话	0755－2262 3179	传真号码	0755－2399 0088		
客服电话	400-800-4800	公司网址	www.fund.pingan.com		
注册地址	深圳市福田区金田路大中华国际交易广场八楼				
办公地址	深圳市福田区金田路大中华国际交易广场八楼				

公司概况

2010年12月28日，经中国证监会证监许可[2010]1917号文批准，平安大华基金管理有限公司于2011年1月7日在深圳注册成立。公司注册资本3亿元人民币，是目前中国内地基金业注册资本金最高的基金管理公司。公司股东包括中国平安集团控股子公司平安信托有限责任公司、新加坡大华资产管理有限公司和三亚盈湾旅业有限公司，三家股东持股比例分别为60.7%、25%和14.3%。

公司自成立以后，积极布局旗下产品线。2011年下半年，公司募集设立了2只公募基金。

富安达基金管理有限公司

Fuanda Fund Management Co., Ltd.

成立时间	2011年4月27日	注册资本	1.6亿元人民币	公司属性	中资
董事长	张华东	总经理	李剑锋	督察长	陈宁
联系电话	021-6187 0999	传真号码	021-6187 0888		
客服电话	400-630-6999　021-6187 0666			公司网址	www.fadfunds.com
注册地址	上海市浦东新区世纪大道1568号29楼				
办公地址	上海市浦东新区世纪大道1568号29楼				

公司概况

富安达基金管理有限公司经中国证监会证监许可[2011]544号文批准，于2011年4月27日正式成立。公司注册地为上海，注册资本1.6亿元人民币。公司股东包括南京证券有限责任公司、江苏交通控股有限公司和南京市河西新城区国有资产经营控股(集团)有限责任公司，持股比例分别为49%、26%和25%。

公司首只公募基金——富安达优势成长股票型证券投资基金于2011年9月21日募集设立。

财通基金管理有限公司
Caitong Fund Management Co., Ltd.

成立时间	2011年6月21日	注册资本	2亿元人民币	公司属性	中 资
董 事 长	阮 琪	总 经 理	陈东升	督 察 长	黄 惠
联系电话	021-68886666	传真号码	021-68888169		
客服电话	400-820-9888	公司网址	www.ctfunds.com		
注册地址	上海市虹口区吴淞路619号505室				
办公地址	上海市浦东陆家嘴银城中路68号时代金融中心41楼				

公司概况

财通基金管理有限公司经中国证监会证监许可[2011]840号文批准，于2011年6月21日成立。公司注册地为上海，成立时注册资本为1亿元人民币，2012年2月，公司增加注册资本至2亿元人民币。目前公司股东财通证券有限责任公司持股40%，杭州市工业资产经营投资集团有限公司持股30%，浙江升华拜克生物股份有限公司持股30%。

2011年12月1日，公司旗下首只公募基金——财通价值动量混合型基金募集设立。

方正富邦基金管理有限公司
Founder Fubon Fund Management Co.,Ltd.

成立时间	2011年7月8日	注册资本	2亿元人民币	公司属性	陆台合资
董 事 长	雷 杰	总 经 理	宋宜农	督 察 长	赖宏仁
联系电话	010-5730 3700	传真号码	010-5730 3718		
客服电话	400-818-0990	公司网址	www.founderff.com		
注册地址	北京市西城区太平桥大街18号丰融国际大厦11层1、9、11、12单元				
办公地址	北京市西城区太平桥大街18号丰融国际大厦11层1、9、11、12单元				

公司概况

经中国证监会证监许可[2011]1038号文批准，方正富邦基金管理有限公司于2011年7月1日正式获批，是首家获中国证监会批准设立的陆台合资基金管理公司。公司于2011年7月8日在北京注册成立，注册资本2亿元人民币。公司股东为方正证券股份有限公司、中国台湾富邦证券投资信托股份有限公司，持股比例分别为66.7%、33.3%。

长安基金管理有限公司

ChangAn Fund Management Co.,Ltd.

成立时间	2011年9月5日	注册资本	1亿元人民币	公司属性	中 资
董 事 长	万跃楠	总 经 理	曹 阳	督 察 长	张洪水
联系电话	021-2032 9999	传真号码	021-2032 9888		
客服电话	400-820-9688	公司网址	www.changanfunds.com		
注册地址	上海市虹口区丰镇路806号3幢371室				
办公地址	上海市浦东新区芳甸路1088号紫竹国际大厦16层				

公司概况

长安基金管理有限公司(以下简称“长安基金”)经中国证监会证监许可[2011]1351号文批准，于2011年9月5日在上海注册成立，成为我国家第67家基金管理公司。公司由长安国际信托有限公司、上海美特斯邦威服饰股份有限公司和兵器装备集团财务有限责任公司共同出资成立，注册资本1亿元人民币，三家股东持股比例分别为49%、33%和18%。

2011年12月13日，长安基金经中国证监会核准取得特定客户资产管理业务资格；2011年12月9日，公司首只公募基金——长安宏观策略股票型证券投资基金获中国证监会核准发售。

国金通用基金管理有限公司

Gfund Management Co.,Ltd.

成立时间	2011年11月2日	注册资本	1.6亿元人民币	公司属性	中 资
董 事 长	纪 路	总 经 理	王文博	督 察 长	尹庆军
联系电话	010-8800 5888	传真号码	010-8800 5666		
客服电话	4000-2000-18	公司网址	www.gfund.com		
注册地址	北京市怀柔区府前街三号楼3-6				
办公地址	北京市西城区武定侯街2号泰康国际大厦20层				

公司概况

国金通用基金管理公司于2011年10月14日经中国证监会证监许可[2011]1661号文批准设立，于2011年11月2日在北京注册成立。公司股东包括国金证券股份有限公司、中国通用技术(集团)控股有限责任公司、苏州工业园区地产经营管理公司和广东宝丽华新能源股份有限公司，注册资本1.6亿元人民币。其中，国金证券出资最高，为7, 840万元，出资比例为49%，为公司第一大股东；通用技术集团出资3, 360万元，占比21%；苏州园区地产公司及宝新能源分别出资2, 400万元，各占股15%。

安信基金管理有限责任公司

Essence Fund Management Co.,Ltd.

成立时间	2011年12月6日	注册资本	2亿元人民币	公司属性	中 资
董 事 长	牛冠兴	总 经 理	王连志	督 察 长	孙晓奇
联系电话	0755-8250 9999	传真号码	0755-8279 9292		
客服电话	4008-088-088	公司网址	www.essencefund.com		
注册地址	深圳市福田区益田路6009号新世界商务中心36层				
办公地址	深圳市福田区益田路6009号新世界商务中心36层				

公司概况

安信基金管理有限责任公司由安信证券股份有限公司、五矿投资发展有限责任公司和中广核财务有限责任公司共同发起，2011年11月24日经中国证监会证监许可[2011]1895号文批准设立，于2011年12月6日在深圳注册成立。与此同时，公司的特定客户资产管理业务资格也获得批准，成为国内首家公募基金与特定客户资产管理业务资格同时获批的基金管理公司。

公司总部位于深圳，注册资本为2亿元人民币，公司股东安信证券持有49%股份，五矿投资和中广核财务持股比例分别为36%和15%。

第二章

基金托管人及托管业务

Custodians and Their Businesses

中国工商银行
INDUSTRIAL AND COMMERCIAL BANK OF CHINA

大事记
MAJOR EVENTS

（资产托管业务）

2011年7月

托管资产投资业绩系统一期顺利投产，在业内率先实现自主研发并投产绩效评估业务系统，有助于工商银行未来在统一的内部系统平台和统一的业务处理流程上为托管业务客户提供优质高效的一站式绩效评估服务，有效提升工商银行托管综合服务水平。全球托管系统境外延伸项目(香港二期)、托管交易监督系统均于同期顺利投产。

2011年上半年

连续获得《财资》、《全球托管人》和《环球金融》分别颁发的2010年度中国最佳托管银行奖项。

2011年5月

举办中国工商银行银基战略合作研讨会，与国内主要基金管理公司负责人就基金托管代销业务合作进行深入交流。

2011年2月

成功投产托管业务账务管理系统效率优化版本，显著提高系统功能，进一步提升业务处理效率；通过2010年度托管业务的内控审阅，连续第四年获得无保留意见的控制及有效性报告。

2011年1月

建立托管自主品牌——“安心账户”，该品牌下辖十种类型的托管产品，通过产品推广，工商银行托管业务的市场影响力进一步扩大；托管国内第一只黄金基金——诺安全球黄金证券投资基金。

2010年11月

随机灾难恢复演练再次成功开展，作为国内唯一一家开展灾难恢复演练的托管银行，工商银行已达到托管行业灾后两小时恢复业务的国际通行水准。

中国工商银行
INDUSTRIAL AND COMMERCIAL BANK OF CHINA

成立日期	1984年1月1日	注册资本	349, 018, 545, 827元	法人代表	姜建清
获得托管资格时间	1998年2月24日	资产托管部总经理	周月秋		
联系电话	010-6610 5799	传真号码	010-6610 5798		
公司网址	www.icbc.com.cn	电子邮箱	webmaster@icbc.com.cn		
办公地址	北京市西城区复兴门内大街55号				

基本情况

2010年，中国工商银行股份有限公司(以下简称“中国工商银行”)面对复杂多变的外部环境，主动适应全球金融监管变革要求，融入中国经济转型发展大局，把加快发展方式转变放在更加突出的位置，坚定不移调结构，脚踏实地促转变，巩固了全球市值最大、客户存款第一和盈利最多的大型上市银行地位，拥有优质的客户基础、多元的业务结构、强劲的创新能力和市场竞争力。

截至2010年末，中国工商银行拥有397, 339名员工，通过16, 227家境内机构、203家境外机构和遍布全球的逾1, 562家代理行以及网上银行、电话银行和自助银行等分销渠道，向412万公司客户和2.59亿个人客户提供广泛的金融产品和服务，基本形成了以商业银行为主体，跨市场、国际化的经营格局，在商业银行业务领域保持国内市场领先地位。

托管业务介绍

作为中国大陆托管服务的先行者，中国工商银行自1998年在国内首家提供托管服务以来，秉承“诚实信用、勤勉尽责”的宗旨，依靠严密科学的风险管理和内部控制体系、规范的业务管理模式、先进的业务营运系统和专业的托管服务团队，为境内外广大投资者、金融资产管理机构和企业客户提供安全、高效、专业的托管服务，展现优异的市场形象和影响力，赢得了客户的长久信赖与尊重。

一、托管业务规模屡创历史新高

中国工商银行托管规模从1998年的60亿元起步，13年来年均复合增长率保持在80%以上，截至2011年6月末，该行托管资产32, 598亿元，是国内惟一托管规模超3万亿元的托管银行，连续13年保持市场份额第一的优势。

13年来，中国工商银行在激烈的市场竞争环境下，积极应对市场波动，在证券投资基金托管、企业年金基金托管、QDII资产托管、信托财产托管、基金公司特定客户资产管理托管、银行理财产品托管等领域均保持市场领先地位，占有30%以上市场份额，并取得较大领先优势。

二、托管服务创新始终引领行业

中国工商银行自开展托管服务以来，先后参与开发并托管了国内绝大多数重大创新产品，在国内率先推出封闭式基金、开放式基金、指数基金、债券型基金、保本型基金、货币市场基金、LOF、ETF、复制基金和分级基金等创新基金产品的托管服务，并成为国内首家对保险资产进行全过程全金额托管的银行、首批QFII和QDII资产托管银行、首批企业年金基金托管银行和首批资产证券化产品托管银行，紧跟市场创新发展步伐，最大化地满足了客户需求，也促进了该行托管业务的发展。中国工商银行还在国内率先开展绩效评估、风险管理等托管增值服务，可以为各类客户提供个性化的托管服务。在积极开展托管产品创新的同时，该行致力于为国内证券市场和托管市场制度创新出谋献策，在托管领域率先采用的多项业务模式在国内托管行业产生了重大影响。

三、托管产品稳定均衡发展

2011年以来，我国宏观经济保持持续增长态势，但国内证券市场受宏观经济和调控政策等因素的影响，总体呈现震荡下行走势。中国工商银行积极调整托管业务发展策略，大力发展安心账户、人民币理财、券商客户资产管理计划、股权投资基金等新兴托管业务，有效实现了托管业务的平衡发展，托管资产规模和效益双创历史新高。

截至2011年6月末，中国工商银行较上年末新增托管证券投资基金21只(包括3只QDII基金)，市场排名第一，托管基金总数达235只(包括16只QDII基金)，托管基金市场占比仍接近30%，继续保持国内领先地位。

全球资产托管业务继续保持国内领先，QDII托管业务继续扩大领先优势。截至2011年6月末，托管QFII客户20家(其中18家已获资格和额度)，QFII托管客户数量和托管规模继续列中资行首位。托管市场上12家基金公司的QDII基金16只，并成功托管近两年来募集规模最大的QDII基金。

其他各类委托型资产托管业务均衡发展，在企业年金基金托管、QDII资产托管、信托资产计划托管、基金公司特定客户资产管理托管、银行理财产品托管等领域均保持领先地位。

四、托管业务网络建设日臻完善

中国工商银行把全球托管确定为托管业务长期发展战略，充分利用境内外分支机构和客户资源，搭建托管业务发展新平台，全球化托管服务网络建设已初具规模。目前工商银行除西藏分行以外的全部37家一级(直属)分行均已授权开办托管业务，国内托管业务网络布设基本完成。

工商银行始终保持全球化思维和视野，努力构建全球托管服务网络。近年来陆续培育工银亚洲、工银伦敦、工银纽约、工银首尔等启动并开展托管业务，并推动工银印尼开办托管业务；同时与国际著名的全球托管银行建立了密切的沟通合作机制，结成了良好合作关系。随着与境外托管代理人合作的加强和境外分支机构托管业务能力的提高，加快迈向多市场的全球托管领域。

五、科技系统创新层出不穷

中国工商银行是国内唯一自主研发托管系统的托管银行，在系统建设方面始终保持业内领先地位。

2011年7月16日，新一代托管业务处理系统——托管业务流程再造项目、资金系统和证券系统顺利投产，标志着工商银行成为国内首家对托管业务流程进行模块化与标准化处理的托管银行，进一步巩固了工商银行托管业务系统的领先地位，并为该行全球托管战略的实施奠定了坚实基础。

2010年1月23日，工商银行资产托管业务系统境外延伸项目(香港一期)成功投产，3月1日开始在工银亚洲正式运行，成为工银亚洲托管业务里程碑式的事件。2011年7月16日，工商银行自主研发的绩效评估系统(一期项目)、全球托管系统境外延伸项目(香港二期)、托管交易监督系统均于同日顺利投产。与此同时，该行加大对全球托管业务的投入力度，在QDII报文系统处理方面实现新的突破；托管指令电子化、自动归档系统顺利开发，巩固了托管业务全球延伸的科技基础。

六、风控水平持续提升

为切实维护各类委托人利益，中国工商银行始终坚持风险管理与业务发展并重的理念，建立了一套完整的托管业务内部风险控制机制，包括事前预防、事中防范和事后核查。事前预防包括制度建设、内控机制建立、风险预测、风险评估、危机处理机制和员工培训；事中防范包括制度执行与遵守、岗位责任明确和相互制约；事后核查包括合规检查和异常事件报告。遵循监管机构要求，实现托管业务“人员、场地、系统”三独立，实行严格的隔离制度。

工商银行开展托管业务13年来，在资产估值、会计核算、资金清算、证券交割等方面始终保持良好记录，风险控制收效明显。2005年，该行在国内率先启动并通过ISAE3402(原SAS70)内控有效性国际专项审计，并从2008年起将ISAE3402托管业务审计年度化，截至2011年2月，连续四年获得ISAE3402无保留意见的控制及有效性报告。

2007年起，中国工商银行在国内托管银行中首家实施托管业务灾难恢复应急演练，确保托管业务在遇到突发事件或灾难时能够连续正常运营，更好地履行托管人职责。2009年12月，该行首次采取随机方式，成功实施灾难恢复应急演练；2010年11月，该行再次成功开展灾难恢复随机应急演练，作为国内唯一一家真正开展灾难恢复演练的托管银行，工商银行已达到灾后两小时内恢复业务处理的国际通行水准。

七、积极发挥行业领军作用

在积极开展托管产品和科技创新的同时，中国工商银行致力于为国内证券市场和托管市场制度创新出谋献策，在托管领域的多项业务模式先后成为国内托管行业的标准。中国工商银行目前为首届托管业务专业委员会主任单位。2009年3月12日，中国银行业协会托管业务专业委员会成立大会暨第一次全体会议在北京召开，在国内14家具有业务资格的托管银行会员单位联合发起成立的中国银行业协会托管业务专业委员会上，工商银行被各会员单位一致推选为首届托管业务专业委员会主任单位，为推动行业建设承担起了应尽的社会责任。

近年来，中国工商银行资产托管业务多位专家还被多家监管机构和行业协会聘任为专家小组成员，在许多重要的会议中作为唯一的托管银行代表被邀参加讨论，发表的观点和意见得到了肯定和采纳，为托管业务的建设积极献计献策，得到了国内托管行业的广泛赞誉。

八、托管业务品牌建设成效显著

在中国人民银行和证监会组织的历次对基金托管人年度综合测评中，中国工商银行均为业内第一。2011年以来，工商银行凭借其在国内外托管领域的出色表现和品牌影响力，先后被英国《全球托管人》、香港《财资》、美国《环球金融》杂志、中国和讯网和《金融理财》评选为年度中国最佳托管银行，资产托管部总经理获得《金融理财》授予的年度“资产托管杰出成就奖”。自2004年以来，工商银行已连续获得境内外权威财经媒体评选的29项中国最佳托管银行奖项，是国内获奖最多的托管银行，优良的服务品质获得国内外金融领域的持续认可和广泛好评，行业影响力和品牌知名度与日俱增。

托管证券投资基金业务概览

(一) 近三年托管证券投资基金数量与规模

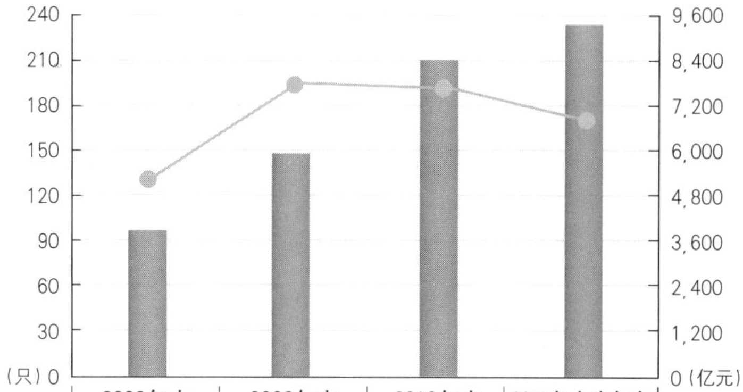

	2008年末	2009年末	2010年末	2011年上半年末
■ 托管基金总数	109	147	210	234
● 托管基金总资产净值	5,288.79	7,829.98	7,620.00	7,041.11

注：统计数据不含华安国际配置基金(QDII)

(二) 近三年新增托管证券投资基金概况

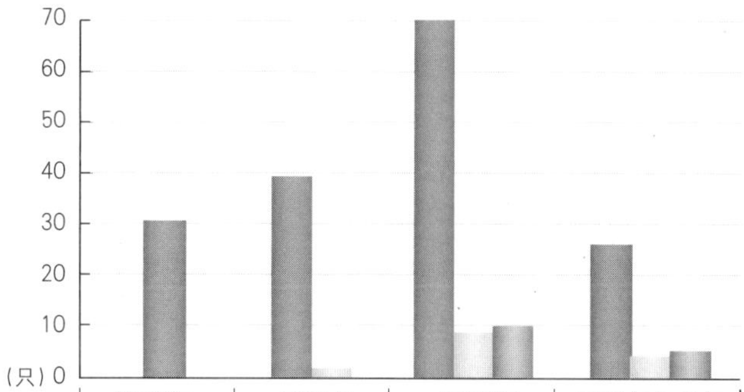

	2008年	2009年	2010年	2011年上半年
■ 新增托管基金数目	28	38	63	25
新增托管ETF	—	1	8	3
新增托管QDII	—	—	10	3

注：2011年上半年新增托管基金包括1只封转开基金，本年实际新增数量为24只。

● 托管封闭式基金产品一览(截至2011年6月30日)

序 号	基金简称	设立日期	设立规模(亿份)	管理人
1	国泰金泰封闭	1998-03-27	20.00	国泰
2	南方开元封闭	1998-03-27	20.00	南方
3	华安安信封闭	1998-06-22	20.00	华安
4	南方天元封闭	1999-08-25	30.00	南方
5	鹏华普丰封闭	1999-07-14	20.00	鹏华
6	长盛同益封闭	1999-04-08	20.00	长盛

注：2011年4月22日，原博时裕泽封闭基金封闭期结束，转型为博时卓越品牌股票型基金(LOF)。

托管开放式基金产品一览(截至2011年6月30日)

序 号	基金简称	成立日期	首募规模(亿份)	管理人
1	南方稳健成长混合	2001-09-28	34.89	南方
2	鹏华行业成长混合	2002-05-24	39.77	鹏华
3	南方宝元债券	2002-09-20	49.03	南方
4	华安中国A股增强指数	2002-11-08	30.94	华安
5	南方避险增值混合	2003-06-27	51.93	南方
6	国联安稳健混合	2003-08-08	36.66	国联安
7	融通深证100指数	2003-09-30	4.78	融通
8	融通蓝筹成长混合	2003-09-30	7.66	融通
9	融通债券	2003-09-30	8.73	融通
10	富国天利增长债券	2003-12-02	22.95	富国
11	广发聚富混合	2003-12-03	31.32	广发
12	华安现金富利货币	2003-12-30	42.53	华安
13	南方现金增利货币	2004-03-05	80.50	南方
14	银河银泰混合	2004-03-30	60.13	银河
15	申万菱信盛利精选混合	2004-04-09	68.09	申万菱信
16	国联安小盘精选混合	2004-04-12	83.25	国联安
17	兴业可转债混合	2004-05-11	32.82	兴业全球
18	诺安平衡混合	2004-05-21	22.07	诺安
19	博时精选股票	2004-06-22	61.03	博时
20	广发稳健增长混合	2004-07-26	22.97	广发
21	南方积极配置股票(LOF)	2004-10-14	35.36	南方
22	申万菱信盛利强化配置混合	2004-11-29	6.90	申万菱信
23	诺安货币	2004-12-06	15.74	诺安
24	华夏上证50ETF	2004-12-30	54.35	华夏
25	中银中国混合(LOF)	2005-01-04	10.63	中银
26	东吴嘉禾优势精选混合	2005-02-01	10.29	东吴
27	宝盈泛沿海增长股票	2005-03-08	4.02	宝盈
28	融通巨潮100指数(LOF)	2005-05-12	5.14	融通
29	广发货币	2005-05-20	26.37	广发
30	国富中国收益混合	2005-06-01	6.72	国海富兰克林
31	中银货币	2005-06-07	12.49	中银
32	国联安安心成长混合	2005-07-13	4.09	国联安
33	汇添富优势精选混合	2005-08-25	10.25	汇添富
34	天弘精选混合	2005-10-08	3.39	天弘
35	申万菱信新动力股票	2005-11-10	6.70	申万菱信

（续上表）

序号	基金简称	成立日期	首募规模(亿份)	管理人
36	富国天惠成长混合(LOF)	2005-11-16	5.84	富国
37	广发聚丰股票	2005-12-23	3.79	广发
38	诺安股票	2005-12-19	13.16	诺安
39	中银增长股票	2006-03-17	24.59	中银
40	国投瑞银核心企业股票	2006-04-19	26.59	国投瑞银
41	建信货币	2006-04-25	76.61	建信
42	广发策略优选混合	2006-05-17	184.18	广发
43	博时平衡配置混合	2006-05-31	23.65	博时
44	易方达价值精选股票	2006-06-13	117.91	易方达
45	景顺长城新兴成长股票	2006-06-28	59.23	景顺长城
46	申万菱信收益宝货币	2006-07-07	12.60	申万菱信
47	南方稳健成长贰号混合	2006-07-25	52.58	南方
48	汇添富均衡增长股票	2006-08-07	49.36	汇添富
49	建信优选成长股票	2006-09-08	61.15	建信
50	中银收益混合	2006-10-11	24.11	中银
51	融通动力先锋股票	2006-11-15	33.64	融通
52	南方绩优成长股票	2006-11-16	124.77	南方
53	诺安价值增长股票	2006-11-21	59.59	诺安
54	申万菱信新经济混合	2006-12-06	31.07	申万菱信
55	嘉实策略混合	2006-12-12	419.17	嘉实
56	建信优化配置混合	2007-03-01	96.59	建信
57	汇添富成长焦点股票	2007-03-12	99.99	汇添富
58	中海能源策略混合	2007-03-13	97.45	中海
59	招商核心价值混合	2007-03-30	96.08	招商
60	易方达价值成长混合	2007-04-02	108.75	易方达
61	华安中小盘成长股票①	2007-04-10	98.83	华安
62	博时第三产业股票②	2007-04-12	98.83	博时
63	上投摩根内需动力股票	2007-04-13	98.85	上投摩根
64	鹏华优质治理股票(LOF)	2007-04-25	93.83	鹏华
65	南方成份精选股票③	2007-05-14	106.45	南方
66	广发大盘成长混合	2007-06-13	148.52	广发
67	景顺长城精选蓝筹股票	2007-06-18	147.22	景顺长城
68	国投瑞银瑞福分级封闭	2007-07-17	60.00	国投瑞银
69	金元比联宝石动力混合	2007-08-15	48.99	金元比联
70	南方多利增强债券④	2007-08-28	89.77/5.10	南方
71	泰信双息双利债券⑤	2007-10-31	7.43/3.83	泰信

（续上表）

序号	基金简称	成立日期	首募规模(亿份)	管理人
72	南方隆元产业主题股票[⑥]	2007-11-09	92.64	南方
73	国投瑞银成长优选股票[⑦]	2008-01-10	28.72	国投瑞银
74	汇添富增强收益债券	2008-03-06	50.50	汇添富
75	华夏希望债券	2008-03-10	93.23	华夏
76	广发增强债券	2008-03-27	48.28	广发
77	中银策略股票	2008-04-03	46.52	中银
78	中海稳健收益债券	2008-04-10	25.93	中海
79	浦银安盛价值成长	2008-04-16	17.33	浦银安盛
80	诺安灵活配置混合	2008-05-20	8.57	诺安
81	上投摩根双核平衡混合	2008-05-21	14.23	上投摩根
82	国投瑞银稳健增长混合	2008-06-11	4.69	国投瑞银
83	南方优选价值股票	2008-06-18	11.40	南方
84	招商大盘蓝筹股票	2008-06-19	8.61	招商
85	泰信优势增长混合	2008-06-25	4.97	泰信
86	建信稳定增利债券	2008-06-25	59.69	建信
87	汇添富蓝筹稳健混合	2008-07-08	7.42	汇添富
88	广发核心精选股票	2008-07-16	12.43	广发
89	嘉实多元债券	2008-09-10	45.80	嘉实
90	景顺长城公司治理股票	2008-10-22	2.73	景顺长城
91	招商安心收益债券	2008-10-22	54.40	招商
92	海富通稳健添利债券	2008-10-24	31.80	海富通
93	南方恒元保本混合	2008-11-12	22.11	南方
94	易方达科翔股票[⑧]	2008-11-13	3.61	易方达
95	中银稳健增利债券	2008-11-13	22.50	中银
96	富国天鼎中证指数增强[⑨]	2008-11-20	3.42	富国
97	建信核心精选股票	2008-11-25	5.10	建信
98	申万菱信添益宝债券	2008-12-04	23.79	申万菱信
99	广发沪深300指数	2008-12-30	6.54	广发
100	浦银安盛优化收益债券	2008-12-30	7.71	浦银安盛
101	国投瑞银货币	2009-01-19	38.33	国投瑞银
102	交银保本混合	2009-01-21	49.56	交银施罗德
103	汇添富价值精选股票	2009-01-23	15.13	汇添富
104	华宝兴业增强收益债券	2009-02-17	22.58	华宝兴业
105	诺安成长股票	2009-03-10	11.68	诺安
106	国联安增利债券	2009-03-11	30.72	国联安
107	嘉实量化阿尔法股票	2009-03-20	29.61	嘉实

（续上表）

序号	基金简称	成立日期	首募规模(亿份)	管理人
108	南方沪深300指数	2009-03-25	15.81	南方
109	易方达行业领先股票	2009-03-26	40.92	易方达
110	鹏华沪深300指数(LOF)	2009-04-03	19.94	鹏华
111	中银行业优选混合	2009-04-03	19.97	中银
112	华安强化收益债券	2009-04-13	27.55	华安
113	融通内需驱动股票	2009-04-22	29.55	融通
114	银华和谐主题混合	2009-04-27	26.73	银华
115	诺安增利债券	2009-05-27	16.13	诺安
116	博时信用债券	2009-06-10	24.07	博时
117	申万菱信消费增长股票	2009-06-12	14.64	申万菱信
118	广发聚瑞股票	2009-06-16	70.71	广发
119	中海量化策略股票	2009-06-24	16.46	中海
120	上投摩根纯债债券	2009-06-24	18.01	上投摩根
121	汇添富上证综合指数	2009-07-01	90.98	汇添富
122	华夏沪深300指数	2009-07-10	247.72	华夏
123	新华泛资源优势混合	2009-07-13	31.32	新华
124	华泰柏瑞行业领先股票	2009-08-03	22.50	华泰柏瑞
125	国投瑞银沪深300指数分级	2009-10-14	32.16	国投瑞银
126	诺安中证100指数	2009-10-27	21.10	诺安
127	建信沪深300指数(LOF)	2009-11-05	53.26	建信
128	长盛量化红利股票	2009-11-25	12.52	长盛
129	广发中证500指数(LOF)	2009-11-26	86.36	广发
130	浦银安盛红利精选股票	2009-12-03	3.70	浦银安盛
131	南方深证成份ETF	2009-12-04	41.28	南方
132	南方深证成份ETF联接	2009-12-09	32.72	南方
133	富国沪深300指数增强	2009-12-16	34.90	富国
134	天弘周期策略股票	2009-12-17	6.99	天弘
135	华安动态灵活配置混合	2009-12-22	28.85	华安
136	汇添富策略回报股票	2009-12-22	32.16	汇添富
137	招商中小盘股票	2009-12-25	26.27	招商
138	嘉实基本面50指数(LOF)	2009-12-30	34.37	嘉实
139	鹏华中证500指数(LOF)	2010-02-05	26.31	鹏华
140	国泰估值优势分级封闭	2010-02-10	8.43	国泰
141	金元比联核心动力股票	2010-02-11	4.37	金元比联
142	申万菱信沪深300价值指数	2010-02-11	9.25	申万菱信
143	中海上证50指数增强	2010-03-25	5.52	中海

（续上表）

序 号	基金简称	成立日期	首募规模(亿份)	管理人
144	易方达上证中盘ETF	2010-03-29	27.52	易方达
145	易方达上证中盘ETF联接	2010-03-31	20.89	易方达
146	国投瑞银沪深300金融地产指数(LOF)	2010-04-09	17.23	国投瑞银
147	海富通中小盘股票	2010-04-14	12.37	海富通
148	金鹰稳健成长股票	2010-04-14	6.49	金鹰
149	华宝兴业上证180价值ETF	2010-04-23	21.09	华宝兴业
150	华宝兴业上证180价值ETF联接	2010-04-23	5.87	华宝兴业
151	诺安中小盘精选股票	2010-04-28	14.29	诺安
152	汇添富民营活力股票	2010-05-05	14.08	汇添富
153	富国通胀通缩主题股票	2010-05-12	14.86	大成
154	建信上证社会责任ETF	2010-05-28	4.20	建信
155	建信上证社会责任ETF联接基金	2010-05-28	23.96	建信
156	大成核心双动力股票	2010-06-22	11.73	大成
157	招商深证100指数	2010-06-22	6.62	招商
158	东吴新创业股票	2010-06-29	4.34	东吴
159	新华行业周期轮换股票	2010-07-21	3.48	新华
160	中海货币	2010-07-28	29.59	中海
161	民企ETF	2010-08-05	10.07	鹏华
162	鹏华上证民企50ETF联接	2010-08-05	5.72	鹏华
163	天弘深证成份指数(LOF)	2010-08-12	4.41	天弘
164	南方小康ETF	2010-08-27	6.57	南方
165	南方小康ETF联接	2010-08-27	9.00	南方
166	嘉实稳固收益	2010-09-01	44.83	嘉实
167	金元比联消费主题股票	2010-09-15	4.07	金元比联
168	海富通上证周期ETF	2010-09-19	9.67	海富通
169	汇添富医药保健股票	2010-09-21	40.85	汇添富
170	海富通上证周期ETF联接	2010-09-28	7.33	海富通
171	银华成长先锋混合型	2010-10-08	31.40	银华
172	申万菱信深证成指分级	2010-10-22	7.12	申万菱信
173	南方广利回报债券	2010-11-03	45.66	南方
174	融通深证成份指数	2010-11-15	18.49	融通
175	建信内生动力股票	2010-11-16	53.88	建信
176	华安上证龙头ETF	2010-11-18	11.30	华安
177	华安上证龙头ETF联接	2010-11-18	17.46	华安
178	广发行业领先股票	2010-11-23	44.30	广发
179	农银货币	2010-11-23	60.33	农银汇理

（续上表）

序号	基金简称	成立日期	首募规模(亿份)	管理人
180	海富通稳固收益债券	2010–11–23	26.97	海富通
181	天弘添利分级债券⑩	2010–12–03	30.00	天弘
182	嘉实主题新动力股票	2010–12–07	63.17	嘉实
183	招商上证消费80ETF	2010–12–08	6.86	招商
184	招商上证消费80ETF联接	2010–12–08	24.03	招商
185	中海环保新能源混合	2010–12–09	9.46	中海
186	泰信发展主题股票	2010–12–15	7.07	泰信
187	国投瑞银中证消费服务指数(LOF)	2010–12–16	12.47	国投瑞银
188	金鹰主题优势股票	2010–12–20	20.51	金鹰
189	华安稳固收益债券	2010–12–21	27.34	华安
190	交银趋势股票	2010–12–22	26.60	交银施罗德
191	鹏华消费优选股票	2010–12–28	12.72	鹏华
192	建信保本混合	2011–01–18	31.26	建信
193	汇添富保本混合	2011–01–26	25.07	汇添富
194	富国上证综指ETF	2011–01–30	3.20	富国
195	富国上证综指ETF联接	2011–01–30	7.45	富国
196	广发聚祥保本混合	2011–03–15	41.09	广发
197	景顺长城中小盘股票	2011–03–22	20.63	景顺长城
198	中海增强收益债券	2011–03–23	6.98	中海
199	诺安上证新兴产业ETF	2011–04–07	9.12	诺安
200	诺安上证新兴产业ETF联接	2011–04–07	13.14	诺安
201	农银沪深300指数	2011–04–12	32.98	农银汇理
202	大成保本混合	2011–04–20	16.72	大成
203	海富通上证非周期ETF	2011–04–22	6.52	海富通
204	博时卓越品牌股票(LOF)⑪	2011–04–22	2.66	博时
205	鹏华丰盛债券	2011–04–25	30.46	鹏华
206	海富通上证非周期ETF联接	2011–04–27	3.81	海富通
207	兴全绿色投资股票(LOF)	2011–05–06	20.22	兴业全球
208	金鹰保本混合	2011–05–17	9.34	金鹰
209	南方中证50债券指数(LOF)	2011–05–17	28.27	南方
210	富国天盈分级债券⑫	2011–05–23	35.05	富国
211	申万菱信量化小盘(LOF)	2011–06–16	5.13	申万菱信
212	汇添富可转换债券	2011–06–17	9.23	汇添富
213	易方达安心回报债券	2011–06–21	17.90	易方达

注：①原安瑞证券投资基金转型；②原裕元证券投资基金转型；③原金元证券投资基金转型；④原南方多利中短期债券投资基金转型；⑤原泰信中短期债券投资基金转型；⑥原隆元证券投资基金转型；⑦原融鑫证券投资基金转型；⑧原科翔证券投资基金转型；⑨原汉鼎证券投资基金转型；⑩为创新封闭式基金，合同生效后5年(含)内封闭运作；⑪原博时裕泽封闭基金转型(以上“封转开”基金募集份额均为集中申购份额)；⑫为创新封闭式基金，合同生效后3年(含)内封闭运作。

托管QDII基金产品一览(截至2011年6月30日)

序 号	基金简称	成立日期	首募规模(亿份)	管理人
1	南方全球精选配置(QDII—FOF)	2007—09—19	299.98	南方
2	上投摩根亚太优势股票(QDII)	2007—10—22	295.72	上投摩根
3	易方达亚洲精选股票(QDII)	2010—01—21	5.92	易方达
4	招商全球资源股票(QDII)	2010—03—25	5.53	招商
5	国投瑞银新兴市场股票(QDII—LOF)	2010—06—10	4.43	国投瑞银
6	汇添富亚澳成熟优选股票(QDII)	2010—06—25	5.23	汇添富
7	博时大中华亚太精选股票(QDII)	2010—07—27	5.55	博时
8	广发亚太精选股票(QDII)	2010—08—18	5.41	广发
9	建信全球机遇股票(QDII)	2010—09—14	6.82	建信
10	华安香港精选股票(QDII)	2010—09—19	7.41	华安
11	富国全球债券(QDII—FOF)	2010—10—20	8.28	富国
12	南方金砖四国指数(QDII)	2010—12—09	6.37	南方
13	诺安全球黄金(QDII—FOF)	2011—01—13	31.97	诺安
14	建信新兴市场股票(QDII)	2011—06—21	4.27	建信
15	广发全球农业指数(QDII)	2011—06—28	4.47	广发

注：以上统计数据不含华安国际配置基金(QDII)

大行德广 伴您成长

中国农业银行 AGRICULTURAL BANK OF CHINA | 大事记 MAJOR EVENTS

（资产托管业务）

2010年11月

中国农业银行与中荷人寿成功续签保险资金托管协议。

在首届“‘金牌理财’TOP10颁奖盛典”中，中国农业银行荣获最佳托管银行称号。

2010年10月

中国农业银行成功营销“和谐健康险”保险资金托管业务。

托管中国农业银行首只养老保障委托管理产品“长江盛世华章养老保障委托管理产品”。

2010年9月

托管中国农业银行首只创新型封闭式分级债券基金“富国汇利分级债券型证券投资基金”，托管基金份额29.99亿份。

中国农业银行成功中标“中国建筑股份有限公司企业年金”基金托管项目。

2010年8月

完成人保集团资产转托管工作，转托管规模78亿元。

2010年6月

中国农业银行成功中标“神华国华徐州发电公司企业年金”基金托管项目。

中国农业银行正式入围“国家电网公司系统企业年金”基金管理机构名单。

中国农业银行成功营销“易方达基金管理公司特定客户”资产托管业务，初始额度5亿元，是中国农业银行迄今为止单只规模最大的特定客户资产托管业务。

托管业务生产系统完成系统迁移工作：系统硬件及网络设备纳入中国农业银行统一管理，在系统稳定性加强的同时，业务系统处理能力大幅提升。

2010年3月

中国农业银行成功营销“长生人寿保险公司保险资金”托管业务。

中国农业银行获《首席财务官》杂志颁发的“最佳托管银行”称号。

由中国农业银行担任中国银行业协会托管业务专业委员会轮值主席，主持召开中国银行业协会托管业务专业委员会2010年第一次全体工作会议，对股指期货以及新型金融衍生产品的投资监督相关问题进行讨论。

2010年2月

中国农业银行成功中标“西藏电力有限公司企业年金”基金托管项目。

完成QDII产品太平人寿保险转托管工作，移交规模9亿港币。

2010年1月

中国农业银行与太平洋人寿成功续签保险资金托管协议。

中国农业银行
AGRICULTURAL BANK OF CHINA

成立日期	2009年1月15日	注册资本	270, 000, 000, 000元	法人代表	蒋超良
获得托管资格时间	1998年5月29日	托管业务部总经理	张 健		
联系电话	010-6320 1517	传真号码	010-6320 1816		
公司网址	www.abchina.com	电子邮箱	95599@abchina.com		
注册地址	北京市东城区建国门内大街69号				
办公地址	北京市西城区复兴门内大街28号凯晨世贸中心东座F9				

基本情况

中国农业银行是新中国设立的第一家商业银行，也是改革开放后第一家恢复成立的国家专业银行。中国农业银行最初成立于1951年，1979年2月再次恢复成立后，成为在农村经济领域占主导地位的国有专业银行。1994年中国农业发展银行分设，1996年农村信用社与农行脱离行政隶属关系，中国农业银行开始向国有独资商业银行转变。2009年1月15日，中国农业银行完成工商变更登记手续，由国有独资商业银行整体改制为股份有限公司，并更名为“中国农业银行股份有限公司”。2010年7月15日和16日分别在上海证券交易所、香港联合交易所两地挂牌上市。

2010年，中国农业银行凭借全面的业务组合、庞大的分销网络和领先的技术平台，向最广大客户提供各种公司银行和零售银行产品和服务，同时开展自营及代客资金业务。截至2010年末，该行总资产103, 374.06亿元，各项存款88, 879.05亿元，各项贷款49, 567.41亿元，资本充足率11.59%，不良贷款率2.03%，全年实现净利润949.07亿元。

2010年，在美国《财富》杂志全球500强排名中，中国农业银行位列第141位；在英国《银行家》杂志全球银行1, 000强排名中，按2009年税前利润计，该行位列第14位。2010年，该行穆迪信用评级为A1/稳定。

作为一家面向“三农”、城乡联动、融入国际、综合经营的大型商业银行，中国农业银行秉承“大行德广，伴您成长”的服务理念，坚持审慎稳健经营、可持续发展，立足城市和县域两大市场，充分发挥城乡联动优势，实施差异化竞争策略，依托庞大的分支机构、电子化网络和多元化的金融产品，不断朝着为最广大客户群体提供优质金融服务的现代化全能型银行的目标迈进。

托管业务介绍

1998年5月，经中国证监会和中国人民银行批准，中国农业银行成为国内首批获取证券投资基金托管业务资格的商业银行之一。同年7月，中国农业银行证券投资基金托管部成立。2004年9月，经报备中国证监会同意，中国农业银行证券投资基金托管部更名为托管业务部。

中国农业银行按照“主业突出、适度多元”的托管业务发展战略，不断加快产品业务多元化步伐，目前已经全面覆盖证券投资基金、券商资产管理计划、信托计划、保险资金、QFII、QDII、企业年金基金和私募股权基金等所有托管业务品种，成为国内托管产品体系最完善的托管银行之一。截至2011年12月31日，中国农业银行托管资产规模达20,800.04亿元，其中托管证券投资基金114只，净值规模达2,571.35亿元；其中，托管保险资产规模达11,470.04亿元，居同业首位。证券公司资产管理产品、信托计划、银行理财产品、私募股权投资基金等托管(保管)业务稳步发展。

中国农业银行严格履行托管人职责。托管业务部严格按照有关法律法规和规范性文件，为客户提供资产保管、资金清算、资产核算估值及投资监督等优质服务，并按照国际标准构建科学有效的业务营运系统和风险管理体系，成功通过SAS70内部控制审计国际认证。

经过多年的托管业务实践，中国农业银行托管业务部已积累了丰富的托管业务经验，锻炼了一支专业水平高、业务素质好、服务能力强的高素质员工队伍，拥有一大批高级会计师、高级经济师、高级工程师、律师等金融、技术和法律专家，部门高管人员和各业务负责人均具有长期从事证券业务的工作经验，精通国内外证券市场的运作。

中国农业银行高度重视客户服务工作。托管业务部内专门组建新产品研发小组，配备多名具有丰富证券、基金从业经验的博士和高级研究人员，具备雄厚的新产品研发力量，能够密切跟踪市场趋势和客户的个性化需求，开展新产品和新业务的研发工作。

中国农业银行着力提升创新服务水平。托管业务部依托全行系统强大的系统资源优势，在做好资产保管、资金清算、会计核算、资产估值等基础服务的同时，不断加大创新力度，致力于为客户提供绩效评估、收益代收、现金管理、代理投票、风险分析等多种增值服务。

中国农业银行托管业务部全体员工将继续本着“开拓进取、勤勉尽责、诚实守信、严谨自律”的执业原则，以科学严谨的风险管理和内部控制体系、高效安全的业务营运和技术保障系统、开拓创新的托管服务团队，为广大客户提供安全、专业、高效的托管服务，切实维护资产委托人利益。

托管证券投资基金业务概览

(一) 近三年托管证券投资基金数量与规模

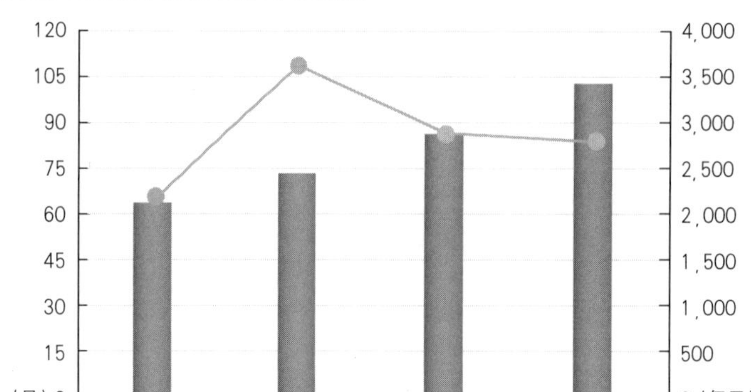

	2008年末	2009年末	2010年末	2011年上半年末
■ 托管基金总数	64	74	87	102
● 托管基金总资产净值	2,156.32	3,506.08	2,991.70	2,888.81

(二) 近三年新增托管证券投资基金概况

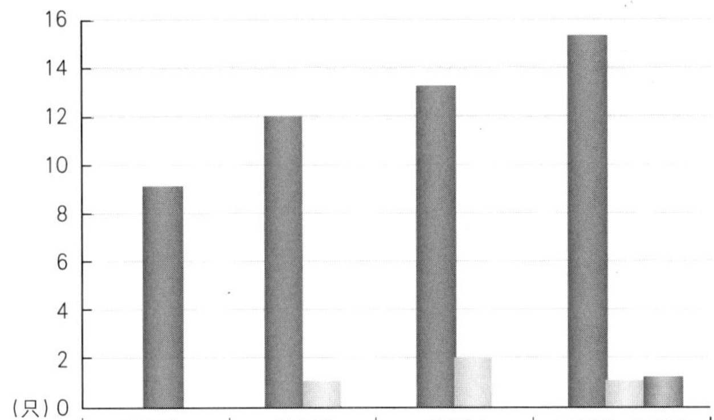

	2008年	2009年	2010年	2011年上半年
■ 新增托管基金数目	9	12	13	15
■ 新增托管ETF	—	1	2	1
■ 新增托管QDII	—	—	—	1

● 托管封闭式证券投资基金一览(截至2011年9月30日)

序 号	基金代码	基金简称	设立份额(亿份)	成立日期	管理人
1	500006	博时裕阳封闭	20.00	1998–07–25	博时
2	500005	富国汉盛封闭	20.00	1999–05–18	富国
3	184692	博时裕隆封闭	30.00	1999–06–15	博时
4	184701	大成景福封闭	30.00	1999–12–30	大成
5	184728	宝盈鸿阳封闭	20.00	2001–12–10	宝盈
6	184721	嘉实丰和价值封闭	30.00	2002–03–22	嘉实
7	184722	长城久嘉封闭	20.00	2002–07–05	长城

● 托管开放式证券投资基金一览(截至2011年9月30日)

序 号	基金代码	基金简称	首募份额(亿份)	成立日期	管理人
1	100016	富国天源平衡混合	46.17	2002–08–16	富国
2	080001	长盛成长价值混合	31.67	2002–09–18	长盛
3	213001	宝盈鸿利收益混合	14.46	2002–10–08	宝盈
4	090001	大成价值增长混合	26.04	2002–11–11	大成
5	090002	大成债券	21.53	2003–06–12	大成
6	151001	银河稳健混合	11.87	2003–08–04	银河
7	151002	银河收益债券	18.02	2003–08–04	银河
8	510080	长盛全债指数增强债券	9.25	2003–10–25	长盛

（续上表）

序 号	基金代码	基金简称	首募份额(亿份)	成立日期	管理人
9	519999	长信利息收益货币	70.43	2004-03-19	长信
10	510081	长盛动态精选混合	41.08	2004-05-21	长盛
11	260104	景顺长城内需增长股票	25.21	2004-06-25	景顺长城
12	161902	万家增强收益债券[1]	21.94	2004-09-28	万家
13	090004	大成精选增值混合	13.36	2004-12-15	大成
14	519996	长信银利精选股票	11.83	2005-01-17	长信
15	100022	富国天瑞强势混合	16.39	2005-04-05	富国
16	160606	鹏华货币	33.54	2005-04-12	鹏华
17	398011	中海分红增利混合	6.03	2005-06-16	中海
18	020007	国泰货币	44.45	2005-06-21	国泰
19	519087	新华优选分红混合	6.19	2005-09-16	新华
20	519688	交银精选股票	48.75	2005-09-29	交银施罗德
21	162206	泰达宏利货币	46.43	2005-11-10	泰达宏利
22	519588	交银货币	47.41	2006-01-20	交银施罗德
23	162607	景顺长城资源垄断股票(LOF)	11.55	2006-01-26	景顺长城
24	519300	大成沪深300指数	18.13	2006-04-06	大成
25	550001	信诚四季红混合	30.06	2006-04-29	信诚
26	100025	富国天时货币	35.19	2006-06-05	富国
27	450002	国富弹性市值股票	29.13	2006-06-14	国海富兰克林
28	560001	益民货币	17.15	2006-07-17	益民
29	519029	华夏稳增混合	23.46	2006-08-09	华夏
30	200007	长城安心回报混合	14.17	2006-08-22	长城
31	590001	中邮核心优选股票	15.88	2006-09-28	中邮创业
32	260109	景顺长城内需贰号股票	55.28	2006-10-11	景顺长城
33	519692	交银成长股票	69.36	2006-10-23	交银施罗德
34	519100	长盛中证100指数	40.31	2006-11-22	长盛
35	162208	泰达宏利首选企业股票	85.4	2006-12-01	泰达宏利
36	580002	东吴双动力股票	21.44	2006-12-15	东吴
37	160610	鹏华动力增长混合(LOF)	110.23	2007-01-09	鹏华
38	519017	大成积极成长股票[2]	106.12	2007-01-16	大成
39	213003	宝盈策略增长股票	95.68	2007-01-19	宝盈
40	020010	国泰金牛创新股票	88.85	2007-05-18	国泰
41	160910	大成创新成长混合[3]	120.78	2007-06-12	大成
42	560003	益民创新优势混合	72.38	2007-07-11	益民
43	590002	中邮核心成长股票	149.57	2007-08-17	中邮创业

（续上表）

序 号	基金代码	基金简称	首募份额(亿份)	成立日期	管理人
44	000031	华夏复兴股票	49.99	2007-09-10	华夏
45	519039	长盛同德主题股票④	122.57	2007-10-25	长盛
46	519019	大成景阳领先股票⑤	88.38	2007-12-11	大成
47	100029	富国天成红利混合	3.41	2008-05-28	富国
48	519991	长信双利优选混合	5.11	2008-06-19	长信
49	450004	国富深化价值股票	7.59	2008-07-03	国海富兰克林
50	310368	申万菱信竞争优势股票	3.83	2008-07-04	申万菱信
51	519089	新华优选成长股票	2.78	2008-07-25	新华
52	620002	金元比联成长动力混合	3.74	2008-09-03	金元比联
53	350006	天治稳健双盈债券	7.88	2008-11-05	天治
54	398031	中海蓝筹混合	7.46	2008-12-03	中海
55	519989	长信利丰债券	8.19	2008-12-29	长信
56	620003	金元比联丰利债券	14.75	2009-03-23	金元比联
57	519698	交银先锋股票	44.71	2009-04-10	交银施罗德
58	580005	东吴进取策略混合	10.49	2009-05-06	东吴
59	530009	建信收益增强债券	79.64	2009-06-02	建信
60	161810	银华内需精选股票(LOF)⑥	68.14	2009-07-01	银华
61	450008	国富沪深300指数增强	24.24	2009-09-03	国海富兰克林
62	090009	大成行业轮动股票	30.86	2009-09-08	大成
63	160119	南方中证500指数(LOF)	32.23	2009-09-25	南方
64	510010	交银上证180公司治理ETF	10.09	2009-09-25	交银施罗德
65	519686	交银上证180公司治理ETF联接	70.9	2009-09-29	交银施罗德
66	260112	景顺长城能源基建股票	9.34	2009-10-20	景顺长城
67	590003	中邮核心优势灵活配置混合	39.42	2009-10-28	中邮创业
68	481010	工银瑞信中小盘成长股票	23.18	2010-02-10	工银瑞信
69	583001	东吴货币	44.33	2010-05-11	东吴
70	050014	博时创业成长股票	34.22	2010-06-01	博时
71	161713	招商信用添利债券封闭	21.17	2010-06-25	招商
72	110022	易方达消费行业股票	63.73	2010-08-20	易方达
73	161014	富国汇利分级债券封闭	30.00	2010-09-09	富国
74	160915	大成景丰分级债券	32.45	2010-10-15	大成
75	163407	兴全沪深300指数(LOF)	29.55	2010-11-02	兴业全球
76	159905	工银深证红利ETF	6.07	2010-11-05	工银瑞信
77	481012	工银深证红利ETF联接	26.18	2010-11-09	工银瑞信
78	100051	富国可转债	42.65	2010-12-08	富国

（续上表）

序号	基金代码	基金简称	首募份额(亿份)	成立日期	管理人
79	159906	大成深证成长40ETF	4.99	2010—12—21	大成
80	090012	大成深证成长40ETF联接	31.30	2010—12—21	大成
81	162214	泰达宏利中小盘股票	27.09	2011—01—26	泰达宏利
82	164902	交银信用添利债券	18.95	2011—01—27	交银施罗德
83	585001	东吴中证新兴指数	19.77	2011—02—01	东吴
84	164808	工银四季收益债券	24.03	2011—02—10	工银瑞信
85	217018	招商安瑞进取债券	24.63	2011—03—17	招商
86	470028	汇添富社会责任股票	56.23	2011—03—29	汇添富
87	481013	工银消费服务股票	26.51	2011—04—21	工银瑞信
88	161116	易方达黄金主题(QDII—LOF—FOF)	26.57	2011—05—06	易方达
89	590006	中邮中小盘灵活配置混合	17.08	2011—05—10	中邮创业
90	688888	浙商聚潮产业成长股票	12.71	2011—05—17	浙商
91	070022	嘉实领先成长股票	27.71	2011—05—31	嘉实
92	159907	广发中小板300ETF	7.18	2011—06—03	广发
93	270026	广发中小板300ETF联接	9.66	2011—06—09	广发
94	202212	南方保本混合	49.61	2011—06—21	南方
95	519704	交银先进制造股票	19.18	2011—06—22	交银施罗德
96	377240	上投摩根新兴动力股票	4.59	2011—07—13	上投摩根
97	450010	国富策略回报混合	10.14	2011—08—02	富兰克林
98	620007	金元比联保本混合	2.78	2011—08—16	金元比联
99	217020	招商安达保本混合	10.32	2011—09—01	招商
100	159913	交银深证300价值ETF	3.32	2011—09—22	交银施罗德
101	519706	交银深证300价值ETF联接	3.74	2011—09—28	交银施罗德
102	160125	南方中国中小盘股票(QDII—LOF)	3.00	2011—09—26	南方

注：①2007年9月29日，万家保本增值转型为债券型基金，并更名为万家增强收益；②2007年1月16日，基金景业封闭期结束，转型为大成积极成长股票型基金；③2007年6月12日，基金景博封闭期结束，转型为大成创新成长混合型基金；④2007年10月25日，基金同德封闭期结束，转型为长盛同德主题增长股票型基金；⑤2007年12月11日，基金景阳封闭期结束，转型为大成景阳领先股票型基金；⑥2009年7月1日，基金天华封闭期结束，转型为银华内需精选股票型基金(LOF)。

BANK OF CHINA

成立日期	1983年10月31日	注册资本	2, 538.39亿元人民币	法人代表	肖　钢
获得托管资格时间	1998年7月7日	托管部负责人	李爱华		
联系电话	010-6659 4912	传真号码	010-6659 4853		
公司网址	www.boc.cn	注册地址	北京西城区复兴门内大街1号		
办公地址	北京西城区复兴门内大街1号				

基本情况

1912年2月，经孙中山先生批准，中国银行正式成立。在中华人民共和国成立前的37年间，中国银行先后是当时的国家中央银行、国际汇兑银行和外贸专业银行。在动荡的历史年代，中国银行作为民族金融的支柱，以服务大众、振兴民族金融业为己任，稳健经营，锐意进取，各项业务取得了长足发展。新中国成立后，中国银行成为国家指定的外汇外贸专业银行，继续保持和发扬了顽强创业的企业精神，为国家对外经贸发展、开展经济建设作出了贡献。1994年，随着金融体制改革的深化，中国银行由外汇外贸专业银行向功能完善、服务全面的国有商业银行转化。

1994年和1995年，中国银行分别成为香港地区、澳门地区的发钞银行。2004年8月26日，中国银行股份有限公司在北京注册成立，中国银行成为国家控股的股份制商业银行，标志中国银行向建立拥有良好公司治理机制的现代化股份制商业银行的目标迈出了一大步，中国银行的历史翻开了新的一页。中国银行于2006年6月1日在香港联合交易所上市(股份代号：3988)，同年7月5日亦在上海证券交易所挂牌上市(股份代号：601988)，进一步扩大了中国银行在国际市场和国内市场的实力和影响力，为中国银行的百年品牌再添美誉。中国银行是国内主要金融服务提供商之一，业务范围涵盖商业银行、投资银行和保险领域，旗下有中银香港、中银国际、中银保险、中银基金、中银航空租赁、中银投资等控股金融机构。商业银行为中国银行的主营业务，包括公司金融、个人金融和金融市场等业务。目前，中国银行曾先后8次被《欧洲货币》评选为“中国最佳银行”和“中国最佳国内银行”；连续19年入选美国《财富》杂志“世界500强”企业；多次被《财资》评为“中国最佳国内银行”；被美国《环球金融》杂志评为“中国最佳贸易融资银行”及“中国最佳外汇银行”；被《远东经济评论》评为“中国地区产品服务10强企业”；被《亚洲风险》杂志评为2006年度“中国最佳银行”。在美国知名财经杂志《财富》与世界知名的管理咨询公司Hay(合益)集团合作评选的25家“最受赞赏的中国公司”中，中国银行榜上有名。在A+H资本市场整体上市后，中国银行荣获《投资者关系》“最佳IPO投资者关系奖”等多个重要奖项。2009年，中国银行荣获《21世纪经济报道》之亚洲银行竞争力排名“亚洲最佳公司业务银行”。同年，中国银行荣获《亚洲金融》“中国最佳私人银行”奖项。按核心资本计算，2010年，中国银行在《银行家》公布的世界1, 000家大银行中排名第14位。同年，中国银行荣获英国《金融时报》最佳私人银行奖；在《亚洲银行家》亚洲零售银行卓越大奖评选中获“中国区最佳财富管理奖”；荣获《Euromoney》(欧洲货币)“中国最佳借贷和金融解决方案私人银行”；荣获《亚洲银行家》“Achievement award for Trade Finance in China”称号；荣获《环球金融》(Global Finance)中国区“Best Corporate Lending Bank”称号。

作为中国金融行业的百年品牌，中国银行在注重稳健经营的同时积极进取，不断创新，创造了国内银行业的许多第一，在国际结算、外汇资金和贸易融资等领域得到业界和客户的广泛认可和赞誉。中国银行是中国国际化程度最高的银行。1929年，中国银行在伦敦设立第一家海外分行，此后在世界各大金融中心相继开设分支机构。中国银行在国内同业中率先引进国际管理技术人才和经营理念，不断向国际化一流大银行的目标迈进。截至2010年末，除在中国内地外，中国银行在香港、澳门及32个国家和地区拥有分支机构，海外员工数量超过25,000名，拥有广泛的国际银行网络。

托管业务介绍

1998年7月，经中国证监会证监基金字[1998]24号文和中国人民银行核准，中国银行成为国内首批5家从事基金托管业务的银行之一。同年10月中国银行总行基金托管部成立，并在上海和深圳设立了托管分部。基金托管部是中国银行负责托管业务市场研究、产品开发、市场营销、业务操作、客户服务和辖内管理的专业职能部门。随着业务范围的不断扩大和服务范围的不断拓宽，2005年初中国银行以上市为契机，对托管业务组织架构、业务流程和管理流程进行了再造，并将基金托管部正式更名为“托管及投资者服务部”，进一步体现了以客户为中心的经营理念。2010年，中国银行在“第四届私募基金高峰论坛”荣获“2009年度最佳私募证券基金托管服务银行”奖项。

按照前、中、后线适当分离的原则，中国银行托管及投资者服务部下设覆盖销售、市场、运营、合规、信息科技、行政管理等多个团队，配备了足够数量的合格人员，拥有员工130余人。中国银行托管及投资者服务部拥有一支高素质的托管队伍，大部分员工具有丰富的银行、证券、基金从业经验，且具有海外工作、学习或培训经历，60%以上的员工具有硕士以上学位或高级职称。总经理室成员、主要业务团队的负责人和高级管理人员曾长期在海外从事金融工作多年，熟悉海内外市场的运作。

中国银行拥有最为齐全的托管客户群和托管产品线。在托管产品方面，目前中国银行的业务范围已经从最初的证券投资基金托管扩大到社保基金、保险资金、合格境外机构投资者(QFII)境内证券投资资金、合格境内机构投资者(QDII)境外证券投资资金、企业年金、投资连结保险产品、信托资金、券商理财计划资金、私募股权基金、证券化资金、专户理财和产业投资基金等各种机构客户资金托管业务，涵盖了基金、社保、保险、QDII、QFII、信托、证券、实业等各个领域。

中国银行一贯重视托管业务和服务的创新，自基金托管部门成立之始，就十分重视产品研发，充分保证了在证券投资基金、社保基金、保险资金、QFII、QDII、企业年金、信托资金、券商理财计划资金、资产证券化资金、专户理财资金、股权投资基金、银行理财资金、交易资金等几乎所有的托管领域，中国银行都成为国内首家或首批托管银行。在证券投资基金托管方面，截至2010年底，中国银行共托管了29家基金管理公司管理的105只基金，托管的基金包括股票型基金、债券型基金、平衡型基金、货币市场基金等所有主要的基金类别以及保本基金、上市开放式基金(LOF)、交易所交易基金(ETF)等创新基金产品。中国银行于2009年9月2日募集完成的“中银专户主题1号”特定多个客户资产管理计划(即“一对多专户”产品)，成功叙做了业内首单，并在该项业务上一直保持市场领先地位。同时，中国银行还竭诚为合格境外机构投资者(QFII)提供优质托管服务，目前为10家QFII提供托管服务，并与多家潜在QFII进行托管合作的实质洽谈；同时中国银行还被多家外资银行选为其QFII托管业务资金清算代理行。目前中国银行是最大的中资QFII托管银行。

中国银行在全球30多个国家和地区设有984家机构，覆盖了纽约、伦敦、东京、香港、法兰克福和新加坡等主要的国际金融中心，并与近4,000家国外银行建立了代理关系。依托传统的国际业务优势以及与全球托管银行的合作和自身不断的努力，中国银行有信心和能力为境内外客户的全球投资提供更加安全、诚信、规范、勤责、创新、增值的托管服务。

托管证券投资基金业务概览

(一) 近三年托管证券投资基金数量与规模

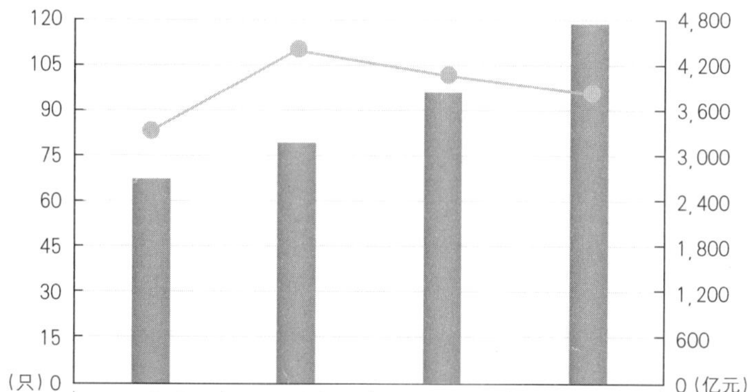

	2008年末	2009年末	2010年末	2011年上半年末
■ 托管基金总数	67	81	95	119
● 托管基金总资产净值	3,387.66	4,356.59	4,116.04	3,841.18

(二) 近三年新增托管证券投资基金概况

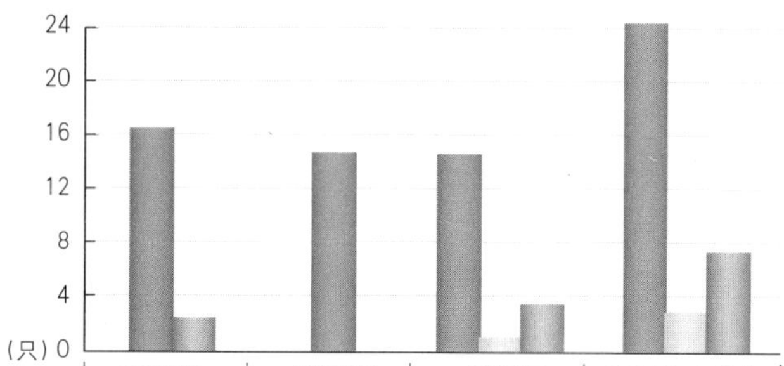

	2008年	2009年	2010年	2011年上半年
■ 新增托管基金数目	16	14	14	24
■ 新增托管ETF	—	—	1	3
■ 新增托管QDII	2	—	3	7

注：2008年新增16只基金（包括1只保本基金到期转二期；1只封基转型），本年实际新增托管基金14只。

托管封闭式基金产品一览(截至2011年6月30日)

序号	基金简称	设立日期	设立规模(亿份)	管理人
1	大成景宏封闭	1999-05-04	20.00	大成
2	长盛同盛封闭	1999-11-05	30.00	长盛

托管开放式基金产品一览(截至2011年6月30日)

序号	基金简称	成立日期	首募规模(亿份)	管理人
1	易方达平稳增长混合	2002-08-23	46.78	易方达
2	嘉实成长收益混合	2002-11-05	20.02	嘉实
3	银华优势企业混合	2002-11-13	16.83	银华
4	万家180指数	2003-03-17	19.30	万家
5	金鹰成份优选混合	2003-06-16	15.17	金鹰
6	嘉实增长混合	2003-07-09	9.45	嘉实
7	嘉实稳健混合	2003-07-09	10.30	嘉实
8	嘉实债券	2003-07-09	5.87	嘉实
9	华夏回报混合	2003-09-05	37.97	华夏
10	景顺长城优选股票	2003-10-24	8.21	景顺长城
11	景顺长城动力平衡混合	2003-10-24	5.41	景顺长城
12	景顺长城货币	2003-10-24	4.74	景顺长城
13	易方达策略成长混合	2003-12-09	20.35	易方达
14	泰信天天收益货币	2004-02-10	60.23	泰信
15	海富通收益增长混合	2004-03-12	130.74	海富通
16	嘉实服务增值行业混合	2004-04-01	90.30	嘉实
17	招商先锋混合	2004-06-01	16.05	招商
18	大成蓝筹稳健混合	2004-06-03	22.34	大成
19	泰达宏利精选股票	2004-07-09	20.16	泰达宏利
20	华夏大盘精选混合	2004-08-11	19.28	华夏
21	易方达积极成长混合	2004-09-09	11.58	易方达
22	海富通货币	2005-01-04	9.65	海富通
23	易方达货币	2005-02-02	36.22	易方达
24	景顺长城鼎益股票(LOF)	2005-03-16	4.46	景顺长城
25	嘉实货币	2005-03-18	29.47	嘉实
26	华泰柏瑞盛世中国股票	2005-04-27	9.01	华泰柏瑞
27	南方高增长股票(LOF)	2005-07-13	12.77	南方
28	海富通股票	2005-07-29	4.20	海富通

（续上表）

序号	基金简称	成立日期	首募规模(亿份)	管理人
29	嘉实沪深300指数(LOF)	2005—08—29	8.67	嘉实
30	工银核心价值股票	2005—08—31	43.47	工银瑞信
31	华宝兴业动力组合股票	2005—11—17	5.35	华宝兴业
32	易方达深证100ETF	2006—03—24	51.58	易方达
33	嘉实超短债债券	2006—04—26	61.46	嘉实
34	银华优质增长股票	2006—06—09	98.35	银华
35	嘉实主题混合	2006—07—21	55.23	嘉实
36	华夏回报二号混合	2006—08—14	63.27	华夏
37	易方达策略成长二号混合	2006—08—16	36.57	易方达
38	大成2020生命周期混合	2006—09—13	11.13	大成
39	国泰金鹏蓝筹混合	2006—09—29	12.49	国泰
40	华宝兴业先进成长股票	2006—11—07	61.14	华宝兴业
41	泰信优质生活股票	2006—12—15	15.92	泰信
42	长盛同智优势混合(LOF)①	2007—01—05	108.39	长盛
43	国富潜力组合股票	2007—03—22	87.57	国海富兰克林
44	海富通精选贰号混合	2007—04—09	86.00	海富通
45	华泰柏瑞积极成长混合	2007—05—29	89.21	华泰柏瑞
46	大成优选封闭	2007—08—01	46.74	大成
47	国泰沪深300指数②	2007—11—11	8.03	国泰
48	华夏行业股票(LOF)③	2007—11—22	124.24	华夏
49	国投瑞银稳定增利债券	2008—01—11	41.96	国投瑞银
50	易方达稳健收益债券④	2008—01—29	114.57	易方达
51	银河成长股票	2008—05—26	3.70	银河
52	嘉实研究精选股票	2008—05—27	18.11	嘉实
53	长盛创新先锋混合	2008—06—04	8.48	长盛
54	国泰金鹿保本(二期)混合⑤	2008—06—12	25.41	国泰
55	易方达中小盘股票	2008—06—19	12.27	易方达
56	华泰柏瑞价值增长股票	2008—07—16	4.06	华泰柏瑞
57	工银大盘蓝筹股票	2008—08—04	14.35	工银瑞信
58	银华领先策略股票	2008—08—20	3.58	银华
59	泰达宏利集利债券	2008—09—26	22.94	泰达宏利
60	华宝兴业大盘精选股票	2008—10—07	4.90	华宝兴业
61	华夏策略混合	2008—10—23	15.84	华夏
62	国富强化收益债券	2008—10—24	10.75	国海富兰克林
63	宝盈核心优势混合	2009—03—17	7.77	宝盈

（续上表）

序 号	基金简称	成立日期	首募规模(亿份)	管理人
64	国富成长动力股票	2009-03-25	11.10	国海富兰克林
65	泰信蓝筹精选股票	2009-04-22	10.75	泰信
66	华泰柏瑞货币	2009-05-06	23.40	华泰柏瑞
67	国泰区位优势股票	2009-05-27	19.09	国泰
68	招商行业领先股票	2009-06-19	44.75	招商
69	东方核心动力股票	2009-06-24	7.72	东方
70	金鹰行业优势股票	2009-07-01	21.67	金鹰
71	泰信增强收益债券	2009-07-29	11.76	泰信
72	万家稳健增利债券	2009-08-12	12.83	万家
73	嘉实回报混合	2009-08-18	101.04	嘉实
74	海富通中证100指数(LOF)	2009-10-30	20.87	海富通
75	易方达深证100ETF联接	2009-12-01	189.25	易方达
76	大摩强收益债券	2009-12-29	3.61	摩根士丹利华鑫
77	泰达宏利财富大盘指数	2010-04-23	11.65	泰达宏利
78	华安行业轮动股票	2010-05-11	18.06	华安
79	嘉实价值优势股票	2010-06-07	39.32	嘉实
80	华泰柏瑞量化先行股票	2010-06-22	7.33	华泰柏瑞
81	诺德中小盘股票	2010-06-28	3.64	诺德
82	民生稳健成长股票	2010-06-29	7.76	民生加银
83	博时宏观回报债券	2010-07-27	21.49	博时
84	易方达岁丰添利债券[⑥]	2010-11-09	26.79	易方达
85	国富中小盘股票	2010-11-23	30.52	国海富兰克林
86	国联安上证商品ETF	2010-11-26	9.42	国联安
87	国联安上证大宗商品股票ETF联接	2010-12-01	12.94	国联安
88	华泰柏瑞上证中小盘ETF	2011-01-26	3.48	华泰柏瑞
89	华泰柏瑞上证中小盘ETF联接	2011-01-26	4.83	华泰柏瑞
90	长城中小盘股票	2011-01-27	9.53	长城
91	易方达医疗保健行业股票	2011-01-28	38.13	易方达
92	景顺长城稳定收益债券	2011-03-25	15.74	景顺长城
93	国泰上证180金融ETF	2011-03-31	5.66	国泰
94	国泰上证180金融ETF联接	2011-03-31	9.84	国泰
95	诺德优选30股票	2011-05-05	11.81	诺德
96	泰达宏利聚利分级债券[⑦]	2011-05-13	15.82	泰达宏利
97	国联安优选行业股票	2011-05-23	13.67	国联安
98	长盛同鑫保本混合	2011-05-24	30.32	长盛

（续上表）

序 号	基金简称	成立日期	首募规模(亿份)	管理人
99	金鹰中证技术领先指数增强	2011-06-01	4.32	金鹰
100	泰信中证200指数	2011-06-09	3.17	泰信
101	大成内需增长股票	2011-06-14	14.30	大成
102	招商深证TMT50ETF	2011-06-27	3.47	招商
103	招商深证TMT50ETF联接	2011-06-27	6.06	招商
104	银华永祥保本混合	2011-06-28	14.29	银华

注：①原同智证券投资基金转型；②原国泰金象保本增值混合证券投资基金转型，其募集份额为原基金首募份额；③原兴安证券投资基金转型；④原易方达月月收益中短期债券投资基金转型，其募集份额为原基金首募份额；（以上“封转开”基金募集份额均为集中申购的募集份额）；⑤原金鹿保本混合基金保本到期转二期；⑥为创新封闭式基金，合同生效3年内(含)封闭运作；⑦为创新封闭式基金，合同生效5年内(含)封闭运作。

托管QDII基金产品一览(截至2011年6月30日)

序 号	基金简称	成立日期	首募规模(亿份)	管理人
1	嘉实海外中国股票(QDII)	2007-10-12	297.50	嘉实
2	工银全球股票(QDII)	2008-02-14	31.56	工银瑞信
3	银华全球优选(QDII-FOF)	2008-05-26	4.17	银华
4	长盛环球行业股票(QDII)	2010-05-26	3.40	长盛
5	华泰柏瑞亚洲领导企业股票(QDII)	2010-12-02	2.91	华泰柏瑞
6	信诚金砖四国积极配置(QDII-FOF-LOF)	2010-12-17	3.99	信诚
7	海富通大中华股票(QDII)	2011-01-27	8.22	海富通
8	招商标普金砖四国指数(QDII-LOF)	2011-02-11	4.37	招商
9	华宝兴业成熟市场(QDII)	2011-03-15	5.65	华宝兴业
10	大成标普500等权重指数(QDII)	2011-03-23	8.23	大成
11	长信标普100等权重指数(QDII)	2011-03-30	5.08	长信
12	博时抗通胀增强回报(QDII-FOF)	2011-04-25	19.41	博时
13	华安大中华升级股票(QDII)	2011-05-17	4.35	华安

成立日期	2004年9月17日	注册资本	2, 336.89亿元人民币	法人代表	王洪章
获得托管资格时间	1998年3月18日	托管部负责人	杨新丰		
联系电话	010-6759 5003	传真号码	010-6659 4853		
公司网址	www.ccb.com				
办公地址	北京市西城区闹市口大街1号院1号楼				

基本情况

中国建设银行股份有限公司拥有悠久的经营历史，其前身“中国人民建设银行”于1954年成立，1996年易名为“中国建设银行”。中国建设银行是中国四大商业银行之一。中国建设银行股份有限公司由原中国建设银行于2004年9月分立而成立，承继了原中国建设银行的商业银行业务及相关的资产和负债。中国建设银行(股票代码：939)于2005年10月27日在香港联合交易所主板上市，是中国四大商业银行中首家在海外公开上市的银行。2006年9月11日，中国建设银行又作为第一家H股公司晋身恒生指数。2007年9月25日中国建设银行A股在上海证券交易所上市并开始交易。A股发行后中国建设银行已发行股份总数为：250, 010, 977, 486股(包括240, 417, 319, 880股H股及9, 593, 657, 606股A股)。

截至2011年3月31日，中国建设银行资产总额113, 125.16亿元，较上年末增加5, 021.99亿元，增长4.65%。2011年一季度，中国建设银行实现净利润472.33亿元，较上年同期增长34.23%；年化平均资产回报率1.71%，年化加权平均净资产收益率26.19%；利息净收入716.30亿元，较上年同期增长25.27%；净利差为2.58%，净利息收益率为2.69%，分别较上年同期提高0.28和0.30个百分点；手续费及佣金净收入231.54亿元，较上年同期增长37.29%。其中，结算、理财、电子银行、贷记卡及保理等重点产品快速增长，收入结构日趋合理。

中国建设银行在中国内地设有1.3万余个分支机构，并在香港、新加坡、法兰克福、约翰内斯堡、东京、首尔、纽约、胡志明市及悉尼设有分行，在莫斯科设有代表处，设立了湖北桃江建信村镇银行、浙江苍南建信村镇银行、安徽繁昌建信村镇银行、浙江青田建信华侨村镇银行、浙江武义建信村镇银行、陕西安塞建信村镇银行、河北丰宁建信村镇银行、上海浦东建信村镇银行和苏州常熟建信村镇银行9家村镇银行，拥有建行亚洲、建银国际、建行伦敦、建信基金、建信金融租赁、建信信托和中德住房储蓄银行等多家子公司。全行已安装运行自动柜员机(ATM)39, 874台，拥有员工313, 867人，为客户提供全面的金融服务。

中国建设银行得到市场和业界的支持和广泛认可，2010年共获得100多个国内外奖项。该集团在英国《银行家》杂志公布的“全球商业银行品牌十强”列第二位，在“全球银行品牌500强”列第13位，并被评为2010年中国最佳银行；在美国《福布斯》杂志公布的“Interbrand2010年度最佳中国品牌价值排行榜”列第三位，银行业第一位；被《亚洲金融》杂志评为2010年度“中国最佳银行”；连续三年被香港《资本》杂志评为“中国杰出零售银行”；被中国红十字会总会授予“中国红十字杰出奉献奖章”。

中国建设银行总行设投资托管服务部，下设综合制度处、基金市场处、资产托管处、QFII托管处、基金核算处、基金清算处、监督稽核处和投资托管团队、涉外资产核算团队、养老金托管服务团队、养老金托管市场团队、上海备份中心等12个职能处室、团队，现有员工130余人。自2008年以来中国建设银行托管业务全部通过SAS70审计，并已经成为常规化的内控工作手段。

托管业务介绍

中国建设银行积极关注资本市场发展动向，真诚与优秀基金公司、证券公司、保险公司、企业年金等客户合作，不断优化产品结构，不失时机地推出新的托管产品。在服务客户方面，根据不同客户需求，提供个性化服务，不断提高托管服务水平，使各项投资托管业务持续稳定发展。业务发展的主要特点是：

一、托管业务规模快速增长

截至2011年6月底，中国建设银行投资托管业务总规模持续增加达到16, 317.82亿元，比上年末增加3, 238.40亿元，增幅24.76%。证券投资基金托管业务继续保持良好的发展态势，证券投资基金(含QDII基金)托管资产净值和托管份额分别为5, 783.24亿元和5, 641亿份，均列市场第二位，托管基金数量达到195只。其他证券类资产托管业务、QFII和QDII托管业务、企业年金托管业务、实业投资托管业务等都取得可喜成绩，其中，保险资产托管规模较上年末增长68.94%，达到2, 172.67亿元；理财产品托管规模较上年末增长89.94%，达到4, 663.76亿元；证券公司集合资产管理计划托管业务规模继续保持市场占比第一；企业年金托管规模为430.47亿元，较上年末增长17.46%。

二、托管业务流程和风险控制进一步规范

中国建设银行遵守《证券投资基金法》和中国证监会、银监会、保监会、劳动和社会保障部等监管部门的规定，勤勉尽责，较好地履行了托管人的各项职责；通过优化业务流程和加强内控管理，防范操作风险；认真完成基金、特定客户资产管理业务、QFII、QDII投资、集合理财、保险托管资产和企业年金等托管业务的日常监督工作，发现问题及时核实和协调，对管理人的投资运作及时进行风险提示；按照中国证监会的要求，建立了相关的基金投资运作监督技术系统环境，切实保证托管资产的安全完整，维护了投资者的利益。

中国建设银行经安永会计师事务所根据国际同业普遍认同并接受的美国注册会计师协会（AICPA）颁布的服务机构第70号审计标准文件(SAS70)，完成了严格的内部控制审计。安永会计师事务所对中国建设银行托管业务流程和内部控制的优势给予了充分的肯定。中国建设银行成为取得国际同业普遍认同并接受的SAS70国际专项认证的托管银行。中国建设银行第三期托管服务SAS70(美国注册会计师协会(AICPA)颁布的服务机构第70号审计标准文件)内部控制审计于2011年6月份完成。审计为投资托管服务业务安全、稳定运营提供了可靠的保障。

三、投资托管业务运营服务水平进一步提高

在客户各类需求不断增加，托管业务品种和投资组合账户数量持续快速增长的情况下，中国建设银行及时准确完成了基金、特定客户资产管理业务、保险、证券、信托、QFII、QDII、养老金、实业投资托管等

各类托管业务托管资产的资金清算、会计核算及估值、监督稽核工作，按时完成了各类托管资产日度、月度、季度、半年度及年度报表和报告工作；投资托管服务上海备份中心业务不断扩展，实现了托管业务在北京、上海两地的同时作业，保障了托管资产的安全运营和异地备份；按照新会计准则和中国证监会对于年度报告信息披露的要求，完成了大量托管数据追溯调整及报表的编制、复核工作，确保了新会计准则实施中第一次年度报告信息披露工作的圆满完成；作为首批中国证监会关于基金信息披露标准化工作试点的托管银行之一，中国建设银行顺利完成了XBRL系统开发、调试、培训及与基金公司联网测试工作，加快了基金信息披露标准化的工作进程。

托管证券投资基金业务概览

(一) 近三年托管证券投资基金数量与规模

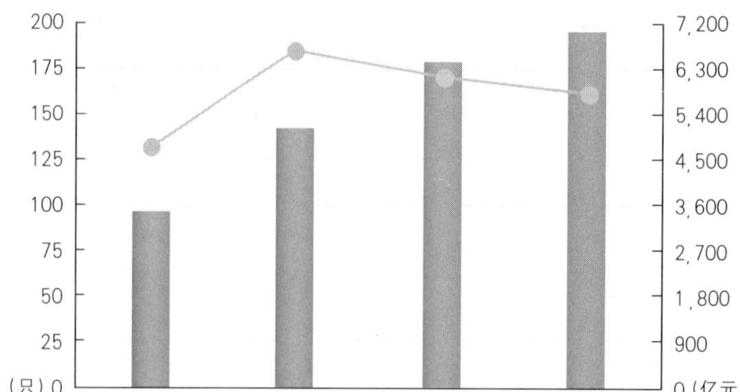

	2008年末	2009年末	2010年末	2011年上半年末
■ 托管基金总数	96	143	178	195
● 托管基金总资产净值	4,675.94	6,633.95	6,192.96	5,783.24

(二) 近三年新增托管证券投资基金概况

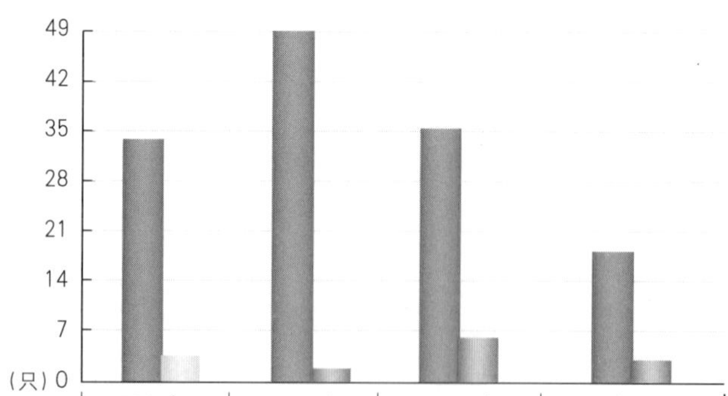

	2008年	2009年	2010年	2011年上半年
■ 新增托管基金数目	33	48	35	17
■ 新增托管ETF	—	1	—	—
■ 新增托管QDII	3	—	5	2

注：2008年新增托管33只基金（其中1只为封转开基金），本年实际新增托管基金32只；
2009年新增托管48只基金（其中1只为封转开基金），本年实际新增托管基金47只

托管封闭式基金产品一览（截至2011年6月30日）

序号	基金代码	基金简称	设立规模(亿份)	设立日期	管理人
1	500008	华夏兴华封闭	20.00	1998-04-28	华夏
2	500002	嘉实泰和封闭	20.00	1999-04-08	嘉实
3	500018	华夏兴和封闭	30.00	1999-07-14	华夏
4	500011	国泰金鑫封闭	30.00	1999-10-21	国泰
5	500038	融通通乾封闭	20.00	2001-08-29	融通
6	500058	银河银丰封闭	30.00	2002-08-15	银河

托管开放式基金产品一览（截至2011年6月30日）

序号	基金代码	基金简称	首募规模(亿份)	成立日期	管理人
1	000001	华夏成长混合	32.37	2001-12-18	华夏
2	161601	融通新蓝筹混合	22.19	2002-09-13	融通
3	050001	博时价值增长混合	30.49	2002-10-09	博时
4	240001	华宝兴业宝康消费品混合	15.41	2003-07-15	华宝兴业
5	240002	华宝兴业宝康配置混合	10.67	2003-07-15	华宝兴业
6	240003	华宝兴业宝康债券	12.88	2003-07-15	华宝兴业
7	050002	博时沪深300指数	51.26	2003-08-26	博时
8	200001	长城久恒平衡混合	12.84	2003-10-31	长城
9	180002	银华保本增值混合	60.74	2004-03-02	银华
10	003003	华夏现金增利货币	64.26	2004-04-07	华夏
11	240005	华宝兴业多策略股票	52.33	2004-05-11	华宝兴业
12	020005	国泰金马稳健混合	12.31	2004-06-18	国泰
13	180003	银华-道琼斯88指数	10.86	2004-08-11	银华
14	375010	上投摩根中国优势混合	16.69	2004-09-15	上投摩根
15	400001	东方龙混合	11.31	2004-11-25	东方
16	160505	博时主题行业股票(LOF)	12.10	2005-01-06	博时
17	410001	华富竞争力优选混合	6.01	2005-03-02	华富
18	240006	华宝兴业现金宝货币	23.14	2005-03-31	华宝兴业
19	370010	上投摩根货币	9.91	2005-04-13	上投摩根
20	002011	华夏红利混合	7.70	2005-06-30	华夏
21	519001	银华价值优选股票	5.19	2005-09-27	银华
22	377010	上投摩根阿尔法股票	7.68	2005-10-11	上投摩根
23	288002	华夏收入股票	5.44	2005-11-17	华夏

（续上表）

序 号	基金代码	基金简称	首募规模(亿份)	成立日期	管理人
24	482002	工银货币	88.40	2006–03–20	工银瑞信
25	200006	长城消费增值股票	9.16	2006–04–06	长城
26	510180	华安上证180ETF	10.73	2006–04–13	华安
27	373010	上投摩根双息平衡混合	64.36	2006–04–26	上投摩根
28	162207	泰达宏利效率优选混合(LOF)	43.35	2006–05–12	泰达宏利
29	159902	华夏中小板ETF	39.66	2006–06–08	华夏
30	519690	交银稳健配置混合	70.16	2006–06–14	交银施罗德
31	240008	华宝兴业收益增长混合	23.40	2006–06–15	华宝兴业
32	410002	华富货币	8.52	2006–06–21	华富
33	483003	工银精选平衡混合	83.70	2006–07–13	工银瑞信
34	160607	鹏华价值优势股票(LOF)	18.77	2006–07–18	鹏华
35	288102	中信稳定双利债券	42.07	2006–07–20	华夏
36	040005	华安宏利股票	16.84	2006–09–06	华安
37	378010	上投摩根成长先锋股票	54.81	2006–09–20	上投摩根
38	050201	博时价值增长贰号混合	16.93	2006–09–27	博时
39	519013	海富通风格优势股票	22.18	2006–10–19	海富通
40	180012	银华富裕主题股票	50.71	2006–11–16	银华
41	000021	华夏优势增长股票	141.02	2006–11–24	华夏
42	550002	信诚精萃成长股票	32.71	2006–11–27	信诚
43	481004	工银稳健成长股票	122.29	2006–12–06	工银瑞信
44	610001	信达澳银领先增长股票	83.34	2007–03–08	信达澳银
45	519021	国泰金鼎价值混合	106.85	2007–04–11	国泰
46	570001	诺德价值优势股票	79.07	2007–04–19	诺德
47	519035	富国天博创新股票	60.96	2007–04–27	富国
48	161610	融通领先成长股票(LOF)	30.60	2007–04–30	融通
49	485105	工银增强收益债券	36.81	2007–05–11	工银瑞信
50	240010	华宝兴业行业精选股票	99.99	2007–06–14	华宝兴业
51	481006	工银红利股票	58.41	2007–07–18	工银瑞信
52	162209	泰达宏利市值优选股票	118.69	2007–08–03	泰达宏利
53	200008	长城品牌优选股票	113.85	2007–08–06	长城
54	519694	交银蓝筹股票	117.44	2007–08–08	交银施罗德
55	050006	博时稳定价值债券	45.80	2007–09–06	博时
56	110017	易方达增强回报债券	29.97	2008–03–19	易方达
57	202009	南方盛元红利股票	62.17	2008–03–21	南方
58	519680	交银增利债券	103.23	2008–03–31	交银施罗德

（续上表）

序号	基金代码	基金简称	首募规模(亿份)	成立日期	管理人
59	485107	工银添利债券	48.29	2008-04-14	工银瑞信
60	213008	宝盈资源优选股票	5.97	2008-04-15	宝盈
61	040009	华安稳定收益债券	31.31	2008-04-30	华安
62	340007	兴全社会责任股票	13.89	2008-04-30	兴业全球
63	213007	宝盈增强收益债券	10.74	2008-05-15	宝盈
64	050010	博时特许价值股票	4.77	2008-05-28	博时
65	160612	鹏华丰收债券	21.00	2008-05-28	鹏华
66	410004	华富收益增强债券	7.57	2008-05-28	华富
67	400007	东方策略成长股票	3.29	2008-06-03	东方
68	550003	信诚盛世蓝筹股票	4.56	2008-06-04	信诚
69	540004	汇丰晋信2026周期混合	3.35	2008-07-23	汇丰晋信
70	166002	中欧新蓝筹混合	3.25	2008-07-25	中欧
71	610002	信达澳银精华配置混合	5.34	2008-07-30	信达澳银
72	090008	大成强化收益债券	27.64	2008-08-06	大成
73	200009	长城稳健增利债券	12.90	2008-08-27	长城
74	630002	华商盛世成长股票	3.85	2008-09-23	华商
75	550004	信诚三得益债券	19.93	2008-09-27	信诚
76	080003	长盛积极配置债券	13.62	2008-10-08	长盛
77	160613	鹏华盛世创新股票(LOF)	11.45	2008-10-10	鹏华
78	040011	华安核心股票	8.13	2008-10-22	华安
79	161010	富国天丰强化债券封闭	19.98	2008-10-24	富国
80	360008	光大保德信增利收益债券	13.66	2008-10-29	光大保德信
81	571002	诺德灵活配置混合	2.39	2008-11-05	诺德
82	582001	东吴优信稳健债券	14.82	2008-11-05	东吴
83	180015	银华增强收益债券	24.67	2008-12-03	银华
84	400009	东方稳健回报债券	10.19	2008-12-10	东方
85	410006	华富策略精选混合	2.60	2008-12-24	华富
86	200010	长城双动力股票	4.86	2009-01-15	长城
87	379010	上投摩根中小盘股票	8.26	2009-01-21	上投摩根
88	630003	华商收益增强债券	12.45	2009-01-23	华商
89	360010	光大保德信均衡精选股票	10.41	2009-03-04	光大保德信
90	573003	诺德增强收益债券	11.85	2009-03-04	诺德
91	481009	工银沪深300指数股票	36.06	2009-03-05	工银瑞信
92	020019	国泰双利债券	19.80	2009-03-11	国泰
93	550006	信诚经典优债券	15.64	2009-03-11	信诚

（续上表）

序号	基金代码	基金简称	首募规模(亿份)	成立日期	管理人
94	690001	民生加银品牌蓝筹混合	27.19	2009-03-27	民生加银
95	610003	信达澳银稳定价值债券	11.41	2009-04-08	信达澳银
96	162211	泰达宏利品质生活混合	12.95	2009-04-09	泰达宏利
97	166003	中欧稳健收益债券	21.52	2009-04-24	中欧
98	519670	银河行业股票	6.93	2009-04-24	银河
99	519025	海富通领先成长股票	26.65	2009-04-30	海富通
100	160806	长盛同庆封闭	146.87	2009-05-12	长盛
101	519185	万家精选股票	16.40	2009-05-18	万家
102	519113	浦银安盛精致生活混合	8.37	2009-06-04	浦银安盛
103	100035	富国优化增强债券	58.21	2009-06-10	富国
104	200011	长城景气行业龙头混合	19.65	2009-06-30	长城
105	350007	天治趋势精选混合	5.26	2009-07-15	天治
106	690002	民生加银增强收益债券	15.91	2009-07-21	民生加银
107	166005	中欧价值发现股票	7.15	2009-07-24	中欧
108	519987	长信恒利优势股票	9.84	2009-07-30	长信
109	213009	宝盈货币	14.55	2009-08-05	宝盈
110	050012	博时策略混合	88.04	2009-08-11	博时
111	110020	易方达沪深300指数	167.46	2009-08-26	易方达
112	257050	国联安主题驱动股票	8.44	2009-08-26	国联安
113	550008	信诚优胜精选股票	23.56	2009-08-26	信诚
114	163808	中银中证100指数增强	35.58	2009-09-04	中银
115	206002	鹏华精选成长股票	30.15	2009-09-09	鹏华
116	620004	金元比联价值增长股票	4.12	2009-09-11	金元比联
117	233006	大摩领先优势股票	7.04	2009-09-22	摩根士丹利华鑫
118	570005	诺德成长优势股票	5.15	2009-09-22	诺德
119	040180	华安上证180ETF联接	11.25	2009-09-29	华安
120	240014	华宝兴业中证100指数	20.09	2009-09-29	华宝兴业
121	660004	农银策略价值股票	77.89	2009-09-29	农银汇理
122	161811	银华沪深300指数(LOF)	6.70	2009-10-14	银华
123	160211	国泰中小盘成长股票(LOF)	51.11	2009-10-19	国泰
124	360011	光大保德信动态优选混合	7.33	2009-10-28	光大保德信
125	630005	华商动态阿尔法混合	22.99	2009-11-24	华商
126	610004	信达澳银中小盘股票	18.69	2009-12-01	信达澳银
127	162212	泰达宏利红利先锋股票	13.96	2009-12-03	泰达宏利
128	000061	华夏盛世股票	187.10	2009-12-11	华夏

（续上表）

序 号	基金代码	基金简称	首募规模(亿份)	成立日期	管理人
129	540007	汇丰晋信中小盘股票	22.34	2009—12—11	汇丰晋信
130	519671	银河沪深300价值指数	8.71	2009—12—28	银河
131	510020	博时上证超大盘ETF	14.07	2009—12—29	博时
132	050013	博时上证超大盘ETF联接	19.06	2009—12—29	博时
133	580006	东吴新经济股票	8.01	2009—12—30	东吴
134	090010	大成中证红利指数	18.70	2010—02—02	大成
135	519093	新华钻石品质企业股票	19.38	2010—02—03	新华
136	690003	民生加银精选股票	24.75	2010—02—03	民生加银
137	213010	宝盈中证100指数增强	2.81	2010—02—08	宝盈
138	550009	信诚中小盘股票	6.04	2010—02—10	信诚
139	660005	农银中小盘股票	97.31	2010—03—25	农银汇理
140	163001	长信中证央企100指数(LOF)	7.43	2010—03—26	长信
141	162509	国联安双禧中证100指数分级	9.82	2010—04—16	国联安
142	270022	广发内需增长混合	42.26	2010—04—19	广发
143	233007	大摩卓越成长股票	22.64	2010—05—18	摩根士丹利华鑫
144	630006	华商产业升级股票	9.99	2010—06—18	华商
145	161813	银华信用债券封闭	22.96	2010—06—29	银华
146	519700	交银主题优选混合	32.36	2010—06—30	交银施罗德
147	519672	银河蓝筹股票	6.61	2010—07—16	银河
148	610005	信达澳银红利回报股票	5.95	2010—07—28	信达澳银
149	165508	信诚深度价值股票(LOF)	5.24	2010—07—30	信诚
150	630007	华商稳健双利债券	19.87	2010—08—09	华商
151	160215	国泰价值经典股票(LOF)	12.77	2010—08—13	国泰
152	660006	农银大盘蓝筹股票	39.17	2010—09—01	农银汇理
153	121012	国投瑞银优化增强债券	39.86	2010—09—08	国投瑞银
154	164105	华富强化回报债券	19.99	2010—09—08	华富
155	320012	诺安主题精选股票	33.09	2010—09—15	诺安
156	165509	信诚增强收益债券封闭	22.66	2010—09—29	信诚
157	160617	鹏华丰润债券封闭	13.36	2010—12—02	鹏华
158	180025	银华信用双利债券	30.62	2010—12—03	银华
159	233008	大摩消费领航混合	37.57	2010—12—03	摩根士丹利华鑫
160	240017	华宝兴业新兴产业股票	36.33	2010—12—07	华宝兴业
161	050018	博时行业轮动股票	14.00	2010—12—10	博时
162	519116	浦银安盛沪深300指数增强	8.15	2010—12—10	浦银安盛
163	376510	上投摩根大盘蓝筹股票	11.90	2010—12—20	上投摩根

（续上表）

序号	基金代码	基金简称	首募规模(亿份)	成立日期	管理人
164	671010	纽银策略优选股票	10.63	2011-01-25	纽银梅隆西部
165	519097	新华中小市值优选股票	7.43	2011-01-28	新华
166	202023	南方优选成长混合	22.17	2011-01-30	南方
167	165511	信诚中证500指数分级	3.74	2011-02-11	信诚
168	630009	华商稳定增利债券	33.39	2011-03-15	华商
169	161816	银华中证等权90指数分级	32.40	2011-03-17	银华
170	161907	万家中证红利指数(LOF)	10.89	2011-03-17	万家
171	550010	信诚货币	30.10	2011-03-23	信诚
172	161216	国投瑞银双债债券封闭A	12.38	2011-03-29	国投瑞银
173	200013	长城积极增利债券	16.78	2011-04-12	长城
174	040020	华安升级主题股票	41.19	2011-04-22	华安
175	233009	大摩多因子策略股票	10.44	2011-05-17	摩根士丹利华鑫
176	519676	银河保本混合	10.58	2011-05-31	银河
177	630010	华商价值精选股票	12.78	2011-05-31	华商
178	610006	信达澳银产业升级股票	8.35	2011-06-13	信达澳银

托管QDII基金产品一览(截至2011年6月30日)

序号	基金代码	基金简称	首募规模(亿份)	成立日期	管理人
1	000041	华夏全球股票(QDII)	300.56	2007-10-09	华夏
2	241001	华宝兴业海外中国股票(QDII)	4.63	2008-05-07	华宝兴业
3	519601	海富通中国海外股票(QDII)	5.09	2008-06-27	海富通
4	519696	交银环球精选股票(QDII)	5.08	2008-08-22	交银施罗德
5	160213	国泰纳斯达克100指数(QDII)	5.56	2010-04-29	国泰
6	486002	工银全球精选股票(QDII)	5.86	2010-05-25	工银瑞信
7	160717	嘉实H股指数(QDII-LOF)	10.17	2010-09-30	嘉实
8	206006	鹏华环球发现(QDII-FOF)	5.34	2010-10-12	鹏华
9	161815	银华抗通胀主题(QDII-FOF-LOF)	6.91	2010-12-06	银华
10	378006	上投摩根全球新兴市场股票(QDII)	3.50	2011-01-30	上投摩根
11	163813	中银全球策略(QDII-FOF)	10.60	2011-03-03	中银

交通银行
BANK OF COMMUNICATIONS

成立日期	1987年3月30日	注册资本	562.59亿元人民币	法人代表	胡怀邦
获得托管资格时间	1998年7月3日	托管部负责人	谷娜莎		
联系电话	021-5878 1234	传真号码	021-6270 1265		
公司网址	www.bankcomm.com	注册地址	浦东新区银城中路188号		
办公地址	上海市浦东新区银城中路188号				

基本情况

交通银行始建于1908年，是中国历史最悠久的银行之一，也是近代中国发钞行之一。交通银行先后于2005年6月和2007年5月在香港联交所、上交所挂牌上市，是中国2010年上海世博会的商业银行全球合作伙伴。目前，交通银行已经发展成为一家“发展战略明确、公司治理完善、机构网络健全、经营管理先进、金融服务优质、财务状况良好”的具有百年民族品牌的现代化商业银行。

托管业务介绍

交通银行托管业务走过了十多年不断发展创新之路，业务领域和范围不断拓宽，服务手段和服务内容不断深化，风险控制能力不断增强，逐步建立并形成了自身业务特色，已成为国内各类资产托管资格齐全的商业银行之一，在市场上树立了良好的服务形象。

交通银行托管业务起步于1998年，是国内第一批五家托管银行之一，拥有齐全的业务资格，包括证券投资基金托管业务资格、委托资产托管资格、全国社会保障基金理事会委托资产与自营资产托管资格、QFII托管资格、QDII托管资格、基本养老保险个人账户托管资格、农村社会保障基金托管资格、投资连结保险产品托管资格、保险资金股票投资托管资格、企业年金基金托管资格、产业投资基金托管资格等。

交通银行一直把业务创新作为托管业务发展的生命线，在国内托管行业中，始终走在业务创新的前列，具有丰富的多领域托管服务创新经验和能力，享有较好的业务创新声誉：托管国内第一只开放式基金，第一只纯债券基金，第一只伞型基金；成功当选亚洲债券二期(ABF2)中国子基金(准QFII)的次托管人；首批开展QFII托管业务；成功托管我国金融市场上第一单租赁权资产证券化业务；成功托管我国首只完全以人民币募集的区域性产业投资基金(渤海产业基金)；首次开展投资股权类集合资金信托计划托管业务，推出国内首单专户理财托管服务，保险保障基金的唯一托管行等等。

交通银行在业务起步时就非常重视内控环境的建设，先后建立了一套比较完备、行之有效的内部风险控制机制。交通银行注重引入国际先进的风险管理理念，不断提升风险管理水平。2002年率先进行引入外部审计对托管业务开展内控评审的尝试，2006年成功将国际先进的SAS70内控审计标准应用于国内的托管实践，并作为一项长效措施坚持每年实施，已连续5年通过SAS70内控审计标准评审。这些风控措施的有效实施，在业务的实际运作中收到了很好的效果，业务运行十年来，保持了优良的运行纪录，托管业务的内控环境持续得到优化。

交通银行托管业务以快速的服务响应、专业的服务水准、良好的服务质量、灵活的系统功能打造了“专业用心、换您放心”的服务形象，在业内享有较好的口碑，得到了监管部门和客户的认可，被香港著名财经杂志《财资》评为中国地区最佳次托管银行、国内《首席财务官》杂志评为最佳资产托管奖。

交通银行拥有功能先进的托管业务软、硬件系统，并每年投入大量费用进行系统升级。先进的托管技术系统具有足够快速的响应和处理能力，保证交通银行托管业务处理的安全性、稳定性和可靠性。

交通银行资产托管业务具有专业的服务能力，能为各类托管品种的委托资产提供资产保管、资金清算、会计核算与估值、交易监管等基本托管服务，确保资金汇划顺畅、资产估值准确、投资运作合规、资产保管安全。同时，针对不同客户的个性化需求进行分析研究，不断优化服务内容和服务手段，研发具有前瞻性、领先的托管服务内容，积极延伸托管增值服务，加大托管服务手段的电子化建设，以提供深入的、个性化的托管资产风险和绩效评估、交易清算管理和托管模式设计、网上托管服务等增值服务为目标，不断增加托管服务的附加值，为客户创造更优服务。

交通银行托管服务经过十多年发展已逐步被广大客户认可，形成了一定的品牌形象，与全国社保理事会、国内知名的基金公司、保险公司、证券公司、信托公司等金融机构建立了托管合作关系；在开展企业年金托管业务以来，其服务对象进一步延伸至分布全国涉及电力、航空、铁路运输、烟草、金融、石化、港口、基础设施建设等行业的数家大型企业。此外，交通银行资产托管业务也在积极与知名的全球托管银行展开紧密合作，为境内合格的机构投资者投资境外市场搭建高效的服务平台。

交通银行资产托管业务拥有一支年轻富有经验的业务运作团队，拥有一支专业的业务运作团队。该团队人员具有多年基金、证券和银行的从业经验，专业分布合理，职业技能优良，职业道德素质过硬，保证了交行的专业水准。

年度大事记

- 2010年9月，成为国内首只参与股指期货的基金公司专户产品的托管银行。
- 2011年4月，托管全国首支国家级母基金——国创开元股权投资母基金。

托管证券投资基金业务概览

(一) 近三年托管证券投资基金数量与规模

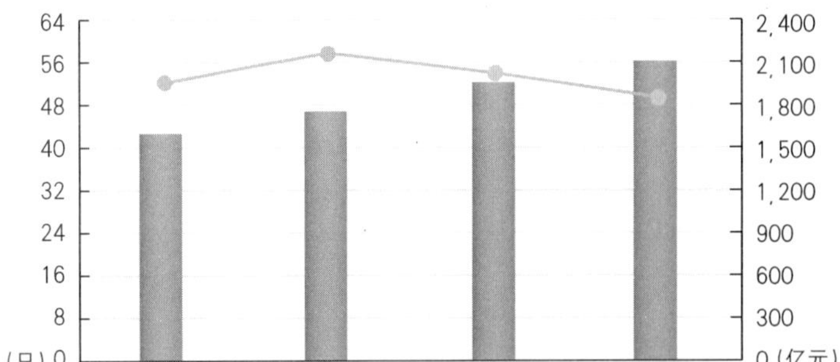

	2008年末	2009年末	2010年末	2011年上半年末
■托管基金总数	42	46	52	56
●托管基金总资产净值	2,063.14	2,178.71	1,990.84	1,801.15

(二) 近三年新增托管证券投资基金概况

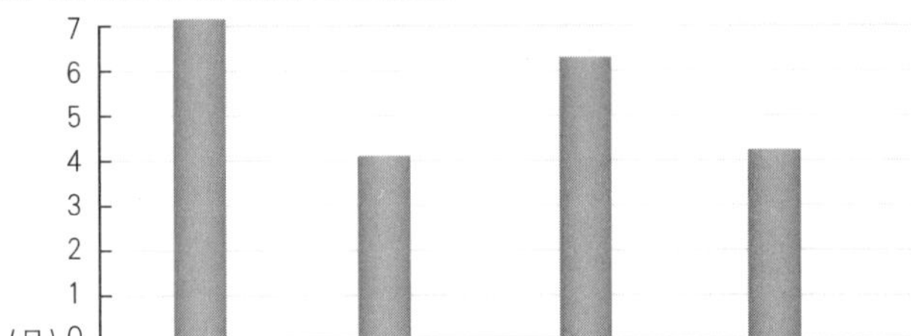

	2008年	2009年	2010年	2011年上半年
■新增托管基金数目	7	4	6	4

注：2008年新增7只基金（其中1只为基金转型），本年实际新增托管基金6只。

兴业银行® INDUSTRIAL BANK CO.,LTD. | 大事记 MAJOR EVENTS

（资产托管业务）

2010年6月

兴业银行成功托管首只保险资金投资基础设施债权投资计划。

兴业银行成功主代销并托管中欧沪深300指数增强型证券投资基金(LOF)。

2011年3月

兴业银行首单保险资金债权计划产品托管业务成功落地。

2011年9月

兴业银行成功介入保险行业首单保险资金不动产投资业务。

2011年10月

兴业银行托管资产规模突破5,000亿元大关，列中小托管银行首位。

2011年11月

兴业银行荣获“最佳资产托管银行奖”。该奖项由和讯网发起，在由中国证券市场研究设计中心(SEEC)等机构联合主办的“2011年第九届财经风云榜”现场颁发。

2011年12月

兴业银行荣获由《经济观察报》发起的“中国卓越银行评选”颁发的“2010年度卓越托管服务银行奖”。

兴业银行®
INDUSTRIAL BANK CO.,LTD.

成立日期	1988年8月26日	注册资本	107.86亿元人民币	法人代表	高建平
获得托管资格时间	2005年4月26日	托管部负责人	吴若曼		
联系电话	021-6267 7777	传真号码	021-6215 9217		
公司网址	www.cib.com.cn	电子邮箱	irm@cib.com.cn		
办公地址	上海市江宁路168号兴业大厦9层				

基本情况

兴业银行成立于1988年8月，是经国务院、中国人民银行批准成立的首批股份制商业银行之一，总行设在福建省福州市，2007年2月5日正式在上海证券交易所挂牌上市(股票代码：601166)，注册资本107.86亿元。

兴业银行主要经营范围包括：吸收公众存款；发放短期、中期和长期贷款；办理国内外结算；办理票据承兑与贴现；发行金融债券；代理发行、代理兑付、承销政府债券；买卖政府债券、金融债券；代理发行股票以外的有价证券；买卖、代理买卖股票以外的有价证券；资产托管业务；从事同业拆借；买卖、代理买卖外汇；结汇、售汇业务；从事银行卡业务；提供信用证服务及担保；代理收付款项及代理保险业务；提供保管箱服务；财务顾问、资信调查、咨询、见证业务；经中国银行业监督管理机构批准的其他业务。

开业23年来，兴业银行始终坚持“真诚服务，相伴成长”的经营理念，致力于为客户提供全面、优质、高效的金融服务。截至2011年6月末，兴业银行资产总额突破2万亿元，达到20, 899.06亿元，股东权益1, 011.73亿元，不良贷款比率为0.35%，上半年累计实现净利润122.32亿元。根据英国《银行家》杂志2011年7月发布的全球银行1, 000强排名，兴业银行按总资产排名列第75位，按一级资本排名列第83位。根据美国《福布斯》2010年发布的全球上市公司2, 000强排名，兴业银行综合排名第245位，在113家上榜的中国内地企业中排名第14位。

目前，兴业银行已在北京、上海、广州、深圳、南京、杭州、天津、沈阳、郑州、济南、重庆、武汉、成都、西安、福州、厦门、太原、昆明、长沙、宁波、温州、义乌、台州、东莞、佛山、无锡、南昌、合肥、乌鲁木齐、大连、青岛、南宁、哈尔滨、石家庄、呼和浩特、长春等全国主要城市设立了72家分行、612家分支机构；拥有全资子公司——兴业金融租赁有限责任公司和控股子公司——兴业国际信托有限公司；在上海、北京设有资金营运中心、信用卡中心、零售银行管理总部、资产托管部、银行合作服务中心、大客户部、投资银行部、期货金融部、基金金融部、私人银行部、贸易金融中心、可持续金融中心等总行经营性机构，建立了网上银行“在线兴业”(www.cib.com.cn)、电话银行“95561”和手机银行“无线兴业”(wap.cib.com.cn)，与全球1, 000多家银行建立了代理行关系。

截至2011年6月末，兴业银行前十大股东依次为：福建省财政厅、恒生银行有限公司、新政泰达投资有限公司、福建烟草海晟投资管理有限公司、中粮集团有限公司、福建省龙岩市财政局、湖南中烟工业有限责任公司、内蒙古西水创业股份有限公司、中国电子信息产业集团有限公司和广发聚丰股票型证券投资基金。

托管业务介绍

一、业务资格

2005年2月，兴业银行成立资产托管部。同年4月26日，经中国证监会、中国银监会核准，兴业银行获得证券投资基金托管业务资格。2006年10月，经中国银监会批准，兴业银行获得全国社会保障基金托管业务资格。2009年12月，经中国保监会批准，兴业银行获得保险资金托管资格。2011年10月，中国银监会正式批复同意兴业银行开展QFII资金托管业务。

二、业务发展

截至2011年末，兴业银行托管资产规模超过6, 000亿元，具有丰富的产品线，形成了包括证券投资基金、基金专户、集合资产计划、定向资产、保险资产、QDII资产、信托资产、私募股权基金、银行理财、产业基金、资产证券化等近10余项产品的托管体系，并且与投资基金业、资产管理业、信托业、银行同业建立了相互促进、共同发展的关系。

2005年9月，托管首只开放式基金。

2006年8月，托管首只信托产品。

2007年3月，托管首只证券集合资产管理计划。

2007年5月，托管首只QDII产品。

2008年6月，托管首只PE基金。

2008年11月，托管首只定向资产。

2009年8月，托管首只银行理财产品。

2009年9月，托管首只基金专户产品。

2009年12月，托管首只集合资金TOT信托计划上线。

2010年6月，托管首只保险专项资产管理计划。

2011年3月，兴业银行首单保险资金债权计划产品托管业务成功落地。

2011年9月，兴业银行成功介入保险行业首单保险资金不动产投资业务。

2011年10月，兴业银行托管资产规模突破5, 000亿元大关，列中小托管银行首位。

三、风险控制

兴业银行资产托管业务坚持按照“内控优先”的要求和贯彻“全面、审慎、有效、独立”的内控原则，在内部控制环境、风险识别和评估、内部控制活动、信息交流与反馈、监督评价与纠正等方面不断强化内部控制措施，健全内部控制机制，确保资产托管业务在依法、合规、安全、稳健的基础上快速发展，建立了架构清晰、控制有效的内部控制机制，内部控制的要求在各重要环节均得到有效执行。

2009年12月，外部审计师对该行资产托管业务在相关审计期间内所实施的相关内部控制，在SAS70(美国注册会计师协会审计准则公告第70号)控制及有效性测试独立审计报告中发表了意见，给出了控制描述表达适当，控制目标可以实现的基本结论。

四、服务理念

客户需求是兴业银行营销活动的起点，服务源自真诚是该行资产托管业务的服务宗旨。高学历、经验丰富的专业化托管从业人员、严密有效的风险控制体系、先进完善的托管系统是该行托管业务蓬勃发展的坚实基础。通过发挥全行资源优势和借助该行强大的结算、销售渠道，兴业银行在市场分析、产品研发、营销策划、募集发行到持续销售等环节上力求为客户资产管理提供更多的优质服务。

兴业银行承诺：兴业银行将严格恪守托管业务操守，凭借该行专业化服务能力和处事认真负责的原则，在依法全力保障客户资产安全的前提下，努力实现客户资产运用的多元化需求。兴业银行将通过提供专业化服务、强化服务品质、持续关注细节，树立兴业一流资产托管业务品牌。

托管证券投资基金业务概览

(一) 近三年托管证券投资基金数量与规模

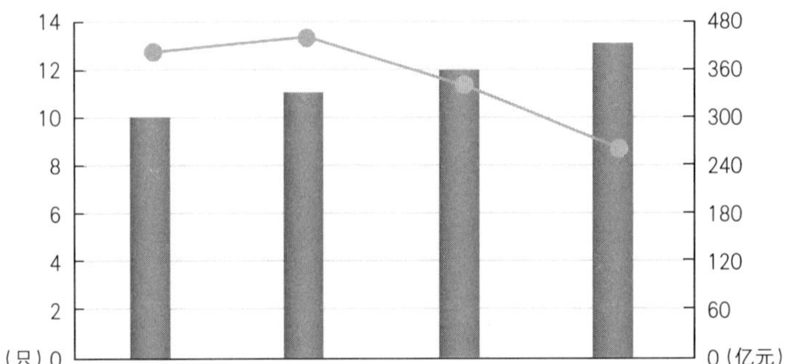

	2008年末	2009年末	2010年末	2011年上半年末
■ 托管基金总数	10	11	12	13
● 托管基金总资产净值	370.22	458.24	346.66	255.95

(二) 近三年新增托管证券投资基金概况

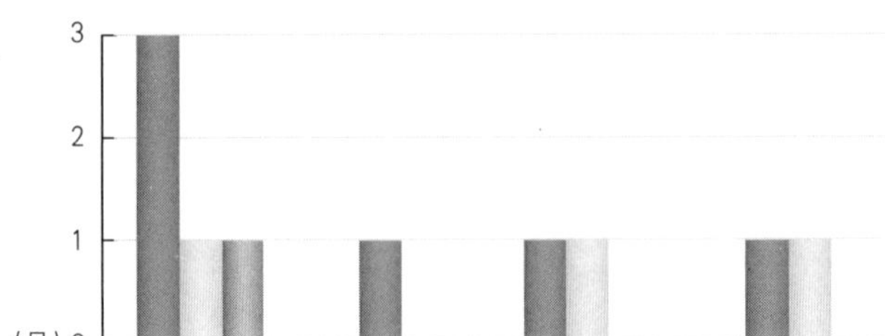

	2008年	2009年	2010年	2011年上半年
■ 新增托管基金数目	3	1	1	1
■ 新增托管股票型基金	1	—	1	1
■ 新增托管债券型基金	1	—	—	—

托管开放式基金产品一览(截至2011年6月30日)

序 号	基金简称	成立日期	首募规模(亿份)	管理人
1	兴业趋势投资混合(LOF)	2005-11-03	9.28	兴业全球
2	长盛货币	2005-12-12	36.02	长盛
3	光大保德信红利股票	2006-03-24	5.32	光大保德信
4	兴业货币	2006-04-27	17.30	兴业全球
5	兴业全球视野股票	2006-09-20	32.90	兴业全球
6	万家和谐增长混合	2006-11-30	4.92	万家
7	中欧新趋势股票(LOF)	2007-01-29	68.75	中欧
8	天弘永利债券	2008-04-18	6.85	天弘
9	万家双引擎灵活配置混合	2008-06-27	3.54	万家
10	天弘永定价值成长股票	2008-12-02	2.91	天弘
11	兴业有机增长混合	2009-03-25	19.80	兴业全球
12	中欧沪深300指数增强(LOF)	2010-06-24	12.02	中欧
13	民生加银内需增长股票	2011-01-28	11.83	民生加银

中国民生银行
CHINA MINSHENG BANKING CORP., LTD.

成立日期	1996年1月12日	注册资本	267.147亿元人民币	法人代表	董文标
获得托管资格时间	2004年7月9日	托管部负责人	刘渭棠		
联系电话	010-5856 0666	传真号码	010-5856 0794		
公司网址	www.cmbc.com.cn	电子邮箱	service@cmbc.com.cn		
办公地址	北京市西城区复兴门内大街2号				
注册地址	北京市西城区复兴门内大街2号				

基本情况

中国民生银行于1996年1月12日在北京正式成立，是中国首家主要由非公有制企业入股的全国性股份制商业银行，同时又是严格按照《公司法》和《商业银行法》建立的规范的股份制金融企业。多种经济成分在中国金融业的涉足和实现规范的现代企业制度，使中国民生银行有别于国有银行和其他商业银行，而为国内外经济界、金融界所关注。作为中国银行业改革的试验田，民生银行15年来锐意改革、积极进取，业务不断地拓展，规模不断地扩大，效益逐年递增，保持了快速健康的发展势头，为推动中国银行业的改革创新做出了积极贡献。

2000年12月19日，中国民生银行A股股票(600016)在上海证券交易所挂牌上市。2003年3月18日，中国民生银行40亿可转换公司债券在上交所正式挂牌交易。2004年11月8日，中国民生银行通过银行间债券市场成功发行了58亿元人民币次级债券，成为中国第一家在全国银行间债券市场成功私募发行次级债券的商业银行。2005年10月26日，民生银行成功完成股权分置改革，成为国内首家完成股权分置改革的商业银行，为中国资本市场股权分置改革提供了成功范例。2009年11月26日，中国民生银行在香港交易所挂牌上市。站在新的历史起点，中国民生银行确定了“做民营企业的银行、小微企业的银行、高端客户的银行”的市场定位，积极推动管理架构和组织体系的调整、业务结构的调整和科技平台的建设，努力实现二次腾飞，打造成特色银行和效益银行，为客户和投资者创造更大的价值和回报。

中国民生银行自上市以来，按照“团结奋进，开拓创新，培育人才；严格管理，规范行为，敬业守法；讲究质量，提高效益，健康发展”的经营发展方针，在改革发展与管理等方面进行了有益探索，先后推出了“大集中”科技平台、“两率”考核机制、“三卡”工程、独立评审制度、八大基础管理系统、集中处理商业模式及事业部改革等制度创新，实现了低风险、快增长、高效益的战略目标，树立了充满生机与活力的崭新的商业银行形象。

截至2010年12月31日，中国民生银行资产总额18, 237.37亿元，存款总额14, 169.39亿元，贷款和垫款总额10, 575.71亿元，实现净利润175.81亿元，不良贷款率0.69%，保持国内领先水平。

截至2010年12月31日，中国民生银行在北京、上海、广州、深圳、武汉、大连、南京、杭州、太原、石家庄、重庆、西安、福州、济南、宁波、成都、天津、昆明、苏州、青岛、温州、厦门、泉州、郑州、长沙、长春、合肥、南昌、汕头、南宁设立了30家分行，在香港设立了1家代表处，机构总数量达到509家。

民生银行的高速发展在国内受到公众和业界的高度关注和认同。2004年在“中国最具生命力企业”评选中，民生银行排名第18位，获得了“2004年中国最具生命力百强企业”称号；2005年度中国企业信息化500强中，民生银行排名第22位；在“2005年度财经风云榜”评选活动中，民生银行荣获“2005年度最佳网上银行”称号；在“2006民营上市公司100强”中位列第一名，并在市值、社会贡献两项分榜单中名列第一；2007年11月，民生银行获得2007第一财经金融品牌价值榜十佳中资银行称号，同时荣获《21世纪经济报道》等机构评选的“最佳贸易融资银行奖”；2007年12月，民生银行“非凡理财”产品业务获得“中国银行业卓越创新奖”和“中国银行业最佳个人理财品牌”；2008年4月，民生银行荣获第四届中国上市公司董事会“金圆桌奖”；2008年7月，民生银行荣获“2008年中国最具生命力百强企业”第三名；2009年民生银行荣获第一财经金融价值榜最佳小微企业服务奖；2009年5月，荣获《亚洲银行家》评选的“中国区贸易金融成就奖”；2009年11月，民生银行在21世纪亚洲金融年会上荣获“2009年亚洲最佳风险管理银行”和“2009年小微企业金融服务创新奖”；2009年12月，民生银行获得“最佳服务私人银行”、“2009年最佳零售银行”、“2009年度最佳营销与服务团队”奖以及“2009年最受尊敬银行”大奖。

此外，中国民生银行在国际上也正享受着越来越高的知名度。在美国著名财经杂志《福布斯》评选的“2006中国顶尖企业十强榜”上，民生银行位列第七名。2007年12月，民生银行荣获《福布斯》颁发的第三届“亚太地区最大规模上市企业50强”奖项。在《2008中国商业银行竞争力评价报告》中民生银行核心竞争力排名第6位，在公司治理和流程银行两个单项评价中位列第一。在英国《银行家》2009年7月公布的一级资本全球银行1,000强排名中，民生银行全球排名第107位，在亚洲地区排名第20位，在内地排名第8位。

托管业务介绍

2004年7月9日，经中国证券监督管理委员会和中国银行业监督管理委员会批准，中国民生银行获得证券投资基金托管资格，从此正式加入托管银行的行列。

一、多元战略日趋成型

民生银行依据自身资源特点，始终坚持多元化经营的发展之路，实现了对证券投资基金、券商资产管理计划、信托计划、QDII、QFII、企业年金基金、私募股权基金、商业银行个人理财等国内资产托管业务的多领域覆盖，具备全面的托管业务资质。截至2011年6月末，中国民生银行托管资产规模达3,320亿元。其中，托管证券投资基金10只，总规模达338亿元。在证券投资基金产品取得快速增长的同时，基金专户、券商理财、阳光私募、保险资金债权投资计划、股权投资基金、大宗交易资金等新兴托管业务发展迅速，多元化战略优势全面显现。

二、托管产品日渐多元

民生银行通过精品化营销策略，积极推动“托管+代销”、“托管+理财”、“托管+投行”、“托管+支付”等创新业务模式的实施，大力培育证券投资基金、券商集合理财、私募基金等颇具成长性的市场，奠定竞争优势。2010年至2011年间，民生银行接连取得营销佳绩：在证券投资基金方面，由民生银行代销及托管的“银华深证100指数分级基金”是迄今为止国内运作最为成功的结构化基金产品，“华商策略精选基金”成功完成基金募集规模118.2亿元，是2010年第一只首发超过百亿规模的股票型基金，此外，民生银行在股权投资基金托管业务方面取得显著成果，规模居于业界前列。同时，民生银行还是业内最先启动基金专户理财产品托管业务的托管银行之一，并与10多家知名基金管理公司展开合作，为客户创造了优异的回报。

三、托管服务日臻完善

民生银行秉承托管人的专业职责，建立了一套严谨高效的内部风险控制机制，明确岗位设置与业务流程，设立标准化的操作规程，勤勉尽责，恪守己任，成立至今实现了托管业务运营无差错，并于2010年通过了SAS70国际认证项目，同时，民生银行采用了专业先进的资产托管业务处理系统，实现了与核心系统、管理人系统等的无缝衔接，系统效率更高、扩展性更强、功能更加完善，极大地提高了托管资产的清算、核算和监控的业务处理能力，并设置服务专员岗位推行全程跟踪服务，全面优化业务流程，提升客户满意度。

四、品牌效应日益呈现

民生银行多年来始终如一地专注于品牌建设，并于2007年正式推出了“托付民生·安享财富”的托管业务品牌，塑造产品创新、服务专业、效益优异、流程先进的特色托管银行形象，并通过一系列的整合服务，全力践行“托付民生·安享财富”的品牌理念，不断提升托管业务的专业价值，持续推进全面优质的托管服务，获得了业界的一致认可和用户的广泛好评，并于2011年1月，荣获《金融理财》杂志评选的“2010年最具潜力托管银行奖”，行业影响力及品牌知名度与日俱增。

托管证券投资基金业务概览

(一) 近三年托管证券投资基金数量与规模

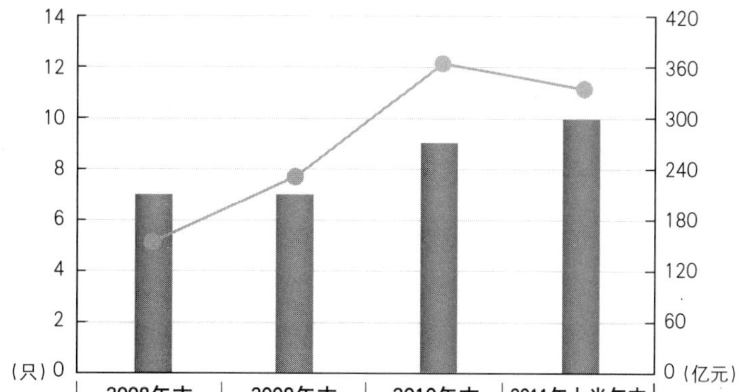

	2008年末	2009年末	2010年末	2011年上半年末
■ 托管基金总数量	7	7	9	10
● 托管基金总资产净值	158.5	233.21	367.73	337.78

(二) 近三年新增托管证券投资基金概况

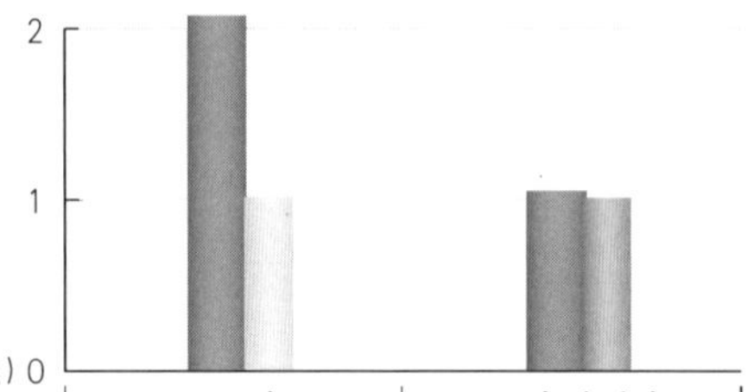

	2010年	2011年上半年
新增托管基金数目	2	1
新增托管股票型基金	1	—
新增托管债券型基金	—	1

托管开放式基金产品一览(截至2011年6月30日)

序 号	基金简称	设立日期	首募规模(亿份)	管理人
1	天治品质优选混合	2005-01-12	12.13	天治
2	东方精选混合	2006-01-11	46.91	东方
3	融通易支付货币	2006-01-19	3.79	融通
4	天治天得利货币	2006-07-05	18.34	天治
5	东方金账簿货币	2006-08-02	7.44	东方
6	长信增利动态策略股票	2006-11-09	34.64	长信
7	华商领先企业混合	2007-05-15	46.16	华商
8	银华深证100指数分级	2010-05-07	22.04	银华
9	华商策略精选混合	2010-11-09	118.15	华商
10	光大保德信信用添益债券	2011-05-16	26.27	光大保德信

浦发银行
SPD BANK

成立日期	1992年10月19日	注册资本	186.53亿元人民币	法人代表	吉晓辉
获得托管资格时间	2003年9月10日	托管部负责人	刘长江		
联系电话	010-6161 8888	传真号码	010-6323 2036		
公司网址	www.spdb.com.cn				
办公地址	上海市中山东一路12号				

基本情况

上海浦东发展银行股份有限公司(以下简称:浦发银行)是1992年8月28日经中国人民银行批准设立、1993年1月9日开业、1999年在上海证券交易所挂牌上市(股票交易代码：600000)的全国性股份制商业银行，总行设在上海。目前，注册资本金186.53亿元。良好的业绩、诚信的声誉，使浦发银行成为中国证券市场中备受关注和尊敬的上市公司。

秉承“笃守诚信、创造卓越”的经营理念，浦发银行积极探索金融创新，资产规模持续扩大，经营实力不断增强。至2011年6月底，公司总资产规模达24, 552.40亿元，本外币贷款余额12, 374.07亿元，各项存款余额17, 509.17亿元，实现税后利润128亿元。目前，在全国28个省、市、自治区、特别行政区，144个城市，设立了36家直属分行，668个营业机构，在香港设立了分行，员工达29,036名，架构起全国性商业银行的经营服务格局。

上市以来，浦发银行连续多年被《亚洲周刊》评为“中国上市公司100强”；2011年2月，英国《银行家》杂志发布“全球金融品牌500强”榜单，浦发银行排名第92位，位列亚洲银行第18位，综合品牌价值18.36亿美元；同年7月，英国《银行家》杂志发布2011年世界银行1, 000强排名，按核心资本计，浦发银行首次进入全球百强之列，位居第64位，较上年大幅上升44位，在上榜中资银行中排名第7，表现出良好的综合竞争优势和增长势头；在《财富》杂志推出的2011年中国上市公司500强排行中，浦发银行凭借优异的经营业绩再次入围国内企业百强，排名第72位；2011年7月，在《福布斯》杂志发布的全球2, 000强公司榜单中，浦发银行排名第234位，在上榜中资企业中位居第16位，在上榜中资银行中名列第7位；2011年1月，浦发银行荣膺“2010年度十大品牌银行”，6月荣膺“2010年度最佳董事会评选——主板上市公司最佳董事会”；2010年3月，浦发银行荣膺《亚洲银行家》“2005-2009亚洲地区最佳上市银行”，4月荣膺“2010年度中国最强银行”。

深耕金融服务的同时，浦发银行积极践行社会责任，致力于打造优秀企业公民。2008年6月评级研究机构Reputex(崇德)公布“中国十佳可持续发展企业”，浦发银行作为中国金融业唯一企业入选；10月浦发银行继2006-2007年蝉联上海美国商会“企业社会责任实践奖”，再度获评“2006-2008年度CSR持续成就特别奖”；2009年12月在“第六届中国最佳企业公民评选”活动中获得“2009年度中国最佳企业公民”大奖；2010年6月获得第五届“大众证券杯”中国上市公司竞争力公信力TOP10调查“最具社会责任上市公司”称号；7月蝉联A股上市公司社会责任报告评级银行业第二位；同月，入选恒生可持续发展企业指数系列；8月获评“2010年联合国全球契约·中国企业社会责任‘典范报告’奖，其他奖项还包括“2010中国上市公司最佳社会责任董事会十强”、“2010第一财经·中国企业社会责任榜优秀实践奖”等。

浦发银行将继续推进金融创新，因时而变、顺势而为、乘势而上，以“新思维，心服务”为指引，努力建设成为具有核心竞争优势的现代金融服务企业。

托管业务介绍

一、宗旨、理念及承诺

浦发银行以“笃守诚信、严格自律、勤勉尽责、创造卓越”为宗旨。结合自身业务特点和优势找准定位，建立“大托管、专业化”的理念，以机构投资者为主，逐渐形成了自己的特色和优势，业务取得了突破式发展。浦发银行着力在托管业内打造“专业化、个性化、注重创新、风控优先”的特色品牌，全力提供一流水平的托管服务。

二、发展历程及现状

1998年，为上海创业投资公司下属子基金提供托管服务。

2003年，正式成立总行基金托管部，并于当年为地方社保提供企业年金托管服务。

2004年，托管国内首只银行担保的保本证券投资基金——嘉实浦安保本基金。
托管首笔集合信托资产。

2005年，托管国内首只规范运作的股权基金——中比直接股权投资基金，打造了浦发银行在PE基金托管领域的行业领先地位。总行基金托管部更名为资产托管部。

2006年，国内首批开展QDII 托管业务。

2007年，获得产业基金、保险、企业年金的托管业务资格批复。

2010年，获得QFII托管业务资格批复。

业务开办6年来，浦发银行托管的各类资产规模以每年100%-200%的速度增长，托管费收入也是每年翻番，累计托管了超过1,000个资产组合，累计托管资产规模超过2,400亿元。其中个性化服务的机构资产托管占60%，在业内12家托管银行中具有鲜明突出的特点。根据中国银行业协会托管专业委员会定期统计发布的数据，该行托管业务收入持续位列同类型股份制商业银行第二名。

三、丰富的产品线

浦发银行始终致力于为不同行业、不同类型的客户和不同的资金性质设计和提供个性化、专业化的托管服务，满足不同客户的需求，从而在市场中树立为机构投资者提供个性化专业化托管服务的品牌和形象。目前浦发银行已构建了较为完整的托管产品系列，有基金、社保、证券、信托、保险、产业/创投、专项资金、QDII和QFII九大领域20余个品种，托管业务覆盖投资基金、社会保障、证券、信托、保险、产业投资、创业投资、商品/产权交易、电子商务、QDII、QFII等十多个行业领域、涉及境内外资本、实业和资金等多个市场，是目前国内托管业务资格最多、托管产品线最齐全的银行之一。

四、业务特色

● 持续不断的业务创新

在“走专业化道路”的理念导向下，浦发银行一直不断地开发符合市场发展要求和客户需求的托管创新产品，并在资产托管业务领域内树立了自己的领先地位和专业品牌。

1998年，浦发银行就开始为上海创业投资有限公司、上海橡子园创业投资公司等国内数家创业投资公司提供托管服务，是国内最早开展直接股权基金托管业务的银行；2004年，浦发银行成为国内第一家中外合资的产业投资基金公司——中比直接股权投资基金的托管人；2008年6月率先在业内推出“PE综合金融服务方案”；2009年11月，在业内率先推出“引导基金综合金融服务方案”。作为直接股权基金托管业务的开拓者和领先者，浦发银行股权基金托管截至目前签约规模近200亿元，实际到账规模100亿元以上，托管总资产规模350亿元，市场占有率在50%以上。

浦发银行是在国内最早提供企业年金托管服务的银行之一，2003年就为上海企业年金发展中心提供托管服务，2005年在业内领先实施企业年金“专用席位托管、法人结算、投资事前监督”的托管模式，其中“专用席位、法人结算”成为监管部门后续推行的标准化规范模式；

2004年在业内最早开展信托资产托管业务，特别是涉及项目类信托计划的托管，在业内独树一帜。直到2006年监管部门才提出集合信托计划引进托管人的规定；

2006年浦发银行成为国内首批开展银行系QDII产品托管业务的境内主托管银行，为国内首只货币市场基金的QDII产品设计和提供了T+0资金清算模式；目前该业务已辐射全球各大交易市场的主要交易品种，并建立了完备的全球次托管体系；

2005年浦发银行在国内首家完全自主设计和研发了交易资金(Escrow)和电子商务(B2B)托管产品。在商品交易、产权交易、收购兼并、电子商务网站等领域开创性引入了托管理念，设计了整套完整的业务流程和技术系统，目前这一产品服务领域已涵盖各类股权交易、产权交易和大宗商品贸易，服务市场横跨离岸市场和国内金融市场，至今仍是国内独家的产品。

● 便捷的客户服务

专业化的员工队伍是为客户提供优质服务的前提和基础，浦发银行资产托管部一直关注于员工队伍的建设，部门员工学历均在本科以上，拥有硕士以上学历者占70%，绝大部分骨干均具有多年金融从业经历。

浦发银行培养和缔造了一支专业水准、经验丰富、富于进取、充满活力的资产托管服务团队，设置专门的客服人员，建立内部标准化流程和快速协调机制，通过热线电话、客服信箱、网上银行等多种渠道为客户提供全面、高效的托管服务。

● 完善的内控体系

浦发银行秉承“制度先行、风控优先”的理念，遵循全面、实时、分类管理的风险控制原则，常规风险控制理路和专业内部控制COSO理论相结合，采用风险分类标号管理，对资产托管业务进行全过程风险管理。

内控组织方面，浦发银行资产托管业务构建了内外双重的风险监控体系，由风险管理委员会、审计及风险管理部、资产托管部、托管业务专职人员构成的四层次科学的风险控制组织结构。

- **高效的业务系统**

浦发银行前瞻性地构建了一套完整的、极具战略规划潜质的托管业务技术系统，打造了保障资产托管业务高效运作的“五驾马车”。

新一代托管业务核心系统基于B/S技术架构开发，采用国内托管行业最新的第三代技术平台，拥有自主知识产权,支持多个托管业务产品在共同的技术平台上独立运行，具有稳定、自动、快速、可扩展、准确的特点。实现托管业务与银行清算核心系统的高效、安全和无缝对接，在国内托管银行中率先实现托管资金清算的直通式(STP)处理。在国内托管银行中第一家开发出一套独立的托管账户体系，提高账户安全保护级别，防止长期休眠账户及其资金的挪用风险，便于对托管资金账户监督与管理。借助国际通行CFCA安全认证技术，在业内率先开发能够通过网上银行实现指令传输的系统，一改大多数托管银行目前仍然沿用传真方式进行指令传输的低效、高风险的做法。建立了功能全面的风险控制与绩效评估系统，按照GIPS(Global Investment Performance Standard)标准进行开发，同时满足国内绩效评价和风险控制的特色要求；该系统监控指标多达150个，评价指标多达200多个，提供规范、多样的评估报告和监督报表。

中国邮政储蓄银行 | 大事记
POSTAL SAVINGS BANK OF CHINA | MAJOR EVENTS

（资产托管业务）

2009年7月23日

经中国证监会证监许可[2009]673号文批准，中国邮政储蓄银行获得证券投资基金托管资格。

2009年12月30日

中国邮政储蓄银行托管的首只公募基金“中欧中小盘证券投资基金(LOF)”正式上线运营。

2010年6月28日

中国邮政储蓄银行托管的第2只公募基金“长信中短债证券投资基金”正式上线运营。

2011年4月14日

中国邮政储蓄银行托管的第3只公募基金“东方保本混合型证券投资基金”正式上线运营。

2011年6月2日

中国邮政储蓄银行托管的第4只公募基金“万家添利分级债券型证券投资基金”正式上线运营。

2011年6月24日

中国邮政储蓄银行托管的第5只公募基金“长信利鑫分级债券型证券投资基金”正式上线运营。

中国邮政储蓄银行
POSTAL SAVINGS BANK OF CHINA

成立日期	2007年3月6日	注册资本	450亿元人民币	法人代表	李国华
获得托管资格时间	2009年7月23日	托管部负责人	徐 进		
联系电话	010-6885 8126	传真号码	010-6885 8120		
公司网址	www.psbc.com				
办公地址	北京市西城区金融大街3号A座				

基本情况

中国邮政储蓄银行成立于2007年3月，是在改革邮政储蓄管理体制的基础上组建的全功能商业银行，其前身是1986年恢复开办的邮政储蓄。

经过多年发展，中国邮政储蓄银行已建成国内网络覆盖最广、网点规模最大的商业银行。现拥有37, 000多个网点，28, 700多台ATM，并建有95580全国统一客户服务中心和网上银行系统，服务触角遍及广袤城乡。

现在，中国邮政储蓄银行除开办传统的储蓄、国内汇兑、国际汇款、银行卡业务、代收付等基础金融服务外，还相继开办了小额贷款、商务贷款、住房贷款、信用卡、理财、网购支付、结售汇、多币种外币存款等服务个人客户的新业务，以及公司存款、结算、票据贴现、债券投资、资产托管、小企业贷款、公司流动贷款、固定资产贷款、项目贷款、贸易结算等服务公司客户的业务，是我国金融服务领域的一支重要力量。

今后，中国邮政储蓄银行将不断丰富业务品种，不断拓宽营销渠道，不断完善服务功能，为广大客户提供更全面、更便捷的金融服务，努力将自身建设成一家资本充足、内控严密、营运安全、功能齐全、竞争力强的现代化商业银行。

托管业务介绍

2009年7月23日，经中国证券监督管理委员会(证监许可[2009]673号)和中国银行业监督管理委员会联合批准，中国邮政储蓄银行获得证券投资基金托管资格，成为我国第16家托管银行。

作为基金托管人，中国邮政储蓄银行严格遵守国家有关托管业务的法律法规、行业监管规章和行内有关管理规定，守法经营、规范运作、严格监察，确保业务的稳健运行，保证基金财产的安全完整，确保有关信息的真实、准确、完整、及时，保护基金份额持有人的合法权益。

在内部控制组织结构上，中国邮政储蓄银行设有风险与内控管理委员会，负责全行风险管理与内部控制工作，对托管业务风险控制工作进行检查指导。托管业务部专门设置风险控制组，配备了专职内控人员负责托管业务的内控监督工作，具有独立行使监督稽核的职权和能力。

在内部控制制度及措施上，中国邮政储蓄银行托管业务部具备系统、完善的制度控制体系，建立了管理制度、控制制度、岗位职责和业务操作流程，可以保证托管业务的规范操作和顺利进行；业务人员具备从业资格；业务管理严格实行复核、审核、检查制度，授权工作实行集中控制，业务印章按规程保管、存放、使用，账户资料严格保管，制约机制严格有效；业务操作区专门设置，封闭管理，实施音像监控；业务信息由专职信息披露人员负责，防止泄密；业务实现自动化操作，防止人为事故的发生，技术系统完整、独立。

中国邮政储蓄银行坚持以客户为中心、以服务为基础的经营理念，依托专业的托管团队、灵活的托管业务系统、规范的托管管理制度、健全的内控体系、运作高效的业务处理模式，为广大基金份额持有人和众多资产管理机构提供安全、高效、专业、全面的托管服务，并获得了合作伙伴一致好评。

截至2011年6月30日，中国邮政储蓄银行托管产品50只，托管规模为273.28亿元。其中，托管的证券投资基金共5只，包括中欧中小盘股票型证券投资基金(LOF)、长信中短债证券投资基金、东方保本混合型开放式证券投资基金、万家添利分级债券型证券投资基金、长信利鑫分级债券型证券投资基金。目前，中国邮政储蓄银行已形成涵盖证券投资基金、基金公司特定客户资产管理计划、信托计划、银行理财产品(本外币)、私募基金、收支账户资金托管等多种类型的托管产品体系。

● 托管开放式基金产品一览(截至2011年6月30日)

序 号	基金简称	成立日期	首募规模(亿份)	管理人
1	中欧中小盘股票(LOF)	2009-12-30	14.77	中欧
2	长信中短债	2010-06-28	22.34	长信
3	东方保本混合	2011-04-14	18.69	东方
4	万家添利分级债券	2011-06-02	26.36	万家
5	长信利鑫分级债	2011-06-24	6.36	长信

深圳发展银行
SHENZHEN DEVELOPMENT BANK

成立日期	1987年12月22日	注册资本	512, 335.00万元人民币	法人代表	肖遂宁
获得托管资格时间	2008年8月6日	托管部负责人	叶 萍		
联系电话	0755-2216 6596	传真号码	0755-8208 0406		
公司网址	www.sdb.com.cn	电子邮箱	dongyan@sdb.com.cn		
办公地址	广东省深圳市深南东路5047号				

基本情况

深圳发展银行股份有限公司(以下简称：深圳发展银行)是中华人民共和国第一家面向社会公众公开发行股票并上市的商业银行。深圳发展银行于1987年5月10日以自由认购形式首次向社会公开发售人民币普通股，并于1987年12月22日正式宣告成立。经过20多年的快速发展，深圳发展银行综合实力日益增强，自身规模不断扩大，已在北京、上海、天津、重庆、广州、深圳、杭州、南京、济南、大连、青岛、成都、昆明、海口、珠海、佛山、宁波、温州、武汉、义乌等20个经济中心城市设立了300多家分支机构，并在北京、香港设立代表处，与境外众多国家和地区的600多家银行建立了代理关系。

2010年6月中国平安保险(集团)股份有限公司及其关联公司通过受让美国新桥集团持有的深发展银行股份和认购非公开发行股份成为深发展第一大股东。2011年7月，深发展银行以每股17.75元的价格向中国平安保险(集团)股份有限公司(以下简称“中国平安”)非公开发行约16.38亿新股，换取中国平安所持平安银行的约78.25亿股股份(约占平安银行总股本的90.75%)以及现金约26.9亿元。目前，深发展银行持有平安银行约90.75%的股份，平安银行成为深发展银行的控股子公司；中国平安及其控股公司持有深发展银行股份共计约26.84亿股，占比约52.38%，深圳发展银行成为中国平安旗下的控股子公司。

截至2011年9月30日，深圳发展银行资产总额9, 304.59亿元，贷款总额4, 596.73亿元，存款总额6, 285.65亿元。2011年前三个季度实现净利润71.19亿元，年化平均净资产收益率达18.9%。2011年9月底资本充足率和核心资本充足率分别为11.08 %和9.97%，不良贷款率仅为0.46%。

多年来，深圳发展银行积极履行和实践企业社会责任的价值标准和行为准则，坚持诚信合规经营，维护客户利益，为社会提供优质金融产品和服务，保障员工合法权益，注重环保、热衷公益、回馈社会。2008年荣获“30年中国品牌创新奖”、“中国优秀企业十佳单位”等荣誉称号，2007年、2008年连续两年获得“中国企业社会责任突出贡献企业”奖，2008年荣获首届“鹏城慈善奖——慈善企业奖”。

未来的深圳发展银行，将继续遵循“诚信、专业、服务、效率”的理念，秉承为股东创造回报、为客户增添价值、为员工带来发展的宗旨，努力提高盈利能力和服务水平，锐意进取，不断创新，进一步打造核心竞争力，为全面建设国际标准的现代商业银行而不懈努力。

托管业务介绍

2008年8月6日，深圳发展银行获得中国证监会、银监会核准开办证券投资基金托管业务，正式加入托管银行的行列。在开展基金托管业务之初，深圳发展银行就制定了差异化的发展策略：从一开始就全力打服务牌，将“托管”坚持定位为“托管服务”。并在这种理念的指引下，以客户为导向推出服务产品和工具，如“1小时投资指令处理”资金清算工具等，强调服务的时效和快捷，注重细分市场的差异化。

深圳发展银行总行设资产托管部，下设综合支持、运营管理、产品市场管理、合规与投资监督4个团队，目前有员工11人。

一、内部控制目标

作为基金托管人，深圳发展银行严格遵守国家有关托管业务的法律法规、行业监管要求，自觉形成守法经营、规范运作的经营理念和经营风格：确保基金财产的安全完整；确保有关信息的真实、准确、完整、及时，保护基金份额持有人的合法权益；确保内部控制和风险管理体系的有效性；防范和化解经营风险，确保业务的安全、稳健运行，促进经营目标的实现。

二、内部控制组织结构

深圳发展银行设有总行独立一级部门资产托管部，是该行资产托管业务的管理和运营部门，专门配备了专职内部监察稽核人员负责托管业务的内部控制和风险管理工作，具有独立行使监督稽核工作的职权和能力。

三、内部控制制度及措施

深圳发展银行资产托管部具备系统、完善的制度控制体系，建立了管理制度、控制制度、岗位职责、业务操作流程，可以保证托管业务的规范操作和顺利进行；业务人员全部具备从业资格；业务管理严格实行审核、复核、检查制度，授权工作实行集中控制，业务印章按规程保管、存放、使用，账户资料严格保管，制约机制严格有效；业务操作区专门设置，封闭管理，实施音像监控；业务信息由专职信息披露人负责，防止泄密；业务实现自动化操作，防止人为事故的发生，技术系统完整、独立。

托管开放式基金产品一览(截至2011年6月30日)

序 号	基金简称	成立日期	首募规模(亿份)	管理人
1	华富价值增长混合	2009-07-05	6.79	华富
2	华富量子生命力股票	2011-04-01	2.94	华富

第三章

其他服务机构

Other Fund Service Providers

中国工商银行 大事记

INDUSTRIAL AND COMMERCIAL BANK OF CHINA　MAJOR EVENTS

（基金代销业务）

2009年1月

工商银行推出第七批共71只基金定投产品。

2009年4月1日—2010年3月31日

工商银行继续开展“金融@家”个人网上银行基金申购费率优惠。

2009年5月18日—7月31日

工商银行开展“基金定投，伴你童行”主题营销活动。

2009年7月

工商银行推出第八批共37只基金定投产品。

2009年8月27日

工商银行开办代理销售基金管理公司特定多个客户资产管理计划业务。

2010年1月

工商银行推出第九批共42只基金定投产品。

2010年1月—6月

工商银行与多家基金公司联合举办“投资理财知识普及万里行”大型公益活动。

2010年4月1日—2011年3月31日

工商银行继续开展“金融@家”个人电子银行基金申购费率优惠。

2010年7月

工商银行与基金公司合作推出兼具安全性和收益性的“稳固收益”系列产品。

中国工商银行
INDUSTRIAL AND COMMERCIAL BANK OF CHINA

成立日期	1984年1月1日	注册资本	349, 018, 545, 827元	法人代表	姜建清
获得基金代销资格时间	2001年8月31日	个金部负责人	李卫平		
客服电话	95588	传真号码	010-6610 7914		
公司网址	www.icbc.com.cn	办公地址	北京市西城区复兴门内大街55号		

基本情况

中国工商银行股份有限公司(以下简称“中国工商银行”)是目前国内资产规模最大的商业银行，经过27年的改革发展，中国工商银行已经步入质量效益和规模协调发展的轨道。2003年末资产总额52, 791亿元人民币，占中国境内银行业金融机构资产总和的近五分之一。截至2010年末，工商银行总资产134, 586.22亿元，当前总市值14, 344.70亿元，居全球上市银行之首。

中国工商银行面对复杂多变的外部环境，主动适应全球金融监管变革要求，融入中国经济转型发展大局，把加快发展方式转变放在更加突出的位置，坚定不移调结构，脚踏实地促转变，巩固了全球市值最大、客户存款第一和盈利最多的大型上市银行地位，拥有优质的客户基础、多元的业务结构、强劲的创新能力和市场竞争力。

基金代销业务介绍

2001年8月31日，中国工商银行经中国人民银行和中国证券监督管理委员会批准获得了代销开放式基金业务资格。

2010年，中国工商银行代销的开放式基金涵盖了股票型基金、债券型基金、混合型基金、指数基金、保本基金、货币市场基金、LOF、QDII、ETF联接等国内主要基金品种，可满足不同风险偏好客户的需求。

遍布全国的营业网点。中国工商银行36家分行的16, 000多个营业网点均可为您办理开放式基金购买和赎回等业务，为您的投资提供最大便利。

安全、稳定的电子银行。投资者通过电话银行95588或网上银行申购、赎回工商银行代销的各只开放式基金，尽享电子银行跨越时空的便捷。

先进的科技系统。中国工商银行在全国率先完成了数据大集中，并具有业界领先的基金业务系统，可及时准确无误地完成各项基金交易，让投资者具有安全放心的保证。

方便的基金净值查询系统。投资者可以光临工商银行各营业网点查询基金净值，更可以通过拨打95588

电话银行或登录中国工商银行网站查询基金净值，对自己的资产状况了然于胸，方便了投资者理财。

代销基金产品概况

2010年，中国工商银行全行代理基金销售3, 561.28亿元，基金存量达到5, 003.43亿份(市值4, 967.86亿元)，基金客户数达1, 459.02万人，实现代理基金业务收入30.26亿元，在基金代销额、基金存量、业务收入和客户数量等多项指标上继续位居同业第一。

大事记 MAJOR EVENTS

（基金代销业务）

2010年1月

农业银行在北京启动高端品牌讲坛“基金宝”财富讲坛，先后邀请著名专家学者在全国7座重点城市开展巡回演讲，分析经济热点，传播健康的投资理念，紧密把握中国经济和资本市场的脉搏。

2010年2月

农银汇理中小盘股票基金在农业银行代销发行，首发规模达到91.6亿元，成为2010年全年发行规模最大的基金。

2010年5月

由农业银行托管主代销的博时创业成长股票基金首发规模达到30.5亿元，在2010年二季度的基金发行中名列前茅。

2010年5月

农业银行与15家优秀基金管理公司签署全面合作协议，成功推动双方开展深层次战略合作。

2010年8月

由农业银行托管主代销的易方达消费行业股票基金，发行规模达到53.2亿元，成为2010年三季度市场上发行规模最大的股票型基金。

2011年1月

农业银行在昆明举办2011年首场“基金宝”财富讲坛，拉开全年巡回讲坛序幕。随后邀请著名专家学者在全国6座重点城市开展巡回演讲，解读财经热点，服务客户投资。

2011年3月

由农业银行托管主代销的汇添富社会责任股票基金首发规模达到44.7亿元，勇夺2011年二季度基金发行冠军。

中国农业银行
AGRICULTURAL BANK OF CHINA

成立日期	2009年1月15日	注册资本	270,000,000,000元	法人代表	蒋超良
获得基金代销资格时间	2001年12月12日	部门负责人	李庆萍		
客服电话	95599	传真号码	010-8510 9219		
公司网址	www.abchina.com	办公地址	北京市东城区建国门内大街69号		

基本情况

中国农业银行的前身最早可追溯至1951年成立的农业合作银行。上世纪70年代末以来，中国农业银行相继经历了国家专业银行、国有独资商业银行和国有控股商业银行等不同发展阶段。2009年1月15日，整体改制为股份有限公司。2010年7月15日和16日，分别在上海证券交易所和香港联合交易所挂牌上市，完成了向公众持股银行的跨越。

中国农业银行凭借全面的业务组合、庞大的分销网络和领先的技术平台，向最广大客户提供各种公司银行和零售银行产品和服务，同时开展自营及代客资金业务。截至2010年末，全行总资产103,374.06亿元，各项存款88,879.05亿元，各项贷款49,567.41亿元，资本充足率11.59%，不良贷款率2.03%，全年实现净利润949.07亿元。

2010年，在美国《财富》杂志全球500强排名中，中国农业银行位列第141位；在英国《银行家》杂志全球银行1,000强排名中，按2009年税前利润计，中国农业银行位列第14位。2010年，中国农业银行穆迪信用评级为A1/稳定。

代销基金业务概况

2001年，经中国人民银行、中国证监会批准，中国农业银行正式获得开放式基金代理销售业务资格。自开办基金代销业务以来，农业银行严格依据有关法规，积极稳妥推进基金代理销售工作，基金业务呈现稳步发展的态势，截至2011年12月末，已经有53家基金公司的700多只基金产品在农业银行上线，涵盖了股票型、混合型、债券型、保本型、货币型、LOF、ETF联接、创新式基金、QDII基金等所有的基金类型，与华夏、嘉实、易方达、博时、南方、广发、大成、富国、汇添富、交银施罗德、景顺长城、兴业全球、农银汇理等位居市场前列的基金公司建立了广泛深入的合作关系。此外，为满足投资者多样化的投资需求，农业银行还提供多只券商集合计划和基金公司“一对多”专户理财产品的代理销售服务。

近年来，中国农业银行进一步加大了市场开拓力度，2011年以来，中国农业银行不断深化与15家基金公司建立的战略合作伙伴关系，在银基合作领域做出了积极的探索和尝试，进一步提升了农业银行的品牌形象，也推动基金代理发行业务迈向新的发展阶段。上半年代理发行的汇添富社会责任股票基金、农银汇理沪深300指数基金均取得了十分优异的发行成绩，受到基金市场的高度关注和一致好评，农业银行在基金发行市场的影响力与日俱增。与此同时，基金持续营销工作及基金定投业务继续保持健康快速的发展态势。2011年，中国农业银行共代理销售基金1, 015.37亿元，实现定期定额申购1, 744.34万笔，同比增长65.58%，定期定额申购金额54.25亿元，同比增长61.24%。

投资者教育工作

2011年，中国农业银行继续携手国内多家知名基金公司精心打造高端品牌讲坛——“基金宝”财富讲坛，通过邀请知名专家学者在全国重点城市开展巡回演讲，分析经济热点，传播健康的投资理念，让客户紧密把握中国经济和资本市场的脉搏，实现财富保值增值。2011年以来，中国农业银行与广发、南方、汇添富、交银施罗德、景顺长城等基金公司分别在昆明、南宁、杭州、银川、乌鲁木齐、贵阳举办了六场“基金宝”财富讲坛，邀请谢国忠、巴曙松、龚方雄等知名专家学者就宏观经济形势、资本市场热点和投资策略、个人财富配置和理财规划等投资者十分关注的问题进行了广泛讨论，共有1, 500余名投资人现场参加到活动当中。同时，腾讯财经对讲坛进行了全程视频直播，更多的投资人通过网络提问和互动热情参与，活动受到广大投资人的普遍欢迎。

专业化服务

中国农业银行已建立了一支具有较高专业水准、为投资者高度负责的基金业务队伍和理财师团队，拥有一大批业务熟练、投资理财知识经验丰富的基金业务从业人员和12, 500多名拥有AFP、CFP资格的理财师，可根据客户需求提供专业化的理财服务。为更好地向投资者提供投资咨询建议，中国农业银行建立了专门的投研团队，并与国际知名基金评价机构晨星公司共同推出了基金组合咨询服务，定期向投资者发布最新投研成果，为投资者的投资决策提供专业参考。中国农业银行通过网上银行、电子邮件和客服短信等多种渠道及时将最新的市场资讯和研究服务传递到投资者，并通过定期或不定期地举办理财沙龙、投资研讨会以及向中高端客户提供量体裁衣式的个性化服务，不断提升客户服务质量。

中国银行
BANK OF CHINA

成立日期	2004年8月26日	注册资本	2, 538.39亿元人民币	法人代表	肖　钢
获得基金代销资格时间	2001年12月	部门负责人	梅非奇		
联系电话	010-6659 6688	客服电话	95566		
公司网址	www.boc.cn	办公地址	北京西城区复兴门内大街1号		

基本情况

1912年2月，经孙中山先生批准，中国银行正式成立。在中华人民共和国成立前的37年间，中国银行先后是当时的国家中央银行、国际汇兑银行和外贸专业银行。在动荡的历史年代，中国银行作为民族金融的支柱，以服务大众、振兴民族金融业为己任，稳健经营，锐意进取，各项业务取得了长足发展。新中国成立后，中国银行成为国家指定的外汇外贸专业银行，继续保持和发扬了顽强创业的企业精神，为国家对外经贸发展、开展经济建设作出了贡献。1994年，随着金融体制改革的深化，中国银行由外汇外贸专业银行向功能完善、服务全面的国有商业银行转化。

1994年和1995年，中国银行分别成为香港地区、澳门地区的发钞银行。2004年8月26日，中国银行股份有限公司在北京注册成立，中国银行成为国家控股的股份制商业银行，标志中国银行向建立拥有良好公司治理机制的现代化股份制商业银行的目标迈出了一大步，中国银行的历史翻开了新的一页。中国银行于2006年6月1日在香港联合交易所上市(股份代号：3988)，同年7月5日亦在上海证券交易所挂牌上市(股份代号：601988)，进一步扩大了中国银行在国际市场和国内市场的实力和影响力，为中国银行的百年品牌再添美誉。中国银行是国内主要金融服务提供商之一，业务范围涵盖商业银行、投资银行和保险领域，旗下有中银香港、中银国际、中银保险、中银基金、中银航空租赁、中银投资等控股金融机构。商业银行为中国银行的主营业务，包括公司金融、个人金融和金融市场等业务。

作为中国金融行业的百年品牌，中国银行在注重稳健经营的同时积极进取，不断创新，创造了国内银行业的许多第一，在国际结算、外汇资金和贸易融资等领域得到业界和客户的广泛认可和赞誉。中国银行是中国国际化程度最高的银行。1929年，中国银行在伦敦设立第一家海外分行，此后在世界各大金融中心相继开设分支机构。中国银行在国内同业中率先引进国际管理技术人才和经营理念，不断向国际化一流大银行的目标迈进。截至2010年末，除在中国内地外，中国银行在香港、澳门及32个国家和地区拥有分支机构，海外员工数量超过25,000名，拥有广泛的国际银行网络。

代销基金业务概况

2001年12月，经中国人民银行和中国证券监督管理委员会批准，中国银行获得了开放式基金代销业务资格。9年来，中国银行代销业务持续、快速、健康发展。截至目前，中国银行共代销了53家客户的839只开放式基金和多只封闭式基金，及多只券商集合理财计划和银行理财产品。中国银行2005年初代销的中信证券避险集合理财计划是国内银行代销同类产品的首批试水，树立了良好的市场形象；而2006年初由中国银行代销并托管的易方达基金公司深圳100ETF产品，是国内第一家银行参与ETF产品发行期间销售；2007年在发行期代销大成优选创新封闭式基金等，持续展示了中国银行的代销能力和创新精神；2008年中国银行推出了代销基金的网银交易和定期定额业务的申购费率优惠活动，满足了客户的需求，同时引导客户树立了长期投资的正确理念。

中国银行在坚持市场化发行、坚持以客户为中心、为客户提供良好理财服务理念的指引下，本着平等互利、实现双赢的原则，与一批品牌优良、经营稳健、具有发展潜力的基金管理公司和创新类券商建立了良好的合作伙伴关系。

在与基金行业共同发展的同时，中国银行致力于规范全员基金代销行为，加强风险控制，依法合规进行基金代销组织工作，积极配合有关监管部门的工作，严格自律，共同维护行业和客户的长远利益，促进基金行业的长远和可持续发展。中国银行在拓展基金代销业务工作中，不断总结经验，借鉴国外先进的营销模式，逐渐形成了中国银行基金代销的特色和核心竞争力：

一是与客户共同发展的理念和策略。中国银行致力于与优质基金管理公司和证券公司等建立长期战略伙伴关系，提供优质、高效、持久的一条龙服务；致力于与基金管理公司进行从产品的设计到营销方案、售后服务等全方位、全过程的合作，同时充分反映客户对基金和券商集合理财计划的投资需求。

二是遍布全国的销售和服务网络。中国银行目前可通过全国34家一级分行和直属分行，284家二级分行，10,000多个网点为客户提供代销服务，并可通过理财中心将代销的基金和券商集合理财产品贴身推介给客户，同时可提供差异化理财建议，实现理财服务与代销服务的有机结合。

三是优质的客户群体。在多年的经营中，中国银行拥有相当数量的实力雄厚、综合素质高、投资意识强的优质客户群体。

四是较高专业水准的营销队伍。中国银行内部托管、公司、零售、金融机构等部门整体联动营销，拥有一大批业务熟练、投资理财知识和经验较丰富的代销业务从业人员。

五是投资客户服务制度化。中国银行对基金及券商理财计划投资客户的服务工作已实现客户开发、客户维护和客户信息反馈工作系统化、一体化。中国银行通过定期或不定期地为投资客户举办投资研讨会、向客户提供咨询服务、以及向重点客户提供量体裁衣式的个性化服务，不断提高客户服务质量。此外，中国银行还积极致力于客户服务平台建设，通过理财中心、银行网点、电子银行等多渠道向投资客户提供贴身、便利服务。

2007年国际国内金融市场发生了较大的变化，中国银行及时根据市场环境，加大业务创新的力度。顺利完成了长盛同智基金由“封闭式基金转开放式基金”的各项代销工作；与大成基金公司合作推出了银行端代销封闭式基金的新型销售模式。2008年国内A股市场出现了大幅度调整，上证指数在不到一年的时间里，下跌了4000多点，基金业务量急剧萎缩，基金销售再度进入困难时期。针对市场环境的变化，本着为客户服务的态度，该行及时调整了销售策略，大力推进基金定期定额交易业务，在全行统一开展了定期定额的推广活动，取得了很好的效果。定期定额引导的强制投资、均衡投资和长期投资理念也获得了客户的认同、市场的认同。同时，通过推出代销基金的网银交易和定期定额业务的申购费率优惠活动，进一步降低了客户的投资成本，满足了客户的需求，鼓励客户树立长期投资的正确理念。中国银行开展了“好投”定期定投业务的品牌营销，并配合开展了广播、定投罗盘、客户营销等一系列活动，2011年，定期定额投资方式在中国银行基金交易中的比重呈快速上升的趋势。

目前，中国银行代销的基金产品则涵盖了股票型、混合型、债券型、保本型、货币型、指数型、LOF、ETF、创新封闭式基金、QDII基金等所有的基金类型，较好地满足了投资人对风险和收益不同偏好的差异化需求。

中国建设银行 China Construction Bank | 大事记 MAJOR EVENTS

（基金代销业务）

2010年7月

中国建设银行与《中国证券报》共同主办首届“建行·中证报金牛基金巡讲”活动。本年巡讲活动主要围绕国内外经济走势、市场投资机会、基民如何选择基金等热点话题，在广州、郑州、西安等地共举办19场活动。在金牛基金公司的大力支持下，首届巡讲系列活动取得了圆满成功，得到了投资者、银行、基金公司的普遍认可。

2011年

2011年，中国建设银行在全行范围内开展了重点基金持续营销活动，选择业绩较好的基金产品进入重点营销基金池，以重点基金为核心，以点带面，拉动全行基金申购量和保有量的增长。同时，全行开展基金定投营销活动，帮助客户做好资产配置、养成良好的理财习惯。

2011年的“建行·中证报金牛基金巡讲”活动增加到25场，由建信基金、泰达基金、华安基金、银华基金、国泰基金、东吴基金、摩根士丹利华鑫基金、信诚基金、上投摩根基金、海富通基金、易方达基金、博时基金、富国基金、华富基金、南方基金、银河基金16家荣获中国基金业金牛奖的基金管理公司承办，并增加了网络媒体参与。2011年国内经济形势异常复杂，巡讲期间也是A股市场下跌最为猛烈的阶段，本年巡讲活动由17位著名宏观经济学家、27位基金公司高级别投资人士、6位第三方研究分析师主讲，5, 000多名建行中高端客户积极参与，足迹遍及25个重点城市，历时7个月的活动，对身处寒冬中的基民来说意义尤为特别。

2011年3月

为优化业务流程，进一步提升客户满意度，中国建设银行自2011年3月1日起对基金及集合计划业务实行免填单办理，同时在全行启用了《中国建设银行证券投资基金投资人权益须知》。

2011年4月—9月

为加大中西部城市基金定投的推广力度，中国建设银行联合基金管理公司开展以定投为核心的“理财长征路”主题营销活动，2011年4月到9月期间在14个省40个地区和城市累计举办主题活动47场，现场参与人数达到6, 200人次，获得了广大投资人的认可和良好的社会反响。

2011年6月

为满足客户需要，拓展创新业务功能与营销服务模式，中国建设银行自2011年6月15日起开通基金定投批量签约业务，使该行能够通过基金销售后台管理系统为投资人集中、批量办理基金定投签约业务，为全行走出柜台，深入企业、社区主动拓展新客户群体，开展定投营销活动提供了支持。

中国建设银行
China Construction Bank

成立日期	2004年9月17日	注册资本	2, 336.89亿元人民币	法人代表	王洪章
获得基金代销资格时间	2001年5月8日	部门负责人	马梅琴		
客服电话	95533	传真号码	010-6621 2563		
公司网址	www.ccb.com	办公地址	北京市西城区闹市口大街1号院1号楼		

基本情况

中国建设银行股份有限公司拥有悠久的经营历史，其前身“中国人民建设银行”于1954年成立，1996年易名为“中国建设银行”。中国建设银行是中国四大商业银行之一。中国建设银行股份有限公司由原中国建设银行于2004年9月分立而成立，承继了原中国建设银行的商业银行业务及相关的资产和负债。中国建设银行(股票代码：939)于2005年10月27日在香港联合交易所主板上市，是中国四大商业银行中首家在海外公开上市的银行。2006年9月11日，中国建设银行又作为第一家H股公司晋身恒生指数。2007年9月25日中国建设银行A股在上海证券交易所上市并开始交易。A股发行后中国建设银行已发行股份总数为：250, 010, 977, 486股(包括240, 417, 319, 880股H股及9, 593, 657, 606股A股)。

截至2011年3月31日，中国建设银行资产总额113, 125.16亿元，较上年末增加5, 021.99亿元，增长4.65%。2011年一季度，中国建设银行实现净利润472.33亿元，较上年同期增长34.23%；年化平均资产回报率1.71%，年化加权平均净资产收益率26.19%；利息净收入716.30亿元，较上年同期增长25.27%；净利差为2.58%，净利息收益率为2.69%，分别较上年同期提高0.28和0.30个百分点；手续费及佣金净收入231.54亿元，较上年同期增长37.29%。其中，结算、理财、电子银行、贷记卡及保理等重点产品快速增长，收入结构日趋合理。

中国建设银行在中国内地设有1.3万余个分支机构，并在香港、新加坡、法兰克福、约翰内斯堡、东京、首尔、纽约、胡志明市及悉尼设有分行，在莫斯科设有代表处，设立了湖北桃江建信村镇银行、浙江苍南建信村镇银行、安徽繁昌建信村镇银行、浙江青田建信华侨村镇银行、浙江武义建信村镇银行、陕西安塞建信村镇银行、河北丰宁建信村镇银行、上海浦东建信村镇银行和苏州常熟建信村镇银行9家村镇银行，拥有建行亚洲、建银国际、建行伦敦、建信基金、建信金融租赁、建信信托和中德住房储蓄银行等多家子公司。全行已安装运行自动柜员机(ATM)39, 874台，拥有员工313, 867人，为客户提供全面的金融服务。

中国建设银行得到市场和业界的支持和广泛认可，2010年共获得100多个国内外奖项。该集团在英国《银行家》杂志公布的“全球商业银行品牌十强”列第二位，在“全球银行品牌500强”列第13位，并被评为2010年中国最佳银行；在美国《福布斯》杂志公布的“Interbrand2010年度最佳中国品牌价值排行榜”列第三位，银行业第一位；被《亚洲金融》杂志评为2010年度“中国最佳银行”；连续三年被香港《资本》杂志评为“中国杰出零售银行”；被中国红十字会总会授予“中国红十字杰出奉献奖章”。

代销基金业务介绍

中国建设银行自2001年11月起开办基金代理业务，是国内首批获得开放式基金代销资格的商业银行之一。自业务开办以来，中国建设银行坚持“以客户为中心”的经营理念，秉承“精品策略”原则，努力为客户选择好公司、好基金，满足客户财富增值的投资理财需要。

代销基金产品概况

截至2011年末，中国建设银行累计与59家基金管理公司建立合作关系，代销基金数量700余只，代销的产品类型包括股票型(指数型)、混合型(保本型)、债券型、货币市场基金以及ETF联接基金、分级基金等各种创新产品，基金客户数达到1, 400万人，基金存量份额达到4, 500亿份，基金代理业务市场份额稳居同业第二位。代销基金已成为该行重要的中间业务创收产品之一。

交通银行
BANK OF COMMUNICATIONS

成立日期	1987年3月30日	注册资本	562.59亿元人民币	法人代表	胡怀邦
获得基金代销资格时间	2001年7月	联系电话	010-5878 1234		
客服电话	95559	公司网址	www.bankcomm.com		
办公地址	上海市浦东新区银城中路188号				

基本情况

交通银行始建于1908年，是中国历史最悠久的银行之一，也是近代中国发钞行之一。交通银行先后于2005年6月和2007年5月在香港联交所、上交所挂牌上市，是中国2010年上海世博会的商业银行全球合作伙伴。根据英国《银行家》杂志公布的2009年全球1,000家银行排名，交通银行总资产排名位列第56位，一级资本排名位列第49位。

代销基金业务介绍

2001年7月，经中国人民银行和中国证券监督管理委员会批准，交通银行获得开放式基金认购、申购、赎回和注册登记代理业务资格，成为我国首家获得开放式基金代理业务资格的商业银行。

2008年，交通银行在基金代销业务上，坚持遵循“交银基金超市”的服务品牌和“用心给您更多”的服务理念，以市场为导向，以客户为中心，引入国际基金评级机构晨星资讯公司，推出“智慧选基”精选基金品牌，以国际化为标准，以科技化为手段，以品种与数量领先，在业内保持了相对优势地位。

2010年7月，交通银行推出基金营养组合，基金营养组合是该行为沃德财富客户、交银理财客户推出的专享理财服务，针对不同风险承受能力的投资者，提供相适应的“智慧选基”基金营养组合，包括激进成长型、标准成长型、标准稳健型、保守稳健型、积极保守型、标准保守型六种经典基金营养组合。基金营养组合是基金销售模式的创新，在业内尚属首家。它是从资产配置的角度进行销售，从客户财富管理的角度合理配置基金产品，在分析客户需求和风险承受能力后，针对不同的客户推介适合的基金组合，体现了该行“以客户为中心，将适合的产品销售给适合的客户”的销售原则。

2011年2月，交通银行应广大客户的需求，在单笔申购基金营养组合的投资模式基础上，在业内率先推出了基金营养组合定投。该业务功能一是贴近客户需求，便于客户投资。交通银行根据客户投资风险偏好推出6款定投套餐组合；二是创新营销，首创基金组合定投。交通银行根据各开放式基金运行情况、资本市场近期走势优中选优，形成“1+1〉2”的销售成果；三是强强联手，与专业第三方基金评估机构——晨星公司合作，科学甄选和调整基金组合；四是借“组合投资”与“定额定投”的有机结合，做好投资者教育及基础客户培养。

2011年3月，交通银行推出基金“快溢通”业务，该业务的推出是基金投资理财业务迈向智能化管理的重要一步，能有效解决客户闲散基金投资的不便利性，能时时关注客户闲散资金，主动打理客户财富，能在一定程度上使客户资金流动自如，溢出增值，提升客户在交通银行的基金投资体验。

2011年11月，为更好地为基金持有人做好基金售后服务，交通银行在个人网上银行增加“基金诊断”功能。为投资者展示各个分类维度下排名前列的基金产品，并对该基金与同类产品均值的比较进行描述。增加了投资者对持有基金产品的了解，以便客户做出合理的投资选择。

代销基金产品概况

截至2011年12月31日，交通银行与63家基金公司合作开办业务，共计代销844只开放式基金，是代销开放式基金品种最全、数量最多的商业银行之一。

成立日期	1988年8月26日	注册资本	107.86亿元人民币	法人代表	高建平
获得基金代销资格时间 2002年8月		联系电话	0591-8783 9338		
客服电话	95561	公司网址	www.cib.com.cn		
办公地址	福州市湖东路154号				

基本情况

兴业银行成立于1988年8月，是经国务院、中国人民银行批准成立的首批股份制商业银行之一，总行设在福建省福州市，2007年2月5日正式在上海证券交易所挂牌上市(股票代码：601166)，注册资本107.86亿元。

兴业银行主要经营范围包括：吸收公众存款；发放短期、中期和长期贷款；办理国内外结算；办理票据承兑与贴现；发行金融债券；代理发行、代理兑付、承销政府债券；买卖政府债券、金融债券；代理发行股票以外的有价证券；买卖、代理买卖股票以外的有价证券；资产托管业务；从事同业拆借；买卖、代理买卖外汇；结汇、售汇业务；从事银行卡业务；提供信用证服务及担保；代理收付款项及代理保险业务；提供保管箱服务；财务顾问、资信调查、咨询、见证业务；经中国银行业监督管理机构批准的其他业务。

开业23年来，兴业银行始终坚持“真诚服务，相伴成长”的经营理念，致力于为客户提供全面、优质、高效的金融服务。截至2011年6月末，兴业银行资产总额突破2万亿元，达到20, 899.06亿元，股东权益1, 011.73亿元，不良贷款比率为0.35%，上半年累计实现净利润122.32亿元。根据英国《银行家》杂志2011年7月发布的全球银行1, 000强排名，兴业银行按总资产排名列第75位，按一级资本排名列第83位。根据美国《福布斯》2010年发布的全球上市公司2, 000强排名，兴业银行综合排名第245位，在113家上榜的中国内地企业中排名第14位。

目前，兴业银行已在北京、上海、广州、深圳、南京、杭州、天津、沈阳、郑州、济南、重庆、武汉、成都、西安、福州、厦门、太原、昆明、长沙、宁波、温州、义乌、台州、东莞、佛山、无锡、南昌、合肥、乌鲁木齐、大连、青岛、南宁、哈尔滨、石家庄、呼和浩特、长春等全国主要城市设立了72家分行、612家分支机构；拥有全资子公司——兴业金融租赁有限责任公司和控股子公司——兴业国际信托有限公司；在上海、北京设有资金营运中心、信用卡中心、零售银行管理总部、资产托管部、银行合作服务中心、大客户部、投资银行部、期货金融部、基金金融部、私人银行部、贸易金融中心、可持续金融中心等总行经营性机构，建立了网上银行“在线兴业”(www.cib.com.cn)、电话银行“95561”和手机银行“无线兴业”(wap.cib.com.cn)，与全球1, 000多家银行建立了代理行关系。

代销基金业务介绍

2002年8月，经中国人民银行和中国证券监督管理委员会批准，兴业银行获得了开放式基金代理销售业务资格。近几年兴业银行基金代销业务保持良好的发展态势，代销基金产品种类进一步丰富，基金超市业务发展迅速。

精选遴选代销基金。兴业银行建立了从合作基金公司选择、代销基金产品遴选、可行性研究、代销决策到具体执行的机制，加强了对基金公司及基金产品的研究力度，并且从各类投资者不同投资需求出发，主动寻找合作基金产品，丰富基金产品线，积极构筑基金精品超市。

完善渠道建设。兴业银行提供营业网点、7×24小时网上银行、金融自助通、银联通、电话银行等多种渠道，方便投资者购买基金产品，了解基金理财基本知识和基金公告信息等。其中银联通互联网基金交易方式成为该行亮点，交易量发展迅猛，已为投资者提供700余只基金产品的网上优惠费率的全天候交易服务。

加强科技保障力度。为适应开放式基金代销业务发展的需要，并满足基金公司、广大投资者对基金销售的个性化服务需要，兴业银行对开放式基金代销系统进行了升级维护，以适应新增代销基金产品的需要。

加强基金培训。兴业银行为加强客户经理、柜面人员、客服人员等相关业务人员对基金产品、基金知识的认识和掌握，以更好地服务于广大投资者，通过集中培训、电子视频会议系统等多渠道举办全行范围的基金专题知识培训。

代销基金产品概况

截至2011年12月31日，兴业银行代销基金业务合作基金公司共29家，共代销229只开放式基金。代销产品线涵盖了股票型基金、债券型基金、指数型基金、伞型基金、货币市场基金、保本基金等多种类型，为投资者提供了多样化的选择。

浦发银行
SPD BANK

成立日期	1992年10月19日	注册资本	186.53亿元人民币	法人代表	吉晓辉
获得基金代销资格时间	2002年7月	部门负责人	林道峰		
联系电话	021-6161 8888	客服电话	95528		
公司网址	www.spdb.com.cn	办公地址	上海市中山东一路12号		

基本情况

上海浦东发展银行股份有限公司(以下简称:浦发银行)是1992年8月28日经中国人民银行批准设立、1993年1月9日开业、1999年在上海证券交易所挂牌上市(股票交易代码：600000)的全国性股份制商业银行，总行设在上海。目前，注册资本金186.53亿元。良好的业绩、诚信的声誉，使浦发银行成为中国证券市场中备受关注和尊敬的上市公司。

秉承“笃守诚信、创造卓越”的经营理念，浦发银行积极探索金融创新，资产规模持续扩大，经营实力不断增强。至2011年6月底，公司总资产规模达24,552.40亿元，本外币贷款余额12, 374.07亿元，各项存款余额17, 509.17亿元，实现税后利润128亿元。目前，在全国28个省、市、自治区、特别行政区，144个城市，设立了36家直属分行，668个营业机构，在香港设立了分行，员工达29, 036名，架构起全国性商业银行的经营服务格局。

上市以来，浦发银行连续多年被《亚洲周刊》评为“中国上市公司100强”；2011年2月，英国《银行家》杂志发布“全球金融品牌500强”榜单，浦发银行排名第92位，位列亚洲银行第18位，综合品牌价值18.36亿美元；同年7月，英国《银行家》杂志发布2011年世界银行1, 000强排名，按核心资本计，浦发银行首次进入全球百强之列，位居第64位，较上年大幅上升44位，在上榜中资银行中排名第7，表现出良好的综合竞争优势和增长势头；在《财富》杂志推出的2011年中国上市公司500强排行中，浦发银行凭借优异的经营业绩再次入围国内企业百强，排名第72位；2011年7月，在《福布斯》杂志发布的全球2, 000强公司榜单中，浦发银行排名第234位，在上榜中资企业中位居第16位，在上榜中资银行中名列第7位；2011年1月，浦发银行荣膺“2010年度十大品牌银行”，6月荣膺“2010年度最佳董事会评选——主板上市公司最佳董事会”；2010年3月，浦发银行荣膺《亚洲银行家》“2005-2009亚洲地区最佳上市银行”，4月荣膺“2010年度中国最强银行”。

深耕金融服务的同时，浦发银行积极践行社会责任，致力于打造优秀企业公民。2008年6月评级研究机构Reputex(崇德)公布“中国十佳可持续发展企业”，浦发银行作为中国金融业唯一企业入选；10月浦发银行继2006-2007年蝉联上海美国商会“企业社会责任实践奖”，再度获评“2006-2008年度CSR持续成就特别奖”；2009年12月在“第六届中国最佳企业公民评选”活动中获得“2009年度中国最佳企业公民”大奖；2010年6月获得第五届“大众证券杯”中国上市公司竞争力公信力TOP10调查“最具社会责任上市公司”称号；7月蝉联A股上市公司社会责任报告评级银行业第二位；同月，入选恒生可持续发展企业指数系列；8月获评“2010年联合国全球契约·中国企业社会责任‘典范报告’奖，其他奖项还包括“2010中国上市公司最佳社会责任董事会十强”、“2010第一财经·中国企业社会责任榜优秀实践奖”等。

浦发银行将继续推进金融创新，因时而变、顺势而为、乘势而上，以“新思维，心服务”为指引，努力建设成为具有核心竞争优势的现代金融服务企业。

基金代销业务介绍

浦发银行“基金精品屋”引导专业服务理念

浦发银行自2002年开办基金代销业务以来，为满足广大客户的投资要求，致力于与品牌基金公司的业务合作，大力推进各类优秀产品的代销，把基金业务作为一项长远的发展战略加以布置和落实，并坚持长抓不懈。截至2011年6月末，合作代销基金公司逾40家，代销基金产品超过650只，产品销量稳步增长，销售人员持证覆盖率高，交易渠道逐渐从柜面延伸到电话银行、网上银行和手机银行，且开通了准7×24小时的交易服务，各类客户均可享受到相应的专业服务。在业务特色之路的探求需要下，在践行企业社会责任的感召下，浦发银行从2006年起全力打造“基金精品屋”，在构建基金超市的基础上，确立了“专业+便捷”为主打的差异化发展战略，体现“基金精品屋”的品牌效应。

回顾“基金精品屋”的发展历程：

- 2006年，率先联合晨星资讯(中国)，以第三方独立、客观的基金评级为切入点，为广大客户精选晨星四星以上基金产品，并在网上银行推出资讯与交易一体化的“基金精品屋·基金频道”，为客户提供一站式基金服务。

- 2007年，在独立第三方评级基础上，集合研发团队的智慧，建立了自身的基金优选标准和流程，量化分析基金表现，针对不同风险偏好的客户推出每月一期“基金精品屋·优中选优”，实现优质基金的二次筛选，让投资有的放矢。

- 2008年，全面提升服务的品质，特邀12家品牌基金公司组建“基金精品屋·专家顾问团”，共同编写投资策略手册，开设专家顾问团专栏，发布市场投资观点，通过搭建服务平台，让客户受益于银行专业化理财服务。

- 2009年，持续推进长期投资理念，在优中优选的基础上，大力宣传“基金精品屋·轻松定投”，针对不同客户需求和人生目标进行相匹配，细化了“快乐宝贝”、“财富快车”和“无忧一生”等定投理财计划，变单一的产品销售为通过财富规划服务来销售产品。

- 2010年，为改变市场中基金销售存在的“有销售，无售后”的现状，提升基金服务水平和客户满意度，该行推出了“基金精品屋·基金诊断”，为客户提供免费的一站式诊断规划及监控跟踪服务，科学地调整现有基金的配置，树立健康的投资理念。在由《北京青年报》、上海《理财周刊》、《第一财经日报》等机构联合主办的北青2010“财星榜”年度评选中，该行“基金诊断”荣获年度“最佳基金诊断服务奖”。

● 2011年，浦发银行将“基金诊断”与保险规划等理财功能融合，在业内率先研发并推出“全方位财富规划”，形成并完善了该行系统化理财规划服务功能，在展现浦发银行专业财富管理能力的同时，也在客户面前树立良好的专业化服务形象，提升浦发银行“领先性”银行的品牌战略目标。

经过几年的精耕细作，浦发银行“基金精品屋”品牌在业内和客户中获得较好的评价，并在2007年获得了《世界经理人》杂志评选的“2007年度中国最值得信赖的银行理财产品特别奖”。让客户真正受益于银行专业化的理财服务，让老百姓投资理财的过程变得轻松，“专业＋便捷”的品牌内涵一直是浦发银行长期不懈追求的目标。在提升基金专业服务的同时，浦发银行还积极贯彻“笃守诚信、创造卓越”的经营宗旨，将基金业务发展和社会责任紧密结合，积极贯彻落实监管要求，主动做好客户销售适应性工作和开展形式多样的投资者教育工作，着力提高全民的理财意识和能力。

中国邮政储蓄银行 | 大事记

POSTAL SAVINGS BANK OF CHINA | MAJOR EVENTS

（基金代销业务）

2010年1月

中国邮政储蓄银行网上基金交易系统“理财通”系统上线。

中国邮政储蓄银行开展“网上申购基金费率四折优惠活动”。

2010年6月

中国邮政储蓄银行第2只托管基金“长信中短债债券”募集结束。

中国邮政储蓄银行个人网银系统上线，客户可在理财通系统和个人网银系统购买基金。

中国邮政储蓄银行理财规划系统上线。

2010年12月

中国邮政储蓄银行重点销售的首只分开募集的分级债基金——“天弘添利分级债券”首发一日告罄。

中国邮政储蓄银行
POSTAL SAVINGS BANK OF CHINA

成立日期	2007年3月6日	注册资本	450亿元人民币	法人代表	李国华
获得基金代销资格时间	2006年8月	传真号码	010-6885 8117		
客服电话	95580	公司网址	www.psbc.com		
办公地址	北京市西城区金融街3号A座				

基本情况

中国邮政储蓄银行成立于2007年3月，是在改革邮政储蓄管理体制的基础上组建的全功能商业银行，其前身是1986年恢复开办的邮政储蓄。

经过多年发展，中国邮政储蓄银行已建成国内网络覆盖最广、网点规模最大的商业银行，现拥有37, 000多个网点，28, 700多台ATM，并建有95580全国统一客户服务中心和网上银行系统，服务触角遍及广袤城乡。

目前，中国邮政储蓄银行除开办传统的储蓄、国内汇兑、国际汇款、银行卡业务、代收付等基础金融服务外，还相继开办了小额贷款、商务贷款、住房贷款、信用卡、理财、网购支付、结售汇、多币种外币存款等服务个人客户的新业务，以及公司存款、结算、票据贴现、债券投资、资产托管、小企业贷款、公司流动贷款、固定资产贷款、项目贷款、贸易结算等服务公司客户的业务，是我国金融服务领域的一支重要力量。

未来，中国邮政储蓄银行将不断丰富业务品种、不断拓宽营销渠道、不断完善服务功能，为广大客户提供更全面、更便捷的金融服务，努力将自身建设成一家资本充足、内控严密、营运安全、功能齐全、竞争力强的现代化商业银行。

代销业务介绍

2006年8月，经中国证券监督管理委员会和中国银行业监督管理委员会批准，中国邮政储蓄银行获得开放式证券投资基金代销资格。5年多来，该行始终坚持以客户利益为中心，逐步稳健推进代销基金业务发展。

截至2011年6月30日，中国邮政储蓄银行基金客户330万户，保有536亿份，保有金额449亿元，累计代销了40多家基金管理公司的300多只开放式基金,7家基金管理公司的10只特定多个客户资产管理计划。

中国邮政储蓄银行严格遵守法律法规，按照监管部门的要求，不断推进人员建设、加强风险控制、规范基金代销业务。该行坚持合法合规的业务发展原则，依托“邮银理财”品牌的发展战略和广泛的客户群体，不断吸纳行业先进经验，逐步形成了独具特色的基金代销业务模式：

● 广阔的网点覆盖

中国邮政储蓄银行拥有遍布全国城乡的36,000多个营业网点，是投资者身边的银行，能够为客户提供包括基金在内的多种投资理财服务。

● 便捷的电子渠道

中国邮政储蓄银行开通了个人网银、电话银行、手机银行等多种电子自助渠道，可办理基金认购、申购、赎回等业务，同时还开展网上申购优惠活动，为客户提供方便优惠的基金服务。

● 持续的优惠活动

为了更好地服务于投资者，中国邮政储蓄银行大力推广基金定投业务，开展基金定期定额申购费率长期8折优惠活动。同时开展了网上申购费率4折优惠活动，涵盖多家多只基金产品。

● 优质的品牌服务

中国邮政储蓄银行不断开展研究工作，严格服务标准，为投资者提供量身定制的理财规划服务，努力打造优质的服务品牌。该行始终坚持以客户利益为中心，按照监管部门的要求积极开展投资者教育工作，通过各类投资者交流会、理财报告会和理财客户节活动，不断宣传普及基金理财知识，为推动我国基金行业的发展发挥应有的作用。

作为一家新成立的全国范围全功能性商业银行，中国邮政储蓄银行始终秉承“进步与您同步”的发展理念，始终坚持以客户利益为中心的价值观，努力为客户提供专业、安全、便捷、贴心的基金投资理财服务。

上海银行
Bank of Shanghai

成立日期	1995年12月29日	注册资本	42.34亿元人民币	法人代表	范一飞
获得基金代销资格时间	2005年1月10日	部门负责人	汪　明		
联系电话	021-6847 5888	客服电话	021-962888		
公司网址	www.bankofshanghai.com				
办公地址	中国上海市银城中路168号				

基本情况

上海银行成立于1995年12月29日，是一家由上海市国有股份、中资法人股份、外资股份及个人股份共同组成的新型的股份制商业银行，总行位于上海。

围绕三年发展战略规划，上海银行紧密把握宏观经济形势和调控政策的变化，认真做好世博金融服务，齐心协力、奋力开拓，盈利水平持续提高，各项业务稳健发展，较好完成了年度经营计划和各项工作任务，取得了良好成绩。截至2011年6月30日，上海银行总资产为6, 088.38亿元，存款总额为4, 446.97亿元、贷款总额为3, 192.20亿元；总负债为5, 770.68亿元；资本充足率11.50%；核心资本充足率8.44%；拨备覆盖率达282.28%；不良贷款率0.97%。2010年12月在江苏省苏州市新设苏州分行，截至2011年6月，上海银行在上海、北京、天津、南京、杭州、宁波、成都、深圳、苏州等地设有分支机构，拥有260家营业网点，159家自助银行，员工8,571人。

在经营业绩取得进步、市场准入得到推进的同时，上海银行的品牌形象和市场地位获得进一步提升：在英国《银行家》公布的2010年“全球前1,000家银行”中，按一级资本排序，位列全球银行业第226位，较2009年提高30位；在《亚洲银行家》公布的“2010年亚洲银行家500强”规模排行榜中，位列第61位；在2010年上海世博会金融服务中，上海银行以良好的企业形象和优质的金融服务获得“上海世博会金融服务工作先进集体”、“中国银行业世博金融服务组织奖”、“中国银行业世博金融服务创新奖”等荣誉。

代销基金业务介绍

2005年1月10日，经中国证券监督管理委员会批准，上海银行获得开放式证券投资基金代理销售资格。此后，该行基金代销业务持续、快速、健康发展。截至2011年6月，上海银行已代销了26家基金管理公司的229只公募基金产品。2010年1月上海银行开始发售基金公司专户理财产品，截至2011年6月，共引进3家基金公司4只基金专户理财产品。代销的开放式基金品种涵盖了股票型、混合型、债券型、指数型、保本型、QDII型和货币型等基金类型，产品系列基本形成，满足了不同客户多元化的投资需求。

上海银行一直坚持“基金精品”发展战略，几年来先后与国内多家品牌优良、经营稳健、具有发展潜力的基金管理公司建立了合作伙伴关系。基金销售人员的专业理财素质是上海银行走基金精品路线的基本保障。近年来上海银行个人金融专业化队伍不断充实壮大，专业化水平得到进一步提升，并建立起了一支由400余名具有国际金融理财师(CFP)、金融理财师(AFP)和注册财务策划师(RFP)等专业理财资格的理财师团队。上海银行客户经理与理财中心服务团队获评2010年上海市第七届“十佳理财之星”、“十佳理财团队”和香港银行学会第三届“全国杰出财富管理师优异奖”等荣誉称号。同时，上海银行积极致力于客户服务平台建设。通过慧通理财中心、慧通理财专柜、电子银行、电话银行等多渠道，向投资客户提供安全、快捷、便利的服务。

加强投资者基金投资风险教育是上海银行近年来的工作重心之一。通过投资者风险教育手册、VIP客户投资理财专题沙龙、组织投资者参加投资策略报告会等多种方式，上海银行不断引导着投资者树立正确的投资理念。

泰康资产管理有限责任公司

基本情况

泰康资产管理有限责任公司前身为泰康人寿资产管理中心，2006年2月21日正式取得工商营业执照，于同年3月23日正式挂牌营业。截至2011年12月31日，公司注册资本金达10亿元人民币，受托管理资产总规模超过3, 800亿元，是国内资本市场最大的机构投资者之一。

泰康资产长期保持在传统投资领域的核心竞争力，投资业绩大幅超越市场平均水平。公司连续多年获得全国银行间市场优秀交易成员和交易量100强(保险业前三名)，2008-2011年连续四年蝉联21世纪金贝奖最佳资产管理团队大奖。在2011年度市场公开排名中，公司投连账户管理总规模在业内排名第二，旗下9只投连账户业绩表现抢眼：其中，泰康货币避险型账户在180只设立期一年以上的投连账户中业绩排名第一，业绩超越同期排名第一的货币型基金；年内新增的泰康开泰稳利精选投资账户实现了5.76%的收益率，在全部186只投连账户中业绩排名第一；泰康进取型账户最近五年累计回报率达338.18%，继续保持长期领先优势。

过去十五年来，泰康资产在保险投资领域不断创新开拓，先后取得多项创新业务资格。公司首批获得第三方资产管理业务资格、人民币利率互换业务试点资格，首批受聘成为中债收益率曲线与债券估值特聘成员，首批获得业内无担保债券投资资格，获准发行业内唯一一只投资二级股票市场的保险投资产品，是保险业内第一批基础设施项目投资试点单位，也是最早参与并联合发起保险资金入股京沪高铁项目的资产管理公司之一，首批通过保监会债权投资计划创新能力备案。2007年11月，全资子公司泰康资产管理(香港)有限公司在香港注册成立，成为公司国际化运作的重要平台。

公司拥有一支专业化、国际化的投研队伍，投研人员中95%以上具有硕士和博士学位，多人获得注册金融分析师(CFA)、国际金融风险管理者(FRM)、国际注册内部审计师(CIA)资格证书，人才规模和素质在国内同业中位居前列，为投资业绩稳定增长提供了坚实的保证。

深圳市赢时胜信息技术股份有限公司

基本情况

深圳市赢时胜信息技术股份有限公司是致力于为金融机构及其高端客户的资产管理业务和托管业务提供整体信息化建设解决方案的应用软件及增值服务提供商。公司产品可广泛应用于金融行业研究、分析、投资、交易、风控、监督、清算、核算估值、绩效评估、存托管、数据整合等业务环节。

赢时胜公司自证券投资基金98年3月成立以来，一直紧随金融行业的发展，专注于金融行业信息系统的研究、开发、销售和服务。随着金融行业的多元化发展和用户需求的不断变化，公司不断进行产品创新、服务创新和营销创新，已向全国基金管理公司、证券公司、保险公司、银行、信托公司、财务公司、资产管理公司等200多家金融机构提供专业的信息化系统建设综合解决方案，主打产品包括：

后台：赢时胜资产财务估值核算软件

——完成投资资产的财务核算和估值业务，支持基金、年金、集合理财、定向理财、信托、社保、QDII、QFII等资产。

中台：赢时胜金融资产投资绩效及风险管理软件

——完成对金融资产的绩效评估分析及风险管理。

前台：赢时胜投资交易管理软件

——投资交易与估值财务系统实现无缝衔接；拥有独立的风险计算服务，性能卓越；全模块化设计、自研发中间件技术。

其他系列产品包括：

资金清算软件、报表展示软件、投资监督软件等。

公司作为一家国家级高新技术企业和深圳市重点软件企业，是我国最早研发并推广资产管理及托管业务信息系统解决方案的软件企业之一；是较早在行业内引入金融统一数据平台进行系统业务集成理念的软件企业；是国内首个QDII资产管理软件的提供商；是金融行业系统解决方案服务商中最具有竞争力的软件企业之一。

“只有想不到，没有做不到” 。客户想不到的，我们要想到；客户想到的，我们要做到。公司员工本着“一切为了用户”的服务宗旨，热情地为客户提供快速、准确、及时的技术服务。公司为用户提供全天候系统维护服务，全面保障用户系统的可靠连续工作。面对中国日益激烈的国际性竞争，我们将以专业化人员、先进系统和优秀产品的完美组合，结合国际软件新潮流、发展新趋势，帮助我们的客户在激烈的竞争中处于领先的地位，客户的成功就是我们的成功。在我们不断让用户满意为宗旨的同时，也使自己积累了为用户进行长期定点技术支持和应用服务的丰富经验，为用户提供优质软件和优质服务，让顾客满意，是我们永无止境的追求。

产品概况

产品涉及：银行、基金、证券、保险、信托、企业年金、理财、委托资产、QFII、QDII。

联系方式:

深圳总部

电话：0755-8826 5110　传真：0755-8826 5113

地址：深圳市福田区深南大道6033号金运世纪大厦13F　邮编：518040

北京分部

电话：010-8501 5678　传真：010-8501 5113

地址：北京市朝阳区建国门外大街甲14号北京广播大厦12F　邮编：100022

上海分部

电话：021-6162 5162　传真：021-6162 5113

地址：上海市浦东区峨山路91弄20号陆家嘴软件园9号楼南塔3楼　邮编：200127

国枫律师事务所

基本情况

国枫是一家具有高度专业化并提供综合性法律服务的合伙制律师事务所。其总部设在北京，并在上海、西安、深圳设有分所。国枫的宗旨是：以全新的现代法律服务意识，调动整体资源与优势，竭诚为客户提供优质、专业、高效的法律服务。

国枫集中了一批高素质、经验丰富的专业法律人才，国枫律师均在国内外著名高等学府受过正规、严格的法学教育及专业训练，其中众多律师拥有国内外著名法学院的博士或硕士学位。通过制度化的培训和“师徒制”等行之有效的方法，国枫培养了一支稳定的、具有较高专业素养的、不断扩大的专业律师队伍。

国枫为国内外客户提供全方位、多层次的专业法律服务。国枫内部按照专业化分工设立专业部门，如公司证券部、金融事务部、房地产部、涉外业务部、知识产权部、诉讼与仲裁部、反垄断和反倾销业务部等。在执业过程中，国枫奉行专业分工与团队协作并举的原则。在国枫，客户得到的不仅是某个律师的专业服务，而是国枫集体的经验、智慧和判断力，以及专业化、高效率协作机制的有效支持。

公司证券业务是国枫的核心特色业务， 国枫为数百家境内外企业的改制、上市、重组及并购、境内外债券发行等业务提供过法律服务。多年来，在中国证监会公布的国内首次公开发行(IPO)、国内再融资及涉外证券业务排名中，国枫一直名列前茅。2010年度，国枫被评为“2010年中国上市公司最信赖律师事务所”、“年度最佳上市法律服务机构” 。

国枫和社会各界、政府机构、世界主要国家和地区的若干律师事务所保持着良好的业务联系与合作。国枫是Meritas国际律师事务所组织的唯一中国会员。该组织在世界近70个国家拥有170多个会员，约6, 000余名专业律师，可在全球范围内提供优质、高效的法律服务。

良好的法律专业能力、丰富的律师实务经验、广泛的社会资源整合、高效率的办公方式和为客户高度负责的执业精神是国枫为客户提供优质法律服务的基础。

国枫文化

国枫是一个整体。

国枫的每一位律师均以建设一流律师事务所为己任，互相尊重，精诚团结，将自己的经验、智慧和判断力，都凝结成国枫整体的资源和财富，最大限度地服务于国枫的每一位客户。

国枫为每一位律师提供平等的发展机会和宽松的工作环境，使其均能在国枫的发展中不断成长和进步。

国枫律师愿以服务国家、奉献社会为己任，以优质、高效的专业化法律服务为客户创造价值、与客户共同发展、共铸辉煌！

国枫律师，永远追求理想、追求卓越！

社会责任

国枫注重服务国家，奉献社会，培养每位律师及员工的社会责任感。

国枫积极参与各类公益事业，为社会弱势群体提供法律援助。

2008年5月四川汶川地震、2010年4月青海玉树地震发生后，国枫全体律师向灾区提供了大额捐款。

国枫投入大量人力物力，支持基础教育项目、设立奖学金，在贵州、新疆的一些小学捐资助学。

联系方式:

北京总部

北京市西城区金融大街一号A座12层（邮编100033）

电话：010- 6609 0088

传真：010-6609 0016

上海分所

上海市浦东南路360号新上海国际大厦12E室（邮编200120）

电话：021- 6886 2162

传真：021- 6886 3034

西安分所

陕西省西安市高新区科技路50号金桥国际广场C座1705室（邮编710075）

电话：029-8886 0510/11

传真：029-8886 0501

深圳分所

深圳市南山区海德三道199号天利中央商务广场B座2302室（邮编518054）

电话：0755-8659 5160/8659 5183

传真：0755-8659 5196

网址： www.grandfieldlaw.com

第四章

境外机构

Overseas Institutions

东方汇理资产管理香港有限公司

Amundi Hong Kong Limited

成立时间	1982年	注册资本	1,300,000美元(已发行股本)	公司属性	金 融
行政总裁(北亚区)	麦建溢	副行政总裁(销售及市场)	钟小锋		
董事总经理(机构业务-北亚区)	麦丽玲	中国业务拓展主管	孙 昊		
联系电话	852-2521 4231	传真号码	852-2868 1450	客服电话	852-2521 4231
注册地址	香港金钟道88号太古广场第一期9楼				

发展概况

东方汇理资产管理成立于2009年12月31日。公司结合两大银行集团——法国农业信贷银行(Crédit Agricole)及法国兴业银行(Société Générale)的资产管理专才而成。是次合并反映两个集团对资产管理业务的共同愿景，致力于应对业界的新挑战，同时进一步为客户提供更优质的服务。东方汇理管理超越6千亿欧元[1]的资产，是欧洲第三大的资产管理公司[2]，在全球则排名第八[3]。

东方汇理资产管理(香港)在亚洲拥有超过25年的投资经验，凭借四项主要优势而成为区内业界先驱之一：

- 表现卓越及透明度高的优秀产品；
- 与客户、伙伴网络及机构客户建立紧密的长期关系；
- 高效的组织架构，建基于雇员的个人专长及团队的集体实力；
- 除考虑财务因素外，同时致力把可持续发展及社会效用标准与投资策略融合。

年度业务发展

在投资方案的建构、管理，以至估值及客户回报的不同阶段，东方汇理资产管理相信能于每个阶段为客户带来增值。东方汇理资产管理的投资团队专心致志，集中一项专门的投资产品及/或程序，为客户提供：

- 积极型投资管理；
- 基本的管理风格，以基金经理、分析员及研究团队的经验为基础；
- 运用先进的工具，严格控制风险；
- 高度透明的管理文化；
- 高素质的服务。

东方汇理资产管理专注于创新，提供量身订造的产品及服务，不断领导业界。

东方汇理资产管理追求优秀的投资表现和卓越的服务质素，协助客户达到目标。

①资料来源：东方汇理资产管理集团截至2011年6月30日的数据。
②③资料来源：IPE Top 400，于2010年6月刊发，数据截至2009年12月。

在通过巴塞尔协议III之后，东方汇理资产管理母公司法国农业信贷银行是首家公布策略计划“2014年的承诺”的法国银行集团。这项计划以自然增长、集团协同效应、承诺及责任为基础。法国农业信贷银行集团的2011年至2014年策略包括两项原则：

刺激自然增长：

- 通过强化零售银行活动的增长；
- 通过加快储蓄管理业务的发展；
- 通过重点发展企业及投资银行与专门金融服务；

将集团的协同效应扩至最大：

- 通过进一步强化各个部门的联系；
- 通过精简、共享及管理资源；
- 通过重新确立目标，致力成为一家勇于承担及负责的集团。

有关东方汇理资产管理的储蓄管理业务方面，2011年至2014年的策略目标是加速增长。

东方汇理资产管理集团是首屈一指的资产管理公司，截至2011年6月底的管理资产规模达1万亿美元。通过伙伴网络，东方汇理资产管理拥有5, 000万名个人客户，其中1, 500万名来自法国以外地区，并包括印度、中国和韩国合资公司的客户。集团的机构投资管理业务强劲，管理7,400亿美元①的资产。

东方汇理资产管理于2010年1月成立，并于同年底完成整合程序。以下是集团2011年至2014年的策略目标：

加快扩展机构投资管理业务：

- 重点强化专长领域：股票、环球定息及绝对回报；
- 进一步扩展国际业务，以欧洲为主，但亦包括亚洲及中东；

继续改善营运表现，配合发展步伐：

- 主动推行自然增长政策，以实现经济规模；
- 通过精简产品种类及程序工业化，维持产能增长；

强化零售银行客户储蓄方案业务的领导地位，方法包括：提供全面的储蓄方案、根据客户种类而设的服务，以及为每个伙伴网络制订具体的商业计划：

- 巩固在法国市场的地位；
- 继续把业务模型拓展至法国以外的市场，善用广博的知识和具竞争力的成本优势；
- 预测未来的市场需求(特别是退休产品方面)。

重申集团对社会的承诺。

管理团队及投研体系介绍

东方汇理资产管理投资团队的架构，以达成客户的期望和满足其需要为目标：

- 一个专为伙伴网络的客户而设的资产管理平台，提供创新、直接及周全的储蓄方案，其风险水平、利率水平及回报率均能配合各类客户的要求。
- 一个多元的专业平台，为机构投资者及外部分销商提供效益和创意兼备的基金，以及量身订造的投资方案。平台以人为本，在东方汇理资产管理的一般政策框架下带来高度的自主性。这个组织架构有助于增强透明度和可见度，让管理团队一直保持灵敏及迅速的应变能力。

① 资料来源：东方汇理资产管理截至2011年6月底的数据。

受惠于各个平台的紧密协调，这种创新的管理模型有助于促进各管理团队之间的协同效应。

此外，东方汇理资产管理亦实施高水平的风险管理，因为集团深信风险管理是卓越资产管理服务的关键，并视此为首要的投资考虑因素。集团拥有中央及独立的风险管理部门，不论资产管理团队身在世界任何地方，都可以采用统一、全面及一致的管理系统和措施来监察风险。

凭借法国最强的买方分析员团队①，东方汇理资产管理以雄厚的研究实力而享誉国际，研究范围涵盖所有资产类别及投资主题。基金经理与学术界的联系强化了这些分析及研究，并仅为东方汇理资产管理专有。这些专有的分析及研究有助于我们投资策略及资产管理团队的发展，为基金表现和客户教育带来裨益。

东方汇理资产管理的投资管理团队拥有丰富的亚太区(日本除外)股票管理经验，往绩深受认同。投资策略采取由下而上、高确信度和组合集中的策略来建构。研究程序尤其看重专属的研究工作所提供的最佳投资理念，整个地区的团队均会参与研究工作，而与企业会面更是投资程序的重要一环。

稳定及经验丰富、具高度自主及问责精神的亚洲股票投资团队，由亚洲区董事及投资总监Ayaz Ebrahim(拥有20多年的亚洲股票管理经验)领导。资深成员的区内投资经验平均超过20年，并拥有高等学术资格。事实上，所有投资研究成员均获得学士或硕士学位，及/或特许财务分析员的资格。这一投资团队集合香港、新加坡、吉隆坡及孟买的专业人才。

香港办事处基本负责北亚及印度的研究工作，东南亚市场则由新加坡办事处负责。作为一家领先的亚洲区资产管理公司，亚洲的投资团队由18位资深的投资专才组成。此外，公司联合设于韩国、印度和中国内地的合资公司，致力于为客户带来全面的投资服务。

年度荣誉风采

东方汇理资产管理

2011年02月　€uro – Finanzen大奖

东方汇理资产管理在德国最佳资产管理公司的排名中位列第三名

2010年12月　ACQ国家大奖

投资管理公司(法国)年奖

2010年09月　“Les Corbeilles de Mieux Vivre Votre Argent”

SICAV 及 FCP 基金系列荣获金奖

2010年05月　“Les Trophe é s du Revenu”

最佳整体表现银奖

2010年03月　“Talents de la gestion MultiRating–Nyse Liffe”冠军

“环球经理”类别的基金经理年奖

① 路透 (Thomson Reuters) 的最佳买方分析公司排名，2009年6月。

定息产品

欧元 / 环球 / 货币市场 / 信贷 / 通胀 / 新兴债券

货币市场基金 (欧洲) 第一位①
指数挂钩债券基金 (欧洲) 第五位②

2010年05月 “Les Tropheés du Revenu”

最佳“国际债券”基金系列银奖

2010年05月 《亚洲投资者》杂志

最佳“环球对冲定息”类别奖

股 票

欧洲 / 亚洲 / 日本 / 新兴市场 / 美国

欧洲股票基金 (欧洲) 第三位③

2010年05月 “Les Tropheés du Revenu”

最佳“行业股票”基金系列金奖
最佳“国际股票”基金系列银奖

绝对回报

波幅 / 风险值 / 外汇 / 股票 / 对冲基金组合 / 私募基金组合

绝对回报基金 (欧洲) 第二位④

2011年02月 UCITS Hedge杂志

东方汇理系列基金 – Volatility Euro Equities基金荣获“最佳波幅套利基金2010”大奖

零售客户储蓄方案

保证基金 / 结构性基金 / 房地产 / 雇员储蓄计划

保证基金 (欧洲) 第一位⑤
雇员储蓄计划 (法国) 第一位⑥

机构客户投资方案

2011年03月 ETF Express
东方汇理交易所买卖基金，最佳定息交易所买卖基金供货商

2010年03月 ETF Express
东方汇理交易所买卖基金，最佳欧洲股票交易所买卖基金供货商

①②③④⑤理柏 FMI－2011年5月－基金于欧洲及相关的境外地区注册。
⑥AFG于2011年6月公布，以截至2010年12月的数据为基础。

产品简介

东方汇理资产管理是领先的环球资产管理公司之一，提供各类投资产品：

定 息

为欧元定息、环球定息、货币市场及信贷产品领先的环球供货商之一

股 票

欧洲股票业务发展成熟，并于日本、亚洲及新兴市场股票拥有独特及强大的优势

绝对回报

凭借屡创新猷的佳绩稳占领先地位

零售客户储蓄方案

专门提供量身定造的产品，享誉国际

机构客户投资方案

被受认定的机构客户投资方案

东方汇理资产管理年度纪事

2010.01.01 东方汇理资产管理公司开始投入运营，公司股权75%由东方汇理银行集团拥有，25%由法国兴业银行集团拥有。

2009.07.09 东方汇理银行集团和法国兴业银行集团签署了一份最后协议，合并其资产管理业务。

法国兴业银行资产管理(SGAM)

2009 将对冲基金、结构性投资和指数基金管理业务由SGAM另类投资部门转移至领先资产管理公司(SG集团范围之内)。

2001 收购TCW集团(美国) (现20%由东方汇理资产管理集团公司拥有)。

1998 收购日本山一国际投资管理公司并建立法兴资产管理日本有限公司SGAM(日本)。

1996 法国兴业银行将法兴资产管理从银行中独立出去。

1987 建立Sogelux，卢森堡系列基金在2004年重新命名为法兴资产管理公司系列基金。

1964 随着首批共同基金的建立，法国兴起第三方资产管理业务。

东方汇理银行资产管理公司(CAAM)

2004 完成东方汇理银行资产管理和里昂信贷银行资产管理的合并(CA-AM和CLAM)，形成法人实体东方汇理银行资产管理公司(CAAM)。

2000 农业信贷基金(于2007年重新命名为东方汇理银行资产管理基金并在2010年重新命名为东方汇理基金)在合并了农业信贷的旗舰产品SICAV和其他两个SICAVs(GIF and Indocam Mosais)产品之后开始销售。

1997 农业信贷银行的资产管理公司和法国东方汇理银行(Segespar和Indosuez资产管理公司)资产管理公司这两个子公司合并。

1950 农业信贷银行、里昂信贷银行和法国东方汇理银行分别建立了管理资产部门。

摩根资产管理

J.P. Morgan Asset Management

发展概况

摩根资产管理(J.P. Morgan Asset Management)为全球著名金融服务集团“摩根大通”(J.P. Morgan Chase & Co.)旗下的资产管理业务品牌，是全球首屈一指的资产管理专家，共管理资产1.3万亿美元(截至2011年9月30日，下同)。

摩根资产管理的投资基地横跨欧洲、亚洲、日本与美国，在伦敦、纽约、东京、香港及哥伦布斯等设有区域中心。摩根资产管理在全球聘有超过700位投资专家，提供包括股票、固定收益、对冲基金、私募基金、地产与多重货币管理等在内的200多种投资策略，为国际金融机构、法人与个人提供多元化的资产管理服务。

在中国，摩根资产管理是最早为内地银行管理“代客境外理财产品”的境外投资管理人之一，为全国投资人提供投资海外的有效方案。目前摩根资产管理与中国工商银行、建设银行和招商银行就代客境外理财业务进行合作。

2011年度摩根资产管理再获多项殊荣，用一如既往的优异表现，回馈投资者的信任。

财资3A投资大奖2011（The Asset Triple A Investment Awards 2011）

最佳亚洲资产管理公司
最佳香港资产管理公司

理柏香港基金年奖2011(Lipper Fund Awards 2011)

最佳新兴欧洲股票组合(3、5年)
最佳韩国股票组合(3年)

指标基金大奖2011(Benchmark Fund of the Year Awards 2011)

非洲中东股票组合同级最佳
印尼股票组合同级最佳
马来西亚股票组合同级最佳
泰国股票组合杰出表现

联络我们

有关摩根资产管理作为境外投资管理人所管理之“代客境外理财产品”详情，请联络内地相关银行。

有关本集团资产管理业务在内地之业务拓展，请联络：

北京——香港摩根资产管理有限公司北京代表处
北京市西城区金融街7号英蓝国际金融中心1926单位(100140)
查询电话：(86)10-5931 8400

香港——摩根基金(亚洲)有限公司
香港中环干诺道中8号遮打大厦21楼
查询电话：(852)2800 2778　(852)2800 2779
www.jpmorganam.com.hk

元大证券投资信托股份有限公司

Yuanta Securities Investment Trust Co., Ltd.

成立时间	1992年8月4日	注册资本	新台币16亿元	公司属性	外 资
董 事 长	高抗胜	总 经 理	杜纯琛	督 察 长	崔佩伦
联系电话	886-2-2717-5555	传真号码	886-2-2772-6300		
客服电话	886-2-8770-7703	公司网址	www.yuantafunds.com		
注册地址	台北市敦化南路一段68号2楼之1				
办公地址	台北市敦化南路一段66号5~6楼、68号2楼之1				

优秀的资产管理业绩及创新能力

元大基金公司于1992年成立以来，秉持“稳健、诚信、服务、创新“之经营理念，致力于多样化投资理财领域，成效有目共睹，不仅在台湾本地基金公司中最受投资人青睐，于台湾市场及海外市场产品规划与管理资产规模方面同为市场佼佼者，并为台湾地区四大基金管理者之一。

元大基金公司经营资产管理业务长达19年，旗下基金产品齐全，拥有投资台湾市场的基金12只、投资海外市场的基金16只，合计28只。作为元大金控资产管理业务的中枢，元大基金公司的资产配置能力、投资管理能力及产品研发能力始终在台湾资产管理业内首屈一指。其台湾市场股票基金管理规模、海外股票型基金管理规模及受益人数均为市场前茅。

在基金投资绩效方面，短、中、长期绩效均为优异，且已连续8年获得海内外基金奖项肯定。元大基金公司研究团队业绩优异，除连续8年获得多项基金奖项外，在“善用多空增益避险，掌握各关键制胜点”的操作策略下，不仅在牛市操作优异，2008年金融风暴之时，元大旗下基金也有优秀表现。

在创新能力方面，元大始终积极引进并运用海外及自创的投资策略、模型等技术，为客户提供多元化的投资选择。自成立以来即不断努力研发创新，不论是产品或是服务皆力求创新与完善。事实证明元大基金公司确实达到多项“台湾第一”与“台湾首家”，引发同业竞相追随。

元大是台湾首家设计并募集保本基金、伞形基金、量化基金的基金公司，均受到投资者欢迎。在2008年募集元大全球农业商机基金也发行成功，印证了元大投信在全球投资、行业投资与新产业投资方面的强大创新实力。

优秀的投研团队及丰富的渠道管理经验

在投资管理上，元大设立了大中华区与海外区两组研究团队，分别针对不同的产业、板块、区域以及国家做深入的分析研究，实现Top-Down以及Bottom-Up的投资哲学，凭借密集地拜访上市公司与多元化的投资讨论，致力于寻找公司的公平价值以及产业发展的脉动，敏锐判断个股价值低估时的投资机会以及股价过高时的投资风险，并进而掌握产业趋势。

元大基金公司的研究与分析团队拥有经验极其丰富的专业投资人士近50名，包括平均拥有超过10年投资经验的资深经理人，以及拥有5年以上研究经验的行业研究员。在人员的配置上，建立互相支持的产业研究矩阵，大中华区研究团队以产业分工为出发点，研究员与经理人彼此辅助；全球研究团队则以产业与区域/国家形成矩阵式覆盖，而两组研究人员于相同的产业研究上也充分讨论，此外资深经理人与研究员间彼此支持，交流经验。

在销售渠道上，元大基金公司则通过多元化的基金产品设计、充分的员工培训，并推出有针对性的客户服务，达到证券、银行、寿险、直销四大营销渠道的均衡布局，是台湾地区唯一能于四大渠道均衡布局与成长的基金公司。

强大的股东背景

元大金控目前营业范围横跨证券、证金、银行、投信、期货、投顾、创投、财务顾问及资产管理等业务，并以保险代理人方式结合保险业务，建置完整之金融事业版图。元大金控为元大投信的最终控股公司。

元大金控在证券经纪业务之市占率高达15.12%，融资融券业务高达25.17%的市占率更是远超过其他同业，资产管理规模高达RMB528亿元。银行及证券渠道涵盖全台，随时随地为投资人提供更多元化之金融服务。

元大金控通过业务分散的经营模式，除了可加强经营获利能力与成长外，更有助于集团获利稳定度。根据“2010金控评比结果”，元大金控在资本充足率、营业波动度等等排名拿下台湾第一，经营绩效总评比进入前三名；除此之外，近日国际专业财经杂志亚元杂志(Asiamoney)及金融亚洲杂志(FinanceAsia)分别授予元大证券2011年台湾最佳承销商[Best Equity House in Taiwan in 2011]及最佳证券商[BEST BROKER]、最佳投资银行[BEST INVESTMENT BANK]等殊荣。这也是元大证券自2002年加入亚元杂志评比以来第九度获奖，金融亚洲杂志则连续八年颁奖肯定元大证券的表现，显见元大证券专业能力及经营绩效备受肯定。

在公司治理推动方面，通过元大证券长期以来一直致力于符合金融界最高的公司治理标准，元大金控以公司治理为永续经营之核心价值。而在股权结构上，将大幅提高外国专业法人机构之持股，建立长期而稳定之股东结构，并藉由外国专业法人机构之意见表达，来加强公司治理的落实。

而在信息披露方面，元大金控辅以业界最高标准，并通过财务业务管理透明化的做法来增进公司的经营质量，并设立专责部门加强与投资人之沟通，为股东创造最高之价值。

除了持续深耕台湾，中国大陆之布局，为元大金控未来发展的重心与策略。元大金控于大陆基金业之布局将由旗下之元大投信为代表。未来，通过丰富的国际交流经验和技术交流，将能加快两岸金融服务业的成长速度。

连续八年荣获基金评价奖项肯定

● 2011年-2009年

元大投信林冠和副总	第十一届证券暨期货金彝奖杰出投信投顾人才奖
元大经贸基金	第十四届金钻奖"十年期股票型杰出基金奖——一般类股"
元大多福基金	第十三届金钻奖"五年期股票型杰出基金奖——一般类股" 2010年理柏基金奖"五年期台湾股票"
元大双盈基金	第十三届金钻奖"五年期债券股票平衡型杰出基金奖——一般型股票" 第十二届金钻奖"三年期平衡型杰出基金奖" 第十二届金钻奖"三年期平衡型杰出基金奖" "五年期债券股票平衡型杰出基金奖——一般型股票" 2010年理柏基金奖"五年期新台币平衡混合型"
元大新主流基金	第十二届金钻奖"五年期股票型杰出基金奖——一般类股" 2009年理柏基金奖"五年期台湾股票"
元大亚太成长基金	第十三届金钻奖"三年期海外股票型杰出基金奖——亚洲太平洋(含日本)股票"
元大全球通讯基金	第十二届金钻奖"五年期海外股票型杰出基金奖——全球市场"
元大全球满意入息基金	第十二届金钻奖"一年期资产证券化型杰出基金奖——金融资产证券化"

● 2008年-2005年

元大多福基金	第十一届金钻奖"三年期上市股票型杰出基金奖" 第十一届金钻奖"五年期上市股票型杰出基金奖" 第九届金钻奖"三年期上市股票型杰出基金奖——一般股票"
元大双盈基金	第十一届金钻奖"三年期平衡型杰出基金奖" 第九届金钻奖"一年期国内债券股票平衡型杰出基金奖——一般股票"
元大店头基金	第十届金钻奖"国内上柜股票型杰出基金奖——一年期"
元大经贸基金	第九届金钻奖"三年期上市股票型杰出基金奖——一般类股"
元大多多基金	第八届金钻奖"三年期上市股票型杰出基金奖——一般类股"
元大新主流基金	S&P标准普尔基金评鉴"2007年台湾基金奖——最佳五年台湾股票型基金奖"
元大投信	2008亚洲投资杂志Asian Investor评选台湾最佳五年期股票型基金奖
元大投信杜纯琛总经理	第八届证券暨期货"金彝奖"之"杰出企业领导人"大奖

● 2004年-2000年

元大卓越基金	第七届金钻奖"国内基金一般类股一年期基金奖" 2000年杰出基金金钻奖"最佳基金经理人奖"
元大巴菲特基金	第六届金钻奖"国内基金一般类股一年期基金奖"
元大多利基金	工商时报与标准普尔基金评鉴2001年台湾基金奖"最佳五年新台币货币基金奖"
元大投信	2003年"台湾地区大型企业排名TOP5000"经营绩效第344名

资料来源：元大投信

第五部分 政策与法规

Part V Policy and Regulation

目 录

中国证券监督管理委员会公告

[2010]5号

为进一步提高证券投资基金(以下简称基金)信息披露质量，推进基金信息披露XBRL(eXtensible Business Reporting Language，可扩展商业报告语言)应用工作，我会制定了《证券投资基金信息披露XBRL模板第3号〈年度报告和半年度报告〉》(以下简称《基金年度报告和半年度报告XBRL模板》)，现予公告，自2010年2月9日起施行，请各基金管理公司和托管银行遵照执行。

《基金年度报告和半年度报告XBRL模板》发布之后，基金管理公司须在对外公开披露基金年度报告和基金半年度报告中以及向我会报备基金年度报告和基金半年度报告XBRL文档中应用。基金管理公司应在《证券投资基金信息披露管理办法》等法规规定的时限内，向我会电子数据报送平台(data.csrc.gov.cn)的“基金XBRL信息接收系统”和“基金监管业务信息系统报送平台”，分别报备基金年度报告、半年度报告的XBRL文档和PDF电子文档。公司报备的上述信息披露文件，将通过我会基金信息披露网站(fund.csrc.gov.cn)对外展示，各公司应确保报备信息的及时、真实、准确和完整，各托管银行应确保复核信息的真实、准确和完整。

中国证券监督管理委员会
二〇一〇年二月八日

附件：证券投资基金信息披露XBRL模板第3号——《年度报告和半年度报告》

(内容略)

中国证券监督管理委员会公告

[2010]13号

现公布《证券投资基金参与股指期货交易指引》，自公布之日起施行。

中国证券监督管理委员会

二○一○年四月二十一日

证券投资基金参与股指期货交易指引

第一条 为规范证券投资基金(以下简称基金)参与股指期货交易的行为，防范投资风险，保护基金份额持有人的合法权益，根据《证券投资基金法》、《证券投资基金运作管理办法》等法律法规，制定本指引。

第二条 本指引所称股指期货，是指由中国证监会批准，在中国金融期货交易所上市交易的以股票价格指数为标的的金融期货合约。

第三条 基金参与股指期货交易，应当根据风险管理的原则，以套期保值为目的，并按照中国金融期货交易所套期保值管理的有关规定执行。保本基金及中国证监会批准的特殊基金品种除外。

第四条 股票型基金、混合型基金及保本基金可以按照本指引参与股指期货交易，债券型基金、货币市场基金不得参与股指期货交易。

第五条 基金参与股指期货交易，除中国证监会另有规定或批准的特殊基金品种外，应当遵守下列要求：

(一)基金在任何交易日日终，持有的买入股指期货合约价值，不得超过基金资产净值的10%。

(二)开放式基金在任何交易日日终，持有的买入期货合约价值与有价证券市值之和，不得超过基金资产净值的95%。

封闭式基金、开放式指数基金(不含增强型)、交易型开放式指数基金(ETF)在任何交易日日终，持有的买入期货合约价值与有价证券市值之和，不得超过基金资产净值的100%。

其中，有价证券指股票、债券(不含到期日在一年以内的政府债券)、权证、资产支持证券、买入返售金融资产(不含质押式回购)等。

(三)基金在任何交易日日终，持有的卖出期货合约价值不得超过基金持有的股票总市值的20%。

基金管理公司应当按照中国金融期货交易所要求的内容、格式与时限向交易所报告所交易和持有的卖出期货合约情况、交易目的及对应的证券资产情况等。

(四)基金所持有的股票市值和买入、卖出股指期货合约价值，合计(轧差计算)应当符合基金合同关于股票投资比例的有关约定。

(五)基金在任何交易日内交易(不包括平仓)的股指期货合约的成交金额不得超过上一交易日基金资产净值的20%。

(六)开放式基金(不含ETF)每个交易日日终在扣除股指期货合约需缴纳的交易保证金后，应当保持不低于基金资产净值5%的现金或到期日在一年以内的政府债券。

(七)封闭式基金、ETF每个交易日日终在扣除股指期货合约需缴纳的交易保证金后，应当保持不低于交易保证金一倍的现金。

(八)保本基金参与股指期货交易不受上述第(一)项至第(七)项的限制，但应当符合基金合同约定的保本策略和投资目标，且每日所持期货合约及有价证券的最大可能损失不得超过基金净资产扣除用于保本部分资产后的余额。担保机构应当充分了解保本基金的股指期货交易策略和可能损失，并在担保协议中作出专门说明。

(九)法律法规、基金合同规定的其他比例限制。

因证券期货市场波动、基金规模变动等基金管理人之外的因素致使基金投资比例不符合上述要求的，基金管理人应当在10个交易日之内调整完毕。

第六条 本指引施行前已经获得中国证监会核准的基金，基金管理人应当根据法律法规、基金合同和本指引的有关要求，决定是否参与股指期货交易。拟参与股指期货交易的，基金管理人应当在基金合同中明确相应当的投资策略、比例限制、信息披露方式等，并履行相应程序。

第七条 本指引施行后申请募集的基金，拟参与股指期货交易的，应当在基金合同、招募说明书、产品方案等募集申报材料中列明股指期货交易方案等相关内容。

第八条 基金应当在季度报告、半年度报告、年度报告等定期报告和招募说明书(更新)等文件中披露股指期货交易情况，包括投资政策、持仓情况、损益情况、风险指标等，并充分揭示股指期货交易对基金总体风险的影响以及是否符合既定的投资政策和投资目标。

第九条 基金管理公司和托管银行应当充分了解股指期货的特点和各种风险，真正从保护基金份额持有人利益的角度出发，以审慎的态度对待基金参与股指期货交易的问题。基金管理公司拟运用基金财产参与股指期货交易的，应当根据公司自身的发展战略和总体规划，综合衡量现阶段的风险管理水平、技术系统和专业人员准备情况，审慎评估参与股指期货交易的能力，科学决策参与股指期货交易的广度和深度，并将相关投资决策流程和风险控制制度等报公司董事会批准。

第十条 基金管理公司应当针对股指期货交易制订严格的授权管理制度和投资决策流程，确保研究分析、投资决策、交易执行及风险控制各环节的独立运作，并明确相关岗位职责。此外，应当建立股指期货交易决策部门或小组，并授权特定的管理人员负责股指期货的投资审批事项。

第十一条 基金管理公司和托管银行应当强化内部控制制度，完善风险管理系统，做好人员、制度、业务流程、技术系统等方面的培训和准备工作，并在上报基金募集申请等相关材料时附上相关制度及准备情况的说明。

第十二条 基金管理公司在参与股指期货交易的过程中，应当根据有关法律法规的要求，规范运作，不得从事内幕交易、操纵证券及期货价格、进行利益输送及其他不正当的交易活动。

第十三条 基金管理公司、基金托管银行应当根据中国金融期货交易所的相关规定，确定基金参与股指期货交易的交易结算模式，明确交易执行、资金划拨、资金清算、会计核算、保证金存管等业务中的权利和义务，建立资金安全保障机制。基金托管银行应当加强对基金参与股指期货交易的监督、核查和风险控制，切实保护基金份额持有人的合法权益。

第十四条 本指引自公布之日起施行。

中国证券监督管理委员会令

第68号

《证券期货业反洗钱工作实施办法》已经2010年2月11日中国证券监督管理委员会第269次主席办公会审议通过，现予公布，自2010年10月1日起施行。

中国证券监督管理委员会主席：尚福林

二〇一〇年九月一日

证券期货业反洗钱工作实施办法

第一章　总　则

第一条　为进一步配合国务院反洗钱行政主管部门加强证券期货业反洗钱工作，有效防范证券期货业洗钱和恐怖融资风险，规范行业反洗钱监管行为，推动证券期货经营机构认真落实反洗钱工作，维护证券期货市场秩序，根据《中华人民共和国反洗钱法》(以下简称《反洗钱法》)、《中华人民共和国证券法》、《中华人民共和国证券投资基金法》及《期货交易管理条例》等法律法规，制定本办法。

第二条　本办法适用于中华人民共和国境内的证券期货业反洗钱工作。

从事基金销售业务的机构在基金销售业务中履行反洗钱责任适用本办法。

第三条　中国证券监督管理委员会(以下简称证监会)依法配合国务院反洗钱行政主管部门履行证券期货业反洗钱监管职责，制定证券期货业反洗钱工作的规章制度，组织、协调、指导证券公司、期货公司和基金管理公司(以下简称证券期货经营机构)的反洗钱工作。

证监会派出机构按照本办法的规定，履行辖区内证券期货业反洗钱监管职责。

第四条　中国证券业协会和中国期货业协会依照本办法的规定，履行证券期货业反洗钱自律管理职责。

第五条　证券期货经营机构应当依法建立健全反洗钱工作制度，按照本办法规定向当地证监会派出机构报送相关信息。证券期货经营机构发现证券期货业内涉嫌洗钱活动线索，应当依法向反洗钱行政主管部门、侦查机关举报。

第二章　监管机构及行业协会职责

第六条　证监会负责组织、协调、指导证券期货业的反洗钱工作，履行以下反洗钱工作职责：

(一)配合国务院反洗钱行政主管部门研究制定证券期货业反洗钱工作的政策、规划，研究解决证券期货业反洗钱工作重大和疑难问题，及时向国务院反洗钱行政主管部门通报反洗钱工作信息；

(二)参与制定证券期货经营机构反洗钱有关规章，对证券期货经营机构提出建立健全反洗钱内控制度的要求，在证券期货经营机构市场准入和人员任职方面贯彻反洗钱要求；

(三)配合国务院反洗钱行政主管部门对证券期货经营机构实施反洗钱监管；

(四)会同国务院反洗钱行政主管部门指导中国证券业协会、中国期货业协会制定反洗钱工作指引，开展反洗钱宣传和培训；

（五）研究证券期货业反洗钱的重大问题并提出政策建议；

（六）及时向侦查机关报告涉嫌洗钱犯罪的交易活动，协助司法部门调查处理涉嫌洗钱犯罪案件；

（七）对派出机构落实反洗钱监管工作情况进行考评，对中国证券业协会、中国期货业协会落实反洗钱工作进行指导；

（八）法律、行政法规规定的其他职责。

第七条 证监会派出机构履行以下反洗钱工作职责：

（一）配合当地反洗钱行政主管部门对辖区证券期货经营机构实施反洗钱监管，并建立信息交流机制；

（二）定期向证监会报送辖区内半年度和年度反洗钱工作情况，及时报告辖区证券期货经营机构受反洗钱行政主管部门检查或处罚等信息及相关重大事件；

（三）组织、指导辖区证券期货业的反洗钱培训和宣传工作；

（四）研究辖区证券期货业反洗钱工作问题，并提出改进措施；

（五）法律、行政法规以及证监会规定的其他职责。

第八条 中国证券业协会、中国期货业协会履行以下反洗钱工作职责：

（一）在证监会的指导下，制定和修改行业反洗钱相关工作指引；

（二）组织会员单位开展反洗钱培训和宣传工作；

（三）定期向证监会报送协会年度反洗钱工作报告，及时报告相关重大事件；

（四）组织会员单位研究行业反洗钱工作的相关问题；

（五）法律、行政法规以及证监会规定的其他职责。

第三章 证券期货经营机构反洗钱义务

第九条 证券期货经营机构应当依法履行反洗钱义务，建立健全反洗钱内部控制制度。证券期货经营机构负责人应当对反洗钱内部控制制度的有效实施负责，总部应当对分支机构执行反洗钱内部控制制度进行监督管理，根据要求向当地证监会派出机构报告反洗钱工作开展情况。

第十条 证券期货经营机构应当向当地证监会派出机构报送其内部反洗钱工作部门设置、负责人及专门负责反洗钱工作的人员的联系方式等相关信息。如有变更，应当自变更之日起10个工作日内报送更新后的相关信息。

第十一条 证券期货经营机构应当在发现以下事项发生后的5个工作日内，以书面方式向当地证监会派出机构报告：

（一）证券期货经营机构受到反洗钱行政主管部门检查或处罚的；

（二）证券期货经营机构或其客户从事或涉嫌从事洗钱活动，被反洗钱行政主管部门、侦查机关或者司法机关处罚的；

（三）其他涉及反洗钱工作的重大事项。

第十二条 证券期货经营机构应当按照反洗钱法律法规的要求及时建立客户风险等级划分制度，并报当地证监会派出机构备案。在持续关注的基础上，应适时调整客户风险等级。

第十三条 证券期货经营机构在为客户办理业务过程中，发现客户所提供的个人身份证件或机构资料涉嫌虚假记载的，应当拒绝办理；发现存在可疑之处的，应当要求客户补充提供个人身份证件或机构原件等足以证实其身份的相关证明材料，无法证实的，应当拒绝办理。

第十四条 证券期货经营机构通过销售机构向客户销售基金等金融产品时，应当通过合同、协议或其他书面文件，明确双方在客户身份识别、客户身份资料和交易记录保存与信息交换、大额交易和可疑交易报告等方面的反洗钱职责和程序。

第十五条 证券期货经营机构应当建立反洗钱工作保密制度，并报当地证监会派出机构备案。

反洗钱工作保密事项包括以下内容：

（一）客户身份资料及客户风险等级划分资料；

（二）交易记录；

（三）大额交易报告；

(四)可疑交易报告;

(五)履行反洗钱义务所知悉的国家执法部门调查涉嫌洗钱活动的信息;

(六)其他涉及反洗钱工作的保密事项。

查阅、复制涉密档案应当实施书面登记制度。

第十六条 证券期货经营机构应当建立反洗钱培训、宣传制度，每年开展对单位员工的反洗钱培训工作和对客户的反洗钱宣传工作，持续完善反洗钱的预防和监控措施。每年年初，应当向当地证监会派出机构上报反洗钱培训和宣传的落实情况。

第十七条 证券期货经营机构不遵守本办法有关报告、备案或建立相关内控制度等规定的，证监会及其派出机构可采取责令改正、监管谈话或责令参加培训等监管措施。

第四章 附 则

第十八条 本办法自2010年10月1日起施行。

中国证券监督管理委员会公告

[2010]30号

现公布《关于保本基金的指导意见》，自公布之日起施行。

中国证券监督管理委员会

二〇一〇年十月二十六日

关于保本基金的指导意见

为推动保本基金的平稳健康发展，保护基金份额持有人合法权益，根据《证券投资基金法》、《担保法》、《物权法》、《合同法》、《证券投资基金运作管理办法》等相关规定，制定本指导意见。

一、本指导意见所称保本基金，是指通过一定的保本投资策略进行运作，同时引入保本保障机制，以保证基金份额持有人在保本周期到期时，可以获得投资本金保证的基金。

前款所指保本保障机制包括:

(一)由基金管理人对基金份额持有人的投资本金承担保本清偿义务，同时基金管理人与符合条件的担保人签订保证合同，由担保人和基金管理人对投资人承担连带责任;

(二)基金管理人与符合条件的保本义务人签订风险买断合同，约定由基金管理人向保本义务人支付费用，保本义务人在保本基金到期出现亏损时，负责向基金份额持有人偿付相应损失。保本义务人在向基金份额持有人偿付损失后，放弃向基金管理人追偿的权利。

(三)经中国证监会认可的其他保本保障机制。

二、基金管理人申请募集保本基金，应当在基金合同、招募说明书及宣传推介材料中充分揭示保本基金的风险，说明投资者投资于保本基金并不等于将资金作为存款存放在银行或存款类金融机构，并说明保本基金在极端情况下仍然存在本金损失的风险。

三、保本基金在保本期间开放申购的，基金管理人应当在相关业务公告以及宣传推介材料中说明开放申购期间，投资者的申购金额是否保本。

四、保本基金应当具备相应的投资策略以避免本金亏损，并明确载入基金合同、招募说明书等法律文件。

保本基金的招募说明书中应当采用举例或其他形式简明扼要地向基金份额持有人说明该基金的投资策略。

五、保本基金的基金管理人应当在基金合同、招募说明书等法律文件中约定，保本期间届满，基金份额持有人能够收回投资本金，并约定本金的计算方法。

六、保本基金可以投资于股票、债券、货币市场工具、权证、股指期货及中国证监会允许投资的其他金融工具。保本基金投资于各类金融工具的比例应与该基金的投资目标、投资策略相匹配。

七、基金管理公司申请募集保本基金，应当符合以下审慎监管要求：

(一)经营稳健，财务状况良好；

(二)最近三年未受到重大处罚；

(三)最近一年内无重大违法、违规行为，并且没有因违法违规行为正受到监管机构调查，或者正处于整改期间；

(四)已经管理的保本基金及拟申请募集的保本基金中，由担保人承担保证责任及由保本义务人承担偿付责任的总金额，不得超过该公司上一年度审计的净资产的30倍；

(五)中国证监会规定的其他条件。

八、非金融机构担任保本基金的担保人或保本义务人的，应当符合以下审慎监管要求：

(一)成立并经营满3年以上，具备法人资格的企业；

(二)财务状况良好，最近三年连续盈利；

(三)注册资本不低于10亿元；

(四)上一年度经审计的净资产不低于20亿元；

(五)为保本基金承担保证责任或偿付责任的总金额不超过上一年度经审计的净资产的10倍；

(六)最近三年未受过重大处罚；

(七)中国证监会规定的其他条件。

如保本基金的担保人或保本义务人为担保公司，除满足上述条件外，担保公司已经对外提供的担保资产规模不应超过其净资产总额的25倍。

九、证券公司及其他金融机构担任保本基金的担保人或保本义务人的，应当符合以下审慎监管要求：

(一)注册资本不低于5亿元；

(二)上一年度经审计的净资产不低于20亿元；

(三)为保本基金承担保证责任或偿付责任的总金额不超过上一年度经审计的净资产的10倍；

(四)最近三年未受过重大处罚；

(五)中国证监会规定的其他条件。

十、基金管理人申请募集保本基金，在与担保人签订保证合同后，不得以自有资产对担保人设定担保物权。

十一、保证合同或风险买断合同应当作为保本基金的基金合同、招募说明书的附件，并随基金合同、招募说明书一同公告。

保本基金的基金合同、招募说明书应当约定，投资者购买基金份额的行为视为同意保证合同或风险买断合同的约定。

十二、基金管理人与保本义务人签订风险买断合同的，保本基金到期出现亏损时，基金管理人可以代表基金份额持有人要求保本义务人履行偿付责任，向基金份额持有人偿付相应损失。

十三、保本基金的基金合同、招募说明书中应当约定下列情形的处理方法：

(一)保本期间内，更换担保人或保本义务人的；

(二)保本期间内，担保人或保本义务人出现足以影响其担保能力或偿付能力的情形的。

十四、保证合同包括但不限于以下内容：

(一)为保本基金承担保证责任的总金额；

(二)保证方式；

(三)保证期间；

(四)保证范围；

(五)保证费用的费率及支付方式；

(六)基金份额持有人要求清偿投资亏损的程序和方式；

(七)基金管理人与担保人的责任分担、追偿程序和还款方式。

十五、风险买断合同包括但不限于以下内容：

(一)为保本基金承担偿付责任的总金额；

(二)承担偿付责任的期间；

(三)承担偿付责任的范围；

(四)风险买断费用的费率及支付方式；

(五)基金份额持有人要求清偿投资亏损的程序和方式；

(六)保本义务人在向基金份额持有人偿付损失后，不得向基金管理人追偿。

十六、保本基金的基金合同、招募说明书应当用单独的章节说明基金保本的相关内容，包括但不限于：

(一)担保人或保本义务人的名称、住所、营业范围等基本情况；

(二)担保人或保本义务人对外承担保证或偿付责任的情况；

(三)保证合同或风险买断合同的主要内容；

(四)保证费用或风险买断费用的费率和支付方式；

(五)适用保本的情形和不适用保本的情形；

(六)保本基金到期的处理方案；

(七)担保人或保本义务人免除保证责任或偿付责任的情形；

(八)更换担保人或保本义务人的程序。

保证合同或风险买断合同中对基金份额持有人利益有重大影响而未在基金合同、招募说明书中进行披露的条款，对基金份额持有人没有法律约束力；但是，基金份额持有人可以主张此类条款对基金管理人、担保人或保本义务人具有法律约束力。

十七、担保人或保本义务人应当在第十三条所列情形发生之日起3个工作日内，通知基金管理人和基金托管人。

基金管理人应当在得知本条前款所指情形之日起3个工作日，按照基金合同的约定提出处理办法，并履行信息披露义务和报告义务。

十八、基金管理人应当在保本基金的基金合同中约定保本周期到期后的处理方案，转入下一个保本周期的，应在基金合同中明确约定转入下一个保本周期的条件以及如何转入下一个保本周期。

保本基金到期后，符合保本条件并转入下一个保本周期的，基金份额净值应重新调整至1.00元。

保本周期到期后，转为其他类型基金的，应当在基金合同中明确约定拟转换的其他类型基金的名称、费率、投资目标、投资范围、投资策略等区别于原保本基金的要素。

十九、除保本基金外，其他基金(包括仅采用特定的投资策略及投资方法实现保本，没有保本保障机制的基金)不得在基金合同、招募说明书等法律文件以及宣传推介材料中明示或采取谐音、联想等方式暗示对本金安全的保证。

二十、本指导意见施行前已经获得中国证监会核准的保本基金，仍按基金合同的约定进行运作。但在保本周期到期后转入下一保本周期的，应当按照本指导意见的要求对基金合同、招募说明书等文件进行修订，并履行相应程序。

二十一、本指导意见自公布之日起施行。

中国证券监督管理委员会公告

[2010]32号

为进一步提高证券投资基金(以下简称基金)信息披露质量，推进基金信息披露XBRL(eXtensible Business Reporting Language，可扩展商业报告语言)应用工作，我会制定了《证券投资基金信息披露XBRL模板第4号〈基金合同生效公告及十一类临时公告(试行)〉》，现予公布，自2011年1月1日起施行，请各基金管理公司和托管银行遵照执行。

本模板公布之后，基金管理公司须在对外公开披露基金合同生效公告及十一类临时公告中应用，并及时向我会电子数据报送平台(data.csrc.gov.cn)的“基金XBRL信息接收系统”报备基金合同生效公告及相关临时公告XBRL文档，相关文件的纸质报备文档不再报送我会。上述XBRL文档，将通过我会基金信息披露网站(fund.csrc.gov.cn)对外展示，各公司应确保报备信息的及时、真实、准确和完整，各托管银行应确保复核信息的真实、准确和完整。

中国证券监督管理委员会

二〇一〇年十一月十八日

附件：证券投资基金信息披露XBRL模板第4号——《基金合同生效公告及十一类临时公告(试行)》

(内容略)

中国证券监督管理委员会公告

[2011]12号

现公布《合格境外机构投资者参与股指期货交易指引》，自公布之日起施行。

中国证券监督管理委员会

二○一一年五月四日

合格境外机构投资者参与股指期货交易指引

第一条 为了规范合格境外机构投资者(以下简称合格投资者)参与股指期货交易的行为，根据《合格境外机构投资者境内证券投资管理办法》(证监会令第36号)、《合格境外机构投资者境内证券投资外汇管理规定》(国家外汇管理局公告〔2009〕第1号)等规定，制定本指引。

第二条 本指引所称股指期货，是指经中国证券监督管理委员会(以下简称中国证监会)批准、在中国金融期货交易所(以下简称中金所)上市交易的、以股票价格指数为标的的金融期货合约。

第三条 合格投资者参与股指期货交易，只能从事套期保值交易，并按照中金所的有关规定执行。

第四条 合格投资者参与股指期货交易，除中国证监会另有规定外，应当遵守下列要求：

(一)在任何交易日日终，合格投资者持有的股指期货合约价值不得超过其投资额度。

(二)在任何交易日日内，合格投资者的股指期货成交金额(不包括平仓)不得超过其投资额度。

(三)法律法规的其他规定。

由于证券期货市场价格波动等原因导致持有的期货合约价值不符合上述规定的，合格投资者应当在10个交易日内调整完毕。

第五条 参与股指期货交易的合格投资者应当按照中金所的有关规定，办理开户、申请套期保值额度等事宜。投资额度发生变化的，合格投资者应当在3个工作日内报告中金所。需要调整套期保值额度的，应当按照中金所的有关规定办理。

第六条 合格投资者参与股指期货交易，应当根据中国人民银行、国家外汇管理局(以下简称国家外汇局)核准开立的不同资金账户分别向中金所申请交易编码。合格投资者的不同资金账户参与股指期货交易应当独立运作。

每个合格投资者可以分别委托不超过3家境内期货公司进行股指期货交易。

第七条 合格投资者、托管人、期货公司应当根据中金所的有关规定，确定合格投资者参与股指期货交易的交易结算模式，明确交易执行、资金划拨、资金清算、会计核算、保证金存管等业务中的权利和义务，建立资金安全保障机制。

第八条 合格投资者应当严格遵守相关法律法规和中金所的有关业务规则，及时履行信息披露义务。

第九条 托管人、期货公司应当严格执行合格投资者参与股指期货交易的有关规定，加强对合格投资者交易行为的监督、核查和风险控制，按时履行中国证监会和国家外汇局要求的数据统计和报备责任，并及时报告所发现的异常交易和违法违规行为。

托管人应当定期向中国证监会报告合格投资者参与股指期货交易的投资和交易情况。

第十条 中金所应当对合格投资者参与股指期货交易的套期保值额度、交易行为等进行管理，并定期向中国证监会和国家外汇局报告批准合格投资者的套期保值额度情况。

第十一条 合格投资者参与股指期货交易发生重大违法违规行为的，中国证监会将依法采取处罚措施。

第十二条 本指引所称投资额度，是指合格投资者获得国家外汇局批准并实际汇入的或者经国家外汇局调整确认的投资本金金额。

第十三条 本指引自公布之日起施行。

中国证券监督管理委员会令

第72号

《证券投资基金销售管理办法》已由中国证券监督管理委员会第282次主席办公会议于2010年10月25日修订通过，现将修订后的《证券投资基金销售管理办法》公布，自2011年10月1日起施行。

中国证券监督管理委员会主席：尚福林

二〇一一年六月九日

证券投资基金销售管理办法

第一章　总　则

第一条 为了规范证券投资基金的销售活动，促进证券投资基金市场健康发展，根据《证券投资基金法》、《证券法》及其他有关法律法规，制定本办法。

第二条 本办法所称证券投资基金(以下简称基金)销售，包括基金销售机构宣传推介基金，发售基金份额，办理基金份额申购、赎回等活动。

基金销售机构是指基金管理人以及经中国证券监督管理委员会(以下简称中国证监会)认定的其他机构。

基金销售相关机构就其参与基金销售业务的环节适用本办法。基金销售相关机构包括为基金销售机构提供支付结算服务、基金销售结算资金监督、注册登记服务等与基金销售业务相关服务的机构。

第三条 基金销售机构从事基金销售活动，应当遵守法律法规和中国证监会的规定，不得损害国家利益、社会公共利益和基金投资人的合法权益。

第四条 基金销售机构从事基金销售活动，应当遵守基金合同、基金销售协议的约定，遵循公开、公平、公正的原则，诚实守信，勤勉尽责，恪守职业道德和行为规范。

第五条 基金销售结算资金是基金投资人的交易结算资金，涉及基金销售结算专用账户开立、使用、监督的机构不得将基金销售结算资金归入其自有财产。禁止任何单位或者个人以任何形式挪用基金销售结算资金。相关机构破产或者清算时，基金销售结算资金不属于其破产财产或者清算财产。

基金销售结算资金是指由基金销售机构、基金销售支付结算机构或者基金注册登记机构等基金销售相关机构归集的，在基金投资人结算账户与基金财产托管账户之间划转的基金申购(认购)、赎回、现金分红等资金。

第六条 中国证监会及其派出机构依照法律法规和本办法的规定，对基金销售活动实施监督管理。

第七条 基金业协会依据法律法规和自律规则，对基金销售活动进行自律管理，并对基金销售人员进行资格管理。

基金销售机构及基金销售相关机构应当加入基金业协会，接受行业协会的自律管理。

第二章 基金销售机构

第八条 基金管理人可以办理其募集的基金产品的销售业务。商业银行(含在华外资法人银行，下同)、证券公司、证券投资咨询机构、独立基金销售机构以及中国证监会规定的其他机构可以向中国证监会申请基金销售业务资格。

第九条 商业银行、证券公司、证券投资咨询机构、独立基金销售机构以及中国证监会规定的其他机构申请基金销售业务资格应当具备下列条件：

(一)具有健全的治理结构、完善的内部控制和风险管理制度，并得到有效执行；

(二)财务状况良好，运作规范稳定；

(三)有与基金销售业务相适应的营业场所、安全防范设施和其他设施；

(四)有安全、高效的办理基金发售、申购和赎回等业务的技术设施，且符合中国证监会对基金销售业务信息管理平台的有关要求，基金销售业务的技术系统已与基金管理人、中国证券登记结算公司相应的技术系统进行了联网测试，测试结果符合国家规定的标准；

(五)制定了完善的资金清算流程，资金管理符合中国证监会对基金销售结算资金管理的有关要求；

(六)有评价基金投资人风险承受能力和基金产品风险等级的方法体系；

(七)制定了完善的业务流程、销售人员执业操守、应急处理措施等基金销售业务管理制度，符合中国证监会对基金销售机构内部控制的有关要求；

(八)有符合法律法规要求的反洗钱内部控制制度；

(九)中国证监会规定的其他条件。

第十条 商业银行申请基金销售业务资格，除具备本办法第九条规定的条件外，还应当具备下列条件：

(一)资本充足率符合国务院银行业监督管理机构的有关规定；

(二)有专门负责基金销售业务的部门；

(三)最近三年内没有受到行政处罚或者刑事处罚；

(四)公司负责基金销售业务的部门取得基金从业资格的人员不低于该部门员工人数的1/2，负责基金销售业务的部门管理人员取得基金从业资格，熟悉基金销售业务，并具备从事基金业务2年以上或者在其他金融相关机构5年以上的工作经历；公司主要分支机构基金销售业务负责人均已取得基金从业资格。

第十一条 证券公司申请基金销售业务资格，除具备本办法第九条规定的条件外，还应当具备下列条件：

(一)有专门负责基金销售业务的部门；

(二)净资本等财务风险监控指标符合中国证监会的有关规定；

(三)最近两年没有挪用客户资产等损害客户利益的行为；

(四)没有因违法违规行为正在被监管机构调查或者正处于整改期间，最近三年内没有受到行政处罚或者刑事处罚；

(五)没有发生已经影响或者可能影响公司正常运作的重大变更事项，或者诉讼、仲裁等其他重大事项；

(六)公司负责基金销售业务的部门取得基金从业资格的人员不低于该部门员工人数的1/2，负责基金销售业务的部门管理人员取得基金从业资格，熟悉基金销售业务，并具备从事基金业务2年以上或者在其他金融相关机构5年以上的工作经历；公司主要分支机构基金销售业务负责人均已取得基金从业资格。

第十二条 证券投资咨询机构申请基金销售业务资格，除具备本办法第九条规定的条件外，还应当具备下列条件：

(一)有专门负责基金销售业务的部门；

(二)注册资本不低于2000万元人民币，且必须为实缴货币资本；

(三)公司负责基金销售业务的高级管理人员已取得基金从业资格，熟悉基金销售业务，并具备从事基金业务2年以上或者在其他金融相关机构5年以上的工作经历；

(四)持续从事证券投资咨询业务3个以上完整会计年度；

(五)最近三年没有代理投资人从事证券买卖的行为；

(六)没有因违法违规行为正在被监管机构调查，或者正处于整改期间；最近三年内没有受到行政处罚或者刑事处罚；

(七)没有发生已经影响或者可能影响公司正常运作的重大变更事项，或者诉讼、仲裁等其他重大事项；

(八)公司负责基金销售业务的部门取得基金从业资格的人员不低于该部门员工人数的1/2，负责基金销售业务的部门管理人员取得基金从业资格，熟悉基金销售业务，并具备从事基金业务2年以上或者其他金融相关机构5年以上的工作经历；公司主要分支机构基金销售业务负责人均已取得基金从业资格。

第十三条 独立基金销售机构可以专业从事基金及其他金融理财产品销售，其申请基金销售业务资格，除具备本办法第九条规定的条件外，还应当具备下列条件：

(一)为依法设立的有限责任公司、合伙企业或者符合中国证监会规定的其他形式；

(二)有符合规定的组织名称、组织机构和经营范围；

(三)注册资本或者出资不低于2000万元人民币，且必须为实缴货币资本；

(四)有限责任公司股东或者合伙企业合伙人符合本办法规定；

(五)没有发生已经影响或者可能影响机构正常运作的重大变更事项，或者诉讼、仲裁等其他重大事项；

(六)高级管理人员已取得基金从业资格，熟悉基金销售业务，并具备从事基金业务2年以上或者在其他金融相关机构5年以上的工作经历；

(七)取得基金从业资格的人员不少于10人。

第十四条 独立基金销售机构以有限责任公司形式设立的，其股东可以是企业法人或者自然人。

企业法人参股独立基金销售机构，应当具备以下条件：

(一)持续经营3个以上完整会计年度，财务状况良好，运作规范稳定；

(二)最近三年没有受到刑事处罚；

(三)最近三年没有受到金融监管、行业监管、工商、税务等行政管理部门的行政处罚；

(四)最近三年在自律管理、商业银行等机构无不良记录；

(五)没有因违法违规行为正在被监管机构调查或者正处于整改期间。

自然人参股独立基金销售机构，应当具备以下条件：

(一)有从事证券、基金或者其他金融业务10年以上或者证券、基金业务部门管理5年以上或者担任证券、基金行业高级管理人员3年以上的工作经历；

(二)最近三年没有受到刑事处罚；

(三)最近三年没有受到金融监管、行业监管、工商、税务等行政管理部门的行政处罚；

(四)在自律管理、商业银行等机构无不良记录；

(五)无到期未清偿的数额较大的债务；

(六)最近三年无其他重大不良诚信记录。

第十五条 独立基金销售机构以合伙企业形式

设立的，其合伙人应当具备以下条件：

(一)有从事证券、基金或者其他金融业务10年以上或者证券、基金业务部门管理5年以上或者担任证券、基金行业高级管理人员3年以上的工作经历；

(二)最近三年没有受到刑事处罚；

(三)最近三年没有受到金融监管、工商、税务等行政管理部门的行政处罚；

(四)在自律管理、商业银行等机构无不良记录；

(五)无到期未清偿的数额较大的债务；

(六)最近三年无其他重大不良诚信记录。

第十六条 申请基金销售业务资格的机构，应当按照中国证监会的规定提交申请材料。

申请期间申请材料涉及的事项发生重大变化的，申请人应当自变化发生之日起5个工作日内向中国证监会提交更新材料。

第十七条 中国证监会依照《行政许可法》的规定，受理基金销售业务资格的申请，并进行审查，做出决定。

第十八条 依法必须办理工商变更登记的，申请人应当在收到批准文件后按照有关规定向工商行政管理机关办理变更登记手续。

独立基金销售机构向工商行政管理机关办理经营范围变更登记手续后，方可开立基金销售结算专用账户。

第十九条 独立基金销售机构申请设立分支机构的，应当具备下列条件：

(一)内部控制完善，经营稳定，有较强的持续经营能力，能有效控制分支机构风险；

(二)最近一年内没有受到行政处罚或者刑事处罚；

(三)没有因违法违规行为正在被监管机构调查，或者正处于整改期间；

(四)拟设立的分支机构有符合规定的名称、办公场所、业务人员、安全防范设施和与业务有关的其他设施；

(五)拟设立的分支机构有明确的职责和完善的管理制度；

(六)拟设立的分支机构取得基金从业资格的人员不少于2人；

(七)中国证监会规定的其他条件。

独立基金销售机构申请基金销售业务资格时已经设立的分支机构，应当符合上述条件。

第二十条 独立基金销售机构设立分支机构，变更经营范围、注册资本或者出资、股东或者合伙人、高级管理人员的，应当在变更前将变更方案报中国证监会备案。独立基金销售机构经营期间取得基金从业资格的人员少于10人的，应当于5个工作日内向中国证监会报告，并于30个工作日内将人员调整至规定要求。

独立基金销售机构按照前款规定备案后，中国证监会根据本办法第十三条、第十四条、第十五条、第十六条的规定进行持续动态监管。对于不符合基金销售机构资质条件的机构责令限期改正，逾期未予改正的，取消基金销售业务资格。

第二十一条 取得基金销售业务资格的基金销售机构，应当将机构基本信息报中国证监会备案，将参与基金销售业务的分支机构(网点)基本信息报分支机构(网点)所在地中国证监会派出机构备案，并予以定期更新。

第二十二条 基金销售机构合并分立，基金销售业务资格按下述原则管理：

(一)基金销售机构新设合并的，新公司应当根据本办法的规定申请基金销售业务资格，在新公司未取得基金销售业务资格前，合并方基金销售业务资格部分终止，新公司6个月内仍未取得基金销售业务资格的，合并方基金销售业务资格终止；

(二)基金销售机构吸收合并且存续方不具备基金销售业务资格的，存续方应当根据本办法的规定申请基金销售业务资格，在存续方取得基金销售业务资格前，被合并方基金销售业务部分终止，存续方6个月内仍未取得基金销售业务资格的，被合并方基金销售业务资格终止；

(三)基金销售机构吸收合并且被合并方不具备基金销售业务资格的，基金销售机构应当在被合并方分支机构(网点)符合基金销售规范要求后，按本办法第二十条、第二十一条的要求备案，同时按照基金销售信息管理平台的相关要求将系统整合报告报中国证监会备案；

(四)基金销售机构吸收合并，合并方和被合并方均具备基金销售业务资格的，合并方应当按照基金销售信息管理平台的相关要求将系统整合报告报中国证监会备案；

(五)基金销售机构分立的，新公司应当根据本办法的规定申请基金销售业务资格。

基金销售业务资格部分终止的，基金销售机构可以办理销户、赎回、转托管转出等业务，不得办理开户、认购、申购等业务。

第三章　基金销售支付结算

第二十三条　基金销售机构可以选择商业银行或者支付机构从事基金销售支付结算业务。基金销售支付结算机构应当确保基金销售结算资金安全、及时、高效的划付。

第二十四条　基金销售机构应当选择具备下列条件的商业银行或者支付机构从事基金销售支付结算业务：

(一)有安全、高效的办理支付结算业务的信息系统。该信息系统应当具有合法的知识产权，且与合作机构及监管机构完成联网测试，测试结果符合国家规定标准；

(二)制订了有效的风险控制制度；

(三)中国证监会规定的其他条件。

第二十五条　从事基金销售支付结算业务的商业银行除应当具备本办法第二十四条规定的条件外，还应当具有基金销售业务资格。

商业银行为基金销售机构提供支付结算服务的，应当根据商业银行从事支付结算服务的价格收取相关费用。商业银行收取超出支付结算服务费用的，应当与基金销售机构签订销售协议，并提供基金销售相关服务，履行基金销售相关责任。

第二十六条　从事基金销售支付结算业务的支付机构除应当具备本办法第二十四条规定的条件外，还应当取得中国人民银行颁发的《支付业务许可证》，且公司基金销售支付结算业务账户应当与公司其他业务账户有效隔离。

第二十七条　基金销售机构、基金销售支付结算机构、基金注册登记机构可以在具备基金销售业务资格的商业银行或者从事客户交易结算资金存管的指定商业银行开立基金销售结算专用账户。

基金销售机构、基金销售支付结算机构、基金注册登记机构开立基金销售结算专用账户时，应当就账户性质、账户功能、账户使用的具体内容、监督方式、账户异常处理等事项以监督协议的形式与基金销售结算资金监督机构做出约定。

基金销售结算专用账户是指基金销售机构、基金销售支付结算机构或者基金注册登记机构用于归集、暂存、划转基金销售结算资金的专用账户。

基金销售结算资金监督机构是指在基金销售结算资金流转过程中，对基金销售相关机构开立、使用销售账户的行为和基金销售结算资金划转流程承担监督职责的商业银行或者中国证券登记结算有限责任公司。

第二十八条　基金销售结算专用账户的启用、变更和撤销应当按照规定向中国证监会及账户开立人所在地中国证监会派出机构备案。

第二十九条　基金销售机构应当以基金投资人的结算账户作为其申购资金的银行账户。

第四章　基金宣传推介材料

第三十条　本办法所称基金宣传推介材料，是指为推介基金向公众分发或者公布，使公众可以普遍获得的书面、电子或者其他介质的信息，包括：

(一)公开出版资料；

(二)宣传单、手册、信函、传真、非指定信息披露媒体上刊发的与基金销售相关的公告等面向公众的宣传资料；

(三)海报、户外广告；

(四)电视、电影、广播、互联网资料、公共网站链接广告、短信及其他音像、通讯资料；

(五)中国证监会规定的其他材料。

第三十一条　基金管理人的基金宣传推介材料，应当事先经基金管理人负责基金销售业务的高级管理人员和督察长检查，出具合规意见书，并自向公众分发或者发布之日起5个工作日内报基金管理人主要经营活动所在地中国证监会派出机构备案。

其他基金销售机构的基金宣传推介材料，应当事先经基金销售机构负责基金销售业务和合规的高级管理人员检查，出具合规意见书，并自向公众分发或者发布之日起5个工作日内报基金销售机构主要经营活动所在地中国证监会派出机构备案。

第三十二条 制作基金宣传推介材料的基金销售机构应当对其内容负责，确保向公众分发、公布的材料与备案的材料一致。

第三十三条 基金宣传推介材料必须真实、准确，与基金合同、基金招募说明书相符，不得有下列情形：

(一)虚假记载、误导性陈述或者重大遗漏；

(二)预测基金的证券投资业绩；

(三)违规承诺收益或者承担损失；

(四)诋毁其他基金管理人、基金托管人或者基金销售机构，或者其他基金管理人募集或者管理的基金；

(五)夸大或者片面宣传基金，违规使用安全、保证、承诺、保险、避险、有保障、高收益、无风险等可能使投资人认为没有风险的或者片面强调集中营销时间限制的表述；

(六)登载单位或者个人的推荐性文字；

(七)中国证监会规定的其他情形。

第三十四条 基金宣传推介材料可以登载该基金、基金管理人管理的其他基金的过往业绩，但基金合同生效不足6个月的除外。

基金宣传推介材料登载过往业绩的，应当符合以下要求：

(一)基金合同生效6个月以上但不满1年的，应当登载从合同生效之日起计算的业绩；

(二)基金合同生效1年以上但不满10年的，应当登载自合同生效当年开始所有完整会计年度的业绩，宣传推介材料公布日在下半年的，还应当登载当年上半年度的业绩；

(三)基金合同生效10年以上的，应当登载最近10个完整会计年度的业绩；

(四)业绩登载期间基金合同中投资目标、投资范围和投资策略发生改变的，应当予以特别说明。

第三十五条 基金宣传推介材料登载该基金、基金管理人管理的其他基金的过往业绩，应当遵守下列规定：

(一)按照有关法律法规的规定或者行业公认的准则计算基金的业绩表现数据；

(二)引用的统计数据和资料应当真实、准确，并注明出处，不得引用未经核实、尚未发生或者模拟的数据；

对于推介定期定额投资业务等需要模拟历史业绩的，应当采用我国证券市场或者境外成熟证券市场具有代表性的指数，对其过往足够长时间的实际收益率进行模拟，同时注明相应的复合年平均收益率。此外，还应当说明模拟数据的来源、模拟方法及主要计算公式，并进行相应的风险提示；

(三)真实、准确、合理地表述基金业绩和基金管理人的管理水平。

基金业绩表现数据应当经基金托管人复核或者摘取自基金定期报告。

第三十六条 基金宣传推介材料登载基金过往业绩的，应当特别声明，基金的过往业绩并不预示其未来表现，基金管理人管理的其他基金的业绩并不构成基金业绩表现的保证。

第三十七条 基金宣传推介材料对不同基金的业绩进行比较的，应当使用可比的数据来源、统计方法和比较期间，并且有关数据来源、统计方法应当公平、准确，具有关联性。

第三十八条 基金宣传推介材料附有统计图表的，应当清晰、准确。

第三十九条 基金宣传推介材料提及基金评价机构评价结果的，应当符合中国证监会关于基金评价结果引用的相关规范，并应当列明基金评价机构的名称及评价日期。

第四十条 基金宣传推介材料登载基金管理人股东背景时，应当特别声明基金管理人与股东之间实行业务隔离制度，股东并不直接参与基金财产的投资运作。

第四十一条 基金宣传推介材料中推介货币市场基金的，应当提示基金投资人，购买货币市场基金并不等于将资金作为存款存放在银行或者存款类金融机构，基金管理人不保证基金一定盈利，也不保证最低收益。

第四十二条 基金宣传材料中推介保本基金的，应当充分揭示保本基金的风险，说明投资者投资于保本基金并不等于将资金作为存款存放在银行或者存款类金融机构，并说明保本基金在极端情况下仍然存在本金损失的风险。

保本基金在保本期间开放申购的，应当在相关业务公告以及宣传推介材料中说明开放申购期间，投资者的申购金额是否保本。

第四十三条 基金宣传推介材料应当含有明确、醒目的风险提示和警示性文字，以提醒投资人注意投资风险，仔细阅读基金合同和基金招募说明书，了解基金的具体情况。

有足够平面空间的基金宣传推介材料应当在材料中加入具有符合规定的必备内容的风险提示函。

电视、电影、互联网资料、公共网站链接形式的宣传推介材料应当包括为时至少5秒钟的影像显示，提示投资人注意风险并参考该基金的销售文件。电台广播应当以旁白形式表达上述内容。

第四十四条 基金宣传推介材料含有基金获中国证监会核准内容的，应当特别声明中国证监会的核准并不代表中国证监会对该基金的风险和收益做出实质性判断、推荐或者保证。

第五章 基金销售费用

第四十五条 基金管理人应当在基金合同、招募说明书或者公告中载明收取销售费用的项目、条件和方式，在招募说明书或者公告中载明费率标准及费用计算方法。

第四十六条 基金销售机构办理基金销售业务，可以按照基金合同和招募说明书的约定向投资人收取认购费、申购费、赎回费、转换费和销售服务费等费用。基金销售机构收取基金销售费用的，应当符合中国证监会关于基金销售费用的有关规定。

第四十七条 基金销售机构为基金投资人提供增值服务的，可以向基金投资人收取增值服务费。增值服务是指基金销售机构在销售基金产品的过程中，在确保遵守基金和相关产品销售适用性原则的基础上，向投资人提供的除法定或者基金合同、招募说明书约定服务以外的附加服务。

第四十八条 基金销售机构收取增值服务费的，应当符合下列要求：

(一)遵循合理、公开、质价相符的定价原则；

(二)所有开办增值服务的营业网点应当公示增值服务的内容；

(三)统一印制服务协议，明确增值服务的内容、方式、收费标准、期限及纠纷解决机制等；

(四)基金投资人应当享有自主选择增值服务的权利，选择接受增值服务的基金投资人应当在服务协议上签字确认；

(五)增值服务费应当单独缴纳，不应从申购(认购)资金中扣除；

(六)提供增值服务和签订服务协议的主体应当是基金销售机构，任何销售人员不得私自收取增值服务费；

(七)相关监管机构规定的其他情形。

基金销售机构提供增值服务并以此向投资人收取增值服务费的，应当将统一印制的服务协议向中国证监会备案。

第四十九条 基金管理人与基金销售机构可以在基金销售协议中约定依据基金销售机构销售基金的保有量提取一定比例的客户维护费，用以向基金销售机构支付客户服务及销售活动中产生的相关费用。基金销售机构收取客户维护费的，应当符合中国证监会关于基金销售费用的有关规定。

第五十条 基金管理人与基金销售机构应当在基金销售协议或者其补充协议中约定，双方在申购(认购)费、赎回费、销售服务费等销售费用的分成比例，并据此就各自实际取得的销售费用确认基金销售收入，如实核算、记账，依法纳税。

第五十一条 基金业协会可以在自律规则中规定基金销售费用的最低标准。

第六章 销售业务规范

第五十二条 办理基金销售业务或者办理基金

销售相关业务,并向基金销售机构收取以基金交易(含开户)为基础的相关佣金的机构应当取得基金销售业务资格或者经中国证监会认定。

未取得基金销售业务资格或者未经中国证监会认定的机构，不得办理基金的销售或者相关业务。任何个人不得以个人名义办理基金的销售或者相关业务。

第五十三条 基金销售机构应当建立健全并有效执行基金销售业务制度，加强对基金销售业务合规运作的检查和监督，确保基金销售业务的执行符合中国证监会对基金销售机构内部控制的有关要求。

第五十四条 基金销售机构应当确保基金销售信息管理平台安全、高效运行，且符合中国证监会对基金销售业务信息管理平台的有关要求。

第五十五条 未经基金销售机构聘任，任何人员不得从事基金销售活动。

宣传推介基金的人员、基金销售信息管理平台系统运营维护人员等从事基金销售业务的人员应当取得基金销售业务资格。基金销售机构应当建立健全并有效执行基金销售人员的持续培训制度，加强对基金销售人员行为规范的检查和监督。

第五十六条 基金销售机构应当建立完善的基金份额持有人账户和资金账户管理制度，以及基金份额持有人资金的存取程序和授权审批制度。

第五十七条 基金销售机构在销售基金和相关产品的过程中，应当坚持投资人利益优先原则，注重根据投资人的风险承受能力销售不同风险等级的产品，把合适的产品销售给合适的基金投资人。

第五十八条 基金销售机构应当建立基金销售适用性管理制度，至少包括以下内容:

(一)对基金管理人进行审慎调查的方式和方法;

(二)对基金产品的风险等级进行设置、对基金产品进行风险评价的方式和方法;

(三)对基金投资人风险承受能力进行调查和评价的方式和方法;

(四)对基金产品和基金投资人进行匹配的方法。

第五十九条 基金销售机构所使用的基金产品风险评价方法及其说明应当向基金投资人公开。

第六十条 基金管理人在选择基金销售机构时应当对基金销售机构进行审慎调查，基金销售机构选择销售基金产品应当对基金管理人进行审慎调查。

第六十一条 基金销售机构应当加强投资者教育，引导投资者充分认识基金产品的风险特征，保障投资者合法权益。

第六十二条 基金销售机构办理基金销售业务时应当根据反洗钱法规相关要求识别客户身份，核对客户的有效身份证件，登记客户身份基本信息，确保基金账户持有人名称与身份证明文件中记载的名称一致，并留存有效身份证件的复印件或者影印件。

基金销售机构销售基金产品时委托其他机构进行客户身份识别的，应当通过合同、协议或者其他书面文件,明确双方在客户身份识别、客户身份资料和交易记录保存与信息交换、大额交易和可疑交易报告等方面的反洗钱职责和程序。

第六十三条 基金销售机构应当建立健全档案管理制度，妥善保管基金份额持有人的开户资料和与销售业务有关的其他资料。客户身份资料自业务关系结束当年计起至少保存15年，与销售业务有关的其他资料自业务发生当年计起至少保存15年。

第六十四条 基金销售机构办理基金的销售业务，应当由基金销售机构总部与基金管理人签订书面销售协议，明确双方的权利义务，并至少包括以下内容:

(一)销售费用分配的比例和方式;

(二)基金持有人联系方式等客户资料的保存方式;

(三)对基金持有人的持续服务责任;

(四)反洗钱义务履行及责任划分;

(五)基金销售信息交换及资金交收权利义务。

未经签订书面销售协议，基金销售机构不得办理基金的销售。

第六十五条 基金销售机构应当将基金销售业务资格的证明文件置备于基金销售网点的显著位置或者在其网站予以公示。

第六十六条 基金募集申请获得中国证监会核准前，基金销售机构不得办理基金销售业务，不得向公众分发、公布基金宣传推介材料或者发售基金份额。

第六十七条 基金销售机构选择合作的基金销售相关机构应当符合监管部门的资质要求，并建立完善的合作基金销售相关机构选择标准和业务流程，充分评估相关风险，明确双方的权利义务。

第六十八条 基金注册登记机构是指办理基金份额的登记过户、存管和结算业务的机构。基金注册登记机构可办理投资人基金账户的建立和管理、基金份额注册登记、基金销售业务的确认、清算和结算、代理发放红利、建立并保管基金份额持有人名册等业务。

第六十九条 基金注册登记机构应当确保基金份额的登记过户、存管和结算业务处理安全、准确、及时、高效。主要职责包括：

(一)建立并管理投资人基金份额账户；

(二)负责基金份额的登记；

(三)基金交易确认；

(四)代理发放红利；

(五)建立并保管基金份额持有人名册；

(六)登记代理协议规定的其他职责。

第七十条 基金管理人变更基金注册登记机构的，应当在变更前将变更方案报中国证监会备案。

第七十一条 基金销售机构、基金注册登记机构应当通过中国证监会指定的技术平台进行数据交换，并完成基金注册登记数据在中国证监会指定机构的集中备份存储。数据交换应当符合中国证监会的有关规范。

第七十二条 开放式基金合同生效后，基金销售机构应当按照法律、行政法规、中国证监会的规定和基金合同、销售协议的约定，办理基金份额的申购、赎回，不得擅自停止办理基金份额的发售或者拒绝接受投资人的申购、赎回申请。基金管理人暂停或者开放申购、赎回等业务的，应当在公告中说明具体原因和依据。

第七十三条 基金销售机构不得在基金合同约定之外的日期或者时间办理基金份额的申购、赎回或者转换。

投资人在基金合同约定之外的日期和时间提出申购、赎回或者转换申请的，作为下一个交易日交易处理，其基金份额申购、赎回价格为下次办理基金份额申购、赎回时间所在开放日的价格。

第七十四条 投资人申购基金份额时，必须全额交付申购款项，但中国证监会规定的特殊基金品种除外；投资人按规定提交申购申请并全额交付款项的，申购申请即为有效；申购申请是否成功以基金注册登记机构确认为准。

第七十五条 基金销售机构应当提供有效途径供基金投资人查询基金合同、招募说明书等基金销售文件。

第七十六条 基金销售机构应当按照基金合同、招募说明书和基金销售服务协议的约定向投资人收取销售费用，并如实核算、记账；未经基金合同、招募说明书、基金销售服务协议约定，不得向投资人收取额外费用；未经招募说明书载明并公告，不得对不同投资人适用不同费率。

第七十七条 基金销售机构应当依法为投资人保守秘密，非因法定原因不得泄露投资人买卖、持有基金份额的信息或者其他信息。

第七十八条 基金销售机构和基金销售相关机构通过互联网开展基金销售活动的，应当报相关部门进行网络内容服务商备案，其信息系统应当符合中国证监会基金销售业务信息管理平台的有关要求，并在向投资人开通前将基金销售网站地址报中国证监会备案。

第七十九条 基金销售机构公开发售以基金为投资标的的理财产品等活动的管理规定，由中国证监会另行规定。

第八十条 基金销售机构从事基金销售活动，不得有下列情形：

(一)以排挤竞争对手为目的，压低基金的收费水平；

(二)采取抽奖、回扣或者送实物、保险、基金份额等方式销售基金；

(三)以低于成本的销售费用销售基金；

(四)募集期间对认购费打折(含网上、电话等自助交易模式的认购业务)；

(五)承诺利用基金资产进行利益输送；

(六)进行预约认购或者预约申购(基金定期定额

投资业务除外)，未按规定公告擅自变更基金的发售日期；

(七)挪用基金销售结算资金；

(八)本办法第三十三条规定的情形；

(九)中国证监会规定禁止的其他情形。

第七章 监督管理和法律责任

第八十一条 基金管理人应当自与基金销售机构签订销售协议之日起7日内，将销售协议报送其主要经营活动所在地中国证监会派出机构。

第八十二条 基金销售机构应当建立相关人员的离任审计或者离任审查制度。独立基金销售机构的董事长、总经理离任或者执行事务合伙人退伙的，应当根据中国证监会的规定进行审计。独立基金销售机构的其他高级管理人员、证券投资咨询机构负责基金销售业务的高级管理人员、其他基金销售机构负责基金销售业务的部门负责人离任的，应当根据中国证监会的规定进行审查。

第八十三条 基金销售机构负责基金销售业务的监察稽核人员应当及时检查基金销售业务的合法合规情况，并于年度结束一个季度内完成上年度监察稽核报告，予以存档备查。

第八十四条 基金销售机构应当根据中国证监会的要求履行信息报送义务。中国证监会及其派出机构对基金销售机构从事基金销售活动的情况进行定期或者不定期检查，基金销售机构应当予以配合。

第八十五条 基金销售机构违反本办法规定的，中国证监会及其派出机构可以责令整改，暂停办理相关业务；对直接负责的主管人员和其他直接责任人员，可以采取监管谈话、出具警示函、暂停履行职务、认定为不适宜担任相关职务者等行政监管措施。

第八十六条 商业银行、证券公司、证券投资咨询机构、独立基金销售机构，以及中国证监会规定的其他机构申请基金销售业务资格，隐瞒有关情况或者提供虚假材料的，中国证监会不予受理；已经受理的，不予批准，并处以警告。

第八十七条 未取得基金销售业务资格，擅自开办基金销售业务的，责令改正，并处以警告、罚款；对直接负责的主管人员和其他直接责任人员，处以警告、罚款。

第八十八条 除经中国证监会资质认定的基金销售机构及相关机构外，基金销售机构与未取得基金销售业务资格的机构或者个人合作，开办基金销售业务的，责令基金销售机构改正，并处以警告、罚款；对直接负责的主管人员和其他直接责任人员，处以警告、罚款。

第八十九条 基金销售机构从事基金销售活动，有下列情形之一的，责令改正，单处或者并处警告、罚款；对直接负责的主管人员和其他直接责任人员，单处或者并处警告、罚款：

(一)未按照本办法第二十七条的规定开立与基金销售有关的账户；

(二)未按照本办法第三十二条的规定使用基金宣传推介材料；

(三)违反本办法第五十五条的规定，允许未经聘任的人员销售基金或者未取得基金销售业务资格的人员宣传推介基金；

(四)未按照本办法第六十四条的规定签订书面销售协议；

(五)违反本办法第六十六条的规定，擅自向公众分发、公布基金宣传推介材料；

(六)违反本办法第七十二条的规定，擅自停止办理基金份额发售或者拒绝投资人的申购、赎回；

(七)违反本办法第七十三条的规定，确定基金份额申购、赎回价格；

(八)未按照本办法第七十六条的规定收取销售费用并核算、记账；

(九)未按照本办法第七十七条的规定为投资人保守秘密；

(十)从事本办法第八十条规定禁止的行为；

(十一)未按照本办法第八十三条的规定进行自查，并编制监察稽核报告；

(十二)未按照本办法第八十四条的规定履行信息报送义务或者配合中国证监会及其派出机构进行监督检查。

基金销售机构违反前款规定，情节严重的，责令暂停或者终止基金销售业务。

第九十条 基金销售机构有下列情形之一的，终止基金销售业务资格：

(一)违反本办法第八十条第七项的规定，挪用基金销售结算资金；

(二)获得基金销售业务资格后1年内未开展基金销售业务。

第九十一条 基金销售机构被责令暂停基金销售业务的，暂停期间不得从事下列活动：

(一)签订新的销售协议；

(二)宣传推介基金；

(三)发售基金份额；

(四)办理基金份额申购。

基金销售机构被责令终止基金销售业务的，应当停止基金销售活动。

基金销售机构被责令暂停或者终止基金销售业务的，基金管理人应当配合中国证监会指定的中介机构妥善处理有关投资人基金份额的申购、赎回、转托管等业务，并可按照销售协议的约定，依法要求销售机构赔偿有关损失。

第九十二条 基金销售支付结算机构有下列情形之一的，责令暂停或者终止基金销售支付结算业务：

(一)违反本办法第五条的规定，挪用基金销售结算资金；

(二)发生重大违法违规行为。

基金销售支付结算机构被暂停或者终止基金销售支付结算业务的，基金销售机构和监督机构应当配合中国证监会指定的中介机构妥善处理有关投资人基金份额的申购、赎回、转托管等业务，并可按相关协议的约定，依法追偿有关损失。

第八章 附 则

第九十三条 本办法自2011年10月1日起施行。2004年6月25日发布的《证券投资基金销售管理办法》（证监会令第20号）同时废止。

《证券投资基金销售管理办法》修订说明

为规范基金销售活动，保护基金投资人合法权益，促进基金市场健康发展，我们结合《证券投资基金销售管理办法》(以下简称《办法》)实施6年来基金行业发展实践，对《办法》进行了修订。现将《办法(修订稿)》修订情况说明如下：

一、修订背景

《办法》自2004年7月1日实施以来，在规范基金销售市场秩序，保护基金投资人合法权益等方面发挥了重要作用。随着基金市场的迅速发展，基金销售机构、基金销售人员、基金投资人的队伍逐步壮大，基金销售业务创新不断涌现，《办法》中的部分内容已不能适应市场发展的现状，亟需予以调整。突出表现在：(一)基金管理人与基金销售机构部分权责不清，双方权利义务不对等，造成对基金投资人服务缺位，投资人合法权益不能得到很好保障；(二)基金销售结算资金的安全管理规范有待进一步明确；(三)专业基金销售机构准入门槛过高，参与机构和人员较少，不利于基金销售市场专业化服务水平的提高；(四)业务分工越来越细，存在基金销售机构将销售业务部分环节外包的趋势，市场出现了一些为基金销售业务提供专门服务的机构，这些机构的业务规范需要予以明确；(五)随着基金行业的发展，销售业务不断创新，需要予以规范；(六)近年来，我会相继颁布了关于基金销售信息管理平台、内部控制、销售适用性、基金宣传推介材料、费用管理等一系列规范性文件，其中一些内容需在部门规章中予以进一步明确。

为适应新的市场形势变化，2008年初，我会开始着手修订《办法》。起草过程中，我们多次征求了中国证券业协会和基金管理公司、商业银行、证券公司、证券投资咨询公司、中国证券登记结算有限责任公司等机构的意见，并吸收了各方的合理建议。2010年11月1日至16日，我会就《办法(修订稿)》向社会公开征求意见，我们采纳了相关反馈意见，并修改了《办法(修订稿)》。

二、修订的主要内容

(一)明确证券投资基金销售结算资金的法律性质，明确基金销售机构相关责任义务。

《基金法》明确了基金财产的独立性，但未对基金销售环节中各账户停留资金的性质予以明确。由于目前基金销售结算资金主要以商业银行、证券公司、基金管理公司和中登公司的名义存放于商业银行，尚未发生过挪用基金销售结算资金的情况，也未发生过上述资金或账户遭遇司法强制执行的情况。但由于基金销售资金及账户性质不明确，基金销售结算资金在理论上仍存在风险，因此多年来我会一直审慎审批专业基金销售机构。为确保证券投资基金交易结算资金的安全，需从法律上保证基金销售结算资金为客户资产。禁止任何单位或者个人以任何形式挪用基金销售结算资金；相关机构破产或者清算时，基金销售结算资金不属于其破产财产或者清算财产。

《基金法》明确基金管理人与基金销售机构的关系是委托代理关系，但在实践中存在基金管理人与基金销售机构部分权责不清晰，权利义务不对等等问题，造成对基金投资人服务缺位，投资人合法权益不能得到很好保障。为此，《办法(修订稿)》对双方核心权利义务进行了规定，进一步明确了双方的法定责任。

(二)调整基金销售机构准入资格条件，降低“非专业”条件，提高“专业”条件。

经过多年的发展，我国基金销售市场已形成以商业银行销售为主，基金管理公司和证券公司销售为辅的多渠道销售模式。但各渠道间发展不平衡，特别是证券投资咨询公司和独立基金销售机构等专业销售机构发展缓慢。2004年《办法》颁布实施以来，仅有一家投资咨询机构取得基金销售资格。注册资金等准入条件过高和缺少盈利模式是专业销售机构发展缓慢的主要原因。为此，我们此次调整了专业销售机构的准入条件：1、将组织形式放宽为有限责任公司或合伙企业等形式；2、将出资人放宽至具有基金、证券或其他金融相关从业经历的专业个人出资人；3、将具有基金从业资格人员最低数量从30人放宽至10人。准入条件调整后，将有更多的机构参与基金销售业务。

此外，我们根据近两年颁布的基金销售机构内部控制、信息管理平台、销售适用性等规范性文件的要求，实质上提高了销售专业水平的准入门槛。

(三)加强对基金销售机构的日常管理。

截至2010年12月底，共有136家机构取得基金销售业务资格，基金销售网点逾12万。随着行业的发展，基金销售监管已由准入监管为主逐步转向日常监管为主。为此，我们增加了机构日常管理的相关内容。

(四)规范基金销售支付结算。

基金销售支付结算业务是基金销售业务的重要环节，对基金销售资金安全有序的管理是投资人财产安全的重要保障。近年来，基金销售业务特别是专业基金销售机构发展受制于支付结算业务的问题较为突出。为此，我们在《办法(修订稿)》中对基金销售资金安全、资金流转、支付业务、账户管理等问题做出了规范。

(五)增加基金销售“增值服务费”内容。

尽管我国基金销售费率平均水平与成熟市场相比基本一致，但我国同类基金中各基金销售费率缺乏差异性。成熟市场基金销售费率较灵活，专业理财顾问服务收取的销售费用通常较高，有的可达5%，而自助服务收取的销售费用很低甚至免佣。国内市场费率无差异的机制导致销售机构收入与服务质量相关度低，专业化营销服务缺乏盈利模式，投资者无法获得专业理财服务。为鼓励销售服务创新，引导和促进基金销售机构进行差异化、专业化、高附加值的营销服务，完善多元化、多层次基金销售体系，《办法(修改稿)》中新设了增值服务费，鼓励销售机构按照质价相符的原则，提高对基金投资人的服务质量；同时规定了增值服务应遵循的原则和收取的方式，并明确了投资人自主选择的权利。

(六)完善基金宣传推介。

2008年1月，我会取消了对基金宣传推介材料的行政许可项目，改为事后备案方式监管。《办法(修订稿)》根据监管改革的情况和近年来基金宣传推介业务中出现的问题，修改了相关条款。

(七)明确基金销售业务规范。

结合近年来基金销售业务发展实践和业务创新，在基金销售业务规范的部分，我们进一步明确了从业人员管理、销售适用性原则、合格基金持有人、注册登记机构业务规范、盘后交易控制、网上销售规范等。

(八)落实监督管理与法律责任。

1、销售机构合并分立的资格管理问题。近年来，销售机构合并分立情况时有发生，对于合并分立后的资格管理问题《办法》未予明确。《办法(修订稿)》对此问题进行了规定。

2、机构日常管理。《办法(修订稿)》规定分四个层次：第一，机构内部负责监察稽核的人员应及时检查销售业务合法合规情况，并每年完成年度监察稽核报告；第二，基金销售机构在取得基金销售业务资格后，应将参与基金销售业务的分支机构(网点)报其所在地我会派出机构备案，基本信息变更也应予以定期更新；第三，通过规范基金销售机构向我会监管信息系统报送业务数据实现实时监控；第四，所有取得资格的机构注册为行业协会的会员，接受自律管理。

3、法律责任。根据修改内容，对销售违规处罚进行了调整。

三、公开征求意见及修改情况

公开征求意见期间，我们共收到36家机构的165条反馈意见和10名个人的10条反馈意见。我们对所有反馈意见进行了梳理和汇总，涉及对《办法(修订稿)》内容修改的反馈意见124条，将同类意见合并归纳共13项，经认真研究，拟采纳5项，不采纳8项。另有51条反馈意见是对《办法(修订稿)》执行细则的疑问，我们将通过颁布《关于实施<证券投资基金销售管理办法>的规定》(以下简称《实施规定》)对执行细则予以明确，并通过后续法规培训对疑问进行解答。

(一)《办法(修订稿)》的主要修改情况

1、删除第5条“非因基金投资人本身的债务或者法律规定的其他情形，不得查封、冻结、扣划或者强制执行基金销售结算资金。”

2、调整了专业基金销售机构的部分准入条件。

(1)将第12条证券投资咨询机构和第13条独立基金销售机构关于注册资金的准入条件由征求意见稿的500万调整为原《办法》规定的2000万。征求意见过程中，有机构提出“基金销售机构需要设置营业场地、开发系统，对投资人开展风险承受能力评价以及投资者教育活动等，应适当提高对独立销售机构的准入门槛，建议注册资本应不低于2000万”，予以采纳。

(2)在第13条增加独立基金销售机构的组织形式为“有限责任公司、合伙企业或者符合中国证监会规定的其他形式。”征求意见过程中，部分机构建议增加独立基金销售机构的组织形式为股份有限公司。考虑到独立基金销售机构盈利模式和业务扩展尚在探索阶段，起步初期主要还是考虑更多的专业人士参与设立，对于普通自然人暂不考虑其设立独立销售机构。为此，《管理办法》目前先不设定股份公司形式的设立条件，但规定允许中国证监会认定的其他形式，待市场和监管条件成熟后再做规定。

(3)修改第14条、第15条关于自然人参股或出资设立独立基金销售机构的从业经历条件，修改为“有从事证券、基金或者其他金融业务十年以上，或者证券、基金业务部门管理五年以上，或者担任证券、基金行业高级管理人员三年以上的工作经历”。近年来，银行机构和其他一些从事金融业务的人员在理财产品销售方面积累了一定专业经验，拓宽准入条件，增加这类自然人参股或出资独立基金销售机构，以调动更多专业人员的积极性。

(4)将第20条独立基金销售机构设立分支机构、变更经营范围、注册资本或出资、股东或者合伙人、高级管理人员等事项改为事前备案，以强化对独立基金销售机构的监管。同时，增加对独立基金销售机构人员的监管，增加“独立基金销售机构经营期间取得基金从业资格的人员少于十人的，应于事后五个工作日向中国证监会报告，并于三十个工作日内将人员调整至规定要求”。

3、删除第21条中关于基金销售机构基本信息发生变更后10日内向中国证监会更新信息的规定，修改为基本信息“定期更新”。我们设置更新信息的制度安排，主要考虑是及时更新合法销售网点信息，方便基金投资人查询，以防范非法基金销售机构诈骗。鉴于国有大型商业银行网点超过一万，网点发生变更10日内报送存在难度，同时，非法机构主要是小机构，为此我们拟在《实施规定》安排，已有较好社会信誉的大型机构，即销售网点逾1万的销售机构每年更新一次基本信息，销售网点100个以上的机构每季度更新一次，不足100个网点的机构自基本信息发生变更之日起10日内更新信息。

为防范非法机构和人员扰乱销售市场秩序，我们将与行业协会和证券投资者保护基金公司联合开展投资者教育相关活动。同时，提醒基金投资人做好自我保护，在购买基金产品前能够查询销售机构、销售人员和基金产品的合法信息，谨防被骗。

4、根据第三轮中美战略与经济对话框架下经济对话成果，允许符合条件的在华外资法人银行在符合有关审慎监管要求的情况下，与本国银行在互助基金分销上享受同等权利。为此，第8条申请基金销售机构的商业银行包括在华外资法人银行。

5、增加第82条“基金销售机构应当建立相关人员的离任审计或者离任审查制度。独立基金销售机构的董事长、总经理离任或者执行事务合伙人退伙的，应当根据中国证监会的规定进行审计。独立基金销售机构的其他高级管理人员、证券投资咨询机构负责基金销售业务的高级管理人员、其他基金销售机构负责基金销售业务的部门负责人离任的，应当根据中国证监会的规定进行审查”。

此外，我们根据征求意见情况，在《办法(修订稿)》中增加了基金销售机构应承担的反洗钱和投资者教育责任，并对《办法(修订稿)》中的部分内容进行了解释性修改和文字性修改。

(二)未采纳意见的说明

1、部分机构建议将基金评价机构纳入“基金销售相关机构”的定义范围。考虑到基金评价机构不直接参与基金销售业务的环节，且《证券投资基金评价业务管理暂行办法》对评价业务已有规范要求，因此未予采纳。

2、部分商业银行建议降低对银行从事基金销售业务人员的资格要求。考虑到目前行业协会已针对银行等基金销售人员设置了难度适当的基金销售资格考试，这一准入门槛对从事基金销售业务来说是必要的，且协会《关于发布〈中国证券业协会证券投资基金销售人员从业资质管理规则〉有关问题的通知》中已对商业银行销售人员取得销售资格给予了相应宽限期，为此对建议不予采纳。

3、部分机构建议进一步放宽独立基金销售机构的设立条件，如建议增加法人作为以合伙企业形式设立独立基金销售机构的合伙人条件，建议只限定5%以上股东的准入条件，建议对最低10名取得基金从业资格的人员给与一定的宽限期等。

考虑到基金销售是以人力资本为核心的业务领域，给予具有专业能力和经验的人员参与独立基金销售机构设立的机会。为此，暂不考虑普通自然人参与设立独立基金销售机构，同时法人参与设立独立基金销售机构可以通过有限责任公司的形式。10名人员取得基金从业资格的标准已经是保持独立基金销售机构专业性的最低要求了，且较原《办法》30人的规定已有大幅度降低，无法给与更多宽限。

4、部分机构建议明确对基金销售结算资金和账户管理的具体要求，如明确利息归属，账户报备方式，监督机构的资质要求，监督范围，投资人结算账户的具体含义等。目前，我们正在起草《证券投资基金销售结算资金管理规定》，将对上述问题予以明确，在《销售办法》里不再对基金销售结算资金做其他具体要求。

5、部分机构建议取消第43条中“电视、电影、互联网资料、公共网站链接形式的宣传材料应当包括为时至少5秒钟的风险提示影像显示”的要求。我们在2008年1月颁布的《关于证券投资基金宣传推介材料监管事项的补充规定》中对纸质宣传材料要求了近千字的风险提示函必备内容，以向投资人充分揭示风险，而对电子宣传材料没有最低风险提示要求。金融危机后，各国监管部门普遍采取增加对投资人风险提示的要求，因此有必要增加对电子宣传材料的风险提示要求，建议不予采纳。

6、部分机构建议明确增值服务的具体内容和收费方式。《销售办法》允许基金销售机构收取增值服务费主要是针对提供非法定和合同约定以外附加服务的收费依据。增值服务将体现各家基金销售机构自身的专业服务水平，更多的服务是目前市场并未出现的创新服务。为鼓励行业服务专业化和多样化的发展，我们对具体内容不做规定。

7、部分机构建议对基金管理公司网上直销的反洗钱责任予以豁免。《反洗钱法》和人民银行颁布的《金融机构客户身份识别和客户身份资料及交易记录保存管理办法》对金融机构委托其他金融机构进行身份验证有具体要求，无法予以豁免。不予采纳。

8、对第71条部分机构建议，由于基金注册登记数据中央交换平台尚在建设中，在法规中暂不明确要求。鉴于注册登记数据交换中央平台的建设对保障基金持有人权益，进一步简化基金销售机构业务流程都具有重要意义。平台建设工作正在逐步推进，预计明年将基本完成。为此，我们考虑仍保留此项要求，对文字表述进行一定修改，并在《实施规定》中对于此项要求根据平台建设情况给与执行的宽限期。

中国证券监督管理委员会公告

[2011]16号

现公布《基金行业人员离任审计及审查报告内容准则》，自2011年10月1日起施行。

中国证券监督管理委员会

二〇一一年七月七日

基金行业人员离任审计及审查报告内容准则

第一条 为了规范基金行业人员离任审计及审查报告内容，根据基金监管相关规定，制定本准则。

第二条 基金管理公司、基金托管银行、基金销售机构应当建立相关人员离任审计或者离任审查制度。

第三条 基金管理公司高级管理人员、基金经理、投资经理及基金托管银行基金托管部门高级管理人员、独立基金销售机构的高级管理人员或者执行事务合伙人、证券投资咨询机构负责基金销售业务的高级管理人员、其他基金销售机构负责基金销售业务的部门负责人离任的，应当接受离任审计或者离任审查，在离任审计或者离任审查期间不得到其他基金管理公司、基金托管银行基金托管部门或者基金销售机构任职。

第四条 基金管理公司、独立基金销售机构的董事长、总经理离任或者执行事务合伙人退伙的，基金管理公司、独立基金销售机构应当立即聘请具有从事证券相关业务资格的会计师事务所对其进行离任审计，并自离任之日起30个工作日内将离任审计报告报送中国证监会基金监管部及企业经营所在地中国证监会派出机构，同时存档备查。

第五条 基金管理公司、独立基金销售机构的董事长、总经理或者执行事务合伙人的离任审计报告，应当至少包括其任职期间的以下内容：

(一)审计工作实施情况，包括审计时间、范围、内容、审计方法等；

(二)审计对象的基本情况、基本职责以及实际履行职责的情况；

(三)企业内部对审计对象的年度考核情况；

(四)企业的经营状况，包括资产管理规模或者基金销售规模的变化情况、业务拓展情况、主要财务指标的变动情况及原因；

(五)企业内部控制建设和风险管理情况，包括企业制度、管理模式等方面的调整情况及效果；

(六)企业发生违法违规行为，受到刑事处罚、行政处罚、被采取行政监管措施等，审计对象应当承担责任的情况；

(七)审计对象受到刑事处罚、行政处罚、被采取行政监管措施、受到行业自律组织纪律处分的情况以及违反企业制度受到企业处分的情况；

(八)审计中发现的主要问题；

(九)审计结论。

第六条 基金管理公司的副总经理、督察长、基金经理或者投资经理离任的，基金管理公司应当立即对其进行离任审查，并自离任之日起30个工作日内将审查报告报送中国证监会基金监管部及公司经营所在地中国证监会派出机构，同时存档备查，基金经理、投资经理的离任审查报告还应当同时报送行业协会。

第七条 基金管理公司副总经理、督察长的离任审查报告，应当参照本准则第五条第一项至第三项、第六项至第九项有关内容，副总经理的离任审查报告还应当包括其任期内分管业务的经营状况、内控建设和风险管理情况等，督察长的离任审查报告还应当包括其任期内基金管理公司合法合规、风险控制及监察稽核工作情况等。

第八条 基金经理、投资经理的离任审查报告应当至少包括其任职期间的以下内容：

(一)审查工作实施情况，包括审查时间、范围、内容、审查方法等；

(二)所管理基金或者投资组合的基本情况；

(三)所管理基金或者投资组合与业绩比较基准的对比情况；

(四)所管理基金或者投资组合的投资合规情况，是否发现有利益输送、利用非公开信息牟利及违反公平交易原则等情况；

(五)遵守投资管理人员行为规范的情况；

(六)基金管理公司发生违法违规行为，受到刑事处罚、行政处罚、被采取行政监管措施等，审查对象应当承担责任的情况；

(七)审查对象受到刑事处罚、行政处罚、被采取行政监管措施、受到行业自律组织纪律处分的情况以及违反基金管理公司制度受到基金管理公司处分的情况；

(八)审查中发现的主要问题；

(九)审查结论。

第九条 基金托管银行基金托管部门的总经理、副总经理离任的，基金托管银行应当立即对其进行离任审查，并自离任之日起30个工作日内将审查报告报送中国证监会基金监管部，同时存档备查。

基金托管银行基金托管部门总经理、副总经理的离任审查报告应当参照本准则第五条第一项至第三项、第六项至第九项有关内容，并应当包括其任期内主管或者分管业务的经营状况、内控建设和风险管理情况等。

第十条 独立基金销售机构的其他高级管理人员、证券投资咨询机构负责基金销售业务的高级管理人员、其他基金销售机构负责基金销售业务的部门负责人离任的，相关基金销售机构应当立即对其进行离任审查，并自离任之日起30个工作日内将离任审查报告报送中国证监会基金监管部及相关派出机构，同时存档备查。

上述人员的离任审查报告，应当参照本准则第五条第一项至第三项、第六项至第九项有关内容，并应当包括其任期内分管业务的经营状况、内控建设和风险管理情况等。

第十一条 基金管理公司、独立基金销售机构应当真实、准确、完整地向出具离任审计报告的会计师事务所提供相关材料。

会计师事务所应当勤勉尽责，对所依据的文件资料内容的真实性、准确性、完整性进行核查和验证，客观、公正地出具离任审计报告。

第十二条 离任审计、审查报告的内容应当全面、客观、公正地反映审计、审查对象任职期间履行职责情况及合规情况。

第十三条 审计、审查对象应当配合离任审计、审查工作。

离任审计、审查报告应当附审计、审查对象的书面意见，审计、审查对象拒绝对审计、审查报告发表意见的，应当注明。

第十四条 根据本企业、上级主管机关或者其他监管机构要求对审计、审查对象已经出具离任审计、审查报告的，如果审计、审查内容涵盖本准则规定的相关内容的，可以不进行重复审计或者审查。

第十五条 出具离任审计、审查报告的机构应当妥善保管离任审计、审查报告。

中国证监会在审核基金行业高级管理人员任职资格申请，行业协会在对基金经理、投资经理进行注册登记时，参考相关离任审计、审查报告。

第十六条 出具离任审计报告的会计师事务所未按本准则规定进行必要的核查、验证，离任审计报告内容不符合本准则要求或者出具的报告有虚假记载、重大遗漏的，中国证监会可以对会计师事务所相关负责人及直接责任人员采取行政监管措施，并要求重新出具离任审计报告；违反法律、行政法规或者规章的，按照相关规定进行处罚。

第十七条 基金管理公司、基金托管银行、基金销售机构未按规定建立离任审计、审查制度，出具的离任审查报告有虚假记载、重大遗漏或者不符合本准则要求的，中国证监会及其派出机构可以对负有主要责任的高级管理人员和直接责任人员采取行政监管措施，并要求重新出具离任审查报告；违反法律、行政法规或者规章的，按照相关规定进行处罚。

第十八条 离任审计、审查对象没有正当理由不配合离任审计、审查工作的，中国证监会及其派出机构可以对其采取相应行政监管措施。

第十九条 本准则自2011年10月1日起施行。

中国证券监督管理委员会公告

[2011]18号

现公布《证券投资基金管理公司公平交易制度指导意见》(2011年修订)，自公布之日起施行。

附件：1、证券投资基金管理公司公平交易制度指导意见(2011年修订)

2、《证券投资基金管理公司公平交易制度指导意见》修订情况说明

中国证券监督管理委员会

二〇一一年八月三日

证券投资基金管理公司公平交易制度指导意见（2011年修订）

第一章 总 则

第一条 为了进一步完善证券投资基金管理公司的公平交易制度，保证同一公司管理的不同投资组合得到公平对待，保护投资者合法权益，根据《中华人民共和国证券投资基金法》(以下简称《基金法》)、《证券投资基金管理公司管理办法》(证监会令第22号)等法律法规，制定本指导意见。

第二条 公司应严格遵守法律法规关于公平交易的相关规定，在投资管理活动中公平对待不同投资组合，严禁直接或者通过与第三方的交易安排在不同投资组合之间进行利益输送。

本指导意见所称投资组合包括封闭式基金、开放式基金、社保组合、企业年金、特定客户资产管理组合等。

第三条 本指导意见所称公司的公平交易制度，其规范的范围至少应包括境内上市股票、债券的一级市场申购、二级市场交易等投资管理活动，同时应包括授权、研究分析、投资决策、交易执行、业绩评估等投资管理活动相关的各个环节。

第四条 公司应合理设置各类资产管理业务之间以及各类资产管理业务内部的组织结构，在保证各投资组合投资决策相对独立性的同时，确保其在获得投资信息、投资建议和实施投资决策方面享有公平的机会。

第五条 公司应建立科学的投资决策体系，加强交易执行环节的内部控制，并通过工作制度、流程和技术手段保证公平交易原则的实现。同时，应通过对投资交易行为的监控、分析评估和信息披露来加强对公平交易过程和结果的监督。

第二章 投资决策的内部控制

第六条 公司应不断完善研究方法和投资决策流程，提高投资决策的科学性和客观性，确保各投资组合享有公平的投资决策机会，建立公平交易的制度环境。

第七条 公司应建立客观的研究方法，任何投资分析和建议均应有充分的事实和数据支持，避免主观臆断，严禁利用内幕信息作为投资依据。

第八条 公司应根据上述研究方法建立全公司适用的投资对象备选库和交易对手备选库，制定明

确的备选库建立、维护程序。

第九条 公司应在备选库的基础上，根据不同投资组合的投资目标、投资风格、投资范围和关联交易限制等，建立不同投资组合的投资对象备选库和交易对手备选库，投资组合经理在此基础上根据投资授权构建具体的投资组合。

第十条 公司应健全投资授权制度，明确投资决策委员会、投资总监、投资组合经理等各投资决策主体的职责和权限划分，合理确定各投资组合经理的投资权限。投资决策委员会和投资总监等管理机构和人员不得对投资组合经理在授权范围内的投资活动进行干预。投资组合经理在授权范围内自主决策，超过投资权限的操作需要经过严格的审批程序。

第十一条 公司应建立投资组合投资信息的管理及保密制度，不同投资组合经理之间的持仓和交易等重大非公开投资信息应相互隔离。

第十二条 公司应建立系统的交易方法，即投资组合经理应根据投资组合的投资风格和投资策略，制定客观、完整的交易决策规则，并按照这些规则进行交易决策，以保证各投资组合交易决策的客观性和独立性。

第三章 交易执行的内部控制

第十三条 公司应将投资管理职能和交易执行职能相隔离，实行集中交易制度，建立和完善公平的交易分配制度，确保各投资组合享有公平的交易执行机会。

第十四条 对于交易所公开竞价交易，公司应执行交易系统中的公平交易程序。对于由于特殊原因不能参与公平交易程序的交易指令，公司应建立相应的控制制度和流程。

第十五条 公司应完善银行间市场交易、交易所大宗交易等非集中竞价交易的交易分配制度，保证各投资组合获得公平的交易机会。对于部分债券一级市场申购、非公开发行股票申购等以公司名义进行的交易，各投资组合经理应在交易前独立地确定各投资组合的交易价格和数量，公司应按照价格优先、比例分配的原则对交易结果进行分配。如果由于特殊原因不能按照上述原则进行分配的，公司应建立相应的控制制度和流程。

第四章 行为监控和分析评估

第十六条 公司应加强对投资交易行为的监察稽核力度，建立有效的异常交易行为日常监控和分析评估制度，并建立相关记录制度，确保公平交易可稽核。

第十七条 公司应对非公开发行股票申购、以公司名义进行的债券一级市场申购的申购方案和分配过程进行审核和监控，保证分配结果符合公平交易的原则。

第十八条 公司应根据市场公认的第三方信息，对投资组合与交易对手之间议价交易的交易价格公允性进行审查。相关投资组合经理应对交易价格异常情况进行合理性解释。

第十九条 公司应对不同投资组合，尤其是同一位投资组合经理管理的不同投资组合同日同向交易和反向交易的交易时机和交易价差进行监控，同时对不同投资组合临近交易日的同向交易和反向交易的交易时机和交易价差进行分析。相关投资组合经理应对异常交易情况进行合理性解释。

第二十条 公司应严格控制不同投资组合之间的同日反向交易，严格禁止可能导致不公平交易和利益输送的同日反向交易。确因投资组合的投资策略或流动性等需要而发生的同日反向交易，公司应要求相关投资组合经理提供决策依据，并留存记录备查，但是完全按照有关指数的构成比例进行投资的组合等除外。

第二十一条 公司应对其他可能导致不公平交易和利益输送的异常交易行为进行监控，对于异常交易发生前后不同投资组合买卖该异常交易证券的情况进行分析。相关投资组合经理应对异常交易情况进行合理性解释。

第五章 报告、信息披露和外部监督

第二十二条 公司相关部门如果发现涉嫌违背公平交易原则的行为，应及时向公司管理层汇报并采取相关控制和改进措施。

第二十三条 公司应分别于每季度和每年度对公司管理的不同投资组合的整体收益率差异、分投资类别(股票、债券)的收益率差异进行分析，对连续四个季度期间内、不同时间窗下（如日内、3日内、5日内）公司管理的不同投资组合同向交易的交易价差进行分析，由投资组合经理、督察长、总经理签署后，妥善保存分析报告备查。

如果在上述分析期间内，公司管理的所有投资组合同向交易价差出现异常情况，应重新核查公司投资决策和交易执行环节的内部控制，针对潜在问题完善公平交易制度，并在向中国证监会报送的监察稽核季度报告和年度报告中对此做专项说明。

第二十四条 公司应当在各投资组合的定期报告中，至少披露以下事项：公司整体公平交易制度执行情况；异常交易行为专项说明，其中，如果报告期内所有投资组合参与的交易所公开竞价同日反向交易成交较少的单边交易量超过该证券当日成交量的5%，应说明该类交易的次数及原因。

在投资组合的年度报告中，公司还应披露公平交易制度和控制方法，并在公司整体公平交易制度执行情况中，对当年度同向交易价差做专项分析。

第二十五条 会计师事务所应在公司年度内部控制评价报告中，对公司公平交易制度的完善程度和执行情况进行评价。

基金评价机构在开展基金评价业务时，应将公平交易制度的完善程度、执行情况及信息披露作为评价内容之一。

第二十六条 公司公平交易制度的完善程度是公司诚信水平和规范程度的重要标志，监管部门将以此作为公司日常监管和做出行政许可的重要依据。

监管部门将通过现场检查和非现场监管等方式，对于公司公平交易制度的执行情况进行检查和分析，并会同证券交易所等对公司异常交易行为进行监控。对于发现的不公平交易和利益输送行为，将依法采取相关监管措施。

第六章 附 则

第二十七条 公司管理的投资组合参与衍生品投资、境外投资等，应参照本指导意见制定相应的公平交易管理制度。

第二十八条 本指导意见自公布之日起施行。2008年3月20日公布的《证券投资基金管理公司公平交易制度指导意见》(证监会公告[2008]9号)同时废止。

《证券投资基金管理公司公平交易制度指导意见》修订情况说明

为更加有效的执行公平交易，保护投资者合法权益，促进基金行业健康发展，我们结合《证券投资基金管理公司公平交易制度指导意见》(以下简称《指导意见》)实施3年来基金行业发展实践，对《指导意见》进行了修订。现将《指导意见》修订情况说明如下：

一、修订背景

《指导意见》自2008年3月实施以来，在督促基金管理公司完善公平交易制度，规范公平交易管理，保护投资者合法权益方面发挥了积极作用。但是，目前在公平交易制度实施过程中尚存在一些问题，需根据行业发展最新情况，完善法规，引导行业在规范中发展。突出表现在：一是随着基金管理公司管理的投资组合数量的增多，投资策略的日益多样化，应完善基金管理公司不同投资组合之间同日反向交易的约束机制，防范可能导致不公平交易和利益输送的同日反向交易；二是《指导意见》对不同投资组合之间同向交易价差分析的规定比较原则，并未明确同向交易价差的控制要求，法规执行效果不理想；三是基金定期报告中公平交易相关信息披露内容简单笼统、流于形式，有必要适当调整和补充现有披露要求，提高信息披露质量，加强公开信息披露的约束机制。

2011年初，我会开始着手修订《指导意见》。修订过程中，我们征求了部分基金管理公司意见，并吸收了其中的合理建议。2011年5月27日至6月10日，我会就《指导意见(修订稿)》向社会公开征求意见，我们采纳了反馈意见中的部分合理建议，并进一步修改了《指导意见(修订稿)》。

二、主要修订内容

(一)规范不同组合之间的同日反向交易

考虑到不同组合之间可能通过同日反向交易，尤其是在一些中小市值股票上的同日反向交易进行利益输送和市场操纵，因此，应该对于不同投资组合之间的同日反向交易进行严格的限制。如修订稿第二十条规定："公司应严格控制不同投资组合之间的同日反向交易，严格禁止可能导致不公平交易和利益输送的同日反向交易。确因投资组合的投资策略或流动性等需要而发生的同日反向交易，公司应要求相关投资组合经理提供决策依据，并留存记录备查，但是完全按照有关指数的构成比例进行投资的组合等除外。"

同时，为了加强对大额同日反向交易(比如成交较少的单边交易量超过该证券当日成交量的5%)的约束与监督，修订稿要求："如果报告期内所有投资组合参与的交易所公开竞价同日反向交易成交较少的单边交易量超过该证券当日成交量的5%，应说明该类交易的次数及原因"(第二十四条第一款)，利用公开信息披露来约束基金公司行为。

(二)进一步明确不同组合同向交易价差的控制要求

公平交易管理不仅需要保证过程可控制，而且需要保证结果可核查。公司应通过加强投资决策和交易执行的内部控制来实现过程公平，同时应通过同向交易价差分析等方法实现对于公平交易结果的核查。此次修改进一步明确公司内部在每季度和每年度开展同向交易价差分析的具体要求。第一，要求在"连续四个季度期间"内开展价差分析，同时将分析的时间窗口调整为日内、3日内和5日内。第二，要求公司在价差出现异常时，应重新核查各项内部控制，针对潜在问题完善公平交易制度，并在向我会报送的监察稽核报告中做专项说明(第二十三条)。第三，要求公司在组合年报中，对当年度同向交易价差作专项分析(第二十四条第二款)。除公司自律和外部披露的约束之外，目前我会内部已开发了公平交易非现场监控与分析模块，能够对公司内部同向交易价差异常的情况进行预警。《指导意见》发布实施后，我会将开展公平交易的非现场监控、分析与现场核查，一旦发现不公平交易和利益输送行为，将依法采取相关措施。

(三)进一步强调公司内部控制的要求

《证券投资基金管理公司内部控制指导意见》、《基金管理公司投资管理人员管理指导意见》以及《指导意见》对于基金管理公司投资管理的内部控制做出了一系列规定，公司应遵照执行。修订后的《指导意见》对于公司的内部控制又提出一些具体要求：首先，规定"投资决策委员会和投资总监等管理机构和人员不得对投资组合经理在授权范围内的投资活动进行干预"(第十条)，旨在加强对于公司投资决策委员会和投资总监等"骑墙者"的管理；其次，规定"公司应建立投资组合投资信息的管理及保密制度，不同投资组合经理之间的持仓和交易等重大非公开投资信息应相互隔离"(第十一条)，杜绝不同投资组合经理之间的"共谋"行为；另外，考虑到目前存在一个投资组合经理同时管理多个投资组合的情况，强调公司应重点对同一投资组合经理管理的不同组合同日同向交易和反向交易的交易时机和交易价差进行监控(第十九条)。

(四)进一步明确公平交易披露要求，加强公开信息披露的约束机制

修订稿对现有投资组合定期报告披露要求做了调整，除前述在定期报告中增加大额同日反向交易和同向交易价差分析的披露要求外，还对原规定的信息披露要求作了补充和调整：一是在组合定期报告中要求披露公司整体公平交易制度执行情况，在组合年报中要求披露公司公平交易制度和控制方法(第二十四条)；二是删除原操作性不强、分析意义不大的披露要求"本投资组合与其他投资风格相似的投资组合之间的业绩比较”。三是要求基金评价机构在开展基金评价业务时，将公平交易制度的完善程度、执行情况和信息披露作为评价内容之一(第二十五条第二款)，以此督促基金管理公司切实提高信息披露质量。

为给公司足够的时间完善同向交易和反向交易的控制，同时也满足同向交易价差分析样本数的要求，此次《指导意见》发布之后，基金管理公司应按法规要求尽快完善公平交易内部控制，《指导意见》中对季报的披露要求自2012年第一季报开始实施，对年报的披露的披露要求自2012年报开始实施。

(五)明确我会对公平交易监管的职责和方式

修订稿发布后，我们将继续通过现场检查和非现场监控等方式，对公平交易制度执行情况进行检查和分析，并会同证券交易所等对公司异常交易行为进行监控。对于发现的不公平交易和利益输送行为，将依法采取相关监管措施(第二十六条)。

(六)其他修订内容

一是明确本指导意见所称公平交易制度的规范范围至少包括境内上市股票、债券的投资管理活动，对于公司管理的投资组合参与衍生品投资、境外投资等，公司应参照本指导意见制定相应的公平交易管理制度；二是删除了原稿第二十三条第二款的规定，即：“如果在上述分析期内，公司管理的投资风格相似的不同投资组合之间的业绩表现差异超过5%，公司应就此在监察稽核季度报告和年度报告中做专项分析”；三是针对个别操作性较差条款做了调整(删除原稿第十三条和二十一条，调整原稿第十四条和第十五条表述等)。

三、公开征求意见及修改情况

公开征求意见期间，我们共收到29家机构和个人的96条反馈意见，通过合并归类，涉及对《指导意见》修改的主要意见共6大项，经研究，我们拟采纳3项，不采纳3项，其余涉及对相关条款及具体落实的疑问近10条，我们考虑在今后监管中通过培训等方式予以解答。

(一)《指导意见(修订稿)》根据反馈意见的修改情况

1、对征求意见稿第二十条“在某一时期内，同一公司管理的所有投资组合买卖相同证券(同向交易)的整体价差应趋于零”的要求，从反馈情况看，由于各机构对法规的立法本意和具体要求不了解，导致存在一些操作上的疑虑。从立法本意看，此规定主要是通过量化的统计方法，核查公平交易的结果，以此来督促公司完善公平交易控制，但仍有一些机构误解为对基金经理投资的无价差要求。考虑到“价差趋于零”实际上是价差分析的标准，为便于理解，将征求意见稿第二十条的主要监管精神并入之后有关价差分析的条款中。一方面，将价差分析期间进一步明确为“连续四个季度期间”，同时根据反馈意见调整分析时间窗口，将原规定的时间窗“日内、5日、10日”调整为“日内、3日、5日”。另一方面，当价差出现异常时，要求基金公司针对潜在问题完善公平交易制度，并在向我会报送的监察稽核报告中做专项说明。

2、对征求意见稿第十一条中的“重大非公开投资信息”，部分机构建议进行明确界定，经研究，将“重大非公开投资信息”调整为“持仓和交易等重大非公开投资信息”。

3、对征求意见稿第二十三条中“公司应将公平交易作为投资组合业绩归因分析和交易绩效评价的重要内容”，部分机构认为业绩归因分析尚无法单独对“公平交易”因子进行归因，经研究，删除第二十三条。

(二)未采纳意见的说明

1、对征求意见稿第十条中“投资决策委员会和投资总监等管理机构和人员不得对投资组合经理在授权范围内的投资活动进行干预”，个别机构提出，投决会和投资总监有权力对基金经理的投资行为进行必要的业务指导，建议法规只禁止一些不合理的干预。我们认为，投决会和投资总监的主要职能是建立公司的投研方法，并在投资方法等层面对投资经理进行指导，不应干预投资经理在其授权范围内的具体投资，因此，无调整必要。

2、对征求意见稿第二十一条有关同日反向交易的内部控制要求，有两点意见：一是建议明确控制范围是否包含所有证券，二是对完全按照量化模型进行投资的纯量化投资组合豁免解释同日反向交易。我们认为，《指导意见》本意是不鼓励同日反向交易，尽管实际投资中由于一些客观原因无法完全避免同日反向交易，但公司都需要根据不同市场的投资情况，从防范不公平交易、利益输送的角度进行一些控制，因此，《指导意见》只作原则规定，不再穷举各类投资的具体控制要求。另外，数量化投资组合与被动投资的指数基金不同，其投资经理可以修改量化模型及参数，很大程度上也是一种主动投资，因此，不采纳该建议。

3、对征求意见稿第二十六条有关披露同向交易价差分析和大额同日反向交易的要求，有三点意见，一是建议不披露同向交易价差分析，以免公众理解上的歧义或偏差，二是建议不披露大额同日反向交易，即使披露也应将标准提高到10%，三是建议指数基金豁免披露大额同日反向交易。我们认为，本次修订《指导意见》的一个重要思路是，通过信息披露加强对公司公平交易控制的外部监督与约束机制，而同向交易价差分析与大额反向交易监控是公平交易控制的核心内容，不宜降低在这两方面的披露要求。关于大额反向交易的标准，是根据基金公司的相关交易数据分析确定的，是一个相对合理、有效的标准。另外，考虑到指数基金日常运作中对个股的交易量影响较小，即使是建仓期内或集中申赎情况下对个股的交易量影响稍大，也可以有合适的解释，因此，不对指数基金豁免披露。

中国证券监督管理委员会令

第74号

《基金管理公司特定客户资产管理业务试点办法》已经2010年10月25日中国证券监督管理委员会第282次主席办公会议修订通过，现予公布，自2011年10月1日起施行。

主席：尚福林

二〇一一年八月二十五日

基金管理公司特定客户资产管理业务试点办法

第一章 总 则

第一条 为了规范基金管理公司特定客户资产管理业务(以下简称特定资产管理业务)，保护当事人的合法权益，根据《中华人民共和国证券投资基金法》(以下简称《证券投资基金法》)及相关法律法规，制定本办法。

第二条 基金管理公司向特定客户募集资金或者接受特定客户财产委托担任资产管理人，由商业银行担任资产托管人，为资产委托人的利益，运用委托财产进行证券投资的活动，适用本办法。

第三条 从事特定资产管理业务，应当遵循自愿、公平、诚信、规范的原则，维护证券市场的正常秩序，保护各方当事人的合法权益，禁止各种形式的利益输送。

资产管理人、资产托管人应当恪守职责、履行诚实信用、谨慎勤勉的义务，公平对待所有投资人。

资产委托人应当确保资金来源合法，不得损害国家、社会公共利益和他人合法权益。

第四条 基金管理公司从事特定资产管理业务，委托财产独立于资产管理人和资产托管人的固有财产，并独立于资产管理人管理的和资产托管人托管的其他财产。资产管理人、资产托管人不得将委托财产归入其固有财产。

资产管理人、资产托管人因委托财产的管理、运用或者其他情形而取得的财产和收益，归入委托财产。

资产管理人、资产托管人因依法解散、被依法撤销或者被依法宣告破产等原因进行清算的，委托财产不属于其清算财产。

第五条 中国证券监督管理委员会(以下简称中国证监会)依照法律、行政法规和本办法的规定，对特定资产管理业务实施监督管理。

第六条 证券、期货交易所依照法律、行政法规和本办法的规定，对特定资产管理业务的证券、期货交易行为实施监督。

第二章　业务规范

第七条 基金管理公司从事特定资产管理业务，可以采取以下形式：

(一)为单一客户办理特定资产管理业务；

(二)为特定的多个客户办理特定资产管理业务。

第八条 符合下列条件的基金管理公司经中国证监会批准，可以开展特定资产管理业务：

(一)经营行为规范且最近1年内没有因违法违规行为受到行政处罚或被监管机构责令整改，没有因违法违规行为正在被监管机构调查；

(二)已经配备了适当的专业人员从事特定资产管理业务；

(三)已经就防范利益输送、违规承诺收益或者承担损失、不正当竞争等行为制定了有效的业务规则和措施；

(四)已经建立公平交易管理制度，明确了公平交易的原则、内容以及实现公平交易的具体措施；

(五)已经建立有效的投资监控制度和报告制度，能够及时发现异常交易行为；

(六)中国证监会根据审慎监管原则确定的其他条件。

第九条 为单一客户办理特定资产管理业务的，客户委托的初始资产不得低于3000万元人民币，中国证监会另有规定的除外。

第十条 为多个客户办理特定资产管理业务的，基金管理公司应当向符合条件的特定客户销售特定多个客户资产管理计划(以下简称资产管理计划)。

前款所称符合条件的特定客户，是指委托投资单个资产管理计划初始金额不低于100万元人民币，且能够识别、判断和承担相应投资风险的自然人、法人、依法成立的组织或中国证监会认可的其他特定客户。

第十一条 基金管理公司为多个客户办理特定资产管理业务的，单个资产管理计划的委托人人数不得超过200人，客户委托的初始资产合计不得低于3000万元人民币，中国证监会另有规定的除外。

资产管理计划应当设定为均等份额。除资产管理合同另有约定外，每份计划份额具有同等的合法权益。

第十二条 基金管理公司从事特定资产管理业务，应当将委托财产交由具有基金托管资格的商业银行托管。

第十三条 从事特定资产管理业务，资产委托人、资产管理人、资产托管人应当订立书面的资产管理合同，明确约定各自的权利、义务和相关事宜。

资产管理合同的内容与格式由中国证监会另行规定。

第十四条 基金管理公司向特定客户销售资产管理计划，应当编制投资说明书。投资说明书应当真实、准确、完整，不得有任何虚假记载、误导性陈述或者重大遗漏。

投资说明书应当包括以下内容：

(一)资产管理计划概况；

(二)资产管理合同的主要内容；

(三)资产管理人与资产托管人概况；

(四)投资风险揭示；

(五)初始销售期间；

(六)中国证监会规定的其他事项。

第十五条 为多个客户办理特定资产管理业务的，基金管理公司在签订资产管理合同前，应当保证有充足时间供资产委托人审阅合同内容，并对资产委托人资金能力、金融投资经验和投资目的进行充分了解，制作客户资料表和相关证明材料留存备查，并应指派专人就资产管理计划向资产委托人作出详细说明。

第十六条 资产管理人、资产托管人应当在资产管理合同中充分揭示管理、运用委托财产进行投资可能面临的风险，使资产委托人充分理解相关权利及义务，愿意承担相应的投资风险。

第十七条 基金管理公司可以自行销售资产管理计划，或者委托有基金销售资格的机构销售资产管理计划。

第十八条 为多个客户办理特定资产管理业务的，基金管理公司应当在投资说明书约定的期限内销售资产管理计划。初始销售期限届满，满足本办法第十一条规定的条件的，基金管理公司应当自初始销售期限届满之日起10日内聘请法定验资机构验资，并自收到验资报告之日起10日内，向中国证监会提交验资报告及客户资料表，办理相关备案手续。

第十九条 为多个客户办理特定资产管理业务的，资产管理人、销售机构应当在具有基金托管资格的商业银行开立与资产管理计划销售有关的账户，并由该银行对账户内的资金进行监督。

资产管理人应当将资产管理计划初始销售期间客户的资金存入专门账户，在资产管理计划初始销售行为结束前，任何人不得动用。

第二十条 资产管理计划初始销售期限届满，不能满足本办法第十一条规定的条件的，基金管理公司应当承担下列责任：

(一)以其固有财产承担因初始销售行为而产生的债务和费用；

(二)在初始销售期限届满后30日内返还客户已缴纳的款项，并加计银行同期活期存款利息。

第二十一条 委托财产应当用于下列投资：

(一)股票、债券、证券投资基金、央行票据、短期融资券、资产支持证券、金融衍生品、商品期货；

(二)中国证监会规定的其他投资品种。

第二十二条 基金管理公司从事特定资产管理业务，委托财产的投资组合应当满足法律法规和中国证监会的有关规定；参与股票发行申购时，单个投资组合所申报的金额不得超过该投资组合的总资产，单个投资组合所申报的股票数量不得超过拟发行股票公司本次发行股票的总量。

单个资产管理计划持有一家上市公司的股票，其市值不得超过该计划资产净值的20%；同一资产管理人管理的全部特定客户委托财产(包括单一客户和多客户特定资产管理业务)投资于一家公司发行的证券，不得超过该证券的10%。

完全按照有关指数的构成比例进行证券投资的资产管理计划可以不受前款规定的比例限制。

第二十三条 因证券市场波动、上市公司合并、资产管理计划规模变动等资产管理人之外的因素致使资产管理计划投资不符合本办法第二十二条规定的比例或者资产管理合同约定的投资比例的，资产管理人应当在10个交易日内调整完毕。

第二十四条 资产管理合同存续期间，资产管理人可以根据合同的约定，办理特定客户参与和退出资产管理计划的手续，由此发生的合理费用可以由资产委托人承担。

资产管理计划每季度至多开放一次计划份额的参与和退出，但中国证监会另有规定的除外。

第二十五条 资产管理计划份额的登记，由资产管理人负责办理；资产管理人可以委托其他机构代为办理。

第二十六条 从事特定资产管理业务，资产管理人、资产托管人和资产委托人应当依照法律法规和中国证监会的规定，履行与特定资产管理业务有关的信息报告与信息披露义务。

第二十七条 特定资产管理业务的管理费率、托管费率不得低于同类型或相似类型投资目标和投资策略的证券投资基金管理费率、托管费率的60%。

资产管理人可以与资产委托人约定，根据委托财产的管理情况提取适当的业绩报酬。在一个委托投资期间内，业绩报酬的提取比例不得高于所管理资产在该期间净收益的20%。固定管理费用和业绩报酬可以并行收取。

第二十八条 资产委托人在订立资产管理合同之前，应当充分向资产管理人告知其投资目的、投资偏好、投资限制和风险承受能力等基本情况，并就资金和证券资产来源的合法性做特别说明和书面承诺。

资产委托人从事资产委托，应当主动了解所投资品种的风险收益特征，并符合其业务决策程序的要求。

第二十九条 资产委托人应当遵守法律法规及本办法的有关规定，审慎、认真地签署资产管理合同，并忠实履行资产管理合同约定的各项义务。在财产委托期间，不得有下列行为：

(一)隐瞒真相、提供虚假资料；

(二)委托来源不当的资产从事洗钱活动；

(三)向资产管理人提供或索要商业贿赂；

(四)要求资产管理人违规承诺收益；

(五)要求资产管理人减免或返还管理费；

(六)要求资产管理人利用所管理的其他资产为资产委托人谋取不当利益；

(七)要求资产管理人在证券承销、证券投资等业务活动中为其提供配合；

(八)违反资产管理合同干涉资产管理人的投资行为；

(九)从事任何有损资产管理人管理的其他资产、资产托管人托管的其他资产合法权益的活动；

(十)法律法规和中国证监会禁止的其他行为。

第三十条 资产管理人应当了解客户的风险偏好、风险认知能力和承受能力，评估客户的财务状况，向客户说明有关法律法规和相关投资工具的运作市场及方式，充分揭示相关风险。

第三十一条 资产管理人和资产托管人应当按照中国证监会的相关规定，为委托财产开立专门用于投资管理的证券账户、期货账户和资金账户，以办理相关业务的登记、结算事宜。

基金管理公司应当公平地对待所管理的不同资产，建立有效的异常交易日常监控制度，对不同投资组合之间发生的同向交易和反向交易（包括交易时间、交易价格、交易数量、交易理由等）进行监控，并定期向中国证监会报告。

严格禁止同一投资组合在同一交易日内进行反向交易及其他可能导致不公平交易和利益输送的交易行为。

第三十二条 基金管理公司应当主动避免可能的利益冲突，对于资产管理合同、交易行为中存在的或可能存在利益冲突的关联交易应当进行说明，并向中国证监会报告。

第三十三条 基金管理公司从事特定资产管理业务，应当设立专门的业务部门，投资经理与证券投资基金的基金经理不得相互兼任。

办理特定资产管理业务的投资经理应当报中国证监会备案。

第三十四条 基金管理公司从事特定资产管理业务，不得有以下行为：

(一)利用所管理的其他资产为特定的资产委托人谋取不正当利益、进行利益输送；

(二)利用所管理的特定客户资产为该委托人之外的任何第三方谋取不正当利益、进行利益输送；

(三)采用任何方式向资产委托人返还管理费；

(四)违规向客户承诺收益或承担损失；

(五)将其固有财产或者他人财产混同于委托财产从事证券投资；

(六)违反资产管理合同的约定，超越权限管理、从事证券投资；

(七)通过报刊、电视、广播、互联网网站(基金管理公司、销售机构网站除外)和其他公共媒体公开推介具体的特定资产管理业务方案和资产管理计划；

(八)索取或收受特定资产管理业务报酬之外的

不当利益；

(九)从事内幕交易、操纵证券交易价格及其他不正当的证券交易活动；

(十)法律法规和中国证监会禁止的其他行为。

第三十五条 资产托管人发现资产管理人的投资指令违反法律、行政法规和其他有关规定，或者违反资产管理合同约定的，应当拒绝执行，立即通知资产管理人和资产委托人并及时报告中国证监会。

资产托管人发现资产管理人依据交易程序已经生效的投资指令违反法律、行政法规和其他有关规定，或者违反资产管理合同约定的，应当立即通知资产管理人和资产委托人并及时报告中国证监会。

第三章 监督管理

第三十六条 为单一客户办理特定资产管理业务的，资产管理人应当在5个工作日内将签订的资产管理合同报中国证监会备案。对资产管理合同任何形式的变更、补充，资产管理人应当在变更或补充发生之日起5个工作日内报中国证监会备案。

第三十七条 为多个客户办理特定资产管理业务的，资产管理人应当在销售某一资产管理计划前将资产管理合同草案、投资说明书草案、销售计划及中国证监会要求的其他材料报中国证监会备案。中国证监会自收到完整的备案材料之日起10个工作日内予以备案登记。备案登记完毕，基金管理公司可以开始销售该资产管理计划。

资产管理合同草案、投资说明书草案、销售计划等材料的内容不符合法律法规有关规定的，基金管理公司应当根据中国证监会的要求作出修改，并重新办理备案登记手续。

第三十八条 资产管理人应当按照资产管理合同的约定，编制并向资产委托人报送委托财产的投资报告，对报告期内委托财产的投资运作等情况做出说明。该报告应当由资产托管人进行复核并出具书面意见。

第三十九条 资产管理人、资产托管人应当保证资产委托人能够按照资产管理合同约定的时间和方式查询委托财产的投资运作、托管等情况。发生资产管理合同约定的、可能影响客户利益的重大事项时，资产管理人应当及时告知资产委托人。

第四十条 基金管理公司应当分析所管理的证券投资基金和委托财产投资组合的业绩表现。在一个委托投资期间内，若投资目标和投资策略类似的证券投资基金和委托财产投资组合之间的业绩表现有明显差距，则应出具书面分析报告，由投资经理、督察长、总经理分别签署后报中国证监会备案。

第四十一条 基金管理公司应当在每季度结束之日起的15个工作日内，完成特定资产管理业务季度报告，并报中国证监会备案。特定资产管理业务季度报告应当就公平交易制度执行情况和特定资产管理业务与证券投资基金之间的业绩比较、异常交易行为做专项说明，并由投资经理、督察长、总经理分别签署。

资产管理人、资产托管人应当在每年结束之日起3个月内，完成特定资产管理业务管理年度报告和托管年度报告，并报中国证监会备案。

第四十二条 资产管理人、资产托管人应当按照法律、行政法规以及中国证监会的有关规定，保存特定资产管理业务的全部会计资料，并妥善保存有关的合同、协议、交易记录等文件、资料。

第四十三条 证券、期货交易所应当对同一基金管理公司管理的证券投资基金与委托财产投资组合之间发生的异常交易行为进行严格监控，并及时向中国证监会报告。

第四章 法律责任

第四十四条 资产管理人、资产托管人违反法律、行政法规及本办法规定的，中国证监会及其派出机构对其采取责令改正、暂停办理相关业务等行政监管措施；对直接负责的主管人员和其他直接责任人员，采取监管谈话、出具警示函、暂停履行职务、认定为不适宜担任相关职务者等行政监管措施。

第四十五条 资产管理人、资产托管人及其直接负责的主管人员和其他直接责任人员违反本办法规定从事特定资产管理业务的，中国证监会依照本办法进行行政处罚；法律、行政法规另有规定的，按照有关规定进行行政处罚；涉嫌犯罪的，依法移送司法机关，追究其刑事责任。

第四十六条 资产管理人、资产托管人违反本办法第二十七条的规定提取管理费和托管费的，责令改正，单处或者并处警告、罚款；情节严重的，责令暂停办理相关业务；对直接负责的主管人员和其他直接责任人员，单处或者并处警告、罚款；情节严重的，按照有关规定，采取证券市场禁入措施。

第四十七条 资产管理人、资产托管人违反本办法第三十四条第(一)项的规定，利用其所管理、托管的证券投资基金为特定的资产委托人谋取不正当利益、进行利益输送的，依照《证券投资基金法》第八十九条的规定处罚；资产管理人、资产托管人违反本办法第三十四条第(一)项的规定，利用其所管理、托管的证券投资基金之外的资产为特定的资产委托人谋取不正当利益、进行利益输送的，责令改正，单处或者并处警告、罚款；情节严重的，责令暂停办理相关业务；对直接负责的主管人员和其他直接责任人员，单处或者并处警告、罚款；情节严重的，按照有关规定，采取证券市场禁入措施。

第四十八条 资产管理人、资产托管人有下列情形之一的，责令改正，单处或者并处警告、罚款；情节严重的，责令暂停办理相关业务；对直接负责的主管人员和其他直接责任人员，单处或者并处警告、罚款；情节严重的，按照有关规定，采取证券市场禁入措施：

(一)违反本办法第八条的规定，未经中国证监会批准变更经营范围，擅自从事特定资产管理、托管业务；

(二)未按照本办法第十条的规定向符合条件的特定客户销售资产管理计划；

(三)未按照本办法第十二条的规定将委托财产交给资产托管人托管；

(四)未按照本办法第十四条的规定编制投资说明书；

(五)违反本办法第二十一条、第二十二条的规定，超越投资范围及投资限制；

(六)未按照本办法第二十三条的规定调整投资比例；

(七)未按照本办法第三十一条的规定公平对待所管理的各类资产；

(八)违反本办法第三十三条的规定，投资经理与证券投资基金的基金经理相互兼任；

(九)违反本办法第三十四条第(二)项至第(十)项规定的；

(十)未按照本办法第十八条、第三十六条、第三十七条的规定办理备案手续。

第四十九条 资产委托人违反本办法第二十八条、第二十九条规定的，责令改正，单处或者并处警告、罚款；对直接负责的主管人员和其他直接责任人员，单处或者并处警告、罚款。

第五十条 为特定资产管理业务出具审计报告、法律意见书等文件的专业机构未勤勉尽责，所制作、出具的文件有虚假记载、误导性陈述或重大遗漏的，责令改正，单处或并处警告、罚款；对直接负责的主管人员和其他直接责任人员，单处或者并处警告、罚款；情节严重的，按照有关规定，采取证券市场禁入措施。

第五章 附 则

第五十一条 本办法自2011年10月1日起施行。《基金管理公司特定客户资产管理业务试点办法》(证监会令第51号)、《关于实施〈基金管理公司特定客户资产管理业务试点办法〉有关问题的通知》(证监基金字[2007]326号)、《关于基金管理公司开展特定多个客户资产管理业务有关问题的规定》(证监会公告[2009]10号)同时废止。

关于发布《证券投资基金销售人员从业资质管理规则》有关问题的通知

各基金销售机构：

为提高证券投资基金(以下简称基金)销售人员执业素质，规范基金销售人员的销售行为，维护基金持有人的合法权益，中国证券业协会(以下简称协会)制定了《中国证券业协会证券投资基金销售人员从业资质管理规则》(见附件1，以下简称《管理规则》)，经协会常务理事会表决通过并向中国证监会报备，予以发布实施。现就有关事项通知如下:

一、各基金销售机构应按照相关法律法规和《管理规则》的要求，建立健全本机构的基金销售人员资质管理制度，制定基金销售人员资质合规计划。其中：

(一)基金管理公司应当在《管理规则》施行半年内达到相关要求；

(二)证券公司、证券投资咨询机构和专业基金销售机构应当在《管理规则》施行一年内达到相关要求；

(三)商业银行应当在《管理规则》施行一年内达到第五条第一款第(二)项的要求，且每个营业网点至少应有一名从事基金宣传推介、基金理财业务咨询等活动的人员取得基金销售人员从业考试成绩合格证，《管理规则》施行两年内应达到相关要求。

二、《管理规则》第五条第一款第(三)项规定的基金销售人员在《管理规则》实施前，已经通过证券从业人员资格考试中的“证券投资基金”科目考试取得的考试成绩合格证，可以作为其从业资质证明。

三、中国证券业执业证书由基金销售人员所在机构统一打印，基金销售人员从业考试成绩合格证由基金销售人员登录协会网站自行打印，并加盖所在机构公章。

四、基金销售机构应在2010年6月底以前在本公司网站建立公示专栏，按照规定的格式(见附件2)将全部基金销售网点及基金销售人员资质情况在公司网站上披露，同时将公示网址和本公司基金销售人员资质情况报送协会。今后，基金销售机构应每年对销售人员资质情况进行更新，并将更新内容报送协会。公示网址、本公司基金销售人员资质情况和更新情况以电子邮件方式报送至beian@sac.net.cn。

五、协会在每年证券业从业人员年检工作中，将检查应注册获得中国证券业执业证书的基金销售人员的注册和执业情况，还将通过基金销售机构现场检查、日常业务检查等，检查基金销售机构营业网点基金宣传推介人员持证上岗和执业情况。

附件：

1、中国证券业协会证券投资基金销售人员从业资质管理规则

2、基金销售网点及销售人员从业资质信息一览表

中国证券业协会

二〇一〇年一月十一日

附件一：

中国证券业协会证券投资基金销售人员从业资质管理规则

第一条 为提高证券投资基金(以下简称基金)销售人员执业素质，规范基金销售行为，维护基金持有人的合法权益，根据中国证监会《证券投资基金销售管理办法》、《证券从业人员资格管理办法》等法律、法规以及中国证券业协会(以下简称协会)的有关自律规则，制定本规则。

第二条 本规则适用于下列基金销售人员：

(一)基金销售机构总部及主要分支机构负责基金销售业务的部门中从事基金销售业务管理的人员，包括部门基金业务负责人；

(二)基金销售机构从事基金宣传推介活动、基金理财业务咨询等活动的人员。

第三条 本规则所称的基金销售机构是指办理基金销售业务的基金管理公司和经中国证监会认定的取得基金销售业务资格的其他机构，包括商业银行、证券公司、证券投资咨询机构、专业基金销售机构等。

第四条 基金销售人员应按照本规则的要求取得从业资质证明，基金销售人员从业资质可以通过以下方式获取：

(一)通过证券业从业人员资格考试中的“证券市场基础知识”和“证券投资基金”两科考试，由所在机构统一进行注册申请，符合条件的可获得中国证券业执业证书。

(二)通过基金销售人员从业考试即“证券投资基金销售基础知识”一科的，可直接获得基金销售人员从业考试成绩合格证。

第五条 基金销售人员应符合下列资质要求：

(一)基金管理公司的全部基金销售人员应取得第四条第(一)项规定的中国证券业执业证书；

(二)证券公司总部及营业网点、商业银行总行及其一级分行、专业基金销售机构和证券投资咨询总部及营业网点从事基金销售业务管理的人员应取得第四条第(一)项规定的中国证券业执业证书；

(三)证券公司总部及营业网点、商业银行总行、各级分行及营业网点、专业基金销售机构和证券投资咨询机构总部及营业网点从事基金宣传推介、基金理财业务咨询等活动的人员应取得基金销售人员从业考试成绩合格证。

前款第(三)项人员已取得中国证券业执业证书的，可以豁免基金销售人员从业考试。

第六条 基金销售人员在开展基金宣传推介、基金理财业务咨询等活动时应通过适当的方式向基金投资人出示从业资质证明。

第七条 对于通过证券业从业人员资格考试的基金销售人员，基金销售机构应遵照《证券业从业人员资格管理办法》、《证券业从业人员资格管理实施细则》和本规则的要求，统一办理执业注册、后续培训和执业年检。

第八条 对于取得基金销售人员从业考试成绩合格证的人员，基金销售机构可参照协会证券从业人员后续职业培训大纲的要求，组织与基金销售相关的职业培训。

取得基金销售人员从业考试成绩合格证的人员可以参加所在机构组织的培训，也可以参加协会远程系统的培训或所在辖区地方证券业协会组织的培训。

第九条 基金销售机构对基金销售人员的销售行为、流动情况、获取从业资质和业务培训等进行日常管理，建立健全基金销售人员管理档案，登记基金销售人员的基本资料和培训情况等。

第十条 基金销售机构应通过网站或其他方式向社会公示本机构所属的取得基金销售从业资质的人员信息，公示的内容包括但不限于姓名、从业资质证明及编号、所在营业网点等信息。

第十一条 协会对各基金销售机构基金销售人员的持证上岗情况以及执业行为等进行监督检查。对于违反本规则及协会其他自律规则的，协会将进行调查并视情节轻重对基金销售机构和基金销售人员予以纪律处分，相关惩罚记录记入基金销售人员和所在机构的诚信数据库。不予纠正或情节严重的，报告中国证监会。

第十二条 本规则由协会负责解释。

第十三条 本规则自公布之日起施行。

附件二：

基金销售网点及销售人员资格信息一览表

机构名称				更新时间		
联系人				联系电话		
基金销售网点	地　址	客服电话	基金销售人员	资格类型	资格证书编号	

关于发布《证券投资基金评价业务自律管理规则(试行)》的通知

各基金管理公司、基金代销机构、相关基金评价机构：

为加强对证券投资基金评价业务自律管理，规范基金评价业务，保障基金投资人和相关当事人的合法权益，中国证券业协会(以下简称协会)根据《证券投资基金评价业务管理暂行办法》(以下简称《暂行办法》)和《中国证券业协会章程》、《中国证券业协会会员管理办法》等规定，制定了《证券投资基金评价业务自律管理规则(试行)》(见附件1，以下简称《自律管理规则》)，经协会常务理事会表决通过并向中国证监会报备，予以发布实施。现就有关事项通知如下:

一、基金管理公司、基金代销机构应按照《暂行办法》、《自律管理规则》的有关规定公开引用基金评价结果；在第一批具备协会会员资格的基金评价机构名单公布后一个月以内，各基金管理公司、基金代销机构应撤换公司网站已经公开引用的非协会会员所发布的基金评价结果，停止印发含有非协会会员发布的基金评价结果的宣传材料。

二、基金评价机构取得协会会员资格或完成备案程序后，应对其以往的基金评价业务及评价结果进行自查，对于不符合《暂行办法》、《自律管理规则》的评价结果，应通过本机构网站等渠道予以公布。

三、自本《通知》发布之日起，协会开始受理基金评价业务相关申报材料。符合《暂行办法》和《自律管理规则》规定的条件、拟申请入会或备案的基金评价机构，应当根据《基金评价业务申请材料的内容与格式》(见附件2)的规定向协会报送基金评价业务申请材料；拟申请入会的评奖媒体，应当根据《基金评奖业务申请材料的内容与格式》(见附件3)向协会报送基金评奖业务申请材料。

本通知相关附件可登录协会网站下载。

联系电话：010-66575893

传真：010-66575896

地址：北京市西城区金融大街19号富凯大厦B座2层

邮编：100033

附件：

1、《证券投资基金评价业务自律管理规则(试行)》

2、基金评价业务申请材料的内容与格式(略)

3、基金评奖业务申请材料的内容与格式(略)

中国证券业协会

二○一○年一月十一日

附件一：

中国证券业协会证券投资基金评价业务自律管理规则(试行)

第一章 总 则

第一条 为加强对证券投资基金(以下称基金)评价业务自律管理，规范基金评价业务，保障基金投资人和相关当事人的合法权益，根据《证券投资基金评价业务管理暂行办法》(以下称《暂行办法》)和《中国证券业协会章程》、《中国证券业协会会员管理办法》等规定，制定本规则。

第二条 基金评价机构对基金进行评价并通过公开形式发布基金评价结果，以及基金管理公司、基金销售机构及中国证监会指定信息披露媒体公开引用基金评价结果，适用本规则。

第三条 本规则所称基金评价机构包括从事基金评价业务的证券公司、证券投资咨询机构、独立基金评价机构、媒体及中国证监会认定的其他机构。

本规则所称基金评价业务是指基金评价机构及其评价人员对基金的投资收益和风险或基金管理人的管理能力开展评级、评奖、单一指标排名或中国证监会认定的其他评价活动。

本规则所称基金评价结果是指基金评价机构开展基金评价业务所形成的信息资料，包括基金或基金管理人的评级信息、基金排名、基金或基金管理人获奖信息等。

第四条 基金评价机构应当加入中国证券业协会(以下称协会)，成为协会会员，履行会员义务，享有会员权利。

第五条 协会成立基金评价业务专家工作组(以下称专家工作组)，负责对基金评价机构的基金评价标准、方法、内控制度、业务流程以及执行情况的评估咨询。

第六条 协会依据本规则，负责对基金评价机构及基金评价业务活动等进行自律管理。

第二章 注册登记和业务备案

第七条 申请入会成为协会会员的基金评价机构，应符合《中国证券业协会章程》和《中国证券业协会会员管理办法》规定的入会条件，符合《暂行办法》规定的从事基金评价业务的基本条件，同时还应符合下列条件：

(一)在中国境内登记、注册的企业法人；

(二)注册资本不少于500万元人民币，且为实缴货币资本；

(三)基金评价人员应取得基金从业资格，且不少于5人，并具备3年以上金融业务相关的工作经历或学术经历，其中基金评价业务主要负责人应当具备5年以上金融业务相关的工作经历或学术经历；

(四)完整的基金评价理论和方法，健全的评级体系和作业程序；

(五)有可靠的信息采集制度和完备的数据存储机制，数据库应包括5年以上基金评价需要的基金行业相关信息；

(六)有清晰明确的盈利模式，确保基金评价机构的可持续发展；

(七)有完善的员工管理和培训制度，持续提高从业人员的职业素养和业务水平；

(八)协会规定的其他条件。

第八条 媒体也可以按照下列条件申请入会成为协会会员，但只能开展评奖活动：

(一)本规则第七条除第(三)、(五)、(六)、(七)项外的其他规定；

(二)基金评价人员应取得基金从业资格，且不少于2人，并具备3年以上金融业务相关的工作经历或学术经历，其中基金评价业务主要负责人应当具备5年以上金融业务相关的工作经历或学术经历。

(三)有完备、可靠的数据库支持，数据库应包括5年以上基金评价需要的基金行业相关信息。

第九条 独立基金评价机构、媒体及中国证监会认定的其他机构应当在《暂行办法》施行后30个工作日内或其开始从事基金评价业务后30个工作日内申请入会。申请入会时，应向协会递交下列申请材料：

(一)申请成为协会会员的公函(原件)；

(二)《中国证券业协会会员登记表》(原件)；

(三)法人营业执照(副本复印件)；

(四)从事基金评价业务人员和业务主要负责人的名单、简历、身份证件、学历证明、基金从业资格证明；

(五)机构基本经营情况；

(六)基金评价业务范围；

(七)完整的基金评价理论、标准、方法及效果的说明；

(八)基金评价信息数据及数据安全性、真实性和完整性说明；

(九)基金评价业务内部控制制度、业务流程、基金分类方法；

(十)诚信承诺书；

(十一)协会要求提供的其他文件。

第十条 《暂行办法》施行前已经加入协会的证券公司、证券投资咨询机构等从事基金评价业务，应在《暂行办法》施行后30个工作日内或其开始从事基金评价业务后30个工作日内向协会递交下列备案材料：

(一)报备从事基金评价业务相关文件的公函；

(二)本规则第九条第(四)项至第(十一)项的材料。

《暂行办法》施行后设立的证券公司、证券投资咨询机构从事基金评价业务，应先行办理注册登记手续成为协会会员，在其开始从事基金评价业务后30个工作日内向协会递交前款所列的备案材料。

第十一条 协会正式受理基金评价机构的入会申请材料或基金评价业务备案材料后，在两个月内完成入会申请材料或基金评价业务备案材料的审核，作出是否核准注册登记入会或基金评价业务备案，或终止注册登记入会或基金评价业务备案程序的决定，并函告基金评价机构。

第十二条 协会在基金评价机构入会之日或核准基金评价业务备案之日起的10个工作日内，通过协会网站公告具备会员资格基金评价机构的名单及其基金评价业务范围。

第十三条 基金评价机构有下列情形之一的，应至少提前30个工作日向协会报送相关备案材料：

(一)调整基金评价业务范围的；

(二)调整基金评价标准、方法、内控制度和业务流程的；

(三)调整基金评奖的标准、方法和业务流程的；

(四)协会规定的其他情形。

发生上款第(二)、(三)项情形的，基金评价机构还应说明调整后的评价标准、方法等对调整前评价或评奖结果的影响。

第十四条 协会受理基金评价机构调整基金评价业务范围，或调整其基金评价标准、方法、内控制度、业务流程的备案材料后，在两个月内完成对其备案材料审核工作，作出是否核准调整基金评价业务范围，或核准调整基金评价标准、方法、内控制度、业务流程备案，或终止上述备案程序的决定，函告基金评价机构，并作出在协会网站上公告变更事宜。

第三章 基金评价业务规范

第十五条 基金评价机构及其评价人员从事基金评价业务等活动，应当遵守法律、行政法规和中国证监会的相关规定，恪守业务规则和行业规范，客观公正地对基金及基金管理人进行评价，促进基金行业的良性竞争，培育和引导投资人形成长期投资理念。

第十六条 基金评价机构自身评价部门、销售部门之间以及基金评价机构与基金管理公司或基金销售机构之间应建立基金评价业务与其他证券业务的“防火墙”制度，保证基金评价业务的独立性和客观性。

第十七条 基金评价机构不得频繁调整其基金评价标准、方法、内控制度、业务流程和基金分类方法，原则上一年内调整次数不得超过1次，法律、法规或中国证监会规定必须调整的除外。

第十八条 基金评价机构的评价人员及其业务负责人，应向协会申请执业注册，取得中国证券业执业证书。

第十九条 基金评价机构及其评价人员从事基金评价业务等活动，不得有下列行为：

(一)使用未经公开披露的信息或虚假信息作为基金评价的数据或依据；

(二)利用基金评价业务活动向评价对象索取任何形式的好处或利益；

(三)在基金评价报告等文件中使用广告性语言；

(四)在评价结果中明显不公平对待部分评价对象，或者使用贬低、诋毁评价对象的语言；

(五)出具预测未来业绩等明显具有误导性的评价结果；

(六)评价人员未经其所服务的基金评价机构允许，擅自发表有关基金评价的言论；

(七)诋毁其他基金评价机构及其评价人员，或者对其评价结果发表不正当的评论等不正当竞争行为；

(八)法律、法规或中国证监会规定禁止的其他行为。

第四章 基金评价机构信息披露

第二十条 具备协会会员资格基金评价机构应通过本机构网站及至少一家中国证监会指定信息披露媒体向社会披露本机构下列信息内容：

(一)基本信息：包括机构名称、法定代表人、基金评价业务部门名称、通信地址和联系办法；

(二)人员信息：包括取得基金从业资格的基金评价业务人员及业务主要负责人的姓名、执业资格证书编号、主要从业经历；

(三)业务信息：包括基金评价标准、方法和程序，基金评级和评奖开展情况及发布方式，为避免与评价对象产生利益冲突而采取的措施；

(四)中国证监会、协会要求披露的其它信息或基金评价机构认为需要披露的相关信息。

第二十一条 基金评价机构与基金管理公司或基金销售机构存在下列关联关系的，应通过本机构网站披露关联方名称及关联关系：

(一)同一股东持有基金评价机构、基金管理公司的股份均达到5%以上的；

(二)基金评价机构持有基金管理公司的股份达到5%以上的；

(三)基金评价机构销售基金产品的；

(四)基金评价机构为基金管理公司提供证券投资咨询服务或销售信息产品且获得收入的；

(五)基金评价机构为基金管理公司提供证券买卖交易席位及交易单元的；

(六)基金评价机构的评价人员担任基金管理公司职务的；

(七)基金评价机构为基金管理公司提供信息披露和宣传栏目的；

(八)基金评价机构认为应该披露的其他关联关系。

第二十二条 本规则第二十条、第二十一条所列各项信息内容发生变化的，基金评价机构应该更新本机构网站披露的相关信息，其中第二十条第(三)项信息内容发生变化时，基金评价机构还应通过至少一家中国证监会指定信息披露媒体进行披露。

第二十三条 基金评价机构应在披露第二十条所列各项信息内容或在更新其所披露信息内容之日起的10个工作日内，向协会提交所披露信息内容或更新信息内容的电子文档。

第二十四条 基金评价机构应在每年3月底向协会提交本机构上年度工作报告的书面和电子文档，工作报告包括但不限于以下内容：

(一)机构或基金评价业务部门基本情况及经营状况；

(二)基金评价人员及其变化情况；

(三)基金评价标准、方法、程序以及调整情况；

(四)基金评价业务开展情况；

(五)履行信息披露义务情况；

(六)防范利益冲突措施及实施情况；

(七)奖惩情况；

(八)其他需要说明的情况。

基金评价机构从事基金评价业务时间在报告期内未满3个月的，可免交年度工作报告。

第二十五条 协会通过网站公示本规则第二十条和二十四条规定的各基金评价机构的相关信息。

第五章　评价结果引用

第二十六条　基金管理公司、基金销售机构及中国证监会指定信息披露媒体应当引用协会公告的具备协会会员资格基金评价机构公开发布的基金评价结果，并注明所引用评价结果的基金评价机构。

第二十七条　基金评价机构被取消协会会员资格或被停止基金评价业务的，基金管理公司、基金销售机构及中国证监会指定信息披露媒体应当停止公开引用其评价结果。

第二十八条　对于不具备协会会员资格的境外基金评价机构对基金或基金管理公司进行评价或评级的结果，基金管理公司不得在境内(包括公司网站)公开引用。在境外公开引用时，应遵从当地法律的要求。

第二十九条　基金管理公司主动聘请基金评价机构利用非公开信息对本公司或基金产品进行综合评价或评级，其评价或评级结果不得在境内(包括公司网站)公开引用。

第三十条　基金管理公司、基金销售机构在宣传推介材料中公开引用基金评价结果的，还应遵循中国证监会关于基金宣传推介材料制作的相关规定。

第三十一条　基金管理公司、基金销售机构及中国证监会指定信息披露媒体决定与基金评价机构合作并公开引用其基金评价结果的，可以向协会查询基金评价机构的诚信档案。

第三十二条　基金管理公司、基金销售机构及中国证监会指定信息披露媒体在与基金评价机构合作并公开引用其基金评价结果的过程中，发现基金评价机构或其基金评价活动违反《暂行办法》和本规则的，应当及时向协会报告。

第六章　专家工作组

第三十三条　专家工作组是协会设立的非常设评估咨询机构，在协会的领导下开展工作。

第三十四条　专家工作组的主要职责是：

(一)对申请从事基金评价业务活动的机构所提交的基金评价理论基础、标准、方法、内控制度和业务流程进行专业评估；

(二)对基金评价机构调整后的基金评价标准、方法、内控制度和业务流程进行专业评估；

(三)参加协会组织的对基金评价机构业务检查，对基金评价机构基金评价业务合规性进行专业评估；

(四)参与其他需要对基金评价业务作出专业评估的事项。

第三十五条　专家工作组由中国证监会、协会、业内机构、学术研究机构的有关专家组成，由协会聘任，任期2年，可连续聘任。专家工作组名单向社会公布。专家工作组成员必须满足以下条件：

(一)有较高的专业水平与丰富的从业经验；

(二)有良好的行业声誉；

(三)关心行业发展，热心协会工作；

(四)有充足的时间和精力参加专家组的活动；

(五)协会规定的其他条件。

第三十六条　专家工作组对所评估的事项可以通过集体表决，也可以由专家独立发表个人意见。专家工作组表决意见和专家个人意见，是协会对相关事项进行决策的重要依据。

第三十七条　专家工作组成员应当遵循以下要求：

(一)勤勉尽职，客观、公正地对基金评价机构进行评估，独立发表个人意见、行使表决权；

(二)保守基金评价机构商业秘密；

(三)不擅自对外发表与评估对象和内容相关的意见；

(四)遵守有关回避规定；

(五)不得接受评估对象提供的任何形式的馈赠；

(六)不得为其他评估对象提供指导或咨询。

第七章　业务检查与纪律处分

第三十八条　协会根据《暂行办法》及协会自律规则等规定，对基金评价机构的人员资质、内部控制、业务活动、信息披露等合规情况进行业务检查，业务检查可通过现场或非现场方式进行。

业务检查分年度检查、专项检查和投诉举报事项检查。

第三十九条 协会对基金评价机构实行年检制度，每年对基金评价机构提交的年度工作报告进行审阅，每两年对基金评价机构进行一次现场检查。

第四十条 基金评价业务相关规章制度发生变化，或基金评价机构的基金评价标准、方法、内控制度和业务流程进行调整，协会将根据需要组织对基金评价机构执行规章制度或调整后业务活动进行专项检查。

第四十一条 基金评价机构被投诉或被举报，协会认为有必要时，可对基金评价机构进行检查。

第四十二条 协会跟踪基金管理公司、基金销售机构及中国证监会指定信息披露媒体公开引用基金评价结果的情况，对发现或被举报有违反《暂行办法》或本规则的行为进行检查。

第四十三条 协会对基金评价业务进行检查时，可组织专家工作组进行专业评估，或聘请注册会计师等专业人员提供专业服务。

第四十四条 协会在业务检查中，发现基金评价机构、基金评价人员或基金管理公司、基金销售机构违反《暂行办法》或本规则的，协会可采取书面或口头形式进行谈话提醒或质询，要求改正，对拒不改正或情节严重的，可给予警告、行业内通报批评、通过媒体公开谴责、暂停部分会员权利、将其从具备协会会员资格的基金评价机构名单中予以删除、取消会员资格等纪律处分，记入诚信档案并报告中国证监会。

第四十五条 基金评价机构有下列行为之一的，协会可按照本规则第四十四条的规定给予纪律处分：

(一)未按照已在协会备案的评价标准、方法和程序从事基金评价业务的；

(二)未按照本规则的规定履行信息披露义务的；

(三)违反《暂行办法》第十四条规定进行基金评价或发布基金评价结果的；

(四)未按规定保存基金评价数据和资料的；

(五)违反本规则规定的基金评价机构行为准则的；

(六)聘任不具备基金从业资格的人员或有违法、违规记录的人员从事基金评价业务的；

(七)其他违反《暂行办法》和本规则的行为。

第四十六条 基金评价人员有下列情形之一的，协会可按照本规则第四十四条的规定，给予纪律处分：

(一)同时在两个以上基金评价机构执业；

(二)以基金评价人员个人名义发布基金评价结果；

(三)未取得基金从业资格，从事基金评价业务；

(四)违反本规则规定的基金评价人员行为规则。

第四十七条 基金管理公司、基金销售机构在境内公开引用不具备协会会员资格基金评价机构发布的基金评价结果，或不注明引用评价结果的基金评价机构的，协会可按照本规则第四十四条的规定，给予纪律处分。

中国证监会指定信息披露媒体违反前款所列行为的，协会报中国证监会处理。

第四十八条 基金评价机构及其基金评价人员、基金管理公司或基金销售机构对检查结果或纪律处分有异议的，可以向协会进行申诉。

第四十九条 协会建立基金评价机构及其基金评价人员的诚信数据库，记载基金评价机构及其评价人员受到处罚或纪律处分、被投诉或举报等相关信息。

第八章　附　则

第五十条 基金管理公司和基金销售机构根据基金销售适用性原则对基金产品进行风险等级分类或聘请第三方对基金产品进行风险等级分类的，不属于本规则规范的基金评价业务。

第五十一条 协会对基金评价业务的自律管理接受中国证监会的指导和监督。

第五十二条 本规则由中国证券业协会实施并负责解释。

第五十三条 本规则自公布之日起施行。

关于发布《证券投资基金投资人权益须知(2011格式文本)》的通知

中证协发[2011]58号

各基金销售机构：

为持续深入地做好基金投资者教育工作，中国证券业协会根据基金行业发展需要对《证券投资基金投资人权益须知(格式文本)》的部分条款进行了修改，现予以发布。请各机构对原有版本进行更新，并根据相关法规要求和自身的业务特点通过适当的方式向基金投资人发布。

附件：《证券投资基金投资人权益须知(2011格式文本)》

中国证券业协会

二〇一一年四月二日

证券投资基金投资人权益须知(2011格式文本)

尊敬的基金投资人：

基金投资在获取收益的同时存在投资风险。为了保护您的合法权益，请在投资基金前认真阅读以下内容：

一、基金的基本知识

(一)什么是基金

证券投资基金(简称基金)是指通过发售基金份额，将众多投资者的资金集中起来，形成独立财产，由基金托管人托管，基金管理人管理，以投资组合的方法进行证券投资的一种利益共享、风险共担的集合投资方式。

(二)基金与股票、债券、储蓄存款等其他金融工具的区别

	基金	股票	债券	银行储蓄存款
反映的经济关系不同	信托关系，是一种受益凭证，投资者购买基金份额后成为基金受益人，基金管理人只是替投资者管理资金，并不承担投资损失风险	所有权关系，是一种所有权凭证，投资者购买后成为公司股东	债权债务关系，是一种债权凭证，投资者购买后成为该公司债权人	表现为银行的负债，是一种信用凭证，银行对存款者负有法定的保本付息责任
所筹资金的投向不同	间接投资工具，主要投向股票、债券等有价证券	直接投资工具，主要投向实业领域	直接投资工具，主要投向实业领域	间接投资工具，银行负责资金用途和投向

（续上表）

	基金	股票	债券	银行储蓄存款
投资收益与风险大小不同	投资于众多有价证券，能有效分散风险，风险相对适中，收益相对稳健	价格波动性大，高风险、高收益	价格波动较股票小，低风险、低收益	银行存款利率相对固定，损失本金的可能性很小，投资比较安全
收益来源	利息收入、股利收入、资本利得	股利收入、资本利得	利息收入、资本利得	利息收入
投资渠道	基金管理公司及银行、证券公司等代销机构	证券公司	债券发行机构、证券公司及银行等代销机构	银行、信用社、邮政储蓄银行

(三)基金的分类

1、依据运作方式的不同，可分为封闭式基金与开放式基金。

封闭式基金是指基金份额在基金合同期限内固定不变，基金份额可以在依法设立的证券交易所交易，但基金份额持有人不得申请赎回的一种基金运作方式。

开放式基金是指基金份额不固定，基金份额可以在基金合同约定的时间和场所进行申购和赎回的一种基金运作方式。

2、依据投资对象的不同，可分为股票基金、债券基金、货币市场基金、混合基金。

根据《证券投资基金运作管理办法》对基金类别的分类标准，60%以上的基金资产投资于股票的为股票基金；80%以上的基金资产投资于债券的为债券基金；仅投资于货币市场工具的为货币市场基金；投资于股票、债券和货币市场工具，但股票投资和债券投资的比例不符合股票基金、债券基金规定的为混合基金。这些基金类别按收益和风险由高到低的排列顺序为：股票基金、混合基金、债券基金、货币市场基金，即股票基金的风险和收益最高，货币市场基金的风险和收益最低。

3、特殊类型基金。

(1)系列基金。又被称为伞型基金，是指多个基金共用一个基金合同，子基金独立运作，子基金之间可以进行相互转换的一种基金结构形式。

(2)保本基金。是指通过采用投资组合保险技术,保证投资者的投资目标是在锁定下跌风险的同时力争有机会获得潜在的高回报。

(3)交易型开放式指数基金(ETF)与上市开放式基金(LOF)。交易型开放式指数基金,通常又被称为交易所交易基金(Exchange Traded Funds，简称“ETF”)，是一种在交易所上市交易的、基金份额可变的一种开放式基金。上市开放式基金(Listed Open-ended Funds,简称“LOF”)是一种既可以在场外市场进行基金份额申购赎回，又可以在交易所(场内市场)进行基金份额交易、申购或赎回的开放式基金。

(4)QDII基金。是一种以境外证券市场为主要投资区域的证券投资基金，投资者可以用人民币或美元等外汇进行认购和申购，在承担境外市场相应投资风险的同时获取相应的投资收益。QDII基金与普通证券投资基金的最大区别在于投资范围不同。

(四)基金评级

基金评级是依据一定标准对基金产品进行分析从而做出优劣评价。投资人在投资基金时，可以适当参考基金评级结果，但切不可把基金评级作为选择基金的唯一依据。此外，基金评级是对基金管理人过往的业绩表现做出评价，并不代表基金未来长期业绩的表现。

本公司(行)将根据销售适用性原则，对基金管理人进行审慎调查，并对基金产品进行风险评价。

(五)基金费用

基金费用一般包括两大类：一类是在基金销售

过程中发生的由基金投资人自己承担的费用，主要包括认购费、申购费、赎回费和基金转换费。这些费用一般直接在投资人认购、申购、赎回或转换时收取。其中申购费可在投资人购买基金时收取，即前端申购费；也可在投资人卖出基金时收取，即后端申购费，其费率一般按持有期限递减。另一类是在基金管理过程中发生的费用，主要包括基金管理费、基金托管费、信息披露费等，这些费用由基金承担。对于不收取申购、赎回费的货币市场基金和部分债券基金，还可按不高于2.5‰的比例从基金资产中计提一定的销售服务费。

二、基金份额持有人的权利

根据《证券投资基金法》第70条的规定，基金份额持有人享有下列权利：

(一)分享基金财产收益；

(二)参与分配清算后的剩余基金财产；

(三)依法转让或申请赎回其持有的基金份额；

(四)按照规定要求召开基金份额持有人大会；

(五)对基金份额持有人大会审议事项行使表决权；

(六)查阅或者复制公开披露的基金信息资料；

(七)对基金管理人、基金托管人、基金份额发售机构损害其合法权益的行为依法提起诉讼；

(八)基金合同约定的其他权利。

三、基金投资风险提示

(一)证券投资基金是一种长期投资工具，其主要功能是分散投资，降低投资单一证券所带来的个别风险。基金不同于银行储蓄和债券等能够提供固定收益预期的金融工具，投资人购买基金，既可能按其持有份额分享基金投资所产生的收益，也可能承担基金投资所带来的损失。

(二)基金在投资运作过程中可能面临各种风险，既包括市场风险，也包括基金自身的管理风险、技术风险和合规风险等。巨额赎回风险是开放式基金所特有的一种风险，即当单个交易日基金的净赎回申请超过基金总份额的百分之十时，投资人将可能无法及时赎回持有的全部基金份额。

(三)基金投资人应当充分了解基金定期定额投资和零存整取等储蓄方式的区别。定期定额投资是引导投资人进行长期投资、平均投资成本的一种简单易行的投资方式，但并不能规避基金投资所固有的风险，不能保证投资人获得收益，也不是替代储蓄的等效理财方式。

(四)基金管理人承诺以诚实守信、勤勉尽责的原则管理和运用基金资产，但不保证旗下基金一定盈利，也不保证最低收益。旗下基金的过往业绩及其净值高低并不预示其未来业绩表现。基金管理人提醒投资人基金投资的“买者自负”原则，在做出投资决策后，基金运营状况与基金净值变化引致的投资风险，由投资人自行负担。

(五)本公司(行)将对基金投资人的风险承受能力进行调查和评价，并根据基金投资人的风险承受能力推荐相应的基金品种，但我公司(行)所做的推荐仅供投资人参考，投资人应根据自身风险承受能力选择基金产品并自行承担投资基金的风险。

四、服务内容和收费方式

我公司(行)向基金投资人提供以下服务：

(一)对基金投资人的风险承受能力进行调查和评价。

(二)基金销售业务，包括基金(资金)账户开户、基金申(认)购、基金赎回、基金转换(可选项)、定额定投(可选项)、修改基金分红方式等。我公司(行)根据每只基金的发行公告及基金管理公司发布的其他相关公告收取相应的申(认)购、赎回费和转换费。

(三)基金网上交易服务。

(四)基金投资咨询服务(可选项)。

(五)基金净值、分红提示、交易确认等短信服务(可选项)。

(六)电话咨询、电话自助交易服务(可选项)。

(七)基金知识普及和风险教育。

(以上服务内容涉及收费的，各基金销售机构要明示收费方式)

五、基金交易业务流程

(略。由各基金销售机构自行确定)

六、投诉处理和联系方式

(一)基金投资人可以通过拨打我公司(行)客户服务中心电话或以书信、传真、电子邮件等方式，对营业网点所提供的服务提出建议或投诉。对于工作日受理的投诉，原则上当日回复，不能当日回复的，在3个工作日内回复。对于非工作日受理的投诉，原则上在顺延的第一个工作日回复，不能及时回复的，在3个工作日内回复。

(二)基金投资人也可通过书信、传真、电子邮件等方式，向中国证监会和中国证券业协会投诉。联系方式如下：

中国证监会__________监管局：
网　址：www.csrc.gov.cn
联系电话：__________
传　真：__________
电子邮箱：__________
地　址：__________
邮　编：__________
（以上根据网点所在地点临时填写）。

中国证券业协会：
网址：www.sac.net.cn
电子邮箱 huizhang@sac.net.cn
地址：北京金融街富凯大厦B座二层
邮编：100140
传真：010-66575896
电话：010-58352888(中国证券投资者呼叫中心)
www.sipf.com(中国证券投资者保护网)。

(三)因基金合同而产生的或与基金合同有关的一切争议，如经协商或调解不能解决的，基金投资人可提交中国国际经济贸易仲裁委员会根据当时有效的仲裁规则进行仲裁。仲裁地点为基金合同约定的地点。仲裁裁决是终局的，对各方当事人均有约束力。

投资人在投资基金前应认真阅读《基金合同》、《招募说明书》等基金法律文件，选择与自身风险承受能力相适应的基金。我公司(行)和基金管理人承诺投资人利益优先，以诚实信用、勤勉尽责的态度为投资人提供服务，但不能保证基金一定盈利，也不能保证基金的最低收益。投资人可登录中国证监会网站(www.csrc.gov.cn)或中国证券业协会网站(www.sac.net.cn)查询基金销售机构名录，核实我公司(行)基金销售资格。

销售人员姓名(临时填写)：
销售人员从业证书编号(临时填写)：
基金销售机构名称
负责人：
网址：
客户服务中心电话：
客户服务中心传真：
地址：
邮编：

第六部分 附 录

Part VI Appendices

附录一　基金行业大事记要(2010)

一月份 JANUARY

1-01

证监会颁布的"基金发行分类审核制度"正式实施。基金公司可以同时上报QDII、股票型、债券型、专户和创新类等5类基金产品，不同类别的基金分别排队，审批程序简化，以期降低创新成本并缩短审批时间。

1-08

国务院原则，同意开展证券公司融资融券业务试点和推出股指期货品种。

1-11

证券业协会发布《中国证券业协会证券投资基金销售人员从业资质管理规则》，对基金销售人员的从业资质进行规范；同日还发布《证券投资基金评价业务自律管理规则(试行)》，明确了基金评价机构入会和备案的程序、自律管理要求、信息披露标准等。

深圳证券交易所下发通知，部署跨市场ETF业务及合伙企业实时开户首次全网测试。

1-12

广东省证监局召集辖区证券公司、基金公司和异地证券公司辖内分公司的部分高管人员约50多人，举办投研管理人员法规学习座谈会。

1-18

中证两岸三地500指数发布。

1-22

证监会发布《关于开展证券公司融资融券业务试点工作的指导意见》，明确申请首批试点的证券公司条件。

证券业协会在北京举办"基金销售业务新法规培训班"，来自60家基金公司、15家基金代销银行、10家证券公司和35个地方证监局的202名学员参加了培训。

1-28

上投摩根行业轮动股票基金结束募集正式成立，共募集资金36.17亿元，成为2010年首只发行成立的新基金。

1-29

中金深证100ETF在香港交易所上市，这是在香港证券交易所上市的第9只跟踪A股指数的ETF产品，也是唯一以中小盘成长型股票指数为跟踪目标的指数基金。

二月份 FEBRUARY

2-08

证监会发布《证券投资基金信息披露XBRL模板第3号〈年度报告和半年度报告〉》。

2-09

上海证券交易所举办"交易所交易基金(ETF)产品创新研讨会"，上交所总经理张育军在会上表示，大力发展ETF是上交所2010年创新方面的重要任务。

2-20

证监会发布《关于同意中国金融期货交易所沪深300股指期货合约和修改〈交易规则〉、〈违规违约处理办法〉的批复》，正式批复中国金融期货交易所沪深300股指期货合约和业务规则。

2-26

台湾富邦证券向两岸监管部门申请设立大陆合资基金管理公司。

2-28

本月共有11只新基金募集成立，募集市场资金205.05亿元，基金发行节奏加快。

三月份 MARCH

3-07

证券业协会在北京举办"2010年第二期基金经理培训班"，就基金行业法律制度建设的若干问题、典型案件分析与警示、融资融券业务、基金经理行为规范、基金投资和交易监控、交易所异常行为监管等问题进行讲解和探讨。

3-08

国内首只行业指数基金——国投瑞银沪深300金融地产行业指数基金(LOF)获准募集发行。

三月份 MARCH

3-09

泰达荷银基金管理公司发布公告，公司外方股东股权转让已获证监会等有关监管部门的批复，即日起，公司正式更名为“泰达宏利基金管理有限公司”。

3-15

证券业协会发布《中国证券业协会基金评价业务专家评估工作组工作规则》。并于次日举办“基金评价业务专家评估工作组第一次会议”，对申请从事基金评价业务的基金评价机构进行了专业评估。

融通基金管理公司发布公告，公司董事长孟立坤以及总经理吕秋梅的辞职请求已获得公司董事会审议通过，这是国内基金公司首次出现董事长和总经理双双辞职。

3-18

基金XBRL分类标准通过国际组织“Approved”认证。

3-22

国内首只海外指数基金——国泰纳斯达克100指数基金获批正式发行。

3-24

证监会近日下发《基金从业人员亲属股票投资报备管理的指导意见》，要求基金业所有从业人员的父母、配偶、子女等亲属股票账户需要报备。

3-25

建信和大成两家基金管理公司的QDII额度获外汇管理局正式批复，同日，国内首只全球资源类主题基金——招商全球资源股票（QDII）结束发行正式成立，基金公司拓展海外业务加快。

3-26

2009年证券投资基金年度报告开始披露，基金支付给销售机构的客户维护费首次披露。

3-29

易方达上证中盘ETF结束募集工作正式成立，共募集市场资金27.52亿元，成为2010新成立的首只ETF基金。

3-31

60家基金公司旗下594只基金的2009年年报披露完毕。统计数据显示，2009年公募基金利润合计9,102.46亿元，仅次于2007年；2009年基金公司获得管理费收入285.52亿元，较2008年下降了21.87%，这也是国内基金行业首次出现管理费下降。

融资融券试点工作启动。首批6家获准试点融资融券业务的证券公司正式启动交易，当日沪深两市融资融券交易总量659万元，其中融资买入额为655万元，融券卖出额则不足10万元。

四月份 APRIL

4-08

金鹰基金管理公司以公开招聘的市场化手段引进殷克胜总经理、郭容辰副总经理等专业管理人才。

4-09

由中国证券协会主办、《中国证券投资基金年鉴》承办的“中国证券投资基金业年会（2010）”在北京召开，年会主题是“责任与创新——开启中国基金业新未来”，来自基金公司、托管银行、代销银行、证券公司以及海外资产管理等机构代表350名出席会议。

4-16

股指期货正式推出，首批挂盘交易4个合约品种。交易首日4只合约全线收涨，成交量达到58，457手，单边成交额达到605.38亿元。

4-19

第15届亚大地区投资基金年会（AORM）在马来西亚哥打京那巴鲁召开，13个国家和地区的基金行业自律组织派代表出席了会议。中国证券业协会派出代表团参加会议，并在会上做了题为“特定资产类别的发展”和“加强投资者的信心”的专题演讲。

4-21

证监会颁发《证券投资基金参与股指期货交易指引》，拉开了基金公司参与股指期货的大幕。

4-22

2010年基金一季报全部披露完毕，全部基金共亏损884.64亿元，整体呈现负收益。

4-25

浙商基金公司和纽银梅隆西部基金公司获得证监会有关部门组织的评审会审核通过。沉寂近两年的新基金公司成立“开闸”在即。

4-27

国投瑞银瑞和300分级基金“配对转换”业务正式开通，创新了国内基金市场的交易模式——开放式分级基金的份额配对转换业务。

4-30

经证监会批准，友邦华泰基金管理有限公司正式更名为“华泰柏瑞基金管理有限公司”。

五月份 MAY

5-07

以券商、基金为代表的机构投资者正式开户参与股指期货交易。

5-17

证券业协会公布国内首批具备协会会员资格的基金评价机构名单。其中，证券投资咨询机构及独立基金评价机构3家，证券公司4家；评奖媒体3家。

5-18

证监会副主席姚刚在"证券行政处罚体制改革和投资者保护国际研讨会"上表示，证监会将建立健全行政处罚与司法合作打击证券期货犯罪的有效模式，加大内幕交易、"老鼠仓"和损害上市公司利益等违法违规行为的查办力度。

证券业协会向各基金管理公司、基金代销机构等相关基金评价机构发文，要求基金评价机构会员应对其以往的基金评价业务及评价结果进行自查。

5-20

证监会举办《证券投资基金法》修改研讨会，研究基金销售机构和中介服务机构准入门槛问题。

5-21

全景基金品牌研究中心发布《2009中国基金行业品牌评级报告》，这是国内发布的首份关于基金公司品牌的评级报告。

5-28

随着建信上证社会责任ETF及其联接基金公告成立，我国公募基金总数量突破600只。

5-31

鹏华信用增利债券基金募集成立，成为2010年新成立的首只债券型基金。

六月份 JUNE

6-02

中央国债登记结算公司公布5月份债券托管、交易统计月报。统计数据显示，截至5月末，基金持券数量达到10,481亿元，首次突破万亿大关。

6-10

本月以来市场已有4只债券型基金同时发行，改变了2010年以来仅成立1只债券型基金的状况。

6-18

上海证券交易所总经理张育军在上海举办的"2010金融与投资峰会"上表示，2010年上交所将围绕指数基金、融资融券、大宗交易市场等五个方面开展业务创新。

6-19

2010年度第二次基金销售人员从业考试在全国125个考区同时举行。

6-21

国泰基金管理有限公司对外发布公告，公司股东中国建银投资有限责任公司、万联证券有限责任公司将其所持公司合计30%的股权转让给意大利忠利集团。国泰基金正式成为合资基金公司。

6-25

招商信用添利债券封闭募集成立，共募集资金21.17亿元，至此，2010年以来新基金募集资金已经突破1,000亿大关。

6-26

华夏基金控股股东中信证券发布公告称，为符合有关监管要求，公司在对华夏基金保留49%持股比例上限的前提下，拟将所持华夏基金51%的股权在产权交易机构进行挂牌转让。

6-28

纽银梅隆西部基金管理公司获得证监会批准，这是继2008年10月民生加银基金管理公司获准成立之后，证监会批准成立的首家基金管理公司。

6-29

证监会副主席姚刚在陆家嘴金融论坛表示，"小QFII"已被监管机构深入研究，并正在得到推进。

七月份 JULY

7-01

首只在国内上市的QDII基金——国投瑞银全球新兴市场基金在深圳证券交易所上市交易。

国内首只投资民企主题指数的ETF及联接基金——鹏华上证民企50ETF及联接基金开始募集发行。

7-05

证券业协会在北京组织召开了第一届托管专业委员会第三次会议，来自17家托管银行的托管业务负责人和相关业务人员参加了会议。

7-10

经中国证监会和中国银监会核准，渤海银行获得证券投资基金托管

七月份 JULY

资格。至此，我国证券投资基金托管银行数量增至18家。

7-12

证监会在其网站"信息公开"栏目，以"基金募集申请核准进度公示表"的表格形式，公开披露新基金审理和审核的进程，这是管理层首度公示新基金审核进程。

7-13

监管层日前向基金公司和托管银行下发《基金行业人员离任审计及审查报告内容指引征求意见稿》，对基金公司高管、基金经理的离任审查要点进行了详细规定。

7-15

大成中证中国内地消费ETF在香港交所主板挂牌交易，这是国内中资基金公司在香港分支机构发行的首只公募基金，国内基金业在国际化进程中又迈出坚实的一步。

中国农业银行正式上市，筹资金额共计685.29亿元，至此我国四大国有商业银行全部实现在上交所上市。

7-21

60家基金公司旗下652只基金二季报全部披露完毕，统计数据显示，二季度基金利润总计亏损约3,513.73亿元，仅次于2008年一季度和二季度。

7-28

为提高代销银行基金研究水平和评价能力，证券业协会在北京举办"基金评价业务研讨会"，就基金评价业务的理念与方法进行辅导与交流。

八月份 AUGUST

8-06

新基金募集核准进度数据显示，监管部门7月份共接收16只基金的申请材料，其中8只为债券类基金。债券型基金发行节奏加快。

8-10

国内首只专注投资医药行业的基金，也是国内首只单一行业的公募基金——汇添富医药保健股票型基金获得证监会批准。

8-13

工银瑞信双利债券基金募集成立，首募资金140.53亿元，成为2010年以来首募金额超过百亿元的新基金，这也是目前国内募集规模最大的债券型基金。

8-16

金元比联宝石动力保本混合型证券投资基金保本到期，由于不符合保本基金存续条件，转型为混合型基金，名称变更为"金元比联宝石动力混合型证券投资基金"。这是国内第4只到期转型的保本基金，至此，国内全部保本基金的数量从9只减少至5只。

8-19

国内首只分级债基——富国汇利分级债券基金获得证监会批准，成为自基金审批多通道制启用以来，通过创新通道获批的首只债券型基金。

8-30

2010基金半年度报告全部披露完毕。披露数据显示，上半年由于股市下跌，全部基金本期利润为−4,397.85亿元，仅次于2008年上半年。

8-31

截至本月末，2010年共有59家基金公司旗下公募基金经理发生变动，变动次数达到265次，其中70%以上为离职。

九月份 SEPTEMBER

9-01

国内首只以保障本金安全、追求绝对回报为目标的"类保本债基"嘉实稳固收益债券基金募集成立，共募集市场资金44.83亿元。

9-02

深圳证券交易所发布《深圳证券交易所交易型开放式指数基金风险管理指引》，对基金管理公司运作ETF的人员配置、技术与制度准备、信息生成与披露流程以及实时风险监控等各方面提出具体要求。

9-06

证监会发布《关于保本基金的指导意见》（征求意见稿）。

证监会首次对外披露关于景顺长城和长城基金两家基金公司的"老鼠仓案"的立案调查结果。从处罚决定上看，证监会对于原长城基金公司基金经理韩刚的处罚开创了基金业的先河，韩刚成

九月份 SEPTEMBER

为首位被移送司法机关追究刑事责任的基金经理。

9-15

中国金融期货交易所首次受理汇添富和国投瑞银两家基金公司以专户理财形式提出"特定客户资产管理"的特殊法人机构交易编码申请。

国内首只投资全球市场的债券型基金——富国全球债券基金正式发行。

9-17

国投瑞银基金公司与搜狐基金频道举办"新一代分级基金价值发现研讨会"，就国内分级基金的现状与未来发展方向进行了探讨。

9-18

由《中国证券投资基金年鉴》发起主办的"2010中国基金营销拓展研讨会"在北京召开，就基金营销差异化、基金品牌价值、产品设计创新以及持有人服务等问题进行了深入研讨。

9-19

随着华安香港精选股票(QDII)募集成立，2010年新成立的QDII基金数量已达到10只，超过了前三年国内QDII发行数的总和。

9-20

浙商基金管理有限公司获得证监会批准，成为2010获准成立的第二家基金管理公司，公司注册地在杭州，这也是国内首家注册在浙江省的基金管理公司。

9-29

交银施罗德基金管理公司发布公告，同意莫泰山辞去总经理职务。

十月份 OCTOBER

10-08

证监会基金部负责人日前表示，近年来，按照国务院依法行政的总体要求，基金部在基金产品审核方面，始终坚持市场化改革方向，不断改进审核机制、简化审核程序，减少审核内容、增加审核透明度，特别是2010年以来开始实施的基金产品分类审核、公示基金产品审核进度等，顺应了行业市场化的发展需要，强化了市场约束和社会监督，得到了行业的广泛认同和肯定。

10-13

国内首只分级基金产品——国投瑞银瑞和300指数分级基金正式启动周年份额折算，成为国内首只启动份额周年折算的分级基金产品。

10-14

证监会发布《关于实施〈证券投资基金销售管理办法〉的规定》，明确了《基金销售管理办法》修订前后实施上的衔接问题。至此，基金第三方销售机构的申请正式进入实际操作阶段。

基金管理公司督察长培训班在云南昆明市举办。

10-20

中国人民银行宣布，自该日起上调金融机构人民币存贷款基准利率。这是央行时隔近3年后的首度加息。

10-22

中小板指数盘中创下历史新高，达6689.45点，收报6665.05点，上涨1.33%；中小板综指首度站上7000点，收报7023.34点。中小板总市值冲破3万亿元大关。

10-23

2010年度第三次基金销售人员从业考试在全国128个城市举行，至此，2010年度基金销售人员从业考试全部结束。

10-25

国务院总理温家宝主持召开国务院常务会议，强调稳定市场价格，遏制房价过快上涨。

10-26

证监会发布《关于保本基金的指导意见》，降低担保人的门槛。

10-27

证监会、人民银行、银监会联合发布《关于上市商业银行在证券交易所参与债券交易试点有关问题的通知》，商业银行在时隔13年之后将重返交易所。

2010年基金三季报全部披露完毕。披露数据显示，60家基金公司的693只基金三季度净赚3,170亿元，各类型基金整体均获得正收益。基金业总规模由二季度的20,898.44亿元上升至三季度末的23,797亿元，增幅达到13.87%。

10-28

嘉实中国企业指数QDII在深圳证券交易所正式上市交易，成为场内首只指数型QDII基金。

十一月份 NOVEMBER

11-01

证监会发布《基金销售管理办法（修订版）》，对基金管理人和基金销售机构的权责予以了明确，降低了专业基金销售机构的准入门槛并对销售业务的创新部分予以了规范。

中登公司完成《开放式基金集中备份接口规范》与《基金行业TA增量数据集中测试方案》的准备工作，这意味着基金行业新增的TA数据以及历史TA数据，都将按照统一格式，在中登公司数据平台上发布。

11-03

证券业协会在北京召开关于证券投资基金股指期货投资会计核算业务细则的讨论会。就《证券投资基金股指期货投资会计核算业务细则（征求意见稿）》征求行业意见的情况进行讨论。

11-04

据中登公司统计数据显示，10月最后一周，沪深两地新增基民开户数达到8.3436万户，基民新增开户数重回8万户，创下近期基金开户数新高。

11-06

第三期基金管理公司基金经理培训班在上海市举办。

11-15

基金经理注册管理二期系统正式投入使用。

中证指数有限公司总经理马志刚在"第四届指数与指数化投资论坛"上表示，随着中国内地资本市场创新大幕的拉开，ETF产品呈现出前所未有的发展和创新速度。

纽约梅隆集团与西部证券股份有限公司在上海举行纽银梅隆西部基金管理有限公司开业典礼，庆祝双方合资公司成立。

11-16

国泰、东方等多家基金公司近期集中上报保本基金，保本基金迎来大扩容。

11-18

证监会发布《证券投资基金信息披露XBRL模板第4号〈基金合同生效公告及十一类临时公告（试行）〉》。

全国第一家基金同业公会——上海市基金同业公会成立大会暨第一次全体会员大会召开。上海地区31家基金管理公司、23家异地基金管理公司在沪分支机构的代表与会。

11-19

国务院办公厅印发通知就依法打击和防控内幕交易工作进行了统筹安排。

11-23

证监会、公安部、监察部、国资委、预防腐败局五部门联合召开了座谈会，部署联合打击和防控内幕交易的下一步工作。

通联支付获得网上基金销售和支付结算服务资格，基金第三方支付机构正式开启扩容之路。

11-26

国内首只跟踪大宗商品股票指数的基金产品——国联安上证商品ETF募集成立。

11-29

上证380指数正式发布，沪市多层次蓝筹股市场指数体系形成。

十二月份 DECEMBER

12-01

资本市场迎来20周年。统计显示，截至11月30日，我国资本市场上市公司达2,026家，上市股票2,112只，总市值26.43万亿元。20年来，资本市场累计融资3.65万亿元，有力支持了国民经济发展。

12-02

投资者教育检查与评估工作研讨会在北京召开。

第九届中国基金国际论坛在深圳召开，中国证监会副主席姚刚在会上表示，任何机构和个人都不能触犯"老鼠仓"、非公平交易和各种形式的利益输送这三条底线，否则将受到严厉的查处。

12-03

金鹰基金管理公司完成股权变更，正式成为合资基金公司。

12-04

证监会主席尚福林表示，证监会将配合立法机关全面修订基金法，建立适当的私募基金监管制度。

12-10

国内首只以黄金为主要投资对象的基金—诺安全球黄金证券投资基金正式发行。

12-12

中央经济工作会议明确2011年实施积极的财政政策和稳健的货币政策。

12-16

基金评价业务交流座谈会在北京

十二月份 DECEMBER

召开，会议总结了一年以来基金评价业务开展经验，交流业务开展过程遇到的困难和问题，探讨基金评价业务的发展方向。

12-17

国内首只主动配置型的"金砖四国"基金——信诚金砖四国积极配置基金募集成立，至此，2010年新成立QDII基金数量达到18只。

12-20

国内首只可投资TIPS的基金——银华抗通胀主题基金在深圳证券交易所上市交易。

12-24

全国社会保障基金理事会发布公告，增加8家公司为境内委托投资管理人，包括大成、富国、工银瑞信、广发、海富通、汇添富和银华7家基金公司和中信证券1家证券公司。

12-28

平安大华基金管理有限公司获得证监会批准，成为我国第63家基金管理公司，这也是2010年获批的第3家基金管理公司。公司总部位于深圳，注册资本3亿元人民币，是目前国内注册资本金最高的基金公司。

附录二　基金行政许可摘要（2010-2011*）

基金法规文件颁发

颁发日期	批准文号	颁发文件
2010-02-08	证监会公告[2010]5号	证券投资基金信息披露XBRL模板第3号《年度报告和半年度报告》
2010-04-21	证监会公告[2010]13号	证券投资基金参与股指期货交易指引
2010-10-26	证监会公告[2010]30号	关于保本基金的指导意见
2010-11-18	证监会公告[2010]32号	证券投资基金信息披露XBRL模板第4号《基金合同生效公告及十一类临时公告(试行)》
2011-05-04	证监会公告[2011]12号	合格境外机构投资者参与股指期货交易指引
2011-06-09	证监会[第72号]令	证券投资基金销售管理办法

基金管理公司成立获批

获批日期	批准文号	获批基金管理公司	注册资本	注册地区
2010-06-28	证监许可[2010]864号	纽银梅隆西部基金管理有限公司	2亿元	上海
2010-09-20	证监许可[2010]1312号	浙商基金管理有限公司	1亿元	杭州
2010-12-28	证监许可[2010]1917号	平安大华基金管理有限公司	3亿元	深圳
2011-04-13	证监许可[2011]544号	富安达基金管理有限公司	1.6亿元	上海
2011-05-31	证监许可[2011]840号	财通基金管理有限公司	1亿元	上海
2011-06-30	证监许可[2011]1038号	方正富邦基金管理有限公司	2亿元	北京

基金管理公司名称变更获批

获批日期	批准文号	获批基金管理公司	变更事项
2010-04-19	证监许可[2010]484号	华泰柏瑞基金管理有限公司	公司名称由“友邦华泰基金管理有限公司”变更为“华泰柏瑞基金管理有限公司”

* 2011年数据截至6月30日

基金管理公司业务资格获批

获批日期	批准文号	获批基金管理公司	获批业务资格
2011-06-13	证监许可[2011]935号	中邮创业基金管理有限公司	从事特定客户资产管理业务
2011-06-20	证监许可[2011]973号	华商基金管理有限公司	从事特定客户资产管理业务

商业银行基金托管资格获批

获批日期	批准文号	获批商业银行	获批业务资格
2010-06-29	证监许可[2010]893号	渤海银行股份有限公司	基金托管资格

基金销售业务资格获批

获批日期	批准文号	获批机构	获批业务资格
2010-01-15	证监许可[2010]70号	深圳农村商业银行股份有限公司	基金销售业务资格
2010-01-29	证监许可[2010]134号	洛阳银行股份有限公司	基金销售业务资格
2010-02-08	证监许可[2010]167号	乌鲁木齐市商业银行股份有限公司	基金销售业务资格
2010-06-30	证监许可[2010]887号	烟台银行股份有限公司	基金销售业务资格
2010-09-01	证监许可[2010]1209号	齐商银行股份有限公司	基金销售业务资格
2010-10-08	证监许可[2010]1366号	浙江民泰商业银行股份有限公司	基金销售业务资格
	证监许可[2010]1367号	大连银行股份有限公司	基金销售业务资格
2010-10-22	证监许可[2010]1451号	哈尔滨银行股份有限公司	基金销售业务资格
2010-11-16	证监许可[2010]1636号	重庆银行股份有限公司	基金销售业务资格
2010-11-23	证监许可[2010]1692号	浙江稠州商业银行股份有限公司	基金销售业务资格
2011-02-09	证监许可[2011]205号	东莞农村商业银行股份有限公司	基金销售业务资格
	证监许可[2011]204号	天津银行股份有限公司	基金销售业务资格
2011-05-30	证监许可[2011]829号	河北银行股份有限公司	基金销售业务资格
2011-06-22	证监许可[2011]991号	嘉兴银行股份有限公司	基金销售业务资格
2010-01-07	证监许可[2010]25号	中天证券有限责任公司	基金销售业务资格
2010-02-21	证监许可[2010]224号	财富里昂证券有限责任公司	基金销售业务资格
2010-04-06	证监许可[2010]414号	五矿证券经纪有限责任公司	基金销售业务资格
2010-05-06	证监许可[2010]605号	北京高华证券有限责任公司	基金销售业务资格
2010-06-13	证监许可[2010]810号	华创证券有限责任公司	基金销售业务资格
2010-08-19	证监许可[2010]1133号	恒泰长财证券有限责任公司	基金销售业务资格
2010-09-13	证监许可[2010]1250号	万和证券经纪有限公司	基金销售业务资格
2010-11-02	证监许可[2010]1516号	中邮证券有限责任公司	基金销售业务资格
2011-02-10	证监许可[2011]210号	首创证券有限责任公司	基金销售业务资格
2011-05-24	证监许可[2011]804号	国开证券有限责任公司	基金销售业务资格

基金管理公司设立香港子公司获批

获批日期	批准文号	获批基金管理公司	设立香港子公司
2010—02—08	证监许可[2010]168号	海富通基金管理有限公司	海富通资产管理（香港）有限公司
2010—05—26	证监许可[2010]718号	华安基金管理有限公司	华安资产管理（香港）有限公司
2010—09—01	证监许可[2010]1208号	广发基金管理有限公司	广发国际资产管理有限公司
2010—11—12	证监许可[2010]1602号	上投摩根基金管理有限公司	上投摩根资产管理（香港）有限公司
2010—12—16	证监许可[2010]1849号	国投瑞银基金管理有限公司	国投瑞银资产管理（香港）有限公司
2011—01—20	证监许可[2010]107号	诺安基金管理有限公司	诺安国际资产管理有限公司
2011—06—13	证监许可[2011]933号	工银瑞信基金管理有限公司	工银瑞信资产管理（国际）有限公司

基金管理公司设立分支机构获批

获批日期	批准文号	获批基金管理公司	设立分支机构
2010—01—26	川证监机构[2010]11号	招商基金管理有限公司	成都分公司
2010—02—03	深证局发[2010]16号文	长城基金管理有限公司	深圳分公司
2010—02—05	广东证监许可[2010]17号	海富通基金管理有限公司	广州理财中心
2010—03—04	广东证监许可[2010]32号	中邮创业基金管理有限公司	广州理财中心
2010—03—08	鄂证监机构字[2010]10号	鹏华基金管理有限公司	武汉分公司
2010—03—23	京证基金发[2010]9号	长城基金管理有限公司	北京分公司
2010—04—07	豫证监发[2010]145号	长盛基金管理有限公司	郑州分公司
2010—04—14	浙证监许可[2010]64号	海富通基金管理有限公司	杭州理财中心
2010—05—12	浙证监许可[2010]83号	长盛基金管理有限公司	杭州分公司
2010—06—12	豫证监发[2010]239号	博时基金管理有限公司	郑州分公司
2010—07—02	广东证监许可[2010]125号	天弘基金管理有限公司	广州分公司
2010—08—12	苏证监机构字[2010]272号	华夏基金管理有限公司	南京分公司
2010—08—13	广东证监许可[2010]157号	大成基金管理有限公司	广州分公司
2010—09—09	广东证监许可[2010]173号	鹏华基金管理有限公司	广州分公司
2010—09—28	广东证监许可[2010]181号	交银施罗德基金管理有限公司	广州分公司
2010—10—08	川证监机构[2010]129号	富国基金管理有限公司	成都分公司
2010—11—01	浙证监许可[2010]212号	华夏基金管理有限公司	杭州分公司
2011—01—14	广东证监许可[2011]8号	国投瑞银基金管理有限公司	广州分公司
2011—01—28	深证局发[2011]28号文	长信基金管理有限责任公司	深圳分公司
2011—03—21	广东证监许可[2011]22号	华夏基金管理有限公司	广州分公司
2011—04—25	京证基金发[2011]8号	兴业全球基金管理有限公司	北京分公司
2011—05—06	京证基金发[2010]9号	长城基金管理有限公司	北京分公司
2011—05—12	广东证监许可[2011]98号	泰达宏利基金管理有限公司	广州分公司
2011—06—14	广东证监许可[2011]118号	光大保德信基金管理有限公司	广州分公司
2011—06—21	川证监机构[2011]29号	长盛基金管理有限公司	成都分公司

基金管理公司变更注册资本获批

获批日期	批准文号	获批基金管理公司	变更情况
2011–02–22	证监许可[2011]258号	中海基金管理有限公司	公司注册资本由130,000,000元人民币增加至146,666,700元。其中法国爱德蒙得洛希尔银行股份有限公司增加出资16,666,700元。 变更后股权结构为：中海信托股份有限公司61,000,000(41.591%)、国联证券股份有限公司49,000,000(33.409%)、法国爱德蒙得洛希尔银行股份有限公司36,666,700(25%)
2011–04–13	证监许可[2011]538号	金鹰基金管理有限公司	公司注册资本由1亿元人民币增加至2.5亿元。其中，广州证券有限责任公司增加出资7,350万元，广东美的电器股份有限公司增加出资3,000万元，广州药业股份有限公司增加出资3,000万元,东亚联丰投资管理有限公司增加出资1,650万元。 变更后公司股权结构为：广州证券有限责任公司12,250万元(49%)、广东美的电器股份有限公司5,000万元(20%)、广州药业股份有限公司5,000万元(20%)、东亚联丰投资管理有限公司2,750万元(11%)

基金管理公司股东、股权变更获批

获批日期	批准文号	获批基金公司	变更情况
2010–04–19	证监许可[2010]485号	华宝兴业基金管理有限公司	公司原股东法国兴业资产管理有限公司将其持有49%股权转让给领先资产管理有限公司。 变更后的股权结构为：华宝信托有限责任公司76,500,000(51%)，领先资产管理有限公司73,500,000(49%)
2010–07–09	证监许可[2010]940号	新华基金管理有限公司	公司原股东山东海化集团有限公司将其持有30%股权转让给陕西蓝潼电子投资有限公司。 变更后的股权结构为：新华信托股份有限公司48,000,000(48%)、陕西蓝潼电子投资有限公司30,000,000(30%)、上海大众环境产业有限公司22,000,000(22%)
2010–08–09	证监许可[2010]1073号	南方基金管理有限公司	公司原股东深圳市机场(集团)有限公司将其持有30%股权转让给深圳市投资控股有限公司。 变更后的股权结构为：华泰证券股份有限公司67,500,000(45%)、深圳市投资控股有限公司45,000,000(30%)、厦门国际信托有限公司22,500,000(15%)、兴业证券股份有限公司15,000,000(10%)

（续上表）

获批日期	批准文号	获批基金公司	变更情况
2010-09-13	证监许可[2010]1251号	中邮创业基金管理有限公司	公司股东国家邮政局名称变更为中国邮政集团公司，北京长安投资有限公司名称变更为北京长安投资集团有限公司。 变更后的股权结构为首创证券有限责任公司47,000,000(47%)、中国邮政集团公司29,000,000(29%)、北京长安投资集团有限公司24,000,000(24%)
2010-11-09	证监许可[2010]1584号	金鹰基金管理有限公司	公司原股东四川南方希望实业有限公司将其持有的9%股权转让给广州证券有限责任公司11%股权转让给东亚联丰投资管理有限公司。 变更后的股权结构为：广州证券有限责任公司49,000,000(49%)、广州药业股份有限公司20,000,000(20%)、广东美的电器股份有限公司20,000,000(20%)、东亚联丰投资管理有限公司11,000,000(11%)
2011-01-20	证监许可[2011]106号	申万菱信基金管理有限公司	公司原股东法国巴黎资产管理有限公司将其持有的33%股权转让给三菱UFJ信托银行株式会社。 变更后的股权结构为：申银万国证券股份有限公司100,500,000(67%)、三菱UFJ信托银行株式会社49,500,000(33%)
2011-03-08	证监许可[2011]346号	光大保德信基金管理有限公司	公司股东光大证券股份有限公司将其持有的12%股权转让给保德信投资管理有限公司。 变更后的股权结构为：光大证券股份有限公司88,000,000(55%)、保德信投资管理有限公司72,000,000(45%)
2011-03-14	证监许可[2011]379号	易方达基金管理有限公司	公司股东广东盈峰投资控股集团有限公司更名为盈峰投资控股集团有限公司。 变更后的股权结构为：广东粤财信托有限公司25%、广发证券股份有限公司25%、盈峰投资控股集团有限公司25%、广东省广晟资产经营有限公司16.67%、广州市广永国有资产经营有限公司8.33%
2011-05-03	证监许可[2011]644号	农银汇理基金管理有限公司	公司股东中国农业银行更名为中国农业银行股份有限公司；东方汇理资产管理公司由Credit Agricole Asset Management更名为Amundi。 变更后的股权结构为：中国农业银行股份有限公司51.67%、东方汇理资产管理公司33.33%、中国铝业股份有限公司15%

（续上表）

获批日期	批准文号	获批基金管理公司	变更情况
2011-05-04	证监许可[2011]648号	建信基金管理有限责任公司	公司原股东中国华电集团公司将其持有的10%股权转让给中国华电集团资本控股有限公司。 变更后的股权结构为：中国建设银行股份有限公130,000,000(65%)、信安金融服务公司50,000,000(25%)、中国华电集团资本控股有限公司20,000,000(10%)

基金管理公司高管任命获批

获批日期	批准文号	获批基金管理公司	任命高管
2010-01-12	证监许可[2010]50号	浦银安盛基金管理有限公司	周文任公司副总经理
2010-01-29	证监许可[2010]129号	上投摩根基金管理有限公司	章硕麟任公司总经理 童威任公司副总经理
2010-03-09	证监许可[2010]274号	万家基金管理有限公司	钱华任公司副总经理
2010-03-16	证监许可[2010]301号	景顺长城基金管理有限公司	刘颂任公司副总经理
2010-03-23	证监许可[2010]327号	招商基金管理有限公司	杨奕任公司副总经理
2010-04-08	证监许可[2010]420号	金鹰基金管理有限公司	刘东任公司董事长 殷克胜任公司总经理
2010-04-12	证监许可[2010]459号	国海富兰克林基金管理有限公司	李彪任公司督察长
2010-04-15	证监许可[2010]472号	国泰基金管理有限公司	梁之平任公司副总经理
2010-04-20	证监许可[2010]494号	东方基金管理有限责任公司	王兴宇任公司副总经理
2010-04-20	证监许可[2010]495号	天治基金管理有限公司	刘珀宏任公司总经理 闫译文任公司副总经理
2010-05-04	证监许可[2010]567号	建信基金管理有限责任公司	王新艳任公司副总经理
2010-05-05	证监许可[2010]580号	华安基金管理有限公司	李勍任公司总经理
2010-05-13	证监许可[2010]637号	融通基金管理有限公司	田德军任公司董事长
2010-05-19	证监许可[2010]659号	国海富兰克林基金管理有限公司	吴显玲任公司董事长
2010-05-27	证监许可[2010]722号	新华基金管理有限公司	王卫东、徐端骞任公司副总经理
2010-07-22	证监许可[2010]977号	中欧基金管理有限公司	唐步任公司董事长
2010-07-27	证监许可[2010]1013号	汇添富基金管理有限公司	陈灿辉任公司副总经理
2010-07-30	证监许可[2010]1031号	中欧基金管理有限公司	徐红光任公司副总经理
2010-08-04	证监许可[2010]1053号	博时基金管理有限公司	杨锐、董良泓、李志惠、李雪松、邵凯任公司副总经理
2010-08-23	证监许可[2010]1145号	金元比联基金管理有限公司	任开宇任公司董事长
2010-09-01	证监许可[2010]1198号	国泰基金管理有限公司	余荣权任公司副总经理
2010-09-08	证监许可[2010]1232号	汇丰晋信基金管理有限公司	林彤彤任公司副总经理
2010-09-25	证监许可[2010]1336号	金鹰基金管理有限公司	郭容辰任公司副总经理

（续上表）

获批日期	批准文号	获批基金公司	任命高管
2010–10–22	证监许可[2010]1443号	长信基金管理有限责任公司	付勇、覃波任公司副总经理
	证监许可[2010]1442号	信诚基金管理有限公司	黄小坚任公司副总经理
2010–11–01	证监许可[2010]1509号	宝盈基金管理有限公司	汪钦任公司总经理 孙胜华任公司督察长
2010–11–05	证监许可[2010]1557号	大成基金管理有限公司	杨春明、肖冰任公司副总经理
2010–12–03	证监许可[2010]1749号	工银瑞信基金管理有限公司	李晓鹏任公司董事长
2010–12–07	证监许可[2010]1776号	汇丰晋信基金管理有限公司	古韵任公司督察长
2010–12–08	证监许可[2010]1778号	天治基金管理有限公司	赵玉彪任公司总经理
2010–12–21	证监许可[2010]1885号	浦银安盛基金管理有限公司	钱华任公司总经理
	证监许可[2010]1884号	华富基金管理有限公司	姚怀然任公司总经理、 满志弘任公司督察长
2010–12–24	证监许可[2010]1908号	中海基金管理有限公司	宋宇任公司副总经理、 朱冰峰任公司督察长
2011–01–12	证监许可[2011]71号	益民基金管理有限公司	雷学军任公司总经理
2011–01–19	证监许可[2011]102号	中欧基金管理有限公司	朱彦任公司督察长
2011–01–21	证监许可[2011]117号	华富基金管理有限公司	章宏韬任公司董事长
	证监许可[2011]118号	上投摩根基金管理有限公司	经晓云、冯刚任公司副总经理
2011–02–15	证监许可[2011]229号	国联安基金管理有限公司	李柯任公司副总经理
2011–02–22	证监许可[2011]256号	银河基金管理有限公司	徐旭任公司董事长 尤象都、陈勇任公司副总经理
2011–02–28	证监许可[2011]292号	东方基金管理有限责任公司	杨树财任公司董事长
2011–03–01	证监许可[2011]296号	万家基金管理有限公司	毕玉国任公司董事长 杨锋任公司总经理
	证监许可[2011]306号	中邮创业基金管理有限公司	吴涛任公司董事长
2011–03–21	证监许可[2011]413号	融通基金管理有限公司	奚星华任公司总经理 颜锡廉（ALLENYAN）任公司副总经理 涂卫东任公司督察长
2011–03–21	证监许可[2011]414号	景顺长城基金管理有限公司	刘焕喜任公司副总经理 黄卫明任公司督察长
2011–03–22	证监许可[2011]429号	天治基金管理有限公司	高福波任公司董事长
2011–03–31	证监许可[2011]491号	华宝兴业基金管理有限公司	谢文杰任公司副总经理
2011–04–27	证监许可[2011]613号	鹏华基金管理有限公司	胡湘任公司副总经理
2011–05–10	证监许可[2011]685号	信达澳银基金管理有限公司	宋三江任公司副总经理
	证监许可[2011]686号	银华基金管理有限公司	陆文俊任公司副总经理
2011–05–11	证监许可[2011]688号	长盛基金管理有限公司	周兵任公司总经理
	证监许可[2011]689号	中海基金管理有限公司	陈浩鸣任公司董事长
2011–05–17	证监许可[2011]726号	信诚基金管理有限公司	桂思毅任公司副总经理
2011–05–20	证监许可[2011]752号	金元比联基金管理有限公司	张嘉宾任公司总经理

托管银行高管任命获批

获批日期	批准文号	获批托管银行	获批任命高管
2010-06-29	证监许可[2010]894号	渤海银行股份有限公司	赵亚萍担任基金托管部门总经理
2010-11-01	证监许可[2010]1510号	中国工商银行股份有限公司	晏秋生担任基金托管部门副总经理
2011-01-21	证监许可[2011]116号	中国农业银行股份有限公司	张健担任基金托管部门总经理
	证监许可[2011]115号	中国建设银行股份有限公司	杨新丰任基金托管部门副总经理
2011-03-03	证监许可[2011]312号	中国光大银行股份有限公司	潘东任基金托管部门副总经理
2011-03-08	证监许可[2011]336号	中国银行股份有限公司	刘慧军任基金托管部门副总经理
2011-05-12	证监许可[2011]690号	广发银行股份有限公司	寻卫国任基金托管部门副总经理
2011-05-17	证监许可[2011]725号	中信银行股份有限公司	刘勇担任基金托管部门总经理
2011-06-02	证监许可[2011]868号	中国银行股份有限公司	李爱华任基金托管部门总经理

合格境外机构投资者托管资格获批

获批日期	批准文号	获批境外机构
2010-11-03	证监许可[2010]1555号	上海浦东发展银行股份有限公司
2010-12-22	证监许可[2010]1913号	中国民生银行股份有限公司
2011-04-15	证监许可[2011]582号	德意志银行(中国)有限公司

合格境外机构投资者资格获批

获批日期	批准文号	获批境外机构
2010-02-08	证监许可[2010]185号	常青藤投资管理公司
2010-04-20	证监许可[2010]499号	达以安资产管理公司
2010-07-05	证监许可[2010]901号	德国商业银行股份有限公司
2010-07-06	证监许可[2010]908号	安本亚洲资产管理有限公司
2010-08-09	证监许可[2010]1069号	KB资产运用
2010-09-01	证监许可[2010]1207号	富达基金(香港)有限公司
2010-10-08	证监许可[2010]1368号	美盛投资(欧洲)有限公司
2010-10-27	证监许可[2010]1496号	香港金融管理局
2010-10-29	证监许可[2010]1508号	群益证券投资信托股份有限公司
2010-10-29	证监许可[2010]1507号	富邦证券投资信托股份有限公司
2010-12-28	证监许可[2010]1918号	科提比资产运用株式会社

获批日期	批准文号	获批境外机构
2011-03-04	证监许可[2011]318号	宝来证券投资信托股份有限公司
2011-03-17	证监许可[2011]402号	忠利保险有限公司
2011-05-06	证监许可[2011]669号	西班牙对外银行有限公司
2011-06-09	证监许可[2011]904号	国泰证券投资信托股份有限公司
2011-06-24	证监许可[2011]1004号	亢简资产管理公司

证券投资基金募集获批

获批日期	批准文号	获批基金全称	管理人	托管人
2010-01-06	证监许可[2011]21号	信诚货币市场证券投资基金	信诚	建设银行
	证监许可[2010]9号	南方策略优化股票型证券投资基金	南方	招商银行
2010-01-07	证监许可[2010]20号	中海上证50指数增强型证券投资基金	中海	工商银行
2010-01-11	证监许可[2010]45号	博时大中华亚太精选股票证券投资基金	博时	工商银行
2010-01-15	证监许可[2010]69号	国投瑞银沪深300金融地产指数证券投资基金(LOF)	国投瑞银	工商银行
2010-01-18	证监许可[2010]83号	海富通中小盘股票型证券投资基金	海富通	工商银行
2010-01-20	证监许可[2010]98号	光大保德信中小盘股票型证券投资基金	光大保德信	交通银行
2010-01-21	证监许可[2010]106号	农银汇理中小盘股票型证券投资基金	农银汇理	建设银行
2010-02-08	证监许可[2010]178号	工银瑞信全球精选股票型证券投资基金	工银瑞信	建设银行
	证监许可[2010]184号	友邦华泰量化先行股票型证券投资基金	友邦华泰	中国银行
	证监许可[2010]176号	泰达荷银中证财富大盘指数证券投资基金	泰达荷银	中国银行
2010-02-12	证监许可[2010]208号	国泰纳斯达克100指数证券投资基金	国泰	建设银行
	证监许可[2010]209号	诺安中小盘精选股票型证券投资基金	诺安	工商银行
2010-02-21	证监许可[2010]228号	国联安双禧中证100指数分级证券投资基金	国联安	建设银行
	证监许可[2010]229号	兴业合润分级股票型证券投资基金	兴业全球	招商银行
	证监许可[2010]227号	上证180价值ETF及其联接基金	华宝兴业	工商银行
	证监许可[2010]226号	广发内需增长灵活配置混合型证券投资基金	广发	中国建设
2010-03-08	证监许可[2010]270号	诺德中小盘股票型证券投资基金	诺德	中国银行
2010-03-16	证监许可[2010]302号	银华深证100指数分级证券投资基金	银华	民生银行
2010-03-17	证监许可[2010]309号	富国通胀通缩主题轮动股票型证券投资基金	富国	工商银行
2010-03-19	证监许可[2010]319号	中邮核心主题股票型证券投资基金	中邮创业	招商银行
	证监许可[2010]317号	摩根士丹利华鑫卓越成长股票型证券投资基金	摩根士丹利华鑫	建设银行
	证监许可[2010]318号	华安行业轮动股票型证券投资基金	华安	中国银行
2010-03-26	证监许可[2010]378号	上证社会责任交易型开放式指数证券投资基金	建信	工商银行

（续上表）

获批日期	批准文号	获批基金全称	管理人	托管人
2010-04-06	证监许可[2010]417号	华商产业升级股票型证券投资基金	华商	建设银行
	证监许可[2010]415号	东吴货币市场证券投资基金	东吴	农业银行
2010-04-12	证监许可[2010]458号	博时创业成长股票型证券投资基金	博时	农业银行
2010-04-13	证监许可[2010]470号	鹏华环球发现证券投资基金	鹏华	建设银行
	证监许可[2010]471号	汇丰晋信低碳先锋股票型证券投资基金	汇丰晋信	交通银行
2010-04-19	证监许可[2010]479号	嘉实恒生中国企业指数证券投资基金(LOF)	嘉实	建设银行
	证监许可[2010]482号	嘉实价值优势股票型证券投资基金	嘉实	中国银行
	证监许可[2010]478号	鹏华信用增利债券型证券投资基金	鹏华	交通银行
	证监许可[2010]481号	长信中短债证券投资基金	长信	邮储银行
	证监许可[2010]480号	工银瑞信双利债券型证券投资基金	工银瑞信	交通银行
2010-04-21	证监许可[2010]513号	招商深证100指数证券投资基金	招商	工商银行
2010-04-23	证监许可[2010]528号	国联安信心增益债券型证券投资基金	国联安	中信银行
	证监许可[2010]516号	银华信用债券型证券投资基金	银华	建设银行
2010-05-04	证监许可[2010]590号	华商稳健双利债券型证券投资基金	华商	建设银行
2010-05-06	证监许可[2010]606号	融通深证成份指数证券投资基金	融通	工商银行
2010-05-12	证监许可[2010]624号	交银施罗德主题优选灵活配置混合型证券投资基金	交银施罗德	建设银行
	证监许可[2010]632号	银河蓝筹精选股票型证券投资基金	银河	建设银行
	证监许可[2010]630号	国泰价值经典股票型证券投资基金(LOF)	国泰	建设银行
2010-05-14	证监许可[2010]645号	招商信用添利债券型证券投资基金	招商	农业银行
	证监许可[2010]644号	广发亚太(除日本)精选股票型证券投资基金	广发	工商银行
	证监许可[2010]646号	长盛沪深300指数证券投资基金(LOF	长盛	招商银行
2010-05-20	证监许可[2010]666号	天弘深证成份指数证券投资基金(LOF)	天弘	工商银行
	证监许可[2010]665号	博时宏观回报债券型证券投资基金	博时	中国银行
2010-05-21	证监许可[2010]679号	信诚深度价值股票型证券投资基金(LOF)	信诚	建设银行
2010-06-01	证监许可[2010]747号	上证民营企业50交易型开放式指数证券投资基金及其联接基金	鹏华	工商银行
	证监许可[2010]748号	中银价值精选灵活配置混合型证券投资基金	中银	招商银行
2010-06-13	证监许可[2010]809号	华安香港精选股票型证券投资基金	华安	工商银行
	证监许可[2010]808号	深证红利交易型开放式指数证券投资基金及其联接基金	工银瑞信	农业银行
	证监许可[2010]807号	农银汇理大盘蓝筹股票型证券投资基金	农银汇理	建设银行
2010-06-28	证监许可[2010]873号	银华抗通胀主题证券投资基金(LOF)	银华	建设银行
	证监许可[2010]872号	中海货币市场证券投资基金	中海	工商银行
	证监许可[2010]875号	易方达消费行业股票型证券投资基金	易方达	农业银行
	证监许可[2010]874号	嘉实稳固收益债券型证券投资基金	嘉实	工商银行
2010-06-30	证监许可[2010]892号	中证南方小康产业交易型开放式指数证券投资基金及其联接基金	南方	工商银行

（续上表）

获批日期	批准文号	获批基金全称	管理人	托管人
2010-06-30	证监许可[2010]888号	国投瑞银优化增强债券型证券投资基金	国投瑞银	建设银行
2010-07-12	证监许可[2010]950号	广发行业领先股票型证券投资基金	广发	工商银行
2010-07-14	证监许可[2010]961号	浦银安盛沪深300指数增强型证券投资基金	浦银安盛	建设银行
	证监许可[2010]963号	金元比联消费主题股票型证券投资基金	金元比联	工商银行
	证监许可[2010]962号	长信量化先锋股票型证券投资基金	长信	交通银行
2010-07-23	证监许可[2010]983号	海富通稳固收益债券型证券投资基金	海富通	工商银行
	证监许可[2010]984号	诺安主题精选股票型证券投资基金	诺安	建设银行
	证监许可[2010]989号	华富强化回报债券型证券投资基金	华富	建设银行
	证监许可[2010]985号	上证周期行业50交易型开放式指数证券投资基金及其联接基金	海富通	工商银行
	证监许可[2010]982号	建信全球机遇股票型证券投资基金	建信	工商银行
2010-08-09	证监许可[2010]1065号	银华成长先锋混合型证券投资基金	银华	工商银行
	证监许可[2010]1067号	汇添富医药保健股票型证券投资基金	汇添富	工商银行
	证监许可[2010]1068号	兴业沪深300指数增强型证券投资基金(LOF)	兴业	农业银行
	证监许可[2010]1072号	信诚增强收益债券型证券投资基金	信诚	建设银行
	证监许可[2010]1066号	申万菱信深证成指分级证券投资基金	申万菱信	工商银行
2010-08-16	证监许可[2010]1114号	富国汇利分级债券型证券投资基金	富国	农业银行
2010-08-19	证监许可[2010]1134号	中银全球策略证券投资基金(FOF)	中银	建设银行
2010-09-01	证监许可[2010]1202号	南方广利回报债券型证券投资基金	南方	工商银行
	证监许可[2010]1217号	信诚金砖四国积极配置证券投资基金(LOF)	信诚	中国银行
	证监许可[2010]1203号	上证龙头企业交易型开放式指数证券投资基金及其联接基金	华安	工商银行
	证监许可[2010]1200号	富国全球债券证券投资基金	富国	工商银行
	证监许可[2010]1204号	中银稳健双利债券型证券投资基金	中银	招商银行
	证监许可[2010]1206号	建信内生动力股票型证券投资基金	建信	工商银行
	证监许可[2010]1201号	摩根士丹利华鑫消费领航混合型证券投资基金	摩根士丹利华鑫	建设银行
	证监许可[2010]1205号	中海环保新能源主题灵活配置混合型证券投资基金	中海	工商银行
2010-09-02	证监许可[2010]1218号	大成景丰分级债券型证券投资基金	大成	农业银行
2010-09-09	证监许可[2010]1245号	上投摩根大盘蓝筹股票型证券投资基金	上投摩根	建设银行
	证监许可[2010]1244号	招商标普金砖四国指数证券投资基金(LOF)	招商	中国银行
	证监许可[2010]1242号	博时行业轮动股票型证券投资基金	博时	建设银行
2010-09-10	证监许可[2010]1246号	汇丰晋信消费红利股票型证券投资基金	汇丰晋信	交通银行
	证监许可[2010]1241号	华宝兴业新兴产业股票型证券投资基金	华宝兴业	建设银行
2010-09-15	证监许可[2010]1280号	泰信发展主题股票型证券投资基金	泰信	工商银行
	证监许可[2010]1279号	国投瑞银中证下游消费与服务产业指数证券投资基金(LOF)	国投瑞银	工商银行
	证监许可[2010]1277号	上投摩根全球新兴市场股票型证券投资基金	上投摩根	建设银行

（续上表）

获批日期	批准文号	获批基金全称	管理人	托管人
2010-10-08	证监许可[2010]1359号	农银汇理货币市场证券投资基金	农银汇理	工商银行
	证监许可[2010]1355号	富兰克林国海中小盘股票型证券投资基金	国海富兰克林	中国银行
	证监许可[2010]1361号	中欧增强回报债券型证券投资基金	中欧	广东发展银行
	证监许可[2010]1356号	嘉实主题新动力股票型证券投资基金	嘉实	工商银行
	证监许可[2010]1357号	华泰柏瑞亚洲领导企业股票型证券投资基金	华泰柏瑞	中国银行
	证监许可[2010]1360号	上证消费80交易型开放式指数证券投资基金及其联接基金	招商	工商银行
	证监许可[2010]1362号	华安稳固收益债券型证券投资基金	华安	工商银行
	证监许可[2010]1358号	易方达岁丰添利债券型证券投资基金	易方达	中国银行
2010-10-11	证监许可[2010]1379号	上证综指交易型开放式指数证券投资基金及其联接基金	富国	工商银行
	证监许可[2010]1388号	万家中证红利指数证券投资基金（LOF）	万家	建设银行
	证监许可[2010]1377号	银华信用双利债券型证券投资基金	银华	建设银行
2010-10-12	证监许可[2010]1393号	华商策略精选灵活配置混合型证券投资基金	华商	民生银行
	证监许可[2010]1394号	上证大宗商品股票交易型开放式指数证券投资基金及其联接基金	国联安	中国银行
	证监许可[2010]1403号	新华中小市值优选股票型证券投资基金	新华	建设银行
2010-10-13	证监许可[2010]1406号	博时转债增强债券型证券投资基金	博时	光大银行
2010-10-22	证监许可[2010]1452号	富国可转换债券型证券投资基金	富国	农业银行
2010-10-27	证监许可[2010]1477号	交银施罗德趋势优先股票证券投资基金	交银施罗德	工商银行
	证监许可[2010]1478号	深证成长40交易型开放式指数证券投资基金及其联接基金	大成	农业银行
	证监许可[2010]1479号	浦银安盛货币市场证券投资基金	浦银安盛	中信银行
	证监许可[2010]1480号	金鹰主题优势股票型证券投资基金	金鹰	工商银行
2010-11-02	证监许可[2010]1515号	中海增强收益债券型证券投资基金	中海	工商银行
	证监许可[2010]1514号	天弘添利分级债券型证券投资基金	天弘	工商银行
2010-11-03	证监许可[2010]1535号	上证中小盘交易型开放式指数证券投资基金及其联接基金	华泰柏瑞	中国银行
2010-11-09	证监许可[2010]1585号	华富量子生命力股票型证券投资基金	华富	深圳发展银行
	证监许可[2010]1587号	国联安货币市场证券投资基金	国联安	上海浦东发展银行
	证监许可[2010]1586号	长信美国标准普尔100等权重指数增强型证券投资基金	长信	中国银行
2010-11-12	证监许可[2010]1378号	鹏华丰润债券型证券投资基金	鹏华	建设银行
2010-11-16	证监许可[2010]1635号	银河创新成长股票型证券投资基金	银河	招商银行
2010-11-17	证监许可[2010]1645号	纽银策略优选股票型证券投资基金	纽银梅隆西部	建设银行
	证监许可[2010]1646号	中欧新动力股票型证券投资基金（LOF）	中欧	光大银行
2010-11-23	证监许可[2010]1674号	鹏华消费优选股票型证券投资基金	鹏华	工商银行
	证监许可[2010]1691号	泰达宏利领先中小盘股票型证券投资基金	泰达宏利	农业银行

（续上表）

获批日期	批准文号	获批基金全称	管理人	托管人
2010-11-24	证监许可[2010]1694号	华宝兴业成熟市场动量优选证券投资基金	华宝兴业	中国银行
2010-11-26	证监许可[2010]1712号	诺安全球黄金证券投资基金	诺安	工商银行
2010-11-29	证监许可[2010]1721号	长城中小盘成长股票型证券投资基金	长城	中国银行
2010-11-30	证监许可[2010]1379号	泰信周期回报债券型证券投资基金	泰信	中信银行
2010-12-06	证监许可[2010]1755号	易方达医疗保健行业股票型证券投资基金	易方达	中国银行
	证监许可[2010]1760号	海富通大中华精选股票型证券投资基金	海富通	中国银行
	证监许可[2010]1754号	南方优选成长混合型证券投资基金	南方	建设银行
2010-12-09	证监许可[2010]1792号	东吴中证新兴产业指数证券投资基金	东吴	农业银行
	证监许可[2010]1795号	申万菱信稳益宝债券型证券投资基金	申万菱信	华夏银行
	证监许可[2010]1794号	民生加银内需增长股票型证券投资基金	民生加银	兴业银行
	证监许可[2010]1793号	招商安瑞进取债券型证券投资基金	招商	农业银行
2010-12-14	证监许可[2010]1810号	泰达宏利全球新格局证券投资基金	泰达宏利	建设银行
2010-12-20	证监许可[2010]1876号	大成标普500等权重指数证券投资基金	大成	中国银行
	证监许可[2010]1877号	信诚中证500指数分级证券投资基金	信诚	建设银行
	证监许可[2010]1875号	汇添富保本混合型证券投资基金	汇添富	工商银行
2010-12-23	证监许可[2010]1886号	信达澳银产业升级股票型证券投资基金	信达澳银	建设银行
	证监许可[2010]1887号	汇添富社会责任股票型证券投资基金	汇添富	农业银行
2010-12-24	证监许可[2010]1808号	建信保本混合型证券投资基金	建信	工商银行
2011-01-04	证监许可[2011]7号	工银瑞信四季收益债券型证券投资基金	工银瑞信	农业银行
2011-01-06	证监许可[2011]21号	信诚货币市场证券投资基金	信诚	建设银行
	证监许可[2011]16号	华商稳定增利债券型证券投资基金	华商	建设银行
2011-01-10	证监许可[2010]40号	中邮中小盘灵活配置混合型证券投资基金	中邮创业	农业银行
	证监许可[2011]41号	景顺长城中小盘股票型证券投资基金	景顺长城	工商银行
2011-01-21	证监许可[2011]126号	景顺长城稳定收益债券型证券投资基金	景顺长城	中国银行
2011-02-09	证监许可[2011]181号	易方达黄金主题证券投资基金(LOF)	易方达	农业银行
2011-02-16	证监许可[2011]239号	上证180金融交易型开放式指数证券投资基金及其联接基金	国泰	中国银行
2011-02-23	证监许可[2011]267号	浙商聚潮产业成长股票型证券投资基金	浙商	农业银行
2011-03-03	证监许可[2011]316号	建信新兴市场优选股票型证券投资基金	建信	工商银行
2011-03-04	证监许可[2011]322号	国泰保本混合型证券投资基金	国泰	招商银行
	证监许可[2011]324号	博时抗通胀增强回报证券投资基金	博时	中国银行
	证监许可[2011]319号	工银瑞信消费服务行业股票型证券投资基金	工银瑞信	农业银行
	证监许可[2011]320号	诺德优选30股票型证券投资基金	诺德	中国银行
	证监许可[2011]321号	大成保本混合型证券投资基金	大成	工商银行
2011-03-07	证监许可[2011]328号	华安大中华升级股票型证券投资基金	华安	中国银行
2011-03-08	证监许可[2011]338号	鹏华丰盛稳固收益债券型证券投资基金	鹏华	工商银行

（续上表）

获批日期	批准文号	获批基金全称	管理人	托管人
2011-03-10	证监许可[2011]356号	摩根士丹利华鑫多因子精选策略股票型证券投资基金	摩根士丹利华鑫	建设银行
	证监许可[2011]357号	诺安保本混合型证券投资基金	诺安	招商银行
	证监许可[2011]355号	建信双利策略主题分级股票型证券投资基金	建信	招商银行
2011-03-14	证监许可[2011]392号	亚债中国债券指数基金	华夏	中信银行
2011-03-16	证监许可[2011]380号	南方中证50债券指数证券投资基金(LOF)	南方	工商银行
2011-03-21	证监许可[2011]424号	广发中小板300交易型开放式指数证券投资基金及其联接基金	广发	农业银行
2011-03-22	证监许可[2011]431号	农银汇理增强收益债券型证券投资基金	农银汇理	渤海银行
2011-03-23	证监许可[2011]436号	金鹰保本混合型证券投资基金	金鹰	工商银行
	证监许可[2011]437号	国联安优选行业股票型证券投资基金	国联安	中国银行
	证监许可[2011]438号	银河保本混合型证券投资基金	银河	建设银行
	证监许可[2011]439号	长信内需成长股票型证券投资基金	长信	农业银行
	证监许可[2011]440号	华商价值精选股票型证券投资基金	华商	建设银行
	证监许可[2011]434号	博时卓越品牌股票型证券投资基金(LOF)	博时	工商银行
2011-03-30	证监许可[2011]465号	光大保德信信用添益债券型证券投资基金	光大保德信	民生银行
2011-04-06	证监许可[2011]492号	嘉实领先成长股票型证券投资基金	嘉实	农业银行
	证监许可[2011]493号	建信信用增强债券型证券投资基金	建信	交通银行
	证监许可[2011]494号	金鹰中证技术领先指数增强型证券投资基金	金鹰	中国银行
	证监许可[2011]495号	汇添富可转换债券债券型证券投资基金	汇添富	工商银行
	证监许可[2011]497号	富兰克林国海策略回报灵活配置混合型证券投资基金	国海富兰克林	农业银行
	证监许可[2011]496号	上证180成长交易型开放式指数证券投资基金及其联接基金	华宝兴业	中国银行
	证监许可[2011]498号	深证基本面200交易型开放式指数证券投资基金及其联接基金	博时	交通银行
2011-04-11	证监许可[2011]524号	南方保本混合型证券投资基金	南方	农业银行
	证监许可[2011]525号	申万菱信量化小盘股票型证券投资基金(LOF)	申万菱信	工商银行
	证监许可[2011]526号	华泰柏瑞信用增利债券证券投资基金	华泰柏瑞	中国银行
	证监许可[2011]527号	光大保德信全球基础建设股票型证券投资基金	光大保德信	建设银行
	证监许可[2011]519号	长盛同鑫保本混合型证券投资基金	长盛	中国银行
	证监许可[2011]522号	兴全保本混合型证券投资基金	兴业全球	兴业银行
	证监许可[2011]523号	金元比联保本混合型证券投资基金	金元比联	农业银行
2011-04-12	证监许可[2011]534号	泰信中证200指数证券投资基金	泰信	中国银行
2011-04-13	证监许可[2011]550号	中欧鼎利分级债券型证券投资基金	中欧	中信银行
2011-04-27	证监许可[2011]602号	鹏华新兴产业股票型证券投资基金	鹏华	招商银行
	证监许可[2011]603号	长信利鑫分级债券型证券投资基金	长信	邮政储蓄银行
	证监许可[2011]604号	上投摩根新兴动力股票型证券投资基金	上投摩根	农业银行
	证监许可[2011]605号	深证电子信息传媒产业(TMT)50交易型开放式指数证券投资基金及其联接基金	招商	中国银行

（续上表）

获批日期	批准文号	获批基金全称	管理人	托管人
2011–04–27	证监许可[2011]606号	华安可转换债券债券型证券投资基金	华安	招商银行
	证监许可[2011]607号	汇丰晋信科技先锋股票型证券投资基金	汇丰晋信	建设银行
	证监许可[2011]608号	中银转债增强债券型证券投资基金	中银	招商银行
	证监许可[2011]609号	大成内需增长股票型证券投资基金	大成	中国银行
2011–04–29	证监许可[2011]638号	富国天盈分级债券型证券投资基金	富国	工商银行
	证监许可[2011]639号	交银施罗德先进制造股票证券投资基金	交银施罗德	农业银行
2011–05–06	证监许可[2011]665号	易方达安心回报债券型证券投资基金	易方达	工商银行
	证监许可[2011]666号	富国全球顶级消费品股票型证券投资基金	富国	工商银行
	证监许可[2011]667号	广发标普全球农业指数证券投资基金	广发	工商银行
	证监许可[2011]668号	广发聚利债券型证券投资基金	广发	建设银行
2011–05–13	证监许可[2011]696号	银华永祥保本混合型证券投资基金	银华	中国银行
	证监许可[2011]707号	国投瑞银中证上游资源产业指数证券投资基金(LOF)	国投瑞银	工商银行
	证监许可[2011]708号	博时裕祥分级债券型证券投资基金	博时	招商银行
	证监许可[2011]709号	景顺长城大中华股票型证券投资基金	景顺长城	工商银行
	证监许可[2011]710号	银河消费驱动股票型证券投资基金	银河	建设银行
2011–05–18	证监许可[2011]737号	天治成长精选股票型证券投资基金	天治	上海银行
	证监许可[2011]738号	上投摩根强化回报债券型证券投资基金	上投摩根	建设银行
	证监许可[2011]739号	诺安多策略股票型证券投资基金	诺安	建设银行
	证监许可[2011]740号	易方达创业板交易型开放式指数证券投资基金	易方达	工商银行
2011–05–24	证监许可[2011]798号	新华灵活主题股票型证券投资基金	新华	中信银行
2011–05–26	证监许可[2011]818号	东吴增利债券型证券投资基金	东吴	中信银行
	证监许可[2011]819号	信诚新机遇股票型证券投资基金(LOF)	信诚	建设银行
	证监许可[2011]820号	中银中小盘成长股票型证券投资基金	中银	招商银行
2011–05–31	证监许可[2011]838号	汇添富黄金及贵金属证券投资基金(LOF)	汇添富	工商银行
	证监许可[2011]839号	嘉实黄金证券投资基金(LOF)	嘉实	工商银行
2011–06–07	证监许可[2011]886号	深证300交易型开放式指数证券投资基金及其联接基金	汇添富	工商银行
	证监许可[2011]887号	民生加银景气行业股票型证券投资基金	民生加银	建设银行
	证监许可[2011]878号	纽银新动向灵活配置混合型证券投资基金	纽银梅隆西部	建设银行
	证监许可[2011]883号	国泰事件驱动策略股票型证券投资基金	国泰	建设银行
	证监许可[2011]884号	华安深证300指数证券投资基金(LOF)	华安	中国银行
	证监许可[2011]885号	华泰柏瑞阿尔法股票型证券投资基金	华泰柏瑞	中国银行
2011–06–09	证监许可[2011]906号	深证基本面120交易型开放式指数证券投资基金及其联接基金	嘉实	中国银行
	证监许可[2010]907号	海富通稳进增利分级债券型证券投资基金	海富通	建设银行
2011–06–13	证监许可[2011]934号	工银瑞信添颐债券型证券投资基金	工银瑞信	民生银行
2011–06–15	证监许可[2011]947号	易方达资源行业股票型证券投资基金	易方达	中国银行

（续上表）

获批日期	批准文号	获批基金全称	管理人	托管人
2011-06-20	证监许可[2011]966号	招商安达保本混合型证券投资基金	招商	农业银行
	证监许可[2011]967号	深证300价值交易型开放式指数证券投资基金及其联接基金	交银施罗德	农业银行
	证监许可[2011]968号	南方中国中小盘股票指数证券投资基金(LOF)	南方	农业银行
	证监许可[2011]969号	深证民营交易型开放式指数证券投资基金及其联接基金	鹏华	建设银行
	证监许可[2011]970号	金鹰策略配置股票型证券投资基金	金鹰	中信银行
2011-06-22	证监许可[2011]988号	富国低碳环保股票型证券投资基金	富国	招商银行
2011-06-27	证监许可[2011]1021号	东吴新产业精选股票型证券投资基金	东吴	建设银行

基金管理公司办公住址变更获批

获批日期	批准文号	获批基金管理公司	住所新址
2010-03-16	证监许可[2010]303号	信诚基金管理有限公司	上海市浦东新区世纪大道8号上海国金中心汇丰银行大楼9层
2010-03-26	证监许可[2010]391号	摩根士丹利华鑫基金管理有限公司	广东省深圳市福田区中心四路1号嘉里建设广场一期二座17楼
2010-08-20	证监许可[2010]1135号	新华基金管理有限公司	重庆市江北区建新东路85号附一号1层1-1
2010-10-28	证监许可[2010]1500号	国联安基金管理有限公司	上海市陆家嘴环路1318号星展银行大厦9楼
2010-11-05	证监许可[2010]1554号	华商基金管理有限公司	北京市西城区平安里西大街28号院中海国际中心19层
2011-05-24	证监许可[2011]795号	国投瑞银基金管理有限公司	上海市虹口区东大名路638号7层
2011-06-14	证监许可[2011]938号	浙商基金管理有限公司	浙江省杭州市下城区环城北路208号1801室

附录三　基金日历解读（2010）

一月份 JANUARY

1-01
金鹰成分优选混合基金分红10派0.750元

1-04
光大保德信量化股票基金分红10派0.300元

1-05
富国天成红利混合基金分红10派0.250元
招商安泰股票基金分红10派2.600元
招商安泰平衡混合基金分红10派5.300元
招商安泰债券基金分红10派0.600/0.400元
信诚经典优债债券基金分红10派0.100元

1-07
中天证券获准基金销售业务资格
招商大盘蓝筹股票基金分红10派2.000元
招商核心价值混合基金分红10派0.900元
农银平衡双利混合基金分红10派0.500元

1-08
富国天源平衡混合基金分红10派0.680元
富国天惠成长混合(LOF)基金分红10派1.800元
富国天利增长债券基金分红10派0.400元
广发稳健增长混合基金分红10派0.250元
广发策略优选混合基金分红10派3.200元
广发增强债券基金分红10派0.200元

1-11
富国天丰强化债券封闭基金分红10派0.080元
上投摩根中国优势混合基金分红10派4.500元
金元比联宝石保本混合基金分红10派0.100元
金元比联成长动力混合基金分红10派0.400元

1-12
华安核心股票基金分红10派5.000元
国投瑞银核心企业股票基金分红10派0.900元
国投瑞银创新动力股票基金分红10派1.900元
国投瑞银成长优选股票基金分红10派1.200元
国投瑞银稳健增长混合基金分红10派2.000元
国投瑞银稳定增利债券基金分红10派0.600元
景顺长城内需增长股票基金分红10派1.280元
景顺长城内需贰号股票基金分红10派1.280元
景顺长城公司治理股票基金分红10派1.800元

1-13
国泰金鹿保本混合基金分红10派0.520元
国泰金龙债券基金分红10派0.500/0.440元
华安创新混合基金分红10派0.200元

1-14
华安中国A股增强指数基金分红10派0.200元
富国天鼎中证指数增强基金分红10派2.450元
富国天瑞强势混合基金分红10派0.650元
银华领先策略股票基金分红10派2.800元
银华保本增值混合基金分红10派1.700元
银华增强收益债券基金分红10派1.100元
华宝兴业大盘精选股票基金分红10派0.800元
华宝兴业宝康消费品混合基金分红10派0.500元
华宝兴业宝康配置混合基金分红10派0.500元
华宝兴业宝康债券基金分红10派0.400元
华宝兴业增强收益债券基金分红10派0.100元
建信恒久价值股票基金分红10派0.540元

1-15
深圳农村商业银行基金销售业务资格获准
国泰金鹰增长股票基金分红10派0.690元
国泰金牛创新股票基金分红10派0.250元
国泰金鹏蓝筹混合基金分红10派0.240元
国泰金鼎价值混合基金分红10派0.160元
华宝兴业多策略股票基金分红10派0.530元
交银成长股票基金分红10派0.650元
交银稳健配置混合基金分红10派6.250元

1-18
博时新兴成长股票基金分红10派1.520元
宝盈资源优选股票基金分红10派1.700元
万家精选股票基金分红10派0.800元
金鹰中小盘精选混合基金分红10派4.500元
申万菱信新动力股票基金分红10派0.300元
申万菱信盛利强化配置混合基金分红10派0.350元
华泰柏瑞积极成长混合基金分红10派0.300元
交银精选股票基金分红10派1.500元
交银先锋股票基金分红10派0.250元
交银保本混合基金分红10派0.200元
中欧稳健收益债券基金分红10派0.016元

1-19
博时主题行业股票(LOF)基金分红10派0.640元
博时特许价值股票基金分红10派1.480元
博时策略混合基金分红10派0.090元
博时稳定价值债券基金分红10派0.660元
大成债券基金分红10派0.250元
富国汉盛封闭基金分红10派3.000元
富国汉兴封闭基金分红10派3.030元
兴全可转债混合基金分红10派0.480元
申万菱信竞争优势股票基金分红10派0.500元
申万菱信消费增长股票基金分红10派0.200元
中银策略股票基金分红10派1.700元
中银中证100指数增强基金分红10派0.100元
中银优选混合基金分红10派0.400元
中银增利债券基金分红10派0.100元
交银增利债券基金分红10派0.500元
中欧新趋势股票(LOF)基金分红10派0.600元

1-20
博时精选股票基金分红10派0.800元
博时第三产业股票基金分红10派1.900元
博时平衡配置混合基金分红10派2.180元
嘉实量化阿尔法股票基金分红10派0.800元
嘉实服务增值行业混合基金分红10派0.500元

嘉实成长收益混合基金分红10派0.200元
嘉实增长混合基金分红10派0.500元
嘉实策略混合基金分红10派0.840元
嘉实超短债债券基金分红10派0.070元
嘉实多元债券基金分红10派0.400元
长盛中证100指数基金分红10派0.500元
长盛同智优势混合(LOF)基金分红10派0.230元
长盛积极配置债券基金分红10派0.200元
大成沪深300指数基金分红10派0.900元
大成积极成长股票基金分红10派0.050元
大成精选增值混合基金分红10派0.850元
易方达策略成长混合基金分红10派0.200元
银河行业股票基金分红10派1.500元
万家公用事业行业股票(LOF)基金分红10派0.260元
申万菱信添益宝债券基金分红10派0.065元
中银中国混合(LOF)基金分红10派2.300元
国富中国收益混合基金分红10派1.700元

1-21
易方达亚洲精选股票(QDII)基金成立，募集规模5.92亿
融通债券基金分红10派0.800元
银华优势企业混合基金分红10派0.100元
银河成长股票基金分红10派1.950元

1-22
鹏华行业成长混合基金分红10派0.100元
鹏华动力增长混合(LOF)基金分红10派0.600元
景顺长城公司治理股票基金分红10派0.100元
工银沪深300指数股票基金分红10派0.300元

1-25
国联安红利股票基金分红10派1.000元
国联安稳健混合基金分红10派1.000元

1-26
鹏华优质治理股票(LOF)基金分红10派0.200元
鹏华丰收债券基金分红10派1.000元
易方达增强回报债券基金分红10派0.500/0.400元
银河银信添利债券基金分红10派0.200元

1-27
鹏华普惠封闭基金分红10派1.000元
鹏华普丰封闭分红10派0.300元
融通领先成长股票(LOF)基金分红10派0.400元

1-28
上投摩根行业轮动股票基金成立，募集规模36.17亿
华安强化收益债券基金分红10派0.150元
华富收益增强债券基金分红10派0.300/0.200元
上投摩根阿尔法股票基金分红10派18.800元
上投摩根内需动力股票基金分红10派0.800元

1-29
洛阳银行获准基金销售业务资格
泰达宏利成长股票基金分红10派1.050元
泰达宏利周期股票基金分红10派1.000元
泰达宏利精选股票基金分红10派0.500元
泰达宏利集利债券基金分红10派0.100元

二月份 FEBRUARY

2-01
华夏兴华封闭基金分红10派5.310元
华夏兴和封闭基金分红10派1.800元

2-02
大成中证红利指数基金成立，募集规模18.70亿
易方达行业领先股票基金分红10派0.350元
易方达积极成长混合基金分红10派0.700元

2-03
民生加银精选股票基金成立，募集规模24.75亿
新华钻石企业股票基金成立，募集规模19.38亿
汇丰晋信大盘股票基金分红10派0.300元

2-05
鹏华中证500指数(LOF)基金成立，募集规模26.31亿
嘉实超短债债券基金分红10派 0.018元
融通通乾封闭基金分红10派3.300元

2-08
中国证监会颁发《证券投资基金信息披露XBRL模板第3号〈年度报告和半年度报告〉》
乌鲁木齐市商业银行获准基金销售业务资格
宝盈中证100指数增强基金成立，募集规模2.81亿
南方绩优成长股票基金分红10派1.200元
富国天丰强化债券封闭基金分红10派0.070元
易方达价值精选股票基金分红10派1.500元
信诚三得益债券基金分红10派0.150元

2-10
国泰估值优势分级封闭基金成立，募集规模8.43亿
工银中小盘成长股票基金成立，募集规模23.18亿
信诚中小盘股票基金成立，募集规模6.04亿
上投摩根中小盘股票基金分红10派0.400元

2-11
金元比联核心动力股票基金成立，募集规模4.37亿
申万菱信沪深300价值指数基金成立，募集规模9.25亿
中银蓝筹混合基金成立，募集规模61.84亿

2-21
财富里昂证券获准基金销售业务资格

2-22
汇添富均衡增长股票基金分红10派0.800元
汇添富成长焦点股票基金分红10派0.300元

2-23
鹏华动力增长混合(LOF)基金分红10派0.400元

2-24
鹏华普惠封闭基金分红10派2.000元
鹏华普丰封闭基金分红10派0.300元
信达澳银领先增长股票基金分红10派0.800元

2-26
汇丰晋信动态策略混合基金分红10派1.200元

三月份 MARCH

3-01
国富弹性市值股票基金分红10派1.000元
国富潜力组合股票基金分红10派1.000元
国富强化收益债券基金分红10派0.300元

3-02
富国天成红利混合基金分红10派0.100元

3-04
嘉实超短债债券基金分红10派0.013元

3-08
富国天丰强化债券封闭基金分红10派0.100元

3-10
中海量化策略股票基金分红10派0.020元
中海优质成长混合基金分红10派2.200元
中海稳健收益债券基金分红10派1.300元

3-11
易方达积极成长混合基金分红10派0.800元

3-12
南方绩优成长股票基金分红10派1.400元
鹏华优质治理股票(LOF)基金分红10派0.400元

3-15
南方高增长股票(LOF)基金分红10派0.500元
长信利丰债券基金分红10派0.200元

3-16
南方积极配置股票(LOF)基金分红10派0.600元
南方多利增强债券基金分红10派0.200/0.220元

3-17
南方稳健成长混合基金分红10派0.200元
南方宝元债券基金分红10派0.200元
易方达价值精选股票基金分红10派0.800元

3-18
工银核心价值股票基金分红10派0.850元
工银大盘蓝筹股票基金分红10派1.200元

3-22
汇添富价值精选股票基金分红10派0.800元
汇添富蓝筹稳健混合基金分红10派1.100元

3-24
国泰金泰封闭基金分红10派1.100元
国泰金鑫封闭基金分红10派0.250元
汇添富优势精选混合基金分红10派4.700元

3-25
招商全球资源股票(QDII)基金成立，募集规模5.53亿
农银中小盘股票基金成立，募集规模97.31亿
中海上证50指数增强基金成立，募集规模5.52亿

3-26
长信中证央企100指数(LOF)基金成立，募集规模7.43亿
华夏红利混合基金分红10派10.000元
中邮核心优势灵活配置混合基金分红10派0.300元

3-29
易方达上证中盘ETF基金成立，募集规模27.52亿
华夏债券基金分红10派0.200元

3-30
南方策略优化股票基金成立，募集规模21.73亿
中信稳定双利债券基金分红10派0.210元
新华优选成长股票基金分红10派3.500元

3-31
易方达上证中盘ETF联接基金成立，募集规模20.89亿
嘉实稳健混合基金分红10派0.100元
长盛同益封闭基金分红10派3.000元

四月份 APRIL

4-01
南方盛元红利股票基金分红10派0.200元
南方优选价值股票基金分红10派1.200元
华安安信封闭基金分红10派4.000元
华安安顺封闭基金分红10派6.000元
博时裕阳封闭基金分红10派6.700元
博时裕隆封闭基金分红10派2.700元
博时裕泽封闭基金分红10派0.820元
大成景宏封闭基金分红10派3.100元
大成景福封闭基金分红10派3.800元
银河银丰封闭基金分红10派0.600元

4-06
五矿证券经纪公司获准基金销售业务资格
嘉实泰和封闭基金分红10派0.470元

4-07
华夏大盘精选混合基金分红10派1.000元
鹏华动力增长混合(LOF)基金分红10派0.650元
易方达科瑞封闭基金分红10派3.600元

4-08
鹏华普惠封闭基金分红10派1.000元
鹏华普丰封闭基金分红10派0.300元
嘉实超短债债券基金分红10派0.018元
嘉实多元债券基金分红10派0.330元

4-09
国投瑞银沪深300金融地产指数(LOF)基金成立，募集规模17.23亿
富国天丰强化债券封闭基金分红10派0.150元
信诚三得益债券基金分红10派0.150元
信诚经典优债债券基金分红10派0.100元

4-12
富国天利增长债券基金分红10派0.200元
景顺长城资源垄断股票(LOF)基金分红10派0.150元

4-13
南方天元封闭基金分红10派3.050元
南方稳健成长贰号混合基金分红10派3.500元

4-14
光大保德信中小盘股票基金成立，募集规模8.89亿
海富通中小盘股票基金成立，募集规模12.37亿
金鹰稳健成长股票基金成立，募集规模6.49亿
南方开元封闭基金分红10派0.500元
融通领先成长股票(LOF)基金分红10派0.400元

4-16
国联安双禧中证100指数分级基金成立，

募集规模9.82亿
泰达宏利风险预算混合基金分红10派2.000元

4-19
友邦华泰基金管理公司获准变更为华泰柏瑞基金管理公司
华宝兴业基金管理公司股权变更获批
广发内需增长混合基金成立，募集规模42.26亿
华安强化收益债券基金分红10派0.050元

4-21
中国证监会颁发《证券投资基金参与股指期货交易指引》
天弘永利债券基金分红10派0.180/0.190元

4-22
兴全合润分级股票基金成立，募集规模33.29亿
银华优质增长股票基金分红10派2.500元
银河银信添利债券基金分红10派0.180元

4-23
华宝兴业上证180价值ETF基金成立，募集规模21.09亿
华宝兴业上证180价值ETF联接基金成立，募集规模5.87亿
泰达宏利财富大盘指数基金成立，募集规模11.65亿
长城稳健增利债券基金分红10派0.400元

4-26
南方避险增值混合基金分红10派0.200元
长城久富股票(LOF)基金分红10派2.900元
长城久恒平衡混合基金分红10派0.500元
银河稳健混合基金分红10派0.050元
海富通精选混合基金分红10派0.020元
农银行业成长股票基金分红10派2.000元

4-27
鹏华普惠封闭基金分红10派1.400元
鹏华普丰封闭基金分红10派1.400元

4-28
诺安中小盘精选股票基金成立，募集规模14.29亿

4-29
国泰纳斯达克100指数基金成立，募集规模5.56亿
中海量化策略股票基金分红10派0.200元

4-30
华泰柏瑞稳本增利债券基金分红10派0.500元

五月份 MAY

5-05
汇添富民营活力股票基金成立，募集规模14.08亿
富国天成红利混合基金分红10派0.100元

5-06
北京高华证券获准基金销售业务资格
嘉实超短债债券基金分红10派0.015元

5-07
银华深证100指数分级基金成立，募集规模22.04亿

5-10
南方中证500指数(LOF)基金分红10派0.500元
国联安优势股票基金分红10派0.600元
国联安稳健混合基金分红10派1.400元

5-11
华安行业轮动股票基金成立，募集规模18.06亿
东吴货币基金成立，募集规模44.33亿
富国天丰强化债券封闭基金分红10派0.120元
兴全磐稳增利债券基金分红10派0.200元

5-12
富国通胀通缩主题股票基金成立，募集规模14.86亿

5-13
诺安优化收益债券基金分红10派0.150元

5-18
大摩卓越成长股票基金成立，募集规模22.64亿

5-19
中邮核心主题股票基金成立，募集规模22.34亿
易方达稳健收益债券基金分红10派0.260/0.320元

5-20
工银添利债券基金分红10派0.800元

5-25
工银全球精选股票(QDII)基金成立，募集规模5.86亿

5-26
长盛环球行业股票(QDII)基金成立，募集规模3.40亿

5-28
建信上证社会责任ETF基金成立，募集规模4.20亿
建信上证社会责任ETF联接基金成立，募集规模23.96亿

5-31
鹏华信用增利债券基金成立，募集规模21.72亿

六月份 JUNE

6-01
博时创业成长股票基金成立，募集规模34.22亿

6-02
银华富裕主题股票基金分红10派0.180元
兴全可转债混合基金分红10派0.250元

6-04
嘉实超短债债券基金分红10派0.023元

6-07
嘉实价值优势股票基金成立，募集规模39.32亿

6-08
汇丰晋信低碳先锋股票基金成立，募集规模6.66亿
富国天丰强化债券封闭基金分红10派0.110元

6-10
国投瑞银新兴市场股票(QDII－LOF)基金成立，募集规模4.43亿

6-13
华创证券获准基金销售业务资格

6-17
海富通稳健添利债券基金分红10派0.200元

建信稳定增利债券基金分红10派0.200元

6-18
华商产业升级股票基金成立，募集规模9.99亿

6-22
国联安信心增益债券基金成立，募集规模19.03亿
大成核心双动力股票基金成立，募集规模11.73亿
华泰柏瑞量化先行股票基金成立，募集规模7.33亿
招商深证100指数基金成立，募集规模6.62亿

6-24
中欧沪深300指数增强(LOF)基金成立，募集规模12.02亿
民生加银增强收益债券基金分红10派0.300元

6-25
汇添富亚澳成熟优选股票(QDII)基金成立，募集规模5.23亿
招商信用添利债券封闭基金成立，募集规模21.17亿

6-28
纽银梅隆西部基金管理公司成立获批
诺德中小盘股票基金成立，募集规模3.64亿
长信中短债债券基金成立，募集规模22.34亿
大成债券基金分红10派0.100元
华富收益增强债券基金分红10派0.200元

6-29
渤海银行获准基金托管资格
银华信用债券封闭基金成立，募集规模22.96亿
东吴新创业股票基金成立，募集规模4.34亿
民生加银稳健成长股票基金成立，募集规模7.76亿
中信稳定双利债券基金分红10派0.290元
宝盈增强收益债券基金分红10派0.390元
中银增利债券基金分红10派0.200元
汇添富增强收益债券基金分红10派0.500元
中欧稳健收益债券基金分红10派0.400元

6-30
烟台银行获准基金销售业务资格
交银主题优选混合基金成立，募集规模32.36亿
招商安本增利债券基金分红10派1.300元

七月份 JULY

7-01
汇丰晋信平稳增利债券基金分红10派0.031元

7-02
华夏债券基金分红10派0.200元
富国天成红利混合基金分红10派0.100元

7-05
华夏希望债券基金分红10派0.300元

7-08
富国天丰强化债券封闭基金分红10派0.090元

7-09
新华基金管理公司股权变更获批
富国天利增长债券基金分红10派0.200元
信诚三得益债券基金分红10派0.100元
信诚经典优债债券基金分红10派0.040元

7-14
博时信用债券基金分红10派0.150元

7-15
华泰柏瑞上证红利ETF基金分红10派0.200元

7-16
银河蓝筹股票基金成立，募集规模6.61亿

7-21
新华行业周期轮换股票基金成立，募集规模3.48亿

7-26
华安强化收益债券基金分红10派0.050元

7-27
博时大中华亚太精选股票(QDII)基金成立，募集规模5.55亿
博时宏观回报债券基金成立，募集规模21.49亿

7-28
信达澳银红利回报股票基金成立，募集规模5.95亿
中海货币基金成立，募集规模29.59亿
嘉实多元债券基金分红10派0.250元
富国优化增强债券基金分红10派0.150元
光大保德信增利收益债券基金分红10派0.540/0.480元

7-30
信诚深度价值股票(LOF)基金成立，募集规模5.24亿

八月份 AUGUST

8-04
长盛沪深300指数(LOF)基金成立，募集规模8.99亿
诺安增利债券基金分红10派0.150元

8-05
民企ETF基金成立，募集规模10.07亿
鹏华上证民企50ETF联接基金成立，募集规模5.72亿
南方优选价值股票基金分红10派1.000元
嘉实超短债债券基金分红10派0.030元
招商信用添利债券封闭基金分红10派0.030元

8-06
中邮核心主题股票基金分红10派0.150元

8-09
南方基金管理公司股权变更获批
华商稳健双利债券基金成立，募集规模19.87亿
富国天丰强化债券封闭基金分红10派0.090元

8-10
易方达积极成长混合基金分红10派0.500元

8-12
天弘深证成份指数(LOF)基金成立,募集规模4.41亿
景顺长城优选股票基金分红10派0.100元

8-13
国泰价值经典股票(LOF)基金成立,募集规模12.77亿

8-16
工银双利债券基金成立,募集规模140.53亿

8-18
广发亚太精选股票(QDII)基金成立,募集规模5.41亿

8-19
恒泰长财证券获准基金销售业务资格

8-20
易方达消费行业股票基金成立,募集规模63.73亿

8-23
金鹰稳健成长股票基金分红10派0.300元
华富收益增强债券基金分红10派0.120元
中邮核心主题股票基金分红10派0.200元

8-24
易方达增强回报债券基金分红10派0.300元

8-25
中银价值混合基金成立,募集规模40.93亿
兴全可转债混合基金分红10派0.200元
华商收益增强债券基金分红10派0.290/0.250元
诺德增强收益债券基金分红10派0.270元

8-26
华安稳定收益债券基金分红10派0.800元

8-27
南方小康ETF基金成立,募集规模6.57亿
南方小康ETF联接基金成立,募集规模9.00亿

九月份 SEPTEMBER

9-01
齐商银行获准基金销售业务资格
农银大盘蓝筹股票基金成立,募集规模39.17亿
嘉实稳固收益债券基金成立,募集规模44.83亿

9-02
富国天成红利混合基金分红10派0.100元

9-03
南方恒元保本混合基金分红10派0.200元
嘉实超短债债券基金分红10派0.020元
浦银安盛优化收益债券基金分红10派0.100元

9-07
华夏成长混合基金分红10派3.200元
华夏红利混合基金分红10派4.900元
诺安优化收益债券基金分红10派0.150元

9-08
华富强化回报债券基金成立,募集规模19.99亿
国投瑞银优化增强债券基金成立,募集规模39.86亿
富国天丰强化债券封闭基金分红10派0.090元
泰达宏利财富大盘指数基金分红10派0.200元

9-09
富国汇利分级债券封闭基金成立,募集规模29.99亿
国联安德盛增利债券基金分红10派0.400元

9-10
华夏蓝筹混合(LOF)基金分红10派3.400元
信诚中小盘股票基金分红10派0.200元
中欧新蓝筹混合基金分红10派1.600元

9-13
中邮创业基金管理公司股权变更获批
万和证券经纪公司获准基金销售业务资格
华夏优势增长股票基金分红10派7.000元

9-14
建信全球机遇股票(QDII)基金成立,募集规模6.82亿
易方达增强回报债券基金分红10派0.250元

9-15
金元比联消费主题股票基金成立,募集规模4.07亿
诺安主题精选股票基金成立,募集规模33.09亿
金鹰红利价值混合基金分红10派1.000元
海富通稳健添利债券基金分红10派0.200元
光大中小盘股票基金分红10派0.300元

9-17
诺安成长股票基金分红10派1.600元
诺安中小盘精选股票基金分红10派0.600元

9-19
海富通上证周期ETF基金成立,募集规模9.67亿
华安香港精选股票(QDII)基金成立,募集规模7.41亿

9-20
浙商基金管理公司成立获批
天弘永利债券基金分红10派0.226/0.245元

9-21
汇添富医药保健股票基金成立,募集规模40.85亿

9-27
中信稳定双利债券基金分红10派0.130元
信诚三得益债券基金分红10派0.300/0.200元
信诚经典优债债券基金分红10派0.260元

9-28
海富通上证周期ETF联接基金成立,募集规模7.33亿

9-29
信诚增强收益债券封闭基金成立,募集规模22.66亿

9-30
嘉实H股指数(QDII-LOF)基金成立,募集规模10.17亿

十月份 OCTOBER

10-08
浙江民泰商业银行获准基金销售业务资格
大连银行获准基金销售业务资格
银华成长先锋混合基金成立，募集规模31.40亿
汇丰晋信平稳增利债券基金分红10派0.020元

10-11
华夏债券基金分红10派0.200元
诺德中小盘股票基金分红10派0.300元

10-12
鹏华环球发现（QDII—FOF）基金成立，募集规模5.34亿

10-14
南方多利增强债券基金分红10派0.200元

10-15
大成景丰分级债券基金成立，募集规模32.45亿
嘉实超短债债券基金分红10派0.011元
嘉实多元债券基金分红10派0.210元
富国天丰强化债券封闭基金分红10派0.160元
大摩强收益债券基金分红10派0.350元
兴全磐稳增利债券基金分红10派0.200元

10-18
富国天利增长债券基金分红10派0.200元

10-20
富国全球债券（QDII—FOF）基金成立，募集规模8.28亿
易方达策略成长混合基金分红10派0.200元
招商信用添利债券封闭基金分红10派0.150元
兴全趋势投资混合（LOF）基金分红10派0.800元
工银大盘蓝筹股票基金分红10派0.200元
农银恒久增利债券基金分红10派0.500元

10-21
南方避险增值混合基金分红10派0.300元
华夏回报混合基金分红10派0.225元
兴全可转债混合基金分红10派0.240元

10-22
哈尔滨银行获准基金销售业务资格
申万菱信深证成指分级基金成立，募集规模7.12亿
东吴行业轮动股票基金分红10派0.800元
华泰柏瑞上证红利ETF基金分红10派0.210元

10-25
泰信优质生活股票基金分红10派0.300元
泰信蓝筹精选股票基金分红10派0.500元

10-26
中国证监会颁发《关于保本基金的指导意见》

10-28
银河银信添利债券基金分红10派0.190元
泰信债券增强收益基金分红10派0.200元
中银价值混合基金分红10派0.200元

10-29
大成债券基金分红10派0.300元
工银核心价值股票基金分红10派0.150元
中邮核心主题股票基金分红10派0.600元

十一月份 NOVEMBER

11-01
南方成份精选股票基金分红10派0.200元
大成强化收益债券基金分红10派1.000元
泰信蓝筹精选股票基金分红10派0.600元
广发内需增长混合基金分红10派1.000元

11-02
中邮证券获准基金销售业务资格
兴全沪深300指数（LOF）基金成立，募集规模29.55亿
富国天成红利混合基金分红10派0.100元
中欧新蓝筹混合基金分红10派1.000元

11-03
南方广利回报债券基金成立，募集规模45.66亿

11-04
工银增强收益债券基金分红10派0.850元

11-05
工银深证红利ETF基金成立，募集规模6.07亿
嘉实回报混合基金分红10派0.260元
嘉实超短债债券基金分红10派0.018元
泰信优势增长混合基金分红10派2.200元

11-09
金鹰基金管理公司股权变更获批
易方达岁丰添利债券基金成立，募集规模26.79亿
工银深证红利ETF联接基金成立，募集规模26.18亿
华商策略精选混合基金成立，募集规模118.15亿
富国天丰强化债券封闭基金分红10派0.160元
浦银安盛精致生活混合基金分红10派0.600元

11-10
华宝兴业上证180价值ETF联接基金分红10派0.300元

11-12
金鹰稳健成长股票基金分红10派1.000元
中银蓝筹混合基金分红10派0.200元

11-15
融通深证成份指数基金成立，募集规模18.49亿
光大保德信量化股票基金分红10派0.300元
中欧中小盘股票（LOF）基金分红10派0.500元
中欧沪深300指数增强（LOF）基金分红10派0.450元

11-16
信达澳银基金管理公司股东名称变更获批
重庆银行获准基金销售业务资格
建信内生动力股票基金成立，募集规模53.88亿
华夏上证50ETF基金分红10派0.260元
泰信蓝筹精选股票基金分红10派0.950元
泰信债券增强收益基金分红10派0.200/0.160元

11-17
华夏回报混合基金分红10派0.250元

11-18
中国证监会颁布《证券投资基金信息披露XBRL模板第4号〈基金合同生效公告及十一类临时公告（试行）〉》

华安上证龙头ETF基金成立，募集规模11.30亿
华安上证龙头ETF联接基金成立，募集规模17.46亿
长信量化先锋股票基金成立，募集规模3.25亿

11-19
易方达价值成长混合基金分红10派0.300元
大摩资源优选混合(LOF)基金分红10派1.380元
工银添利债券基金分红10派0.350元

11-22
华安强化收益债券基金分红10派0.050元
易方达积极成长混合基金分红10派0.300元

11-23
浙江稠州商业银行获准基金销售业务资格
广发行业领先股票基金成立，募集规模44.30亿
国富中小盘股票基金成立，募集规模30.52亿
农银货币基金成立，募集规模60.33亿
海富通稳固收益债券基金成立，募集规模26.97亿
光大保德信动态优选混合基金分红10派1.000元

11-24
博时转债增强债券基金成立，募集规模36.35亿
中银双利债券基金成立，募集规模55.30亿
信诚中小盘股票基金分红10派1.100元
华商收益增强债券基金分红10派0.280/0.260元

11-26
国联安上证商品ETF基金成立，募集规模9.42亿

11-29
广发沪深300指数基金分红10派1.500元
工银精选平衡混合基金分红10派1.000元
建信恒久价值股票基金分红10派0.400元
建信核心精选股票基金分红10派0.500元

十二月份 DECEMBER

12-01
国联安上证商品ETF联接基金成立，募集规模12.94亿
泰信蓝筹精选股票基金分红10派0.250元
泰信双息双利债券基金分红10派0.350元

12-02
华泰柏瑞亚洲领导企业股票(QDII)基金成立，募集规模2.91亿
鹏华丰润债券封闭基金成立，募集规模13.36亿
中欧增强回报债券基金成立，募集规模23.74亿
汇丰晋信中小盘股票基金分红10派0.200元
汇丰晋信低碳先锋股票基金分红10派1.000元

12-03
天弘添利分级债券基金成立，募集规模30.00亿
大摩消费领航混合基金成立，募集规模37.57亿
银华信用双利债券基金成立，募集规模30.62亿
华富策略精选混合基金分红10派1.600元

12-06
银华抗通胀主题(QDII-FOF-LOF)基金成立，募集规模6.91亿
宝盈增强收益债券基金分红10派1.000元
泰信优质生活股票基金分红10派0.700元

12-07
华宝兴业新兴产业股票基金成立，募集规模36.33亿
嘉实主题新动力股票基金成立，募集规模63.17亿
华富收益增强债券基金分红10派0.200元
东吴新创业股票基金分红10派0.600元

12-08
招商上证消费80ETF基金成立，募集规模6.86亿
招商上证消费80ETF联接基金成立，募集规模24.03亿
汇丰晋信消费红利股票基金成立，募集规模22.49亿
富国可转债基金成立，募集规模42.65亿
中银收益混合基金分红10派0.100元
中银优选混合基金分红10派1.200元

12-09
南方金砖四国指数(QDII)基金成立，募集规模6.37亿
中海环保新能源混合基金成立，募集规模9.46亿
南方盛元红利股票基金分红10派0.200元
富国天丰强化债券封闭基金分红10派0.200元

12-10
博时行业轮动股票基金成立，募集规模14.00亿
浦银安盛沪深300指数增强基金成立，募集规模8.15亿
金鹰稳健成长股票基金分红10派0.500元
交银增利债券基金分红10派0.200元

12-13
银河收益债券基金分红10派1.000元
金鹰行业优势股票基金分红10派0.300元

12-14
万家稳增债券基金分红10派0.700元
国联安优势股票基金分红10派1.000元
国联安稳健混合基金分红10派4.200元

12-15
泰信发展主题股票基金成立，募集规模7.07亿
国泰金鹰增长股票基金分红10派0.600元
国泰金龙行业混合基金分红10派0.300元
海富通稳健添利债券基金分红10派0.200元
金元比联宝石保本混合基金分红10派0.500元
金元比联成长动力混合基金分红10派0.500元
金元比联丰利债券基金分红10派0.120元

12-16
国投瑞银中证消费服务指数(LOF)基金成立，募集规模12.47亿
景顺长城新兴成长股票基金分红10派0.100元
东方稳健回报债券基金分红10派0.700元
信诚三得益债券基金分红10派0.350元
信诚经典优债债券基金分红10派0.200元

12-17
信诚金砖四国配置(QDII-FOF-LOF)基金成立，募集规模3.99亿
国投瑞银稳定增利债券基金分红10派0.800元

招商安本增利债券基金分红10派1.200元
长信利丰债券基金分红10派0.800元

12-20
金鹰主题优势股票基金成立，募集规模20.51亿
上投摩根大盘蓝筹股票基金成立，募集规模11.90亿
泰信蓝筹精选股票基金分红10派0.200元
泰信优势增长混合基金分红10派0.300元
建信核心精选股票基金分红10派0.200元
中欧稳健收益债券基金分红10派0.350元

12-21
大成深证成长40ETF基金成立，募集规模4.99亿
大成深证成长40ETF联接基金成立，募集规模31.30亿
华安稳固收益债券基金成立，募集规模27.34亿
中信稳定双利债券基金分红10派0.350元
海富通风格优势股票基金分红10派1.500元
中银增利债券基金分红10派0.200元

12-22
交银趋势股票基金成立，募集规模26.60亿
国泰金鹏蓝筹混合基金分红10派0.550元
国泰双利债券基金分红10派0.400元
华夏希望债券基金分红10派0.300元
华安强化收益债券基金分红10派0.500元
长盛创新先锋混合基金分红10派1.500元
长盛积极配置债券基金分红10派1.500元
易方达稳健收益债券基金分红10派0.800元

12-23
华安稳定收益债券基金分红10派0.650元
鹏华中国50混合基金分红10派1.600元
易方达策略成长二号混合基金分红10派0.200元
银华成长先锋混合基金分红10派0.250元
诺安灵活配置混合基金分红10派1.600元

12-24
华夏债券基金分红10派0.200元
富国天利增长债券基金分红10派0.250元
富国优化增强债券基金分红10派0.500元
易方达策略成长混合基金分红10派0.200元
天弘永定价值成长股票基金分红10派1.450元
天弘周期策略股票基金分红10派0.420元
天弘永利债券基金分红10派0.115/0.127元
中欧新蓝筹混合基金分红10派0.500元

12-27
易方达平稳增长混合基金分红10派0.100元
国投瑞银稳健增长混合基金分红10派3.500元
申万菱信添益宝债券基金分红10派0.700元

12-28
平安大华基金管理公司成立获批
海富通基金管理公司股东名称变更获批
鹏华消费优选股票基金成立，募集规模12.72亿
国联安红利股票基金分红10派0.500元
泰信优势增长混合基金分红10派0.600元
泰信债券增强收益基金分红10派0.100元
国富强化收益债券基金分红10派0.430元
华泰柏瑞价值增长股票基金分红10派2.000元

12-29
银河创新成长股票基金成立，募集规模12.52亿
工银大盘蓝筹股票基金分红10派0.300元

12-30
大成优选封闭基金分红10派0.100元
国联安德盛增利债券基金分红10派0.650/0.950元

12-31
大成优选封闭基金分红10派0.100元

基金管理公司股东

基金管理公司	公司属性	公司股东	持股比例(%)
国泰基金管理有限公司	中外合资	中国建银投资有限责任公司	60.00
		意大利忠利集团	30.00
		中国电力财务有限公司	10.00
南方基金管理有限公司	中 资	华泰证券股份有限公司	45.00
		深圳市投资控股有限公司	30.00
		厦门国际信托有限公司	15.00
		兴业证券股份有限公司	10.00
华夏基金管理有限公司	中外合资	中信证券股份有限公司	49.00
		南方工业资产管理有限责任公司	11.00
		山东省农村经济开发投资公司	10.00
		加拿大鲍尔集团	10.00
		无锡市国联发展(集团)有限公司	10.00
		山东海丰国际航运集团有限公司	10.00
华安基金管理有限公司	中 资	上海国际信托有限公司	20.00
		上海电气(集团)总公司	20.00
		上海锦江国际投资管理有限公司	20.00
		上海工业投资(集团)有限公司	20.00
		国泰君安投资管理股份有限公司	20.00
博时基金管理有限公司	中 资	招商证券股份有限公司	49.00
		中国长城资产管理公司	25.00
		天津港(集团)有限公司	6.00
		璟安实业有限公司	6.00
		上海盛业资产管理有限公司	6.00
		丰益实业发展有限公司	6.00
		广厦建设集团有限责任公司	2.00
鹏华基金管理有限公司	中外合资	国信证券股份有限公司	50.00
		意大利欧利盛资本资产管理股份公司	49.00
		深圳市北融信投资发展有限公司	1.00
嘉实基金管理有限公司	中外合资	中诚信托有限责任公司	40.00
		立信投资有限责任公司	30.00
		德意志资产管理(亚洲)有限公司	30.00
长盛基金管理有限公司	中外合资	国元证券股份有限公司	41.00
		新加坡星展银行有限公司	33.00
		安徽省信用担保集团有限公司	13.00
		安徽省投资集团有限责任公司	13.00

（续上表）

基金管理公司	公司属性	公司股东	持股比例(%)
大成基金管理有限公司	中 资	中泰信托有限责任公司	48.00
		中国银河投资管理有限公司	25.00
		光大证券股份有限公司	25.00
		广东证券股份有限公司	2.00
富国基金管理有限公司	中外合资	海通证券股份有限公司	27.775
		申银万国证券股份有限公司	27.775
		加拿大蒙特利尔银行	27.775
		山东省国际信托投资公司	16.675
易方达基金管理有限公司	中 资	广东粤财信托有限公司	25.00
		广发证券股份有限公司	25.00
		盈峰投资控股集团有限公司	25.00
		广东省广晟资产经营有限公司	16.67
		广州市广永国有资产经营有限公司	8.33
宝盈基金管理有限公司	中 资	中铁信托有限责任公司	49.00
		成都工业投资集团有限公司	26.00
		中国对外经济贸易信托有限公司	25.00
融通基金管理有限公司	中外合资	新时代证券有限责任公司	60.00
		日兴资产管理有限公司	40.00
银华基金管理有限公司	中 资	西南证券股份有限公司	29.00
		第一创业证券有限责任公司	29.00
		东北证券股份有限公司	21.00
		山西海鑫实业股份有限公司	21.00
长城基金管理有限公司	中 资	长城证券有限责任公司	47.059
		东方证券股份有限公司	17.647
		北方国际信托股份有限公司	17.647
		中原信托有限公司	17.647
泰达宏利基金管理有限公司	中外合资	北方国际信托股份有限公司	51.00
		宏利资产管理(香港)有限公司	49.00
国投瑞银基金管理有限公司	中外合资	国投信托有限公司	51.00
		瑞银联合银行集团	49.00
银河基金管理有限公司	中 资	中国银河金融控股有限责任公司	50.00
		中国石油天然气集团公司	12.50
		首都机场集团公司	12.50
		上海市城市建设投资开发总公司	12.50
		湖南电广传媒股份有限公司	12.50

（续上表）

基金管理公司	公司属性	公司股东	持股比例(%)
万家基金管理有限公司	中 资	齐鲁证券有限公司	49.00
		上海久事公司	20.00
		深圳市中航投资管理有限公司	20.00
		山东省国有资产投资控股	11.00
金鹰基金管理有限公司	中外合资	广州证券有限责任公司	49.00
		广东美的电器股份有限公司	20.00
		广州药业股份有限公司	20.00
		东亚联丰投资管理有限公司	11.00
招商基金管理有限公司	中外合资	招商银行股份有限公司	33.40
		招商证券股份有限公司	33.30
		荷兰投资(ING Asset Management B.V.)	33.30
华宝兴业基金管理有限公司	中外合资	华宝信托有限责任公司	51.00
		法国领先资产管理有限公司	49.00
摩根士丹利华鑫基金管理有限公司	中外合资	华鑫证券有限责任公司	36.00
		摩根士丹利国际控股公司	34.00
		汉唐证券有限责任公司	15.00
		深圳市招融投资控股有限公司	10.00
		深圳市中技实业(集团)有限公司	5.00
海富通基金管理有限公司	中外合资	海通证券股份有限公司	51.00
		法国巴黎投资管理BE 控股公司	49.00
国联安基金管理有限公司	中外合资	国泰君安证券股份有限公司	51.00
		安联集团	49.00
长信基金管理有限责任公司	中 资	长江证券股份有限公司	49.00
		上海海欣集团股份有限公司	34.33
		武汉钢铁股份有限公司	16.67
泰信基金管理有限公司	中 资	山东省国际信托有限公司	45.00
		江苏省投资管理有限责任公司	30.00
		青岛国信实业有限公司	25.00
天治基金管理有限公司	中 资	吉林省信托有限责任公司	46.16
		中国吉林森林工业集团有限责任公司	38.46
		吉林市国有资产经营有限责任公司	15.38
景顺长城基金管理有限公司	中外合资	长城证券有限责任公司	49.00
		景顺资产管理有限公司	49.00
		开滦(集团)有限责任公司	1.00
		大连实德集团有限公司	1.00

（续上表）

基金管理公司	公司属性	公司股东	持股比例(%)
广发基金管理有限公司	中 资	广发证券股份有限公司	48.33
		烽火通信科技股份有限公司	16.67
		香江投资有限公司	16.67
		康美药业股份有限公司	10.00
		广州科技风险投资有限公司	33.00
兴业全球基金管理有限公司	中外合资	兴业证券股份有限公司	51.00
		全球人寿保险国际公司	49.00
诺安基金管理有限公司	中 资	中国对外经济贸易信托投资有限公司	40.00
		深圳市捷隆投资有限公司	40.00
		大恒新纪元科技股份有限公司	20.00
申万菱信基金管理有限公司	中外合资	申银万国证券股份有限公司	67.00
		三菱UFJ信托银行株式会社会社	33.00
中海基金管理有限公司	中外合资	中海信托股份有限公司	41.591
		国联证券股份有限公司	33.409
		法国爱德蒙得洛希尔银行股份有限公司	25.00
华富基金管理有限公司	中 资	华安证券有限责任公司	49.00
		安徽省信用担保集团有限公司	27.00
		合肥兴泰控股集团有限公司	24.00
光大保德信基金管理有限公司	中外合资	光大证券股份有限公司	55.00
		保德信投资管理有限公司	45.00
上投摩根基金管理有限公司	中外合资	上海国际信托有限公司	51.00
		摩根富林明资产管理(英国)有限公司	49.00
东方基金管理有限责任公司	中 资	东北证券股份有限公司	46.00
		中辉国华实业(集团)有限公司	18.00
		渤海国际信托有限公司	18.00
		河北省国有资产控股运营有限公司	18.00
中银基金管理有限公司	中外合资	中国银行股份有限公司	83.50
		贝莱德投资管理有限公司	16.50
东吴基金管理有限公司	中 资	东吴证券有限责任公司	49.00
		上海兰生(集团)有限公司	30.00
		江阴澄星实业集团有限公司	21.00
天弘基金管理有限公司	中 资	天津信托有限责任公司	48.00
		内蒙古君正能源化工股份有限公司	36.00
		芜湖高新投资有限公司	16.00
国海富兰克林基金管理有限公司	中外合资	国海证券股份有限公司	51.00
		富兰克林邓普顿投资集团	49.00

（续上表）

基金管理公司	公司属性	公司股东	持股比例(%)
华泰柏瑞基金管理有限公司	中外合资	华泰证券股份有限公司	49.00
		柏瑞投资有限责任公司	49.00
		苏州新区高新技术产业股份有限公司	2.00
新华基金管理有限公司	中 资	新华信托股份有限公司	48.00
		陕西蓝潼电子投资有限公司	30.00
		上海大众环境产业有限公司	22.00
		杭州永原网络科技有限公司	8.25
汇添富基金管理有限公司	中 资	东方证券股份有限公司	47.00
		文汇新民联合报业集团	26.50
		东航金戎控股有限责任公司	26.50
工银瑞信基金管理有限公司	中外合资	中国工商银行股份有限公司	80.00
		瑞士信贷集团	20.00
交银施罗德基金管理有限公司	中外合资	交通银行股份有限公司	65.00
		施罗德投资管理有限公司	30.00
		中国国际海运集装箱(集团)股份有限公司	5.00
建信基金管理有限责任公司	中外合资	中国建设银行股份有限公司	65.00
		美国信安金融服务公司	25.00
		中国华电集团资本控股有限公司	10.00
信诚基金管理有限公司	中外合资	中信信托有限责任公司	49.00
		英国保诚集团股份有限公司	49.00
		中新苏州工业园区创业投资有限公司	2.00
汇丰晋信基金管理有限公司	中外合资	山西信托有限责任公司	51.00
		汇丰环球投资管理(英国)有限公司	49.00
益民基金管理有限公司	中 资	重庆国际信托有限公司	49.00
		中国新纪元有限公司	31.00
		中山证券有限责任公司	20.00
华商基金管理有限公司	中 资	华龙证券有限责任公司	46.00
		中国华电集团财务有限公司	34.00
		济钢集团有限公司	20.00
中邮创业基金管理有限公司	中 资	首创证券有限责任公司	47.00
		中国邮政集团公司	29.00
		北京长安投资集团有限公司	24.00
信达澳银基金管理有限公司	中外合资	中国信达资产管理股份有限公司	54.00
		康联首域集团有限公司	46.00
诺德基金管理有限公司	中外合资	诺德·安博特公司	49.00
		长江证券股份有限公司	30.00
		清华控股有限公司	21.00

（续上表）

基金管理公司	公司属性	公司股东	持股比例(%)
中欧基金管理有限公司	中外合资	意大利意联银行股份合作公司	49.00
		国都证券有限责任公司	47.00
		万盛基业投资有限责任公司	4.00
金元比联基金管理有限公司	中外合资	金元证券股份有限公司	51.00
		比利时联合资产管理有限公司	49.00
浦银安盛基金管理有限公司	中外合资	上海浦东发展银行股份有限公司	51.00
		法国安盛投资管理有限公司	39.00
		上海盛融投资有限公司	10.00
农银汇理基金管理有限公司	中外合资	中国农业银行股份有限公司	51.67
		东方汇理资产管理公司	33.33
		中国铝业股份有限公司	15.00
民生加银基金管理有限公司	中外合资	中国民生银行股份有限公司	60.00
		加拿大皇家银行	30.00
		三峡财务有限责任公司	10.00
纽银梅隆西部基金管理有限公司	中外合资	西部证券股份有限公司	51.00
		纽约银行梅隆资产管理国际有限公司	49.00
浙商基金管理有限公司	中 资	浙商证券有限责任公司	25.00
		浙江浙大网新集团有限公司	25.00
		通联资本管理有限公司	25.00
		养生堂有限公司	25.00
平安大华基金管理有限公司	中外合资	平安信托有限责任公司	60.70
		大华资产管理有限公司	25.00
		三亚盈湾旅业有限公司	14.30
富安达基金管理有限公司	中 资	南京证券有限责任公司	49.00
		江苏交通控股有限公司	26.00
		南京市河西新城区国有资产经营控股(集团)有限责任公司	25.00
财通基金管理有限公司	中 资	财通证券有限责任公司	40.00
		杭州市工业资产经营投资集团有限公司	30.00
		浙江升华拜克生物股份有限公司	30.00
方正富邦基金管理有限公司	陆台合资	方正证券股份有限公司	66.70
		富邦证券投资信托股份有限公司	33.30
长安基金管理有限公司	中 资	长安国际信托有限公司	49.00
		上海美特斯邦威服饰股份有限公司	33.00
		兵器装备集团财务有限责任公司	18.00
国金通用基金管理有限公司	中 资	国金证券股份有限公司	49.00
		中国通用技术(集团)控股有限责任公司	21.00
		苏州工业园区地产经营管理公司	15.00
		广东宝丽华新能源股份有限公司	15.00
安信基金管理有限责任公司	中 资	安信证券股份有限公司	49.00
		五矿投资发展有限责任公司	36.00
		中广核财务有限责任公司	15.00

基金销售机构

基金管理公司直销机构

国泰基金管理有限公司

上海直销柜台
地址：上海浦东新区世纪大道100号上海环球金融中心39楼
客服专线：400-888-8688
电话：021-38561795　　传真：021-68775881
公司网址：www.gtfund.com

北京直销柜台
地址：中国北京市西城区金融大街7号第5层525-530单元
电话：010-66553055　　传真：010-66553082

国泰基金电子交易平台
交易网站：www.gtfund.com
电话：010-38561739

南方基金管理有限公司

直销中心
地址：广东省深圳市福田中心区福华一路六号免税商务大厦塔楼31、32、33层
电话：0755-82763905　　0755-82763888
传真：0755-82763900　　0755-82763889
客服热线：400-889-8899　　客服传真：0755-83887777

北京分公司
地址：北京市西城区武定侯街6号卓著中心1603室
电话：010-66573399　　传真：010-66573868

上海分公司
地址：上海市浦东南路528号证券大厦南塔19层1901室
电话：021-68817000　　传真：021-68817654

华安基金管理有限公司

上海投资理财中心
地址：上海市浦东新区世纪大道8号上海国金中心二期31层
电话：021-38969960　　传真：021-68863223

北京投资理财中心
地址：北京市西城区金融街7号英蓝国际金融中心522室
电话：010-57635999　　传真：010-66214061

广州投资理财中心
地址：广州市天河区华夏路10号富力中心1203室
电话：020-38199200　　传真：020-38927962

西安投资理财中心
地址：西安市碑林区南关正街88号长安国际中心A座706室
电话：029-87651811　　传真：029-87651820

成都投资理财中心
地址：成都市人民南路四段19号威斯顿联邦大厦12层1211K-1212L
电话：028-85268583　　传真：028-85268827

沈阳投资理财中心
地址：沈阳市沈河区北站路59号财富中心E座2103室
电话：024-22522733　　传真：024-22521633
华安电子交易网站：www.huaan.com.cn
华安电子交易手机网站：wap.huaan.com.cn
华安电子交易热线：40088-50099

华夏基金管理有限公司

北京分公司投资理财中心
地址：北京市西城区金融大街33号通泰大厦B座1层
电话：010-88087226/27/28　传真：010-88087225

北京海淀投资理财中心
地址：北京市海淀区中关村南大街11号光大国信大厦一层
电话：010-68458998/68458698/68458718
传真：010-68458598

北京朝阳投资理财中心
地址：北京市朝阳区东三环中路24号双井乐成中心B座1层102
电话：010-67718442/49　　传真：010-67718470

北京东中街投资理财中心
地址：北京市东城区东中街29号东环广场B座一层
电话：010-64185181/82/83　传真：010-64185180

北京科学院南路投资理财中心
地址：北京市海淀区中关村科学院南路9号(新科祥园小区大门口一层)
电话：010-82523197/98/99　传真：010-82523196

北京崇文投资理财中心
地址：北京市崇文区广渠门内大街幸福家园4号楼一层
电话：010-67146300/400　　传真：010-67133146

北京世纪城投资理财中心
地址：北京市海淀区蓝靛厂时雨园甲2-4号
电话：010-88892832/33/35　传真：010-88892830

北京西三环投资理财中心
地址：北京市海淀区紫竹院路88号紫竹花园一期B座01号
电话：010-52723105/06/07　传真：010-52723103

北京亚运村投资理财中心
地址：北京市朝阳区慧忠里103号洛克时代广场A座一层
电话：010-84871036/37/38/39　传真：010-84871035

北京望京投资理财中心
地址：北京市朝阳区望京南湖东园122楼博泰国际商业广场一层F-36号
电话：010-64743055/2505/0335/5375
传真：010-64746885

上海分公司投资理财中心
地址：上海市浦东新区长柳路115号
电话：021-68547366/7586/7566　传真：021-68547277

深圳分公司投资理财中心
地址：深圳市福田区民田路新华保险大厦108室
电话：0755-82033033/88264716/88264710
传真：0755-82031949

南京分公司投资理财中心
地址：南京市长江路69号江苏保险大厦一楼
电话：025-84733916/3917/3918
传真：025-84733928

杭州分公司投资理财中心
地址：杭州市西湖区杭大路15号嘉华国际商务中心105室
电话：0571-89716606/6607/6608/6609
传真：0571-89716611

广州分公司投资理财中心
地址：广州市天河区珠江新城华穗路180号（君玥公馆）A座首层
电话：020-38067290/7291　传真：020-38067232

广州天河投资理财中心
地址：广州市天河区天河北路579-B号协和新世界一层
电话：020-38460001/1058/1152
传真：020-38461077

博时基金管理有限公司

总公司
地址：深圳市福田区深南大道7088号招商银行大厦29-30层
电话：0755-83169999　传真：0755-83195190

北京分公司及北京直销中心
地址：北京市建国门内大街18号恒基中心1座23层
电话：010-65187055　传真：0755-83195140
统一服务热线：95105568

上海分公司
名称：博时基金管理有限公司上海分公司
地址：上海市黄浦区中山南路28号久事大厦25层
电话：021-33024909　传真：021-63305180

鹏华基金管理有限公司

直销中心
地址：深圳市福田区福华三路168号深圳国际商会中心43层
电话：0755-82021233　传真：0755-82021155

北京分公司
地址：北京市西城区金融大街甲9号金融街中心南楼502房
电话：010-88082426　传真：010-88082018

上海分公司
地址：上海市浦东新区花园石桥路33号花旗集团大厦801B室
电话：021－58825962　传真：021-68876821/68876900

武汉分公司
地址：武汉市江汉区建设大道568号新世界国贸大厦I座4312室
电话：027-85557881　传真：027-85557973

广州分公司
地址：广州市珠江新城华夏路10号富力中心24楼07单元
电话：020-38927993　传真：020-38927990

嘉实基金管理有限公司

北京直销中心
地址：北京市朝阳区建国路91号金地中心A座6层
电话：010-65215588　传真：010-65180615

上海直销中心
地址：上海市浦东新区世纪大道8号上海国金中心二期23楼01-03单元
电话：021-38789658　传真：021-68880023

成都分公司
地址：成都市人民南路一段86号城市之心30H
电话：028-86202100　传真：028-86202100

深圳分公司
地址：深圳市深南东路5047号发展银行大厦附楼二楼
电话：0755-25870686　传真：0755-25870663

青岛分公司
地址：青岛市市南区香港中路10号颐和国际大厦A座3502室
电话：0532-66777766　传真：0532-66777676

杭州分公司
地址：杭州市西湖区杭大路15号嘉华国际商务中心313室
电话：0571-87759328　传真：0571-87759331

福州分公司
地址：福州市鼓楼区五四路158号环球广场25层04单元
电话：0591-88013673　传真：0591-88013670

南京分公司
地址：南京市白下区中山东路288号新世纪广场A座4202室
电话：025－66671118　　传真：025－66671100

广州分公司
地址：广州市天河区天河北路183号大都会广场2415－2416室
电话：020－87555163　　传真：020－81552120

长盛基金管理有限公司

直销中心
地址：北京市海淀区北太平庄路 18号城建大厦A座20层
电话：010－82019799/82019795
传真：010－82255981/82255982

上海分公司
地址：上海市浦东新区浦东南路 256 号华夏银行大厦1601室
电话：021－68889056　　传真：021－68869156

华南营销中心
地址：上海市浦东新区民生路1199弄证大五道口1号楼3楼
电话：0755－88267980　　传真：0755－82022118

杭州分公司
地址：杭州市教工路18号世贸丽晶城欧美中心1号楼C区808室
电话：0571－89712788　　传真：0571－89712757

郑州分公司
地址：郑州市金水路226号楷林国际大厦818室
电话：0371－86023880　　传真：0371－86023890

成都分公司
地址：成都市顺城大街8号中环广场2座26楼05室
电话：028－66338868　　传真：028－66338788

富国基金管理有限公司

直销机构
地址：上海市浦东新区世纪大道8号上海国金中心二期16－17层
电话：021－20361818
传真：021－20361616
客户服务热线：95105686　　400－888－0688

北京分公司
地址：北京市西城区武定侯街6号卓著中心508室
电话：010－82292390　　传真：010－82292350

深圳分公司
地址：广东省深圳市南山区深南大道以北9030号
沙河世纪假日广场A507
电话：0755－86621796　　传真：0755－86626436

成都分公司
地址：四川省成都市提督街88号四川建行大厦2801室
电话：028－86767800　　传真：028－86767800

广州分公司
地址：广州市天河区珠江新城临江大道57号8E房
电话：020－22008769　　传真：020－22008766

易方达基金管理有限公司

直销机构：
地址：广州市体育西路189号城建大厦25－28楼
客服电话：400－881－8088
电话：020－85102506
传真：400－881－8099

北京直销中心
地址：北京市西城区金融街20号B座8层
电话：010－63213377　　传真：400－881－8099

上海直销中心
地址：上海市世纪大道88号金茂大厦2706－2708室
电话：021－50476668　　传真：400－881－8099

宝盈基金管理有限公司

直销机构
地址：深圳市深南大道6008号深圳特区报业大厦15层
电话：0755－83276688　　传真：0755－83515599

融通基金管理有限公司

深圳投资理财中心
地址：深圳市南山区华侨城汉唐大厦13、14层
电话：0755－26947583　　传真：0755－26935139
客服电话：400－883－8088　0755－26948088

北京分公司
地址：北京市西城区金融大街35号国际企业大厦C座1241－1243室
电话：010－66190975　　传真：010－88091635

上海分公司
地址：上海市世纪大道8号国金中心汇丰银行大楼6楼601－602
电话：021－38424889　　传真：021－38424884

银华基金管理有限公司

北京直销中心
地址：北京市东城区东长安街1号东方广场东方经贸城C2
办公楼10层
电话：010－58162950　　传真：010－58162951

深圳直销中心
地址：广东省深圳市深南大道6008号特区报业大厦19层
电话：0755－83515002　　传真：0755－83515082

上海分公司
地址：上海市浦东福山路500号城建国际中心702室
电话：021－50817001　　传真：021－50817055

长城基金管理有限公司

公司总部

地址：深圳市福田区益田路6009号新世界商务中心41层
电话：0755-23982338　传真：0755-23982328

深圳分公司

地址：深圳市福田区益田路新世界商务中心4002、4003
电话：0755-23982257　传真：0755-23982328

北京分公司

地址：北京市西城区金融大街7号英蓝国际金融中心F916-F917单元
电话：010-88091157-8020
传真：010-88091075-8002

上海分公司

地址：上海市浦东新区浦东南路256号1804室
电话：021-51150756　传真：021-51150756

泰达宏利基金管理有限公司

直销中心

地址：北京市西城区金融大街7号英蓝国际金融中心南楼三层
电话：010-66577619　010-66577617
传真：010-66577760/61
公司网址：www.mfcteda.com
客服电话：400-698-8888

北京分公司

地址：北京市宣武区宣外大街10号庄胜广场北翼1501-1507室
电话：010-66577553　传真：010-63100786

上海分公司

地址：上海市浦东新区银城中路200号4306室
电话：021-68878355　传真：021-68878360

华南区办事处

地址：广州市天河区珠江新城华夏路10号富力中心1307
电话：020-38927333
传真：020-38928155

泰达宏利基金网上直销系统

交易系统网址：https://etrade.mfcteda.com/etrading/
客服电话：400-698-8888　010-66555662

国投瑞银基金管理有限公司

直销中心

地址：深圳市福田区金田路4028号荣超经贸中心46层
电话：0755-83575993　0755-83575994
传真：0755-82904048　0755-82904007
客服电话：400-880-6868
公司网址：www.ubssdic.com

银河基金管理有限公司

直销中心

地址：上海市世纪大道1568号中建大厦15 楼
公司网站：www.galaxyasset.com
客服热线：400-820-0860
直销业务电话：021-38568981/38568507
传真交易电话：021-38568985

机构理财部

地址：北京市西城区月坛西街6号A-F座3楼
电话：010-68061308　021-38568666
传真：010-68017906

北京分公司

地址：北京市西城区月坛西街6号A-F座3楼
电话：010-68068788-6612
传真：010-68017906

广州分公司

地址：广州市天河路1号锦绣联合商务大厦25楼2515室
电话：020-37602205　传真：020-37602384

哈尔滨分公司

地址：哈尔滨市南岗区花园街310号恒运大厦4层
电话：0451-53902200　传真：0451-53905528

南京分公司

地址：南京市太平南路1号新世纪广场B座805室
电话：025-84671299　传真：025-84523725

深圳分公司

地址：深圳市福田区民田路新华保险大厦1130室
电话：0755-82707511　传真：0755-82707599

万家基金管理有限公司

直销机构

地址：上海市浦东新区浦电路360号陆家嘴投资大厦9层
电话：021-38619999　传真：021-38619888
客服电话：400-888-0800　021-68644599
公司网址：www.wjasset.com

金鹰基金管理有限公司

直销机构

地址：广东省广州市天河区体育西路189号城建大厦22、23楼
电话：020-83282950　传真：020-83283445
客户服务及投诉电话：4006-135-888
公司网址：www.gefund.com.cn

北京分公司

地址：北京市西城区西单民丰胡同31号中水大厦303室
电话：010-68523608　传真：010-66152033

上海分公司
上海市静安区南京西路758号17E室
电话：021—62178800　　传真：021—62670201

招商基金管理有限公司
电子商务网上交易平台
交易网站：www.cmfchina.com
交易电话：400—887—9555
电话：0755—83195018　　传真：0755—83199059

华东机构理财中心
地址：上海市浦东南路588号浦发大厦29楼AK单元
电话：021—58796636

华南机构理财中心
地址：深圳市深南大道7088号招商银行大厦23楼
电话：0755— 8319637

华北机构理财中心
地址：北京市西城区武定侯街6号卓著中心2001室
电话：010—66290510

养老金业务部
地址：北京市西城区武定侯街6号卓著中心2001室
电话：010—66290590

直销交易服务联系方式
地址：深圳市深南大道7088号招商银行大厦23层招商基金市场部客户服务中心
电话：0755—83196359　　0755—83196358
传真：0755—83196360　　备用传真：0755—83199266

华宝兴业基金管理有限公司
直销柜台
地址：上海市世纪大道88号金茂大厦48层
电话：021—38505731/38505732
传真：021—50499663/50499667/50988055

直销e 网金
网上交易网址：www.fsfund.com。

北京分公司
地址：北京市朝阳区建国门外大街乙12号双子座大厦西塔2503室
电话：010—65661153

深圳分公司
地址：深圳市福田中心区福中三路诺德金融中心主楼16楼A1
电话：0755—82028856

摩根士丹利华鑫基金管理有限公司
直销中心
地址：深圳市福田区中心四路1号嘉里建设广场第二座第17层01—04室
电话：0755—88318898　　传真：0755—82990631

北京分公司
地址：北京市西城区太平桥大街18号丰融国际大厦1005室
电话：010—66155568
传真：010—66158135

上海分公司
地址：上海市浦东新区陆家嘴环路1000号恒生银行大厦45楼011—111单元
电话：021—63343311　　传真：021—63343988

网上直销系统
交易系统网址：https://etrade.msfunds.com.cn/etrading
统一客服电话：400—8888—668

海富通基金管理有限公司
直销中心
地址：上海市浦东新区陆家嘴花园石桥路66号东亚银行金融大厦36—37层
电话：021—38650999　　传真：021—33830160
客户服务电话：40088—40099
公司网址：www.hftfund.com

国联安基金管理有限公司
地址：上海市浦东新区陆家嘴环路1318 号星展银行大厦9楼
客服电话：021—38784766　400—7000—365(免长途话费)
公司网址：www.gtja—allianz.com 或www.vip—funds.com

长信基金管理有限责任公司
直销中心：
地址：上海市浦东新区银城中路68号时代金融中心9楼
电话：021—61009916　　传真：021—61009917
客服电话：400—700—5566
公司网址：www.cxfund.com.cn

泰信基金管理有限公司
地址：上海市浦东新区浦东南路256号华夏银行大厦36、37层
电话：021—20899058　　传真：021—20899060
客服电话：021—38784566
公司网址：www.ftfund.com

北京分公司
地址：北京市西城区广成街4号院1号楼305、306室
电话：010—66215978—506
传真：010—66215968

深圳分公司
地址：深圳市福田区深南大道与民田路交界西南新华保险大厦1308
电话：0755—33988759
传真：0755—33988757

天治基金管理有限公司

直销中心

地址：上海市复兴西路159号

电话：021-64718300　　传真：021-64375409

客服电话：400-886-4800　021-34064800

公司网址：www.chinanature.com.cn

电子直销

天治基金网上交易平台"E天网"　etrade.chinanature.com.cn

北京分公司

地址：北京市西城区复兴门内金融大街19号富凯大厦B703A号

电话：010-66578008　　传真：010-66574339

景顺长城基金管理有限公司

直销中心

地址：深圳市中心四路1号嘉里建设广场第1座21层

电话：0755-82370388-1661　传真：0755-22381325

客服电话：400-8888-606

公司网址：www.invescogreatwall.com

北京分公司

地址：北京市西城区金融街7号英蓝国际金融中心608-610

联系电话：010-66555001

上海分公司

地址：上海市陆家嘴银城中路168号上海银行大厦1610室

电话：021-58778220

广州分公司

地址：广州市天河区珠江新城华夏路8号合景国际金融广场902室

电话：020-38478762

广发基金管理有限公司

广州分公司

地址：广州市海珠区琶洲大道东1号保利国际广场南塔32楼

直销中心电话：020-89899073 020-89899042

传真：020-89899069　　020-89899070

北京分公司

地址：北京市宣武区宣武门外大街甲1号环球财讯中心D座11层

电话：010-68083368　　传真：010-68083078

上海分公司

地址：上海市浦东新区陆家嘴东路166号中国保险大厦2908室

电话：021-68885310　　传真：021-68885200

深圳理财中心

地址：深圳市福田区民田路178号华融大厦24楼05室

电话：0755-82701982　　传真：0755-82572169

杭州理财中心

地址：杭州市西湖区华星路2-2号

电话：0571-81903158　　传真：0571-81903158

网上交易

网上交易系统网址：www.gffunds.com.cn

客服电话：95105828　　020-83936999

客服传真：020-34281105

兴业全球基金管理有限公司

直销柜台

地址：上海市浦东张杨路500号时代广场20楼

直销电话：021-58368886/58368919

客服电话：400-678-0099　　021-38824536

传真：021-58368869/58368915

网上直销

交易网站：trade.xyfunds.com.cn

客服电话：400-678-0099　　021-38824536

北京分公司

地址：北京市西城区锦什坊街26号恒奥中心C座508室

电话：010-66218629

诺安基金管理有限公司

深圳直销中心

地址：深圳市深南大道4013号兴业银行大厦19—20层

电话：0755－83026688　　传真：0755－83026677

北京分公司

地址：北京市朝阳区光华路甲14号诺安大厦8-9层

电话：010－65863688　　传真：010－51309999

上海分公司

地址：上海市浦东新区浦东南路528号上海证券大厦南塔2208室

电话：021-68824617　　传真：021-68824617

广州分公司

地址：广州市珠江新城华夏路10号富力中心502

电话：020－38393680　　传真：020－38393680

西部营销中心

办公地址：成都市锦江区下东大街216号喜年广场2407

电话：028-86586055　　传真：028-86586055

申万菱信基金管理有限公司

直销中心

地址：上海市淮海中路 300号香港新世界大厦40层

电话：021-23261188　　传真：021-23261199

客服电话：400-880-8588　　021-962299

公司网址：www.swsmu.com

上海理财中心

地址：上海市淮海中路300号香港新世界大厦40层

电话：021-23261188　　传真：021-23261199

北京分公司

地址：北京西城区金融大街19号富凯大厦B座1006室

电话：010－66574388　传真：010－66574399

广州分公司

地址：广州天河区黄埔大道西76号富力盈隆广场41层4106室

电话：020－38391578　传真：020－38392552

中海基金管理有限公司

地址：上海市浦东新区银城中路68号2905－2908室及30层

电话：021－68419518　传真：021－68419328

客服电话：400－888－9788　021－38789788

公司网址：www.zhfund.com

北京分公司

地址：北京市西城区复兴门内大街158号远洋大厦F211B单元

电话：010－66493583　传真：010－66425292

华富基金管理有限公司

地址：上海市浦东新区陆家嘴环路1000号31层

电话：400－700－8001　021－68886996

传真：021－68887997

公司网址：www.hffund.com

光大保德信基金管理有限公司

投资理财中心

地址：上海市延安东路222号外滩中心46楼

电话：021－63352934　021－63352937

传真：021－63350429

客服电话：400－820－2888　021－53524620

公司网址：www.epf.com.cn

上投摩根基金管理有限公司

上海贵宾理财中心

地址：上海市浦东富城路99号震旦国际大楼20楼

电话：400－889－4888　021－38794888

传真：021－68416113

北京贵宾理财中心

地址：北京市西城区金融街七号英蓝国际金融中心19层1925室

电话：010－58369199

传真：010－58369138

深圳贵宾理财中心

地址：深圳市罗湖区深南东路5001号华润大厦2705－07室

电话：0755－82690060

传真：0755－82690104

公司电子交易系统

www.51fund.com

客服热线：400－889－4888

东方基金管理有限责任公司

地址：北京市西城区金融大街28号盈泰商务中心2号楼16层

电话：010－66295910/5925　传真：010－66578690

公司网址：www.orient－fund.com

中银基金管理有限公司

直销中心

地址：上海市浦东新区银城中路200号中银大厦26、45楼

电话：021－38834999　400－888－5566

传真：021－68872488

电子信箱：clientservice@bocim.com

网上直销平台

公司网址：www.bocim.com

北京分公司

地址：北京西城区武定侯街2号泰康国际大厦1901－02，1907－11

电话：010－88000688　传真：010－88000488/0588

东吴基金管理有限公司

直销中心

地址：上海市浦东新区源深路279号

电话：021－50509880　传真：021－50509884

客服电话：021－50509666　公司网址：www.scfund.com.cn

天弘基金管理有限公司

天津理财中心

地址：天津市河西区马场道59号天津国际经济贸易中心A座16层

电话：022－83310208　传真：022－83865569

客服电话：400－710－9999　022－83310988

公司网址：www.thfund.com.cn

北京分公司

地址：北京市西城区金融大街一号甲1号楼15层

电话：010－83571789－6287　传真：010－83571800

国海富兰克林基金管理有限公司

上海分公司

地址：上海浦东世纪大道8号上海国金中心二期9层

电话：021－3855 5678

传真：021－6887 0708

北京分公司

地址：北京市西城区武定侯街2号泰康国际大厦1507室

电话：010－59315299

传真：010－59315298

深圳分公司

地址：深圳市罗湖区深南东路5002号地王大厦2507室

电话：0755－82090940　传真：0755－82090937

华泰柏瑞基金管理有限公司

直销中心

地址：上海浦东新区民生路1199弄上海证大五道口广场1号17层

电话：021－38601777　　传真：021－50103016

客服电话：400－888－0001　021－38784638

公司网址：www.huatai-pb.com

北京分公司

地址：北京市西城区太平桥大街丰盛胡同28号中国太平洋保险大厦1802室

电话：010－6622－0357　　传真：010－6622－0347

客服：400－888－0001

深圳分公司

地址：深圳市罗湖区深南东路5001号华润大厦508单元

电话：0755－8269－0466　　传真：0755－8269－0404

客服：400－888－0001

新华基金管理有限公司

北京直销中心

地址：北京市海淀区西三环北路11号海通时代商务中心C1座

电话：010－68730999　　传真：010－68731199

网上交易地址：www.ncfund.com.cn

汇添富基金管理有限公司

直销中心

地址：上海市富城路99号震旦国际大楼21楼

电话：021－28932823　　传真：021－28932803

客服电话：400－888－9918

公司网址：www.99fund.com

工银瑞信基金管理有限公司

直销中心

地址：北京市西城区金融大街丙17号北京银行大厦8层

电话：400－811－9999　010－58698918

传真：010－66583158

公司网址：www.icbccs.com.cn

交银施罗德基金管理有限公司

直销中心

地址：上海市浦东新区世纪大道201号渣打银行大厦10楼

电话：021－61055027　　传真：021－61055054

客服电话：400－700－5000　021－61055000

网上交易

公司网址：www.jyfund.com　www.jysld.com
www.bocomschroder.com

北京分公司

地址：北京市西城区金融大街7号英蓝国际金融中心11层1105室

电话：010－88091078　　传真：010－88091167

广州分公司

地址：广州市珠江新城华夏路10号富力中心907

电话：020－38927213　　传真：020－38927211

建信基金管理有限责任公司

北京总公司

地址：北京市西城区金融大街7号英蓝国际金融中心16层

客服电话：010－66228000　400－81－95533

客服传真：010－66228001　客服邮箱：service@ccbfund.cn

直销电话：010－66228800　直销传真：010－66228801

公司网址：www.ccbfund.cn

深圳分公司

地址：深圳市福田区中心区福中三路诺德金融中心9F

电话：0755－88322278

成都分公司

地址：成都市提督街88号四川建行大厦2809室

电话：028－86766292

北京分公司

地址：北京市西城区金融大街7号英蓝国际金融中心1630室

电话：010－66228888

上海分公司

地址：上海市浦东新区陆家嘴环路900号世界金融大厦36层A座

电话：021－68490095

信诚基金管理有限公司

直销中心

地址：上海市浦东新区世纪大道8号上海国金中心汇丰银行大楼9层

电话：021－50120888

公司网址：www.citicprufunds.com.cn.

益民基金管理有限公司

直销中心

地址：北京西城区宣外大街10号庄胜广场中央办公楼南翼13A

电话：010－63102987　　传真：010－63100608

客服电话：400－6508808　　公司网址：www.ymfund.com

华商基金管理有限公司

直销中心

地址：北京市西城区平安里西大街28号中海国际中心19层

电话：010－58573768　　传真：010－58573737

公司网址：www.hsfund.com

中邮创业基金管理有限公司

直销中心

地址：北京市海淀区西直门北大街60号首钢国际大厦10层
电话：010－82290840　　传真：010－82294138
网址：www.postfund.com.cn

广州理财中心

地址：广州市越秀区明月二路24号一楼东部
电话：020－22013671　　传真：020－22013837

信达澳银基金管理有限公司

直销中心

地址：广东省深圳市福田区深南大道7088号招商银行大厦24层
电话：0755－83077068　　传真：0755－83077038
客服电话：400－8888－118　　0755－83160160
客服传真：0755－83077039
公司网址：www.fscinda.com

北京分公司

地址：北京市西城区月坛北街26号恒华国际大厦写字楼606室
电话：010－58569988　　传真：010－58564084

诺德基金管理有限公司

地址：上海市浦东陆家嘴环路1233号汇亚大厦12楼
客服电话：400－888－0009　　021－68604888
传真：021－68882526
公司网址：www.lordabbettchina.com

中欧基金管理有限公司

直销中心

地址：上海市浦东新区花园石桥路66号东亚银行金融大厦8层
电话：021－68609602　　传真：021－68609601
客服务电话：021－68609700　　400－700－9700
公司网址：www.lcfunds.com

北京分公司

地址：北京市西城区复兴门南大街2号天银大厦A座9层A036室
电话：010－63082759　　传真：010－63082751

金元比联基金管理有限公司

地址：上海市浦东新区花园石桥路33号花旗集团大厦3608
电话：021－68882850　　传真：021－68882865
客服电话：400－666－0666　　021－61601898
公司网址：www.jykbc.com

浦银安盛基金管理有限公司

上海直销中心

地址：中国上海市淮海中路381号中环广场38楼
电话：021－23212899　　传真：021－23212890
客服电话：400－8828－999　　021－33079999

电子直销　交易网站：www.py－axa.com

农银汇理基金管理有限公司

直销机构

地址：上海浦东世纪大道1600号陆家嘴商务广场7楼
电话：021－61095610　　传真：021－61095422
客服电话：40068－95599　021－61095599
公司网址：www.abc－ca.com

纽银梅隆西部基金管理有限公司

直销机构

地址：上海市浦东新区世纪大道100号上海环球金融中心19楼
电话：021－38572888　　传真：021－38572860
客服电话：4007－007－818　　021－38572666
公司网址：www.bnyfund.com

浙商基金管理有限公司

公司总部

地址：浙江省杭州市文三路90号东部软件园1号楼2楼
电话：0571－28191852　　传真：0571－28191836
客户服务电话:0571－28822288　4006－321－321
公司网址:http://www.zsfund.com

平安大华基金管理有限公司

公司总部

地址：深圳市福田区金田路大中华国际交易广场第八层
电话：0755－22627627　　传真：0755－23990088
客服电话：400－800－4800
网上交易平台：https://fund.pingan.com.cn/etrading/

富安达基金管理有限公司

公司总部

地址：上海市浦东新区世纪大道1568号中建大厦29层
电话：021－61870808　　传真：021－61601555
客服电话：400－630－6999
公司网址：www.fadfunds.com

财通基金管理有限公司

公司总部

地址：上海市银城中路68号时代金融中心41楼
电话：021－68886666　　传真：021－68888321
客户服务电话：4008－209－888
公司网址：www.ctfund.com

方正富邦基金管理有限公司

公司总部

地址：北京市西城区太平桥大街18号丰融国际大厦11层1、9、11、12单元
电话：010－57303700　　传真：010－57303716
客户服务电话：400－818－0990　网址：www.founderff.com

基金代销机构——商业银行

中国工商银行股份有限公司
基金销售业务核准时间：2001年8月
地址：北京市西城区复兴门内大街55号
客服电话：95588
网址：www.icbc.com.cn

中国农业银行股份有限公司
基金销售业务核准时间：2001年12月
地址：北京市东城区建国门内大街69号
客服电话：95599
网址：www.abchina.com

中国银行股份有限公司
基金销售业务核准时间：2001年12月
地址：北京市西城区复兴门内大街1号
客服电话：95566
网址：www.boc.cn

中国建设银行股份有限公司
基金销售业务核准时间：2001年7月
地址：北京市西城区金融大街25号
客服电话：95533
网址：www.ccb.com

交通银行股份有限公司
基金销售业务核准时间：2001年9月
地址：上海市银城中路188号
客服电话：95559
网址：www.bankcomm.com

中信银行股份有限公司
基金销售业务核准时间：2002年1月
地址：北京市东城区朝阳门北大街8号富华大厦C座
客服电话：95558
网址：www.ecitic.com

深圳发展银行股份有限公司
基金销售业务核准时间：2002年5月
地址：广东省深圳市深南东路5047号
客服电话：95501
网址：www.sdb.com.cn

上海浦东发展银行股份有限公司
基金销售业务核准时间：2002年7月
地址：上海市中山东一路12号
客服电话：95528
网址：www.spdb.com.cn

招商银行股份有限公司
基金销售业务核准时间：2001年12月
地址：广东省深圳市深南大道7088号招商银行大厦
客服电话：95555
网址：www.cmbchina.com

兴业银行股份有限公司
基金销售业务核准时间：2002年8月
地址：上海市江宁路168号兴业大厦9层
客服电话：95561
网址：www.cib.com.cn

中国民生银行股份有限公司
基金销售业务核准时间：2002年9月
地址：北京市西城区复兴门内大街2号
客服电话：95568
网址：www.cmbc.com.cn

中国光大银行股份有限公司
基金销售业务核准时间：2003年1月
地址：北京市西城区复兴门外大街6号光大大厦
客服电话：95595
网址：www.cebbank.com

北京银行股份有限公司
基金销售业务核准时间：2004年10月
地址：北京市西城区金融大街丙17号
客服电话：010—96169
网址：www.bankofbeijing.com.cn

华夏银行股份有限公司
基金销售业务核准时间：2004年11月
地址：北京市东城区建国门内大街22号华夏银行大厦
客服电话：95577
网址：www.hxb.com.cn

上海银行股份有限公司
基金销售业务核准时间：2005年1月
地址：上海市黄浦区中山东二路585号
客服电话：021—962888
网址：www.bankofshanghai.com

广东发展银行股份有限公司
基金销售业务核准时间：2005年7月
地址：广州市农林下路83号广发银行大厦
客服电话：95508
网址：www.gdb.com.cn

平安银行股份有限公司

基金销售业务核准时间：2006年7月

地址：广东省深圳市深南中路1099号平安大厦

客服电话：0755—961202

网址：www.18ebank.com

中国邮政储蓄银行有限责任公司

基金销售业务核准时间：2006年7月

地址：北京市西城区金融大街3号

客服电话：95580

网址：www.psbc.com

宁波银行股份有限公司

基金销售业务核准时间：2008年2月

地址：宁波市中山东路294号

客服电话：96528

网址：www.nbcb.com.cn

上海农村商业银行股份有限公司

基金销售业务核准时间：2008年2月

地址：上海市延安西路728号华敏翰尊国际

客服电话：021—962999

网址：www.srcb.com

北京农村商业银行股份有限公司

基金销售业务核准时间：2008年4月

地址：北京市西城区阜成门内大街410号

客服电话：96198

网址：www.bjrcb.com

青岛银行股份有限公司

基金销售业务核准时间：2008年5月

地址：青岛市香港中路68号

客服电话：0532—96588　　400—66—96588

网址：www.qdccb.com

徽商银行股份有限公司

基金销售业务核准时间：2008年7月

地址：合肥市安庆路79号徽商银行大厦

客服电话：4008896588　96588

网址：www.hsbank.com.cn

浙商银行股份有限公司

基金销售业务核准时间：2008年8月

地址：杭州市庆春路288号

客服电话：95527

网址：www.czbank.com

东莞银行股份有限公司

基金销售业务核准时间：2008年10月

地址：东莞市城区运河东一路193号

客服电话：0769—96228

网址：www.dongguanbank.cn

南京银行股份有限公司

基金销售业务核准时间：2008年10月

地址：南京市淮海路50号

客服电话：400—889—6400

网址：www.njcb.com.cn

杭州银行股份有限公司

基金销售业务核准时间：2009年1月

地址：杭州市凤起路432号

客服电话：400—8888—508 0571—96523

网址：www.hccb.com.cn

临商银行股份有限公司

基金销售业务核准时间：2009年2月

地址：临沂市沂蒙路336号

客服电话：4006996588

网址：www.lsbchina.com

温州银行股份有限公司

基金销售业务核准时间：2009年5月

地址：温州市车站大道196号

客服电话：0577—96699

网址：www.wzbank.com.cn

汉口银行股份有限公司

基金销售业务核准时间：2009年6月

地址：武汉市建设大道933号

客服电话：027—96558　　400—609—6558

网址：www.hkbchina.com

江苏银行股份有限公司

基金销售业务核准时间：2009年9月

地址：南京市洪武北路55号置地广场

客服电话：4008696098　　96098

网址：www.jsbchina.cn

渤海银行股份有限公司

基金销售业务核准时间：2009年10月

地址：天津市河西区马场道—205号

客服电话：4008888811

网址：www.cbhb.com.cn

江苏张家港农村商业银行股份有限公司

基金销售业务核准时间：2009年12月

地址：江苏省张家港市人民中路66号

客服电话：0512—96065

网址：www.zrcbank.com

深圳农村商业银行股份有限公司
基金销售业务核准时间：2010年1月
地址：深圳市深南东路3038号合作金融大厦
客服电话：961200
网址：www.961200.net

洛阳银行股份有限公司
基金销售业务核准时间：2010年1月
地址：洛阳新区开元大道256号
客服电话：96699
网址：www.bankofluoyang.com.cn

乌鲁木齐商业银行股份有限公司
基金销售业务核准时间：2010年2月
地址：乌鲁木齐市新华北路8号
客服电话：96518
网址：www.uccb.com.cn

烟台银行股份有限公司
基金销售业务核准时间：2010年6月
地址：山东省烟台市芝罘区海港路25-18号
客服电话：4008311777
网址：www.yantaibank.com

齐商银行股份有限公司
基金销售业务核准时间：2010年9月
地址：山东省淄博市张店区金晶大道105号
客服电话：0533-96588
网址：www.qsbank.cc

浙江民泰商业银行股份有限公司
基金销售业务核准时间：2010年10月
地址：浙江省温岭市三星大道168号
客服电话：400-889-6521
网址：www.mintaibank.com

大连银行股份有限公司
基金销售业务核准时间：2010年10月
地址：大连市中山区中山路88号
客服电话：4006640099
网址：www.bankofdl.com

哈尔滨商业银行股份有限公司
基金销售业务核准时间：2010年10月
地址：哈尔滨市道里区尚志大街160号
客服电话：4006096358　95537
网址：www.hrbcb.com.cn

重庆银行股份有限公司
基金销售业务核准时间：2010年11月
地址：重庆市渝中区邹容路153号
客服电话：96899/4007096899
网址：www.cqcbank.com

浙江稠州商业银行股份有限公司
基金销售业务核准时间：2010年11月
地址：浙江省义乌市江滨路义乌乐园东侧
客服电话：0571-96527/4008096527
网址：www.czcb.com.cn

基金代销机构—证券公司

国泰君安证券股份有限公司
基金销售业务核准时间：2002年7月
地址：上海市浦东新区银城中路168号上海银行大厦29层
电话：400-8888-666
网址：www.gtja.com

广发证券股份有限公司
基金销售业务核准时间：2002年8月
地址：广东省广州市天河北路183号大都会广场5、18、19、36、38、41和42楼
电话：020-87555305　网址：www.gf.com.cn

国信证券股份有限公司
基金销售业务核准时间：2002年8月
地址：深圳市红岭中路1012号国信证券大厦16-26层
电话：95536　网址：www.guosen.com.cn

招商证券股份有限公司
基金销售业务核准时间：2002年8月
地址：深圳市福田区益田路江苏大厦A座38-45层
电话：95565
网址：www.newone.com.cn

华泰联合证券有限责任公司
基金销售业务核准时间：2002年8月
地址：深圳市深南东路5047号发展银行大厦25层
电话：400-8888-555　网址：www.lhzq.com

中信证券股份有限公司
基金销售业务核准时间：2002年8月
地址：北京市朝阳区亮马桥路48号中信证券大厦
电话：95558
网址：www.cs.ectitic.com

海通证券股份有限公司
基金销售业务核准时间：2002年10月
地址：上海市广东路689号海通证券大厦
电话：95553
网址：www.htsec.com

申银万国证券股份有限公司
基金销售业务核准时间：2002年10月
地址：上海市常熟路171号
电话：95523 400-889-5532
网址：www.sywg.com.cn

西南证券股份有限公司
基金销售业务核准时间：2003年1月
地址：重庆市渝中区临江支路2号合景国际大厦A座22-25层
电话：400-8096-096
网址：www.swsc.com.cn

华龙证券有限责任公司
基金销售业务核准时间：2003年1月
地址：甘肃省兰州市城关区东岗西路638号
电话：400-689-8888
网址：www.hlzqgs.com

大同证券有限责任公司
基金销售业务核准时间：2003年1月
地址：山西省太原市青年路8号
电话：0351-4167056
网址：www.dtsbc.com.cn

民生证券股份有限公司
基金销售业务核准时间：2003年1月
地址：北京市东城区建国门内大街28号民生金融中心A座16-20层
电话：400-6198-888
网址：www.mszq.com

山西证券股份有限公司
基金销售业务核准时间：2003年1月
地址：山西省太原市府西街69号山西国际贸易中心
电话：0351-8686868
网址：www.sxzq.net

长江证券股份有限公司
基金销售业务核准时间：2003年2月
地址：武汉市江汉区新华路特8号
电话：400-8888-999
网址：www.cjsc.com.cn

中信万通证券有限责任公司
基金销售业务核准时间：2003年2月
地址：青岛市崂山区深圳路222号青岛国际金融广场20层
电话：0532-96577
网址：www.zxwt.com.cn

广州证券有限责任公司
基金销售业务核准时间：2003年2月
地址：广州市先烈中路69号东山广场主楼5楼
电话：020-961303
网址：www.gzs.com.cn

兴业证券股份有限公司
基金销售业务核准时间：2003年2月
地址：浦东新区民生路1199弄证大　五道口广场1号楼21层
标力大厦18层
电话：400-8888-123
网址：www.xyzq.com.cn

华泰证券股份有限公司
基金销售业务核准时间：2003年2月
地址：南京市中山东路90号华泰证券大厦
电话：400-8888-168
网址：www.htsc.com.cn

渤海证券股份有限公司
基金销售业务核准时间：2003年2月
地址：天津市河西区宾水道3号
电话：400-651-5988
网址：www.ewww.com.cn　www.bhzq.com

中信金通证券有限责任公司
基金销售业务核准时间：2003年2月
地址：杭州市滨江区江南大道588号恒鑫大厦19楼、20楼
电话：0571-96598
网址：www.bigsun.com.cn

万联证券有限责任公司
基金销售业务核准时间：2003年2月
地址：广州市中山二路18号广东电信广场36、37层
电话：400-8888-133
网址：www.wlzq.com.cn

国元证券股份有限公司
基金销售业务核准时间：2003年2月
地址：安徽省合肥市寿春路179号国元大厦
电话：400-8888-777
网址：www.gyzq.com.cn

湘财证券有限责任公司
基金销售业务核准时间：2003年3月
地址：湖南省长沙市天心区湘府中路198号标志商务中心11楼
电话：400-888-1551
网址：www.xcsc.com

东吴证券股份有限公司
基金销售业务核准时间：2003年12月
地址：苏州工业园区翠园路181号
电话：0512-96288
网址：www.dwjq.com.cn

东方证券股份有限公司
基金销售业务核准时间：2004年4月
地址：上海市中山南路318号2号楼
电话：95503
网址：www.dfzq.com.cn

光大证券股份有限公司
基金销售业务核准时间：2004年4月
地址：上海市静安区新闸路1508号
电话：400-8888-788
网址：www.ebscn.com

上海证券有限责任公司
基金销售业务核准时间：2004年5月
地址：上海市西藏中路336号
电话：021-962518　400-891-8918
网址：www.962518.com

国联证券股份有限公司
基金销售业务核准时间：2004年6月
地址：江苏省无锡市太湖新城金融一街8号国联金融大厦
电话：95570
网址：www.glsc.com.cn

浙商证券有限责任公司
基金销售业务核准时间：2004年6月
地址：浙江省杭州市杭大路1号黄龙世纪广场A座6-7楼
电话：0571-967777
网址：www.stocke.com.cn

平安证券有限责任公司
基金销售业务核准时间：2004年8月
地址：深圳市福田区金田路大中华国际交易广场8楼
电话：400-8816-168
网址：www.pingan.com

华安证券有限责任公司
基金销售业务核准时间：2004年8月
地址：安徽省合肥市庐阳区阜南路166号润安大厦
电话：96518　400-809-6518
网址：www.huaans.com.cn

东北证券股份有限公司
基金销售业务核准时间：2004年7月
地址：吉林省长春市自由大路1138号证券大厦
电话：400-600-0686
网址：www.nesc.cn

南京证券有限责任公司
基金销售业务核准时间：2004年8月
地址：南京市玄武区鼓楼大钟亭8号
电话：400-828-5888
网址：www.njzq.com.cn

长城证券股份有限公司
基金销售业务核准时间：2004年8月
地址：深圳市福田区深南大道6008号特区报业大厦
电话：0755-33680000　400-6666-888
网址：www.cgws.com

国海证券有限责任公司
基金销售业务核准时间：2004年9月
地址：广西自治区南宁市滨湖路46号
电话：400-8888-100
网址：www.ghzq.com.cn

财富证券有限责任公司
基金销售业务核准时间：2004年9月
地址：湖南省长沙市芙蓉中路二段80号顺天财富中心
电话：0731-84403350
网址：www.cfzq.com

东莞证券有限责任公司
基金销售业务核准时间：2004年9月
地址：广东省东莞市莞城区可园南路1号金源中心
电话：0769-961130
网址：www.dgzq.com.cn

东海证券有限责任公司
基金销售业务核准时间：2004年9月
地址：上海市浦东新区东方路989号中达广场
电话：0519-8166222
网址：www.longone.com.cn

中原证券股份有限公司
基金销售业务核准时间：2004年10月
地址：郑州市郑东新区商务外环路10号
电话：0371-967218　400-8139-666
网址：www.ccnew.com

国都证券有限责任公司
基金销售业务核准时间：2004年11月
地址：北京市东城区东直门南大街3号国华投资大厦
电话：400-8188-118
网址：www.guodu.com

恒泰证券股份有限公司
基金销售业务核准时间：2004年11月
地址：内蒙古呼和浩特市新城区新华东街111号
电话：0471-4961259
网址：www.cnht.com.cn

中银国际证券有限责任公司
基金销售业务核准时间：2004年11月
地址：上海市浦东银城中路200号中银大厦39F
电话：400-620-8888
网址：www.bocichina.com

齐鲁证券有限公司
基金销售业务核准时间：2004年11月
地址：济南市经七路86号
电话：95538
网址：www.qlzq.com.cn

华西证券有限责任公司
基金销售业务核准时间：2004年11月
地址：成都市陕西街239号
电话：400-8888-818
网址：www.hx168.com.cn

国盛证券有限责任公司
基金销售业务核准时间：2004年11月
地址：南昌市北京西路88号江信国际金融大厦
电话：400-8222-111
网址：www.gsstock.com

新时代证券有限责任公司
基金销售业务核准时间：2004年11月
地址：北京市西城区金融大街1号A座8层
电话：010-68083601
网址：www.xsdzq.cn

华林证券有限责任公司
基金销售业务核准时间：2004年11月
地址：深圳市福田区民田路178号华融大厦6楼
电话：400-8802-888
网址：www.chinalions.com

中国国际金融有限公司
基金销售业务核准时间：2004年12月
地址：北京市建国门外大街1号国贸大厦2座
电话：010-65051166
网址：www.cicc.com.cn

宏源证券股份有限公司
基金销售业务核准时间：2004年12月
地址：新疆自治区乌鲁木齐市建设路2号宏源大厦
电话：4008-000-562
网址：www.hysec.com

广发华福证券有限责任公司
基金销售业务核准时间：2005年1月
地址：福州市五四路新天地大厦7、8层
电话：0591-96326
网址：www.hfzq.com.cn

世纪证券有限责任公司
基金销售业务核准时间：2005年2月
地址：深圳市深南大道7088号招商银行大厦
电话：0755-83199511
网址：www.csco.com.cn

德邦证券有限责任公司
基金销售业务核准时间：2005年2月
地址：上海浦东新区福山路500号城建国际中心26楼
电话：021-68761616-8125
网址：wwebon.com.cw.tn

第一创业证券有限责任公司
基金销售业务核准时间：2005年3月
地址：深圳市罗湖区笋岗路12号中民时代广场B座
电话：400-888-1888
网址：www.firstcapital.com.cn

金元证券股份有限公司
基金销售业务核准时间：2005年4月
地址：深圳市福田区深南大道4001号时代金融中心
电话：400-8888-228
网址：www.jyzq.com.cn

西部证券股份有限公司
基金销售业务核准时间：2005年4月
地址：陕西省西安市东新街232号信托大厦
电话：96708
网址：www.westsecu.com

中航证券有限公司
基金销售业务核准时间：2005年4月
地址：南昌市红谷滩中心区红谷中大道1619号国际金融大厦41层
电话：400-8866-567
网址：www.scstock.com

中信建投证券有限责任公司
基金销售业务核准时间：2005年12月
地址：北京市东城区朝内大街188号
电话：400-8888-108
网址：www.csc108.com

财通证券经纪有限责任公司
基金销售业务核准时间：2006年7月
地址：浙江省杭州市解放路111号
电话：0571-96336
网址：www.ctsec.com

安信证券股份有限公司
基金销售业务核准时间：2007年4月
地址：深圳市福田区金田路4018号安联大厦
电话：4008-001-001
网址：www.essences.com.cn

中国银河证券股份有限公司
基金销售业务核准时间：2007年5月
地址：北京市西城区金融街35号国际企业大厦C座
电话：400-8888-888
网址：www.chinastock.com.cn

华鑫证券有限责任公司
基金销售业务核准时间：2008年1月
地址：上海市肇嘉浜路750号
电话：021-64339000
网址：www.cfsc.com.cn

瑞银证券有限责任公司
基金销售业务核准时间：2008年2月
地址：北京市西城区金融大街7号英蓝国际金融中心
电话：010-58328888　　400-887-8827
网址：www.ubs.com

国金证券有限责任公司
基金销售业务核准时间：2008年3月
地址：成都市东城根上街95号
电话：400-6600-109
网址：www.gjzq.com.cn

中国建银投资证券有限责任公司
基金销售业务核准时间：2008年3月
地址：深圳市福田区益田路与福华三路交界处
深圳国际商会中心
电话：400-6008-008
网址：www.cjis.cn

中山证券有限责任公司
基金销售业务核准时间：2008年3月
地址：深圳市福田区益田路6009号新世界中心29层
电话：0755-82943750
网址：www.zszq.com.cn

红塔证券股份有限公司
基金销售业务核准时间：2008年3月
地址：昆明市北京路155号附1号红塔大厦
电话：0871-3577888
网址：www.hongtazq.com

日信证券有限责任公司
核准基金销售资格时间：2008年5月
地址：北京西城区闹市口1号长安兴融中心西楼11层
电话：010-88086830
网址：www.rxzq.com.cn

西藏同信证券有限责任公司
基金销售业务核准时间：2008年5月
地址：上海市永和路118弄东方企业园24号
电话：400-8811-177
网址：www.xzsec.com

方正证券股份有限公司
基金销售业务核准时间：2008年6月
地址：湖南长沙芙蓉中路二段华侨国际大厦22－24层
电话：0731-95571
网址：www.foundersc.com

联讯证券有限责任公司
基金销售业务核准时间：2008年6月
地址：广东省惠州市下埔路14号
电话：400-8888-929
网址：www.lxzq.com.cn

天源证券经纪有限公司
基金销售业务核准时间：2008年8月
地址：深圳市民田路新华保险大厦18楼
电话：400-6543-218
网址：www.tyzq.com.cn

江海证券有限公司
基金销售业务核准时间：2008年8月
地址：哈尔滨市香坊区赣水路56号
电话：400-666-2288
网址：www.jhzq.com.cn

银泰证券有限责任公司
基金销售业务核准时间：2008年12月
地址：深圳市福田区竹子林四路紫竹七道18号光大银行大厦
电话：0755-83703759
网址：www.ytzq.net

中国民族证券有限责任公司
基金销售业务核准时间：2008年12月
地址：北京市西城区金融大街5号新盛大厦A座6-9层
电话：400-8895-618
网址：www.e5618.com

华宝证券经纪有限责任公司
基金销售业务核准时间：2009年1月
地址：上海市陆家嘴环路166号未来资产大厦
电话：400-820-9898
网址：www.cnhbstock.com

厦门证券有限公司
基金销售业务核准时间：2009年1月
地址：厦门市莲前西路2号莲富大厦17楼
电话：0592-5163588
网址：www.xmzq.com.cn

爱建证券有限责任公司
基金销售业务核准时间：2009年1月
地址：上海市南京西路758号(博爱大厦)20层-25层
电话：021-32229888
网址：www.ajzq.com

英大证券有限责任公司
基金销售业务核准时间：2009年3月
地址：深圳市深南中路华能大厦30楼
电话：4008-698-698
网址：www.vsun.com

信达证券股份有限公司
基金销售业务核准时间：2009年7月
地址：北京市西城区闹市口大街9号院1号楼信达金融中心
电话：400-8008-899
网址：www.cindasc.com

东兴证券股份有限公司
基金销售业务核准时间：2009年7月
地址：北京市西城区金融大街5号新盛大厦B座12-15层
电话：400-8888-993
网址：www.dxzq.net

华融证券股份有限公司
基金销售业务核准时间：2009年9月
地址：北京市西城区金融大街8号A座3层
电话：010-58568118
网址：www.hrsec.com.cn

天风证券有限责任公司
基金销售业务核准时间：2009年11月
地址：武汉市东湖新技术开发区关东园路2号高科大厦四楼
电话：027-87618882/027-86711410
网址：www.tfzq.com

大通证券股份有限公司
基金销售业务核准时间：2009年12月
地址：大连市中山区延安路1号保嘉大厦
电话：400-8169-169
网址：www.estock.com

财达证券有限责任公司
基金销售业务核准时间：2009年12月
地址：石家庄市桥西区自强路35号庄家金融大厦
电话：400-6128-888
网址：www.s10000.com

中天证券有限责任公司
基金销售业务核准时间：2010年1月
地址：沈阳市和平区光荣街23甲
电话：400-6180-315
网址：www.stockren.com

财富里昂证券有限责任公司
基金销售业务核准时间：2010年2月
地址：上海浦东世纪大道100号上海环球金融中心9楼
电话：400-6180-315
网址：www.cf-clsa.com

五矿证券经纪有限责任公司
基金销售业务核准时间：2010年4月
地址：深圳市福田区荣超经贸中心47楼
电话：40018-40028
网址：www.wkzq.com.cn

北京高华证券有限责任公司
基金销售业务核准时间：2010年5月
地址：北京市西城区金融大街7号英蓝国际中心18楼
电话：010-66273040
网址：www.ghsl.cn

华创证券有限责任公司
基金销售业务核准时间：2010年6月
地址：贵州省贵阳市中华北路216号华创大厦
电话：0851-960872
网址：www.hczq.com

恒泰长财证券有限责任公司
基金销售业务核准时间：2010年7月
地址：长春市长江路经济开发区人民大街280号科技城2层A-33段
电话：0431-82945299
网址：www.cczq.net

万和证券经纪有限公司
基金销售业务核准时间：2010年9月
地址：海口市南沙路49号通信广场二楼
电话：0755-25170332
网址：www.wanhesec.com

中邮证券有限责任公司
基金销售业务核准时间：2010年11月
地址：陕西省西安市太白北路320号华弘大厦
电话：400-8888-005
网址：www.cnpsec.com.cn

基金代销机构—证券投资咨询机构

天相投资顾问有限公司
基金销售业务核准时间：2004年7月
地址：北京市西城区金融大街19号富凯大厦B座701
电话：010-66045566
网址：www.txsec.com